普通高等教育“十一五”国家级规划教材

教育部全国普通高等学校优秀教材（一等奖）

新编21世纪法学系列教材

总主编　曾宪义　王利明

民事诉讼法

第九版

主编　江　伟　肖建国

撰稿人（以撰写章节先后为序）

肖建国　江　伟　邵　明

熊跃敏　刘学在　廖永安

黄忠顺

Civil Procedure Law

中国人民大学出版社

·北京·

内容简介

本书遵循大陆法系规范出发型民事诉讼的法律思维传统，深入浅出地阐释民事诉讼法学的基本范畴和基本理论，系统、准确地阐述民事诉讼法的知识体系，引导学生初步树立权利保护的诉讼目的观和正当程序的价值理念，塑造他/她们健全的程序法律思维。在内容上，本书高度契合全国人大常委会在2021、2023年修正后的《民事诉讼法》，最高人民法院在2022年修正后的《关于适用〈中华人民共和国民事诉讼法〉的解释》的有关规定，做到“权威性”“前沿性”“规范性”“新颖性”“实用性”，力争成为民事诉讼法研习者步入民事诉讼法学殿堂的阶梯。本书的主要内容包括民事诉讼法研习方法、民事诉讼与民事诉讼法、诉与诉权、民事诉讼法的基本原则和基本制度、民事诉讼受案范围、管辖、当事人和诉讼代理人、多数人诉讼、民事诉讼证据与证明、法院调解、临时性救济、诉讼保障制度、第一审普通程序、简易程序与小额诉讼程序、民事诉讼中的裁判、上诉审程序、再审程序、特别程序、强制执行通则、强制执行措施、涉外民事诉讼程序和区际民事司法协助等。

主编简介

江　伟　中国人民大学法学院教授、博士研究生导师，我国当代著名法学家和法学教育家，新中国民事诉讼法学的重要奠基人暨新中国民事诉讼法典的缔造者之一，国内外公认的中国民事诉讼法学的泰斗。曾任中国法学会诉讼法学研究会副会长暨民事诉讼法专业委员会主任、中国法学会诉讼法学研究会名誉会长、中国法学会民事诉讼法学研究会名誉会长、最高人民检察院专家咨询委员会委员、司法部公证律师专家咨询委员会委员。在民事诉讼法、证据法、仲裁法、人民调解法等研究领域取得了丰硕的学术成果，先后主持多项国家级和省部级重大课题，发表学术论文一百五十余篇，出版学术著作四十多部。

肖建国　中国人民大学法学院教授、博士研究生导师，国际商事争端预防与解决研究院执行院长、人民法院纠纷解决研究基地主任、中国人民大学纠纷解决研究中心主任；第七届全国十大杰出青年法学家，教育部新世纪优秀人才。兼任中国法学会民事诉讼法学研究会副会长、中国行为法学会执行行为专业委员会副会长、最高人民法院特邀咨询员、最高人民检察院专家咨询委员会委员、最高人民法院案例指导工作专家委员会委员、最高人民法院环境资源审判咨询专家、最高人民法院强制执行咨询专家、最高人民检察院民事行政诉讼监督案件专家咨询委员等职。主要从事民事诉讼法、证据法、强制执行法等研究。著有《民事诉讼程序价值论》等四十多部学术著作，在《中国法学》《法学研究》等刊物上发表学术论文百余篇。

总序

曾宪义

在人类文明与文化的发展中，中华民族曾作出过伟大的贡献，不仅最早开启了世界东方文明的大门，而且对人类法治、法学及法学教育的生成与发展进行了积极的探索与光辉的实践。

在我们祖先生存繁衍的土地上，自从摆脱动物生活、开始用双手去进行创造性的劳动、用人类特有的灵性去思考以后，我们人类在不断改造客观世界、创造辉煌的物质文明的同时，也在不断地探索人类的主观世界，逐渐形成了哲学思想、伦理道德、宗教信仰、风俗习惯等一系列维系道德人心、维持一定社会秩序的精神规范，更创造了博大精深、义理精微的法律制度。应该说，在人类所创造的诸种精神文化成果中，法律制度是一种极为奇特的社会现象。因为作为一项人类的精神成果，法律制度往往集中而突出地反映了人类在认识自身、调节社会、谋求发展的各个重要进程中的思想和行动。法律是现实社会的调节器，是人民权利的保障书，是通过国家的强制力来确认人的不同社会地位的有力杠杆，它来源于现实生活，而且真实地反映现实的要求。因而透过一个国家、一个民族、一个时代的法律制度，我们可以清楚地观察到当时人们关于人、社会、人与人的关系、社会组织以及哲学、宗教等诸多方面的思想与观点。同时，法律是一种具有国家强制力、约束力的社会规范，它以一种最明确的方式，对当时社会成员的言论或行动作出规范与要求，因而也清楚地反映了人类在各个历史发展阶段中对于不同的人所作出的种种具体要求和限制。因此，从法律制度的发展变迁中，同样可以看到人类自身不断发展、不断完善的历史轨迹。人类社会几千年的国家文明发展历史已经无可争辩地证明，法律制度乃是维系社会、调整各种社会关系、保持社会稳定的重要的工具。同时，法律制度的不断完善，也是人类社会文明进步的显著体现。

由于发展路径的不同、文化背景的差异，东方社会与西方世界对于法律的意义、底蕴的理解、阐释存有很大的差异，但是，在各自的发展过程中，都曾比较注重法律的制定与完善。中国古代虽然被看成是“礼治”的社会、“人治”的世界，被认为是“只有刑，没有法”的时代，但从《法经》到《唐律疏议》、《大清律例》等数十部优秀成文法典的存在，充分说明了成文制定法在中国古代社会中的突出地位，唯这些成文法制所体现出的精神旨趣与现代法律文明有较大不同而已。时至 20 世纪初叶，随着西风东渐、东西文化交流加快，中国社会开始由古代的、传统的社会体制向近现代文明过渡，建立健全的、符合现代理性精神的法律文明体系方成为现代社会的共识。正因为如此，近代以来的数百年间，在西方、东方各主要国家里，伴随着社会变革的潮起潮落，法律改革运动也一直呈方兴未艾之势。

从历史上看，法律的文明、进步，取决于诸多的社会因素。东西方法律发展的历史均充分证明，推动法律文明进步的动力，是现实的社会生活，是政治、经济和社会文化的变迁；同时，法律内容、法律技术的发展，往往依赖于一大批法律专家以及更多的受过法律教育的社会成员的研究和推动。从这个角度看，法学教育、法学研究的发展，对于法律文明的发展进步，也有着异常重要的意义。正因为如此，法学教育和法学研究在现代国家的国民教育体系和科学研究体系中，开始占有越来越重要的位置。

中国近代意义上的法学教育和法学研究，肇始于 19 世纪末的晚清时代。清光绪二十一年（公元 1895 年）开办的天津中西学堂，首次开设法科并招收学生，虽然规模较小，但仍可以视为中国最早的近代法学教育机构（天津中西学堂后改名为北洋大学，又发展为天津大学）。三年后，中国近代著名的思想家、有“维新骄子”之称的梁启超先生即在湖南《湘报》上发表题为《论中国宜讲求法律之学》的文章，用他惯有的富有感染力的激情文字，呼唤国人重视法学，发明法学，讲求法学。梁先生是清代末年一位开风气之先的思想巨子，在他的辉煌的学术生涯中，法学并非其专攻，但他仍以敏锐的眼光，预见到了新世纪中国法学研究和法学教育的发展。数年以后，清廷在内外压力之下，被迫宣布实施“新政”，推动变法修律。以修订法律大臣沈家本为代表的一批有识之士，在近十年的变法修律过程中，在大量翻译西方法学著作，引进西方法律观念，有限度地改造中国传统的法律体制的同时，也开始推动中国早期的法学教育和法学研究。20 世纪初，中国最早设立的三所大学——北洋大学、京师大学堂、山西大学堂均设有法科或法律学科目，以期“端正方向，培养通才”。1906 年，应修订法律大臣沈家本、伍廷芳等人的奏请，清政府在京师正式设立中国第一所专门的法政教育机构——京师法律学堂。次年，另一所法政学堂——直属清政府学部的京师法政学堂也正式招生。这些大学法科及法律、法政学堂的设立，应该是中国历史上近代意义上的正规专门法学教育的滥觞。

自清末以来，中国的法学教育作为法律事业的一个重要组成部分，随着中国社会的曲折发展，经历了极不平坦的发展历程。在 20 世纪的大部分时间里，中国社会一直充斥着各种矛盾和斗争。在外敌入侵、民族危亡的沉重压力之下，中国人民为寻找适合中国国情的发展道路而花费了无穷的心力，付出过沉重的代价。从客观上看，长期的社会骚动和频繁的政治变迁曾给中国的法治与法学带来过极大的消极影响。直至 70 年代末期，以“文化大革命”宣告结束为标志，中国社会开始用理性的目光重新审视中国的过去，规划国家和社会的未来，中国由此进入长期稳定、和平发展的大好时期，以这种大的社会环境为背景，中国的法学教育也获得了前所未有的发展机遇。

从宏观上看，实行改革开放以来，经过二十多年的努力，中国的法学教育事业所取得的成就是辉煌的。首先，经过“解放思想，实事求是”思想解放运动的洗礼，在中国法学界迅速清除了极左思潮及苏联法学模式的一些消极影响，根据本国国情建设社会主义法治国家已经成为国家民族的共识，这为中国法学教育和法学研究的发展奠定了稳固的思想基础。其次，随着法学禁区的不断被打破、法学研究的逐步深入，一个较为完善的法学学科体系已经建立起来。理论法学、部门法学各学科基本形成了比较系统和成熟的理论体系和学术框架，一些随着法学研究逐渐深入而出现的法学子学科、法学边缘学科也渐次成型。1997 年，国家教育主管部门和教育部高校法学学科教学指导委员会对原有专业目录进行了又一次大幅度调整，决定自 1999 年起法学类本科只设一个单一的法学专业，按照一个专业招生，从而使法学学科的布局更加科学和合理。同时，在充分论证的基础上，确定了法学专业本科教学的 14 门核心课程，加上其他必修、选修课程的配合，由此形成了一个传统与更新并重、能够适应国家和社会发展需要的教学体系。法学硕士和博士研究生及法律硕士专业学位研究生的专业设置、课程教学和培养体系也日臻完善。再次，法学教育的规模迅速扩大，层次日趋齐全，结构日臻合理。目前中国有六百余所普通高等院校设置了法律院系或法律本科专业，在校本科学生和研究生已达二十余万人。除本科生外，在一些全国知名的法律院校，法学硕士研究生、法律硕士专业学位研究生、法学博士研究生已经逐步成为培养的重点。

众所周知，法律的进步、法治的完善，是一项综合性的社会工程。一方面，现实社会关系的发展，国家政治、经济和社会生活的变化，为法律的进步、变迁提供动力，提供社会的土壤。另一方面，法学教育、法学研究的发展，直接推动法律进步的进程。同时，全民法律意识、法律素质的提高，则是实现法治国理想的关键的、决定性的因素。在社会发展、法学教育、法学研究等几个攸关法律进步的重要环节中，法学教育无疑处于核心的、基础的地位。中国法学教育过去二十多年所走过的历程令人激动，所取得的成就也足资我们自豪。随着国家的发展、社会的进步，在 21 世纪，我们面临着更严峻的挑战和更灿烂的前景。“建设世界一流法学教育”，任重道远。

首先，法律是建立在经济基础之上的上层建筑，以法治为研究对象的法学也就成为一门实践性很强的学科。社会生活的发展变化，势必要对法学教育、法学研究不断提出新的要求。经过二十多年的奋斗，中国改革开放的前期目标已顺利实现。但随着改革开放的逐步深入，国家和社会的一些深层次问题，比如说社会主义市场经济秩序的真正建立、国有企业制度的改革、政治体制的完善、全民道德价值的重建、环境保护和自然资源的合理利用等等，也已经开始浮现出来。这些复杂问题的解决，无疑最终都会归结到法律制度的完善上来。建立一套完善、合理的法律制度，构建理想的和谐社会，乃一项持久而庞大的社会工程，需要全民族的智慧和努力。其中的基础性工作，如理论的论证、框架的设计、具体规范的拟订、法律实施中的纠偏等等，则有赖于法学研究的不断深入，以及高素质人才特别是法律人才的养成，而培养法律人才的任务，则是法学教育的直接责任。

其次，21世纪是一个多元化的世纪。20世纪中叶发生的信息技术革命，正在极大地改变着我们的世界。现代科学技术，特别是计算机网络信息技术的发展，使传统的生活方式、思想观念发生了根本的改变，并由此引发许多人类从未面对过的问题。就法学教育而言，在21世纪所要面临的，不仅是教学内容、研究对象的多元化问题，而且还有培养对象、培养目标的多元化、教学方式的多元化等一系列问题，这些问题都需要法学界去思考、去探索。

中国人民大学法学院建立于1950年，是新中国诞生后创办的第一所正规高等法学教育机构。在半个多世纪的岁月中，中国人民大学法学院以其雄厚的学术力量、严谨求实的学风、高水平的教学质量以及丰硕的学术研究成果，在全国法学教育领域处于领先地位，并开始跻身于世界著名法学院之林。据初步统计，中国人民大学法学院已经为国家培养法学专业本科生、硕士生、博士生一万余人，培养各类成人法科学生三十余万人。经过多年的努力，中国人民大学法学院形成了较为明显的学术优势，在现职教师中，既有一批资深望重、在国内外享有盛誉的法学前辈，更有一大批在改革开放后成长起来的优秀中青年法学家。这些老中青法学专家多年来在勤奋研究法学理论的同时，也积极投身于国家的立法、司法实践，对国家法制建设贡献良多。

有鉴于此，中国人民大学法学院与中国人民大学出版社经过研究协商，决定结合中国人民大学法学院的学术优势和中国人民大学出版社的出版力量，出版一套“21世纪法学系列教材”。自1998年开始编写出版本科教材，包括按照教育部所确定的法学专业核心课程和其所颁布印发的《全国高等学校法学专业核心课程基本要求》而编写的14门核心课程教材，也包括法学各领域、各新兴学科教材及教学参考书和案例分析在内，到2000年12月3日在人民大会堂大礼堂召开举世瞩目的“21世纪世界百所著名大学法学院院长论坛暨中国人民大学法学院成立五十周年庆祝大会”之时，业已出版了50本作为50周年院庆献礼，到现在总共出版了80本。为了进一步适应高等法学教育发展的形势和教学改革的需要，最近中国人民大学法学院与中国人民大学出版社决定将这套教材扩大为四个系列，即：“本科生用书”“法学研究生用书”“法律硕士研究生用书”以及“司法考试用书”，总数将达二百多本。我们设想，本套教材的编写，将更加注意“高水准”与“适用性”的合理结合。首先，本套教材将由中国人民大学法学院具有全国影响的各学科的学术带头人领衔，约请全国高校优秀学者参加，形成学术实力强大的编写阵容。同时，在编写教材时，将注意吸收中国法学研究的最新的学术成果，注意国际学术发展的最新动向，力求使教材内容能够站在21世纪的学术前沿，反映各学科成熟的理论，体现中国法学的水平。其次，本套教材在编写时，将针对新时期学生特点，将思想性、学术性、新颖性、可读性有机结合起来，注意运用典型生动的案例、简明流畅的语言去阐释法律理论与法律制度。

我们期望并且相信，经过组织者、编写者、出版者的共同努力，这套法学教材将以其质量效应、规模效应，力求成为奉献给新世纪的精品教材，我们诚挚地祈望得到方家和广大读者的教正。

2006年7月1日

序言

法学教育是高等教育的重要组成部分，是建设社会主义法治国家、构建社会主义和谐社会的重要基础，并居于先导性的战略地位。在我国社会转型的新世纪、新阶段，法学教育不仅要为建设高素质的法律职业共同体服务，而且要面向全社会培养大批治理国家、管理社会、发展经济的高层次法律人才。近年来，法学教育取得了长足的进步，法科数量增长很快，教育质量稳步提高，培养层次日渐完善，目前已经形成了涵盖本科生、第二学士学位生、法学硕士研究生、法律硕士研究生、法学博士研究生的完整的法学人才培养体系，接受法科教育已经成为莘莘学子的优先选择之一。随着中国法治事业的迅速发展，我们有理由相信，中国法学教育的事业大有可为，中国法学教育的前途充满光明。

教育的基本功能在于育人，在于塑造德才兼备的高素质人才。法学教育的宗旨并非培养只会机械适用法律的“工匠”，而承载着培养追求正义、知法懂法、忠于法律、廉洁自律的法律人的任务。要完成法学教育的使命，首先必须认真抓好教材建设。我始终认为，教材是实现教育功能的重要工具和媒介，法学教材不仅仅是法学知识传承的载体，而且是规范教学内容、提高教学质量的关键，对法学教育的发展有着不可估量的作用。

第一，法学教材是传授法学基本知识的工具。初学法律，既要有好的老师，又要有好的教材。正如冯友兰先生所言：“学哲学的目的，是使人作为人能够成为人，而不是成为某种人。其他的学习（不是学哲学）是使人能够成为某种人，即有一定职业的人。”一套好的教材，能够高屋建瓴地展示法律的体系，能够准确简明地阐释法律的逻辑，能够深入浅出地叙述法律的精要，能够生动贴切地表达深奥的法理。所以，法学教材是学生学习法律的向导，是学生步入法律殿堂的阶梯。如果在入门之初教材就有偏颇之处，就可能误人子弟，学生日后还要花费大量时间与精力来修正已经形成的错误观念。

第二，法学教材是传播法律价值理念的载体。好的法学教材不仅要传授法学知识，更要传播法律的精神和法治的理念，例如对公平、正义的追求，尊重权利的观念。本科、研究生阶段的青年学子，正处在人生观、价值观形成的阶段，一套优秀的法学教材，对于他们价值观的塑造和健全人格的培养具有重要意义。

第三，法学教材是形成职业共同体的主要条件。建设社会主义法治国家，有赖于法律职业共同体的生成。一套好的法学教材，向法律研习者传授共同的知识，这对于培养一个接受共同的价值理念、共同的法律思维、共同的话语体系的法律共同体，具有重要的作用。

第四，法学教材是所有法律研习者的良师益友。没有好的教材，一个好的教师或可弥补教材的欠缺和不足，但对那些没有老师指导的自学者而言，教材就是老师，其重要作用是显而易见的。

长期以来，在我们的评价体系中，教材并没有获得应有的注重，对学术成果的形式优先考虑的往往是专著而非教材。在不少人的观念中，教材与创新、与学术精品甚至与学术无缘。其实，要真正写出一部好的教材，其难度之大、工作之艰辛、影响之深远，绝不低于一部优秀的专著，它甚至可以成为在几百年甚至更长的时间内发挥作用的传世之作。以查士丁尼的《法学阶梯》为例，所谓法学阶梯，即法学入门之义，就是一部教材。但它概括了罗马法的精髓，千百年来，一直是人们研习罗马法最基本的著述。日本著名学者我妻荣说过，大学教授有两大任务：一是写出自己熟悉的专业及学术领域的讲义乃至教科书；二是选择自己最有兴趣、最看重的题目，集中精力进行终生的研究。实际上，这两者是相辅相成的。写出一部好教材，必须要对相关领域形成一个完整的知识体系，还要能以深入浅出的语言将问题讲清楚、讲明白。没有编写教材的基本功，实际上也很难写出优秀的专著。当然，也只有对每一个专题都有一定研究，才能形成对这个学术领域的完整把握。

虽然近几年我国法学教育发展迅速，成绩显著，但是法学教育也面临许多挑战。各个学校的师资队伍和教学质量参差不齐，这就更需要推出更多的结构严谨、内容全面、角度各有侧重、能够适应不同需求的法学教材，为提高法学教学和人才培养质量、保障法学教育健康发展提供前提条件。

长期以来，中国人民大学法学院始终高度重视教材建设。作为新中国成立后建立的第一所正规的法学教育机构，中国人民大学法律系最早开设了社会主义法学教学课堂，编写了第一套社会主义法学讲义，培养了新中国第一批法学本科生和各学科的硕士生、博士生，产生了新中国最早的一批法学家和法律工作者。中国人民大学法律系因此被誉为“新中国法学教育的工作母机”。半个多世纪以来，中国人民大学法学院为社会主义法制建设培养了大批优秀的法律人才，并为法学事业的振兴和繁荣作出了卓越贡献，也因此成为引领中国法学教育的重镇、凝聚国内法律人才的平台和沟通中外法学交流的窗口，并在世界知名法学院行列中崭露头角。为了对中国法学教育事业作出更大的贡献，我们有义务也有责任出版一套体现我们最新研究成果的法学教材。

承蒙中国人民大学出版社的大力支持，我们组织编写了本套教材，其中包括本科生用书、法律硕士研究生用书、法学研究生用书和司法考试用书四大系列，分别面向不同层次法科教育需求。编写人员以中国人民大学法学院教师为主，反映了中国人民大学法学院整体的研究实力和学术视野。相信本套教材的出版，一定能够为新时期法学教育的繁荣发展发挥应有的作用。

是为序。

2006 年 7 月 10 日

第九版修订说明

本书是中国人民大学出版社"新编 21 世纪法学系列教材"中的一种，于 2000 年出版第一版，颇受读者好评；于 2004 年出版第二版，也受到读者的喜爱。2006 年本书入选普通高等教育"十一五"国家级规划教材。后江伟教授领衔主编，出版本书第三版（2007 年）、第四版（2008 年）、第五版（2011 年）、第六版（2013 年），一直备受全国各地高等院校师生的好评，一再重印。本书第七版（2015 年）、第八版（2018 年）改由江伟教授、肖建国教授主编。近六年来，本书第八版受到了广大读者的好评，成为国内目前最为权威、发行量最大的民事诉讼法教材之一。

2021 年 12 月 24 日第十三届全国人民代表大会常务委员会第三十二次会议、2023 年 9 月 1 日第十四届全国人民代表大会常务委员会第五次会议两度通过修改民事诉讼法的决定，2022 年 3 月 22 日最高人民法院审判委员会第 1866 次会议通过修改民事诉讼法司法解释的决定，对民事诉讼法及其司法解释进行了较大幅度的修改。第十三届全国人民代表大会第三次会议通过了《中华人民共和国民法典》，最高人民法院随后颁布了多部民法典相关司法解释，进一步丰富、完善了相关的民事法律制度，对民事诉讼程序制度产生了深远的影响。

为贯彻落实党的二十大精神，贯彻习近平法治思想，我们决定在汲取本书前八版精华的基础上，吸收广大读者在使用本书过程中提出的意见和建议，结合近年来民事诉讼法学研究的最新成果以及民事诉讼立法和司法实践的最新进展，尤其是反映民事诉讼法及其司法解释修改的司法实践，修订、出版本书第九版。

本书第九版遵循大陆法系规范出发型民事诉讼的法律思维传统，深入浅出地阐述民事诉讼法学的基本范畴和基本理论，系统、准确地阐述民事诉讼法的知识体系，引导学生初步树立权利保护的诉讼目的观和正当程序的价值理念，塑造他/她们健全的程序法律思维。简言之，本书第九版力争成为民事诉讼法研习者的良师益友、步入民事诉讼法学殿堂的阶梯。为此，本书第九版不仅在内容上做到“权威性”“规范性”，在体例上也进行了较大精简，以现行《民事诉讼法》为据，按照总则、审判程序、执行程序、涉外民事诉讼程序这一逻辑主线，分章阐述，以适应本科教学的实际需要。

本书第一版由江伟任主编，汤维建、康守玉任副主编，撰稿人有江伟、周翠、赵秀举、汤维建、赵金山、孙邦清、康守玉、徐卉，第二版增加了肖建国、刘学在两位作者。本书第三版对撰稿人进行了调整，吸收了邵明、熊跃敏、廖永安、张力参与撰写工作。依据全国人大常委会《关于修改〈中华人民共和国民事诉讼法〉的决定》，本书第四版的撰稿人着重对第三版的第十七章“再审程序”和第十九、二十章“强制执行通则”“强制执行措施”进行了修订，同时对全书的其他相关章节进行了微调。参与第四版修订的作者有肖建国、邵明、熊跃敏、张力。本书第五版对撰稿人和写作分工进行了调整，第六版、第七版、第八版均延续了第五版的撰稿人和写作分工，第九版吸收黄忠顺参与修订工作。具体分工如下：

肖建国（中国人民大学法学院教授）：导论、第七、八、十二、十八、二十、二十一章。

江　伟（中国人民大学法学院教授）：第一、七、八章。

邵　明（中国人民大学法学院教授）：第二、十五、十九、二十二章。

熊跃敏（北京师范大学法学院教授）：第三、十一、十四章。

刘学在（武汉大学法学院教授）：第四、九、十、十七章。

廖永安（湘潭大学法学院教授）：第五、六、十三、十六章。

黄忠顺（华南理工大学法学院教授）：第八、十二、二十章。

全书由肖建国统稿，黄忠顺协助统稿。

本书的修订获得了来自全国各地读者的帮助，其中有高校教师、在校学生，也有实务部门的法官、律师，他们提出了许多中肯宝贵的修改建议和意见。在此表示衷心的感谢！

由于水平所限，本书在内容及文字表述上有缺点和错误在所难免，欢迎读者诸君批评指正，有关的意见和建议请发邮件到 jianguoxiao@sina. com。

编　者

2023 年 11 月 18 日

第一版编写说明

本书以马克思主义、毛泽东思想和邓小平理论为指导，坚持党的基本路线，在吸取近几年来民事诉讼法学领域最新成果的基础上，力求正确阐明民事诉讼法学的基本理论，民事诉讼法的原则、制度和程序，着重对自1991年《民事诉讼法》颁布以来的民事诉讼实践进行理论上的概括和探讨。

本书分为六编。

第一编为民事诉讼法学理论。本编共分为三章：第一章是民事诉讼与民事诉讼法，主要阐述民事纠纷与民事诉讼的概念、特点，民事诉讼的目的、模式和民事诉讼程序的价值，民事诉讼法的概念、任务和效力以及民事诉讼法和其他部门法的关系。第二章是民事诉讼法律关系，主要论述民事诉讼法律关系的概念、特征和要素及主体、内容和客体。第三章是诉与诉权。这是民事诉讼法学中一个十分复杂而又重要的理论问题，也是一个与实践密切相关的实际问题。

第二编为民事诉讼法的基本原则和制度。本编包括九章：第四章至第五章是民事诉讼法的基本原则和民事审判的基本制度。其集中体现了民事诉讼的性质和特点，其中基本原则较之基本制度有更广泛的适用范围和指导意义，即基本原则指导民事诉讼的整个过程，而基本制度只在民事诉讼的一定阶段和环节上起作用，有较强的适用性。第六章是主管与管辖。这是民事诉讼中首先要解决的两个问题：主管解决某一案件是否由人民法院管理和行使审判权的问题，管辖所要解决的是该案件具体由哪一个人民法院管理和行使审判权的问题。主管与管辖也是民事诉讼法学中一个十分复杂而又重要的理论问题。第七章是当事人。这既是理论问题，又是操作性很强的问题。在当事人问题上，程序法理论和实体法理论常常紧密交织在一起。这一章主要阐述了当事人概念的演变、当事人的结构、当事人能力与民事权利能力的关系，以及正当当事人等理论。第八章是诉讼代理人，主要阐述了诉讼代理人的概念、特征和种类，以及法定代理人、指定代理人和委托代理人的代理权限和诉讼地位。第九章是民事诉讼证据。其内容被分为五部分：一是证据的概念、特征及作用，二是证据的分类和种类，三是证据的收集和保全，四是证明对象和证明责任及证明标准，五是证明过程。第十章是法院调解，第十一章是诉讼保障制度，第十二章是期间、送达和诉讼费用。这三章是民事诉讼法的其他总则性问题，对民事诉讼法有关具体规定及其适用中出现的问题都作了论述。

第三编为通常程序。这一编包括第十三章“普通程序”、第十四章“简易程序”、第十五章“第二审程序”、第十六章“审判监督程序”。这四章是通常审判程序的基本程序，详细论述了基本程序的理论与规定。

第四编为特殊程序。特殊程序是和通常程序相对而言的，原则上适用于非争议案件，采用一审终审制并因具体适用对象不同而分为以下几类程序：第十七章“特别程序”、第十八章“督促程序”、第十九章“公示催告程序”、第二十章“企业法人破产还债程序”。

第五编为执行程序。民事诉讼法把执行程序作为一编来规定。本编对执行程序的理论与规定分为四章论述：第二十一章“执行程序概述”是执行程序的总论。第二十二章“执行程序的一般规定”是民事诉讼法对执行的共同问题所作的具有广泛适用性的规范。第二十三章“执行开始、执行中止和执行终结”总结了执行程序的几种基本状态。第二十四章“执行措施”论述人民法院根据民事诉讼法规定，强制义务人履行义务的方法和手段。

第六编为涉外民事诉讼程序和区际司法协助。本书按照民事诉讼法学体系，把涉外民事诉讼程序和区际司法协助的理论与规定，作为独立的一编来加以论述。本编共分为五章：第二十五章是涉外民事诉讼程序概述，第二十六章是涉外民事诉讼管辖，第二十七章是涉外民事诉讼的送达、期间和财产保全，第二十八章是司法协助，第二十九章是区际司法协助。对这五章的详细论述，说明了涉外民事诉讼程序与区际司法协助这部分内容在司法实践中起着越来越重大的作用。

本书由中国人民大学法学院从事民事诉讼法学教学的江伟担任主编，由汤维建、康守玉担任副主编，并参与撰写。民事诉讼法学专业的博士研究生和硕士研究生也参加了撰写。

本书撰稿人如下（以撰写编章先后为序）：

第一编：第一章，江伟；第二章，周翠；第三章，赵秀举。

第二编：第四章、第五章，康守玉；第六章，赵金山；第七章，江伟；第八章，赵金山；第九章，孙邦清；第十章、第十一章，赵秀举；第十二章，赵金山、赵秀举。

第三编：第十三章、第十四章，孙邦清；第十五章、第十六章，赵秀举。

第四编：第十七章、第十八章、第十九章、第二十章，汤维建。

第五编：第二十一章、第二十二章、第二十三章、第二十四章，江伟。

第六编：第二十五章、第二十六章、第二十七章、第二十八章、第二十九章，徐卉。

全书最后由主编修改定稿。

由于水平所限，本书在内容及文字表述上有缺点和错误在所难免，欢迎读者批评指正。

编　者

1999 年 12 月 12 日

本书法律、法规、公约缩略语

法律、法规、立法解释、司法解释及公约等的名称	缩略语
● 法律、行政法规	
中华人民共和国民事诉讼法（试行）	《民事诉讼法（试行）》
中华人民共和国民事诉讼法	《民诉法》
中华人民共和国海事诉讼特别程序法（1999 年）	《海诉法》
中华人民共和国仲裁法（2017 年）	《仲裁法》
中华人民共和国公证法（2017 年）	《公证法》
中华人民共和国企业破产法（2006 年）	《破产法》
中华人民共和国劳动争议调解仲裁法（2007 年）	《劳动争议调解仲裁法》
中华人民共和国农村土地承包经营纠纷调解仲裁法（2009 年）	《农地承包调解仲裁法》
中华人民共和国农民专业合作社法（2017 年）	《农民专业合作社法》
中华人民共和国人民调解法（2010 年）	《人民调解法》
中华人民共和国人民法院组织法	《法院组织法》
中华人民共和国法官法（2019 年）	《法官法》
中华人民共和国人民检察院组织法（2018 年）	《检察院组织法》
中华人民共和国检察官法（2019 年）	《检察官法》
中华人民共和国人民陪审员法（2018 年）	《陪审法》
中华人民共和国刑法（2020 年）	《刑法》
中华人民共和国刑事诉讼法（2018 年）	《刑诉法》
中华人民共和国行政诉讼法（2017 年）	《行政诉讼法》
中华人民共和国民法典（2020 年）	《民法典》
中华人民共和国著作权法（2020 年）	《著作权法》
中华人民共和国专利法（2020 年）	《专利法》
中华人民共和国商标法（2019 年）	《商标法》
中华人民共和国公司法（2023 年）	《公司法》
中华人民共和国合伙企业法（2006 年）	《合伙企业法》
中华人民共和国证券法（2019 年）	《证券法》
中华人民共和国票据法（2004 年）	《票据法》
中华人民共和国保险法（2018 年）	《保险法》
中华人民共和国海商法（1992 年）	《海商法》
中华人民共和国食品安全法（2021 年）	《食品安全法》
中华人民共和国产品质量法（2018 年）	《产品质量法》
中华人民共和国农产品质量安全法（2022 年）	《农产品质量法》
中华人民共和国城市房地产管理法（2019 年）	《房地产法》
中华人民共和国税收征收管理法（2015 年）	《税收征管法》
中华人民共和国旅游法（2018 年）	《旅游法》
中华人民共和国军人地位和权益保障法（2021 年）	《军保法》

中华人民共和国英雄烈士保护法（2018年）	《英烈保护法》
中华人民共和国未成年人保护法（2020年）	《未成年人保护法》
中华人民共和国道路交通安全法（2021年）	《道交法》
中华人民共和国环境保护法（2017年）	《环保法》
中华人民共和国反不正当竞争法（2019年）	《反不正当竞争法》
中华人民共和国反家庭暴力法（2015年）	《反家暴法》
中华人民共和国消费者权益保护法（2013年）	《消费者法》
中华人民共和国工会法（2021年）	《工会法》
中华人民共和国农村土地承包法（2018年）	《农地承包法》
中华人民共和国土地管理法（2019年）	《土地管理法》
中华人民共和国外商投资法（2019年）	《外商投资法》
中华人民共和国信托法（2001年）	《信托法》
中华人民共和国个人独资企业法（1999年）	《个独企业法》
中华人民共和国国家赔偿法（2012年）	《国家赔偿法》
中华人民共和国涉外民事关系法律适用法（2010年）	《涉外法》
中华人民共和国对外关系法（2023年）	《对外关系法》
中华人民共和国外国国家豁免法（2023年）	《外国国家豁免法》
中华人民共和国安全生产法（2021年）	《安全生产法》
中华人民共和国无障碍环境建设法（2023年）	《无障碍环境建设法》
中华人民共和国立法法（2023年）	《立法法》
中华人民共和国妇女权益保障法（2022年）	《妇女权益保障法》
中华人民共和国反电信网络诈骗法（2022年）	《反电信网络诈骗法》
中华人民共和国反垄断法（2022年）	《反垄断法》
中华人民共和国香港特别行政区基本法（1990年）	《香港基本法》
中华人民共和国澳门特别行政区基本法（1993年）	《澳门基本法》
诉讼费用交纳办法（2006年）	《交费办法》

● 立法解释

全国人大常委会关于司法鉴定管理问题的决定（2015年）	《鉴定决定》
全国人民代表大会常务委员会关于专利等知识产权案件诉讼程序若干问题的决定（2018年）	《知产诉讼决定》

● 司法解释和规范性文件

关于适用《中华人民共和国民事诉讼法》的解释（2022年）	《民诉解释》
关于适用《中华人民共和国行政诉讼法》的解释（2018年）	《行诉解释》
关于防范和制裁虚假诉讼的指导意见（2016年）	《虚假诉讼意见》
关于深入开展虚假诉讼整治工作的意见（2021年）	《虚假诉讼惩治》
关于在民事诉讼中防范与惩治虚假诉讼工作指引（一）（2021年）	《虚假诉讼工作指引一》
关于办理虚假诉讼刑事案件适用法律若干问题的解释（2018年）	《虚假诉讼刑事案件解释》
关于进一步加强虚假诉讼犯罪惩治工作的意见（2021年）	《虚假诉讼犯罪惩治》
关于人民法院登记立案若干问题的规定（2015年）	《登记立案规定》
关于审理劳动争议案件适用法律问题的解释（一）（2020年）	《劳动争议解释一》

关于适用《中华人民共和国仲裁法》若干问题的解释（2008 年）	《仲裁法解释》
关于人民法院办理仲裁裁决执行案件若干问题的规定（2018 年）	《仲裁执行规定》
关于审理仲裁司法审查案件若干问题的规定（2017 年）	《仲裁司法审查规定》
民事案件案由规定（2020 年）	《案由规定》
关于建立健全诉讼与非诉讼相衔接的矛盾纠纷解决机制的若干意见（2009 年）	《衔接意见》
关于人民调解协议司法确认程序的若干规定（2011 年）	《司法确认规定》
关于人民法院特邀调解的规定（2016 年）	《特邀调解规定》
关于人民法院进一步深化多元化纠纷解决机制改革的意见（2016 年）	《多元纠纷解决意见》
关于全面推进保险纠纷诉讼与调解对接机制建设的意见（2016 年）	《保险纠纷诉调对接意见》
关于建设一站式多元解纷机制 一站式诉讼服务中心的意见（2019 年）	《一站式多元解纷意见》
关于深化人民法院一站式多元解纷机制建设推动矛盾纠纷源头化解的实施意见（2021 年）	《纠纷源头化解意见》
关于确定民事侵权精神损害赔偿责任若干问题的解释（2020 年）	《精神损害赔偿解释》
关于审理人身损害赔偿案件适用法律若干问题的解释	《人身损害赔偿解释》
关于审理铁路运输人身损害赔偿纠纷案件适用法律若干问题的解释（2021 年）	《铁路人身损害赔偿解释》
关于审理医疗损害责任纠纷案件适用法律若干问题的解释	《医疗损害解释》
关于审理道路交通事故损害赔偿案件适用法律若干问题的解释（2020 年）	《交通事故赔偿解释》
关于生态环境侵权民事诉讼证据的若干规定（2023 年）	《生态环境证据规定》
关于审理生态环境侵权责任纠纷案件适用法律若干问题的解释（2023 年）	《生态环境侵权解释》
关于审理环境民事公益诉讼案件适用法律若干问题的解释（2020 年）	《环境公益诉讼解释》
关于审理消费民事公益诉讼案件适用法律若干问题的解释（2020 年）	《消费公益诉讼解释》
关于办理海洋自然资源与生态环境公益诉讼案件若干问题的规定（2022 年）	《海洋公益诉讼规定》
关于审理生态环境侵权纠纷案件适用惩罚性赔偿的解释（2022 年）	《环境侵权惩罚性赔偿解释》
关于审理食品药品纠纷案件适用法律若干问题的规定（2021 年）	《食品药品规定》
关于审理银行卡民事纠纷案件若干问题的规定（2021 年）	《银行卡案件规定》
关于审理旅游纠纷案件适用法律若干问题的规定（2020 年）	《旅游规定》
关于审理船舶油污损害赔偿纠纷案件若干问题的规定（2020 年）	《船舶油污规定》
关于审理民间借贷案件适用法律若干问题的规定	《民间借贷规定》
关于适用《中华人民共和国公司法》若干问题的规定（一）（2014 年）	《公司法规定一》
关于适用《中华人民共和国公司法》若干问题的规定（二）（2020 年）	《公司法规定二》
关于适用《中华人民共和国公司法》若干问题的规定（三）（2020 年）	《公司法规定三》
关于适用《中华人民共和国公司法》若干问题的规定（四）（2020 年）	《公司法规定四》
关于审理专利纠纷案件适用法律问题的若干规定（2020 年）	《专利规定》
关于审理商标民事纠纷案件适用法律若干问题的解释（2020 年）	《商标解释》

关于审理著作权民事纠纷案件适用法律若干问题的解释（2020 年）	《著作权解释》
关于审理侵害植物新品种权纠纷案件具体应用法律问题的若干规定（2020 年）	《植物新品种规定》
关于审理侵犯商业秘密民事案件适用法律若干问题的规定（2020 年）	《商业秘密规定》
关于审理期货纠纷案件若干问题的规定（2020 年）	《期货规定一》
关于审理信用证纠纷案件若干问题的规定（2020 年）	《信用证规定》
关于审理存单纠纷案件的若干规定（2020 年）	《存单规定》
关于审理票据纠纷案件若干问题的规定（2020 年）	《票据规定》
关于证券纠纷代表人诉讼若干问题的规定（2020 年）	《证券代表人诉讼规定》
关于审理证券市场虚假陈述侵权民事赔偿案件的若干规定（2022 年）	《虚假陈述赔偿规定》
关于审理涉及计算机网络域名民事纠纷案件适用法律若干问题的解释（2020 年）	《网络域名解释》
人民法院在线诉讼规则（2021 年）	《在线诉讼规则》
关于适用《中华人民共和国民法典》总则编若干问题的解释（2022 年）	《总则编解释》
关于适用《中华人民共和国民法典》合同编通则若干问题的解释（2023 年）	《合同编通则解释》
关于适用《中华人民共和国民法典》有关担保制度的解释（2020 年）	《担保制度解释》
关于适用《中华人民共和国民法典》婚姻家庭编的解释（一）（2020 年）	《婚姻家庭编解释一》
关于适用《中华人民共和国民法典》继承编的解释（一）（2020 年）	《继承编解释一》
关于审理技术合同纠纷案件适用法律若干问题的解释（2020 年）	《技术合同解释》
关于审理融资租赁合同纠纷案件适用法律问题的解释（2020 年）	《融资租赁合同解释》
关于审理建设工程施工合同纠纷案件适用法律问题的解释（一）（2020 年）	《建设工程解释一》
关于审理因垄断行为引发的民事纠纷案件应用法律若干问题的规定（2020 年）	《反垄断诉讼规定》
关于上海金融法院案件管辖的规定（2021 年）	《上海金融管辖规定》
关于成渝金融法院案件管辖的规定（2022 年）	《成渝金融管辖规定》
关于互联网法院审理案件若干问题的规定（2018 年）	《互联网法院规定》
关于北京、上海、广州知识产权法院案件管辖的规定（2020 年）	《知产法院管辖规定》
关于审理民事级别管辖异议案件若干问题的规定（2020 年）	《级别管辖异议规定》
关于适用《中华人民共和国海事诉讼特别程序法》若干问题的解释（2008 年）	《海诉法解释》
关于海事诉讼管辖问题的规定（2016 年）	《海事诉讼管辖规定》
关于海事法院受理案件范围的规定（2016 年）	《海事受案范围规定》
关于审理发生在我国管辖海域相关案件若干问题的规定（一）（2016 年）	《我国管辖海域案件规定一》
关于涉外民商事案件管辖若干问题的规定（2022 年）	《涉外管辖规定》
关于涉外民商事案件诉讼管辖若干问题的规定	《涉外诉讼管辖规定》
关于加强人民法院审判公开工作的若干意见（2007 年）	《审判公开意见》
关于严格执行公开审判制度的若干规定（1999 年）	《公开审判规定》

关于人民法院执行公开的若干规定（2006年）	《执行公开规定》
进一步加强最高人民法院审判监督管理工作的意见（试行）（2019年）	《审监管理意见》
关于进一步全面落实司法责任制的实施意见（2018年）	《落实司法责任制意见》
关于完善人民法院司法责任制的若干意见（2015年）	《完善司法责任制意见》
关于进一步深化司法公开的意见（2018年）	《司法公开意见》
关于人民法院在互联网公布裁判文书的规定（2016年）	《互联网公布裁判文书规定》
关于人民法院通过互联网公开审判流程信息的规定（2018年）	《互联网公开审判信息规定》
关于人民法院庭审录音录像的若干规定（2017年）	《庭审录音录像规定》
关于严格规范民商事案件延长审限和延期开庭问题的规定（2019年）	《延长审限规定》
关于进一步推进案件繁简分流优化司法资源配置的若干意见（2016年）	《繁简分流意见》
关于审判人员在诉讼活动中执行回避制度若干问题的规定（2011年）	《回避规定》
关于人民法院合议庭工作的若干规定（2002年）	《合议规定》
关于改革和完善人民法院审判委员会制度的实施意见（2010年）	《完善审委会意见》
关于完善人民法院专业法官会议工作机制的指导意见（2021年）	《完善专业法官会议意见》
关于规范合议庭运行机制的意见（2022年）	《规范合议庭意见》
关于加强各级人民法院院庭长办理案件工作的意见（试行）（2017年）	《院庭长办案意见》
关于健全完善人民法院审判委员会工作机制的意见（2019年）	《审委会意见》
《中华人民共和国人民陪审员法》实施中若干问题的答复（2020年）	《陪审员法答复》
关于适用《中华人民共和国人民陪审员法》若干问题的解释（2019年）	《陪审员法解释》
关于人民法院民事诉讼中委托鉴定审查工作若干问题的规定（2020年）	《委托鉴定规定》
关于具有专门知识的人民陪审员参加环境资源案件审理的若干规定（2023年）	《专门陪审员规定》
关于设立国际商事法庭若干问题的规定（2018年）	《国际商事法庭规定》
中华人民共和国人民法院法庭规则（2016年）	《人民法院法庭规则》
关于人民法院民事调解工作若干问题的规定	《法院调解规定》
关于诉前调解中委托鉴定工作规程（试行）（2023年）	《诉前调解鉴定规程》
关于进一步完善委派调解机制的指导意见（2020年）	《委派调解意见》
关于人民法院办理财产保全案件若干问题的规定（2020年）	《财产保全规定》
关于审查知识产权纠纷行为保全案件适用法律若干问题的规定（2018年）	《知产行为保全规定》
关于办理人身安全保护令案件适用法律若干问题的规定（2022年）	《人身保护令规定》
关于加强人身安全保护令制度贯彻实施的意见（2022年）	《人身保护令意见》
关于人身安全保护令案件相关程序问题的批复（2016年）	《保护令程序批复》
关于生态环境侵权案件适用禁止令保全措施的若干规定（2021年）	《环境侵权禁止令规定》

关于当事人申请财产保全错误造成案外人损失应否承担赔偿责任问题的解释（2005年）	《保全赔偿解释》
关于民事诉讼证据的若干规定（2019年）	《证据规定》
关于知识产权民事诉讼证据的若干规定（2020年）	《知产证据规定》
关于进一步加强民事送达工作的若干意见（2017年）	《民事送达意见》
关于人民法院对外委托司法鉴定管理规定（2002年）	《委托鉴定规定》
关于以法院专递方式邮寄送达民事诉讼文书的若干规定（2004年）	《专递送达规定》
关于对经济确有困难的当事人提供司法救助的规定（2005年）	《司法救助规定》
关于加强和规范人民法院国家司法救助工作的意见（2016年）	《国家司法救助意见》
关于适用简易程序审理民事案件的若干规定（2020年）	《简易规定》
关于民事审判监督程序严格依法适用指令再审和发回重审若干问题的规定（2015年）	《重审规定》
关于规范人民法院再审立案的若干意见（试行）（2002年）	《再审立案意见》
关于适用《中华人民共和国民事诉讼法》审判监督程序若干问题的解释（2020年）	《审判监督解释》
关于受理审查民事申请再审案件的若干意见（2009年）	《再审审查意见》
人民检察院民事诉讼监督规则（2021年）	《检察监督规则》
关于加强和规范案件提级管辖和再审提审工作的指导意见	《提级管辖和再审提审意见》
关于严格执行案件审理期限制度的若干规定（2008年）	《审限规定》
关于审理企业破产案件若干问题的规定（2002年）	《破产规定》
关于人民法院执行工作若干问题的规定（试行）（2020年）	《执行规定》
关于适用《中华人民共和国民事诉讼法》执行程序若干问题的解释（2020年）	《执行解释》
关于执行权合理配置和科学运行的若干意见（2011年）	《执行权配置意见》
关于正确适用暂缓执行措施若干问题的规定（2002年）	《缓执规定》
关于民事执行中财产调查若干问题的规定（2020年）	《财产调查规定》
关于人民法院民事执行中查封、扣押、冻结财产的规定（2020年）	《查封规定》
关于网络查询、冻结被执行人存款的规定（2013年）	《网络查控存款规定》
关于人民法院与银行金融机构开展网络执行查控和联合信用惩戒工作的意见（2014年）	《网络查控和信用惩戒意见》
关于首先查封法院与优先债权执行法院处分查封财产有关问题的批复（2016年）	《首封财产处分批复》
关于人民法院民事执行中拍卖、变卖财产的规定（2020年）	《拍卖规定》
关于人民法院网络司法拍卖若干问题的规定（2016年）	《网拍规定》
关于人民法院委托评估、拍卖工作的若干规定（2011年）	《委托评估拍卖规定》
关于冻结、拍卖上市公司国有股和社会法人股若干问题的规定（2001年）	《冻结规定》
关于民事执行中变更、追加当事人若干问题的规定（2020年）	《变更追加规定》
关于执行和解若干问题的规定（2020年）	《执行和解规定》
关于执行担保若干问题的规定（2020年）	《执行担保规定》
关于仲裁机构“先予仲裁”裁决或者调解书立案、执行等法律适用问题的批复（2018年）	《先予仲裁执行批复》

关于委托执行若干问题的规定（2020年）	《委托执行规定》
关于依法规范人民法院执行和金融机构协助执行的通知（2000年）	《金融机构协助通知》
关于依法规范人民法院执行和国土资源房地产管理部门协助执行若干问题的通知（2004年）	《房地产执行通知》
关于加强信息合作规范执行与协助执行的通知（2014年）	《工商协助执行通知》
关于建立和完善执行联动机制若干问题的意见（2010年）	《执行联动意见》
关于限制被执行人高消费及有关消费的若干规定	《限制高消费规定》
关于公布失信被执行人名单信息的若干规定（2017年）	《失信名单规定》
关于依法制裁规避执行行为的若干意见（2011年）	《制裁规避执行意见》
关于人民法院办理执行异议和复议案件若干问题的规定（2020年）	《执行异议复议规定》
关于对人民法院终结执行行为提出执行异议期限问题的批复（2016年）	《终结执行异议期限》
关于严格规范终结本次执行程序的规定（试行）（2016年）	《终本规定》
关于执行案件移送破产审查若干问题的指导意见（2017年）	《执转破意见》
关于民事执行活动法律监督若干问题的规定（2016年）	《执行监督规定》
关于刑事裁判涉财产部分执行的若干规定（2014年）	《刑事裁判财产执行规定》
关于审理环境公益诉讼案件的工作规范（试行）（2017年）	《环境公益诉讼规范》
关于公证债权文书执行若干问题的规定（2018年）	《公证执行规定》
关于人民法院确定财产处置参考价若干问题的规定（2018年）	《定价规定》
关于适用财产刑若干问题的规定（2000年）	《财产刑规定》
关于适用《中华人民共和国涉外民事关系法律适用法》若干问题的解释（一）（2020年）	《涉外法解释一》
全国法院民商事审判工作会议纪要（2019年）	《九民纪要》
关于为跨境诉讼当事人提供网上立案服务的若干规定（2021年）	《跨境网上立案规定》
关于涉外民事或商事案件司法文书送达问题若干规定（2020年）	《涉外送达规定》

● 国际公约

关于向国外送达民事或商事司法文书和司法外文书公约（1991年我国加入）	《海牙送达公约》
关于从国外调取民事或商事证据的公约（1997年我国加入）	《海牙取证公约》

目录

导 论

民事诉讼法研习方法

初学者通常视诉讼法为手续法，他们说："诉讼法不就是告诉人诉讼怎么提起，如何进行，又怎么画句号的琐碎规则吗？用不着学习，看看就会了。"

这是对诉讼法的误解。在各个部门法中，诉讼法的学习是最为困难的，因为诉讼法的学习太依赖相关学科的知识储备了。学习刑事诉讼法（以下简称刑诉法），如果没有扎实的宪法功底和对人的生命权、自由权的深刻体悟和尊重，就难以抓住刑诉法的精髓；学习民事诉讼法（本部分以下简称民诉法），如果没有雄厚的民法积累和对民事权利司法保护方法、手段、途径多样化的洞悉和感悟，就不可能学好。此外，诉讼法的学习和精进还离不开大量的经验观察和实践积累。

以民诉法为例：在大陆法系国家，民诉法一直是令人生畏的学科。只有学习最好的学子才敢于报考民诉法研究生，尤其是博士研究生。所以，报考者少之又少。民事诉讼简称民诉，在日本，学生往往称之为"眠诉（素）"，用于指"睡眠的元素（眠素）"，或"催眠之诉（眠诉）"，因为它是一门既难理解又乏味的科目。学生普遍感觉民诉法"散"，既抓不住要点，也厘不清各个制度、规则之间的关系，有大海捞针之感。加之民诉法的操作性极强，课堂讲授烦琐，许多人误以为只要进入实践，到时候就可以无师自通，因此学习民诉法的热情不高；到了解决案件时，法官、律师才体悟到民诉法的重要性，不掌握民诉法，真的是寸步难行。

我们在多年教学中注意到，态度认真的诉讼法初学者一般满足于对静态诉讼规则的记忆。他们认为，只要背会了起诉的条件、上诉的期限、再审的事由等教材内容，考试成绩优秀，就算是一个合格的诉讼法入门者。这种看法在本科生中有广泛的市场，因为大家在评估诉讼法的学习时，采用了与实体法学习相同或相似的标准。这种理解，使不少学生于参加工作后过高的自我评价与用人单位的实际要求之间出现了巨大的落差。

所以，学习诉讼法，态度要端正，方法要得当，否则会停留在表面、皮毛却还沾沾自喜。学习诉讼法的目的在于运用，而非记忆（虽然是基础）。能够运用诉讼法的知识、理论来分析、透视权利保护的案例，或者能够对中国权利保护的司法程序中存在的纵深问题展开理论与实践融为一体、实体与程序融会贯通的研究，这才是真正的"入门"。因此，诉讼法的真正"入门"，必须在掌握程序法理论、洞悉实体法的精髓、对司法实践有近距离的观察和体验后，才有可能达到。

一、民诉法的重要性

民诉法的重要性，主要在于它与我们的日常生活、与我们的切身利益密切相关。

身处于市场社会中，任何一个民事主体都免不了要同别人打交道，进行交易活动，进而产生各种各样的民事法律关系。如果交易规则得到了良好的遵守，市场秩序获得有效的维护，民事活动就会在游戏规则铺就的轨道上运行，民事纠纷则无由产生。

然而，民事活动并不总是一帆风顺的，可能会受到阻碍，游戏规则也难以得到彻底的遵循，民事权利义务关系有时会被扭曲，民事主体会发生冲突。比如，某人去商场买了假冒伪劣产品而引发产品责任，某人因医生的过失而遭受医疗事故，某人坐出租车出现交通事故而受伤，某人无端地被建筑工地上抛下的东西砸伤或被住宅楼上掉下的花盆砸伤，某人因吃了从超市里买来的变质食物而中毒，等等。日常生活中更为常见的是邻里之间的宅基地纠纷，因通风、采光、排水而发生的相邻纠纷，夫妻之间因感情不和而发生的离婚纠纷，婆媳之间相互侮辱而发生的名誉权纠纷，照相馆将用户拍摄的底片丢失而产生的纠纷，男女青年因恋爱不成揭露对方隐私而使对方陷于精神痛苦，以及顾客在商店购物被店员强制搜身等引起的侵害隐私权纠纷，等等。

这些形形色色的事件、纠纷都是我们身边经常发生的，甚至在某个时候，我们还会亲身经历这类纠纷。有了纠纷，就必须找到相应的化解办法。当交易活动受到阻碍，民事权利义务关系被扭曲时，换言之，当民事主体发生冲突、纠纷时，一个重要的解决途径就是向法院提起民事诉讼，此即常说的打“民事官司”。而解决民事纠纷，打“民事官司”，离不开民事诉讼法。在我国人民法院系统中，审判和执行民事、商事、房地产、劳动争议、知识产权、涉外、海事案件的业务庭都要适用民事诉讼法办案。因此，学习民事诉讼法对于维护我们自身的合法权益，实现司法公正，有重大意义。

二、法典是“革命”的圣经

民诉法有形式和实质之分。形式上的民诉法，是指 2023 年修正的《民诉法》，实质上还包括《海诉法》《仲裁法》《破产法》《公证法》《交费办法》等法律法规，以及最高人民法院自 1950 年以来颁布的百余部司法解释。尤其在过去的四十年中，我国法院系统展开了一场如火如荼的民事司法改革，人民法院的司法能动作用大大加强，民事诉讼司法解释相继出台，其范围之广、容量之大、内容之丰富实属罕见，有的司法解释甚至还有创制规则、弥补漏洞、司法立法的作用。此外，在各种民商事法律中也存在大量的民事诉讼方面的规定，如民法典、公司法、证券法、票据法、海商法、破产法、劳动法等，不少民商事司法解释中充斥着大量民事诉讼的内容。毫不夸张地说，如果把 2023 年《民诉法》以外的实质上的民事诉讼法律规范加以归纳、整理，可以在我国重新编纂一部比较完善的民事诉讼法典。因此，民诉法完善与否，并不能以法典的完善与否为标准；学习民诉法，不仅要注重 2023 年《民诉法》的学习，更重要的是要全面了解和掌握实质上的民诉法。

民诉法并不是一堆毫无生命力的程序规则，单纯地记忆程序规则并不能代替对于规则背后所蕴藏的丰富多彩的社会背景的理解。因此，探求该规则的来龙去脉，运用历史解释方法学习该规则，能够达到法律与历史和现实社会的有机结合。此外，还要用好、用足类型化分析方法。民诉法的法条所涵括的实践类型可能多种多样，学习时需要有意识地系统梳理和归纳该规则所涵摄的各种具体情形，而不要像一般初学者那样仅停留在语义分析之上，只有这样，法条的学习才会更有深度。具体的途径可以是社会调查、法院调研，也可以是搜集相关案例或裁判文书。

三、功夫在法外

民事诉讼法学既是一门理论法学，也是一门实践法学。在掌握民事诉讼法学基本范畴、体系的前提下，还要注重民诉法的应用价值，采旁听法庭审判，参与法院执行程序，模拟法庭教学，接受诊所式教育，利用暑期到法院或律师事务所实习、到法院调研等各种形式。这种理论联系实际的方法，一方面，可以用所学习和掌握的民事诉讼法学的基础知识分析解决实际问题；另一方面，也可以通过实际的案例分析加深对民事诉讼法学理论的理解。

在所有的法律部门中，民诉法是与社会发生碰撞最为直接、显性的法律之一，通过对民事诉讼过程的追踪、扫描和透视，一个从未接触法律的人也会近距离地感受到法律的存在，甚至由此产生对法律的敬畏。重视司法实践、推崇案例分析，还可以使我们精确地丈量文本中的法律与行动中的法律之间的距离，了解法律实施过程中不同利益主体之间的博弈，发掘法律背后的逻辑和法律实践过程中的“隐秘”。

民诉法是行动中的法，是将文本中的权利切实兑现的法律，具有合目的性、动态性、立体性、技术性的特点。学习民诉法，不仅要知道民诉法是什么，包括“文本中的民诉法”和“行动中的民诉法”，还要清楚为什么制定这样的程序规则，深刻把握“理论上的民诉法”，否则就会陷入诉讼规则的丛林而不能自拔。

四、学习民诉法的两条思维路径

民诉法上的问题，大体上可归纳为事实判断问题、价值判断问题、解释选择问题以及立法和司法技术问题四个方面。其中，民诉法上的事实判断和价值判断对于养成健全的程序法律思维至关重要：前者构成学习民诉法的逻辑起点和根基，后者是对民诉法问题进行价值判断的基础。

民诉法中存在大量的事实判断问题。除了程序法事实，重要的是引起实体法律后果（权利义务关系）发生、变更或消灭的法律事实，即要件事实（主要事实），而非原汁原味的生活事实。近代民法典编纂以来，大陆法系国家已经抛弃了近代之前的法律思维方式。围绕着民事权利的法律要件事实建构民法典，由此促成了民诉法上辩论主义的诞生和证明责任分配标准的革命。以民事权利的保护为导向的民法深刻地形塑了民诉法的面貌。民诉法上一系列的理论，如诉讼目的、诉权、诉讼标的、当事人适格、既判力等都离不开权利保护这一逻辑起点，而引起权利发生、变更、消灭的要件事实的证明和判断问题，又成为民诉法的基本使命。

德国学者拉伦茨（Larenz）在其名著《法学方法论》中指出：为了能够将生活事实如其所发生那样进行法律上的评价，评价者首先必须以陈述的方式将它表现出来，并在陈述中，把一切在法律评价上有意义的部分不多不少地保留下来。至于哪些事项在法律评价上有意义，只能由可能适用于该生活事项的法律规定探知。因此，评价者必须以生活事实为出发点，审查可能适用的法条，然后以法条的构成要件为据，作裁剪取舍，作出陈述，将法条具体化。① 这是一个生活事实与法条的要件事实相互涵摄的过程，即法律事实的认定须以法律规范为据，而法律规范的获得和具体化也必须以法律事实为据。在司法过程中，于裁判者运用三段论演绎推理进行审判时，程序参与人必须将司法程序之外发生的原始生活事实借助语言，以命题的形式陈述出来，并且与立法构筑的抽象事实、要件事实进行比对，加工整理，剔除一些在法律上无意义的生活事实，然后就所余部分进行法律评价。由此所获得的命题，仅仅是部分生活事实的法律化表达。剔除和评价应当处在同一过程，是边剔除边评价。这是大陆法系“规范出发型法律思维”的特点。

民诉法中同样还存在价值判断问题，初学者在观念上务必确立一项基本的价值判断准则，那就是以正当程序或程序正义作为民事诉讼程序的基准性、终极性价值目标和价值取向，任何程序制度的设立都必须符合正当程序的要求。没有足够充分且正当的理由，不得剥夺或者限制当事人的程序权利，不得支持构成程序正义基本价值取向例外的价值判断的结论。民诉法上诸多程序制度的安排，如回避、公开审理、合法的传唤送达、平等的攻击防御方法等，均遵循这一价值判断准则。以此为试金石，还可用来检验民诉法上某些制度设置的妥当性，如举证时限、证据失权、答辩失权、简易程序等。

上述两种程序思维路径一般是兼容并蓄、相得益彰的，但是在某些情况下有可能发生冲突。例如，根据《民法典》第 410 条的规定，抵押权的实现无须通过诉讼程序而直接由法院作出许可执行抵押物的裁定，以该裁定为执行依据，抵押权人能够兵不血刃地实现抵押权，固然满足了权利保护的诉讼目的，但是其中存在的程序保障不足的问题也相应地凸显，这时就需要进行解释选择了。相对于民法而言，介入法院这一公权力因素，给学习和研究民诉法增添了复杂性。

五、民诉法与民法：车之两轮、鸟之双翼

民诉法与民法的关系，如同车之两轮、鸟之双翼，二者密不可分。基于民法的裁判规范性质和权利保护的诉讼目的观，在学习和研究民诉法时，应当奉行“民事法学一体化研究方法”。民事法学一体化表现为民法与民诉法的相互依赖。一方面，民诉法可以强化民法规则的正当性论证，强化民法的裁判规范，对民事权利起着保存、扩张和强化作用；另一方面，民法请求权基础之于诉讼标的、案由的确定，责任构成之于证明责任的分配，民事债务类型之于当事人适格的判断，合同履行地之于合同诉讼管辖连接点的确

---

① 参见［德］卡尔·拉伦茨：《法学方法论》，陈爱娥译，162 页，北京，商务印书馆，2003。

定，以及物权公示原则、权利外观主义之于执行标的实体权属的判断，等等，都具有决定性意义。在大陆法系国家，那些伟大的民事法学者，虽然有所偏重，但都是实体法、程序法双栖学者：在德国法学大家中，你找不到只精通民商法，不懂民诉法的学者；也找不到一辈子只研究民诉法，不研究民商法的大学者。看看德国的民法典和民事诉讼法典，就知道，这样严谨、宏伟浩大、令人叹为观止的法典工程，如果没有民法学者和民诉法学者的共同参与和亲密合作，真的是不可想象的。民诉法学本来就是法学体系中的一门民事法学，与民法学适用相同的基本解释原则。在民诉法学发展初期，民诉法的基本概念、理论体系有追随民法学的倾向，后又逐渐分离，民诉法学欲摆脱民法学的范畴和理论，建构独立的概念和体系，以实现诉讼法学的独立性。但因民法与民诉法关系密切、有交错现象，过度强调诉讼法的独立性（如认为诉讼法为公法，依据公法原理解决民事诉讼问题），会产生很大的疑问。因此，在学习民诉法时，应当强调以下几点。

（一）注意与实体法用语上的差异

一般来说，对于究竟先有民事实体法还是先有民事程序法，虽有不同看法，但是现代民诉法学的发展滞后于民法，是不争的事实。首先需要厘清的是民诉法上概念与民法上概念的差异。

近代民诉法学从民法学中独立出来以后，其表达概念的用语，有些直接借用民法的用语，但词同意异，不能混为一谈。如民法上“请求”“连带责任”“合同履行地”与民诉法上的“请求”“连带责任”“合同履行地”等，实际上是在不同的意义上使用，因而造成了民事诉讼中确定诉讼标的（审理对象）、（固有的）必要共同诉讼人、合同诉讼管辖连接点的履行地时，奉行不同的标准。这种状况，有的是大陆法系的共性，有的则为我国民诉法所特有。

民诉法学独立出来以后，有些用语虽然运用实体法学的概念，但为了强调民诉法的特殊性，使用类似语以示区别。不过由于概念来自民法，在解释时常常会与民法上的解释混淆，如“民事权利能力”与“诉讼权利能力”、“民事行为能力”与“诉讼行为能力”、“诉讼行为”与“法律行为”、“诉讼法期间”与“诉讼时效”、民法上“代理”与“诉讼代理”等。

由于过去民诉法学与民法学的分离，也出现了对于同一意义而各使用不同用语的现象。如民诉法上适用于辩论原则和举证（证明）责任的“主要事实”，相当于民事实体法上的“要件事实”，二者异词同义，无须刻意区分，民诉法学可以借助民法学关于要件事实的思考方法，以民法学研究的成果为己用。

（二）注意诉讼法与实体法的交错

有些实体法上的问题本身与民事诉讼密不可分，在民诉法学尚未独立之前即已存在，如时效、抵销、和解等制度。民诉法学与民法学长期以来各行其道、互不逾越，导致于相同问题上，民法学者的通说或有力说与民诉法学者的通说或有力说相对立。如何在两者之间协调沟通，是今后重要的课题。例如，诉讼法上的期间，本来与民法上的期间是一个完整的制度体系，其中包括审判时效、执行时效、除斥期间、期日、其他期间（法定期间、指定期间、约定期间）等形态，但由于民诉法学与民法学研究互相“敬而远之”，民法学仅关注诉讼时效、除斥期间，而民诉法学仅关注期日、其他期间，引起了法律体系的割裂，结果是：民法学所讲的诉讼时效仅指审判时效，而没有包含大陆法系的执行时效；民诉法学所说的期间，则排除了时效概念，于是我们看到类似 1991 年《民诉法》第 219 条（申请执行的期限，双方或者一方当事人是公民的为 1 年，双方是法人或者其他组织的为 6 个月）[①]、《劳动法》第 82 条（提出仲裁要求的一方应当自劳动争议发生之日起 60 日内向劳动争议仲裁委员会提出书面申请）[②] 等诸多的立法败笔。

（三）注意民诉法的实体基准性

民诉法的直接目的是保护民事实体法所规定的私权，解决私权纠纷，而私权纠纷的类型又与经济社会的发展、民事实体法的完善息息相关。在我国，改革开放前民事纠纷的类型多限于婚姻家庭纠纷、邻里借贷或宅基地纠纷；改革开放后经济合同纠纷逐年增加，与经济发展相伴相随的新型纠纷大量出现，如企业承包合同纠纷、企业破产纠纷、环境污染纠纷、产品责任纠纷、侵犯专利权和商标权纠纷、股东权益纠纷、企业联合及联营纠纷等。为满足解决纠纷的需要，第五届全国人大常委会第二十二次会议于 1982 年 3 月 8 日通过《民事诉讼法（试行）》，第七届全国人大第四次会议于 1991 年 4 月 9 日通过现行《民诉法》并宣告《民事诉讼法（试行）》作废。随后全国人大常委会分别于 2007 年、2012 年、2017 年、2021 年、2023 年五次修正《民诉法》，建立健全与纠纷类型相适应的民事诉讼制度。1999 年通过的《海诉法》、2006 年通过的《破产法》以及列入第十四届全国人大常委会一类立法规划的“民事强制执行法”“（检察）公益诉讼法”等专门法律使民事诉讼程序走向专门化道路。随着《票据法》的颁布和票据纠纷的大量涌现，建立专门的票据诉讼程序也逐渐被提上日程。2005 年修订后的《公司法》全面确立了公司法上的诉讼类型，如公司设立无效之诉、公司解散之诉、股东会决议无效（撤销）之诉、股东派生诉讼、董事解任之诉、股权转让争议诉讼等。由此看来，民诉法的发展和完善，始终是与它在私权保护、解决私权纠纷方面的实际效果密切相连的；程序完善与否的标志，在根本上取决于它到底在何种程度上能使纠纷易于得到解决。

但是，民诉法的解释适用，有不同于实体法之处。民法的解释适用，有就具体的个案寻求妥当解决的观点倾向；而民诉法的解释适用，在于寻求程序的划一、程序安定，寻求一般化的解释标准，原则上不在个案中作便宜行事的解释。不过，民法利益衡量理论对诉讼法学有逐渐影响的趋势，因此民诉法上也出现了以利益衡量理论来思考诉讼现象、诉讼运作的研究方法，但这只能作为适用民诉法一般原则的修正和补充。

---

① 该规定的缺憾被 2007 年修正的《民诉法》第 215 条第 1 款（现行《民诉法》第 250 条第 1 款）所补正，该款规定：申请执行的期间为 2 年。申请执行时效的中止、中断，适用法律有关诉讼时效中止、中断的规定。

② 该规定的缺憾被 2007 年《劳动争议调解仲裁法》第 27 条第 1 款补正，该款规定：劳动争议申请仲裁的时效期间为 1 年。仲裁时效期间从当事人知道或者应当知道其权利被侵害之日起计算。

第一章

民事诉讼与民事诉讼法

【本章概要】民事纠纷是平等主体之间发生的以民事权利义务为内容的社会纠纷，可以通过自力救济、社会救济、公力救济等三种方式解决。在多元化纠纷解决体制中，民事诉讼具有基础性的作用，其他纠纷解决机制的顺利运行均有赖于民事诉讼的支持与保障。关于民事诉讼的目的存在多种学说，但保护民事权利及解决民事纠纷是其根本所在。关于民事诉讼模式存在当事人主义与职权主义之分，在我国《民诉法》应当妥善处理两者的关系。民事诉讼法具有独立性，人民法院、当事人及其他诉讼参与人之间的民事诉讼法律关系可以被分为审判法律关系和争讼法律关系，两者在主体、客体、内容等方面存在区别。

第一节　民事纠纷解决机制

一、民事纠纷的概念

民事纠纷，又称民事争议，是法律纠纷和社会纠纷的一种。所谓民事纠纷，是指平等主体之间发生的以民事权利义务为内容的社会纠纷。民事纠纷作为法律纠纷的一种，一般来说，是基于民事违法行为而产生的以民事权利义务为内容的法律争议。

民事纠纷具有以下主要特点。

(1) 民事纠纷主体之间法律地位平等。民事纠纷主体（民事主体）之间不存在服从与隶属的关系，在诉讼中处于平等的诉讼当事人地位。

(2) 民事纠纷的内容是对民事权利义务的争议。民事主体之间的争议内容，只限于他们之间的民事权利义务关系，民事权利义务的争议构成了民事纠纷的内容，如果超出这一范围，则不属于民事纠纷。

(3) 民事纠纷的可处分性。由于民事纠纷是民事权利享有和民事义务承担的争议，所以民事纠纷主体有处分的权利。它有别于行政争议和刑事争议。

根据民事纠纷的内容和特点不同，可将民事纠纷分为两大类：一类是财产关系方面的民事纠纷，包括财产所有关系的民事纠纷和财产流转关系的民事纠纷；另一类是人身关系的民事纠纷，包括人格权关系的民事纠纷和身份关系的民事纠纷。其中，身份关系的纠纷处理具有不同于财产关系争议处理的特殊性。

二、民事纠纷解决机制

民事纠纷的处理机制，是指缓解和消除民事纠纷的方法和制度。根据纠纷处理的制度和方法的不同，可从自力救济、社会救济、公力救济三种形式来论述民事纠纷的处理机制。

（一）自力救济

自力救济，是指纠纷主体依靠自身力量解决纠纷，以达到维护自己的权益的目的，包括自决与和解。自决是指纠纷主体一方凭借自己的力量使对方服从。和解是指纠纷双方相互妥协和让步。两者的共同点是，都是依靠自我的力量来解决争议，无须第三者参与，也不受任何规范制约。自力救济是最原始、最简单的民事纠纷的处理机制，这与生产力低下、文明程度不高的人类早期社会有密切联系。这种纠纷解决机制现在仍有保留的必要，可以作为社会救济和公力救济的必要补充。

（二）社会救济

社会救济，包括调解（诉讼外调解）和仲裁，它是依靠社会力量处理民事纠纷的一种机制。调解是指第三者依据一定的道德和法律规范，对发生纠纷的当事人摆事实、讲道理，促使双方在相互谅解和让步的基础上，最终解决纠纷的一种活动。仲裁是指纠纷主体根据有关规定或者双方协议，将争议提交一定的机构，以第三者居中裁决的方式解决纠纷。调解和仲裁的共同点是，第三者对争议处理起着重要作用；二者的不同之处是，调解结果更多地体现了当事人的意愿，而仲裁的结果还体现了仲裁者的意志。运用调解和仲裁处理纠纷，标志着人类社会在解决民事纠纷方面的进步。对这种纠纷解决机制现今不但需要保留，还应大力倡导，使其发挥更大的作用。

（三）公力救济

公力救济是指诉讼和行政裁决。行政裁决是行政机关基于法律规定处理民事纠纷的制度。诉讼的实质是由审判机关在纠纷主体参加下，处理纠纷的一种最有权威和最有效的机制。诉讼的特点：一是国家强制性。诉讼是法院凭借国家审判权确定纠纷主体双方之间的民事权利义务关系，并以国家强制执行权迫使纠纷主体履行生效的判决和裁定。二是严格的规范性。诉讼必须严格地按照法律规范进行。上述特点说明，现代社会采取公力救济的方式，能够使纠纷得到最公平、最合理的解决。

（四）各类纠纷解决机制的关系

上述各类纠纷解决方式都有自己的特点，解决纠纷的功能各有侧重，在适用的基础和所付出的代价方面也有所不同。和解属于私力救济，其结果一般能使双方当事人满意，但须以当事人的合意为条件；调解一般具有较好的社会效果，但是否成功，往往与当事人之间的让步以及调解者对双方的影响力密切相关；仲裁比较适合那些专业性较强、涉及商业秘密或者当事人不希望纠纷的解决公开化的民事纠纷，但其适用与纠纷的性质以及当事人诉诸仲裁的意愿相关；民事诉讼可以满足那些希望对事实和法律都要搞清楚的当事人的要求，但其以花费双方当事人及国家相当的人力、物力、财力和时间为代价。

在上述多元化的纠纷解决体制中，民事诉讼具有基础性的作用。民事诉讼具有根据纠纷性质的不同而提供相应的程序救济的功能：从纠纷的内容而言，除了普通民事纠纷在普通诉讼程序中解决，特殊类型的纠纷有特殊的诉讼程序可资利用，如海事诉讼程序、票据诉讼程序、人事诉讼程序等；从纠纷的难易度来讲，简单、容易解决的纠纷适用简易程序或小额诉讼程序，复杂的纠纷则适用普通程序；从纠纷需要救济的紧迫性来讲，民事诉讼法又设有终局性临时救济制度和临时救济制度。而且，民事诉讼制度作为民事权利救济的最后一道防线，具有支撑、维持其他纠纷解决方式的作用，这体现在：首先，只有出于对诉讼成本以及民事诉讼公正裁判结果的预测，当事人才会根据需要选择非讼方式解决纠纷，从这个角度而言，民事诉讼制度赋予诉讼外纠纷解决方式更大的活力。[①]其次，民事诉讼法赋予诉讼外纠纷解决结果相应的法律效力，在制度上为诉讼外解决纠纷方式提供保障。

第二节 民事诉讼

一、民事诉讼的概念和特点

（一）民事诉讼的概念

民事诉讼是指人民法院、当事人和其他诉讼参与人，在审理民事案件的过程中所进行的各种诉讼活动，以及由这些活动所产生的各种诉讼关系的总和。

诉讼活动，既包括人民法院的审判活动，如案件受理、调查取证、适用强制措施、作出裁判等；又包括诉讼参与人的诉讼活动，如原告起诉、被告提出答辩或反诉、证人出庭作证等。但是人民法院的活动不都是诉讼活动，如法院合议庭评议案件的活动、审判委员会讨论案件的活动就不是诉讼活动，而是法院内部的一种活动，这种活动是由法院组织法所调整的。诉讼活动必须是法院和诉讼参与人在诉讼过程中所进行的、能够发生诉讼关系的活动。如法院受理了原告的起诉后，将起诉状副本于法定期限内送达被告，就是一种在诉讼过程中进行的诉讼活动。诉讼活动与诉讼关系密切相关。

诉讼关系，是指人民法院和一切诉讼参与人之间，在诉讼过程中所形成的诉讼权利义务关系。人民法院始终是诉讼关系中的一方，其与作为诉讼关系中的另一方诉讼参与人之间发生关系。如原告起诉后，法院予以受理，并在法定期限内将原告起诉状副本送达被告，这样法院同原告和被告分别发生了诉讼关系。

可见，诉讼是由诉讼活动和诉讼关系两方面的内容构成的。诉讼活动能够产生、变

---

① 参见［日］三月章：《日本民事诉讼法》，汪一凡等译，10页，台北，五南图书出版公司，1997。

更或消灭诉讼关系，而诉讼关系又通过诉讼活动表现出来。同时，这些诉讼活动和诉讼关系，都是民事诉讼法所规定的，换言之，是依法进行的诉讼活动和依法产生的诉讼关系。

（二）民事诉讼的特点

（1）民事诉讼必须严格依照法律规定进行。为了保证诉讼的公正性，民事诉讼法规定了一整套系统完备的程序和方法，法院和诉讼参与人都必须依照法定程序进行活动，同时，也必须依法行使诉讼权利，履行诉讼义务，如果违反了法律规定，将会导致诉讼无效。

（2）法院的审判活动在诉讼过程中起重要作用。在审判法律关系中，当事人的诉讼活动对诉讼关系的发生、变更和消灭有很大的影响，是民事诉讼发生的基础；其他诉讼参与人的活动，对诉讼的顺利进行也有促进作用；而法院的审判活动，在诉讼中始终起着重要作用，对诉讼关系的发生、变更和消灭具有决定性意义。

（3）民事诉讼过程的阶段性和连续性。民事诉讼由若干诉讼程序与诉讼阶段相互衔接、相互联系，构成了一个统一的民事诉讼程序体系。我国现行的民事诉讼程序可以分为审判程序和执行程序两大诉讼程序。审判程序又分为第一审程序和第二审程序。第一审程序包括普通程序和简易程序。每个程序内部、程序与程序之间又由若干诉讼阶段构成。每个诉讼阶段前后连接，各有自己的中心任务，只有在完成前一阶段任务的基础上，才能将诉讼推移到下一个阶段。

二、民事诉讼的目的

（一）民事诉讼目的的概念和意义

民事诉讼的目的，是指民事诉讼制度是为了什么而设立的。更为准确的表述应当是，民事诉讼目的是指国家设立民事诉讼制度所期望达到的目标或结果。

民事诉讼目的论，与诉权论、诉讼标的论、诉讼法律关系论、既判力论，共同构成民事诉讼法的基本理论。民事诉讼目的论是全部理论的出发点，在民事诉讼的全部基本理论中，它具有前提性的地位，因为其他基本理论都是建立在民事诉讼目的论的基础之上的。

研究民事诉讼目的，具有重要的理论意义和实际意义：一是可以为民事诉讼法学的其他基本理论提供一个更高层次的理念，从而在对其他基本理论的研究中，在民事诉讼的出发点上获得共识，推动其他基本理论向纵深发展。二是可以为我国民事诉讼立法的完善提供一个基本指导方向。尽管民事诉讼目的论的研究所具有的抽象性和普遍性使我们在一定程度上可以进行超越历史、地域的研究，但每个国家的法律文化传统、法制化进程对法律理论的要求毕竟有所不同，因此，旨在对我国民事诉讼制度的完善提供基本指导方向的民事诉讼目的论研究必须针对我国国情。三是可以为法官进行法律解释提供方向性的指导。在法律体系不甚完善的国家，这种指导尤为重要。民事诉讼目的论的这一功能和它为设计民事诉讼制度提供基本指导方向的功能是紧密结合、相辅相成的。

（二）国外学者关于民事诉讼目的的学说

在国外，把民事诉讼目的作为一个课题来研究，并形成了完整学说体系的是德国和日本。现将各国学者关于民事诉讼目的的学说简介如下。

（1）私权保护说。这一学说最早出现于19世纪初期，是由德国历史法学派代表萨维尼提出的。该说认为，由于国家禁止自力救济，因而设立民事诉讼制度，并由法院依照客观实体法对当事人实体权利予以保护。这种学说以实体法规范的实现为其着眼点，强调国家实行民事诉讼的目的就在于保护实体权利。

（2）维护私法秩序说。这一学说是由20世纪初期德国学者标罗提出的。该说认为，保护私权只是民事诉讼在客观上所起的作用，所以仅从保护私权的意义上难以界定民事诉讼的目的。民事诉讼是作为国家制度的组成部分出现的，国家是为了满足社会整体的需要才设立民事诉讼制度的，因此，从整体上维护国家私法秩序是民事诉讼的目的。

（3）纠纷解决说。这是第二次世界大战后，日本学者兼子一提出的关于民事诉讼目的的学说。该说认为：即使在私法尚不发达的时代，以裁判解决纠纷的诉讼和审判制度即已存在，所以私法实际上是以通过裁判解决纠纷的诉讼和审判制度的存在为基础，裁判方式是在合理解决纠纷的过程中逐渐发展形成的，将民事诉讼目的视为维护私权或私法秩序实在是本末倒置。民事诉讼也如仲裁、调解一样是解决民事纠纷的一种方式，而不是从既存的实体权利出发来确认原有的权利义务关系。因此，民事诉讼的目的应为纠纷的强制解决。

（4）程序保障说。这种学说在英美学者的著述中十分流行，在日本得到了以井上治典教授为代表的一部分学者的支持。该说认为，国家设立民事诉讼制度，是为了确保当事人双方在程序过程中法律地位平等，并在诉讼构造中平等使用攻防武器，各拥有主张、举证的机会。该说以程序保障为起点，进一步认为，法院不应该把诉讼的审理过程作为只是为了达到判决或和解而必需的准备阶段，而应把这一过程本身作为诉讼应有的目的来把握，只有正当的程序才是使判决或和解获得正当性的源泉。因此，法院应从“以判决为中心”转向“以诉讼的过程本身为中心”。

（5）权利保障说。这是日本学者竹下守夫提出的关于民事诉讼目的的学说。该说从宪法上权利保障的角度阐述民事诉讼的目的，认为民事诉讼制度基于宪法所保障的权利，实为实体法的实质权，私权保护说的最大缺陷就在于无视实质权与请求权在机能上的根本区别，以致将两者合成为实体上的权利，并列为民事诉讼制度应予保护的对象；事实上，其中请求权属实现实质权的救济手段，只有对实质权的保障才是民事诉讼的目的。

（6）多元说。该说认为：对诉讼目的的认识，应站在作为制度设置、运作者的国家和作为制度利用者的国民的双重立场上进行。按此，纠纷的解决、法律秩序的维护及权利的保障都应当被视为民事诉讼制度的目的。上述几种相互对立、相互排斥的价值，可依照实体情况的不同，而随时在立法、解释及司法运作上进行衡平并有所侧重。

从上述诸学说中，我们可以得到如下启示。

（1）每一种民事诉讼目的论都是特定历史时代的产物。私权保护说是自由资本主义时代的产物，与当时所奉行的“个人本位主义”理念相一致；维护私法秩序说是垄断资本主义时代的产物，与当时奉行的“社会本位主义”理念相适应；纠纷解决说则反映了现代资本主义社会扩大民事诉讼解决纠纷功能的需要。

（2）民事诉讼目的论由侧重于诉讼结果逐渐转向对诉讼本身的关注，诉讼程序自身的独立价值日益加强，这从“程序保障说”中可以得到充分说明。

（3）民事诉讼目的论的研究由一般社会理念转向对宪法理念的探求，权利保障说的提出就是标志。

（三）我国学者关于民事诉讼目的的学说

我国民事诉讼法学界对民事诉讼目的的研究起步较晚，到20世纪90年代才开始。近几年来学者对民事诉讼目的的探讨，集中在如何确定我国民事诉讼的目的问题上。现将有代表性的观点介绍如下。

（1）多元说或多层次说。[①] 该说认为，民事诉讼的目的具有多重性和层次性。多重性是由民事诉讼程序的主体多元性的特征决定的，层次性是由社会价值取向的多元化决定的。该说把我国现阶段民事诉讼的目的分为以下几个层次：一是实现权利保障，二是解决民事纠纷，三是维护社会秩序。

（2）纠纷解决说。[②] 该说认为解决纠纷是民事诉讼的目的。从民事纠纷的解决与民事诉讼机能来看，民事诉讼制度与其他制度的纠纷解决机能和目的是相同的，不同的是在机能的运用方式和目的的实现上，民事诉讼具有国家强制力，并因此成为各种纠纷解决方式中具有终局性的一种。

（3）程序保障说。[③] 该说是在对私权保护说、维护私法秩序说、纠纷解决说批评的基础上进行论证的，认为：鉴于诉讼程序本身在民事诉讼中的核心地位，以及其在经验和理念层面都表现出来的重要性，民事诉讼的目的应该是程序保障。该说还提出，应将民事诉讼的目的与功能区分开来，这是因为现代民事诉讼制度的一切功能都只有在程序的运作中才能得到发挥，其一切价值追求也只有在程序的不断完善中才能得到实现，所以，只有“程序保障”才能作为指导民事诉讼制度设计的核心理念。

（4）利益保障说。[④] 该说认为，民事诉讼制度的目的应是利益的提出、寻求、确认和实现，即利益保障。该说中的所谓利益，内含实体利益和程序利益。按该说的观点，民事诉讼制度的目的，不仅应依照实体法的规定，廓清民事法律关系，确定民事权利状态，从而贯彻宪法关于保障实体权利的规定，还应依照程序法的规定，以追求程序利益为己任，以与宪法平行保护诉讼标的外各项基本权利的宗旨相一致。

我国民事诉讼目的的研究还处于起步阶段，上述各种学说目前均未取得通说地位，尚需进一步论证。我国民事诉讼制度面临着机制变革与立法完善，进一步开展民事诉讼目的的研究，必将有利于民事审判方式改革，促进民事诉讼制度内容的完善，推动民事诉讼实践的发展。

---

① 参见何文燕：《民事诉讼理论问题研究》，21～24页，长沙，中南工业大学出版社，1996。

② 参见刘荣军：《论民事诉讼的目的》，载《政法论坛》，1997（5）。

③ 参见章武生、吴泽勇：《论民事诉讼的目的》，载《中国法学》，1998（6）。

④ 参见李祖军：《民事诉讼目的论纲》，载《现代法学》，1998（5）。

三、民事诉讼模式

（一）民事诉讼模式的含义

模式是指某一系统结构状态或过程状态经过简化、抽象所形成的样式。民事诉讼模式是指民事诉讼制度和程序运作所形成的结构中各种基本要素及其关系的抽象形式。这一概念的含义可分解如下。

（1）民事诉讼模式是对民事诉讼程序及制度结构的抽象和概括。这是对民事诉讼模式涉及范围的限定。民事诉讼模式首先要解决的是民事诉讼的结构成因、结构样式以及结构功能等问题。

（2）民事诉讼模式还对民事诉讼结构的构成要素及各要素之间的基本关系进行抽象和概括。制度框架需要制度的内容作为血肉，结构本身从形式上提供了可视窗口，而作为内容的要素及关系是驱动程序的原动力。在这里，民事诉讼模式并没有远离它应该反映的民事诉讼现实，而是通过对各种要素及关系特征的信息反馈，拉近了彼此之间的距离。

（3）民事诉讼模式作为一种理论构架，应该最大限度地集中反映民事诉讼制度及程序的主要特征，但它依然表现为一种形式，这是因为民事诉讼模式是载体，围绕民事诉讼模式的民事诉讼制度的要素及关系才是内容。

（二）当事人主义与职权主义

在民事诉讼法学领域，存在一种关于诉讼模式的说法，这就是民事诉讼的当事人主义与职权主义，其被称为当今世界上主要的民事诉讼模式。

1. 当事人主义的含义和成因

当事人主义是英美法系国家赖以解决民事纠纷的民事诉讼原则，是指在民事纠纷解决中，诉讼请求的确定，诉讼资料、证据的收集和证明主要由当事人负责。在当事人主义支配下，当事人甚至对法律的适用都有选择的权利。由于证据及诉讼资料的收集及提出由当事人负责，发现真实的主要责任也是由当事人承担，法官则处于顺应性的地位。这种顺应性，其实指的就是法官对当事人之间的争执和主张不作干预，而是尊重当事人的意志。

1806 年制定的《法国民事诉讼法典》首先在成文法中确定了当事人主义。1877 年制定的《德国民事诉讼法典》和 1891 年制定的《日本民事诉讼法典》也相继确定了当事人主义。作为当事人主义开山鼻祖的法国，它在制定《法国民事诉讼法典》时，受到当时诉讼法理念，即自由主义诉讼观的影响。该观点认为，民事诉讼涉及私人利益的纠纷，运作诉讼和诉讼程序进行的主导权应由当事人持有，法院及法官在诉讼中的角色是扮演严格中立者，只就事实作出法律上的判断，而不是越过当事人意思自治的界限，无端进行干预。

当事人主义的形成还有更深层次的原因，这就是私法自治原则和市场经济的影响。从私法自治原则的角度说，私法自治与《法国民事诉讼法典》中表现的自由主义诉讼观是相互关联的。由于民事纠纷起因于民事上权利义务的争执，原来调整民事权利义务关系的私法及其原则便应得到贯彻和实施。而国家的干预，必然会破坏当事人之间原来建立在私法关系之上的平等关系，这也不符合民事诉讼的运行规律。再从与市场经济的关系来说，由于国家在市场经济中的地位只是为经济实施调控，并不直接干预社会经济生活，所以反映在民事诉讼中，代表国家的法院只能是居中裁判。

2. 职权主义的含义和成因

职权主义是指法院在诉讼程序中拥有主导权。该主义可分为职权进行主义和职权探知主义两个方面的内容。职权主义和当事人主义相对立，具体是指在民事诉讼中，程序的进行以及诉讼资料、证据的收集等权能由法院担当。我国学者一般认为，苏联和原东欧国家的民事诉讼模式属于职权主义。在 19 世纪产业革命浪潮中，以至整个 20 世纪，各国在修改民事诉讼法时，强调了职权主义的色彩。

职权主义的典型代表是 1895 年制定的《奥地利民事诉讼法》。作为当事人主义鼻祖的法国从 1935 年开始，在遭受人民抵触的情况下，也逐渐导入职权主义的一些规定。1976 年《德国民事诉讼简易化法》也有此倾向。更令人深思的是，1990 年《美国民事司法改革法》和 1995 年至 1996 年英国沃尔夫勋爵组成的司法改革小组拟订的方案，也对英美法官在民事诉讼程序中的超然地位作出变更，强调法官对程序的干预。对此，日本学者江藤价泰曾形象地说，19 世纪的民事诉讼法为当事人主义型，而 20 世纪的为职权主义型。

20 世纪末的中国，职权主义在民事诉讼中盛行，究其根源有二：一是当事人主义支配下的诉讼程序造成了审判迟延、程序复杂以及费用增加等后果，因此，增强法院的职权，是为了防止不利于纠纷解决的情形出现；二是随着 19 世纪末产业革命的兴起，城市化和大规模化的纠纷产生，作为当事人主义基础的自由主义思想已经不能再主宰民事诉讼程序，为了迅速且经济地解决纠纷，各国开始强化民事诉讼中的法院职权。

至于 20 世纪 90 年代英美法系主要国家英国和美国表现出的对职权主义的羡慕，自然与当事人主义泛滥有着十分密切的关系。关于在纯当事人主义支配下的诉讼程序，诉讼迟延与诉讼费用高昂的弊端日显突出，成为司法制度改革的重要原因之一。

（三）案件审理中法院与当事人的作用分担

为了说明当事人主义与职权主义在当代民事诉讼中的表现，应借鉴外国民事诉讼法学理论的研究方法，将视角指向民事诉讼的审理程序，以说明二者在民事诉讼中的交错。

在民事诉讼审理程序中，大体上有三种情况：（1）诉讼程序的启动、终结及审理对象的确定；（2）有关审理对象基础的诉讼资料及证据收集；（3）程序的进行。在这三种情况中，因各国的法律规定不同，当事人主义和职权主义都有可能在其中得到适用。

以我国为例：一般诉讼程序的启动，基本上由当事人进行。而再审程序，不仅当事人有权启动，法院也可以依据职权发动，检察院同样可以提起再审程序，这里的职权主义倾向是极其浓厚的，也可以说是我国特有的职权主义与当事人主义结合的方式。

在法院正式受理案件，进入审理阶段之后，法院和当事人的作用分担主要出现在两种情况中，即审理内容确定的情形和程序运作的情形。就审理内容确定的情形而言，作为法院判决基础的诉讼资料及证据资料的收集，以当事人为主导，其重要的体现在于辩论主义；如果法院在收集诉讼资料和证据资料方面拥有主导权，则表现为职权探知主义。就程序运作的情形而言，如果当事人对程序的运作拥有主导权，则称为当事人进行主义；如果认可法院对程序运作拥有主导权，则称为职权进行主义。

为了说明职权进行主义中法院的作用，不能不论及法院的诉讼指挥权。诉讼指挥权是法院为了保证程序的进行，而依据职权运行诉讼程序的权能。它是职权主义的具体体现和核心。诉讼指挥权的主要内容包括：(1) 指挥程序进行的权能，含指定或变更期日、期间及中止诉讼程序等；(2) 在庭审中指挥当事人进行合理、有效的辩论；(3) 根据辩论的实际情况，调整辩论顺序，对辩论进行限制、分离或者合并；(4) 对当事人之间不明确、不清楚的陈述及主张行使释明权，促使当事人补充或完善自己的主张。诉讼指挥权的行使，使法院在民事诉讼中的权能与当事人明确区分，有助于及时、有效地解决民事纠纷。

（四）能动司法

1. 能动司法的提出

司法能动与司法克制是司法权的一体两面，二者共同构成了司法权的属性，对不同侧面的强调也形成了不同诉讼模式的界分。关于坚持能动司法、积极司法还是谨守司法克制、消极司法，多年来争议不断。比较鲜明的几种倾向是：有的认为司法过程要恪守被动性、消极性、中立性这些基本特征，不宜过分强调能动司法；有的认为既然法院依法裁判，其能动性的空间客观上就非常小，主要体现为消极性、被动性；有的则主张要大力弘扬能动司法。

自 20 世纪 80 年代以来，中国的民事诉讼遵循的是一条能动主义的发展主线，即在司法能动与司法克制的关系中，认为司法能动是矛盾的主要方面，司法克制是次要方面。2009 年 8 月，最高人民法院明确提出能动司法的主张，并且通过司法理念、司法政策、司法解释乃至司法判例等，向社会明确地昭示其追求能动主义的愿望，以使我国的民事诉讼能够适应中国国情，因应时代变化，回应社会需求。2012 年 8 月 21 日，最高人民法院“发布全国法院十大践行能动司法理念优秀案例”，2023 年 5 月 19 日，最高人民法院发布“十大能动司法（执行）典型案例”，明确将司法能动主义适用于审判程序与执行程序。2023 年 4 月 10 日，最高人民法院张军院长在国家法官学院 2023 年春季开学典礼上强调：要把能动司法贯穿新时代新发展阶段审判工作始终。在维持服务性、主动性、高效性的基础上，新时代能动司法进一步明确法院要严格依法办事，不能撇开法律效果讲社会效果与政治效果，使当下能动司法具有“以合法为基本要求”“以积极为工作风格”“以公正和效率为价值追求”的新特点。① 与西方司法能动主义相比，我国能动司法既有一定的创新（如强调调解的常规化运用以及便民、利民），也有较大的保留（如不承认法官造法，也不倡导超越法律规定）。这不仅是考虑了不同法系及司法制度之间的差异，更

① 参见张骐：《简论新时代人民法院能动司法》，载《中国应用法学》，2023（4）。

是对中国具体国情的尊重。

2. 能动司法的主要内容

中国的能动司法主要体现为以下四个方面：（1）把追求社会目标的实现作为司法的基本导向。法院及司法人员超越单一的法律思维以及对案件简单化认知的视野局限，关注社会总体目标的要求，关注社会发展与变化的趋势，关注我国社会现实矛盾和纠纷的复杂性，关注民生、民情和民意的总体状态，特别是注重司法行为的社会影响和社会效果，把个别化的司法行为与司法活动放置到社会目标的实现以及社会发展的大背景下予以认识和考虑。（2）以多元社会规则、多重社会价值作为司法的考量依据。（3）把调解作为处理社会纠纷的常规性司法方式。司法能动主义在中国的实践形态中最富有特色之处就是调解手段的广泛运用。（4）把便民、利民作为司法运行中应当考虑的重要因素。[①]

3. 能动司法的限度

我国能动司法虽然注重以多元社会规则、多重社会价值作为司法的考量依据，不主张把法律作为唯一的司法依据，但能动司法是在适用法律过程中的能动，不是突破法律，也不要求法官创造法律或超越法条的规定。因此，人民法院开展能动司法，必须严格遵守法律规定，不仅要严格遵守实体法，也要严格遵守程序法；必须尊重立法宗旨和法律精神，遵循法律解释和法律推理的基本要求，确保能动司法在法制的轨道上进行。[②]

第三节　民事诉讼法

一、民事诉讼法的概念和性质

（一）民事诉讼法的概念

民事诉讼与民事诉讼法是两个既相互联系又相互区别的概念。两者之间的关系是调整对象与法律本身的关系。民事诉讼是民事诉讼法的调整对象，民事诉讼法是调整民事诉讼的法律规范。具体而言，民事诉讼法就是规定人民法院和其他诉讼参与人在审理民事案件中所进行的各种诉讼活动以及由此而产生的各种诉讼关系的法律规范的总和。

民事诉讼法有狭义和广义之分。狭义的民事诉讼法又称形式意义上的民事诉讼法，是指国家颁布的关于民事诉讼的专门性的法律。在我国，狭义的民事诉讼法一是指1982年3月8日颁布的《民事诉讼法（试行）》；二是指1991年4月9日颁布实施、2023年9月1日第五次修正的《民诉法》。广义的民事诉讼法，又称实质意义上的民事诉讼法，除了《民诉法》，还指《宪法》和其他实体法、程序法中有关民事诉讼的规定，以及最高人民法院发布的指导民事诉讼的规范性文件。

---

① 参见顾培东：《能动司法若干问题研究》，载《中国法学》，2010（4）。

② 参见江必新：《能动司法：依据、空间和限度》，载《光明日报》，2010-02-04。

（二）民事诉讼法的性质

民事诉讼法就其本身的特性而言，可从以下三个方面理解。

（1）民事诉讼法是部门法。部门法之间是根据所调整的对象而区别的。民事诉讼法的调整对象是民事诉讼活动和民事诉讼关系，这种特定的调整对象是与其他法律部门相区别的根本标志。

（2）民事诉讼法是基本法。基本法是相对于宪法和其他民事程序法而言的，其效力低于宪法而高于一般法。宪法是国家根本法。民事诉讼法是由国家最高权力机关制定与修改的，在我国法律体系中和民法、刑法等均属于国家基本法，是一切民事程序法的基本法，它与其他民事程序法共同构成我国预防和解决民事纠纷的民事程序法律体系。

（3）民事诉讼法是程序法。程序法是相对实体法而言的。实体法是规定人们实体权利得到实现的法律。民事诉讼法属于民事程序法的主要组成部分，在民事程序法中起主导作用。

二、民事诉讼法的效力

民事诉讼法的效力，是指民事诉讼法对事、对人在什么时间和空间适用和发生作用。正确理解民事诉讼法的效力，是实现民事诉讼法的任务的前提。

（一）对事的效力

民事诉讼法对事的效力，是指人民法院依照民事诉讼法审理的民事案件的范围，即哪些案件应当依照民事诉讼法的规定进行审理，解决法院的主管问题。根据《民诉法》第 3 条和其他有关法律、法规的规定，法院依照民事诉讼法规定的程序审理的案件有两大类：一是平等主体之间因民事法律关系发生的争议，如因民法典、劳动法等调整的财产关系、人身关系所发生的争议；二是法律规定适用民事诉讼法审理的其他案件，如非讼案件。

（二）对人的效力

民事诉讼法对人的效力，是指民事诉讼法适用于哪些人。根据《民诉法》第 4 条的规定，凡在我国领域内进行民事诉讼的当事人，都应当按照我国民事诉讼法的规定进行诉讼活动。具体来说，这些人包括：（1）中国公民、法人和其他组织；（2）居住在我国境内的外国人、无国籍人以及外国企业和组织；（3）不在我国境内居住但要求在我国进行民事诉讼的外国人、无国籍人以及外国企业和组织；（4）享有外交特权和豁免权，但根据国际惯例和我国有关规定，其民事案件应受我国法院管辖的外国人。

（三）空间效力

民事诉讼法的空间效力，是指民事诉讼法适用空间的范围。我国民事诉讼法生效的空间范围是整个中国领域，包括中国的领土、领海和领空，以及领土的自然延伸部分。

（四）时间效力

民事诉讼法的时间效力，是指民事诉讼法的效力期间。我国《民诉法》的生效时间为1991年4月9日。2023年9月全国人民代表大会常务委员会《关于修改〈中华人民共和国民事诉讼法〉的决定》之施行时间为2024年1月1日。《民诉法》有溯及既往的效力，就是说，《民诉法》生效后，不论是审理《民诉法》生效前受理的案件，还是审理《民诉法》生效后受理的案件，人民法院都应适用新生效的《民诉法》。

三、民事诉讼法与相邻法律部门的关系

（一）与民事实体法的关系

（1）从实质意义上说，程序法与实体法是密不可分的，两者必须同时存在，互为依存，表现为形式与内容的统一。在社会生活中，规定法律关系主体之间权利义务内容的实体法，总是和保证其实施的程序法密切联系在一起的。从形式意义上说，程序法与实体法又是可以相互脱离的，只有民法典而无民事诉讼法典，或者只有民事诉讼法典而无民法典的情况，在世界各国的立法实践中屡见不鲜。比如法国，于1804年颁布民法典，而于1806年颁布民事诉讼法典，民法典先于民事诉讼法典2年公布。又如日本，于1891年公布民事诉讼法典，于1896年至1899年公布民法典，民事诉讼法典先于民法典公布约5年至8年。但是，即使没有形式意义上的民事诉讼法典，实质意义上的民事诉讼法总是存在的；虽然没有形式意义上的民法典，但也有实质意义上的民法。我国于1982年3月8日颁布《民事诉讼法（试行）》，没有同时颁布民法，直到1986年4月12日第六届全国人大四次会议才公布了《民法通则》。在《民法通则》公布之前，我国各级法院按照《民事诉讼法（试行）》审理了大量民事案件，这表明虽然没有公布形式意义上的民法典，但社会生活中存在大量民事纠纷，并有很多民事方面的法规可用来调整纠纷当事人之间发生的民事权利义务关系，也就是说实质意义上的民法是存在的。所以，从根本上说，程序法和实体法仍然同时存在，密不可分。

（2）程序法是法律的形式和内在生命的表现。对此可作如下理解：只有通过审判程序，实体法规范的内部生命才能得到实现。这是由法律具有强制性的特点所决定的。

总之，民事诉讼法与民法、知识产权法、劳动法等是程序法与实体法的关系。实体法是调整平等主体之间的财产关系和人身关系的法律，它规定了实体权利义务关系，由这些权利义务关系而产生的纠纷，就要通过民事诉讼法规定的诉讼程序来解决，确定其间的权利义务关系，并保证其实现，从而起到维护社会主义市场经济秩序的作用。可见，程序法与实体法在具有共同的价值目标的同时，又具有各自的独立价值，两者处于平等地位，不存在谁从属于谁的问题。

（二）与刑事诉讼法的关系

民事诉讼法与刑事诉讼法均属于程序法的范畴，都是为了保证实体法关系的实现而规定的诉讼程序的法律，因此民事诉讼法与刑事诉讼法在形式上有许多相同之处。但是，由于民事诉讼法与刑事诉讼法所调整的对象不同，两者之间又有重大区别：（1）具体的目的和任务不同。民事诉讼法的目的是解决民事纠纷，保护民事主体的合法权益，维护民事实体法律秩序。刑事诉讼法的目的则是查明犯罪事实，惩罚犯罪，维护刑事实体法律秩序。（2）起诉的主体不同。民事案件是由与本案有直接关系的当事人向人民法院提起诉讼的。刑事案件除自诉案件外，是由人民检察院代表国家提起公诉的，被害人一般不能直接向人民法院提起刑事诉讼。（3）某些基本原则不同。当事人诉讼权利平等原则、同等原则、处分原则、法院调解原则、辩论原则、支持起诉原则、人民调解原则是民事诉讼法的特有原则。分工负责、互相配合、互相制约原则，犯罪嫌疑人和被告人有权获得辩护的原则，则是刑事诉讼法的特有原则。（4）某些审判程序不同。民事诉讼法的第一审程序分为普通程序和简易程序。刑事诉讼法的第一审程序则分为公诉程序（含普通程序和简易程序）和自诉程序。此外，民事诉讼法还有特别程序，刑事诉讼法则有死刑复核程序。（5）执行程序不同。对于民事裁判绝大多数当事人都能自动履行，由人民法院强制执行的是少数。民事执行的目的是实现权利人的民事权利，而不是限制义务人的人身自由。刑事裁判除由人民法院执行外，还要由有关机关执行。刑事执行的目的，一般是限制或剥夺被告人的人身自由或者被告人的生命权。

（三）与破产法的关系

破产法除对破产界限、破产财产等实体问题作出规定外，还对破产程序作出规定，而破产程序是人民法院审理破产案件所必须适用的非讼程序。因此，破产法是实体法和程序法的统一体。破产法与民事诉讼法关系十分密切。根据《破产法》第 4 条的规定，破产案件审理程序，本法没有规定的，适用民事诉讼法的有关规定。所以，民事诉讼法的许多基本原则和基本制度都适用于破产程序。

（四）与其他民事程序法的关系

民事程序法是保护公民、法人或其他组织的实体权益的程序法律规范的总和。民事诉讼法是协调各种民事程序法的基本法，与其他民事程序法（公证法、人民调解法、仲裁法等）共同构成了我国预防和解决民事权益纠纷的民事程序法律体系。

1. 与公证法的关系

公证法是民事程序法的一种，是调整公证机关公证证明活动的规范依据。公证法与民事诉讼法关系密切，主要体现在：（1）经过法定程序公证证明的法律行为、法律事实和文书，人民法院应当作为认定事实的根据；但有相反证据足以推翻公证证明的除外。（2）诉讼前证据，由公证机关根据当事人的申请，以公证证明方式予以保全，在当事人起诉后，把保全的证据移送受诉人民法院审查。（3）公证机关依法赋予强制执行效力的债权文书，一方当事人不履行的，对方当事人可以向有管辖权的人民法院申请强制执行。

但是，民事诉讼法与公证法又有区别：（1）调整对象不同。公证法的调整对象是公证活动。民事诉讼法的调整对象是诉讼活动和诉讼关系。（2）活动性质不同。公证活动具有非讼性质，它是在民事法律关系发生纠纷之前进行的，公证机关与当事人之间的关系是非讼法律关系。民事诉讼活动具有诉讼性质。民事诉讼中的诉讼活动和诉讼关系是在民事法律关系发生纠纷之后进行的。（3）程序不同。公证法规定的是公证程序，公证活动应依照公证法规定的公证程序进行。民事诉讼法规定的是民事诉讼程序，民事诉讼活动则应按照民事诉讼法规定的诉讼程序进行。

2. 与人民调解法的关系

人民调解是我国民间解决纠纷的一种方式，这种方式对解决民间纠纷、减少诉讼起到很大作用。《人民调解法》是人民调解的主要规范依据。人民调解法也是程序法，它与民事诉讼法的关系十分密切。

但是，人民调解法与民事诉讼法又有重大区别：（1）人民调解委员会是群众性的自治组织，因而人民调解属非讼调解，这种调解基于当事人的自愿，不是诉讼前的必经程序，当事人不接受调解的，可以直接向人民法院提起诉讼。（2）调解所达成的协议具有民事合同性质，不具有强制执行的效力，但《人民调解法》和《民诉法》赋予经司法确认的人民调解协议以执行力。[①]（3）人民调解委员会调解案件，如违反法律规定的，人民法院应当予以纠正。

3. 与仲裁法的关系

仲裁法与民事诉讼法都是处理民事纠纷的程序法，但仲裁法是调整仲裁活动的程序法律，具有非讼性质。针对仲裁与诉讼有联系的问题，仲裁法与民事诉讼法都作出了规定。这些有联系的问题主要是：（1）《民诉法》第127条第2项规定双方当事人达成书面仲裁协议申请仲裁、不得向人民法院起诉的，人民法院告知原告向仲裁机构申请仲裁。（2）《仲裁法》第26条规定了当事人达成仲裁协议，一方向人民法院起诉未声明有仲裁协议，人民法院受理后，另一方在首次开庭前未对人民法院受理该案提出异议的，应视为放弃仲裁协议，人民法院应当继续审理。（3）《仲裁法》第20条规定，当事人对仲裁协议的效力有异议的，可以请求仲裁委员会作出决定或者请求人民法院作出裁定。一方请求仲裁委员会作出决定，另一方请求法院作出裁定的，由法院裁定。

此外，2007年颁布的《劳动争议调解仲裁法》、2009年颁布的《农地承包调解仲裁法》分别对劳动争议的调解仲裁和农村土地承包经营纠纷的调解仲裁进行了规范，并且

① 《人民调解法》第33条规定：经人民调解委员会调解达成调解协议后，双方当事人认为有必要的，可以自调解协议生效之日起30日内共同向人民法院申请司法确认，人民法院应当及时对调解协议进行审查，依法确认调解协议的效力。人民法院依法确认调解协议有效，一方当事人拒绝履行或者未全部履行的，对方当事人可以向人民法院申请强制执行。《民诉法》第205、206条对于司法确认调解协议的程序作了进一步规定。《衔接意见》第20条进一步扩大了司法确认的诉外调解协议的范围，规定“经行政机关、人民调解组织、商事调解组织、行业调解组织或者其他具有调解职能的组织调解达成的具有民事合同性质的协议，经调解组织和调解员签字盖章后，当事人可以申请有管辖权的人民法院确认其效力”。

对当事人不服仲裁裁决时请求法院进行司法救济的权利予以规定。①

可见，民事诉讼法不仅是规定民事诉讼的法律，而且对公证、人民调解、仲裁等在民事程序系统中的地位、作用，以及民事诉讼法对其具有的保障作用都作了相应的规定。

第四节　民事诉讼法律关系

一、民事诉讼法律关系概述

（一）民事诉讼法律关系的概念

民事诉讼法律关系，是指民事诉讼法律、法规所调整的人民法院、当事人及其他诉讼参与人之间存在的以诉讼权利和诉讼义务为内容的具体的社会关系。民事诉讼法律规范的存在，是特定的社会关系转变为民事诉讼法律关系的前提；民事诉讼法律关系，是民事诉讼法律规范在现实生活中的体现。

（二）民事诉讼法律关系的特征

民事诉讼法律关系具有如下特征。

1. 民事诉讼法律关系是由审判法律关系和争讼法律关系构成的特殊的社会关系

（1）审判法律关系。所谓审判法律关系，是指在法院与当事人和其他诉讼参与人之间形成的，由民事诉讼法律规范所调整的具体的社会关系。首先，审判法律关系表现为法院和当事人之间的关系。当事人通过行使诉权为法院行使审判权提供了契机和条件。原告起诉，法院审查认为符合法定条件，决定受理，这就开始产生了原告与法院之间的诉讼关系；法院在法定期限内将起诉状副本送达被告，又产生了法院同被告之间的诉讼关系。其次，审判法律关系还表现为法院同其他诉讼参与人之间发生的关系。在诉讼过程中，为了顺利地作出裁判，法院还将同其他诉讼参与人发生诉讼关系，例如告知证人权利义务，指定鉴定人等。在审判法律关系中，法院始终是一方主体，审判权是这一法律关系得以存在的一个重要条件。

（2）争讼法律关系。所谓争讼法律关系，是指在当事人之间以及当事人与其他诉讼参与人之间形成的由民事诉讼法律规范所调整的社会关系。首先，争讼法律关系表现为当事人之间在诉讼过程中形成的诉讼关系。原告一方积极地诉讼，被告一方被动地参加诉讼，这一事实就在双方当事人之间创设了一系列的权利义务关系。当事人为了获得于己有利的裁判，在诉讼过程中必然要求相互抗辩，实施攻击防御的诉讼行为。只有在双方当事人的相互对抗中，法院才能查清案件事实。当然，当事人双方也可能自愿达成和

① 《劳动争议调解仲裁法》第50条规定：当事人对本法第47条规定以外的其他劳动争议案件的仲裁裁决不服的，可以自收到仲裁裁决书之日起15日内向人民法院提起诉讼；期满不起诉的，裁决书发生法律效力。《农地承包调解仲裁法》第48条规定：当事人不服仲裁裁决的，可以自收到裁决书之日起30日内向人民法院起诉。逾期不起诉的，裁决书即发生法律效力。

解协议，从而终结诉讼。其次，争讼法律关系还表现为当事人与其他诉讼参与人之间的诉讼关系。例如，当事人委托代理人代为实施诉讼行为，当事人对证人证言进行质证，翻译人员为当事人进行翻译等。争讼法律关系的存在以当事人和其他诉讼参与人的诉讼权利和诉讼义务为基础。

延伸阅读 1－1

民事诉讼法律关系存在于哪些主体之间

2. 民事诉讼法律关系体现了法院审判权同当事人诉讼权利的有机结合

如果没有法院审判权，那么一切民事诉讼法律关系都不可能发生；如果没有当事人的诉讼权利，审判权也就失去了存在的意义。法院审判权和当事人的诉讼权利有机地结合在民事诉讼法律关系中，恰当地区分了法院和当事人在民事诉讼中的地位和作用。这将突破以往将民事诉讼视为纯粹由法院行使国家审判权作出裁判的法院包办的民事诉讼的观念，与近年来我国的审判方式改革的目标是完全一致的。只有强调法院审判权与当事人的诉讼权利并重，才能增强当事人的诉讼主体地位，更好地通过正当程序保障当事人的合法权益，保证民事诉讼的目的得以实现。

（三）民事诉讼法律关系学说的发展

1. 国外民事诉讼法律关系学说的发展

民事诉讼法律关系这一概念最初是由德国学者标罗在 1868 年的《诉讼抗辩和诉讼要件论》一书中提出的。标罗认为，民事诉讼程序是双方当事人和法院之间的一种统一的、逐步发展着的法律上的关系，一如民事法律关系，其中一方的权利对应着另一方的义务。标罗的民事诉讼法律关系理论的主要目的在于明确当事人与法院之间的权利义务关系，强调法院作为第三方裁判者进行审判的地位。标罗所创立的民事诉讼法律关系理论对其他大陆法系国家产生了深刻的影响，在日本，其影响一直持续到 20 世纪 50 年代末期。三月章教授把民事诉讼法律关系界定为在当事人和法院之间存在的法律关系，即在作为私人的当事人和作为国家权力行使者的法院之间存在的法律关系。

另外一种对民事诉讼法律关系的界定，是哥尔德施密特创造的诉讼法律状态说。他提出了以对有利判决的期望和避免不利判决带来的负担这两种观念来代替诉讼法律关系中的权利义务观念，从而将诉讼空间作为当事人进行你死我活的斗争的场所。诉讼法律状态说对后世民事诉讼法学也产生了重大影响。

在法国理论界，曾经有人将诉讼法律关系看作具有契约性质或者准契约性质的关系。但是现在一般认为，诉讼法律关系是一种“源于法律规定”的“法律关系”。这一关系既涉及当事人之间的相互关系，也涉及当事人与法官所代表的国家的关系，甚至可以对第三人产生某些特定效果。

2. 我国民事诉讼法律关系学说的发展

我国民事诉讼法学中的通说将民事诉讼法律关系定义为：民事诉讼法律关系是受民事诉讼法调整的人民法院和一切诉讼参与人之间存在的以诉讼权利、诉讼义务为内容的具体的社会关系。并由此概括出民事诉讼法律关系的两个特点：一是法院总是民事诉讼法律关系的一方主体，而且始终处于主导地位；二是法院与各诉讼参与人间具有既独立又相互联系的性质。通说的主要依据在于，民事诉讼法律关系的形成，是以当事人的诉权和法院的审判权为基础的，与发生于平等主体之间的民事法律关系具有不同性质。法院是诉讼的指挥者和组织者，各诉讼参与人都与法院直接、单独地发生诉讼法律关系。

二、民事诉讼法律关系的要素

民事诉讼法律关系和其他法律关系一样，也是由主体、内容和客体三个要素组成的。

（一）民事诉讼法律关系的主体

1. 民事诉讼法律关系主体的概念

所谓民事诉讼法律关系的主体，是指在民事诉讼中享有诉讼权利和承担诉讼义务的国家机关、公民、法人和其他组织。所有这些主体都依不同的诉讼原因进入诉讼程序，依法享有诉讼权利，并承担相应的诉讼义务。

在我国民事诉讼理论中，还有一个与诉讼法律关系主体的概念有关的诉讼主体概念。所有的诉讼主体都是诉讼法律关系主体，但是两者又有很大区别：诉讼主体比诉讼法律关系主体的内涵严格，诉讼主体不仅在诉讼程序中享有诉讼权利和承担诉讼义务，而且必须有权进行使诉讼程序发生、变更或消灭的诉讼行为。

2. 民事诉讼法律关系主体的范围

民事诉讼法律关系主体包括人民法院、人民检察院、诉讼参加人和其他诉讼参与人。

（1）人民法院。人民法院是行使国家审判权的机关，通过行使审判权，与当事人和其他诉讼参与人形成审判法律关系。在审判法律关系中，人民法院负有组织和指挥诉讼程序的职责。由于人民法院的诉讼行为能够在一定程度上决定诉讼程序的开始、变更或消灭，所以，人民法院既是民事诉讼法律关系主体，又是诉讼主体。

（2）人民检察院。人民检察院作为国家的法律监督机关，有权对人民法院的民事审判和执行活动进行监督，由此形成的监督法律关系构成民事诉讼法律关系的组成部分。

（3）诉讼参加人。诉讼参加人包括当事人和诉讼代理人。原告、被告、共同诉讼人、第三人和诉讼代表人等当事人在诉讼过程中享有广泛的诉讼权利，对诉讼程序和民事诉讼法律关系的发生、发展和终结具有决定性的影响，因此，他们既是民事诉讼法律关系主体，又是诉讼主体。法定代理人在诉讼过程中享有同被代理的当事人基本相同的诉讼权利，其所实施的诉讼行为能够左右民事诉讼程序的发生、变更和消灭，因此，法定代理人既是民事诉讼法律关系主体，又是诉讼主体。委托代理人若未经被代理的当事人特别授权，则只能享有一般性的诉讼权利，只能是民事诉讼法律关系主体，而不具有诉讼主体资格；但是在经被代理的当事人特别授权的情况下，委托代理人也可以成为诉讼主体。

（4）其他诉讼参与人。诉讼参加人以外的证人、鉴定人、诉讼辅佐人和翻译人员同诉讼结果不具有法律上的利害关系。他们基于不同的原因参加诉讼，分别与人民法院产生审判法律关系，与当事人产生争讼法律关系，以协助法院和当事人查明案件事实。尽管在这一过程中其他诉讼参与人也依法享有诉讼权利和承担诉讼义务，但是他们实施的诉讼行为不能引起民事诉讼程序的发生、变更和消灭，因而，他们虽然是民事诉讼法律关系主体，但不是诉讼主体。

（二）民事诉讼法律关系的内容

民事诉讼法律关系的内容，是指民事诉讼法律关系主体依照诉讼法律规范所享有的诉讼权利和承担的诉讼义务。所谓民事诉讼权利，是指诉讼法律规范所规定的民事诉讼法律关系主体所享有的实施一定诉讼行为的可能性。所谓民事诉讼义务，是指诉讼法律规范所规定的民事诉讼法律关系主体实施一定诉讼行为的必要性。

民事诉讼法律关系的主体不同，所享有和承担的具体的诉讼权利义务也不尽相同。人民法院的诉讼权利和诉讼义务，是同行使国家审判权的职责结合在一起的。人民检察院的诉讼权利和诉讼义务的基础是法律监督权。当事人的诉讼权利和诉讼义务的范围比较广泛，随着我国民事审判方式的改革，当事人的诉讼权利和诉讼义务的范围进一步扩大。诉讼代理人的诉讼权利和诉讼义务是基于诉讼代理权而产生的。其他诉讼参与人在诉讼中必须为查明案件事实，配合法院对诉讼程序的指挥；必须对当事人负责，如实地反映案件事实，或者协助当事人实现他们的权利。当然，其他诉讼参与人因其参加诉讼的身份不同，各自享有的诉讼权利和承担的诉讼义务也不尽相同。

（三）民事诉讼法律关系的客体

民事诉讼法律关系的客体，是指民事诉讼法律关系主体的诉讼权利和诉讼义务所指向的对象。民事诉讼法律关系主体之间存在多种民事诉讼法律关系，各个主体所享有的诉讼权利和承担的诉讼义务不尽相同，因此客体也有区别。

人民法院和当事人之间的诉讼权利义务所指向的对象，是案件的客观事实和实体权利请求。当事人要求人民法院查明案件事实，通过裁判以保护其合法权益，同时，当事人也有义务提供证据，证明案件事实，进而支持其实体权利请求；而人民法院的主要职责就在于查明案件事实，对当事人的诉讼请求作出裁判。

人民法院和人民检察院之间的诉讼权利义务所指向的对象，是人民法院生效裁判认定的事实和适用的法律。

人民法院和其他诉讼参与人之间的诉讼权利义务所指向的对象，是案件的客观事实。证人、鉴定人和勘验人员行使诉讼权利和承担诉讼义务，是为了揭露案件的事实真相；人民法院要求证人出庭作证，要求鉴定人就某些专门技术性的问题进行鉴定并提供鉴定结论，要求勘验人员提供勘验笔录，也是为了协助查明案件的客观事实；翻译人员如实提供译文，也是为了反映案件的真相。

当事人之间的诉讼权利义务所指向的对象，是诉讼理由和诉讼请求。为了获得对自己有利的裁判，当事人双方将围绕案件的客观事实、法律依据和诉讼请求展开对抗，行使诉讼权利和承担诉讼义务。

当事人与其他诉讼参与人之间的诉权权利义务所指向的对象是案件的客观事实。而诉讼代理人的诉讼权利义务所指向的对象与被代理的当事人的诉讼权利义务所指向的对象相同。

问题与思考

请扫描二维码测试，并查看参考答案

第二章

诉与诉权

【**本章概要**】民事之诉即民事争讼案件，其构成要素有诉的主体、诉的客体（诉讼标的和诉讼请求）、诉的原因。诉讼标的是诉的质的规定性，决定诉讼请求。根据诉的构成要素并结合其他必要诉讼事项来设立起诉条件和诉讼要件。通常根据诉的构成要素来判断是否重复起诉。诉的合并包括诉的主观合并（当事人合并）和诉的客观合并（诉讼标的合并）。诉的变更包括诉的主观变更（当事人变更）和诉的客观变更（诉讼标的变更）。诉的客观合并、被告反诉和诉的客观变更除应具备通常起诉要件外，还应具备其他特殊要件。民事诉权是关于民事之诉的权利，包含程序内涵和实体内涵。民事诉权是当事人向国家法院行使的请求权（公权性），属于基本权利。比较而言，保护民事诉权是主要方面，虚假诉讼和诉权滥用的构成要件应当严格，否则会阻碍当事人合法行使民事诉权。

第一节　民事之诉

一、诉的含义与构成要素

（一）民事之诉的概念

在民事法律领域，对于“民事之诉”的“诉”，主要有以下几种理解。

（1）“诉”可指一种“制度”，即民事之诉制度，其主要内容包括有关诉的要件（起诉要件、诉讼要件等）、诉讼标的、诉的识别、诉的类型、诉的合并与变更等程序规范。

（2）“诉”可为动词，其意为“起诉”（其中的“诉”为名词），实为行使诉权，比如“一事多诉”“甲诉乙房屋买卖合同纠纷案”等。英语 versus（简写为 v. 或 vs.）即动词“诉”之意，比如 Brown v. Board of Education [347 U. S. 483 (1954)]（布朗诉教育委员会案）。

（3）“诉”可为名词，例如给付之诉、确认之诉、形成之诉；侵权之诉、违约之诉、合同撤销之诉；第三人撤销之诉、执行异议之诉等。作名词时，“诉”即“案件”之意，一个“诉”即一个“案件”，譬如“侵权之诉”也可称为“侵权案件”；“诉”专指民事实体争议案件，即对民事权益、义务或责任或者法律规定的特定民事法律事实存在争议的案件（简称“争讼案件”）。

从名词的角度来界定，“诉”是指具体原告对具体被告向法院请求审判具体的实体主张或者民事权益主张。具体阐释如下。

（1）“诉”依其本质来看，是原告请求法院给予诉讼救济。诉是由原告提起的，提起诉的直接目的是请求法院审理和判决特定的实体（法）主张。在民事纠纷解决领域，“诉”是当事人请求“公力救济”的典型方式，即请求法院利用国家审判权来解决民事纠纷，保护民事权益。

（2）“诉”是具体原告对具体被告提起的。在特定的“诉”中，原告和被告均应是具体的或明确的，并且原告与被告处于对抗或对立的态势。所谓诉，实际上是进入民事诉讼程序接受法院审判的民事纠纷。“起诉”启动的程序是初审程序，属于民事争讼程序。非讼程序、执行程序、保全程序、人身安全保护令程序、人格权侵害禁令程序等具有非讼性（非争议性），启动方式是“申请”。

（3）原告的具体实体请求或者民事权益主张构成了诉讼标的和诉讼请求的实体内容。例如，原告基于物的交付请求权，请求被告给付某物；原告基于婚姻关系解除权，请求与被告离婚等。

原告提起“诉”的根据是其享有“诉权”。与诉权的程序内涵和实体内涵相一致，“诉”是程序请求与实体请求的统一体：（1）程序内涵，即原告请求法院行使审判权。诉和诉权的程序性是启动诉讼程序的根据。（2）实体内涵，即诉讼标的和诉讼请求的实体内容。

（二）诉的构成要素

诉的构成要素，是指一个完整的诉（或民事争讼案件）所必要的内容或因素。诉的构成要素，实际上是对名词意义上的“诉”进行内容分析。一个完整的诉由三方面要素构成：诉的主体、诉的客体和诉的原因（或称诉的原因事实，简称诉因）。

（1）诉的主体：原告与被告（双方当事人）。“诉”是原告的“诉”，法院是诉的审判者故应被排除在诉的主体之外。争议或者争讼的民事法律关系或者民事法律效果存在于纠纷双方主体之间，原告针对被告提起诉（原告诉被告），所以诉的主体是原告与被告，由此争讼程序适宜对审原则（或称双方当事人审理主义）。

（2）诉的客体：诉讼标的与诉讼请求。诉讼标的和诉讼请求共同体现当事人提起诉的目的，共同构成法院审判的主要对象或主要范围。

（3）诉的原因：民事权益产生（或发生）要件事实（或直接事实），包括民事法律事实（如原告与被告签订合同）和民事纠纷事实（如被告违约），支持诉讼标的和诉讼请求，并使诉特定化或具体化（“诉的识别”）。

民事之诉的构成要素包括以上三个方面的因素，在国际社会大体上是被认同的。比如，《海牙民商事案件外国判决的承认和执行公约》（1971 年）将“同一当事人之间，基于同样事实以及具有同一标的的诉讼”，作为一事不二讼中是否为同一“事”的判断标准（第 5 条）。

在民事诉讼领域，广义的诉的理由（或称诉的根据、诉讼理由和诉讼根据）包括支持原告所提之诉讼标的和诉讼请求的案件实体事实和实体法根据。狭义的诉的理由仅指支持原告所提之诉讼标的和诉讼请求的实体法根据。我们认为，实体法根据不宜作为诉的构成要素。法律和事实的区分很重要，与事实不同，法律是由法官选择适用的，即所谓“当事人负责事实，法官负责法律”，并且在案件审理终结时法官才能决定实体法规范的适用。因此，既然诉是由原告提起的，就不应由原告在起诉时就确定实体法规范的具体适用，但这并不妨碍原告在起诉状（包括反诉状）中援用实体法根据。因此，我们将诉的原因确定为案件实体事实（民事权益产生的要件事实或者直接事实），由此可将诉的原因称为诉的原因事实。

证明民事权益产生要件事实的本证并非诉的构成要素。《民诉法》第 68 条和《民诉解释》第 99 条等要求当事人在举证期限[①]内提供证据，若当事人因正当理由无法提供证据则应在举证期限内申请法院收集。有关公益的案件事实则应适用法院依职权调取证据的规定。诸多国家将证据的提供（原告提供本证）作为诉状的任意记载事项而不作强行性规定，法律上和实务中往往鼓励原告在起诉时就提供充足的证据。在我国，根据《民诉法》第 124 条的规定，起诉状应当记明“证据和证据来源，证人姓名和住所”，只是记明并非提供。

诉的构成要素的意义，主要有以下几点。

（1）根据民事之诉的构成要素，法律设定起诉要件，并判断当事人所提的“诉”是不是一个完整的“诉”，若不是，则法院驳回起诉。

（2）诉的构成要素使“诉”特定化，从而使一“诉”与他“诉”区别开来，以配合“一事不再理”或既判力原则的适用，即诉的识别问题。

（3）根据诉的构成要素来确定诉的合并或变更。比如，原告或被告是二人以上或发生变更，分别构成诉的主观合并（当事人合并）或诉的主观变更（当事人变更）；诉讼标的之增加或变更，分别构成诉的客观合并或客观变更。

（4）诉讼标的和诉讼请求体现了当事人的诉讼目的，两者共同构成了诉权的实体内容，同时也成为法院审判的主要对象。

（5）诉的构成要素决定了判决既判力的范围。通常情况下，诉的主体为判决既判力的主观范围，诉讼标的则为判决既判力的客观范围。

二、诉讼标的与诉讼请求

（一）诉讼标的

诉讼标的，也称“诉讼客体”“诉讼对象”“系争标的”等。诉讼标的理论是有关诉讼标的之内涵、识别标准以及解释诉讼现象的理论。诉讼标的及其理论是民事诉讼核心问题之一。

我国采用成文法主义，民事诉讼基本上属于“规范出发型”诉讼，其目的主要是保

---

① 《民诉解释》第 99 条第 1 款规定：“人民法院应当在审理前的准备阶段确定当事人的举证期限……”

护民事权益、解决民事纠纷等，所以在我国立法上和实务中，诉讼标的通常是指民事当事人之间争议的请求法院审判的民事实体法律关系或者民事实体权益。具体解说如下。

（1）诉讼标的是指当事人之间存在的民事实体法律关系或者当事人（或原告）所主张的民事实体权益。此处的“民事实体权益”，可以指所有权、债权、人身权等实质权益，更多的是以权利作用为标准所划分的请求权、支配权和形成权。比如，买方A与卖方B之间存在的货物买卖合同法律关系，或者A所享有的请求B给付合格货物的请求权，B所享有的请求A支付价款的请求权等。

（2）诉讼标的是指当事人之间发生争议的民事实体法律关系或者当事人（或原告）所主张的民事实体权益。若A与B均履行了合同义务，并未发生争议，则买卖合同法律关系或请求权还不能成为诉讼标的。只有当A与B发生争议，如因为A没有按照合同支付价款而发生了争议时，该买卖合同法律关系或者B所主张的请求A支付价款的请求权才可能成为诉讼标的。

（3）诉讼标的是指当事人之间发生争议的请求法院审判的民事实体法律关系或者当事人（或原告）所主张的民事实体权益。若A与B通过和解、调解或仲裁来解决争议，则A与B之间发生争议的买卖合同法律关系或者B所主张的给付价款的请求权仍然不能成为诉讼标的。只有当B提起民事诉讼请求法院审判该争议时，A与B之间发生争议的买卖合同法律关系或者B所主张的请求A支付价款的请求权才能成为诉讼标的。

在上例中，“买卖合同法律关系或请求权”构成了诉讼标的之实体内容，而“请求法院审判”体现出诉讼标的之程序内容。因此，诉讼标的同时具有实体内容（或实体性质）和程序内容（或程序性质）。

我国主要是根据诉讼标的来确定案由的。根据《案由规定》，民事案件案由主要依据当事人主张的民事法律关系的性质来确定，对少部分案由也依据请求权、形成权或者确认之诉、形成之诉的标准进行确定①，比如，变更抚养关系纠纷、确认收养关系纠纷、票据付款请求权纠纷、公证损害责任纠纷、人身自由权纠纷、探望权纠纷、业主专有权纠纷、业主知情权纠纷、共有人优先购买权纠纷、买卖合同纠纷、债权人代位权纠纷等。

根据上诉程序和再审程序的目的，上诉案件、再审案件与原审案件是同一案件（诉），所以上诉案件、再审案件的诉讼标的是原审案件的诉讼标的，上诉人、再审原告等要求法院废弃原审判决的诉讼法上的形成权并非诉讼标的。

诉讼标的、诉讼标的物和诉讼标的额之间虽有联系，但其为不同概念。所有的诉均有诉讼标的和诉讼请求，但是只有在有关物的诉中，才有诉讼标的物。在“诉”中，诉讼标的物为原告与被告之间争议之物（动产或不动产），往往需要根据市场价格，确定标的物之金额，此金额即为诉讼标的额。② 也有直接请求给付金钱的，其金额也为诉讼标

---

① 少部分案由也包含争议焦点、标的物、侵权方式等要素。参见最高人民法院《关于印发修改后的〈民事案件案由规定〉的通知》（法〔2020〕346号）。

② 诉讼标的物是证券的，按照证券交易规则并根据当事人起诉之日前最后一个交易日的收盘价、当日的市场价或者其载明的金额计算诉讼标的金额（《民诉解释》第197条）。诉讼标的物是房屋、土地、林木、车辆、船舶、文物等特定物或者知识产权，起诉时价值难以确定的，人民法院应当向原告释明主张过高或者过低的诉讼风险，以原告主张的价值确定诉讼标的金额（《民诉解释》第198条）。

的额。

（二）诉讼标的与诉讼请求

学术界将包含原告对法院的审判请求称为“广义的诉讼请求”，即包含上文所述的诉讼标的和诉讼请求。这样的话，很可能产生混乱。在我国立法上和实务中，诉讼标的不同于诉讼请求，但是两者之间存在一致性。诉讼请求（或诉的声明、请求旨意）是原告以诉讼标的为基础提出的具体实体请求。换言之，诉讼请求是指原告获得实体（法）上的具体法律地位或具体法律效果的诉讼主张。具体实体请求即原告行使诉权或提起诉讼所欲获得的具体的实体法律地位或实体法律效果，构成了诉讼请求的实体内容。

1. 给付之诉的诉讼标的与诉讼请求

给付之诉的诉讼标的是原告主张的具有给付内容的实体法律关系，或者是当事人（或原告）主张的给付请求权（或称请求权）。比如，《案由规定》中有“公证损害责任纠纷”的案由，其诉讼标的是原告（公证申请人等）主张的公证处给付相关费用的侵权损害赔偿法律关系，或者是原告（公证申请人等）主张的请求公证处承担损害赔偿责任的请求权。《案由规定》有直接以“请求权”来规定“案由”的，比如票据付款请求权纠纷、票据交付请求权纠纷、票据利益返还请求权纠纷、汇票回单签发请求权纠纷等。

财产给付之诉的诉讼请求则是给付什么或给付多少，比如请求被告返还×街×号的三间房屋（此处三间房屋为诉讼标的物），请求被告支付货款 5 000 万元（5 000 万元为诉讼标的额）。行为给付之诉的诉讼请求要么是请求作为（比如消除危险、赔礼道歉等），要么是请求不作为（比如停止侵害等）。

【案例 2－1】B 打伤了 A，于是 A 向法院对 B 提起了侵权损害赔偿之诉，请求法院判决 B 向 A 赔偿医疗费 5 000 元、精神损害费 2 000 元。

此案例中，诉讼标的是 A 与 B 之间存在的侵权损害赔偿法律关系或者 A 所主张的请求 B 承担侵权损害赔偿责任的请求权，诉讼请求是 A 基于诉讼标的所提出的 B 赔偿医疗费 5 000 元、精神损害费 2 000 元的具体实体请求。

诉讼标的是诉的质的规定性，一个“诉”只有一个“诉讼标的”。若同一个诉讼程序中存在两个以上的诉讼标的，则有两个以上的诉（诉的客观合并）。若诉讼标的发生变更则诉发生了质的变更，即变成另一诉（发生诉的客观变更），比如 A 将“侵权损害赔偿法律关系”变更为“买卖合同法律关系”，则由侵权之诉变更为违约之诉。

给付之诉中，诉讼请求在数量上变更了（减少或增加诉讼请求），比如在【案例 2－1】中，若 A 减少诉讼请求的种类，只要求 B 赔偿医疗费 5 000 元，或者 A 增加诉讼请求的种类，要求 B 赔偿误工费 1 000 元，或者 A 减少诉讼请求的金额，要求 B 赔偿医疗费 4 000 元等，均属于当事人处分权的范畴，并未改变诉或诉讼标的质的规定性，诉仅发生了量的变更，还是原来的诉，原诉并未发生客观变更。

2. 确认之诉的诉讼标的与诉讼请求

通常情况下，积极确认之诉的诉讼标的是争议的民事法律关系（或民事权益），或者是原告对该民事法律关系（或民事权益）所主张的支配权；原告的诉讼请求则是请求法院判决确认争议的民事法律关系（或民事权益）成立或者有效。比如，确认劳动关系之诉的诉讼标的是原告与被告之间的劳动关系或对劳动关系的（肯定性）支配权，原告的诉讼请求则是请求法院判决确认劳动关系成立。

通常情况下，消极确认之诉的诉讼标的是争议的民事法律关系（或民事权益），或者是原告对该民事法律关系（或民事权益）所拥有的（否定性）支配权；原告的诉讼请求则是请求法院判决确认争议的民事法律关系（或民事权益）不成立或者无效。比如，确认婚姻无效之诉的诉讼标的是争议的婚姻关系，原告的诉讼请求则是请求法院确认婚姻关系无效。

依据《案由规定》，当事人对特定法律事实存在争议的，也可以提起确认之诉，比如确认证券发行失败之诉、确认不侵害商标权之诉等。我们认为，在此特殊类型的诉中，其诉讼标的不是双方当事人之间争议的民事法律关系而是争议的法律事实。

3. 形成之诉的诉讼标的与诉讼请求

形成之诉的实体法基础通常是原告享有或者主张的形成权。就请求法院运用判决变动民事法律关系（或民事权益）的形成之诉来说，其诉讼标的是原告主张变动的具体民事法律关系（或民事权益），或者是原告对该民事法律关系（或民事权益）所主张的形成权。就请求法院运用判决变动特定法律事实的形成之诉来说，比如依据《案由规定》，请求变更公司登记之诉的诉讼标的是原告对公司登记这项法律事实所主张的形成权。

形成之诉的诉讼请求通常是原告请求法院变动某项民事法律关系（或民事权益）。比如，原告提起离婚之诉，其诉讼标的是原告主张解除的婚姻关系或者原告对该婚姻关系的解除权，诉讼请求则是原告请求法院解除婚姻关系（判决离婚）。

在形成之诉和确认之诉中，从表象上来看，诉讼请求的变更也会改变诉的质的规定性，比如原告将“请求法院判决离婚”的诉讼请求变更为“请求法院判决婚姻无效”，即将形成之诉（诉讼标的是解除权）变更为确认之诉（诉讼标的是支配权），但实质是诉讼标的之变更引起诉讼请求的变更。

三、诉的类型与诉的识别

（一）诉的类型

通常根据诉讼标的之性质和内容，可将诉分为给付之诉、确认之诉和形成之诉，分别对应于实体法上的请求权、支配权和形成权。

诉讼标的之性质和内容表明原告请求法院给予保护的具体形式。原告提起给付之诉旨在获得给付判决，提起确认之诉旨在获得确认判决，提起形成之诉旨在获得形成判决，给付判决具有执行力，而确认判决和形成判决不需要执行。

1. 给付之诉

给付之诉是指原告请求被告履行一定给付义务之诉。原告所主张的给付，包括被告的金钱给付、物之给付及行为给付（包括作为和不作为）。

民事权益人对民事义务人享有特定的给付请求权，是给付之诉成立的实体（法）基础。就是说，给付之诉的诉讼标的是原告享有或者主张的给付请求权。

给付之诉包括现在给付之诉和将来给付之诉。现在给付之诉通常是指在起诉时，被告债务履行期已届至的给付之诉。将来给付之诉是指在起诉时，被告债务履行期未到的给付之诉。

现在给付之诉由于是给付义务已届清偿期之诉，所以原则上给付义务的清偿期一到就具备诉的利益。[①] 不过，原告在被告未拒绝履行的情况下起诉的，虽有诉的利益，但若被告不加争议而即时承认原告的诉讼请求（此际法院判决原告胜诉），则意味原告无须起诉，所以有些国家或地区规定，诉讼费用由原告承担。[②]

现代法律中，侵害行为不仅包括已经造成实际侵害结果的侵害行为，而且包括没有产生实际侵害结果的“威胁”，因此对提起不作为之诉不再要求具备“开始或正在侵犯”或“重复的危险”的要件。

原告请求给付的特定物已经灭失，为客观给付不能，所以倘原告提起给付该项标的物之诉，则没有诉的利益。但是，原告改为损害赔偿之诉，或者原告起诉前不清楚对方能否交付标的物，则有诉的利益。应当注意，“判决不能执行”并非诉的利益的判断标准。这是因为诉的利益的基础不在于本诉判决是否可以得到执行，而在于有无诉讼救济的必要性和实效性；再者，判决执行的可能与否应由执行机构来判断，审判过程中法官并非以判决执行的可能性为根据作出判决。

对于将来给付之诉，许多国家和地区在法律上往往作出限制，比如以“有预先提出请求必要的”为限制条件（我国《民诉法》没有作出如此规定）。“有预先提出请求必要”，包括“原告主张履行期即使届满也没有立即履行的指望，或者从义务的性质来看不马上履行则原告会蒙受显著损失”等情况。[③] 比如，根据债务人的言行可以推定履行期届至也无履行的意思，就可认为债权人已有预先提出请求的必要。

我国《民法典》第 578 条规定：“当事人一方明确表示或者以自己的行为表明不履行合同义务的，对方可以在履行期限届满前请求其承担违约责任。”据此，债权人在债务人满足“明确表示或者以自己的行为表明不履行合同义务”之条件（具有诉的利益，对此应提供证据证明）时，就可在履行期限届满之前，提起将来给付之诉，要求债务人承担违约责任。

原告提起给付之诉旨在获得给付判决来保护自己的合法权益。法院判决提起给付之诉的原告胜诉的判决才是给付判决，具有执行力；法院判决原告败诉，即认为原告主张的权益或法律关系不存在，则原告败诉的判决是消极的确认判决，没有执行力。

---

① 当民事权益受到侵害或者与他人发生纠纷时，需要运用民事诉讼予以救济的必要性（有必要运用民事诉讼）和实效性（事实上民事诉讼也能给予救济）。参见［日］三月章：《日本民事诉讼法》，64～65 页，台北，五南图书出版公司，1997。大陆法系民事诉讼中，在“无利益即无诉权”的原则之下，“诉的利益”作为诉讼要件或者诉权要件，是法院作出本案判决的前提。笔者以前也将诉的利益纳入诉讼要件并主张我国应予以引进［参见邵明：《论诉的利益》，载《中国人民大学学报》，2000（4）］，但是，在 2016 年以后，主张将其作为实体要件。事实上，我国现行法对诉的利益也有规定（如《民法典》第 578 条）。

② 参见《德国民事诉讼法典》第 93 条、《日本民事诉讼法典》第 62 条等。

③ 参见［日］兼子一、竹下守夫：《民事诉讼法》，52 页，北京，法律出版社，1995。

2. 确认之诉

确认之诉是指原告请求法院确认争议的民事法律关系（或民事权益）或者特定的法律事实是否成立、是否有效或者是否存在之诉。确认之诉分为积极确认之诉和消极确认之诉。

积极确认之诉，即原告请求法院确认争议的民事法律关系（或民事权益）或者特定的法律事实成立、有效或者存在之诉，比如原告请求法院确认其与被告之间存在收养关系等。消极确认之诉，即原告请求法院确认争议的民事法律关系（或民事权益）或者特定的法律事实不成立、无效或者不存在之诉，比如原告请求法院确认合同无效之诉、婚姻无效之诉、收养无效之诉等。

通常是对现在的民事法律关系（或民事权益）提起确认之诉。理由是，过去的民事法律关系可能发生了变动，没有必要对其作出确认判决；对将来的民事法律关系作出确认判决，可能阻碍将来的民事法律关系的合理变动。事实上，对过去的或未来的民事法律关系可否提起确认之诉，取决于是否具有以现在确认之诉加以确认的必要，比如承租人可以请求法院确认其续租权。

某项民事法律关系（或民事权益）应当是构成民事纠纷的核心法律关系或者原告诉讼目的之所在而不是本案判决的先决事项，才能对此提起独立的确认之诉。比如，在给付财产之诉中，原告对该财产拥有所有权则不得提起独立的确认所有权之诉，即作为给付前提的确认事项缺乏诉的利益。这是因为在给付之诉中，当事人的诉讼目的是获得给付判决，而确认民事法律关系或民事权益之存在只是作出给付判决的前提，若允许就确认关系提起确认之诉则意味着为获得给付判决而需要提起两个诉，其结果是造成诉讼资源浪费。事实上，法院对给付之诉和形成之诉作出本案判决前，均需确认作为本案判决先决事项的某项民事法律关系（或民事权益）是否合法有效。

在确认之诉中，不论原告是胜诉还是败诉，其判决均为确认判决。但是，如果原告主张民事法律关系存在，则其胜诉判决是积极的确认判决，败诉判决为消极的确认判决；如果原告主张民事法律关系不存在，则其胜诉判决是消极的确认判决，其败诉判决为积极的确认判决。

3. 形成之诉

形成之诉是指原告请求法院运用判决变动已成立或既存的民事法律关系（或民事权益）或者特定的法律事实之诉。就请求法院运用判决变动民事法律关系（或民事权益）的形成之诉来说，其实体法基础是原告所主张的形成权，其诉讼标的是具体的民事法律关系或原告拥有的形成权。就请求法院运用判决变动特定法律事实的形成之诉来说，比如根据《案由规定》，有请求变更公司登记之诉等，其实体法基础和诉讼标的是原告所主张的对特定法律事实的形成权。

形成权包括：（1）设立性形成权，即使法律关系发生的形成权（积极形成权），如法定代理人的追认权、优先购买权等；（2）变更性形成权，即使法律关系变更的形成权，如选择之债的选择权、损害赔偿权人多种救济方法的选择权等；（3）消灭性形成权，即使法律关系消灭的形成权，如终止权、免除权、撤销权、解除权、抵销权、继承放弃权等，此类消极形成权最为常见，可视为典型的形成权。当事人行使形成权或提起形成之诉的目的是使具体的民事法律关系或民事权益及特定的法律事实发生、变更或消灭。创设另一新的法律关系或法律事实的形成之诉，可称为创设之诉。在我国，所谓变更之诉，事实上只是形成之诉的一部分，没有包括创设之诉。

形成之诉大体上有两类：（1）无广泛效力的形成之诉，即其形成判决的既判力和形成力主要存在于当事人双方之间而不具有对世效力，比如合同变更之诉、合同撤销之诉等。（2）有广泛效力的形成之诉，即其形成判决的既判力和形成力不仅存在于当事人双方之间，而且具有对世效力。这类形成之诉集中于有关身份关系的人事诉讼（如撤销或解除婚姻之诉、撤销或解除收养之诉）、社团关系的公司诉讼（如撤销公司股东会决议之诉）等。

有学者认为，无广泛效力的形成之诉只不过是类似的形成之诉，真正意义上的形成之诉是具有广泛效力的形成之诉。① 此类形成之诉由于涉及人们基本的身份关系，涉及未成年人的保护或众多人的利害关系，或为使交易更加安全和清晰，以当事人个人意思表示来变动法律关系是不妥当的，因而许多国家法律将此类形成之诉视为涉及公益之诉而加以明文规定，要求由法院以形成判决作出统一变动。

立法上对有广泛效力形成之诉的规定并不普遍，仅在明文规定的特定情形中才可提起此种形成之诉（形成之诉明定原则），并且只能对现存的法律关系提起形成之诉，因为当事人对于现存的民事实体法律关系并无争议，争议的只是现存的民事实体法律关系应否变更。

形成之诉进行中，由于情事发生了变化，以至于没有继续诉讼的必要，我国现行做法是裁定终结诉讼。比如离婚案件一方当事人死亡，当事人之间的婚姻关系自然消灭，诉讼继续进行已无实际意义。再如，作出形成判决之前，法律关系已经发生了与当事人形成请求相同的变化，如离婚诉讼进行中，当事人在诉讼外已经合法协议离婚的。

在形成之诉中，原告胜诉的，即法院承认原告变动既存的民事法律关系的请求，此判决为形成判决；原告败诉的，即法院否认原告变动的请求，实际上法院判决维持民事法律关系的现状，所以此判决是确认判决。形成判决具有形成力，即对已成立或既存的民事法律关系及特定的法律事实产生变动的效力（非讼案件判决通常无既判力但有形成力）。形成判决的形成力于判决确定时，无须强制执行就可产生民事法律关系及特定的法律事实变动的效果。

（二）诉的识别

在民事争讼程序中，“一事不再理”中的“事”，即“诉”或“案件”之义。若要合法、合理适用“一事不再理”或既判力原则，则需准确识别一“诉”与他“诉”是否为同“诉”。“禁止重复起诉”（“一事不二讼”）与“一事不再理”本质相同，只是前者是从当事人的角度而言的，后者是从法院的角度来说的。

《民诉解释》第247条规定：“当事人就已经提起诉讼的事项在诉讼过程中或者裁判

① 参见［日］三月章：《日本民事诉讼法》，汪一凡译，59页，台北，五南图书出版公司，1997。

生效后再次起诉，同时符合下列条件的，构成重复起诉：（一）后诉与前诉的当事人相同；（二）后诉与前诉的诉讼标的相同；（三）后诉与前诉的诉讼请求相同，或者后诉的诉讼请求实质上否定前诉裁判结果。”“当事人重复起诉的，裁定不予受理；已经受理的，裁定驳回起诉，但法律、司法解释另有规定的除外。”

我们认为，诉的识别或识别诉通常是根据诉的构成要素依次进行的，即：首先根据诉的主体来识别；诉的主体相同，则应根据诉讼标的来识别[①]；在特定情况下，还应结合诉的原因（事实）来识别。对此，具体阐述如下。

1. 根据诉的主体来识别诉

通常情况下，诉的主体不同，包括其中任一主体不同和原、被告在他诉中互换地位（如本诉与反诉）等，一“诉”与他“诉”也就不同。

例外的情形是，诉的主体虽然发生变更，但是仍然是原诉。其情形主要有以下几点。

（1）在法定当事人变更情形中，虽然当事人一方或双方发生了变更，但是依然是原诉。比如，在诉讼中，原告将其债权合法移转给第三人，则第三人代替原告继续诉讼，诉的主体虽有变更但还是原来的诉。

（2）在必要共同诉讼中，即使必要共同诉讼人发生增减或发生其他变更，也还是原诉。比如，对同一纠纷，部分连带债权人提起诉讼，后来全部或其他连带债权人也提起诉讼，前后两诉仍是同一的。

2. 根据诉讼标的来识别诉

通常，诉的主体相同，则需根据诉讼标的来识别诉，诉讼标的不同则是不同的诉。诉讼标的理论中所谓“诉讼标的之识别”，旨在识别诉，实际上是在诉的主体确定的前提下进行的。

如何识别诉讼标的呢？我们可以运用以下方法。

（1）根据民事实体法律关系的具体内容，识别诉讼标的。比如，在同一诉讼程序中，A对B同时提起返还借款之诉和返还货款之诉，构成诉的客观合并，前诉的诉讼标的是借款合同关系，而后诉的诉讼标的是买卖合同关系。此例中，也可根据民事实体权益的具体内容，识别诉讼标的。这两个诉均是给付之诉，诉讼标的均是请求权，但是这两个请求权的具体内容不同，因此这两个诉的诉讼标的是不同的，即前诉的诉讼标的是返还借款的请求权，后诉的诉讼标的是返还货款的请求权。

（2）若根据民事实体法律关系难以或无法识别诉讼标的，则可根据民事实体权益来识别。即是说，从实体权益的角度，更容易识别诉讼标的。比如，婚姻无效之诉与离婚之诉，若从法律关系的角度，则得出这两个诉的诉讼标的均是婚姻关系；若从实体权益的角度考察，则前诉的诉讼标的是支配权，而后诉的诉讼标的是解除权或撤销权，因此婚姻无效之诉属于确认之诉，而离婚之诉属于形成之诉。

（3）若两个诉的诉讼标的均是同一类权益，则需根据具体内容来识别是不是同一个

---

① 如上所述，诉讼标的是诉的质的规定性，诉讼标的不同则是不同的诉。若诉讼标的没有变更，则诉讼请求即便发生变更，诉仅发生量的变更，其还是原来的诉。因此，识别诉、判断诉的客观合并或变更，应当根据诉讼标的来进行。

权益。

3. 结合诉的原因（事实）来识别诉

在某些情形中，根据诉讼标的也无法识别诉，就应根据“诉因”来识别诉。对此，摘其要阐释如下。

（1）诉讼目的相同而有多项诉因的情形。比如，A 以 B 有恶习为诉因（离婚事由），提起与 B 离婚之诉。败诉后，A 又以受 B 家暴为诉因（离婚事由），提起离婚之诉。诉因不同则诉不同，法院应当受理后诉，否则会产生不合理的后果。

但是，在同一诉讼程序中，A 对 B 提起离婚之诉，A 同时提出 B 有恶习、受 B 家暴两项诉因（离婚事由）。在我国实务中，是作为一个诉来对待的。[①] 离婚事由任一成立或者两项均成立，只需作出一个离婚判决；只有两项离婚事由均不成立，才可判决驳回离婚。

与上例类同情形还有：确认民事法律行为无效之诉（比如确认合同无效之诉、确认婚姻无效之诉等）；解除或者变更民事法律行为之诉（比如解除合同之诉、解除婚姻之诉、变更子女抚养关系之诉等）。

《民法典》第 143、1051 条等规定了民事法律行为多项无效事由。比如，原告主张“意思表示不真实”，请求确认民事法律行为无效；败诉后，原告主张“违反法律、行政法规的强制性规定”，请求确认民事法律行为无效。诉因不同则诉不同，法院应当受理后诉。

《民法典》第 563 条规定了民事法律行为多项解除事由。比如，原告主张“因不可抗力致使不能实现合同目的”，请求解除合同；败诉后，原告主张“在履行期限届满前，当事人一方明确表示或者以自己的行为表明不履行主要债务”，请求解除合同，法院应当受理后诉。

《婚姻家庭编解释一》第 56 条规定了变更子女抚养关系多项事由或者情形。比如，原告主张“与子女共同生活的一方因患严重疾病或者因伤残无力继续抚养子女”，请求变更子女抚养关系；败诉后，原告主张“与子女共同生活的一方不尽抚养义务或有虐待子女行为”，请求变更子女抚养关系，法院应当受理后诉。

（2）连续给付（或持续履行）的情形。比如，连续给付赡养费、扶养费、抚养费的，法院判决确定后，出现了新事实（例如物价上涨，致使原判确定的费用不能满足赡养、扶养、抚养需要），即产生了新诉因，据此一方当事人再行起诉要求增加或者减少费用的，法院应作为新案受理（参见《民诉解释》第 218 条）。

再如，《婚姻家庭编解释一》第 50 条规定：抚养费应当定期给付（有条件的可以一次性给付）。离婚后，子女要求增加抚养费的，应当另行提起诉讼（《婚姻家庭编解释一》第 55 条）。具有下列情形之一的，子女有权要求有负担能力的父或者母增加抚养费：原定抚养费数额不足以维持当地实际生活水平；因子女患病、上学，实际需要已超过原定

---

① 大陆法系国家和地区的主要看法与做法是：由于离婚之诉性质的特殊性，依据实体法只能产生一个婚姻关系解除权，实体法所规定的离婚理由并没有构成不同诉讼的请求原因，而是离婚理由中独立的攻击、防御方法，所以应作为一个诉对待。

数额；有其他正当理由应当增加（《婚姻家庭编解释一》第 58 条）。

四、诉的合并与诉的变更

（一）诉的合并

1. 诉的合并的含义

诉的合并包括两种基本形态：诉的主观合并和诉的客观合并。大陆法系的著作多将诉的主观合并放在诉讼主体（或当事人）部分予以阐释，而在诉讼客体（复数的诉讼对象）部分阐释诉的客观合并。

“诉的主观合并”“既判力的主观范围”中的“主观”即主体之意。通说认为，诉的主观合并，又称诉的主体合并，即诉讼当事人的合并，亦即当事人一方或双方为两人以上的诉。其典型形态是共同诉讼和以其为基础的群体诉讼。①

“诉的客观合并”“既判力的客观范围”中的“客观”即客体或对象之意。诉的客观合并是从诉讼标的之角度来规定或考察诉的合并形态，即诉讼标的之合并，亦即在同一个诉讼程序中，同时存在两个以上的诉讼标的和诉。

《民诉法》第 143 条规定：“原告增加诉讼请求，被告提出反诉，第三人提出与本案有关的诉讼请求，可以合并审理。”对“原告增加诉讼请求”，应当这样理解：在本诉程序中，原告增加诉讼标的而直接表现为增加诉讼请求，实际上构成诉的客观合并。如果原告仅在同一诉讼标的上增加诉讼请求，则虽不属于诉的客观合并，但应当合并审理。“第三人提出与本案有关的诉讼请求”是指有独立请求权第三人在他人之诉（本诉）中提起参加之诉。

《民诉解释》第 221 条规定：“基于同一事实发生的纠纷，当事人分别向同一人民法院起诉的，人民法院可以合并审理。”

还存在诉的主客观合并的情形，比如普通共同诉讼及以其为基础的群体诉讼、有独立请求权第三人提起的参加之诉与本诉的合并、被告提起的反诉与本诉的合并等。

允许诉的合并，其主要理由或主要益处是：在一个诉讼程序中同时解决多数人之间的纠纷或者多个纠纷或案件，既能够满足诉讼效率的基本要求，增强诉讼制度解决纠纷的基本功能，又能够在一定程度上减少矛盾判决。

---

① 在严格意义上讲，“诉的主观合并”与“诉的主体合并”不完全等同。“诉的主观合并”指的是“两个以上‘诉’的主体合并”；而“诉的主体合并”指的是“‘诉的主体’的合并”，既可以是一个“诉”的复数主体的合并，也可以是两个以上“诉”的复数主体的合并。与“诉的主观合并”当然属于“诉的合并”不同，“诉的主体合并”不必然构成“诉的合并”。比如，在固有必要共同诉讼中，必须共同行使同一诉讼实施权的复数当事人，与对方当事人之间不存在两个以上的诉讼标的。就此而言，固有必要共同诉讼属于“诉的主体合并”，但不属于“诉的主观合并”“诉的合并”，其本质是一个“诉”的一方或双方当事人为两人以上，故不能将“诉的主观合并”与“共同诉讼”等同。由于约定俗成的原因，传统民事诉讼法学混同“诉的主观合并”“诉的主体合并”两个概念，将“一个‘诉’的一方或双方当事人为两人以上”的情形也纳入“诉的合并”的研究范畴。受此影响，我国不将“存在两个以上的诉讼标的”作为认定“诉的主观合并”的条件。作为本科生教材，本书遵循通说，但特别提醒读者，该通说未能做到理论自洽。

2. 诉的客观合并要件

诉的客观合并，是指在同一诉讼程序中，同一原告（包括反诉原告）对同一被告（包括反诉被告）提出两个以上诉讼标的之合并（提出两个以上的诉）。

诉的客观合并虽然具有诸多益处，但是如果不加以限制而允许原告利用同一诉讼程序要求法院审理多个诉，有时反而造成审理混乱和诉讼迟延。因此，诉的客观合并除了应当具备通常的起诉要件，还应当具备其他特殊要件，主要有以下几点。

（1）合并的数个诉讼标的或数个诉应由同一原告（包括反诉原告）向同一被告（包括反诉被告）在同一诉讼程序中提出。

诉的客观合并通常发生在一审程序中①，但也可能发生在二审程序和再审程序中。② 诉的客观合并，可能发生在提起诉讼之时，也可能发生于诉讼进行中。不过，应当在本诉受理后、法庭辩论结束前，被告提出反诉，有独立请求权第三人提出参加之诉（《民诉解释》第 232 条）。前述的“法庭辩论结束前”适用于一审程序和二审程序的法庭辩论结束前。

（2）合并的数个诉讼标的或数个诉应适用相同的诉讼程序。比如，合并的几个诉，有的适用简易程序，有的适用普通程序，在简易程序中不得合并，而在普通程序中可以合并。③ 不过，根据《民诉法》第 160 条第 2 款和《民诉解释》第 264 条的规定，对于基层人民法院及其派出法庭适用一审普通程序审理的民事案件，当事人双方约定适用简易程序的，可在简易程序中合并审理。

在我国婚姻案件中，对当事人的财产或债务、抚养和探望未成年子女问题，通常是在离婚判决中一并处理。比如，[最高人民法院指导案例 66 号] 雷某某诉宋某某离婚纠纷案中，法院判决当事人离婚，同时对当事人的财产和债务作出处理。再如，《婚姻家庭编解释一》第 11 条规定：确认婚姻无效案件中，涉及财产分割和子女抚养的，可以调解；未达成调解协议的，应当一并作出判决。

在婚姻案件中，若对当事人的财产或债务、抚养和探望未成年子女，没有作出处理或者判决，则允许当事人另行起诉。比如，《婚姻家庭编解释一》第 65 条规定：法院生效离婚判决中未涉及探望权，当事人就探望权单独起诉的，法院应予受理。相关案由有“离婚后财产纠纷”“离婚后损害责任纠纷”等。

确认民事法律行为无效之诉中，法院根据《民法典》第 143 条或者第 153 条的规定，作出确认无效判决，同时还应根据《民法典》第 157 条的规定，对返还取得的财产、折

---

① 二审裁定撤销一审判决发回重审的案件，当事人申请变更、增加诉讼请求或者提出反诉，第三人提出与本案有关的诉讼请求的，依照《民诉法》第 143 条的规定处理，也可以合并审理（《民诉解释》第 251 条）。

② 根据《民诉解释》第 252 条的规定，再审裁定撤销原判决、裁定发回重审的案件（原审程序可能是一审程序也可能是二审程序），当事人申请变更、增加诉讼请求或者提出反诉，符合下列情形之一的，人民法院应当准许：（1）原审未合法传唤缺席判决，影响当事人行使诉讼权利的；（2）追加新的诉讼当事人的；（3）诉讼标的物灭失或者发生变化致使原诉讼请求无法实现的；（4）当事人申请变更、增加的诉讼请求或者提出的反诉，无法通过另诉解决的。

③ 依据《民诉解释》第 278 条的规定，因当事人申请增加或者变更诉讼请求、提出反诉、追加当事人等，致使案件不符合小额诉讼案件条件的，应当适用简易程序的其他规定审理；前述规定案件，应当适用普通程序审理的，裁定转为普通程序。

价补偿或赔偿损失问题或者纠纷一并作出判决。[①] 对返还取得的财产、折价补偿或赔偿损失问题或者纠纷，法院在判决中没有解决的，在判决确定后，可以另行起诉。

（3）受诉法院对合并的数个诉均有管辖权。若合并的诉属于其他法院级别管辖、专属管辖或协议管辖，则不得合并。除此之外，受诉法院基于牵连管辖，能够对无管辖权的诉取得管辖权而予以合并。

《交费办法》第 18 条规定，被告提起反诉、有独立请求权的第三人提出与本案有关的诉讼请求，人民法院决定合并审理的，分别减半交纳案件受理费。

法院应当依职权主动调查是否具备诉的客观合并要件。法院调查后，认为不具备合并要件的，应当裁定不予受理或驳回合并请求，告知当事人另行起诉。我们认为，法院认为当事人意图延滞诉讼而进行诉的合并的，也应当裁定不予受理或驳回合并请求。

具备合并要件的，对合并的数个诉在同一程序中合并审理，既可以合并辩论也可以分开辩论或限定辩论。不过，对于合并的数个诉应当分别作出裁判。对于可分之诉，若法院认为诉的合并不利于诉讼程序顺畅进行，并且分别审判不会导致作出相互矛盾的判决，则可将已合并之诉予以分离，以各自的程序分别审判。

为保护被合并的新诉的当事人的上诉权或审级利益，对于在二审程序中的新诉，虽不得适用二审程序审判，但可以根据当事人自愿的原则进行调解，调解不成的则告知当事人另行起诉；双方当事人同意由二审法院按照二审程序一并审理的，可以一并裁判（《民诉解释》第 326 条）。

一审判决不准离婚的案件，上诉后，二审法院认为应当判决离婚的，可以根据当事人自愿的原则，与子女抚养、财产问题一并调解；调解不成的，发回重审（《民诉解释》第 327 条）。必须参加诉讼的当事人或者有独立请求权的第三人，在一审程序中未参加诉讼，二审法院可以根据当事人自愿的原则予以调解；调解不成的，发回重审（《民诉解释》第 325 条）。

对于在再审程序中的新诉，通常处理办法是：再审适用一审程序审理的，法院应当对新诉一并审理，对所作的判决可以上诉；再审适用二审程序审理的，按照《民诉解释》第 326 条的规定处理。

不过，根据《民诉解释》第 300 条的规定，第三人的诉讼请求并入再审程序审理，按照一审程序审理的，法院应当对第三人的诉讼请求一并审理，所作的判决可以上诉；按照二审程序审理的，法院可以调解，调解达不成协议的，应当裁定撤销原判决、裁定、调解书，发回一审法院重审，重审时应当列明第三人。

3. 诉的客观合并种类

诉的客观合并包括单纯合并、预备合并和选择合并等。我国现行法实际上仅承认单纯合并，没有规定预备合并，但实务中认可预备合并。[②]

---

① 《民法典》第 143 条或者第 153 条与第 157 条共同构成一条完整的法律规范，第 143 条或者第 153 条规定的是行为模式（有关民事法律行为无效的事由），第 157 条规定的是法律后果（有关民事法律行为无效的后果）。法院应当根据一条完整的法律规范作出判决。

② 参见上海市第一中级人民法院（2017）沪 01 民终 8427 号民事判决书、江苏省徐州市中级人民法院（2018）苏 03 民终 590 号民事判决书、最高人民法院（2019）最高法民申 1016 号民事判决书等。

单纯合并（又称普通合并、并列合并），是指在同一诉讼程序中，同一原告对同一被告提出两个以上的均需审判的诉讼标的或诉。其中，数个诉讼标的（或数个诉）之间相互独立，诉讼目的彼此不同且并不冲突，事实上这些诉本可以被分别提起，请求法院分别审判。比如，在同一程序中，原告对被告同时提起给付货款之诉和返还租赁物之诉。

预备合并（又称顺位合并、假定合并），通常是指在同一诉讼程序中，原告提起主位（或先位）之诉，同时提起或者追加提起备位（或后位）之诉，原告请求若主位之诉败诉则对备位之诉作出判决，若主位之诉获得胜诉的确定判决则备位之诉无须审判。

选择合并（又称择一合并），是指在同一诉讼程序中，原告提出两个以上的诉讼标的或诉，其中任一诉讼标的或诉获得胜诉判决即达到诉讼目的，法院不得再对其他诉讼标的或诉作出判决。

（二）诉的变更

1. 诉的变更的含义

诉的变更包括诉的主观变更和诉的客观变更。然而，在德国、日本和奥地利等国，诉的变更仅指诉的客观变更，而将诉的主观变更（当事人变更）在当事人部分阐释。

狭义上，诉的客观变更仅指替换变更，即诉讼标的变更，是指在同一诉讼程序中，同一原告（包括反诉原告）对同一被告（包括反诉被告），以新的诉讼标的替换原诉的诉讼标的（诉讼标的替换变更），从而将原诉替换为新诉，请求法院审判新诉而不再审判原诉。

在［最高人民法院指导案例 170 号］饶某诉某物资供应站等房屋租赁合同纠纷案中，饶某提起解除与某物资供应站等签订的租赁合同的诉讼；再审中，饶某将前诉变更为确认租赁合同无效之诉。最高人民法院（2019）最高法民再 97 号民事判决书同意诉的变更。

实务中，原告在维持原来的诉讼标的同时，还另外增加诉讼标的的，有人称之为“诉讼标的追加变更”并纳入广义诉的客观变更的范畴。我们认为这种情形实为因诉讼标的追加而形成诉的客观合并。

诉的客观变更是以诉的主体不变为前提，仅讨论和规范诉讼标的变更问题。至于如何判断诉讼标的变更，理当运用前文“诉的识别”中所阐释的方法。下列情形中，由于诉讼标的在质的方面没有变更，因而不属于诉的客观变更，还是原诉：（1）诉讼请求在数量方面的变更，比如原先请求给付 10 000 元，后来增加到 12 000 元或缩减到 8 000 元。（2）因案件事实或诉讼请求有遗漏、模糊或技术上错误而予以补充或更正，并未改变案件的质的规定性。

允许诉的客观变更，其主要理由或主要益处是：（1）原告预料到原来提出的诉讼标的不足以适当或充分解决纠纷，于是变更诉讼标的，旨在使纠纷得到适当或充分解决。（2）同一当事人间诉的客观变更，是在原诉的诉讼程序中进行，原诉的诉讼程序和诉讼资料在同一当事人间继续有效，仍然可以援用，能够降低诉讼成本。

2. 请求权竞合与诉的变更、合并

【案例 2－2】某市市民 A 购买车票乘坐该市某路公共汽车。在行驶过程中司机突然刹车，致使A的脸部被碰受伤。于是，A以该公交公司为被告，向法院提起了人身侵权损害赔偿诉讼，要求法院判决被告赔偿医疗费1 000元。后来，A向法院请求变更诉讼请求，要求被告承担违约责任。

此案事实是，A购买车票乘坐公共汽车，在汽车行驶过程中司机突然刹车致使A的脸部被碰受伤。该事实尚属未经法律评价的事实，可称为自然事实或生活事实。该事实若经过相应的合同法规范评价，则为违约事实；若经过相应的侵权法规范评价，则为侵权事实。据此，被告行为可能同时构成违约和侵权。

于是，A可以提出违约之诉和侵权之诉，则而不受“一事不再理”或既判力的制约。若A同时或分别提起违约之诉和侵权之诉，则有可能均获胜诉。由此产生的弊端是，A因同一违法行为而获得两次赔偿，因同一诉讼目的将被告两次引入诉讼而对被告不公。

对请求权竞合，我国现行法规定的处理办法主要是：(1) 原告选择一诉提起（参见《民法典》第186、238、996条）。《民法典》第186条规定：“因当事人一方的违约行为，损害对方人身权益、财产权益的，受损害方有权选择请求其承担违约责任或者侵权责任。”此规定因赋予原告选择权而获得正当性并且消除两诉均获胜的弊端。

(2) 选择之后，通过诉的变更获得有效保护。原告作出选择之后，考虑到可能败诉或者不能充分保护自己的合法权益，可以通过诉的变更来获得保护。比如，若原告选择提起侵权之诉，则有可能败诉，但是原告提起违约之诉则可能胜诉①，那么原告可以通过诉的变更获得保护，即原告提起违约之诉来替代侵权之诉。

就【案例2-2】来说，我们的看法是，A也可以同时对公交公司提起侵权之诉和违约之诉，此际A应当选择是按照预备合并处理，还是按照选择合并处理。若选择诉的预备合并，则可将侵权之诉作为主位之诉，而将违约之诉作为备位之诉。这种处理办法既可以回避两诉均被判胜诉的弊端，又能够比较全面地保护原告的合法权益。

3. 诉的客观变更要件和程序

诉的客观变更实际上是在原告提起原诉讼标的或原诉的基础上，提起新诉讼标的或新诉，以替换原诉讼标的或原诉。因此，诉的客观变更首先应当具备通常的起诉要件，同时还应当具备其他特殊要件。

诉的客观变更要件与诉的客观合并要件相同之处甚多。比如在原诉受理后、法庭辩论结束前变更（许多国家规定，应在原诉言词辩论终结之前，进行诉的客观变更）；新诉不属于其他法院级别管辖、专属管辖或协议管辖等。

诉的客观变更通常发生在一审程序中，也可能发生在二审程序和再审程序中（《民诉解释》第257条）。在简易程序和小额诉讼程序中，也允许诉的客观变更。变更后的新诉依法不适用简易程序或者小额诉讼程序的，法院应当裁定适用普通程序或者简易程序。若变更后的新诉属于基层人民法院及其派出法庭适用一审普通程序审理的民事案件，则当事人双方可以约定适用简易程序审理。

诉的客观变更要件，一般属于法院依职权调查事项，法院应当依职权主动调查是否

---

① 这是因为：一般情况下，在责任构成要件方面，侵权损害赔偿责任较违约责任更为严格，那么侵权损害赔偿责任不成立而违约责任可能成立；在免责事由方面，侵权损害赔偿责任的免责事由要多于违约责任的免责事由。

具备。法院调查后，认为不具备变更要件的，应当裁定不予受理或驳回变更请求。法院不准许诉的变更，应对原诉进行审判。法院准许诉的变更，应对新诉进行审判。如果对新诉作出了判决，不得再就诉的变更是否符合要件发生争议，更不允许否定诉的变更而审判原诉。

诉的客观变更（具备合法要件）如果发生在二审程序中，为保护变更后的新诉的当事人的上诉权或审级利益，虽不得适用二审程序审判，但根据《民诉解释》第 326 条的规定，二审法院可以根据当事人自愿的原则进行调解，调解不成的则告知当事人另行起诉。

诉的客观变更（具备合法要件）如果发生在再审程序中，再审案件按照一审程序审理的，法院应当对新诉一并审理，所作的判决可以上诉；再审案件按照二审程序审理的，法院可以根据当事人自愿的原则进行调解，调解不成的则告知当事人另行起诉。

第二节　反　诉

一、反诉的含义

《民诉法》第 54 条规定被告有权提起反诉，但是没有具体规定反诉的要件和程序。对于反诉，《民诉解释》（第 232、233、251、252、326 条等）作出了具体规定。

【案例 2-3】在 A 诉 B 买卖合同纠纷案中，A 以 B 少付 100 万元货款为由，请求法院判决 B 支付所欠货款及其利息。B 收到起诉状副本后，向同一法院提交了反诉状。B 以 A 的货物质量不符合合同的约定为由，请求法院判决 A 更换货物并赔偿损失。

反诉，是指在本诉的诉讼程序中，本诉的被告以本诉的原告为被告，提起的与本诉相关的诉。本诉被告被称为“反诉原告”，本诉原告被称为“反诉被告”。在本诉的诉讼程序中，提起与本诉相关的反诉的，法院应当合并审理（《民诉解释》第 233 条）。

反诉与本诉是两个不同的诉。这可从诉的主体、诉讼标的和案件事实来分析。反诉与本诉的主体是不同的，主体不同则是不同的诉。比如，【案例 2-3】中，本诉的原告是 A 而被告是 B，但是反诉的原告是 B 而被告是 A。

【案例 2-3】中，仅从 A 与 B 的买卖合同法律关系，无法区别出本诉与反诉诉讼标的之不同，需进一步分析。本诉的诉讼标的是 A 基于买卖合同所拥有的给付货款的请求权，而反诉的诉讼标的是 B 基于买卖合同所拥有的交付合格货物和赔偿损失的请求权。A 与 B 请求权的内容有别，所以是不同的诉讼标的。

本案例中，本诉与反诉的原因（事实）均是违约事实，进一步分析则发现本诉与反诉的原因（事实）是不同的。本诉的原因（事实）是 B 欠 A 100 万元货款的违约事实，反诉的案件事实却是 A 交付的货物质量不合格的违约事实和 B 因此受损的事实。

反诉以本诉为存在前提，无本诉则无反诉。不过，反诉具备诉的构成要素，不同于本诉而是另一个诉，所以反诉也具有一定的独立性，比如若本诉撤回或终结而反诉尚未审结，则应继续审理反诉直至作出判决。

二、反诉的要件

由于反诉是一个诉，因而提起反诉首先应当具备起诉条件。由于反诉与本诉在同一个诉讼程序中合并审理，因而反诉还得具备诉的客观合并要件（比如对反诉与本诉应当适用相同的诉讼程序、审理本诉的法院对反诉拥有合法管辖权等）。由于反诉与本诉是一种特殊的合并，因而反诉还应具备如下特殊要件。

（1）反诉应由本诉被告对本诉原告提起，即反诉的当事人应限于本诉的当事人的范围。① 在我国有关机关或组织提起的民事公益诉讼中，原告不是受害人，被告不得对其提起反诉。②

（2）反诉与本诉存在法律上的牵连关系，通常体现为反诉与本诉的诉讼请求基于相同法律关系或者相同事实相互对抗，或者反诉请求能够抵销本诉的诉讼请求。③ 此外，反诉与本诉的牵连关系还体现为两诉的实体要件事实存在牵连关系（比如两人互殴，一人诉请损害赔偿，对方反诉损害赔偿）。

（3）应在案件受理后，法庭辩论结束前，提起反诉。前述的“法庭辩论结束前”包括适用一审程序和二审程序时法庭辩论结束前。本诉被告在本诉的一审程序、二审程序和再审程序中均可提起反诉。

三、反诉的程序

提起反诉应当提交反诉状（实为起诉状），应当送达反诉被告。简易程序中，可以口头提起反诉。反诉案件由提起反诉的当事人自提起反诉次日起 7 日内预交案件受理费，但是被告提起反诉、有独立请求权第三人提出与本案有关的诉讼请求，法院决定合并审理的，减半交纳案件受理费（《交费办法》第 18 条）。

---

① 如今，大陆法系一些国家和地区允许在适当的情况下将第三人作为反诉当事人。比如，当反诉与本诉有法律上的牵连关系时，第三人可为反诉当事人，与本诉当事人一并起诉或被诉。主要理由是：既然反诉具有独立性，就应允许将反诉当事人范围扩大到第三人，从而显示反诉的独立性；并且能够增进诉讼经济，避免本诉与反诉裁判发生矛盾。参见［德］汉斯·约阿希姆·穆泽拉克：《德国民事诉讼法基础教程》，周翠译，205～207 页，北京，中国政法大学出版社，2005；陈荣宗、林庆苗：《民事诉讼法》，上册，362～364 页，台北，三民书局，2009。

② 比如，《环境公益诉讼解释》第 17 条规定：环境民事公益诉讼案件审理过程中，被告以反诉方式提出诉讼请求的，人民法院不予受理。

③ 比如，【案例 2-3】中，反诉与本诉的诉讼请求基于相同法律关系，相互对抗。在［最高人民法院（2020）最高法民终 1121 号民事判决书］陕西有色建设有限公司与银川胡商投资有限公司建设工程施工合同纠纷案中，承包人依据施工合同起诉要求发包人给付工程款，发包人反诉要求承包人完成收尾施工，本诉与反诉系基于同一合同所建立的相同法律关系，相互对抗。在［最高人民法院（2019）最高法民终 1812 号民事判决书］金盛置业投资集团有限公司借款合同纠纷案中，本诉请求违约方承担违约责任，法院审理过程中必然涉及对合同效力的审查，因此反诉请求确认合同无效的请求已被本诉包含，无须独立提出，故该请求不构成反诉请求。在［最高人民法院（2018）最高法民终 1208 号民事判决书］兰州天智房地产开发有限公司与兰州西伯乐斯楼宇自控系统有限公司建设工程施工合同纠纷案中，发包人针对承包人给付工程款的起诉，提出开具发票、交付竣工结算资料的反诉，均属相同施工合同约定内容，应作为反诉合并审理。

法院应当依职权审查是否具备反诉要件。不具备反诉条件的，法院应当裁定不予受理或驳回反诉，告知另行起诉。我们认为，法院认为当事人意图延滞诉讼而提起反诉的，也应当裁定不予受理或驳回反诉。

法院受理反诉后，应当在同一程序中合并审理本诉和反诉，当然在审理中可以合并辩论，也可以分开辩论或限定辩论。对于本诉和反诉应当分别作出裁判，各裁判可以同时作出，也可以先后作出。

反诉是相对独立的诉，因此反诉不因本诉撤回或终结而失去效力。被告也有权申请撤回反诉。法庭辩论终结后原告申请撤诉，被告不同意的，法院可以不予准许（《民诉解释》第238条第2款）。被告参加诉讼付出了成本，所以对于原告在辩论终结后申请撤诉的，应当把“征得被告同意”作为裁定撤诉的要件，以此来平等维护原告和被告的程序利益。

为保护反诉当事人的上诉权或审级利益，对于在二审程序或再审程序中提起的反诉，根据当事人自愿的原则进行调解，调解不成的，告知当事人另行起诉；双方当事人同意按照二审程序与本诉一并审理的，可以一并裁判。应当注意，再审适用一审程序审理的，法院应当对反诉一并审理，对所作的判决可以上诉。

四、反诉与诉讼抵销

债务抵销[①]在诉讼之前或诉讼之外进行的，叫诉讼外抵销。债务抵销在民事诉讼中进行的，则叫诉讼抵销。在诉讼中，当同时符合债务抵销要件和反诉要件时，被告有两种选择：（1）请求诉讼抵销；（2）提起反诉。

【案例2-4】A对B提起偿还借款之诉，请求法院判决B偿还借款30万元。在诉讼中，B向法院提供了自己与A签订的另外一份借贷合同，并提出证据证明A没有返还该借款40万元，请求法院进行抵销。

反诉与诉讼抵销存在如下主要区别。

（1）在法律性质方面，反诉是一个相对独立的诉；但是诉讼抵销并非一个相对独立的诉，并不改变本诉原、被告的诉讼地位。

（2）在提起要件或申请要件方面，反诉的提起应当符合起诉要件，同时还应当具备诉的合并要件和反诉的特殊要件；但是诉讼抵销无此要求。

（3）在审判方面，即使本诉被撤回或终结，反诉也应当继续审理下去，并应对本诉和反诉分别作出判决；但是诉讼抵销与原告之诉只得合并审理，并因原告之诉不存在而失效，且对诉讼抵销不得作出单独的判决。

（4）在既判力方面，对反诉作出的判决，不论胜败，一旦确定，就有既判力；而本案判决对成功抵销的债权具有既判力，未抵销的债权不受既判力约束而可以被提起诉讼。

【案例2-4】中，被告B根据《民法典》第568条，向法院请求抵销30万元借款。若抵销成功，则对用以抵销的30万元借款的债权，B不得再提起诉讼或者申请仲裁，只可以对未被抵销的10万元借款的债权提起诉讼或者申请仲裁。若抵销失败，则B对40万元借款的债权有权提起诉讼或者申请仲裁。

---

① 债务抵销包括法定抵销（《民法典》第568条）和任意抵销（《民法典》第569条）。

实务中，往往难以判断被告是选择诉讼抵销还是选择反诉。对此，法院应当询问被告，了解其真实意图。不过，法官应当向被告阐明诉讼抵销与反诉的区别，告诉被告可以选择诉讼抵销也可以选择反诉，若选择反诉则应告知其按照起诉要件提起反诉。在上诉程序中，被告主张诉讼抵销的，参照上诉程序中提起反诉来处理。

第三节　民事诉权

民事诉权理论探讨的主要问题有：诉权的内涵、性质、要件，诉权的保护，滥用诉权的规制等。鉴于民事诉权理论的复杂性，该理论被视为民事诉讼理论中的“哥德巴赫猜想”。

一、民事诉权的内涵和属性

就字面意思来说，“诉权”是指“可以为诉的权利”。民事诉权是当事人享有的请求国家给予民事诉讼保护的权利，亦即当民事权益受到侵害或就民事法律关系发生争议时，当事人请求国家法院行使审判权来保护民事权益或者解决民事纠纷的权利。申言之，诉权是一种向国家法院行使的请求权，是国民平等享有的一种宪法权利，兼有程序内涵和实体内涵。

现行法中，当事人拥有民事纠纷解决选择权，民事诉权是当事人请求国家法院行使司法权的权利。民事诉权的主要内涵和基本属性是：(1) 民事诉权是关于民事之诉的权利，兼具程序内涵（程序性）和实体内涵（实体性）；(2) 民事诉权是当事人向国家法院行使的请求权（公权性），属于基本权利（属于宪法权利和基本人权的范畴）。[①]

（一）关于民事之诉的权利：程序内涵（程序性）和实体内涵（实体性）

民事诉权是关于民事之诉的权利。对于特定的民事纠纷，原告根据其享有的“诉权”而向法院“起诉”，请求法院启动并运用争讼程序解决纠纷。因此原告“起诉”（提起“诉”）实际上是向法院行使（特定民事纠纷的）诉权。

民事诉权分为给付诉权（对应于给付之诉）、确认诉权（对应于确认之诉）和形成诉权（对应于形成之诉），实际上这也揭示了民事诉权所具有的程序内涵和实体内涵。

民事之诉和民事诉权的程序内涵主要是原告通过起诉，启动争讼程序，请求法院行使审判权。行使诉权的方式是起诉，民事诉权在程序层面表现为起诉权。[②]

民事之诉和民事诉权的实体内涵是诉讼标的和诉讼请求中实体法律关系或实体权益

---

① 在英美法中，诉权即 right of action，又即“the right to bring a specific case to court”(*Black's Law Dictionary*, 11th edition, Thomson Reuters, 2019, p. 1585)。与诉权相近的概念或权利还有“诉诸司法的权利”(right of access to courts) 等，即指国民利用诉讼程序处理案件的可能性。参见［美］彼得·G. 伦斯特洛姆编：《美国法律辞典》，226 页，北京，中国政法大学出版社，1999。

② 在术语运用上常用“起诉”而较少用“行使诉权”，在立法上亦是如此，如《民讼法》第 122 条直接表述为“起诉必须符合下列条件”。

请求，如给付诉权的实体内涵是给付请求权（诉讼标的）和具体实体请求（诉讼请求）。

民事诉权具有程序内涵和实体内涵，并不违背逻辑学原理，因为根据逻辑学的原理，一个概念的内涵可以是单一或数个。民事诉权具有程序内涵和实体内涵，并不意味民事诉权包含如下两种不同的权利："程序意义上的诉权"和"实体意义上的诉权"（二元诉权说）。

（二）当事人向国家法院行使的请求权（公权性）：基本权利

1. 民事诉权因是当事人向国家法院行使的请求权而具有公权性

现代司法制度是由国家的司法权、国民的诉权和结合两者的正当程序共同构成的。民事诉权是国民或当事人依据宪法和民事诉讼法所享有的，请求国家法院通过民事诉讼来保护民事权益和解决民事纠纷的权利。

民事诉权属于公权，是当事人请求国家法院给予司法救济的请求权，可以选择是否行使（有是否起诉的自由）。国家具有保护国民之责，承担保护诉权的职责，即"不得非法拒绝审判"或者"有告诉即受理"。

2. 民事诉权属于基本权利、宪法权利、基本人权

第二次世界大战后，国际社会开始重视人权，签订了一些重要的人权公约，并将诉权或司法救济权确定为基本人权，比如《世界人权宣言》第 8 条规定："当宪法或法律赋予的基本权利遭受侵犯时，人们有权向有管辖权的法院请求有效的救济。"

诉权的"宪法化"（constitutionalization）是现代宪法制度发展趋势之一，且日益呈现出普遍性。诸多国家的宪法直接或间接地肯定诉权或司法救济权为宪法基本权。比如，《日本国宪法》第 32 条规定："任何人在法院接受审判的权利不得被剥夺。"《意大利宪法》第 24 条规定："任何人为保护其权利和合法利益，皆有权向法院提起诉讼。"《美国联邦宪法》第 3 条规定了可由联邦法院审判的案件或争议的三项条件，只要某个案件或争议同时具备这三项条件，当事人就可向联邦法院提起诉讼，从而间接规定了国民的司法救济权。

法谚云："没有救济的权利不是权利。"宪法和法律赋予国民以生命权、自由权和财产权，相应地也要让国民在这些权益受到侵害或者发生争议时充分地享有平等诉权。当发生了特定的民事纠纷而需要诉讼救济时，从理论上说，双方当事人享有平等的具体诉权，不过双方当事人均起诉的，根据"一事不再理"原则和优先原则，法院接受先起诉而否决后起诉的，不能否认诉权的平等性。

诉权与诉讼权利的联系主要有：（1）诉权的行使是当事人行使诉讼权利的前提条件，因为诉权的合法行使能够启动诉讼程序，只有在诉讼程序中当事人才能享有和行使诉讼权利。（2）证明权、辩论权等诉讼权利的行使，有助于实现诉权的实体内容或行使诉权的目的。

诉权与诉讼权利的区别主要有：（1）诉权主体是当事人，而诉讼权利主体包括当事人、法院和证人等。（2）与诉权主体相对的义务主体是法院，而与诉讼权利主体相对的义务主体是法院、对方当事人或证人等。（3）根据"一事不二讼"原则，同一纠纷的诉权通常仅可行使一次（当事人提起再审之诉为法定例外），而许多诉讼权利（如辩论权、申请回避权等）可由双方当事人多次行使。（4）诉权的实体内涵使其有别于诉讼权利。

二、民事诉权的要件和消灭

（一）民事诉权的要件

民事诉权是关于“民事之诉”的权利，因此民事之诉的合法要件（“诉的要件”）即民事诉权的合法要件（“诉权要件”）。“诉的要件”通常是根据“诉的构成要素”并结合其他必要诉讼事项来设立的。

有关诉的合法要件，大陆法系民事诉讼中有起诉要件（起诉条件）、诉讼要件（见图2-1）和实体要件（原告胜诉要件或者本案判决要件）。我国现行民事诉讼法没有区分起诉要件与诉讼要件，诉讼要件被纳入起诉要件和实体要件。比如，有关当事人适格的诉讼要件，我国现行法中包括实质当事人适格和形式当事人适格，均作为起诉要件，如《民诉法》第122条将“原告是与本案有直接利害关系的公民、法人和其他组织”明文规定为起诉条件。至于诉的利益，我国现行法中无此概念，但就其相应规定来看，主要是作为实体要件。①

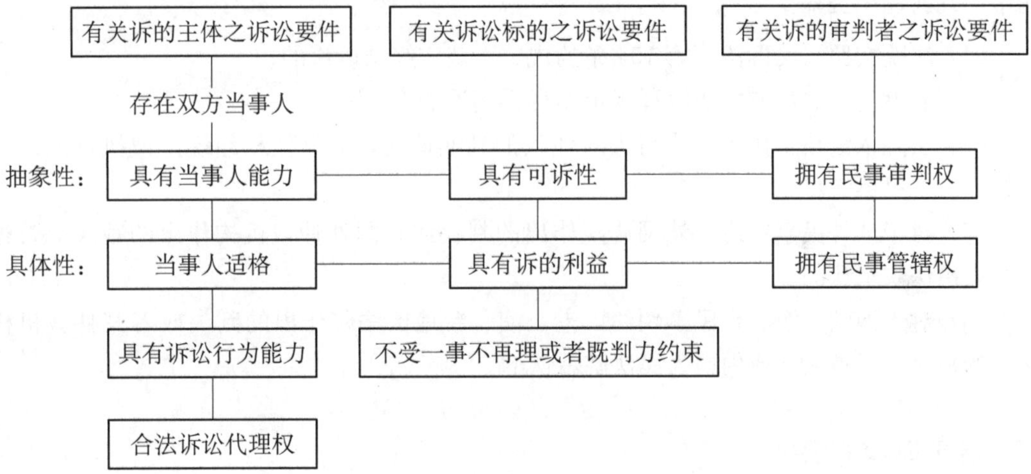

图2-1

根据先程序后实体原理和基于诉权保护，“起诉要件”主要是“程序性”要件。原告起诉具备起诉要件的，法院受理该诉。在法庭审理中，审理实体要件，之后作出“本案判决”。

我国起诉要件基本上是根据诉的构成要素来确立的。《民诉法》第122条规定的是一般起诉条件。我国现行公益诉讼、第三人撤销之诉、再审之诉等除应具备通常起诉要件外，还应具备其他条件。

大陆法系民事诉讼中，“诉讼要件”是法院作出“本案判决”（实体判决）的前提条

---

① 至于诉的合并（包括共同诉讼、代表人诉讼、主诉讼参加人参加之诉、反诉等）、诉的变更、上诉、再审、撤销除权判决之诉、执行异议之诉等，除了应当具备通常的起诉要件和上述的诉讼要件之外，还应具备相应的特殊要件，这些特殊要件多属于诉讼要件（此类问题在本书相应部分阐释和讨论）。

件，若全部具备，则诉讼程序继续进行，直至作出本案判决；若不具备，则诉讼程序没有必要继续进行，法院应当直接驳回诉讼，避免无益的诉讼，以节约审判资源，降低诉讼成本。因此，诉讼要件具有一定的公益性。

民事之诉第三方面的合法要件是实体要件，称为"本案判决要件"，从原告的角度来说，即原告的"胜诉要件"，主要包括下列两方面的内容：（1）实体事实方面的要件（原告胜诉应有事实根据），即支持本诉的诉讼标的和原告的诉讼请求之民事权益产生要件事实或者直接事实（诉的原因事实）是真实的，并且有利于被告的抗辩要件事实或者直接事实不真实或者真伪不明。（2）实体法律方面的要件（原告胜诉应有法律根据），即存在与本诉原告民事权益产生直接事实相应的实体规范，来支持本诉的诉讼标的和原告的诉讼请求。

（二）民事诉权的消灭

就特定的或具体的民事纠纷而言，其诉权的消灭，在我国主要有以下情形。

（1）已被合法提起诉讼或处于审理过程中的；

（2）法院已经作出确定判决的（再审、某些异议之诉①除外）；

（3）已经作出具有既判力的其他法律文书的，比如法院调解书、法院支付令、仲裁裁决、仲裁调解书等；

（4）法院按照《民诉法》第 154 条的规定，裁定终结诉讼的；

（5）撤诉后，法律或司法解释规定不得再起诉的；

（6）法院依法裁定执行被执行人对他人的到期债权，对该债权纠纷，被执行人没有诉权的（《民诉解释》第 499 条）；

（7）对于涉外民事纠纷，外国法院作出的判决或者国外仲裁机构作出的裁决等，被我国人民法院承认的；

（8）对于涉港、澳、台民事纠纷，港、澳、台地区法院作出的判决或者其仲裁机构作出的裁决等，被大陆或内地人民法院承认的。

三、民事诉权的保护

（一）在制度层面保护民事诉权

与民事诉权紧密相关的宪法、民事实体法和民事诉讼法、律师制度和法律援助制度等，只有是能够促进正义的良法，当事人才愿意并能够利用其实现权益。

诉权的"宪法化"首先表现为宪法明确保护诉权。若行政机关、社会组织和其他国

① 我们认为，在我国，属于确定判决既判力法定例外的异议之诉有：当事人后发性请求之诉、第三人撤销之诉（《民诉法》第 59 条第 3 款）、撤销除权判决之诉等。有关当事人后发性请求之诉，比如，依据《民诉解释》，裁判生效后，发生新的事实，当事人再次起诉的，法院应当依法受理（第 248 条）；赡养费、扶养费、抚养费案件，裁判发生法律效力后，因新情况、新理由，一方当事人再行起诉要求增加或者减少费用的，人民法院应作为新案受理（第 218 条）；再如，依据《人身损害赔偿解释》第 6 条第 2 款的规定，关于器官功能恢复训练所必要的康复费、适当的整容费以及其他后续治疗费，赔偿权利人可以待实际发生后另行起诉。

民等侵犯他人诉权，则诉权主体应当有权获得救济。民事实体法应是裁判规范，使当事人能够依据实体法规范胜诉；同时还应具有合理性，便于当事人行使诉权。[①]

民事诉讼法建构起正当程序，使当事人能够便利地进入诉讼，运用正当程序公正、及时地获得诉讼救济，从而促成当事人亲近诉讼，乐于行使诉权。《民诉法》第 126 条中规定："人民法院应当保障当事人依照法律规定享有的起诉权利。"对此，举例说明如下。

（1）明确规定起诉条件（或称起诉要件）。基于保护"民事诉权"的考虑和根据"先程序后实体"的原理，起诉要件主要是程序性要件，并且应当予以明确规定。《民诉法》第 122 条所规定的是通常的起诉条件。

公益诉讼、第三人撤销之诉、再审之诉虽然属于"独立之诉"（独立启动诉讼程序之诉），但是因其特殊性，除具备通常的起诉条件外，还应具备其他条件。比如，《民诉解释》第 282 条中规定，提起公益诉讼的条件包括"有社会公共利益受到损害的初步证据"。

至于"诉讼中（内）之诉"，比如诉的客观合并、诉的客观变更、反诉、有独立请求权第三人提起的参加之诉、执行异议之诉、执行分配方案异议之诉等，由于是在已经启动的诉讼程序中提起的，所以除具备通常的起诉条件外，还应具备其他要件。

《民诉解释》第 247 条规定了构成重复起诉的条件，据此判断是否构成重复起诉，从而在很大程度上既便于保护诉权，又便于规制诉权滥用。

（2）明确规定特殊情形中当事人或第三人享有或行使诉权。民事权益受到侵害或民事法律关系发生争议时，权益主体或关系主体当然享有诉权。不过，对于特殊情形，需要明确规定当事人或第三人享有诉权及其行使问题，比如，公益纠纷诉权，提起当事人异议之诉、第三人异议之诉、执行异议之诉、有关折价赔偿之诉（《民诉解释》第 492 条）、妨害执行行为造成损失之诉（《民诉解释》第 519 条）、有关公证方面的诉权（《公证法》第 40 条），诉的合并（包括反诉）和变更、告知（另行）起诉（《民诉法》第 186 条和《民诉解释》第 232、233、348、370、403、530、531、542 条）等。

（3）确立立案登记制和允许当事人补正起诉条件。为方便当事人行使诉权，法院提供网上立案、预约立案、巡回立案等诉讼服务（《登记立案规定》第 14 条）。《民诉解释》第 209 条第 2 款规定：起诉状列写被告信息不足以认定明确的被告的，法院可以告知原告补正，原告补正后仍不能确定明确的被告的，裁定不予受理。

（4）有关裁定不予受理和驳回起诉的规定。裁定不予受理、驳回起诉的案件，原告再次起诉，符合起诉条件且不属于《民诉法》第 127 条规定情形的，人民法院应予受理（《民诉解释》第 212 条）。不予受理或驳回起诉的裁定有错误的，当事人有权提起上诉（《民诉法》第 126、157 条）[②]，而且可以通过再审程序予以纠正（《民诉解释》第 379、413 条）。

（5）合理设置撤诉制度。撤诉并未解决纠纷，因此撤诉后，原告就同一纠纷或同一

---

① 就侵权责任归责原则而言，《民法典》一方面坚持以过错责任为基本原则；另一方面扩展了过错推定、无过错责任的适用范围，减轻或者免除受害人对"侵权人具有过错"的证明责任，以增加其获得救济的可能性。

② 《民诉解释》第 330 条规定："第二审人民法院查明第一审人民法院作出的不予受理裁定有错误的，应当在撤销原裁定的同时，指令第一审人民法院立案受理；查明第一审人民法院作出的驳回起诉裁定有错误的，应当在撤销原裁定的同时，指令第一审人民法院审理。"

个诉再次起诉，法院应当受理。但是，原审原告在第二审程序中撤回起诉后重复起诉的、一审原告在再审审理程序中撤回起诉后重复起诉的，法院不予受理（《民诉解释》第336条第2款、第408条第2款）。当事人拥有是否行使诉权的自由，即使当事人已经行使诉权向法院提起诉讼，也有撤回起诉（撤诉）的权利或自由，所以法律限制撤诉应有充足根据，即撤诉也应符合法律规定的合理要件（比如不得损害国家利益、社会公共利益、他人合法权益）。此外，按撤诉处理的情形，实际上是否定当事人行使诉权，所以也应有充足根据。

（二）在实务层面保护民事诉权

民事诉权是一种对世权，任何人不得非法侵害或阻碍其合法行使。限于篇幅，下文简要讨论法院保护诉权问题。在现实或实务中，对诉权的保护，首先来自法院，因为诉权所体现的是国民和国家法院之间的公法上的权利义务关系。

法院保护诉权一方面体现在"不得非法拒绝审判"，即对于符合起诉要件之诉，法院应当及时受理，不得非法增加起诉要件（比如要求原告在起诉阶段就应当提出充分的胜诉证据，以诉讼文书不能送达为由不予受理等）。同时，对于起诉状中当事人基本情况记载不清、没有记载诉讼请求等情况，法院应当给予当事人补正起诉条件的机会。此外，合法民事利益受到侵害或发生争议的，起诉到法院，法院应当受理。

法院保护诉权另一方面还体现在"法院不能主动寻找案件"，即从否定的方面来说是"不告不理"，从肯定的方面来说是"有告诉才受理"，体现了司法的消极性。"法院主动寻找案件"也是对当事人诉权的侵犯，因为当事人拥有是否行使诉权的自由。民事私益案件中，法官违背处分原则主动改变或超出原告确定的诉讼标的或诉讼请求而作出判决，实际上也是对原告实体私权和民事诉权的侵犯。

对于法院侵害诉权，主要是通过诉讼程序内部来纠正，即通过上诉程序和再审程序来纠正。为保障法官独立审判，一般不允许在诉讼程序外部对法官侵害诉权的行为予以惩治，除非法官侵害诉权的行为非常严重甚至构成犯罪，否则不被弹劾或治罪。

在我国，对于法院作出违法的不予受理或驳回起诉的裁定，通过上诉程序和再审程序来纠正。在当事人没有起诉或者合法撤诉的情形中，法院所作出的判决为"诉外判决"，属于无效判决而自始不产生判决的效力。不过，无效判决由于具有判决的形式而可能滋生争议（如执行时可能发生争执），所以我们认为，基于法律明确性的考虑，可以通过上诉、再审或第三人撤销判决之诉等法定程序予以撤销。对于法院违反当事人处分原则所作出的判决，属于非法判决的，可以通过上诉程序和再审程序来纠正。

四、防范和制裁虚假诉讼与滥用诉权

（一）虚假诉讼和滥用诉权的内涵和构成要件

广义的"滥用诉讼"既包括滥用民事司法救济权（起诉权、非讼程序申请权、执行申请权等），也包括滥用其他民事诉讼权利（程序参与权、诉讼处分权、回避申请权等），均属于诚信原则的内容。

我国有关虚假诉讼或者滥用诉权的现行规定，主要有《民诉法》（第 115、116 条）、《民诉解释》（第 190、191 条）、《虚假诉讼意见》、《虚假诉讼刑事案件解释》、《虚假诉讼犯罪惩治》等。根据我国相关规定，“虚假诉讼”“滥用诉讼”“恶意诉讼”是一致的，因为此三者的构成要件一致。在我国现行法中，虚假诉讼包括滥用诉权和滥用执行申请权。

虚假诉讼或者滥用诉讼属于滥用权利的范畴，违背了宪法原则规范①和权利正当目的，也违背了诚信原则。当事人滥用诉权还符合“任何人都不应从不当行为中获利”原则，以防法庭沦为实施非法行为并从中获利的场所，维护司法公正和司法公信力。

保护民事诉权和民事执行申请权是主要方面，规制民事诉权和民事执行申请权滥用不应阻碍当事人合法行使民事诉权和民事执行申请权，所以虚假诉讼的构成要件应当严格。由此，虚假诉讼在主观方面要求双方当事人存在恶意串通或者单方主观故意。

虚假诉讼行为通常体现为虚构事实、虚假陈述、伪造证据、捏造民事法律关系或者虚构民事纠纷，向法院提起诉讼或者申请执行。诉讼参与人或者其他人“冒充他人提起诉讼或者参加诉讼”的，可以适用《民诉法》第 114 条（《民诉解释》第 189 条）。

损害后果主要是指虚假诉讼行为侵害了国家利益（包括侵害国家的法律和司法权、浪费国家的司法资源等）、社会公益或者案外人合法权益。虚假诉讼还会因拖延诉讼而浪费国家司法资源和损害对方当事人合法权益。“逃避履行法律文书确定的义务”使权益人的权益得不到及时实现，损害权益人相关权益。

（二）防范和制裁虚假诉讼与滥用诉权的具体措施

对于虚假诉讼或滥用诉权，我国现行法采取如下防止或制裁措施。

（1）法院应当驳回虚假诉讼行为或者认定其无效。比如，当事人滥用诉权的，法院应当判决驳回诉讼请求。②

（2）虚假诉讼人承担诉讼费用和对方当事人的律师费。③

（3）虚假情节比较严重的，作为妨害民事诉讼行为，根据《民诉法》第 115 条或第 116 条，加大罚款或者拘留等措施的适用力度。

（4）他人若因虚假诉讼受到损失，有权要求赔偿，可提起侵权损害赔偿之诉。④

（5）对于当事人双方恶意合谋通过诉讼来侵害第三人合法权益的，在该诉讼中，第三人可以有独立请求权第三人（属于主诉讼参加人）的身份提起参加之诉；若已经作出

---

① 《宪法》第 51 条规定：“中华人民共和国公民在行使自由和权利的时候，不得损害国家的、社会的、集体的利益和其他公民的合法的自由和权利。”

② 《虚假诉讼意见》第 11 条规定：经查明属于虚假诉讼，原告申请撤诉的，不予准许，并应当根据《民诉法》第 115 条，驳回其请求。

③ 《关于知识产权侵权诉讼中被告以原告滥用权利为由请求赔偿合理开支问题的批复》（法释〔2021〕11 号）规定：在知识产权侵权诉讼中，被告提交证据证明原告的起诉构成法律规定的滥用权利损害其合法权益，依法请求原告赔偿其因该诉讼所支付的合理的律师费、交通费、食宿费等开支的，人民法院依法予以支持。被告也可以另行起诉请求原告赔偿上述合理开支。

④ 《案由规定》中有“因恶意提起知识产权诉讼损害责任纠纷”的案由。《专利规定》第 1 条中有“因恶意提起专利权诉讼损害责任纠纷案件”。依据《民诉解释》第 313 条第 2 款的规定，被执行人与案外人恶意串通，通过执行异议、执行异议之诉妨害执行的，法院应当依照《民诉法》第 116 条规定处理；申请执行人因此受到损害的，可以提起诉讼要求被执行人、案外人赔偿。

判决或者判决在执行中，则第三人可以提起异议之诉，请求法院撤销或者变更判决。①

（6）法院对于与虚假诉讼刑事案件的裁判存在冲突的已经发生法律效力的民事判决、裁定、调解书，应当及时依法启动审判监督予以纠正；检察院发现已经发生法律效力的判决、裁定、调解书系民事诉讼当事人通过虚假诉讼获得的，应当向法院提出再审检察建议或者抗诉（《虚假诉讼犯罪惩治》第15、18条）。

（7）虚假诉讼构成犯罪的，根据《刑法》第307条之一追究刑事责任。专门规定有《虚假诉讼刑事案件解释》《虚假诉讼犯罪惩治》。

（8）建立诉讼诚信制度和综合治理机制，将严重虚假诉讼作为严重失信行为纳入国家征信系统。《虚假诉讼意见》第13条规定，法院探索建立虚假诉讼失信人名单制度。向社会公开发布虚假诉讼典型案例，建立多部门协调配合的综合治理机制。

《虚假诉讼意见》第14～16条和《虚假诉讼工作指引一》第31～36条规定：法院工作人员、诉讼代理人、鉴定机构、鉴定人、公证机构、公证员等参与虚假诉讼的，依法予以制裁。

《虚假诉讼意见》第5条规定："涉嫌虚假诉讼的，应当传唤当事人本人到庭，就有关案件事实接受询问。除法定事由外，应当要求证人出庭作证。要充分发挥民事诉讼法司法解释有关当事人和证人签署保证书规定的作用，探索当事人和证人宣誓制度。"

《虚假诉讼犯罪惩治》第21条规定：对于存在虚假诉讼犯罪嫌疑的民事案件，法院可以依职权调查收集证据；当事人自认的事实与法院、检察院依职权调查并经审理查明的事实不符的，法院不予确认。

问题与思考

请扫描二维码测试，并查看参考答案

① 依据《民诉解释》第299条，第三人撤销之诉案件审理期间，法院对生效判决、裁定、调解书裁定再审的，受理第三人撤销之诉的法院应当裁定将第三人的诉讼请求并入再审程序；但是，有证据证明原审当事人之间恶意串通损害第三人合法权益的，法院应当先行审理第三人撤销之诉案件，裁定中止再审诉讼。

第三章
民事诉讼法基本原则

【本章概要】 民事诉讼法基本原则体现民事诉讼目的，承载民事诉讼价值要求，反映民事诉讼基本原理和内在规律，具有概括性、稳定性及包容性等特点，并发挥立法准则、行为准则以及引导创造性司法的功能，是人民法院、当事人及其他诉讼参与人进行民事诉讼活动所必须遵循的根本性规则。民事诉讼法基本原则由共有原则与特有原则构成，特有原则主要包括当事人平等原则、辩论原则、诚信原则以及处分原则等，是本章学习的重点。

第一节 民事诉讼法基本原则概述

一、民事诉讼法基本原则的概念

民事诉讼法的基本原则，是在民事诉讼的整个过程中或在重要的诉讼阶段起指导作用的准则。它集中体现民事诉讼的目的，反映民事诉讼的基本原理和内在规律，承载民事诉讼程序价值的要求，概括当事人与法院在民事诉讼中的作用分担，是制定、适用、解释民事诉讼法的依据，也是人民法院、当事人以及其他诉讼参与人进行民事诉讼活动所必须遵循的根本性规则。

民事诉讼法的基本原则既有别于民事诉讼的目的与价值，也不同于民事诉讼的基本制度与具体程序规范。它具有概括性、稳定性以及包容性等特点：（1）民事诉讼法基本原则的概括性。与民事诉讼法的基本制度与具体程序规范相比，民事诉讼法基本原则具有高度的概括性。这种高度的概括性保障了民事诉讼法基本原则在民事诉讼全过程发生效力，也为具体程序规范的制定提供了依据，同时为通过司法补充法律的漏洞创造了契机。（2）民事诉讼法基本原则的稳定性。民事诉讼法基本原则是对民事诉讼规律的概括和总结，是特定社会对民事诉讼真理性认识的折射，这些因素决定了民事诉讼法基本原则具有相对稳定性，规定基本原则的条款不能轻易改变。（3）民事诉讼法基本原则的包容性。民事诉讼法基本原则的包容性是指民事诉讼法基本原则具有不确定性和模糊性，这一特点使民事诉讼法基本原则对民事诉讼具体程序问题的处理具有指导性和涵盖性。民事诉讼法基本原则虽然具有相对稳定性，但并不意味着民事诉讼法基本原则不发生变动。随着社会的发展和由此引发的诉讼价值观的变化，民事诉讼法基本原则也应随之作出调整。而民事诉讼法基本原则的不确定性和模糊性使司法者对民事诉讼法基本原则的解释拥有广泛的自由裁量空间。法官可以在立法者所确定的程序根本价值的基础上，根据时势变化和新价值观对民事诉讼法基本原则作出创造性的解释。[①] 理论研究者也可以根据时代的变迁而不断丰富民事诉讼法基本原则的内涵。

二、民事诉讼法基本原则的功能

（一）立法准则的功能

民事诉讼法的制定必须反映立法目的，而立法目的本身过于抽象，这就需要在立法目的与具体程序规则之间架设桥梁，民事诉讼法的基本原则便承担了这一使命。基本原则的联结，使各项具体程序规则成为围绕立法目的的有机统一体。因此，民事诉讼法的基本原则需产生于具体程序规则之先，它是各项具体程序规则的基础和来源，并通过具体程序规则得到贯彻和落实。

（二）行为准则的功能

作为民事诉讼法律规范体系中的重要组成部分，民事诉讼法基本原则还是当事人、法院以及其他诉讼参与人进行民事诉讼的基本行为准则，违反民事诉讼法基本原则所实施的诉讼行为有可能产生无效的后果。当然，由于民事诉讼法基本原则的概括性与抽象性的特点，决定了民事诉讼法基本原则的行为准则功能所发挥的空间相当有限，即主要是在程序规则未对有关诉讼程序问题作出规定或是虽有规定，但程序规则规定模糊或相互矛盾的情况下才表现出这一功能。

（三）引导创造性司法的功能

在民事诉讼中，法院据以裁判的程序法依据应当是民事诉讼法的具体制度与程序规则，通常不能直接适用民事诉讼法的基本原则。但是，民事诉讼活动的复杂性与立法的局限性的矛盾决定了民事诉讼立法可能存在疏漏、模糊乃至相互矛盾的情形。在前述情形下，法官无法依据现有的具体制度与程序规则作出判断，或虽然可以依此作出判断但明显违背基本的公平正义观念，此时，法官可以行使自由裁量权，通过解释民事诉讼法基本原则并将其直接作为法院裁判的依据以弥补立法的不足。由此，民事诉讼法基本原则便具有了引导法官进行创造性司法的功能。不过，需要说明的是，与民事实体法相比，由于法院对当事人诉讼行为的评价往往与法院的利益相关，为了避免法官因适用民事诉讼法基本原则而回避具体程序规范可能造成的对当事人诉讼权利的不当侵犯，民事诉讼法基本原则的这一功能应当受到严格的限制。如果由最高人民法院根据民事诉讼法基本原则的导向作出司法解释，并使之成为法官适用的依据可能更为符合民事司法理念的要求。

---

① 参见杨荣馨主编：《民事诉讼原理》，103页，北京，法律出版社，2003。

三、民事诉讼法基本原则的体系

根据规定民事诉讼法基本原则的法律与适用范围的不同，将民事诉讼法基本原则分为共有原则与特有原则两类。

（一）共有原则

共有原则，是指依据宪法，参照人民法院组织法的有关规定所确立的，普遍适用于民事诉讼、刑事诉讼、行政诉讼的原则。这些原则在刑事诉讼法与行政诉讼法中也有规定，被称为三大诉讼法的共有原则。这类原则包括：（1）民事审判权由人民法院行使原则；（2）人民法院对民事案件独立进行审判原则；（3）以事实为根据，以法律为准绳原则；（4）使用本民族语言文字进行诉讼原则；（5）人民检察院对民事诉讼实行法律监督原则。由于共有原则在民事诉讼的适用中有特殊的要求，有必要在民事诉讼法中加以重新规定。

（二）特有原则

特有原则，是指反映民事诉讼的特点和规律，根据民事诉讼的特殊要求所确立的基本原则。由于这类原则仅适用于民事诉讼，故被称为特有原则，包括：（1）当事人平等原则；（2）辩论原则；（3）诚信原则；（4）处分原则。特有原则中的辩论原则与处分原则是概括民事诉讼中当事人与法院作用分担的根本性规则，决定民事诉讼构造。本章仅对民事诉讼法基本原则中的部分原则加以分析。

民事诉讼法基本原则是由若干个基本原则所共同构成的有机整体。各项基本原则之间既相互联系，又相互制约。当其中之一的基本原则发生变动时，其他基本原则也要随之改变，使之不断适应时代发展的要求。因此，对某项基本原则的解读，既要单独地看它的内容和运作方式，也要将它置于民事诉讼法体系的高度去审视和观察其特点和完整含义。也就是要用个别性和整体性相结合的方式对民事诉讼法基本原则作出理解，加以运用。①

《民诉法》第5条至第17条是关于基本原则的规定，具体包括：（1）诉讼权利义务同等原则与对等原则；（2）民事案件的审判权由人民法院行使原则；（3）人民法院对民事案件独立进行审判原则；（4）以事实为根据，以法律为准绳原则；（5）当事人平等原则；（6）自愿、合法调解原则；（7）合议、回避、公开审判、两审终审原则；（8）使用本民族语言文字进行诉讼原则；（9）辩论原则；（10）诚信原则；（11）处分原则；（12）人民检察院对民事诉讼实行法律监督原则；（13）支持起诉原则；（14）在线诉讼与线下诉讼法律效力同等原则；（15）民族自治地方制定变通或补充规定原则。在前述规定中，合议、回避、公开审判、两审终审原则应为民事审判的基本制度，不宜纳入基本原则的范畴。支持起诉原则严格说来与民事诉讼活动并无直接的关系，只在起诉之前发挥

---

① 参见汤维建主编：《民事诉讼法学原理与案例教程》，82页，北京，中国人民大学出版社，2006。

作用。诉讼权利义务同等原则与对等原则仅适用于涉外民事诉讼，它们也不宜作为基本原则。在线诉讼与线下诉讼具有同等法律效力的规定只是明确了在线实施诉讼活动的效力，其与作为授权性立法规范的民族自治地方制定变通或补充规定均不具有基本原则的属性。至于自愿、合法调解原则是对法院调解所应遵循的基本原则的规定，在法院调解程序中发挥作用，而法院调解应为我国民事诉讼法的具体制度，将其作为基本原则并不合适。据此可以认为，《民诉法》实际上规定了 9 项基本原则，包括共有原则与特有原则两类。

第二节　当事人平等原则

一、当事人平等原则的含义

当事人平等原则，是指当事人在民事诉讼中享有平等的诉讼权利，人民法院审理民事案件应当平等地保障当事人行使诉讼权利。我国《民诉法》第 8 条规定："民事诉讼当事人有平等的诉讼权利。人民法院审理民事案件，应当保障和便利当事人行使诉讼权利，对当事人在适用法律上一律平等。"这是当事人平等原则的立法依据。当事人平等原则要求立法应对当事人诉讼权利予以平等分配，司法应平等地保护当事人行使诉讼权利。当事人平等原则在民事诉讼法基本原则体系中处于基础性地位，具有重要的作用，体现了民事诉讼法的鲜明特征。

二、当事人平等原则的内容

根据法律规定，当事人平等原则包括以下两方面内容。

（一）当事人的诉讼地位平等

当事人在诉讼中的法律地位取决于当事人双方诉讼权利与诉讼义务的立法分配。由于民事诉讼立法规定，当事人双方平等地享有诉讼权利，同时也应平等地承担诉讼义务，这就决定了在民事诉讼中当事人的诉讼地位完全平等，并无高低之分。当然，诉讼权利平等并不意味着诉讼权利相同，诉与被诉的差异导致当事人双方诉讼权利义务的具体规定有所不同，但这种差异并不会给当事人双方在诉讼中造成实质上的不平等。当事人的诉讼地位平等具体表现为：(1)《民诉法》赋予双方当事人相同的诉讼权利。如双方当事人都有委托诉讼代理人、申请回避、收集与提供证据、进行辩论、请求调解或自行和解、提起上诉、申请再审和申诉、申请执行等诉讼权利。(2)《民诉法》赋予双方当事人对等的诉讼权利。由于双方当事人在诉讼中处于攻击与防御的对立位置，因而双方当事人还享有相互对等的诉讼权利。如一方当事人有提起诉讼的权利，对方当事人则有提起反诉、进行答辩的权利等。(3) 双方当事人依法平等地承担诉讼义务。诉讼权利的平等必然要求诉讼义务的平等。在民事诉讼中，双方当事人都必须依法行使诉讼权利，遵守诉讼秩序，履行生效的法律文书所确定的义务。总之，当事人诉讼地位的平等就是通过诉讼权利与诉讼义务的平等分配来体现的，没有平等的诉讼权利义务，诉讼地位的平等则无法实现。

（二）法院应平等地保障当事人行使诉讼权利

当事人诉讼地位的平等仅仅是立法上的平等，要真正实现当事人平等原则，更需要司法上的平等保护，也就是人民法院在审理民事案件时应平等地保障当事人双方行使诉讼权利。所谓平等保护，即无差别对待，它包括两项基本要求：（1）法院在诉讼程序进行中应给予双方当事人平等的机会、便利和手段；（2）法院对当事人双方提出的主张和证据予以平等的关注，并在作出裁判时将双方的观点均考虑在内。没有法院的平等保护，当事人平等原则就难以在诉讼过程中得到落实。

当然，平等保护并不完全否定基于合理立法目的的差别对待，如对明显处于弱势的一方当事人提供积极的援助，包括减免诉讼费用、提供法律援助等，使之与强势一方形成实质上的平等，这也是当事人平等原则的要求。

三、当事人平等原则的法理根据

（一）当事人平等原则是公民在法律面前一律平等的宪法性原则在民事诉讼法领域的具体体现

我国宪法要求公民在法律面前一律平等，这一宪法性原则需要在部门法中加以贯彻和落实，而民事诉讼法中规定当事人平等原则正是在民事诉讼领域对公民在法律面前一律平等的宪法性原则的落实和体现。当事人平等原则满足了程序性权利平等的要求，保证了当事人双方在民事诉讼中处于平等的诉讼地位。

（二）当事人平等原则是程序公正的基本要求

程序公正是民事诉讼程序所追求的重要价值目标，而当事人平等是程序公正的基本要求。当事人诉讼地位的平等能够保障当事人平等对话、公平参与的机会，是公正审判的先决条件。

（三）当事人平等原则是民事实体法平等原则在民事纠纷解决领域的必然延伸

民事诉讼的过程是平等的民事主体之间通过司法解决民事争议的过程。在民事实体法领域民事主体的平等原则，必然需要在民事纠纷解决领域得到体现和延伸。离开了民事诉讼法的平等保护，当事人在民事实体法中的平等将成为空中楼阁。

第三节　辩论原则

一、辩论原则的含义

辩论原则，是指民事诉讼的当事人就有争议的事实问题和法律问题，在法院的主持下陈述各自的主张和意见，互相进行反驳和答辩，以维护自己合法权益的原则。我国《民诉法》第 12 条规定："人民法院审理民事案件时，当事人有权进行辩论。"这一规定为辩论原则提供了立法依据。

辩论原则确立了当事人在民事诉讼中的辩论权。辩论权在民事诉讼中具有重要的意义：一方面，当事人通过行使辩论权，表明自己的主张，反驳对方的主张，能够为法院查明案件事实、正确适用法律提供依据。另一方面，当事人的辩论权也是程序正义的内在要求。通过双方当事人的相互辩驳，当事人有充分的机会，积极参与到诉讼程序中来，并影响最终的裁判结果，真正体现当事人的程序主体地位。

二、辩论原则的内容

我国民事诉讼法规定的辩论原则包括以下几方面的内容。

（一）辩论原则贯穿于民事诉讼的全过程

作为民事诉讼法的一项基本原则，除不存在对立当事人的特别程序外，辩论原则广泛适用于民事审判程序之中，包括第一审程序、第二审程序和再审程序。在审判程序的各个阶段，如在第一审程序中，从起诉、受理、审理前的准备直至开庭审理，均应贯彻辩论原则。当然，开庭审理中的法庭调查和法庭辩论是当事人辩论最集中的阶段，但当事人之间的辩论并不仅仅局限于此阶段，在诉讼程序的各个阶段，当事人双方均可通过法定形式展开辩论。

（二）辩论的范围包括程序与实体两方面的内容

在民事诉讼中，当事人通常围绕实体问题与程序问题展开辩论。实体问题包括案件事实的认定与实体法律的适用两方面。如原告提出诉讼请求所依据的事实是否真实，根据已经认定的事实应该如何适用法律以确定当事人之间的权利义务等。除实体问题外，程序问题也是当事人辩论必不可少的内容，如受诉法院有无管辖权、审判人员应否回避、当事人是否适格等。虽然实体问题的辩论通常为当事人所关注，常常成为辩论的核心，但程序问题亦不容忽视。总之，无论是实体问题还是程序问题的辩论，均以双方当事人之间存在争议为前提，双方当事人没有争议的事实无须辩论，可直接作为裁判的根据。

（三）辩论可以采用口头和书面两种形式

在民事诉讼中，当事人既可以采用口头形式，也可以运用书面形式进行辩论。在当事人的辩论最为集中的开庭审理阶段，尤其是法庭调查和法庭辩论，主要以口头方式进行辩论，而在其他阶段，当事人则可以通过书面形式行使辩论权，例如原告的起诉状、被告的答辩状等都是书面形式的辩论。

（四）人民法院应当保障当事人充分行使辩论权

对辩论权的保障是人民法院的重要审判职责。一方面，人民法院应严格依照民事诉讼法的规定，为双方当事人行使辩论权提供充分的时间和对等的机会，并通过行使诉讼指挥权，在辩论过程中进行适度的提问、引导、要求解释与说明等，确保当事人辩论权的全面实现。另一方面，当事人辩论的结果应对法院的裁判构成约束，只有在当事人的辩论中所提出的事实与证据，才能作为裁判的依据。

三、大陆法系国家民事诉讼中的辩论主义

在大陆法系国家，也存在与我国辩论原则相类似的被称为辩论主义的基本原则。辩论主义是大陆法系国家民事诉讼学理上的概念，表明在作为裁判基础的事实与证据的提出层面，当事人与法院的作用分担。日本学者谷口安平指出，以什么样的事实作为请求的根据，又以什么样的证据证明所主张的事实存在与否，都属于当事人意思自治的领域，法院应当充分尊重当事人在这一领域的自由，这就是辩论主义最根本的含义。① 德国学者亦认为，在民事诉讼中，探知、收集并在诉讼中提出裁判上重要的事实以及考虑证据的提出，原则上仅属于当事人，当事人对事实资料的收集负有责任。② 作为规制国家权力与当事人权利之关系的基本原则，辩论主义决定了大陆法系国家民事诉讼的审理结构。

按照日本学者的阐释，辩论主义包括以下内容：（1）直接决定法律效果发生的主要事实必须在当事人的辩论中出现，法院不能以当事人没有主张的事实作为判决的基础。（2）对于双方当事人都没有争议的事实，法院应当作为判决的基础。换言之，法院应当受当事人自认的约束。（3）法院对证据的调查，原则上仅限于当事人提出的证据，而不允许法院依职权主动调查证据。③

辩论主义是 19 世纪自由主义思潮在民事诉讼中的反映，它主张保障当事人在民事诉讼领域的意思自治，反对法院的职权干预。辩论主义是以当事人双方的诉讼能力完全等同为适用前提，而这一前提在现实中很难实现。近百年来，随着诉讼理念的变迁，大陆法系各国辩论主义的内涵也发生了深刻的变化。如对于当事人未主张的事实，法院预作为裁判的根据时，只要预先给予当事人辩论的机会，并不违反辩论主义；通过为当事人设定真实义务，而对当事人的自认予以限定；法院依职权调查收集证据的规定也在大陆法系各国民事诉讼法中不同程度地保留着。进入 21 世纪后，从对当事人提供实质性程序保障的视角出发，大陆法系国家进一步通过强化释明义务④，强调法院对当事人提供事实与证据的协助义务，来实现充实而富有效率的审理。

---

① 参见［日］谷口安平：《程序的正义与诉讼》，王亚新、刘荣军译，139 页，北京，中国政法大学出版社，2002。

② 参见［德］埃肯哈德·贝克尔-埃伯哈德：《辩论主义的基础和界限》，［日］高田昌宏译，载《比较法学》，2001（1）。

③ 参见［日］兼子一、竹下守夫：《民事诉讼法》，白绿铉译，95 页，北京，法律出版社，1995。

④ 释明，也称阐明，是指在诉讼过程中，法院为了明确争议的事实关系，就事实上和法律上的有关事项向当事人发问，要求当事人说明，或补充主张与证据资料等活动。释明制度设立的初衷，是平衡当事人诉讼能力上的差异，补充当事人诉讼资料收集上的不足，以发现客观真实。在大陆法系国家，释明制度被视为维护当事人权利的“大宪章”。在我国，尽管民事诉讼法典未规定释明制度，但《证据规定》与《民诉解释》均有明确的法院释明的要求，学界与实务界亦认可我国的释明制度已初步确立。

前述辩论主义内涵的变迁表明，作为一项基本原则，辩论主义所提供的只是对当事人与法院在诉讼中作用分担的认知框架，随着社会的发展，辩论主义的内涵与要求将会更加体现出流变性与开放性的特征。这应当是我国在改造辩论原则时需考量的因素。

我国民事诉讼法虽然也规定了辩论原则，并要求人民法院充分保障当事人双方辩论权的行使，但由于法院的保障仅仅停留于让当事人进行辩论的行为层面，而没有通过立法明确当事人的辩论结果对法院裁判的约束，这种形式上的辩论原则被我国学者称为“非约束性辩论原则”，并主张以大陆法系国家的辩论主义取代我国的辩论原则。[①] 值得注意的是，尽管我国民事诉讼法典对辩论原则的规定并未发生改变，但《证据规定》和《民诉解释》中已经出现接近大陆法系辩论主义相关内容的规定[②]，表明辩论主义的基本理念已被司法解释所接受，并为我国法院司法实践所遵循。

第四节 诚信原则

一、诚信原则的含义

诚信原则，也即诚实信用原则，是指法院、当事人以及其他诉讼参与人在审理民事案件和进行民事诉讼时必须公正、诚实和善意。《民诉法》第 13 条第 1 款规定：“民事诉讼应当遵循诚信原则。”该款的规定表明诚实信用已被确立为我国民事诉讼法的基本原则。

诚信原则原为民事实体法的一项重要原则，起源于罗马法上的诚信契约。它是为适应社会的变化，将道德原则法律化而形成的法解释学上的概念。诚信原则要求人们在市场活动中讲究信用，恪守诺言，诚实不欺，在不损害他人利益和社会利益的前提下追求自己的利益。[③] 众所周知，民事诉讼法以规范的形式严格性为特征，法院对当事人诉讼行为的评价标准，无疑应以明确的程序性法律规范为依据。当事人行使诉讼权利，只要符合法律的规定，就能产生所期待的法律后果。但如果当事人违反信义，不诚实地进行诉讼，法官仍然以其行为符合法律规范的形式要件而予以认可，则又有侵害实质公正的危险。面对法的安定性与个别正义之冲突，诚信原则授权法官对当事人不正当的诉讼行为给予否定性评价，以维持当事人之间的利益以及当事人利益与社会利益的平衡，实现实质正义。

尽管我国于 1991 年颁布的《民诉法》并没有诚信原则的明确规定，但其后出台的相

---

① 参见张卫平：《我国民事诉讼辩论原则重述》，载《法学研究》，1996（6）。

② 如《证据规定》和《民诉解释》有关自认的效力、对法院依职权调查取证的限制等内容体现了辩论主义的相关要求。当然，对于辩论主义的核心要求，即法院裁判所依据的主要事实不能超出当事人主张的范围在上述司法解释中并没有明确。不过，对立法与司法解释中有关当事人主张责任、证明责任分配以及法院依职权调查收集证据的限制等证据规范的体系化解释，能够得出法院裁判所依据的主要事实应受当事人主张的限制的结论，在此意义上，我国民事诉讼法上的辩论原则已接近大陆法系的辩论主义。参见许可：《论当事人主义诉讼模式在我国法上的新进展》，载《当代法学》，2016（3）。

③ 参见梁慧星：《民法解释学》，301 页，北京，中国政法大学出版社，1995。

关司法解释从解释论的角度可以认为体现出诚信原则所蕴含的精神。例如，一方当事人在二审中提出新证据导致发回重审的，须承担诉讼费用的规定；有证据证明持有证据的一方当事人无正当理由拒不提供，如果对方当事人主张该证据的内容不利于证据持有人，可以推定该主张成立等。尤其是2001年颁布的《证据规定》明确法院可以根据公平原则和诚信原则，综合当事人举证能力等因素确定举证责任的承担。但司法解释毕竟不能代替立法。

延伸阅读 3-1

民事诉讼诚信原则的确立背景

2012年我国修改《民诉法》新增诚信原则，既是民事诉讼理论发展的必然结果，也是当下我国民事诉讼实践的现实需要，尤其是为规制当事人恶意诉讼、虚假诉讼等滥用诉讼权利的行为提供了立法依据。当然，从立法的要求出发，除将诚信原则作为民事诉讼法的基本原则在《民诉法》总则中予以规定外，更应细化体现诚信原则的具体规范，并明确违反该原则的法律后果。为防止法官滥用自由裁量权，在我国应着重强调诚信原则的补充性，并赋予受到不利裁决的当事人以相应的程序保障。

二、诚信原则的适用

在民事诉讼中哪些主体适用诚信原则，尤其是法院应否受该原则的约束，学说上存有争议。在日本，通说认为，诉讼是法院与双方当事人之间构成的三角关系，与法院期待当事人遵守信义一样，当事人也能够期待法院遵守信义，这是一种相互的关系。如果因法院的程序错误而使当事人实施了相应诉讼行为，就应保护当事人的信赖利益。① 因此，主张诚信原则不仅适用于当事人之间，也适用于当事人与法院之间。在法院与当事人之间，诚信原则具有确保两者实质性协作的机能；而在当事人相互之间的关系中，诚信原则侧重于维持两方当事人实质的衡平。② 此外，诚信原则也是规范和约束其他诉讼参与人的准则。

（一）诚信原则对当事人的适用

诚信原则要求当事人在实施诉讼行为时诚实和善意，具体表现在以下几个方面。

1. 禁止恶意制造诉讼状态

它要求当事人一方不得以不正当的手段形成利己的诉讼状态，而导致对方当事人在诉讼中处于不利的诉讼地位。例如，以不正当的手段改变案件的管辖法院或以不正当的理由获得财产保全等。根据诚信原则，对于当事人恶意制造的诉讼状态，法院可以认定无效。

---

① 参见［日］谷口安平：《程序的正义与诉讼》，141页，王亚新、刘荣军译，北京，中国政法大学出版社，1996。

② 参见［日］中野贞一郎：《民事诉讼中的信义诚实原则》，载［日］中野贞一郎：《诉讼关系与诉讼行为》，63页，东京，弘文堂，1961。

2. 禁止矛盾行为

它要求当事人的诉讼行为必须前后一致，不允许实施前后矛盾的行为。在诉讼中，如果当事人一方实施了矛盾行为，而对方当事人相信了先前的行为并采取了相应的行动，认可相矛盾的后一行为，对方当事人的利益就会受到侵害，则法院可依诚信原则认定后实施的行为无效。

3. 禁止滥用诉讼权利

它要求当事人不得违背诉讼权利设置的目的，借行使诉讼权利之名，以达到拖延诉讼等目的，损害国家和对方当事人利益。例如，为了拖延诉讼而申请回避、提出管辖权异议等就是滥用诉讼权利的典型表现。对此，法院可依据诚信原则驳回当事人的申请。

4. 真实义务

它要求当事人在诉讼中应作真实的陈述，禁止当事人故意陈述明知是虚假的事实，或者故意隐瞒明知是真实的事实。在我国，《证据规定》第 63 条已明确要求当事人应当就案件事实作真实、完整的陈述。当事人故意作虚假陈述妨碍人民法院审理的，人民法院应当根据情节，依照《民诉法》有关对妨害民事诉讼的强制措施的规定进行处罚。据此，我国民事诉讼已确立当事人真实陈述义务。

5. 诉讼促进义务

在诉讼过程中，当事人应本着诚信原则推进诉讼进程，不得故意拖延诉讼。如当事人负有适时提出主张与证据的义务，我国民事诉讼法所规定的举证时限制度即是当事人诉讼促进义务的要求。此外，如当事人一方长时间怠于行使诉讼权利，致使对方当事人因确信该权利不再行使而为一定诉讼行为时，一方当事人才开始主张权利并由此导致对方利益受损的，法院可以违反诚信原则为由确认该权利失效。

（二）诚信原则对法院的适用

诚信原则要求法院在审理和裁判民事案件时应当公正、合理，主要表现为以下两点。

1. 禁止滥用自由裁量权

为使法律有效地适用于具体实践，有必要赋予法官一定程度的自由裁量权。诚信原则要求法官在对实体问题与程序问题自由裁量时应当本着诚实和善意的心态行使自由裁量权，不得滥用自由裁量权。如根据诚信原则的要求，法官在证据的判断上，应公正、诚实和善意，不得对当事人提出的证据任意加以取舍。

2. 禁止突袭裁判

所谓突袭裁判，即法院没有使当事人有机会认识、预测法院所要认定的事实，在当事人未就事实认定和法律适用展开充分的攻击和防御的前提下，法院便匆忙作出裁判。在民事诉讼过程中，为避免突袭裁判，诚信原则要求法院应履行释明义务，适时、适当地公开心证，并保障当事人享有充分的攻击和防御的机会。

（三）诚信原则对其他诉讼参与人的适用

诚信原则要求其他诉讼参与人在民事诉讼中实施诉讼行为时应诚实善意。例如，诉讼代理人在诉讼中不得滥用和超越诉讼代理权，证人不得作虚假证言，鉴定人不得作与事实不符的鉴定结论，等等。

（四）违反诚信原则的法律后果

在民事诉讼中，诉讼主体以及其他诉讼参与人违反诚信原则，可能产生如下法律后果：(1) 法院对当事人不诚信的诉讼行为作出否定性评价。(2) 对违反诚信原则的当事人及其他诉讼参与人，法院可根据情节轻重予以训诫、罚款、拘留；构成犯罪的，依法追究刑事责任。(3) 当事人违反诚信原则，造成对方当事人诉讼费用增加的，法院可要求当事人承担所增加的诉讼费用。(4) 当事人实施了恶意起诉等严重违反诚信原则的行为，给对方当事人实体权益造成损失的，对方当事人可要求赔偿损失。(5) 法院违反诚信原则，滥用自由裁量权，造成突袭裁判的，当事人可以提起上诉或申请再审。

需要说明的是，诚信原则在民事诉讼中的适用与在民事实体法中的适用应有所不同。民事实体法中诚信原则的适用侧重于其内涵的抽象性和外延的不确定性，即通过对民事主体行为的诚信要求和法官运用自由裁量权来平衡民事主体间的利益，以及民事主体与社会间的利益。因此，民事实体法中诚信原则的功能重在补充法律漏洞，弥补成文法的不足。而民事诉讼法作为程序法，其价值取向在于提供严格的程序规则，以指导诉讼主体的诉讼行为。民事诉讼法形式的严格性决定了民事诉讼中诚信原则的适用应力求具体化，即通过立法，将适用诚信原则的情形以明确的法律规范形式加以体现。[①] 在法无具体规定的情况下，法官应慎用直接援引诚信原则对当事人的诉讼行为作出评价。

第五节　处分原则

一、处分原则的含义

处分原则是指民事诉讼当事人有权在法律规定的范围内，自由支配和处置自己依法享有的民事权利和诉讼权利的原则。《民诉法》第 13 条第 2 款规定："当事人有权在法律规定的范围内处分自己的民事权利和诉讼权利。"这是处分原则的立法表现。根据处分原则的要求，在法律规定的范围内，民事诉讼当事人对其依法享有的民事权利和诉讼权利有权自由决定是否行使以及如何行使，即当事人享有处分权，法院对此不得干预。[②]

---

① 有关对违反诚信原则的处理的具体程序规范，主要集中在《民诉法》第 112～120 条等对妨害民事诉讼强制措施的规定中。《民诉解释》第 189 条等更进一步细化了违反诚信的表现形式及法律后果。

② 在大陆法系，处分原则也被称为处分权主义。广义上的处分权主义包含了辩论主义，狭义的处分权主义仅指诉讼程序的启动与终结以及审理对象由当事人决定，法院应尊重当事人的选择。其中，当事人的诉讼请求划定法院的审理对象系处分权主义的核心要求。我国修改后的民事诉讼法及司法解释有关处分原则的程序性规定与大陆法系处分权主义的核心要求基本一致。例如《民诉法》第 211 条将"原判决、裁定遗漏或者超出诉讼请求的"作为当事人申请再审的法定事由之一，《民诉法》第 175 条关于"第二审人民法院应当对上诉请求的有关事实和适用法律进行审查"的规定等均体现了处分原则的核心要求。

在民事诉讼中，处分原则贯穿于从审判到执行的整个诉讼过程，并对诉讼的进程产生重要影响。作为民事诉讼法的特有原则之一，处分原则的确立是由民事权利的性质决定的。民事权利属私权利，通常情况下，它与国家利益和社会公共利益并无直接的关联，国家无须对此进行干预，而应允许平等的民事主体自由支配自己的民事权利。这种实体法领域的自由处分权也必然要在民事纠纷的司法解决过程中得到延伸。而当事人在诉讼领域对民事权利的处分，只有通过实施特定的诉讼行为来完成，没有当事人对诉讼权利的自由支配，民事主体对民事实体权利的自由支配也难以实现。由于处分原则最为集中地体现了民事诉讼的特质，因而为各国民事诉讼法所普遍认同。

二、处分原则的内容

根据《民诉法》的规定，处分原则由以下几方面的内容构成。

（一）处分权的主体是当事人

在民事诉讼中，享有处分权的主体是特定的，只限于当事人，其他诉讼参与人不享有处分权。即使是委托诉讼代理人也不享有处分权，只能经当事人授权代当事人实施处分行为。

（二）处分权的对象是民事权利和诉讼权利

当事人行使处分权的对象主要是基于民事实体法律关系所享有的民事权利和基于民事诉讼法律关系所享有的诉讼权利。在民事诉讼中，当事人对民事权利和诉讼权利的处分可以分为积极处分与消极处分两类。前者是指当事人以作为的方式，积极行使民事权利和诉讼权利，如提起诉讼，申请执行等；后者指当事人以不作为的方式，不行使民事权利和诉讼权利，如不提起上诉，不申请回避等。对民事权利和诉讼权利的处分在民事诉讼中并不能截然分开，当事人在诉讼中处分民事权利往往通过处分诉讼权利来实现。

（三）处分权的体现

在民事诉讼中，当事人的处分权主要体现在：（1）民事纠纷发生后是否向法院起诉，由当事人决定，法院不能依职权主动开启诉讼程序。（2）当事人的诉讼请求决定法院的审判对象，法院不能超出当事人的诉讼请求进行审理与裁判。（3）当事人有权决定诉讼的终结。除法院作出判决结束诉讼程序外，当事人有权通过撤诉、放弃诉讼请求、自行和解或调解等终结诉讼，法院应尊重当事人的选择。

总之，当事人的处分权在民事诉讼程序的各个阶段均有体现。正是当事人对民事权利与诉讼权利的自由支配与处置，在一定程度上决定着民事诉讼程序的进程，彰显当事人的程序主体地位。

（四）处分权的行使不得违反法律的禁止性规定

我国民事诉讼法在赋予当事人处分权的同时，也为当事人行使处分权设定了范围，即不得违反法律的禁止性规定，不得损害国家利益、社会公共利益和他人合法权益，否则，人民法院将代表国家进行干预，通过审判确认当事人的处分行为无效。

延伸阅读 3－2

处分权与审判权的关系

应当说明的是，处分原则的适用是受到限制的，仅适用于涉及当事人之间民事权益争议的诉讼程序中，对于民事公益诉讼程序、家事诉讼程序和非讼程序等在一定程度上限制处分原则的适用，而采用国家干预原则。

第六节　检察监督原则

一、检察监督原则的含义

检察监督原则，是指人民检察院有权对民事诉讼实行法律监督。我国《民诉法》第14条的规定是检察监督原则的立法依据。

人民检察院是我国的法律监督机关，对民事诉讼实行法律监督是人民检察院法律监督职能的重要组成部分。检察机关监督民事诉讼，对于维护法制的统一，保障人民法院正确行使审判权，维护当事人的合法权益都具有重要的意义。

二、检察监督原则的范围和方式

根据民事诉讼法的规定，检察监督的对象是人民法院的民事审判活动和民事执行活动，主要监督法官的审判行为和执行行为，包括如下内容。

一是对人民法院作出的生效判决、裁定、调解书实行监督，监督的方式是依法定条件和程序提出抗诉或再审检察建议。按照审判监督程序的规定，人民检察院对人民法院已经发生法律效力的判决、裁定，发现有申请再审的法定情形之一的，或者发现调解书损害国家利益、社会公共利益的，应当提出抗诉或再审检察建议。

二是对审判人员在民事审判中的违法行为实行监督。根据《民诉法》第219条第3款的规定，各级人民检察院对审判监督程序以外的其他审判程序中审判人员的违法行为，有权向同级人民法院提出检察建议。

延伸阅读 3－3

民事诉讼检察监督原则的立法过程

三是对民事执行活动实行监督。根据《民诉法》第246条的规定，人民检察院有权对民事执行活动实行法律监督，监督的方式主要是提出检察建议。

此外，《民诉法》第221条还规定，人民检察院因履行法律监督职责提出检察建议或者抗诉的需要，可以向当事人或者案外人调查核实有关情况。

问题与思考

请扫描二维码测试，并查看参考答案

第四章

民事诉讼法的基本制度

【本章概要】民事诉讼法是由各种审判制度构成的系统性规范体系，其中，有的审判制度在微观层面调整民事诉讼的某个侧面，有的审判制度在中观层面调整民事诉讼的某个方面，有的审判制度在宏观层面对民事诉讼具有调整作用。民事诉讼法的基本制度即是从宏观层面规范人民法院审判活动的基础性制度。《民诉法》第 10 条规定的基本制度包括合议制度、回避制度、公开审判制度和两审终审制度。合议制度规定了审判组织的基本形式，回避制度是保障案件公正审判的重要机制，公开审判制度规制了审判程序运行的基本样式，两审终审制度则规定了民事诉讼程序的基本结构。陪审制度与合议制度紧密相关，是司法民主和诉讼民主的重要体现，故本章亦将其作为基本制度加以介绍。

第一节　合议制度

一、合议制度的概念和意义

（一）合议制度的概念

合议制度，又称为合议制，是指由三名以上的审判人员组成审判集体，代表人民法院行使审判权，对案件进行审理并作出裁判的制度。

合议制度是相对于独任制度（独任制）而言的。所谓独任制度，是指由一名审判员对案件进行审理并作出裁判的制度。根据我国民事诉讼法的规定，对于下列案件，适用独任制进行审理：（1）适用简易程序审理的案件。（2）基层人民法院审理的基本事实清楚、权利义务关系明确的第一审民事案件，可以由审判员一人适用普通程序独任审理。（3）中级人民法院对第一审适用简易程序审结或者不服裁定提起上诉的第二审民事案件，事实清楚、权利义务关系明确的，经双方当事人同意，可以由审判员一人独任审理。（4）适用特别程序审理的案件；但是，选民资格案件或者重大、疑难的案件，由审判员组成合议庭审理。根据《民诉解释》第 367 条，实现担保物权案件，可以由审判员一人独任审查，但是担保财产标的额超过基层人民法院管辖范围的，应当组成合议庭进行审查。(5) 适用督促程序审理的案件（《民诉解释》第428条）。另外，适用公示催告程序审理的案件，可以由审判员一人独任审理；但判决宣告票据无效的，应当组成合议庭审理（《民诉解释》第452条）。

合议制度是人民法院审理民事案件时审判组织的基本形式，具有广泛的适用性和较强的适应性。广泛的适用性是指人民法院审判民事案件，除法律另有规定外，普遍实行合议制。较强的适应性是指合议制能够适应对各种不同情况的案件进行审判的需要。

（二）合议制度的意义

合议制度的重要意义在于，能够充分发挥审判集体的智慧，弥补个人能力上的不足和知识上的缺陷，保证正确处理案件，提高办案质量。具体表现在：(1) 实行合议制度，使事实的认定更趋客观、全面和准确，防止和减少单个人在事实认定上的片面性。(2) 实行合议制度，有助于审判人员更加准确地理解和适用法律，防止和克服其认识上的偏差，从而使裁判更趋公正，法律的适用更趋统一。(3) 合议制度有利于实现法院系统内部的自行监督和制约，防止法官个人武断和对审判权的滥用。

二、合议庭的组成

合议制的具体组织形式是合议庭。合议庭的组成有两种方式：一种是由审判员（法官）和人民陪审员组成合议庭，另一种是由审判员（法官）组成合议庭。合议庭的成员人数，应当是三人以上的单数。[①] 由于不同审级在审判中的任务不同，所以合议庭的组成因审级的不同而有所不同。

(1) 第一审案件合议庭的组成。《民诉法》第40条规定，人民法院审理第一审民事案件，由审判员、人民陪审员共同组成合议庭或者由审判员组成合议庭。人民陪审员在参加审判活动时，除法律另有规定外，与审判员有同等的权利义务。[②]

(2) 第二审案件合议庭的组成。人民法院审理第二审民事案件，除《民诉法》第41条第2款规定的情形外，应当由审判员组成合议庭。第二审程序的职能不同于第一审程序的职能，它不仅担负着查明案件事实，正确适用法律，解决当事人之间的争议的职能，而且担负着对第一审法院的审判活动实行审级监督的职能。这就要求，第二审合议庭原则上由审判员组成为宜。

(3) 重审、再审案件合议庭的组成。第二审人民法院发回重审的案件，原审人民法院应当按照第一审程序另行组成合议庭（《民诉法》第41条）。这一规定意味着：1) 发回重审的案件，无论原来是否组成合议庭，重审时都需要组成合议庭进行审理。2) 重审时应当另行组成合议庭，即原审合议庭的组成人员或者独任审判员不得参加重审案件的合议庭。3) 另行组成合议庭，不受原来合议庭组成形式的限制，例如，原合议庭有陪审

---

① 需注意的是，在《民诉法》中，使用的是“审判员”这个概念，而在《法院组织法》中，使用的是“法官”这个概念，两个概念具有等同性。

② 关于陪审的具体内容，将在本章第五节“陪审制度”中进行介绍。

员参加的，另行组成合议庭时不一定吸收陪审员参加。

人民法院依照审判监督程序进行再审的案件，原来是第一审的，按照第一审程序另行组成合议庭；原来是第二审的或者上级人民法院提审的，按照第二审程序另行组成合议庭（《民诉法》第 41 条）。这表明：1）审理再审案件，原来参加过审判的人员不能再参加，必须另行组成合议庭。2）按照第一审程序进行再审的案件，如果原审采用独任制，则再审时必须改为合议制。3）上级人民法院提审的再审案件，不论原审是第一审程序还是第二审程序，再审时须按照第二审程序另行组成合议庭。

另外需注意的是，根据《民诉法》第 42、43 条的规定，人民法院审理下列民事案件，不得由审判员一人独任审理：（1）涉及国家利益、社会公共利益的案件；（2）涉及群体性纠纷，可能影响社会稳定的案件；（3）人民群众广泛关注或者其他社会影响较大的案件；（4）属于新类型或者疑难复杂的案件；（5）法律规定应当组成合议庭审理的案件；（6）其他不宜由审判员一人独任审理的案件。人民法院在审理过程中，发现案件不宜由审判员一人独任审理的，应当裁定转由合议庭审理。当事人认为案件由审判员一人独任审理违反法律规定的，可以向人民法院提出异议。人民法院对当事人提出的异议应当审查，异议成立的，裁定转由合议庭审理；异议不成立的，裁定驳回。

三、合议庭的活动规则

合议庭组成后，各项审判活动原则上应当由合议庭集体进行。在审理前的准备阶段，可以由合议庭指定某个成员负责完成某些工作，如调查、询问当事人等，但开庭审理，作出裁判，都必须由合议庭集体进行。

（一）合议庭的职责

根据《合议规定》第 5 条，合议庭承担下列职责：（1）根据当事人的申请或者案件的具体情况，可以作出财产保全、证据保全、先予执行等裁定；（2）确定案件委托评估、委托鉴定等事项；（3）依法开庭审理第一审、第二审和再审案件；（4）评议案件；（5）提请院长决定将案件提交审判委员会讨论决定；（6）按照权限对案件及其有关程序性事项作出裁判或者提出裁判意见；（7）制作裁判文书；（8）执行审判委员会决定；（9）办理有关审判的其他事项。

（二）合议庭审判长的确定及职责

审判长是指合议庭中负责主持案件审判活动，尤其是法庭审理活动的法官（审判员）。审判长由院长或庭长指定审判员一人担任；院长或庭长参加审判的，由院长或庭长担任（《民诉法》第 44 条）。人民陪审员不能担任审判长。因此，审判长是为了审理特定案件的需要而确定的在合议庭中起主持、指挥作用的法官，而不是一个常设性、行政性的职务。但需注意的是，最高人民法院于 2000 年 7 月 28 日下发的《人民法院审判长选任办法（试行）》对审判长的产生方式作了不同规定，即由各级人民法院在对本院法官进行综合考核的基础上，把某些法官任命为“审判长”，从而使审判长成为一个具有常设性质的职位。这一规定与《民诉法》第 44 条的立法精神似有不符，值得检讨。

根据《规范合议庭意见》第 3 条，合议庭审理案件时，审判长除承担由合议庭成员共同承担的职责外，还应当履行以下职责：（1）确定案件审理方案、庭审提纲，协调合议庭成员庭审分工，指导合议庭成员或者审判辅助人员做好其他必要的庭审准备工作；（2）主持、指挥庭审活动；（3）主持合议庭评议；（4）建议将合议庭处理意见分歧较大的案件，依照有关规定和程序提交专业法官会议讨论或者审判委员会讨论决定；（5）依法行使其他审判权力。审判长承办案件时，应当同时履行承办法官的职责。需强调的是，审判长的职责在于起主持、指挥作用，而案件在审判过程中，除涉及人民陪审员的特别规定外，全体成员应平等参与案件的审理、评议、裁判，共同对案件认定事实和适用法律负责（《合议规定》第 4 条、《陪审法》第 22 条）。

（三）案件承办法官的确定及职责

合议庭接收案件后，应当根据有关规定确定案件承办法官，或者由审判长指定案件承办法官。根据《规范合议庭意见》第 4 条，合议庭审理案件时，承办法官履行以下职责：（1）主持或者指导审判辅助人员做好庭前会议、庭前调解、证据交换等庭前准备工作及其他审判辅助工作；（2）就当事人提出的管辖权异议及保全、司法鉴定、证人出庭、非法证据排除申请等提请合议庭评议；（3）全面审核涉案证据，提出审查意见；（4）拟定案件审理方案、庭审提纲，根据案件审理需要制作阅卷笔录；（5）协助审判长开展庭审活动；（6）参与案件评议，并先行提出处理意见；（7）根据案件审理需要，制作或者指导审判辅助人员起草审理报告、类案检索报告等；（8）根据合议庭评议意见或者审判委员会决定，制作裁判文书等；（9）依法行使其他审判权力。确定案件承办法官，使合议庭的各位法官所承办的案件有所侧重，这样既能够完成开庭审理前的各项必要准备活动及开庭后的相关工作，又可以避免由合议庭全体组成人员从事这些活动而造成不必要的人力投入，从而可降低人民法院的成本支出，提高审判效率。

（四）合议庭的评议规则

根据《民诉法》第 45 条和《规范合议庭意见》等文件的规定，合议庭应当在庭审结束后及时评议。合议庭审理案件时，合议庭其他成员应当共同参与阅卷、庭审、评议等审判活动，根据审判长安排完成相应审判工作。合议庭成员确有客观原因难以实现线下同场评议的，可以通过人民法院办案平台采取在线方式评议，但不得以提交书面意见的方式参加评议或者委托他人参加评议。合议庭评议过程不向未直接参加案件审理工作的人员公开。评议的顺序是，先由承办法官对案件事实认定、证据采信以及适用法律等发表意见，其他合议庭成员依次发表意见，审判长应当根据评议情况总结合议庭评议的结论性意见。[①] 需说明的是，合议庭成员评议时，应当充分陈述意见，独立行使表决权，不得拒绝陈述意见；同意他人意见的，应当提供事实和法律根据并论证理由。合议庭评议

---

① 但是，对于人民陪审员参加审判的案件，合议庭评议时，先由承办法官介绍案件涉及的相关法律、证据规则，然后由人民陪审员和法官依次发表意见，审判长最后发表意见并总结合议庭意见（《陪审员法解释》第 12 条）。

时，如果意见存在分歧，则应当按照多数意见作出决定，但是少数意见应当记入笔录。合议庭成员对评议结果的表决以口头形式进行。评议过程应当以书面形式完整记入笔录，评议笔录由审判辅助人员制作，由参加合议的人员和制作人签名。评议笔录属于审判秘密，非经法定程序和条件，不得对外公开。合议庭审理案件形成的裁判文书，由合议庭成员签署并共同负责；合议庭其他成员签署前，可以对裁判文书提出修改意见，并反馈承办法官。合议庭成员评议时发表意见不受追究，以便保证其能够充分地陈述自己的真实意见。

四、合议庭与审判委员会、院长、庭长的关系

在民事审判活动中，需要正确处理合议庭与审判委员会、院长、庭长的关系。其处理原则是，既要加强组织领导，又要保持审判组织的相对独立性。

审判委员会是人民法院内部集体领导审判工作的组织，其任务是总结审判工作经验，讨论决定重大、疑难、复杂案件的法律适用以及其他有关审判工作的重大问题。审判委员会与合议庭的关系是指导与被指导、监督与被监督的关系。一方面，根据《民诉法》、《完善司法责任制意见》和《落实司法责任制意见》等规定，人民法院审判案件，要全面落实“让审理者裁判，由裁判者负责”为核心内容的司法责任制，充分尊重独任法官、合议庭的法定审判组织地位。因此，合议庭等审判组织应真正承担起人民法院的审判职能，依照规定的权限，及时对评议意见一致或者形成多数意见的案件直接作出判决或者裁定。另一方面，为保证案件的公正审理，合议庭需要接受审判委员会的指导和监督。根据《规范合议庭意见》第7、8条的规定，评议案件时，合议庭可以根据案情或者院庭长提出的监督意见复议。合议庭无法形成多数意见时，审判长应当按照有关规定和程序建议院庭长将案件提交专业法官会议讨论，或者由院长将案件提交审判委员会讨论决定。专业法官会议讨论形成的意见，供合议庭复议时参考；审判委员会的决定，合议庭应当执行。合议庭发现审理的案件属于“四类案件”或者有必要参照“四类案件”监督管理的，应当按照有关规定及时向院庭长报告。对于“四类案件”或者参照“四类案件”监督管理的案件，院庭长可以按照职权要求合议庭报告案件审理进展和评议结果，就案件审理涉及的相关问题提出意见，视情况建议合议庭复议。院庭长对审理过程或者评议、复议结果有异议的，可以决定将案件提交专业法官会议讨论，或者按照程序提交审判委员会讨论决定，但不得直接改变合议庭意见。院庭长监督管理的情况应当在办案平台全程留痕，或者形成书面记录入卷备查。

延伸阅读 4-1

专业法官会议工作机制

延伸阅读 4-2

“四类案件”监督管理工作机制

就合议庭与人民法院的院长（副院长）、庭长（副庭长）的关系而言，院庭长负责法

院的行政性事务的组织、领导和指挥等工作，而具体案件的审判应当由合议庭（或独任审判员）进行，院庭长不能命令合议庭应当如何审判。当然，院庭长可以和其他审判人员一起组成合议庭或者作为独任法官审判案件，《院庭长办案意见》亦明确规定进入法官员额的院庭长等人员每年都应当办理一定数量的案件。另外，根据《合议规定》《规范合议庭意见》等文件的规定，院庭长对有关案件的审判亦具有监督管理的权责。

第二节　回避制度

一、回避制度的概念和意义

回避制度，是指审判人员和其他有关人员，具有法律规定的不宜参加案件审理活动的情形时，退出本案审理活动的制度。

回避制度是为了保证案件公正处理所设立的一项制度。一方面，它是实体裁判公正性的重要保障，可以避免与案件有某种利害关系的审判人员和其他有关人员因其偏私性而造成裁判不公。另一方面，它是程序公正性的重要体现。回避制度可以消除当事人的疑虑，提高当事人对法院公正性的信任度。因此，现代各国民事诉讼法都对回避制度作了规定。

二、回避的法定原因与适用对象

（一）回避的法定原因

回避的法定原因是指法律规定的应当回避的情形，也称为回避的法定事由。根据《民诉法》第47条第1款的规定，审判人员等有下列情形的，应当自行回避，当事人也有权申请其回避。

（1）是本案的当事人或者当事人、诉讼代理人的近亲属。本案的当事人与案件有直接的法律上的利害关系，故不能同时又充当本案的审判人员或者书记员、翻译人员、鉴定人、勘验人等。当事人的近亲属或诉讼代理人的近亲属，通常与当事人或诉讼代理人有较为密切的感情联系，如允许其担任本案的审判人员或其他诉讼参与人，很可能会影响案件的公正审判，故需要回避。根据《回避规定》第1条第2款，所谓“近亲属”，包括与审判人员有夫妻、直系血亲、三代以内旁系血亲及近姻亲关系的亲属。①

（2）与本案有利害关系。所谓与本案有利害关系，是指审判人员等有关人员与案件的处理结果有直接或者间接的经济利益或人身利益。

---

① 该规定不同于《民法典》第1045条第2款的规定。该条款界定的近亲属范围包括配偶、父母、子女、兄弟姐妹、祖父母、外祖父母、孙子女、外孙子女。

（3）与本案当事人、诉讼代理人有其他关系，可能影响对案件公正审理。这里的其他关系，是指除上述关系以外的其他亲密关系或者恩怨关系，例如同学、师生、同事、战友、邻居关系等。当存在这类关系并且可能影响本案的公正审理时，有关人员即应当予以回避。

另外，根据《民诉法》第 47 条第 2、3 款的规定，审判人员接受当事人、诉讼代理人请客送礼，或者违反规定会见当事人、诉讼代理人的，当事人有权要求其回避。审判人员有此类行为的，应当依法承担法律责任。

上述关于审判人员回避的规定，亦适用于法官助理、书记员、司法技术人员、翻译人员、鉴定人、勘验人。

为了使《民诉法》第 47 条的规定更加具有可操作性，《民诉解释》对回避的事由作了如下更具体的规定。

（1）审判人员有下列情形之一的，应当自行回避，当事人有权申请其回避：1）是本案当事人或者当事人近亲属的；2）本人或者其近亲属与本案有利害关系的；3）担任过本案的证人、鉴定人、辩护人、诉讼代理人、翻译人员的；4）是本案诉讼代理人近亲属的；5）本人或者其近亲属持有本案非上市公司当事人的股份或者股权的；6）与本案当事人或者诉讼代理人有其他利害关系，可能影响公正审理的。

（2）审判人员有下列情形之一的，当事人有权申请其回避：1）接受本案当事人及其受托人宴请，或者参加由其支付费用的活动的；2）索取、接受本案当事人及其受托人财物或者其他利益的；3）违反规定会见本案当事人、诉讼代理人的；4）为本案当事人推荐、介绍诉讼代理人，或者为律师、其他人员介绍代理本案的；5）向本案当事人及其受托人借用款物的；6）有其他不正当行为，可能影响公正审理的。

（3）在一个审判程序中参与过本案审判工作的审判人员，不得再参与该案其他程序的审判。但是，发回重审的案件，在一审法院作出裁判后又进入第二审程序的，原第二审程序中审判人员不受这一规定的限制。

（二）回避的适用对象

回避的适用对象是指法律关于回避的规定适用于哪些人员。根据《民诉法》第 47 条和《民诉解释》第 48、49 条的规定，回避制度适用于审判人员、法官助理、书记员、司法技术人员、翻译人员、鉴定人、勘验人、执行员。这里所称“审判人员”，包括参与本案审理的人民法院院长、副院长、审判委员会委员、庭长、副庭长、审判员和人民陪审员。另外，根据《回避规定》第 6 条的规定，人民法院依法调解案件的，当事人及其法定代理人除了可申请主持调解工作的审判人员回避，亦有权申请其他参与调解工作的人员回避。根据《特邀调解规定》第 15 条的规定，特邀调解员具有该条规定的情形时，应当依法回避。根据《检察监督规则》的规定，人民检察院办理民事诉讼监督案件，实行回避制度；检察人员有《民诉法》第 47 条规定情形之一的，应当自行回避，当事人有权申请他们回避；参与办理民事诉讼监督案件的书记员、翻译人员、鉴定人、勘验人等人员，也适用回避制度的规定。

三、回避的方式和程序

（一）回避的方式

（1）自行回避，即审判人员或其他有关人员认为自己具有法律规定的应当回避的情形时，主动要求不参与本案的审理活动。

（2）申请回避，即当事人及其法定代理人认为审判人员或其他有关人员具有法律规定的应当回避的情形，而以口头或者书面形式申请他们回避。

（3）指令回避，即审判人员或其他有关人员具有法律规定的应当回避的情形，其本人没有自行回避，当事人及其法定代理人也没有申请其回避时，法院依职权决定其回避。《民诉解释》第46条对此种回避方式作了明确规定："审判人员有应当回避的情形，没有自行回避，当事人也没有申请其回避的，由院长或者审判委员会决定其回避。"

另外，最高人民法院2020年发布的《关于对配偶父母子女从事律师职业的法院领导干部和审判执行人员实行任职回避的规定》中还规定了"任职回避"制度。人民法院领导干部和审判执行人员的配偶、父母、子女有下列情形之一的，法院领导干部和审判执行人员应当实行任职回避：(1)担任该领导干部和审判执行人员所任职人民法院辖区内律师事务所的合伙人或者设立人的；(2)在该领导干部和审判执行人员所任职人民法院辖区内以律师身份担任诉讼代理人、辩护人，或者为诉讼案件当事人提供其他有偿法律服务的。但任职回避的规定，不适用于人民陪审员（《陪审员法答复》第18条）。

（二）回避的程序

自行回避与指令回避的程序比较简单，这里主要介绍申请回避的程序。

当事人申请回避，既可以采取口头形式，也可以采取书面形式。无论采取哪种形式，都应当说明理由。回避的申请，应当在案件开始审理时提出，但是回避事由是在案件开始审理后知道的，也可以在法庭辩论终结前提出。为保障回避申请权的充分行使，人民法院应当依法告知当事人对合议庭组成人员、独任审判员和书记员等人员有申请回避的权利。

被申请回避的人员不同，决定其回避的人员或组织也有所不同。院长担任审判长或者独任审判员时的回避，由审判委员会决定；审判人员的回避，由院长决定；其他人员的回避，由审判长或者独任审判员决定。检察长的回避，由检察委员会讨论决定；检察人员和其他人员的回避，由检察长决定。被申请回避的人员在是否回避的决定作出之前，应当暂停参与本案的工作，但案件需要采取紧急措施的除外。

人民法院对当事人提出的回避申请，应当在申请提出的3日内，以口头或者书面形式作出决定。申请人对决定不服的，可以在接到决定时申请复议一次。复议期间，被申请回避的人员，不停止参与本案的工作。人民法院对复议申请，应当在3日内作出复议决定，并通知复议申请人。

第三节　公开审判制度

一、公开审判制度的概念和意义

公开审判制度，是指人民法院对民事案件的审理和宣判应当依法公开进行的制度。

公开审判是诉讼制度和司法制度进步、文明的重要表现，是近代资产阶级革命斗争的产物。在此之前的封建社会，广泛实行纠问式诉讼制度，案件的审理不向社会公开，甚至也不向当事人公开。秘密审判为封建司法的专横和擅断提供了庇护所，同时也强化了审判的恐怖和威胁作用。资产阶级革命胜利后，公开审判逐渐取代了秘密审判，得到了各国宪法和诉讼法的普遍确认。在现代社会中，公开审判制度是否得到切实有效的贯彻，已成为一个国家民主和法制健全与否的重要标志之一。

公开审判制度反映了诉讼公正的一般要求，体现了诉讼民主的价值，其重要意义在于以下几点。

（1）有利于促进和保障司法公正。公开审判将案件的审判活动置于公众的监督之下，增强了审判活动的透明度，是防止"暗箱操作"和司法专断，发现和消除司法不公的重要技术性措施。一方面，公开审判有利于增强法院的审判人员依法办案的意识，加强其责任感，促使其正确行使审判权。另一方面，公开审判便于公众和新闻媒介了解审判过程，为公众和新闻媒介有效监督审判人员的行为提供了重要渠道。

（2）有利于增强司法裁判的公信力。公开审判使诉讼公正以人们看得见的方式呈现出来，从制度和程序上为当事人和社会公众接受司法裁判构建了心理基础，因而可以提升司法裁判的公信力。

（3）有利于促使当事人和其他诉讼参与人正确行使诉讼权利，履行诉讼义务。审判活动公开进行，对于当事人和其他诉讼参与人的诉讼行为有一定的约束作用，能够促使他们如实陈述案情和提供证据，自觉遵守诉讼秩序，防止妨害民事诉讼的行为发生。

（4）有利于进行法制宣传教育。公开审判的情况下，社会公众可以直接或间接地感受案件的审判过程，了解法律规定，增强法制观念，自觉地运用法律规范自己的行为。

二、公开审判制度的内容

根据《司法公开意见》，司法审判应当坚持主动公开、依法公开、及时公开、全面公开、实质公开的原则。在内容上，公开审判制度主要包括以下几个方面。

（1）审判主体应当公开，即审理案件的审判人员和参与决定案件结果的人员及记录人员应当向当事人和社会公开。审判主体只有向当事人公开，才便于当事人决定是否申请其回避。

（2）公开的对象包括向当事人公开和向社会公开两个方面。向当事人公开，是指法院的审判活动，特别是证据的调查、认定等活动，应当在当事人的参与下进行。其内容

延伸阅读 4-3

新闻报道与独立审判的关系

体现在诉讼程序的很多方面。例如，非因当事人的过错，不得缺席审判；禁止法官违反规定会见一方当事人、诉讼代理人；等等。向社会公开，是指允许群众旁听案件的开庭审理和判决的宣告，允许新闻媒体对案件审理的情况进行采访报道并将案情公之于众。为便于群众旁听和新闻媒体采访报道，对于依法公开审理的案件，人民法院应当在开庭 3 日前公告案由、当事人姓名或者名称、开庭的时间和地点。

（3）从公开的程序阶段来说，公开审判不仅是指法庭审判的公开，也包括其他程序阶段的公开，即公开审判是指除合议庭评议案件阶段之外的审判全过程的公开。对于庭审过程的公开，除了传统的允许公民旁听案件庭审之方式，《庭审录音录像规定》还特别规定：人民法院开庭审判案件，应当对庭审活动进行全程录音录像；当事人、诉讼代理人等可以依法查阅庭审录音录像、复制录音或者誊录庭审录音录像；人民法院可以播放依法公开审理案件的庭审录音录像。由于法官的审判活动并不囿于在法庭上进行，在庭审前后其均需开展一系列活动，因而，在审前准备阶段以及庭审结束后的审判活动（例如宣告判决），同样属于公开的范围。裁判生效后，原则上裁判文书的内容也应当予以公开。为更好地贯彻落实审判公开原则，保障当事人对审判活动的知情权，《互联网公开审判信息规定》进一步扩大了对当事人及其法定代理人、诉讼代理人、辩护人予以审判公开的信息范围，按此，人民法院应当通过互联网公开程序性信息（包括但不限于收案、立案信息，结案信息，审判组织信息，审判程序、审理期限、送达、上诉、抗诉、移送等信息，庭审、质证、证据交换、庭前会议、询问、宣判等诉讼活动的时间和地点等）、流程信息（如回避、管辖争议、保全、先予执行、评估、鉴定等）以及相关诉讼文书（起诉状、上诉状、再审申请书、答辩状，受理案件通知书、应诉通知书、参加诉讼通知书、出庭通知书、合议庭组成人员通知书、传票，判决书、裁定书、决定书、调解书，以及其他有中止、终结诉讼程序作用，或者对当事人实体权利有影响、对当事人程序权利有重大影响的裁判文书等）。《民诉法》第 159 条还赋予社会公众有查阅生效裁判文书的权利，即明确规定“公众可以查阅发生法律效力的判决书、裁定书，但涉及国家秘密、商业秘密和个人隐私的内容除外”。不仅如此，审判公开还向执行程序延伸，《执行公开规定》等文件就案件执行过程和执行程序涉及的各个环节和有关信息的公开问题作了具体规定。

延伸阅读 4-4

关于心证公开原则

（4）公开审判不仅是指形式上的公开，例如公开开庭、允许群众旁听等，更重要的是要贯彻实质上的公开。这就要求，依法公开审理的案件，案件事实未经法庭公开调查不能认定；证明案件事实的证据未在法庭公开举证、质证，不能进行认证，但无须举证的事实除外（《公开审判规定》第 5 条）。另外，涉及国家秘密、商业秘密、个人隐私或者法律规定应当保密的证据，不得公开质证（《民诉解释》第 103 条第 3 款）。裁判文书中应当公开阐明和论证采纳证据、认定事实的理由以及适用的法律根据。审判委员会讨论案件的决定及其理由也应当在裁判文书中公开，但法律规定不公开的除外（《审委会意见》第 24 条）。

（5）从公开的方式看，既可以采取在法院宣传栏、诉讼服务大厅等场所发布通知、公告的传统方式公开，也可以在报纸、电视等媒体上公开，还可以通过互联网、官方微博、微信公众号等方式公开。需注意的是，为进一步深化司法公开，打造阳光司法工程，增进公众对司法的了解、信赖和监督，最高人民法院于 2013 年 11 月 21 日发布了《关于推进司法公开三大平台建设的若干意见》，要求各级各类法院应当依托现代信息技术，全面推进审判流程公开、裁判文书公开、执行信息公开三大平台建设。另外，最高人民法院还加强了“中国庭审直播公开”平台建设。通过建设与公众相互沟通、彼此互动的信息化平台，全面实现审判流程、庭审直播、裁判文书、执行信息的公开透明，切实让人民群众在每一个司法案件中都感受到公平正义。为深化司法公开四大平台建设，最高人民法院专门发布了《互联网公布裁判文书规定》《互联网公开审判信息规定》《司法公开意见》等文件，以便完善相关机制，加大司法公开力度。

在诉讼过程中，人民法院应当严格遵守公开审判制度的有关规定，凡是应当依法公开审理的案件没有公开审理的，应当按下列规定处理：（1）当事人对违反公开审判制度作出的判决提起上诉的，第二审人民法院应当裁定撤销原判决，发回重审；（2）当事人申请再审的，人民法院可以决定再审；（3）人民检察院按照审判监督程序提起抗诉的，人民法院应当决定再审。上述发回重审或者决定再审的案件应当依法公开审理（《公开审判规定》第 7 条）。

三、公开审理的例外

公开审判制度是民事审判的一项基本制度，但是公开审判不是绝对的，以下民事案件，由于其性质的特殊性，法律规定不公开审理。

（1）涉及国家秘密的案件。国家秘密是指关系国家安全和利益，依照法定程序确定，在一定时间内只限于一定范围的人员知悉的事项。对涉及国家秘密的案件，依法不公开审理，目的在于维护国家政治、经济利益和社会公共利益。

（2）涉及个人隐私的案件。个人隐私是指涉及公民的私生活而不宜向外界公开的事项。隐私权是公民享有的一项民事权利，对涉及个人隐私的案件不公开审理，目的在于防止个人私生活中不宜公开的内容扩散出去，对该公民个人和社会产生不良影响。

（3）离婚案件和涉及商业秘密的案件，当事人申请不公开审理的，可以不公开审理。离婚案件，涉及夫妻之间的感情问题，有的还可能涉及当事人的隐私问题，为防止矛盾激化，妥善解决婚姻纠纷，应根据双方当事人意愿决定是否公开审理。商业秘密，是指生产工艺、配方、贸易联系、购销渠道等当事人不愿公开的技术秘密、商业情报及信息。商业秘密本身具有一定的经济价值，如果公开审理，可能会损害当事人的合法经济利益，因而对于此类案件，当事人申请不公开审理的，可以不公开审理。

（4）法院调解，原则上不公开进行。调解过程中，往往伴随着一方当事人甚至于双方当事人的妥协、让步，一方当事人可能向另一方当事人承认错误、赔礼道歉，对于这些诉讼活动，当事人可能不愿意对外公开，因此，《民诉解释》第 146 条第 1、2 款规定："人民法院审理民事案件，调解过程不公开，但当事人同意公开的除外。调解协议内容不公开，但为保护国家利益、社会公共利益、他人合法权益，人民法院认为确有必要公开的除外。"

（5）法律另有规定的其他不公开审理的案件。

须注意的是，不论是公开审理的案件，还是不公开审理的案件，对于判决，一律应当公开宣告。

第四节　两审终审制度

一、两审终审制度的含义

两审终审制度，是指一个民事案件经过两级法院的审判就宣告终结的制度。根据这一制度，一个民事案件经过第一审人民法院审判后，当事人如果不服，其有权依法向上一级人民法院提起上诉，由其进行第二审。该第二审法院所作出的判决、裁定是终审判决、裁定，当事人不得再行上诉。

我国民事诉讼制度的发展中，审级制度经历了不同的发展过程。抗日战争时期的革命根据地，曾实行三审终审制，即县司法处为第一审，地区法院为第二审，边区高等法院为第三审。但各革命根据地在审级制度上不尽相同，有些边区政府实行的则是三级两审制、两级两审制或有条件的三级三审制。在新中国成立初期，曾实行过有条件的三审终审制。1951 年 9 月公布的《人民法院暂行组织条例》第 5 条规定："人民法院基本上实行三级二审制，以县级人民法院为基本的一审法院，省级人民法院为基本的第二审法院；一般的以两审为终审，但在特殊情况下，得以三审或一审为终审。"1954 年制定的《法院组织法》，将人民法院由三级改为四级，审级制度相应改为四级法院的两审终审制。1979 年修改的《法院组织法》和现行《民诉法》坚持了这一规定，四级两审终审的审级制度沿用至今。

根据《民诉法》的规定，有些案件的裁判不允许上诉，实行的是一审终审，包括：（1）最高人民法院直接受理和审判的一审民事案件[①]；（2）依照特别程序审理的案件；（3）依照督促程序和公示催告程序审理的案件；（4）依照《民诉法》第 165 条的规定所审理的小额诉讼案件。另外，根据《破产法》的规定，在企业破产程序中，除了对不予受理破产申请的裁定和驳回破产申请的裁定可以提起上诉，对于其他裁定不允许提起上诉。

---

① 例如，根据《国际商事法庭规定》的规定，最高人民法院设立国际商事法庭，国际商事法庭受理和审判的国际商事案件，实行一审终审。根据最高人民法院《关于知识产权法庭若干问题的规定》第 2 条的规定，在全国范围内重大、复杂的发明专利、实用新型专利、植物新品种、集成电路布图设计、技术秘密、计算机软件、垄断第一审民事案件，由最高人民法院知识产权法庭受理和审判，实行一审终审。

二、我国实行两审终审制的理由

审级制度的确定与一国的政治、经济、文化及法律传统等多种因素有着关联。仅从保证案件正确裁判的角度来看，似乎审级越多，意味着错误裁判得到纠正的机会越多。然而，审级过多可能会带来诉讼拖延和诉讼成本的上升。1954 年和 1979 年的《法院组织法》以及 1991 年的《民诉法》之所以确立两审终审这一审级制度，其主要原因在于以下几点。

第一，当时我国的经济、文化发展水平较低，两审终审制被认为便利于当事人进行诉讼，减少讼累。我国的地域广阔，在当时的情况下，很多地方交通不便，如果审级过多，会给当事人的人力、财力和时间造成较大浪费，也容易使案件缠讼不清，使当事人双方的权利义务关系长期处于不稳定状态，不利于民事关系流转和社会的安定。

第二，两审终审制可以使高级人民法院和最高人民法院摆脱审理过多上诉案件的工作负担，从而集中精力搞好审判业务的指导、监督。

第三，两审终审制能够保证案件的公正审判。当时确立两审终审制的一个重要理由在于，认为一个民事案件经过两级法院的审判，可以保证案件的审判质量，因而不需要更多的审级。

第四，我国的审判监督程序可以弥补审级较少的不足。对于人民法院已经发生法律效力的判决、裁定，如果确有错误，还可以通过审判监督程序予以纠正，从而弥补了审级较少的不足。

三、两审终审制的缺陷及完善

当代各国的诉讼制度受其历史传统影响，在审级结构上存在诸多差异，大体上可分为以英、美为代表的“上诉制”，以法、意为代表的“撤销制”和以德、奥为代表的“更审制”三种类型。这些模式源头各异，却最终都形成了三级审判的司法结构。这种殊途同归的演进过程蕴含了审级制度建构的一些共同原理。当代典型的司法结构是由三个审级构成的司法金字塔。塔底很宽，由众多的一审法院组成，对初审案件进行全面的事实审查并在此基础上适用法律；相对宽阔的塔腰由多个中级上诉法院构成，以审查事实问题和法律问题的方式监督一审司法权，同时受终审法院的监督；位于金字塔顶部的是独一无二的最高法院，对部分上诉案件中的法律事项行使许可上诉管辖权，以此实现制约下级司法权并维护法律适用的统一的功能。①

在过去经济发展水平低、案件较少且类型较为单一的情况下，两审终审制与我国的国情是基本相符的，并没有表现出多大的缺陷。但是，随着我国经济、文化的快速发展，民事案件的数量激增，复杂程度明显增加，适用法律的难度加大，而且，人们的法律意识亦不断加强，对司法裁判的公正性怀有更高的要求和期待，加之实践中确实存在一些

---

① 参见江伟主编：《中国民事审判改革研究》，305 页，北京，中国政法大学出版社，2003。

适用法律错误等现象，因而现行的两审终审制逐渐显现出一些不足和弊端。一些学者认为，两审终审制度与现行的级别管辖制度结合在一起，造成了我国民事诉讼中终审法院级别较低的状况，引发了一系列的问题，主要表现在：（1）不利于法律适用的统一。这是因为，终审法院的级别较低、数量庞大，各个终审法院对法律的解释往往千差万别、因地而异。（2）一些终审法院的审判水平相对较低，第一审不当裁判难以通过上诉审得到纠正。（3）不利于消除地方保护主义以及法官与当事人之间的人情关系的影响。终审法院级别比较低，这是地方保护主义难以克服的重要原因之一。而且，终审法院的所在地往往靠近案发地，法院与当事人之间存在较多联系，诉讼中难以避免诸多人情因素，从而影响案件的公正处理。

针对上述问题以及实践中存在的其他问题，民事诉讼法学界对审级制度的功能、原理进行了进一步研究，并提出了一些改革的思路和措施。一般而言，构建合理的审级制度，需要考虑如何维护司法的统一性，为此，终审法院应当保持很小的规模，各级法院之间应当有职能分工，最高法院应仅限于法律审，对权利性上诉与裁量性上诉作适当划分；还需要考虑如何保证司法裁判的正确性，提高司法裁判的效率性，维护司法裁判的终局性和权威性等因素。在此基础上，学者对我国两审终审制的完善提出了很多建议，例如：实行多元化的审级，即以两审终审为基础，有条件地实行三审终审和一审终审；第三审仅限于法律审；最高人民法院仅承担第三审职能；第一审案件只能由基层法院和中级法院管辖；完善再审的适用条件和程序；等等。①

第五节　陪审制度

一、陪审制度的概念与类型

陪审制度，是指审判机关吸收法官以外的公民参与案件审判活动的制度。它是一项体现司法民主的重要制度。很多国家的法院都曾经实行过或者仍然在实行陪审制度。

现代意义的陪审制度起源于英国，但自 19 世纪下半叶以来，陪审制度在英国走向了衰落，至 1948 年，民事诉讼中的陪审制被正式废除。而在美国，陪审制度得到了充分的发展。在德国等大陆法系国家，移植英国模式的陪审制度最终没有成功，但却对其进行了改造，形成一种由法官和陪审员组成“混合审判庭”模式的陪审制度。据此，陪审制度可以分为两种基本类型。

一种是英美法系的陪审团制，或称为典型形态的陪审制。其主要特点是，在有陪审团参与的案件审理过程中，陪审团与法官有着明确的职责分工。陪审团的责任在于案件事实的审理和认定；法官的职责则是在陪审团认定的案件事实的基础上，对案件如何适

① 参见傅郁林：《审级制度的构建原理》，载《中国社会科学》，2002（4）；杨荣馨、乔欣：《重构我国民事诉讼审级制度的探讨》，载《中国法学》，2001（5）；章武生：《我国民事审级制度之重塑》，载《中国法学》，2002（6）；马志相：《民事诉讼多元化审级制度之探析》，载《法律适用》，2004（12）；等等。

用法律作出决定。

另一种是大陆法系的参审制，或称为非典型形态的陪审制、混合陪审制。其主要特点是，由陪审员与法官共同组成合议庭，陪审员既参与案件事实的审理和认定的过程，也参与案件的法律适用过程，与法官享有同等的权利义务。我国所实行的陪审制度即属于这一类型。

虽然两大法系的陪审制度的具体形态有许多不同，但其吸收社会普通的公民参与司法审判的理念是共同的。

二、陪审制度的意义

在我国的民事诉讼中，一般认为，陪审制度具有以下重要意义。

（1）更好地实现司法民主和诉讼民主。陪审制可以使普通公民直接参与国家的司法活动，让普通公民与法官一起行使审判权、分享审判权，从而体现司法的民主性和民事审判的民主性。

（2）更好地实现普通民众对司法的监督，维护司法权的健康运行。普通公民参与个案的审判，可以对法官的审判活动起到一定的监督作用，防止职业法官阶层形成官僚主义，并能够在一定程度上防范司法腐败行为，从而维护司法权的公正运行。

（3）能够弥补职业法官在知识、经验和能力上的不足。陪审员来自社会生活的各个层面，了解社会生活，具有丰富的社会生活经验。一些陪审员还具有一定的专业知识和技术特长，由其参与案件的审判，可以从不同的角度分析案件，提出意见，从而可以在一定程度上弥补职业法官在知识、经验和能力上的某些不足，促进司法公正的实现。例如，根据《专门陪审员规定》，具有环境资源领域专门知识的陪审员可以参加第一审环境资源案件的审判，就案件涉及的专门性问题发表意见。

（4）有利于普法教育。陪审制度下，普通公民作为陪审员亲自参加审判活动，直接了解具体案件的审理裁判过程，这对于公民法律知识的增加和法律意识的提高具有重要的促进作用。

不过，对于陪审制度的上述意义，也有人持怀疑和否定的观点。①

三、我国陪审制度的内容

我国的陪审制度，又称为人民陪审员制度。早在革命根据地时期，这一制度就已经实行。后来的《法院组织法》和《民诉法》都对这一制度予以认可，但仅仅是将其作为审判组织的一种组成形式而作了简单规定。

为了更好地发挥陪审制度的功能，保障公民依法参加审判活动，促进司法公正的实

---

① 参见肖建国、肖建光：《陪审制度的考察及思考——论参审制在中国的命运》，载《河南省政法管理干部学院学报》，2003（1）；郭秀梅：《从中美陪审制度看我国取消人民陪审员制度之必然性》，载《天津市政法管理干部学院学报》，2003（2）；罗智勇、冯浩：《对我国陪审制的理性思考》，载《时代法学》，2004（3）；等等。

现，全国人大常委会2004年制定的《关于完善人民陪审员制度的决定》（已废止）对人民陪审员的条件、选任、参加审判的案件范围等方面作出了具体规定，在促进司法民主、保障司法公正、提升司法公信力等方面发挥了重要作用。但是，长期的司法实践也显示，人民陪审员制度也存在一些需要改进和完善的地方。因此，党的十八届四中全会通过的《中共中央关于全面推进依法治国若干重大问题的决定》明确提出：要完善人民陪审员制度，保障公民陪审权利，扩大参审范围，完善随机抽选方式，提高人民陪审制度公信度；逐步实行人民陪审员不再审理法律适用问题，只参与审理事实认定问题。为慎重起见，全国人大常委会2015年4月24日通过了《关于授权在部分地区开展人民陪审员制度改革试点工作的决定》，授权最高人民法院在全国选择部分基层人民法院及中级人民法院开展人民陪审员制度改革试点工作。在总结3年改革试点经验的基础上，全国人大常委会于2018年4月27日通过了《陪审法》，最高人民法院随后制定了《陪审员法解释》《专门陪审员规定》等司法解释，标志着我国人民陪审员制度进入了一个新的发展阶段。

（一）担任人民陪审员的条件

公民担任人民陪审员，应当具备下列条件：（1）拥护中华人民共和国宪法；（2）年满28周岁；（3）遵纪守法、品行良好、公道正派；（4）具有正常履行职责的身体条件；（5）一般应当具有高中以上文化程度。但下列人员不能担任人民陪审员：（1）人大常委会的组成人员，监察委员会、人民法院、人民检察院、公安机关、国家安全机关、司法行政机关的工作人员①；（2）律师、公证员、仲裁员②、基层法律服务工作者；（3）其他因职务原因不适宜担任人民陪审员的人员。有下列情形之一的，不得担任人民陪审员：（1）受过刑事处罚的；（2）被开除公职的；（3）被吊销律师、公证员执业证书的；（4）被纳入失信被执行人名单的；（5）因受惩戒被免除人民陪审员职务的；（6）其他有严重违法违纪行为，可能影响司法公信的。

（二）人民陪审员的选任与职务免除

人民陪审员的选任采取随机抽选为主、个人申请和组织推荐为补充的方式进行，选任工作由司法行政机关负责。具体而言，首先由基层人民法院根据审判案件的需要，按照人民陪审员的名额数不低于本院法官数的3倍的标准，确定人民陪审员的名额，提请同级人大常委会确定。然后由司法行政机关会同基层人民法院、公安机关，从辖区内的常住居民名单中随机抽选拟任命人民陪审员数5倍以上的人员作为人民陪审员候选人，对人民陪审员候选人进行资格审查，征求候选人意见。最后由司法行政机关会同基层人民法院，从通过资格审查的人民陪审员候选人名单中随机抽选确定人民陪审员人选，由基层人民法院院长提请同级人大常委会任命。因审判活动需要，可以通过个人申请和所在单位、户籍所在地或者经常居住地的基层群众性自治组织、人民团体推荐的方式产生

---

① 根据《陪审员法答复》，人大常委会的工作人员，符合担任人民陪审员条件的，可以担任人民陪审员，法律另有禁止性规定的除外；上述其他机关的工作人员，包括占用行政编制和行政编制外的所有工作人员。

② 根据《陪审员法答复》，劳动争议仲裁委员会的仲裁员亦不能担任人民陪审员。

人民陪审员候选人，经司法行政机关会同基层人民法院、公安机关进行资格审查，确定人民陪审员人选，由基层人民法院院长提请同级人大常委会任命，但依此种方式产生的人民陪审员，不得超过人民陪审员名额数的1/5。人民陪审员经任命后，应当公开进行就职宣誓，宣誓仪式由基层人民法院会同司法行政机关组织。人民陪审员的任期为5年，一般不得连任；公民担任人民陪审员不得超过两次，且不得同时在两个以上的基层人民法院担任人民陪审员（《人民陪审员选任办法》第24、25条）。

人民陪审员有下列情形之一，经所在基层人民法院会同司法行政机关查证属实的，由院长提请同级人大常委会免除其人民陪审员职务：（1）本人因正当理由申请辞去人民陪审员职务的；（2）具有《陪审法》第6、7条所列情形之一的；（3）无正当理由，拒绝参加审判活动，影响审判工作正常进行的；（4）违反与审判工作有关的法律及相关规定，徇私舞弊，造成错误裁判或者其他严重后果的。人民陪审员有上述第（3）项、第（4）项所列行为的，可以采取通知其所在单位、户籍所在地或者经常居住地的基层群众性自治组织、人民团体，在辖区范围内公开通报等措施进行惩戒；构成犯罪的，依法追究刑事责任。

（三）人民陪审员参审民事案件的范围与合议庭的组成

人民陪审员和法官组成合议庭审判案件，由法官担任审判长，可以组成3人合议庭，也可以由法官3人与人民陪审员4人组成7人合议庭。根据《陪审法》第15、16条的规定，人民法院审判下列第一审民事案件，由人民陪审员和法官组成合议庭进行，但法律规定由法官独任审理或者由法官组成合议庭审理的案件除外：（1）涉及群体利益、公共利益的；（2）人民群众广泛关注或者其他社会影响较大的；（3）案情复杂或者有其他情形，需要由人民陪审员参加审判的。人民法院审判下列第一审民事案件，由人民陪审员和法官组成7人合议庭进行：（1）根据民事诉讼法提起的公益诉讼案件；（2）涉及征地拆迁、生态环境保护、食品药品安全，社会影响重大的案件；（3）其他社会影响重大的案件。对于上述案件之外的其他案件，原告或者被告申请由人民陪审员参加合议庭审判的，人民法院可以决定由人民陪审员和法官组成合议庭审判。需注意的是，根据《专门陪审员规定》第1条，人民法院审理的第一审环境资源案件，符合《陪审法》第15条规定，且案件事实涉及复杂专门性问题的，由不少于1名具有专门知识的人民陪审员参加合议庭审理；其他的第一审环境资源案件，人民法院认为有必要的，可以由具有专门知识的人民陪审员参加合议庭审理。

人民陪审员不参加下列案件的审理：（1）依照民事诉讼法适用特别程序、督促程序、公示催告程序审理的案件；（2）申请承认外国法院离婚判决的案件；（3）裁定不予受理或者不需要开庭审理的案件。另外，人民陪审员不得参与审理由其以人民调解员身份先行调解的案件；人民法院不得安排人民陪审员参加案件执行工作。

对于《陪审法》第15、16条规定的案件，人民法院决定由人民陪审员和法官组成合议庭审判的，合议庭成员确定后，应当及时告知当事人。对于上述案件之外的第一审普通程序案件，人民法院应当告知原告和被告在收到通知5日内有权申请由人民陪审员参加合议庭审判案件；人民法院接到当事人在规定期限内提交的申请后，经审查决定由人民陪审员和法官组成合议庭审判的，合议庭成员确定后，应当及时告知当事人。

组成合议庭时，按照以下规则确定人民陪审员：（1）基层人民法院审判案件需要由人民陪审员参加合议庭审判的，应当在人民陪审员名单中随机抽取确定。（2）中级人民法院、高级人民法院审判案件需要由人民陪审员参加合议庭审判的，在其辖区内的基层人民法院的人民陪审员名单中随机抽取确定。人民法院应当在开庭 7 日前从人民陪审员名单中随机抽取确定人民陪审员，并且可以根据案件审判需要，从人民陪审员名单中随机抽取一定数量的候补人民陪审员，并确定递补顺序，一并告知当事人；因案件类型需要具有相应专业知识的人民陪审员参加合议庭审判的，可以根据具体案情，在符合专业需求的人民陪审员名单中随机抽取确定。

中级、基层人民法院应当保障人民陪审员均衡参审，结合本院实际情况，一般在不超过 30 件的范围内合理确定每名人民陪审员年度参加审判案件的数量上限，报高级人民法院备案，并向社会公告。

（四）人民陪审员参审时的权利义务

人民陪审员依法参加人民法院的审判活动，除法律另有规定外，同法官有同等权利。审判长应当履行与案件审判相关的指引、提示义务，但不得妨碍人民陪审员对案件的独立判断。7 人合议庭开庭前，应当制作事实认定问题清单，根据案件具体情况，区分事实认定问题与法律适用问题，对争议事实问题逐项列举，供人民陪审员在庭审时参考；事实认定问题和法律适用问题难以区分的，视为事实认定问题。合议庭评议案件，审判长应当对本案中涉及的事实认定、证据规则、法律规定等事项及应当注意的问题，向人民陪审员进行必要的解释和说明。具体评议时，先由承办法官介绍案件涉及的相关法律、证据规则，然后由人民陪审员和法官依次发表意见，审判长最后发表意见并总结合议庭意见。人民陪审员参加 3 人合议庭审判案件，对事实认定、法律适用，独立发表意见，行使表决权。人民陪审员参加 7 人合议庭审判案件，在合议庭评议时，审判长应当归纳和介绍需要通过评议讨论决定的案件事实认定问题，并列出案件事实问题清单；人民陪审员全程参加合议庭评议，对于事实认定问题，由人民陪审员和法官在共同评议的基础上进行表决；对于法律适用问题，人民陪审员不参加表决，但可以发表意见，并记录在卷。合议庭评议案件时，实行少数服从多数的原则；人民陪审员同合议庭其他组成人员意见分歧的，应当将其意见写入笔录；合议庭组成人员意见有重大分歧的，人民陪审员或者法官可以要求合议庭将案件提请院长决定是否提交审判委员会讨论决定。人民陪审员列席审判委员会讨论其参加审理的案件时，可以发表意见。

人民陪审员应当忠实履行审判职责，保守审判秘密，注重司法礼仪，维护司法形象。

（五）人民陪审员履行职责的保障机制

人民法院应当依法保障人民陪审员履行审判职责；人民陪审员所在单位、户籍所在地或者经常居住地的基层群众性自治组织应当依法保障人民陪审员参加审判活动。具体而言：（1）人民陪审员参加审判活动期间，其所在单位不得克扣或者变相克扣其工资、奖金及其他福利待遇。其所在单位违反此规定的，基层人民法院应当及时向人民陪审员所在单位或者所在单位的主管部门、上级部门提出纠正意见。（2）人民陪审员参加审判活动期间，由人民法院依照有关规定按实际工作日给予补助；因参加审判活动而支出的交通、就餐等费用，由人民法院依照有关规定给予补助。（3）人民陪审员因参加审判活动应当享受的补助，人民法院和司法行政机关为实施人民陪审员制度所必需的开支，列入人民法院和司法行政机关业务经费，由相应政府财政予以保障。具体办法由最高人民法院、国务院司法行政部门会同国务院财政部门制定。（4）人民法院应当依法规范和保障人民陪审员参加审判活动，不得安排人民陪审员从事与履行法定审判职责无关的工作。（5）人民陪审员的人身和住所安全受法律保护。任何单位和个人不得对人民陪审员及其近亲属打击报复。对报复陷害、侮辱诽谤、暴力侵害人民陪审员及其近亲属的，依法追究法律责任。

问题与思考

请扫描二维码测试，并查看参考答案

第五章
受案范围

【本章概要】受案范围是确定人民法院和其他国家机关、社会团体之间解决民事、经济纠纷的分工和职权范围，是一个国家法治文明及其实现程度的重要标尺。《民诉法》对法院受案范围的界定可分为主体标准与内容标准两个方面，但该规定具有抽象性，且缺乏应有的涵盖力。确定法院受案范围时，应综合考虑法院在国家政治生活中的地位、法院司法权的本质属性、司法干预社会生活的必要性与可能性等多种因素、原则和标准，并且有必要建立受案范围争议的解决机制。

第一节 受案范围概述

一、受案范围的含义

受案范围，又称民事审判权的作用范围或民事裁判权的范围[①]，在以往的教科书中通常被称为“法院主管”[②]，即确定人民法院和其他国家机关、社会团体之间解决民事、经济纠纷的分工和职权范围。习近平总书记在党的二十大报告中强调：“……健全公安机关、检察机关、审判机关、司法行政机关各司其职、相互配合、相互制约的体制机制。”[③]人民法院受案范围的科学设置是实现这一目标的重要一环。

在现代法治社会，法院的审判在纠纷解决中具有最高的权威和终局性。法院的受案范围反映了法院对纠纷的可接纳程度及范围，从而直接制约当事人诉权受保护的程度。因此，在某种程度上，法院的受案范围是一个国家的法治文明及其实现程度的重要标尺。

---

① 在江伟教授主编的《民事诉讼法专论》（中国人民大学出版社 2005 年版）中使用的是“民事审判权的作用范围”，在张卫平教授所著的《民事诉讼法》（法律出版社 2004 年版）中使用的是“民事裁判权的范围”。

② 我们认为“法院主管”是一个非科学的法律术语，带有浓厚的行政化色彩，与司法的被动性特征不符，其所蕴含的基本理念是国家本位和权力本位。参见江伟、廖永安：《我国民事诉讼主管之概念检讨与理念批判》，载《中国法学》，2004（4）。

③ 习近平：《高举中国特色社会主义伟大旗帜 为全面建设社会主义现代化国家而团结奋斗——在中国共产党第二十次全国代表大会上的报告》（2022 年 10 月 16 日），42 页，北京，人民出版社，2022。

二、受案范围的意义

对法院的受案范围展开研究并予以科学界定，不仅具有重大的理论意义，同时也具有极为重要的实践意义，具体来说，主要表现在以下方面。

（一）研究法院的受案范围，有助于当事人诉权的保护与实现

法院的受案范围是纠纷能否进入法院的第一道门槛，法院受案范围直接制约当事人诉权的行使范围和裁判请求权的实现程度，因此，研究民事诉讼中的法院受案范围，有助于当事人诉权的保护与实现。

（二）研究法院的受案范围，有助于审判权功能的发挥

法院受案范围的大小，直接制约审判权功能的实现程度。法院受案范围过大，审判权功能力所不及；法院受案范围过小，又不利于其功能的发挥。因此，科学界定法院的受案范围，有助于审判权功能的有效发挥。

（三）研究法院的受案范围，有助于诉讼与非诉讼机制的协调发展

在现代社会，民事纠纷种类繁多且错综复杂：既有民事权益的因素，也有非民事权益的因素；有的适合作为法院民事审判权的对象，有的则未必适宜用民事审判的方式解决。科学界定法院的受案范围，合理划分法院与非司法机构的权限，有助于诉讼与非诉讼机制的协调发展，并能有效防止在解决纠纷上出现的争抢与推诿。

（四）研究法院的受案范围，有助于实现诉权与审判权的协调

法院的受案范围决定着自然人、法人或者其他组织的合法权益可以得到司法保护的范围和程度，从而也影响着自然人、法人和其他组织的诉权受保障的状况。在此意义上，法院的受案范围应该同当事人可行使诉权的范围与可能相匹配。如果前者大于或宽于后者，则说明立法技术出现了不周延现象；如果后者大于或宽于前者，则说明当事人的很大一部分诉权是虚置的。因此，研究并科学界定法院的受案范围，有助于实现诉权与审判权的协调发展。

第二节 法院受案范围的立法规定及存在的问题

一、立法规定

《民诉法》第 3 条从适用民事诉讼法的角度，对法院受案范围予以了抽象的界定，即“人民法院受理公民之间、法人之间、其他组织之间以及他们相互之间因财产关系和人身关系提起的民事诉讼，适用本法的规定”。按照这一规定，多数学者认为，我国确定民事

诉讼受案范围的标准是法律关系的性质，即以发生争议的实体法律关系是否属于民事法律关系为标准来确定法院的受案范围。具体又可细化为以下两个方面：（1）主体标准。这一方面是指提起民事诉讼的主体是公民、法人或其他组织，其中包括外国公民、企业、组织和无国籍人；另一方面是指主体之间在法律地位上完全平等，不存在行政法上的管理与被管理的关系，各自有表达利益意愿的自由。（2）内容标准。纠纷内容只能是民事领域的财产关系和人身关系争议，也就是民事法律关系争议。[①]

根据上述标准，一般认为我国民事诉讼受案范围主要有以下几类：（1）民法调整的财产关系和人身关系发生纠纷的案件；（2）婚姻法调整的婚姻家庭关系发生纠纷的案件；（3）商法调整的商事关系发生纠纷的案件；（4）经济法调整的部分经济关系发生纠纷的案件；（5）劳动法调整的部分劳动关系发生纠纷的案件；（6）法律规定由法院运用民事诉讼法解决的其他案件，主要包括选举法和民事诉讼法规定的选民资格案件及民事诉讼法规定的宣告失踪案件、宣告死亡案件，指定遗产管理人案件，认定公民无民事行为能力或限制民事行为能力案件，认定财产无主案件，确认调解协议案件和实现担保物权案件等。[②] 在上述各类案件中，前五类均为民事权益争议案件，第六类为民事非讼案件和选民资格案件。其中民事非讼案件虽以不存在民事权益之争为特征，但这类案件所涉及的均为民事法律关系，即涉及的是人身权、财产权问题，具体表现为民事法律关系的某些要素（主体、客体、内容）处于不确定状态，通过法院的审理，对不确定的民事法律关系中某些问题以判决的形式作出宣告，从而消除不确定状态，保障民事流转的顺利进行，保障交易安全，甚至直接实现民事权利，因此，将这类案件纳入法院的受案范围是合理的、有依据的。但是，对于将选民资格案件划入民事诉讼受案范围，有不少学者提出了质疑，认为，既然以法律关系的性质来确定法院的受案范围，则将选民资格案件交由法院主管显然缺乏科学性、合理性。因为，在这种案件中，处于非正常状态的法律关系并非民事法律关系，而是选举法律关系，起诉人诉请法院保护的并非私人的民事权益，而是选民的选举资格和正常的选举秩序。[③]

二、存在的问题

客观地说，《民诉法》关于法院受案范围的界定是十分模糊、笼统的，且缺乏应有的涵盖力，如《民诉法》第 3 条关于受案范围的界定就只涉及了有关法院受理民事权益争议案件的问题，并未涵盖民事非权益争议案件，尽管此类案件后来又出现于《民诉法》第十五章、第十七章、第十八章中，并适用《民诉法》予以解决。此外，案件定性不准，导致法院受案范围标准未能得到始终如一的贯彻，最典型的是将选民资格案件纳入民事诉讼受案范围，如前所述，选民资格案件是一种公法诉讼案件，应当适用专门的选举诉讼程序，而不宜将其划入民事案件之中。出于对我国法院设置情况及法院内部各审判庭

---

① 参见江伟主编：《民事诉讼法学》，141 页，上海，复旦大学出版社，2002。

② 参见江伟主编：《民事诉讼法》，79 页，北京，中国人民大学出版社，2000。

③ 参见蔡虹：《法院主管若干问题研究》，载陈光中主编：《诉讼法理论与实践》（民事行政诉讼卷），456 页，北京，人民法院出版社，2000；王洪俊主编：《中国审判理论研究》，251～252 页，重庆，重庆出版社，1993。

之间工作性质和审判任务分配的均衡性的考虑，尽管公民同选举委员会之间的关系也不同于行政法律关系中行政机关与行政相对人间的管理与被管理的关系，但其关涉的不仅是公民的选举权，更有国家的正常选举秩序，因而具有一定的公权性质，因此，将其列入选举诉讼案件较之民事诉讼案件更为妥适。

正是由于立法上的不足，加之理论认识上的偏差以及民事法律关系的复杂，实践中在确定法院受案范围时产生了不少问题，具体来说，主要有三种：一是无限扩大法院民事受案范围。由于《民诉法》第3条系抽象的概括性规定，立法上又无其他可供遵循的具体操作标准，以及对“司法最终解决原则”的曲解①，实践中经常有法院受理一些本不应或不宜由其解决的民事纠纷。二是完全以制定法为依据确定案件是否属于法院受案范围。只要法律中没有关于发生争议的民事法律关系的相关具体规定，司法者就不会“越雷池半步”受理案件。这实质上是严格法定主义在实践中的反映。三是完全从法院的角度和立场出发，滥用司法解释权，对法院受案范围予以任意克减，严重侵犯当事人诉权。②

第三节 法院受案范围的界定

一、确定法院受案范围时应考虑的因素

民事诉讼受案范围的确定系多种因素综合作用的结果，在不同国家之间或者同一国家的不同历史发展阶段，由于其政治体制、宪政结构以及文化传统等因素的不同，法院的受案范围也表现出不一致性。就我国的具体情况而言，在确定法院民事受案范围时主要应考虑如下因素。

（一）法院在国家政治生活中的地位

法院在国家政治生活中的地位越重要，表明其自身能力越强，处理的纠纷必然就越多。比如西方国家（尤其是美国）实行“三权分立”，法院往往都具有违宪审查权，但是在我们国家，由于实行人民代表大会制度，普通法院就不享有违宪审查权。因此，不考虑具体国家的国情，尤其是宪政结构、政治体制等因素，单纯地去研究法院受案范围显然是不妥的。

（二）法院司法权的本质属性

基于司法权的本质属性特征，法院在受理案件时必须遵循以下几项原则：（1）案件性原则。“案件性”有时又称“法律上的争讼性”，是审判权的首要界限，也是法院进行

---

① 该观点将“司法最终解决原则”绝对化，认为凡发生纠纷，法院皆可以裁断，也即视诉讼手段为解决一切纠纷的“灵丹妙药”，忽视了司法介入的有限性。

② 如广西壮族自治区高级人民法院就曾专门下文明确对13类案件不予受理。事实上，诸如此类的文件或通知在我国各级法院已不是少数，专家学者普遍认为这是一种越权行为。

自律的首要原则。法院行使审判权的任务是解决纠纷，但并不是所有的纠纷都能够成为案件。只有那些按照法律的预先规定，符合法律规定的规格，即这些纠纷已经成熟为法院受理的案件，法院才能对这些案件行使审判权，对权利、义务纠纷的内容作出判断。一般来说，作为可裁判性的案件必须具备以下条件：第一，案件必须是明确的、具体的，不同于假定或抽象的分歧和争端；第二，案件必须是真实的和实质性的争议，不同于纯学术性的或不具有实际意义的争议①；第三，争议问题适合法院根据法律上规定的要件作出判断来予以终局性地解决。不具备上述条件的案件，不能被称为可裁判性的案件，或不具有“法律上的争讼性”。（2）国家行为例外原则。国家行为不受司法审查是各国的通例。在不同的国家，国家行为有不同的称谓，其内涵也呈现出较大的差异性。如在美国，国家行为被称为“政治行为”或“政治问题”；在英国被称为“国家行为”；在法国被称为“政府行为”或“统治行为”等。在我国，目前已有三部法律文件规定了国家行为：1）1989年4月4日由全国人大通过的《行政诉讼法》第12条（2017年修改后为第13条）规定：“人民法院不受理公民、法人或者其他组织对下列事项提起的诉讼：（一）国防、外交等国家行为……”2）1990年4月4日由全国人大通过的《香港基本法》第19条第3款规定：香港特别行政区法院对国防、外交等国家行为无管辖权。香港特别行政区法院在审理案件中遇有涉及国防、外交等国家行为的事实问题，应取得行政长官就该等问题发出的证明文件，上述文件对法院有约束力。行政长官在发出证明文件前，须取得中央人民政府的证明书。3）1993年3月31日由全国人大通过的《澳门基本法》第19条第3款作了与《香港基本法》第19条第3款完全相同的规定。

（三）司法干预社会生活的必要性与可能性

如前所述，审判权不是万能的，立法把什么样的社会冲突纳入司法管辖的范围，从制度设置者角度看，取决于国家干预社会生活的主观愿望和客观可能性；从制度利用者角度看，取决于社会生活对司法的主观和客观需求。现代国家虽然垄断暴力，却仍旧给社会留有适当的自治空间。

过去，我国法院对单位内部的纠纷一律采取不干预态度，纠纷完全由各单位自行解决或者通过上级主管部门协调解决。应该说在计划经济时代的中国，单位在解决内部纠纷方面的确发挥了不可小视的作用。由于人们对单位的强烈依附性，单位在纠纷解决方面具有极强的控制力。但是随着市场经济的发展，人们的权利意识和主体意识日益增强，单位自身的控制力明显减弱。在这种情况下，将所有社会单位内部纠纷统统关在法院门外的做法显然不能适应社会法制化的需要。于是，法院的态度渐渐转变，开始有选择地

---

① 例如，陈丁祥于2005年7月24日从上海书城（现为上海新华传媒股份有限公司下属上海书城福州路店，下称上海书城）购买了一本由商务印书馆出版的第10版《新华字典》。陈丁祥称，经其认真阅读、仔细分析和深入论证，发现该本《新华字典》存在知识性、逻辑性、体例性等编校差错数千处，差错率达0.797%，属于质量严重不合格。故向法院提出诉讼请求：确认上述差错；上海书城停止销售，商务印书馆停止出版发行第10版《新华字典》，并分别在全国性媒体上公开道歉等。上海市黄浦区人民法院经审理后认为，双方的争议属于学术争议，不在法院民事诉讼主管范围内，遂依照1991年《民事诉讼法》第2条、第108条，第111条第3项之规定，裁定驳回起诉。陈丁祥不服，提起上诉。上海市第二中级人民法院裁定驳回上诉，维持原裁定。参见王连国：《有关辞书类图书内容的学术争议不属于法院主管》，见 http：//civillaw. com. cn/article/default. asp? id=31721。

受理一部分纠纷。例如，在劳动法颁布前，我国法院就开始受理因企业开除、除名、辞退职工发生的争议和因履行劳动合同等发生的争议。再如，公房使用权是单位成员的一项重大民事权益，尽管法院当时仍拒绝受理职工因对单位分房决定有意见引起的纠纷，但已开始有条件地受理单位内部公房使用权纠纷，并且受案范围正呈扩大的趋势。[①] 对此，我国学界普遍认为，法院受理单位内部纠纷的范围仍有进一步扩大的必要。尽管单位的一些决定是根据它的内部规章作出的，尽管这些决定属于单位对其内部事务的管理，但如果这些决定明显地不公正和不合理，影响或损害了其成员人身或财产上的利益，法院就应当根据单位成员的请求，运用民事审判权进行干预。

主张法院扩大受理单位、团体内部纠纷的范围，绝不意味着要求法院过多地干预单位、团体内部的事务，要求法院去决定那些本质上应当由单位、团体自行决定的事情。对于那些不宜由法院作出判断的争议，如学生与校方在课程设置上的争议，单位职工与单位幼儿园在孩子入托年龄上的争议，法院完全应当拒绝受理。法院只应受理单位与成员之间关于民事权益的争议，其余纠纷应当由单位自行解决或通过有关部门解决。

具体就我国审判权介入社会团体、自治组织等内部纠纷而言，我们应遵循以下几项原则：第一，技术事项例外原则。社会团体，在我国是指中国公民自愿组成的，为实现会员共同意志，按照其章程开展活动的非营利性社会组织。这些社会组织为实现自己的目标，往往确立有自己特有的行为规则，如裁判员的评判规则等，因这些纯技术性的事项所引起的争议，往往不属于法院司法审查的对象，事实上，司法机关也没有对因这些事项引起的争议进行处理的能力。同时，将这些事项排除在司法审查范围之外，也有助于维护社会各团体、组织及协会的自治权。第二，用尽团体、组织内部救济原则。这是程序上的一个限制。原则上，团体、组织内部的纷争应尽量由自身解决，这也是社会团体、单位自治的应有之义。只有在穷尽了社会团体、单位内部救济渠道的情况下，国家才担负起纠纷最终解决的责任，从而切实维护好当事人的合法权益。用尽团体、组织内部救济原则，可以说是社会团体自治与国家干预相妥协的产物，它既反映了社会团体单位自治的要求，也反映了法治国家对当事人权利保障的需要。第三，合法有效的仲裁条款排除司法管辖原则。社会团体、组织内部的纷争当事人可以在纠纷发生前后通过仲裁条款，将纠纷提交仲裁机构仲裁，从而排除法院的管辖。根据《仲裁法》第 5 条的规定，当事人达成仲裁协议，一方向人民法院起诉的，人民法院不予受理，但仲裁协议无效的除外。随着中国市民社会的不断成熟与发展，可以预计，各种专业性很强的民间仲裁机构也将随之发展起来。社会团体、自治组织等的内部纠纷通过仲裁机制来加以解决，一方面，有助于充分尊重当事人的意愿；另一方面，由于仲裁员大多具有较强的专业领域的知识，也有助于更好地对纠纷加以妥当地处理，从而更好地维护当事人的合法权益，同时，也大大减轻了法院解决纠纷的压力和负担。

（四）司法政策的调整[②]

在我国，司法政策的调整导致法院受案范围的变化是一个不可回避的现实问题。在

---

① 参见 1993 年《全国民事审判工作座谈会纪要》（已失效）。

② 参见张卫平：《民事诉讼法》，79 页，北京，法律出版社，2004。

我国，由于法律关系上的争议往往与其他因素有着密切的联系，例如政治、经济等，因而特定争议的解决就不是审判机关能够最终解决的。“要充分考虑国家经济转型时期社会矛盾繁杂，个案处理不慎会引发危及社会稳定的重大事件等特点，对有些敏感性很强的案件的立案受理要十分慎重，以免造成工作被动甚至严重的后果。”[①] 在特定条件下，将特定类型的本可通过司法手段加以解决的纠纷，暂时排除于诉讼程序之外，可以说是我国目前在法院受案问题上理想与现实矛盾的一个重要体现，是一种无奈的选择。[②] 如最高人民法院在就证券市场违法违规行为引发的民事侵权纠纷所下发的通知中曾明确规定：“受目前立法及司法条件的局限，尚不具备受理及审理这类案件的条件。”即对此类案件暂不予受理。当然，由于此种做法将会严重限制当事人诉权的行使，因而，在对该因素进行考量时，应以相关法律规范的明文规定为限，不得任意为之。即使是最高人民法院，在对受案范围予以政策调整时，也应基于法律的授权，以确保诸如此类政策调整的正当性。最高人民法院《虚假陈述赔偿规定》第2条第2款明确规定：“人民法院不得仅以虚假陈述未经监管部门行政处罚或者人民法院生效刑事判决的认定为由裁定不予受理。”该规定回归了法治精神，切实保护了当事人的诉权。然而，目前，仍有一些地方法院基于自身利益的考虑，也对某些本应受理的案件以通知的形式下发本级或下级法院，明确表示不予受理。这显然是一种越权行为，应该予以禁止。

二、人民法院受案范围的界定

（一）界定人民法院受案范围时应遵循的原则[③]

1. 保障当事人接近司法救济的原则

“一种真正现代的司法裁判制度的基本特征（也可能是唯一的基本特征）之一必须是，司法能有效地为所有人接近，而不仅仅是在理论上对于所有人可以接近。”[④] 从人类历史的发展进程来考察，一方面，权利的侵害未能得到及时有效的救济，往往自始肇因于受害人被杜绝了走向法院、接近法院的途径，而无法求得司法的保护，然后才涉及审判程序上听审权利被剥夺的问题；另一方面，现代国家既然禁止自力救济，那么就应负有保障公民能够得到公力救济而为司法行为的义务。而且，为了保护人民的权利，国家有义务不断完善和健全诉讼制度，减少人民走向法院的负担、困难和障碍，真正做到“努力让人民群众在每一个司法案件中感受到公平正义”。

2. 兼顾公正与效益原则

公正是诉讼的最高价值和永恒追求的目标。但诉讼的过程同时又是一个资源消耗的

---

① 引自2001年12月17日最高人民法院副院长祝铭山在全国高级人民法院院长会议上的讲话。

② 关于我国目前司法政策调整内在根据的论述可参见张卫平：《起诉难：一个中国问题的思索》，载《法学研究》，2009（6）。

③ 参见初立君：《论人民法院民事诉讼受案范围》，载《重庆大学学报》，2003（6）。

④ ［意］莫诺·卡佩莱蒂：《当事人基本程度保障权与未来的民事诉讼》，徐昕译，40页，北京，法律出版社，2000。

过程，投入和产出是一个诉讼无法回避的问题。自20世纪中叶以来，随着西方法律学与经济学的融合，以及法律经济分析方法的运用，人们逐渐意识到：作为人类特定实践的诉讼，是一项能够产生一定效果，同时又需要支付一定代价的行为。投入与产出的比值关系，影响着纠纷主体对诉讼手段的选择适用率。因此，在确定法院受案范围时，既应考虑到诉讼在实现公正这一最高价值目标上的优势，同时也应考虑到在社会资源有限的情况下，如何使资源利用达到合理化和科学化。为此，我们在确定受案范围时，既应保证使民事审判成为解决民事纠纷的主要形式，在无相反理由足以推翻的情况下，任何民事纠纷当事人都应获得诉请法院审判解决纠纷的机会；同时，应考虑到非讼手段解决民事纠纷时所需成本相对较低的优点，如果某种民事纠纷的排解难度不大，或者解决该种民事纠纷为某类非司法组织所长，无须通过诉讼程序即可获得公正的解决，我们就应在立法上鼓励当事人选用非讼手段，或限制当事人选用诉讼手段。

3. 实定法依据为主，衡平正义观念为辅原则

我国属于成文法国家，采实定法主义，法官作为司法者，在审查起诉时，主要依制定法行事。凡起诉，应以实定法为依据，否则，通常以起诉无法定依据为由不予受理或驳回起诉。

客观地说，法院民事受案范围是随着民事交往的频繁、民事案件类型的增加而不断拓宽、发展的。与社会交往的深度和广度相比，明文的立法规定是非常有限的，法院如果只是拘泥于法律的明文规定，事实上至多能起到承认既得利益和维持现状的作用，法制的健全与完善则遥遥无期，司法的功能也就不可能得到充分发挥。更何况，实体法主要在于规范各种实体权利，无须亦不可能为每种权利设置一个诉讼法上的救济依据。通常，立法者只对其认为特别重要的权利在实体法中设置（实际上，更准确的理解应为“重申”）诉权救济条款，大量的一般实体权利的救济，应通过诉讼法解决。因此，我们认为，司法有必要超出严格适用法律的框架，通过引入大陆法系国家关于“诉的利益”的理论，来扩大法院的受案范围，从而适应不断变动的社会环境。

（二）界定人民法院受案范围时应遵行的标准

一般来说，能够诉诸法院的审判方式解决的民事纠纷，必须符合以下标准。

1. 诉讼主体地位平等

在法院受案范围判断方面，是否属于平等主体之间的民事法律关系是一个十分重要的标准。在涉及某类纠纷是否应当被纳入法院受案范围时，最高人民法院的判断标准就是，该争议是否属于平等主体之间的民事法律关系的争议。例如，在解释关于国家征用农民耕地所发生的补偿费的争议是否属于法院受理的争议时，最高人民法院的批复是：土地补偿费归农村集体经济组织所有，农村集体经济组织成员与农村集体经济组织因土地补偿费所发生的争议不属于平等主体之间的民事法律关系的争议，不属于人民法院受理民事案件的范围。在实践中，要判断某争议是否属于平等主体之间的民事权利义务争议有时并非易事，尤其在处理自治组织，公司企业、事业单位及有关团体内部争议问题上。一般认为，作为民事案件的必须是平等主体之间的争议，而单位内部争议，尤其是单位个人与组织之间的争议，往往被视为非平等主体之间的争议，对于这类案件，法院一般不予受理。我们认为，上述观点是有失妥当的。随着经济的市场化和人们利益的多元化，个人与单位利益得以进一步分化，个体的独立性得以突显和张扬。个人与单位组织间法律关系的属性由一元走向多元，即往往是平等与隶属并存。如在劳动法律关系中，劳动关系既具有平等性又具有隶属性：平等性指的是用人单位与劳动者在地位上是平等的，双方在发生劳动关系时必须在平等的基础上经自愿协商形成劳动关系；但在劳动过程中，劳动者必须遵守劳动组织的内部劳动规则，这就具有了所谓隶属性的特征。但是，我们绝不能因其有隶属性的一面，而否认劳动争议的可诉性。再如，在农村，随着土地承包制度的改革，农民获得了与农村集体经济组织平等的主体地位，从此农村集体经济组织成员与农村集体经济组织之间的关系也就由传统的一元走向了多元。随着个体与单位组织这种法律关系的日益复杂化，法律的调整领域也逐渐发生了变化，即由仅调整单位组织的外部关系向对单位组织内外关系进行全面调整的方向发展。在这一方面，公司法表现得尤为突出。“公司法是对公司内外关系进行全面调整的法律，公司内部的关系亦属公司法调整的范围，由此而产生的争议也就需要司法救济，不存在司法救济之外的公司内部关系，以内部关系排斥司法救济，与某些当事人和司法人员不能摆脱以往对于国有企业和集体企业法律性质的传统认识有直接关系。实际上，公司法上的诉讼，绝大多数恰好是因内部关系而发生的，无论是要求确认股东大会或董事会决议无效之诉，还是公司对股东或董事的赔偿之诉，都属典型的内部关系引起的诉讼。”显然，司法机关是不可能因其属内部关系而拒绝受理。①

2. 具有诉的利益②

所谓诉的利益，是指当民事权利受到侵害或者与他人发生民事纠纷时，需要运用民事诉讼予以救济的必要性与实效性。在大陆法系国家，诉的利益既是当事人行使诉权的要件，也是法院进行民事实体裁判的前提，处于勾连实体法与程序法的中间位置。正基于此，当事人诉权的行使空间与审判权的作用范围才能得到有机的协调。我们衡量一国诉讼制度的科学性，一个重要的方面，就是看它能否将具有诉的利益的案件都有效地纳入司法保护的视野。因为如果审判权的作用范围小于诉的利益的范围，当事人的权利就有失去审判保护之虞；同样，如果审判权的作用范围大于诉的利益的范围，将势必造成审判权与其他权力之间的不当摩擦与冲突。因此，以诉的利益来衡量审判权的作用范围，不仅具有合理性，也具有科学性。

在民事诉讼中，法官对诉的利益的判定所体现出来的利益衡量是在两个不同层面上进行的，首先是原告与法院（或国家）之间，其次是原告与被告之间。③（1）原告与国家之间的利益衡量。诉的利益首先体现和反映的是原告与国家之间的利益衡量。该衡量直接涉及的内容，就是是否有必要以提供本案司法裁判的形式给当事人以救济。从总体上看，包括政府财政在内的社会资源总是呈现出某种稀缺性，那么，政府总是会力求在各

---

① 参见赵旭东：《公司僵局的司法救济》，载《人民法院报》，2002-02-08。

② 参见廖永安：《民事审判权作用范围研究》，96～103页，北京，中国人民大学出版社，2007。

③ 参见常怡、黄娟：《司法裁判供给中的利益衡量：一种诉的利益观》，载《中国法学》，2003（4）。

公共物品的提供之间谋求一定的平衡。在社会资源总量不变的前提下，政府在某一公共物品（包括执行司法职能的法院）方面的投入不可能过多地倾斜。为此，法官在判断原告是否具有诉的利益时，就必然要考虑对其争议进行审判会不会造成司法资源的浪费，将该纠纷纳入司法程序处理是不是适当的或最佳的选择，从而以此来保证司法的效用，维护纳税人整体的利益。民事诉讼法中诸多关于禁止起诉或不予受理的规定，往往就是这种利益衡量的结果与体现，如关于重复起诉的禁止，确定判决的效果等。（2）原告与被告之间的利益衡量。诉的利益，除反映了法院对原告和国家之间的相关利益衡量之外，还反映了法官对原告与被告之间的相互关系、利益状态的考察与评价。这是因为，原告是基于一定的利益追求而提请法院在其与被告之间作出本案裁决，也就是说，原告试图通过司法裁判来获得其欲求的某种利益。对于原告而言，只要法庭准予原告所提交的争议进入实体的审理程序，就可以说是原告的一种“胜利”。而对于被告而言，基于应诉的强制性，其原有的生活常态发生改变并陷入一种不安定状态，并且须为此付出大量的劳力、财力和时间。因此，为了防止原告的滥诉而给被告造成不应有的损失，法官在判断诉的利益的有无时，不能不在原告获得司法裁判与被告生活安宁、不受无端干扰这两种利益之间予以适当平衡。

在具体的司法实践中，到底以什么为标准来确定诉的利益呢？这往往是一个令人感到十分困惑的问题。我国作为具有大陆法系传统的国家，在判断诉的利益有无时，民事实体法固然是其基本标准，但同时，又不能仅限于民事实体法的规定，它还应当涵盖宪法和其他部门法赋予法律主体的权益，尤其是宪法所保障的诉讼权、自由权、财产权、平等权、生存权等基本权利的理念，如何透过诉讼法的适用、运作来获得实现，就成为诉讼法包括民事诉讼法学今后的重要课题。[①] 在我国现阶段，尽管民商事立法以及经济立法获得了很大的发展，社会主义市场经济法律体系已基本形成，但是我们不得不承认，我国民商事经济实体法律还存在不完善之处，民事实体法所规定的权利也比较抽象、笼统。在这种情况下，如果法院简单地以法无明文规定为由而拒绝受理，显然将不利于社会的稳定，同时也与法治国家原理相违背。在此情形之下，法官应当基于对多种因素的考量而作出是否有诉的利益的判断，从而决定是否进行实体审理，以发挥法院裁判之政策形成机能。具体来说，法官在衡量和判断诉的利益有无时，需考虑的主要因素有以下两项[②]：（1）社会主流价值取向。所谓社会主流价值取向，是指一定社会意识形态当中占据主流地位并已发展成熟的、固定的道德信念及价值观，它能够决定社会绝大多数人的行为选择方向以及行为模式。社会主流价值取向由于在当时社会具有无可置疑的正义性，法官在进行利益衡量时，理所当然地应将其作为必须斟酌的因素。（2）公共政策。在现代社会，随着政府职能的不断扩张，制定并推行一定的公共政策是政府实施其社会公共事务职能的一种常规方式和一种必不可少的手段。就公共政策本身而言，它由某种公共权威（主要是指广义的政府）在一定的历史时期和环境条件下制定，目的在于解决当时存在的公共问题。与稳定保守的法律制度不同的是，同样是行为准则的公共政策，以信

---

① 参见江伟：《市场经济与民事诉讼法学的使命》，载《现代法学》，1996（3）。

② 参见常怡、黄娟：《司法裁判供给中的利益衡量：一种诉的利益观》，载《中国法学》，2003（4）。

息的形式出现，其制定及推行必须与迅速演变的社会生活同步，在社会生活当中具有明显的动态调节作用；而且作为政府平衡社会利益冲突表达和维护公共利益的重要工具，公共政策一旦被制定并执行，便会立即在一定范围内改变社会原有的利益格局，使社会资源重新整合，人们的行为模式也将因此而发生一些转变。由此不难看出，公共政策对社会生活的影响不可小视，司法领域自然也不例外。不过一般来说，公共政策的制定，本身就是社会需求的反映。法官在判定当事人诉的利益有无时，以公共政策为考量因素，本身就是及时回应社会需求的表现。

三、受案范围争议的解决机制[①]

对于受案范围的判断，法院具有决定权，联合国大会《关于司法机关独立的基本原则》中要求："司法机关对所有司法性质的问题享有管辖权，并应拥有权威就某一提交其裁决的问题按照法律是否属于其权力范围作出决定。"这一规则赋予司法机关对司法性质问题的管辖权的同时，还赋予它对何为司法性质问题的裁决权。但如果法院的此类决定在程序上没有任何监督制约的机制，则法院对此项权力的滥用也就成为可能。因此，从保护当事人诉权和防止法院在受案问题上权力滥用出发，有必要建立如下两项制度。

（一）审判权作用范围（法院主管）异议制度

目前，我国没有确立独立的审判权作用范围（法院主管）异议制度，而是将其置于管辖权异议之中，而适用管辖异议的程序。从立法的科学性和保护当事人诉权的角度来看，我们认为，有必要确定审判权作用范围（法院主管）异议制度，以充分保护当事人诉权和法院审判权的正确行使。

（二）违反法院受案范围规定所作裁判效力否定制度

根据各国通例，法院对不属于其受案范围的事件所作裁判无效，因为，此时法院的裁判行为是对其他国家机关和社会组织的纠纷解决权的僭越。至于启动此否定程序的主体，仍是纠纷的当事人。当然，为了促使当事人高效地行使该权利，有必要为其设定一个合理的期限。

《问题与思考》

请扫描二维码测试，并查看参考答案

① 参见毕玉谦等：《民事诉讼研究及立法论证》，45～46 页，北京，人民法院出版社，2006。

第六章
管　辖

【**本章概要**】民事诉讼中的管辖，是指各级人民法院之间和同级人民法院之间受理第一审民事案件的分工和权限，是在人民法院内部具体落实民事审判权的一项重要制度。本章是关于民事诉讼管辖制度的论述，在理解管辖的概念和意义的基础上，了解确定管辖的原则、管辖恒定以及管辖在法律上和理论上的分类，重点掌握级别管辖、地域管辖、裁定管辖、管辖权异议的概念、确定标准与法律规定。

第一节　管辖概述

一、管辖的概念和意义

民事诉讼中的管辖，是指各级人民法院之间和同级人民法院之间受理第一审民事案件的分工和权限。它是在人民法院内部具体落实民事审判权的一项制度。

受案范围与管辖是民事诉讼中具有密切联系的两个概念。受案范围先于管辖发生，它是确定管辖的前提与基础，只有首先确定某一纠纷属于民事诉讼受案范围后，才有必要通过管辖将它具体分配到某个人民法院；而管辖是对属于人民法院民事诉讼受案范围的案件的具体落实，即确定由哪个人民法院来具体行使审判权。

管辖问题在民事诉讼中既复杂又重要，科学合理地确定管辖，无论在理论上还是在民事审判实践中都有重要意义。首先，对法院来说，管辖的确定可以使审判权得到落实，能有效避免各法院之间相互推诿或互争管辖权的现象，从而使各个法院能及时、正确地行使其审判职权和履行审判职责。其次，对当事人来说，明确管辖有利于当事人行使诉讼权利。一方面，它可以使原告知道应该或可以向哪一级的哪一个法院起诉，正确行使诉权；另一方面，它可以使被告判断受诉法院对案件有无管辖权，正确行使提出管辖权异议的权利。再次，对社会来说，科学合理地确定管辖，也有助于社会公平正义的实现。在地方保护主义比较严重的情况下，这一意义显得更为突出。习近平总书记就明确指出了地方保护主义的危害。他认为："随着社会主义市场经济深入发展和行政诉讼出现，跨行政区划乃至跨境案件越来越多，涉案金额越来越大，导致法院所在地有关部门和领导越来越关注案件处理，甚至利用职权和关系插手案件处理，造成相关诉讼出现'主客场'

现象，不利于平等保护外地当事人合法权益、保障法院独立审判、监督政府依法行政、维护法律公正实施。”[①] 最后，管辖权是国家主权的重要组成部分，正确地确定管辖，有利于人民法院处理涉外案件和维护国家主权，保护国家、集体和人民的利益。

二、确定管辖的原则

确定管辖的原则，是指民事诉讼立法在规定诉讼管辖时所应遵循的准则。根据我国《民诉法》的规定，确定管辖的原则有如下几项。

第一，便于当事人进行诉讼。这是体现人民司法的重要原则。从立法精神来看，我国民事诉讼法将如何便利当事人起诉、应诉以及进行其他各项诉讼活动，作为确定管辖的首要原则。民事诉讼法将大多数一审案件规定由基层法院管辖，允许当事人合意选择合同和其他财产权益纠纷案件的管辖法院等，都体现了这一原则的要求。

第二，便于案件的审理和执行。管辖制度的设立，应当考虑如何方便人民法院行使审判权，包括方便人民法院对案件进行审理和对案件裁判的执行。我国民事诉讼法中关于地域管辖的条文规定，一般的民事案件大多由被告所在地人民法院行使管辖权，侵权案件由侵权行为地人民法院管辖，这些都体现了便于案件的审理和执行这一原则。

第三，保证案件的公正审判。公正是司法的灵魂，民事诉讼中的各项制度均应体现公正的要求，有利于公正的实现。民事诉讼法在规定管辖时，将保证案件得到公正审判作为重要原则之一，就是考虑了这一原则的要求。例如，为了防止地方保护主义造成的裁判不公，民事诉讼法对合同和其他财产权益纠纷规定了协议管辖，允许当事人以协议方式选择双方均信赖的人民法院。为了防止少数人民法院违法受理诉讼，民事诉讼法规定了管辖权异议制度等。

第四，均衡各级人民法院的工作负担。各级人民法院的职能不同，任务也不同。基层人民法院的任务较为单纯，仅负责审理一审案件，中级以上的人民法院既要审理上诉案件，又要负责指导、监督下级人民法院的审判工作，级别越高，指导、监督工作的量也就越大。因此，在确定管辖时，应考虑各级人民法院在职能和任务上的区别，使它们在工作负担上尽可能做到均衡。民事诉讼法将大多数一审案件划归基层人民法院管辖，并使中级以上的人民法院级别越高，管辖的一审案件越少，便是反映了这一原则的要求。

第五，确定性与灵活性相结合。为了便于当事人诉讼，便于人民法院及时、正确地行使审判权，防止当事人之间、人民法院之间、当事人与人民法院之间出现管辖上的争议，民事诉讼立法对管辖的规定应尽可能具体、明确。但诉讼中可能出现一些特殊情况，为使特殊情况下案件能得到公正有效的处理，对管辖规定又必须有一定的灵活性。我国民事诉讼法中关于指定管辖、管辖权转移、共同管辖等的规定，都反映了诉讼管辖制度的灵活性这一要求。

第六，有利于维护国家主权。管辖权是国家主权的重要体现，司法管辖权的充分程

① 参见习近平：《关于〈中共中央关于全面推进依法治国若干重大问题的决定〉的说明》，载习近平：《论坚持全面依法治国》，100 页，北京，中央文献出版社，2020。

度在一定程度上体现了国家主权的独立程度。我国作为一个主权国家，在尊重国际条约和国际惯例的前提下，应尽可能在合理的范围内拓宽我国人民法院对涉外民事案件的管辖权，以维护国家主权和我国公民的利益。我国民事诉讼法对涉外民事诉讼专属管辖的规定就是这一原则的重要体现。

三、管辖恒定

管辖恒定，是指原告起诉时，若受诉法院依民事诉讼法的规定享有对本案的管辖权，则此后不论确定管辖的事实在诉讼中发生何种变化，均不影响受诉法院对本案所享有的管辖权。管辖恒定反映了诉讼经济的要求，它既可以避免管辖变动造成的司法资源的浪费，又可以减少当事人讼累，使诉讼尽快了结。

管辖恒定包括级别管辖恒定和地域管辖恒定，级别管辖恒定主要指级别管辖按起诉时的诉讼标的额确定后，不因为诉讼过程中标的额增加或减少而变动。1996 年 5 月最高人民法院在《关于执行级别管辖规定几个问题的批复》中规定："当事人在诉讼中增加诉讼请求从而加大诉讼标的额，致使诉讼标的额超过受诉法院级别管辖权限的，一般不再予以变动。但是当事人故意规避有关级别管辖等规定的除外。"对于这一规定，不少学者认为，虽然有一定的合理性，但判断当事人是否故意往往是很困难的。由于我国实行两审终审制，级别管辖的问题成为诉讼中十分敏感的问题，被告一方常常以地方保护主义为由质疑法院的级别管辖。因此，对变更诉讼请求的应当根据变更后的请求数额重新确定管辖法院，不属于受诉法院管辖的应当予以移送，这也是大陆法系国家中通行的做法。① 为此，最高人民法院于 2009 年 7 月通过了《级别管辖异议规定》，并明确规定：被告在提交答辩状期间提出管辖权异议，认为受诉人民法院违反级别管辖规定，案件应当由上级人民法院或者下级人民法院管辖的，受诉人民法院应当审查，并在受理异议之日起 15 日内作出裁定。异议不成立的，裁定驳回；异议成立的，裁定移送有管辖权的人民法院。提交答辩状期间届满后，原告增加诉讼请求金额致使案件标的额超过受诉人民法院级别管辖标准，被告提出管辖权异议，请求由上级人民法院管辖的，人民法院应当按照《级别管辖异议规定》第 1 条审查并作出裁定。经最高人民法院批准的第一审民事案件级别管辖标准的规定，应当作为审理民事级别管辖异议案件的依据。地域管辖恒定指地域管辖按起诉时的标准确定后，不因诉讼过程中确定管辖的因素的变动而改变。根据最高人民法院《民诉解释》第 37 条、第 38 条和 39 条的规定，案件受理后，受诉人民法院的管辖权不受当事人住所地、经常居住地变更的影响；有管辖权的人民法院受理案件后，不得以行政区域变更为由，将案件移送给变更后有管辖权的人民法院；判决后的上诉案件和依审判监督程序提审的案件，由原审人民法院的上级人民法院进行审判；上级人民法院指令再审、发回重审的案件，由原审人民法院再审或者重审；人民法院对管辖异议审查后确定有管辖权的，不因当事人提起反诉、增加或变更诉讼请求等改变管辖，但违反级别管辖、专属管辖规定的除外；人民法院发回重审或者按第一审程序再审的案

① 参见张卫平：《民事诉讼法》，86 页，北京，法律出版社，2004。

件，当事人提出管辖异议的，人民法院不予审查。

四、管辖的分类

（一）管辖在法律上的分类

《民诉法》在第二章专门对管辖作了规定，这些规定将民事诉讼管辖分为级别管辖、地域管辖、移送管辖和指定管辖，其中地域管辖又包括一般地域管辖、特殊地域管辖、协议管辖和专属管辖等内容。

（二）管辖在理论上的分类

在民事诉讼理论上，对管辖的划分存在着一定的分歧。一般认为，对民事诉讼管辖可以从三个角度进行划分。

（1）法定管辖和裁定管辖。依管辖是由法律直接规定还是由人民法院裁定确定为标准，可以将管辖区分为法定管辖和裁定管辖。凡是由法律直接规定的管辖为法定管辖，如地域管辖、级别管辖；凡是由法院以裁定方式确定的管辖为裁定管辖，如移送管辖和指定管辖。

（2）专属管辖和协议管辖。依管辖是否由法律强制规定，是否允许当事人协商变更为标准，可将管辖区分为专属管辖和协议管辖。凡是法律规定某类案件只能由特定法院管辖，其他法院无管辖权的情况称为专属管辖；凡是可以依协议的方式确定管辖法院的情形称为协议管辖。

（3）共同管辖和合并管辖。这是以诉讼关系为标准对管辖所作的分类。这里的诉讼关系，是指诉讼主体、诉讼客体与法院辖区所存在的法律上的联系。共同管辖是指两个或两个以上法院对同一案件都具有管辖权。合并管辖，又称牵连管辖，是指对某个案件有管辖权的人民法院，可以一并审理与该案有牵连的其他案件。根据《民诉法》第143条的规定，原告增加诉讼请求，被告提出反诉，第三人提出与本案有关的诉讼请求，可以合并审理。

第二节　级别管辖

一、级别管辖的概念

级别管辖，是指按照一定的标准，划分上下级人民法院之间受理第一审民事案件的分工和权限。级别管辖是在法院系统内部对各级法院的分工和权限所作的纵向划分，它解决的是哪些一审案件应由哪级人民法院管辖的问题。

外国民事诉讼制度关于一审案件的管辖大致有两种类型：一种是将所有的一审案件划归基层法院受理，上级法院原则上不受理一审案件，如法国、俄罗斯、美国等均属此种类型。这种类型实际上不存在级别管辖问题。另一种是将一审案件交由基层法院和其上一级法院审理，通过级别管辖在这两级法院之间确定各自的分工和权限，如德国、日本、匈牙利等就属于这种类型。相比较而言，我国级别管辖最为复杂，四级法院都依法受理一审案件，也就是说，通过级别管辖，要在四级法院之间确立各自受理一审案件的分工和权限。

二、确定级别管辖的标准

划分级别管辖须有一定的标准。从民事诉讼法的有关规定和司法实践来看，我国划分级别管辖主要依据以下四个标准。

（一）案件的性质

案件的性质不同，审理起来难易程度也不同。因此，我国民事诉讼法将某些特殊类型的案件交由级别较高的普通法院或专门法院管辖。如重大涉外案件、专利案件由中级人民法院管辖，海事、海商案件由相当于中级人民法院的海事法院管辖。

（二）案件的繁简程度

案件情节有简单和复杂之分，简单的案件审理起来相当容易，复杂的案件审理起来有一定的难度，案情越复杂，审理的难度越大。因而在确定级别管辖时，有必要考虑案件的繁简程度，将简单的案件交由低级别的法院管辖，而将复杂的案件交由级别较高的人民法院管辖。

（三）案件的影响范围

这是指案件涉及面大小，案件处理结果对社会的影响范围。不同的案件所涉及的人物、地域的范围必然存在差别，案件的处理结果可能造成的社会影响也不一样。因而有必要从案件的影响范围方面具体区分各种不同情况，确定不同级别的管辖法院。

（四）案件争议标的金额的大小

一般认为，《民诉法》没有将案件争议标的金额作为划分级别管辖的标准。《民诉解释》第 1 条规定："民事诉讼法第十九条第一项规定的重大涉外案件，包括争议标的额大的案件、案情复杂的案件，或者一方当事人人数众多等具有重大影响的案件。"最高人民法院《关于调整高级人民法院和中级人民法院管辖第一审民商事案件标准的通知》（法发〔2015〕7 号）规定："北京、上海、江苏、浙江、广东高级人民法院，管辖诉讼标的额 5 亿元以上一审民商事案件，所辖中级人民法院管辖诉讼标的额 1 亿元以上一审民商事案件。"因此，从相关司法解释来看，争议标的额已作为确定级别管辖的标准。

从上述我国关于级别管辖的划分标准来看，虽然考虑得较为周全，有其合理性，但也带来了标准本身的相对性和不确定性。如根据现行立法的规定，中级人民法院管辖重大涉外案件，虽然《民诉解释》进行了细化规定，但"重大"的标准仍然难以把握，难免造成基层人民法院与中级人民法院在级别管辖上的冲突。再如，各中级以上人民法院管辖在本辖区内有重大影响的案件，同样也是一个不易确定的标准，不同的人往往会作出不同的判断，并由此产生管辖权争议。因此，从立法技术角度来说，我们认为宜以争议标的的金额作为划分级别管辖的主导性标准，以案件的性质作为划分级别管辖的辅助性标准，同时，进一步完善有关诉讼标的金额的计算和确定标准。

三、各级人民法院管辖的第一审民事案件

（一）基层人民法院管辖的第一审民事案件

《民诉法》第 18 条规定："基层人民法院管辖第一审民事案件，但本法另有规定的除外。"根据本条规定可以看出，基层人民法院作为法院组织体系中的最基层单位，其主要任务是审理各类第一审民事案件。除法律规定由中级人民法院、高级人民法院、最高人民法院管辖的第一审民事案件外，所有第一审民事案件均由基层人民法院管辖。由基层人民法院管辖第一审民事案件，既便于当事人参与诉讼，又便于人民法院审理案件。在我国，相当于基层人民法院的还有北京、广州、杭州互联网法院。

需要指出的是，根据最高人民法院《关于调整高级人民法院和中级人民法院管辖第一审民商事案件标准的通知》（法发〔2015〕7 号）的规定，婚姻、继承、家庭、物业服务、人身损害赔偿、交通事故、劳动争议等案件，以及群体性纠纷案件，一般由基层人民法院管辖。另外，根据最高人民法院《关于审理公司强制清算案件工作座谈会纪要》（法发〔2009〕52 号）的要求，基层人民法院管辖县、县级市或者区的公司登记机关核准登记公司的公司强制清算案件，但存在特殊原因的例外。

根据最高人民法院《互联网法院规定》第 2 条的规定，北京、广州、杭州互联网法院集中管辖所在市的辖区内应当由基层人民法院受理的下列第一审案件：（1）通过电子商务平台签订或者履行网络购物合同而产生的纠纷；（2）签订、履行行为均在互联网上完成的网络服务合同纠纷；（3）签订、履行行为均在互联网上完成的金融借款合同纠纷、小额借款合同纠纷；（4）在互联网上首次发表作品的著作权或者邻接权权属纠纷；（5）在互联网上侵害在线发表或者传播作品的著作权或者邻接权而产生的纠纷；（6）互联网域名权属、侵权及合同纠纷；（7）在互联网上侵害他人人身权、财产权等民事权益而产生的纠纷；（8）通过电子商务平台购买的产品，因存在产品缺陷，侵害他人人身、财产权益而产生的产品责任纠纷；（9）检察机关提起的互联网公益诉讼案件等民商事案件。

根据最高人民法院《关于调整地方各级人民法院管辖第一审知识产权民事案件标准的通知》（法发〔2010〕5 号）的要求，经最高人民法院指定具有一般知识产权民事案件管辖权的基层人民法院，可以管辖诉讼标的额在 500 万元以下的第一审一般知识产权民事案件，以及诉讼标的额在 500 万元以上 1 000 万元以下且当事人住所地均在其所属高级或中级人民法院辖区的第一审一般知识产权民事案件，具体标准由有关高级人民法院自行确定并报最高人民法院批准。

（二）中级人民法院管辖的第一审民事案件

根据《民诉法》第19条的规定，中级人民法院以及相当于中级人民法院的专门法院（如海事法院、知识产权法院、上海金融法院等）管辖的一审民事案件有三类。

（1）重大涉外案件。涉外案件是指具有涉外因素的民事案件。《民事诉讼法（试行）》曾将所有的涉外案件都划归中级人民法院管辖，这是由我国改革开放初期涉外案件少，人民法院处理涉外案件经验不足的国情所决定的。随着对外开放的不断扩大，涉外案件逐步增多，人民法院（尤其是沿海地区人民法院）处理涉外案件的经验越来越丰富。根据这一变化，《民诉法》对涉外案件的级别管辖作了相应的修改，将涉外案件分流，一般涉外案件由基层人民法院管辖，中级人民法院只管辖重大涉外案件。根据《民诉解释》第1条的规定，重大涉外案件，包括争议标的额大的案件、案情复杂的案件，或者一方当事人人数众多等具有重大影响的案件。

为正确审理涉外民商事案件，依法保护中外当事人的合法权益，最高人民法院于2002年2月25日颁布了《涉外诉讼管辖规定》（已于2020年修正），对部分民商事案件实行集中管辖。

实行集中管辖的民商事案件包括以下五类：1）涉外合同和侵权纠纷案件；2）信用证纠纷案件；3）申请撤销、承认与强制执行国际仲裁裁决的案件；4）审查有关涉外民商事仲裁条款效力的案件；5）申请承认和强制执行外国法院民商事判决、裁定的案件。但不包括发生在与外国接壤的边境省份的边境贸易纠纷案件、涉外房地产案件和涉外知识产权案件。

上述民商事案件的第一审法院包括以下五类：1）国务院批准设立的经济技术开发区法院；2）省会、自治区首府、直辖市所在地的中级人民法院；3）经济特区、计划单列市中级人民法院；4）最高人民法院指定的其他中级人民法院；5）高级人民法院。上述中级人民法院的区域管辖范围由所在地的高级人民法院确定。

集中管辖既改变了上述涉外民商事案件的级别管辖，使除国务院批准设定的经济技术开发区法院以外的其他基层人民法院失去了对这类案件的管辖权，又改变了地域管辖，使多数中级人民法院失去了对发生在本辖区内的涉外案件的管辖权，这些案件被集中到少数中级人民法院管辖。

（2）在本辖区有重大影响的案件。这是指中级人民法院辖区内有重大影响的案件。这类案件的本身及其处理结果的影响，远远超出了基层人民法院的辖区范围。因此，由中级人民法院作为第一审法院较为合理。

（3）最高人民法院确定由中级人民法院管辖的案件。这是指最高人民法院根据审判工作需要，以规范性文件或司法解释的形式将某些案件确定由中级人民法院管辖。目前这类案件主要有以下几种。

1）海事、海商案件。海事、海商案件由作为专门人民法院的海事法院管辖。我国已在广州、厦门、上海、武汉、宁波、海口、天津、大连等口岸城市设立了海事法院。海事法院为中级专门法院。最高人民法院2016年发布的《海事诉讼管辖规定》《海事受案范围规定》，根据《民诉法》《海诉法》以及我国参加和批准的有关国际公约，参照国际习惯做法，在总结我国海事审判实践经验的基础上，就海事法院受案范围和管辖作了专门的解释。

2）公益诉讼案件。根据《民诉解释》第 283 条的规定，公益诉讼案件由侵权行为地或者被告住所地中级人民法院管辖，但法律、司法解释另有规定的除外。根据《环境公益诉讼解释》第 6 条和第 7 条的规定，第一审环境民事公益诉讼案件由污染环境、破坏生态行为发生地、损害结果地或者被告住所地的中级以上人民法院管辖；经最高人民法院批准，高级人民法院可以根据本辖区环境和生态保护的实际情况，在辖区内确定部分中级人民法院受理第一审环境民事公益诉讼案件；中级人民法院管辖环境民事公益诉讼案件的区域由高级人民法院确定。另外，根据《消费公益诉讼解释》第 3 条的规定，消费民事公益诉讼案件管辖适用《民诉解释》第 283 条的有关规定。经最高人民法院批准，高级人民法院可以根据本辖区实际情况，在辖区内确定部分中级人民法院受理第一审消费民事公益诉讼案件。

3）专利纠纷案件。根据《民诉解释》第 2 条的规定，专利纠纷案件由知识产权法院、最高人民法院确定的中级人民法院和基层人民法院管辖。

4）著作权纠纷案件。著作权纠纷案件包括民事案件与行政案件两类，其中民事案件包括：著作权及与著作权有关权益权属、侵权、合同纠纷案件，申请诉前停止侵犯著作权、与著作权有关权益行为案件，申请诉前财产保全、诉前证据保全案件，其他著作权、与著作权有关权益纠纷案件。著作权民事案件主要由中级人民法院管辖。需注意的是，对上述包括专利纠纷案件和著作权纠纷案件在内的知识产权民事案件，根据最高人民法院《关于调整地方各级人民法院管辖第一审知识产权民事案件标准的通知》的要求，中级人民法院管辖诉讼标的额在 2 亿元以下的第一审知识产权民事案件，以及诉讼标的额在 1 亿元以下且当事人一方住所地不在其辖区或者涉外、涉港澳台的第一审知识产权民事案件，但应当由经最高人民法院指定具有一般知识产权民事案件管辖权的基层人民法院管辖的除外。

按照《知产法院管辖规定》，北京、上海、广州知识产权法院管辖专利、植物新品种、集成电路布图设计、技术秘密、计算机软件，以及涉及驰名商标认定的一审民事案件。

5）重大的涉港、澳、台民事案件。这类案件虽然不是涉外案件，但为了妥善解决这类纠纷，在管辖上也比照涉外案件处理。

6）诉讼标的金额大或者诉讼单位属省、自治区、直辖市以上的经济纠纷案件。最高人民法院 2015 年《关于调整高级人民法院和中级人民法院管辖第一审民商事案件标准的通知》以当事人住所地是否在受理法院所处省级行政辖区为标准，区分两种情况确定级别管辖：一是对于当事人住所地均在受理法院所处省级行政辖区的一审民商事案件，北京、上海、江苏、浙江、广东所辖的中级人民法院管辖 1 亿元以上 5 亿元以下的一审民商事案件，天津、河北、山西、内蒙古、辽宁、安徽、福建、山东、河南、湖北、湖南、广西、海南、四川、重庆所辖的中级人民法院管辖 3 000 万元以上 3 亿元以下的一审民商事案件，吉林、黑龙江、江西、云南、陕西、新疆和新疆生产建设兵团所辖中级人民法院管辖 1 000 万元以上 2 亿元以下的一审民商事案件，其余地方的中级人民法院管辖 500 万元以上 1 亿元以下的一审民商事案件。二是对于当事人一方住所地不在受理法院所处省级行政辖区的一审民商事案件，北京、上海、江苏、浙江、广东所辖的中级人民法院管辖 5 000 万元以上 3 亿元以下的一审民商事案件，天津、河北、山西、内蒙古、辽宁、安徽、福建、山东、河南、湖北、湖南、广西、海南、四川、重庆所辖的中级人民法院管辖 2 000 万元以上 1 亿元以下的一审民商事案件，吉林、黑龙江、江西、云南、陕西、新疆和新疆生产建设兵团所辖中级人民法院管辖 1 000 万元以上 5 000 万元以下的一审民商事案件，其余地方的中级人民法院管辖 500 万元以上 2 000 万元以下的一审民商事案件。

7）证券虚假陈述民事赔偿案件。依据《虚假陈述赔偿规定》，虚假陈述证券民事赔偿案件由省、直辖市、自治区人民政府所在的市、计划单列市和经济特区中级人民法院管辖。

8）涉及驰名商标认定的民事纠纷案件。根据最高人民法院《关于涉及驰名商标认定的民事纠纷案件管辖问题的通知》（法〔2009〕1 号）的要求，涉及驰名商标认定的民事纠纷案件，由省、自治区人民政府所在地的市、计划单列市中级人民法院，以及直辖市辖区内的中级人民法院管辖。其他中级人民法院管辖此类民事纠纷案件，需报经最高人民法院批准；未经批准的中级人民法院不再受理此类案件。

9）公司强制清算案件。根据最高人民法院《关于审理公司强制清算案件工作座谈会纪要》（法发〔2009〕52 号）的要求，中级人民法院管辖地区、地级市以上的公司登记机关核准登记公司的公司强制清算案件，但存在特殊原因的例外。

10）垄断民事纠纷案件。根据《反垄断诉讼规定》第 3 条的规定，第一审垄断民事纠纷案件，由知识产权法院，省、自治区、直辖市人民政府所在地的市、计划单列市中级人民法院以及最高人民法院指定的中级人民法院管辖。

另外，根据 2018 年 4 月 27 日《全国人民代表大会常务委员会关于设立上海金融法院的决定》，上海金融法院专门管辖上海金融法院设立之前由上海市的中级人民法院管辖的金融民商事案件。管辖的民商事案件范围，依据最高人民法院《上海金融管辖规定》第 1 条的规定，包括以下六类：（1）证券、期货交易、营业信托、保险、票据、信用证、独立保函、保理、金融借款合同、银行卡、融资租赁合同、委托理财合同、储蓄存款合同、典当、银行结算合同等金融民商事纠纷；（2）资产管理业务、资产支持证券业务、私募基金业务、外汇业务、金融产品销售和适当性管理、征信业务、支付业务及经有权机关批准的其他金融业务引发的金融民商事纠纷；（3）涉金融机构的与公司有关的纠纷；（4）以金融机构为债务人的破产纠纷；（5）金融民商事纠纷的仲裁司法审查案件；（6）申请认可和执行香港特别行政区、澳门特别行政区、台湾地区法院金融民商事纠纷的判决、裁定案件，以及申请承认和执行外国法院金融民商事纠纷的判决、裁定案件。上海金融法院第一审判决和裁定的上诉案件，由上海市高级人民法院审理。

（三）高级人民法院管辖的第一审民事案件

根据《民诉法》第 20 条的规定，高级人民法院管辖在本辖区有重大影响的第一审民事案件。高级人民法院设立在各省、直辖市和自治区的政府所在地，其主要任务是对本辖区内中级人民法院和基层人民法院的审判活动进行指导和监督，审判不服中级人民法院判决、裁定的上诉案件。因此，高级人民法院的职能要求其不宜过多地审理第一审民事案件。至于什么是“重大影响”，实践中往往将诉讼标的金额作为一个最为重要的考量因素。根据2015年最高人民法院《关于调整高级人民法院和中级人民法院管辖第一审民商事案件标准的通知》的规定，针对当事人住所地均在受理法院所处省级行政辖区的一审民商事案件，北京、上海、江苏、浙江、广东高级人民法院，管辖诉讼标的额5亿元以上一审民商事案件；天津、河北、山西、内蒙古、辽宁、安徽、福建、山东、河南、湖北、湖南、广西、海南、四川、重庆高级人民法院，管辖诉讼标的额3亿元以上一审民商事案件；吉林、黑龙江、江西、云南、陕西、新疆高级人民法院和新疆生产建设兵团分院，管辖诉讼标的额2亿元以上一审民商事案件；贵州、西藏、甘肃、青海、宁夏高级人民法院，管辖诉讼标的额1亿元以上一审民商事案件。针对当事人一方住所地不在受理法院所处省级行政辖区的一审民商事案件，北京、上海、江苏、浙江、广东高级人民法院，管辖诉讼标的额3亿元以上一审民商事案件；天津、河北、山西、内蒙古、辽宁、安徽、福建、山东、河南、湖北、湖南、广西、海南、四川、重庆高级人民法院，管辖诉讼标的额1亿元以上一审民商事案件；吉林、黑龙江、江西、云南、陕西、新疆高级人民法院和新疆生产建设兵团分院，管辖诉讼标的额5 000万元以上一审民商事案件；贵州、西藏、甘肃、青海、宁夏高级人民法院，管辖诉讼标的额2 000万元以上一审民商事案件。

另外，根据最高人民法院《关于调整地方各级人民法院管辖第一审知识产权民事案件标准的通知》的要求，高级人民法院管辖诉讼标的额在2亿元以上的第一审知识产权民事案件，以及诉讼标的额在1亿元以上且当事人一方住所地不在其辖区或者涉外、涉港澳台的第一审知识产权民事案件。

（四）最高人民法院管辖的第一审民事案件

根据《民诉法》第21条的规定，最高人民法院（包括巡回法庭）管辖的第一审民事案件有两类：一是在全国有重大影响的案件，二是最高人民法院认为应当由本院审理的案件。

从一般意义上说，最高人民法院是全国最高审判机关，有权力审理各类案件。但是，作为国家最高审判机关，最高人民法院的主要任务是对地方各级人民法院和各个专门人民法院的审判工作进行监督；审判不服高级人民法院、专门人民法院判决和裁定的上诉案件和抗诉案件；对于在审判过程中如何具体适用法律、法规的问题进行解释。因此，从这个角度而言，分配给最高人民法院及其六个巡回法庭管辖的一审民事案件只能是极少数特别重大的案件。但从诉讼理论上说，我们认为最高人民法院最好不受理第一审民事案件。首先，最高人民法院是最高的审判机关，它所受理的案件只能实行一审终审制度，当事人不能上诉。对于有错误的裁判虽然可以通过再审程序纠正，但再审的法院也只能是同一法院，从而淡化和削弱了审判监督的作用，有失行使民事审判权的公正性。

其次，由于最高人民法院审理作出的裁判是终审裁判，实际上剥夺了当事人的上诉权，因而当事人失去了一次程序救济的机会，有损当事人的审级利益。因此，最高人民法院以不受理第一审民事案件为宜，以便其更能集中力量和精力处理上诉、再审案件，进行调查研究，指导和监督地方各级法院民事审判工作，更有利于正确行使民事审判权。

第三节 地域管辖

一、地域管辖的概念

地域管辖又称土地管辖、区域管辖，它是以人民法院的辖区和案件的隶属关系确定诉讼管辖，亦即确定同级人民法院之间在各自的区域内受理第一审民事案件的分工和权限。

地域管辖是在案件审判级别确定后对管辖权的进一步划分，主要解决同级法院之间案件由哪一个法院管辖的问题。因此，级别管辖是地域管辖的前提和基础，地域管辖是级别管辖的具体和落实，两者共同构成管辖制度的核心内容。

二、确定地域管辖的标准

如同级别管辖一样，地域管辖也存在着按何种标准划分的问题。从各国民事诉讼法关于地域管辖的规定看，确定地域管辖的标准主要有两个：其一是诉讼当事人的所在地（尤其是被告的住所地）与法院辖区之间的联系；其二是诉讼标的、诉讼标的物或法律事实与法院辖区之间的联系。根据上述标准，在诉讼当事人的所在地、诉讼标的等在某一法院辖区内时，诉讼就由该地区的人民法院管辖。按照第一个标准确定的管辖，就是一般地域管辖。按照第二个标准确定的管辖，就是特殊地域管辖。

我国民事诉讼法确定地域管辖时也采用上述标准。我国与其他大多数国家一样，人民法院的辖区同行政区划是一致的，在当事人的所在地等在某一行政区域内时，诉讼就由设在该行政区域内的人民法院管辖。

三、一般地域管辖

一般地域管辖，是指以当事人的所在地与人民法院的隶属关系来确定诉讼管辖，即当事人在哪个法院辖区，案件就由哪个法院管辖。我国民事诉讼法是以被告所在地管辖为原则，以原告所在地为例外来确定一般地域管辖的。

（一）原则规定——被告所在地人民法院管辖

一般地域管辖适用的原则是“原告就被告”，此一原则在罗马法上就已确定，现代各国，特别是大陆法系国家大都继承了这一原则。实行“原告就被告”的理由一方面在于抑制原告滥诉，使被告免受原告不当诉讼的侵扰；另一方面也有利于人民法院传唤被告参与诉讼，对诉讼标的物进行保全或勘验，有利于判决的执行。

《民诉法》第22条规定：对公民提起的民事诉讼，由被告住所地人民法院管辖；被告住所地与经常居住地不一致的，由经常居住地人民法院管辖。对法人或者其他组织提起的民事诉讼，由被告住所地人民法院管辖。同一诉讼的几个被告住所地、经常居住地在两个以上人民法院辖区的，各该人民法院都有管辖权。在我国，所谓住所地，对于公民来说是指该公民的户籍所在地；对于法人和其他组织来说是指该法人和其他组织的主要营业地或者主要办事机构所在地。根据《民诉解释》第3条的规定，法人或者其他组织的主要办事机构所在地不能确定的，法人或者其他组织的注册地或者登记地为住所地。经常居住地，是指公民离开住所地至起诉时已连续居住1年以上的地方，但公民住院就医的地方除外。

此外，《民诉解释》对“原告就被告”的原则还作了以下补充规定：（1）双方均被注销户籍的，由被告居住地的人民法院管辖。（2）双方当事人都被监禁或被采取强制性教育措施的，由被告原住所地人民法院管辖。被告被监禁或被采取强制性教育措施1年以上的，由被告被监禁地或被采取强制性教育措施地法院管辖。（3）夫妻双方离开住所地超过1年，一方起诉离婚的案件，由被告经常居住地法院管辖，没有经常居住地的，由原告起诉时被告居住地人民法院管辖。（4）不服指定监护或变更监护关系的案件，可以由被监护人住所地人民法院管辖。（5）对没有办事机构的个人合伙、合伙型联营体提起的诉讼，由被告注册登记地法院管辖。没有注册登记，几个被告又不在同一辖区的，被告住所地法院都有管辖权。

（二）例外规定——原告所在地人民法院管辖

“原告就被告”的原则适用于绝大多数民事案件，但由被告住所地法院管辖，并不完全适应所有民事案件的需要。在某些特殊情况下，为便于原告充分行使诉权，便于法院审理案件，有必要由原告所在地法院行使审判权。因此，法律在一般原则之外，又作了例外规定。根据《民诉法》第23条的规定，下列四类案件由原告住所地法院管辖，原告住所地与经常居住地不一致的，由原告经常居住地人民法院管辖：（1）对不在中华人民共和国领域内居住的人提起的有关身份关系的诉讼；（2）对下落不明或者宣告失踪的人提起的有关身份关系的诉讼；（3）对被采取强制性教育措施的人提起的诉讼；（4）对被监禁的人提起的诉讼。

此外，最高人民法院《民诉解释》对下列特殊情况作了补充规定：（1）被告一方被注销户籍的，由原告所在地人民法院管辖；（2）追索赡养费、抚育费、扶养费案件的几个被告住所地不在同一辖区的，可以由原告住所地人民法院管辖；（3）夫妻一方离开住所地超过1年，另一方起诉离婚的案件，可以由原告住所地人民法院管辖。

有学者主张在我国有必要确立保护性管辖。所谓保护性管辖，并不是一种新的管辖形式，其只是对一般地域管辖和特殊地域管辖的补充，是对原告诉权保护的一种延伸，旨在以增加管辖联结点“原告所在地法院”为杠杆，来重新分配诉讼成本、诉讼风险在原、被告间的比例，进而对处于特殊情况下的原告以及特殊原告如弱势群体进行倾斜性保护。具体而言，首先，要删除一般地域管辖中的例外规定，并允许对任何案件都可由被告住所地的法院管辖。其次，在对保护性管辖构建时，则要对原告在何种情况下进行倾斜性保护，进行一一列举。如在被告下落不明、在国外，或原告由于健康原因、身边有未成年的子女要照顾以及经济困难等不便、无力行使诉权时，规定原告可向其住所地法院提起诉讼。同样，对于消费者合同、个人雇佣合同、保险合同以及代位权纠纷诉讼，法律也应规定可由消费者惯常居所地，受雇者惯常工作地，保单持有人、被保险人或者受益人住所地，债权人住所地的法院管辖，以此使我国的地域管辖制度更加人性化、更有效地发挥其诉权保障功能。①

四、特殊地域管辖

特殊地域管辖，又称特别管辖，是指以诉讼标的物所在地或者引起民事法律关系发生、变更、消灭的法律事实所在地为标准确定的管辖。在我国，《民诉法》还以被告住所地来确定特殊地域管辖。特殊地域管辖是相对于一般地域管辖而言的，其特征为：各类纠纷管辖一般为共同管辖，案件类型比较特殊且与法院辖区的联结呈多元化。根据《民诉法》第 24 条至第 33 条的规定，下面 8 种情况适用特殊地域管辖。

（一）一般合同纠纷

《民诉法》第 24 条规定，因合同纠纷提起的诉讼，由被告住所地或者合同履行地人民法院管辖。这是一般合同纠纷诉讼的管辖确定准则，凡是《民诉法》没有另外规定管辖准则的合同纠纷诉讼，均要适用此规则。合同履行地是指依照合同规定当事人实现权利和履行义务的地点，主要是指合同标的物的交付地点。合同履行地在实践中是个相当复杂的问题，当事人之间、人民法院之间常常对如何确定合同履行地产生分歧，并由此引发管辖权争议。因此，最高人民法院在《民诉解释》中，对合同履行地的确认作了详细规定。

（1）合同约定履行地点的，以约定的履行地点为合同履行地。

（2）合同对履行地点没有约定或者约定不明确，争议标的为给付货币的，接收货币一方所在地为合同履行地；交付不动产的，不动产所在地为合同履行地；其他标的，履行义务一方所在地为合同履行地。即时结清的合同，交易行为地为合同履行地。

（3）合同没有实际履行，当事人双方住所地都不在合同约定的履行地的，由被告住所地人民法院管辖。

（4）财产租赁合同、融资租赁合同以租赁物使用地为合同履行地。合同对履行地有约定的，从其约定。

（5）以信息网络方式订立的买卖合同，通过信息网络交付标的的，以买受人住所地为合同履行地；通过其他方式交付标的的，收货地为合同履行地。合同对履行地有约定的，从其约定。

---

① 参见廖永安：《我国民事诉讼地域管辖制度之反思》，载《法商研究》，2006（2）。

（二）保险合同纠纷

《民诉法》第25条规定，因保险合同纠纷提起的诉讼，由被告住所地或者保险标的物所在地人民法院管辖。

保险合同是指保险人和投保人之间订立的有关财产和人身方面保险权利义务的协议。对保险合同发生纠纷，当事人可选择被告住所地或保险标的物所在地法院管辖。所谓保险标的物，是指当事人权利义务所指向的对象。此外，根据《民诉解释》第21条的规定，因财产保险合同纠纷提起的诉讼，如果保险标的物是运输工具或运输中的货物，可由运输工具登记注册地、运输目的地、保险事故发生地的法院管辖；因人身保险合同纠纷提起的诉讼，可以由被保险人住所地人民法院管辖。

（三）票据纠纷

《民诉法》第26条规定，因票据纠纷提起的诉讼，由票据支付地或者被告住所地人民法院管辖。

票据是指出票人签发给持票人的，以无条件支付一定金额为基本效能的有价证券。票据包括汇票、本票和支票三种。票据纠纷是指因票据的签发、取得、使用、转让、承兑、保证等引起的纠纷。票据诉讼由票据支付地和被告住所地人民法院管辖。票据支付地，是指票据上载明的付款地，如未载明付款地，则以票据付款人（包括代理付款人）的住所地或主营业所所在地为票据付款地。

（四）公司设立、确认股东资格、分配利润、解散等纠纷

有关公司诉讼的特殊地域管辖规定是2012年《民诉法》修改时的新增内容。根据《民诉法》第27条规定，因公司设立、确认股东资格、分配利润、解散等纠纷提起的诉讼，由公司住所地法院管辖。公司诉讼大多是关于或者涉及公司组织性质的诉讼，存在与公司组织相关的多数利害关系人，涉及多数利害关系人的多项法律关系的变动，且胜诉判决往往产生对世效力。因此，为了确定公司诉讼的管辖问题，避免当事人在管辖上的争执，便利当事人参加诉讼，便利人民法院审理案件，也为了防止相同事实相异裁判的情况发生，公司诉讼应当实行特殊地域管辖，即因公司设立、确认股东资格、分配利润、解散等纠纷提起的诉讼，由公司住所地法院管辖。

（五）运输合同纠纷

《民诉法》第28条规定，因铁路、公路、水上、航空运输和联合运输合同纠纷提起的诉讼，由运输始发地、目的地或者被告住所地人民法院管辖。

运输合同纠纷，是指托运人与承运人之间在运输法律关系中所发生的权利义务争议。运输有旅客运输和货物运输两种。运输中的始发地是指旅客或货物的最初出发地，目的地则是指最终到达地。根据最高人民法院的规定，水上运输或水陆联合运输合同纠纷发生在我国海事法院辖区的，由海事法院管辖；铁路运输合同，由铁路运输法院管辖；其他运输合同纠纷，由始发地、目的地或被告住所地人民法院管辖。

（六）侵权纠纷

《民诉法》第 29 条规定，因侵权行为提起的诉讼，由侵权行为地或者被告住所地人民法院管辖。

侵权行为地，是指侵害他人合法权益的法律事实所在地，包括侵权行为实施地和侵权结果发生地。一般情况下，侵权行为实施地和侵权结果发生地两者相一致，均在同一地点。但也存在两地不一致的情况，在两地不一致时，针对该侵权行为提起的诉讼可能存在三处管辖人民法院，即侵权行为实施地、侵权结果发生地和被告住所地的人民法院都有管辖权。针对信息网络侵权案件，《民诉解释》第 25 条就其侵权行为实施地和侵权结果发生地的认定作了专门规定，即信息网络侵权行为实施地包括实施被诉侵权行为的计算机等信息设备所在地，侵权结果发生地包括被侵权人住所地。

此外，关于因产品责任与服务质量不合格引起的纠纷诉讼，当事人申请诉前保全给被申请人、利害关系人造成损失引起的纠纷诉讼，有关计算机网络域名的侵权纠纷诉讼，以及因侵犯专利权、注册商标专用权、著作权行为提起的诉讼等几类特殊的侵权纠纷诉讼，其管辖具有以下特殊性。

(1) 因产品、服务质量不合格造成他人财产、人身损害提起的诉讼，产品制造地、产品销售地、服务提供地、侵权行为地和被告住所地人民法院都有管辖权（《民诉解释》第 26 条）。

(2) 当事人申请诉前保全后没有在法定期间起诉或者申请仲裁，给被申请人、利害关系人造成损失引起的诉讼，由采取保全措施的人民法院管辖。当事人申请诉前保全后在法定期间内起诉或者申请仲裁，被申请人、利害关系人因保全受到损失提起的诉讼，由受理起诉的人民法院或者采取保全措施的人民法院管辖（《民诉解释》第 27 条）。

(3) 涉及域名的侵权纠纷案件，由侵权行为地或者被告住所地的中级人民法院管辖。对难以确定侵权行为地和被告住所地的，原告发现该域名的计算机终端等设备所在地可以视为侵权行为地（《网络域名解释》第 2 条第 1 款）。

(4) 因侵犯专利权行为提起的诉讼，由侵权行为地或者被告住所地人民法院管辖。侵权行为地包括：被控侵犯发明、实用新型专利权的产品的制造、使用、许诺销售、销售、进口等行为的实施地；专利方法使用行为的实施地，依照该专利方法直接获得的产品的使用、许诺销售、销售、进口等行为的实施地；外观设计专利产品的制造、销售、进口等行为的实施地；假冒他人专利的行为实施地。侵权行为地也包括上述侵权行为的侵权结果发生地。原告仅对侵权产品制造者提起诉讼，未起诉销售者，侵权产品制造地与销售地不一致的，制造地人民法院有管辖权；以制造者与销售者为共同被告起诉的，销售地人民法院有管辖权。销售者是制造者的分支机构，原告在销售地起诉侵权产品制造者制造、销售行为的，销售地人民法院有管辖权（《专利规定》第 2、3 条）。

(5) 因侵犯注册商标专用权行为提起的民事诉讼，由《商标法》第 13 条、第 57 条所规定侵权行为的实施地、侵权商品的储藏地或者查封扣押地、被告住所地人民法院管辖。侵权商品的储藏地，是指大量或者经常性储存、隐匿侵权商品所在地；查封扣押地，是指海关等行政机关依法查封、扣押侵权商品所在地（《商标解释》第 6 条）。

（6）因侵犯著作权行为提起的民事诉讼，由《著作权法》第 47 条、第 48 条所规定侵权行为的实施地、侵权复制品储藏地或者查封扣押地、被告住所地人民法院管辖。侵权复制品储藏地，是指大量或者经常性储存、隐匿侵权复制品所在地；查封扣押地，是指海关、版权等行政机关依法查封、扣押侵权复制品所在地（《著作权解释》第 4 条）。

（七）交通事故损害赔偿纠纷

《民诉法》第 30 条规定，因铁路、公路、水上和航空事故请求损害赔偿提起的诉讼，由事故发生地或车辆、船舶最先到达地、航空器最先降落地或者被告住所地人民法院管辖。

事故发生地包括事故发生及造成损害后果的地点。车辆、船舶最先到达地是指交通工具在事故发生后第一次停靠的车站、码头和港口。航空器最先降落地，是指飞机、火箭、卫星、飞船等航空器在事故发生后第一次降落地点或坠毁地点。

（八）海事、海商纠纷

《民诉法》第 31 条规定，因船舶碰撞或其他海事损害事故请求损害赔偿提起的诉讼，由碰撞发生地、碰撞船舶最先到达地，加害船舶被扣留地或者被告住所地人民法院管辖。

《民诉法》第 32 条规定，因海难救助费用提起的诉讼，由救助地或者被救助船舶最先到达地人民法院管辖。海难救助，是指对海上遇难船舶、货物和人员所进行的救援活动。海难救助后，被救的船舶应根据救助的实际情况支付救助人一定的报酬。因支付报酬额而发生的争议引起诉讼适用本条规定。

《民诉法》第 33 条规定，因共同海损提起的诉讼，由船舶最先到达地、共同海损理算地或航程终止地人民法院管辖。共同海损，是指船舶在海上运输途中遭遇自然灾害、意外事故或其他特殊危险时，为了摆脱险情而采取一定的挽救措施所造成的特殊损失或支出的额外费用。共同海损应由受益各方合理分摊，因共同海损分摊比例发生争议而引起的诉讼属于海事案件，由有关海事法院管辖。关于共同海损，目前国际上通用的理算规则是《约克·安特卫普规则》。我国于 1975 年颁布了《中国国际贸易促进委员会共同海损理算暂行规则》，根据该规则的规定，发生共同海损后，如在我国理算，理算地通常为北京。航程终止地，指发生共同海损的船舶航程的最终港口或码头所在地。

2016 年最高人民法院发布的《我国管辖海域案件规定一》就某些特定海事纠纷的地域管辖作了进一步规定。第 5 条规定：因在我国管辖海域内发生海损事故，请求损害赔偿提起的诉讼，由管辖该海域的海事法院、事故船舶最先到达地的海事法院、船舶被扣押地或者被告住所地海事法院管辖。因在公海等我国管辖海域外发生海损事故，请求损害赔偿在我国法院提起的诉讼，由事故船舶最先到达地、船舶被扣押地或者被告住所地海事法院管辖。事故船舶为中华人民共和国船舶的，还可以由船籍港所在地海事法院管辖。第 6 条规定：在我国管辖海域内，因海上航运、渔业生产及其他海上作业造成污染，破坏海洋生态环境，请求损害赔偿提起的诉讼，由管辖该海域的海事法院管辖。污染事故发生在我国管辖海域外，对我国管辖海域造成污染或污染威胁，请求损害赔偿或者预防措施费用提起的诉讼，由管辖该海域的海事法院或采取预防措施地的海事法院管辖。

五、专属管辖

专属管辖，是指法律规定某些特殊类型的案件专门由特定的人民法院管辖。与其他法定管辖相比，专属管辖具有极强的排他性。它既排除了任何外国法院对诉讼的管辖权，又排除了诉讼当事人以协议方式选择国内的其他法院管辖。专属管辖与一般地域管辖和特殊地域管辖的关系是，凡法律规定为专属管辖的诉讼，均适用专属管辖，不得适用一般或特殊地域管辖。根据《民诉法》第 34 条的规定，适用专属管辖的案件有以下三种。

（一）不动产纠纷

因不动产纠纷提起的诉讼，由不动产所在地人民法院管辖。不动产一般是指不能移动或移动后会降低乃至丧失其价值的财产，如土地及土地上的建筑物、河流、滩涂等。一方面，不动产诉讼常常需要进行勘验，由不动产所在地人民法院管辖便于对案件的审理。另一方面，由不动产所在地人民法院管辖也便于对不动产进行保全和执行。不动产中的土地是国家领土的组成部分，关系到国家的主权。因此，将因不动产提起的诉讼规定为专属管辖，是各国民事诉讼的通行做法。

为了防止审判实践中对不动产纠纷和不动产所在地的认定产生争议，《民诉解释》第 28 条进一步规定，《民诉法》第 34 条第 1 项规定的不动产纠纷是指因不动产的权利确认、分割、相邻关系等引起的物权纠纷；农村土地承包经营合同纠纷、房屋租赁合同纠纷、建设工程施工合同纠纷、政策性房屋买卖合同纠纷，按照不动产纠纷确定管辖；不动产已登记的，以不动产登记簿记载的所在地为不动产所在地；不动产未登记的，以不动产实际所在地为不动产所在地。

（二）港口作业纠纷

因港口作业发生纠纷提起的诉讼，由港口所在地人民法院管辖。港口作业中发生的纠纷主要有两类：一是在港口进行货物装卸、驳运、保管等作业中发生的纠纷；二是在港口作业中造成他人人身或财产损害的侵权纠纷，如污染港口、损坏港口设施等。无论哪类纠纷，因其发生在港口，由港口所在地法院管辖，有利于调查取证、查明案情，也有利于及时采取保全措施及法院裁判的执行。需要指出的是，这里的港口所在地法院还包括海事法院。根据最高人民法院《海事受案范围规定》，港口作业纠纷中的海事、海商案件应由有关的海事法院管辖。根据《海诉法》第 7 条的规定，下列三类案件属于海事法院专属管辖：（1）因沿海港口作业纠纷提起的诉讼，由港口所在地海事法院管辖；（2）因船舶排放、泄漏、倾倒油类或者其他有害物质，海上生产、作业或者拆船、修船作业造成海域污染损害提起的诉讼，由污染发生地、损害结果地或者采取预防污染措施地海事法院管辖；（3）因在中华人民共和国领域和有管辖权的海域履行的海洋勘探开发合同纠纷提起的诉讼，由合同履行地海事法院管辖。

（三）继承纠纷

因继承纠纷提起的诉讼，由被继承人死亡时住所地或主要遗产所在地法院管辖。继承遗产纠纷，主要包括当事人有无继承权的纠纷及当事人因分割遗产而发生的纠纷。在这类诉讼中，当遗产分布在不同法院辖区时，需要区分主要遗产和非主要遗产，遗产既有动产又有不动产的，一般以不动产所在地为主要遗产地；如果动产有多项，则以价值高的动产所在地作为主要遗产地。由被继承人死亡时住所地或主要遗产所在地法院管辖，便于法院查明继承开始的时间、继承人与被继承人间的身份关系、遗产的范围及继承份额等问题，从而有助于法院正确地解决纠纷。

此外，根据《民诉法》第 279 条的规定，下列民事案件，由人民法院专属管辖：(1) 因在中华人民共和国领域内设立的法人或者其他组织的设立、解散、清算，以及该法人或者其他组织作出的决议的效力等纠纷提起的诉讼；(2) 因与在中华人民共和国领域内审查授予的知识产权的有效性有关的纠纷提起的诉讼；(3) 因在中华人民共和国领域内履行中外合资经营企业合同、中外合作经营企业合同、中外合作勘探开发自然资源合同发生纠纷提起的诉讼。根据《民诉解释》第 11 条的规定，双方当事人均为军人或者军队单位的民事案件由军事法院管辖。

六、一般地域管辖、特殊地域管辖与专属管辖的关系

我国现行民事诉讼法通常将地域管辖划分为三类，即一般地域管辖、特殊地域管辖与专属管辖。对于此种类型的分类，有些学者持有不同的看法。如有学者认为应当完全删除我国民事诉讼法关于特殊地域管辖的规定，主张特殊地域管辖的条文弊端过多，“容易使法院之间发生管辖权争议”“容易增加诉讼成本”“不利于保护当事人的合法权益”①。还有学者则认为，从我国现行民事诉讼法关于专属管辖和特殊地域管辖的规定来看，专属管辖的现有规定已无单独设置之必要，因为专属管辖在立法意旨、管辖性质以及适用特点等诸多方面已经与特殊地域管辖大致趋同，所以有必要使专属管辖并入特殊地域管辖，使其成为特殊地域管辖的一个组成部分。②

我们认为：不能因为特殊地域管辖的现行规定存在着诸多弊端，就因噎废食，对其予以彻底删除。同时，也不能因为特殊地域管辖与专属管辖存在一些相同之特质，而忽略其差异，盲目地将专属管辖并入特殊地域管辖。因为一般地域管辖、特殊地域管辖和专属管辖三者具有不同的特质，具有一定的逻辑关系，都有存在的必要性。一般地域管辖在性质上为属人管辖，以法院辖区与当事人的隶属关系为标准来确定管辖。而特殊地域管辖和专属管辖在性质上属于对事或对物管辖，以诉讼标的物所在地或法律事实所在地作为确定管辖法院的联结点。其设定目的在于考虑到“民事诉讼中某案件在诉讼标的诸要素上具有特殊性，如果遵循普通地域管辖的规则，确定与当事人所在地有辖区隶属关系的法院为唯一有管辖权的法院，那么，在审判实践中则不免会发生既不能便利当事人进行诉讼活动，又不能方便法院对这些案件进行审判的情形”③。因此，为更好地便于

① 叶向东：《关于完善我国民事诉讼法几个问题的探讨》，载《政法论坛》，1997 (5)。
② 参见赵钢：《专属管辖与特殊地域管辖趋同论》，载《法学杂志》，1998 (1)。
③ 占善刚：《试论民事诉讼特殊地域管辖之立法缺失及其完善》，载《法学》，1999 (8)。

当事人经济、快速地进行诉讼，便于法院更好地审判、合理配置资源，特殊地域管辖与专属管辖的设置实属必需。

就特殊地域管辖与一般地域管辖的关系来讲，两者实质上系竞合关系，特殊地域管辖的适用并不排斥一般地域管辖的适用，也无适用上的先后之分。也就是说，适用特殊地域管辖的案件，依诉讼标的诸要素所确定的法院固然有管辖权，被告住所地的法院也同时拥有管辖权，两者之间实际上为一种选择适用的关系，而具体选择向哪一个法院起诉，则完全取决于原告的意愿。专属管辖则是由法律强制规定某类案件只能由特定的法院进行管辖。它具有极强的排他性，不仅排除对一般地域管辖和特殊地域管辖的适用，同时还完全排除了当事人对管辖的协议变更。其实质在于对法院管辖权的确定一律适用法律的规定。具体到我国《民诉法》以及最高人民法院的司法解释对特殊地域管辖的规定，却发现我国特殊地域管辖规定是比较混乱的，没能科学地界分一般地域管辖与特殊地域管辖的关系，即有些特殊地域管辖中包含了“被告住所地”这一管辖法院联结点，而有些没包含“被告住所地”联结点的特殊地域管辖从形式上看似乎属于专属管辖。因此，针对特殊地域管辖规定混乱的状况，我国《民诉法》有必要厘清一般地域管辖与特殊地域管辖的关系，删除特殊地域管辖中关于“被告住所地”作为管辖联结点的规定，并适用选择性的连接词来表示。如因侵权行为提起的诉讼，可由侵权行为地法院管辖。此外，在立法条文上，还要按顺序依次表达一般地域管辖、特殊地域管辖与专属管辖的规定，对在特殊地域管辖中穿插协议管辖内容的现行做法，要予以调整。

七、共同管辖和选择管辖

共同管辖与选择管辖实际上是一个问题的两个方面。共同管辖，是指对同一诉讼依照法律规定，两个以上的人民法院都有管辖权。选择管辖则是在共同管辖的情况下，当事人可以选择其中一个人民法院提起诉讼。

根据我国民事诉讼法的规定，两个以上人民法院都有管辖权的诉讼，原告可以向其中一个人民法院起诉；原告向两个以上有管辖权的人民法院起诉的，由最先立案的人民法院管辖。

为防止法院之间推诿对案件的管辖或争着行使管辖权，《民诉解释》第 36 条规定，两个以上的人民法院都有管辖权的诉讼，先立案的人民法院不得将案件移送给另一有管辖权的人民法院；人民法院在立案前发现其他有管辖权的人民法院已先立案的，不得重复立案；立案后发现其他有管辖权的人民法院已先立案的，裁定将案件移送给先立案的人民法院。

八、协议管辖

协议管辖，又称合意管辖或约定管辖，是指双方当事人在民事纠纷发生之前或发生之后，以明示或者默示的方式约定第一审民事案件的管辖法院。

根据《民诉法》第 35 条的规定，合同或者其他财产权益纠纷的当事人可以在书面合同中协议选择被告住所地、合同履行地、合同签订地、原告住所地、标的物所在地等与争议有实际联系的地点的人民法院管辖，但不得违反《民诉法》对级别管辖和专属管辖的规定。2012 年《民诉法》修改以前，我国实行国内民事诉讼协议管辖和涉外民事诉讼协议管辖双轨制，2012 年《民诉法》的修改将原有的双轨制予以整合，使协议管辖的适用在国内和涉外民事诉讼领域得以统一，充分体现出将国内外民事诉讼一视同仁的国民待遇原则。具体来说，民事诉讼协议管辖的具体适用条件为：（1）协议管辖只适用于合同纠纷和其他财产权益纠纷，当事人对合同和其他财产权益纠纷以外的民事纠纷不得协议管辖；（2）协议管辖只适用于合同和其他财产权益纠纷中的第一审案件，对于第二审案件以及再审案件不得以协议方式选择管辖法院；（3）协议管辖所约定的法院须为法定范围内的法院，即须在被告住所地、合同履行地、合同签订地、原告住所地、标的物所在地等与争议有实际联系的地点的法院中选择，而不能超出这一范围；（4）协议管辖不得违背民事诉讼法关于级别管辖和专属管辖的规定。

此外，协议管辖有明示协议管辖和默示协议管辖之分。前者须有当事人约定管辖的书面协议；后者则由原告向无管辖权的法院起诉、法院受理后被告不对管辖权提出异议并应诉答辩，来推断双方当事人均同意由该人民法院管辖。2012 年《民诉法》修改前，我国仅对涉外民事诉讼规定了默示协议管辖，而对国内民事诉讼仅规定了明示协议管辖。在实践中，一些人民法院受理了无管辖权的诉讼后，以被告在答辩期内未提出管辖权异议为由，认为被告已同意由受诉人民法院管辖，受诉人民法院因此而取得管辖权。这是否意味着在国内民事诉讼中也承认默示协议管辖呢？对此，理论界存在不同观点：一种观点认为，为了严格执行《民诉法》，为了遏制和消除地方保护主义，对国内民事诉讼中被告未在答辩期内提出管辖权异议的情况，不宜作为默示协议管辖对待，不能让受诉人民法院因此而取得管辖权。另一种观点则认为，与其坐视这种情况的发生，还不如在《民诉法》中规定默示协议管辖。2012 年《民诉法》的修改采纳了第二种观点，并令默示协议管辖的适用在国内和涉外民事诉讼领域得以统一，充分体现出将国内外民事诉讼一视同仁的国民待遇原则。根据《民诉法》第 130 条第 2 款的规定，当事人未提出管辖异议，并应诉答辩或提出反诉的，视为受诉人民法院有管辖权，但违反级别管辖和专属管辖规定的除外。

第四节　裁定管辖

裁定管辖，是指根据人民法院的裁定确定诉讼的管辖法院。法律上设立裁定管辖制度，主要目的在于补充法定管辖，以适应民事诉讼实践中某些特殊情况的需要。我国民事诉讼法规定的裁定管辖有三种：移送管辖、指定管辖和管辖权转移。

一、移送管辖

移送管辖，是指人民法院受理案件后，发现本院对该案件无管辖权，而依法通过裁定方式将案件移送给有管辖权的人民法院审理的制度。移送管辖是对错误管辖行为的一种纠正，其实质是案件的移交，而不是改变案件的法定管辖权。在诉讼实务中，移送管辖通常发生在同级人民法院之间，但有时也发生在上下级人民法院之间。

《民诉法》第37条规定：人民法院发现受理的案件不属于本院管辖的，应当移送有管辖权的人民法院，受移送的人民法院应当受理。受移送的人民法院认为受移送的案件依照规定不属于本院管辖的，应当报请上级人民法院指定管辖，不得再自行移送。这一规定表明移送管辖必须同时具备以下三个条件：（1）人民法院已经受理了案件。法院在没有受理之前发现对案件无管辖权的，只需告知当事人向有管辖权的法院起诉或裁定不予受理即可。（2）受理该案的人民法院对本案无管辖权。若受理该案的法院本身有管辖权，则除其他有管辖权的法院已立案在先外，一般不能进行移送。（3）受移送的人民法院依法享有该案管辖权。

人民法院对符合上述三个条件的案件应当移送，但在下列情况下不得移送：（1）受移送的人民法院即使认为本院对移送来的案件并无管辖权，也不得自行将案件移送到其他人民法院，而只能报请上级人民法院指定管辖。（2）有管辖权的人民法院受理案件后，根据管辖恒定的原则，其管辖权不受行政区域变更、当事人住所地或居住地变更的影响，因此，不得以上述理由移送管辖。（3）两个以上人民法院对案件都有管辖权时，应当由先立案的人民法院具体行使管辖权，先立案的人民法院不得将案件移送至另一有管辖权的人民法院。

二、指定管辖

指定管辖，是指上级人民法院依法以裁定方式指定其辖区内的下级人民法院对某具体案件行使管辖权。指定管辖制度的设置，旨在赋予上级法院一定的权力，以便在下级法院管辖出现困难或发生争议时，及时依职权指定案件的管辖法院。

根据《民诉法》第37条和第38条的规定，指定管辖适用于以下三种情况：（1）受移送的人民法院认为自己对移送来的案件无管辖权的，应报请上级法院指定管辖。（2）有管辖权的人民法院由于特殊原因不能行使管辖权，由上级法院指定管辖。具体来说，主要包括两种情形：一是人民法院的全体审判人员均需回避；二是有管辖权的人民法院所在地发生了严重的自然灾害。（3）法院之间因管辖权发生争议而又协商不成的，应报请它们的共同上级人民法院指定管辖。根据《民诉解释》第40条的规定，发生管辖权争议的两个人民法院因协商不成报请它们的共同上级人民法院指定管辖时，双方为同属一个地、市辖区的基层人民法院的，由该地、市的中级人民法院及时指定管辖；同属一个省、自治区、直辖市的两个人民法院的，由该省、自治区、直辖市的高级人民法院及时指定管辖；双方为跨省、自治区、直辖市的人民法院，高级人民法院协商不成的，由最高人民法院及时指定管辖。报请上级人民法院指定管辖时，应当逐级进行。管辖权争议可分为积极争议和消极争议两种情况：前者指两个以上人民法院均认为自己对某一案件有管辖权，争着受理这一案件；后者指两个以上人民法院均认为自己对某一案件无管辖权，均不愿受理这一案件。

在民事审判中，人民法院之间如果对案件的地域管辖发生争议，有关人民法院应立即停止对案件进行实体审理，在争议未解决前，任何一方人民法院均不得对案件作出判决。对此，《民诉解释》第41条规定：对报请上级人民法院指定管辖的案件，下级人民法院应当中止审理。指定管辖裁定作出前，下级人民法院对案件作出判决、裁定的，上级人民法院应当在裁定指定管辖的同时，一并撤销下级人民法院的判决、裁定。上级人民法院指定管辖后，应通知报送的人民法院和被指定行使管辖权的人民法院，后者应及时告知当事人。

三、管辖权转移

管辖权转移，是指依据上级人民法院的决定或同意，将案件的管辖权从原来有管辖权的人民法院转移至无管辖权的人民法院，使无管辖权的人民法院因此而取得管辖权。管辖权的转移通常在直接的上、下级人民法院之间进行，是对级别管辖的变通和个别调整。实现管辖权的转移应当具备的主要条件是：（1）进行移送的人民法院依法对案件有管辖权；（2）移送应当有必要，即有实际意义；（3）移送应当在隶属的上、下级人民法院之间进行；（4）移送须由上级人民法院决定或同意，且上级人民法院将其已受理的案件交由下级人民法院审理的，还应当报请其上级人民法院批准。

根据《民诉法》第39条的规定，管辖权转移有以下两种情形。

（一）上调性转移

此即下级人民法院的管辖权上移给上级人民法院。具体包括两种情况：一是上级人民法院认为下级人民法院管辖的一审案件应当由自己审理时，有权决定把案件调上来自己审理；二是下级人民法院认为自己管辖的一审案件需要由上级法院审理时，报请上级人民法院审理。在第一种情况下，上级人民法院作出决定后管辖权即发生转移；在第二种情况下，必须经过上级人民法院同意后管辖权才能发生转移。

（二）下放性转移

此即上级人民法院的管辖权下移给下级人民法院。这是指上级人民法院对自己已受理的案件，发现存在案情较简单或下级人民法院受理较为方便等情况，认为没有必要由自己审理时，将案件交由下级人民法院审理，但应当报请其上级人民法院批准，且该下级人民法院不得再交由其下级人民法院审理，以切实维护当事人的审级利益，严防地方保护主义的发生。为了进一步规范下放性转移的案件范围，《民诉解释》第42条规定，下列第一审民事案件，人民法院依照《民诉法》第39条第1款规定，可以在开庭前交下级人民法院审理：（1）破产程序中有关债务人的诉讼案件；（2）当事人人数众多且不方便诉讼的案件；（3）最高人民法院确定的其他类型案件。

由于实践中管辖权转移对诉讼公正存在一定的负面影响，所以学界对此提出了一些批评，尤其是对管辖权下放性转移的批评。有学者认为，管辖权下移一方面会给规避级别管辖留下可乘之机，另一方面会弱化程序保障和损害诉讼当事人利益，从而建议在民事诉讼法完善修改中，废除管辖权下移制度。[①]

此外，也有学者认为，上述原因并不构成取消管辖权下放性转移之规定的理由，而只构成限制它的理由，因为在司法实践中，确实存在管辖权下放性转移的必要。正确合理的思路是，由于管辖权下放性转移直接涉及当事人的利益，所以，其不仅体现法院的意思，还应体现当事人的意思，并以当事人的意思来限制法院，即管辖权下放性转移应以当事人不提出异议为前提条件。具体来说，原告向有管辖权的上级法院提起诉讼，上级法院主动移送给下级法院受理，需双方当事人均无异议；原告向无管辖的下级法院起诉，上级法院同意由已受理诉讼的下级法院审理，须被告无异议。[②] 同时，《级别管辖异议规定》第 4 条还规定，对于应由上级人民法院管辖的第一审民事案件，下级人民法院不得报请上级人民法院交其审理。

管辖权转移与移送管辖都是以裁定方式来决定管辖权，在形式上均表现为案件从一个法院转移至另一个法院，但二者实质上不相同：（1）管辖权转移是有管辖权的法院将案件的管辖权移给无管辖权的法院，案件的转移只是形式，管辖权的转移才是本质；移送管辖则是受诉法院在对案件无管辖权却错误地受理案件的情况下，为纠正错误而将案件移送给有管辖权的法院，其移送的仅仅是案件，而不涉及管辖权的变更。（2）管辖权的转移主要用于调节级别管辖，案件的转移一般在上下级法院之间进行；而移送管辖主要适用于地域管辖，其目的在于纠正管辖权行使上的错误，案件的转移一般在同级法院间进行。（3）管辖权转移须经上级法院的决定或同意，而移送管辖无须上级法院及受移送法院的决定或同意。

第五节　管辖权异议

一、管辖权异议的概念

管辖权异议，是指当事人认为受诉人民法院对该案无管辖权，而向该法院提供的不服该法院管辖的意见或主张。管辖权异议制度的设立，主要目的是保障当事人的诉讼权利和人民法院正确行使管辖权，在程序上体现出案件审理的正当性。

二、管辖权异议的条件

当事人提出管辖权异议，必须符合下列条件。

（一）提出管辖权异议的主体必须是本案的当事人

在诉讼实务中，提出管辖权异议的通常为被告，因为原告在起诉时总是向自己认为

① 参见李浩：《民事诉讼级别管辖存在的问题及改进》，载《现代法学》，1996（4）。

② 参见黄川：《民事诉讼管辖研究》，238 页，北京，中国法制出版社，2001。

有管辖权的法院提起，所以，在法院受理案件后再提出管辖权异议的情况很少。但这是否意味着只有被告才是提出管辖权异议的合格主体呢？这个问题在理论界存在较大分歧。

一种观点认为，管辖权异议的主体仅限于被告，因为从民事诉讼法的规定来看可以得出这一结论，《民诉法》第 130 条规定，人民法院受理案件后，当事人对管辖权有异议的，应当在提交答辩状期间提出。在所有的诉讼参加人之中，在这个法定的期间内，能对起诉提交答辩状的只有被告。此外，从民事诉讼法的基本原则来看，我国民事诉讼确立了当事人诉讼权利平等的原则，《民诉法》第 130 条关于管辖权异议的规定是基本原则的具体体现，是为了从法律上保障当事人平等地享有诉权。只有被告享有提出管辖权异议的权利，才能谈得上与原告享有平等地选择管辖权的地位。

另一种观点认为，原告在以下三种情况下可以提出管辖权异议：（1）原告发现其误向无管辖权的人民法院起诉；（2）诉讼开始后追加的共同原告认为受诉法院无管辖权；（3）受诉法院认为被告提出的管辖权异议成立或者认为自己无管辖权，依职权将案件移送其他法院，原告对法院的移送裁定有异议。

我们认为，允许原告在特殊情况下对管辖权提出异议是合法的，也是必要的。首先，我国《民诉法》第 130 条规定的是“当事人对管辖权有异议的……”而不是“被告对管辖权有异议的”，尽管提交答辩状的只有被告，但并不是说管辖权异议要以提交答辩状为前提条件，而只能说管辖权异议应当在提交答辩状这个期间内提出，以促使当事人及时地行使该权利，以保证诉讼的效率。其次，管辖事关当事人的实体利益，一旦管辖情况发生变化，必然涉及当事人实体利益，当事人实体利益并很可能因此而受到影响，此时只有允许原告提出管辖权异议，才能有效地保障原告的合法利益不受损害，同时也有利于民事诉讼法关于管辖的规定得到正确执行。至于从原、被告双方诉讼权利平等原则提出管辖权异议的主体只能是被告，我们认为这是对双方当事人诉讼权利平等原则的错误理解与运用。双方当事人诉讼权利平等并不意味着诉讼权利的绝对对等，原告起诉时享有选择管辖的法院的权利也并不意味着被告一定要有管辖异议权，因为如果原告在法定的共同管辖范围内选择起诉的法院，被告对此有异议也是没有实际意义的。可见，管辖权异议并非绝对对应于原告的选择起诉。

关于第三人能否成为管辖权异议的主体，最高人民法院在 1990 年 7 月 28 日《关于第三人能否对管辖权提出异议问题的批复》中规定：有独立请求权的第三人主动参加他人已开始的诉讼，应视为承认和接受了受诉法院管辖，因而不发生对管辖权提出异议的问题；如果是受诉法院依职权通知他参加诉讼，则他有权选择是以有独立请求权的第三人的身份参加诉讼，还是以原告身份向其他有管辖权的法院另行起诉。因此，无论在哪种情况下，有独立请求权的第三人均不宜作为管辖权异议的主体。

对于无独立请求权的第三人是否有权提出管辖权异议问题，《民诉解释》第 82 条已有明确规定，无独立请求权的第三人在一审中无权对案件的管辖权提出异议。对此，理论界却有不同认识。第一种意见认为，无独立请求权的第三人只是参加他人之间已开始的诉讼，在诉讼中支持所参加的一方，以维护自身利益。人民法院对案件有无管辖权，是依据原、被告之间的诉讼而确立的，无独立请求权的第三人既非原告，又非被告，无权行使本案当事人的诉讼权利，所以无权提出管辖权异议。第二种意见则认为，无独立请求权的第三人可以提出管辖权异议。这种意见依据两个方面的理由：(1) 无独立请求权的第三人参加诉讼后可能形成两个诉：一是原、被告之间的本诉，二是第三人与所参加一方当事人之间形成的参加之诉。当被告败诉，人民法院在追究第三人民事责任时，参加之诉就会发生。在参加之诉中，无独立请求权的第三人的诉讼地位实为被告，因此，应当允许第三人对参加之诉的管辖权提出异议。(2) 允许无独立请求权的第三人提出管辖权异议有利于防范和克服地方保护主义。在审判实践中，一些人民法院出于地方保护主义的目的，追加与被告之间存在法律关系的外地当事人作为第三人参加诉讼，并判决第三人承担民事责任。通过这种方式，受诉人民法院规避了民事诉讼法关于管辖权的规定，扩张了自己的管辖权，对本无管辖权的原、被告与第三人之间的诉讼作出了判决。为遏制地方保护主义起见，应赋予无独立请求权的第三人提出管辖权异议的权利。第三种意见则认为，为了防止当前审判实践中的规避管辖规定的行为，最为有力的对策是，修改《民诉法》第 59 条的规定，把受诉人民法院对被告与无独立请求权的第三人之间的参加之诉有管辖权，作为判决该第三人承担民事责任的必要条件。[①] 我们认为：无独立请求权的第三人，是参加到他人之间已经开始的诉讼中去。法院对他人之间的诉讼是否有管辖权，决定于他人之间的法律关系，与无独立请求权的第三人无关，对此诉讼其自然无权提出管辖权异议。至于如何防止地方保护主义，制止随意追加无独立请求权第三人的问题，应通过规范无独立请求权第三人的主体资格制度来加以解决，而不是通过赋予无独立请求权第三人提出管辖权异议的权利来解决。

(二) 管辖权异议的客体是第一审民事案件的管辖权

当事人只能对第一审民事案件的管辖权提出异议，对第二审民事案件不得提出管辖权异议。这一方面是由于管辖制度是针对第一审民事案件设立的，作为管辖制度组成部分的管辖权异议只能适用于第一审案件；另一方面是由于上诉案件由哪个第二审人民法院受理是依据一审案件的管辖而定的，而在一审程序中，已规定了管辖权异议制度，给了当事人提出管辖权异议的机会。

至于当事人是否只能就地域管辖提出异议，还是既能对地域管辖又能对级别管辖提出异议，《民诉法》对此并未作出明确规定，但最高人民法院《级别管辖异议规定》肯定了当事人可以对级别管辖权提出异议。根据该规定，对于当事人提出的级别管辖权异议，受诉人民法院应当审查，并在受理异议之日起 15 日内作出裁定。被告以受诉人民法院同时违反级别管辖和地域管辖规定为由提出管辖权异议的，受诉人民法院应当一并作出裁定。当事人未依法提出管辖权异议，但受诉人民法院发现其没有级别管辖权的，应当将案件移送有管辖权的人民法院审理。对人民法院就级别管辖异议作出的裁定，当事人不服提起上诉的，第二审人民法院应当依法审理并作出裁定。

(三) 提出管辖权异议须在提交答辩状期间

规定这一条件，其目的主要在于促使当事人及时行使该权利，以保证诉讼的效率。

---

① 参见陈桂明主编：《民事诉讼原理与实务》，73 页，北京，北京大学出版社，2002。

对确有正当理由未能在答辩期间提出管辖权异议的，人民法院是否应当对逾期提出的管辖权异议进行审查？我们认为，对此，人民法院应当适用《民诉法》第 86 条关于期间的规定，允许当事人在障碍消除后的 10 日内申请顺延期间，以保障当事人提出管辖权异议的权利。此外，对人民法院于答辩期满后追加的共同被告，也不宜以答辩期已过为由取消其提出管辖权异议的权利，人民法院在通知他们参加诉讼时，应当指定一个合理的期限，允许他们在这一期限内提出管辖权异议。

此外，根据《级别管辖异议规定》，提交答辩状期间届满后，原告增加诉讼请求金额，致使案件标的额超过受诉人民法院级别管辖标准，被告提出管辖权异议，请求由上级人民法院管辖的，人民法院应当按照本规定第 1 条审查并作出裁定。

三、人民法院对管辖权异议的处理

提出管辖权异议是当事人享有的一项重要的诉讼权利。当事人提出管辖权异议后，受诉人民法院应当认真进行审查，经审查，异议成立的，应作出裁定，将案件移送有管辖权的人民法院。当案件属于共同管辖时，人民法院在移送前应征求原告的意见，否则会剥夺原告选择管辖法院的权利。异议不成立的，裁定应当送达双方当事人，当事人对裁定不服的，可以在 10 日内向上一级人民法院提起上诉。当事人在第二审人民法院确定该案的管辖权后，即应按法院的通知参加诉讼。

根据《级别管辖异议规定》的规定，被告在提交答辩状期间提出管辖权异议，认为受诉人民法院违反级别管辖规定，案件应当由上级人民法院或者下级人民法院管辖的，受诉人民法院应当审查，并在受理异议之日起 15 日内作出裁定：异议不成立的，裁定驳回；异议成立的，裁定移送有管辖权的人民法院。在管辖权异议裁定作出前，原告申请撤回起诉，受诉人民法院作出准予撤回起诉裁定的，对管辖权异议不再审查，并在裁定书中一并写明。对人民法院就级别管辖异议作出的裁定，当事人不服提起上诉的，第二审人民法院应当依法审理并作出裁定。对于将案件移送上级人民法院管辖的裁定，当事人未提起上诉，但受移送的上级人民法院认为确有错误的，可以依职权裁定撤销。

问题与思考

请扫描二维码测试，并查看参考答案

第七章
当事人和诉讼代理人

【本章概要】当事人是以自己名义请求法院裁判的人及其相对人，在不同的诉讼阶段有不同的称谓，其概念经历利害关系当事人、权利保护当事人、程序当事人的演变过程。当事人能力、诉讼能力、当事人是不同的概念，具备当事人能力的主体未必具有诉讼能力，具备诉讼能力的当事人也未必是适格当事人。诉讼代理与民事代理不完全相同，诉讼代理人是相对独立的诉讼参加人。诉讼代理人可以分为法定诉讼代理人与委托诉讼代理人两种，民事诉讼法对前述两种诉讼代理人设置了不完全相同的规则。

第一节　当事人概述

一、当事人的概念

一般来说，当事人是指民事诉讼程序中起诉和应诉的人，起诉的人为原告，应诉的人为被告。但是，起诉和应诉的人是否都能作为民事诉讼的当事人，在理论上历来存在着不同的见解。我国民事诉讼理论对当事人概念的界定有一个发展过程，即从利害关系当事人概念到程序当事人概念的演变。

（一）利害关系当事人概念

我国民事诉讼理论的传统观点认为，当事人是指因民事权利义务关系发生纠纷，以自己的名义进行诉讼，并受人民法院裁判约束的直接利害关系人。按照这一界定，当事人必须与案件有直接利害关系，这就排除了其他与案件无直接利害关系的人提起诉讼的可能性。在起诉时就要求当事人与案件有直接利害关系，是对起诉进行实质审查才予以受理的诉讼观念的反映。这样界定当事人的概念必然缩小对民事实体权利的救济范围，使民事法律关系的实现和恢复受到限制。

（二）权利保护当事人概念

这是对传统利害关系当事人概念进行的修正，是指因民事权利义务发生纠纷，以自己的名义进行诉讼，旨在保护民事权益，并能引起民事诉讼程序发生、变更或消灭的人。

它与利害关系当事人概念的最根本的区别是，它不仅包括那些为保护自己的民事权益而进行诉讼的人，还包括那些为保护他人的民事权益而进行诉讼的人。后者主要是指对争议的民事权利享有管理权和处分权的人，他们并非案件的直接利害关系人，却可以成为当事人起诉或应诉。权利保护当事人概念拓宽了我国民事诉讼当事人的范围，有助于自然人、法人和非法人团体积极利用诉讼程序获得司法救济。但是，这种修正是有限度的，它在理论上最直接的结果是承认诉讼担当，即承认那些对他人的权利依法行使管理权和处分权的人作为当事人，担当他人的诉权和诉讼权利。

（三）程序当事人概念

前两种当事人概念，都是把当事人作为正当当事人（适格当事人）予以界定的。而在现实诉讼中，起诉或被诉的人是不是民事权利或法律关系主体，只有在诉讼进行中才能够逐步查明，在未查明之前诉讼程序照样进行，事实上已经承认其当事人的诉讼地位。基于这些理由，应把当事人的概念界定为：以自己的名义要求人民法院保护其民事权利或法律关系的人及其相对方。简单地说，凡是以自己名义起诉、应诉的人，就是当事人。其构成要件如下。

（1）必须以自己的名义起诉、应诉，进行诉讼活动。既然称为当事人，必须以自己的名义进行诉讼，就是说，必须是诉讼权利义务的担当者。

（2）必须是向法院请求确定私权或其他民事权益的一方及其相对方。

（3）必须在诉状内明确表示。凡在诉状内明确表示为原告和被告的人，不问是不是民事权利或法律关系的主体，以及对诉讼标的有无诉讼实施权，都是当事人。

把当事人界定为程序当事人，具有重要理论意义和实际意义：（1）有利于对实体法律关系实现普遍救济。任何民事法律关系主体都享有诉权保障，因而也都可以成为民事诉讼当事人，在起诉、应诉时，程序法即应确认其当事人地位，以避免起诉时法院对其进行实体审查。（2）有利于扩大民事权利救济的可能性和司法功能。把当事人界定为程序当事人，有助于区分当事人的确定和当事人适格两个不同诉讼要件之间的关系，赋予民事主体主张权利的手段，防止法院动辄以当事人不适格为由不受理案件，侵害当事人的起诉权。

（四）小结

程序当事人概念主要适用于立案环节，既可以避免人民法院在开庭之前对当事人适格问题进行实体审查，也可以保障提起或被提起诉讼的人有足够充分的机会就诉讼要件与对方当事人争执。但是，程序当事人概念的出现仅意味着人民法院不应当过早对当事人适格问题进行实体审查，而没有否认利害关系当事人、权利保护当事人两个概念在解决当事人适格问题方面的独特价值。利害关系当事人通常是实质性权利义务归属主体（实质当事人），为双方当事人发生争议且请求法院裁判的民事法律关系的主体，其与诉讼结果之间存在固有的直接利害关系。权利保护当事人属于利害关系当事人的上位概念，但凡依法可以为了保护自己或者他人的民事权益而以自己的名义提起或被提起诉讼的人，均可被纳入权利保护当事人的范畴。因而，除了实质当事人，权利保护当事人包括依法可以自己名义为保护他人民事权益而起诉或应诉的非直接利害关系人（形式当事人）。形式当事人通常不是系争民事权利义务的归属主体（实体当事人），但例外情形下也可以表现为形式性实体权利义务的归属主体。[①]

延伸阅读 7-1

实质当事人与实体当事人的关系

二、当事人的结构

民事诉讼以解决民事纠纷为目的，民事纠纷是在相对的双方当事人之间进行的，现代各国民事诉讼都是以两造对立作为当事人的基本结构。当然，不排除特殊情况下三面诉讼的存在。三面诉讼是在一个诉讼中，存在三方相互对立的状况，如有独立请求权的第三人的诉讼地位一般相当于原告，但第三人之诉有可能与本诉形成三面诉讼的格局。

由于审级和诉讼程序的不同，当事人在诉讼中的名称不完全相同：在第一审普通程序和简易程序中，称为原告和被告；在第二审程序中，称为上诉人和被上诉人，其中既包括一审的原告和被告，也包括有独立请求权的第三人以及被人民法院判决承担民事责任的无独立请求权的第三人。在特别程序中称为申请人、债务人等。在审判监督程序中，若适用第一审程序，称为原审原告、原审被告以及原审第三人；若适用第二审程序，则称为原审上诉人和原审被上诉人。在执行程序中，则称为申请人和被申请人（或申请执行人和被执行人）。除原告和被告外，广义的当事人还包括共同诉讼人、诉讼代表人、诉讼第三人。

三、当事人的确定

当事人的确定，是指就具体的诉讼案件来说，应确定何人为当事人。当事人是确定管辖、回避、诉讼同一性、诉讼能力有无的标准。对于特定的诉讼，如果原告、被告都不明确，诉讼就无实际意义。当事人应在诉讼开始时加以确定，一般认为当事人应在原告起诉时确定。

以什么标准来确定当事人？当事人概念的界定不同，答案也就大相径庭。从利害关系当事人概念出发，自然是以实体法或适格当事人为标准。从程序当事人的概念出发，无论对原告或被告的确定，都应摒弃实体法或适格当事人标准，而根据起诉状和应诉状载明的当事人判断和确认某个具体诉讼的当事人。

如果诉状记载的当事人不明确，或者诉状上记载的原告、被告与实际实施诉讼的人不一致，则法官难以辨别谁是本案当事人，应行使阐明权和进行职权调查，调查的结果表明当事人实际上不存在，应以此诉不合法为由裁定驳回。如果当事人不明确，经阐明和调查后明确的，可要求当事人更正或在判决中将诉状中的错误表示与正确表示同列。

在诉讼过程中，人民法院可以适用《民诉法》第 115 条的规定，对于冒充他人提起

---

① 参见黄忠顺：《惩罚性赔偿消费公益诉讼研究》，载《中国法学》，2020（1）。

诉讼或者参加诉讼的诉讼行为人，根据情节轻重予以罚款、拘留；构成犯罪的，依法追究刑事责任（《民诉解释》第189条第1项）。

第二节　当事人能力与诉讼能力

一、当事人能力

（一）当事人能力的概念

当事人能力，又称诉讼权利能力，是指可以作为民事诉讼当事人的能力或资格。它只是一种抽象的能力或资格，具有这种能力或资格的人，并不必然地成为当事人，能够实际地成为当事人，还需要在具体案件中通过起诉或被诉来实现。

当事人能力与民事权利能力具有一致性，但这种一致性并非在任何情况下都是必然存在的。在特定情况下，非民事主体可以成为诉讼法上的主体，就是说，没有民事权利能力的人也可以成为民事诉讼当事人，因此，民事权利能力并不一定是当事人能力存在的前提。当事人能力是诉讼法问题，诉讼法上的主体具有自己独立的、不依赖实体法而存在的特质。不过，当事人能力的确认并不能绝对地脱离开实体法，二者相互独立，又相互关联。

（二）当事人能力与民事权利能力的一致性

二者的一致性表现为：有民事权利能力的人同时有当事人能力。就自然人来说，各国法律均规定，自然人的民事权利能力始于出生，终于死亡。我国《民法典》也规定，自然人从出生时起到死亡时止，具有民事权利能力。我国《民诉法》第51条、第274条规定，中国公民（包括被人民法院依法宣告失踪的中国公民）、外国人可以作为我国民事诉讼的当事人。可见，外国法律和我国法律都把自然人的民事权利能力，作为其当事人能力的依据。

就法人来说，法人有民事权利能力，自然也就有当事人能力。法人有独立的有别于其创设人或成员的财产，并能以其全部实有财产承担民事责任，因而获得民事权利能力，也相应地获得当事人能力。

其他组织是指合法成立、有一定的组织机构和财产，但又不具备法人资格的组织。其类型主要包括不具备法人资格的合伙企业、个人独资企业、乡镇（街道）企业、中外合作经营企业、外资企业以及商业银行、政策性银行和非银行金融机构的分支机构等（《民诉解释》第52条）。其他组织的范围，理论上应当与《民法典》规定的“非法人组织”一致。[①] 由于“非法人组织”是自然人、法人之外的第三民事主体，因而，《民诉法》上的其他组织可以作为民事诉讼的当事人（《民诉法》第51条）。

---

① 《民法典》第102条规定：“非法人组织是不具有法人资格，但是能够依法以自己的名义从事民事活动的组织。”“非法人组织包括个人独资企业、合伙企业、不具有法人资格的专业服务机构等。”

（三）当事人能力与民事权利能力的分离性

二者的分离性表现为：当事人能力独立于民事权利能力而存在，无民事权利能力的人却有当事人能力，无当事人能力的人却有民事权利能力。

1. 自然人

自然人具有当事人能力，其民事权利能力与当事人能力是一致的。自然人的民事权利能力始于出生，终于死亡，但也有例外。正是这种例外情况，表现出当事人能力与民事权利能力的分离性。

从“始于出生”来说，例外表现在法律对胎儿民事权利能力的规定上。大多数国家都采用有限地承认胎儿人格的立法形式，如《瑞士民法典》第 31 条规定：“子女，只要其出生时尚生存，出生前即具有权利能力。”我国也采取这种立法形式。如《民法典》第 16 条规定：“涉及遗产继承、接受赠与等胎儿利益保护的，胎儿视为具有民事权利能力。但是，胎儿娩出时为死体的，其民事权利能力自始不存在。”虽然《民诉法》未规定胎儿的当事人能力，但从《民法典》的规定看，胎儿在民事诉讼中应具有当事人能力，以“×××（母亲名字）的胎儿”的名义被列为诉讼当事人。无论胎儿的民事权利能力在实体法上是否受限，其当事人能力是完全的、不受限制的。

从“终于死亡”来说，各国立法一般规定自然人的民事权利能力自死亡时终止，而在事实上各国又往往在特别法中规定死者人格利益的保护。死者的人格利益首先表现为著作人格权。我国《著作权法》及其实施条例规定，作者的继承人或受遗赠人可以原告身份提起诉讼。其次表现为死者的姓名、肖像、名誉、荣誉、隐私、遗体等仍受司法保护。《民法典》第 994 条规定：“死者的姓名、肖像、名誉、荣誉、隐私、遗体等受到侵害的，其配偶、子女、父母有权依法请求行为人承担民事责任；死者没有配偶、子女且父母已经死亡的，其他近亲属有权依法请求行为人承担民事责任。”因此，死者仍享有人格利益，具有一定的民事权利能力。但死者这种民事权利能力不能使死者具有当事人资格。而法律和司法实践把诉讼实施权授予了死者的配偶、子女、父母及其他近亲属，使其享有当事人能力，从而具有当事人的资格。故《民诉解释》第 69 条规定：“对侵害死者遗体、遗骨以及姓名、肖像、名誉、荣誉、隐私等行为提起诉讼的，死者的近亲属为当事人。”

2. 法人

法人的民事权利能力与当事人能力的分离，主要表现为法人民事权利能力的限定性与当事人能力的普遍性。

法人民事权利能力与自然人相比，受到一定的限制，如法人不享有姓名权、肖像权，公司不得作为他公司的无限责任股东，公司受章程规定目标的限制等。

我国民事立法采取法人权利能力限制说，在法人权利能力受限制的情况下，法人的当事人能力是否应受到限制？在理论上有不同的学说。我们认为，当事人能力只存在“有无”问题，而无应否受限制的问题。例如，法人因超越经营范围而发生纠纷进行诉讼时，法人的当事人能力应当是存在的。如果不承认其当事人能力，势必使法院判决的权利无从归属，或者使判决中的义务找不到应当承担的主体，这样就使法人可利用越权逃避履行判决确定的义务，显然不利于保护交易相对人的合法权益。因此，法人的当事人能力不应受到限制，而应被抽象地赋予每一个法人。法人同自然人一样，均是民事诉讼当事人，在一切诉讼中都具有当事人能力。

（四）需要明确的几种特殊情形

1. 经工商登记的企业集团是否具有当事人能力

企业集团是法人之间的联合体，不具有企业法人资格，各集团成员以自己的名义自主经营，独立承担民事责任。企业集团名称可以在宣传和广告中使用，但企业集团不得以企业集团名义订立经济合同，从事经营活动。所以，经核准登记取得企业集团登记证的企业集团不具有当事人资格，发生合同纠纷后，应以签订合同的特定集团成员作为当事人；如不能确定签订合同的特定集团成员，应当以母公司（集团核心企业）作为当事人。

2. 商品交易市场是否具有当事人能力

商品交易市场是开办单位的经营场所，不具有独立承担民事责任的能力。与此有关争议，应以开办单位作为当事人。

3. 相关活动组织委员会是否具有当事人能力

为组织某项专门活动，经有关部门批准成立的各类组织委员会（以下简称组委会）解散之前，应当对其存续期间的债权债务进行清理。在未清理即告解散的情况下，债权人可以起诉部分承办人，也可以起诉全部承办人。作为当事人的各承办人应首先对组委会存续期间的债权债务承担清理责任，以清理出的组委会的财产对外承担民事责任；如清理出的财产不足以清偿债务，或组委会自身无财产，组委会的各承办人对债务有约定的，按照约定担责；无约定的，承担连带责任。此外，各类组委会中具备法人资格的，如第 29 届奥林匹克运动会组织委员会（北京奥组委），当然具有当事人能力。

4. 农工商总公司、乡镇企业总公司、管委会等是否具有当事人能力

对于农工商总公司、乡镇企业总公司、管委会等组织体，有法人营业执照的，该单位为当事人；有有关政府部门设立批文的，该单位为当事人；无执照和批文的，设立该单位的政府部门为当事人。

5. 有限责任公司设立中的筹备组是否具有当事人能力

有限责任公司设立中的筹备组没有独立的财产，不能独立承担民事责任，不能作为当事人。因有限责任公司筹备组行为发生的民事诉讼，有限责任公司依法成立的，以有限责任公司为当事人；有限责任公司未成立的，以负责成立、组织筹备组的创办人或发起人为当事人。

6. 职工持股会是否具有当事人能力

经过核准登记，取得社会团体法人资格的职工持股会，即具有当事人资格；未经过登记而以职工持股会名义进行集资入股活动的，以负责组织、发起人为当事人。

二、诉讼能力

（一）诉讼能力的概念

诉讼能力，也称诉讼行为能力，是指能够以自己的行为实现诉讼权利和履行诉讼义务的能力。没有诉讼行为能力的人所为的诉讼行为，不具有法律效力。

（二）诉讼能力与民事行为能力的对应性

诉讼行为能力与民事行为能力是相对应的。具有民事行为能力的人，一般也具有诉讼行为能力。但两者又不完全一致，民事行为能力存在有民事行为能力、无民事行为能力和限制民事行为能力三种，而诉讼行为能力只存在有诉讼行为能力和无诉讼行为能力两种。

公民的诉讼行为能力自成年（满 18 周岁）时开始，于死亡或者宣告死亡或者宣告为无民事行为能力时终止。16 周岁以上不满 18 周岁的公民，以自己的劳动收入为主要生活来源的，应视为有诉讼行为能力。未成年人、不能辨认自己行为的成年人没有诉讼行为能力，他们作为当事人参加诉讼，应当由其法定代理人代为进行诉讼活动。

法人的诉讼行为能力与其诉讼权利能力一样，自成立时开始，于终止时消灭。法人的诉讼行为能力具有不同于公民的诉讼行为能力的特殊性，法人由其法定代表人进行诉讼，即法人的诉讼行为能力是通过法定代表人来实现的。法人的法定代表人以依法登记的为准，但法律另有规定的除外。[①] 依法不需要办理登记的法人，以其正职负责人为法定代表人；没有正职负责人的，以其主持工作的副职负责人为法定代表人（《民诉解释》第 50 条第 1 款）。法定代表人已经变更，但未完成登记，变更后的法定代表人要求代表法人参加诉讼的，人民法院可以准许（《民诉解释》第 50 条第 2 款）。不具备法人资格的其他组织，以其主要负责人为代表人（《民诉解释》第 50 条第 3 款）。在诉讼中，法人的法定代表人更换的，由新的法定代表人继续进行诉讼，并应向人民法院提交新的法定代表人身份证明书。原法定代表人实施的诉讼行为有效（《民诉解释》第 51 条）。

三、当事人的诉讼权利和诉讼义务

根据民事诉讼法的规定，当事人在诉讼过程中享有广泛的诉讼权利，承担相应的诉讼义务。当事人依法行使诉讼权利，履行诉讼义务，人民法院应依法保障当事人的诉讼权利。

（一）当事人的诉讼权利

当事人的诉讼权利，是指当事人依法用于维护自己的或自己应当保护的民事权益的

---

① 《公司法》第 10 条第 1 款规定："公司的法定代表人按照公司章程的规定，由代表公司执行公司事务的董事或者经理担任。"

诉讼手段。根据《民诉法》第52条以及其他有关条文的规定，当事人享有广泛的诉讼权利。这些诉讼权利可以分为以下四类。

（1）保障当事人进行诉讼的权利。其中包括：请求司法保护的权利，委托诉讼代理人的权利，申请回避的权利，使用本民族语言文字进行诉讼的权利等。

（2）维护当事人实体权利的诉讼权利。其中包括：收集、提供证据的权利，进行辩论的权利，申请财产保全的权利，查阅和复制本案有关资料的权利等。

（3）处分实体权利的诉讼权利。其中包括：请求调解和自行和解的权利，提起反诉的权利，提起上诉和申请再审的权利等。

（4）实现民事权益的诉讼权利，即当事人申请执行的权利。

（二）当事人的诉讼义务

当事人的诉讼义务，是指民事诉讼法关于当事人应当作出或不应作出一定行为的约束。根据权利义务一致的原则，民事诉讼法在赋予当事人广泛诉讼权利的同时，还规定了当事人应承担的相应诉讼义务。当事人的诉讼义务有以下三种：（1）必须依法行使诉讼权利，不得滥用权利、无理缠讼。（2）必须遵守法庭秩序和诉讼程序。（3）必须履行发生法律效力的判决、裁定和调解协议。

法律既要保障当事人享有充分的诉讼权利，使其不受非法的干涉和限制；又要强调双方当事人必须履行应尽的诉讼义务。诉讼实践证明，只有正确行使诉讼权利，才能保护自己的民事权益；只有自觉履行诉讼义务，才能更好地实现诉讼权利。只有双方当事人平等地享受权利，平等地履行义务，才能使整个诉讼活动得以顺利进行。

第三节　当事人适格

一、当事人适格的概念

当事人适格，也称正当当事人，是指就特定的诉讼，有资格以自己的名义成为原告或被告，因而受本案判决拘束的当事人。这种以自己的名义作为当事人并受本案判决拘束的权能，称为诉讼实施权。具有诉讼实施权的原告，称为正当原告；具有诉讼实施权的被告，称为正当被告。

日本学者不区分当事人适格（正当当事人）、诉讼实施权等概念，将诉讼实施权与当事人适格等同起来，作为诉的正当性因素。德国学者严格区分当事人适格（正当当事人）与诉讼实施权，认为诉讼实施权是诉讼合法性的前提条件，属于程序性条件；而当事人适格是诉讼正当性的要件，属于实体性要件。因此，诉讼实施权是当事人适格的基础，诉讼实施权是当事人适格的必要条件，但不是其充分条件。我国民事诉讼法学者普遍采日本解释模式，基本上都将诉讼实施权、当事人适格与正当当事人等同对待。

二、当事人适格的理论基础（Ⅰ）：管理权或处分权

早期的学说认为，凡实体法上的权利义务主体，都可作为本案适格当事人。而实体法上的权利主体对于财产权，就其内容来说，一般享有管理权或处分权，其形态可以是实体法上的请求权、形成权。因而，管理权或处分权就成为当事人适格的理论基础，对诉讼标的所涉及的民事权利义务关系具有管理权或处分权的人就是适格当事人。在普通给付之诉中，主张自己有给付请求权的人具有原告适格，被原告主张有给付义务的人具有被告适格。① 换言之，当事人只要进行"是权利义务主体"的主张即可。在形成之诉中，主张法律上的形成权的人及其相对人，具有当事人适格。

管理权或处分权是对有关财产权争议提起诉讼并成为适格当事人的前提，但是，管理权或处分权理论并不适用于确认之诉，对形成之诉也难以作出圆满的解释。所以，有些学者提出，在确认之诉和形成之诉中，管理权或处分权并非当事人适格的直接基础，它的直接基础是起诉人的"诉的利益"。

三、当事人适格的理论基础（Ⅱ）：诉讼担当

（一）诉讼担当的概念

诉讼担当，是指本来不是民事法律关系主体的第三人，因对他人的权利或法律关系有管理权，而以当事人的地位，就该法律关系所产生的纠纷而行使诉讼实施权，所受判决的效力及于原民事法律关系的主体。其中，第三人依据法律的规定行使诉讼实施权的，称为法定诉讼担当；第三人依据民事法律关系主体的授权行使诉讼实施权的，称为任意诉讼担当。诉讼担当理论其实是在管理权或处分权理论的延长线上发挥作用，特别是为民事公益诉讼原告适格问题提供了正当性的理论根据。

法定诉讼担当系基于法律当然认可而发生的第三人代替诉讼标的的权利义务主体享有或与之共同享有某诉讼标的的诉讼实施权，因而，法定诉讼担当均以法律明确规定为限，并且通常散见于不同的实体法中。

任意诉讼担当的本质在于基于立法者或司法者、当事人认可的诉讼实施权的意定授予，其特征主要包括以下几方面：（1）任意诉讼担当人既可以为对诉讼标的享有部分实体权利的人，也可以为不对诉讼标的享有任何实体权利的人；（2）任意诉讼担当的被担

① 基于保护弱势者利益这一公共政策的考虑，最高人民法院的司法解释在个别领域突破了债的相对性规则，扩大了被告适格的范围。例如，《建设工程解释一》第43条规定："实际施工人以转包人、违法分包人为被告起诉的，人民法院应当依法受理。实际施工人以发包人为被告主张权利的，人民法院应当追加转包人或者违法分包人为本案第三人，在查明发包人欠付转包人或者违法分包人建设工程价款的数额后，判决发包人在欠付建设工程价款范围内对实际施工人承担责任。"本来，实际施工人与转包人、分包人有合同关系，而与发包人不存在合同关系。按照合同相对性规则，实际施工人应当向与其有合同关系的转包人、分包人主张权利，而无权起诉发包人。由于建筑业吸收了大量的农民工就业，但建设工程非法转包和违法分包造成许多农民工辛苦一年往往还拿不到工资，为此司法解释为农民工讨薪设置了起诉发包人的直接诉权，有利于保护他们的合法权益。

当人移转诉讼实施权的行为既可以发生在纠纷实际发生之前，也可以发生在纠纷实际发生之后，甚至可以发生在诉讼续行中，但不能发生在诉讼终局性终结之后；（3）任意诉讼担当的被担当人将其诉讼实施权移转给任意诉讼担当人时，并不必然要求其本人放弃诉讼实施权；（4）任意诉讼担当的被担当人依然为系争标的法律关系的实体主体，诉讼担当人不能成为实体权利义务关系的主体；（5）任意诉讼担当的被担当人尽管没有现实地参与诉讼活动，却受任意诉讼担当生效裁判的拘束。

诉讼担当，在学术上有人把它称为"诉讼信托"或"诉讼代位"，但也有人认为该法律关系主体以外的第三人具有诉讼实施权，并不是基于该法律关系主体本人的授权或委托，大多是由法律所规定，为避免与"信托行为"相混淆，称之为诉讼担当似较合理。①

最常见的诉讼担当，就是遗嘱执行人和破产管理人为他人的利益而享有的诉讼实施权。此外，职务或公益上的当事人，如请求给付海难救助费的船长就是适格当事人；在婚姻案件、亲子关系案件中，适格的当事人死亡之后，无继承人的，可以由检察官或律师等作为诉讼担当人。

（二）我国民事诉讼中的诉讼担当

1. 我国民事诉讼中的法定诉讼担当

（1）实体权利义务人的近亲属。

我国现行法中，赋予实体权利义务归属人的近亲属以诉讼实施权的相关规定有"死者近亲属"、"婚姻当事人近亲属"以及"未成年人父母"三种类型。其中，涉及"死者近亲属"作为法定诉讼担当人的相关规范有《民法典》第994、1181条，《精神损害赔偿解释》第3条，《人身损害赔偿解释》第1条，《铁路人身损害赔偿解释》第2条，《医疗损害解释》第25条，《交通事故赔偿解释》第2条，《关于未成年的侵权人死亡其父母作为监护人能否成为诉讼主体的复函》等；涉及"婚姻当事人近亲属"作为法定诉讼担当人的相关规范有《婚姻家庭编解释一》第9条；涉及"未成年人父母"作为法定诉讼担当人的相关规范有《民法典》第1114条。

（2）财产管理权人。

我国现行法明确赋予财产管理权人以诉讼实施权的，主要有：失踪人的财产代管人，如《民法典》第43条；清算主体（清算人、清算组、破产管理人），如《破产法》第20、22～29条、《公司法》第182～190条、《关于债权人对人员下落不明或者财产状况不清的债务人申请破产清算案件如何处理的批复》（法释〔2008〕10号）、《公司法规定二》、《关于企业法人营业执照被吊销后，其民事诉讼地位如何确定的复函》等规定；遗嘱执行人、船长、遗产管理人、执行财产管理人等。

（3）部分实体权利义务归属主体。

如连带/不真正连带责任人（《民法典》第1203、1223、1233、1250条，《产品质量法》第41条，《保险法》第60、61条，《海商法》第63、123、163、169、229条，《消

---

① 参见张道良：《民事诉讼当事人适格问题之研究》，载《民事诉讼法论文选辑》（上），260～261页，台北，五南图书出版公司，1984。

费者法》第40条，《国家赔偿法》第10条，等等)。

(4) 实体权利义务利害关系主体。

如代位权人(《民法典》第535～537条，《公司法》第152条，《公司法规定一》第4条，《公司法规定二》第1条，《公司法规定三》第12、14、15、19条，《保险法》第60～63条，《海诉法》第93～97条)。

(5) 诉讼中实体权利义务特定继受中的法定诉讼担当。

在诉讼中，争议的民事权利义务转移的，不影响当事人的诉讼主体资格和诉讼地位。人民法院作出的发生法律效力的判决、裁定对受让人具有拘束力。受让人申请以无独立请求权的第三人身份参加诉讼的，人民法院可予准许。受让人申请替代当事人承担诉讼的，人民法院可以根据案件的具体情况决定是否准许；不予准许的，可以追加其为无独立请求权的第三人(《民诉解释》第249条)。

诉讼中争议的权利或义务转移的，不影响转让人的诉讼资格和诉讼地位。所作的判决对特定继受人(受让人)具有拘束力。转让人就成为特定继受人的法定诉讼担当人。这一规则改变了过去的当事人变更规则，有助于维护诉讼程序的安定性，保障诉讼顺利进行。

(6) 公益诉讼中社会公共利益的担当主体。

《民诉法》第58条规定的公益诉讼原告适格问题，主要是通过法定诉讼担当原理来进行解释的(参见第八章第四节民事公益诉讼的相关内容)。

2. 我国民事诉讼中的任意诉讼担当

依据我国现行法的规定，允许任意诉讼担当的情形主要有：

(1) 当事人推选诉讼代表人的，诉讼代表人为任意诉讼担当人(《民诉法》第56、57条)。

(2) 被许可使用人。按照我国现行法律规定，著作财产权、商标权、专利权、品种权、作为商业秘密加以保护的权利主体或者利益主体均可以合同的方式授予他人对该知识产权、品种权或者商业秘密的独占、排他或者普通实施权，当然也存在着以法定许可或者强制许可方式由立法机关或者行政机关直接授予他人以普通实施权的例外情形。其中，独占被许可人享有独立(并列性)诉讼实施权、排他被许可人享有补充性诉讼实施权，而普通被许可人只能借助许可人特别授权而取得任意性诉讼实施权，成为任意诉讼担当人(见《技术合同解释》第20条、《商标解释》第4条、《商业秘密规定》第26条、《植物新品种规定》第1条、《关于商标侵权纠纷中注册商标排他使用许可合同的被许可人是否有权单独提起诉讼问题的函》)。

(3) 基于全体合伙人的授权，合伙负责人或合伙企业执行人成为任意诉讼担当人(《合伙企业法》第26条第2款)。①

(4) 被授权行使著作权或者与著作权有关的权利的著作权集体管理组织(《著作权

---

① 鉴于合伙企业执行人在诉讼中所起的作用相当于法人的法定代表人，其行为直接被视为合伙企业的行为，因此，也可以不通过任意诉讼担当理论加以解释。参见肖建国、黄忠顺：《任意诉讼担当的类型化分析》，载《北京科技大学学报(社会科学版)》，2009(1)。

法》第 8 条第 1 款[①]、《著作权集体管理条例》第 2 条）。

（5）业主委员会（《物业管理条例》第 15 条）。业主委员会的诉讼担当地位有两种类型：一为法定诉讼担当，其范围限于该条前四项的规定；另一为任意诉讼担当，是基于业主大会的决定（全体业主的授权）而享有的对业主共同权益诉讼的诉讼实施权。

（三）诉讼担当与诉讼承担

诉讼担当不同于诉讼承担。所谓诉讼承担，即诉讼权利义务的承担，它是基于民事权利义务的转移而发生的，不同于法定的诉讼担当。在我国民事诉讼中，民事权利义务的主体应同时是诉讼权利义务的主体。如果当事人的民事权利义务概括性转移给继受人，其诉讼权利义务也随之转移给继受人，这时继受人将取代原民事权利义务主体在诉讼中的地位，成为新的诉讼当事人，享有和承担其诉讼权利和义务，原当事人已经进行的诉讼行为对承担诉讼的新当事人有效。它与诉讼担当的不同之处在于：诉讼担当人实施诉讼是基于法律的规定或他人的委托，为他人的权利或利益而以自己的名义实施诉讼，判决效力及于被担当人；而诉讼承担是权利义务继受人为自己的权益、以自己的名义实施诉讼，判决后果由自己承担。

诉讼承担中原权利义务的继受人限于一般继受人，而不包括特定继受人。所谓一般继受人，是指概括地继受当事人一切权利义务的人，主要包括作为当事人的自然人死亡后的继承人、受遗赠人，作为当事人的法人依法分立或合并后存续的法人，作为当事人的非法人组织的投资人或开办单位等。一般继受人在诉讼中实际上与当事人处于同一的法律地位。根据《民诉法》第 153 条的规定，一方当事人死亡，继承人承担诉讼的，由继承人作为当事人继续进行诉讼；需要等待继承人表明是否参加诉讼的，中止诉讼。作为一方当事人的法人或者其他组织终止的，由其权利义务承受人承担诉讼；尚未确定权利义务承受人的，中止诉讼。在这里，继承人、权利义务承受人就属于一般继受人。

但对于特定继受人，则适用当事人恒定原则，而以诉讼承担为例外。所谓特定继受人，是指在民事诉讼过程中，因买卖、赠与等法律行为或依据法律规定，受让诉讼标的权利和义务的人。无论是诉讼中转让债权、移转债务或者从债务人处受让争议标的物的行为，都不因实体权利或义务的转移而产生诉讼承担的效果，相反应当根据《民诉解释》第 249 条的规定，原则上由转让人作为诉讼当事人，而受让人被列为无独立请求权的第三人，受法院判决的既判力所及。因此，诉讼中争议的权利义务转移的，原则上不影响当事人的诉讼资格和诉讼地位。这一规则改变了过去的诉讼承担（当事人变更）规则，有助于维护诉讼程序的安定性。

当然，在诉讼中，争议的民事权利义务转移，受让人申请替代当事人承担诉讼的，人民法院可以根据案件的具体情况决定是否准许。法院准许的，由受让人作为诉讼承担人进行诉讼；法院不予准许的，由转让人作为诉讼担当人进行诉讼，法院同时可以追加

---

① 该款规定："著作权人和与著作权有关的权利人可以授权著作权集体管理组织行使著作权或者与著作权有关的权利。依法设立的著作权集体管理组织是非营利法人，被授权后可以以自己的名义为著作权人和与著作权有关的权利人主张权利，并可以作为当事人进行涉及著作权或者与著作权有关的权利的诉讼、仲裁、调解活动。"

受让人为无独立请求权的第三人。人民法院准许受让人替代当事人承担诉讼的，裁定变更当事人。变更当事人后，诉讼程序以受让人为当事人继续进行，原当事人应当退出诉讼。原当事人已经完成的诉讼行为对受让人具有拘束力（《民诉解释》第249条第2款、第250条）。

四、当事人适格的理论基础（Ⅲ）：诉的利益

（一）诉的利益的概念和功能

原告请求司法救济的利益，即实施诉的利益。无论当事人对请求法院承认和保护的权利是否有管理权，只要有诉的利益，该当事人即为适格当事人。诉的利益实质在于解决纠纷的必要性与实效性，可以从原告、被告和法院三者立场来判断。诉的利益为救济法领域的概念，具有决定“让其进入诉讼之前，就作出驳回起诉的判决”，还是“让其进入诉讼，并作出实体判断”的筛选作用。

（二）不同种类诉讼的诉的利益

1. 给付之诉的利益

（1）现在给付之诉的利益。

这种诉讼当然地具有解决纠纷的必要性与实效性，且可以不问“起诉前原告是否向被告催告”、“被告是否拒绝履行债务”以及“被告是否没有自觉履行的意思”等理由。

（2）将来给付之诉的利益。

对于将来的给付请求权获得现在可以起诉的利益，以便现在获得一个判决，待判决的债权到期时可以申请法院强制执行。此即将来给付之诉的利益。

各国法律承认将来给付之诉的目的在于，允许原告预先于给付到期前进行诉讼，先取得执行依据，到期便可立即申请对被告予以执行，可避免给付到期时原告再起诉引起的时间延误，同时也可有效防止被告不履行义务而实际获得利益的不正常情形的出现。

将来给付之诉的判决一般被视为一个附期限或附条件的判决。法院在作出将来给付之诉的判决时，应在判决主文中明确说明被告应于某年某月某日或者某条件具备之时向原告为某项给付。判决生效后，原告虽已获得执行依据，但在对方当事人的给付义务尚未到履行期或者条件未成就前，仍然不能申请执行和据以执行。

基于期限未到或者附条件等原因，对将来债权仅限于“原告存在预先提出这种请求的必要”的情形，才有提起将来给付之诉的利益，分为以下三类。

一是义务人已经就义务的存在提出争议，权利人无法期待将来能够从义务人处获得及时的给付，法律赋予其将来给付之诉的利益。这是民法上的预期违约理论所确定的。预期违约理论认为，根据债务人的言行可以推定其无届时履行的意思的，即可认为已有预先请求的必要。这种情况下，无须证明对方当事人有无故意或恶意等内容。只要能够合理地推知对方当事人对以后的债务不能履行，即便是被告对原告的主张不为争执，原告给付之诉的利益仍然被肯定。但是仅以被告财产状况可能恶化为由提起将来给付之诉，

尚不足以构成请求将来给付之诉的利益。

例如，在持续性或反复性的给付义务中，如果义务人对于“履行期是现在部分”的义务已经存在着不履行的事实，那么原告对于将来部分义务就具有诉的利益，如《民法典》第633、634条。

二是出于债务自身特殊性质的考虑，如果履行发生迟延，就使整个债务履行无法实现合同目的。

例如，法院可以根据案件的具体情况，在租赁关系结束之前，允许出租人提起诉讼，请求承租人迁出房屋，以便在租赁关系结束时，使出租人获得执行依据，可以申请强制执行。

三是代替本来给付的“代偿请求”，即权利人担心本来的请求履行不能的事实而提出的损害赔偿请求。不过，代偿请求必须与本来请求（预备）合并提出，才被认为具有诉的利益。

（3）不作为给付之诉的利益。

不作为给付之诉是请求法院判决停止或不得为一定行为的诉讼，以存在侵害状态和将来仍然有继续侵害的可能性为前提。这种诉讼具有预防权利受侵害的功能，现代公益性诉讼大量使用。

2. 确认之诉的利益

只有当原告的权利或法律上的地位现实地处于不安的状态，且通过法院的确认来消除这种不安对于解决纠纷是有效且合适的方法时，才有确认的利益。具体而言，包括以下三个方面的内容。

（1）选择作为解决手段的确认之诉的妥当性。

确认之诉处于一种补充性地位，如当事人存在其他形态的诉讼手段时，原则上否定确认之诉的利益。如当事人可提给付之诉，就不存在“对该请求权自身进行确认的利益”；对本案程序问题的确认（如诉讼代理权之有无、诉讼要件是否存在等），不存在“另行提起诉讼”的利益。

（2）确认对象（诉讼标的）的妥当选择：三大命题。

第一，当事人不能要求对事实进行确认，而只能针对法律关系提出确认请求。

第二，当事人不能要求对过去的法律关系进行确认，而只能针对现存的法律关系争议提出确认请求。

第三，必须是“是……”的积极性确认，而不能是“不是……”的消极性确认。如当事人可以主张“原告是房屋所有权人”，但不得主张“被告不是房屋所有权人”。有一个特殊情形是：确认之诉的诉讼标的通常是原告与被告之间的法律关系，但在权利竞合诉讼中，对“原告与第三人之间的法律关系”作出确认的诉讼也具有诉的利益，如发生在两个自称是债权人之间的争议。

（3）是否具有即时确定的现实性必要。

具有即时确定的现实性必要，也叫应解决纠纷的成熟性。具体的判断标准是：一方面，被告否定原告法的地位，使原告的权利或地位产生不安或危险；另一方面，原告的这种不安或危险必须是现实的、现在的不安或危险。

3. 形成之诉的利益

形成之诉是因实体法和诉讼法认为需要加以承认而个别地、具体地设置的诉讼类型。只要存在法律规定的形成权，就必然地承认其诉的利益。

但法律另有规定的除外。如根据《民诉法》第 127 条的规定，离婚诉讼中不准离婚的判决作出 6 个月内，原告基于同一理由起诉，被认为无诉的利益；6 个月后起诉则认为有诉的利益。

把诉的利益作为当事人适格的基础，扩大了当事人适格的范围。我国民事诉讼理论应当借鉴、吸收外国民事诉讼学者的研究成果，承认以诉的利益作为当事人适格理论基础的学说，这具有十分重要的理论意义和现实意义。在我国司法保护和救济的观念中，确认之诉和形成之诉并未受到应有的重视，采用"诉的利益说"作为当事人适格的理论基础，可以扩大对这两种诉讼的司法保护，增强民众的权利保护意识。

五、欠缺当事人适格要件的处理

（一）当事人适格要件的性质及欠缺该要件的后果

当事人适格要件的性质，有诉讼成立要件说（如日本）和权利保护要件说（如德国）等不同定位。欠缺该要件的诉讼后果，依前者法院可以裁定驳回起诉，依后者法院则判决驳回诉讼请求。

对此，我国民事诉讼理论上有争议，实践中做法不一。北京法院的常见做法是：如果当事人双方诉争的权利义务关系简单、清楚，证据不复杂，或属于一个原告对一个被告的"一对一"诉讼，法院倾向于对此按诉讼要件处理，当事人不适格的，裁定驳回起诉，或释明被告不适格，告知原告更换被告。相反情况下，法院倾向于对此作为实体权利保护要件，经实体审理后，判决驳回不适格当事人的诉讼请求。

（二）非正当当事人的更换

非正当当事人，即当事人适格有欠缺的诉讼当事人。各国司法实践中除有裁定驳回起诉或判决驳回诉讼请求的处理方式外，对非正当当事人还允许进行更换。更换当事人，是指在诉讼过程中，人民法院发现原告、被告不符合当事人条件，或者应当参加诉讼的当事人没有参加诉讼时，通知符合条件的当事人进入诉讼，而让不符合条件的当事人退出诉讼的一种活动。我国 1982 年《民事诉讼法（试行）》第 90 条规定，起诉或者应诉的人不符合当事人条件的，人民法院应当通知符合条件的当事人参加诉讼，更换不符合条件的当事人。最高人民法院对此作了如下的司法解释：在诉讼进行中，发现当事人不符合条件的，应根据《民事诉讼法（试行）》第 90 条的规定进行更换。通知更换后，不符合条件的原告不愿意退出诉讼的，以裁定驳回起诉；符合条件的原告全部不愿参加诉讼的，可终结案件的审理。被告不符合条件，原告不同意更换的，裁定驳回起诉。1991 年以后的《民诉法》取消了更换非正当当事人的有关规定，但保留了法院可以依职权追加必要共同诉讼当事人的规定。

民事诉讼法学界普遍对更换非正当当事人持反对态度，理由主要有：（1）当事人更换有悖于“无诉即无审判”的诉讼原理。(2) 更换当事人是对原告的偏袒。依辩论原则，原告在诉状中所列当事人是否适格，应通过实体辩论而得出结论。如果被告能够证明原告不适格，法院依其职权更换本该败诉的原告，从而避免原告败诉，这是对被告诉讼利益的侵害。(3) 更换当事人不利于法院公正审判。基于人情关系，对该更换的可以更换，也可以不予更换，不更换的，裁定驳回起诉，从而造成对同一问题事实上可以有不同的处理办法，法官自由裁量权较大；同时，法院为履行更换职责，就必须找出正当当事人，并需对更换后的当事人负证明责任。

一些民事诉讼法学者仍然坚持当事人更换的理论，实践中仍有更换当事人的做法。我们认为，在承认诉讼承担、追加必要共同诉讼人制度的合理性、必要性的前提下，更换非正当当事人作为一项司法经验，应当总结并在立法上予以完善，而不应简单地加以否认或取消。在当前司法解决纠纷的功能不断扩大的情况下，更换非正当当事人具有以下积极意义。

(1) 在民事诉讼中，法院并不是完全不作任何调查，只管坐堂问案的“中立者”。在大陆法系国家，法官有阐明权和对诉讼要件的调查权，对于一方当事人适格与否，对方当事人有权提出抗辩，法院也有责任进行调查，调查的范围既包括原告，也包括被告。如果被告不是应诉对象，不是应对诉讼请求承担责任的人，或者原告对谁是真正的权利侵害者并不明确，法院在审理中查明了应承担责任的正当的被告，征得原告同意后更换被告，有利于给予受害者司法救济。

(2) 我国司法实践中强调职权的作用，并不重视诉的形式的特殊性，但也具有程序简明、力求在一个诉讼中解决相关纠纷的特点。如果当事人不适格，仅以裁定驳回起诉或判决驳回诉讼请求，是不利于发挥我国民事诉讼制度的特色的。同时无论是裁定驳回起诉，还是判决驳回诉讼请求，都存在着很多缺陷，在明确谁是适格当事人，能够更换当事人的情况下，应当更换不适格当事人，让适格当事人进入诉讼。

(3) 更换非正当当事人的做法，不仅维护了法的安定性，而且考虑了有关纠纷当事人的意志。更换非正当当事人一般需要得到原告的同意（如果更换原告，则需要征得被告的同意），这种同意已涉及对实体权利的处分，因为退出诉讼的当事人一般表明与实体法律关系没有法律上的利害关系。法院更换非正当当事人，应作出裁定，这种裁定即否定了非正当当事人对诉讼有诉讼实施权。被更换的当事人，再次就同一诉讼标的起诉时，将不被法院接受，即对非正当当事人更换的裁定产生一事不再理的效果。

第四节　诉讼辅佐人

一、诉讼辅佐人的概念和地位

诉讼辅佐人是陪着当事人、法定诉讼代理人或委托诉讼代理人在辩论期日出庭，起补充他们陈述作用的人。《日本民事诉讼法》第 88 条规定了这一制度。我国《民诉法》第 82 条，《民诉解释》第 122、123 条，《证据规定》第 83、84 条，《生态环境证据规定》第 22 条，《知产证据规定》第 28 条，《环境公益诉讼解释》第 15 条，《环境公益诉讼规范》第 14、27 条，最高人民法院、最高人民检察院、公安部、国家安全部、司法部《关于依法保障律师执业权利的规定》（司发〔2015〕14 号）第 28、32、38 条，《在线诉讼规则》第 26 条，《互联网法院规定》第 11 条第 3 款，最高人民法院《关于全面加强知识产权审判工作为建设创新型国家提供司法保障的意见》（法发〔2007〕1 号）第 15 条等，也明确确立了我国民事诉讼制度中的诉讼辅佐人制度。

就诉讼地位而言，诉讼辅佐人属于一种新类型的诉讼参与人。诉讼辅佐人只被承认为当事人本人的随行人员，不能像普通代理人那样代替当事人在期日出庭，并在期日之外实施诉讼行为。诉讼辅佐人不一定是律师，只要经过法院的许可就可以。诉讼辅佐人可以在法庭上代替当事人作一切陈述，如果当事人不当场撤销或更正其陈述，就视为当事人本人的陈述。

二、我国的规定及其评价

（一）对《民诉法》第 82 条的解释

《民诉法》第 82 条规定："当事人可以申请人民法院通知有专门知识的人出庭，就鉴定人作出的鉴定意见或者专业问题提出意见。"当事人申请具有专门知识的人出庭的，应当在举证期限届满之前提出。出庭的具有专门知识的人只能"代表当事人对鉴定意见进行质证，或者对案件事实所涉及的专业问题提出意见"，而"不得参与专业问题之外的法庭审理活动"（《民诉解释》第 123 条）。

虽然《民诉法》第六章证据规定了"有专门知识的人"，但八种证据种类中并未涉及该类证据，导致"有专门知识的人"的诉讼地位在《民诉法》上并不明确。司法实践中，"有专门知识的人"既有以代理人身份出现的，也有以证人身份出现的，甚至还有以旁听人员身份出现的。而且，"有专门知识的人"所作的陈述具有何种效力也不够清晰。

"有专门知识的人"作为证人出庭，在实践中常遇尴尬：一方面，对方当事人往往以出庭的专业人员与一方当事人有利害关系为由，对其发言不予质证或要求法庭不予采信；另一方面，证人参与庭审的时间是有限制的，集中在法庭调查的某个阶段作出陈述，当庭审中不断有技术问题需要双方解释时，以证人身份出庭的专业人员无法及时、方便地参加进来，代替当事人进行说明。

"有专门知识的人"作为诉讼代理人出庭的缺点是，会占用委托代理人的名额，而法律规定委托代理人以二人为限。

"有专门知识的人"以旁听人员身份出庭，在旁听席上发言，有失法庭的严肃性。

综合上述，我们认为，《民诉法》第 82 条规定的"有专门知识的人"，在诉讼地位上属于大陆法系中的诉讼辅佐人。《民诉解释》亦采取该观点，将具有专门知识的人在法庭上就专业问题提出的意见视为"当事人的陈述"，并要求申请具有专门知识的人出庭的当事人承担相关费用（《民诉解释》第 122 条第 2、3 款）。

（二）自行出庭与许可出庭

在日本，对于诉讼辅佐人的资格，法律通常没有特别的限制，但诉讼辅佐人地位的取得须经过法院的许可，法院也可以随时取消该许可。一旦取消许可，诉讼辅佐人就丧失其地位。

我国《民诉法》第 82 条明确规定，具有专门知识的人要成为诉讼辅佐人，当事人可以向法院申请。一方面，“可以”这种表述方式，将申请辅佐人出庭以说明案件的专门性问题作为当事人的一项诉讼权利予以确立，似乎辅佐人不须征得法院许可；另一方面，当事人“向法院申请”诉讼辅佐人的程序又表明法院的许可是当事人或诉讼代理人偕同辅佐人到庭的前提。从体系上解释，我们认为，诉讼辅佐人制度的适用实质上仍然奉行法院许可的要件。对此，《民诉解释》第 122 条第 3 款、《证据规定》第 83 条第 2 款、《生态环境证据规定》第 22 条第 1 款、《环境公益诉讼解释》第 15 条第 1 款等，均明文规定申请诉讼辅佐人需要人民法院准许。

三、诉讼辅佐人的权限以及其行为的效力

诉讼辅佐人只被承认为当事人本人的随行人员，不能像普通代理人那样代替当事人在期日出庭，并在期日之外实施诉讼行为。诉讼辅佐人只有随同当事人或诉讼代理人一起在期日里出庭才能实施诉讼行为。诉讼辅佐人可以在法庭上代替当事人作一切陈述，如果当事人不当场撤销或更正其陈述，就视为当事人本人的陈述，直接对当事人发生效力。

诉讼辅佐人陪同当事人、诉讼代理人出庭，应当指出席法庭开庭审理的全过程，而非像证人、鉴定人那样仅仅参与法庭调查的某一环节。这一点也是诉讼辅佐人有别于证人、鉴定人之处。因此，对于《民诉解释》第 123 条第 2 款关于“具有专门知识的人不得参与专业问题之外的法庭审理活动”的规定，应当作目的性扩张解释。[①]

同时要强调的是，《民诉法》第 82 条和《民诉解释》第 122 条将诉讼辅佐人的权限限定于陪同当事人、诉讼代理人出庭，对于出庭以外的证据交换程序以及其他开庭前准备程序，诉讼辅佐人能否到场没有明确。日本规定，诉讼辅佐人有权在期日实施当事人所为的一切诉讼行为，不限于出庭期日的活动。因此，我们认为，为了达到设置诉讼辅佐人制度的目的，可以借鉴日本的规定，赋予诉讼辅佐人包括开庭期日在内的所有期日到场的权利。

第五节　诉讼代理人

一、诉讼代理人概述

（一）诉讼代理人的概念和特征

诉讼代理人，是指依照代理权，以当事人名义代为实施或接受诉讼行为，从而维护

---

① 但令人遗憾的是，最高人民法院出台的司法解释及具有司法解释性质的规范性文件似乎正在走向反向。《证据规定》第 84 条第 2 款重申“有专门知识的人不得参与对鉴定意见质证或者就专业问题发表意见之外的法庭审理活动”。《人民法院法庭规则》第 9 条明文禁止“准备出庭提出意见的有专门知识的人”旁听案件。

该当事人利益的诉讼参加人。诉讼代理人代理当事人进行诉讼活动的权限，称为诉讼代理权。

如同民事行为可以由代理人代理一样，民事诉讼行为也可以由他人代为进行。诉讼代理人制度的设置，既可以使无诉讼行为能力人的能力得到补足，又可以使有诉讼行为能力人的能力得到扩张，从而有利于诉讼程序的顺利进行，有利于当事人诉讼利益得到充分保护。

诉讼代理人具有下列特征。

(1) 诉讼代理人须具有诉讼行为能力。诉讼代理人的职责，就在于通过自身的诉讼行为维护被代理人的合法权益，因而须具有诉讼行为能力。这是诉讼代理人履行其代理职责的前提。在诉讼进行中，如果代理人丧失了诉讼行为能力，其代理资格也随之丧失。

(2) 诉讼代理人须在代理权限范围内进行诉讼活动。诉讼代理权是代理行为的依据，诉讼代理人在实施代理行为之际，须有诉讼代理权存在，并且不得超越代理权限的范围，否则，便不产生诉讼代理的法律后果。

(3) 诉讼代理人须以被代理人名义进行诉讼活动。诉讼代理人不是案件当事人，与案件无直接利害关系，其参加诉讼所实施或接受的诉讼行为，根本目的在于维护被代理人的合法权益。因此，诉讼代理人须以被代理人的名义进行诉讼活动。

(4) 诉讼代理的法律后果直接归属于被代理人。诉讼代理人的代理行为是在代理权限范围内，以被代理人的名义实施的，目的在于维护被代理人的利益。因此，其法律后果自然应当直接归属于被代理人。所谓直接，是指这种法律后果自始当然地由被代理人承担。

(5) 诉讼代理人在同一案件中只能代理一方当事人进行诉讼。在民事诉讼中，当事人双方的利益是彼此对立的，由一人同时代理双方进行诉讼，很难保证被代理人的利益真正得到保护，诉讼代理制度也必然因此而失去其存在的价值。因此，双方代理的情形在同一诉讼中应绝对予以禁止。

(6) 诉讼代理人是相对独立的诉讼参加人。在民事诉讼中，诉讼代理活动虽然要受到代理权和被代理人意志的制约，但这并不意味着诉讼代理人完全从属于被代理人。在代理权限范围内，诉讼代理人为维护被代理人的利益，可以独立实施或受领意思表示，相对独立地决定诉讼行为的内容和方式。而且，诉讼代理人有其自身的诉讼权利和义务。因此，不应将诉讼代理人视为当事人的附庸，而应将其看作具有独立地位的诉讼参加人。

（二）诉讼代理人的种类

我国民事诉讼法以代理权发生的根据为标准，将诉讼代理人分为法定诉讼代理人和委托诉讼代理人两种。

二、法定诉讼代理人

（一）法定诉讼代理人的概念和特征

法定诉讼代理人，是指根据法律规定代理无诉讼行为能力的当事人进行民事诉讼活动的人。法律赋予法定诉讼代理人的权限，称为法定诉讼代理权。法定诉讼代理是为无诉讼行为能力人在法律上设立的一种代理制度，其适用于被代理人是无诉讼行为能力人的情形。法定诉讼代理人有以下几个特点。

（1）法定诉讼代理人的代理权源于法律的直接规定。法定诉讼代理权因法律直接的规定而当然产生，不存在当事人授权的问题，也不受当事人意志的制约。

（2）法定诉讼代理人代理的对象仅为无诉讼行为能力人。法定诉讼代理制度设立的目的在于专门为无诉讼行为能力人提供法律救济，对有诉讼行为能力的当事人来说，他可以依自己的意志亲自参加诉讼或委托诉讼代理人代为诉讼，而无须法定代理人代为诉讼。

（3）法定诉讼代理人的范围限于对当事人享有亲权和监护权的人。关于亲权人和监护人的范围，《民法典》有明确规定，超出法律规定范围以外的人一般不能担任法定诉讼代理人。[①]

（4）法定诉讼代理人的代理权既是一项权利，又是一项义务。一方面，在无诉讼行为能力人涉讼时，亲权人或监护人有权依法以法定诉讼代理人的身份参加诉讼，这是法律赋予他们的权利；另一方面，为了维护当事人的合法权益，在上述情况下，法律又要求亲权人或监护人必须代为诉讼，这既是他们对被代理人应尽的义务，也是对社会应尽的义务。

（5）当监护人和无诉讼行为能力的被监护人成为共同被告时，监护人可能具有双重的诉讼地位：一方面监护人是被告，另一方面监护人同时充当被监护人的法定诉讼代理人。这在法律上是允许的（《民诉解释》第 67 条）。

法定诉讼代理制度与民法上的法定代理制度都是法律为行为能力欠缺者所设立的救济制度，二者产生和消灭的原因基本相同，一定意义上甚至可以将前者视为后者在诉讼领域的延伸。但法定诉讼代理制度与民事代理制度毕竟是两种不同性质的代理制度：前者受民事诉讼法调整，代理当事人所实施的是民事诉讼法律行为；后者则受民事实体法调整，代理当事人所实施的是民事法律行为。这就决定了两种制度各有其独立的功能和价值，而不能相互代替。

（二）法定诉讼代理人的代理权限和诉讼地位

法定诉讼代理是一种全权代理。法定诉讼代理人的代理权限非常广泛，凡是被代理人享有的诉讼权利，他都有权代为行使；凡是被代理人应履行的诉讼义务，他都应当代为履行。在诉讼中，法定诉讼代理人既有权代为处分当事人的诉讼权利，如起诉、上诉、提起反诉等；也有权代为处分当事人的实体权利，如承认或放弃诉讼请求、达成调解协议等。但这并不是说法定诉讼代理权不受任何限制，法定诉讼代理人所实施或接受的诉讼行为，须以不损害当事人的合法权益为前提，否则就要承担相应的法律责任。

---

① 有疑问的是，按照《民法典》第 32 条的规定，没有依法具有监护资格的人的，监护人由民政部门担任，也可以由具备履行监护职责条件的被监护人住所地的居民委员会、村民委员会担任。在由民政部门或居民委员会、村民委员会担任法定诉讼代理人时，毕竟是机构而非自然人充当诉讼代理人，因而面临机构如何代当事人实施诉讼行为的问题。

在民事诉讼中，法定诉讼代理人处于与当事人相类似的诉讼地位。被代理人的一切诉讼行为，均由法定诉讼代理人代为实施；法院和对方当事人所为的诉讼行为，也由其代为接受。其所实施或接受的诉讼行为，均视为当事人的行为，与当事人的诉讼行为具有同等的法律效力。尽管法定诉讼代理人与当事人的地位非常相近，但其毕竟不是当事人。法定诉讼代理人不是实体权利的享有者和实体义务的承担者；其不能直接以自己的名义进行诉讼；诉讼的法律后果也不由其承担，而是归属于当事人；在诉讼进行中，如果法定诉讼代理人死亡或不能行使代理权，只能导致诉讼中止，而不能终结诉讼。因此，我们或许可以将法定诉讼代理人视为当事人的替身，但无论如何不能将其视为当事人。

（三）对法定诉讼代理人的指定

无诉讼行为能力人的法定诉讼代理人由其监护人担任（《民诉法》第 60 条），《民法典》第 27、28 条对监护人的顺序和范围又作了明确规定，因此，通常情况下，法定诉讼代理人不需要再通过法院专门指定。但诉讼实践纷繁复杂，在法定代理人之间相互推诿代理责任等特殊情况下，究竟由谁担任法定诉讼代理人，可能处于悬而未决或争执状态。此时，为使无诉讼行为能力人的合法权益得到及时、有效的保护，需要通过法院的指定使法定诉讼代理人得以明确。

（四）法定诉讼代理权的取得和消灭

法定诉讼代理权源于民事实体法所规定的亲权或监护权。在具体的诉讼活动中，法定诉讼代理人在代理诉讼时，须向法院提交有关身份及监护关系证明，以便法院对其代理权予以审查、确认。

法定诉讼代理权的存在有其客观基础，引起法定诉讼代理权消灭的原因有以下几种：（1）法定诉讼代理人死亡或丧失诉讼行为能力。（2）被代理的当事人取得或恢复了诉讼行为能力。如被代理的未成年当事人成年或被代理的患有精神疾病的成年人痊愈。（3）法定诉讼代理人丧失了对当事人的亲权或监护权。如基于收养或婚姻关系而发生的亲权或监护权，随着婚姻或收养关系的解除而归于消灭；又如法定诉讼代理人被法院依法撤销了监护资格。（4）被代理的当事人死亡。

此外，法定诉讼代理权虽未消灭，但在以下特定类型的诉讼中不得行使：（1）未成年人诉监护人不作为损害赔偿之诉；（2）未成年人诉监护人侵权赔偿之诉。

三、委托诉讼代理人

（一）委托诉讼代理人的概念和特征

委托诉讼代理人，是指接受当事人、法定代理人、诉讼代表人、法定代表人或其他组织的负责人的授权委托，代为进行诉讼活动的人。正是由于委托诉讼代理人的产生及代理权限都取决于委托人的意志，因此，委托诉讼代理又称意定代理，委托诉讼代理人又称意定代理人。委托诉讼代理是民事诉讼中适用最为普遍的一种代理方式。

委托诉讼代理人与法定诉讼代理人相比，有如下特征：(1) 委托诉讼代理权的产生是基于委托人授予代理权的意思表示。在诉讼实践中，委托人在授予代理权时，须出具由其签名或盖章的授权委托书，这是委托诉讼代理人取得代理权的凭证。(2) 诉讼代理的事项和代理权限一般由委托人自行决定。当然，对委托人的授权，法律在特殊情况下也作适当限制。如在离婚案件中，离婚与否的意见不能授权代理人代为表达，而必须由当事人亲自向法院表明。(3) 委托人和受托人都具有诉讼行为能力。无民事行为能力人、限制民事行为能力人以及其他依法不能作为诉讼代理人的，当事人不得委托其作为诉讼代理人（《民诉解释》第 84 条）。

（二）委托诉讼代理人的范围

哪些人可以接受当事人委托担任诉讼代理人，各国法律规定不尽相同。有些国家原则上采取强制律师主义，法律规定实行合议制审判的案件必须由律师代理诉讼，如德国、日本、奥地利等。有些国家则未将委托诉讼代理人的范围局限于律师，而是规定律师和非律师均可担任委托诉讼代理人。我国民事诉讼法根据我国的实际情况，对委托诉讼代理人的资格几乎未作限制性规定，因此可以担任委托诉讼代理人的范围非常广泛。根据《民诉法》第 61 条第 2 款的规定，委托诉讼代理人包括下列人员。

(1) 律师。律师与其他诉讼代理人相比，具有较为丰富的法律知识、诉讼经验和一定的诉讼技巧，由律师代理诉讼，能够帮助当事人正确行使诉讼权利，履行诉讼义务，选择实施适当的诉讼行为，从而使当事人的合法权益得到更好的保护。律师代理诉讼时，应当向法院提交律师执业证、律师事务所证明材料。

(2) 基层法律服务工作者。基层法律服务工作者是指符合司法部 2000 年发布的《基层法律服务工作者管理办法》规定的执业条件，在基层法律服务所执业，为社会提供法律服务的人员。基层法律服务工作者代理诉讼时，应当向法院提交法律服务工作者执业证、基层法律服务所出具的介绍信以及当事人一方位于本辖区内的证明材料（《民诉解释》第 88 条第 2 项）。所谓“当事人一方”，既包括所代理的一方当事人，也包括对方当事人；所谓“本辖区”，是指基层法律服务所设立时所服务的街道或乡镇辖区，设立时服务于区、县的，则以区、县为辖区。截至 2022 年年底，全国基层法律服务机构为 1.3 万多家，基层法律服务工作者为 5.6 万多人。[①] 虽然《民诉法》第 61 条第 2 款将基层法律服务工作者与律师并列为诉讼代理人，但基层法律服务工作者仍然是以公民代理的方式进行诉讼代理。不过，基层法律服务工作者享有一定的调查取证权，其劳动报酬和保险、福利待遇，以其与基层法律服务所签订的聘任合同的约定来确定。

(3) 当事人的近亲属。当事人的近亲属包括与当事人有夫妻、直系血亲、三代以内旁系血亲、近姻亲关系以及其他有抚养、赡养关系的亲属（《民诉解释》第 85 条）。他们与当事人关系密切，相互间比较信任，对案情也往往比较了解，由他们担任诉讼代理人

① 参见《2022 年度律师、基层法律服务工作统计分析》，见司法部网站，http://www.moj.gov.cn/pub/sfbgw/zwxxgk/fdzdgknr/fdzdgknrtjxx/202306/t20230614_480740.html。

能更好地维护当事人的合法权益。近亲属代理时，应当向法院提交身份证件和与委托人有近亲属关系的证明材料。

（4）当事人的工作人员。当事人为单位时，与当事人有合法劳动人事关系的职工（《民诉解释》第 86 条）可以被委托为诉讼代理人。实践中，不少单位都委托相关员工代理诉讼。这里的“工作人员”，应当根据用人单位的性质来判断：对于企业法人而言，是指与该企业有劳动关系的人；对于事业单位而言，是指与该单位有事业关系或劳动关系的人员。当事人的工作人员代理时，应当向法院提交身份证件和与当事人有合法劳动人事关系的证明材料。

（5）当事人所在社区、单位以及有关社会团体推荐的公民。社区可以为居住在本社区的当事人推荐诉讼代理人，单位可以为本单位的当事人推荐诉讼代理人。被推荐的公民，既可以是本社区的居民或本社区、本单位的工作人员，也可以是本社区、本单位以外的人。当事人所在社区、单位推荐的公民代理诉讼时，应当向法院提交身份证件、推荐材料和当事人属于该社区、单位的证明材料。

“有关社会团体”，通常是指其职责或业务与案件有一定联系的社会团体，如妇联可以推荐其工作人员在涉及妇女权益纠纷的案件中代理诉讼，以维护妇女的合法权益。《民诉解释》第 87 条第 1 款规定，有关社会团体推荐公民担任诉讼代理人的，应当符合下列条件：1）社会团体属于依法登记设立或者依法免予登记设立的非营利性法人组织；2）被代理人属于该社会团体的成员，或者当事人一方住所地位于该社会团体的活动地域；3）代理事务属于该社会团体章程载明的业务范围；4）被推荐的公民是该社会团体的负责人或者与该社会团体有合法劳动人事关系的工作人员。有关社会团体推荐的公民代理诉讼时，应当向法院提交身份证件和符合上述条件的证明材料。

《民诉解释》第 87 条第 2 款规定：“专利代理人经中华全国专利代理人协会推荐，可以在专利纠纷案件中担任诉讼代理人。”截至 2022 年年底，我国专利代理机构达到 4 520 家（不含港澳台地区），获得专利代理师资格证书的人数达到 63 311 人，执业专利代理师达到31 347 人。其中，经中华全国专利代理师协会推荐，可以代理民事诉讼的专利诉讼代理人共有 2 499 人，北京共有 1 071 人，广东共有 333 人。[①] 此外，对于资产评估师、注册会计师、测量师、医师等等专业领域的诉讼代理，也可以经由中国资产评估协会等社会团体推荐，而成为诉讼代理人。当然，我们认为，经由社会团体推荐而成为委托诉讼代理人的公民，可以收取相应的费用、报酬，不受公民代理中不得营利的限制。

延伸阅读 7－2

《民诉法》为何继续保留“有关社会团体推荐的公民”可以充当诉讼代理人之规定

允许当事人所在社区、单位以及有关社会团体推荐的人担任诉讼代理人，是我国委托诉讼代理制度的一个特色。它有利于当事人在有关组织的支持和帮助下充分维护自己的合法权益，对于公正、及时地解决某些特殊类型的案件具有独特的作用。

① 参见《〈全国知识产权代理行业发展状况（2022 年）〉显示：我国知识产权代理行业持续健康发展》，见国家知识产权局网站，https：//www.cnipa.gov.cn/art/2023/5/11/art_53_185016.html。

对于当事人在一个案件中可以委托多少诉讼代理人，大多数国家的民事诉讼法都未作限制性规定，而由当事人根据具体情况自行决定。有些国家则对委托诉讼代理人的人数作了限定，如法国民事诉讼法只允许当事人委托一名有法定资格的自然人或法人代为诉讼。我国民事诉讼法对委托诉讼代理人的人数作了限制，规定当事人、法定代理人可以委托一人至二人作为诉讼代理人（《民诉法》第61条）。在诉讼实践中，当事人如果委托了两个诉讼代理人，应在授权委托书中分别载明每个诉讼代理人的代理事项和代理权限，以保证代理活动的顺利进行。

（三）委托诉讼代理人的代理权限和诉讼地位

1. 委托诉讼代理人的代理权限

委托诉讼代理人的代理权基于委托人的授权而发生，委托诉讼代理的事项和代理权限的范围也取决于委托人的授权。委托诉讼代理人只能在当事人授权范围内代理诉讼活动，其超越代理权限所实施的诉讼行为，除非得到被代理人的事后追认，否则便属于无效诉讼行为，由其自行承担相应的法律后果。

根据委托人是否将处分实体权利的诉讼权利授予诉讼代理人，可以将委托诉讼代理权限分为一般授权和特别授权两种。在一般授权的情况下，委托诉讼代理人仅享有纯程序性质的诉讼权利，只能代为实施一般的诉讼行为，如申请回避、提出管辖权异议、申请证人到庭、陈述案情、收集提供证据、进行质证和辩论等。通常情况下，授权委托书仅表明诉讼代理人有权代为实施一般的诉讼行为。如果当事人需要诉讼代理人代为实施某些与其实体权益密切相关的诉讼行为，则必须在一般授权的基础上进行特别授权。委托诉讼代理人代为承认、放弃、变更诉讼请求，进行和解，提起反诉或上诉，必须有委托人的特别授权（《民诉法》第62条第2款）。在司法实践中，当事人进行特别授权时，应将特别授权的事项和权限在委托书中明确载明，否则，委托诉讼代理人不得代为实施。授权委托书仅写“全权代理”而无具体授权的，仍视为一般授权，委托诉讼代理人也无权代为实施上述诉讼行为（《民诉解释》第89条第1款）。

2. 委托诉讼代理人的诉讼地位

委托诉讼代理人只有在授权范围内进行代理活动，才能与被代理人实施的诉讼行为具有同等的法律效力，其行为的法律后果也才能直接归属于被代理人。在诉讼活动中，委托人与诉讼代理人就案件事实向法庭所作的陈述不一致的，只能以当事人的陈述为准。被代理人还可以向法庭要求变更或撤销诉讼代理人在法庭上所作的某些陈述。而且，委托人可以变更诉讼代理人的代理权限，也可以随时解除委托合同。这就决定了委托诉讼代理人在诉讼过程中没有绝对独立的诉讼地位，不能成为独立的诉讼主体。

但是，委托诉讼代理人在诉讼中又具有相对独立性，这主要表现在：（1）委托诉讼代理人在委托权限范围内有独立进行意思表示的权利，有权自行决定是否和如何为意思表示，是否和如何接受他人的意思表示，从而以自己的思维和行为完成代理事务。（2）委托诉讼代理人有权拒绝委托人的无理要求，在必要时可终止诉讼代理关系。尤其是在律师作为诉讼代理人时，除了要维护当事人的合法权益，还必须以事实为根据、以法律为准绳，遵守宪法和法律，恪守律师职业道德和执业纪律，维护自己的执业形象和法律的尊严。(3) 委托诉讼代理人除享有委托人授予的权利之外，还享有法律赋予诉讼代理人的固有权利，如调查收集证据、查阅本案有关材料的权利（《民诉法》第64条）。(4) 法院在诉讼过程中，应对委托诉讼代理人实施的诉讼行为，不能通过向被代理人实施予以取代。如法院向被代理人送达开庭传票时，还应向委托诉讼代理人送达开庭通知书。

（四）委托诉讼代理权的取得、变更和消灭

委托诉讼代理权基于委托人的授权而发生。授权委托须以法定的书面方式进行，并应在开庭审理前送交法院。根据《民诉法》第62条的规定，委托他人代为诉讼，必须向法院提交由委托人签名或盖章的授权委托书。授权委托书必须记明委托的事项和权限。为保证授权委托书的真实性，对侨居在国外的中华人民共和国公民从国外寄交或者托交的授权委托书，必须经中国驻该国的使领馆证明；没有使领馆的，由与中国有外交关系的第三国驻该国的使领馆证明，再转由中国驻该第三国使领馆证明，或者由当地的爱国华侨团体证明。委托人出具的授权委托书应在开庭审理前提交到法院，法院应认真予以审查。授权委托书经法院审查认可后，受托人即取得诉讼代理权。但在简易程序中，双方当事人同时到庭并径行开庭审理的，可以当场口头委托诉讼代理人，由人民法院记入笔录（《民诉解释》第89条第2款）。

委托诉讼代理关系建立在被代理人与委托诉讼代理人相互信任的基础上，具有严格的人身性质，故委托诉讼代理人一般不得擅自进行转委托。当然，授权委托书中明确授予诉讼代理人转委托权限的，他完全可以在原委托授权范围内转委托他人代理诉讼。在这种情况下，当事人或者委托诉讼代理人应向法院提交转委托代理事项的授权委托书。法院应审查确定转委托能否成立，并通知对方当事人。转委托事先未取得被代理人同意的，委托诉讼代理人应在事后及时告知被代理人，如果被代理人不同意，应由委托诉讼代理人自己对其所转委托的人实施的诉讼行为承担责任。但在紧急情况下，委托诉讼代理人为保护被代理人的利益而转委托他人代理诉讼的，即使事先未经被代理人同意，也应承认其效力，由被代理人承担诉讼代理的法律后果。何谓紧急情况以及在该情况下转委托能否成立，应由法院根据案件的具体情况审查确定。

在诉讼过程中，遇到一定情况时，委托人可与诉讼代理人协商对诉讼代理权进行变更。诉讼代理权的变更通常表现为代理权的扩大或缩小、代理事项的增减、代理时间的延长或缩短等。诉讼代理人的权限如果变更或者解除，当事人应当书面告知法院，并由法院通知对方当事人（《民诉法》第63条）。诉讼代理权变更后，委托诉讼代理人应按照变更后的代理权进行诉讼活动，但其在代理权变更前已为的代理行为不因变更而失效。

委托诉讼代理权因一定情况的出现而归于消灭。引起委托诉讼代理权消灭的原因主要有以下几种：(1) 诉讼代理人死亡或者丧失诉讼行为能力；(2) 委托人解除委托或者代理人辞去委托；(3) 委托期限届满；(4) 诉讼结束，代理人完成代理任务。诉讼代理权解除的，当事人应当书面告知法院，并由法院通知对方当事人。在此之前的诉讼代理行为仍然有效。

此外，不少学者认为，被代理人死亡也是委托诉讼代理权消灭的原因。我们不同意这种观点。首先，民事诉讼法中的委托代理与民商事实体法中的委托代理不同，委托诉讼代理的目的非常明确，在被代理人死亡的情况下，诉讼代理权处于存续状态，一般不会对当事人的继承人的利益造成损害。诉讼代理权的存续，免去了继承人再行委托诉讼代理人的辛劳，并有利于使当事人的利益得到及时、连续的维护。而且，继承人如果对委托诉讼代理人不满意，可以在参加诉讼后对委托诉讼代理权限进行变更或解除，而没有必要使诉讼代理权在被代理人死亡时即归于消灭。其次，效益是民事诉讼所追求的价值目标之一，保持诉讼代理权的连续性，有利于诉讼程序圆满、迅速地进行，有利于民事纠纷及时得到解决。因此，我们认为，不宜将被代理人死亡作为引起委托诉讼代理权消灭的原因。

（五）委托诉讼代理中的转委托

民事诉讼法学界有人提出转委托的诉讼代理问题，认为《民诉法》虽然没有委托诉讼代理中可以转委托的规定，但《民法典》第169条明确规定民事代理中代理人可以转委托他人代理。从审判实践来看，委托诉讼代理转委托的客观事实是存在的。为了满足诉讼机制运转的实际需要，保护当事人的合法利益，应当允许转委托，但对转委托的条件及其他相关问题应作出规范性规定。现建议如下：(1) 转委托人必须有合法的代理权；(2) 转委托必须是转委托人基于特殊原因不能或不便履行诉讼代理职责而进行的；(3) 转委托必须取得委托人的事先同意或者事后认可；(4) 转委托要求转委托诉讼代理人必须具有诉讼行为能力；(5) 转委托诉讼代理人的权限不得超过委托人原来授予的权限。

此外，在适用转委托诉讼代理时，应注意以下几个问题：(1) 在转委托诉讼代理中，转委托诉讼代理人仍然是原委托人的诉讼代理人，而不是转委托人的诉讼代理人，因此，诉讼代理行为的法律效果仍归属于原委托人，而不能归属于转委托人；(2) 发生转委托诉讼代理时应由原委托人与转委托诉讼代理人就转委托代理事项另外签订诉讼代理合同；(3) 发生转委托诉讼代理时，应当书面告知人民法院，即向法院递交转委托代理事项的授权委托书，并由法院通知对方当事人。

（六）关于离婚案件中委托诉讼代理人的特殊规定

委托诉讼代理制度设立的目的之一就在于使当事人便利，使他们能从诉讼中解脱出来，以更多的时间和精力参与民事生活。因此，在一般情况下，当事人只要委托了诉讼代理人，就不必亲自出庭，但离婚案件除外。离婚案件涉及身份关系，具有不同于一般民事案件的特点。在离婚案件中，离婚与否，取决于当事人双方感情是否确已破裂，而感情问题非常复杂、微妙，只有在当事人双方均出庭的情况下，才便于审判人员对双方感情破裂的程度作出正确判断。此外，根据法律规定，调解是离婚案件的必经程序，法院审理离婚案件应尽量进行调解，只有在双方当事人均出庭的情况下，才便于审判人员有针对性地做好调解工作。正是基于上述考虑，《民诉法》第65条对离婚案件中的诉讼代理作出了特别规定：离婚案件有诉讼代理人的，本人除不能表达意思的以外，仍应出庭；确因特殊情况无法出庭的，必须向人民法院提交书面意见。

问题与思考

请扫描二维码测试，并查看参考答案

第八章

多数人诉讼

【**本章概要**】多数人诉讼是一方或双方当事人有二人或以上或者第三人参加诉讼的复杂诉讼形式，在我国主要包括共同诉讼、群体性诉讼、诉讼第三人、民事公益诉讼。共同诉讼包括普通共同诉讼与必要共同诉讼，其中必要共同诉讼又可以被分为固有必要共同诉讼与类似必要共同诉讼。群体性诉讼主要包括代表人诉讼、示范性诉讼、团体诉讼，其中代表人诉讼又可以被分为普通代表人诉讼、特别代表人诉讼。诉讼第三人存在有独立请求权第三人与无独立请求权第三人之分。民事公益诉讼是关涉不特定众多第三人权益的现代型民事诉讼，其程序特则亟待立法机关单独立法加以规定。

第一节　共同诉讼

一、共同诉讼的概念

共同诉讼是与一对一的原告和被告进行单独诉讼相对应的复数诉讼形式。在对某一法律关系的争议中，如果所争议的权利属于若干主体，就可能有若干个人同时处于原告的地位，如多个原告对同一财产主张共同共有。同样，被告一方也可能有若干人处于被原告起诉的地位，例如多个被告被原告起诉称共同侵犯其名誉权。如果原告一方有二人以上共同参与诉讼，则称为积极的共同诉讼；如果被告一方有二人以上共同参与诉讼，则称为消极的共同诉讼。共同原告一方，称为积极的共同诉讼人；共同被告一方，称为消极的共同诉讼人。如果原告和被告双方都有二人以上共同参与诉讼，则这种共同诉讼被称为“混合的共同诉讼”。无论哪种形式的共同诉讼，都是原告一方或被告一方或者原告、被告双方的人数在二人以上的诉讼。

共同诉讼属于诉的主观合并，即当事人的合并，是我国民事诉讼法规定的一个重要诉讼制度，分为普通共同诉讼和必要共同诉讼两类。通过这个制度，人民法院可以一并彻底解决涉及多数当事人的纠纷，从而简化诉讼程序，节省人力、物力和财力，避免人民法院在同一案件或同类案件上作出相互冲突的裁判。

二、普通共同诉讼

（一）普通共同诉讼的含义

普通共同诉讼，是指当事人一方或双方为二人以上，其诉讼标的属于同一种类，人民法院认为可以合并审理，并经当事人同意而共同进行的诉讼。普通共同诉讼有以下两种基本格局。

一是，如原告甲因借贷关系请求还债，分别向被告乙、丙起诉。诉讼由同一人民法院管辖，属于同一种类诉讼标的，人民法院为诉讼经济，得到当事人同意合并两诉，作为共同诉讼审理。在这种格局中，被告乙、丙相互独立，二被告为共同诉讼人。

二是，如原告甲、乙（承租人）均为丙（房屋出租人）的房客，因被天花板砸伤，起诉被告丙。这是由同一事实引发的共同诉讼。在这种格局中，原告为共同诉讼人。

（二）普通共同诉讼人的独立性和牵连性

1. 普通共同诉讼人的独立性

普通共同诉讼为可分之诉。在普通共同诉讼人之间，由于没有共同的权利或义务关系，既可以作为共同诉讼合并审理，也可以作为各自独立的诉讼分别审理；即使合并审理，也要分别作出确认各自的民事权利、义务的判决。共同诉讼人的诉讼权利和义务与独立进行诉讼完全相同。因此，各共同诉讼人具有独立的诉讼地位，具体表现为如下几个方面。

其一，各共同诉讼人进行诉讼不受其他共同诉讼人的牵制，可以独自在诉讼中自认、撤诉、和解、上诉；其中一人自认的效力不及于其他共同诉讼人。

其二，共同诉讼人的对方当事人，对于各共同诉讼人可以采取不同的甚至对立的诉讼行为。如与一共同诉讼人和解，拒绝与另一共同诉讼人和解；承认一共同诉讼人的诉讼请求，而反驳另一共同诉讼人性质相同的诉讼请求。

其三，各共同诉讼人可以分别委托诉讼代理人。

其四，法院对各共同诉讼人是否具备适格要件，应分别审查，其中一人缺乏适格要件，只能对其中一人之诉不予受理，不影响其他共同诉讼人。

其五，法院在诉讼进行中发现合并辩论不符合诉讼经济原则时，可以将诉讼分开。

其六，因共同诉讼人一人发生的诉讼中止、终结事由，不影响其他共同诉讼人继续诉讼。

2. 普通共同诉讼人的牵连性

共同诉讼人之间应适用独立原则，如对此原则不加限制，势必导致共同诉讼人的诉讼行为互相孤立，共同诉讼追求的诉讼经济目标就难以实现。因此，独立原则的适用必须有个界限，这个界限是：共同诉讼人的独立性应以其具有牵连性的问题为前提。共同诉讼人有牵连性的问题表现在以下几个方面：

其一，主张共通原则。共同诉讼人中一人提出的主张，如果对其他共同诉讼人有利，而其他共同诉讼人又不反对的，其效力及于其他人。

其二，证据共通原则。共同诉讼人中一人所提出的证据，可以作为对其他共同诉讼人所主张的事实进行认定的证据。换句话说，该证据可以作为共同诉讼人的共同证据。

其三，考虑有利抗辩原则。若共同诉讼人中一人所作抗辩足以否认对方主张的权利，那么对其他共同诉讼人与对方当事人的关系，应一并加以考虑。

三、必要共同诉讼

（一）必要共同诉讼的含义

必要共同诉讼，也称合一确定的共同诉讼、特别共同诉讼，是指当事人一方或者双方为二人以上，其诉讼标的共同的诉讼（《民诉法》第55条）。必要共同诉讼人具有共同的权利或义务，因而是不可分之诉，人民法院必须合并审理和判决。

必要共同诉讼中的“诉讼标的共同”，可以从三个层面理解：在当事人适格上，共同诉讼人对于诉讼标的权利义务共同；在审判对象上，判决合一确定共同诉讼人与对方直接的权利义务，判决效力及于全体共同诉讼人；在诉讼目的上，必要共同诉讼一次性解决共同诉讼人全体与对方之间的纠纷。

但是，我国司法实践不仅把“诉讼标的共同”的诉讼作为必要共同诉讼，而且把与诉讼标的有密切联系的诉讼（如基于同一事实引起的侵权诉讼）也当作诉讼标的共同的诉讼处理。这是值得研究的问题。

（二）必要共同诉讼的分类

1. 固有必要共同诉讼和类似必要共同诉讼

必要共同诉讼有固有必要共同诉讼和类似必要共同诉讼之分。前者是指所有的利害关系人必须全体一同起诉和被诉，当事人方为适格，法院合一判决的诉讼。这以共同共有人分割共有财产之诉为典型。后者也称非固有必要共同诉讼、非真正的必要共同诉讼，是指仅由全体利害关系人中的一人或数人起诉或被诉，仍不失为当事人适格，但若数人起诉或被诉，则必须采取共同诉讼的形态，法院对此作出合一判决的诉讼。这以撤销股东大会决议之诉、连带债权人对外请求给付之诉、连带债务人被同一债权人提起的给付之诉为典型。对于类似必要共同诉讼，那些本该成为本案共同诉讼人的人未参加诉讼，并不影响法院对该案的审理，法院不得依职权追加，但判决的效力则及于未参加诉讼的利害关系人。

规定类似必要共同诉讼制度，优点是可以使利害关系人在同时享有单独起诉和共同起诉权利的情况下，根据自己的意愿行使诉权；可以保证原告在既可对某一责任人起诉又可对相关的多个责任人起诉的情况下，有选择地行使诉权。不过，反过来对于人民法院来说，则要对相关的事实或同一事实进行两次以上的审理，显然又不符合诉讼经济原则。

固有必要共同诉讼具有一次性解决纠纷的功能，为此，必须共同诉讼的当事人没有参加诉讼的，人民法院应当依照《民诉法》第 135 条的规定，通知其参加；当事人也可以向人民法院申请追加。

我国民事诉讼法过去不区分固有必要共同诉讼与类似必要共同诉讼，把所有的必要共同诉讼都看作是不可分的共同诉讼，只要有某一共同诉讼人未参加诉讼，就必然采取让当事人申请追加或由人民法院通知追加的方式让其参加诉讼。[①] 这种职权追加是针对所有的必要共同诉讼的，由于并未分出类似必要共同诉讼，在司法实践中出现了滥用职权追加，把本来不属于“诉讼标的共同”的诉讼硬是合并在一起，强制作为共同诉讼处理，以致出现乱列共同诉讼人、滥科连带责任的现象。

2. 固有必要共同诉讼的类型

（1）将使他人之间法律关系发生变动的诉讼。在以变动他人之间权利关系为目的之形成诉讼，或者产生与变动他人权利关系相似效力的确认诉讼中，原则上应将该权利关系的主体作为共同被告。例如，村民委员会提起宣告婚姻无效之诉，夫妻须为共同被告；股东提起的宣告股东大会决议（决议内容为解聘该公司某董事）无效之诉，公司和董事应为共同被告。

（2）涉及数人共同管理处分财产或执行职务的诉讼，该数人为共同被告。如《民诉解释》第 60 条规定，在诉讼中，未依法登记领取营业执照的个人合伙的全体合伙人为共同诉讼人。第 67 条规定，无民事行为能力人、限制民事行为能力人造成他人损害的，无民事行为能力人、限制民事行为能力人和其监护人为共同被告。

（3）有关共有财产的纠纷诉讼，全体共有人为固有必要共同诉讼人。如《民诉解释》第 72 条规定，共有财产权受到他人侵害，部分共有权人起诉的，其他共有权人为共同诉讼人。第 70 条规定，在继承遗产的诉讼中，部分继承人起诉的，人民法院应通知其他继承人作为共同原告参加诉讼；被通知的继承人不愿意参加诉讼又未明确表示放弃实体权利的，人民法院仍应将其列为共同原告。

（4）涉及实体法上补充责任的诉讼。如《民诉解释》第 58 条规定，在劳务派遣期间，被派遣的工作人员因执行工作任务造成他人损害的，以接受劳务派遣的用工单位为当事人。当事人主张劳务派遣单位承担责任的，该劳务派遣单位为共同被告。还如，赔偿权利人起诉从事住宿、餐饮、娱乐等经营活动或者其他社会活动的安全保障义务人的，应当将侵权人作为共同被告；道路交通事故损害赔偿诉讼中，侵权人和承保交强险的保险公司应当被列为共同被告，但该保险公司已经在交强险责任限额范围内予以赔偿且当事人无异议的除外，当事人请求将承保商业三者险的保险公司列为共同被告的，人民法院应予准许（《交通事故赔偿解释》第 22 条）；等等。

（5）涉及实体法上按份责任的诉讼。关于按份责任的诉讼形态，最高人民法院研究室倾向于认为构成固有必要共同诉讼。不过，对此理论上有争议。

3. 类似必要共同诉讼的类型

按照现行法的规定，我国承认以下类型的类似必要共同诉讼。

---

① 例如，《人身损害赔偿解释》第 2 条规定：赔偿权利人起诉部分共同侵权人的，人民法院应当追加其他共同侵权人作为共同被告。赔偿权利人在诉讼中放弃对部分共同侵权人的诉讼请求的，其他共同侵权人对被放弃诉讼请求的被告应当承担的赔偿份额不承担连带责任。责任范围难以确定的，推定各共同侵权人承担同等责任。人民法院应当将放弃诉讼请求的法律后果告知赔偿权利人，并将放弃诉讼请求的情况在法律文书中叙明。

（1）连带保证人在诉讼中可以被列为必要共同诉讼人。《民诉解释》第 66 条第一句规定："因保证合同纠纷提起的诉讼，债权人向保证人和被保证人一并主张权利的，人民法院应当将保证人和被保证人列为共同被告。"从该条可以推论出：连带保证诉讼中，原告可以选择起诉保证人或被保证人，也可以选择将二者一并起诉。一并起诉保证人和被保证人的，构成类似必要共同诉讼。

（2）原告起诉被代理人和代理人，要求承担连带责任的，被代理人和代理人为共同被告（《民诉解释》第 71 条）。从该条中可以推论出：在被代理人和代理人承担连带责任的诉讼中，原告可以选择起诉被代理人或代理人，也可以选择将二者一并起诉。一并起诉被代理人和代理人的，构成类似必要共同诉讼。

（3）营业执照上登记的经营者与实际经营者不一致的，以登记的经营者和实际经营者为共同诉讼人（《民诉解释》第 59 条第 2 款）。

（4）企业法人分立的，因分立前的民事活动发生的纠纷，以分立后的企业为共同诉讼人（《民诉解释》第 63 条）。[①]

（5）以挂靠形式从事民事活动，当事人请求由挂靠人和被挂靠人依法承担民事责任的，该挂靠人和被挂靠人为共同诉讼人（《民诉解释》第 54 条）。

（6）借用业务介绍信、合同专用章、盖章的空白合同书或者银行账户的，出借单位和借用人为共同诉讼人（《民诉解释》第 65 条）。

（7）其他类型的连带责任诉讼。比如，对于共同侵权行为或共同危险行为引发的连带责任诉讼，如起诉两个以上的连带责任人的，属于类似必要共同诉讼。再如，用人单位招用尚未解除劳动合同的劳动者，对原用人单位造成经济损失的，原用人单位起诉用人单位和劳动者的诉讼，也属于类似必要共同诉讼。

（8）即使共同诉讼人中的一人单独起诉，该判决的效力也扩张到其他共同诉讼人与对方当事人之间的情形。如一名或多名债权人提起债权人代位权、债权人撤销权的诉讼（《民法典》第 538～542 条）、一名或数名股东提起的归入权的公司诉讼（《公司法》第 186 条）、股东提起的解散公司之诉（《公司法规定二》第 4 条），以及确认股东会或者股东大会、董事会决议不成立、无效或者撤销决议之诉（《公司法规定四》第 3 条）、股东请求公司分配利润诉讼（《公司法规定四》第 13 条）。

（9）公益诉讼开庭前申请参加诉讼的其他机关和有关组织（《民诉解释》第 285 条）。

（三）必要共同诉讼人的牵连性和独立性

1. 必要共同诉讼人的牵连性

必要共同诉讼人的牵连性表现在，必要共同诉讼人的一人行为只有有利于全体时才发生效力。共同诉讼人中一人的行为是否有利于全体共同诉讼人，是在当事人实施行为

---

① 《民诉解释》第 63 条后一分句规定："企业法人分立的，因分立前的民事活动发生的纠纷，以分立后的企业为共同诉讼人。"在字面含义上，"以分立后的企业为共同诉讼人"更加接近"应当以分立后的企业为共同诉讼人"，故有的教材将此种共同诉讼界定为固有必要共同诉讼。《民法典》第 67 条第 2 款规定："法人分立的，其权利和义务由分立后的法人享有连带债权，承担连带债务，但是债权人和债务人另有约定的除外。"这足以表明分立后的企业对法人的权利和义务享有连带债权及承担连带债务，故本书根据体系解释原则将此种共同诉讼界定为类似必要共同诉讼。

之时从形式上进行判断，而不是在判决时或当事人实施行为之后再作决定。共同诉讼人中一人或数人行为有利于全体的情形一般有以下三点。

第一，共同原告所作有利于全体的诉讼请求，陈述有利的事实，提出有利的证据，虽然其他共同原告未作此种行为，但这些行为对全体发生效力。共同被告中一人争执原告的请求及其主张的事实，或提出抗辩或反证者，虽然其他共同被告未作出这些行为，但其行为对其他被告发生效力。各共同诉讼人所陈述的有利事实相互间有矛盾或所举证据经调查互相矛盾的，法院依自由心证进行判断。共同诉讼人一人所为不利行为，如诉讼上自认或不争执对方主张的事实、放弃诉讼请求，此行为对全体共同诉讼人（包括行为人本人）不发生效力。但不利益行为如果由全体共同诉讼人一致作出，则对全体发生效力。

第二，共同诉讼人一人遵守期间，对全体发生效力。如上诉期间虽然各个共同诉讼人自判决送达之次日起各自计算，但其中一人在上诉期间上诉，视为全体在上诉期间内上诉，其他共同诉讼人无论是否已逾上诉期间，都不必再提起上诉。

第三，共同诉讼人中一人有中断或中止诉讼的原因发生时，其中断或中止对全体发生效力。

2. 必要共同诉讼人的独立性

对事实的统一发现和单个诉讼行为的一体性等要求，突出了必要共同诉讼人之间的相互牵连性，但辩论原则、处分原则在必要共同诉讼中仍有体现。必要共同诉讼人的独立性表现在：其一，各共同诉讼人是否具备诉讼成立要件以及当事人是否适格，应分别调查。应当先单独审查判断当事人能力、诉讼能力，适格与否是接下来要判断的问题。其中一人的诉讼能力、当事人能力有欠缺且不能补正的，对于该当事人之诉应以诉不合法而驳回，其余共同诉讼人之诉则为当事人不适格之诉（如为类似必要共同诉讼，其余共同诉讼人不受影响）。具体而言，如果其中一人无当事人能力（如已经死亡），就必须由其权利义务承受人参与诉讼；如果其中一人无诉讼能力，就必须由其法定诉讼代理人参与诉讼。法院可以责令原告或被告，限期由有当事人能力、诉讼能力者进行诉讼；逾期仍然不补正的，法院不予受理或者驳回起诉。这是诉讼要件不符合法律要求而作的处理，法院对此进行独立的审查，这体现了必要共同诉讼的独立性。这种审查，是形式、抽象的审查，而不是对本案展开具体的实质的审查。具备抽象的当事人能力、诉讼能力要件后，法院再审查适格当事人要件。这一审查是实质审查，是基于具体的本案情况而进行的实质审查。不具备适格要件的，可以驳回其诉讼请求，此后不妨碍真正适格的原告再诉。其二，共同诉讼人可以独立进行无关本案实体的诉讼行为。例如各共同诉讼人可各自委托诉讼代理人；对于类似必要共同诉讼，共同原告中的一人或原告对于共同被告中的一人可撤诉。但固有必要共同诉讼例外。当然，总的来说，必要共同诉讼人之间的相互独立性与普通共同诉讼人之间的相互独立性相比要小得多。

我国民事诉讼法对必要共同诉讼人的相互独立性与牵连性的规定很不完善。一方面，《民诉法》并没有明确区分诉讼成立要件以及当事人适格两种不同要件的审查次序，而是由法院笼统地一并审查。法院可以依职权通知其认为适格的原告、被告参加诉讼，也可以在当事人为无诉讼行为能力人时，启动指定监护程序，继而确定本案的法定诉讼代理人，并且通知其参加诉讼。因此，在我国，法院虽然要单独审查每个共同诉讼人的当事人能力、诉讼能力以及适格问题，但法院有权自行解决相关的程序障碍，并且推进程序的进行。与大陆法系的裁判方法没有本质区别，但处理方法有异。另一方面，尽管《民诉法》规定了必要共同诉讼人一人所为诉讼行为，只有经全体同意才对全体发生效力，但是这个规定太过强调必要共同诉讼当事人地位的牵连性。对于涉及共同诉讼人重大利益的行为，如和解、撤诉等行为，应取得全体共同诉讼人的一致同意是可行的，但对于一般诉讼行为而言，若依此进行共同诉讼，将会很不方便，甚至延误时间。如果一共同诉讼人不出庭或拒不同意其他共同诉讼人的意见，诉讼将无法进行下去，因此不可能事事采用协商一致的原则。因此，实务上采用了灵活的做法，不认为一人的诉讼行为一概要由其他共同诉讼人承认才对其他共同诉讼人发生效力，只要其他共同诉讼人不表示反对，一人的诉讼行为对于全体有利的即对全体都发生效力。

我国民事诉讼立法也应原则规定一共同诉讼人所为的诉讼行为对全体有利的即对全体发生效力这一点，而对于撤诉、和解、承认对方的诉讼请求等行为，应取得全体共同诉讼人的同意，但如果是可分离的必要共同诉讼（类似必要共同诉讼），无须取得全体共同诉讼人的同意，一人撤诉或和解等行为只对其本人有效，对于其他共同诉讼人不发生效力。

第二节　群体性诉讼

一、群体性诉讼概述

（一）群体性诉讼的含义和形态

在诉讼当事人一方或双方基于法律或事实上的牵连关系而且人数众多的情况下，由于这种诉讼群体并不构成一个固定的组织，无法将其作为法人或非法人团体来对待，又由于诉讼空间无法容纳这样众多的诉讼主体，为了一并解决众多当事人与另一方当事人之间的民事争议，达到诉讼经济的目的，很多国家都建立了群体性纠纷解决制度。为了解决群体诉讼给双方当事人和法院审理带来的诸多困难，不同的国家及地区采取不同的途径，如美国有集团诉讼（class action），英国有代表诉讼（representative action），德国有团体诉讼（verbenksklage），我国则有代表人诉讼。

美国采用集团诉讼（class action）的方式，将人数不确定的具有同一事实或法律关系的多数当事人，拟制为一个群体即“集团”，“集团”中的一人或数人起诉视为代表“集团”中所有的当事人起诉。法院对“集团”诉讼所作判决效力及于“集团”中的每个人。

日本采用选定代表人方式，即扩大原有共同诉讼制度的适用，由全体共同诉讼人选出能代表他们的代表人，也就是通过委托授权使群体诉讼通过选定的代表人进行。

（二）群体性诉讼的意义

1. 扩大了司法解决纠纷的功能

群体性纠纷的大量出现，对传统民事诉讼解决纠纷的功能提出了挑战。群体性诉讼解决了主体众多与诉讼空间容量不足之间的矛盾，因而使司法解决纠纷的功能得到极大的扩展。

2. 适应市场经济需要，并与民法制度协调

群体性纠纷涉及环境、医药、产品责任等实体法领域的众多受害者。单个受害者面对现代高技术的企业或行业提起诉讼，在诉讼能力和经济能力上都无力与之抗衡，加害人与受害人的力量严重失衡。为改变这种状况，民法、经济法等法律、法规都加强了对有关行业或企业的规范，通过无过失责任的制约以及赋予消费者更切实的权利，来改变这种不对等的状况。与之相应，民事诉讼法也有必要随之调整，代表人诉讼允许特定地域的居民或特定的消费者群体，以利益集合的方式求得纠纷解决，从而适应了市场经济发展而出现的多数人群体诉讼的需要，进而为维护市场经济秩序提供了诉讼手段。

二、代表人诉讼

（一）代表人诉讼的概念和类型

代表人诉讼是指一方或者双方当事人人数众多时，由众多的当事人推选出代表人代表本方全体当事人进行诉讼，维护本方全体当事人的利益，代表人所为诉讼行为对本方全体当事人发生效力的诉讼制度，属于群体性诉讼的一种形式。该制度由我国《民诉法》第 56、57 条明确规定，不同于美国的集团诉讼制度。

代表人诉讼分为两类：一类是起诉时当事人人数就可以确定的代表人诉讼，称为“人数确定的代表人诉讼”；另一类是起诉时当事人人数不能确定，需要法院受理案件后公告告知多数人一方进行登记并选定代表人进行诉讼，称为“人数不确定的代表人诉讼”。人数众多时，让所有的当事人参加诉讼不仅极为不便，也会给法院的传唤、审理、开庭带来困难，在人数不确定的情况下更是如此，因此，由多数当事人选定代表人进行诉讼非常必要。

不过，一方或者双方当事人人数众多，并非必须进行代表人诉讼。如果多数当事人不愿意将诉讼实施权授予代表人担当诉讼，也可以分别单独进行诉讼。特别是对于诉讼标的为同一种类的案件，人民法院就不一定要强制要求多数当事人一方选出代表人进行诉讼，而主要应当根据当事人的意愿来决定是否适用代表人诉讼制度。

（二）代表人诉讼的要件

（1）当事人人数众多。我国民事诉讼法将代表人诉讼分为两类：一类是人数确定的代表人诉讼，另一类是人数不确定的代表人诉讼。这两类代表人诉讼的人数下限为 10 人，无上限，人数越多，越能发挥代表人诉讼的功能。

（2）众多当事人一方诉讼标的相同或属于同一种类。当事人一方人数众多起诉时人数确定的，其内部关系可能是必要共同诉讼人的关系，也可能是普通共同诉讼人的关系。当事人一方人数众多起诉时人数不确定的，其内部关系一般是普通共同诉讼人的关系，其诉讼标的为同一种类。

（3）诉讼请求或抗辩方法相同。多数人推举代表人进行诉讼，除诉讼标的同一或同类外，还应当具有相同的诉讼请求或抗辩方法。在多数人内部对诉讼请求或抗辩方法达不成一致意见的情况下，可由部分当事人推选自己的代表人进行诉讼（《民诉解释》第76条）。人民法院也可以在多数人诉讼中，要求分别选定代表人。

（4）代表人合格。合格的诉讼代表人应具备下列条件：必须是他所代表的一方当事人中的一员；具有相应的诉讼行为能力；能够维护被代表的全体成员的合法权益。在代表人诉讼中，代表人适格与否关系极大。只有代表人适格，才能代表众多当事人的利益，法院判决才对所代表的众多当事人产生效力。因此，应将代表人适格视为代表人诉讼的成立要件。

（5）代表人诉讼案件的管辖。民事诉讼法对代表人诉讼的案件管辖未作专门规定。依照民事诉讼法管辖的原则规定和司法实践经验，其管辖应按如下原则确定。

1）对级别管辖的确定。案情简单、涉及面小和诉讼标的额不大的案件，由基层法院管辖；凡涉及主体众多、标的额较大又有较大影响的案件，一般由中级人民法院管辖。

2）对地域管辖的确定。在一般的侵权纠纷或合同纠纷中，代表人代表多数人一方作为原告方起诉的，依《民诉法》关于侵权或合同纠纷管辖的规定确定地域管辖。

（三）代表人诉讼的程序

1. 受理

人民法院受理代表人诉讼，不仅要审查代表人诉讼是否具备一般的起诉要件，还要审查其是否符合代表人诉讼的要件。不符合代表人诉讼要件的，裁定不予受理。但是这并不排斥多数人分别行使诉权、单独提起诉讼。

2. 公告

对于起诉时人数不确定的代表人诉讼来说，人民法院可以发出公告，说明案件情况和诉讼请求，并通知有关利害关系人向人民法院进行登记。公告期间根据案件的具体情况确定，但不得少于30日。公告主要起送达作用，即通知当事人案件已经开始；同时通过通知当事人到人民法院登记，又起着确定人数的作用。

3. 登记

对于人数不确定的代表人诉讼，权利人在公告期间向人民法院登记时，要证明其与对方当事人的法律关系和所受损害；证明不了的，不予登记，当事人可以另行起诉。人民法院的裁判在登记权利人的范围内作出，在登记的范围内执行。

4. 代表人的产生、变更以及其权利的限制

当事人一方人数众多在起诉时确定的，可以由全体当事人推选共同的代表人，也可以由部分当事人推选自己的代表人；推选不出代表人的当事人，在必要共同诉讼中可以自己参加诉讼，在普通共同诉讼中可以另行起诉。不过，由于代表人诉讼是以诉讼标的同一或同类为前提，它也要遵循共同诉讼的一般法理要求。代表人诉讼在诉讼标的共同的情况下，任何一个当事人都可以参加诉讼；对诉讼标的为同一种类而提起的代表人诉讼，也可单独起诉。

当事人一方人数众多在起诉时不确定的，由当事人推选代表人。当事人推选不出的，可以由人民法院提出人选与当事人协商；协商不成的，也可以由人民法院在起诉的当事

人中指定代表人。

代表人的人数限于二至五人，每位代表人可以委托一至二人作为诉讼代理人。

诉讼中出现诉讼代表人死亡、丧失诉讼行为能力以及不能尽代表职责的情况时，可以由原推选代表人的当事人推选新的代表人予以更换。更换后的代表人继续履行原代表人的职责；原代表人的诉讼行为，对新更换的代表人具有法律效力。

诉讼代表人既是当事人一方的成员，又是代表人诉讼中多数人一方诉讼行为的具体实施者，其诉讼行为对自己所代表的当事人有决定性影响。因此，为保障群体的利益，我国《民诉法》第56条规定，代表人的诉讼行为对其所代表的当事人发生效力；同时规定，代表人变更、放弃诉讼请求或承认对方当事人的诉讼请求、进行和解，必须经被代表的当事人同意。

（四）人民法院判决效力的扩张

人数确定的代表人诉讼，以及在人数不确定的情况下通过权利登记程序使人数确定的代表人诉讼，都是由其中的部分当事人代表全体当事人进行诉讼。尽管其他被代表的当事人未参加诉讼，但法院判决的效力也及于他们，这并非判决效力的扩张。这是因为代表人的诉讼实施权来源于所有被代表的当事人的授权，实际上构成任意诉讼担当。在诉讼担当的情况下，判决的效力及于被担当人，判决的利益或不利益归属于被担当人。法院对诉讼担当人所作判决对被担当人产生的效力，不是判决效力的扩张方式。

对于人数不确定的代表人诉讼而言，我国《民诉法》确定的法院判决效力的扩张，只对在公告期未进行权利登记、此后在诉讼时效期间内向法院起诉的人才能适用。判决效力扩张的方式，是由法院作出裁定适用代表人诉讼判决（《民诉解释》第80条）。这种扩张方式，即间接地将判决效力扩及有关的利害关系人。

（五）证券纠纷代表人诉讼

2019年修订后的《证券法》第95条规定了证券纠纷代表人诉讼制度。其中，第1、2款旨在重申因证券市场虚假陈述、内幕交易、操纵市场等行为引发的证券民事赔偿诉讼案件可以适用《民诉法》及其相关司法解释规定的普通代表人诉讼，第3款正式确立了以投资者保护机构为代表人的特别代表人诉讼（《证券代表人诉讼规定》第1条）。所谓的投资者保护机构，是指依照法律、行政法规或者国务院证券监督管理机构的规定设立的中小投资者保护机构，目前主要是中证中小投资者服务中心有限责任公司、中国证券投资者保护基金有限责任公司。根据《证券法》第90条、《上市公司治理准则》（中国证券监督管理委员会公告〔2018〕29号）第82条的规定，投资者保护机构通过持股行权等方式多渠道保护中小投资者合法权益。他们通过购买的方式持有每家上市公司一手（100股）股票①，但基于分红、送股、配股等原因，他们持有的股票数量也有可能有所增长。由于投资者保护机构是所有上市公司的股东，投资者保护机构在其提起的证券民

---

① 以中证中小投资者服务中心有限责任公司为例，该中心持有沪深交易所每家上市公司一手股票，行使质询、建议、表决、诉讼等股东权利，通过示范引领中小投资者主动行权、依法维权，规范上市公司治理。参见《行权服务》，中证中小投资者服务中心网站，http：//www.isc.com.cn/html/xqfw/。

事赔偿诉讼案件中均具有实质当事人的身份，可以自己的名义针对虚假陈述、内幕交易、操纵市场等行为提起民事赔偿诉讼。《民诉法》第 56、57 条有关“当事人一方人数众多”的表述意味着立法机关创制代表人诉讼制度的初衷在于解决众多自然人参加诉讼的难题。在司法实践中，被推选、协商、指定为诉讼代表人的当事人通常是自然人。但是，“人数众多”中的“人”亦可解释为包括法律拟制的“人”在内，故《民诉法》第 56、57 条没有完全禁止法人或非法人组织充当诉讼代表人的制度空间。《证券法》第 95 条第 1、2 款分别规定投资者提起虚假陈述等证券民事赔偿诉讼时采取“人数确定的代表人诉讼”与“人数不确定的代表人诉讼”模式，《证券代表人诉讼规定》第 12 条第 2 款明确规定“持股行权”的投资者保护机构可以作为原告提起或参与普通代表人诉讼，并被人民法院指定为“诉讼代表人”。

延伸阅读 8-1

普通代表人诉讼的程序特则

与前两款旨在确认证券民事赔偿诉讼可以采取普通代表人诉讼机制不同，《证券法》第 95 条第 3 款创设了具有“退出制”色彩的特别代表人诉讼制度，即“投资者保护机构受五十名以上投资者委托，可以作为代表人参加诉讼，并为经证券登记结算机构确认的权利人依照前款规定向人民法院登记，但投资者明确表示不愿意参加该诉讼的除外”。特别代表人诉讼与普通代表人诉讼的区别主要有以下几点：（1）诉讼代表人不同。特别代表人诉讼的诉讼代表人只能是投资者保护机构，而普通代表人诉讼的诉讼代表人既可以是投资者保护机构，也可以是其他投资者。[①]（2）提起诉讼的条件不同。投资者保护机构作为代表人提起或参加特别代表人诉讼的，必须在公告期间受五十名以上权利人的特别授权。[②] 如果未能在权利登记公告期间届满前获得五十名以上权利人的特别授权，投资者保护机构提起或参加的代表人诉讼只能被定性为普通代表人诉讼。但是，在特别代表人诉讼过程中，声明退出等原因导致明示授权投资者的数量不足五十名的，不影响投资者保护机构的代表人资格。[③]（3）权利登记方法不同。与普通代表人诉讼要求权利人亲自向法院登记权利不同，特别代表人诉讼授权投资者保护机构直接为未参加诉讼的权利人向法院登记权利，只要投资者未在权利登记公告期间届满后 15 日内向人民法院声明退出，就视为其同意参加该代表人诉讼。（4）地域管辖连接点不同。普通代表人诉讼案件均应当由省、自治区、直辖市人民政府所在的市、计划单列市和经济特区中级人民法院或者专门人民法院管辖，被告中有发行人的，由发行人住所地作为地域管辖连接点；被告中没有发行人的，以被告住所地为地域管辖连接点。特别代表人诉讼案件则由涉诉证券集中交易的证券交易所、国务院批准的其他全国性证券交易场所所在地的中级人民法院或

---

① 参见《证券代表人诉讼规定》第 12 条的规定。根据该条第 1、3 款的规定，投资者保护机构以外的主体在普通代表人诉讼中充当代表人的，应当同时符合以下条件：（1）自愿担任代表人；（2）拥有相当比例的利益诉求份额；（3）本人或者其委托诉讼代理人具备一定的诉讼能力和专业经验；（4）能忠实、勤勉地履行维护全体原告利益的职责。如果申请担任代表人的原告存在与被告有关联关系等可能影响其履行职责情形，则人民法院对其申请不予准许。

② 参见《证券代表人诉讼规定》第 32 条第 1 款。

③ 参见《证券代表人诉讼规定》第 36 条。

者专门人民法院管辖。[1]（5）诉讼时效重新起算的规则不同。部分投资者或投资者保护机构向人民法院提起人数不确定的普通代表人诉讼的，人民法院应当认定该起诉行为对所有具有同类诉讼请求的权利人发生时效中断的效果，其中，未向人民法院登记权利的投资者的诉讼时效自权利登记期间届满后重新计算，向人民法院登记权利后申请撤回权利登记的投资者的诉讼时效自撤回权利登记之次日重新开始计算。投资者保护机构作为代表人提起或参加特别代表人诉讼后，投资者声明退出诉讼的，其诉讼时效自声明退出之次日起重新开始计算。[2]

延伸阅读 8-2

特别代表人诉讼的程序特则

三、示范性诉讼

（一）示范性诉讼的概念和特征

1. 示范性诉讼的概念

示范性诉讼有广义和狭义之分，广义的示范性诉讼指某一诉讼在事实上或法律上与其他诉讼具有相似性，法院对该诉讼所作的判决对其他诉讼的当事人具有约束力，此诉讼判决是示范判决。狭义的示范性诉讼指双方当事人之间达成契约，约定选择某一具有相同的事实问题或法律问题的诉讼为示范性诉讼，在示范性诉讼判决确定前，其他未起诉的当事人暂时不提起诉讼或已经提起诉讼的中止诉讼，接受示范性诉讼判决的约束，此协议为示范性诉讼契约。

2. 示范性诉讼的特征

示范性诉讼的特征主要有三：（1）示范性诉讼以群体诉讼或多数人诉讼的存在为前提。在群体性诉讼或多数人诉讼中，各个诉讼具有共同的事实问题或法律问题。示范性诉讼的意义在于将各个诉讼所包含的共同的事实问题或法律问题抽象出来并在示范性诉讼中进行审理，判决中对共同争点的认定对法院在同类事件的处理上具有拘束力。一方面，示范性诉讼避免法院对共同事实或法律问题进行重复审理，造成司法资源的浪费，甚至作出相互矛盾的判决；另一方面，能够促进当事人选择诉讼外纠纷解决方式，减少当事人在个别诉讼上的成本支出。因此，当事人人数越多，示范性诉讼的诉讼经济价值就越能够得到体现。（2）示范性诉讼在形态上一般是一个原告与一个被告的诉讼。（3）示范判决对其他诉讼的当事人具有拘束力。示范性诉讼超越了个案的意义，成为法院处理同类纷争的解决依据，当事人也可以根据示范判决选择纠纷的解决途径。因此，示范性诉讼的示范性意义和判决效力的扩张性，能够减少解决群体纠纷的劳力、时间和物力方面的支出。

---

① 参见《证券代表人诉讼规定》第 2 条。

② 参见《证券代表人诉讼规定》第 32 条。

（二）示范性诉讼的类型

1. 契约型示范性诉讼

契约型示范性诉讼以双方当事人达成示范性契约为前提条件。示范性诉讼契约可以成立于起诉前，也可以成立于诉讼过程中。示范性诉讼契约内容可能是几项协议的结合，如暂不起诉协议、接受示范判决约束协议、执行依据获得协议和示范性诉讼程序协议等。例如，在某个大规模的侵权事件中，所有受害人和加害人为加速诉讼进行达成协议，先由某个或数个受害人就被告是否应当承担侵权责任提起诉讼，自觉接受法院对被告是否承担责任这一法律问题的认定的约束。契约型示范性诉讼可以使当事人避免同时或先后进行同类的诉讼，具有诉讼外纠纷解决机制的功能。

2. 职权型示范性诉讼

法官对是否适用示范性诉讼具有决定权，是职权型示范性诉讼区别于契约型示范性诉讼的最大特点。在立法论层面，英国和德国的示范性诉讼属职权型示范性诉讼。例如，根据《英国民事诉讼规则》的规定，示范性诉讼中法官享有以下职权：（1）示范性诉讼的启动。法院有启动示范性诉讼的职权，法院指令进行示范性诉讼的，其他尚未起诉的当事人可以通过向法院登记的方式选择加入，接受示范性诉讼判决效力的约束。（2）示范性诉讼的和解与替换。示范性诉讼本质是法院对多数人诉讼的共同事实或法律问题的审理，因此在示范性诉讼的当事人达成和解的情况下，示范性诉讼的“示范性”作用难以发挥。虽然法院不能阻止示范性诉讼中的原告与被告达成和解协议，但是法院可以作出指定，选择其他案件作为示范性诉讼。除非法院有特别指定，否则法院在被替换的示范性诉讼中所作的任何指令对以后的示范性诉讼具有约束力。（3）示范性诉讼判决的效力。法院对共同事项所作的判决和指令，对多数人诉讼的所有当事人都有约束力，因此示范性诉讼判决必然能够约束其他案件当事人。（4）示范性诉讼中诉讼费用的承担。为了公平合理地在所有当事人之间分配诉讼费用的负担，示范性诉讼中的诉讼费用属共同诉讼费用。除非法院有特别的指令，共同诉讼费用由多数人诉讼中的所有原告或被告平均承担。

3. 混合型示范性诉讼

混合型示范性诉讼是指当事人在达成示范性诉讼契约的同时向法院申请，只有经法院裁定允许才能使用示范性诉讼。这种类型的典型代表是美国《国际贸易法院规则》规定的示范性诉讼程序。

（三）示范性诉讼的外国立法

在日本，对于公害损害赔偿诉讼案件，法院有时采取只对其中部分案件先行诉讼，对其余案件的审理期日作出“暂停指定”，并在证据调查结束后对全部案件一并进行判决的做法。当然，这种做法建立在法院和当事人合意的基础上，不存在损害当事人程序保障权的问题。如果当事人间有进行示范诉讼之合意，只就部分案件提起诉讼，即使其他诉讼案件没有被系属，也可以认为对其有判决效力的扩张。

德国对于具有相同或相似法律问题和事实问题的群体性诉讼也采用了示范性诉讼形式，立法者设立此制度的根本动机在于解决“非个人利益”的争议。2002 年，德国通过了新的消费者诉讼的法律，赋予公共资助的消费者组织代表消费者起诉的权利，或者消费者组织依据消费者诉前进行的请求权让渡而提起示范性诉讼。如果受损害的一方当事人人数太多而且容易识别，那么这些人有权授权给消费者组织代表他们提起诉讼。此际，判决对所有受害人产生既判力。如果非经消费者授权而提起示范性诉讼的话，终局判决仍然不能对未直接参加诉讼的人产生约束力。不过，如果判决是由联邦最高法院作出的，则另当别论，因为联邦最高法院的判决尽管缺乏法律上的约束力，但事实上在其他法院处理相似案件时仍被遵守。该规定的缺点是适用范围很窄，仅限于“保护消费者利益有必要”的情形。2005 年，《德国投资人保护法》也规定了示范性诉讼，该制度适用于资本市场上投资者因不当、诱导性或虚假的信息披露而引起的群体性的损害赔偿诉讼。新法的基本理念是从大量诉讼案件中选取示范性案件进行审理，州法院就共同的事实和法律问题作出的判决对所涉的所有原告都具有约束力。具体而言，如果若干受害人诉请法院要求损害赔偿后，则其中的任何一人以及被告，均可提出进行示范性诉讼的动议，州法院启动示范性诉讼至少要收到十个申请，从中选择一个作为示范性（首席）原告。而且只有首席原告和被告出现在示范性诉讼中，此间，其他诉讼案件被搁置一边。这样，一方人数众多的群体性诉讼缩减为一对一的示范性诉讼，法院处理起来方便多了。在经过一次听审（必要时进行一次证据调查），州法院就会针对那些待决案件的所有共同争点作出一个宣告判决，不服该判决的可以上诉到联邦法院以资救济，否则所有当事人均受示范性案件宣告判决的约束。

（四）我国的示范性诉讼制度

1. 我国的分案处理制度

我国现行法律没有规定示范性诉讼，不过，在司法实践中，曾出现了类似于示范性诉讼制度的“系列案件”的拆案处理、分批审判制度。例如，在轰动全国的中小股东诉大庆联谊虚假陈述民事赔偿案中，黑龙江省哈尔滨市中级人民法院先于 2002 年 10 月开庭审理了三名股东的民事索赔案，此后，黑龙江省哈尔滨市中级人民法院将第二批 456 名原告投资者分为若干个组，于 2003 年至 2004 年间先后多次开庭审理该“系列案件”，于 2004 年 8 月作出一审判决。[①] 又如，2006 年北京市朝阳区人民法院在处理“珠江绿洲案”时，针对珠江绿洲小区的几十户购房者诉开发商违约，即未按照合同约定提供市政自来水和市政生活用电，要求开发商履行合同并赔偿损失的请求，北京市朝阳区人民法院选择一户购房者诉开发商的案件作为试验性案件予以处理，并作出判决。该判决对于在北京市朝阳区人民法院等候审理的其他几十户原告诉同一被告开发商违约案件无疑具有示范性意义：对于北京市朝阳区人民法院来说，判决的约束力自不待言；对于等待审理的其他当事人来说，判决的预期结局已经昭然若揭。

---

① 参见郭锋：《大庆联谊股东诉讼案与中国证券民事赔偿制度的构建》，载《法学杂志》，2006（1）。

2. 示范性诉讼在我国的确立

分案处理不等于示范性诉讼，而是我国代表人诉讼被决策者搁置后的一种替代性的做法，其中蕴含着制度创新的契机。我国代表人诉讼在近十多年中很少适用，法院对于群体性纠纷案件，通常采取分案处理方式，即拆分为一对一的个别诉讼或若干共同诉讼形式，这就为示范性诉讼的广泛适用提供了可能。《繁简分流意见》第 7 条规定："探索实行示范诉讼方式。对于系列性或者群体性民事案件和行政案件，选取个别或少数案件先行示范诉讼，参照其裁判结果来处理其他同类案件，通过个案示范处理带动批量案件的高效解决。"《一站式多元解纷意见》第 11 条再次重申最高人民法院建立示范诉讼模式的立场。

当然，关闭代表人诉讼的大门的同时开放示范性诉讼途径，对我国群体性诉讼机制的革新而言未尝不是好事，毕竟相对于代表人诉讼，示范性诉讼有简化诉讼形式、大大节约法院和当事人诉讼成本的优势。但也要看到，示范性诉讼作为近年来出现的一种新的诉讼形态，在解决大规模的群体纠纷上仍存在着一些理论上甚至德国宪法上的障碍。① 例如，根据程序保障理论，任何人未经正当的法律程序，法院不得作出对其不利的判决。而示范性诉讼的魅力恰恰在于一对一的示范性诉讼的判决效力扩及于第三方，因此必须从理论上对此作出妥当的说明。我们看到，德国、日本和英国的示范性诉讼制度大都建立在所有受损害的当事人同意的基础之上：不仅同意在示范性案件审理期间，法院将自己的诉讼案件搁置，而且同意示范性诉讼判决的效力能够扩张到自己的诉讼案件中。德国法还虚构了一个第三方当事人参加诉讼的拟制场面，即伴随着示范性诉讼的进行，案件被搁置的第三方当事人可以通过互联网平台和新建的电子操作的诉请登记册向审理示范性诉讼的州法院提供事实和证据，与法院进行信息交流。不过，法院不能阻止第三方当事人积极参与示范性诉讼。如果第三方当事人欲影响示范性诉讼的结果而参加到诉讼中来，那么诉讼形式又可能回复到多数人诉讼的状态。因此，我国在引进示范性诉讼时，如何确立一个既符合法理，又足具操作可能的新诉讼形态，值得进一步思考。

四、团体诉讼

（一）团体诉讼的概念和功能

团体诉讼（verbandsklage）是一种赋予某些团体诉讼主体资格和团体诉权，使其可以代表团体成员提起、参加诉讼，独立享有和承担诉讼上的权利义务，并可以独立作出实体处分的专门性制度。德国采用团体诉讼方式，即将具有共同利益的众多法律主体提起和进行诉讼的权利"信托"给具有公益性质的社会团体，由该团体在符合其章程、设立目的的情况下提起诉讼。法院判决是针对该团体作出的，有利于该团体的判决效力虽

① 《德国基本法》第 103 条规定了当事人的听审权、正当程序保障权。据此，任何人都不受法院判决的约束，除非他得到参与诉讼、参加听审、提供事实和证据、进行法庭辩论的机会。

不能直接及于团体的每个成员，但该团体的成员可以援引该判决对抗团体诉讼的被告。

德国团体诉讼制度最初是作为替代行会的自治性调整机制而设立的，此后主要调整的领域扩大到了反不正当竞争法、降价法、反对限制竞争法、一般交易条件法等，德国学者在阐释团体诉讼的理论基础时，尽管有诉讼担当说、不作为请求权说、起诉义务说和民众诉讼说等不同的观点，但基本的共识是：团体诉讼是以维护团体的共同利益或整体利益为本旨的停止侵害之诉或撤销之诉，有制止违法和预防保护的功能，往往涉及公共利益问题，因而团体诉讼有时构成公益诉讼。同时，德国团体诉讼明确将团体利益与其成员的个体利益区别开来，由于二者的诉权并不相互排斥或完全重合，因而不会因为提起团体诉讼而对其成员的个人诉权造成侵蚀。正如谷口安平教授所说，德国的“立法机关在直接涉及公共利益的问题上，一方面没有无条件地赞成行政机关强化自己权限来加以对付，另一方面也不像美国的集团诉讼那样采取通过动员个人的利益动机来实现公共目的的战略。团体诉讼可以说是居于两者之间的一种制度”①。

在维护公共利益上，团体诉讼具有与生俱来的独特品质。团体诉讼被严格限定为公共利益之诉讼，同时也带来了其效力的有限性，即对于小额分散损害与大众损害，团体诉讼的适用就存在着局限性，有时不如美国的集团诉讼和我国的代表人诉讼更为有效。

（二）我国团体诉讼的类型

在我国，《民诉法》之后出台的一些法律开始借鉴德国团体诉讼制度，依据法定诉讼担当理论，增加了若干例外的规定，即当诉讼标的之权利义务归属主体不可能或不适于进行诉讼时，由法律规定的应当对归属主体负有保护职责的人或者财产管理权人进行诉讼担当。目前我国以维护公共利益为目的之诉讼担当主要有以下团体诉讼类型。

（1）工会。《工会法》第 21 条、《劳动合同法》第 56 条规定，工会可以作为集体合同争议的当事人。工会代表职工与企业以及实行企业化管理的事业单位进行平等协商，签订集体合同。企业违反集体合同，侵犯职工劳动权益的，工会可以依法要求企业承担责任；因履行集体合同发生争议，经协商解决不成的，工会可以向劳动争议仲裁机构提请仲裁，仲裁机构不予受理或者对仲裁裁决不服的，可以向人民法院提起诉讼。

（2）业主委员会。2018 年修订的《物业管理条例》赋予业主委员会为维护业主共同利益而起诉的资格。根据《物业管理条例》的规定，业主委员会是业主大会的执行机关，自选举产生之日起 30 日内向物业所在地的区、县人民政府房地产行政主管部门和街道办事处、乡镇人民政府备案，行使召集业主大会、监督业主公约实施、代表业主与物业服务企业签订物业服务合同、协助物业服务企业管理及完成业主大会授权事项等职责。对于涉及业主共同利益的事项，如物业服务企业违反合同约定损害业主公共权益；业主大会决定提前解除物业服务合同，物业服务企业拒绝退出；物业服务合同终止时，物业服务企业拒绝将物业管理用房和《物业管理条例》第 29 条第 1 款规定的资料交给业主委员

① ［日］谷口安平：《程序的正义与诉讼》，王亚新、刘荣军译，198 页，北京，中国政法大学出版社，1996。

会，以及其他损害全体业主公共权益的情况，业主委员会作为广大业主的诉讼担当人，有提起民事诉讼的资格。一些地方人大及其常委会通过的物业管理法规也规定了业主委员会具有当事人的资格。① 最高人民法院发布的批复和一些地方的高级人民法院的生效判决已经肯定了业主委员会的民事诉讼主体资格。

我国法院之所以承认业主委员会的原告资格，理由是：第一，各国立法中，对共用物业拥有管理权的是由业主组成的管理团体，而不是业主个体；因共用物业管理引起的诉讼，只能由享有管理权的主体作为当事人，而单个业主仅享有成员权，不能独立行使管理权和决定权，对侵害管理权的行为不能单独提起诉讼。例如，《日本建筑物区分所有法》第57条规定，请求停止违反共同利益的行为，应由管理组合法人依据集会之决议提起诉讼。该规定排除区分所有人的个人诉权。第二，业主具有个体分散性和意志多元性特点，当其公共权益受到侵害时，需要一个机构代表全体业主行使诉讼权利，而业主委员会具有组织性和稳定性，能够胜任该工作。第三，业主的请求往往具有某些共通性，赋予业主委员会以诉权，可以提高纠纷解决的效率和效益，防止业主以相同的事实和理由起诉，避免出现群体纠纷和“一事二理”现象。考虑到业主委员会不具有独立的财产，无法自行承担民事责任，为了避免业主委员会作为独立诉讼主体造成权利义务的不对等，业主委员会只具有原告的资格，不能作为被告。法院判决业主委员会依法履行职责的，由业主委员会承担责任，涉及财产支付责任的由全体业主共同承担。该制度确立后，在业主维权方面发挥了重要作用。

不过，《民法典》第286条并没有对审判实践中存在的业主委员会对物业的团体诉讼资格予以确认，仅明确了业主的诉讼主体资格。对于物业损害业主共同权益的纠纷，由业主作为原告提起诉讼，并可以依据《民诉法》第57条关于代表人诉讼的规定，推选代表人进行诉讼。立法机关之所以暂不规定业主委员会对物业提起团体诉讼的资格，主要有两个原因：一是业主委员会没有独立的财产，难以承担败诉后的民事责任；二是目前许多小区没有成立业主大会或业主委员会。尽管如此，业主委员会对物业的团体诉讼资格在司法实务中仍然得到了认可。

（3）著作权集体管理机构。《著作权法》第8条第1款规定：“著作权人和与著作权有关的权利人可以授权著作权集体管理组织行使著作权或者与著作权有关的权利。依法设立的著作权集体管理组织是非营利法人，被授权后可以以自己的名义为著作权人和与著作权有关的权利人主张权利，并可以作为当事人进行涉及著作权或者与著作权有关的权利的诉讼、仲裁、调解活动。”根据《著作权集体管理条例》第2条的规定，著作权集体管理是指著作权集体管理组织经权利人授权，集中行使权利人的有关权利并以自己的名义进行的下列活动：1）与使用者订立著作权或者与著作权有关的权利许可使用合同；2）向使用者收取使用费；3）向权利人转付使用费；4）进行涉及著作权或者与著作权有关的权利的诉讼、仲裁等。

我国目前已经成立的音乐、音像、文字、摄影、电影著作权协会等著作权集体管理

---

① 参见2002年9月《重庆市物业管理条例》第22条第10项，2004年7月《武汉市住宅区物业管理条例》第4条。

组织，可以行使涉及著作权或者与著作权有关的权利的诉讼实施权，在诉讼中可以作为适格当事人为著作权人维权。其理论基础在学说上存在争议：有的学者持代理说，有的持信托说。代理说认为，著作权集体管理组织基于著作权人的委托关系而作为诉讼实施权的行使主体。信托说认为，著作权集体管理组织基于著作权人将著作权信托给其行使，从而基于其实体管理权而作为诉讼实施权的当然归属主体。相对而言，本书持诉讼担当说，即著作权集体管理组织基于任意诉讼担当制度而成为形式当事人。

（三）我国团体诉讼范围的扩大

除了上述情形，我国还应当扩大团体诉讼的适用范围，将团体诉讼扩大到投资者保护组织等领域。例如，在证券法和公司法领域，通过非营利组织来发动对于公司、证券违法行为的诉讼，在日本、韩国已经获得立法的承认，成为推进公司治理和证券执法的替代机制。

第三节　诉讼第三人

一、第三人的概念和分类

（一）第三人的概念

第三人，是指对于已经开始的诉讼，以该诉讼的原、被告为被告提出独立的诉讼请求，或者由该诉讼中的原告或被告引进后主张独立的利益，或者为了自己的利益，辅助该诉讼一方当事人进行辩论的诉讼参加人。

第三人有如下两方面特征：（1）从实体上看，一是主张独立的请求权；二是为保护自己的民事权益而参加诉讼；三是为维护自己的民事权益，辅助一方当事人进行辩论。（2）从程序上看，第三人是在他人的诉讼已经开始，法院作出裁判之前参加诉讼。在诉讼理论上，他人之间正在进行的诉讼，称为本诉；第三人参加的诉讼，称为参加诉讼。

要特别注意的是，第三人参加的诉讼，既可以是他人之间已经开始的一审诉讼，也可以是二审诉讼。《民诉解释》第 81 条第 2 款规定："第一审程序中未参加诉讼的第三人，申请参加第二审程序的，人民法院可以准许。"

第三人参加诉讼，就形成了本诉与参加诉讼的合并审理，可以使人民法院彻底解决当事人之间的纠纷，避免人民法院对同一事件作出相互矛盾的判决。第三人参加诉讼，符合诉讼经济原则的要求，能够节省时间和费用，简化诉讼程序。

（二）第三人的分类

根据第三人对争议的诉讼标的是否具有独立请求权，我国民事诉讼法把第三人分为两类：一是有独立请求权第三人，二是无独立请求权第三人。鉴于立法对无独立请求权第三人的规定过于简略，民事诉讼理论和司法实践对它的理解和适用存在很多问题，本教材借鉴外国立法经验，针对我国实际情况，将无独立请求权第三人分为准独立第三人和辅助参加的第三人，以期引起理论界的进一步讨论，为完善立法做理论准备。

二、有独立请求权第三人

（一）有独立请求权第三人参加诉讼的根据

有独立请求权第三人，是指对于已经开始的诉讼，以该诉讼的原、被告为共同被告，对当事人双方的诉讼标的提出独立的诉讼请求而参加诉讼的人。这种第三人参加诉讼的根据，有如下两种情况。

（1）对未决案件诉讼标的的全部或一部或者争议的诉讼标的物提出独立的诉讼请求。《民诉法》第59条第1款的“独立请求权”，本质上是一种独立的诉讼标的，表现为第三人于诉讼中所提出的具体诉讼请求。“独立请求权”的实体法基础，既可以是第三人主张的债权请求权，也可以是物权请求权；实体法上的形成权，如合同解除权、撤销权等，也可以构成这里的“独立请求权”。

（2）主张由于诉讼结果而使自己的权利受到损害。《日本民事诉讼法》第71条规定，主张由于诉讼结果而使其权利受到损害的第三人，可以作为当事人参与诉讼。这被称为“诈害防止参加”。

【案例8-1】甲向乙提起给付10万元欠款的诉讼，丙向法院提出请求确认甲乙之间的10万元债权不存在。丙认为甲、乙共谋提起诉讼，意图使乙的财产减少，诈害丙对乙的债权。在这个诉讼中，丙即是主张因甲、乙诉讼结果将对自己的权利造成损害，从而提起“主参加”之诉的第三人。

我国《民诉法》第59条第3款规定了第三人撤销之诉，允许第三人对于法院就他人之间基于诈害诉讼所作的判决、裁定、调解书提起撤销之诉（参见本书第十八章第六节“第三人撤销之诉”）。既然立法认可对损害第三人合法权益的诈害裁判提起撤销之诉，以撤销生效的诈害判决、裁定、调解书，那么根据法律解释中的举重明轻原则，就应当承认第三人有权对正在进行的诈害诉讼提起独立的参加之诉。因此，在解释论上，我国《民诉法》也将防止诈害作为第三人提起独立参加诉讼的根据。确立这种独立的参加之诉，对于维护诚实信用的市场交易秩序、保障第三人利益、防止债务人恶意转移财产，具有积极意义。

（二）有独立请求权第三人参加诉讼形成的诉讼构造

我国民事诉讼理论一般认为，有独立请求权第三人在诉讼中的地位相当于原告，即以本诉的原告和被告作为被告。这是因为该第三人既不同意本诉原告的主张，也不同意本诉被告的主张。该第三人认为，不论是原告胜诉，还是被告胜诉，都将损害其民事权益，实际上他是为了维护自己的民事权益，以独立的实体权利人的地位，向人民法院提起了一个新的诉讼。因此，该第三人享有原告的诉讼权利，承担原告的诉讼义务。人民法院对待有独立请求权第三人参加的诉讼，实际上是把两个诉讼合并在一个诉讼程序中共同加以审理，这两个诉讼是：原来当事人之间的诉讼，即本诉；第三人和原来当事人之间的诉讼。因此，有独立请求权第三人尽管处于原告的地位，以本诉的当事人双方为被告提起一个新的诉讼，但第三人之诉与必要共同诉讼是两种不同的诉讼制度，二者的区别有以下几点。

（1）争议的诉讼标的不同。必要共同诉讼人争议的诉讼标的是共同的，或者共同享有权利，或者共同承担义务；第三人提起的诉讼，其诉讼标的与本诉的诉讼标的并不是共同的，他同本诉当事人的任何一方都不具有共同的权利、义务。

（2）争议的主体对象不同。必要共同诉讼人只能同另一方当事人发生争议；第三人则同本诉的双方当事人都有争议。

（3）诉讼地位不同。必要共同诉讼人既可能处于原告地位，也可能处于被告地位；第三人只能处于原告地位。

（4）诉讼行为效力不同。必要共同诉讼人一个人的诉讼行为，经全体承认，对全体发生效力，但对第三人不发生效力；第三人的诉讼行为不受本诉任何一方当事人诉讼行为的牵制。

（5）参加诉讼方式不同。必要共同诉讼是不可分之诉，对于未参加诉讼的其他必要共同诉讼人，法院应通知其参加诉讼；第三人之诉既可以与本诉分开单独提起，也可以在本诉审理终结后另行提起。

但是，对于第三人之诉与本诉合并形成共同诉讼的观点，以及基于此观点来认识共同诉讼人与第三人的区别，并不全面。因为第三人参加诉讼形成的诉讼结构既可能是以共同诉讼形式呈现的二面诉讼结构，也可能是三方相互对立的三面诉讼结构。所谓三面诉讼结构，是指在司法解决纠纷功能的扩大和尊重当事人的程序主体地位的背景下，以新诉讼标的理论为解释方法，在本诉的诉讼标的涉及的第三人与本诉的原、被告双方都存在利益冲突的情况下，在同一层面不分主次先后地解决这三个主体之间的相互纠纷，而形成的三方相互对立的诉讼结构。

在【案例 8-1】中，原告甲请求被告乙给付 10 万元欠款，乙则抗辩称债的关系根本不存在。丙得知甲、乙间的诉讼后，就以有独立请求权的第三人身份提起一个独立的诉讼请求，主张被告应向自己（而不是向原告）给付 10 万元欠款。这时丙的主张其实是分别针对甲和乙的。对甲而言，第三人丙主张原告债权不存在，乙应对丙给付而非对甲给付，原告抗辩第三人债权不成立；对乙而言，第三人主张被告的给付义务，而被告拒绝承认乙、丙间有债的关系。在这个纠纷中，既不是本诉与第三人之诉的合并形式，也不是甲乙之诉、甲丙之诉、乙丙之诉的三诉合并形式，而是一个诉讼标的中涉及当事人相互间排斥的利益冲突，法院要不分此诉与彼诉地完全解决这一个纠纷，无法把这一个纠纷看成是几个诉的合并。在这种情况下，三方相互对立即形成“三面诉讼关系”。

三、无独立请求权第三人

（一）无独立请求权第三人的概念辨析

根据我国《民诉法》第 59 条第 2 款的规定，无独立请求权第三人是对当事人双方的诉讼标的虽然“没有独立请求权”，但是案件处理结果同他“有法律上的利害关系”，可以申请参加诉讼或者由人民法院通知他参加诉讼的人。这一简短的规定，在司法实践中引发诸多问题，在理论上引起了较大分歧，致使人们对无独立请求权第三人的法律地位和诉讼权利义务没有统一认识。要对无独立请求权第三人的问题及其解决有一个较为正确的认识，首先要弄清有关无独立请求权第三人的两个重要分歧：一是无独立请求权第三人的“请求权”分歧；二是无独立请求权第三人诉讼地位的分歧。

1. 关于何为“没有独立请求权”

一种观点认为，这种第三人对他人之间的诉讼标的无独立请求权，就意味着他不能提出任何独立的诉讼请求，只是辅助一方当事人，只是依附原告或被告一方。

另一种观点认为，第三人仅仅是对原、被告之间的诉“没有独立请求权”，而不能说他没有请求权。由于案件的处理结果同第三人产生利害关系的牵连，导致本诉原告对本诉被告的诉与被告对第三人的诉发生牵连，因而这种第三人参加诉讼，是一种诉讼合并。

2. 关于何为“有法律上的利害关系”

对于《民诉法》第59条“有法律上的利害关系”，法律界一直存有争议，学者们认识不一。有作狭义解释的，认为法律上的利害关系仅限于第三人和本诉被告之间的实体法上的义务关系①；也有作中义解释的，主张法律上的利害关系指第三人与本诉当事人之间的实体法上的义务关系、权利关系和权利义务关系②；而广义解释者将本案裁判的理由和裁判结果有影响第三人的法律地位或损害其民事权益之虞的，均认为构成“法律上的利害关系”。

我们认为，“法律上的利害关系”，有公法上的利害关系与私法上的利害关系、实体法上的利害关系和程序法上的利害关系之分。在解释论上，往往将法律上的利害关系解释为私法上的利害关系、实体法上的利害关系，只有在司法政策和司法环境要求对第三人作扩大解释时，才会将公法上的利害关系、程序法上的利害关系纳入其中。例如，当第三人的合法权益易受他人之间的诉讼侵害，而第三人缺乏有效救济手段时，就有必要对“有法律上的利害关系”进行扩张解释。在我国现阶段，鉴于第三人撤销之诉制度对生效裁判的既判力带来的严峻挑战，出于保护第三人合法权益、减少撤销之诉适用概率的目的，我们认为，应当适当扩大解释“有法律上的利害关系”概念。

其一，“有法律上的利害关系”包括公法和私法上的利害关系。例如就公法上的利害关系而言，因他人之间的诉讼而导致第三人可能遭受刑事追诉的可能时，第三人对裁判结果有法律上的利害关系。

其二，“有法律上的利害关系”包括实体法和程序法上的利害关系。其中，实体法上的利害关系可以类型化为直接担责型、另诉追偿型、先决型、既判力拘束型等形态。

（1）直接担责型是指基于纠纷一次性解决的目的，法院在他人之间的诉讼中直接判令第三人对他人承担民事责任，从而一并解决有牵连的不同法律关系的争议。

---

① 此种观点较早由柴发邦教授提出，不过其在后来的著作中作了修正，转而主张“义务性、权利性和权利义务性关系说”。支持该观点的可参见董国庆、易斌：《无独立请求权第三人若干问题探微》，载《人民司法》，2006（8）。

② 这是在批判“义务性关系说”的基础上发展起来的学说，具体内容可参见陈彬：《对无独立请求权的第三人参加诉讼若干问题的探讨》，载《法律科学》，1989（4）；蒋为群：《论无独立请求权的第三人》，载《甘肃政法学院学报》，2002（3）。

（2）另诉追偿型是指在他人间正在进行的诉讼中，如果一方当事人败诉后，会导致败诉方当事人向第三人另行提起求偿诉讼，即第三人在后诉中有被追偿的风险，那么就可以认定该第三人与本案有法律上的利害关系。

（3）先决型是指前诉所处理的事项或裁判内容构成后诉的先决问题，导致第三人在后诉中受前诉裁判的影响而有败诉的风险时，前诉与后诉之间即存在先决关系，此际，第三人对于前诉具有法律上的利害关系。

（4）既判力拘束型是指第三人可能受到他人之间诉讼的裁判既判力的拘束，导致第三人权利的减少或者义务的增加。这时，受裁判既判力拘束的第三人与裁判结果具有法律上的利害关系，有权以第三人的身份参加诉讼。

在我国，引入“程序法上的利害关系”，对于保护第三人的程序参与权、知情权，赋予第三人必要的程序保障，尤为必要。其实，立法机关设立第三人撤销之诉的目的，除了在于遏制虚假诉讼、恶意诉讼，更深层次的目的在于向第三人提供程序保障。根据法律规定，第三人只有非基于本人的事由未参加诉讼，方能提起第三人撤销之诉。如果该第三人在前诉中已经获得或者放弃了行使相应诉讼权利的机会，则不再具有撤销生效裁判的权利。可见，第三人撤销之诉只能给予第三人以事后程序保障的机会，以维护程序正义。① 同时，应当看到第三人撤销之诉对事前保障所形成的倒逼机制。它更像能照出程序瑕疵的镜子，其存在的一个重要价值就是不断地提醒法官通知第三人参加到他人之间已经开始的诉讼中，在前诉中强化事前的程序保障。

3. 无独立请求权第三人的诉讼地位

关于无独立请求权第三人的诉讼地位，我国民事诉讼学者有以下四种不同的观点。

其一，这种第三人不是民事诉讼当事人，他在诉讼中既非原告，又非被告，而是有独特诉讼地位的诉讼参加人。

其二，这种第三人是当事人的一种，依法享有当事人的权利，承担当事人的义务。

其三，这种第三人参加诉讼，其诉讼地位是当事人，但是只能是被告。

其四，这种第三人是不确定的当事人，如判决其承担责任，为当事人，否则就不是当事人。

《民诉法》一方面把无独立请求权第三人放在“当事人”一节中加以规定，将无独立请求权第三人作为当事人的一种；另一方面又规定，人民法院判决承担民事责任的第三人，有当事人的诉讼权利和义务，显然又把无独立请求权第三人与当事人区别开来，使学者对无独立请求权第三人的法律地位所持的不同论点都找到了立法依据。但无论哪一种观点，都存在着潜在的矛盾，如认为他不是当事人，法院判决他承担责任就没有任何道理；如认为他是当事人，他却无独立请求权，只在被判决承担责任以后才是当事人，在其地位没有任何保障的情况下被判决承担了责任，这是很不公平的。解决这一两难问题的思路是把无独立请求权第三人的法律地位在诉讼一开始就予以确定：让诉的利益主体成为诉讼当事人，即让有可能被判决承担责任的第三人提起独立的诉讼，第三人也可以对本诉的原告或被告提起诉讼，主张权利；让与本案无直接的诉的利益的人成为辅助

---

① 参见张卫平：《中国第三人撤销之诉的制度构成与适用》，载《中外法学》，2013（1）。

参加人，法院不得判决其承担责任。[①]

这就是说，应当把现行法所规定的无独立请求权第三人，具体细分为两种情况：一是准独立第三人，二是辅助参加的第三人。

（二）准独立第三人

1. 准独立第三人的概念

这是无独立请求权第三人的第一种表现形态。这种第三人由于对本诉的诉讼标的享有权利或负有义务，因而具有当事人的诉讼地位。但是，承认这种第三人有当事人地位，必须是该人以诉的方式提起诉讼或被诉，而不能由法院通知其参加诉讼并判决其承担民事责任。

这种第三人被称为准独立第三人，并非无独立请求权，因而具有独立的当事人地位。不过，他对本诉仍有依附性，这种依附性表现在：（1）第三人之诉与本诉合并管辖；（2）引进第三人的一方当事人败诉并对原告有给付义务时，才可判决第三人对本诉原告承担责任。（3）原告与被告之间争议的事实认定和双方责任的确定，往往影响被告与第三人的法律关系有效与否，而被告对原告、第三人对被告所负责任的确定，往往成为确认原告与第三人间的权利义务关系以及第三人应对原告承担责任的基础。

第三人之诉既然是一个独立的诉讼，就应运用不告不理原则，通过第三人向（或被）本诉原告或被告起诉而形成第三人之诉。人民法院将这两个诉合并审理，并判决义务性第三人直接向本诉原告承担责任或判决本诉被告直接向权利性第三人承担责任，达到一个诉讼程序解决两个纠纷的目的。

【案例 8－2】甲、乙签订买卖合同，丙为卖方乙的供货人，乙不能按期交货，甲诉乙要求承担责任，被告乙将丙作为自己的被告引入诉讼。这是常见的无独立请求权第三人（准独立第三人）参加诉讼的典型案例。应当强调的是，准独立第三人是被本诉被告起诉而引入诉讼的，属于义务性第三人。

【案例 8－3】某农户与村民委员会签订协议承包果园后，村民委员会要求解除合同，农户向法院起诉村民委员会，与农户签有技术服务合同的农技站以农户为被告向法院起诉，要求农户承担违约责任。农技站为准独立第三人，属于权利性第三人。

2. 准独立第三人参加诉讼形成的诉讼结构

准独立第三人介入本诉所形成的诉讼结构（当事人结构）是三方对立的结构。这是因为准独立第三人与本诉一方当事人之间的法律关系同本诉争议的法律关系有牵连，与准独立第三人相牵连的本诉一方当事人，无论胜诉败诉都影响第三人法律上的利益，如若败诉，准独立第三人要承担民事责任。因此，第三人与两诉的利益均有关联，三方当

---

① 在处分原则下，法院判决无独立请求权第三人承担责任，前提是原告对第三人提出了诉讼请求。然而，原告与第三人之间无权利义务关系，第三人仅对被告可能负有某种义务，此际，原告对第三人欠缺实体法上的请求权基础，因而实际上不能对第三人主张权利。在原告不能对第三人提出诉讼请求的情况下，法院超出诉讼请求范围作出裁判即为超判，属于严重的程序违法行为。二审法院可以据此发回重审，第三人可以依据《民诉法》第 211 条第 11 项的规定申请再审。

事人任一方离开诉讼，法院就无法在充分辩论的基础上合一作出公正判决，法院也无法越过本诉让第三人向本诉原告承担责任。

但是，这种三方对立的结构，以法院判决第三人直接向本诉原告承担民事责任为前提条件。我国民事诉讼立法和司法实践承认法院判决第三人直接向原告承担责任，却不承认第三人介入本诉所形成的三方对立关系，因而判决第三人向原告承担责任就没有理论根据。如果法院在判决中不让第三人向原告直接承担责任，第三人是否介入诉讼，就取决于当事人是否引进第三人或第三人是否主动参加诉讼。在这种情况下就不存在三方对立的关系，法院也无须合并审理。

3. 准独立第三人参加诉讼的方式

准独立第三人参加诉讼，实际上是提起一个独立的诉，即第三人之诉。既然是独立的诉，就应当尊重主体行使诉权的意愿。因此，准独立第三人参加诉讼的方式有两种：一是由本诉被告对其起诉后，成为第三方当事人；二是第三人主动向本诉原告或被告一方起诉。在两种情况下，均形成诉的合并。这就排除了法院依职权追加准独立第三人的方式。

（三）辅助参加的第三人

辅助参加的第三人是真正意义上的无独立请求权第三人。他参加诉讼的目的，是知悉本诉的情况。在他所辅助的本诉当事人向其提出独立的诉讼请求时，该第三人不得对主当事人主张本诉判决对其无拘束力，主当事人却可以本诉判决对抗第三人的请求。因此，第三人辅助参加的作用在于产生参加的效力。

在无独立请求权第三人不知晓本诉已经发生的情况下，法院可依职权通知其参加；如法院未依职权通知，而本诉一方当事人希望本诉判决在他与该第三人之间产生拘束力，就有义务通知该第三人参加诉讼。同时，在该第三人知悉本诉已发生的情况下，也可主动申请参加诉讼，以维护自己的利益。

这种辅助参加的第三人，在一审诉讼中只能站在主当事人一边进行诉讼，他虽然可提供证据，进行辩论，但他所提出的主张和抗辩不得同主当事人相冲突。他无权提出管辖异议，无权放弃、变更诉讼请求或者申请撤诉，不能请求和解，被判决承担民事责任的，有权提起上诉。

总之，在承认准独立第三人的同时，也承认辅助参加的第三人的类型，并非无任何意义，至少会产生参加的效力。同时，承认这种第三人的存在，也可赋予本诉当事人或第三人诉权行使的选择性和自由性。

（四）关于无独立请求权第三人参加诉讼的司法解释

针对司法实践中存在的某些利害关系人是否可以作为第三人的问题，最高人民法院通过司法解释作出了一些规定。

根据《劳动争议解释一》第 27 条的规定，下列主体可以作为第三人参加诉讼：(1) 用人单位招用尚未解除劳动合同的劳动者，原用人单位与劳动者发生的劳动争议，可以列新的用人单位为第三人；(2) 原用人单位以新的用人单位侵权为由向人民法院起诉的，可以列劳动者为第三人。但是，根据《劳动争议解释一》第 27 条第 3 款的规定，原用人单位以新的用人单位和劳动者共同侵权为由提起诉讼的，应当列新的用人单位和劳动者为共同被告。

根据《民诉解释》的规定，下列主体可以作为第三人参加诉讼：（1）在诉讼中，受让争议的民事权利义务的受让人（第 249 条第 2 款）；（2）在第三人撤销之诉中，生效判决、裁定、调解书中没有承担责任的无独立请求权的第三人（第 296 条）；（3）在案外人提起的执行异议之诉中，不反对案外人异议的被执行人（第 305 条）；（4）在申请执行人提起的执行异议之诉中，不反对申请执行人主张的被执行人（第 306 条）。

根据最高人民法院《关于审理外商投资企业纠纷案件若干问题的规定（一）》（法释〔2020〕18 号）第 6 条第 1 款的规定，外商投资企业股权转让合同成立后，转让方和外商投资企业不履行报批义务，受让方以转让方为被告、以外商投资企业为第三人提起诉讼，请求“转让方与外商投资企业在一定期限内共同履行报批义务”及“在转让方和外商投资企业于生效判决确定的期限内不履行报批义务时自行报批”的，人民法院应予支持。

根据《期货规定一》第 49 条第 2 条的规定，期货交易所未代期货公司履行期货合约，期货公司拒绝代客户向期货交易所主张权利的，客户可直接起诉期货交易所，期货公司可作为第三人参加诉讼。

根据《公司法规定二》《公司法规定三》《公司法规定四》的规定，股东提起解散公司诉讼时可以将其他股东列为第三人（《公司法规定二》第 4 条），股东在公司已经清算完毕注销后起诉清算组成员时可将其他股东列为第三人（《公司法规定二》第 23 条），当事人提起的股东资格确认之诉应以与案件争议股权有利害关系的人作为第三人参加诉讼（《公司法规定三》第 21 条）（《公司法规定三》第 3 条），股东起诉请求确认股东会或者股东大会、董事会决议不成立、无效或者撤销决议时可将决议涉及的利害关系人列为第三人（《公司法规定四》第 3 条），股东对董事、监事、高级管理人员或者他人提起股东代表诉讼时应列公司为第三人（《公司法规定四》第 24 条）。此外，根据《九民纪要》第 13 条第 1 款的规定，债权人对债务人公司享有的债权已经由生效裁判确认，其另行提起公司人格否认诉讼，请求股东对公司债务承担连带责任的，也应当列公司为第三人。

根据《旅游规定》第 4、5 条的规定，旅游者因旅游辅助服务者的原因导致旅游经营者违约仅起诉旅游经营者的，人民法院可以将旅游辅助服务者追加为第三人；旅游者因保险责任事故仅起诉旅游经营者的，人民法院可以应当事人的请求将保险公司列为第三人。

根据《虚假诉讼工作指引一》第 13 条的规定，对于涉嫌虚假诉讼的，人民法院可以通知与案件处理结果可能存在法律上利害关系人作为无独立请求权第三人参加诉讼。

根据《银行卡案件规定》第 11 条的规定，在收单行与发卡行不是同一银行的情形下，持卡人请求发卡行承担责任，发卡行申请追加收单行或者特约商户作为第三人参加诉讼的，人民法院可以准许。发卡行承担责任后，可以依法主张存在过错的收单行或者特约商户承担相应责任。

根据《信用证规定》第 14 条第 2 款的规定，当事人以基础交易欺诈为由起诉的，可以将与案件有关的开证行、议付行或者其他信用证法律关系的利害关系人列为第三人；

第三人可以申请参加诉讼，人民法院也可以通知第三人参加诉讼。

根据《存单规定》第 6 条第 3 款的规定，出资人起诉金融机构的，人民法院应通知用资人作为第三人参加诉讼；出资人起诉用资人的，人民法院应通知金融机构作为第三人参加诉讼。

根据最高人民法院《关于审理独立保函纠纷案件若干问题的规定》（法释〔2020〕18 号）第 19 条的规定，保函申请人在独立保函欺诈诉讼中仅起诉受益人的，独立保函的开立人、指示人可以作为第三人申请参加，或由人民法院通知其参加。

根据《担保制度解释》第 42 条的规定，抵押权依法设立后，抵押财产毁损、灭失或者被征收等，抵押权人请求按照原抵押权的顺位就保险金、赔偿金或者补偿金等优先受偿，并向抵押权人请求给付义务人向其给付保险金、赔偿金或者补偿金的，人民法院可以通知抵押人作为第三人参加诉讼。

《融资租赁合同解释》第 13 条规定了以下三种独立请求权第三人情形：（1）出卖人与买受人因买卖合同发生纠纷，或者出租人与承租人因融资租赁合同发生纠纷，当事人仅对其中一个合同关系提起诉讼，人民法院经审查后认为另一合同关系的当事人与案件处理结果有法律上的利害关系的，可以通知其作为第三人参加诉讼；（2）承租人与租赁物的实际使用人不一致，融资租赁合同当事人未对租赁物的实际使用人提起诉讼，人民法院经审查后认为租赁物的实际使用人与案件处理结果有法律上的利害关系的，可以通知其作为第三人参加诉讼；（3）承租人基于买卖合同和融资租赁合同直接向出卖人主张受领租赁物、索赔等买卖合同权利的，人民法院应通知出租人作为第三人参加诉讼。

根据最高人民法院《关于审理涉及会计师事务所在审计业务活动中民事侵权赔偿案件的若干规定》（法释〔2007〕12 号）第 3 条第 3 款的规定，利害关系人提出被审计单位的出资人虚假出资或者出资不实、抽逃出资，且事后未补足的，人民法院可以将该出资人列为第三人参加诉讼。

此外，《合同编通则解释》第 37 条第 1 款、第 44 条、第 47 条规定：（1）债权人以债务人的相对人为被告向人民法院提起代位权诉讼，未将债务人列为第三人的，人民法院应当追加债务人为第三人；（2）债权人依据《民法典》第 538 条、第 539 条的规定提起撤销权诉讼的，应当以债务人和债务人的相对人为共同被告；（3）债权转让后，债务人向受让人主张其对让与人的抗辩的，人民法院可以将让与人列为第三人；（4）债务转移后，新债务人主张原债务人对债权人的抗辩的，人民法院可以将原债务人列为第三人；（5）当事人一方将合同权利义务一并转让后，对方就合同权利义务向受让人主张抗辩或受让人就合同权利义务向对方主张抗辩的，人民法院可以将让与人列为第三人。

第四节　民事公益诉讼

一、民事公益诉讼概述

《民诉法》第 58 条规定：对污染环境、侵害众多消费者合法权益等损害社会公共利益的行为，法律规定的机关和有关组织可以向人民法院提起诉讼。人民检察院在履行职责中发现破坏生态环境和资源保护、食品药品安全领域侵害众多消费者合法权益等损害社会公共利益的行为，在没有前述规定的机关和组织或者前述规定的机关和组织不提起诉讼的情况下，可以向人民法院提起诉讼。前述规定的机关或者组织提起诉讼的，人民检察院可以支持起诉。

所谓公益诉讼，简言之，是指以保护社会公共利益为目的的诉讼。公益诉讼不同于私益诉讼之处，在于前者保护的对象为涉及公共利益的事项。“社会公共利益”是一个不确定的法律概念，界定比较困难，理论上一般指“不确定多数人的利益”，具体而言，包括扩散性利益（diffuse interest）和集合性利益（collective interest）两种类型。[①] 前者指事先没有任何的关系而只是基于特定的事实原因才产生联系的人共同拥有的一种超越个人的不可分的利益（例如因环境污染造成生态破坏而由原告提起的公益诉讼）；后者也是超越个人并且是不可分的，它属于先前在相互之间就有特定法律关系的特殊团体，在成员的身份上也比扩散性利益要确定（例如某消费者团体的众多会员因商家的霸王条款或不当行为而受到损害时，由消费者团体提起的公益诉讼）。

《民诉法》第58条所规定的民事公益诉讼，是迄今为止的立法例中，最具前瞻性、开放性和中国特色的制度安排；对于公共利益的保护而言，包括大陆法系的团体诉讼、英美法系的公民诉讼在内的诉讼制度，没有任何一个国家能够达到我国目前立法的高度、广度和深度，其原因当然与国家利益、社会公共利益在我国法律中居于特殊地位因而需要特殊保护有关。对于该条规定，应当在总结近二十年来法院实践经验的基础上，结合《环保法》《消费者法》《英烈保护法》《环境公益诉讼解释》《消费公益诉讼解释》等的相关规定，综合运用文义解释、体系解释、目的解释、历史解释等多种法律解释方法，探讨民事公益诉讼条款的具体适用问题。

二、民事公益诉讼的起诉条件

民事公益诉讼属于民事诉讼的特别形态，基于公益诉讼的谦抑性特质，在起诉条件和受案标准上，与私益诉讼相比，应当更为慎重严格。这是因为，公益诉讼具有相对于行政执法和私益诉讼的双重谦抑性。一方面，维护公共利益是相关行政机关的法定职责，通过公益诉讼维护公共利益在一定程度上可以弥补行政执法的不足，但不能代替行政执法。无论在大陆法系国家还是在英美法系国家，行政执法供给不足是一个普遍现象，我国也不例外。虽然可以通过增加行政编制、提高公务员的待遇，来刺激行政执法，但这种方式过度使用会加重纳税人的负担，因此需要引入其他激励机制来应对。从法治国家的经验来看，公益诉讼就是各国广泛采用的一种应对方法。这种方法通过扩大适格当事人的范围，实现公众参与司法，发挥民事诉讼的潜能，监督各种违法行为，作为化解行政执法不足之策。另一方面，公益诉讼对多数人利益的保护，是在无法通过私益诉讼加

---

① 参见肖建国：《民事公益诉讼的基本模式研究——以中、美、德三国为中心的比较法考察》，载《中国法学》，2007（5）。

以救济或者单纯的私益诉讼救济不充分、不足够的情况下，立法者所提供的另一种应对策略，其适用具有辅助性、补充性。在二者的关系上，宜奉行私益诉讼优先规则，能够通过私益诉讼维权的，没有必要提起公益诉讼。基于公益诉讼的双重谦抑性，不能认为公益诉讼案件数量越多越好，更不能把公益诉讼看作民事诉讼的常态。在起诉条件的设置上，公益诉讼的门槛应当高于私益诉讼的门槛。

《民诉解释》第 282 条对民事公益诉讼的起诉条件作出明文规定。据此，提起民事公益诉讼应当具备以下四个条件：（1）有明确的被告；（2）有具体的诉讼请求；（3）有社会公共利益受到损害的初步证据；（4）属于人民法院受理民事诉讼的范围和受诉人民法院管辖。

根据体系解释的原理，人民法院受理民事公益诉讼的条件，除了适用《民诉法》第 58 条的特别规定，应当适用起诉与受理条件的一般规定。《民诉法》第 122 条规定的积极条件、第 127 条规定的消极条件，在不与第 58 条规定冲突的情况下，可以适用。具体而言，除了第 122 条第 1 项关于“原告是与本案有直接利害关系的公民、法人和其他组织”的规定不能完全适用于民事公益诉讼，其他规定可以直接适用。

受理民事公益诉讼案件的特殊条件，是必须具备第 58 条规定的“损害社会公共利益的行为”。在判断是否涉社会公共利益时，应当以原告的诉讼请求所保护的利益指向为基准，即：在一个特定的诉讼中，判断原告提出的诉讼请求所保护的法益是否超过了私人利益的范围，如果是，即为公益诉讼，否则为私益诉讼。

为审查确认社会公共利益是否受到损害，人民法院在受理民事公益诉讼案件时，还要求原告在起诉时不能概括性地提出诉讼请求和事实理由，而是提出具体事实和初步证据材料，表明社会公共利益被损害的事实，以及其诉讼请求存在的“合理性”。一方面，原告起诉时要提供初步证据表明社会公共利益已经受到损害或者具有损害社会公共利益的重大风险（《环境公益诉讼解释》第 1 条、第 8 条，《消费公益诉讼解释》第 2 条、第 4 条）。另一方面，和私益诉讼不同的是，原告起诉应当提出理由让法院相信其主张具有价值，表明其获得救济不仅仅是一种猜测而且具有推论上的合理性，其诉讼主张的论证从私益诉讼的“可能性”提高到公益诉讼的“合理性”。美国 20 世纪 60 年代以来的判例和立法值得我国借鉴。鉴于通过集团诉讼方式进行权利救济的大规模侵权案件激增，美国联邦最高法院 2007 年 Twombly 案和 2009 年 Iqbal 案两个判例的精神，将涉及多数人利益的诉讼案件的受理标准规定为“合理标准”（plausibility pleading standard），要求原告起诉必须主张充分事实以说明其救济主张的合理性。上述判例改变了在美国适用五十多年的通知起诉（notice pleading）这一宽松标准。合理起诉标准的核心是原告主张事实的充分性和救济主张的合理性，即通过原告起诉时所提供的具体事实能够充分且合理地推出其诉讼主张。为此，《环境公益诉讼解释》第 9 条、《消费公益诉讼解释》第 5 条明确规定，人民法院认为原告提出的诉讼请求不足以保护社会公共利益的，可以向其释明变更或者增加停止侵害、恢复原状等诉讼请求。

三、民事公益诉讼的原告范围

《民诉法》第 58 条规定的起诉主体为“法律规定的机关和有关组织”。这里有三个关键词：“机关”“有关组织”“法律”。

（一）“机关”

“机关”概念比较宽泛，类型很多，包括立法机关、人民法院、人民检察院、行政机关等，因此，需要根据立法本意进行限缩解释，将“机关”解释为人民检察院、行政机关。

人民检察院可以提起公益诉讼，这是因为：（1）人民检察院在我国居于法律监督者的特殊地位，人民检察院具有国家利益和社会公共利益的代表者、维护者和实现者的职能角色。（2）人民检察院在收集证据、调查证据的权限、担负诉讼成本的能力和进行诉讼所必需的法律专业素养等方面优越于享有公益诉权的社会团体或民间组织。（3）检察院已经积累了提起民事公益诉讼的实践经验。2017 年修正的《民诉法》、2018 年修订的《检察院组织法》均明确规定人民检察院可以在特定领域内提起民事公益诉讼。在“检察机关逐渐成为主要公益诉讼起诉人，社会组织等其他主体发挥补充性作用”① 的新形势下，《妇女权益保障法》第 77 条、《反电信网络诈骗法》第 44 条、《反垄断法》第 60 条、《安全生产法》第 74 条、《军保法》第 62 条、《未成年人保护法》第 106 条、《无障碍环境建设法》第 63 条等均将公益性诉讼实施权排他性地赋予人民检察院。

行政机关可以提起民事公益诉讼，这是因为：（1）行政机关的行政执法权受地域限制，但提起公益诉讼不受此限制。（2）对于环境公益诉讼而言，行政机关掌握有关环境评价、环境监测、检验、评估报告、现场检查记录等方面的信息资料，行政机关收集证据的能力也比较高。②（3）行政机关提起诉讼，表明政府对此是支持的态度，法院在处理这类诉讼时，遇到的压力和阻力相对较小，法院审理判决不会与政府发生冲突。（4）行政机关兼具公益代表人与国益代表人双重身份，可以在其提起的民事公益诉讼中同时主张公益侵权责任与国益侵权责任。③

在现阶段，我国行政机关提起的民事公益诉讼主要是“生态环境保护民事公益诉讼”，包括“生态环境损害赔偿诉讼”与“海洋自然资源与生态环境损害赔偿诉讼”④。由

---

① 吕忠梅：《促进环境公益诉讼制度不断成熟定型》，载《人民法院报》，2023－03－04。

② 2011 年 10 月 19 日，沸沸扬扬的云南曲靖铬污染案件，最初是由环保组织“自然之友”、重庆市绿色志愿者联合会作为原告起诉的，但由于环保组织收集证据能力不足，因而后来又联合曲靖市环保局作为公益诉讼的共同原告，其原因就在于此。

③ 与环保组织在生态环境民事公益诉讼中仅具有公益代表人身份不同，行政机关在生态环境损害赔偿诉讼中兼具国益代表人与公益代表人双重身份，使行政机关提出的生态环境损害赔偿请求范围在原理上可以明显超越环保组织提出的公益性诉讼请求范围。这是因为，公益性赔偿请求范围仅为《民法典》第 1235 条列举的五种损失和费用，作为生态系统构成要素的国有财产因损害生态环境行为而遭受的损失不在生态环境民事公益诉讼的救济范围之内。以盗伐国有林木导致的生态环境损害为例，公益性损害赔偿范围通常包括生态环境功能期间损失、生态环境损害调查及鉴定评估等费用、清除污染及修复生态环境费用、防止损害的发生和扩大所支出的合理费用，但不包括国家对被盗伐林木的所有权遭受的损害。即使为修复生态环境功能而补种的林木不再归属于国家，只要确保补种林木的生态环境功能可以永久性发挥，就可以认定生态环境功能得到修复。补种林木的归属、补充林木与被盗伐林木的市场价值差价等涉及国家自然资源所有权损失的赔偿问题，只有作为国益代表人的行政机关可以在民事公益诉讼中一并请求解决。

④ 尽管行政机关提起的上述两种类型诉讼均没有直接采取“民事诉讼诉讼”的称谓，但 2020 年修正的现行《民事案件案由规定》（法〔2020〕347 号）第 11 部分的规定足以表明：最高人民法院将生态环境损害赔偿诉讼与生态环境民事公益诉讼（含生态破坏民事公益诉讼、环境污染民事公益诉讼）统称为“生态环境保护民事公益诉讼”。

于“行政机关主张赔偿和提起生态环境损害赔偿诉讼的范围与环境公益组织和检察机关提起环境民事公益诉讼的案件范围在很大程度上是重合的”①，现行生态环境损害赔偿诉讼“具有明显的公益属性，主流观点认为其在本质上仍然是民事公益诉讼”②。尽管《海洋环境保护法》第89条第2款关于“对破坏海洋生态、海洋水产资源、海洋保护区，给国家造成重大损失的，由依照本法规定行使海洋环境监督管理权的部门代表国家对责任者提出损害赔偿要求”的规定，意味着只有海洋监管部门可以提起“海洋自然资源与生态环境损害赔偿诉讼”，但《海洋公益诉讼规定》授权检察机关在海洋监管部门怠于起诉时以自己名义提起“海洋自然资源与生态环境公益诉讼”。由于救济范围完全重合，除了起诉主体不同以外，“海洋自然资源与生态环境损害赔偿诉讼”与“海洋自然资源与生态环境公益诉讼”没有实质性的区别。因而，行政机关提起的生态环境损害赔偿诉讼与海洋自然资源与生态环境损害赔偿诉讼在性质上均属于民事公益诉讼的范畴。

（二）“有关组织”

根据《社会团体登记管理条例》《民办非企业单位登记管理暂行条例》《基金会管理条例》的规定，“有关组织”并非一个确定的法律概念，泛指社会团体、民办非企业单位、基金会等各类组织。上述组织，情况复杂，良莠不齐，如果一概赋予其起诉资格，可能造成公益诉权的滥用，增加公益诉讼适用的道德风险和法律风险。

因此，有必要通过司法解释对可以起诉的有关组织的范围进行过滤和限制，可以考虑以下具体措施和实质性标准：（1）依法设立或者依法登记或备案；（2）起诉必须符合组织或团体章程目的和业务范围；（3）符合组织或团体活动的区域要求；（4）组织或团体设立时间的限制，如要求设立2年以上为宜，禁止以起诉为目的而临时设立某个组织；（5）应当具有一定的经费来源和经费保障；（6）社团法人应当有一定数量的会员；（7）组织或团体须配备有相关的法律专业人士。至于具体操作方式，可以考虑借鉴日本的经验，由行政机关认定“有关组织”的起诉资格；也可以考虑由最高人民法院对起诉资格进行认定。③

《环保法》第58条明确了提起公益诉讼的环保组织的条件，即对污染环境、破坏生态，损害社会公共利益的行为，符合下列条件的社会团体、民办非企业单位以及基金会可以向人民法院提起诉讼。

（1）依法在设区的市级以上人民政府民政部门登记。“设区的市级以上人民政府”，具体包括设区的市，自治州、盟、地区，不设区的地级市，直辖市的区以上人民政府。

（2）专门从事环境保护公益活动连续5年以上。只要社会组织的宗旨和主要业务范

---

① 李浩：《民事公益诉讼起诉主体的变迁》，载《江海学刊》，2020（1）。

② 李浩：《生态损害赔偿诉讼的本质及相关问题研究——以环境民事公益诉讼为视角的分析》，载《行政法学研究》，2019（4）。

③ 《日本消费者合同法》允许消费者团体提起禁令请求的公益诉讼，但获准起诉资格的是由日本内阁总理大臣认证的适格消费者团体。截至2012年8月11日，日本有10个消费者团体受到内阁总理大臣认证后获得了提起公益诉讼的资格，内阁总理大臣每3年认证一次。我国台湾地区也是如此，获得许可提起消费者团体诉讼的迄今只有两家消费者维权组织。

围是维护社会公共利益，且从事环境保护公益活动的，就可以认定为“专门从事环境保护公益活动”，对社会组织提起诉讼的地域范围则未予限制。同时，社会组织在起诉前的成立时间必须满 5 年，对于一些专门为提起某项环境民事公益诉讼而临时成立的社会组织不应赋予其原告资格。

（3）无违法记录，即社会组织在提起诉讼前 5 年内未因从事业务活动违反法律、法规的规定而受过行政、刑事处罚。

《消费者法》第 47 条明确了提起公益诉讼的消费组织的条件，即对侵害众多消费者合法权益的行为，中国消费者协会以及在省、自治区、直辖市设立的消费者协会，可以向人民法院提起诉讼。按此，除香港、澳门和台湾地区外，全国共有 33 家消费者保护组织有提起消费公益诉讼的资格。

（三）“法律”

如果严格根据文义解释，那么“法律规定的”中的“法律”，是指立法机关制定颁布的法律。这种解释方法带来的弊端，是现有法律对公益诉讼的规定极为匮乏，除了《民诉法》，目前只有《海洋环境保护法》《环保法》《消费者法》《英烈保护法》等对此作了规定，其中，《海洋环境保护法》第 89 条第 2 款规定：“对破坏海洋生态、海洋水产资源、海洋保护区，给国家造成重大损失的，由依照本法规定行使海洋环境监督管理权的部门代表国家对责任者提出损害赔偿要求。”这种文义解释方法限制或阻碍了公益诉讼制度的发展，使人民法院过去多年的公益诉讼试点陷于停滞，因此是不可取的。

较为合理的解释方法是根据立法目的进行必要的扩张解释，把“法律规定的”中的“法律”，解释为包括立法机关制定并颁布的法律和最高人民法院的司法解释。这样，可以通过司法解释，拓展起诉主体的范围，保障公益诉讼制度在我国平衡、稳健地向前推进。例如，《环保法》第 58 条中“设区的市级以上人民政府民政部门”的范围，在《环境公益诉讼解释》第 3 条中，包括四个直辖市的区民政部门，这一扩张解释更符合立法目的。

（四）起诉主体竞合时的处理

过去的公益诉讼实践备受关注的是法院立不立案，而非公益诉权行使的先后顺序问题，因而，多个起诉主体之间的冲突，并未引起大家的注意，甚至实践中出现了检察院、行政机关、社会团体共同作为原告提起公益诉讼的现象。鉴于人民检察院、行政机关、有关组织都有提起公益诉讼的资格，那么，对于发生竞合的公益诉权之间冲突的处理，理论上有两种方案可供选择：

一是规定起诉权行使的顺序。例如，赋予有关机关第一顺序行使公益诉权的资格，有关组织为第二顺序的公益诉讼原告。

二是在现阶段不对公益诉讼原告的起诉权行使设置先后顺序，具有原告资格的主体均可以直接向人民法院提起公益诉讼。为防止重复诉讼，在法院受理公益诉讼后，其他具有原告资格的主体可以申请参加诉讼，在诉讼中被列为共同原告。

现行法对上述两种方案兼收并蓄，各采其所长。《民诉法》第 58 条第 2 款明确规定，人民检察院“在没有前款规定的机关和组织或者前款规定的机关和组织不提起诉讼的情况下”，可以提起公益诉讼。实际上将检察机关的公益诉讼起诉权，排在第二顺位。这一顺位安排，也体现在《英烈保护法》第25条中，该条前两款规定：“对侵害英雄烈士的姓名、肖像、名誉、荣誉的行为，英雄烈士的近亲属可以依法向人民法院提起诉讼。”“英雄烈士没有近亲属或者近亲属不提起诉讼的，检察机关依法对侵害英雄烈士的姓名、肖像、名誉、荣誉，损害社会公共利益的行为向人民法院提起诉讼。”

至于检察机关以外的其他机关和组织，则平行享有公益诉讼起诉权。《民诉解释》第285条规定：人民法院受理公益诉讼案件后，依法可以提起诉讼的其他机关（不包括检察机关）和有关组织，可以在开庭前向人民法院申请参加诉讼。人民法院准许参加诉讼的，列为共同原告。对于环境民事公益诉讼而言，其他主体申请参加诉讼的时间，则限于受诉法院发布案件受理公告之日起的30日内，逾期申请的，法院不予准许（《环境公益诉讼解释》第10条第2款）。对于消费民事公益诉讼而言，其他主体可以在一审开庭前向人民法院申请参加诉讼，逾期申请的，不予准许（《消费公益诉讼解释》第7条）。

四、民事公益诉讼的诉讼请求

公益诉讼的诉讼请求体现了公益诉讼的质的规定性，同时诉讼请求的确定与原告适格问题具有内在的关联。

（一）民事诉讼请求的类型

在2000年之前的大陆法系国家中，民事公益诉讼实际上仅限于提供预防性救济，原告只能提起不作为之诉或撤销之诉，诉讼请求仅为预防性请求，即要求被告停止侵害、排除妨碍、消除影响、恢复原状等作为或不作为请求，不得提出私益损害的赔偿请求。在长达近百年的民事诉讼法史中，“不作为型公益诉讼”成为大陆法系公益诉讼的典型特征。

为什么损害赔偿不被视为公益性请求，损害赔偿诉讼不作为公益诉讼？这主要与大陆法系国家对民事损害赔偿的功能定位有关。毕竟传统民法将损害赔偿界定为对受害人的补偿，尤其是奉行“受害人保护中心主义”的侵权法，首要价值就是补偿。补偿以实际损害的发生为前提，损失多少，补偿多少，损失与补偿具有一一对应的性质。这种观念下，损害赔偿请求与私人利益息息相关，因而过去长期不被视为公益诉讼的类型。

直到2000年后，德国、法国、西班牙、希腊等少数欧洲国家规定，在特定类型的公益诉讼中，原告也可以请求损害赔偿，由此，损害赔偿型公益诉讼开始浮上水面。[①] 此时，损害赔偿请求经由严谨的程序安排，在保护现代群体性纠纷的集合性利益以及大规模侵害私人利益的诉讼中，通过法定诉讼担当与任意诉讼担当原理的严格限制，并且结合惩罚性赔偿等实体性制裁手段才被塑造成为具有某种公益色彩、具有抑制损害发生之功能的诉讼请求形式。例如，德国2002年修改后的《法律咨询法》（后来为《法律服务法》取代），规定消费者团体可提起损害赔偿之诉，2004年修改的《反不正当竞争法》

① 参见刘学在：《请求损害赔偿之团体诉讼制度研究》，载《法学家》，2011（6）。

允许团体提起收缴不法收益之诉。[①] 还如，保加利亚2005年的《消费者保护法》规定，为保护消费者的集体性利益，消费者团体可以提起不作为诉讼，也可以提起损害赔偿之诉。

我国《环保法》《消费者法》等法律未对公益诉讼请求（主要指被告的责任承担方式）作出规定，《环境公益诉讼解释》首次明确了环境民事公益诉讼中被告的六种责任承担方式，分别是停止侵害、排除妨碍、消除危险、修复生态环境、赔偿损失、赔礼道歉（第18条）。鉴于环境民事公益诉讼的目标是恢复生态环境的状态和功能，恢复原状在上述六种责任承担方式中处于核心地位。因此，生态环境损害发生后，原告的诉讼请求首先是要求被告采取有效措施将生态环境修复到损害发生之前的状态和功能（如在植被破坏地按照受损植被的种类、数量进行补种复绿）；出现部分或全部无法原地原样恢复情形的，可以准许采用替代性修复方式（如因采矿遭受破坏的山体植被无法原地恢复的，可以在异地按照相同种类、数量进行补种复绿）。同时，原告为防止生态环境损害的发生和扩大，请求被告停止侵害、排除妨碍、消除危险，以及原告为停止侵害、排除妨碍、消除危险采取合理预防、处置措施而发生的费用，请求被告承担的，人民法院可以依法予以支持（第19条）。

《消费公益诉讼解释》第13条第1款规定："原告在消费民事公益诉讼案件中，请求被告承担停止侵害、排除妨碍、消除危险、赔礼道歉等民事责任的，人民法院可予支持。"可见，该条款在请求权类型方面并未明确列出损害赔偿责任。起草者指出，之所以如此，是因为该条款中有"等"字作为保留，可以为损害赔偿请求预留空间。[②] 因此，消费公益诉讼原告可以提出损害赔偿请求。当然，我国司法实践有不同做法。2017年广东省深圳市中级人民法院（2017）粤03民初547号民事判决书和2018年广东省广州市中级人民法院（2017）粤01民初383号民事判决书，分别针对广东省消费者委员会提起的两起不同的消费公益诉讼案，作出了完全相反的判断：前者否定损害赔偿请求的合法性，后者则予以肯定。

此外，确认格式条款无效，也可以作为消费民事公益诉讼请求。《消费公益诉讼解释》第13条第2款规定："经营者利用格式条款或者通知、声明、店堂告示等，排除或者限制消费者权利、减轻或者免除经营者责任、加重消费者责任，原告认为对消费者不公平、不合理主张无效的，人民法院应依法予以支持。"

（二）民事公益诉讼请求的确定与原告适格问题具有内在的关联

大陆法系国家民事诉讼理论对公益诉讼请求的确定，经历了由完全排除损害赔偿型公益诉讼到目前（部分国家）有限承认的发展过程。其中的原因，既有程序操作难易上的考虑，即不作为之诉、撤销之诉等诉讼请求举证不复杂，程序易操作，而赔偿之诉在举证责任、赔偿的数额、赔偿金的归属与分配问题等很多方面存在较大的审理难度，也

---

① 参见吴泽勇：《论德国〈反不正当竞争法〉上的撤去不法收益之诉》，载《当代法学》，2010（3）。

② 参见杜万华主编：《最高人民法院消费民事公益诉讼司法解释理解与适用》，235页，北京，人民法院出版社，2016。

有对于损害赔偿功能的重新认识和设计，即通过向人数众多的受害人支付巨额赔偿金（惩罚性赔偿、制裁性赔偿），给原告以经济性刺激和资助律师费用等作用，来发挥损害赔偿的制裁功能，而这一功能具有公益的性质。当然，还有一个不可忽视的重要原因是：损害赔偿型公益诉讼开始得到认可，与大陆法系国家找到了兼容于传统民事诉讼理论的程序技术有关。这些程序技术主要包括法定诉讼担当与任意诉讼担当原理在损害赔偿型公益诉讼中的拓展运用，以及对提起损害赔偿型公益诉讼的原告资格进行限制的程序技术。这两项程序技术，成为大陆法系国家逐步允许损害赔偿型公益诉讼的深层原因。在大陆法系民事诉讼中，能够提起公益诉讼的仅限于社会团体（只有瑞典于2002年制定的《群体诉讼法》允许政府行政机构提起公共群体诉讼），因此，对于赔偿之诉，团体如何取得正当原告资格是一个难题，团体如何打赢公益诉讼官司是另一个难题。围绕着这两方面的难题，大陆法系国家经过多年的研究和实践，终于一一化解。关于团体如何赢得公益诉讼，实际上要解决什么样的团体能够获得立法者的信任问题。换言之，要找到化解团体提起损害赔偿请求时所面临的法律风险和道德风险的方法。现在看来，这个方法主要表现为对原告资格进行严格的限定。例如，提起损害赔偿之诉的消费团体，必须是符合章程目的、法定的成立年限、资金支持、会员数量，配备有法律专业人士，以及获得主管部门认可等重重限制的团体。这些团体名单可以定期认定、定期公布，对于违规的团体可以在下次认定时除名。这种程序技术，解决了损害赔偿之诉的原告举证能力不足的困扰，也可最大限度避免赔偿金被挪用、赔偿金分配难的问题。日本和我国大陆、台湾地区对提起诉讼的消费者组织的高门槛限制之背后的原因就在于此。

（三）公权力机关作为民事公益诉讼原告决定了损害赔偿型公益诉讼在我国存在的必要性

按照《民诉法》的规定，人民检察院和有关行政机关可以成为我国公益诉讼的原告。检察院本身就是公共利益的代表，有宪法赋予的法律监督权；有关行政机关是国家和社会公共事务的管理者，是社会公益的代表，有法律赋予的行政执法权和民事起诉权。这些国家公权力机关拥有法定的权限和职责，其收集证据、参与诉讼的能力和专业素养，相对于社会团体和个人而言，更加强大，其公信力和权威性更高。因此，公权力机关提起公益诉讼的，其诉讼请求应当包括损害赔偿。我国《海洋环境保护法》《刑诉法》中规定的公益诉讼，均属于损害赔偿型公益诉讼。《海洋环境保护法》第114条第2款授权行使海洋环境监督管理权的部门代表国家对责任者提出损害赔偿请求，《刑诉法》第101条赋予检察院提起损害赔偿请求的附带民事诉讼的公诉权，即当国家财产、集体财产因被告人的犯罪行为而遭受损失时，人民检察院在提起刑事公诉的同时可以提起附带民事公诉。在环境民事公益诉讼中，用于修复被损害的生态环境的损害赔偿金（包括生态环境修复费用、生态环境受到损害至恢复原状期间服务功能损失等款项），这一损害赔偿责任形式，也可以由原告作为一项诉讼请求提出（《环境公益诉讼解释》第20条第2款，第21、24条）。

《民法典》第1232条规定："侵权人违反法律规定故意污染环境、破坏生态造成严重后果的，被侵权人有权请求相应的惩罚性赔偿。"《环境侵权惩罚性赔偿解释》第10条第

1款规定被侵权人主张的惩罚性赔偿金“一般不超过人身损害赔偿金、财产损失数额的二倍”。由此可见，被侵权人向侵权人行使惩罚性赔偿请求权以其行使私益损害补偿性赔偿请求权为条件，该惩罚性赔偿请求权属于依附于私益损害补偿性赔偿请求权的私益损害惩罚性赔偿请求权，其本质是旨在保护社会公共利益的“实质化了的形式性实体请求权”。尽管《民法典》第1232条规定的惩罚性赔偿请求权归属于特定的被侵权人，但公权力机关提起惩罚性赔偿生态环境民事公益诉讼的积极性很强。在此种语境下，最高人民法院不仅默许公益损害补偿性赔偿惩罚性赔偿化的发展趋势，而且多次印发规范性文件强调探索将惩罚性赔偿制度适用于环境污染和生态破坏纠纷案件的重要性[①]，在起草《环境民事公益诉讼解释》时甚至试图对严重污染环境或破坏生态者确立修复生态环境费用一倍以下的惩罚性赔偿责任。[②] 也正是基于该目的，在解读《民法典》第1232条时，最高人民法院坚持认为：“民法典并未将环境侵权惩罚性赔偿制度的适用范围仅仅局限于环境私益侵权，其更多的关注恰恰是针对生态环境公共利益的保护和救济，这需要运用法律解释的方式予以具体的探索。”[③] 为此，《环境侵权惩罚性赔偿解释》第12条授权人民法院参照私益损害惩罚性赔偿制度支持国家规定的机关或者法律规定的组织提出的公益损害惩罚性赔偿请求，并明确公益损害惩罚性赔偿金数额以期间损失或永久损失的数额为计算基数。由于《民法典》第1232条规定的是私益损害惩罚性赔偿请求权，受《民法典》第179条第2款的限制，最高人民法院无权通过司法解释创设公益损害惩罚性赔偿请求权。但是，赔偿费用及修复费用的确定存在众所周知的现实困难，不仅国家规定的机关或者法律规定的组织在主张及证明前述两项费用时面临着较大的困难，而且鉴定机构及人民法院在评估及判定前述两项费用时不可避免地存在较大的裁量空间。为了防范判定的金额在事后被认为不足以填补损失及修复生态环境，人民法院对恶意污染环境或破坏生态者在事实上遵循惩罚性赔偿思维实属正常。[④] 由于赔偿费用与修复费用在性质上属于补偿性赔偿金，鉴定机构及人民法院只能在行政机关制定的评估规则及相关标准允许的幅度范围内，以补偿性赔偿之名，行惩罚性赔偿之实。这不仅限制了惩罚性赔偿的力度，而且加重了裁判说理的负担，还存在行政权干预司法权的嫌疑。此外，“刑事处罚、行政处罚措施有特定的责任形式并严格限制经济赔偿的幅度，对损害生态环境的行

① 参见《关于充分发挥审判职能作用切实维护公共安全的若干意见》（法发〔2015〕12号）第11条、《关于充分发挥审判职能作用为推进生态文明建设与绿色发展提供司法服务和保障的意见》（法发〔2016〕12号）第23条、《关于为实施乡村振兴战略提供司法服务和保障的意见》（法发〔2018〕19号）第19条等。

② 参见最高人民法院环境资源审判庭编著：《最高人民法院关于环境民事公益诉讼司法解释理解与适用》，331页，北京，人民法院出版社，2015。

③ 最高人民法院民法典贯彻实施工作领导小组主编：《中华人民共和国民法典侵权责任编理解与适用》，538页，北京，人民法院出版社，2020。

④ 在当前生态环境审判实践中，人民法院普遍认可公益损害惩罚性赔偿请求权的必要性。比如，河南省高级人民法院（2019）豫民终778号民事判决书在判决理由部分明确指出：判令刘某民承担修复费用和鉴定费用仅是对公共利益的损害起到了最低限度的填平作用，事实上从刘某民从事非法经营活动对土壤造成污染以来，污染物残留在土壤中，其化学成分会有下渗或迁移，按照鉴定评估报告确定的“换土法”这一修复方案，并不能完全弥补土壤环境污染损害，因此，在此类环境污染侵权中，适用特殊的赔偿原则，即惩罚性赔偿原则更为适宜，但囿于诉讼请求和司法谦抑原则的限制，本院仍以填平原则为基础对本案进行审查。

为难以产生强有力的经济震慑”[①]。基于此，尽管有学者以“具体数额计算方法属于自然科学及经济学领域的课题”为由否认立法机关对此作出正面回应的必要性[②]，但赔偿费用与修复费用难以精准确定的事实在一定程度上可以成为立法机关为国家规定的机关或者法律规定的组织创设公益损害惩罚性赔偿请求权的正当性理由。立法机关为国家规定的机关或者法律规定的组织创设公益损害惩罚性赔偿请求权，不仅可以有效解决“借补偿性赔偿之名，行惩罚性赔偿之实”方案所面临的正当性基础不足、法律依据缺失、惩罚幅度有限、惩罚随机性强等问题，而且可以借此减轻人民法院对生态环境损害鉴定评估的依附性及对补偿性赔偿金偏低的担心，并引导人们反思期间损失赔偿制度的合理性及可行性。基于此，尽管《环境侵权惩罚性赔偿解释》第 12 条已经明显逾越司法解释的权限范围，但我们认可最高人民法院的努力方向，立法机关未来应当通过生态环境法典或公益诉讼单行法确立公益损害惩罚性赔偿请求权，并实行私益损害惩罚性赔偿与公益损害惩罚性赔偿双轨制。[③]

五、民事公益诉讼的程序特则

《民诉法》是以私益诉讼为中心制定的，而公益诉讼程序特则的立法供给严重不足。例如，对于特定环境公益案件，管辖法院如何确定、诉讼请求如何限定、原告收集证据的权利有多大、环境损害鉴定如何进行、要不要缴纳诉讼费用、原告能否放弃诉讼请求或者与对方和解、法院能否调解、法院能否发布禁止令、如何确定裁判的效力范围、裁判文书如何执行等，诸如此类的特殊程序问题，可以综合运用目的解释在内的其他法律解释方法，如当然解释、反面解释等方法予以明确，最高人民法院的司法解释对此也作了相应规定。

1. 管辖

（1）级别管辖。考虑到公益诉讼社会影响大，关注度高，处理难度较大，需要慎重对待，公益诉讼案件由中级人民法院管辖，但法律、司法解释另有规定的除外。因污染海洋环境提起的公益诉讼由海事法院管辖。中级人民法院认为确有必要的，可以在报请高级人民法院批准后，裁定将本院管辖的第一审环境民事公益诉讼案件交由基层人民法院审理。

（2）地域管辖。环境民事公益诉讼本质上属于侵权纠纷诉讼，按照《民诉法》关于侵权案件管辖的规定，应由侵权行为地或被告住所地人民法院管辖。侵权行为地指污染环境、破坏生态行为发生地、损害结果地，在海洋环境污染中还包括采取预防污染措施地。

（3）共同管辖与指定管辖。同一原告或者不同原告对同一侵权行为分别向两个以上有管辖权的人民法院提起公益诉讼的，由最先立案的人民法院管辖，必要时由共同上级

---

① 蔡守秋、张毅：《我国生态环境损害赔偿原则及其改进》，载《中州学刊》，2018（10）。

② 参见薄晓波：《环境民事公益诉讼救济客体之厘清》，载《中国地质大学学报（社会科学版）》，2019（3）。

③ 参见黄忠顺：《生态环境损害惩罚性赔偿请求权二元配置论》，载《当代法学》，2022（6）。

人民法院指定管辖。

（4）跨行政区划案件的集中管辖。由于水、空气等环境因素具有流动性，而环境监管、资源利用以行政区划为界限，此种行政权力配置与生态系统相割裂的冲突，导致跨行政区划污染不能得到有效的解决，因而《环境公益诉讼解释》第7条、《消费公益诉讼解释》第3条第2款规定，经最高人民法院批准，高级人民法院可以根据本辖区的实际情况，在辖区内确定部分中级人民法院受理第一审环境或消费民事公益诉讼案件。另外，中级人民法院管辖环境民事公益诉讼案件的区域由高级人民法院确定。例如，北京市第四中级人民法院受案范围之一就是北京市范围内跨行政区划的环境保护案件。

2. 法院的通知义务

人民法院受理公益诉讼案件后，应当在10日内书面告知相关行政主管部门（《民诉解释》第284条、《消费公益诉讼解释》第6条、《环境公益诉讼解释》第12条）。

人民法院受理环境民事公益诉讼后，应当在10日内告知对被告行为负有环境保护监督管理职责的部门。环境保护主管部门收到人民法院受理环境民事公益诉讼案件线索后，可以根据案件线索开展核查；发现被告行为构成环境行政违法的，应当依法予以处理，并将处理结果通报人民法院。对于因相关部门依法履行监管职责而使原告诉讼请求已经全部实现的，如原告坚持不申请撤诉，人民法院应判决驳回原告的诉讼请求。

3. 处分原则的限制适用

（1）除了民法、环境法等实体法赋予原告实体请求权提起公益诉讼的情况（如《海洋环境保护法》第114条第2款），对原告放弃诉讼请求、承认对方请求、和解等诉讼行为进行严格限制，限制原告撤诉和被告反诉，限制法院调解。

其一，关于对当事人和解、法院调解的限制。现行法的限制是：当事人达成和解或者调解协议后，法院应当将和解或者调解协议进行公告，公告期间不得少于30日。公告期满后，人民法院经审查，和解或者调解协议不违反社会公共利益的，应当出具调解书；和解或者调解协议违反社会公共利益的，不予出具调解书，继续对案件进行审理并依法作出裁判（《民诉解释》第287条）。对于环境民事公益诉讼而言，法院出具的调解书应当写明诉讼请求、案件的基本事实和协议内容，并应当公开（《环境公益诉讼解释》第25条第3款）。

其二，关于对撤诉和反诉的限制。公益诉讼案件中，原告在法庭辩论终结后申请撤诉的，人民法院不予准许（《民诉解释》第288条、《环境公益诉讼解释》第27条）。但环境民事公益诉讼的一个例外情况是：负有环境保护监督管理职责的部门依法履行监管职责而使原告诉讼请求全部实现，原告申请撤诉的，人民法院应予准许（《环境公益诉讼解释》第26条）。

在环境或消费民事公益诉讼案件审理过程中，被告提起反诉的，人民法院不予受理（《环境公益诉讼解释》第17条、《消费公益诉讼解释》第11条）。

（2）法院裁判不受当事人诉讼请求的限制，判决主文与诉讼请求不具有对应性，多判、漏判不构成违反法定程序的行为。为公共利益考虑，法院享有高度的自由裁量权。如日本20世纪60年代的大阪国际机场噪音诉讼案中，原告起诉，要求被告大阪国际机场迁出大阪市中心，但法院的判决主文是要求大阪机场从晚 9 点至早 7 点不得起降飞机。这种判决仍然具有合法性。为了避免法院自由裁量权对当事人处分权的过度干预，在当事人诉讼请求不足以实现社会公共利益或者并非实现社会公共利益的较优选择时，司法解释引入了法院释明权制度，即在环境民事公益诉讼中，为了防止生态环境遭受破坏，或者修复已受侵害的生态环境，原告首先应请求被告停止侵害、恢复原状，其诉讼请求中缺少这些必要的内容，不足以保护社会公共利益的，人民法院可以向其释明予以变更或者增加（《环境公益诉讼解释》第 9 条）。

4. 辩论主义的限制适用

（1）当事人不主张的事实，如果事关社会公共利益的保护，法院也应当审理。

（2）法院应当依职权调查收集证据，调查范围不限于当事人申请调查的范围。对于审理环境民事公益诉讼案件需要的证据，人民法院认为必要的，应当调查收集（《环境公益诉讼解释》第 14 条第 1 款）。人民法院有权向负有监督管理职责的环境保护主管部门调取涉及被告的环境影响评价文件及批复、环境许可和监管、污染物排放情况、行政处罚及处罚依据等证据材料的，相关部门应及时向人民法院提交。

（3）法院对双方自认的事实也要进行审查。原告在诉讼过程中承认的对己方不利的事实和认可的证据，人民法院认为损害社会公共利益的，应当不予确认（《环境公益诉讼解释》第 16 条、《消费公益诉讼解释》第 12 条）。

5. 举证与证明规则的特则

（1）举证责任分配上，应当区分国家机关、有关组织两种不同情况：前者（国家机关）提起的公益诉讼的举证责任分配规则与一般私益诉讼没有差异；后者（有关组织）提起的公益诉讼，考虑到其举证能力弱、距离证据较远、收集证据手段的匮乏等因素，对于某些类型的要件事实实行举证责任倒置，也未尝不可，但需要认真研究、审慎对待，并且进行精确的类型化分析。

（2）降低证明标准，采用表见证明、事实推定等方法认定被告的过错以及因果关系等难以证明的要件事实。

6. 公益诉讼裁判的既判力

公益诉讼案件的裁判发生法律效力后，其他依法具有原告资格的机关和有关组织就同一侵权行为另行提起公益诉讼的，人民法院裁定不予受理，但法律、司法解释另有规定的除外（《民诉解释》第 289 条）。但对于环境公益诉讼而言，有下列情形之一的，人民法院应予受理：一是前案原告的起诉被裁定驳回的，二是前案原告申请撤诉被法院裁定准许的。

环境民事公益诉讼案件的裁判生效后，有证据证明存在前案审理时未发现的损害，有权提起诉讼的机关和社会组织另行起诉的，人民法院应予受理（《环境公益诉讼解释》第 28 条）。

7. 公益诉讼判决执行的特别规则

公益诉讼生效裁判的执行关系到公共利益能否得到及时维护，因此无须原告申请，应由人民法院依职权移送执行。

人民法院强制执行环境侵权公益诉讼判决时，可以结合判决的目的、内容、理由，以及强制执行时的客观实际情况，裁定采取相应的执行措施和执行方法。

人民法院可以根据实际需要，对于已经采取的执行措施和执行方法进行必要的调整。判决被告恢复原状时，可引入替代履行机制。例如，在环境民事公益诉讼中，对于被告修复生态环境的判决的执行，人民法院可以委托第三方修复生态环境，必要时也可以商请负有监督管理职责的环境保护主管部门共同组织修复生态环境，由被告支付费用。对生态环境损害修复结果，人民法院可以委托具有环境损害评估等相关资质的鉴定机构进行鉴定，必要时可以商请负有监督管理职责的环境保护主管部门协助审查（2014 年 12 月 26 日最高人民法院、民政部、环境保护部《关于贯彻实施环境民事公益诉讼制度的通知》第 6 条）。

人民法院应将判决执行情况及时告知提起民事公益诉讼的社会组织。

8. 公益诉讼的激励机制

为了护公共利益，有必要构建合理的诉讼成本负担机制。

（1）原告起诉时法院缓收案件受理费，原告败诉时可以减收或免收原告诉讼费用。原告交纳诉讼费用确有困难，依法申请缓交的，人民法院应予准许。败诉或者部分败诉的原告申请减交或者免交诉讼费用的，人民法院应当依照《交费办法》的规定，视原告的经济状况和案件的审理情况决定是否准许（《环境公益诉讼解释》第 33 条）。

（2）给予适当的司法救助。对于应由原告负担的调查取证、专家咨询、检验、鉴定等必要费用，人民法院还可以从其他环境民事公益诉讼生效裁判认定的生态环境修复费用以及服务功能损失等款项中酌情予以支付（《环境公益诉讼解释》第 24 条第 2 款）。

（3）加重被告的成本负担。原告请求被告承担调查、取证、鉴定费用，合理的律师费以及为诉讼支出的其他合理费用的，人民法院可以依法予以支持（《环境公益诉讼解释》第 22 条、《消费公益诉讼解释》第 18 条）。

（4）原告申请保全程序无须提供担保。

（5）有关组织提起民事公益诉讼胜诉的，人民法院可以向有关行政主管部门发出奖励的司法建议。

不过，应当明确的是，提起公益诉讼的社会组织不得通过诉讼牟取经济利益（《环保法》第 58 条第 3 款）。社会组织有通过诉讼违法收受财物等牟取经济利益行为的，人民法院可以根据情节轻重依法收缴其非法所得、予以罚款；涉嫌犯罪的，依法移送有关机关处理；同时，人民法院应当向登记管理机关或者有关机关发送司法建议，由其依法处理（《环境公益诉讼解释》第 34 条）。经登记管理机关依法查处后，应将查处结果向社会公布并通报人民法院（2014 年 12 月 26 日《最高人民法院、民政部、环境保护部关于贯彻实施环境民事公益诉讼制度的通知》第 2 条）。

9. 公益诉讼与私益诉讼的关系

（1）在后的私益诉讼独立于在先的公益诉讼。

人民法院受理公益诉讼案件，不影响同一侵权行为的受害人根据《民诉法》第 122 条规定提起诉讼（《民诉解释》第 286 条、《环境公益诉讼解释》第 29 条）。但消费民事公益诉讼案件受理后，因同一侵权行为受到损害的消费者请求对其根据《民诉法》第122条规定提起的诉讼予以中止，人民法院可以准许（《消费公益诉讼解释》第10条）。

（2）公益诉讼裁判对私益诉讼的事实预决效力。

1）关于环境民事公益诉讼。由于环境民事公益诉讼与私益诉讼在案件事实认定以及法律适用方面具有很大程度的共通性，因而，对于已为环境民事公益诉讼生效裁判认定的事实，因同一污染环境、破坏生态行为依据《民诉法》第122条规定提起私益诉讼的原告、被告均无须举证证明，但原告对该事实有异议并有相反证据足以推翻的除外。环境民事公益诉讼生效裁判中有关被告是否存在法律规定的不承担责任或者减轻责任的情形、行为与损害之间是否存在因果关系、被告承担责任的大小等所作的认定，对于因同一污染环境、破坏生态行为而提起的私益诉讼具有预决效力，除被告有相反证据足以推翻的外，私益诉讼的原告主张适用的，人民法院应予支持。被告主张直接适用对其有利的认定的，人民法院不予支持，被告仍应举证证明（《环境公益诉讼解释》第30条）。

2）关于消费民事公益诉讼。对于已为消费民事公益诉讼生效裁判认定的事实，因同一侵权行为受到损害的消费者根据《民诉法》第122条规定提起的诉讼，原告、被告均无须举证证明，但当事人对该事实有异议并有相反证据足以推翻的除外。消费民事公益诉讼生效裁判认定经营者存在不法行为，因同一侵权行为受到损害的消费者根据《民诉法》第122条规定提起的诉讼，原告主张适用的，法院可予支持，但被告有相反证据足以推翻的除外。被告主张直接适用对其有利认定的，法院不予支持，被告仍应承担相应举证证明责任（《消费公益诉讼解释》第16条）。

（3）损害赔偿责任中私益诉讼原告的受偿顺位优先原则。

被告因污染环境、破坏生态在环境民事公益诉讼和其他民事诉讼中均承担责任，其财产不足以履行全部义务的，应当先履行其他民事诉讼生效裁判所确定的义务（《环境公益诉讼解释》第31条）。但对于船舶油污损害赔偿纠纷案件，《1992年国际油污损害民事责任公约》以及《船舶油污规定》采取按比例受偿的原则。

延伸阅读8-3

双阶段型损害赔偿诉讼的建构

问题与思考

请扫描二维码测试，并查看参考答案

第九章

民事诉讼证据

【本章概要】法院的裁判须以事实为依据，而事实需要运用证据予以证明。只有具备证据能力，证据材料才能作为定案证据，但具有证据能力的证据之证明力往往有强弱之别。按照不同的标准，对证据可以作本证与反证、原始证据与传来证据、直接证据与间接证据、间接本证与间接反证等不同的分类。但在我国民事诉讼立法上，将证据分为当事人陈述、书证、物证、视听资料、电子数据、证人证言、鉴定意见、勘验笔录八种类型。在诉讼过程中，收集提供证据、保全证据、进行质证等都应当遵循法定程序。

第一节　民事诉讼证据概述

一、民事诉讼证据的概念

对于包括民事诉讼证据在内的诉讼证据的概念，学理上有不同的理解，存在着事实说、方法说、结果说、根据说、双重含义说、统一说等不同的观点。① 但一般认为，民事诉讼证据是指用以证明民事案件事实存在与否的材料（资料）。

在立法和司法实践中，人们往往从不同的角度使用“证据”一词，用证据事实、证据材料、证据方法等不同术语表述证据的不同侧面的含义。例如，在谈论证明对象时，如果证据本身成为争议事实，则使用“证据事实”一词来表明待证事实的复杂性；在当事人举证活动中，一般以“证据材料”一词来指代当事人向法院所提供的证据；在当事人申请法院调查取证时，一般要求当事人在其书面申请中列明是以人为证据方法还是以物为证据方法。上述不同表述，都是民事诉讼证据一语所包含的子概念，因而也都能为民事诉讼证据这一概念所涵摄。②

为更好地理解民事诉讼证据的概念，有必要将证据材料、定案证据、证据方法、证据资料这几个证据法学中的概念作一简单介绍。

---

① 参见江伟主编：《证据法学》，162 页，北京，法律出版社，2004。

② 参见肖建国、肖建华：《民事诉讼证据操作指南》，3 页，北京，中国民主法制出版社，2002。

1. 证据材料与定案证据

证据材料，是指民事诉讼当事人向法院提供的或者法院依职权收集的，用来证明案件事实的各种材料。经过当事人的质证并被法院采纳为认定案件事实的依据的证据材料，被称为定案证据或裁判证据，或者直接被称为“证据”。因此，定案证据来源于证据材料，证据材料则是定案证据的初始形态。当事人提供和法院收集的证据材料，有的符合定案证据的条件，能够成为法院认定案件事实的根据；有的不具备条件，最终不能作为认定案件事实的证据使用。

在民事诉讼法中，“证据”一词有时是指证据材料，如“人民法院应当按照法定程序，全面地、客观地审查核实证据”（《民诉法》第67条），“证据应当在法庭上出示，并由当事人互相质证”（《民诉法》第71条）；有时则是指证据本身，即能够作为认定案件事实依据的定案证据，例如“有新的证据，足以推翻原判决、裁定的”（《民诉法》第211条第1项），“原判决、裁定认定的基本事实缺乏证据证明的”（《民诉法》第211条第2项）。有些法条在表述上，对于尚未被审查、认定的“证据”，直接使用“证据材料”这一概念，以示与作为定案依据的“证据”之区别。例如：“当事人应当对其提交的证据材料逐一分类编号，对证据材料的来源、证明对象和内容作简要说明，签名盖章，注明提交日期，并依照对方当事人人数提出副本”（《证据规定》第19条）；“人民法院收到当事人提交的证据材料，应当出具收据，写明证据名称、页数、份数、原件或者复印件以及收到时间等，并由经办人员签名或者盖章”（《民诉法》第69条）；另外，《民诉解释》第265、290、291、366、414、415条等条款中也使用了“证据材料”的表述。

由于立法、理论和实践已习惯于不加区分地使用“证据”一词来概称“证据材料”和“定案证据”，加之处处予以区分将会造成行文的累赘，故本书在使用时一般也不作区分，但读者应注意它在特定语境中的含义。

2. 证据方法与证据资料

证据方法与证据资料是大陆法系国家和地区证据法学中经常使用的两个概念。证据方法，是指在诉讼中为了证明案件事实，可作为调查对象的有形物，如证人、文书、物体等。证据资料，则是指法院对各种证据方法经过调查后所获得的资料，如证人证言、鉴定意见等。

证据方法一般分为两种类型：一种是“人的证据”，又称以人为证据方法，即以人作为提供证据资料的方法，如证人、鉴定人等。另一种是“物的证据”，又称以物为证据方法，即以物作为提供证据资料的方法，如证书、勘验物等。因此，证据方法是指证人、鉴定人、文书、物体等，而证据资料是指对这些证据方法进行调查后所得到的证言、鉴定意见、文书内容、物体特征等。故有学者认为，证据一语，于广义情形是指证据方法及证据资料两者，于狭义情形系专指证据资料。[①]

二、民事诉讼证据的属性

民事诉讼证据的属性，是指民事证据所具有的区别于其他非证据事物的基本性质。

① 参见陈荣宗、林庆苗：《民事诉讼法》，481页，台北，三民书局，1996。

关于民事诉讼证据的属性有哪些，我国法学界存在较大争论，有代表性的观点主要有“三性说”“两性说”“一性说”等。其中，“三性说”认为，民事诉讼证据的基本属性有三个，即客观性、关联性与合法性；“两性说”认为，其基本属性是客观性和关联性，而合法性并非其属性；“一性说”则认为，证据的基本属性只有一个即关联性。以下按照“三性说”的观点予以简单介绍。

（一）客观性

客观性是指证据必须是客观存在的事实，而非猜测、虚构之物，故这一属性又被称为证据的客观真实性、真实性。客观性包括两个基本方面：一是在形式上，证据表现为客观存在的实体，无论其具体形式是人证还是物证，都是客观存在物；二是证据的内容是对与案件有关的事实的客观记载和反映，是客观存在的事实，而不是主观想象、揣测的事实。为了保证证据的客观性，一方面，要求当事人和其他诉讼参与人必须向法院提供真实的证据，不得伪造、篡改证据；另一方面，要求法院在调查收集和审查核实证据时必须客观、全面，不得先入为主、以偏概全。

强调民事诉讼证据具有客观性，并不否认证据的提供、运用具有主观的一面。在诉讼中，无论是收集证据、提供证据，还是审查核实证据、运用证据认定案件事实，都离不开人的活动，而人的这些活动又难免带有主观的成分。但这种主观性是指对证据的客观性的主观上的认识，而不是主观随意性。在诉讼过程中，应当最大限度地使人的主观认识、主观判断与客观实际情况相一致。

（二）关联性

关联性又被称为相关性，是指民事诉讼证据必须与所要证明的案件事实（待证事实）存在一定的客观联系。如果与案件事实无关，即便是客观事实，也不能作为认定事实的证据。证据与待证事实之间的关联性，是由事物之间相互联系的属性决定的。二者之间联系的紧密程度不同，证据的证明力就不同，也即：关联性越密切，其证明力就越大；关联性越弱，其证明力则越小。

理解证据的关联性时，需注意以下几个问题。

（1）关联性是客观存在的，不是凭空推测的。证据与案件事实之间的关联性，虽然需要诉讼主体去认识，需要法官进行主观判断，但二者之间的关联性应当是客观的。法官的认识和判断是对证据与案件事实之间的客观联系的反映，而不能是主观臆断的“联系”。例如，原告以被告在他案中经常有故意违约的事实，证明本案中被告违约行为的存在，此时，法官不能认定二者之间的关联性，因为这种“关联性”只是一种推测，并没有得到证实，不具有联系的客观性。

（2）关联性既可以是直接的联系，也可以是间接的联系。前者如合同文书可以直接证明合同法律关系的存在，后者如一方当事人的工作计划书中有与对方签订合同的计划。

（3）关联性既可以表现为肯定的联系，也可以表现为否定的联系。肯定的联系，是指证据对案件事实的存在起肯定的证明作用；否定的联系，是指证据对案件事实的存在起否定的证明作用。例如，在确认亲子关系的诉讼中，原告提供的孩子出生于夫妻关系存续期间的证据对待证事实具有肯定证明作用，而被告提供的受孕期间原告与第三者有性关系的证据对待证事实具有否定证明作用。

（三）合法性

合法性是指证据必须按照法定程序收集和提供，必须符合法律规定的条件。合法性包括以下两层含义。

（1）证据的调查、收集、审查、认定必须符合法定程序。一方面，当事人、诉讼代理人和法院在调查、收集证据时应符合法律的要求，不得违反法律的规定。例如：当事人不得采取法律禁止性规定的方法收集证据（《民诉解释》第 106 条）；法院收集调查证据，应由两人以上共同进行，不得仅由一名审判员或书记员前去调查（《民诉解释》第 97 条）。另一方面，法院对证据的审查、认定，也必须符合法律的要求。例如，证据材料要被最终认定为证据，必须经过法律规定的质证程序，未经质证，无论是当事人提供的证据材料，还是法院调查收集的证据材料，都不得作为法院认定事实的依据（《民诉法》第 71 条，《民诉解释》第 103 条）。

（2）证据的形式应当合法。例如《民法典》第 1135 条规定："代书遗嘱应当有两个以上见证人在场见证，由其中一人代书，并由遗嘱人、代书人和其他见证人签名，注明年、月、日。"因此，代书遗嘱除了必须如实反映立遗嘱人的真实意思表示，两个以上的见证人在场见证并在遗嘱上签名是必不可少的要件，缺少该形式要件，代书遗嘱不能作为证据使用。

第二节　证据能力与证明力

一、证据能力

（一）证据能力概述

证据能力，又被称为证据资格或证据的适格性，是指一定的事实材料作为诉讼证据的法律上的资格，或者说，是指证据材料能够被法院采纳，作为认定案件事实依据所应具备的法律上的资格。

证据能力对于诉讼证明具有重要意义。从证明的过程看，证据能力的有无是法院认定证据时首先需要解决的问题。因为从逻辑上说，事实材料只有具备证据能力，才有资格进入诉讼发挥证明作用，才需要进一步判断其证明力的大小。无证据能力的事实材料进入诉讼不仅会浪费时间和精力，还可能造成法官对事实的错误认定。因此，在证明活动中，当一方当事人提出某一证据材料，而另一方当事人对其证据能力提出质疑时，法庭应当先对证据能力进行审查，如缺乏证据能力，就应当将它排除出诉讼。

有关证据能力的规则，从规定方式来看，可以分为积极规定和消极规定两种。前者是指积极地规定证据的资格要件，即规定只有什么样的证据材料能够作为定案根据。后者是指消极地规定证据材料的排除，即规定不符合法定标准的事实材料不能作为定案的根据。其中，排除规则是重点，一些国家的法律往往对此作了比较细致的规定，例如非法证据排除规则和传闻证据排除规则等。从各国的立法和实践来看，无论是大陆法系还是英美法系，对于证据能力问题，法律上都很少作积极的规定，而主要是就无证据能力或证据能力受限制的情形加以规定。就消极规定而言，大陆法系国家与英美法系国家存在重要区别，主要表现为前者对于证据能力很少加以限制，而后者对证据能力的限制较为严格，非常强调证据能力规则的设置。在英美法系国家，证据的关联性和可采性，是证据能力的两项重要的判明标准，其证据法和大量的司法判例确定了有关证据关联性与可采性的证据规则，特别是证据的可采性规则极为庞大，在全部证据规则中占据相当大的比重。

（二）我国民事诉讼法有关证据能力的规则

我国民事诉讼法学和证据法学中通常使用证据的“客观性”“关联性”“合法性”等概念来阐述证据的基本属性。实际上，证据能力与证据的“客观性”“关联性”“合法性”有着密切关系。证据是否具有证据能力取决于证据与待证事实之间是否存在关联性和证据是否具备真实性、合法性。与案件事实没有关联性的事实材料，不能作为证据使用，因而是没有证据能力的。“证据材料”不具有客观真实性，而是主观想象、揣测的“事实”，自然也是没有证据能力的。某些证据材料尽管具有关联性、真实性，对证实待证事实具有一定的说服力，但由于可能使法律保护的更大利益遭受到损害或者破坏诉讼程序的公正进行，仍然可能被排除在证据体系之外而不具有证据能力，例如以刑讯逼供的方法取得的证据材料。

关于证据能力的具体规则，我国现行法律的规定更接近于大陆法系，而与英美法系相去甚远。对于大多数与案件事实有关的事实材料来说，获得证据能力一般不存在问题，不能取得证据能力的，仅在少数情况下才会发生。因而在诉讼实务中，审查判断的重点不是哪些事实材料有证据能力，而是哪些事实材料无证据能力，也就是说，哪些事实材料不符合法律的要求而不得作为证据提出，需要予以排除。从《民诉法》和相关司法解释的规定来看，主要有以下证据能力规则。

（1）证人资格规则。《民诉法》第 75 条第 2 款规定：不能正确表达意思的人，不能作证。《证据规定》第 67 条进一步规定：“不能正确表达意思的人，不能作为证人。”“待证事实与其年龄、智力状况或者精神健康状况相适应的无民事行为能力人和限制民事行为能力人，可以作为证人。”依此，不能正确表达意思的人对案件事实所作的“证言”，不具有证据能力。

（2）非法证据排除规则。非法证据排除规则，是指除了法定例外情形，法官不得将非法证据作为认定案件事实的依据，应当将其予以排除。非法证据中的“非法”既包括没有法律根据，也包括积极或者消极的违法行为或者状态。[①] 从广义上说，非法证据的情形主要有：1）不符合法定证据形式；2）不符合法定来源；3）取证的程序和手段违法。[②]

---

① 参见江伟主编：《证据法学》，188 页，北京，法律出版社，2004。

② 参见杨宇冠：《非法证据排除规则研究》，5 页，北京，中国人民公安大学出版社，2002。

但理论上引起广泛讨论、实务中较难处理的是第三种情形，即非法取得的证据能否被容许采纳为裁判的依据。对于非法取得的证据，英美法系国家一般严格予以排除，不得作为证据使用；大陆法系国家则一般允许法官根据取证行为的具体情况加以裁量，以便决定是否予以排除。

在民事诉讼中，非法证据主要是指当事人及其诉讼代理人以非法的方式、手段所收集的证据。对于该类证据材料能否作为证据采信问题，我国理论界存在意见分歧：有的主张只要该材料的内容具有客观性和关联性，能够反映案件的真实情况，就应当将其作为证据使用；有的则主张因其取证手段不合法而应予以排除。

对于非法证据应否排除的问题，《民诉法》未作规定。但最高人民法院在 1995 年 3 月 6 日针对河北省高级人民法院的一则请示所发出的《关于未经对方当事人同意私自录制其谈话取得的资料不能作为证据使用的批复》[①] 规定：证据的取得首先要合法，只有经过合法途径取得的证据才能作为定案的根据。未经对方当事人同意私自录制其谈话，系不合法行为，以这种手段取得的录音资料，不能作为证据使用。如此即确立了一条证据能力规则，即未经对方同意私自录制的录音资料，不具有证据能力。然而，从审判实践的效果来看，绝对排除这类证据材料的证据能力，给当事人举证造成了极大困难，带来了影响实体公正的实现、不利于保护合法的民事权益、放纵违法行为人等负面效应。为此，2001 年的《证据规定》第 68 条[②]重新界定了非法证据排除规则，即：“以侵害他人合法权益或者违反法律禁止性规定的方法取得的证据，不能作为认定案件事实的依据。”这一规定与上述 1995 年的司法解释相比是一大进步，不再不加区分地将私自录制的视听资料一概作为非法证据加以排除，从而使非法证据的范围大为缩小。不过，这一条款在适用中存在一些问题，特别是“以侵害他人合法权益”的方法取得的证据都应当予以排除，而不管其“侵害他人合法权益”的程度大小，这显然不利于充分保障当事人的证明权。因此，《民诉解释》第 106 条将该规则修改为“对以严重侵害他人合法权益、违反法律禁止性规定或者严重违背公序良俗的方法形成或者获取的证据，不得作为认定案件事实的根据”。尽管如此，由于民事诉讼中非法证据的排除是一个非常复杂的问题，因而如何准确地理解和适用这一规则，需要在理论上进一步进行探讨，并在实践中积累审判经验和形成具有指导性的案例。

（3）证据须经过质证的规则。《民诉解释》第 103 条规定：“证据应当在法庭上出示，由当事人互相质证。未经当事人质证的证据，不得作为认定案件事实的根据。”“当事人在审理前的准备阶段认可的证据，经审判人员在庭审中说明后，视为质证过的证据。”“涉及国家秘密、商业秘密、个人隐私或者法律规定应当保密的证据，不得公开质证。”因此，无论是书证、物证、视听资料，还是证人证言、鉴定意见，除了例外情形，所有证据材料都应当经过双方当事人的质证，没有经过质证，就不具有证据能力。

（4）调解或和解中对事实的认可不得作为对其不利的证据的规则。对于这一规则，《民诉解释》第 107 条规定：“在诉讼中，当事人为达成调解协议或者和解协议作出妥协

① 该批复已于 2019 年 7 月 8 日被最高人民法院《关于废止部分司法解释（第十三批）的决定》废止。

② 《证据规定》于 2019 年 12 月 25 日修改后，这一条已被删除。

而认可的事实，不得在后续的诉讼中作为对其不利的根据，但法律另有规定或者当事人均同意的除外。”

（5）证据能力受限制的规则。某些证据材料，只有符合一定的条件时，才具有证据能力，否则不能作为认定事实的依据，因而其证据能力是受到一定限制的。例如，《证据规定》第 68 条第 3 款规定：“无正当理由未出庭的证人以书面等方式提供的证言，不得作为认定案件事实的根据。”据此，证人违反出庭作证的义务，无正当理由未出庭，且不属于《民诉法》和司法解释规定的可以不出庭的特殊情形的，其所提供的“证言”即不能作为认定事实的证据，而不管该“证言”是否确实符合案件真实情况。《证据规定》第 90 条又规定：“下列证据不能单独作为认定案件事实的根据：（一）当事人的陈述；（二）无民事行为能力人或者限制民事行为能力人所作的与其年龄、智力状况或者精神健康状况不相当的证言；（三）与一方当事人或者其代理人有利害关系的证人陈述的证言；（四）存有疑点的视听资料、电子数据；（五）无法与原件、原物核对的复制件、复制品。”按照此条规定，如果没有其他证据，上述单个证据即不具有证据能力，不能作为认定案件事实的依据。

二、证明力

（一）证明力概述

证据的证明力，又被称为证据价值、证据力，是指证据对于案件事实的证明作用的大小（强弱）。只要某证据具有客观性并与案件待证事实之间具有关联性，其就具有一定的证明力，但不同的证据之证明力的大小存在区别。有的证据具有很强的证明力，有的证据具有较强的证明力，有的证据则只有较弱的证明力。证据之间的证明力的差异是客观存在的，这是由证据各自的特性及其与案件待证事实之间的关系的不同所决定的。

延伸阅读 9-1

证明力与证据能力的关系

对证据证明力大小的判断，离不开法律的规定和法官的认识活动。根据证据的证明力是由法律统一作出规定还是委诸法官内心的判断为标准，在诉讼理论上可以把证据制度分为法定证据制度和自由心证证据制度。法定证据制度的重要特点是，法律预先规定证据证明力的大小以及如何对它们进行取舍、运用，而不允许法官自由地加以判断和取舍。法定证据制度是建立在对法官不信任的基础上的，在诉讼制度发展史上，其对于约束法官、防止审判权的滥用、保证认定事实的统一性和适用法律的平等性起到了一定的积极作用，但这种机械的做法忽视了个案证明的特殊性，窒息了法官对案件的理性判断，使其难以根据案件的具体情况合理地运用证据来认定案件事实。自由心证证据制度的重要特点在于，对证据证明力的大小及证据的取舍和运用，法律不预先作出规定，而是允许法官根据“良心”和“理性”自由地加以判断，在内心形成确信，从而对案件事实作出认定。自由心证证据制度的进步意义在于，它使法官摆脱了形式主义的束缚，能够根据诉讼证明活动的具体情况去自由地审查和判断证据，对案件事实作出符合客观实际的认定。法官自由判断证据证明力的制度，顺应了诉讼证据本身的复杂性，遵循了诉讼证明的规律，因而成为现代世界各国普遍实行的证据制度。但现代自由心证证据制度并不是对法定证据制度的全盘否定，而是吸收了其中的某些合理成分，形成了以自由心证为主、以法定证据为辅的审查判断证据的证明力的制度。

（二）我国民事诉讼法关于证据证明力的规定

对于证据证明力的审查判断，我国民事诉讼法没有明确规定实行自由心证证据制度，但在司法实践中，实际上是法官基于审理活动获得的证据和法庭调查与辩论的全部情况，依照有关规定，形成对案件事实的确信，并据此去认定案件事实。因此可以说，我国民事审判中实际上也是贯彻自由心证证据制度的。这一点在《民诉解释》第 105 条得到了体现，该条规定：“人民法院应当按照法定程序，全面、客观地审核证据，依照法律规定，运用逻辑推理和日常生活经验法则，对证据有无证明力和证明力大小进行判断，并公开判断的理由和结果。”《证据规定》第 85 条第 2 款也作了类似规定，并且要求审判人员在判断证据证明力时还应当“遵循法官职业道德”，同时强调应“独立”进行判断。

对于各类证据的证明力的审查判断，一方面，《民诉法》和相关司法解释作了一些概括性的规定。例如《民诉法》第 70 条第 2 款规定：“人民法院对有关单位和个人提出的证明文书，应当辨别真伪，审查确定其效力。”第 74 条规定：“人民法院对视听资料，应当辨别真伪，并结合本案的其他证据，审查确定能否作为认定事实的根据。”第 78 条第 1 款规定：“人民法院对当事人的陈述，应当结合本案的其他证据，审查确定能否作为认定事实的根据。”《证据规定》第 96 条规定：“人民法院认定证人证言，可以通过对证人的智力状况、品德、知识、经验、法律意识和专业技能等的综合分析作出判断。”

另一方面，为了给法官审查、判断证据时提供指导，促使其准确地认定证据的证明力，相关法律和司法解释对证据的运用和证据证明力的判断作出了一些具体规定。例如：

(1) 公证书的证明力。公证机构对相关事实依法进行公证并出具的公证书，具有较强的证明力。《公证法》第 36 条和《民诉法》第 72 条规定，经过法定程序公证证明的法律事实和文书，人民法院应当作为认定事实的根据，但有相反证据足以推翻公证证明的除外。

(2) 当事人自认的证据之证明力。一方当事人认可另一方当事人提供的证据时，该证据具有较强的证明力。《证据规定》第 89 条规定：当事人在诉讼过程中认可的证据，人民法院应当予以确认。但法律、司法解释另有规定的除外。当事人对认可的证据反悔的，参照《民诉解释》第 229 条的规定处理。

(3) 公文书证的证明力。基于对有关机关或组织之公信力和权威性的信赖，一般而言，其出具的公文书证具有较强的证明力。《民诉解释》第 114 条规定：“国家机关或者其他依法具有社会管理职能的组织，在其职权范围内制作的文书所记载的事项推定为真实，但有相反证据足以推翻的除外。必要时，人民法院可以要求制作文书的机关或者组织对文书的真实性予以说明。”《证据规定》第 91 条规定：“公文书证的制作者根据文书原件制作的载有部分或者全部内容的副本，与正本具有相同的证明力。”“在国家机关存档的文件，其复制件、副本、节录本经档案部门或者制作原本的机关证明其内容与原本一致的，该复制件、副本、节录本具有与原本相同的证明力。”

（4）存在证明妨碍行为时证明力的推定。《证据规定》第95条规定：“一方当事人控制证据无正当理由拒不提交，对待证事实负有举证责任的当事人主张该证据的内容不利于控制人的，人民法院可以认定该主张成立。”《证据规定》第48条规定：控制书证的当事人无正当理由拒不提交书证的，人民法院可以认定对方当事人所主张的书证内容为真实。控制书证的当事人存在《民诉解释》第113条规定情形的，人民法院可以认定对方当事人主张以该书证证明的事实为真实。

第三节 证据的分类

证据的分类，是指在理论上按照不同的标准，从不同的角度对民事诉讼证据所进行的不同划分。通过证据的分类，可以加深人们对诉讼证据和诉讼证明活动的理解和认识，有助于正确地运用、审核和认定证据。

一、本证与反证

根据证据与证明责任的关系，可以将证据分为本证和反证。本证是指对待证事实负有证明责任的一方当事人提出的、用于证明该事实的证据。反证是指对待证事实不负证明责任的一方当事人，为证明该事实不存在或不真实而提出的证据。例如，在损害赔偿案件中，原告诉称被告将其殴打致伤，为此提供了医院病历、医药费单据等证据，这即是原告所提出的本证；被告辩称不是自己打伤了原告，并提出了其不在场的证据，此即为被告提出的反证。

须注意的是，区分本证与反证的标准是举证人与证明责任的关系，而与举证人在诉讼中处于原告还是被告的诉讼地位无关。原告和被告在诉讼中都可能提出本证，也都可能提出反证。例如，在借款纠纷中，原告主张被告借款未还，为证明这一事实，原告提交了“借据”，该证据就属于本证；被告承认曾经向原告借过款（有借款事实），但是以“借款已经清偿”的事实进行抗辩，并出示了原告交给他的“收据”，这时被告所提出的证据同样属于本证。

反证的目的在于削弱、动摇本证的证明力。因此，在负有证明责任的一方当事人提出本证，并使事实的认定发生不利于对方当事人的变化时，对方当事人才有提出反证的必要，故反证提出的时间通常是在本证提出之后。

区分本证与反证的意义在于：（1）二者对案件事实进行证明时所要达到的证明标准不同。本证是负有证明责任的一方当事人提出的，为了使所主张的待证事实被法院确认，本证一般必须达到使法官确信该事实存在的程度。反证则不同，只要能动摇法官对待证事实的确信，使待证事实陷于真伪不明的状态即为举证成功。（2）有助于法院在衡量本证与反证的证明力大小的基础上，判断和认定有关的案件事实。若本证的证明力明显大于反证的证明力，就应当对本证事实予以认定；反之，若反证的证明力明显大于本证的证明力，则应当对本证事实不予认定；若本证与反证的证明力相当，而难以对待证事实的存在与否作出判断，则应当根据证明责任分配规则判决本证方承担不利的法律后果。（3）明确调查证据的顺序。在本证与反证都已被提出的情况下，法官应先调查本证，如果本证的证明力很弱，明显达不到证明标准，就没有必要对反证进行调查。

二、言词证据与实物证据

根据证据的表现形式不同，可以将民事诉讼证据分为言词证据和实物证据。言词证据是指以人的陈述为表现形式的证据，例如当事人的陈述、证人证言、鉴定意见等。言词证据的内容是陈述人直接或间接感知的与案件有关的事实，表现在民事诉讼中是通过口头或者书面形式向法院所作的陈述，但在特殊情形下，聋哑人通过手势等方式所表达的“哑语”，亦应认定为言词证据的一种特殊表现形式。为贯彻言词原则的要求，对于证人证言和当事人陈述，法律规定口头形式是其基本的陈述方式，但对于鉴定意见，要求应当采取书面形式。实物证据，则是指以实物形态为其表现形式的证据，例如物证、书证、视听资料、电子数据、勘验笔录等。其中，物证、书证的实物证据属性是没有争议的；视听资料和电子数据由于也是基于自身的客观存在而对案件事实起证明作用，故也应当被界定为实物证据；勘验笔录虽然表现为一定的书面材料、图画或照片，但就其内容而言，系司法人员对与案件有关的物品、场所、人身等在经过实地查看、检验后所作的客观记载，因此一般而言可被界定为实物证据。①

言词证据和实物证据的区别主要表现在：（1）两者的表现形式不同。前者是以语言表现的，具有人的主观性；后者是以物质表现的，具有较强的客观性。（2）两者的形成过程不同。前者经过主体感知、判断、记忆、表达等过程，后者经过发现、提取、记录、保存等阶段。（3）两者的证明价值不同。前者与案件待证事实的关联较为明显，可以全面、动态、直接地证明案件事实；后者与待证事实的关联不一定明显，通常是局部、静态、间接地证明案件事实。②

区分言词证据和实物证据的主要意义在于：有助于审判人员根据两类证据的不同特点，有针对性地收集、固定和审查判断，并据此正确判断、认定案件事实。例如，言词证据容易受到陈述者主客观因素的影响而出现失实现象，故在审查判断时，应着重审查陈述人陈述的内容是否属实，包括：陈述人对有关案件事实的表述是否全面；有无故意隐瞒案件真实情况的可能；陈述人主观上是否具有认识其所陈述的案件事实的能力；是否有妨碍陈述人认识及陈述案件事实的客观因素存在；等等。实物证据虽然客观性较强，

---

① 关于勘验笔录应当归入实物证据还是言词证据，理论认识上存在分歧。有观点认为，勘验笔录中的文字部分属于言词证据，而其中涉及有关物品或痕迹的照片和录像应当归入实物证据的范畴。参见何家弘、刘品新：《证据法学》，5版，123页，北京，法律出版社，2013。

② 参见何家弘、张卫平主编：《简明证据法学》，52页，北京，中国人民大学出版社，2007。

不像言词证据那样容易受到主客观方面的影响而失真，但实物证据也可能由于自身的性质、外界条件的变化以及人为的毁弃等原因而发生改变或灭失，故对实物证据应当迅速、及时收集。在审查判断时，应着重审查如下内容：实物证据本身是否真实，有无伪造或变造的可能；是否因时间的推移、客观环境的变化而与案件发生时的客观情形不一致；是否与案件事实有关联，能否证明案件事实；等等。[①]

三、原始证据与传来证据

按照证据的来源不同，可将证据分为原始证据和传来证据。原始证据是指直接来源于案件事实而未经中间环节传播的证据，是在案件事实发生、发展和消灭的过程中直接形成的证据，即通常所说的“第一手证据材料”。例如，物证、书证、视听资料的原件，耳闻目睹过案件事实的证人所作的证言。传来证据又被称为派生证据，是指从原始证据中衍生出来的证据。传来证据不是直接来源于案件事实，而是经过复制、转述等中间环节而形成的证据，是“第二手证据材料”，例如，书证的复印件、音像资料的复制品，证人转述他人所见的案件事实，等等。

区分原始证据和传来证据的意义在于：（1）二者的可靠性和证明力是有差别的。一般来说，原始证据比传来证据更为可靠，具有更高的证明力。因此，在诉讼过程中，应当尽量提供和使用原始证据。这一规则在《民诉法》第 73 条，《证据规定》第 11、12、15、21～23、61 条等条款得到了反映。（2）使用传来证据认定案件事实时，应当格外慎重。传来证据在经过中间环节时可能出现信息失真，其经过的中间环节越多，误差率越高，可靠程度越低，因此使用传来证据认定案件事实时，须在它与原始证据核对无误后才能使用。（3）可运用传来证据去发现原始证据、佐证原始证据。原始证据尽管可靠性大，但有时难以收集，传来证据往往可以成为发现原始证据的重要线索。另外，在某些情况下，传来证据可以作为审查、印证原始证据的重要手段，使原始证据进一步得到佐证，加强其证明力。

四、直接证据与间接证据

根据证据与待证事实之间的关系不同，可以将证据分为直接证据和间接证据。直接证据是指与待证事实具有直接联系，能够单独地直接证明待证事实的证据。例如，结婚证书能够直接证明婚姻关系的存在，合同书可以直接证明合同关系的存在，借据可以直接证明双方当事人之间的借贷关系。间接证据是指与待证事实之间具有间接联系，不能单独直接证明待证事实的证据。间接证据必须与其他证据结合起来，才能够证明待证事实。例如，原告诉请被告偿还 5 万元借款，没有书面合同、借据等直接证据，但原告提出了如下一些证据：（1）在原告主张的借款日之前，被告的工作日志中有一项内容是准

---

① 参见宋朝武：《民事证据法学》，24 页，北京，高等教育出版社，2003。

备向原告借款；（2）在原告主张被告借款的期日，被告银行账户收到的 5 万元汇款，是从原告银行账户汇出的；（3）被告曾经向原告发过一条手机短信息，称如果借给他 5 万元，他可以做成一笔大生意。这些证据对于原告主张的借款法律事实来说，就属于间接证据。

一个证据究竟是直接证据还是间接证据，要根据它与待证事实之间的关系确定。待证事实不同，直接证据与间接证据也随之不同。同一证据，对于甲事实是直接证据，对于乙事实则可能变成间接证据。

单个间接证据不能直接证明案件事实，但在寻找不到直接证据时，可以运用若干个相互关联的间接证据认定案件事实。运用间接证据证明案件事实时，一般须遵循如下证明规则：（1）各个间接证据都必须真实可靠，且与待证事实有客观联系；（2）间接证据与间接证据之间、间接证据与待证事实之间必须相互印证、协调一致，没有矛盾；（3）间接证据须具备一定的数量，并构成一个完整的证据链条，由此而能推断出待证事实存在或不存在的结论。

区分直接证据和间接证据的意义在于：（1）便于诉讼主体认识二者与案件事实的不同联系及以证明力的大小。一般而言，直接证据的证明力大于间接证据的证明力，并且运用直接证据认定案件事实较之运用间接证据更为便捷，也更容易审查、判断。因此在诉讼中，应尽量收集和运用直接证据，用直接证据来证明和认定案件事实。（2）在无法获得直接证据而必须借助间接证据认定案件事实时，应当基于间接证据的特点，遵守有关的证明规则。（3）在既有直接证据又有间接证据时，可以运用间接证据进一步印证直接证据，加强其证明力。

五、间接本证与间接反证

对于间接证据而言，根据其与证明责任的关系以及与待证事实之间联系的不同，可以分为间接本证和间接反证。对于待证的主要事实负证明责任的当事人，因无法提出直接证据证明该事实，而提出间接证据证明间接事实，从而依据经验法则由该间接事实推定该待证的主要事实存在，此种举证称为间接本证。对方当事人为防止主要事实被推定成立的不利结果，以反证证明另外的间接事实，从而依据经验法则由间接事实推定待证的主要事实不存在，此种举证称为间接反证。[①] 前者的举证，由于当事人是负证明责任之人，故其对间接事实的举证称为间接本证；后者的举证，由于当事人对待证的主要事实不负证明责任，故其对另外的间接事实的举证称为间接反证。但是，对待证的主要事实不负证明责任的当事人，如果不是提出证据证明另外的间接事实，而是举证证明对方所主张的间接事实不存在或不真实，则该举证属于直接反证，而不是间接反证。

间接本证与间接反证旨在缓解双方当事人举证上的困难，但双方当事人对其提出的间接事实的证明均须达到让法官确信其为真实的程度，否则，法官无法根据间接事实并依照经验法则进行事实上的推定，即无法基于间接事实并依据经验法则去推定待证的主

---

① 参见陈荣宗、林庆苗：《民事诉讼法》，482 页，台北，三民书局，1996。

要事实存在还是不存在。

第四节 证据的种类

一、当事人陈述

当事人陈述是指当事人就与本案有关的事实情况向法院所作的陈述。从广义上说，在民事诉讼中，当事人向法院所作的陈述，包含着多方面的内容，例如关于诉讼请求的陈述、关于支持其诉讼请求或反驳对方诉讼请求所依据的事实的陈述、关于与案件有关的其他事实的陈述、关于书证或物证等证据及其来源的陈述、关于应如何适用法律等法律问题的陈述等。在上述内容中，只有当事人关于案件事实的陈述，才可能归属于诉讼证据的范畴。

当事人关于事实的陈述中，并非所有的陈述都应当被作为证据看待。一般而言，在诉讼中，当事人具有双重地位：一是作为诉讼主体，二是作为证据方法。当事人基于诉讼主体地位所为的事实上陈述是对事实的主张，在辩论主义和主张责任原理之下，事实主张成为法院的审理对象和裁判的基础，这部分陈述并不被作为证据看待。其中，当事人主张利己事实的，该事实成为待证事实（证明对象）而需要运用证据来证明；在诉讼中，当事人主张不利己事实的，构成诉讼上自认（包括承认对方主张的对自己不利的事实和主动陈述对自己不利的事实而对方予以援引），该事实为免证事实而无须证据来证明。在这两种情况下，当事人的陈述均不属于证据的范畴。当事人基于其作为证据方法之地位所为的事实上陈述，属于对事实主张加以证明的证据资料，在大陆法系的立法例中一般被称为“询问当事人”或“讯问当事人”“当事人讯问”，即法官根据申请或依职权询问当事人，使当事人就案件事实作出陈述，并利用当事人本人的陈述（包括拒绝陈述），对争议事实作出判断。经询问当事人所获得的此类事实上陈述，应当作为证据看待。

需要指出的是，在大陆法系中，德国和奥地利等国的民事诉讼法一般将“询问当事人”作为一种补充性的证据方法。例如，德国民事诉讼法规定，一方当事人对于应由他证明的事项，不能通过其他证据方法得到完全证明或者未提出其他证据方法时，可以就应证明的事实申请法院询问对方当事人；法院根据调查和言词辩论的结果对应证明的事实的真实与否不能获得足够的心证时，可以依职权命令就该事实询问一方或双方当事人。在日本，其旧民事诉讼法也将“询问当事人”作为补充性的证据方法，但 1996 年修改后的《民事诉讼法》不再将其作为补充性的证据方法，而是直接规定法院可根据申请或依照职权询问当事人本人，此种证据方法与其他证据方法处于同等地位。而在英美法系国家，当事人是被作为证人看待的，适用有关询问证人的规则来处理当事人陈述问题。

当事人陈述的一个显著特点是，真实性与虚假性往往相并存，特别是对自己有利或不利的事实的陈述尤其如此。一方面，由于当事人是民事法律关系的实际参加者，他们对案件事实的了解比其他人更为清楚，这就使他们有可能向法院提供案件的真实情况。另一方面，由于当事人与诉讼结果有直接的利害关系，彼此之间的利益又具有对立性，因而为了获得胜诉，当事人有可能对有利于自己的事实多说，甚至夸大，对不利于自己的事实则进行掩盖、淡化，甚至弄虚作假、虚构情节。因此，对于当事人陈述的证据效力的认定，《民诉法》第 78 条第 1 款规定：人民法院对当事人的陈述，应当结合本案的其他证据，审查确定能否作为认定事实的根据。《证据规定》第 90 条进一步规定，当事人的陈述不能单独作为认定案件事实的根据。

当事人作为证据方法时，受询问的当事人负有如实陈述等法定义务。法院为查明案件事实，可依申请或依职权询问当事人，并以询问所得结果作为证据资料，以便形成心证，故在法院通知当事人接受询问时，当事人即负有接受询问的义务，此种义务属于当事人对代表国家的法院所应尽的公法上义务。从大陆法系国家和地区的民事诉讼立法和实践看，此类义务主要包括到场义务、宣誓或具结义务以及陈述义务三个方面。我国《民诉解释》第 110 条与《证据规定》第 63～66 条对当事人的此类义务也作了初步规定：(1) 到场义务。人民法院认为有必要的，可以要求当事人本人到场，就案件的有关事实接受询问。人民法院要求当事人到场接受询问的，应当通知当事人询问的时间、地点、拒不到场的后果等内容。(2) 签署并宣读保证书的义务。人民法院应当在询问前责令当事人签署保证书并宣读保证书的内容。保证书应当载明保证据实陈述，绝无隐瞒、歪曲、增减，如有虚假陈述应当接受处罚等内容。当事人应当在保证书上签名、捺印。当事人有正当理由不能宣读保证书的，由书记员宣读并进行说明。(3) 真实、完整陈述的义务。当事人应当就案件事实作真实、完整的陈述。当事人的陈述与此前陈述不一致的，人民法院应当责令其说明理由，并结合当事人的诉讼能力、证据和案件具体情况进行审查认定。当事人故意作虚假陈述妨碍人民法院审理的，人民法院应当根据情节，依照《民诉法》第 114 条的规定进行处罚。当事人无正当理由拒不到场、拒不签署或宣读保证书或者拒不接受询问的，人民法院应当综合案件情况，判断待证事实的真伪。待证事实无其他证据证明的，人民法院应当作出不利于该当事人的认定。

二、书 证

（一）书证的概念与特点

书证是指用文字、符号、图案等所记载和表达的思想内容来证明案件事实的证据，例如，合同书、借据、房产证、建筑图纸等。

书证的特点在于：(1) 书证是以其所记载和表达的思想内容来证明案件事实。从其表现来看，该内容既可以记载于纸张、皮革、布帛之上，也可以铭刻在金属、器皿、木块、石块之上。无论记载在何种物体上，它都是以其表达的思想内容来证明案件事实。(2) 书证具有较强的证明力。书证具有具体、明确的思想内容，并且往往是在当事人实施民事行为的过程中形成的，记载了民事法律关系发生、变更或消灭的过程，因而通常情况下，能够直接证明待证事实，具有较强的证明力。(3) 书证在形式上相对固定，稳定性较强，一般不受时间的影响，易于长期保存。只要作为书证载体的物质材料本身未毁损，即使经历了很长的时间，其特定的思想内容就能够借助有关的文字、符号或图案起到应有的证明作用。

（二）书证的分类

在民事诉讼中，书证种类繁多、形式多样。从不同的角度，依据不同标准，可对书证作以下分类。

（1）公文书与私文书。根据制作的主体不同可将书证分为公文书和私文书。公文书一般是指国家机关及其公务人员在其职权范围内制作的文书，例如结婚证、房产证、营业执照、专利证书等。除此之外，在我国，事业单位、社会团体或有关组织在其权限范围内制作的文书，也属于公文书，例如公证书、会计师事务所出具的验资报告、医院出具的死亡证明、高等学校出具的学位证明等。私文书是指公民个人、企业制作的文书，例如个人制作的借据、收据、合同书等。

公文书是有关机关或组织在其职权范围内依法制作的书证，具有较强的证明力，故《民诉解释》第114条规定："国家机关或者其他依法具有社会管理职能的组织，在其职权范围内制作的文书所记载的事项推定为真实，但有相反证据足以推翻的除外。必要时，人民法院可以要求制作文书的机关或者组织对文书的真实性予以说明。"

（2）处分性书证与报道性书证。这是以书证的内容和所产生的法律效果为标准进行的分类。处分性书证是指以设立、变更或终止一定民事法律关系为内容的书证，如合同书、书面遗嘱、授权委托书等。报道性书证是指所记载的内容不以产生一定的法律后果为目的，而只是报道一定的具有法律意义的事实的书证，如会议记录、会计和商业账簿、日记等。

（3）普通书证与特别书证（一般书证和特别书证、普通形式的书证和特殊形式的书证）。这是以书证的制作是否必须采用特定的形式或履行特定手续为标准进行的分类。普通书证是指只要记载了一定的事实即可，不要求必须具备特定形式或履行特定手续就能成立的书证，例如借条、收据等。特别书证是指必须具备特定的形式或履行特定手续才能够成立的书证，例如房产证、营业执照、需要进行公证或认证的合同书等。

三、物　证

（一）物证的概念与特点

物证是指以自己存在的外形、重量、质量、规格、损坏程度等标志和特征来证明待证事实的物品和痕迹，例如，买卖合同中的标的物、所有权存在争议的物品、受到损坏的物品或受到伤害的身体等。

物证具有以下特点：（1）物证是以实体物的属性、特征或存在状况证明案件事实。这是物证与证人证言、当事人陈述等言词证据的重要区别。（2）物证具有较强的稳定性和可靠性。物证只要得到及时收集，用科学的方法提取、固定并妥善保存，一般具有较强的稳定性和可靠性。（3）物证在诉讼中一般表现为间接证据。单独一个物证，往往不能直接证明案件的主要事实，而需要与其他证据结合起来，才能作出认定。

（二）物证与书证的区别

物证和书证的存在都表现为一定形态的物品，但二者有明显的不同：（1）书证是以记载在一定物品上的思想内容来证明案件事实，而物证是以其外形、质量等特征来证明案件事实。（2）对于某些书证，法律有特殊要求，即必须具备特定的形式；而对于物证没有这种特殊要求。（3）书证的内容反映了制作人的主观思想，具有主观属性；而物证并不反映人的主观思想，具有客观属性。

需注意的是，在某些情况下，有些实物证据既可以作为书证，也可以作为物证。这取决于其是以什么角度来证明案件事实：当以该物品上记载的内容证明案件事实时，它是书证；当以该物品的外部特征证明案件事实时，它是物证。

四、视听资料

（一）视听资料的概念与特点

视听资料是指以录音、录像等设备所存储的信息证明案件真实情况的资料，包括录音资料和影像资料。对于视听资料这类证据，国外一般将其归入书证的范畴，作为书证的一种特殊表现形式。我国民事诉讼法将其作为一种独立的证据形式加以规定。

视听资料是利用现代科技手段记载法律事件和法律行为的。与传统的其他证据形式相比，视听资料具有以下特点：（1）信息量大、形象逼真。视听资料将法律行为或法律事件发生时的图像、声音等以磁、电子、光学等方式存储起来，可以记载和再现案件发生的整个过程，具有信息量大、形象逼真的特点。（2）具有较高的准确性和证明力。视听资料是采用现代科技手段和设备记载案件事实的材料，除非伪造、变造或者操作失误，其对案件事实的反映是准确可靠的，证明力较强。（3）视听资料的使用具有很大的方便性。视听资料这类证据的体积小、重量轻、便于保存，只要保管适当，即使经过很长时间，也能像当时一样清晰地再现案件的真实情况，因而其使用具有很大的方便性。（4）容易被变造或伪造。视听资料是运用技术手段制作的，但也容易被通过技术手段篡改或伪造，如可以通过消磁、剪辑等方式改变录音、录像带的内容。故人民法院对视听资料，应当辨别真伪，并结合本案的其他证据，审查确定能否作为认定事实的根据（《民诉法》第 74 条）。存有疑点的视听资料，不能单独作为认定案件事实的根据（《证据规定》第 90 条）。

（二）视听资料与书证的区别

视听资料和书证都是以记载的内容证明案件事实，但二者也存在明显的区别：（1）视听资料是以图像、音响等内容证明案件事实，而书证是以文字、符号、图形等内容证明案件事实。（2）视听资料的制作需要运用专门的科学仪器、设备，而书证的制作不需要专门的科学仪器、设备。（3）书证所记载的文字、符号等，不需要通过专门的仪器设备而直接凭借肉眼就能够观察到；而视听资料中记载的声音、图像等内容，必须通过特定的仪器设备和技术手段才能够予以再现。(4) 书证所记载的内容对待证事实的证明是静态的，而视听资料对待证事实的证明是动态的。

五、电子数据

电子数据是指通过电子邮件、电子数据交换、网上聊天记录、博客、微博、手机短信、电子签名、域名等形成或者存储在电子介质中的信息。须注意的是，随着现代科技的发展，录音资料和影像资料往往可能存储在电子介质中，从而产生此类证据应当界定为视听资料证据还是电子数据证据的疑问。为解决这一问题，《民诉解释》第 116 条第 3 款规定："存储在电子介质中的录音资料和影像资料，适用电子数据的规定。"关于电子数据属于何种形式的证据问题，理论上存在视听资料说、书证说、物证说、鉴定意见说、混合证据说、独立的证据种类说等不同观点。[①] 2012 年《民诉法》的修改讨论过程中也存在争议，但最终通过的条文采纳了最后一种意见，将电子数据证据作为一种独立的证据类型加以规定。其主要理由在于，立法者认为电子数据证据具有其他各类证据所不具备的独特的表现形式，该证据在调查收集、质证、认定等环节均有其特殊性，不宜将其划入书证、物证、视听资料、证人证言、当事人陈述、鉴定意见、勘验笔录这七类证据中的任何一类或者分别划入这七类证据之中。

根据《证据规定》第 14 条的规定，电子数据包括下列信息、电子文件：(1) 网页、博客、微博客等网络平台发布的信息；(2) 手机短信、电子邮件、即时通信、通讯群组等网络应用服务的通信信息；(3) 用户注册信息、身份认证信息、电子交易记录、通信记录、登录日志等信息；(4) 文档、图片、音频、视频、数字证书、计算机程序等电子文件；(5) 其他以数字化形式存储、处理、传输的能够证明案件事实的信息。

需注意的是，《民诉法》将"电子数据"作为一种独立的证据类型加以规定，涉及如何与《民法典》和《电子签名法》的相关规定协调的问题。《民法典》第 469 条规定：书面形式是合同书、信件、电报、电传、传真等可以有形地表现所载内容的形式。以电子数据交换、电子邮件等方式能够有形地表现所载内容，并可以随时调取查用的数据电文，视为书面形式。可见，《民法典》第 469 条系将"数据电文"列入书面合同的范畴，故"数据电文"这类电子数据证据似乎是被作为书证对待的。《电子签名法》亦将"电子签名""数据电文"列入书面文书的范畴（《电子签名法》第 2、3、4 条），因而也是将其作为书证对待。

六、证人证言

（一）证人证言的概念与特点

证人证言是指证人就其所了解的案件情况，以口头或书面形式向法院所作的陈述。

---

① 参见何家弘主编：《电子证据法研究》，17 页以下，北京，法律出版社，2002。

证人是指知晓案件事实并向法院作证的人。

证人证言具有如下特点：(1) 证人与案件事实所形成的联系是特定的，因此，证人及证人证言是他人不可代替的。(2) 证人证言只能是证人就其所知晓的案件事实所作的陈述，而不包括对这些事实所作的评价，也不包括对案件所涉及的法律问题发表的看法。(3) 证人证言的真实性、可靠性容易受到主客观因素的影响。

（二）证人的范围

《民诉法》第 75 条规定，"凡是知道案件情况的单位和个人，都有义务出庭作证"，但"不能正确表达意思的人，不能作证"。可见，我国民事诉讼法规定的证人范围十分广泛，既可以是自然人，也可以是单位。

从上述规定来看，证人须具备如下条件： (1) 证人必须是知道案件情况的人。(2) 证人应当具有相应的作证能力，即正确感知、记忆和表达能力。那些因为生理上、精神上的缺陷或者因为年幼而不能正确表达意思的人，不能作为证人。但是，待证事实与其年龄、智力状况或者精神健康状况相适应的无民事行为能力人和限制民事行为能力人，可以作为证人（《证据规定》第 67 条）。

单位作为证人时，单位向人民法院提出的证明材料，应当由单位负责人及制作证明材料的人员签名或者盖章，并加盖单位印章。人民法院就单位出具的证明材料，可以向单位及制作证明材料的人员进行调查核实。必要时，可以要求制作证明材料的人员出庭作证。单位及制作证明材料的人员拒绝人民法院调查核实，或者制作证明材料的人员无正当理由拒绝出庭作证的，该证明材料不得作为认定案件事实的根据（《民诉解释》第 115 条）。

需注意的是，我国《民诉法》将"单位"也列入证人的范围，这一规定是否科学，值得研究。从理论上说，证人只能限于自然人，因为证人的权利义务只有落实到自然人身上才有意义，如证人出庭、对证人交叉询问、承担相应的法律后果等。而"单位"是不能感知案件事实和进行陈述的，其既不能出庭，也不能接受双方当事人的质证和法官的询问。

（三）证人的权利和义务

1. 证人的权利

证人的权利主要包括：(1) 使用本民族语言文字作证的权利。(2) 审阅证言和要求补充、更正的权利。证人作证时，法院须将证人陈述的内容如实地记入笔录。对法院记录的证言，证人有权要求其宣读或自己审阅，如认为笔录中有误记或漏记的，有权要求予以更正或补充。(3) 费用补偿权。证人因出庭作证而支出的交通费、住宿费、生活费等合理费用，有权要求获得补偿，并有权要求获得误工补贴。根据《民诉法》第 77 条和《民诉解释》第 118 条、《证据规定》第 75 条的规定，证人因履行出庭作证义务而支出的交通、住宿、就餐等必要费用以及误工损失，由败诉一方当事人负担。当事人申请证人作证的，由该当事人先行垫付，人民法院在准许申请时，应当通知申请人预缴证人出庭作证费用；当事人没有申请，人民法院通知证人作证的，由人民法院先行垫付。上述交通、住宿、就餐等必要费用，按照机关事业单位工作人员差旅费用和补贴标准计算；误工损失按照国家上年度职工日平均工资标准计算。证人出庭作证后，可以向人民法院申请支付证人出庭作证费用。证人有困难需要预先支取出庭作证费用的，人民法院可以根据证人的申请在出庭作证前支付。（4）获得保护权。证人因为作证而使自己的人身、财产安全受到威胁或损害的，有权要求法院予以保护。

2. 证人的义务

（1）到场义务。证人的到场义务，是指证人负有根据法院通知于指定期日到指定场所接受询问的义务。实践中，到场的主要表现是到庭（出席法庭）。证人一旦到场，非至询问完毕或经法官许可，不得离去。证人系不能替代的诉讼参与人，故不得委托代理人到场，且原则上也不得以提出书面材料代替亲自到场，否则，仍构成违反到场义务。《民诉法》第75条第1款规定，“凡是知道案件情况的单位和个人，都有义务出庭作证”，从而明确规定了证人的到场义务。人民法院应当要求证人出庭作证，接受审判人员和当事人的询问；证人在审理前的准备阶段或者人民法院调查、询问等双方当事人在场时陈述证言的，视为出庭作证（《证据规定》第68条第1款）。根据《证据规定》第69、70条的规定，当事人申请证人出庭作证的，应当在举证期限届满前向人民法院提交申请书。申请书应当载明证人的姓名、职业、住所、联系方式，作证的主要内容，作证内容与待证事实的关联性，以及证人出庭作证的必要性。符合《民诉解释》第96条第1款规定情形的，人民法院应当依职权通知证人出庭作证。人民法院准许证人出庭作证申请的，应当向证人送达通知书并告知双方当事人；通知书中应当载明证人作证的时间、地点，作证的事项、要求以及作伪证的法律后果等内容。当事人申请证人出庭作证的事项与待证事实无关，或者没有通知证人出庭作证必要的，人民法院不予准许当事人的申请。需注意的是，《民诉法》第76条对到场义务的例外情形作了规定：“……有下列情形之一的，经人民法院许可，可以通过书面证言、视听传输技术或者视听资料等方式作证：（一）因健康原因不能出庭的；（二）因路途遥远，交通不便不能出庭的；（三）因自然灾害等不可抗力不能出庭的；（四）其他有正当理由不能出庭的。”另外，双方当事人同意证人以其他方式作证并经人民法院准许的，证人可以不出庭作证。除了上述例外情形，无正当理由未出庭的证人以书面等方式提供的证言，不得作为认定案件事实的根据（《证据规定》第68条第2、3款）。

（2）宣誓或具结义务。证人作证时，应切实担保其陈述均属真实，其担保的方法即为宣誓或具结，故各国民事诉讼法或证据法中一般均规定了证人的宣誓或具结义务。宣誓主要是一些国家基于宗教信仰之背景而规定的担保方式，具结则主要适用于不信仰宗教的证人。对于信奉宗教的证人，宣誓的形式借用宗教上的神明威严来加重证人担保如实作证的心理负担；对于并不笃信任何神明的证人，则采用具结的方式，用证明仪式的庄重和严肃来约束证人的作证行为，担保其陈述的真实性。我国相关司法解释中虽未明确使用“宣誓”或“具结”的表述，但实际上也对证人的宣誓或具结义务作了类似规定。例如，《证据规定》第71条规定：“人民法院应当要求证人在作证之前签署保证书，并在法庭上宣读保证书的内容。但无民事行为能力人和限制民事行为能力人作为证人的除外。”“证人确有正当理由不能宣读保证书的，由书记员代为宣读并进行说明。”“证人拒绝签署或者宣读保证书的，不得作证，并自行承担相关费用。”“证人保证书的内容适用当事人保证书的规定。”上述关于要求证人签署和宣读保证书的规定，即属于证人具结义务的规定。证人保证书应当载明保证据实陈述，绝无隐瞒、歪曲、增减，如有虚假陈述应当接受处罚等内容。证人故意作虚假陈述的，人民法院应当根据情节，依照《民诉法》第 114 条的规定进行处罚。

（3）陈述义务。证人经合法通知到场后，对于法官的询问，负有陈述的义务。证人对于法官询问的事项，无论知悉与否，均应陈述作答，不得默不作答或拒绝回答，否则即违反陈述义务。根据《证据规定》第 72、73 条的规定，证人陈述的要求主要包括：一是应当予以客观陈述，即证人应当客观陈述其亲身感知的事实，作证时不得使用猜测、推断或者评论性语言。二是应当采取口头陈述的方式，即证人作证时不得以宣读事先准备的书面材料的方式陈述证言；但证人言辞表达有障碍的，可以通过其他表达方式作证。三是应当予以连续陈述，即证人应当就其作证的事项进行连续陈述；当事人及其法定代理人、诉讼代理人或者旁听人员干扰证人陈述的，人民法院应当及时制止，必要时可以依照《民诉法》第 113 条的规定进行处罚。

与证人的出庭义务相联系的一个问题是，在证人不愿意出庭或拒绝出庭的情况下，能否强制其出庭作证，能否对其予以一定的制裁。对于这一点，现行《民诉法》没有规定。在理论探讨上，有人主张《民诉法》应当规定强制出庭的义务，但也有持反对意见的，认为不应当规定强制出庭的义务。

未来如果立法上规定强制出庭作证的义务，则有必要对证人豁免权作出相应的配套规定。证人豁免权，又被称为证人特权、作证豁免权、拒绝作证特权，是指在某些情况下，证人享有拒绝提供证言的权利。其目的在于保护证人的合法权益，不能为了查明本案事实而使证人的合法权益受到损害。从有关国家的规定来看，证人有权拒绝作证的情形主要有：（1）因与当事人有某种亲属关系；（2）因某种财产上利益；（3）因陈述的内容而有可能使其受到刑事追究；（4）因职务上或业务上的要求。

七、鉴定意见

（一）鉴定意见的概念与特点

鉴定意见是指鉴定人运用自己的专门知识和技能，对民事案件的某些专门性问题进行分析、鉴别后所作出的书面意见，例如医学鉴定、产品质量鉴定、技术鉴定、文书鉴定、工程质量鉴定、会计鉴定等。

鉴定意见的主要特点是：（1）鉴定意见是针对诉讼中有待查明的事实问题作出的。鉴定过程中即使涉及法律问题，也不属于鉴定人的工作范围。（2）鉴定意见是对某个专门性的事实问题所作出的分析、判断意见，即它是专家凭借专门知识、技能或者利用现代科技手段对鉴定对象进行分析、鉴别后提出的判断性意见。

（二）鉴定人与证人的区别

在英美法系国家的证据法中，鉴定人属于证人的范畴，被称为专家证人，而其他证人被称为普通证人。在大陆法系国家中，则将鉴定人与证人区别开来，证人证言和鉴定意见属于两种不同的证据。我国民事诉讼立法与理论对二者亦明确加以区分。

鉴定人与证人的区别表现在以下几点：

（1）是否需要专业知识不同。鉴定人必须具有特定的专业知识，他所作的鉴定意见是对某个专门性问题所作的分析和评价；而证人不需要具有特定的专业知识，只需将案件事实陈述出来即可。

（2）了解案件事实的时间不同。鉴定人对案件事实的了解，一般是在诉讼过程中担任鉴定工作时才发生的；而证人对案件事实的了解，是在诉讼发生之前。

（3）能否更换不同。鉴定人是根据需要而指派和聘请的，可以选择、替换；而证人是由案件本身所决定的，不能选择、更换。

（4）是否适用回避制度不同。鉴定人如果与本案有利害关系，应当回避；而证人不适用回避的规定。

（三）鉴定人与专家辅助人的区别

专家辅助人，是指由当事人聘请，帮助当事人向审判人员说明案件事实中的专门性问题，并协助当事人对案件中的专门性问题进行质证的人。

随着现代科技的发展，民事诉讼中有时会遇到一些专门性问题，而当事人及其诉讼代理人以及法官对这些问题可能不是十分了解，故聘请具有专门知识、专门技能的人进行说明、解释就很有必要。有鉴于此，2012 年修改的《民诉法》在第 79 条（现为第 82 条）正式确立了专家辅助人制度："当事人可以申请人民法院通知有专门知识的人出庭，就鉴定人作出的鉴定意见或者专业问题提出意见。"《民诉解释》第 122、123 条与《证据规定》第 83、84 条则进一步规定：当事人可以依照《民诉法》第 82 条的规定，在举证期限届满前申请一至二名具有专门知识的人出庭，代表当事人对鉴定意见进行质证，或者对案件事实所涉及的专业问题提出意见。人民法院准许当事人申请的，应当通知双方当事人。具有专门知识的人在法庭上就专业问题提出的意见，视为当事人的陈述。人民法院准许当事人申请的，相关费用由提出申请的当事人负担。审判人员可以对有专门知识的人进行询问；经法庭准许，当事人可以对有专门知识的人进行询问，当事人各自申请的有专门知识的人可以就案件中的有关问题进行对质；有专门知识的人不得参与对鉴定意见质证或者就专业问题发表意见之外的法庭审理活动。

专家辅助人与鉴定人的主要区别在于：（1）产生的方式不同。专家辅助人由当事人提出申请并经法院准许，一般是由双方当事人各自聘请自己的专家辅助人。而鉴定人一般由双方协商确定，协商不成的，由法院指定。因此，鉴定人通常是"本案"的鉴定人，而不是一方当事人的鉴定人。（2）作用不同。鉴定人的作用在于运用专业知识、技能对专门性问题进行分析、鉴别，提供结论性意见。鉴定人出具的鉴定意见属于《民诉法》第 66 条第 1 款规定的证据种类中的一种。专家辅助人的作用在于帮助当事人对一些专门性问题进行解释、说明或者协助当事人进行质证。专家辅助人的意见并不是独立的证据种类，而是被视为当事人的陈述。

（四）鉴定的程序

（1）鉴定程序的启动。根据《民诉法》第 79 条的规定，鉴定程序的启动方式有两种：一是当事人申请启动，即当事人可以就查明事实的专门性问题向人民法院申请鉴定。二是法院依职权启动，即当事人未申请鉴定，人民法院对专门性问题认为需要鉴定的，应当委托具备资格的鉴定人进行鉴定。就这两种方式的关系而言，应遵循当事人申请鉴定为主、法院主动委托鉴定为辅的原则。这是因为，鉴定意见属于证据的一种，申请鉴定是当事人履行其举证责任的内容，在其需要运用鉴定意见证明自己提出的事实主张时，理应申请鉴定。为便于当事人行使鉴定申请权，《证据规定》第 30 条规定了法院的释明义务，并界定了依职权委托鉴定的范围，即：人民法院在审理案件过程中认为待证事实需要通过鉴定意见证明的，应当向当事人释明，并指定提出鉴定申请的期间。符合《民诉解释》第 96 条第 1 款规定情形的，人民法院应当依职权委托鉴定。需注意的是，鉴定程序的启动一般是在诉讼程序开始后，但根据《诉前调解鉴定规程》的规定，在诉前调解过程中，对于该规程第 3 条所列举的机动车交通事故责任纠纷、医疗损害责任纠纷、财产损害赔偿纠纷等民事纠纷，人民法院可以根据当事人申请委托开展诉前鉴定。诉前鉴定应当遵循当事人自愿原则，可以是当事人共同申请诉前鉴定，也可以是一方当事人申请诉前鉴定并征得其他当事人同意。

当事人申请鉴定，应当在人民法院指定期间内提出，并预交鉴定费用；逾期不提出申请或者不预交鉴定费用的，视为放弃申请；对需要鉴定的待证事实负有举证责任的当事人，在人民法院指定期间内无正当理由不提出鉴定申请或者不预交鉴定费用，或者拒不提供相关材料，致使待证事实无法查明的，应当承担举证不能的法律后果（《证据规定》第 31 条）。申请鉴定的事项与待证事实无关联，或者对证明待证事实无意义的，人民法院不予准许（《民诉解释》第 121 条）。对于一方当事人就专门性问题自行委托有关机构或者人员出具的意见，另一方当事人有证据或者理由足以反驳并申请鉴定的，人民法院应予准许（《证据规定》第 41 条）。

针对实践中一些法院对鉴定申请审查把关不严、对鉴定意见过度依赖、鉴定泛化甚至以鉴代审等现象，《委托鉴定规定》对不予委托鉴定的情形进行了界定，要求人民法院应当严格审查拟鉴定事项是否属于查明案件事实的专门性问题，有下列情形之一的，不予委托鉴定：1）通过生活常识、经验法则可以推定的事实；2）与待证事实无关联的问题；3）对证明待证事实无意义的问题；4）应当由当事人举证的非专门性问题；5）通过法庭调查、勘验等方法可以查明的事实；6）对当事人责任划分的认定；7）法律适用问题；8）测谎；9）其他不适宜委托鉴定的情形。另外，拟鉴定事项所涉鉴定技术和方法争议较大的，应当先对其鉴定技术和方法的科学可靠性进行审查；所涉鉴定技术和方法没有科学可靠性的，不予委托鉴定。

（2）鉴定人的确定。根据《民诉法》第 79 条、《民诉解释》第 121 条和《证据规定》第 32 条的规定，鉴定人的确定有当事人协商确定和法院指定两种方式。具体而言，人民法院准许鉴定申请的，应当组织双方当事人协商确定具备相应资格的鉴定人。当事人协商不成的，由人民法院指定。人民法院依职权委托鉴定的，可以在询问当事人的意见后，指定具备相应资格的鉴定人。人民法院在确定鉴定人后应当出具委托书，委托书中应当载明鉴定事项、鉴定范围、鉴定目的和鉴定期限。

为了更好地规范司法鉴定工作，《鉴定决定》规定对从事司法鉴定业务的鉴定人和鉴定机构实行登记管理制度，由国务院司法行政部门主管全国鉴定人和鉴定机构的登记管理工作，省级人民政府司法行政部门依照《鉴定决定》的规定，负责对鉴定人和鉴定机构的登记、名册编制和公告。司法部于 2005 年 9 月 29 日公布的《司法鉴定人登记管理办法》和《司法鉴定机构登记管理办法》，对鉴定人和鉴定机构的登记、管理等问题作出了详细规定。

根据《鉴定决定》，人民法院和司法行政部门不得设立鉴定机构；侦查机关根据侦查工作的需要设立的鉴定机构，不得面向社会接受委托从事司法鉴定业务。各鉴定机构之间没有隶属关系；鉴定机构接受委托从事司法鉴定业务，不受地域范围的限制。鉴定人应当在一个鉴定机构中从事司法鉴定业务。鉴定人从事司法鉴定业务，应当由其所在的鉴定机构统一接受委托，而不能私自接受委托。

（3）鉴定书的制作。司法鉴定实行鉴定人负责的制度。鉴定人应当在人民法院确定的期限内独立进行鉴定，对鉴定意见负责并依法制作鉴定书。多人参加的鉴定，对鉴定意见有不同意见的，应当注明。鉴定人无正当理由未按期提交鉴定书的，当事人可以申请人民法院另行委托鉴定人进行鉴定。人民法院准许的，原鉴定人已经收取的鉴定费用应当退还；拒不退还的，依照《证据规定》第 81 条第 2 款的规定处理。鉴定书的制作应当符合要求。人民法院对鉴定人出具的鉴定书，应当审查是否具有下列内容：1）委托法院的名称；2）委托鉴定的内容、要求；3）鉴定材料；4）鉴定所依据的原理、方法；5）对鉴定过程的说明；6）鉴定意见；7）承诺书。鉴定书应当由鉴定人签名或者盖章，并附鉴定人的相应资格证明；委托机构鉴定的，鉴定书应当由鉴定机构盖章，并由从事鉴定的人员签名。

（4）重新鉴定。根据《证据规定》第 40 条的规定，当事人申请重新鉴定，存在下列情形之一的，人民法院应当准许：1）鉴定人不具备相应资格的；2）鉴定程序严重违法的；3）鉴定意见明显依据不足的；4）鉴定意见不能作为证据使用的其他情形。存在上述第 1 项至第 3 项情形的，鉴定人已经收取的鉴定费用应当退还；拒不退还的，依照《证据规定》第 81 条第 2 款的规定处理。对鉴定意见的瑕疵，可以通过补正、补充鉴定或者补充质证、重新质证等方法解决的，人民法院不予准许重新鉴定的申请。重新鉴定的，原鉴定意见不得作为认定案件事实的根据。另外，《委托鉴定规定》第 11 条规定："鉴定意见书有下列情形之一的，视为未完成委托鉴定事项，人民法院应当要求鉴定人补充鉴定或重新鉴定：（1）鉴定意见和鉴定意见书的其他部分相互矛盾的；（2）同一认定意见使用不确定性表述的；（3）鉴定意见书有其他明显瑕疵的。""补充鉴定或重新鉴定仍不能完成委托鉴定事项的，人民法院应当责令鉴定人退回已经收取的鉴定费用。"

对于鉴定程序，除《民诉法》《民诉解释》《证据规定》所作上述一般性规定外，《知产证据规定》和《生态环境证据规定》还分别就知识产权民事诉讼和生态环境侵权诉讼中鉴定程序的特殊规则作了规定。

（五）鉴定人的权利义务

鉴定人的权利主要有：(1) 有权了解进行鉴定所需要的案件材料，必要时可以询问当事人、证人。(2) 鉴定人因出庭发生的交通费、住宿费、生活费和误工补贴，有权要求获得补偿。

鉴定人的主要义务有：(1) 提出书面鉴定意见的义务。鉴定人经过鉴定后，不管鉴定结果如何，都应当依法提出书面鉴定意见，并在鉴定书上签名或者盖章。(2) 出庭作证的义务。在《民诉法》2012 年修改前的司法实践中，鉴定人出庭作证的比率较低，往往造成当事人无法对鉴定意见进行质证，违背了正当程序原理，也不利于法院对鉴定意见作出准确的认定。修改后增设的第 78 条（现为第 81 条）大大强化了鉴定人的出庭义务：一是明确规定了鉴定人应当出庭作证的两种情形，即当事人对鉴定意见有异议或者人民法院认为鉴定人有必要出庭的，鉴定人应当出庭作证。二是规定了鉴定人不出庭作证的法律后果，即：经人民法院通知，鉴定人拒不出庭作证的，鉴定意见不得作为认定事实的根据；支付鉴定费用的当事人可以要求返还鉴定费用。

八、勘验笔录

勘验笔录是指为了查明案件事实，法院对与案件有关的物证或者现场进行勘查、检验后制作的笔录。勘验笔录既是一种独立的证据，也是一种固定和保全证据的方法。

人民法院认为有必要的，可以根据当事人的申请或者依职权对物证或者现场进行勘验。人民法院应当在勘验前将勘验的时间和地点通知当事人。当事人不参加的，不影响勘验进行。当事人可以就勘验事项向人民法院进行解释和说明，可以请求人民法院注意勘验中的重要事项。勘验时，勘验人必须出示人民法院的证件，并邀请当地基层组织和当事人所在单位派人参加。当事人或者当事人的成年家属应当到场，拒不到场的，不影响勘验的进行。有关单位和个人根据人民法院的通知，有义务保护现场，协助勘验工作。勘验时应当保护他人的隐私和尊严。为更好地完成勘验工作，人民法院可以要求鉴定人参与勘验；必要时，可以要求鉴定人在勘验中进行鉴定。人民法院对物证或者现场进行勘验时，应当制作笔录，记录勘验的时间和地点、勘验人、在场人、勘验的经过和结果，由勘验人、在场人签名或者盖章。对于绘制的现场图应当注明绘制的时间和方位、测绘人姓名和身份等内容。

第五节　证据的收集、保全和质证

一、证据的收集

（一）当事人收集提供证据与法院调查收集证据的关系

现代各国的民事诉讼法在收集和提供证据问题上，大都采取当事人提出主义（辩论主义），由当事人负收集和提供证据之责，而法院一般不主动依职权调查收集证据。但对于法律规定的少数案件和事项，采取职权探知主义，法院可以主动收集证据，不受当事人提供证据的约束。

我国在过去相当长的时期内，民事诉讼立法和实践中比较强调法院的调查取证，实行当事人提供证据与法院调查取证相结合的方针。1982 年的《民事诉讼法（试行）》的规定即突出体现了这一点。该法第 56 条一方面规定当事人对自己提出的主张，有责任提供证据；另一方面要求人民法院应当按照法定程序，全面、客观地收集和调查证据。实践中法院也十分注重主动调查取证工作。这种偏重由法院调查收集证据的做法在当时虽然具有一定的合理性，但也带来了诸如弱化了当事人的举证责任、法官先入为主、有碍司法公正等负面效应。故此，1991 年的《民诉法》贯彻了“谁主张、谁举证”的精神，明确规定提供证据的责任主要应当由当事人承担，不再要求人民法院全面地收集、调查证据，并规定法院在诉讼证明中的主要任务是全面、客观地审查核实证据。只有在当事人及其诉讼代理人因客观原因不能自行收集证据或者人民法院出于审理案件的需要认为有必要调查取证时，人民法院才予以调查收集。因此，在民事诉讼中，当事人是收集和提供证据的主要主体，绝大多数证据都应当由其负责收集并向法院提供。[①]《证据规定》《民诉解释》等司法解释对当事人收集、提供证据与法院调查收集证据的关系进一步作出了界定。

依据《民诉法》第 67 条第 2 款的规定，在如下两种情形下，人民法院应当调查收集证据。

延伸阅读 9-2

申请调查取证权

（1）当事人及其诉讼代理人因客观原因不能自行收集的证据。

根据《民诉解释》第 94 条的规定，这类证据包括：1）证据由国家有关部门保存，当事人及其诉讼代理人无权查阅调取的；2）涉及国家秘密、商业秘密或者个人隐私的；3）当事人及其诉讼代理人因客观原因不能自行收集的其他证据。可见，在上述当事人难以自行调查收集证据的情形下，其享有申请法院调查收集证据的权利。

当事人及其诉讼代理人申请人民法院调查收集证据，应当在举证期限届满前提交书面申请。申请书应当载明被调查人的姓名或者单位名称、住所地等基本情况、所要调查收集的证据名称或者内容、需要由人民法院调查收集证据的原因及其要证明的事实以及明确的线索。当事人申请调查收集的证据，与待证事实无关联、对证明待证事实无意义或者其他无调查收集必要的，人民法院不予准许。

（2）人民法院认为审理案件需要的证据。

根据《民诉解释》第 96 条的规定，这类证据包括：1）涉及可能损害国家利益、社

① 鉴于诉讼实践中很多当事人没有委托律师代理诉讼，自身的法律知识又非常欠缺，从而其调查收集证据的能力极弱之现实，人民法院应当加强对当事人的举证指导，在当事人不知道去调查收集何种证据、提供的证据尚不充分等情形下，适时地对其予以释明，以促使当事人适当地、充分地收集和提供证据，从而更好地实现裁判的实体公正和“司法为民”之宗旨。

会公共利益的；2）涉及身份关系的；3）涉及《民诉法》第58条规定诉讼的；4）当事人有恶意串通损害他人合法权益可能的；5）涉及依职权追加当事人、中止诉讼、终结诉讼、回避等程序性事项的。上述证据，人民法院应当依职权调查收集。对于上述证据之外的其他情形，人民法院调查收集证据，应当依照当事人的申请进行。

延伸阅读 9-3

关于律师调查令制度

（二）收集提供证据的一般程序

收集证据时，应当遵守法定程序，不得以侵犯他人合法权益、违反法律禁止性规定或者违反公序良俗的方法收集证据。当事人向人民法院提供证据时，应当提供原件或者原物。如自己保存证据原件、原物或者提供原件、原物确有困难的，可以提供经人民法院核对无异的复制件或者复制品。根据《民诉解释》第111条的规定，“提交书证原件确有困难”具体包括下列情形：（1）书证原件遗失、灭失或者毁损的；（2）原件在对方当事人控制之下，经合法通知提交而拒不提交的；（3）原件在他人控制之下，而其有权不提交的；（4）原件因篇幅或者体积过大而不便提交的；（5）承担举证证明责任的当事人通过申请人民法院调查收集或者其他方式无法获得书证原件的。对上述情形，人民法院应当结合其他证据和案件具体情况，审查判断书证复制品等能否作为认定案件事实的根据。

当事人提供的公文书证系在我国领域外形成的，该证据应当经所在国公证机关证明，或者履行我国与该所在国订立的有关条约中规定的证明手续。我国领域外形成的涉及身份关系的证据，应当经所在国公证机关证明并经我国驻该国使领馆认证，或者履行我国与该所在国订立的有关条约中规定的证明手续。当事人向人民法院提供的证据是在香港、澳门、台湾地区形成的，应当履行相关的证明手续。当事人向人民法院提供外文书证或者外文说明资料的，应当附有中文译本。

在向法院提交证据时，当事人应当对其提交的证据材料逐一分类编号，对证据材料的来源、证明对象和内容作简要说明，签名盖章，注明提交日期，并依照对方当事人人数提出副本。人民法院收到当事人提交的证据材料，应当出具收据，写明证据名称、页数、份数、原件或者复印件以及收到时间等，并由经办人员签名或者盖章。

人民法院调查收集证据，应当由两人以上共同进行。调查材料要由调查人、被调查人、记录人签名、捺印或者盖章。调查人员调查收集的书证，可以是原件，也可以是经核对无误的副本或者复制件；是副本或者复制件的，应当在调查笔录中说明来源和取证情况。调查收集的物证应当是原物；被调查人提供原物确有困难的，可以提供复制品或者影像资料；提供复制品或者影像资料的，应当在调查笔录中说明取证情况。人民法院调查收集视听资料、电子数据，应当要求被调查人提供原始载体；提供原始载体确有困难的，可以提供复制件；提供复制件的，调查人员应当在调查笔录中说明其来源和制作经过。人民法院调查收集可能需要鉴定的证据，应当遵守相关技术规范，确保证据不被污染。

（三）文书提出命令

文书提出命令，是指有关书证（也被称为“文书”）由对方当事人或者第三人持有时，负举证责任的一方当事人可以申请法院向持有人发布命令，责令其提交该书证的制度。文书提出命令制度是当事人收集证据的重要手段，故各国民事诉讼法对此制度一般均予以明确规定。从大陆法系国家和地区的立法例来看，负有文书提出义务的当事人不遵从法院发出的文书提出命令时，不仅法院可以将对方当事人（提出命令的申请人）所主张的文书记载内容视为真实，而且当对方当事人就该文书的记载提出了具体的主张且显然难以通过其他证据来证明该文书内容应证明的事实时，法院可以将对方当事人提出的有关该事实的主张本身拟制为真实。负有文书提出义务的第三人不遵从法院发出的文书提出命令时，法院可以对其处以罚款等制裁。[①]

《民诉法》对文书提出命令制度没有明确规定，但《民诉解释》第 112、113 条以及《证据规定》第 45～48 条确立了这一制度。

（1）当事人的文书提出义务。文书提出义务，是指持有与本案相关的书证的当事人或者案外人，负有向法院依法提交该书证的义务。文书提出义务是文书持有人应当履行的公法上之义务。关于文书提出义务的范围，如果可以无限制地命持有人提出，则可能有害于持有人的秘密保护之利益，但如果任由持有人自由斟酌提出，则可能对案件事实的查明和裁判结果的正确性产生不利影响，故各国一般采取折中主义的立法模式：一方面对文书提出义务作出明确要求，另一方面则对其例外情形作出规定。我国《证据规定》第 47 条仅针对当事人的文书提出义务的范围作了规定，即下列情形，控制书证的当事人应当提交书证：1）控制书证的当事人在诉讼中曾经引用过的书证；2）为对方当事人的利益制作的书证；3）对方当事人依照法律规定有权查阅、获取的书证；4）账簿、记账原始凭证；5）人民法院认为应当提交书证的其他情形。上述书证，涉及国家秘密、商业秘密、当事人或第三人的隐私，或者存在法律规定应当保密的情形的，提交后不得公开质证。

（2）文书提出命令的申请。书证在对方当事人控制之下的，承担举证责任的当事人可以在举证期限届满前书面申请人民法院责令对方当事人提交。申请书应当载明所申请提交的书证名称或者内容、需要以该书证证明的事实及事实的重要性、对方当事人控制该书证的根据以及应当提交该书证的理由。对方当事人否认控制书证的，人民法院应当根据法律规定、习惯等因素，结合案件的事实、证据，对于书证是否在对方当事人控制之下的事实作出综合判断。

（3）法院对申请的审查与处理。人民法院对当事人提交书证的申请进行审查时，应当听取对方当事人的意见，必要时可以要求双方当事人提供证据、进行辩论。当事人申请提交的书证不明确、书证对于待证事实的证明无必要、待证事实对于裁判结果无实质性影响、书证未在对方当事人控制之下或者不符合《证据规定》第 47 条情形的，人民法

① 参见［日］新堂幸司：《新民事诉讼法》，林剑锋译，416 页以下，北京，法律出版社，2008；杨建华原著，郑杰夫增订：《民事诉讼法要论》，279 页以下，北京，北京大学出版社，2013。

院不予准许。当事人申请理由成立的，人民法院应当作出裁定，责令对方当事人提交书证；理由不成立的，通知申请人。人民法院责令对方当事人提交时，因提交书证所产生的费用，由申请人负担。

延伸阅读 9－4

其他证据能否适用提出命令制度

（4）违反文书提出命令的法律后果。控制书证的当事人无正当理由拒不提交书证的，人民法院可以认定对方当事人所主张的书证内容为真实。控制书证的当事人存在《民诉解释》第 113 条[1]规定情形的，人民法院可以认定对方当事人主张以该书证证明的事实为真实。

文书提出命令制度的确立，对于提升当事人收集证据的能力，保护其合法权益，以及保证人民法院准确认定案件事实、及时审理民事案件，具有非常重要的意义，但也存在不足之处：上述司法解释只是针对当事人规定了文书提出命令制度，而对于第三人的文书提出命令制度没有作出规定。

（四）举证时限

举证时限，是指民事诉讼当事人向法院提交证据的时间限制。关于当事人向法院提交证据是否有时间限制的问题，存在“证据随时提出主义”和“证据适时提出主义”的区别。“证据随时提出主义”虽然充分考虑了提出证据的一方当事人的权益保护，但也存在一些弊端：其一，随时可提出证据，导致争点不能尽早确定，开庭时间延长，开庭次数增加，影响了诉讼效率的提高并增加了诉讼成本。其二，证据可以随时提出，可能成为一方当事人进行“证据突袭”的手段，使对方当事人措手不及，无法有效地进行质证。其三，随时可提出证据，也有损于生效裁判的稳定性。“证据适时提出主义”则要求当事人应当在诉讼进行中的适当时期向法院提交证据，以便促进庭审的集中化和提高诉讼效率。举证时限制度即属于贯彻“证据适时提出主义”的重要体现，要求当事人应当在人民法院指定或者当事人协商确定的期限内提交证据，逾期提交证据的，可能承担对其不利的法律后果。

1. 举证时限的确定方式

《民诉法》第 68 条规定：当事人对自己提出的主张应当及时提供证据。人民法院根据当事人的主张和案件审理情况，确定当事人应当提供的证据及其期限。但对于举证时限的具体确定方式，该条款并未予以明确规定，而依照《民诉解释》第 99 条和《证据规定》第 51 条的规定，举证时限的确定方式有如下两种：（1）法院指定，即人民法院根据当事人的主张和案件审理情况，指定当事人向法院提交证据的期限。（2）当事人协商确定，即举证期限可以由当事人协商一致，并经人民法院准许。允许双方当事人协商确定举证期限，充分尊重了当事人的意愿，是当事人程序选择权的重要体现，因而人民法院一般应准许当事人商定的举证期限，除非该期限太长而导致诉讼迟延。无论是法院指定

---

① 《民诉解释》第 113 条规定：“持有书证的当事人以妨碍对方当事人使用为目的，毁灭有关书证或者实施其他致使书证不能使用行为的，人民法院可以依照民事诉讼法第一百一十四条规定，对其处以罚款、拘留。”

还是当事人协商确定，人民法院均应当在审理前的准备阶段确定当事人的举证期限。为便于当事人举证，《证据规定》第50条规定，人民法院应当在审理前的准备阶段向当事人送达举证通知书；举证通知书应当载明举证责任的分配原则和要求、可以向人民法院申请调查收集证据的情形、人民法院根据案件情况指定的举证期限以及逾期提供证据的法律后果等内容。

2. 各类程序中举证时限的确定

《民诉解释》第99、266、275条以及《证据规定》第51条等条款对各类程序中人民法院指定的举证期限作了规定。具体而言，人民法院指定举证期限的，适用第一审普通程序审理的案件不得少于15日，当事人提供新的证据的第二审案件不得少于10日；适用简易程序审理的案件不得超过15日，小额诉讼案件的举证期限一般不得超过7日。举证期限届满后，当事人提供反驳证据或者对已经提供的证据的来源、形式等方面的瑕疵进行补正的，人民法院可以酌情再次确定举证期限，该期限不受上述规定的期间限制。

根据《证据规定》第53条的规定，诉讼过程中，当事人主张的法律关系性质或者民事行为效力与人民法院根据案件事实作出的认定不一致的，人民法院应当将法律关系性质或者民事行为效力作为焦点问题进行审理；但法律关系性质对裁判理由及结果没有影响，或者有关问题已经当事人充分辩论的除外。在上述情形下，当事人根据法庭审理情况变更诉讼请求的，人民法院应当准许并可以根据案件的具体情况重新指定举证期限。

根据《证据规定》第55条的规定，存在下列情形的，举证期限按照如下方式确定：(1) 当事人依照《民诉法》第130条规定提出管辖权异议的，举证期限中止，自驳回管辖权异议的裁定生效之日起恢复计算；(2) 追加当事人、有独立请求权的第三人参加诉讼或者无独立请求权的第三人经人民法院通知参加诉讼的，人民法院应当依照《证据规定》第51条的规定为新参加诉讼的当事人确定举证期限，该举证期限适用于其他当事人；(3) 发回重审的案件，第一审人民法院可以结合案件具体情况和发回重审的原因，酌情确定举证期限；(4) 当事人增加、变更诉讼请求或者提出反诉的，人民法院应当根据案件具体情况重新确定举证期限；(5) 公告送达的，举证期限自公告期届满之次日起计算。

3. 举证时限的延长

当事人在举证期限内提供证据确有困难的，可以向人民法院申请延长期限，人民法院根据当事人的申请适当延长（《民诉法》第68条第2款）。所谓“当事人在该期限内提供证据确有困难”，是指当事人在举证期限内提供证据存在客观障碍，人民法院在进行判断时，应当根据当事人的举证能力、不能在举证期限内提供证据的原因等因素综合判断，必要时可以听取对方当事人的意见（《证据规定》第52条）。当事人申请延长举证期限的，应当在举证期限届满前向人民法院提出书面申请。申请理由成立的，人民法院应当准许，适当延长举证期限，并通知其他当事人。延长的举证期限适用于其他当事人。申请理由不成立的，人民法院不予准许，并通知申请人（《民诉解释》第100条、《证据规定》第54条）。

4. 逾期举证的法律后果

举证时限确定后，当事人应当在该期限内举证，否则将承担相应的法律后果。对于逾期举证的法律后果，2001 年的《证据规定》第 34 条[①]曾经作了较为严苛的规定，即：当事人在举证期限内不提交证据材料的，视为放弃举证权利；对于当事人逾期提交的证据材料，人民法院审理时不组织质证，但对方当事人同意质证的除外。由于未经质证的证据，不能作为认定案件事实的依据（2001 年《证据规定》第 47 条及修改后的第 60 条），因而对于当事人逾期提交的证据材料，除非对方当事人同意质证，将不能作为证据使用。关于此种后果，学界称之为逾期举证时的“证据失权”效果，其对于提高诉讼效率而言虽然有一定的合理性，但理论界和实务部门很多人认为该后果过于严厉，给发现案件真实带来了一定的负面作用，可能不利于实体公正的实现。[②] 有鉴于此，2012 年修改后的《民诉法》第 65 条（现为第 68 条）之规定缓和了逾期举证的法律后果，不是简单地对逾期提供的证据予以排除，而是规定“当事人逾期提供证据的，人民法院应当责令其说明理由；拒不说明理由或者理由不成立的，人民法院根据不同情形可以不予采纳该证据，或者采纳该证据但予以训诫、罚款”。《民诉解释》第 101、102 条则针对不同情形，对这一规则作了以下细化规定：（1）当事人逾期提供证据的，人民法院应当责令其说明理由，必要时可以要求其提供相应的证据。（2）当事人因客观原因逾期提供证据，或者对方当事人对逾期提供证据未提出异议的，视为未逾期。此种情形下，人民法院对当事人逾期提供的证据应当予以采纳，且不应当对该当事人予以训诫、罚款。（3）当事人因故意或者重大过失逾期提供的证据，人民法院不予采纳。但该证据与案件基本事实有关的，人民法院应当采纳，并依照《民诉法》第 68 条、第 118 条第 1 款的规定予以训诫、罚款。人民法院对逾期提供证据的当事人处以罚款的，可以结合当事人逾期提供证据的主观过错程度、导致诉讼迟延的情况、诉讼标的金额等因素，确定罚款数额（《证据规定》第 59 条）。（4）当事人非因故意或者重大过失逾期提供的证据，人民法院应当采纳，并对当事人予以训诫。（5）当事人一方要求另一方赔偿因逾期提供证据致使其增加的交通、住宿、就餐、误工、证人出庭作证等必要费用的，人民法院可予支持。另外，根据《民诉法》第 68 条第 2 款的规定，还存在如下情形：人民法院责令当事人说明逾期提供证据的理由而当事人拒不说明的，人民法院根据不同情形可以不予采纳该证据，或者采纳该证据但予以训诫、罚款。当事人以《民诉法》第 211 条第 1 项规定的“有新的证据，足以推翻原判决、裁定的”之再审事由申请再审的，人民法院应当责令再审申请人说明其逾期提供该证据的理由；拒不说明理由或者理由不成立的，依照《民诉法》第 68 条第 2 款和《民诉解释》第 102 条的规定处理（《民诉解释》第 385 条）。总之，当事人逾期提供证据的，人民法院在进行处理时，应当根据案件的具体情况，充分考虑该证据在案件中的作用、当事人主观上是否有过错、逾期提供证据造成的损害等因素分别作出处理。

（五）证据交换

证据交换制度，是指开庭审理之前，双方当事人在法院审判人员的主持下，彼此交

① 2019 年《证据规定》修改后，该条已被删除。

② 参见肖建华主编：《民事证据法理念与实践》，202 页以下，北京，法律出版社，2005。

换己方所持有的证据的制度。证据交换是审前准备程序的重要内容，《民诉法》第 136 条第 4 项对此明确规定："……需要开庭审理的，通过要求当事人交换证据等方式，明确争议焦点。"《证据规定》第 56～58 条、《民诉解释》第 224～226 条则对证据交换的程序作了具体安排。实行证据交换的意义在于：(1) 使当事人能够彼此了解对方所持有的证据，防止对方进行证据突袭，以便实现诉讼公正。(2) 尽快确定双方当事人的争议焦点，为开庭审理的顺利进行做好准备，以便提高诉讼效率。

证据交换的时间是在开庭审理之前的准备程序阶段。在具体方式上，既可以采取单独组织证据交换的程序，也可以在所召集的庭前会议中组织证据交换。交换证据的时间可以由当事人协商一致并经法院认可，也可以由法院指定。当事人申请延期举证经人民法院准许的，证据交换日相应顺延。人民法院依照《民诉法》第 136 条第 4 项的规定，通过组织证据交换进行审理前准备的，证据交换之日举证期限届满。当事人收到对方的证据后有反驳证据需要提交的，人民法院应当再次组织证据交换。

证据交换应当在审判人员的主持下进行。在证据交换的过程中，审判人员对当事人无异议的事实、证据应当记录在卷；对有异议的证据，按照需要证明的事实分类记录在卷，并记载异议的理由。通过证据交换，确定双方当事人争议的主要问题。人民法院应当根据当事人的诉讼请求、答辩意见以及证据交换的情况，归纳争议焦点，并就归纳的争议焦点征求当事人的意见。

（六）证明妨碍

证明妨碍，又被称为举证妨碍，是指不负举证责任的当事人，故意或过失地以作为或不作为的方式，将证据灭失、隐匿或妨碍其利用，使负举证责任的当事人因无法利用该证据而无法尽其举证责任时，法院可根据案件审理情况，在事实上，作出对负举证责任的当事人有利的认定。《证据规定》第 95 条所作的如下规定，即体现了证明妨碍规则的要求：一方当事人控制证据无正当理由拒不提交，对待证事实负有举证责任的当事人主张该证据的内容不利于控制人的，人民法院可以认定该主张成立。《民诉解释》第 112 条第 2 款和《证据规定》第 48 条关于书证持有人不遵从文书提出命令时法院可认定申请人所主张的书证内容为真实之规定，也是证明妨碍规则的体现。持有书证的当事人以妨碍对方当事人使用为目的，毁灭有关书证或者实施其他致使书证不能使用行为的，人民法院可以依法对其予以罚款、拘留，并可以认定对方当事人主张以该书证证明的事实为真实（《民诉解释》第 113 条、《证据规定》第 48 条）。《知产证据规定》第 25 条第 1 款则不限于妨碍书证提出之行为，规定可以推定当事人的事实主张成立："人民法院依法要求当事人提交有关证据，其无正当理由拒不提交、提交虚假证据、毁灭证据或者实施其他致使证据不能使用行为的，人民法院可以推定对方当事人就该证据所涉证明事项的主张成立。"

二、证据保全

证据保全是指在证据有可能灭失或以后难以取得的情况下，法院根据当事人或利害关系人的申请或者依职权采取措施，对证据加以固定和保护的制度。

证据保全包括诉讼中的证据保全和诉前证据保全。2012 年修改之前的《民诉法》只规定了诉讼中的证据保全，没有规定诉前证据保全；实践中，在起诉前需要进行证据保全的，当事人应向公证机关提出申请。但后来的有关法律或司法解释对特定类型的案件规定了诉前证据保全制度，主要有《海诉法》《海诉法解释》《著作权法》《商标法》《专利法》等。例如，《专利法》第 73 条规定："为了制止专利侵权行为，在证据可能灭失或者以后难以取得的情况下，专利权人或者利害关系人可以在起诉前依法向人民法院申请保全证据。"鉴于其他领域的民事案件同样需要诉前证据保全制度提供保障，故 2012 年修改后的《民诉法》第 81 条第 2 款（现为第 84 条第 2 款）作了以下一般性规定：因情况紧急，在证据可能灭失或者以后难以取得的情况下，利害关系人可以在提起诉讼或者申请仲裁前向证据所在地、被申请人住所地或者对案件有管辖权的人民法院申请保全证据。

（1）证据保全的申请。诉讼中的证据保全，既可以根据当事人的申请而采取，也可以由人民法院依职权主动采取。当事人申请证据保全的，应当在举证期限届满前向人民法院提出。诉前证据保全，只能根据利害关系人的申请采取；利害关系人可以向证据所在地、被申请人住所地或者对案件有管辖权的人民法院提出申请。当事人或者利害关系人申请证据保全的，申请书应当载明需要保全的证据的基本情况、申请保全的理由以及采取何种保全措施等内容。

（2）证据保全的方法。人民法院在进行证据保全时，可以要求当事人或者诉讼代理人到场。根据当事人的申请和具体情况，人民法院可以采取查封、扣押、录音、录像、复制、鉴定、勘验等方法进行证据保全，并制作笔录。在符合证据保全目的的情况下，人民法院应当选择对证据持有人利益影响最小的保全措施。

（3）证据保全的担保。证据保全措施的采取，有可能对他人造成损失，故《证据规定》第 26 条对证据保全的担保作了规定："当事人或者利害关系人申请采取查封、扣押等限制保全标的物使用、流通等保全措施，或者保全可能对证据持有人造成损失的，人民法院应当责令申请人提供相应的担保。""担保方式或者数额由人民法院根据保全措施对证据持有人的影响、保全标的物的价值、当事人或者利害关系人争议的诉讼标的金额等因素综合确定。"

（4）诉前证据保全后的起诉与保全错误时的赔偿。《民诉法》第 84 条第 3 款规定："证据保全的其他程序，参照适用本法第九章保全的有关规定。"故参照《民诉法》第 104 条第 3 款的规定，对于诉前证据保全，申请人在人民法院采取保全措施后 30 日内不依法提起诉讼或者申请仲裁的，人民法院应当解除保全。人民法院采取诉前证据保全措施后，当事人向其他有管辖权的人民法院提起诉讼的，采取保全措施的人民法院应当根据当事人的申请，将保全的证据及时移交受理案件的人民法院。申请证据保全错误造成财产损失，当事人请求申请人承担赔偿责任的，人民法院应予支持。

需注意的是，对于证据保全，《知产证据规定》第 11～18 条和《生态环境证据规定》第 12～15 条还分别针对知识产权民事诉讼和生态环境侵权诉讼的特点，对证据保全申请的审查、保全措施、妨害证据保全的后果、破坏已经保全证据的法律责任、证据保全参与人、证据保全笔录制作、被申请人提出异议等问题作出了相应规定，以进一步规范此类诉讼中的证据保全程序，增强指导性和操作性。

三、质　证

所谓质证，是指在审判人员的主持下，各方当事人对在法庭上出示的各种证据材料进行询问、辨认、质疑、说明和辩驳，以便在证据的证明力等问题上对审判人员的内心确信产生影响的诉讼活动。作为庭审活动中的一个十分重要的环节，质证既是当事人享有的重要诉讼权利和实现胜诉目的的必要手段，也是人民法院审查认定证据效力的必要前提，故《民诉法》第 71 条明确规定：证据应当在法庭上出示，并由当事人互相质证。未经当事人质证的证据，不得作为认定案件事实的根据；但当事人在审理前的准备阶段或者人民法院调查、询问过程中发表过质证意见的证据，视为质证过的证据。质证一般以口头方式进行，当事人要求以书面方式发表质证意见，人民法院在听取对方当事人意见后认为有必要的，可以准许；人民法院应当及时将书面质证意见送交对方当事人。另外，由于民事诉讼贯彻公开审判原则，故质证活动也应当公开进行，但涉及国家秘密、商业秘密、个人隐私或者法律规定应当保密的证据，不得公开质证。

质证的主体是当事人，包括原告、被告和诉讼第三人，如果是第二审程序，则为上诉人、被上诉人。关于作为审判主体的法官是否是质证的主体，理论界存在争议。我们认为：在民事诉讼中，法官是质证活动的组织者、主持者、指挥者、居中裁判者，而不是质证的主体；在质证程序中，法官的职责是根据当事人的举证、质证活动对证据的效力进行审查判断。即使是针对人民法院依职权调查收集的证据，质证的主体也是当事人，而法官在庭审中就该证据所作的必要说明，只是其基于审判权而实施的职权行为，与当事人的质证权和质证活动有着本质的区别。

质证的客体或者说质证的对象，是在法庭上主张和出示的各类证据，而不论该证据是言词证据还是实物证据。从其表现来看，它既包括各方当事人自行收集并向法院提供的证据，也包括人民法院依照当事人申请调查收集的证据，还包括人民法院依职权调查收集的证据。其中，人民法院根据当事人申请调查收集的证据，审判人员对调查收集证据的情况进行说明后，由提出申请的当事人与对方当事人、第三人进行质证；人民法院依职权调查收集的证据，由审判人员对调查收集证据的情况进行说明后，听取当事人的意见（《证据规定》第 62 条）。另外，根据《民诉解释》第 419 条第 2 款的规定，民事抗诉案件的审理中，人民检察院因履行法律监督职责向当事人或者案外人调查核实的情况，应当向法庭提交并予以说明，由双方当事人进行质证。

质证的内容，是各种证据的真实性、合法性、关联性。根据《民诉解释》第 104 条的规定，人民法院应当组织当事人围绕证据的真实性、合法性以及与待证事实的关联性进行质证，并针对证据有无证明力和证明力大小进行说明和辩论。经过质证，对于能够反映案件真实情况、与待证事实相关联、来源和形式符合法律规定的证据，应当作为认定案件事实的根据。

在质证的程序方面，《证据规定》第 62 条第 1 款规定，质证按下列顺序进行：(1) 原告出示证据，被告、第三人与原告进行质证；(2) 被告出示证据，原告、第三人与被告进行质证；(3) 第三人出示证据，原告、被告与第三人进行质证。[①]

问题与思考

请扫描二维码测试，并查看参考答案

① 关于对各类具体证据的质证程序，参见本书第十四章“第一审普通程序”的第四节“开庭审理”部分。

第十章

民事诉讼证明

【本章概要】民事诉讼证明是指当事人和法院依法运用证据确认民事案件事实的活动。只有经过法定的、科学的诉讼证明活动，才能正确地认定事实和适用法律。一般说来，民事诉讼证明由证明主体、证明对象、证明方法、证明责任、证明标准和证明程序等要素构成。本章着重介绍证明对象、证明责任、证明标准等问题。

第一节　民事诉讼证明概述

一、民事诉讼证明的概念与特征

（一）民事诉讼证明的概念

“证明”一词在日常生活中以及在自然科学和人文社会科学领域中被广泛使用。从一般意义上说，“证明”是指用某种或某些手段/材料去论证某种观点或事实主张的正确性或真实性的活动。诉讼证明是证明的一种特殊表现形式，是法定主体依照法定的程序和方法，运用证据确认案件事实真伪的活动。在民事诉讼中，证明则是指当事人和法院依法运用证据确认民事案件事实的活动。除了法定的例外情形，民事诉讼当事人必须运用证据向法院证明案件事实发生、发展和演变的过程，以便使法院相信该事实存在或不存在，从而为裁判奠定事实基础。

（二）民事诉讼证明的特征

（1）民事诉讼证明的主体主要是当事人。诉讼证明的主体受证明责任的影响和支配。一般而言，诉讼证明的主体应当是负有证明责任的主体。在民事诉讼中，证明责任是由当事人来承担的，因而当事人即是民事诉讼证明的主体。其他诉讼参与人，例如证人、鉴定人、翻译人员等，不属于证明的主体。法官在诉讼中是接受证明的主体，一般情况下不能成为证明的主体，但在少数情形下，也可能成为证明的主体，例如，对于“涉及可能有损国家利益、社会公共利益或者他人合法权益的事实”，人民法院应当依职权调查收集证据，以便对该事实的真伪形成心证。

（2）民事诉讼证明主要是他向证明。证明存在自向证明和他向证明两种状态。前者是指向自己证明，即证明者为了解决某一特定问题而寻找证据进行的求证，以便自己在内心形成确信；后者是指向他人证明，说服他人接受自己的观点或意见。在诉讼活动中，自向证明和他向证明都是存在的，但在不同的诉讼制度下，这两种证明的地位和作用有所不同。在纠问式或职权主义的诉讼制度下，当事人的他向证明虽然不可缺少，但是司法官员的自向证明显然发挥着特别重要的作用；而在抗辩式或当事人主义的诉讼制度下，自向证明虽依然存在，但相当弱化，他向证明则成为整个诉讼证明的基本内容。[①] 就民事诉讼而言，绝大多数国家和地区的民事诉讼法贯彻的是当事人主义，由当事人负主张和证明责任，因此民事诉讼中的证明主要是他向证明。

（3）当事人进行诉讼证明的目的是证实诉讼中的争议事实，说服审理案件的法官，追求有利于己的诉讼结果。

（4）民事诉讼证明通常需遵守法定程序，具有很强的规范性。民事诉讼证明作为司法证明的一种，与司法外的证明的重要区别之一在于，其往往要求在法定的时间、空间，依法律规定的程序进行，因而具有较为严格的程序性和规范性。

延伸阅读 10－1

严格证明与自由证明

（5）民事诉讼证明的手段限于具有证据能力的证据。诉讼证明的手段仅限于对案件真实情况具有证明意义的证据，即它是运用已知的事实材料去证明案件的待证事实。这一点不同于司法外的证明，后者在某些情形下不一定仰赖证据，例如，思维的抽象推演和逻辑演算也可能是在进行证明。

二、证明与释明的区别

民事诉讼证明制度和理论中，存在着“证明”和“释明”的区别。这是以是否需要使法官的心证达到确信为标准所进行的分类。当事人提出证据，使法官就其主张的事实，产生强固的心证，相信其确实如此者，称为证明。当事人提出证据，使法院就其主张的事实，产生薄弱的心证，相信其大概如此者，称为释明。[②] 换句话说，证明是指用充足的证据让法官确信待证事实为真的过程，而释明是指让法官根据有限的证据大致相信待证事实为真的过程。因此，证明与释明虽然都是诉讼中的证实行为，但其影响法官心证形成的程度有所不同。

在诉讼过程中，对于当事人主张的实体法律事实，原则上要求必须进行证明，而对于一些程序性的事项，则要求释明即可。从大陆法系国家和地区的民事诉讼法的规定来

---

① 参见何家弘：《论司法证明的目的和标准——兼论司法证明的基本概念和范畴》，载《法学研究》，2001（6）。

② 参见陈荣宗、林庆苗：《民事诉讼法》，482 页，台北，三民书局，1996。在日本，对于这里所谓“释明”，常常使用“疏明”这个概念。所谓疏明，是指通过证据予以印证，虽未达到证明之程度，但可以使法官作出大致确定的状态，或者是指为了使法官达到这种状态而提出证据的当事人行为。参见［日］新堂幸司：《新民事诉讼法》，林剑锋译，373 页，北京，法律出版社，2008。

延伸阅读 10－2

释明与自由证明的区别

看，对于释明的对象，一般有明确的规定。例如，申请假扣押、假处分时，对于需保全的权利之存在及保全的理由应予释明[1]；申请法官回避的原因，应予以释明[2]；请求诉讼救助的事实，应当释明[3]；等等。需注意的是，将一些程序性的事项作为“释明”的对象，而不是“证明”的对象，并非意味着立法上不重视程序性问题，而是考虑到简易而迅速处理程序问题的需要，以便促进诉讼迅速进行，避免诉讼延误。正因为如此，释明时所使用的证据方法一般只限于能够立即进行调查的证据方法，例如：以文书为释明方法的，应向法院提供文书的原件；以证人为释明方法的，须偕同证人到场以便即时询问。[4]

在民事诉讼中，对于“证明”这一概念，有时是从狭义的角度使用的，即仅仅是指使法官确信待证事实为真的诉讼证明；有时是从广义的角度使用的，即包括狭义的证明和释明。我国民事诉讼立法中没有区别这两个概念，以往很多民事诉讼法学教科书中也没有对二者加以区分。本章下文也是从广义上使用“证明”这一术语，但读者应注意在不同境况下，该“证明”是指狭义的证明还是指释明。

三、民事诉讼证明与刑事诉讼证明、行政诉讼证明的区别

（1）证明主体不同。在刑事诉讼中，证明主体主要是控诉机关和负有证明责任的当事人，具体包括人民检察院、自诉案件的自诉人。在民事诉讼和行政诉讼中，证明主体主要是当事人。其中，在民事诉讼中，证明主体是各方当事人，并且根据证明责任的分配规则分别由各方当事人就一定的事实进行证明；而在行政诉讼中，证明主体主要是作为被告的行政机关，由其对自己作出的行政行为的合法性进行证明。

（2）证明对象不同。在刑事诉讼中，证明对象主要是犯罪嫌疑人、被告人是否实施了犯罪行为的事实以及是否具有从重、加重或者从轻、减轻、免除处罚的事实。在民事诉讼中，证明对象主要是指当事人之间民事权利义务关系发生、变更和消灭的事实。在行政诉讼中，证明对象主要是指对确定行政行为是否合法具有意义的事实。

（3）证明手段不同。在证明手段方面，虽然三大诉讼法关于证据种类的规定基本相同，但同一种类证据在不同诉讼中的证明意义不完全相同。如在民事诉讼中，被告的承认在一般情况下可以免除原告对事实主张的举证责任；但在刑事诉讼中，只有被告人供述，没有其他证据的，不能认定被告人有罪和处以刑罚。[5] 而且，在证据的收集、提供方面，三大诉讼亦存在着不同。在刑事诉讼中，履行控诉职能的机关（人民检察院和公安机关等）具有强大的侦查能力，可以动用国家权力去收集证据。相比较而言，民事诉讼

---

① 参见《德国民事诉讼法》第 920、936 条。

② 参见《德国民事诉讼法》第 44 条第 2 款。

③ 参见《德国民事诉讼法》第 118 条第 2 款。

④ 参见陈荣宗、林庆苗：《民事诉讼法》，482 页，台北，三民书局，1996；陈计男：《民事诉讼法论》（上），398 页，台北，三民书局，1994。

⑤ 参见卞建林主编：《证据法学》，271 页，北京，中国政法大学出版社，2000。

当事人收集证据的方法则要受到很多限制，收集证据的能力较弱。而在行政诉讼中，被告行政机关收集证据的行为是受到严格限制的，即被告不得在行政诉讼过程中自行向原告和证人收集证据。

四、诉讼证明的要素

诉讼证明的要素是指构成证明的基本因素。任何一个待证事实的证明，都是由特定的要素构成的。一般说来，诉讼证明由证明主体、证明对象、证明方法、证明责任、证明标准和证明程序等要素构成。在诉讼过程中，证明主体须遵循证明程序，运用证明方法，就证明对象的真实性与否予以证明。当证明活动达到证明标准时，即被认为成功地进行了证明；若没有达到证明标准而使证明对象陷入真伪不明状态，则需要根据证明责任的分配规则来确定由谁承担事实不明所产生的不利法律后果。

（1）证明主体。证明主体是指实施诉讼证明活动的人。证明主体与接受证明的主体是两个不同的概念。证明主体是用证据进行说服活动的主体，是能动的主体；接受证明的主体是接受证据、形成确信从而作出事实判断的主体，是被动的主体。[①] 在民事诉讼中，当事人和法官等审判人员是证明活动的从事者和接受者，当事人是证明的主体，而法官等审判人员是接受证明的主体。法官等审判人员充当证明主体仅限于极少数例外情形，并且需要有立法的明文规定。

（2）证明对象。证明对象又被称为证明的客体、要证事实、待证事实，是指有必要运用证据加以证明的事实。只有未知的和发生争议的案件事实才有必要作为证明对象。在诉讼过程中，证明对象在证明任务完成之后便告消失。一般而言，随着诉讼程序的推进和证明活动的发展，证明对象的范围会越来越小。但在有些情况下，到诉讼结束之际，证明对象仍然存在，此时即需要由对该证明对象负证明责任的主体承担不利的法律后果。

（3）证明方法。证明方法又被称为证明手段，是指对案件事实进行证明的具体方法。在证据裁判主义下，证实案件事实的主要方法或手段就是证据。关于证据的含义、特征、分类等有关内容，本书第九章已经作了阐述。

（4）证明责任。当事人应当提供证据对特定的案件事实进行证明，并且在经过一定的证明活动后，如果该事实仍然处于真伪不明的状态，则需要承担不利的法律后果，此即证明责任问题。证明责任为当事人从事证明活动施加了内在的压力，同时也为其举出证据证明案件事实提供了实质性的动力。对于某一特定的事实主张或发生争议的事实来说，只能由一方当事人负担证明责任，因而该方当事人可被认为是真正意义上的证明主体，而对方当事人属于反证的主体。故此，证明责任与证明主体是紧密联系的：证明责任是证明主体所负担的诉讼责任，证明主体是证明责任的实际承担者。

（5）证明标准。证明标准是指证明应达到的程度。证明标准与证明责任具有紧密的联系：证明责任是内含一定标准的责任，而证明标准是指向某种责任的标准。证明责任的最终负担是由证明标准予以界定的。当事人对案件事实的证明达到了证明标准时，相

---

① 参见江伟主编：《证据法学》，39 页，北京，法律出版社，2004。

应地即解除了其证明责任；而对案件事实的证明没有达到证明标准时，往往需要承担因该事实没有得到确切的证明而产生的不利法律后果之责任。

（6）证明程序。证明程序又可被称为证明的环节、证明的阶段，是指运用证据完成证明活动的过程。一般地说，证明程序包括证据的收集程序、证据的提供和展示程序、证据的审查判断程序、运用证据认定事实的程序。在不同的证明环节或阶段，证明主体的任务往往不同。

第二节 证明对象

一、证明对象的概念与意义

证明对象，也称待证事实，是指需要证明主体运用证据予以证明的对案件的解决有法律意义的事实。证明对象的确定，可以说是诉讼证明的起点。只有确定了证明对象，诉讼证明活动才有目标与方向，民事诉讼才能有效地进行。同时，只有作为证明对象的事实被依法证明，法院才能以该事实为依据作出裁判。但在具体的诉讼中，并非所有的案件事实都需要作为证明对象，借助证据来认定。

一般而言，成为证明对象须符合以下条件：（1）该事实对于正确处理案件具有法律意义，即该事实应当是对于正确适用民事实体法和民事诉讼法具有意义的案件事实，包括原告提出的作为其诉讼请求的根据的事实、被告提出的作为反驳诉讼请求或者反诉根据的事实以及那些具有程序法意义的事实。（2）双方当事人对该事实存在着争议。不存在争议的事实一般不需要证明，除非法官认为该事实涉及国家利益、社会公共利益或第三人的合法权益且存在双方当事人恶意串通之嫌。（3）该事实不属于诉讼上免于证明的事实。法律明确规定不需要证明的事实，无须证据就可认定，因而不需要作为证明对象。

明确证明对象对于当事人和法院具有重要意义：一方面，确定了证明对象，就明确了当事人之间的事实争点，当事人就可以围绕该事实去收集、提供证据，有效地进行质证和辩论。另一方面，确定了证明对象，就明确了法院审理的事实范围和证据调查范围，有利于其及时、高效地审判案件。

二、证明对象的范围

证明对象的范围因对“证明”这一概念采广义还是狭义的理解而有所不同。如对“证明”采狭义的理解，则证明对象应仅限于当事人争议的实体法律事实。如对“证明”采广义的理解（包括狭义的“证明”和“释明”），则证明对象除了包括实体法律事实，还包括“释明”的对象，例如有关的程序法律事实等。此处所说的证明对象的范围，是指广义的证明对象的范围。

（一）实体法律事实

实体法律事实是指引起民事法律关系发生、变更或消灭的事实，例如，合同的签订、变更和履行的事实，实施侵权行为的事实，导致夫妻双方感情破裂的事实，等等。当事人对有关的实体法律事实发生争议时，该事实即应当作为证明对象。在民事诉讼中，实体法律事实对解决民事纠纷具有实质意义，一般也是诉讼争执的焦点，因而是证明对象的重点部分、主要部分。

作为证明对象的实体法律事实，一般可分为以下三个层次。

（1）主要事实。主要事实是指关于法律构成要件的事实，即由民事实体法规范规定的作为形成特定民事权利义务关系基本要素的事实，故又被称为要件事实。例如，基于侵权行为而请求损害赔偿时，关于被告实施了侵权行为、给原告造成损害后果、侵权行为与损害后果之间具有因果关系等事实，就是该侵权损害赔偿请求的主要事实。又如，基于买卖合同主张付款请求权时，关于标的物的所有权已转移给买受人、买受人负有付款义务等事实，就是该请求权得以成立的主要事实。

主要事实大致可以分为以下几种情况：一是构成请求原因的法律要件的事实，例如，在依据买卖合同请求支付货款的诉讼中，关于付款的约定、标的物所有权已转移等事实。二是请求所不可缺少的附随要件的事实，例如，条件的成就、期限的到来等事实。三是导致该请求不发生、变更或者消灭的抗辩事实，例如，清偿、时效等事实。原则上，请求原因事实与原告利益有关，应由原告主张并证明；抗辩事实与被告利益有关，应由被告主张并证明。

（2）间接事实。间接事实是指借助于经验规则、理论原理能够推断主要事实存在与否的事实。在诉讼实践中，有时很难获得足够的证据来直接证明主要事实是否存在，而需要通过证据来证实与该主要事实有关的另一些事实，并根据这些事实来推断主要事实。这些据以推断主要事实存在与否的事实，就属于间接事实。例如，原告诉请被告返还借款，被告辩称并未借款，而且不存在能够直接证明借款这一主要事实的证据，但在相当于原告诉称借款给被告的时期，被告的资金周转突然大有改善，而且被告当时并无其他渠道的资金来源等事实，就属于可以用来推断主要事实的间接事实。

（3）辅助事实，是指能够明确证据的证据能力和证据力的事实，或者说对证据能力和证据的可信性有影响的事实，例如，能证明证人是否一贯撒谎或者证明证人是当事人的朋友、配偶的事实等。

（二）程序法律事实

程序法律事实是指能够引起诉讼法律关系发生、变更、消灭等对解决诉讼程序问题具有法律意义的事实。虽然程序法律事实一般不直接涉及实体问题，但如不予以证明，就会影响诉讼程序的顺利进行。程序法律事实大多数属于法院应依职权调查的事项，当事人即使没有主张，法院也应主动予以查明，例如，本案当事人是否适格、法院对该纠纷是否有审判的权限、当事人是否有诉讼能力、诉讼代理人是否有代理权、回避的原因、是否存在适用强制措施的法定情形、期间的计算，等等。但也有一些程序法律事实是当事人向法院主张后才需要查明的，如关于存在仲裁协议或诉讼管辖协议的事实，关于耽误期间有正当理由的事实等。

（三）法官所不知的地方性法规、民事习惯、外国法律

法官应当知悉本国的法律，故本国法律一般无须作为诉讼中的证明对象；但是地方性法规和民事习惯以及外国法律，法官可能无法尽知，因而有时需要将其作为证明对象。就地方性法规而言，由于其数量多、变化快，本地的法官可能不完全了解外地制定的地方性法规。存在于某一地方的民事习惯一般只为本地人所知悉，审理案件的外地法官可能并不清楚。外国法律一般不属于法官职务上应当知悉的范围。因此，地方性法规、民事习惯和外国法律，有时需要作为证明对象予以证明。

（四）经验法则

经验法则是指人类以经验归纳所获得的有关事物因果关系或性质状态的法则或知识。众所周知的经验法则无须证明，但若运用专门性经验法则并且该法则为一般人所不知，则有必要对其加以证明。

对于证据事实是否应当作为证明对象的问题，在我国的民事诉讼法学和证据法学中存在争论。肯定说认为，证据事实应当作为证明对象。理由是：证据必须查证属实，才能作为认定事实的依据，而查证属实的过程就是证明的过程。否定说认为，证据属于证明手段，不应当将证据事实列入证明对象的范围。理由是：证据与其所要证明的案件事实是证明手段与证明对象的关系，二者之间的界限十分清楚，把证据事实也说成是证明对象，必然会造成二者关系的混淆，致使证明理论混乱化；立法上要求证据必须查证属实，并不意味着处在查证属实之中或之前的证据，便是证明对象，而只是说明，证据只有查证属实，才能作为证明和确定案件事实的手段，否则即不具有作为证明手段的资格。我们倾向于不把证据事实列入证明对象的范围。

三、无须证明的事实

无须证明的事实又被称为免证事实，是指法律规定不需要举证证明的事实。根据《民诉解释》第 92、93 条，《证据规定》第 3～10 条，《知产证据规定》第 6 条等的规定，无须证明的事实包括如下几类。

（一）诉讼上自认的事实

诉讼上自认的事实，简称为诉讼上的自认或裁判上的自认，或者直接简称为自认，是指在诉讼过程中，一方当事人对另一方当事人所主张的案件事实，承认其为真实。

延伸阅读 10－3

自认与认诺的区别

1. 诉讼上自认的构成要件

（1）自认的对象是案件事实。自认是指一方当事人对于另一方当事人主张的案件事实加以承认，因而其对象是案件事实，这使其区别于认诺，后者的适用对象是诉讼请求。对方当

事人关于应如何解释和适用法律的陈述，不能成为自认的对象，因为如何适用和解释法律，应由法官予以判断，是法官职权范围内的事，而当事人对法律的认同不能拘束法官。

关于作为自认之对象的案件事实，是仅限于主要事实（要件事实），还是既包括主要事实也包括间接事实和辅助事实的问题，相关司法解释并未予以明确。《证据规定》第3条第1款仅仅规定："在诉讼过程中，一方当事人陈述的于己不利的事实，或者对于己不利的事实明确表示承认的，另一方当事人无需举证证明。"对于这一问题，大陆法系国家和地区民事诉讼法学的主流观点认为，自认的对象应仅限于主要事实，对于间接事实或辅助事实的承认，不生自认的效力。[①] 我国亦有学者认为，间接事实一般不能成为自认的对象，辅助事实也不能成为自认的对象，因为如果承认间接事实、辅助事实也能够成为自认的对象，就会与法院有权通过自由心证来认定事实的原则相抵触。[②]

自认制度作为辩论主义的三大命题之一，其适用的对象是案件事实，而不是诉讼中的证据，故一方当事人对他方当事人提出的证据或者其他证据加以认可的，不能适用自认规则，法院应当根据证据的审查判断规则，基于自由心证的基本原理，对证据的效力作出认定。另外，作为辩论主义的重要命题，自认规则是在当事人之间适用的规则，强调的是一方当事人对他方当事人主张的事实予以承认并产生相应的法律后果。由此观之，国内有人认为"自认的内容，不仅限于另一方当事人陈述的案件事实，当然也包括证人、鉴定人等的陈述"[③] 之观点，是值得商榷的。"证人、鉴定人等的陈述"本质上属于"证据"的范畴，其不属于当事人的"事实陈述"，更非"事实主张"，应当适用有关证据的审查判断规则，而不适用自认规则。

(2) 自认必须是与对方当事人所主张的案件事实相一致的陈述。这种相一致的事实陈述，既可以针对部分事实，也可以针对全部事实。关于"与对方当事人所主张的案件事实相一致"的理解，通说认为，只要当事人进行援用即可，而在时间上不论两种主张或陈述的先后关系。也就是说，无论是在对方先进行主张之后再作出自认，还是自己先进行了某种不利于己的陈述，嗣后对方当事人予以援引，都符合"一致性"之要件，皆能够成立诉讼上的自认。后一种情形在诉讼理论中被称为"先行自认"。

(3) 自认应当是在诉讼过程中向法院所作的陈述。所谓"诉讼过程中"，不仅仅限于开庭审理阶段，在证据交换、询问、调查过程中，或者在起诉状、答辩状、代理词等书面材料中，当事人明确承认于己不利的事实的，皆属于"诉讼过程中"的自认（《证据规定》第3条第2款）。一方当事人如果是在诉讼程序之外对另一方当事人主张的事实作相一致的陈述，只能是诉讼外的自认，不具有诉讼上自认的法律效力。在诉讼过程中所作的自认之陈述，还应当是向法院作出，如果不是向法院作出，也不能发生自认的法律效力。[④]

---

① 参见陈荣宗、林庆苗：《民事诉讼法》，490页，台北，三民书局，1996。

② 参见江伟主编：《民事诉讼法》，2版，160页，北京，高等教育出版社，2004。

③ 最高人民法院民事审判第一庭：《最高人民法院新民事诉讼证据规定理解与适用》，97页，北京，人民法院出版社，2020。

④ 如果一方当事人在诉讼程序之外承认另一方当事人主张的事实，或者虽在诉讼过程中作出承认，但不是向法院作出，则该项承认虽不能发生自认的法律效力，但可以被援引作为证据。

（4）自认仅适用于有关财产关系的事实陈述，而不适用于身份关系的事实陈述。身份关系主要是指婚姻关系、父母子女关系等。人的身份关系一般涉及社会公共利益的维护，属于法律的强制性规定，故不适用自认的规定。

延伸阅读 10－4

于己不利的陈述之判断

（5）自认是一种于己不利的陈述。关于这一要件，大陆法系国家和地区的民事诉讼立法中虽然一般未明确规定，但其理论和实践中的主流观点认为，自认是一种于己不利的陈述，即自认系当事人针对于己不利的事实所作的承认。我国《证据规定》第 3 条第 1 款则明确规定了这一要件。

2. 诉讼上自认的分类

（1）完全的自认与附加限制的自认。这是以当事人的自认是否附加有限制为标准进行的分类。完全的自认是指一方对另一方所主张的事实全部予以自认，附加限制的自认是指一方承认对方所主张的事实时附加有一定的限制条件。附加限制的自认主要有两种情况：其一，一方在承认对方所主张的事实时，附加独立的攻击或防御方法，例如，被告依原告的主张，自认有借款事实，但同时又主张业已清偿，其业已清偿的主张即为附加的独立防御方法。其二，一方对于他方所主张的事实，承认其中一部分而不承认其他部分，例如，原告主张被告曾借款 1 000 元，被告只承认曾借款 500 元。

（2）明示的自认与默示的自认。这是根据当事人是否作出明确的意思表示为标准进行的分类。明示的自认是指当事人一方对另一方所主张的事实，以口头或书面的形式明确表示承认；默示的自认又称拟制的自认或准自认，是指当事人一方对另一方所主张的事实，既未明确表示承认，也未作否认的表示，而法律规定应视为自认的情况。多数国家的民事诉讼法对这两种方式均作了规定。我国《证据规定》第 4 条亦规定："一方当事人对于另一方当事人主张的于己不利的事实既不承认也不否认，经审判人员说明并询问后，其仍然不明确表示肯定或者否定的，视为对该事实的承认。"

（3）当事人的自认与诉讼代理人的自认。根据作出自认的主体不同，可以将自认分为当事人的自认与诉讼代理人的自认。前者是指由当事人本人所作出的自认，后者是指由诉讼代理人所作的自认。法定诉讼代理人自然有权代理当事人作出自认。委托诉讼代理人也可以代理当事人作出自认，但是，如果经当事人或其法定代理人当场撤销或更正，则不发生自认的效力。关于委托诉讼代理人的自认，《证据规定》第 5 条作了如下规定："当事人委托诉讼代理人参加诉讼的，除授权委托书明确排除的事项外，诉讼代理人的自认视为当事人的自认。""当事人在场对诉讼代理人的自认明确否认的，不视为自认。"

3. 诉讼上自认的效力

（1）对当事人的效力。一方面，诉讼上的自认具有免除对方当事人举证责任的效力，即主张该事实的对方当事人无须举证证明该事实。另一方面，作出自认的一方当事人也应受其自认的拘束，除有法律规定的情形外，不得任意地予以撤回。关于共同诉讼人的自认对其他共同诉讼人是否产生效力的问题，《证据规定》第 6 条规定："普通共同诉讼中，共同诉讼人中一人或者数人作出的自认，对作出自认的当事人发生效力。”“必要共同诉讼中，共同诉讼人中一人或者数人作出自认而其他共同诉讼人予以否认的，不发生自认的效力。其他共同诉讼人既不承认也不否认，经审判人员说明并询问后仍然不明确表示意见的，视为全体共同诉讼人的自认。”

（2）对法院的效力。诉讼上的自认一般应具有拘束法院的效力，法院应当对自认的事实予以认定，并将其作为裁判的基础。

（3）自认效力的限制。诉讼上的自认具有拘束当事人和法院的效力，但这种拘束力并非绝对的。根据《证据规定》第 8 条和《民诉解释》第 96 条第 1 款的规定，下列几种情形涉及的事实，不适用自认的规定：第一，涉及可能损害国家利益、社会公共利益的；第二，涉及身份关系的；第三，涉及《民诉法》第 58 条规定的公益诉讼的；第四，当事人有恶意串通损害他人合法权益可能的；第五，涉及依职权追加当事人、中止诉讼、终结诉讼、回避等程序性事项的。自认的事实与已经查明的事实不符的，人民法院不予确认。因为，自认的事实与法院已经查明的事实不符时，如果仍然坚持自认的约束力，要求法院应当认定自认的事实并据之作出裁判，则与法官自由心证原则相矛盾。另外，从诉讼理论上讲，自认的事实，与众所周知的事实或其他为法院应予司法认知的事实相反，或根本为不可能的事实的，亦不应适用自认的规定，因为法院的裁判，不应以明显不真实或虚构的自认事实为基础。

4. 自认的撤销

通常情况下，当事人在诉讼中作出自认后，不允许再随意予以撤销。因为如允许自认者可以随意撤销自认，则不仅会增加法院认定事实的负担，而且可能使对方当事人难以顺利地组织攻击、防御，同时，还可能破坏诉讼程序的安定和造成诉讼的迟延。但作为例外，在当事人具有充分、正当的理由时，应允许其撤销自认。对此，《证据规定》第 9 条规定：“有下列情形之一，当事人在法庭辩论终结前撤销自认的，人民法院应当准许：（一）经对方当事人同意的；（二）自认是在受胁迫或者重大误解情况下作出的。人民法院准许当事人撤销自认的，应当作出口头或者书面裁定。”需注意的是，根据《民诉解释》第 229 条的规定，对于审前准备程序中承认的事实，当事人在庭审中又提出不同意见的，其适用条件较之《证据规定》第 9 条的规定更为宽松。《民诉解释》第 229 条规定：“当事人在庭审中对其在审理前的准备阶段认可的事实和证据提出不同意见的，人民法院应当责令其说明理由。必要时，可以责令其提供相应证据。人民法院应当结合当事人的诉讼能力、证据和案件的具体情况进行审查。理由成立的，可以列入争议焦点进行审理。”

（二）自然规律及定理、定律

自然规律及定理、定律具有客观性和必然性，其真实性与正确性已经过科学证明，因此应当作为免证事实。自然规律及定理、定律作为免证事实，有些是众所周知的，因此与下述“众所周知的事实”这类免证事实具有重合性，但有些并非众所周知，而是从事特定领域的专业人员才知晓的。无论是否具有公知性，自然规律及定理、定律在诉讼中都免于证明。由于自然规律及定理、定律已经过反复的科学验证，因而其免于证明的效力具有不可反驳性。在诉讼中，当事人的自认、证人证言、专家意见等与其不一致时，法院应当认定自然规律及定理、定律的效力，而排斥其他证据。

（三）众所周知的事实

众所周知的事实是指一定区域内一般人都知道的事实，包括众所周知的自然现象、常识、一般性经验、习俗以及政治、经济、文化方面的重大事件等。众所周知的事实不必证明，是因为该事实为当地的人普遍知晓，审理案件的法官作为该地域的成员，也知道这一事实。需注意的是，众所周知的事实是指一般人所公知的事实，而不以每一个人均知悉该事实为必要条件。

众所周知的事实在诉讼法理论上属于司法认知的事实，其效力是免除主张该事实的当事人的举证责任。但众所周知的事实作为免证事实并不是绝对的，当事人有相反证据足以反驳时，该事实即不再作为免证事实。

（四）推定的事实

推定的事实，是指根据法律的规定或者经验法则，从已知事实中所推断出的另一事实。其中，作为推论前提的已知事实，一般被称为“基础事实”或“前提事实”；依据推定所得的结果事实，一般被称为“结论事实”或“推定事实”；作为沟通基础事实与结论事实之桥梁的推论关系，既可以是法律规则也可以是经验规则。

推定可以分为法律上的推定和事实上的推定。

（1）法律上的推定。

法律上的推定，是指法律明确规定，应当基于某一已知事实的存在而认定另一事实的存在，例如，《民法典》第46条关于失踪人死亡的推定，《民法典》第1121条关于相互有继承关系的几个人在同一事件中死亡的时间顺序的推定，《著作权法》第11条关于作者的推定等。

需要说明的是，法律上的推定，一般系指法律上之事实推定，但从广义上来说，法律上的推定包括法律上之事实推定和法律上之权利推定。法律上之权利推定又被称为权利推定、权利状态推定，是指法律就某权利或法律关系是否存在直接加以推定。例如《民法典》第216条和第217条关于不动产物权的归属之规定，即属于权利推定。按照此两条的规定，不动产物权归属于不动产登记簿所载的物权人；不动产登记簿所载的物权人与不动产权属证书中所载的物权人不一致的，推定物权归属于不动产登记簿所载的物权人，除非有证据证明不动产登记簿确有错误。与法律上之事实推定不同，权利推定的对象不是事实，尤其不是权利（法律关系）产生或消灭的要件事实，而是直接推定权利存在或者不存在。因此，受权利推定的当事人，虽应就其主张之权利存否为主张，但除推定出发点之事实以外（例如上述不动产登记簿之记载内容），对产生或消灭权利的要件事实既不需要提出主张也不需要提供证明（例如，不动产登记簿之物权人不需要主张和证明其物权是基于诸如买受、继承、受赠等原因中何种要件事实而取得）。与此相适应，法院在判断该权利或法律关系存否时，也不必去认定该权利或法律关系发生或消灭的要件事实，而是直接适用推定规定，去认定权利或法律关系存在与否。当然，对权利推定也可以运用相反的证据加以推翻（例如举证证明不动产登记簿确有错误以推翻权利推定）。

（2）事实上的推定。

事实上的推定，是指法院根据已知的客观事实和日常生活经验法则，推断出另一事实的存在。例如，主张存在契约关系的一方，虽不能证明其契约缔结的事实，但依据契约履行的事实，足以推定其契约关系的存在。此时，不允许契约当事人随意否认契约关系的存在。法院根据已知的事实推断出另一事实的真伪，主要有下列情形：其一，两事实间互有因果关系；其二，两事实间有主从关系；其三，两事实间互不相容。[①]

推定具有免除主张推定事实的当事人的举证责任的法律效力。但在理解这一效力时需注意：第一，当作为推定事实的前提事实处于真伪不明状态时，主张推定事实的当事人虽然不必证明推定事实，但需要对前提事实的存在进行证明。第二，在运用“已知的客观事实和日常生活经验法则”进行推定时，作为已知事实与推定事实之中介的“日常生活经验法则”，应当具有高度的盖然性。高度盖然性意味着，某种现象的发生具有极大的可能性，一般情况下是没有例外的；而且，作为人们从生活经验中归纳出来的关于事物因果关系或属性状态的具有普遍性的法则，“日常生活经验法则”应当是社会上一般人所普遍认同的，而不是法官个人的认识。如果其不具有这种高度盖然性，那么就不能作为推定中介的经验法则。[②] 第三，推定事实并不都是不可争议的事实。无论是法律上的推定还是事实上的推定，都允许当事人提出相反的证据反驳推定事实。当事人提出相反的证据足以反驳推定事实时，推定事实将重新成为证明的对象。

从证明对象的角度来看，推定的事实可以作为无须证明的事实；但从事实认定的角度看，推定实际上是一种非常重要的事实认定方法，同时也是一项涉及证明责任分配的重要规则。例如，法律上的推定，实际上是将证明不存在推定事实的证明责任分配给对方当事人，对方当事人如果不能证明不存在推定事实，就要承担不利的法律后果。

延伸阅读 10－5

推定与拟制的区别

（五）预决的事实

预决的事实，主要是指已为人民法院发生法律效力的裁判所确认的基本事实或者已为仲裁机构的生效裁决所确认的事实。如果该事实成为其后的案件需要认定的事实，则无须证明，即对于其后的案件的有关事实的认定具有预决的效力。承认生效裁判和生效仲裁裁决具有预决效力的意义在于：一是可以防止法院在不同的案件判决中对同一事实

---

① 参见陈荣宗、林庆苗：《民事诉讼法》，495页，台北，三民书局，1996。

② 在南京某法院审理的“徐某某诉彭某侵权赔偿案”中，法院依据所谓的“日常生活经验法则”对推定事实的认定之所以受到法学界和社会公众的广泛质疑，根本原因就在于其所运用的“日常生活经验法则”不具有高度的盖然性。关于该案的详细评论，参见张卫平：《司法公正的法律技术与政策——对“彭宇案”的程序法思考》，载《法学》，2008（8）；杨晓玲：《经度与纬度之争：法官运用“经验法则”推定事实——以“彭宇案”为逻辑分析起点》，载《中外法学》，2009（6）；郑世保：《事实推定与证明责任——从“彭宇案”切入》，载《法律科学》，2010（3）。

作出前后矛盾的认定；二是可以免除对已为生效裁判或生效仲裁裁决所认定的事实再次进行证明，从而节约诉讼成本，提高诉讼效率。需注意的是，根据相关司法解释的规定，法定情形下，行政行为所确认的事实，亦属于免于证明的事实。例如，《知产证据规定》第6条规定："对于未在法定期限内提起行政诉讼的行政行为所认定的基本事实，或者行政行为认定的基本事实已为生效裁判所确认的部分，当事人在知识产权民事诉讼中无须再证明，但有相反证据足以推翻的除外。"《生态环境证据规定》第24条规定："负有环境资源保护监督管理职责的部门在其职权范围内制作的处罚决定等文书所记载的事项推定为真实，但有相反证据足以推翻的除外。""人民法院认为有必要的，可以依职权对上述文书的真实性进行调查核实。"

关于"人民法院发生法律效力的裁判所确认的基本事实"中哪些可以作为免证事实，从司法解释的沿革看，2001年的《证据规定》第9条及《民诉解释》第93条规定的是"已为人民法院发生法律效力的裁判所确认的事实"，其范围未作限制，解释上有人认为凡经人民法院生效裁判所确认的事实，都可以免除提出该事实的当事人的举证责任。① 但从理论上讲，"已为人民法院发生法律效力的裁判所确认的事实"免除当事人举证责任的规定，与自由心证原则存在一定冲突，故在修改《证据规定》的论证过程中，有学者主张应删除该规定。最高人民法院则认为我国现阶段仍然有保留该项规定的必要，同时，考虑到生效裁判所认定的基本事实系人民法院经过审理重点查明的事实，本身已经经过严格的质证与审查程序，故对该项免证事实的范围限缩为"已为人民法院发生法律效力的裁判所确认的基本事实"②。关于何谓"基本事实"，参照《民诉解释》第333条的规定，是指用以确定当事人主体资格、案件性质、民事权利义务等对原判决、裁定的结果有实质性影响的事实。

"仲裁机构的生效裁决所确认的事实"作为免证事实，同样存在与自由心证原则相冲突的问题，且仲裁是一种更偏重效率的解决纠纷的方式，对当事人的程序保障与司法程序相对较弱，故在修改《证据规定》的论证过程中，也存在应废除该项规定的主张。最高人民法院则认为，仲裁裁决具有确定当事人权利义务关系的作用，生效仲裁裁决禁止当事人就同一事实再申请仲裁或起诉，此种法律效力与生效民事裁判发生的法律效力在确定当事人实体权利义务关系及有关程序上也是一致的，在目前情况下，生效仲裁裁决确认的事实对后续民事诉讼之预决效力的规定应予保留。③

预决的事实虽无须举证证明，但当事人主张该事实已为生效裁判或生效仲裁裁决所确认时，一般应当提供该生效法律文书或其副本予以证明。人民法院对于自己了解到的预决事实，也可以进行司法认知。当事人有相反证据足以推翻生效裁判确认的基本事实或者足以反驳生效仲裁裁决确认的事实的，该事实不再作为免证事实。

---

① 参见最高人民法院民事审判第一庭：《民事诉讼证据司法解释的理解与适用》，86页，北京，中国法制出版社，2002。

② 参见最高人民法院民事审判第一庭：《最高人民法院新民事诉讼证据规定理解与适用》，155页，北京，人民法院出版社，2020。

③ 参见最高人民法院民事审判第一庭：《最高人民法院新民事诉讼证据规定理解与适用》，162页，北京，人民法院出版社，2020。

（六）公证证明的事实

公证证明的事实，是指已为有效公证文书所证明的事实。《民诉法》第 72 条规定：经过法定程序公证证明的法律事实和文书，人民法院应当作为认定事实的根据，但有相反证据足以推翻公证证明的除外。根据这一规定，当事人主张的事实如经过公证证明，便成为无须证明的事实。《公证法》第 36 条①、《民诉解释》第 93 条、《证据规定》第 10 条亦明确将公证证明的事实列入免证事实的范围。

需注意的是，根据《证据规定》第 10 条第 2 款的规定，对于众所周知的事实、推定的事实、已为生效仲裁裁决所确认的事实，如当事人有相反证据足以反驳，则该事实不再作为免证事实，对方仍须举证证明；而对于已为生效裁判确认的基本事实或者已为有效公证文书所证明的事实，规定的是“有相反证据足以推翻的”，才不再作为免证事实。因此，就相反证据之证明度而言，后者的要求更高，相反证据的证明力需达到“足以推翻”该事实的程度，也即需达到提供证据证明相反事实成立的程度；而前者只要求“足以反驳”即可，即当事人提供的相反证据的证明力不必达到推翻该事实的程度，只需要动摇免证事实对法官的心证基础，使其处于真伪不明状态即可。

第三节　证明责任

一、证明责任的含义与特征

（一）证明责任的含义

民事诉讼中的证明责任，又被称为举证责任。对于证明责任的含义，理论上主要有三种界定，即行为责任说、双重含义说、危险负担说，这反映了我国不同时期对证明责任问题的理解，也表明了对这一问题认识的不断深化。在我国，目前理论上有很多人主张采危险负担说，但在诉讼实践中，主要是按双重含义说来理解证明责任的。

(1) 行为责任说。行为责任说认为，证明责任（举证责任）是指在诉讼中，当事人对于自己主张的事实，负有提供证据以证明其真实性的责任。由于这种观点是从当事人提供证据的行为之角度来界定证明责任，因而可称之为“行为责任说”。这种界定没有涉及当该事实最终处于真伪不明状态时应当如何处理的问题。

(2) 双重含义说。双重含义说认为，证明责任包括行为意义上的证明责任和结果意义上的证明责任这两层含义。前者是指对于诉讼中的待证事实，应当由谁提供证据加以证明的责任，又被称为形式上的证明责任、主观的证明责任、提供证据的责任；后者是指当待证事实的存在与否最终处于真伪不明状态时，应当由谁承担因此而产生的不利法

① 该条规定：经公证的民事法律行为、有法律意义的事实和文书，应当作为认定事实的根据，但有相反证据足以推翻该项公证的除外。

律后果的责任，又被称为实质上的举证责任、客观的举证责任、说服责任。

双重含义说承认，在诉讼中，确实存在着事实无法查明的现实，而在此情况下，法官也不能拒绝作出裁判，因此证明责任必须包含结果意义上的证明责任这一层含义。双重含义说是目前我国司法实践中的主流观点，也是《证据规定》等司法解释予以肯定的一种界定。《民诉解释》第 90 条明确对证明责任的两个层面的含义进行了规定：当事人对自己提出的诉讼请求所依据的事实或者反驳对方诉讼请求所依据的事实，应当提供证据加以证明，但法律另有规定的除外（第 1 款）。在作出判决前，当事人未能提供证据或者证据不足以证明其事实主张的，由负有举证证明责任的当事人承担不利的后果（第 2 款）。

（3）危险负担说。危险负担说，又称为风险负担说、败诉风险说、结果责任说，认为证明责任是指案件事实真伪不明时，当事人一方所承担的败诉风险。危险负担说将证明责任与事实真伪不明的现象联系起来，并将证明责任的性质明确为一种风险责任，揭示了证明责任制度的实质与目的，为法院在遇到案件事实真伪不明的困难情形时如何处理提供了裁判规范。

从其含义的界定看，危险负担说与上述双重含义说中的结果意义上的证明责任实际上是一致的，但将双重含义说中的行为意义上的证明责任（提供证据的责任）排除在"证明责任"的含义之外，认为"证明责任"与提供证据的责任是两个不同的概念，应当加以区别，而不能混淆。

应当注意的是，在概念的使用上，《民诉解释》既没有使用此前相关立法和司法解释中的"举证责任"这一概念［例如 2009 年的《侵权责任法》第 66 条、2001 年的《最高人民法院关于适用〈中华人民共和国婚姻法〉若干问题的解释（一）》第 18 条以及 2001 年《证据规定》中的大量条款］，也未使用民事诉讼法学理论中经常使用的"证明责任"概念，而使用的是"举证证明责任"这一概念（《民诉解释》第 90、91、108、110、111、112、268、309 条），其意图在于将证明责任的两层含义均包含在内，即"举证证明责任"包含着客观证明责任（结果意义上的证明责任）以及与客观证明责任方向一致的主观证明责任（提供证据责任）。[①] 但在理论上和实践中，人们仍习惯于使用"证明责任"或"举证责任"的表述。而从理论探讨、实践需要以及比较法上的概念使用等角度看，创设"举证证明责任"这一概念是没有必要的。[②] 不过，在使用"证明责任（或举证责任）"这一概念时，有时是从行为意义的角度即提供证据的角度使用，有时是从结果意义的角度或者说危险负担的角度来理解，有时则包含这两层含义。因此，需要根据具体情况来理解"证明责任"在特定场合的真正含义。

---

① 参见最高人民法院修改后民事诉讼法贯彻实施工作领导小组编著：《最高人民法院民事诉讼法司法解释理解与适用》（上），312 页，北京，人民法院出版社，2015。

② 《民诉解释》2015 年施行后，新颁布的法律或司法解释中的相关条款仍然使用或者回归使用"举证责任"概念，而未使用"举证证明责任"这一概念。例如，2019 年修改后的《证据规定》第 31、50、92、95 条，《民法典》第 1230 条，《婚姻家庭编解释一》第 37 条等仍然使用"举证责任"这一概念，而《民间借贷规定》在 2015 年颁布时相关条款中使用的是"举证证明责任"，但 2020 年修改后则改回"举证责任"之表述。但是，2022 年《民诉解释》修改后，其相关条款中继续使用"举证证明责任"概念。可见，最高人民法院司法解释中使用的概念并不统一。

（二）证明责任的特征

结果意义上的证明责任（客观的证明责任），体现了证明责任制度的本质，对于当事人提供证据的行为和诉讼的结果具有决定性的影响，因而在诉讼证明中具有极为重要的地位和意义。从结果意义的角度来看，证明责任具有如下特征。

（1）证明责任是当事人在待证事实真伪不明时所承担的一种不利诉讼后果的风险，同时也是法院在事实真伪不明时的一种裁判规范。在诉讼中，有争议的待证事实经过证明活动后可能呈现三种状态：其一是该事实被证明为真；其二是该事实被证明为假；其三是该事实真伪不明。前两种状态均与证明责任无关，因为法院是依据已查清的事实作出裁判的，只有第三种状态，才涉及证明责任问题。事实真伪不明时，法院不能以此为由拒绝裁判，而必须寻找一种解决争议、结束诉讼的机制，证明责任就为法院在此情形下确定由一方当事人承担不利的法律后果提供了裁判规范。

（2）证明责任是法律抽象加以规定的责任规范，不会因为具体诉讼的不同或当事人的态度不同而发生变化。一般而言，证明责任的分配或承担在诉讼发生之前就存在于民事诉讼法和民事实体法之中，只是在案件的审理过程中，出现了待证事实真伪不明时，它的作用才表现出来。

（3）对于同一事实，证明责任只能由一方当事人负担，而不能同时由双方当事人负担，否则，在该事实真伪不明时，法院就无法根据证明责任作出裁判。

（4）法院在诉讼中不承担证明责任。尽管在有些情形下，法院也要依职权调查收集证据和运用自己收集的证据，但在待证事实真伪不明时，不存在由法院承担证明责任问题。

二、两种意义上的证明责任的关系

按照双重含义说，当事人为了避免败诉的风险，负有提供证据证明其事实主张的责任，如果该事实最终处于真伪不明状态，则当事人要承担由此产生的不利法律后果。从诉讼理论上来看，行为意义上的证明责任与结果意义上的证明责任之间既有联系也有区别。①

（一）两种意义上的证明责任的联系

（1）它们都是证明责任的组成部分，是从不同层次上来理解证明责任的。

（2）承担结果意义上证明责任的可能性的存在，是当事人必须履行行为意义上证明责任的原因。

（3）当案件发生争议时，负担结果责任的一方当事人在诉讼中总是负担着首先提供证据的责任，并且在证据不足时，负担着补充证据的责任。

（4）在一定情形下，当事人是否掌握或控制着必要的证据，是否有能力负担提供证

① 参见李浩：《民事证明责任研究》，22 页以下，北京，法律出版社，2003。

据的责任，直接影响到结果责任的承担。

（二）两种意义上的证明责任的区别

（1）涉及的领域不同。前者涉及的是诉讼过程中的事实认定问题，要解决的问题是，对于特定的争议事实，应当由谁提供证据予以证明。后者涉及的是法律适用问题，解决的是在事实真伪不明时，法官如何适用法律的问题。

（2）承担责任的原因不同。前者产生于双方当事人为避免败诉而竞相说服法官的必要性；后者是因为在待证事实真伪不明时法官也必须作出裁判。

（3）责任发生的时间不同。前者主要存在于起诉至开庭前的各诉讼阶段；后者发生在诉讼中的较后阶段，通常是诉讼终结前的法庭评议阶段。

（4）诉讼过程中是否会发生转移不同。前者是一种动态的责任，在证明过程中会随举证的必要而转移；后者按照法律规定确定由某一方当事人承担后，始终固定于该方当事人。

（5）能否在双方当事人之间预先分配不同。有无举证的必要，须视诉讼中的实际情况而定，因而一般无法对前者预先分配；后者一般是根据预先设定的标准在双方当事人之间进行合理的分配。

（6）能否由代理人代为承担不同。前者可以由诉讼代理人全部或部分地代为承担，后者只能由当事人本人承担。

三、证明责任与主张责任的关系

主张责任，是指当事人为了获得对自己有利的裁判，需要向法院主张对自己有利的案件事实。

主张责任是与辩论主义紧密相关的一个概念。在实行辩论主义的民事诉讼中，法院不主动调查当事人未主张的案件事实，也不得以当事人未主张的事实作为裁判的基础。因此对于当事人来说，客观上就需要向法院主张对自己有利的案件事实，如果不加以主张，就存在着承担败诉后果的危险。

关于主张责任与证明责任的关系，从表面上看，似乎是主张责任发生在先，证明责任发生在后，即原告在提起诉讼时或被告在答辩时，就须提出一定的事实主张，然后才产生提供证据的责任，最后在事实真伪不明时才承担不利法律后果的责任。但从实质上看，结果意义上的证明责任规范先于主张责任而存在。正是事先存在着该证明责任规范，当事人才不得不负担起主张责任，并知道哪些事实应当在诉讼中加以主张并提供证据加以证明。

证明责任不仅先于主张责任存在，而且决定了主张责任的分配。在诉讼中，主张责任与证明责任相类似，也存在着在双方当事人之间如何分配的问题，即需要明确原告应提出哪些事实作为自己诉讼请求的依据，被告应提出哪些事实作为反驳原告诉讼请求的依据。主张责任应如何分配，实际上取决于证明责任的分配，是按照分配证明责任的同一标准进行的。也就是说，原告对其负有证明责任的事实同时也负有主张责任，被告对其负有证明责任的事实同样亦负有主张责任。

四、证明责任分配的学说

证明责任的分配，又称为证明责任的分担、举证责任的分配（分担），是指按照一定的标准，将事实真伪不明时承受不利的裁判后果的风险，预先在双方当事人之间进行分配，使各方当事人分别负担一些事实真伪不明的风险。

证明责任分配的核心问题是，应当按照什么标准来分配证明责任，以便使其分配的结果既符合公平、正义的要求，又能使纠纷得到较为迅速的解决。关于证明责任的分配标准，长期以来存在着争论。传统学说有待证事实分类说、法规分类说、法律要件分类说，其中以法律要件分类说为通说，并被应用于司法实践。20 世纪 60 年代之后，德国学者又提出了危险领域说、盖然性说、损害归属说等新的学说，企图取代或修正法律要件分类说，但仍没有动摇法律要件分类说的通说地位。

法律要件分类说主张，应根据实体法所规定的法律要件事实的不同类别来分配证明责任。该说总的分配法则是：主张存在权利或其他法律效果的当事人，应当对该权利或法律效果的发生所必须具备的要件事实负证明责任。

法律要件分类说中又有几种不同的观点，其中最具有代表性的是德国的罗森贝克（Rosenberg）提出的“规范说”。罗森贝克将民事实体法规范分为两大对立的规范：一是权利发生规范，即能够引起某一实体权利发生的规范。这类规范又称为基本规范、请求权规范、通常规范。二是与权利发生规范对立的规范，其中又可分为以下三种规范：（1）权利妨碍规范，是指在权利欲发生之时，便与之对抗，使之不得发生的规范，例如，关于当事人主张受欺诈、胁迫而使民事行为无效或可撤销的规范等。（2）权利消灭规范，是指权利发生之后，能够引起权利消灭的规范，例如，关于债务已履行（清偿）、抵销、债务免除的规范等。（3）权利排除规范，又称为权利受制规范，是指权利发生之后，在权利人行使权利之时发生对抗作用，而将该权利排除的规范，例如，消灭时效等。在对实体法规范作上述分类的基础上，罗森贝克提出的分配证明责任的标准是：凡主张权利存在的人，应当对权利发生的法律要件事实负证明责任；否认权利存在的当事人，应当就权利妨碍、权利消灭或权利受制的法律要件事实负证明责任。

法律要件分类说作为证明责任分配的一般规则，要求按实体法确定的标准进行证明责任的分配，体现了实体法的价值理念，并注重了形式正义，因而具有一般的妥当性。但是在现代社会中，对于环境污染、高度危险作业致人损害、缺陷产品致人损害等特殊类型的民事案件，如果完全按照法律要件分类说在当事人之间进行证明责任的分配，则很可能造成受害者举证困难或举证不能，致使其合法权益难以得到保护，导致实体上的严重不公平。在此条件下，有必要在坚持法律要件分类说作为证明责任分配的原则之前提下，对某些类型的案件的部分要件事实的证明责任分配规则作出特别安排。从各国的理论和规定来看，主要通过两个途径来减轻受害人证明责任的负担：一是立法上免除某些侵权案件的过错法律要件的证明责任，实行无过错责任。例如高度危险作业致人损害的侵权责任，即实行无过错归责原则，受害人诉请赔偿时，不需要证明侵权人有过错。

二是实行证明责任倒置的规则。所谓证明责任的倒置，又称举证责任的倒置，是指对于依照法律要件分类说本来应当由主张权利的一方当事人负责举证的法律要件事实，立法上明确规定改由否认权利的另一方当事人就该事实的不存在负证明责任。因此，证明责任的倒置是针对法律要件分类说而言的，没有法律要件分类说，也就不存在证明责任倒置这一概念。证明责任的倒置主要发生于某些特殊类型的侵权诉讼中，例如《民法典》第 1230 条针对环境污染和生态破坏案件中因果关系的证明责任，即规定了倒置规则。

五、我国民事诉讼中证明责任的分配

对于证明责任的分配问题，《民法典》《著作权法》等实体法中的有关条款以及有关的司法解释就特定情形下应如何进行分配作出了明确规定，例如，《民法典》第 217、352、527、590、823、832、897、997、1064、1165、1199、1230、1237～1240、1242、1243、1248、1252～1258 条，《著作权法》第 59 条，《海商法》第 51、52、54、58、59、114、115、120、162、196、251 条，《婚姻家庭编解释一》第 33、37 条，《票据规定》第 8～10 条，等等。但是，实体法中明文规定证明责任分配的毕竟是少数，在多数情况下仍然需要运用一定的分配标准，去确定应当由哪一方当事人对特定的案件事实负证明责任。为便于公平、合理地分配案件事实的证明责任，《民诉法》等法律和《民诉解释》《证据规定》等司法解释对证明责任分配的原则或者说一般标准进行了界定，并明确规定了一些特别的分配规则。

（一）证明责任分配的一般规定

1. “谁主张，谁举证”原则与证明责任的分配

《民诉法》第 67 条第 1 款规定：“当事人对自己提出的主张，有责任提供证据。”在相当长的一段时间里，这一规定被认为是我国民事诉讼证明责任分配的原则，实践中常将其简称为“谁主张，谁举证”原则。依此观点，民事诉讼证明责任分配的标准是：原告、被告、第三人对于自己提出的主张，应当举证证明。

但是，进一步的理论研究表明，“谁主张，谁举证”原则并不能很好地解决我国民事诉讼证明责任的分配问题。这是因为：（1）这一标准只是确立了行为意义上的证明责任，并未确立结果意义上的证明责任，没有解决要件事实真伪不明时法官如何作出裁判、由谁承受不利的裁判后果的问题。（2）这一标准过于笼统，在实践中往往是难以操作的。特别是对于同一个需要证明的问题，一方主张了一些肯定性的事实，另一方主张了一些否定性的事实，此时究竟应当由哪一方承担证明责任呢？依照“谁主张，谁举证”原则，可能难以作出准确的判断。

2.《民诉解释》对证明责任分配的一般规定

由于法律要件分类说较其他证明责任分配的学说更具合理性和可操作性，因而将法律要件分类说作为我国民事诉讼证明责任分配的一般标准，并在某些特别情形下参照其他学说对证明责任的分配予以局部的修正或调整，已经成为我国民事诉讼法学界的主流

观点。有鉴于此，《民诉解释》以这一理论为基础，在第 91 条规定：“人民法院应当依照下列原则确定举证证明责任的承担，但法律另有规定的除外：（一）主张法律关系存在的当事人，应当对产生该法律关系的基本事实承担举证证明责任；（二）主张法律关系变更、消灭或者权利受到妨害的当事人，应当对该法律关系变更、消灭或者权利受到妨害的基本事实承担举证证明责任。”其中，所谓“主张法律关系存在”，也就是主张应当适用产生该法律关系的实体法规范，产生法律关系的实体法规范通常表现为产生实体权利的规范，是民法中的基本规范，主张者应当对适用该规范所必须具备的基本事实（也即要件事实）负责举证；主张法律关系变更、消灭或者权利受到妨害的，即是主张应当适用可以使法律关系变更、消灭或者权利受到妨害的实体法规范，相应地，主张者应当对这类实体法规范之适用时必须具备的基本事实负责举证。

（二）某些侵权案件的证明责任分配的特别规定

对于某些侵权案件中特定事实的证明责任分配问题，《民法典》《专利法》及有关司法解释中的相关条款作了特别规定，主要有以下几种。

1. 缺陷产品致人损害的侵权诉讼

根据《民法典》第 1202、1203 条和《产品质量法》第 41、43 条的规定，因产品存在缺陷造成他人损害的，生产者应当承担侵权责任；被侵权人可以向产品的生产者请求赔偿，也可以向产品的销售者请求赔偿。就归责原则而言，产品责任实行的是严格责任原则（无过错归责原则），故受害者诉请生产者或销售者赔偿时，无须证明过错要件事实。一般认为，产品责任的构成要件包括三个方面：一是产品具有缺陷。关于何谓缺陷，《产品质量法》第 46 条规定：“本法所称缺陷，是指产品存在危及人身、他人财产安全的不合理的危险；产品有保障人体健康和人身、财产安全的国家标准、行业标准的，是指不符合该标准。”二是缺陷产品的使用人或者第三人受到了损害，包括人身损害和财产损害。三是缺陷产品与造成的损害事实之间具有因果关系。根据《民诉解释》第 91 条和法律要件分类说的原理，受害人需要对上述几个要件事实进行举证。不过，有观点认为，对于产品缺陷是否存在的证明，通常采取举证责任倒置的方法，由生产者、销售者承担举证责任，由其证明产品没有缺陷。[①] 甚至有观点认为，“考虑到用户、消费者与生产者之间存在信息上的不对称，特别是对于高科技产品致害原因不易证明等特点，通常要求生产者就缺陷不存在，或者缺陷与损害之间不存在因果关系举证”[②]。我们认为，对于上述两个要件事实，《民法典》和《产品质量法》的相关条款并没有规定实行举证责任的倒置，故仍然应当遵循举证责任分配的一般规则，由主张权利的原告负责举证。不过，为缓解受害人举证的困难，法官在审理缺陷产品致害案件时，可以考虑综合运用经验法则与事实推定规则、证据协力义务与证明妨碍规则、降低证明标准与转换主观证明责任等方法，缓和当事人因信息占有不对称导致的证明困境。对于免责事由及其证明问题，《产

① 参见最高人民法院民法典贯彻实施工作领导小组主编：《中华人民共和国民法典侵权责任编理解与适用》，319 页，北京，人民法院出版社，2020。

② 黄薇主编：《中华人民共和国民法典侵权责任编解读》，158 页，北京，中国法制出版社，2020。

品质量法》第 41 条第 2 款规定："生产者能够证明有下列情形之一的，不承担赔偿责任：（一）未将产品投入流通的；（二）产品投入流通时，引起损害的缺陷尚不存在的；（三）将产品投入流通时的科学技术水平尚不能发现缺陷的存在的。"需注意的是，对于上述第二种情形，由于《民法典》和《产品质量法》规定生产者与销售者之间构成不真正连带责任，若消费者只起诉生产者，即便产品投入流通时，引起损害的缺陷尚不存在，而是之后由销售者造成产品缺陷，生产者也需进行赔偿，只是在赔偿之后可以向销售者追偿，故此种情形下生产者实际上并不能以"产品投入流通时，引起损害的缺陷尚不存在"作为对抗被侵权人的抗辩事由。

2. 机动车交通事故致人损害的侵权诉讼

机动车交通事故，是指机动车一方在道路上因过错或者意外造成的人身伤亡或者财产损失的事件。《道交法》第 76 条第 1 款对机动车交通事故的责任承担作了一般规定："机动车发生交通事故造成人身伤亡、财产损失的，由保险公司在机动车第三者责任强制保险责任限额范围内予以赔偿；不足的部分，按照下列规定承担赔偿责任：（一）机动车之间发生交通事故的，由有过错的一方承担赔偿责任；双方都有过错的，按照各自过错的比例分担责任。（二）机动车与非机动车驾驶人、行人之间发生交通事故，非机动车驾驶人、行人没有过错的，由机动车一方承担赔偿责任；有证据证明非机动车驾驶人、行人有过错的，根据过错程度适当减轻机动车一方的赔偿责任；机动车一方没有过错的，承担不超过百分之十的赔偿责任。"据此，机动车之间发生交通事故的，实行的是过错归责原则。所以，一方诉请另一方赔偿的，需要证明对方有过错；如对方（被告）认为请求方（原告）也有过错，则属于抗辩，应当对该抗辩事实负举证责任。机动车与非机动车驾驶人、行人之间发生交通事故的，实行的是无过错归责原则。所以，受害方（非机动车驾驶人、行人）诉请赔偿的，不需要证明被告（机动车一方）有过错。但是，如果机动车一方能够证明非机动车驾驶人、行人有过错，则减轻机动车一方的赔偿责任；另外，如果机动车一方能够证明自己没有过错，则承担不超过百分之十的赔偿责任。

《民法典》第 1209 条规定："因租赁、借用等情形机动车所有人、管理人与使用人不是同一人时，发生交通事故造成损害，属于该机动车一方责任的，由机动车使用人承担赔偿责任；机动车所有人、管理人对损害的发生有过错的，承担相应的赔偿责任。"此情形下，实际使用人的归责原则和举证责任，按照《道交法》第 76 条处理；机动车所有人、管理人承担的则是过错责任，即受害人需要证明机动车所有人、管理人对损害的发生有过错，机动车所有人、管理人才承担相应的赔偿责任。《民法典》第 1212 条针对未经允许驾驶他人机动车发生交通事故时的归责原则与举证责任，也采取了与此相类似的处理规则。

3. 医疗行为引起的侵权诉讼

医疗行为引起的侵权诉讼中，过错和因果关系这两个要件事实的证明责任分配问题曾经存在争议。2001 年的《证据规定》第 4 条曾规定，"因医疗行为引起的侵权诉讼，由医疗机构就医疗行为与损害结果之间不存在因果关系及不存在医疗过错承担举证责任"[①]，从而

① 2019 年《证据规定》修改后，原第 4 条已被删除。

对过错和因果关系这两个要件事实实行了举证责任倒置。这种倒置规则虽然减轻了患者一方的举证责任，但也存在不利于医学发展进步、不利于构建良好的医患关系及从根本上维护患者看病就医的权利、违背法律要件分类说的一般原理等弊端，故 2009 年的《侵权责任法》和最高人民法院 2017 年发布的《医疗损害解释》不再采用上述举证责任倒置规则，《民法典》则沿用了《侵权责任法》的相关规定。《民法典》第 1218 条规定医疗损害赔偿实行过错归责原则，故患者一方诉请医疗赔偿时，需要举证证明医疗机构或者其医务人员有过错。为了缓和患者对过错要件事实的证明难度，《民法典》第 1222 条规定了几种情形下推定医疗机构有过错："患者在诊疗活动中受到损害，有下列情形之一的，推定医疗机构有过错：（一）违反法律、行政法规、规章以及其他有关诊疗规范的规定；（二）隐匿或者拒绝提供与纠纷有关的病历资料；（三）遗失、伪造、篡改或者违法销毁病历资料。"这一规定属于法律推定条款，据此，患者只要能够证明医疗机构有上述情形之一，就直接认定医疗机构有过错，此时其对医疗过错的举证责任即告完成。至于医疗行为与损害结果的因果关系，根据《民诉解释》第 91 条的规定，也应当由患者一方承担举证责任。为缓和患者的举证困难，《医疗损害解释》第 4 条第 2 款则规定："患者无法提交医疗机构或者其医务人员有过错、诊疗行为与损害之间具有因果关系的证据，依法提出医疗损害鉴定申请的，人民法院应予准许。"

4. 污染环境、破坏生态造成损害的侵权诉讼

《民法典》第 1229 条规定："因污染环境、破坏生态造成他人损害的，侵权人应当承担侵权责任。"故环境侵权责任是一种特殊的侵权责任，实行的是无过错归责原则，原告不需要证明污染环境、破坏生态的行为人有过错；但根据《生态环境侵权解释》第 4、11、18、19、20 条等条款的规定，行为人以外的其他责任人实行的是过错归责原则，故原告单独或合并起诉此类责任人时，需证明其有过错。根据《生态环境证据规定》第 2～4 条的规定，原告负举证责任的情形主要是：（1）环境污染责任纠纷案件、生态破坏责任纠纷案件的原告应当就被告实施了污染环境或者破坏生态的行为，以及原告人身、财产受到损害或者有遭受损害的危险承担举证责任；生态环境保护民事公益诉讼案件的原告应当就被告实施了污染环境或者破坏生态的行为且该行为违反国家规定，以及生态环境受到损害或者有遭受损害的重大风险承担举证责任。其中，"违反国家规定"是否为侵权责任构成要件，以及是否由原告举证证明，是生态环境私益侵权诉讼与生态环境保护民事公益诉讼的重要区别。（2）原告应当就其主张的人身、财产损害赔偿费用，或者《民法典》第 1235 条规定的损失、费用，承担举证责任。

关于被告的举证责任，《民法典》第 1230 条规定："因污染环境、破坏生态发生纠纷，行为人应当就法律规定的不承担责任或者减轻责任的情形及其行为与损害之间不存在因果关系承担举证责任。"关于此处"不存在因果关系"的认定问题，《生态环境证据规定》第 7 条规定："被告证明其排放的污染物、释放的生态因素、产生的生态影响未到达损害发生地，或者其行为在损害发生后才实施且未加重损害后果，或者存在其行为不可能导致损害发生的其他情形的，人民法院应当认定被告行为与损害之间不存在因果关系。"为防止滥诉，提高因果关系认定的准确性，《生态环境证据规定》第 5 条还规定：原告起诉请求被告承担环境污染、生态破坏责任的，应当提供被告行为与损害之间具有关联性的证据。人民法院应当根据当事人提交的证据，结合污染环境、破坏生态的行为方式、污染物的性质、环境介质的类型、生态因素的特征、时间顺序、空间距离等因素，综合判断被告行为与损害之间的关联性是否成立。可见，对于污染环境或破坏生态的行为与损害后果之间的因果关系之证明，虽然实行的是举证责任倒置规则，由行为人就不存在因果关系的事实承担举证责任，但被侵权人（原告）也不是不需要提供任何证据，而是要提供初步证据证明行为人的行为与损害后果之间具有关联性。

5. 高度危险作业致人损害的侵权诉讼

高度危险作业致人损害的侵权诉讼，加害人应当就受害人故意造成损害的事实、不可抗力等抗辩事实承担举证责任。对此，《民法典》在“侵权责任”编的第八章“高度危险责任”中分别作了规定：（1）民用核设施或者运入运出核设施的核材料发生核事故造成他人损害的，由民用核设施的营运单位就损害是因战争、武装冲突、暴乱等情形或者受害人故意造成的事实承担举证责任。（2）民用航空器造成他人损害的，由民用航空器的经营者就损害是因受害人故意造成的事实承担举证责任。（3）占有或者使用易燃、易爆、剧毒、高放射性、强腐蚀性、高致病性等高度危险物造成他人损害的，由占有人或者使用人就损害是因受害人故意或者不可抗力造成的事实以及被侵权人对损害的发生有重大过失的事实承担举证责任。（4）从事高空、高压、地下挖掘活动或者使用高速轨道运输工具造成他人损害的，由经营者就损害是因受害人故意或者不可抗力造成的事实以及被侵权人对损害的发生有重大过失的事实承担举证责任。（5）非法占有高度危险物造成他人损害的，由非法占有人承担侵权责任。所有人、管理人应当对防止他人非法占有尽到高度注意义务的事实承担举证责任，否则与非法占有人承担连带责任。（6）未经许可进入高度危险活动区域或者高度危险物存放区域受到损害的，由管理人就其已经采取足够安全措施并尽到充分警示义务的事实承担举证责任。

6. 饲养动物致人损害的侵权诉讼

《民法典》第七编“侵权责任”的第九章对饲养动物致人损害时动物饲养人或管理人等的责任承担和举证责任分配问题作了规定，其中，第1245条规定：“饲养的动物造成他人损害的，动物饲养人或者管理人应当承担侵权责任；但是，能够证明损害是因被侵权人故意或者重大过失造成的，可以不承担或者减轻责任。”而对于因第三人的过错造成动物致害的，第1250条规定：“因第三人的过错致使动物造成他人损害的，被侵权人可以向动物饲养人或者管理人请求赔偿，也可以向第三人请求赔偿。动物饲养人或者管理人赔偿后，有权向第三人追偿。”据此，“第三人的过错”不再作为动物饲养人或管理人的免责事由，也即动物饲养人或管理人即使能够证明损害是由第三人的过错造成的，也不能主张对受害人免责。动物饲养人或管理人承担的是无过错责任，被侵权人诉请赔偿时不需要证明过错要件事实；而第三人对被侵权人承担的是过错责任，故被侵权人诉请第三人赔偿时，被侵权人需证明第三人有过错。另外，第1248条规定：“动物园的动物造成他人损害的，动物园应当承担侵权责任；但是，能够证明尽到管理职责的，不承担侵权责任。”故本条适用的是过错推定归责原则，动物园如果能够证明自己没有过错（尽到了管理职责），则不承担责任。

7. 建筑物和物件致人损害的侵权诉讼

《民法典》第七编“侵权责任”的第十章“建筑物和物件损害责任”中，对建筑物和物件致人损害的侵权责任，主要采取了过错推定归责原则，所有人、管理人、使用人等相关主体不能证明自己没有过错的，应当承担侵权责任。（1）建筑物、构筑物或者其他设施倒塌、塌陷造成他人损害的，由建设单位与施工单位就该建筑物、构筑物或其他设施不存在质量缺陷的事实承担举证责任。（2）建筑物、构筑物或者其他设施及其搁置物、悬挂物发生脱落、坠落造成他人损害的诉讼，由所有人、管理人或者使用人就其无过错承担举证责任。（3）从建筑物中抛掷物品或者从建筑物上坠落的物品造成他人损害，难以确定具体侵权人的，由可能加害的建筑物使用人就自己不是侵权人承担举证责任。这一规定属于举证责任倒置规则，但其不是“过错”要件的举证倒置，而是“侵权行为”的举证倒置，即由建筑物使用人证明自己不是侵权人。（4）堆放物倒塌、滚落或者滑落造成他人损害的诉讼，由堆放人就自己无过错承担举证责任。（5）关于公共道路上妨碍通行致人损害的侵权责任，《民法典》第1256条规定：“在公共道路上堆放、倾倒、遗撒妨碍通行的物品造成他人损害的，由行为人承担侵权责任。公共道路管理人不能证明已经尽到清理、防护、警示等义务的，应当承担相应的责任。”该条对行为人的责任与公共道路管理人的责任分别作了规定，其中公共道路管理人实行过错推定归责原则，其应当对已经尽到清理、防护、警示等义务的事实承担举证责任。而对于行为人的责任，该条中并没有像“建筑物和物件损害责任”这一章中其他条款那样，有“不能证明自己没有过错”之类的表述，故行为人的责任采取的是过错责任说、过错推定责任说、无过错责任说中的哪一种，理论上存在争议。[①] 一方面，从《民法典》对该章的规定意图和充分保护受害人的角度看，显然不应当将该条中行为人的责任理解为过错责任，而要求受害人对过错要件承担举证责任。另一方面，从“建筑物和物件损害责任”这一章中其他条款中有“不能证明自己没有过错”之类的表述，而该条中没有这一表述之角度来说，似乎将该条中行为人的责任理解为无过错责任为妥。（6）因林木折断、倾倒或果实坠落等造成他人损害的诉讼，由林木的所有人或者管理人就自己无过错承担举证责任。（7）因在公共场所或者道路上挖掘、修缮安装地下设施等造成他人损害的诉讼，由施工人就已经设置明显标志和采取安全措施的事实承担举证责任；因窨井等地下设施造成他人损害而提起的诉讼，由管理人就其已尽到管理职责的事实承担举证责任。

8. 专利侵权诉讼

《专利法》第66条第1款规定：“专利侵权纠纷涉及新产品制造方法的发明专利的，制造同样产品的单位或者个人应当提供其产品制造方法不同于专利方法的证明。”这一条款对“侵权行为”这一要件事实的举证实行了举证责任的倒置，即不是由专利权人就对方（制造同样产品的单位或个人）实施侵犯专利权的行为进行举证，而是由对方就其产品制造方法不同于专利方法承担举证责任。但是，根据《知产证据规定》第3条的规定，

---

① 参见最高人民法院民法典贯彻实施工作领导小组主编：《中华人民共和国民法典侵权责任编理解与适用》，715页，北京，人民法院出版社，2020。

专利方法制造的产品不属于新产品的，侵害专利权纠纷的原告应当举证证明下列事实：（1）被告制造的产品与使用专利方法制造的产品属于相同产品；（2）被告制造的产品经由专利方法制造的可能性较大；（3）原告为证明被告使用了专利方法尽到合理努力。原告完成上述举证后，人民法院可以要求被告举证证明其产品制造方法不同于专利方法。被告主张现有技术或现有设计抗辩或者合法来源抗辩的，应当对抗辩事实承担举证责任（《专利法》第 67 条、《知产证据规定》第 4 条）。

9. 共同危险行为致人损害的侵权诉讼

2003 年的《人身损害赔偿解释》第 4 条[①]曾经规定，“二人以上共同实施危及他人人身安全的行为并造成损害后果，不能确定实际侵害行为人的，应当依照民法通则第一百三十条规定承担连带责任。共同危险行为人能够证明损害后果不是由其行为造成的，不承担赔偿责任”。据此，对于共同危险行为致人损害的侵权诉讼，危险行为人之一如果能够证明自己的行为与损害后果之间不存在因果关系，则不承担赔偿责任。但 2009 年的《侵权责任法》第 10 条改变了这一规则。该条规定：“二人以上实施危及他人人身、财产安全的行为，其中一人或者数人的行为造成他人损害，能够确定具体侵权人的，由侵权人承担责任；不能确定具体侵权人的，行为人承担连带责任。”《民法典》第 1170 条对此规定加以保留。据此，危险行为人之一即使能够证明自己的行为与损害后果之间不存在因果关系，也不能免责，只有举证证明是谁的行为造成了实际损害，才可以免责。需注意的是，从本条的规定来看，“确定具体侵权人”的举证责任不是分配给受害人一方，而是分配给主张自己免责的实施危险行为的人。

第四节　证明标准

一、证明标准的概念与意义

证明标准，是指运用证据证明待证事实所应达到的程度或尺度，又称为证明要求[②]、证明度。在诉讼证明中，证明主体对待证事实的证明达到了证明标准时，法院就应当对待证事实予以认定；反之，达不到证明标准时，就说明待证事实未被证明或者仍处于真伪不明的状态。

证明标准对于诉讼证明活动具有重要意义。在诉讼进行中，程序如何进行以及许多程序的采取，尤其是裁判的作出，都涉及证明标准问题。具体来说，其意义表现在以下

---

① 该条已于 2021 年 1 月 1 日被废止。

② 一般认为，证明标准和证明要求的含义是相同的。参见江伟主编：《证据法学》，108 页，北京，法律出版社，1999；陈一云主编：《证据学》，115 页，北京，中国人民大学出版社，2000；刘金友主编：《证据法学》，312 页，北京，中国政法大学出版社，2001。但是，也有学者主张应当区分证明要求与证明标准，认为证明要求是法律要求证明案件事实所要达到的程度，而证明标准是衡量是否符合法律规定的证明要求的具体尺度。参见樊崇义主编：《刑事诉讼法学》，233 页，北京，中国政法大学出版社，1996；李国光主编：《最高人民法院〈关于民事诉讼证据的若干规定〉的理解与适用》，414 页，北京，中国法制出版社，2002。

几个方面。

（1）证明标准对于诉讼的提起和进行具有重要影响。对当事人来说，证明标准可以帮助其正确地进行利益衡量，决定是否提起诉讼或反诉以及是否将诉讼进行下去。当事人只有了解证明标准，才不至于由于对证明标准估计过低而在证据明显不足时贸然提起诉讼，也不至于由于对证明标准估计过高而在证据已经具备的情况下不敢去主张自己的权利。在诉讼进行中，和解、调解、撤诉、放弃诉讼请求、承认诉讼请求等行为，都与证明标准有很大关系。

（2）证明标准是法官等事实认定者决定具体事实能否认定的行为准则。根据当事人提供的证据，事实认定者如果认为这些证据对待证事实的证明达到了证明标准，则认定该事实为真；反之，如果证明责任承担者提供的证据未能满足证明标准，则认定该事实为伪。事实之真伪，就在于与证明标准是否吻合。

二、证明标准与证明责任的关系

证明标准是指对待证事实予以证明时所应达到的程度，其实质就在于，负担证明责任的人提供证据对案件事实加以证明所应达到的最低限度的要求。因而证明标准与证明责任具有紧密联系。当事人提供的证据达到了证明标准，即说明其已完成了证明责任，这意味着，该当事人不可能因为该特定的待证事实的证明问题而受到诉讼中的不利益；反之，如果当事人提供的证据未能达到证明标准，则表明其证明责任未能履行完毕，此时该当事人将因之而受到诉讼中的不利益。

因此，证明标准和证明责任本质上是一物两面的概念，系从不同的角度对诉讼证明活动所提出的不同要求。证明责任回答的问题是，就特定的待证事实，应当由谁提供证据加以证明；证明标准回答的问题是，就特定的待证事实，当事人应当提供多少证据加以证明。证明责任确定了提供证据的主体，证明标准确定了提供证据的内容。证明责任因为证明标准而充实化，并富有了实在性和可操作性。①

三、我国民事诉讼的证明标准

我国过去在相当长的时期内实行一元化的证明标准，即三大诉讼法中实行的证明标准，都是“案件事实清楚，证据确实、充分”，在理论上，一般将这一标准称为“客观真实”标准。这种一元化的“客观真实”证明标准，要求将所有案件的结论都建立在经确实、充分的证据证明的“客观真实”的案件事实基础上，其出发点无疑是好的，也是任何诉讼制度和程序应当追求的最高理想。但是，将“客观真实”这一诉讼证明的最高理想作为民事诉讼的证明标准未必合适，而且，不考虑不同诉讼制度的区别，特别是民事诉讼与刑事诉讼的区别，规定二者都适用统一的证明标准也未必科学和合理，故近年来，

---

① 参见江伟主编：《证据法学》，114页，北京，法律出版社，2004。

学者对此进行了广泛的探讨，提出了诸多批评和建议。[①] 而从相关司法解释的规定来看，已对民事诉讼与刑事诉讼、行政诉讼的证明标准进行了区分，例如《生态环境证据规定》第 8 条规定："对于发生法律效力的刑事裁判、行政裁判因未达到证明标准未予认定的事实，在因同一污染环境、破坏生态行为提起的生态环境侵权民事诉讼中，人民法院根据有关事实和证据确信待证事实的存在具有高度可能性的，应当认定该事实存在。"

在进行理论探讨和总结审判经验的基础上，《民诉解释》第 108、109 条针对不同情形分别规定了其证明标准，以便建立以"高度盖然性"为主、由多个证明标准构成的证明标准体系。

（一）"高度盖然性"的证明标准

依照《民诉解释》的规定，普通民事案件，实行"高度盖然性"的证明标准。所谓"高度盖然性"的证明标准，是指法院基于对证明待证事实的证据的审查判断之结果，并结合其他相关事实，认为待证事实的存在具有高度可能性的，即应当依法对该事实予以认定。《民诉解释》第 108 条第 1 款明确规定了这一证明标准："对负有举证证明责任的当事人提供的证据，人民法院经审查并结合相关事实，确信待证事实的存在具有高度可能性的，应当认定该事实存在。"这一证明标准，是在现有证据对待证事实的证明无法达到完全还原"客观真实"的情况下，基于对事物发展的盖然性规律的科学认识所确立的认定案件事实的证明规则。一方面，它要求人民法院只有确信待证事实的存在具有"高度可能性"，才能认定该事实存在，在达不到"高度可能性"的确信程度时，则应当认定该事实不存在。这样一来，就可以尽量减少案件事实认定错误的可能性。《民诉解释》第 108 条第 2 款关于待证事实真伪不明时的处理，亦体现了这一证明标准的适用。该款规定："对一方当事人为反驳负有举证证明责任的当事人所主张事实而提供的证据，人民法院经审查并结合相关事实，认为待证事实真伪不明的，应当认定该事实不存在。"另一方面，上述证明标准并不要求人民法院对待证事实达到绝对确信的程度，从而使权利人更容易获得司法救济，并可提高诉讼效率。

在理解和适用上述"高度盖然性"证明标准时，需注意的是：第一，"高度盖然性"证明标准是最低限度的证明标准，是对法官内心确信上的最低限度的要求。法官不能以此为借口，放弃对其他证据的认真审查和判断，从而达到更强的内心确信，尽可能地接近客观真实。[②] 第二，"高度盖然性"证明标准是适用于普通类型的案件事实的证明标准，而不适用于所有的案件事实。为维护人类基本伦理价值和社会公益，对于涉及人的身份关系的案件事实等，应当适用更高的证明标准，在这类案件中不适用自认规则，法院对

---

① 参见王圣扬：《论诉讼证明标准的二元制》，载《中国法学》，1999（3）；李浩：《民事诉讼证明标准的再思考》，载《法商研究》，1999（5）；何家弘：《论司法证明的目的和标准》，载《法学研究》，2001（6）；李浩：《证明标准新探》，载《中国法学》，2002（4）；张建伟：《证明标准研究中的模糊视阈》，载《政法论坛》，2005（6）；王学棉：《证明标准研究——以民事诉讼为中心》，北京，人民法院出版社，2007；吴杰：《民事诉讼证明标准理论研究》，北京，法律出版社，2007；吴泽勇：《中国法上的民事诉讼证明标准》，载《清华法学》，2013（1）。

② 参见李国光主编：《最高人民法院〈关于民事诉讼证据的若干规定〉的理解与适用》，467 页，北京，中国法制出版社，2002。

当事人自认的事实仍可以要求当事人举证证明。第三，无论对方是否提出反证，均应适用“高度盖然性”证明标准。也就是说，在对方提出了反证时，人民法院固然需要考量双方提供的证据，并依照“高度盖然性”标准对负证明责任的一方当事人所主张的事实进行认定；在对方并未提供任何相反证据时，人民法院也不能直接认定负证明责任的一方当事人所主张的事实为真（对方自认时除外），仍然应当审核其所提供的证据并结合其他相关事实，按“高度盖然性”证明标准对待证事实进行认定。第四，适用该证明标准认定证据和案件事实时，法官应当公开心证的理由和结果，特别是应当在裁判文书中充分阐述和说明采纳证据和认定事实的理由。

（二）“排除合理怀疑”的证明标准

根据《民诉解释》第109条和《证据规定》第86条第1款的规定，对于一些特殊的待证事实，实行“排除合理怀疑”的证明标准。“排除合理怀疑”原本是英美法系刑事诉讼中证明被告人有罪的标准，我国《刑诉法》第55条第2款也规定了这一证明标准。关于“排除合理怀疑”的含义，英美法系的法学著作中有不同表述。在我国刑事诉讼法学界，有人认为其含义是指“对于认定的事实，已没有符合常理的、有根据的怀疑，实际上达到确信的程度”[①]。有人认为，“所谓排除合理怀疑，是指综合所有经过法庭调查和法庭辩论的证据，法官对于被告人的犯罪事实已经产生了内心确信，而不再有任何有证据支持或者符合经验法则或逻辑法则的疑问”[②]。概而言之，这一刑事诉讼证明标准中的所谓“合理怀疑”，是指一个普通的理性人凭借日常生活经验对被告人的犯罪事实明智而审慎地产生的怀疑；只要对被告人的犯罪事实存在这种合理的怀疑，法官就应当不予认定该事实。

在《民诉解释》颁布之前，《民诉法》及其相关司法解释并未引入这一原本在刑事诉讼领域讨论和适用的证明标准。《民诉解释》在第109条针对某些特殊案件规定了较“高度盖然性”证明标准更为严格的“排除合理怀疑”证明标准：“当事人对欺诈、胁迫、恶意串通事实的证明，以及对口头遗嘱或者赠与事实的证明，人民法院确信该待证事实存在的可能性能够排除合理怀疑的，应当认定该事实存在。”《证据规定》第86条第1款亦作了类似规定。据此，负证明责任的当事人对于本条所规定的事实的证明，应当使法官确信该事实存在的可能性能够排除合理怀疑。

延伸阅读 10-6

排除合理怀疑证明标准之争议

（三）其他证明标准

除了上述两类证明标准，《民诉解释》第108条第3款规定：“法律对于待证事实所

① 全国人大常委会法制工作委员会刑法室编著：《中华人民共和国刑事诉讼法解读》，118页，北京，中国法制出版社，2012。

② 陈瑞华：《刑事诉讼中的证明标准》，载《苏州大学学报》，2013（3）。

应达到的证明标准另有规定的，从其规定。”故此，司法实践中，人民法院在认定待证事实时，可能还需要适用其他证明标准。例如，《食品药品规定》第 5 条第 2 款规定：“消费者举证证明因食用食品或者使用药品受到损害，初步证明损害与食用食品或者使用药品存在因果关系，并请求食品、药品的生产者、销售者承担侵权责任的，人民法院应予支持，但食品、药品的生产者、销售者能证明损害不是因产品不符合质量标准造成的除外。”本条款中关于消费者对因果关系之要件事实的证明，仅需达到“初步证明”的程度，人民法院即应当认定存在该因果关系事实并据此支持消费者的请求。而所谓“初步证明”，从证明标准的角度而言，可以理解为：对于该类案件，人民法院在确信存在因果关系之待证事实时，达到大致的可能性也即较大可能性的证明标准即可，或者说达到“盖然性优势”（preponderance of probability）、“优势证据”（preponderance of evidence）的证明标准即可，这一标准与《民诉解释》第 108 条第 1 款规定的“高度盖然性”证明标准相比，显然有所降低。另外，对于与程序性事项有关的事实认定，一般只要求释明（疏明）即可，而不要求“证明”，但如果对“证明”这个概念采广义的理解，将“释明（疏明）”也涵盖其中的话，则就释明（疏明）意义上的证明而言，其“证明标准”一般而言低于《民诉解释》第 108 条第 1 款规定的“高度盖然性”标准。就此而言，《证据规定》第 86 条第 2 款的如下规定即被认为是降低证明标准的规定：“与诉讼保全、回避等程序事项有关的事实，人民法院结合当事人的说明及相关证据，认为有关事实存在的可能性较大的，可以认定该事实存在。”可见，对于诉讼保全、回避等程序性事项的事实，该款确立了“较大可能性”的证明标准，而所谓“较大可能性”，亦可被认为属于“盖然性优势”之证明标准。

问题与思考

请扫描二维码测试，并查看参考答案

第十一章
法院调解

【**本章概要**】我国历来重视以调解的方式解决民事纠纷。调解包括非诉讼调解与诉讼调解两大类型。与非诉讼调解不同，诉讼调解也即法院调解体现了当事人处分权与法院审判权的结合，是法院行使审判权的方式之一，故法院调解应坚持自愿合法、查明事实、分清是非等原则，法院调解程序也比非诉讼调解程序更为严格。我国的法院调解贯穿于民事诉讼全过程。

第一节　法院调解概述

一、法院调解的概念

法院调解，又称诉讼调解，是指在人民法院审判人员的主持下，双方当事人就民事权益争议自愿、平等地进行协商，以达成协议、解决纠纷的诉讼活动。

我国历来重视以调解的方式解决民事纠纷。在我国，调解的种类繁多，除法院调解外，还包括民间调解、人民调解、行政调解、商事调解、行业调解等诉讼外调解以及仲裁调解等类型。前述各类调解在所适用的程序、所依据的实体规范以及效力上有所不同，其中，因法院调解所达成的调解协议被赋予生效判决的效力而在各类调解中占据重要的地位。

《民诉法》第 9 条规定了自愿、合法调解原则。法院调解至少具有以下两个特征：其一，法院调解具有广泛的适用性，除适用特殊程序审理的案件以及其他不适合调解的案件外，对于有可能通过调解解决的民事案件，人民法院均可在当事人自愿的基础上，通过调解方式解决争议。其二，法院调解适用于民事审判程序的始终，即在第一审程序、第二审程序以及再审程序中均可适用法院调解。在每一诉讼程序中法院调解应当贯穿于诉讼的全过程，即开庭审理之前、开庭审理过程之中直至开庭审理结束后法院作出判决前均可调解。

值得注意的是，2012 年修订的《民诉法》除继续保留了自愿、合法调解原则外，还在第一审普通程序中增加了立案前的先行调解与庭前调解的规定，该规定一直延续至今[①]，从而使法院调解贯穿于从立案前到立案后至开庭前以及庭审过程中的全部诉讼阶段。[②]

在我国，1991年《民诉法》确立了自愿、合法调解原则，其后20年间，从立法层面上看，法院调解制度并未发生大的变化，然而理论界与司法实务界对法院调解的认识几经反复。法院调解经历了从20世纪90年代的衰落到21世纪初的复兴，直至21世纪10年代的昌盛的变迁轨迹，最高人民法院先后出台多部司法解释及司法指导意见，对法院调解作出规定。[③] 关于调解与判决的关系的定位，最高人民法院也从提倡“能调则调，当判则判，调判结合，案结事了”一度转变为主张“调解优先、调判结合”，表明在司法政策层面，彼时已经把调解作为处理案件的首要选择。[④] 调解优先的司法政策最终对2012年《民诉法》的修改产生了影响，这次修改增加了立案前的先行调解与庭前调解的规定，从而使调解贯穿于当事人起诉后至法院判决作出前的各个阶段。

二、法院调解的性质

关于法院调解的性质，我国民事诉讼法学界主要有三种观点：一是审判行为说。该说认为，法院调解有两层含义：（1）法院调解是人民法院在审理民事案件的过程中，贯彻调解原则所进行的一种诉讼活动；（2）法院调解是人民法院行使审判权，解决民事纠纷，结束诉讼程序的一种结案方式。二是处分行为说。该说强调，法院调解尽管是在法官的主持下进行的，但它不同于人民法院运用审判权以判决方式解决纠纷的活动，其实质是当事人在人民法院指导下运用处分权自律解决纠纷的过程，当事人的合意是法院调解的本质。三是审判行为与处分行为相结合说。该说主张，应当从人民法院的审判行为与当事人的处分行为两个层面去认识法院调解的性质，应当把我国的法院调解制度看作是当事人行使处分权和人民法院行使审判权相结合的产物。

审判行为说注意到了法院调解与当事人自行和解的区别，凸显了法院调解的诉讼功

---

① 《民诉法》第125条规定：当事人起诉到人民法院的民事纠纷，适宜调解的，先行调解，但当事人拒绝调解的除外。根据《特邀调解规定》，当事人向法院起诉后，在法院立案受理前，可由法院特邀调解组织或调解员进行诉前调解，即诉前委派调解。此外，《民诉法》第136条第2项规定：开庭前可以调解的，采取调解方式及时解决纠纷；《民诉解释》第142条规定：人民法院受理案件后，经审查，认为法律关系明确、事实清楚，在征得当事人双方同意后，可以径行调解。

② 应当注意的是，立案前的先行调解，也即诉前委派调解，严格意义上说并不属于法院调解的范畴，应定位于诉前调解。但由于该类调解发生在当事人起诉后至法院受理前，且由法院委派的调解人员主持，与人民调解等非诉讼调解应有所不同，故可将其作广义上的诉讼调解来对待，而把法院受理后的调解称为狭义的诉讼调解。我国的诉前委派调解在性质上更接近于一些国家的“法院附设调解”。

③ 自2002年以来，最高人民法院先后出台《简易规定》《法院调解规定》《特邀调解规定》等司法解释，以及《关于进一步发挥诉讼调解在构建社会主义和谐社会中积极作用的若干意见》《衔接意见》《关于进一步贯彻“调解优先、调判结合”工作原则的若干意见》《多元纠纷解决意见》《保险纠纷诉调对接意见》等司法指导意见，从不同角度和层面对人民法院调解工作作出了规定。

④ 最高人民法院重视诉调对接以及法院委派调解机构或调解人员所进行的诉前调解，为此，还专门出台了《特邀调解规定》《委派调解意见》。而对于立案受理后的调解与判决的关系，似乎又恢复了“能调则调，当判则判，调判结合，案结事了”的司法政策。

能，也能够对法院调解的合法性原则作出合理解说：既然法院调解是审判行为，调解过程与结果受程序法与实体法的双重约束就是法院调解的题中应有之义，调解的程序灵活性应当在法院调解中受到一定程度的制约。不过，以往对法院调解的审判行为性质的阐释，往往突出强调法官在法院调解中的地位与权力，忽略了当事人在调解中的重要性，忽略了调解与判决的本质区别，只看到人民法院的调解工作而未注意到人民法院的调解需要通过当事人的意志发挥作用，并且忽视了是否同意调解的决定权在当事人。用这样的思想指导调解工作容易造成强制调解。

处分行为说的贡献在于从理论上揭示了调解模式与判决模式的区别。该学说关于当事人的处分行为在法院调解中应居主导地位的观点，对于长期以来我国法院调解突出法官职权的观念与做法是一次重大的修正，强调了法院调解程序的当事人主义色彩。当然，完全以当事人的处分行为说明法院调解的性质，在理论上难以解释诉讼调解与当事人和解的区别。

审判行为与处分行为相结合说则既避免了处分行为说所面临的前述理论解释上的困境，又避免了仅仅将调解视为法院审判行为带来的片面性。对法院调解的双重定位，要求法院调解的程序设置应兼具诉讼解决纠纷与合意解决纠纷的特征，体现二者的特性。就法院调解的诉讼属性而言，它应当符合程序正义的基本要求，应当体现对当事人的程序保障，如法官中立，程序的参与，程序对当事人的公开、平等对待等。就法院调解的合意属性而言，其程序的设计要考虑协商过程的保密性（不对社会公众公开）、协商的环境要求、程序的可选择性、当事人本人参加、法律适用的开放性等合意解决纠纷的特征。

三、法院调解与当事人和解

在我国的民事诉讼中，以合意解决纠纷的制度除包括法院调解外，还包括当事人和解。《民诉法》第 53 条规定："双方当事人可以自行和解。"当事人和解，是指在进入诉讼程序后，当事人双方通过自主协商，达成解决纠纷的协议，从而终结诉讼的活动。在我国，当事人和解有广义与狭义之分，广义上的当事人和解包括审判程序中的和解与执行程序中的和解，而狭义的当事人和解仅指审判程序中的和解。通常所讲的当事人和解就是指狭义的当事人和解。

法院调解与当事人和解具有共同之处，即二者都发生在诉讼过程中，并且都是以当事人合意的方式解决纠纷，都能够产生终结诉讼的后果。在我国，法院调解与当事人和解的区别体现在：首先，性质不同。法院调解是人民法院的审判行为与当事人的处分行为的结合，而当事人和解是当事人行使处分权的体现。其次，是否由人民法院参与不同。法院调解是在人民法院主持下进行的，是人民法院行使审判权的方式，调解的启动、调解的过程与调解协议的达成均有人民法院的参与，并在一定程度上对调解协议的达成产生影响；而当事人和解是由当事人双方自主协商，和解协议是在没有人民法院参与的情况下自行达成的。最后，效力不同。与判决相同，法院调解是人民法院的结案方式之一，法院调解所达成的调解协议的效力等同于生效判决的效力；而当事人和解一般情况下并非结案的一种方式，当事人双方自行达成和解协议后，通常都是以原告撤诉的方式终结诉讼。同时，当事人自行达成的和解协议不具有强制执行力，只能依靠义务方的自愿履行。

延伸阅读 11-1

域外经验：法院附设调解与诉讼上和解

诉讼中，当事人自行达成的和解协议可转化为调解书，其效力从而等同于生效判决的效力。根据《法院调解规定》等相关司法解释的规定，当事人在诉讼过程中自行达成和解协议的，人民法院可以根据当事人的申请依法确认和解协议并制作调解书，以调解方式结案。

四、法院调解的作用

法院调解是人民法院解决民事纠纷的重要方式，在我国的民事审判中发挥了重要的作用。

（一）有利于彻底解决当事人之间的纠纷

法院调解是在人民法院审判人员主持下，双方当事人在自愿的基础上以平等协商的方式解决相互之间的纠纷，调解的结果体现了双方当事人的合意。因而，相对于判决而言，调解更有利于缓和和消除当事人之间的对立与隔阂。同时，法院调解可以超越法律要件事实本身，而在个案之外寻找双方冲突的根源，往往能够彻底解决当事人之间的纠纷。

（二）有利于减少诉讼程序，及时化解矛盾

调解手段的运用相对比较灵活。由于调解可以贯穿于审判程序的全过程，审判人员可以根据案件的具体情况适时进行调解，有的案件不需要等到诉讼程序结束即可获得解决，从而有利于及时解决纠纷。从程序上看，由于经法院调解所达成的调解协议的效力与生效判决的效力等同，不允许当事人另行起诉或上诉，即便是申请再审也有严格的条件限制，这样就可以减少诉讼程序，节省诉讼成本，提高诉讼效率。

（三）有利于宣传法制，预防纠纷

法院调解的过程，既是双方当事人平等协商的过程，又是人民法院说理说法的过程。通过这个过程，可以对案件的当事人及有关公民进行法制教育，帮助他们分辨是非、明确责任、增强法制观念、增强法律意识，从而达到预防纠纷的效果。

当然，在充分肯定法院调解的重要作用的同时，也应看到以调解方式结案的不足。我们知道，裁判的重要功能就是确认、实现和发展法律规范。讨论调解在诉讼中的角色时，始终不能忘记民事审判制度在解决个案纠纷的同时，通过形成规则之治在公平有序的基础上减少和解决整个社会的纠纷方面的特别使命，而调解显然难以完成这样的使命。

第二节　法院调解的原则

法院调解的原则，是人民法院和双方当事人在法院调解活动中应当遵守的行为准则。《民诉法》第 9 条规定了“人民法院审理民事案件，应当根据自愿和合法的原则进行调解”这一以调解方式解决民事争议的总的指导原则。在此基础上，《民诉法》第 96 条规定，人民法院审理民事案件，根据当事人自愿的原则，在事实清楚的基础上，分清是非，进行调解。此外，《民诉解释》第 145 条、第 146 条又对法院调解的原则作了进一步的补充。[①] 据此，法院调解应当遵循以下四个原则。

一、自愿原则

自愿原则，是指在民事诉讼中，人民法院必须在双方当事人自愿的基础上进行调解。法院调解活动的进行和调解协议的达成，都必须以双方当事人自愿为前提，而不得违背当事人的意愿强制调解。自愿原则包含程序上的自愿和实体上的自愿两项要求。

（一）程序上的自愿

程序上的自愿，是指在民事诉讼中，选择以调解的方式解决民事纠纷，应出于双方当事人的真实意愿，征得双方当事人的同意。除法律规定的某些特殊案件，法院可依职权主动启动调解程序外，其他民事案件都必须经双方当事人同意后才能开始进行调解。当事人一方或双方坚持不愿调解的，人民法院应当及时判决，而不得强迫调解或久调不决。

（二）实体上的自愿

实体上的自愿，是指在法院调解活动中，当事人双方达成调解协议以及达成的调解协议内容必须取决于双方当事人的真实意愿。在民事诉讼中，经法院调解所达成的协议应当是当事人双方自由处分实体权利的结果，必须充分反映双方当事人的意愿。人民法院主持调解的人员虽然可以提出调解方案，但也仅供当事人协商时参考，而不能将自己对案件的处理意见强加给当事人。

法院调解的自愿原则要求审判人员在调解的过程中，要尊重双方当事人的意愿，保障双方当事人充分行使诉讼权利。只有遵守自愿原则，所达成的调解协议才能反映当事人的真实意思，也才能达到彻底解决纠纷的目的。

二、查明事实、分清是非原则

查明事实、分清是非原则要求审判人员在主持调解的过程中，应当查明案件事实，

---

① 《民诉解释》第 145 条规定：“人民法院审理民事案件，应当根据自愿、合法的原则进行调解。当事人一方或者双方坚持不愿调解的，应当及时裁判。”“人民法院审理离婚案件，应当进行调解，但不应久调不决。”第 146 条见下文。

分清争议的是非曲直，明确当事人各自的责任。该原则是以事实为根据，以法律为准绳的司法原则在法院调解中的体现和落实。只有在事实清楚、责任分明的基础上，才能对当事人进行有理有据的说服教育工作，才能促使双方当事人平等协商，互谅互让，自愿达成调解协议。只有建立在该原则基础上的调解协议也才具有实体上的正当性，才能够使当事人容易接纳并自觉履行。

对此原则，学界存有不同的意见，有观点认为查明事实、分清是非不应成为法院调解的基本原则，在司法实践中也没有得到充分贯彻。不可否认，由于调解协议的内容取决于双方当事人的意愿，同案件事实的联系并不像判决那样紧密。从整体上看，调解结果不会背离案件基本事实，但在一定程度上可能同案件事实之间存在一定的距离，这就导致在法院调解中，认定事实的重要性相对降低，但不能因此否定查明事实、分清是非在法院调解中的重要作用。虽然在法院调解中，最终纠纷的解决体现的是当事人的合意，但法院调解毕竟是在诉讼制度架构内的纠纷解决制度，同样也应遵守以事实为根据，以法律为准绳的司法原则。同时，查明事实、分清是非原则也是在法院调解中对法官中立性和对当事人平等保护的基本要求。那种把调解视为事实难以查清情况下而采取的一种灵活措施的做法应当极力避免。

三、合法原则

合法原则是指人民法院主持的调解活动和当事人达成的调解协议应当符合法律的规定，即程序上的合法和实体上的合法。

（一）程序上的合法

程序上的合法，是指人民法院的调解活动应当按照法定程序进行。《民诉法》及相关的司法解释对主持法院调解的审判组织，法院调解的适用范围以及法院调解的方式、步骤等均有明确的规定，人民法院在进行调解时应当遵守。

与判决相比，法院调解在程序上具有灵活性，但这绝不等于法院调解可以不受法定程序的约束，可以削弱对当事人的程序保障。法院调解毕竟不同于诉讼外调解，在性质上属诉讼行为，法院的调解权也是审判权的重要组成部分，对审判权的制约同样也适用于调解程序。只有严格按照法定程序进行调解，才能将调解活动真正建立在当事人自愿的基础上，才能提高法院调解工作的质量。

（二）实体上的合法

实体上的合法，是指双方当事人达成的调解协议内容不得违反法律的禁止性规定，不得侵害国家利益、社会公共利益和案外人的合法权益。

法院调解是法院行使审判权和当事人行使处分权相结合的过程，法院调解的这一性质决定了民事诉讼法对调解协议的合法性要求与对判决的合法性要求存在区别。法官的判决必须建立在严格适用法律的基础上，不允许其任意自由裁量。而在法院调解中，当事人有权处分实体权利，调解协议的内容是双方当事人处分实体权利的结果。只要不违反法律的禁止性规定，不侵害国家利益、社会公共利益和案外人的合法权益，法院就应当对调解协议予以认可。

四、保密原则

法院调解还应遵循保密原则。调解的保密原则包括调解程序保密和调解信息保密两类。前者是指调解的过程不公开，不允许与案件无关的公民旁听，不允许新闻记者采访报道。后者是指调解协议不公开，调解中所获得的相关信息不得公开，当事人为达成调解协议所作出的让步或承诺等不得作为后续审判程序中的证据使用等。

调解的保密性原则是各国审判实践中的通常做法，它符合调解活动的内在规律。与审判不同，调解过程是促使当事人达成合意的过程，重在协商与妥协，调解采取不公开的方式，调解信息不公开符合当事人的意愿，更有利于调解协议的达成。《民诉解释》第146条规定：人民法院审理民事案件，调解过程不公开，但当事人同意公开的除外。调解协议内容不公开，但为保护国家利益、社会公共利益、他人合法权益，人民法院认为确有必要公开的除外。主持调解以及参与调解的人员，对调解过程以及调解过程中获悉的国家秘密、商业秘密、个人隐私和其他不宜公开的信息，应当保守秘密，但为保护国家利益、社会公共利益、他人合法权益的除外。

第三节 法院调解的程序

作为人民法院审理民事案件的一种方式，法院调解是在审理程序中进行的。民事诉讼法只对法院调解作了原则性规定。2004年颁布的《法院调解规定》进一步对法院调解程序进行了补充。根据《民诉法》及相关司法解释的规定，参照司法实践经验，法院调解程序应包括如下内容。

一、调解程序的开始

法院调解程序的启动主要有三种情形：第一种是因当事人一方或双方共同提出调解申请而开始；第二种是人民法院依职权主动征求当事人的意见，取得当事人同意后而开始；第三种是对于法律规定的特殊案件，法院依职权主动进行调解而无须征得当事人的同意。审判实务中的调解，多是因法院主动征求意见而开始。关于调解程序的开始，需要明确以下几个问题。

（一）法院调解的适用范围

在我国，法院调解的适用范围相当广泛，除适用特别程序、督促程序、公示催告程序的案件，婚姻等身份关系确认案件，以及其他根据案件性质不能进行调解的案件外，其他一切属于民事权益争议的案件，都可能通过调解方式得到解决。在民事诉讼中，对于有可能通过调解解决的民事案件，人民法院应当调解。当然，除离婚案件外，调解必须征得当事人双方的同意。

此外，根据《简易规定》，适用简易程序审理的某些民事案件，人民法院在开庭审理时应当先行调解，无须事先征求当事人的意见，这些案件包括婚姻家庭纠纷和继承纠纷，劳务合同纠纷，交通事故和工伤事故引起的权利义务关系较为明确的损害赔偿纠纷，宅基地和相邻关系纠纷，合伙协议纠纷，诉讼标的额较小的纠纷。但是根据案件的性质和当事人的实际情况不能调解或者显然没有调解必要的除外。

（二）法院调解的阶段

在我国，法院调解贯穿于民事诉讼的全过程，在第一审程序、第二审程序以及再审程序中都可以进行调解。在每一个程序阶段，法院调解又可分为庭前调解和庭上调解两种。

1. 庭前调解

庭前调解，也称审前调解，即开庭审理前的调解。它发生在诉讼的初始阶段，即在案件受理后至正式的开庭审理前进行，通常是在被告答辩期满后启动调解程序。不过，在征得当事人各方同意后，人民法院也可以在答辩期满前进行调解。

庭前调解开始于审前准备阶段，在此阶段，合议庭或独任审判员经对原告、被告提交的诉讼材料进行审查，如果认为案件事实清楚、法律关系明确，在征得当事人双方同意后即可启动调解程序，而无须进入开庭审理阶段。经调解达成协议的，即可结束诉讼；调解未达成协议的，应及时转入开庭审理阶段。

根据最高人民法院有关调解的司法指导意见的规定，立案阶段也可以进行调解。在案件立案之后、移送审判业务庭之前，要充分利用立案窗口“第一时间接触当事人、第一时间了解案情”的优势，积极引导当事人选择调解方式解决纠纷。对事实清楚、权利义务关系明确、争议不大的简单民事案件，在立案后应当及时调解；对可能影响社会和谐稳定的群体性案件、集团诉讼案件，敏感性强、社会广泛关注的案件，在立案后也要尽可能调解。立案阶段的调解应当坚持以效率、快捷为原则，避免案件在立案阶段积压。适用简易程序的一审民事案件，立案阶段调解期限原则上不超过 10 日；适用普通程序的一审民事案件，立案阶段调解期限原则上不超过 20 日，经双方当事人同意，可以再延长 10 日。延长的调解期间不计入审限。需要说明的是，此时的调解仍属于诉讼中的调解。

此外，按照《民诉法》第 125 条的规定，当事人起诉到人民法院的民事纠纷，适宜调解的，先行调解，但当事人拒绝调解的除外。此处的先行调解是当事人起诉后至法院立案前的调解，属于诉前调解，其与法院调解这一诉讼中的调解应有所不同。关于立案前的先行调解与诉讼的衔接，《民诉法》未作规定。我们认为，在法院主导下的立案前调解，如达成调解协议，经法院审查，认为调解协议不损害国家利益、社会公共利益或他人合法权益的，人民法院既可以对调解协议的效力依据《民诉法》第 205 条、206 条的规定予以司法确认，也可以立案后制作法院调解书。经过调解未达成调解协议的，如符合起诉条件，法院应予以受理，通过诉讼程序解决纠纷。在立案前调解中，立法还应当为立案前的调解设定最长期间，以避免久调不决，损害当事人的起诉权利。[①]

2. 庭上调解

庭上调解，又称庭审中的调解，即法院在开庭审理过程中进行的调解。庭审中的调解可以在开庭审理的各个诉讼阶段进行，但通常应在法庭辩论结束后至裁判作出前进行。因为经过法庭调查和法庭辩论两个阶段后，案件事实已经清楚，是非责任也已明确，具备调解的基础。此时，审判长或独任审判员应当询问当事人各方是否愿意进行调解，当事人一致同意调解的，可以当庭进行调解，也可以休庭后进行。

（三）主持调解的人员

在法院调解中，主持调解的人员通常为审理案件的审判组织成员。适用普通程序审理的案件，既可以由合议庭主持调解，也可以由审判长指派合议庭成员之一主持调解。适用简易程序审理的案件，由独任审判员主持调解。除审判人员主持调解外，根据《民诉法》第 98 条的规定，人民法院进行调解，可以邀请有关单位和个人协助。被邀请的单位和个人，应当协助人民法院进行调解。

近年来，各地人民法院在实践中不断探索新的调解模式，其中通过特邀调解组织或特邀调解员主持调解活动的特邀调解制度已为《特邀调解规定》所确认。根据该规定，人民法院可邀请符合条件的人民调解、行政调解、商事调解、行业调解等调解组织或者人大代表、政协委员、人民陪审员、专家学者、律师、仲裁员、退休法律工作者等符合条件的个人成为特邀调解组织或者特邀调解员，对当事人起诉到人民法院且适宜调解的案件，接受人民法院立案前委派或者立案后委托进行调解。

根据该规定，为开展特邀调解工作，人民法院应当建立特邀调解组织和特邀调解员名册。对适宜调解的纠纷，登记立案前，人民法院可以经当事人同意委派给特邀调解组织或者特邀调解员进行调解；登记立案后或者在审理过程中，可以委托给特邀调解组织或者特邀调解员进行调解。特邀调解员应当由双方当事人在名册中协商确定；协商不成的，由特邀调解组织或者人民法院指定。当事人不同意指定的，视为不同意调解。委派调解达成的调解协议，当事人可以申请司法确认；未达成调解协议，当事人坚持起诉的，人民法院应当登记立案。委托调解达成协议的，由人民法院审查并制作调解书结案；未达成调解协议的，转入审判程序审理。人民法院委派调解的案件，调解期限为 30 日；人民法院委托调解的案件，适用普通程序的调解期限为 15 日，适用简易程序的调解期限为 7 日。前述调解期限双方当事人同意延长的，不受此限。调解期限自特邀调解组织或者特邀调解员签字接受法院移交材料之日起计算。

（四）当事人本人参加

与判决不同，法院调解是在人民法院的主持下双方当事人的合意形成过程，也是当

---

① 根据《特邀调解规定》，对人民法院委派的特邀调解组织或特邀调解员主持的立案前的调解所达成的调解协议，当事人双方可以申请司法确认；未达成调解协议，当事人坚持起诉的，人民法院应当依法登记立案。调解期限为 30 日。

事人之间理性协商和相互妥协的过程，当事人有更多的机会和可能真正参与到纠纷解决中来。由当事人本人参加调解过程，有利于其对纠纷解决过程的理解与接纳。因此，法院在进行调解时，双方当事人都应当出庭。因故不能出庭参加调解的当事人，可由经其特别授权的委托诉讼代理人代为参加调解，达成的调解协议也可由该委托诉讼代理人签名。离婚案件当事人确因特殊情况无法出庭参加调解的，除本人不能表达意志的以外，应当向人民法院出具书面意见。无诉讼行为能力的当事人应由其法定诉讼代理人出庭参加调解。

此外，根据《民诉解释》第 150 条的规定，人民法院调解民事案件，需由无独立请求权的第三人承担责任的，应当经其同意。该第三人在调解书送达前反悔的，人民法院应当及时裁判。

二、调解程序的进行

法院调解的进行可准用开庭审理的阶段和步骤。在调解开始前，人民法院应当告知当事人相关的诉讼权利和诉讼义务，如主持调解人员和书记员姓名，以及是否申请回避等。调解开始后，先由当事人双方陈述案件的事实和理由，并出示相关的证据，进行质证和辩论。主持调解的人员应当认真听取双方当事人对案件事实和理由的陈述，并根据当事人之间的质证和辩论情况查明案件的基本事实，在此基础上，有的放矢地对双方当事人进行法律的宣传教育，引导当事人就具体的争议事项展开协商。不过，对于正式开庭审理前的调解，除双方当事人同意外，原则上不应该进行证据调查，以避免法官过早形成事实上的心证，使正式的开庭审理流于形式。人民法院主持调解过程中，当事人各方应同时在场，以确保有关解决纠纷的重要信息为双方当事人平等占有。当然，根据需要，主持调解的人员也可以对当事人分别做调解工作。在调解过程中，当事人可以自行提出调解方案，主持调解的人员也可以提出调解方案供当事人协商时参考，但不能强迫当事人接受人民法院的调解方案。调解协议内容超出诉讼请求的，人民法院可以准许。人民法院对于调解协议约定一方不履行协议内容应当承担民事责任的，应予准许。调解协议约定一方提供担保或者案外人同意为当事人提供担保的，人民法院应当准许。此外，根据《民诉解释》第 107 条的规定，在诉讼中，当事人为达成调解协议或者和解协议作出妥协而认可的事实，不得在后续的诉讼中作为对其不利的根据，但法律另有规定或者当事人均同意的除外。

三、调解程序的结束

法院调解程序的结束包括两种情形：一是因当事人双方达成调解协议而结束，二是因未达成调解协议而结束。达成调解协议的，人民法院应对调解协议进行审查，没有违反法律的禁止性规定的，应对调解协议予以确认。应当制作调解书的，人民法院应依据调解协议的内容制作调解书，送交双方当事人签收；对于不需要制作调解书的调解协议，应当由书记员将调解协议记入笔录或附卷。

对于经调解未达成协议或调解协议内容违法，当事人又不愿意修改的案件以及当事人拒绝签收调解书的案件，人民法院应及时结束调解程序，恢复对案件的审理并作出裁判，不能久调不决。人民法院在审理中发现当事人之间恶意串通，企图通过和解、调解方式侵害他人合法权益的，应当驳回其诉讼请求，并根据情节轻重予以罚款、拘留；构成犯罪的，依法追究刑事责任。

第四节　法院调解的效力

一、调解协议与调解书

（一）调解协议

调解协议是在人民法院主持下，双方当事人经平等协商，就确认双方民事权利义务，解决民事争议所达成的合意。在人民法院审判人员的主持下，双方当事人达成调解协议并经人民法院审查确认后，法院调解程序即告结束。关于调解协议的内容，《法院调解规定》作了以下补充。

（1）调解协议内容超出诉讼请求的，人民法院可以准许。在调解协议中，当事人双方通常围绕诉讼请求确定各自的权利和义务，但当事人双方也可以超出诉讼请求的范围进行协商，达成合意。人民法院准许调解协议内容超出诉讼请求范围，有利于纠纷的一次性解决。

（2）人民法院对于调解协议约定一方不履行协议应当承担民事责任的，应予准许。调解协议是当事人双方解决纠纷、处分实体权利所达成的合意，当事人应当自觉履行调解协议所确定的义务。为保证能够实现调解协议所确认的权利与义务，当事人双方同意约定违约责任，也应当受到法律保护。承担民事责任的条件成就时，当事人申请执行的，人民法院应当依法执行。

（3）调解协议约定一方提供担保或者案外人同意为当事人提供担保的，人民法院应当允许。提供担保的目的同样也是保障调解协议的履行，如果没有违反法律的禁止性规定，则人民法院应当准许。案外人提供担保的，人民法院制作调解书应当列明担保人，并将调解书送交担保人。担保人不签收调解书的，不影响调解书生效。担保条款条件成就时，当事人申请执行的，人民法院应当依法执行。

（4）调解协议具有下列情形之一的，人民法院不予确认：一是侵害国家利益、社会公共利益的；二是侵害案外人利益的；三是违背当事人真实意思的；四是违反法律、行政法规禁止性规定的。

（二）调解书

调解书是人民法院制作的，记载当事人所达成的调解协议内容的法律文书。调解书以调解协议为根据，它既是对当事人双方协商结果的确认，又是人民法院批准当事人调解协议的证明。通常情况下，只有调解书才能成为执行的根据。

调解书是民事诉讼中的重要法律文书。根据《民诉法》第100条的规定，人民法院对当事人双方达成的调解协议，应当制作调解书。调解书应当写明诉讼请求、案件的事实和调解结果。调解书由审判人员、书记员署名，加盖人民法院印章，送达双方当事人。调解书应依据调解协议制作，如实反映调解协议的原意。当事人以民事调解书与调解协议的原意不一致为由提出异议，人民法院审查后认为异议成立的，应当根据调解协议裁定补正民事调解书的相关内容。

调解下列案件达成协议后，人民法院可以不制作调解书：（1）调解和好的离婚案件；（2）调解维持收养关系的案件；（3）能够即时履行的案件；（4）其他不需要制作调解书的案件（《民诉法》第101条）。

当事人自行和解或者达成调解协议后，请求人民法院按照和解协议或者调解协议的内容制作判决书的，人民法院不予准许。无民事行为能力人的离婚案件，法定代理人与对方达成协议要求发给判决书的，可根据协议内容制作判决书（《民诉解释》第148条）。

二、法院调解的效力

（一）法院调解生效的时间

法院调解生效的时间，因是否需要制作调解书而有所区别。

（1）需要制作调解书的情形。调解达成协议后需要制作调解书的，调解书经双方当事人签收后，即具有法律效力。调解书能够当庭送达并经双方当事人签收的，以该日期为调解书生效的日期；调解书不能当庭送达双方当事人的，应以最后收到调解书的当事人签收的日期作为调解书生效日期。当事人一方拒绝签收调解书的，调解书不发生法律效力。

（2）不需要制作调解书的情形。根据《民诉法》第98条第2款的规定，对不需要制作调解书的协议，应当记入笔录，由双方当事人、审判人员、书记员签名或盖章后，即具有法律效力。

值得注意的是，根据《民诉解释》第151条的规定，对于《民诉法》第101条第1款第4项列举的“其他不需要制作调解书的案件”，当事人各方同意在调解协议上签名或者盖章后即发生法律效力的，经人民法院审查确认后，应当记入笔录或者将调解协议附卷，并由当事人、审判人员、书记员签名或者盖章后即具有法律效力。当事人请求制作调解书的，人民法院审查确认后可以制作调解书送交当事人；当事人拒收调解书的，不影响调解协议的效力。这一规定取消了当事人在达成调解协议后签收调解书前的反悔权，实际上突破了调解书须经双方当事人签收才具有法律效力的立法规定。

（二）法院调解效力的内容

调解书或调解协议生效后，即产生与生效判决同等的法律效力。具体表现在以下几个方面。

（1）确认当事人之间的民事权利义务。法院调解生效后，当事人之间争议的实体民事权利义务得到确认，民事纠纷得到解决。当事人不得就同一争议再行起诉。

（2）结束诉讼程序。法院调解是人民法院审结案件的方式之一。法院调解生效后，诉讼程序即告终结，人民法院不得对同一案件再行审理或另行作出裁判，当事人也不得提起上诉。

（3）具有强制执行的效力。具有给付内容的法院调解还具有强制执行的效力。法院调解生效后，当事人应依照调解书所确认的义务自觉履行。一方当事人拒绝履行时，另一方当事人有权向人民法院申请强制执行。

问题与思考

请扫描二维码测试，并查看参考答案

第十二章

临时性救济

【本章概要】 临时性救济是当事人在提起本案诉讼之前、在提起诉讼时、诉讼过程中申请人民法院紧急采取临时性保护措施，以避免债权无法实现或者造成其他民事权益损害的制度。《民诉法》确立了财产保全、行为保全、先予执行等三种临时性救济制度，《民诉解释》对财产保全制度进行了扩大解释，确立了执行前财产保全规则。《海诉法》《专利法》《商标法》《著作权法》《民法典》《反家暴法》《环境侵权禁止令规定》等确立了一系列的特殊行为保全制度，部分特定领域的侵权禁止令制度开始走向独立，不再依附于本案诉讼程序。

临时性救济是相对于本案诉讼救济而言的，是指在本案诉讼提起之前，或者在本案诉讼确认的终局判决之前，因对方当事人的行为给权利或利益的实现造成紧急损害，如危及债权实现或造成重大威胁等，当事人向法院申请对被申请人财产进行查封、扣押、冻结或者责令其为或不为一定行为的救济制度。向法院提出申请的当事人称为申请人或债权人，对方当事人称为被申请人或债务人。临时性救济在不同的国家或地区有不同的称谓，如：大陆法系国家称之为保全，其中包括假扣押、假处分（包括一般假处分和定暂时状态假处分），法国法包括紧急审理程序和依申请作出的裁定；而英美法一般以“禁令”统称之，如判决前的救济、玛利瓦禁令、中间禁令等。临时性救济在广义上还包括证据保全等临时性措施。我国目前的临时性救济包括财产保全、先予执行、行为保全（如知识产权诉前禁令、家庭暴力案件中的人身安全保护令）等。我国《民诉法》第九章以“保全和先予执行”为标题对临时性救济制度予以规定，在《海诉法》《商标法》等特别法中，又规定了海事强制令、诉前停止侵权行为等特殊类型的行为保全制度。

第一节　财产保全

保全程序在民事诉讼程序中居于重要地位，它是联结审判程序与执行程序的纽带。在大陆法系国家，保全制度和保全程序的立法非常细致，理论研究也自成体系，尤其在德、日等国，民事保全法的专题研究成果极为丰硕，蔚为壮观。

一、保全程序的性质和类型

保全程序是以保障债权人在民事裁判中所确认的权利能够获得实现，或者防止法律规定的权利遭受无法弥补的损害为目的的临时救济制度。债权人因私权纠纷对债务人提起民事诉讼前或起诉后，由于债务人隐匿、转移或处分其财产，或单方面擅自改变双方当事人有争议的请求标的之状态，致使债权人日后取得终局判决也无法实现其权利，判决落空成为“法律白条”。为避免此结果的发生，立法特设保全程序，在终局判决之前给债权人以临时性救济，确保其权利能够获得最终实现。

（一）保全程序的性质

1. 实现本案权利的目的指向性

保全程序是为了配合审判程序、执行程序或者其他权利保护程序中对权利人的保护而设置的程序，始终以实现本案权利为依归。债权人要进入执行程序实现其权利，须持有法定的执行依据，而经由审判程序获得执行依据颇费时日，在此期间，可能因债务人的原因或其他原因致使本案判决难以执行，为补救审判程序在确定权利上的滞后性之弊端，乃设保全制度，使债权人无须经审判程序就能获得一个应急性的执行依据，这是设置保全程序的重要原因。

2. 独立性与附属性并存

就形式而言，保全程序在现代民事诉讼法典中一般作为一项独立的制度加以规定（如德国、法国、俄罗斯和我国），日本甚至于1989年颁布《民事保全法》单行法，足见保全程序的独立性。保全程序的独立性体现在：（1）保全程序有独特的程序规则，不能简单套用审判程序或执行程序；（2）保全程序体现了诉讼法理与非讼法理的结合；（3）在立法安排上，对保全程序既可放在审判程序中加以规定，也可置于执行程序中，还可制定单行法。基于此，德国著名民事诉讼法学家奥特马·尧厄尼希将保全程序视为与审判程序、执行程序相并列的第三类程序①，是不无道理的。

当然，就保全程序所欲达致的目的和其实际功能而言，保全程序不完全是一个逻辑自洽的制度体系。以避免造成当事人其他损害，尤其是难以弥补的损害为目的之保全程序，具有独立于本案诉讼程序的特质。例如，各国家庭暴力防治法中引入民事保护令（我国称为人身安全保护令），是20世纪80年代以来西方国家普遍采用的一种预防和制止家庭暴力行为的特殊救济制度，有临时保护令、通常保护令之分。民事保护令运用司法手段对受害人进行人身保护和财产保护，改变了原有的单纯事后处罚的补救手段，为事前保护家庭暴力受害人提供了预防措施。民事保护令也为法院通过司法程序干预家庭暴力、保障受暴者，尤其是妇女、儿童、老人等弱者的人权提供了有力的法律手段，一定程度上改变了法院司法消极、被动的传统形象。民事保护令的首要目标是保护受害人，而非惩罚加害人。② 民事保护令通过限制加害人行为并为受害人提供保护性救济而增强受害人的安全并促进其独立。如警告加害人不得接触、伤害、骚扰或跟踪受害人，或者责令施暴人搬离与受害人的共同住处，以便让受害人重新感到安全。与外国法一样，我国

---

① 参见［德］奥特马·尧厄尼希：《民事诉讼法》，周翠译，9页，北京，法律出版社，2003。

② See Carolyne R. Dilgard, Crossing the Line: The Interstate Implications of Issuing and Enforcing Domestic Violence Protection Orders: An Examination of New Jersey, 35 RUTGERS LAW JOURNAL 253, n. 8 (2003).

《反家暴法》也赋予人身安全保护令以独立性，可以不依赖于离婚、赡养、抚养、收养、继承等民事案件而独立存在；对于诉前民事保护令，允许受害人在人民法院作出裁定后，不适用《民诉法》第104条第3款关于“三十日内不依法提起诉讼或者申请仲裁的，人民法院应当解除保全”的规定（《反家暴法》第30条）。其原因在于：普通的保全程序旨在保护财产权益，而民事保护令涉及宪法所保护的生命权、身体权和健康权等人身权利。人身权应当获得更有效的法律保护，以满足大部分家庭暴力受害者“制止对方暴力，但不离婚”的正当诉求。

但是，以确保本案的终局执行为目的之保全程序，具有手段方法的工具性质，须依赖本案诉讼程序的存在才有意义。如果称本案诉讼程序为主程序的话，则这种保全程序即为附随程序。当本案诉讼程序尚未开始时，尽管也允许启动保全程序，但要求申请人必须在法定期间内提起本案诉讼或申请仲裁，其道理就在于此。

3. 紧急性

保全程序以“近水救近火”的方式确保本案判决的执行或者维持权利关系的现状。法院在适用保全程序时，一般仅需债权人一方的书面申请和债权人对事实理由的释明，无须言词辩论，就可作出裁决。该裁决程序与本案诉讼的判决程序有显著的差别，其原因在于，保全程序对权利保护的时间性要求比较迫切，如不迅速地裁定和执行，将无法确保债权人的权利。

4. 预防性和暂定性

保全程序不具有最后确定权利存在的性质，仅具有暂定权利存在的性质。“现代社会之法律思想，已经由传统之事后损害赔偿制裁之救济方法，进入以事前预防损害及实现权利之保护措施。”[①] 出于保护权利的紧迫性要求，保全裁定和保全执行，无法同民事审判程序那样达到最终确认权利的程度，只要债权人对其权利的存在达到必要程度的释明，法院即可作出裁定和执行。

（二）保全程序的类型

依据不同的标准，对保全程序可以作以下不同的分类。

（1）以保全程序作用的法律领域为标准，可以分为诉讼程序上的保全、仲裁程序上的保全和破产程序中的保全三种。

诉讼程序上的保全，是指在民事诉讼、刑事诉讼、行政诉讼程序上发挥作用的保全。民事诉讼上的保全自不待言，刑事诉讼中的财产刑、刑事附带民事诉讼以及行政诉讼程序运行中均可能存在保全问题。仲裁程序开始之前或仲裁进行之中，为保证将来裁决的执行，利害关系人或申请人也可向法院或仲裁机构申请保全。在破产案件受理后，破产宣告前，为了保证将来的破产清偿能够顺利进行，并有效地维护债权人的合法权益，有必要对债务人的财产处分权加以限制。[②]

---

① 陈荣宗、林庆苗：《民事诉讼法》，882～883页，台北，三民书局，1996。

② 参见柴发邦主编：《破产法教程》，79页，北京，法律出版社，1991。

（2）根据保全程序所欲保全的本案请求权的不同类型，可以将保全程序分为金钱请求的保全与非金钱请求的保全。

前者是指债权人为保全其金钱请求或可以转化为金钱请求的请求权将来得以强制执行，而暂时扣押债务人的财产或权利禁止其处分，也称假扣押；后者是指就非金钱请求（包括交付物的请求和作为不作为请求）的强制执行或为了维持法律关系的现状所作的保全，也称假处分。这是以德、日为代表的大陆法系国家最常见的分类方法。

（3）根据保全程序所欲保全的对象是否限于本案请求以及本案请求是否具有财产性质，可以将保全程序分为财产保全与行为保全（非财产保全）。

财产保全的对象限于本案请求，针对本案的金钱请求的保全与交付物的请求的保全，采用财产保全措施。行为保全的对象则不限于本案请求，为了防止当事人的其他合法权益受到损害，可以采取行为保全措施；即使以本案请求的实现为保全的目的，那么行为保全也只能针对本案中作为请求和不作为请求采取保全措施。在以本案请求为保全对象时，该分类与大陆法系国家的假扣押、假处分的分类具有某种相似性，但区别是对于交付物的请求的保全在归类方法上不同。[①]

二、财产保全的类型和适用条件

财产保全在民事程序法中广泛使用。依《民诉法》第 103 条、第 104 条，《财产保全规定》，《民诉解释》第 163 条，《仲裁法》第 28 条，财产保全分为诉讼财产保全、诉前财产保全、执行前财产保全和仲裁财产保全四种。

（一）诉讼财产保全

诉讼财产保全，是指人民法院在受理案件之后、作出判决之前，对当事人的财产或者争执标的物采取限制当事人处分的临时措施，以保证判决将来能够执行。

诉讼财产保全的适用条件是：（1）需要对争议的财产采取诉讼保全的案件必须是给付之诉，即该案的诉讼请求具有财产给付内容，包括金钱给付请求或物的交付请求，但排除完成行为的给付请求。（2）存在着判决将来难以执行的情形。（3）发生在民事案件受理后、法院尚未作出生效判决前。（4）一般由当事人提出申请书，并提供相关证据材料，人民法院在必要时也可以主动采取保全措施。申请书应当载明如下事项：申请保全人与被保全人的身份、送达地址、联系方式；请求事项和所根据的事实与理由；请求保全数额或者争议标的；明确的被保全财产信息或者具体的被保全财产线索；为财产保全提供担保的财产信息或资信证明，或者不需要提供担保的理由；其他事项（《财产保全规定》第 1 条）。

当事人、利害关系人申请财产保全，应当向人民法院提供明确的被保全财产信息。当事人在诉讼中申请财产保全，确因客观原因不能提供明确的被保全财产信息，但提供

① 国内学者有的是以保全对象是财产还是行为为标准来划分财产保全和行为保全，这种观点有相当大的局限性。参见董华、范跃如：《试论“行为保全”——兼论我国民事保全程序的立法体系》，载曹建明主编：《程序公正与诉讼制度改革》，451 页以下，北京，人民法院出版社，2002。

了具体财产线索的，人民法院可以依法裁定采取财产保全措施。

在诉讼中，人民法院依申请或者依职权采取保全措施的，应当根据案件的具体情况，决定当事人是否应当提供担保以及担保的数额，其中，担保数额不超过请求保全数额的30%；申请保全的财产系争议标的的，担保数额不超过争议标的的价值的30%（《财产保全规定》第5条第1款）；责令当事人提供担保的，人民法院应当书面通知（《民诉解释》第152条第3款）。对申请保全人或者他人提供的担保财产，人民法院应当依法办理查封、扣押、冻结等手续（《民诉解释》第164条）。

（二）诉前财产保全

诉前财产保全，是指在紧急情况下，法院不立即采取保全措施，利害关系人的合法权利会受到难以弥补的损害，因此法律赋予利害关系人在起诉（或立案）前申请法院采取的财产保全。

诉前财产保全的适用条件包括以下几点。

（1）需要采取诉前财产保全的本案请求须具有给付内容，包括金钱给付请求或物的交付请求，但排除完成行为的给付请求。

（2）情况紧急，不立即采取相应的保全措施，可能使申请人的合法权益受到难以弥补的损害。《民诉法》第104条关于诉前财产保全的规定，旨在确保判决将来的执行。对“难以弥补的损害”的解释，要符合立法的这一目的。因此，“难以弥补的损害”与“难以执行”在诉前财产保全中是等值的概念，指的是因判决将来难以执行而可能造成的巨大损害。在诉前阶段，由于案件尚未受理，利害关系人将来是否起诉、起诉后是否胜诉，人民法院均无法事先知晓，加之“情况紧急”，人民法院在接到申请后，需要斟酌各种可能的因素，在很短时间内作出快速的判断，因此，我们认为，在诉前财产保全中，“难以弥补的损害”更强调“难以执行”的高度盖然性。

（3）由利害关系人向法院提出申请书，并提供相关证据材料（包括明确的被保全财产信息）。

（4）申请人应当提供相应担保。责令利害关系人提供担保的，人民法院应当书面通知；担保应当相当于请求保全的数额；情况特殊的，人民法院可以酌情处理（《民诉解释》第152条第2款、《财产保全规定》第5条第2款）。对申请保全人或者他人提供的担保财产，人民法院应当依法办理查封、扣押、冻结等手续（《民诉解释》第164条）。申请人不提供担保的，法院应当裁定驳回申请。因申请保全错误给被申请人造成损失的，被申请人可以从申请人提供担保的财产中得到赔偿。

利害关系人须在法院裁定采取保全措施后30日内提起诉讼或者申请仲裁。在法院采取保全措施后，诉前财产保全措施自动转为诉讼或仲裁中的保全措施（《财产保全规定》第17条）；30日内未起诉或申请仲裁的，法院应当解除财产保全措施。

（三）执行前财产保全

作为执行依据的法律文书生效后至申请执行前，债权人可以向有执行管辖权的人民法院申请保全债务人或者拟变更、追加的被执行人的财产。人民法院可以参照《民诉法》第103条、第104条的规定作出保全裁定，保全裁定应当立即执行（《民诉解释》第163

条、《财产保全规定》第 1 条、《变更追加规定》第 29 条[①])。

设立执行前的财产保全是出于以下几个因素的考虑：作为执行依据的法律文书附有期限；财产登记在第三人名下，先保全再说；正式执行程序有迟延性，不利于及时控制财产，这是因为从法律文书生效到执行立案，存在一定时间差，在此期间内可能因当事人的行为或其他原因，致使案件不能执行或难以执行；诉讼中没有申请财产保全或者实施了财产保全，但保全期限届满，保全措施失效。此外，所要保全的财产是申请人将要申请变更、追加的被申请人的财产时，也需采取执行前的财产保全。《变更追加规定》第 29 条规定，申请执行人在申请变更、追加第三人前，向执行法院申请查封、扣押、冻结该第三人财产的，执行法院应当参照《民诉法》第 104 条的规定办理。执行法院审查变更、追加被执行人申请期间，申请人申请对被申请人的财产采取保全措施的，执行法院应当参照《民诉法》第 103 条的规定办理。

按照《民诉解释》第 163 条的规定，申请执行前财产保全，应当具备以下条件：(1) 申请法律文书生效后，进入执行程序前。(2) 债权人因对方当事人转移财产等紧急情况，不申请保全将可能导致生效法律文书不能执行或者难以执行。(3) 由债权人向执行法院提出申请书，应当写明生效法律文书的制作机关、文号和主要内容，并附生效法律文书副本（《财产保全规定》第 1 条第 3 款)。债权人在法律文书指定的履行期间届满后 5 日内不申请执行的，人民法院应当解除保全。

（四）仲裁财产保全

一方当事人因另一方当事人的行为或者其他原因，可能使裁决不能执行或者难以执行的，可以申请财产保全。当事人申请财产保全的，应当通过仲裁机构向人民法院提交申请书及仲裁案件受理通知书等相关材料。人民法院裁定采取保全措施或者裁定驳回申请的，应当将裁定书送达当事人，并通知仲裁机构（《仲裁法》第 28 条、《财产保全规定》第 3 条)。

涉外仲裁案件的当事人申请采取保全措施的，我国涉外仲裁机构应当将当事人的申请，提交被申请人住所地或者财产所在地的中级人民法院裁定（《民诉法》第 289 条)。人民法院经审查后，裁定是否进行保全。裁定保全的，应当责令申请人提供担保，申请人不提供担保的，裁定驳回申请（《民诉解释》第 540 条第 1 款)。

申请仲裁财产保全的主体是当事人，而非仲裁机构；有权作出仲裁保全措施的机关是人民法院，仲裁委员会相当于“二传手”，不过 1982 年以前仲裁委员会也曾有权作出临时性裁定。《仲裁法》第 28 条仅规定仲裁程序中的财产保全，未明确规定仲裁前财产保全，这是《仲裁法》的一个漏洞。[②]《民诉法》第 104 条进一步填补了这一立法漏洞，

---

① 《变更追加规定》第 29 条规定，执行法院审查变更、追加被执行人申请期间，申请人申请对被申请人的财产采取查封、扣押、冻结措施的，执行法院应当参照《民诉法》第 103 条的规定办理。申请执行人在申请变更、追加第三人前，向执行法院申请查封、扣押、冻结该第三人财产的，执行法院应当参照《民诉法》第 104 条的规定办理。

② 1997 年 5 月，最高人民法院、广东省高级人民法院、上海市高级人民法院、北京市高级人民法院、北京市第二中级人民法院、上海市第二中级人民法院、深圳市中级人民法院等人民法院以及中国国际经济贸易仲裁委员会、中国海事仲裁委员会、深圳仲裁委员会在深圳召开了“涉外仲裁司法审查研讨会”。根据会议形成的会议纪要，在提起仲裁程序之前，当事人申请财产保全的，可依据《民诉法》有关诉前财产保全的规定，直接向人民法院提出。该会议纪要起到了部分弥补法律漏洞的作用。

规定：利害关系人因情况紧急，不立即申请保全将会使其合法权益受到难以弥补的损害的，可以在提起诉讼或者申请仲裁前向被保全财产所在地、被申请人住所地或者对案件有管辖权的人民法院申请采取保全措施。申请人应当提供担保，不提供担保的，裁定驳回申请。按此，申请人申请仲裁前财产保全，可以直接向人民法院提出申请，不再由仲裁委员会转交，这有利于增强仲裁财产保全的实效性，防止因转交申请造成的拖延而贻误财产保全的时机。

《中国（上海）自由贸易试验区仲裁规则》（2015 版）第 19 条对仲裁前临时措施作了详细规定，是迄今为止我国各个机构仲裁规则中最为具体、最具操作性的。该条规定如下：

（一）临时措施申请人在提起仲裁前，可以根据临时措施执行地所在国家/地区的有关法律规定，直接向具有管辖权的法院提出临时措施申请，也可以请求仲裁委员会协助其向具有管辖权的法院提出临时措施申请。

（二）临时措施申请人请求仲裁委员会协助的，应当提供下列文件：

1. 仲裁协议；

2. 符合本规则第二十条第（一）款规定的临时措施申请书。

仲裁委员会经审查后认为可以协助的，应在收到前述文件之日起 3 日内将该文件转交具有管辖权的法院，并通知临时措施申请人。

（三）临时措施申请人应当根据临时措施执行地所在国家/地区的有关法律规定在法院采取临时措施后的法定期限内向仲裁委员会申请仲裁。

三、财产保全程序中的审执分立

无论是财产保全还是行为保全，完整的保全程序在结构上包括两个层次：保全命令程序与保全执行程序。保全命令程序也称保全审判程序，是指保全程序执行依据的取得程序；保全执行程序是指保全裁定作出后，法院以保全裁定书为执行依据实施控制性执行行为的程序。在德、日等大陆法系国家，保全审判程序与保全执行程序分别遵循不同的程序原理，采用不同的制度设置，并且由不同的法院内设机关践行这两种程序。但是，在立法体例上，保全审判程序与保全执行程序是否分开立法，是否将保全执行程序纳入整个强制执行制度中，存在不小分歧。

以德国为代表的国家，无论是保全命令程序还是保全执行程序，都统一规定在《民事诉讼法》第八编“强制执行”中。《日本民事诉讼法》于昭和五十四年（1979 年）以前，于其第六编规定强制执行，所采立法例与德国的相同，未将保全审判程序与保全执行程序分开规定。昭和五十四年（1979 年）3 月 30 日，日本实施《民事执行法》，保全执行程序规定于《民事执行法》中，而保全审判程序留在《民事诉讼法》中。1989 年 12 月 22 日，日本实施《民事保全法》，将民事诉讼法上的保全审判程序与民事执行法上的保全执行程序合并在一起，民事保全程序完全脱离民事诉讼法与民事执行法而被独立立法。1991 年中国《民诉法》第九章“财产保全和先予执行”，既规定了保全裁定的作出程序，也规定了保全执行的方式方法，奉行的是审执合一的保全程序立法例。

通常认为，法庭在作出保全裁定的阶段，要遵循正当程序的基本准则，给保全申请人和被申请人参与保全裁定作出程序的程序保障。法院作出保全裁定之前，要听取被申请人的意见和申辩，当然，听取其陈述影响保全效力或保全目的实现的除外。即便是在审理“一面之词”（*ex parte*）的保全申请时，也要尽可能地维护被申请人的利益，即保全裁定作出后，保全裁定要尽快送达给被申请人，给被申请人申请法庭撤销保全裁定的救济机会。从这个意义上说，保全裁定的作出程序虽然审理方法较通常审理程序简便而以裁定为之，但性质上可以被归结为一种特别诉讼程序，适用法律时应当适用民事诉讼法，而不能适用非讼事件法的规定。

保全裁定的执行属于控制性的执行行为，其性质在学理上一直存在着诉讼事件说和非讼事件说之争。主张执行程序属于诉讼事件者多认为，执行程序是实现私权的程序，具有维持法律及确保其实效性的作用，其程序构造也是法院就对立双方当事人的参与而设置，在沿革上一直作为民事诉讼的一部分。诉讼事件说非常盛行，一度成为主流学说，目前持该观点的主要有英美法系国家和以法国为代表的大陆法系国家。主张执行程序为非讼事件者认为，诉讼事件在于解决纠纷，确定私权存否及其范围，而非讼事件不在于解决纠纷、确定私权，而是依司法行政作用使法律关系发生、变更或消灭。持此观点的主要是德、日等大陆法系国家的一些学者。我国台湾地区大多数学者也赞成此观点。[①]

依据保全程序审执分立理论，承认仲裁机构（仲裁庭）享有财产保全决定的作出权，同时不排斥法院在此问题上的固有权限，仲裁庭与法院享有平行的作出保全裁定的权力，此即“并存权力”（concurrent power of the arbitral tribunal and the courts）说。保全裁定程序与保全执行程序分立后，就把原来笼罩在保全制度上的强制性色彩予以分解、剥离，从中离析出不具有强制性色彩的保全裁定程序，使民间仲裁机构足以胜任该程序的运作。尤其在仲裁庭组成以后，仲裁庭对案情最为了解，对是否需要采取保全措施最为明了，由仲裁庭作出保全裁定将避免时间上的拖延，有利于仲裁裁决的执行。

我国现行法明确了区分保全命令程序与保全执行程序，并且为两种程序分别设定了不同的后续救济程序。《中国国际经济贸易仲裁委员会仲裁规则》（2024 版）、《中国（上海）自由贸易试验区仲裁规则》（2015 版）规定的紧急仲裁员（庭）制度，正是保全程序中审执分立的典型示例。这是因为，紧急仲裁员（庭）只能就保全申请进行审查判断，作出相应的决定、命令或裁定。而保全决定、命令或裁定的执行权，由法院垄断性行使，当事人、利害关系人必须向有管辖权的人民法院申请执行。

四、财产保全的主体、担保和范围

（一）财产保全的主体

1. 保全审理程序中财产保全的主体

在保全审理程序中，有权作出财产保全裁定的主体是人民法院、仲裁庭、紧急仲裁员。

---

① 参见杨与龄：《强制执行法论》，14 页，北京，中国政法大学出版社，2002；陈世荣：《强制执行法诠解》，11 页，台北，自版，1988；汪祎成：《强制执行法实用》，3 页，台北，三民书局，1978；林升格：《强制执行法理论与实务》，13 页，台北，五南图书出版公司，1983。

（1）人民法院。

人民法院拥有最广泛的保全审理权，有权处理所有争议解决程序中的财产保全申请。在诉前财产保全中，有权处理保全申请的是被保全财产所在地、被申请人住所地或者对本案诉讼有管辖权的人民法院（《民诉法》第104条）。当事人向采取诉前保全措施以外的其他有管辖权的人民法院起诉的，采取诉前保全措施的人民法院应当将保全手续移送受理案件的人民法院。诉前保全的裁定视为受移送人民法院作出的裁定（《民诉解释》第160条）。

在诉讼财产保全中，有权作出保全裁定的是审理本案诉讼的人民法院。一审判决作出后，对当事人不服一审判决提起上诉的案件，在第二审人民法院接到报送的案件之前，当事人有转移、隐匿、出卖或者毁损财产等行为，必须采取保全措施的，由第一审人民法院依当事人申请或者依职权采取。第一审人民法院的保全裁定，应当及时报送第二审人民法院（《民诉解释》第161条）。二审期间需要采取新的保全措施的，可以由二审法院自行裁定保全，也可以委托第一审人民法院裁定保全。再审审理期间需要采取新的保全措施的，可以由再审法院自行裁定保全，也可以委托原审人民法院或者执行法院作出保全裁定（《民诉解释》第162条），但再审审查期间，债务人申请保全生效法律文书确定给付的财产的，人民法院不予受理（《财产保全规定》第19条）。

在执行前财产保全中，有权作出保全裁定的是对执行案件行使管辖权的执行法院（《民诉解释》第163条）。

进入执行程序后，关于原财产保全裁定的效力，司法解释定有明文，即保全裁定未经人民法院依法撤销或者解除，进入执行程序后，自动转为执行中的查封、扣押、冻结措施，期限连续计算，执行法院无须重新制作裁定书，但查封、扣押、冻结期限届满的除外（《民诉解释》第168条、《财产保全规定》第17条）。

（2）仲裁庭。

在涉外或国际仲裁财产保全中，仲裁庭在一定条件下有权对当事人的财产保全申请进行审理并且作出裁定。例如《中国国际经济贸易仲裁委员会仲裁规则》（2024版）第23条第3项规定：经一方当事人请求，仲裁庭依据所适用的法律或当事人的约定可以决定采取其认为必要或适当的临时措施，并有权决定由请求临时措施的一方当事人提供适当的担保。

（3）紧急仲裁员。

紧急仲裁员制度最早由斯德哥尔摩商会仲裁院（SCC）规定在其2010年仲裁规则中，其意义在于在仲裁庭组庭前由一名紧急仲裁员采取临时措施，向当事人提供紧急救济。《中国国际经济贸易仲裁委员会仲裁规则》（2024版）、《中国（上海）自由贸易试验区仲裁规则》（2015版）均规定了紧急仲裁员（庭）制度。①

---

① 例如，《中国国际经济贸易仲裁委员会仲裁规则》（2024版）第23条第2项规定：根据所适用的法律或当事人的约定，当事人可以依据《中国国际经济贸易仲裁委员会紧急仲裁员程序》（本规则附件三）向仲裁委员会仲裁院申请紧急性临时救济。紧急仲裁员可以决定采取必要或适当的紧急性临时救济措施。紧急仲裁员的决定对双方当事人具有约束力。

2. 保全执行程序中财产保全的主体

按照审执分离的原则，财产保全裁定的作出主体与执行主体是分离的。保全裁定由立案、审判机构作出，一般应当移送执行机构实施保全执行措施（《财产保全规定》第2条）。

（1）诉前、申请执行前的财产保全申请由立案机构进行审查并作出裁定；裁定保全的，移交执行局执行（《执行权配置意见》第15条）。

（2）诉中财产保全的申请由相关审判机构审查并作出裁定；裁定财产保全的，移交执行局执行（《执行权配置意见》第16条）。

（3）仲裁财产保全的裁定可以由仲裁庭、紧急仲裁员或人民法院作出；仲裁财产保全裁定的执行，由仲裁被申请人住所地或保全财产所在地的中级人民法院执行局实施，或者由作出仲裁财产保全裁定的人民法院执行局实施。

（4）一审法院作出财产保全裁定后，二审法院需要对保全措施予以续保的，可以由二审法院执行局自行采取续保措施，也可以委托一审法院执行局实施。再审法院需要对保全措施予以续保的，可以由再审法院执行局自行采取续保措施，也可以委托原审人民法院或者执行法院执行局实施。

（5）二审法院或再审法院作出新的保全裁定的，可以自行实施，也可以委托一审法院、原审法院执行局实施（《民诉解释》第162条）。

（二）财产保全的担保

1. 两种类型的财产保全担保

财产保全担保可以分为两种类型：一是申请人提供的保全担保，二是被申请人提供的保全反担保。

两种保全担保的功能不同。申请人的保全担保，具有补充申请人保全要件疏明不足，以及承担申请保全错误时对被申请人的赔偿责任的功能。而被申请人的反担保，旨在替代财产保全的功能，并达到解除财产保全的目的。

2. 财产保全担保的方式

（1）财产担保。

申请保全人或第三人为财产保全提供财产担保的，应当向人民法院出具担保书。担保书应当载明担保人、担保方式、担保范围、担保财产及其价值、担保责任承担等内容，并附相关证据材料（《财产保全规定》第6条第1款）。

财产担保方式有抵押、质押两种。当事人依约为出质的金钱开立保证金专门账户，且质权人取得对该专门账户的占有控制权，符合金钱特定化和移交占有的要求，即使该账户内资金余额发生浮动，也不影响该金钱质权的设立。

对财产保全担保，人民法院经审查，认为违反民法典、公司法等有关法律禁止性规定的，应当责令申请保全人在指定期限内提供其他担保；逾期未提供的，裁定驳回申请（《财产保全规定》第6条第3款）。

（2）保证担保。

第三人为财产保全提供保证担保的，应当向人民法院提交保证书。保证书应当载明保证人、保证方式、保证范围、保证责任承担等内容，并附相关证据材料（《财产保全规定》第6条第2款）。

金融监管部门批准设立的金融机构以独立保函形式为财产保全提供担保的，人民法院应当依法准许（《财产保全规定》第8条）。

（3）新型担保方式：财产保全责任保险。

这是司法实践中出现的新型担保方式，2016年获得司法解释认可。保险人以其与申请保全人签订财产保全责任险合同的方式为财产保全提供担保的，应当向人民法院出具担保书。担保书应当载明，因申请财产保全错误，由保险人赔偿被保全人因保全所遭受的损失等内容，并附相关证据材料（《财产保全规定》第7条）。

3. 财产保全担保的追加

财产保全期间，申请保全人提供的担保不足以赔偿可能给被保全人造成的损失的，人民法院可以责令其追加相应的担保；拒不追加的，可以裁定解除或者部分解除保全（《财产保全规定》第5条第3款）。

4. 可以不提供保全担保的情形

《财产保全规定》第9条规定，当事人在诉讼中申请财产保全，有下列情形之一的，人民法院可以不要求提供担保：（1）追索赡养费、扶养费、抚育费、抚恤金、医疗费用、劳动报酬、工伤赔偿、交通事故人身损害赔偿的；（2）婚姻家庭纠纷案件中遭遇家庭暴力且经济困难的；（3）人民检察院提起的公益诉讼涉及损害赔偿的；（4）因见义勇为遭受侵害请求损害赔偿的；（5）案件事实清楚、权利义务关系明确，发生保全错误可能性较小的；（6）申请保全人为商业银行、保险公司等由金融监管部门批准设立的具有独立偿付债务能力的金融机构及其分支机构的。

另外，法律文书生效后，进入执行程序前，债权人申请财产保全的，人民法院可以不要求提供担保。

（三）财产保全的范围

《民诉法》第105条规定，财产保全限于请求的范围，或者与本案有关的财物。财产保全适用于金钱给付之诉和物的给付之诉，保全的范围因这两种不同类型的诉而有区别。

1. 金钱给付之诉中财产保全的范围

在金钱给付之诉中，被申请人的全部责任财产均属于财产保全的范围，不过采取保全措施时，所实际保全的财产的价值应当限于“请求的范围”。换言之，被保全的财产的价值，应与利害关系人的保全请求或者当事人的诉讼请求的数额基本相等。

所谓“与本案有关的财物”，是指保全的财物是本案诉讼的标的物，以及与本案的标的物有牵连的其他财产，包括债务人对于第三人的到期债权。

2. 物的给付之诉中财产保全的范围

在诉请对方交付物的诉讼中，由于所要给付的物已经特定化，为了防止将来交付物的判决难以执行，就有保全的必要了。而此际作为保全范围的财产，原则上限于双方所争议的标的物。《民诉法》第 105 条“与本案有关的财物”，就是指双方争议的、一方请求法院判决对方交付的特定诉讼标的物。

3. 保全标的物的替换或变更

财产保全的被保全人提供其他等值担保财产且有利于执行的，人民法院可以裁定变更保全标的物为被保全人提供的担保财产（《民诉解释》第 167 条）。对申请保全人提供的担保财产，人民法院应当依法办理查封、扣押、冻结等手续（《民诉解释》第 164 条），这与本书第二十一章第一节“四、查封、扣押、冻结的效力”中对于查封财产的替代物的交换查封制度，有相似之处。

4. 替代和超越财产保全功能的担保

在财产纠纷案件中，因被申请人提供担保而导致人民法院解除财产保全（《民诉法》第 107 条）的，被申请人的担保取代了财产保全，并且继续发挥着类似财产保全的功能——确保本案诉讼的判决将来得到执行，而且因被申请人提供担保而使申请人在所提供担保的财产上产生了担保物权这一优先受偿权，故被申请人提供的担保比财产保全的功能更为强大。当然，如果允许被申请人提供担保公司或者其他保证人的担保，则这种担保同样也强化了财产保全申请人的债权，毕竟将来执行判决时，可以申请追加担保人为被执行人（《执行规定》第 54 条[①]），由此相应增加申请人的债权受偿的概率。

五、财产保全裁定的执行措施

（一）依执行程序办理原则

人民法院执行局对于财产保全裁定的执行方法和执行措施，依照执行程序的相关规定办理（《民诉解释》第 156 条），即可以采取查封、扣押、冻结或者法律规定的其他方法。

（二）财产保全执行的特殊措施

《民诉解释》第 153～155、157～159 条分别规定了财产保全执行的如下特殊措施。

1. 对被保全财产的保管

人民法院在财产保全中采取查封、扣押、冻结财产措施时，应当妥善保管被查封、扣押、冻结的财产。不宜由人民法院保管的，人民法院可以指定被保全人负责保管；不宜由被保全人保管的，可以委托他人或者申请保全人保管。

查封、扣押、冻结担保物权人占有的担保财产，一般由担保物权人保管；由人民法院保管的，质权、留置权不因采取保全措施而消灭。

① 该条规定：“人民法院在审理案件期间，保证人为被执行人提供保证，人民法院据此未对被执行人的财产采取保全措施或解除保全措施的，案件审结后如果被执行人无财产可供执行或其财产不足清偿债务时，即使生效法律文书中未确定保证人承担责任，人民法院有权裁定执行保证人在保证责任范围内的财产。”

2. 对被保全财产的使用

由人民法院指定被保全人保管的财产，如果继续使用对该财产的价值无重大影响，可以允许被保全人继续使用；由人民法院保管或者委托他人、申请保全人保管的财产，人民法院和其他保管人不得使用。

3. 对特殊财产的保全措施

（1）对不宜长期保存的物品的保全措施。

人民法院对季节性商品、鲜活、易腐烂变质以及其他不宜长期保存的物品采取保全措施时，可以责令当事人及时处理，由人民法院保存价款；必要时，人民法院可予以变卖，保存价款。

（2）对抵押物、质押物、留置物的保全措施。

人民法院对抵押物、质押物、留置物可以采取财产保全措施，但不影响抵押权人、质权人、留置权人的优先受偿权。

（3）对债务人到期应得收益的保全措施。

人民法院对债务人到期应得的收益，可以采取财产保全措施，限制其支取，通知有关单位协助执行。

（4）对债务人到期债权的保全措施。

债务人的财产不能满足保全请求，但对他人有到期债权的，人民法院可以依债权人的申请裁定该他人不得对本案债务人清偿。该他人要求偿付的，由人民法院提存财物或者价款。

4. 财产保全执行中的比例原则

依《财产保全规定》第 13、15 条，财产保全执行应贯彻比例原则。一是体现最小损害原则。例如，被保全人有多项财产可供保全的，在能够实现保全目的的情况下，人民法院应当选择对其生产经营活动影响较小的财产进行保全。又如，对厂房、机器设备等生产经营性财产进行保全时，指定被保全人保管的，应当允许其继续使用。二是遵循价值相当原则。可供保全的土地、房屋等不动产的整体价值明显高于保全裁定载明金额的，人民法院应当对该不动产的相应价值部分采取查封、扣押、冻结措施，但该不动产在使用上不可分或者分割会严重减损其价值的除外。

六、财产保全的解除

人民法院裁定采取保全措施后，除作出保全裁定的人民法院自行解除或者其上级人民法院决定解除外，在保全期限内，任何单位不得解除保全措施（《民诉解释》第 165 条）。

采取财产保全措施后，基于保全申请人的申请或具备法定情形时，由人民法院裁定解除。解除事由包括：（1）采取诉前财产保全措施后 30 日内不依法提起诉讼或者申请仲裁的；（2）仲裁机构不予受理仲裁申请、准许撤回仲裁申请或者按撤回仲裁申请处理的；（3）仲裁申请或者请求被仲裁裁决驳回的；（4）其他人民法院对起诉不予受理、准许撤诉或者按撤诉处理的；(5) 起诉或者诉讼请求被其他人民法院生效裁判驳回的；(6) 申请保全人应当申请解除保全的其他情形（《财产保全规定》第 23 条第 1 款）。

财产纠纷案件，被保全人或第三人提供充分有效担保请求解除保全，人民法院应当裁定准许。被保全人请求对作为争议标的的财产解除保全的，须经申请保全人同意（《财产保全规定》第 22 条）。

人民法院认为不符合解除财产保全条件的，裁定驳回解除申请。

七、不服财产保全的救济

（一）对财产保全裁定不服的救济

申请保全人、被保全人对保全裁定或者驳回申请裁定不服的，可以自裁定书送达之日起 5 日内向作出裁定的人民法院申请复议一次。人民法院应当自收到复议申请后 10 日内审查。对保全裁定不服申请复议的，人民法院经审查，理由成立的，裁定撤销或变更；理由不成立的，裁定驳回。对驳回申请裁定不服申请复议的，人民法院经审查：理由成立的，裁定撤销，并采取保全措施；理由不成立的，裁定驳回（《财产保全规定》第 25 条、《民诉解释》第 171 条）。复议期间不停止裁定的执行。

（二）不服保全执行措施的救济

《财产保全规定》明确了不服法院采取的保全执行措施之程序救济和实体救济方式。

1. 保全执行行为异议

申请保全人、被保全人、利害关系人认为保全裁定实施过程中的执行行为违反法律规定提出书面异议的，人民法院应当依照《民诉法》第 236 条规定审查处理（《财产保全规定》第 26 条）。

2. 保全执行案外人异议与异议之诉

人民法院对诉讼争议标的以外的财产进行保全，案外人对保全裁定或者保全裁定实施过程中的执行行为不服，基于实体权利对被保全财产提出书面异议的，人民法院应当依照《民诉法》第 238 条规定审查处理并作出裁定。案外人、申请保全人对该裁定不服的，可以自裁定送达之日起 15 日内向人民法院提起执行异议之诉。人民法院裁定案外人异议成立后，申请保全人在法律规定的期间内未提起执行异议之诉的，人民法院应当自起诉期限届满之日起 7 日内对该被保全财产解除保全（《财产保全规定》第 27 条）。

（三）对财产保全裁定及其执行行为均不服的救济

当事人、利害关系人、案外人的异议既指向财产保全的裁定，又指向实施行为的，一并由作出裁定的立案机构或者审判机构分别按照《民诉法》第 111 条和第 236 条的执行行为异议、上级法院复议程序或者第 238 条的案外人异议的规定处理（《执行权配置意见》第 17 条第 3 款）。

八、财产保全错误的赔偿责任

（一）两种赔偿责任概述

财产保全错误的赔偿责任有两种：一是国家赔偿责任，二是申请人承担的赔偿责任。具体而言，因人民法院依职权错误采取保全措施造成损失的，由人民法院依《国家赔偿法》予以司法赔偿；因申请错误而导致被申请人因财产保全而遭受损失的，应当由申请人承担赔偿责任。

由于《国家赔偿法》对国家赔偿责任的归责原则、责任构成要件、赔偿范围和赔偿标准、赔偿程序等问题作了明确规定，下面着重讨论申请错误的赔偿责任问题。

（二）申请错误的赔偿责任

1. 赔偿请求权的主体

《民诉法》第 108 条规定："申请有错误的，申请人应当赔偿被申请人因保全所遭受的损失。"按此，申请错误的赔偿请求权人是被申请人。

《保全赔偿解释》规定，当事人申请财产保全错误造成案外人损失的，应当依法承担赔偿责任。因此，案外人也可成为保全错误赔偿请求权主体。

2. 赔偿责任的主体

按照《民诉法》第 108 条的规定，财产保全申请人是对外承担赔偿责任的主体。如果申请人在申请财产保全时提供了保证人担保，则保证人也是赔偿责任的主体。

3. 赔偿责任的归责原则

申请保全错误的赔偿责任，性质上属于一种侵权责任，其归责原则，一般有过错责任原则与无过错责任原则之分。德国等在归责原则上采无过错责任原则；法国、日本按照一般侵权案件进行处理，采过错责任原则。

我国申请保全错误的赔偿责任之归责原则，取决于对"申请有错误"的理解。司法实践中，人民法院在解释"申请有错误"时，主要有两种立场：一是认为只要申请人的本案诉讼请求被法院驳回，或者未得到法院的全部支持，那么保全申请就失去了应有的基础，构成申请财产保全错误①；二是认为《民诉法》第 108 条规定的"申请有错误"，不应仅从字面上将其理解为申请人败诉或未完全胜诉即构成"申请有错误"，而应采用过错责任原则，考量申请财产保全的当事人是否存在过错。②

---

① 例如，湖北省武汉市中级人民法院（2014）鄂武汉中民二终字第 00148 号民事判决书、广东省中山市中级人民法院（2014）中中法民二终字第 260 号民事判决书、内蒙古自治区通辽市中级人民法院（2014）通民终字第 621 号民事判决书、江苏省连云港市新浦区人民法院（2013）新民初字第 5547 号民事判决书等等。

② 例如，浙江省宁波市中级人民法院（2014）浙甬民一终字第 755 号民事判决书、天津市高级人民法院（2013）津高民一终字第 75 号民事判决书、安徽省淮北市相山区人民法院（2014）相民一初字第 01004 号民事判决书、四川省攀枝花市中级人民法院（2014）攀民终字第 110 号民事判决书、上海市第一中级人民法院（2013）沪一中民四（商）终字第 2029 号民事判决书等等。

我们认为，应当将“申请有错误”理解为过错责任原则，并将过错责任原则作为申请错误赔偿责任的归责原则。理由在于：（1）无过错责任原则适用的前提是法律明确规定。一般而言，只有在法律有明确规定的情形下，才适用无过错责任原则。对于《民诉法》第108条规定的“申请有错误”，不应仅从字面上将其理解为申请人完全败诉或部分败诉则构成“申请有错误”，而应适用侵权责任法上的基本归责原则，即过错责任原则，财产保全申请人仅是在对保全错误存在一定主观过错的情况下，才能构成“申请有错误”。（2）过错责任原则有助于财产保全功能的发挥。诉讼是存在风险的，申请人在申请保全时，对于判决结果是否绝对支持其诉讼请求的判断只能是初步判断。如果采用无过错责任原则，那么申请人在考虑是否申请财产保全时因顾虑保全错误的赔偿责任而畏首畏尾，影响财产保全制度的适用。（3）适用无过错责任原则不合理。申请财产保全是否存在错误的判断，不能简单以胜诉或败诉等案件的最终处理结果作为依据，毕竟财产保全的审理不同于本案的实体审理，强调的是程序要件的审查，而非对本案实体权利义务关系的终局判决，因此，要求申请人的诉讼请求将来获得法院判决的完全支持才能构成申请没有错误，这种观点既不现实，也不合理。

4. 赔偿责任的构成要件

申请错误的赔偿责任，本质上属于一种过错侵权责任，申请人承担赔偿责任，应当符合侵权责任法上过错责任的四个构成要件，即“对方申请保全的行为、被申请人遭受经济损失、申请保全行为与被申请人经济损失之间存在因果关系以及申请保全行为有错误”[①]。

5. 追究赔偿责任的程序

追究申请人的赔偿责任，有两种程序途径可供选择：一是赔偿请求权人在本案诉讼程序中一并追究申请人的赔偿责任，二是通过另诉追究。前者有利于本案审判庭查明事实，减少当事人诉累；后者则能够合理平衡当事人双方的程序利益和实体利益，更有利于作出公正的裁判。司法实践中，两种做法都存在，通过另诉请求赔偿则更为普遍。

我们认为，申请保全错误的赔偿责任应通过另诉来解决。在2011年最高人民法院《案由规定》第九部分“三十、侵权责任纠纷”中，最高人民法院将因申请诉前财产保全损害责任纠纷和因申请诉中财产保全损害责任纠纷，都列为两种独立的侵权责任纠纷案由。同时，《民诉解释》第27条明确规定了保全错误诉请赔偿诉讼的管辖法院。该条规定：“当事人申请诉前保全后没有在法定期间起诉或者申请仲裁，给被申请人、利害关系人造成损失引起的诉讼，由采取保全措施的人民法院管辖。当事人申请诉前保全后在法定期间内起诉或者申请仲裁，被申请人、利害关系人因保全受到损失提起的诉讼，由受理起诉的人民法院或者采取保全措施的人民法院管辖。”显然，最高人民法院也是倾向于通过另诉来追究申请保全错误的赔偿责任问题。

---

① 例如，上海市长宁区人民法院（2013）长民一（民）初字第4755号民事判决书。

第二节　行为保全

一、行为保全的一般理论

（一）行为保全的含义、功能和分类

1. 行为保全的含义

对于债权人的给付请求、确认或形成请求案件，因被申请人的行为或者其他原因，可能导致申请人的合法权益遭受难以弥补的损害，或者使判决不能执行或者难以执行的，申请人可以向法院申请制止某种行为或者要求作出某种行为的保全，即为行为保全。

“行为保全”是我国民事诉讼理论上的一个独有的术语，最初由江伟教授和肖建国博士在 1994 年《政法论坛》上发表的《民事诉讼中的行为保全初探》一文中提出，目前已经得到包括《海诉法》在内的一系列民事特别法的立法认可，也是我国民事诉讼法学中的一个独创的制度理论。行为保全不宜简单地理解为对一定行为采取的保全措施，即从保全对象的特性上界定行为保全制度，这种界定方式过于狭隘，缩小了行为保全的范围。可以考虑将行为保全概念与本案请求权概念联系起来：对于作为或不作为请求的案件，为了保证将来判决的执行，或者避免损失的扩大，由利害关系人在诉讼前或诉讼过程中责令被申请人为一定行为或不为一定行为的强制性措施。换言之，行为保全可以适用于要求被申请人完成行为的给付之诉，而这一点是财产保全所无法适用的。

2. 行为保全的功能

我国《民诉法》的保全程序，过去仅限于对双方当事人争议的财产或者被申请人的责任财产实施控制性的保全措施，以保证将来法院作出的给付判决得以执行为目的。行为保全制度和理论的最大价值，在于弥补我国现有财产保全制度的不足，而发挥大陆法系民事诉讼法中假处分（尤其是定暂时状态假处分）制度的类似功能，但制度涵括的范围小于假处分涵括的范围。在我国，财产保全的适用前提是在金钱给付之诉或交付物的诉讼中，争议标的物或债务人的责任财产有转移、隐匿、处分、灭失的可能，在这种情况下才有财产保全的必要。因此，财产保全制度大致相当于大陆法系民事诉讼法中的假扣押制度。行为保全则与之不同。行为保全专注于债务人的行为，包括积极的作为和消极的不作为。适用行为保全的前提是：客观上存在着因债务人的行为而影响债权人权利实现的极大可能，如果不及时阻止债务人继续实施该行为，或者不及时责令债务人实施某行为，债权人的权利就会继续遭到损害，或遭到难以弥补的损害。在被申请人完成行为的给付请求案件中，出现了财产保全制度无法企及的制度真空，行为保全制度的作用正在于此。为此，2012 年全国人大常委会在“民事诉讼法修正案草案”说明中专门阐述了增设行为保全的立法理由。

（此前的）民事诉讼法对行为保全问题未作规定。侵害知识产权等案件中有时需要禁止当事人作出某种行为，或者要求其作出某种行为，以制止侵权发生，防止损害扩大。

著作权法、专利法、商标法、海事诉讼特别程序法等法律作了相关规定。建议在财产保全的基础上增加这方面的规定……

立法者在《民诉法》第103、104条中清晰地表达了行为保全制度的两大立法目的和意旨，即避免出现“使判决难以执行或者造成当事人其他损害”的情形。具体而言，行为保全制度的设立，一是为了确保判决的执行，二是为了防止给当事人造成其他损害。在大陆法系国家，这两种立法目的分别对应着两种不同的假处分制度：前者对应一般假处分，后者对应制止性假处分（定暂时状态假处分的一种类型）。

3. 行为保全的分类

（1）根据行为保全的功能，可以将其分为两类：一是确保型行为保全，二是制止型行为保全。这两种行为保全分别发挥着各自不同的制度功能。

第一，确保型行为保全。确保型行为保全，与财产保全一样仅限于给付之诉，以保证本案判决将来的执行为其基本功能。

第二，制止型行为保全。制止型行为保全，以防止给当事人造成其他损害为其基本功能。这里的“其他损害”，是指申请人本案诉讼请求所保护的实体权利以外的其他合法权益可能遭受的损害。例如，因家庭暴力而起诉离婚的本案诉讼中，受害人由于担心施暴人因自己提出离婚请求而进一步升级暴力，因而于诉前或诉讼中申请法院发布民事保护令（最高人民法院曾主张将民事保护令纳入行为保全中并且单独规定）；还如，劳动者在追索劳动报酬的诉讼中，因担心用人单位打击报复将自己辞退、换岗或降薪，而申请法院作出“维持劳动关系现状”的行为保全裁定。可见，制止型行为保全并不附属于本案诉讼，甚至在一定意义上独立于本案诉讼。

制止型行为保全的适用范围并非仅限于完成行为的给付请求案件，只要对当事人或利害关系人的合法权益确有保护的必要，制止型行为保全均有适用的空间。

（2）根据行为保全的适用范围，可以将其分为三类：给付型行为保全、形成型行为保全以及确认型行为保全。行为保全并非仅适用于完成行为的给付请求案件，只要对当事人或利害关系人的合法权益确有保护的必要，行为保全均有适用的空间。具体而言，除了完成行为的给付请求案件适用行为保全，行为保全还可以广泛地适用于金钱给付诉讼和物的交付诉讼，以及形成之诉、确认之诉中。

第一，给付型行为保全。给付型行为保全是申请人请求被申请人完成一定行为的保全措施，内容上包括作为的行为保全和不作为的行为保全。作为的行为保全如排除妨碍物、拆除危险建筑物等。不作为的行为保全具体可分为两种：一是单纯禁止被申请人为一定积极行为的行为保全，如停止播放广告、竞业禁止等；二是命令债务人容忍申请人或第三人为一定行为的行为保全，如不得妨碍申请人通行、工会要求进入办公地点等。不作为的行为保全是以不作为请求权作为实体权利基础的，不作为请求也称制止请求，有广义和狭义两种含义。广义的不作为请求，是指债权人向债务人提出的，容忍债权人为一定行为或禁止债务人为一定行为。所谓容忍债权人为一定行为，是指债权人有一定的权利为一定的行为，债务人对此行为有容忍并不得妨害的义务。例如，债务人负有不得妨害债权人通行其土地的义务。所谓禁止债务人为一定行为，是指禁止债务人积极作为。狭义的不作为请求一般指后一种情形，即禁止债务人为一定行为的请求，其所对应的行为保全为单纯禁止性的行为保全，例如我国专利侵权领域中，当事人可以在起诉前申请侵权人停止生产、制造侵权产品。

随着现代工业社会的进步，各种应受重视和保护的权利不断出现，债权人得制止债务人不得为一定行为的内容逐渐增多。例如，制止对生命权、身体权、健康权、自由权、名誉权、姓名权、肖像权等权利的侵害；由于相邻关系所产生的各种利害关系，如制止噪音、污水排放、污染空气排放、通行、建筑危险，制止他人兴建火葬场、垃圾处理场等；在知识产权领域，有制止侵害商标权、专利权、著作权等；在公司法方面，有股东制止董事会违法行为，股东制止公司执行董事会决议等。在这种背景下，不作为请求能否在权利有被侵犯的危险时即预先诉请法院保护成为人们关心的话题。预先对不作为债务进行保护的方法有两种：一是通过诉讼的方式，即向债务人提起预防性不作为之诉，日本学者称之为“差止请求诉讼”，我国台湾地区学者称之为“制止请求诉讼”。二是通过申请不作为行为保全，暂时性地满足债权人的权益。

给付型行为保全不仅能确保当事人将来的利益不因被申请人的行为受到影响（例如暂时禁止董事执行职务假处分，可以避免在随后提起的诉讼程序进行中，因董事滥用职权给公司或债权人造成损失），也能够对申请人的当前利益起到一定的保护作用。例如，在相邻权纠纷方面，当事人申请禁止妨碍通行权假处分，一旦法院作出假处分裁定，债务人就不能干涉债权人通行；在防止家庭暴力、人身安全保护方面，一旦法院作出人身安全保护令，受害人就可以免受施暴者的暴力摧残；在公司经营权争夺方面，暂时禁止股东行使表决权可以确保上市公司其他股东股权利益不受侵害；在专利侵权定暂时状态假处分方面，对侵权产品采取禁止生产销售等假处分措施，则可以保障专利权人的经济利益。

第二，形成型行为保全。行为保全还可以适用于形成之诉和确认之诉。行为保全不局限于给付之诉，意味着被保全权利与本案诉讼请求之间并非要求一致。基于保全程序的特殊性，民事保全的申请独立于本案诉讼标的，特别是在诉前保全情形中，申请人只需表明保全请求及其必要性即可，无须对尚未形成的诉讼标的予以陈述和证明。行为保全中，被保全权利与本案诉讼之间只需请求的基础事实同一，但具体权利请求内容容许一定范围上的不一致，何况法院实施行为保全的方法并不受申请人申请方法的拘束，因此，被保全权利与本案的诉讼标的难以严格一致。

形成型行为保全，是指申请人请求法院暂时变更已经成立或既存的民事法律关系或民事权益的行为保全。如宣告公司股东大会决议无效之诉中，可以暂时采取不得执行决议的行为保全；在解雇无效诉讼中，暂定劳动者劳动地位的行为保全等。另外，本案诉讼是形成之诉的，并不妨碍申请人提出给付的行为保全申请。例如离婚诉讼中，当事人可以申请暂定未成年子女监护权的行为保全。

第三，确认型行为保全。确认型行为保全是指暂时确认申请人所主张的被保全权利存在或不存在的行为保全。虽然确认型行为保全在效力上与形成型行为保全相似，但由于法院有义务在审理行为保全申请时确定适当的保全方法，因而，确认型行为保全还是有存在的可能性，如确认劳动关系继续存在型行为保全等。

行为保全的实质是不待本案判决结果确定，甚至不待本案诉讼开始，为了避免紧急危险或重大损失的发生，即可提前实现或部分实现申请人的本案请求，例如查阅公司账簿、房屋紧急拆迁等假处分。这种意义上的行为保全已不再完全附属于本案诉讼，尤其在当事人通过行为保全即达成和解的情况下，申请人权利的实现将从本案判决确定时提前至行为保全时。行为保全作为保全程序之一种，其功能也由保护现存利益扩张至暂时实现权利。

（二）行为保全适用中的程序问题

确保型行为保全与制止型行为保全分别有不同的制度目的、适用条件、适格当事人、程序保障、程序效力以及适用错误时的赔偿原则。在解释论上，由于财产保全的制度目的是确保判决的执行，因而，确保型行为保全在相当程度上可以参照财产保全的程序规则进行解释适用。而制止型行为保全因缺乏可以参照的程序规则，其适用的领域更为广泛，可适用的案件囊括了确认之诉、给付之诉和形成之诉等全部诉讼类型，而且在一定条件下具有不依赖于本案诉讼的独立性，司法实践对此类行为保全的需求又很迫切，环境公害诉讼、家事诉讼、公司诉讼、劳动争议诉讼以及知识产权诉讼等领域均亟须此类行为保全制度发挥作用。因此，在制度细则上需要通过漏洞补充的方式，由最高人民法院制定司法解释来加以明确、完善。

1. 行为保全的适用条件

《民诉法》将财产保全与行为保全作捆绑式规定，给人以二者在适用条件、程序上雷同化的错觉。实际上，行为保全具有如下特别的适用条件：（1）有初步证据表明申请人的合法权益正在或者将要受到被申请人的侵害；（2）如不采取行为保全将会给申请人造成损害或者使其损害扩大；（3）如不采取行为保全可能给申请人造成的损害大于如采取行为保全可能给被申请人造成的损害。但如采取行为保全会损害公共利益的，不得采取行为保全。

在诉讼中，人民法院依申请或者依职权采取行为保全措施的，应当根据案件的具体情况，决定当事人是否应当提供担保以及担保的数额（例如，根据《保护令程序批复》的规定，申请人身安全保护令的，申请人不需要提供担保）；责令利害关系人或者当事人提供担保的，人民法院应当书面通知（《民诉解释》第152条第1款）。对申请行为保全人或者他人提供的担保财产，人民法院应当依法办理查封、扣押、冻结等手续（《民诉解释》第164条）。

申请诉前行为保全的，担保的数额由人民法院根据案件的具体情况决定；申请人不提供担保的，法院应当裁定驳回申请。因申请保全错误给被申请人造成损失的，被申请人可以从申请人提供担保的财产中得到赔偿。

利害关系人须在法院裁定采取保全措施后30日内提起诉讼或者申请仲裁，否则法院应当解除行为保全措施。

关于给申请人造成损害的要件，行为保全与财产保全关注的重心不同：财产保全解决的是判决所确定的债权将来有难以实现的危险，具有将来性；而行为保全解决的是因请求权行使本身的迟延特点所产生的导致请求权缺乏实际利益的危险，具有现实性。例如，在劳动争议诉讼中，原用人单位即便最终获得胜诉，但由于竞业禁止义务人已经将有关商业秘密泄露给新用人单位，因而损失已经难以挽回；又如，公司经营权争夺纠纷中，如果不采取禁止董事行使职权的行为保全，可能导致董事在诉讼过程中继续滥用职权侵犯公司及其他股东的利益，从而导致申请人的损害继续扩大。

在申请行为保全时，申请人需要提供必要的证据释明行为保全的要件成立。由于行为保全对被申请人影响甚巨，法院在审理行为保全申请时，有必要给予双方当事人辩论或者陈述意见的机会。因此，行为保全的适用符合争讼程序中辩论主义的一些特点。此外，行为保全的目的在于暂定法律关系状态，防止重大危险的出现。因此，法院在审理时职权色彩明显，不严格遵循处分权主义，其原因在于：一是降低当事人适用行为保全制度的难度。二是此类行为保全可能涉及其他第三人（如暂时停止公司董事执行职务保全中的其他股东、民事保护令中的子女等）或社会的利益（如环境公害诉讼中行为保全所保护的利益明显具有社会性等），为了保障第三人或社会利益免受侵害，法院应当依职权决定行为保全的方法，从这个意义上看行为保全具有职权主义色彩。

2. 行为保全的审理程序

除了紧急性行为保全，对行为保全的审理原则上应当奉行两造对立言词辩论原则，法院根据双方当事人提出的事实和证据情况要求双方当事人言词辩论从而作出行为保全裁定。行为保全以避免重大危险的发生为目的，而两造当事人对立辩论或陈述意见需要一定的时间，因此对于某些案件，如果情况紧急，法院认为有不适宜两造陈述意见或对立辩论的，可以采用书面审理的审理方式。这类案件主要指：环境公害行为保全案件、涉及人身安全的行为保全案件、制止专利侵权的行为保全案件。关于制止污染、噪音等公害纠纷事件，由于这类案件证据收集和调查需要花费一定的时间，如不及时采取紧急措施会给申请人或利害关系人造成难以弥补的财产和人身损害，因而，申请人可以在提出行为保全申请的同时请求法院紧急处置。关于制止专利侵权行为案件，在确定专利侵权等事实上需要一定的证据调查时间和两造对立的辩论、意见陈述时间，为了避免侵权结果的扩大，法院可以依申请人的请求作紧急处置。关于制止家庭暴力行为保全事件，为了防止家庭暴力受害人的人身安全受到迫在眉睫的威胁，法院可以依申请人的单方请求采取紧急措施。

3. 行为保全的方法

行为保全的制度目的、功能不同于财产保全的制度目的、功能，决定了行为保全的措施、方法不同于财产保全的措施、方法：财产保全针对被申请人的责任财产或双方争议的财产，而行为保全是责令被申请人为一定行为或制止被申请人为一定行为；行为保全可以暂时实现申请人的请求权，以避免造成更大的利益损害，而财产保全则否。

行为保全既可以是与因交易行为而发生的纠纷有关的不作为请求，也可以是与由非交易行为而生的纠纷有关的不作为请求。因受科技等知识的限制，对于行为保全的具体方法，有时难以达成大家所公认的见解或标准。在行为保全裁定中，保全方法的确定程序具有特殊性，法官对行为保全方法的确定享有一定的自由裁量权，尤其是对于不作为给付的行为保全案件，如停止污染水排放行为保全或者停止噪音释放行为保全，由于申请人往往不具备专业领域知识，要求他们在申请时明确具体的行为保全方法未免过于严苛，因而法官在必要情形下得依职权确定，即便申请人在申请时不能提出合理的行为保全方法，也不至于遭到法官的驳回裁定。当然，为了尊重当事人程序主体地位、防止给当事人造成突袭裁判，法院在行使职权确定行为保全方法时有必要征求申请人的意见。如果申请人不同意法院确定的行为保全方法，应当说明理由。鉴于行为保全措施、方法的多样性、复杂性甚至不确定性，法院在作出行为保全裁定时，对于保全裁定主文要求具有一定的概括性、抽象性，以便能有针对具体状况做选择的机会，否则，申请人只好一而再、再而三地不断地提出行为保全申请，来重新确定保全执行的方法，那么，行为保全请求权就难以获得实现。

在行为保全裁定作出时，有些情况是没有办法预测到的，只有到需要执行保全裁定时，才能视具体情形由执行机关决定相应的执行方法或内容。对于制止被申请人为一定行为的保全执行案件，可能存在两种以上的方法可供执行机关选择。比如，有时要防止同一噪音或污染，可以采用的方法并非单一一种。此际，就要考虑到债权人与债务人之间的各种利害关系，以判定由其中何方进行选择；有时甚至需要同时采取两种以上的方法。例如，对于侵害相邻权的纠纷案件，一方当事人在人行道上垒墙，妨害邻人通行，如采取行为保全措施，那么法院至少应采取两个措施：一是要求被申请人拆除已建的墙，二是维持通道原来的通行状态。前者是责令被申请人为一定行为，后者是强制被申请人不得为一定行为。为了保障被申请人的合法利益不受侵犯，执行机关在选择、决定相应的执行方法时应当遵循两个原则：第一，目的性原则，即决定采用的保全方法的目的仅仅限于避免发生重大损害或避免急迫危险或相类似的情形，不能对被申请人施加超出行为保全目的的限制。第二，范围有限原则，即确保型行为保全方法不能超出本案诉讼请求范围。行为保全如系诉前提出，则保全措施范围应当仅限于与争执法律关系密切相关的行为。

4. 不服行为保全的救济

不服行为保全的救济与不服财产保全的救济相同。简单而言，当事人、利害关系人对行为保全裁定不服的，不得上诉，但可以申请复议一次。复议期间不停止裁定的执行（《民诉法》第 111 条）。当事人、利害关系人对行为保全裁定的执行措施不服的，可以依据《民诉法》第 236 条规定的执行异议、执行复议程序获得救济；对执行异议裁定不服的，可以向上一级人民法院申请复议。案外人对行为保全裁定的执行措施不服的，可以依据《民诉法》第 238 条规定的案外人异议程序获得救济。

5. 行为保全的解除

行为保全的解除与财产保全的解除大体相同，但在被申请人提供担保能否解除问题上，二者具有差异性。财产保全可以通过金钱给付保证判决的执行，被申请人提供担保即可达到与申请人采取财产保全措施相同的功能，因此，在财产性纠纷中，申请人的财产保全申请与被申请人提供的担保具有可替换性。如果债务人将因财产保全受到难以弥补的重大损害，或者有其他特殊情形，则法院可以在被申请人提供担保时裁定解除保全措施。但行为保全不同，被申请人提供担保未必能够解决申请人权利保护问题，尤其在申请人通过制止型行为保全来保护本案请求以外的其他合法权益时，更不得因被申请人的担保而解除。《民诉法》第 107 条关于“财产纠纷案件，被申请人提供担保的，人民法院应当裁定解除保全”之规定，就贯彻了这一法理。因为该规定将被申请人提供担保解除保全措施，严格限制在财产纠纷案件中，根据当然解释和反面解释的法律解释方法，行为保全不适用被申请人提供担保而解除的规则。

二、诉前禁令

（一）诉前禁令的含义

禁令（injunction）是英美法系中用于弥补普通法损害赔偿救济不足的一种衡平法上的法院命令，它指示对方当事人实施或禁止实施某种行为或一系列行为。根据《美国联邦民事诉讼规则》第 65 条的规定，中间禁令可区分为临时禁令（preliminary injunction）和具有紧急处置性质的短期强制限制令（temporary restraining orders，TRO）。临时禁令在未通知对方当事人前不得核发，临时禁令申请的听证（hearing）可以与本案诉讼的审理程序合并一起进行。而且申请人在临时禁令的听证程序上提供的证据，可以成为本案诉讼的资料，不需要在本案诉讼中重复提出。如果依据申请人的宣誓书（affidavit）或在诉状上提出的事实看似情况紧急，若给予被申请人听证机会则可能造成不能恢复的损害，或申请人的律师以书面方式向法院证明其会努力通知被申请人以及不听证的理由，则法院可在不听证的情况下发出短期强制限制令。该命令仅在发出之日起 10 日内有效，如果有正当理由，法院可以再延长该命令有效的期间或经当事人合意延长。

诉前禁令属于中间禁令（interlocutory injunction）的一种，是与永久禁令（permanent injunction）相对的概念，是指法院在诉讼提起之前，应权利人或利害关系人的请求，采取措施制止正在实施或即将实施的侵权行为，以保障权利人的合法权益的一种临时性救济行为。诉前禁令最早起源于英国，1975 年以丹宁勋爵为院长的英国上诉法院发布了玛利瓦禁令（Mareva injunction），从而确立了一项新的司法制度。丹宁勋爵在裁决时指出①：

> 如果债务应当偿还而没有偿还，那么就存在着这样一种危险，即债务人可能转移他的财产以便在判决之前把它化为乌有。因此，法院在审理一个适当案件时就有发布一项中间禁制令，防止债务人转移财产的司法权力。我认为目前这个案件对行使这一司法权力正好适用。

在拉苏诉波米塔纳案中，丹宁勋爵在裁决中再次重申诉前禁令的必要性②：

> 这不是一个是否应该发布禁制令限制被告使用或转移在利物浦财产的案件……我认为，法院在判决之前有发布限制转移财产的禁制令的裁量权——不管被告是在管辖权之内还是在管辖权之外。这种裁量权不应受到刻板规矩的束缚，当法院认为是正当适宜的时候，就可以行使这项权力。

玛利瓦禁令也叫冻结令（freezing order），旨在阻止被告把他的财产转移出法院的管辖区，并且阻止其在该管辖区内处分他的财产。玛利瓦禁令最先产生于国际商事交易中，

---

① 参见［英］丹宁勋爵：《法律的正当程序》，李克强，杨百揆，刘庸安译，147 页，北京，法律出版社，1999。

② 参见［英］丹宁勋爵：《法律的正当程序》，李克强，杨百揆，刘庸安译，153 页，北京，法律出版社，1999。

最初禁止将位于英国的财产转移到国外，之后进一步禁止在英国国内转移财产。玛利瓦禁令是对人诉讼（action in personam）中的对人禁令，因此申请人不能对被冻结的财产享有优先受偿权，但是，违反玛利瓦禁令的被申请人或者第三人都将被按藐视法院处理。

诉前禁令在我国也称诉前停止侵权行为，理论上属于行为保全范畴，是由《海诉法》《专利法》《商标法》《著作权法》等确立的一项临时性救济，该制度有利于落实《与贸易有关的知识产权协定》（TRIPs 协定）第 50 条的规定，及时制止侵犯知识产权行为的继续发生，维护申请人的合法权益。

《专利法》第 72 条规定，专利权人或者利害关系人有证据证明他人正在实施或者即将实施侵犯专利权的行为，如不及时制止将会使其合法权益受到难以弥补的损害的，可以在起诉前向法院申请采取责令停止有关行为的措施。无独有偶，《商标法》第 65 条以及《著作权法》第 56 条也有关于诉前停止侵权行为的规定。人民法院处理上述诉前停止侵犯知识产权申请，均适用《民诉法》第 103 条至第 108 条和第 111 条的规定。

诉前禁令对于持续性的侵权行为具有类型化和普适性的意义，可以广泛地适用于侵犯专利权、商标权、著作权纠纷，商业秘密纠纷，计算机软件侵权纠纷，反不正当竞争纠纷，侵犯人身权纠纷以及其他侵权行为案件。在我国各地法院的知识产权审判实践中，知识产权诉前禁令获得了广泛的运用。

（二）诉前禁令的适用条件

不同类型的民事案件，适用诉前禁令时需要遵循不同的条件。例如，按照《海诉法》第 56 条的规定，作出海事强制令，应当具备下列条件：（1）请求人有具体的海事请求；（2）需要纠正被请求人违反法律规定或者合同约定的行为；（3）情况紧急，不立即作出海事强制令将造成损害或者使损害扩大。

又如，关于知识产权诉前禁令，美国法院传统上会考虑下列四个要素：（1）申请人胜诉的可能性（likelihood of success）；（2）不采取诉前禁令措施，会给申请人造成难以弥补的损害（irreparable injury）；（3）申请人与被申请人之间的利益平衡（balance of hardship），即采取措施对被申请人造成的损害是否会明显超过不采取措施对申请人带来的损害；（4）不损害公共利益（public interest）。

在我国，按照现行法的规定，知识产权诉前禁令的适用条件，除了胜诉可能性尚有争议，美国法院所遵循的其他要件，同样适用于我国。在对上述要件的解释上，我国有自身的特色。

1.“难以弥补的损害”的认定

《民诉法》第 104 条中规定，情况紧急，不立即采取相应的保全措施，可能使申请人的合法权益受到难以弥补的损害。对“难以弥补的损害”的解释，要符合行为保全的制度目的，既包括金钱损害，也包括非金钱损害，不能像诉前财产保全那样解释为单纯的金钱损害（判决难以执行）。

（1）“难以弥补的损害”中的非金钱损害，是指不采取禁令措施会对申请人造成难以用金钱来弥补的损害。在判断非金钱损害时可以考虑以下因素。

第一，侵犯人格权、身份权等人身权利，难以恢复圆满的情形。侵犯人格权、身份权等人身权利通常具有不可恢复性或者难以弥补性，单纯的事后金钱赔偿方式并不能起到保护权利和实现救济的作用。与金钱损害案件相比，人身权利一旦遭受侵害，通常难以挽回，无法使用金钱对损害进行完全的补偿。

第二，市场份额降低，损害商誉、引起消费者误解等侵权行为继续或扩大的情形。以市场份额为例，经营者对市场份额的占有依靠的是商品质量、信誉、营销策略加之长期的时间积累，市场份额直接决定了经营者的经营状况，甚至决定着经营者的"生死存亡"。同时，市场份额的占有也如同商誉一样，具有"建树缓慢，丧失迅速"的特点。因此，被申请人采取非法的或者有悖于公认的商业道德的手段和方式，直接导致抢占权利人市场份额，使权利人难以重建市场地位，甚至被排挤出竞争市场的，是为"难以弥补的损害"。如（荷兰）巴斯夫农业有限公司与宁波保税区世佳化工有限公司诉前停止侵犯专利权纠纷案①、山东颐阳酒业有限公司与王某诉前停止侵权行为纠纷案。②

（2）"难以弥补的损害"中的金钱损害，可以从以下几个方面进行考虑。

第一，金钱损害结果难以计量的情形。如果被申请人的侵权行为给申请人造成的金钱损害难以计量，那么为了防止申请人的损害无限扩大而得不到弥补，法院就需要裁定同意申请人的诉前禁令申请，以防止申请人的损害继续扩大，如雅培贸易（上海）有限公司与台州市黄岩亿隆塑业有限公司等申请诉前停止侵害专利权纠纷案。③

第二，被申请人可能无法赔偿的情形。如果诉前有证据表明被申请人不具备足够的赔偿能力，那么申请人的损失就很可能得不到实质救济，将来的判决书也将成为"一纸空文"。在这种情形下，如果放任被告的行为继续下去，将使本可避免的损害在现实中发生。一般而言，被告的偿付能力越差，给予诉前禁令的可能性越大。④

第三，侵权行为持续、扩大的情形。在侵权纠纷中，如果放任被申请人的侵权行为持续进行，那么就有可能使得申请人的损失持续扩大，难以弥补，这时就需要适用诉前禁令来解决这一问题，如丁某某与东营市东营区旅游局等申请诉前停止侵犯著作权纠纷案。⑤

2. 申请人与被申请人之间利益衡量的方法

法院要在两种利益之间进行权衡：不采取行为保全可能给申请人造成的损害与采取行为保全可能给被申请人造成的损害，哪个更大？如果不采取保全措施给申请人造成的损害为A，而采取保全措施给被申请人造成的损害为B，那么，对于利益平衡的条件应当理解为"A明显大于B"，还是"A大于B"，或者"B不明显超过A"？我们认为，应当解释为"B不明显超过A"，理由是：无论是"A明显大于B"，还是"A大于B"，这两种利益衡量的方法，都对申请人课予了相当高的举证责任，加剧了申请人举证的难度，可能导致申请人因举证困难而无法获得诉前禁令的救济。而"B不明显超过A"的举证相对容易，毕竟申请人此前已举证证明了不采取禁令措施会给申请人

① 参见北京市第二中级人民法院（2005）二中民保字第02943号民事裁定书。
② 参见北京市第二中级人民法院（2005）二中民保字第10508号民事裁定书。
③ 参见北京市第三中级人民法院（2013）三中民保字第01933号民事裁定书。
④ 参见姚建军：《行为保全在商业秘密纠纷案件中的适用》，载《人民法院报》，2014-11-12。
⑤ 参见山东省东营市中级人民法院（2008）东民三禁字第5号民事裁定书。

造成“难以弥补的损害”这一要件。换言之，只要“难以弥补的损害”举证成功，法院就可以推定“B 不明显超过 A”。而被申请人要想阻止申请人获得禁令，就要进一步举证证明“B 明显超过 A”。

3. 申请人胜诉的可能性不宜作为申请诉前禁令的条件

实际上，“胜诉可能性”更多的是一种政策工具，它体现的是慎用诉前禁令、从严把握诉前禁令适用条件的司法政策。实践中，知识产权诉前禁令的审查标准变迁与这一领域的司法政策变迁有着密切的关系。从 2008 年“注意发挥诉前临时措施等诉讼手段对于及时制止侵权的独特作用”，到 2009 年“既要积极又要慎重，既要合理又要有效”[①]，到 2010 年“依法稳妥地裁定采取有关措施”，再到 2011 年“适度从严把握法律条件，慎重适用诉前停止侵权措施”。我们认为，应当以实质性争议标准取代胜诉可能性标准。只要申请人与被申请人之间存在着真实的知识产权争议即可，而非要求申请人将来提起诉讼后具有胜诉可能性。实践中，胜诉可能性标准会将大量的诉前禁令申请阻却在法院大门之外。

此外，诉前禁令的适用还包括由利害关系人提出申请、申请人应当提供相应担保等条件。

（三）诉前禁令的程序

1. 诉前禁令审理程序的本案化

诉前禁令是对申请人权利的暂时实现，诉前禁令的内容实际上是本案程序所欲保护的债权人权利的全部或部分。在德、日等大陆法系国家，诉前禁令属于保全制度的组成部分，被称为履行性的假处分程序，或者满足性的假处分程序。债权人通过援引该程序保护自己的权利，并且临时满足自己的全部或部分权利，使诉前禁令制度丧失了保全程序传统上必须依附于本案诉讼所伴随的暂定性、附随性特点。诉前禁令裁定作出后，当事人常常能够达成和解，不再提起本案诉讼，使诉前禁令成为权利实现的途径、解决纠纷的手段。这种程序如果适用不当，会严重损害对方的合法权益。基于此，法院在作出诉前禁令时应慎之又慎，赋予当事人相应的程序保障。德、日学者认为这种程序很大程度上类似于本案审理程序，贯彻对席辩论原则，不能搞一面之词的单方当事人程序，其道理就在于此。

2. 我国诉前禁令的程序

（1）申请阶段。

法院审查诉前禁令申请时，原则上应当进行听证，由双方当事人进行举证、质证、辩论后作出相应的裁定。

当然，在特别紧急的情况下，经过对申请人与被申请人双方权利的慎重考量，法院可以仅依据申请人提供的证据材料，不经过听证就发出诉前禁令，避免因诉前禁令作出

---

① 最高人民法院印发《关于当前经济形势下知识产权审判服务大局若干问题的意见》的通知（法发〔2009〕23 号）。

程序的本案化造成程序的过分拖延。

（2）复议阶段。

对诉前禁令裁定不服的，可以自收到裁定书之日起 5 日内向作出裁定的人民法院申请复议。人民法院应当在收到复议申请后 10 日内审查。裁定正确的，驳回当事人的申请；裁定不当的，变更或者撤销原裁定（《民诉解释》第 171 条）。复议程序，可以不举行听证，而由法院直接作出相应的复议裁定。

三、特殊领域的侵权禁止令

除明确按照行为保全制度加以调整的“知识产权纠纷行为保全案件”以外（《知产行为保全规定》），我国在特定领域确立的侵权禁止令主要包括：《民法典》规定的人格权侵害禁令、《反家暴法》规定的人身安全保护令、《环境侵权禁止令规定》规定的生态环境侵权禁止令。关于人格权侵害禁令，《民法典》第 997 条规定：“民事主体有证据证明行为人正在实施或者即将实施侵害其人格权的违法行为，不及时制止将使其合法权益受到难以弥补的损害的，有权依法向人民法院申请采取责令行为人停止有关行为的措施。”该规定尚未有司法解释予以细化，可以适用行为保全的一般性规定。人身安全保护令与生态环境侵权禁止令已有专门的法律、司法解释对其作出特殊规定，这里仅对该两种特殊领域的侵权禁止令制度进行介绍。

（一）人身安全保护令

自 2016 年 3 月 1 日起施行的《反家暴法》第 23～32 条对“人身安全保护令”作了专章规定，自 2016 年 7 月 13 日起施行的《保护令程序批复》、自 2022 年 3 月 3 日起施行的《人身保护令意见》、自 2022 年 8 月 1 日起施行的《人身保护令规定》，细化了人身安全保护令制度。

1. 申请人与代为申请人

遭受家庭暴力或者面临家庭暴力的现实危险的当事人可以申请人身安全保护令，该当事人因故无法申请人身安全保护令的，其近亲属、公安机关、妇女联合会、居民委员会、村民委员会、救助管理机构可以代为申请（《反家暴法》第 23 条）。“代为提起申请人”仅代理因故无法自行申请人身安全保护令的当事人提出申请，故其不得违反该当事人的意愿。[①]

2. 人身安全保护令的申请方式

人身安全保护令的申请具有独立性、书面化。关于申请的独立性，《人身保护令规定》第 1 条明确规定，向人民法院申请人身安全保护令，不以提起离婚等民事诉讼为条件。关于申请的书面化，《反家暴法》第 24 条规定：申请人身安全保护令应当以书面方式提出；书面申请确有困难的，可以口头申请，由人民法院记入笔录。

---

① 参见最高人民法院 2016 年 2 月 29 日发布的《人身安全保护令案件信息业务标准》以及《人身保护令规定》第 2 条。

3. 人身安全保护令案件的审理主体

人身安全保护令案件由申请人或者被申请人居住地、家庭暴力发生地的基层人民法院管辖（《反家暴法》第25条）。受理申请的人民法院可以比照特别程序，由法官以独任审理的方式，对申请进行审理，但该法院正在相关审理家事诉讼案件的，由审理相关家事诉讼案件的审判组织负责审理（《保护令程序批复》第3条）。

4. 人身安全保护令申请的处理

受理申请的人民法院应当在72小时内作出处理，情况紧急的应当在24小时内作出处理（《反家暴法》第28条）。人民法院可以通过在线诉讼平台、电话、短信、即时通讯工具、电子邮件等简便方式询问被申请人，被申请人未发表意见或者辩称申请人有错过的，不影响人民法院依法作出人身安全保护令（《人身保护令规定》第7、8条）。对于有明确的被申请人、具体的要求、遭受家庭暴力或者面临家庭暴力现实危险的申请，人民法院应当以裁定的形式作出人身安全保护令（《反家暴法》第26、27条）。所谓的“家庭暴力”，是指家庭成员之间以冻饿或者经常性侮辱、诽谤、威胁、跟踪、骚扰等方式实施的身体或者精神侵害行为，共同生活的儿媳、女婿、公婆、岳父母以及其他有监护、扶养、寄养等关系的“家庭成员以外共同生活的人”视同“家庭成员”（《人身保护令规定》第3、4条）。人民法院对“申请人遭受家庭暴力或者面临家庭暴力现实危险的事实”采取盖然性证明标准，只要根据相关证据足以认定该事实存在较大可能性，就可以依法作出人身安全保护令（《人身保护令规定》第6条）。

5. 人身安全保护令案件的公益属性及其职权主义

人身安全保护令案件不收取诉讼费用（《保护令程序批复》第1条），申请人不需要为申请人身安全保护令提供担保（《保护令程序批复》第2条），人民法院应当加大依职权调取证据力度（《人身保护令意见》第11条、《人身保护令规定》第5条），必要时依职权通知法律援助机构为其提供法律援助（《人身保护令意见》第12条）及主动告知遭受家庭暴力或者面临家庭暴力现实危险的婚姻家庭诉讼当事人可以申请人身安全保护令（《人身保护令意见》第13条）。

6. 人身安全保护令采取的措施及其有效期

人民法院作出人身安全保护令的，可以禁止被申请人实施家庭暴力，禁止被申请人骚扰、跟踪、接触申请人及其相关近亲属，责令被申请人迁出申请人住所，或者保护申请人人身安全的其他措施。人身安全保护令的有效期不超过6个月，自作出之日起生效。人身安全保护令失效前，人民法院可以根据申请人的申请撤销、变更或者延长（《反家暴法》第29、30条）。所谓的“保护申请人人身安全的其他措施”可以包括以下措施：禁止被申请人以电话、短信、即时通讯工具、电子邮件等方式侮辱、诽谤、威胁申请人及其相关近亲属，禁止被申请人在申请人及其相关近亲属的住所、学校、工作单位等经常出入场所的一定范围内从事可能影响申请人及其相关近亲属正常生活、学习、工作的活动（《人身保护令规定》第10条）。

7. 人身安全保护令的救济

被申请人对人身安全保护令不服的，可以自裁定生效之日起5日内向作出裁定的人民法院申请复议一次，复议期间不停止人身安全保护令的执行（《反家暴法》第 31 条）。复议申请可以由原审判组织进行复议；人民法院认为必要的，也可以另行指定审判组织进行复议（《保护令程序批复》第 4 条）。

8. 人身安全保护令的执行

人身安全保护令由人民法院执行，公安机关以及居民委员会、村民委员会等应当协助执行（《反家暴法》第 32 条）。人民法院在向被申请人送达人身安全保护令时，应当向其释明和说服教育，督促其遵守人身安全保护令，告知其违反人身安全保护令的法律后果。被申请人不遵守人身安全保护令的，申请人可以向人民法院申请强制执行，人民法院可以通过训诫、罚款、拘留乃至追究刑事责任等方式促使被申请人遵守人身安全保护令（《人身保护令意见》第 15 条、《人身保护令规定》第 12 条），并要求当地公安派出所、居民委员会、村民委员会、妇女联合会、学校等协助执行（《人身保护令意见》第 16 条）。①

（二）生态环境侵权禁止令

自 2022 年 1 月 1 日起施行的《环境侵权禁止令规定》对生态环境侵权禁止令作出了详细的规定。由于《民法典》《环保法》等法律尚未创设独立的生态环境侵权禁止令制度，《环境侵权禁止令规定》将生态环境侵权禁止令称为“生态环境侵权案件适用禁止令保全措施”，并将《民诉法》第 103、104 条规定的行为保全制度作为人民法院作出生态环境侵权禁止令的法律依据。

1. 生态环境侵权禁止令制度的适用情形

生态环境侵权禁止令制度，既适用于因污染环境、破坏生态行为受到损害的自然人、法人或者非法人组织（以下简称“私益受害人”）不及时制止正在实施或者即将实施的污染环境、破坏生态行为，将使其合法权益受到难以弥补损害的情形，也适用于《民法典》第 1234、1235 条规定的“国家规定的机关或者法律规定的组织”（以下简称“公益代表人”）不及时制止正在实施或者即将实施的污染环境、破坏生态行为，将使生态环境受到难以弥补损害的情形（《环境侵权禁止令规定》第 1、2 条）。根据文义解释及体系解释，私益受害人只能在救济私益的必要范围内申请生态环境（私益）侵权禁止令，公益代表人只能在救济公益的必要范围内申请生态环境（公益）侵权禁止令。

2. 生态环境侵权禁止令程序的依附性

基于行为保全措施的本质属性，生态环境侵权禁止令程序依附于本案诉讼程序。比如，私益受害人或公益代表人因情况紧急在起诉前向污染环境、破坏生态行为实施地、损害结果发生地或者被申请人住所地等对案件有管辖权的人民法院申请作出禁止令的，

① 根据《人身保护令意见》第 17、18 条的规定，公安机关协助执行的内容包括：协助督促被申请人遵守人身安全保护令；在人身安全保护令有效期内，被申请人违反人身安全保护令的，公安机关接警后应当及时出警，制止违法行为；接到报警后救助、保护受害人，并搜集、固定证据；发现被申请人违反人身安全保护令的，将情况通报人民法院等。居民委员会、村民委员会、妇女联合会、学校等协助执行的内容可以包括：在人身安全保护令有效期内进行定期回访、跟踪记录等，填写回访单或记录单，期满由当事人签字后向人民法院反馈；发现被申请人违反人身安全保护令的，应当对其进行批评教育、填写情况反馈表，帮助受害人及时与人民法院、公安机关联系；对加害人进行法治教育，必要时对加害人、受害人进行心理辅导等。

应当在人民法院作出诉前禁止令后 30 日内依法提起诉讼，否则，人民法院应当在 30 日届满后 5 日内裁定解除禁止令（《环境侵权禁止令规定》第 3、11 条）。再如，与申请其他行为保全中的担保规则相似，申请人在提起诉讼前申请禁止令必须向人民法院提供担保，但在提起诉讼时或者诉讼过程中申请禁止令是否需要提供担保交则由人民法院自由裁量（《环境侵权禁止令规定》第 7 条）。

3. 申请生态环境侵权禁止令的形式要件

申请人向人民法院申请作出生态环境侵权禁止令的，应当提交申请书和相应的证明材料。其中，申请书应当载明下列事项：申请人与被申请人的身份、送达地址、联系方式等基本情况；申请禁止的内容、范围；被申请人正在实施或者即将实施的污染环境、破坏生态行为，以及如不及时制止将使申请人合法权益或者生态环境受到难以弥补损害的情形；提供担保的财产信息，或者不需要提供担保的理由（《环境侵权禁止令规定》第 4 条）。

4. 作出生态环境侵权禁止令的实质条件

人民法院作出生态环境侵权禁止令的实质条件是“被申请人污染环境、破坏生态行为具有现实而紧迫的重大风险，如不及时制止将对申请人合法权益或者生态环境造成难以弥补损害”。人民法院判断该实质条件是否成就的考量因素，主要包括：被申请人污染环境、破坏生态行为被行政主管机关依法处理后仍继续实施，被申请人污染环境、破坏生态行为对申请人合法权益或者生态环境造成的损害超过禁止被申请人一定行为对其合法权益造成的损害，禁止被申请人一定行为对国家利益、社会公共利益或者他人合法权益产生的不利影响，其他应当考量的因素（《环境侵权禁止令规定》第 5 条）。

5. 生态环境侵权禁止令申请的审查程序

人民法院审查申请人禁止令申请应当听取被申请人的意见并于必要时进行现场勘查，但人民法院也可以于紧急情形下未经询问或现场勘查而裁定准予禁令申请。在后一种情形下，人民法院应当在裁定准予禁止令申请后 48 小时内听取被申请人意见，其意见成立的，人民法院应当裁定解除禁止令（《环境侵权禁止令规定》第 6 条）。

6. 生态环境侵权禁止令的期限

人民法院以“裁定准予申请人禁止令申请”的方式作出生态环境侵权禁止令（《环境侵权禁止令规定》第 9 条），该裁定应当根据申请人的请求和案件具体情况确定禁止令的效力期间（《环境侵权禁止令规定》第 8 条）。

7. 准许或不准许裁定的后续救济

当事人对人民法院裁定准予或者不准予申请人禁止令申请不服的，可在收到裁定书之日起 5 日内向作出裁定的人民法院申请复议一次，该院应当在收到复议申请后 10 日内审查并作出裁定，但复议期间不停止裁定的执行（《环境侵权禁止令规定》第 10 条）。禁止令效力期间内，申请人、被申请人或者利害关系人以据以作出裁定的事由发生变化为由，申请解除禁止令的，人民法院应当在收到申请后 5 日内裁定是否解除（《环境侵权禁止令规定》第 11 条第 2 款）。

第三节 先予执行

一、先予执行的概念

先予执行，是指人民法院在受理案件后作出终审判决前，根据一方当事人的申请，裁定另一方当事人给付申请人一定数额的金钱或其他财物，或者实施或停止某种行为的一种制度。

先予执行，是相对于依据生效判决所进行的终局执行而言的。一般情况下，人民法院审理案件，从受理到作出生效判决，需要经过一段时间。在这段时间内，有的案件中权利人可能由于经济困难，不能维持正常的生活，或者无法进行生产经营活动，如果等到人民法院作出判决，再按判决的内容执行，往往难以解决当事人的燃眉之急。因此，人民法院在作出终审判决前，先裁定被申请人给付申请人一定数额的款项或其他财物，或者裁定被申请人实施某种行为或停止某种行为，以解决当事人生活或生产经营上的困难，避免申请人的合法权益遭受进一步的侵害。

二、先予执行的条件

根据《民诉法》第 110 条、《劳动争议调解仲裁法》第 44 条和相关司法解释的规定，人民法院、仲裁庭裁定先予执行，应当符合以下条件。

（1）当事人之间权利义务关系明确。

（2）申请人有生活或生产经营的急需（《民诉解释》第 169 条），不先予执行将严重影响申请人的生活或者生产经营。申请人的生活或生产经营急需，主要指两种情况：1）申请人无生活来源，如不先予执行可能给权利人的生活带来严重困难；2）义务人不履行义务，不先予执行将使申请人停工停产，甚至破产。

（3）申请人提出先予执行申请。劳动者申请先予执行的，可以不提供担保（《劳动争议调解仲裁法》第 44 条第 3 款）。

（4）被申请人有履行能力，但劳动者申请先予执行的，不需要此条件。

三、先予执行的适用范围

根据《民诉法》第 109 条、《劳动争议调解仲裁法》第 44 条的规定，人民法院、仲裁庭对下列案件，根据当事人的申请，可以裁定先予执行：（1）追索赡养费、扶养费、抚养费、抚恤金、医疗费用的；（2）追索劳动报酬、工伤医疗费、经济补偿或者赔偿金的；（3）因情况紧急需要先予执行的。

根据《民诉解释》第 170 条的规定，第 109 条第 3 项规定的情况紧急包括：（1）需要立即停止侵害、排除妨碍的；（2）需要立即制止某项行为的；（3）追索恢复生产、经营急需的保险理赔费的；（4）需要立即返还社会保险金、社会救助资金的；（5）不立即返还款项，将严重影响权利人生活和生产经营的。[①]

四、先予执行的程序

（1）申请人需提出书面申请，法院不能主动采取先予执行措施。

（2）法院可以责令申请人提供担保，申请人不提供担保的，驳回申请。

（3）作出先予执行的裁定。裁定必须采用书面形式。裁定书一经送达当事人后，立即发生法律效力。当事人对裁定不服的，不得上诉，但可以申请复议一次，复议期间不停止裁定的执行（《民诉法》第 111 条）。对当事人不服先予执行裁定提出的复议申请，人民法院应及时审查。裁定正确的，通知驳回当事人的申请；裁定不当的，作出新的裁定变更或者撤销原裁定。

（4）裁定先予执行后，本案经过审理，判决申请人败诉的，申请人应当将先予执行取得的财产经由执行回转返还给对方。拒不返还的，由人民法院强制执行。被申请人因先予执行遭受损失的，由申请人予以赔偿。

延伸阅读 12－1

环境民事公益诉讼中临时性救济案例分析

问题与思考

请扫描二维码测试，并查看参考答案

① 《民诉解释》第 170 条扩张了《民诉法》第 109 条规定的先予执行的适用范围，即将先予执行的适用对象由财产扩张到行为，从而与行为保全制度产生了一定程度的交叉。

第十三章

诉讼保障制度

【本章概要】本章是关于期间、送达、强制措施、诉讼费用与司法救助等诉讼保障制度的论述。在理解各类诉讼保障制度的概念和意义的基础上，重点掌握期间的种类和计算规则，送达方式的主要类型和注意事项，妨害民事诉讼行为的构成和种类，强制措施的种类及其适用规则，诉讼费用的种类、征收标准、预交与负担规则，以及司法救助的形式和程序。

第一节 期　间

一、期间的概念和意义

（一）期间的概念

期间是指法院、当事人和其他诉讼参与人单独或者一同实施或完成某种诉讼行为所应遵守的时间。其中，法院、当事人和其他诉讼参与人单独实施或完成诉讼行为所遵守的时间就是期限，如审理期限；法院、当事人和其他诉讼参与人一同实施或者完成诉讼行为所遵守的时间就是期日，如开庭审理日期。在我国民事诉讼理论和立法中，通常认为期间就是指期限，而不包括期日。因此，本节如无特别说明，期间仅指期限。

（二）期间的意义

期间在民事诉讼中具有重要意义，主要表现为以下几点。

（1）有利于保障诉讼活动的顺利进行。诉讼期间的规定，意味着一切诉讼行为的实施和完成都必须遵守一定的时间要求。因此，科学的诉讼期间制度有利于当事人依法及时行使诉讼权利和履行诉讼义务，有利于法院及时正确地履行审判职责，保障诉讼活动的顺利进行。

（2）有利于保护当事人和其他诉讼参与人的合法权益。一方面，诉讼期间的规定可以保证诉讼活动的顺利进行，从而使当事人及其他诉讼参与人的合法权益及时得到保护。另一方面，诉讼期间的规定也意味着对当事人及其他诉讼参与人实施和完成诉讼行为提供了时间上的保护，使他们能够在合理的、可预期的时间内，充分利用一切诉讼手段，最大限度地维护自己的合法权益。

（3）有利于维护诉讼活动的严肃性和法律的权威性。诉讼活动是一种严肃的活动，诉讼期间的规定，意味着对法院、当事人和其他诉讼参与人的诉讼活动提出了时间上的要求，一定的诉讼行为如果不能在一定期限内完成，便不发生相应的法律效力，这就从时间上维护了诉讼活动的严肃性和法律的权威性。

二、期间的分类

对期间根据不同的标准，可以作不同的分类。

（一）法定期间、指定期间和约定期间

根据期间是由法律规定，还是由法院指定或当事人约定，可将期间分为法定期间、指定期间和约定期间三类。

1. 法定期间

法定期间，是指法律直接规定的期间。如民事诉讼中规定的立案期间、管辖权异议期间、上诉期间、申请再审的期间、答辩的期间等都属于法定期间。法定期间通常是以特定法律事实作为起算点的，如一审的审限是从立案的次日起开始计算的。对于法定期间，除法律另有规定以外，法院、当事人和其他诉讼参与人均不得加以变更。如果他们在法定期间内不能完成相应的诉讼活动，就会引起相应的法律后果。如一审判决的当事人没有在法定的上诉期间递交上诉状的，就视为未提起上诉。

2. 指定期间

指定期间，是指法院根据案件的具体情况依职权指定的期间。一般情况下，民事诉讼法对那些比较重要的诉讼行为实施的期间都作了明确规定，但诉讼活动纷繁复杂，法律不可能对所有诉讼行为的期间都规定完全；而且，某些诉讼行为的实施究竟以多长时间为宜，法律也难以预先作出规定，而只能由法官在诉讼中根据案件的具体情况灵活确定，如法院在诉讼中指定当事人修改起诉状的期间，指定被执行人履行生效判决所确定的义务的期间等。

指定期间是法定期间的必要补充，是一种可变期间，因此，其在适用刚性上不像法定期间那样强。但这并不意味着法院可以任意指定期间，期间的指定应长短适当，应充分维护诉讼参与人的程序权益并兼顾诉讼效率。期间一经法院指定，就不应轻易改变，更不能任意变更，否则将既不利于当事人或其他诉讼参与人实现合法权益，也有损于人民法院职权行为应有的严肃性和权威性。

3. 约定期间

约定期间，是指当事人根据法律或司法解释的规定，协商一致并经法院认可的期间。在《证据规定》颁布之前，我国民事诉讼法只有法定期间和指定期间的规定。但《证据规定》为尊重当事人的处分权，规定当事人可以约定举证期限，从而在法定期间和指定期间之外，还确定了约定期间。

（二）不变期间和可变期间

根据期间被确定以后，是否可以变更，可将期间分为不变期间和可变期间。

1. 不变期间

不变期间，是指经法律规定，非有法定情形，任何人不得予以变更的期间，如上诉期间、申请再审的期间等。对于不变期间，无论是当事人、其他诉讼参与人还是法院，都无权予以延长或缩短。违反法定期间所进行的诉讼行为，不发生相应的法律效力。

2. 可变期间

可变期间，是指期间经法律规定或法院指定后，因情况发生了变化，在规定或指定的期间内完成某种诉讼行为有困难，法院根据当事人的申请或依职权变更原定的期间。如法官指定开庭期日后，必须到庭的当事人有正当理由而未到庭的，法院可以决定延期开庭审理。一般而言，指定期间属于可变期间，而法定期间大都属于不变期间，但也有一些法定期间，法律规定可以根据具体情况加以调整。如对于一审普通程序的审限，法律规定是 6 个月，但如果有特殊情况，由本院院长批准，可以延长 6 个月，经上级法院批准，还可以延长。

三、期间的计算和剔除

（一）期间的计算

根据我国《民诉法》第 85 条的规定，期间的计算应遵循以下四项规则。

（1）期间以时、日、月、年计算。计算期间的单位是时、日、月、年，但对于具体的诉讼活动，是以时、日、月为单位，还是以年为计算单位，需要由法律明确规定、法院指定或当事人约定。

（2）期间开始的时和日，不计算在期间内。期间是以小时为单位计算的，开始的小时不计算在内，从下一个小时开始计算；终期则根据期间的实际小时数相加确定。期间是以日为单位计算的，开始的日也不计算在内，从第二天开始计算；终期则根据期间的实际天数相加确定。同样的，期间是以月和年为单位计算的，由于它们实际上是由日组成的，因而也是从第二天开始计算；终期则是根据期间的实际月或者年数相加所确定的届满月或者届满年的始期对应日。如果没有对应日，就以该月的最后一天为届满日。如根据《民诉法》第 192 条第 1 款的规定，宣告死亡的公告期为 1 年，若发出公告之日是 2 月 28 日，即应从第二日即 2 月 29 日开始计算公告期，且应至第二年的 2 月 29 日为期间届满日，但因第二年的 2 月只有 28 日，实际应以 2 月的最后一日即 28 日为期间届满日。

（3）期间届满的最后一日是节假日的，以节假日后的第一日为期间届满的日期。此处的“节假日”是指国家法定的节假日，例如元旦、春节、五一节、国庆节、周末（含周六、周日）。但是应当注意的是，如果节假日是在期间当中的，则不予扣除。

（4）期间不包括在途时间，诉讼文书在期满前交邮的，不算过期。此处的“在途时间”是指诉讼文书在邮寄途中所花费的时间，确定诉讼文书交邮的时间，通常是以邮寄地邮局所盖邮戳上的时间为准。

（二）期间的剔除

期间的剔除，是指受诉法院按照规定，不将期间进行中虽然用于某些事项或活动但却难以精确控制的时间计入该项期间。期间剔除制度的意义在于合理减少诉讼期间的“虚耗”，保证诉讼期间能够得到实际、充分、有效的利用。

有关期间的剔除的规定，除《民诉法》所规定的“期间不包括在途时间”以外，最高人民法院《审限规定》第 9 条规定，下列期间不计入审理、执行期限。

（1）因当事人、诉讼代理人申请通知新的证人到庭、调取新的证据、申请重新鉴定或者勘验，法院决定延期审理 1 个月之内的期间；延期审理超过 1 个月的时间，仍应计入案件的审结期限；

（2）民事案件公告、鉴定的期间；

（3）审理当事人提出的管辖权异议和处理法院之间的管辖争议的期间；

（4）民事诉讼、执行案件由有关专业机构进行审计、评估、资产清理的期间；

（5）中止诉讼（审理）或执行至恢复诉讼（审理）或执行的期间；

（6）当事人达成执行和解或者提供执行担保后，执行法院决定暂缓执行的期间；

（7）上级人民法院通知暂缓执行的期间；

（8）执行中拍卖、变卖被查封、扣押财产的期间。

四、期间的耽误及其补救

期间的耽误，是指当事人或者其他诉讼参与人本应在法定期间、指定期间或者约定期间内实施或者完成诉讼活动，却因为某种原因未能实施或者完成该诉讼活动的状态。期间耽误的法律后果一般是丧失了进行某种诉讼活动的权利，即发生失权的效果。如一审判决书送达后，当事人未在 15 日的法定期间内提起上诉的，则丧失上诉权，判决即发生法律效力。

如果期间的耽误是因为当事人或者其他诉讼参与人主观方面的原因，那么他们就丧失了进行某种诉讼活动的权利，由此会承担相应的不利后果。如果期间的耽误是因为某种客观原因，根据《民诉法》的规定，当事人可以申请顺延期限，或者由法院依职权决定顺延或者重新指定期日。《民诉法》第 86 条规定了期限顺延的条件：（1）当事人因不可抗拒的事由或者其他正当理由耽误期限的；（2）在障碍消除后的 10 日内，可以申请顺延期限，但是否准许，由人民法院决定。此处所谓不可抗拒的事由，通常是指当事人不能预见、不能避免并不能克服的客观情况，如突然发生了地震、水灾或战争等。所谓其他正当理由，是指除不可抗拒事由以外的不应归责于当事人的客观情况，如当事人突然患重病，无法在规定的诉讼期间内完成某项应为诉讼活动等。

期间的顺延，必须由当事人在障碍消除后 10 日内以书面形式向法院提出申请，对当事人适时提出的申请，法院应当认真予以审查。经审查如果认为确实存在法律规定的正当理由，则应准许顺延期限；如果不存在正当理由，则应裁定驳回当事人的申请。

经法院审查准许顺延期限的，具体顺延期限的长短，因法定期间和指定期间而有所不同。对法定期间的顺延，一般是将实际耽误的期间补足，如当事人不服判决的上诉期间为15日，在上诉期开始10天后，当事人住所地发生地震，交通、通信中断，当事人无法提交上诉状，又经过10日，障碍才消除。当事人在障碍消除后10日内申请对上诉期间进行顺延的，法院应再顺延5日，以补足15日的上诉期间。如果被耽误的是指定期间，则其顺延期间的长短，由法院根据具体情况决定。

第二节　送　达

一、送达的概念和意义

（一）送达的概念

民事诉讼中的送达，是指人民法院依照法定的程序和方式，将诉讼文书交给当事人和其他诉讼参与人的行为。[①] 送达作为一项诉讼行为，具有以下特点。

（1）送达的主体只能是人民法院。当事人和其他诉讼参与人之间、人民法院之间，以及当事人和其他诉讼参与人向人民法院递交或传送诉讼文书的行为，均不属于送达。[②]

（2）送达的对象只能是当事人及其他诉讼参与人。法院向当事人及其他诉讼参与人之外的人（例如上、下级法院之间）发送或者报送材料就不是送达。

（3）送达的内容是所有需要交给当事人和其他诉讼参与人的诉讼文书，具体包括：判决书、裁定书、决定书、调解书、支付令、起诉状副本、答辩状副本、上诉状、传票、通知书等。

（4）送达必须按照法定的程序和方式进行。我国民事诉讼法及相关司法解释对送达的程序和方式有较详细的规定，送达必须严格按照这些规定进行，否则将产生送达瑕疵，甚至导致送达无效的后果。

（二）送达的意义

送达作为民事诉讼中的一项重要制度，其意义主要体现在以下三个方面。

（1）送达是民事诉讼法律关系主体诉讼行为相互联系的纽带，直接影响着民事诉讼

---

① 从其定义可知，我国民事诉讼送达完全被定性为人民法院的一项职权行为，其目的主要在于保障诉讼进行，是法院单方面的职责和诉讼义务，诉讼中由此产生的不能送达的风险和诉讼拖延责任也由法院单方承担。当事人在送达中并没有真正地参与，没有表达、处分的权利和自由。但从送达制度改革的方向来看，送达的功能不应仅仅以法院的视角定位为保障诉讼顺利进行，而应以保障“与程序的结果有利害关系或者可能因该结果而蒙受不利影响的人，都有权参加该程序并得到提出有利于自己的主张和证据以及反驳对方提出之主张和证据的机会”这一“正当程序”为价值取向。参见廖永安：《在理想与现实之间：我国民事送达制度的改革与完善》，载《中国法学》，2010（4）。

② 有学者曾提出我国有必要构建以法院送达为主，以当事人送达为辅的双轨送达体制，认为依民事诉讼法规定，原告起诉受理后，法院便包揽了所有的诉讼文书的送达，为此付出了大量人力、物力、财力，由于送达成本难以精确地记入诉讼费用当中，实际上形成了法院花纳税人的钱为当事人办事的情况，这等于法院替民事活动中的过错方承担部分诉讼费用。而从理论上讲，“送达不能”实质上也属于一种诉讼风险，这种风险责任应当由当事人来承担，基于此，双轨送达体制在现代民事诉讼中具有其存在的合理性。参见王福华：《民事诉讼专题研究》，192页，北京，中国法制出版社，2007。

能否正常、按时进行。不严格依法进行送达，诉讼活动就不能及时有效地向前推进。

（2）依法送达有助于维护法院裁判的正当性。当事人有权接受法院就程序相关事项给予的告知，法院有义务就诉讼相关事项给予当事人以有效的告知，这是民事裁判具有正当性的基本前提。依法送达既体现为对当事人诉讼知情权和程序参与权的尊重，也是司法机关对司法行为的合法性、公开性、透明性、民主性的遵守，是保障裁判正当性的前提和基础。

（3）送达作为法院的一项诉讼行为本身包含了一定的法律后果。人民法院依法定方式和程序送达诉讼文书后，即产生了诉讼法上的效力，受送达人若无正当理由而耽误诉讼期间或未按人民法院的要求为一定诉讼行为，即须承担相应的法律后果。譬如，传票一经依法送达，受传唤的被告即有按时到庭的义务；如果是必须到庭的被告，经两次传票传唤，无正当理由拒不到庭的，人民法院即可对其适用拘传措施，强制其到庭；如果是非必须到庭的被告，经传票传唤，无正当理由拒不到庭的，或者未经法庭许可中途退庭的，法院可缺席判决。

二、送达地址确认

送达地址确认，是指人民法院对当事人接受送达的地址进行确认的环节。其中，送达地址确认书是当事人送达地址确认制度的基础，送达地址确认书应当包括当事人提供的送达地址、人民法院告知事项、当事人对送达地址的确认、送达地址确认书的适用范围和变更方式等内容。

根据最高人民法院《民事送达意见》的规定，关于送达地址确认主要有以下规定。

（1）当事人提供的送达地址应当包括邮政编码、详细地址以及受送达人的联系电话等。同意电子送达的，应当提供并确认接收民事诉讼文书的传真号、电子信箱、微信号等电子送达地址。当事人委托诉讼代理人的，诉讼代理人确认的送达地址视为当事人的送达地址。

（2）人民法院应当告知送达地址确认书的填写要求和注意事项以及拒绝提供送达地址、提供虚假地址或者提供地址不准确的法律后果。

（3）人民法院应当要求当事人对其填写的送达地址及法律后果等事项进行确认。当事人确认的内容应当包括当事人已知晓人民法院告知的事项及送达地址确认书的法律后果，保证送达地址准确、有效，同意人民法院通过其确认的地址送达诉讼文书等，并由当事人或者诉讼代理人签名、盖章或者捺印。

（4）人民法院应当在登记立案时要求当事人确认送达地址。当事人拒绝确认送达地址的，依照最高人民法院《登记立案规定》第 7 条的规定处理。①

（5）当事人在送达地址确认书中确认的送达地址，适用于第一审程序、第二审程序

---

① 最高人民法院《登记立案规定》第 7 条规定：当事人提交的诉状和材料不符合要求的，人民法院应当一次性书面告知在指定期限内补正。当事人在指定期限内补正的，人民法院决定是否立案的期间，自收到补正材料之日起计算。当事人在指定期限内没有补正的，退回诉状并记录在册；坚持起诉、自诉的，裁定或者决定不予受理、不予立案。经补正仍不符合要求的，裁定或者决定不予受理、不予立案。

和执行程序。当事人变更送达地址，应当以书面方式告知人民法院。当事人未书面变更的，以其确认的地址为送达地址。

（6）因当事人提供的送达地址不准确、拒不提供送达地址、送达地址变更未书面告知人民法院，导致民事诉讼文书未能被受送达人实际接收的，直接送达的，民事诉讼文书留在该地址之日为送达之日；邮寄送达的，文书被退回之日为送达之日。

（7）当事人拒绝确认送达地址或以拒绝应诉、拒接电话、避而不见送达人员、搬离原住所等躲避、规避送达，人民法院不能或无法要求其确认送达地址的，可以分别以下列情形处理：1）当事人在诉讼所涉及的合同、往来函件中对送达地址有明确约定的，以约定的地址为送达地址；2）没有约定的，以当事人在诉讼中提交的书面材料中载明的自己的地址为送达地址；3）没有约定、当事人也未提交书面材料或者书面材料中未载明地址的，以一年内进行其他诉讼、仲裁案件中提供的地址为送达地址；4）无以上情形的，以当事人一年内进行民事活动时经常使用的地址为送达地址。人民法院按照上述地址进行送达的，可以同时以电话、微信等方式通知受送达人。

（8）依前述规定仍不能确认送达地址的，自然人以其户籍登记的住所或者在经常居住地登记的住址为送达地址，法人或者其他组织以其工商登记或其他依法登记、备案的住所地为送达地址。

三、送达的方式

（一）直接送达

直接送达是指人民法院派专人将诉讼文书直接送交给受送达人本人的送达方式。在民事诉讼中的诸种送达方式中，直接送达是首选方式，因为直接送达不仅需要的时间最短，而且最为可靠。因此只有在直接送达确有困难时，方可酌情使用其他适宜的送达方式。依照《民诉法》第 88 条的规定，直接送达具体分为以下几种情形。

（1）受送达人是公民的，本人不在交他的同住成年家属签收。①

（2）受送达人是法人或者其他组织的，应当由法人的法定代表人、其他组织的主要负责人或者该法人、其他组织负责收件的人签收。

（3）受送达人有诉讼代理人的，可以送交其诉讼代理人签收；受送达人已向人民法院指定代收人的，送交代收人签收。

受送达人的同住成年家属，法人或者其他组织的负责收件的人，诉讼代理人或者代收人在送达回证上签收的日期为送达日期。

此外，为了进一步提高诉讼效率，保障诉讼程序顺畅有序进行，《民诉解释》第 131

---

① 我们认为，该规定宜作一定修改：首先，应当将“公民”修改为“自然人”，因为自然人包括公民、外国人、无国籍人，而外国人和无国籍人均有可能成为受送达人。其次，“家属”不是一个有准确外延的法律术语，将其修改为“近亲属”比较符合立法本意。再次，“成年”宜修改为“具有完全民事行为能力”。最后，还应当对诉讼文书的代收人再规定一个例外条款，即“但上述近亲属是对方当事人的除外”。因此最后的表述可为：“受送达人是自然人的，本人不在交与他共同居住的、具有完全民事行为能力的近亲属签收，但上述近亲属是对方当事人的除外。”

条和第 141 条就直接送达的适用作了进一步的明确规定，即：人民法院直接送达诉讼文书的，可以通知当事人到人民法院领取。当事人到达人民法院，拒绝签署送达回证的，视为送达。审判人员、书记员应当在送达回证上注明送达情况并签名。人民法院可以在当事人住所地以外向当事人直接送达诉讼文书。当事人拒绝签署送达回证的，采用拍照、录像等方式记录送达过程即视为送达。审判人员、书记员应当在送达回证上注明送达情况并签名。人民法院在定期宣判时，当事人拒不签收判决书、裁定书的，应视为送达，并在宣判笔录中记明。

（二）留置送达

留置送达是指受送达人拒绝签收所送达的诉讼文书时，送达人依法将诉讼文书放置在受送达人住所即视为完成送达的送达方式。

根据《民诉法》第 89 条及《民诉解释》第 130 条、第 132 条、第 133 条的规定，采用留置送达时，应当注意以下几点。

(1) 受送达人或者他的同住成年家属拒绝接收诉讼文书的，送达人可以邀请有关基层组织或者所在单位的代表到场，说明情况，在送达回证上记明拒收事由和日期，由送达人、见证人签名或者盖章，把诉讼文书留在受送达人的住所；也可以把诉讼文书留在受送达人的住所，并采用拍照、录像等方式记录送达过程，即视为送达。[①] 2012 年《民诉法》对留置送达的规定作了一个重大修改，即将“见证人制度”由留置送达的必要条件变为可选择要件。

(2) 向法人或者其他组织送达诉讼文书，应当由法人的法定代表人、其他组织的主要负责人或者该法人、其他组织的办公室、收发室、值班室等负责收件的人签名或盖章，拒绝签名或者盖章的，适用留置送达。

(3) 受送达人有诉讼代理人的，人民法院既可以向受送达人送达，也可以向其诉讼代理人送达。受送达人指定诉讼代理人为代收人的，向诉讼代理人送达时，适用留置送达。

(4) 调解书应当直接送达当事人本人，不适用留置送达。当事人本人因故不能签收的，可由其指定的代收人签收。

（三）委托送达

委托送达是指受诉法院直接送达诉讼文书有困难时（譬如路途遥远），委托其他人民法院代为送达的送达方式。

根据《民诉解释》第 134 条的规定，委托其他人民法院代为送达的，委托法院应当出具委托函，并附需要送达的诉讼文书和送达回证。受送达人在送达回证上签收的日期

---

① 根据社会形势的发展，理论界与实务界不少人士提出应修改留置送达制度：首先，取消留置送达的见证人制度，简化留置送达的程序。其次，留置送达地点不应仅限于受送达人的住所，主张设置随地留置送达制度，即送达人在任何地方遇到受送达人时都可以当场直接送达，受送达人拒绝接受直接送达的，即可当场适用留置送达，不受地点限制。最后，主张增加“补充的留置送达”制度，以填补法律空缺，即诉讼文书的留置场所一般为送达场所，如遇送达场所不适宜留置诉讼文书等情况的，可由送达人寄存于当地公安派出所。

为送达日期。委托送达的，受委托人民法院应当自收到委托函及相关诉讼文书之日起10日内代为送达。

（四）邮寄送达

邮寄送达是指受诉法院在直接送达诉讼文书困难时，通过将诉讼文书以邮局挂号的方式邮寄给受送达人的送达方式。

采用邮寄送达时应注意以下两点。

（1）邮寄送达与委托送达之间是平行选择关系，它们的适用前提都是受诉法院“直接送达诉讼文书有困难”，因此受诉法院既可以选择委托送达，也可以选择邮寄送达。但在审判实践中，由于众所周知的原因（如受托法院因人手和财力的紧缺而怠于接受委托等），法院大多选择邮寄送达。

（2）采用邮寄送达的，以回执上注明的收件日期为送达日期。

为了进一步规范和完善邮寄送达，最高人民法院于2004年9月7日通过了《专递送达规定》，以司法解释的形式对邮寄送达的方式进行了完善。采用“法院专递”的邮寄送达方式，可以克服直接送达的某些不足，减轻某些当事人的对抗心理。同时，“法院专递”还可以发挥邮政机构的行业特点，使诉讼文书的送达更快捷、更专业、更便民，符合“司法为民”的要求，也有利于“送达难”问题的解决。

采用法院专递方式邮寄送达，需注意以下几点。

（1）人民法院直接送达诉讼文书有困难的，可以交由国家邮政机构以法院专递方式邮寄送达，但有下列情形之一的除外：1）受送达人或者其诉讼代理人，受送达人指定的代收人同意在指定的期间内到人民法院接受送达的；2）受送达人下落不明的；3）法律规定或者我国缔结或者参加的国际条约中约定有特别送达方式的。

（2）以法院专递方式邮寄送达民事诉讼文书的，其送达与人民法院送达具有同等法律效力。

（3）当事人起诉或者答辩时，应当向人民法院提供或者确认自己准确的送达地址，并填写送达地址确认书。当事人拒绝提供的，人民法院应当告知其拒不提供送达地址的不利后果，并记入笔录。送达地址确认书的内容应当包括送达地址的邮政编码、详细地址以及受送达人的联系电话等内容。当事人要求对送达地址确认书中的内容保密的，人民法院应当为其保密。当事人在第一审、第二审和执行终结前变更送达地址的，应当及时以书面方式告知人民法院。当事人拒绝提供自己的送达地址，经人民法院告知后仍不提供的，自然人以其户籍登记中的住所地或者经常居住地为送达地址；法人或者其他组织以其工商登记或者其他依法登记、备案中的住所地为送达地址。

（4）邮政机构按照当事人提供或者确认的送达地址送达的，应当在规定的日期内将回执退回人民法院。邮政机构按照当事人提供或确认的送达地址在5日内投送3次以上未能送达，通过电话或者其他联系方式又无法告知受送达人的，应当将邮件在规定的日期内退回人民法院，并说明退回的理由。

（5）受送达人指定代收人的，指定代收人的签收视为受送达人本人签收。邮政机构在受送达人提供或确认的送达地址未能见到受送达人的，可以将邮件交给与受送达人同住的成年家属代收，但代收人是同一案件中另一方当事人的除外。受送达人及其代收人应当在邮件回执上签名、盖章或者捺印。受送达人及其代收人在签收时应当出示其有效身份证件并在回执上填写该证件的号码；受送达人及其代收人拒绝签收的，由邮政机构的投递员记明情况后将邮件退回人民法院。

（6）有下列情形之一的，即为送达：1）受送达人在邮件回执上签名、盖章或者捺印的；2）受送达人是无民事行为能力或者限制民事行为能力的自然人，其法定代理人签收的；3）受送达人是法人或者其他组织，法人的法定代表人、其他组织的主要负责人或者办公室、收发室、值班室的工作人员签收的；4）受送达人的诉讼代理人签收的；5）受送达人指定的代收人签收的；6）受送达人的同住成年家属签收的。签收人是受送达人本人或者是受送达人的法定代表人、主要负责人、法定代理人、诉讼代理人的，应当当场核对邮件内容。签收人发现邮件内容与回执上的文书名称不一致的，应当当场向邮政机构的投递员提出，由投递员在回执上记明情况后将邮件退回人民法院。签收人是受送达人办公室、收发室和值班室的工作人员或者是与受送达人同住成年家属，受送达人发现邮件内容与回执上的文书名称不一致的，应当在收到邮件后的 3 日内将该邮件退回人民法院，并以书面方式说明退回的理由。

（7）因受送达人自己提供或者确认的送达地址不准确、拒不提供送达地址、送达地址变更未及时告知人民法院、受送达人本人或者受送达人指定的代收人拒绝签收，导致诉讼文书未能被受送达人实际接收的，文书退回之日视为送达之日。

（五）转交送达

转交送达是指人民法院将诉讼文书交受送达人所在机关、单位，让它们转交给受送达人的送达方式。

根据《民诉法》第 92 条至第 94 条的规定，转交送达分为以下三种情形。

（1）受送达人是军人的，通过其所在部队团以上单位的政治机关转交。

（2）受送达人被监禁的，通过其所在监所转交。

（3）受送达人被采取强制性教育措施的，通过其所在强制性教育机构转交。

代为转交的机关、单位收到诉讼文书后，必须立即交受送达人签收。[①] 受送达人在送达回证上签收的日期为送达日期。

---

① 该规定仍过于原则，代为转交的机关往往怠于履行转交送达义务。因此，有必要规定代为转交的机关在接收到代为转交的诉讼文书后，应当在一个合理的期限内（如 10 日内）完成该诉讼文书的送达以及将送达回证退回法院的工作。如果因为法院提供的受送达人的信息不足或有误的原因致使无法完成送达，亦应在一个合理的期限内（如 5 日内）与法院取得联系，要求法院增补信息；代为转交的机关在收到法院的增补信息后，代为转交送达期限重新开始计算，仍无法送达的，代为转交的机关应当在一个合理的期限内（如 3 日内）将代为转交的诉讼文书退还法院。但鉴于军人职业的特殊性，如海军官兵可能一次出海巡航就是几个月，宜对该类受送达人制定例外条款，如“受送达人是军人的，经其代为转交的机关书面说明，可以不受上述代为转交送达期限的限制”。

（六）公告送达

公告送达是指在受送达人下落不明时或者在穷尽其他法定送达方式无法送达时，法院发出公告将送达内容告诉社会公众，经过法定期间即视为送达的送达方式。

根据《民诉法》第95条及《民诉解释》第138条至第140条的规定，采用公告送达应当注意以下几点。

（1）采用公告送达的前提是受送达人下落不明，或者采用以上五种送达方式无法送达的。①

（2）公告送达起诉状或上诉状副本的，应说明起诉或上诉要点、受送达人答辩期限及逾期不答辩的法律后果；公告送达传票的，应说明出庭地点、时间及逾期不出庭的法律后果；公告送达判决书、裁定书的，应说明裁判主要内容，当事人有权上诉的，还应说明上诉权利、上诉期限和上诉的人民法院。

（3）公告送达可以在法院的公告栏和受送达人原住所地张贴公告，也可以在报纸、信息网络等媒体上刊登公告，发出公告日期以最后张贴或者刊登的日期为准。对公告送达方式有特殊要求的，应当按要求的方式进行。公告期满，即视为送达。人民法院在受送达人住所地张贴公告的，应当采取拍照、录像等方式记录张贴过程。②

（4）公告送达的，自发出公告之日起，经过30日，即视为送达。③

（5）适用简易程序的案件，不适用公告送达。

（七）电子送达

习近平总书记站在新一轮科技革命的最前沿，深刻预见到现代科技对司法工作创新的强大杠杆作用。“要遵循司法规律，把深化司法体制改革和现代科技应用结合起来，不断完善和发展中国特色社会主义司法制度。”④ 为适应现代科技的发展，加速司法文书的传递效率，促进诉讼的进行，法院探索使用电子送达方式的步伐日益加快。所谓电子送达，是指通过传真、电子邮件、手机短信等进行送达的方式。科学技术的快速发展，使

---

① 我们认为，公告送达的准用条件仍有待于进一步具体化、规范化。如适用公告送达，可要求原告提供被告下落不明的证据，并提出书面申请。对自然人进行公告送达的，应当由其原住所地的居民委员会、村民委员会、公安派出所等基层组织出具其下落不明或者其已离开住所、无法代收的证明，作为公告送达的准用条件。对法人或者其他组织进行公告送达的，应当由市场监督管理机关或者其他登记、备案机关出具其无人经营、办公、下落不明的证明，作为公告送达的准用条件。

② 随着大众媒体的飞速发展，应当扩大公告送达的具体形式，如电视、广播、互联网等。在具体公告媒体的形式和级别的选择上，可以考虑遵循以下两个标准：第一，以受送达人可能的活动范围或者最后活动的范围作为选择依据。如下落不明的，就应当选择在全国性的媒体上公告。第二，受送达人是否为该媒体可能的受众。如受送达人的职业是商人，则应考虑在经济商业类媒体上刊播公告。并不是媒体级别越高、受众越多，公告送达效果就越好，而应当具体情况具体分析。同时还应考虑到当事人程序利益保障与诉讼效率的平衡。此外，为了防止公告送达的适用上承办人说了算，致使其被滥用，还可考虑对其设立合议、审批制度。

③ 虽然公告送达期间不计入审理期限，但它实实在在地延长了审理周期。公告送达为一种拟制送达，实践中受送达人看到公告或通过公告知道诉讼情况的很少。对此，我们可以考虑借鉴世界上其他国家和地区的做法，缩短公告送达期间（如20日）。

④ 习近平：《坚定不移推进司法体制改革坚定不移走中国特色社会主义法治道路》，载《人民日报》，2017-07-11，1版。

移动通信、电子邮件等日益在人们的工作和生活中得到普及，这是电子送达存在的前提和基础；而移动通信、电子邮件等的快捷和方便，能够提高送达效率，使电子送达有其存在的必要。实际上，电子送达在司法实践中已有运用，只是在法律上没有明确规定而已。2009 年最高人民法院《关于涉港澳民商事案件司法文书送达问题若干规定》第 8 条中就规定了法院可以通过传真、电子邮件等能够确认收悉的其他适当方式向受送达人送达。从司法实践运用情况来看，电子送达虽然在程序保障、安全性等方面还存在一定欠缺，但其在提高送达效率方面确实发挥了明显的优势。正基于此，2012 年《民诉法》增加了这一新型送达方式，2021 年《民诉法》扩大了该送达方式的适用范围。现行《民诉法》第 90 条规定："经受送达人同意，人民法院可以采用能够确认其收悉的电子方式送达诉讼文书。通过电子方式送达的判决书、裁定书、调解书，受送达人提出需要纸质文书的，人民法院应当提供。采用前款方式送达的，以送达信息到达受送达人特定系统的日期为送达日期。"《民事送达意见》对电子送达作了进一步规定。总体而言，采用电子送达需注意以下几点。

（1）需经受送达人同意，并在送达地址确认书中予以确认。受送达人应当提供并确认接收民事诉讼文书的传真号、电子信箱、微信号等电子送达地址。当事人委托诉讼代理人的，诉讼代理人确认的送达地址视为当事人的送达地址。

（2）通过电子方式送达判决书、裁定书、调解书，受送达人提出需要纸质文书的，人民法院应当提供；通过电子方式送达其他诉讼文书的，人民法院不再提供纸质文书。

（3）采用电子送达方式的，以传真、电子邮件等到达受送达人特定系统的日期为送达日期。需要注意的是，通过电子方式受送达判决书、裁定书、调解书的当事人要求人民法院提供纸质文书的，受送达日期仍以传真、电子邮件等到达受送达人特定系统的日期为准。到达受送达人特定系统的日期，为人民法院对应系统显示发送成功的日期，但受送达人证明到达其特定系统的日期与人民法院对应系统显示发送成功的日期不一致的，以受送达人证明到达其特定系统的日期为准（《民诉解释》第 135 条）。

（4）采用传真、电子邮件方式送达的，送达人员应记录传真发送和接收号码、电子邮件发送和接收邮箱、发送时间、送达诉讼文书名称，并打印传真发送确认单、电子邮件发送成功网页，存卷备查。

（5）采用短信、微信等方式送达的，送达人员应记录收发手机号码、发送时间、送达诉讼文书名称，并将短信、微信等送达内容拍摄照片，存卷备查。

（6）对于移动通信工具能够接通但无法直接送达、邮寄送达的，除判决书、裁定书、调解书外，可以采取电话送达的方式，由送达人员告知当事人诉讼文书内容，并记录拨打、接听电话号码、通话时间、送达诉讼文书内容，通话过程应当录音以存卷备查。

四、送达的效力和送达回证

（一）送达的效力

送达的效力是指法院依法定的程序和方式，将诉讼文书送达给当事人或者其他诉讼参与人后所产生的法律效果。由于所送达的诉讼文书不同，送达的效力表现为以下几个方面。

(1) 使受送达人实施诉讼行为、行使诉讼权利和履行诉讼义务的起始时间得以确定。例如，当事人对判决的上诉期为 15 日，是从判决书送达之日起开始计算。

(2) 受送达人接受送达以后，如果没有按照所送达的诉讼文书的要求实施特定的诉讼行为，就会承担相应的法律后果。例如，当事人在判决送达后 15 日内，没有在上诉期间向判决书所载明的上诉法院提起上诉的，就视为放弃上诉的权利。

(3) 送达能够引起特定诉讼法律关系的产生或者消灭。例如，法院立案以后，将起诉状副本送达被告，就使被告与受诉法院之间产生民事诉讼法律关系。

(4) 送达是某些诉讼文书发生法律效力的要件之一。例如，调解书只有经过当事人签收才能发生法律效力，当事人一方拒绝签收的，调解书就不发生法律效力。

（二）送达回证

送达回证是指法院制作的用于证明受送达人已经收到法院所送达的诉讼文书的书面凭证。

送达诉讼文书必须有送达回证，由受送达人在送达回证上记明收到日期，签名或者盖章。受送达人在送达回证上的签收日期为送达日期（《民诉法》第 87 条）。

第三节　强制措施

一、强制措施的概念和意义

强制措施又称对妨害民事诉讼的强制措施，是指法院在民事诉讼（包括审判和执行）过程中，为保证民事审判活动和执行活动的顺利进行，对实施妨害民事诉讼行为的人所采取的各种强制性手段。[①]

对妨害民事诉讼的行为采取强制措施，具有以下几个方面的意义。

（一）保障当事人和其他诉讼参与人充分行使诉讼权利

妨害民事诉讼的行为，往往影响到当事人和其他诉讼参与人对诉讼权利的充分行使，使他们的合法权益受到侵害，甚至有可能会危及他们的人身安全。因此，人民法院只有对妨害民事诉讼的行为人采取必要的强制措施，才能保障当事人和其他诉讼参与人充分行使诉讼权利，确保他们的合法权益在诉讼过程中免受侵害，或使其所受到的侵害得到及时的制止和排除。

---

① 有部分学者曾主张在我国构建独立的民事诉讼法律责任体系，将《民诉法》第十章“对妨害民事诉讼的强制措施”直接修改为“民事诉讼法律责任”，以在立法框架上真正确定民事诉讼法律责任的地位。具体来说，所谓民事诉讼法律责任，是指民事诉讼参与人及案外人、审判机关、审判人员、国家对于在民事诉讼过程中实施的各种民事诉讼违法行为而应承担的不利性法律后果。参见何文燕、廖永安等：《民事诉讼理念变革与制度创新》，376～394 页，北京，中国法制出版社，2007。

（二）保障人民法院顺利完成审判和执行任务

人民法院是审判活动中的裁判者，是执行活动中的执行主体，任何妨害民事诉讼的行为，均会在客观上阻挠和干扰人民法院对案件的审判和判决的执行。因此，必须依法对妨害民事诉讼的行为人采取必要的强制措施，以保证人民法院顺利地完成审判和执行任务。

（三）教育公民自觉遵守法律，维护正常的诉讼秩序和法院的权威

对妨害民事诉讼的行为人采取必要的强制措施，不仅可以使行为人本人受到有效的约束和深刻的教育，同时对他人来说，也具有普遍的教育意义和警示作用，从而促使他们自觉遵守国家法律，维护正常的诉讼秩序和法院的权威。

二、妨害民事诉讼行为的构成和种类

（一）妨害民事诉讼行为的构成

妨害民事诉讼行为，是指当事人、其他诉讼参与人或案外人在诉讼（包括审判和执行）过程中故意实施的扰乱民事诉讼秩序、阻挠民事诉讼进程的行为。妨害民事诉讼行为的构成要件包括以下几点。

（1）是已经实施并在客观上妨害了民事诉讼的行为。这是构成妨害民事诉讼行为的客观要件。如果只是行为人主观上的一种打算而没有实际实施，或者尽管实施了但不足以妨害民事诉讼，都不是妨害民事诉讼的行为。妨害民事诉讼的行为，可以是作为，也可以是不作为，前者如伪造、假冒重要证据等，后者如必须到庭的被告，经两次传唤无正当理由拒不到庭等。如果行为人所实施的妨害民事诉讼行为十分严重，构成了犯罪，那么应当按照刑法的规定处以刑罚，而不再处以民事诉讼中的强制措施。

（2）是在诉讼过程中实施的行为。这是构成妨害民事诉讼行为的时间要件。妨害民事诉讼的行为以扰乱、阻碍民事诉讼的正常进行为目的，因此，妨害民事诉讼行为也必须是在民事诉讼过程中实施的行为。这里的民事诉讼过程不仅包括审判过程，而且包括执行过程。也就是说，只要是行为人在受理起诉以后执行结束之前实施了妨害民事诉讼的行为，不管该行为是在法庭上实施的，还是在法庭外实施的，都构成妨害民事诉讼的行为。当然，对于“在诉讼过程中实施”，我们不宜作过于绝对的理解，如根据《民诉解释》第 519 条的规定，在执行终结 6 个月内，被执行人或者其他人对已执行的标的有妨害行为的，人民法院可以依申请排除妨害，并可以依照《民诉法》第 114 条的规定进行处罚。因妨害行为给执行债权人或者其他人造成损失的，受害人可以另行起诉。

（3）行为人在主观上必须出于故意。这是妨害民事诉讼行为的主观要件。如果某一行为的实施不是出于行为人的故意，而是出于其过失，即使这一行为在客观上可能给民事诉讼的正常进行造成一定程度的不便，也不能将这一行为认定为妨害民事诉讼的行为。此处所谓“故意”，是指行为人明知自己实施的行为会妨害民事诉讼程序，而希望或者放

纵这种情形的发生。

（二）妨害民事诉讼行为的种类

根据《民诉法》第112条至第117条、第120条及《民诉解释》的规定，下列行为属于妨害民事诉讼的行为。

（1）必须到庭的被告以及必须到庭才能查清案件基本事实的原告，经两次传票传唤，无正当理由拒不到庭。"必须到庭的被告"是指负有赡养、抚育、扶养义务和不到庭就无法查清案情的被告（《民诉解释》第174条）。此外，在执行程序中，必须到人民法院接受调查询问的被执行人、被执行人的法定代表人、负责人或实际控制人，经依法传唤无正当理由拒不到场的，人民法院可以拘传其到场（《民诉解释》第482条第1款）。所谓经两次传票传唤，是指前述各种人经人民法院先后两次依法定方式向其正式送达传票并已产生预定的法律效力的传唤。所谓无正当理由，通常是指客观上并不存在不可抗力、意外事件等足以使前述各种人无法到庭的特殊情况。

（2）诉讼参与人和其他人违反法庭规则。这些行为主要表现为哄闹、冲击法庭，侮辱、诽谤、威胁、殴打审判人员等扰乱法庭秩序的行为。若情节严重，构成犯罪，则不属于妨害民事诉讼的行为，而属于应当依法追究行为人的刑事责任的犯罪行为。

此外，《民诉解释》第176条规定，诉讼参与人或者其他人有下列行为之一的，人民法院可以适用《民诉法》第113条规定处理：1）未经准许进行录音、录像、摄影的；2）未经准许以移动通信等方式现场传播审判活动的；3）其他扰乱法庭秩序，妨害审判活动进行的。有上述规定情形的，人民法院可以暂扣诉讼参与人或者其他人进行录音、录像、摄影、传播审判活动的器材，并责令其删除有关内容；拒不删除的，人民法院可以采取必要手段强制删除。

（3）诉讼参与人或者其他人妨害诉讼证据的收集、调查及阻拦、干扰诉讼的进行。其主要表现为：1）伪造、毁灭重要证据，妨碍人民法院审理案件但尚未构成犯罪的行为。此处所谓重要证据，是指对案件事实具有重要证明作用的证据，或曰证明案件不可或缺的证据。2）以暴力、威胁、贿买方法阻止证人作证或者指使、贿买、胁迫他人作伪证但尚未构成犯罪的行为。3）隐藏、转移、变卖、毁损已被查封、扣押的财产，或者已被清点并责令其保管的财产，转移已被冻结的财产但尚未构成犯罪的行为。4）对司法工作人员、诉讼参加人、证人、翻译人员、鉴定人、勘验人、协助执行的人，进行侮辱、诽谤、诬陷、殴打或者打击报复但尚未构成犯罪的行为。5）诉讼参与人或者其他人以暴力、威胁或者其他方法阻碍司法工作人员执行职务但尚未构成犯罪的行为。[①] 人民法院对有前述行为之一的单位，可以对其主要负责人或者直接责任人员予以罚款、拘留；构成犯罪的，依法追究刑事责任。

---

① 根据《民诉解释》第187条的规定，以暴力、威胁或者其他方法阻碍司法工作人员执行职务的行为具体包括六种情形：（1）在人民法院哄闹、滞留，不听从司法工作人员劝阻的；（2）故意毁损、抢夺人民法院法律文书、查封标志的；（3）哄闹、冲击执行公务现场，围困、扣押执行或者协助执行公务人员的；（4）毁损、抢夺、扣留案件材料、执行公务车辆、其他执行公务器械、执行公务人员服装和执行公务证件的；（5）以暴力、威胁或者其他方法阻碍司法工作人员查询、查封、扣押、冻结、划拨、拍卖、变卖财产的；（6）以暴力、威胁或者其他方法阻碍司法工作人员执行职务的其他行为。

此外，《民诉解释》第 189 条规定，诉讼参与人或者其他人有下列行为之一的，人民法院可以适用《民诉法》第 114 条的规定处理：1）冒充他人提起诉讼或者参加诉讼的；2）证人签署保证书后作虚假证言，妨碍人民法院审理案件的；3）伪造、隐藏、毁灭或者拒绝交出有关被执行人履行能力的重要证据，妨碍人民法院查明被执行人财产状况的；4）擅自解冻已被人民法院冻结的财产的；5）接到人民法院协助执行通知书后，给当事人通风报信，协助其转移、隐匿财产的。

（4）拒不履行人民法院已经发生法律效力的判决、裁定。这类行为包括以下五种：1）在法律文书发生法律效力后隐藏、转移、变卖、毁损财产或者无偿转让财产、以明显不合理的价格交易财产、放弃到期债权、无偿为他人提供担保等，致使人民法院无法执行的；2）隐藏、转移、毁损或者未经人民法院允许处分已向人民法院提供担保的财产的；3）违反人民法院限制高消费令进行消费的；4）有履行能力而拒不按照人民法院执行通知履行生效法律文书确定的义务的；5）有义务协助执行的个人接到人民法院协助执行通知书后，拒不协助执行的（《民诉解释》第 188 条）。人民法院对有前述行为之一的单位，可以对其主要负责人或者直接责任人员予以罚款、拘留；构成犯罪的，依法追究刑事责任。

（5）诉讼欺诈与规避执行行为。这类行为包括以下两种：1）当事人之间恶意串通，企图通过诉讼、调解等方式侵害他人合法权益的，人民法院应当驳回其请求，并根据情节轻重予以罚款、拘留；构成犯罪的，依法追究刑事责任。2）被执行人与他人恶意串通，通过诉讼、仲裁、调解等方式逃避法律文书确定的义务的，人民法院应当根据情节轻重予以罚款、拘留；构成犯罪的，依法追究刑事责任。

（6）有义务协助调查、执行的单位拒不履行协助义务。这类行为包括以下四种：1）有关单位拒绝或者妨碍人民法院调查取证的行为。2）有关单位接到人民法院协助执行通知书后，拒不协助查询、扣押、冻结、划拨、变价财产的。3）有关单位接到人民法院协助执行通知书后，拒不协助扣留被执行人的收入、办理有关财产权证照转移手续、转交有关票证、证照或者其他财产的。4）其他拒绝协助执行的。人民法院对有前述规定的行为之一的单位，可以对其主要负责人或者直接责任人员予以罚款；对仍不履行协助义务的，可以拘留；并可以向监察机关或者有关机构提出予以纪律处分的司法建议。

此外，《民诉解释》第 192 条规定，有关单位接到人民法院协助执行通知书后，有下列行为之一的，人民法院可以适用《民诉法》第 117 条的规定处理：1）允许被执行人高消费的；2）允许被执行人出境的；3）拒不停止办理有关财产权证照转移手续、权属变更登记、规划审批等手续的；4）以需要内部请示、内部审批，有内部规定等为由拖延办理的。

（7）采取非法拘禁他人或者非法私自扣押他人财产追索债务的行为。采取对妨害民事诉讼的强制措施必须由人民法院决定。任何单位和个人采取非法拘禁他人或者非法私自扣押他人财产追索债务的，应当依法追究刑事责任，或者予以拘留、罚款。

三、强制措施的种类及其适用

根据《民诉法》的规定，对妨害民事诉讼的强制措施有拘传、训诫、责令退出法庭、罚款、拘留、限制出境六种。

（一）拘传及其适用

拘传是指人民法院在法定情况下，通过派出司法警察依法强制有关人员到庭参加诉讼的强制措施。根据《民诉法》和《民诉解释》的规定，适用拘传时，必须具备以下条件。

（1）拘传适用的对象是必须到庭的被告或者必须到庭才能查清基本案件事实的原告。

（2）经过两次传票传唤。必须是用法院传票依照法定程序和送达的方式经过两次传唤。

（3）无正当理由拒不到庭。正当理由，即指不可抗力的事由或事实，当事人无法预见和难以自行克服的意外事件，如自然灾害、突然重病等情况。

只有以上三个条件同时具备，人民法院才能适用拘传措施。人民法院在采取拘传措施前，应向被拘传人说明拒不到庭的后果，经批评教育仍拒不到庭的，可以拘传其到庭。采取拘传措施，由合议庭或独任审判员提出意见，报经本院院长批准，并填写拘传票，直接送达被拘传人，由被拘传人签字或盖章。

（二）训诫及其适用

训诫是指人民法院对妨害民事诉讼行为情节较轻的人，通过批评、教育的方式，指出违法之处并责令其加以改正的强制措施。

训诫的适用对象仅限于违反法庭规则，情节显著轻微，尚不足以作出责令退出法庭、罚款、拘留等措施的人（《民诉法》第 113 条）。法庭规则是法院开庭时诉讼参与人和其他人应当遵守的纪律和秩序，它是开庭审理得以顺利进行的保障。法庭规则由书记员在开庭审理时宣布，对违反法庭规则的人，审判员可以对其直接适用训诫的强制措施，训诫的内容应当记入庭审笔录。

（三）责令退出法庭及其适用

责令退出法庭是指人民法院强行命令违反法庭规则的人离开法庭，从而防止其继续妨害诉讼活动进行的强制措施。

责令退出法庭的适用对象也是违反法庭规则的诉讼参与人或其他人。它与训诫的强度不同，训诫只是口头批评教育，还允许行为人留在法庭；而责令退出法庭则强行命令行为人退出法庭，比训诫更严厉。该措施可由合议庭或独任审判员决定，被责令退出法庭者的违法事实应当记入庭审笔录。

（四）罚款及其适用

罚款是指人民法院对妨害民事诉讼行为人所采取的强令其在指定期间缴纳一定数额金钱的强制措施。

适用罚款时，应当注意以下几点。

（1）罚款的适用对象，主要是实施了《民诉法》第 113～117 条、第 120 条所规定的妨害民事诉讼行为的人，以及《海诉法》第 59 条所规定的拒不执行海事强制令的被申请人。

（2）罚款的金额，对个人为人民币 10 万元以下；对单位为人民币 5 万元以上 100 万元以下。被请求人拒不执行海事强制令的罚款金额，对个人为 1 000 元以上 3 万元以下，对单位为 3 万元以上 10 万元以下。

（3）适用罚款必须经院长批准，并出具“罚款决定书”。

（4）对同一妨害民事诉讼行为的罚款不得连续适用。发生新的妨害民事诉讼行为的，人民法院可以重新予以罚款。

（5）被罚款的人不服罚款决定的，可以自收到决定书之日起 3 日内向上一级法院申请复议一次。复议期间不停止执行。上级法院应在收到复议申请后 5 日内作出决定，并将复议结果通知下级法院和当事人。上级法院复议时认为强制措施不当的，应当制作决定书，撤销或变更下级法院的罚款决定；情况紧急的，可以在口头通知后 3 日内发出决定书。

（6）《民诉法》第 113～116 条规定的罚款，可以单独适用，也可以合并适用。

（五）拘留及其适用

拘留是指人民法院对妨害民事诉讼行为严重的人，在一定期间内限制其人身自由的强制措施。

拘留是所有妨害民事诉讼的强制措施中最重的。适用拘留时，应注意以下几点。

（1）拘留的适用对象，主要是实施了《民诉法》第 113～117 条以及第 120 条所规定的妨害民事诉讼行为的人。

（2）采取拘留措施可由合议庭或独任审判员提出，报请法院院长批准，并制作“拘留决定书”。

（3）拘留的期限为 15 日以下。

（4）对同一妨害民事诉讼行为的拘留不得连续适用。发生新的妨害民事诉讼行为的，人民法院可以重新予以拘留。

（5）被拘留人对该决定不服的，可以自收到决定书之日起 3 日内向上一级法院申请复议一次。上级法院应在收到复议申请后 5 日内作出决定，并将复议结果通知下级法院和当事人。上级法院复议时认为强制措施不当的，应当制作决定书，撤销或变更下级法院的拘留决定；情况紧急的，可以在口头通知后 3 日内发出决定书。

（6）被拘留的人由司法警察送交当地公安机关看管。被拘留人在拘留期间认错悔改的，可以责令其具结悔过，提前解除拘留。提前解除拘留，应报经院长批准，并作出提前解除拘留决定书，交负责看管的公安机关执行。

（7）《民诉法》第 113 条至第 116 条规定的拘留可以单独适用，也可以合并适用。

（六）限制出境及其适用

限制出境，是指执行法院对未履行生效法律文书确定义务的被执行人或其法定代表人、负责人责令不准出境的一种强制措施。

随着我国加入 WTO，我国公民申请出境和外国人申请入境的人数成倍增长。公安部为此不断简化审批手续，出国审批由原来的“依条件审批”改为“按需申领”，这对法院的执行工作提出了挑战。为加强对被执行人出境的控制，有效地防止被执行人利用出境达到逃避债务的目的，限制出境的实施显得极为重要。

限制出境的条件包括：(1) 须有申请执行人提出申请。限制出境一般应以申请执行人申请为前提条件，法院不主动依职权进行。(2) 须有被执行人未履行生效法律文书确定的义务这一事实存在。根据《出境入境管理法》第 12、28 条的规定，“有未了结的民事案件”的中国公民和外国人，法院可以决定其不能离境。所谓“有未了结的民事案件”，应当包括审判案件和执行案件。

限制出境的方法包括：(1) 向当事人口头通知或书面通知，在其案件了结之前不得出境。(2) 根据案件性质及当事人的具体情况，可令其提供财产担保或交付一定数量保证金后准予出境。(3) 扣留当事人护照或其他有效出入境证件。法院在处理民商事案件时，应尽量避免采取扣留外方当事人或法定代表人护照的方式，可视情况采取保全、交纳保证金、边控等措施。(4) 在边防检查站阻止出境。

对于上述各种强制措施，有的对于同一妨害民事诉讼的行为可以合并使用，也可以分别使用。如对于罚款、拘留可以单独适用，也可以合并适用。但有的强制措施对同一妨害民事诉讼的行为，不能连续适用。如对同一妨害民事诉讼行为的罚款、拘留就不得连续适用。但发生了新的妨害民事诉讼的行为，人民法院可以重新予以罚款、拘留。

被限制出境的人认为对其限制出境错误的，可以自收到限制出境决定之日起 10 日内向上一级法院申请复议。上一级法院应当自收到复议申请之日起 15 日内作出决定。复议期间，不停止原决定的执行（《执行异议复议规定》第 9 条）。

第四节　诉讼费用与司法救助

一、诉讼费用的概念与征收诉讼费用的意义

（一）诉讼费用的概念

诉讼费用是指民事诉讼当事人依法向法院交纳的为进行诉讼所必需的费用。

在民事诉讼中征收诉讼费用，是各国在民事诉讼中普遍规定的一项法律制度。法院之所以向当事人征收诉讼费，主要基于“受益者分担”的原理，即当事人除作为纳税人承担支撑审判制度的一般责任以外，还因为具体利用审判制度获得国家提供的纠纷解决这一服务，而必须进一步负担支撑审判的部分费用。尤其在国家尚未达到足够富裕、财政还比较紧张的情况下，由国家投资的公共设施或提供的公共服务，通过适当收费以补足财政实属必要，否则，对于没有利用公共设施或没有享受公共服务的其他纳税人来说实在是不公平。[①]

---

① 参见廖永安等：《诉讼费用研究——以当事人诉权保护为分析视角》，29 页，北京，中国政法大学出版社，2006。

过去我国有关诉讼费用的制度主要是通过一系列的司法解释予以规定的，如 1989 年最高人民法院制定的《人民法院诉讼收费办法》、1999 年最高人民法院制定的《〈人民法院诉讼收费办法〉补充规定》等。2006 年 12 月 8 日，国务院根据《中央政法委员会关于贯彻落实〈中央司法体制改革领导小组关于司法体制和工作机制改革的初步意见〉的分工方案》，于第 159 次常务会议通过了新的《交费办法》，该办法自 2007 年 4 月 1 日起施行。[①]

（二）征收诉讼费用的意义

在民事诉讼中征收诉讼费用具有以下几个方面的重要意义。

（1）制裁民事违法行为。诉讼费用负担的基本原则是由败诉一方当事人承担，而败诉一方当事人之所以会败诉，通常是由于其违反了法律规定或合同约定，从而给对方当事人造成了一定的损害。在此意义上，法院征收诉讼费用也就具有了某种程度的对违法行为予以制裁的功能。

（2）减少纳税人的负担和国家财政开支。如前所述，法院向当事人征收诉讼费用，主要基于“受益者分担”的原理。从我国现阶段来看，国家尚不可能对民事纠纷这种私权纠纷的司法解决提供“免费的午餐”。相反，对当事人征收一定的诉讼费用既是必要的，也是合理的，有助于减少纳税人的负担和国家财政开支。

（3）防止当事人滥用诉权。诉讼费用原则上由败诉当事人和不当进行诉讼行为的人负担。因此，对于当事人而言，其在起诉时必须认真考虑是否有必要进行诉讼、在诉讼中其诉讼行为是否妥当，从而对滥用诉权的行为起到相应的扼制作用。

（4）有利于维护国家主权和经济利益。从世界范围来看，大多数国家实行司法有偿主义，如果我们实行免费诉讼制度，在涉外民商事纠纷的司法解决中，必然会对国家的主权和经济利益造成负面的影响，同时也不符合国际交往中所遵循的平等互利原则。

二、诉讼费用的种类和征收标准

根据《民诉法》第 121 条第 1 款和《交费办法》第 6 条的规定，当事人应当向人民法院交纳的诉讼费用包括：（1）案件受理费；（2）申请费；（3）其他诉讼费用，如证人、鉴定人、翻译人员、理算人员在人民法院指定日期出庭发生的交通费、住宿费、生活费和误工补贴。

（一）案件受理费及其征收标准

案件受理费，是指人民法院决定受理案件后，依照有关规定应向当事人收取的费用。这种费用在我们国家属于一种国家规费，其用途主要是弥补法院业务经费支出。[②] 除法律

---

① 我们认为，最高人民法院与国务院都不宜作为诉讼费用规则的制定主体，根据《立法法》第 11 条的规定，对诉讼制度和仲裁基本制度只能制定法律。诉讼费用规则是诉讼制度的一个重要组成部分，其制定主体显然只能是全国人大及其常委会。参见廖永安等：《诉讼费用研究——以当事人诉权保护为分析视角》，24～26 页，北京，中国政法大学出版社，2006；赵钢：《讼费规则制定权的再次旁落》，载《法学》，2007（3）。

② 关于诉讼费用性质的讨论，详见廖永安等：《诉讼费用研究——以当事人诉权保护为分析视角》，28～30 页，北京，中国政法大学出版社，2006。

另有规定以外，原则上所有的民事案件都应当由当事人交纳案件受理费。

案件受理费分为两类：一类是财产案件的受理费，另一类是非财产案件的受理费。如果案件的诉讼标的既涉及非财产性质，又涉及财产性质，原则上要按规定分别交纳两种案件受理费。

1. 非财产案件受理费

非财产案件是指争议的民事权利义务关系不具有直接的财产内容，而是与争议主体的人格、身份不可分离的案件。由于此类诉讼所涉权益之经济价值通常无法精确量化，故其受理费实行“按件计征”的原则。根据《交费办法》第 13 条第 2～4 项和第 6 项之规定，具体分为以下六种情况。

（1）离婚案件每件交纳 50 元至 300 元。涉及财产分割，财产总额不超过 20 万元的，不另行交纳；超过 20 万元的部分，按照 0.5%交纳。

（2）侵害姓名权、名称权、肖像权、名誉权、荣誉权以及其他人格权的案件，每件交纳 100 元至 500 元。涉及损害赔偿，赔偿金额不超过 5 万元的，不另行交纳；超过 5 万元至 10 万元的部分，按照 1%交纳；超过 10 万元的部分，按照 0.5%交纳。

（3）没有争议金额或者价额的知识产权民事案件，每件交纳 500 元至 1 000 元。

（4）劳动争议案件每件交纳 10 元。

（5）当事人提出案件管辖权异议，异议不成立的，每件交纳 50 元至 100 元。

（6）其他非财产案件，每件交纳 50 元至 100 元。

2. 财产案件受理费

财产案件是指当事人争议的权利义务关系具有一定物质的内容，或直接体现某种经济利益的案件。对于财产案件，其案件受理费按诉讼标的金额或价额的大小予以征收。这种做法的合理根据和正当性在于“利用者负担”的原理或逻辑。此外，还有学者认为，案件受理费按诉讼标的金额或价额征收，还能够最大限度地避免法院滥收费现象的发生。① 根据《交费办法》的规定，财产案件受理费的征收具体分为以下两种情况。

（1）一般财产案件，根据诉讼请求的金额或者价额，按照下列比例分段累计交纳：

不超过 1 万元的，每件交纳 50 元；

超过 1 万元至 10 万元的部分，按照 2.5%交纳；

超过 10 万元至 20 万元的部分，按照 2%交纳；

超过 20 万元至 50 万元的部分，按照 1.5%交纳；

超过 50 万元至 100 万元的部分，按照 1%交纳；

超过 100 万元至 200 万元的部分，按照 0.9%交纳；

超过 200 万元至 500 万元的部分，按照 0.8%交纳；

超过 500 万元至 1 000 万元的部分，按照 0.7%交纳；

超过 1 000 万元至 2 000 万元的部分，按照 0.6%交纳；

超过 2 000 万元的部分，按照 0.5%交纳。

---

① 参见肖建国：《民事诉讼程序价值论》，320 页，北京，中国人民大学出版社，2000。

（2）有争议金额或者价额的知识产权民事案件，按照财产案件的标准交纳。

此外，《民诉解释》第 197 条和第 198 条还就以下案件诉讼标的金额的计算与确定作了规定：诉讼标的物是证券的，按照证券交易规则并根据当事人起诉之日前最后一个交易日的收盘价、当日的市场价或者其载明的金额计算诉讼标的金额；诉讼标的物是房屋、土地、林木、车辆、船舶、文物等特定物或者知识产权，起诉时价值难以确定的，人民法院应当向原告释明主张过高或者过低的诉讼风险，以原告主张的价值确定诉讼标的金额。

3. 案件受理费征收的特殊规定

《交费办法》实施前，我国确定诉讼费用征收标准的依据主要有两个：一是案件诉讼性质与非诉讼性质，二是案件的财产性与非财产性。一般来说，凡采用司法有偿主义的国家，这两个依据在确定诉讼费用的征收标准时，往往都是必须考虑的因素。但是，仅有上述两个依据还不够全面。在某些情况下，其不利于民事诉讼制度功能的全面发挥和民事诉讼目的的根本实现。除上述依据外，案件审理程序的繁简程度、诉讼案件审理的阶段性，诉讼案件审级阶段的不同性、是否以诉讼和解或调解的方式结案等，也应成为确定诉讼费用征收标准的重要依据。[①] 基于此，《交费办法》在案件受理费的征收上作了如下一些特殊规定。

（1）以调解方式结案或者当事人申请撤诉的，减半交纳案件受理费。

（2）适用简易程序审理的案件，减半交纳案件受理费。

（3）对财产案件提起上诉的，按照不服一审判决部分的上诉请求数额交纳案件受理费。

（4）被告提起反诉、有独立请求权的第三人提出与本案有关的诉讼请求，人民法院决定合并审理的，分别减半交纳案件受理费。

（5）依照《交费办法》第 9 条规定需要交纳案件受理费的再审案件，按照不服原判决部分的再审请求数额交纳案件受理费。

此外，针对诉讼中的一些特殊情形，《民诉解释》就案件受理费的征收也作了相应规定。

（1）支付令失效后转入诉讼程序的，债权人应当按照《交费办法》补交案件受理费。

（2）适用简易程序审理的案件转为普通程序的，原告自接到人民法院交纳诉讼费用通知之日起 7 日内补交案件受理费。

（3）破产程序中有关债务人的民事诉讼案件，按照财产案件标准交纳诉讼费，但劳动争议案件除外。

（4）既有财产性诉讼请求，又有非财产性诉讼请求的，按照财产性诉讼请求的标准交纳诉讼费。有多个财产性诉讼请求的，合并计算交纳诉讼费；诉讼请求中有多个非财产性诉讼请求的，按一件交纳诉讼费。

（5）人民法院决定减半收取案件受理费的，只能减半一次。

---

① 参见廖永安：《论民事诉讼费用的性质与征收依据》，载《政法论坛》，2003（5）。

（二）申请费及其征收标准

所谓申请费，是指当事人申请执行生效法律文书、财产保全等事项时，应向人民法院交纳的费用。对此，《交费办法》和《民诉解释》具体规定了以下八种情况。

（1）依法向人民法院申请执行人民法院发生法律效力的判决、裁定、调解书，仲裁机构依法作出的裁决和调解书，公证机关依法赋予强制执行效力的债权文书，申请承认和执行外国法院判决、裁定以及国外仲裁机构裁决的，按照下列标准交纳。

1）没有执行金额或者价额的，每件交纳 50 元至 500 元。

2）执行金额或者价额不超过 1 万元的，每件交纳 50 元；超过 1 万元至 50 万元的部分，按照 1.5%交纳；超过 50 万元至 500 万元的部分，按照 1%交纳；超过 500 万元至 1 000 万元的部分，按照 0.5%交纳；超过 1 000 万元的部分，按照 0.1%交纳。

3）符合《民诉法》第 57 条第 4 款的规定，未参加登记的权利人向人民法院提起诉讼的，按照上述规定的标准交纳申请费，不再交纳案件受理费。

（2）申请保全措施的，根据实际保全的财产数额按照下列标准交纳。

1）财产数额不超过 1 000 元或者不涉及财产数额的，每件交纳 30 元。

2）超过 1 000 元至 10 万元的部分，按照 1%交纳。

3）超过 10 万元的部分，按照 0.5%交纳。

但是当事人申请保全措施交纳的费用最多不超过 5 000 元。

（3）依法申请支付令的，比照财产案件受理费标准的 1/3 交纳。

（4）依法申请公示催告的，每件交纳 100 元。

（5）申请撤销仲裁裁决或者认定仲裁协议效力的，每件交纳 400 元。

（6）海事案件的申请费按照下列标准交纳。

1）申请设立海事赔偿责任限制基金的，每件交纳 1 000 元至 1 万元。

2）申请海事强制令的，每件交纳 1 000 元至 5 000 元。

3）申请船舶优先权催告的，每件交纳 1 000 元至 5 000 元。

4）申请海事债权登记的，每件交纳 1 000 元。

5）申请共同海损理算的，每件交纳 1 000 元。

（7）实现担保物权案件中准许拍卖、变卖担保财产的裁定作出后，人民法院强制执行的，按照执行金额收取执行申请费。

（8）破产案件依据破产财产总额计算，按照财产案件受理费标准减半交纳，但是，最高不超过 30 万元。

（三）其他诉讼费用及其征收标准

根据《交费办法》的规定，其他诉讼费用的征收主要包括以下两种情况。

（1）证人、鉴定人、翻译人员、理算人员在人民法院指定日期出庭发生的交通费、住宿费、生活费和误工补贴，由人民法院按照国家规定标准代为收取。

（2）当事人复制案卷材料和法律文书应当按照实际成本向人民法院交纳工本费。

此外，诉讼过程中因鉴定、公告、勘验、翻译、评估、拍卖、变卖、仓储、保管、运输、船舶监管等发生的依法应当由当事人负担的费用，人民法院根据“谁主张、谁负担”的原则，决定由当事人直接支付给有关机构或者单位，人民法院不得代收代付（《交费办法》第12条）。人民法院依照《民诉法》第11条第3款的规定提供当地民族通用语言、文字翻译的，不收取费用。

三、诉讼费用的预交

诉讼费用的预交，是指由当事人一方预先垫付诉讼费用。预交诉讼费用的当事人不一定就是最终承担诉讼费用的当事人。

1. 案件受理费的预交

案件受理费由原告、有独立请求权的第三人、上诉人预交，被告提起反诉，依照《交费办法》的规定需要交纳案件受理费的，由被告预交。对于需要交纳案件受理费的再审案件，由申请再审的当事人预交；双方当事人都申请再审的，分别预交。追索劳动报酬的案件可以不预交案件受理费。

原告自接到人民法院交纳诉讼费用通知次日起7日内交纳案件受理费，对于反诉案件由提起反诉的当事人自提起反诉次日起7日内交纳案件受理费。上诉案件的案件受理费由上诉人向人民法院提交上诉状时预交；双方当事人都提起上诉的，分别预交。上诉人在上诉期内未预交诉讼费用的，人民法院应当通知其在7日内预交。

2. 申请费的预交

申请费由申请人预交。但是执行申请费和破产申请费不由申请人预交，执行申请费执行后交纳，破产申请费清算后交纳。申请费由申请人在提出申请时或者在人民法院指定的期限内预交。

此外，对于鉴定人、翻译人员、理算人员在人民法院指定日期出庭发生的交通费、住宿费、生活费和误工补贴，待实际发生后交纳，不需预交。当事人申请证人作证的，证人因履行出庭作证义务而支出的交通、住宿、就餐等必要费用以及误工损失，由该当事人先行垫付；当事人没有申请，人民法院通知证人作证的，由人民法院先行垫付（《民诉法》第77条）。人民法院准许证人出庭作证申请的，应当通知申请人预缴证人出庭作证费用（《民诉解释》第118条）。

当事人逾期不交纳诉讼费用又未提出司法救助申请，或者申请司法救助未获批准，在人民法院指定期限内仍未交纳诉讼费用的，由人民法院依照有关规定处理。

3. 几种特殊情况的处理

（1）当事人在诉讼中变更诉讼请求数额，案件受理费按照下列规定处理：当事人增加诉讼请求数额的，按照增加后的诉讼请求数额计算补交；当事人在法庭调查终结前提出减少诉讼请求数额的，按照减少后的诉讼请求数额计算退还。

（2）依照《民诉法》第37条至第39条的规定移送、移交的案件，原受理人民法院应当将当事人预交的诉讼费用随案移交接收案件的人民法院。人民法院审理民事案件过程中发现涉嫌刑事犯罪并将案件移送有关部门处理的，当事人交纳的案件受理费予以退还；移送后民事案件需要继续审理的，当事人已交纳的案件受理费不予退还。

（3）中止诉讼、中止执行的案件，已交纳的案件受理费、申请费不予退还。中止诉讼、中止执行的原因消除，恢复诉讼、执行的，不再交纳案件受理费、申请费。

（4）第二审人民法院决定将案件发回重审的，应当退还上诉人已交纳的第二审案件受理费。

（5）第一审人民法院裁定不予受理或者驳回起诉的，应当退还当事人已交纳的案件受理费；当事人对第一审人民法院不予受理、驳回起诉的裁定提起上诉，第二审人民法院维持第一审人民法院作出的裁定的，第一审人民法院应当退还当事人已交纳的案件受理费。

（6）依照《民诉法》第154条规定终结诉讼的案件，依照《交费办法》规定已交纳的案件受理费不予退还。

四、诉讼费用的负担

所谓诉讼费用的负担，是指在案件审判终了和执行完毕时，当事人对诉讼费用的实际承担。

（一）一审案件诉讼费用的负担

1. 败诉人负担

所谓败诉，是相对于当事人的诉讼请求而言的，当事人的请求没有得到法院承认的，即为败诉，部分不承认的，即为部分败诉。由败诉人负担诉讼费用是我国诉讼费用负担的基本原则。

诉讼费用由败诉方负担，胜诉方自愿承担的除外。部分胜诉、部分败诉的，人民法院根据案件的具体情况决定当事人各自负担的诉讼费用数额。共同诉讼当事人败诉的，人民法院根据其对诉讼标的的利害关系，决定当事人各自负担的诉讼费用数额（《交费办法》第29条）。

债务人对督促程序未提出异议的，申请费由债务人负担。

执行申请费由被执行人负担。

证人因履行出庭作证义务而支出的交通、住宿、就餐等必要费用以及误工损失，由败诉一方当事人负担。

2. 撤诉人负担

民事案件的原告或者上诉人申请撤诉，人民法院裁定准许的，案件受理费由原告或者上诉人负担。

3. 协商负担

经人民法院调解达成协议的案件，诉讼费用的负担由双方当事人协商解决；协商不成的，由人民法院决定。

离婚案件诉讼费用的负担由双方当事人协商解决；协商不成的，由人民法院决定。

执行中当事人达成和解协议的，申请费的负担由双方当事人协商解决；协商不成的，由人民法院决定。

4. 自行负担

当事人在法庭调查终结后提出减少诉讼请求数额的，减少请求数额部分的案件受理费，由变更诉讼请求的当事人负担。

当事人因自身原因未能在举证期限内举证，在二审或者再审期间提出新的证据致使诉讼费用增加的，增加的诉讼费用由该当事人负担。

5. 申请人负担

债务人对督促程序提出异议致使督促程序终结的，申请费由申请人负担；支付令失效后转入诉讼程序的，债权人应当按照《交费办法》补交案件受理费。支付令被撤销后，债权人另行起诉的，按照《交费办法》交纳诉讼费用（《民诉解释》第195条）。

公示催告程序的申请费由申请人负担。

在海事案件中，诉前申请海事请求保全、海事强制令的，申请费由申请人负担；申请人就有关海事请求提起诉讼的，可将上述费用列入诉讼请求；诉前申请海事证据保全的，申请费由申请人负担；诉讼中拍卖、变卖被扣押船舶、船载货物、船用燃油、船用物料发生的合理费用，由申请人预付，从拍卖、变卖价款中先行扣除，退还申请人；申请设立海事赔偿责任限制基金、申请债权登记与受偿、申请船舶优先权催告案件的申请费，由申请人负担；设立海事赔偿责任限制基金、申请船舶优先权催告程序中的公告费用，由申请人负担。

依法向人民法院申请破产的，申请费用依照有关法律规定从破产财产中拨付。

（二）二审案件诉讼费用的负担

根据第二审人民法院审理上诉案件的不同结果，上诉案件诉讼费用的负担有下列几种情况。

（1）当事人一方不服原判提起上诉，第二审人民法院判决驳回上诉、维持原判的，第二审的诉讼费用由上诉人负担。

（2）双方当事人均不服原判提起上诉，第二审人民法院审理后，判决驳回上诉、维持原判的，诉讼费用由双方当事人负担。

（3）第二审人民法院对上诉案件审理之后，对第一审人民法院的判决作了改判的，除应确定当事人对第二审诉讼费用的负担外，还应当相应地变更第一审人民法院对诉讼费用负担的决定。

（4）第二审人民法院审理上诉案件，经过调解达成协议的，在调解书送达后，原审人民法院的判决视为撤销。因此，对第一审和第二审的全部诉讼费用，由双方当事人一并协商解决负担问题；协商不成的，由第二审人民法院一并作出决定。

（5）第二审人民法院发回原审人民法院重审的案件，上诉人预交的上诉案件受理费应予退还。

（6）裁定驳回上诉的案件，不交纳案件受理费。

（三）再审案件诉讼费用的负担

依照《交费办法》第 9、32 条的规定，应当交纳案件受理费的再审案件，诉讼费用由申请再审的当事人负担；双方当事人都申请再审的，诉讼费用依照该办法第 29 条的规定负担。原审诉讼费用的负担由人民法院根据诉讼费用负担原则重新确定（《交费办法》第 32 条）。

当事人不得单独对人民法院关于诉讼费用的决定提起上诉。

当事人单独对人民法院关于诉讼费用的决定有异议的，可以向作出决定的人民法院院长申请复核。复核决定应当自收到当事人申请之日起 15 日内作出。当事人对人民法院决定诉讼费用的计算有异议的，可以向作出决定的人民法院请求复核。计算确有错误的，作出决定的人民法院应当予以更正。

五、诉讼费用的管理和监督

《交费办法》就诉讼费用的管理和监督作了专章规定，具体包括以下几方面的内容。

（1）诉讼费用的交纳和收取制度应当公示。人民法院收取诉讼费用按照其财务隶属关系，使用国务院财政部门或者省级人民政府财政部门印制的财政票据。案件受理费、申请费全额上缴财政，纳入预算，实行收支两条线管理。

（2）人民法院收取诉讼费用应当向当事人开具缴费凭证，当事人持缴费凭证到指定代理银行交费。依法应当向当事人退费的，人民法院应当按照国家有关规定办理。诉讼费用缴库和退费的具体办法由国务院财政部门商最高人民法院另行制定。

在边远、水上、交通不便地区，基层巡回法庭当场审理案件，当事人提出向指定代理银行交纳诉讼费用确有困难的，基层巡回法庭可以当场收取诉讼费用，并向当事人出具省级人民政府财政部门印制的财政票据；不出具省级人民政府财政部门印制的财政票据的，当事人有权拒绝交纳。

（3）案件审结后，人民法院应当将诉讼费用的详细清单和当事人应当负担的数额书面通知当事人，同时在判决书、裁定书或者调解书中写明当事人各方应当负担的数额。需要向当事人退还诉讼费用的，人民法院应当自法律文书生效之日起 15 日内退还有关当事人。另据《民诉解释》第 207 条的规定，判决生效后，胜诉方预交但不应负担的诉讼费用，人民法院应当退还，由败诉方向人民法院交纳，但胜诉方自愿承担或者同意败诉方直接向其支付的除外。

（4）价格主管部门、财政部门按照收费管理的职责分工，对诉讼费用进行管理和监督；对违反法律规定的乱收费行为，依照法律、法规和国务院相关规定予以查处。

六、司法救助

（一）司法救助的概念

司法救助，是指人民法院对于民事案件中有充分理由证明自己的合法权益受到侵害，但经济确有困难的当事人，实行诉讼费用的缓交、减交或免交；以及在执行案件中因被执行人确无或暂时确无履行法定义务能力，而向无经济来源、生活极度困难的且需要救助的申请执行人发放执行救助基金。[①] 习近平总书记对司法为民便民非常重视，强调司法“必须坚持人民主体地位”，“必须坚持法治为了人民、依靠人民、造福人民、保护人民”[②]。根据《交费办法》第44条的规定，当事人交纳诉讼费用确有困难的，可以依照该办法向人民法院申请缓交、减交或者免交诉讼费用的司法救助。最高人民法院《关于为构建社会主义和谐社会提供司法保障的若干意见》（法发〔2007〕2号）以及《人民法院第三个五年改革纲要（2009—2013）》（法发〔2009〕14号）明确提出：改革和完善司法救助制度，完善执行救济程序，建立特困群众执行救助基金，为他们实现债权提供便利和帮助。最高人民法院《关于深化人民法院司法体制综合配套改革的意见——人民法院第五个五年改革纲要（2019—2023）》（法发〔2019〕8号）强调健全司法救助制度的重要作用，提出进一步研究细化司法救助经费保障、救助范围、标准程序等规定，增强可操作性。

司法救助不同于法律援助。法律援助是指在国家设立的法律援助机构的指导和协调下，由律师、公证员、基层法律工作者等法律服务人员为经济困难或特殊案件的当事人给予减免收费提供法律帮助的一项法律制度。

法律援助与司法救助至少存在以下几个方面的区别。[③]

（1）提供法律援助的主体不同于提供司法救助的主体：前者是律师、公证员和基层法律工作者，后者则是人民法院。

（2）接受法律援助的主体不同于接受司法救助的主体：前者是“经济困难或特殊案件的当事人”，主体范围比较大；后者则是“民事案件中有充分理由证明自己的合法权益受到侵害但经济确有困难的当事人或执行案件中因被执行人确无或暂时确无履行法定义务能力而无经济来源、生活极度困难的且需要救助的申请执行人”，主体范围相对较小。

（3）法律援助的事项范围不同于司法救助的事项范围：前者包括诉讼事项和非诉讼法律事项；后者则仅涉及民事诉讼事项（和行政诉讼事项），范围显然要小得多。

（4）法律援助的形式多种多样，而司法救助的形式比较单纯，就是诉讼费用的缓、减、免以及执行救助基金的发放。

（5）法律援助的受援人因所需援助案件或事项的解决而获得较大利益时，仍然应当向法律援助机构支付服务费用；而司法救助的受救助人目前在类似情况下均不需支付任何类似费用。

此外，司法救助中的诉讼费用的缓交、减交或免交也不同于“不交诉讼费用”的规定。[④] 其中“免交”是以“原本应交”为前提的，而“不交诉讼费用”是以“本不应交”

---

① 关于执行救助基金制度的性质，理论界与实务界存在两种不同的观点：一种观点认为，执行救助基金制度属于司法救助制度的范畴；另一种观点则认为，人民法院作为国家审判机关，其工作性质决定了其不适合牵头进行执行救助基金的筹备工作。我们认为：人民法院在诉讼中实施的诉讼费的缓、减、免，不需要政府大量资金投入，单靠法院一家便能完成，而建立执行救助基金需要稳定的资金来源，人民法院无法承担此重任。因此，因案件“执行不能”导致权利人生活困难的，应由政府通过社会保障机制来救助。执行救助基金制度应属于社会救助制度的范畴。

② 参见习近平：《关于〈中共中央关于全面推进依法治国若干重大问题的决定〉的说明》，载本书编写组：《〈中共中央关于全面推进依法治国若干重大问题的决定〉辅导读本》，54页，北京，人民出版社，2014。

③ 参见江伟主编：《民事诉讼法》，2版，252～253页，北京，高等教育出版社，2004。

④ 如《交费办法》第8条规定：“下列案件不交纳案件受理费：（一）依照民事诉讼法规定的特别程序审理的案件；（二）裁定不予受理、驳回起诉、驳回上诉的案件；（三）对不予受理、驳回起诉和管辖权异议裁定不服，提起上诉的案件；（四）行政赔偿案件。”

为基础的。

（二）司法救助的形式

1. 免交诉讼费用

当事人申请司法救助，符合下列情形之一的，人民法院应当准予免交诉讼费用：

(1) 残疾人无固定生活来源的；

(2) 追索赡养费、扶养费、抚育费、抚恤金的；

(3) 最低生活保障对象、农村特困定期救济对象、农村五保供养对象或者领取失业保险金人员，无其他收入的；

(4) 因见义勇为或者为保护社会公共利益致使自身合法权益受到损害，本人或者其近亲属请求赔偿或者补偿的；

(5) 确实需要免交的其他情形。

2. 减交诉讼费用

当事人申请司法救助，符合下列情形之一的，人民法院应当准予减交诉讼费用：

(1) 因自然灾害等不可抗力造成生活困难，正在接受社会救济，或者家庭生产经营难以为继的；

(2) 属于国家规定的优抚、安置对象的；

(3) 社会福利机构和救助管理站；

(4) 确实需要减交的其他情形。

人民法院准予减交诉讼费用的，减交比例不得低于30%。

3. 缓交诉讼费用

当事人申请司法救助，符合下列情形之一的，人民法院应当准予缓交诉讼费用：

(1) 追索社会保险金、经济补偿金的；

(2) 海上事故、交通事故、医疗事故、工伤事故、产品质量事故或者其他人身伤害事故的受害人请求赔偿的；

(3) 正在接受有关部门法律援助的；

(4) 确实需要缓交的其他情形。

4. 执行救助基金的发放

执行救助基金是指在人民法院执行案件中，因被执行人确无或暂时确无履行法定义务能力而向无经济来源、生活又极度困难的且需要进行救助的申请执行人（自然人）发放的救急资助专用基金。执行救助基金制度是人民法院化解“执行难”，不断创新执行工作机制中推出的一项新举措，特别是对于刑事附带民事赔偿、交通事故损害赔偿以及人身损害赔偿等案件来说，在遇到被执行人暂无财产或确无财产可供执行时，向生活极度困难的且需要进行救助的申请执行人（自然人）发放一定的救急资助专用基金，对于有效地缓解执行中存在的一些社会矛盾，促进社会稳定无疑起到了极为重要的作用。

（三）司法救助的适用程序

根据《交费办法》第48条至第51条、最高人民法院《司法救助规定》和《国家司法救助意见》的规定，有关诉讼费用缓、减、免的司法救助的适用程序大致包括以下几点。

（1）当事人申请司法救助，应当在起诉或者上诉时提交书面申请、足以证明其确有经济困难的证明材料以及其他相关证明材料。因生活困难或者追索基本生活费用申请免交、减交诉讼费用的，还应当提供本人及其家庭经济状况符合当地民政、劳动保障等部门规定的公民经济困难标准的证明。

（2）对当事人请求缓交诉讼费用的，由承办案件的审判人员或合议庭提出意见，报庭长审批；对当事人请求减交、免交诉讼费用的，由承办案件的审判人员或合议庭提出意见，经庭长审核同意后，报院长审批。

（3）人民法院对当事人的司法救助申请不予批准的，应当向当事人书面说明理由。

（4）当事人申请缓交诉讼费用经审查符合《交费办法》第47条的规定的，人民法院应当在决定立案之前作出准予缓交的决定。

（5）人民法院对一方当事人提供司法救助，对方当事人败诉的，诉讼费用由对方当事人负担；对方当事人胜诉的，可以视申请司法救助的当事人的经济状况决定其减交、免交诉讼费用。

（6）救助决定应当自立案之日起10个工作日内作出。案情复杂的救助案件，经院领导批准，可以适当延长。

（7）办理救助案件应当制作国家司法救助决定书，加盖人民法院印章。国家司法救助决定书应当及时送达。不符合救助条件或者具有不予救助情形的，应当将不予救助的决定及时告知救助申请人，并做好解释说明工作。

（8）人民法院准予当事人减交、免交诉讼费用的，应当在法律文书中载明。

目前，执行救助基金的操作程序和具体标准还没有相关的法律和制度规范，各地各级法院做法各异。因此，应尽快出台执行救助基金管理办法，明确执行救助基金的性质，明确执行救助的范围、对象、标准，从制度上对执行救助基金予以保障，规范执行救助基金操作程序。

问题与思考

请扫描二维码测试，并查看参考答案

第十四章

第一审普通程序

【**本章概要**】普通程序是人民法院审理第一审民事案件通常适用的程序，具有程序的完整性与广泛的适用性等特点，系民事审判程序的核心。普通程序包括起诉与受理、审理前的准备、开庭审理以及评议与宣判等阶段，每个阶段与步骤均有严格的程序要求，集中展现了在法院的主持下，双方当事人围绕审理对象展开攻击与防御，由法院生成裁判结果的过程。

第一节　普通程序概述

一、普通程序的概念

普通程序是人民法院审理第一审民事案件通常适用的程序。我国实行两审终审制，一个民事案件经两级人民法院审理即告终结，因此，通常的民事诉讼程序包括第一审程序和第二审程序。第一审程序又分为普通程序和简易程序两类，除简单的民事案件外，其他案件的第一审都应当适用普通程序。普通程序是人民法院审理第一审民事案件所适用的基础性程序，它在整个民事诉讼程序中占有十分重要的地位。从立法体例来看，第一审普通程序规定最为完整，其他诉讼程序没有特殊规定的，均需适用普通程序的规定，普通程序实际上起着各种诉讼程序通则的作用，是整个民事审判程序的基础。

二、普通程序的特点

与其他诉讼程序相比，普通程序具有以下特点。

（一）普通程序具有程序的完整性

在我国民事诉讼法中，与其他诉讼程序相比，普通程序从体系到内容规定均最为完备。从体系上看，普通程序包括了从当事人起诉和法院受理开始，经过审理前的准备，开庭审理直到评议宣判等各个法定诉讼阶段，每个诉讼阶段按顺序相互衔接、体系完整，集中展示了民事诉讼程序的全貌。从内容来看，普通程序对各个诉讼阶段的具体内容、步骤均作出了明确具体的规定。不仅如此，普通程序还对诉讼中可能出现的各种情况，如撤诉与延期审理、诉讼中止与诉讼终结等均作出了相应的规定，充分体现出普通程序内容完整性的特点。

（二）普通程序具有广泛的适用性

普通程序的广泛适用性体现在：首先，普通程序适用于各级人民法院审理的各类第一审民事案件。中级以上的人民法院和某些专门法院审理第一审民事案件必须适用普通程序；基层人民法院除审理简单民事案件以及双方当事人约定适用简易程序并经人民法院审查同意的民事案件外，审理其他民事案件也必须适用普通程序。其次，普通程序是其他诉讼程序的基础。例如，简易程序是普通程序的简化，人民法院适用简易程序审理民事案件时，简易程序有规定的，适用简易程序，简易程序没有规定的，就要适用普通程序的有关规定。第二审人民法院审理上诉案件，除依照第二审程序的有关规定外，还应当参照适用第一审普通程序的有关规定。

第二节　起诉与受理

一、起诉

（一）起诉的概念

民事诉讼中的起诉，是指自然人、法人或者其他组织认为自己所享有的或者依法由自己管理、支配的民事权益受到侵害或与他人发生争议，以自己的名义请求人民法院通过审判给予司法保护的诉讼行为。

起诉是当事人实施的一项重要诉讼行为，也是当事人行使诉权的具体体现。当事人起诉的目的是要引起诉讼程序的开始，从而使受到侵害的民事权益或民事争议置于司法救济之中，通过法院的审判以保护自己的合法权益或使争议得到解决。由于民事诉讼实行不告不理的原则，因而只有当事人的起诉，才能引发民事诉讼程序的开始，法院不能主动依职权启动民事诉讼程序。

以往学界认为，当事人的起诉并不必然引起诉讼程序的开始，只有当事人的起诉符合法定条件，法院予以受理才是诉讼的起点。实际上，从起诉的性质上看，起诉是当事人的单方诉讼行为，该行为一旦实施，就会产生相应的法律后果，即当事人提起诉讼之时，其与法院之间的诉讼法律关系由此产生：当事人享有提起诉讼的权利，相应地，法院负有对当事人的起诉依法进行审查并决定是否予以受理的义务。如果以法院的受理作为民事诉讼程序的起点，一方面，无法解释原告的起诉行为与法院的审查行为受民事诉讼法调整的原因；另一方面，不利于对诉权的保护，因为法院可以以此为理由对原告的起诉置之不理。如审判实践中，有的法院对于当事人的起诉认为不符合条件的，并不出具不予受理的裁定书，使当事人不能通过上诉途径保障诉权的实现。

原告的起诉将会产生下述法律效力：(1) 原告起诉后，法院必须对原告的起诉进行审查，符合起诉条件，决定立案的，案件将进入审理前的准备阶段；决定不予立案的，应作出书面裁定，当事人不服不予受理裁定的，可以向上一级人民法院提起上诉。(2) 禁止另行起诉。原告向法院提起诉讼后，不得以同一事实、理由就同一诉讼请求对同一被告再行起诉，即禁止二重起诉。(3) 原告起诉所引起的程序除民事诉讼法规定的情形（如不符合起诉条件人民法院不予受理或原告撤诉）之外，任何组织或个人不得随意解除和终止。①

由此可见，原告的起诉行为是诉讼程序开始的起点，但原告的起诉能否被法院立案受理，则需要符合法律规定的起诉要件。

（二）起诉要件

根据《民诉法》第 122 条的规定，起诉必须同时符合下列四个要件。

(1) 原告是与本案有直接利害关系的公民、法人和其他组织。这里的与本案有直接利害关系包括两种情形，即请求法院保护的民事权益属于自己享有或依法受自己保护。相应地，与本案有直接利害关系的原告也有两种表现形态：第一种须为民事法律关系的主体之一，当认为自己的民事权益受到侵害或与对方发生争议时有权提起诉讼，此类当事人被称为权利主体当事人；第二种当事人虽不是民事法律关系的主体，但依照法律的规定，其对民事法律关系中所涉及的民事权益享有管理权和支配权，在依法受自己保护的民事权益受到侵害或与他人发生争议时也有权以自己的名义向法院提起诉讼，被称为非权利主体当事人。应当注意的是，在起诉阶段，法院对原告是否与本案有直接利害关系的审查应为形式审查，即以起诉状中当事人的记载为准。

(2) 有明确的被告。有明确的被告是指原告在起诉中必须将被告特定化。根据《民诉解释》第 209 条的规定，原告提供被告的姓名或者名称、住所等信息具体明确，足以使被告与他人相区别的，可以认定为有明确的被告。起诉状列写被告信息不足以认定明确的被告的，人民法院可以告知原告补正。原告补正后仍不能确定明确的被告的，人民法院裁定不予受理。

(3) 有具体的诉讼请求和事实、理由。诉讼请求是原告提出的实体权利主张。原告在起诉时必须提出具体的诉讼请求，如要求人民法院确认某种法律关系不存在，要求人民法院判令被告偿还一定数额的欠款等，这样才能使法院明确审判对象和范围。原告在向法院提出诉讼请求时，还必须提供诉讼请求所依据的事实和理由，这里的事实包括原告、被告之间的民事法律关系产生、变更、消灭的事实；实体权利受到侵犯或与他人发生争议的事实等。这里的理由主要是指原告用来证明自己权利主张的证据材料以及相应的法律依据。应当注意的是，在起诉阶段，原告提出的事实、理由等证据材料只要能够说明争议存在并非毫无根据即可，法院无须对事实、理由是否真实与充分进行实质审查。

(4) 属于人民法院受理民事诉讼的范围和受诉人民法院管辖。所谓属于人民法院

① 参见江伟主编：《民事诉讼法学》，318 页，上海，复旦大学出版社，2002。

受理民事诉讼的范围，是指请求法院裁判的双方当事人之间的争议事项必须是在法院能够行使民事审判权的职权范围之内，也即通常所说的法院主管的范围。不属于人民法院主管的，对该案件人民法院就不能行使审判权。所谓属于受诉人民法院管辖，是指原告的起诉还必须向依法对该案件享有管辖权的法院提起。因为就具体的民事案件而言，管辖权是法院行使审判权的基础，无管辖权则无审判权，原告的起诉就不会被该法院受理。

从民事诉讼法的规定来看，在我国，对当事人的起诉要件要求过高，相当于国外的“诉讼要件”①。从保障当事人诉权的角度出发，应适当降低起诉要件要求，即只要起诉状中有明确的原告、被告，有明确的诉讼请求、事实理由并交纳了诉讼费用，就应当认为符合起诉条件。

（三）起诉的方式和起诉状的内容

《民诉法》第123条规定：起诉应当向人民法院递交起诉状，并按照被告人数提出副本。书写起诉状确有困难的，可以口头起诉，由人民法院记入笔录，并告知对方当事人。根据这一规定，起诉可以采取书面和口头两种方式。按照第一审普通程序审理的案件，当事人的起诉应以书面起诉，即向法院提交起诉状为原则，以口头起诉为例外。因为按普通程序审理的案件，通常争议的法律关系比较复杂，以书面方式起诉，有利于原告详尽阐述案情，同时也有利于人民法院对原告的起诉进行审查。只有在原告书写起诉状有困难的情况下，才可以允许当事人以口头方式向人民法院起诉。以口头方式起诉的，人民法院应当将当事人口头起诉的内容记入笔录，并告知对方当事人。

根据《民诉法》第124条的规定，起诉状应当记明以下事项：一是原告的姓名、性别、年龄、民族、职业、工作单位、住所、联系方式，法人或者其他组织的名称、住所和法定代表人或者主要负责人的姓名、职务、联系方式。二是被告的姓名、性别、工作单位、住所等信息，法人或者其他组织的名称、住所等信息。三是诉讼请求和所根据的事实与理由。四是证据和证据来源，证人姓名和住所。

除上述内容外，起诉状还应写明受诉人民法院的全称和起诉的具体日期，并由原告签名或盖章。同时，原告还应按照被告人数提供起诉状副本，由人民法院将起诉状副本送达被告，以便于被告答辩。

根据《民诉法》第125条的规定，当事人起诉到人民法院的民事纠纷，适宜调解的，先行调解，但当事人拒绝调解的除外。这里的调解属法院立案前的调解。对于当事人拒绝调解的案件，人民法院应当及时进行审查，决定是否受理。

---

① 所谓诉讼要件，也称“本案审理判决要件”，它是法院就诉讼请求的正确与否进行审理、裁判的前提条件。按照日本民事诉讼理论，诉讼的过程分为三个阶段：为了让法院就诉讼进行审理、判决，首先，诉讼必须适法提起（第一阶段）。使诉讼适法提起的要件称为“起诉要件”，包括诉状中必须写明要记载事项、交纳规定的手续费以及将诉状送达于被告等。其次，一旦具备这一要件，案件便系属于法院，其系属在程序上必须适法（第二阶段）。使诉讼适法系属所必须具备的要件称为“诉讼要件”。经过以上阶段，最后就原告的请求（本案）进行审理、判决（第三阶段）。要使法院裁判原告的请求有理，必须满足实体法上的构成要件，使其主张得到认可。这称为“权利保护要件”。第一阶段要件充分后便迈向第二阶段，第二阶段要件具备时便展开第三阶段。参见［日］中村英郎：《新民事诉讼法讲义》，陈刚等译，152页，北京，法律出版社，2001。

二、受理

（一）受理的概念与程序

民事诉讼中的受理，是指人民法院对起诉进行审查，将符合起诉条件的案件予以立案的审判行为。当事人的起诉只有经法院立案受理后，才真正进入审理程序。

原告向法院起诉后，法院应当对原告的起诉从实质要件和形式要件两个方面进行审查，以决定是否受理：一方面，法院应审查原告的起诉是否符合《民诉法》第 122 条规定的起诉实质要件；另一方面，法院应审查原告起诉的形式要件是否合法，如起诉状的内容是否完备等。起诉状的内容如有欠缺，应当责令原告限期补正。经审查，对符合起诉条件的，应当在 7 日内立案，并通知当事人；不符合起诉条件的，应当在 7 日内作出不予受理的书面裁定。原告对裁定不服的，可以提起上诉。立案后发现不符合起诉条件的，裁定驳回起诉。原告对驳回起诉的裁定不服的，也有权提起上诉。

为了切实保障当事人依照法律规定享有的起诉权利，《民诉解释》第 208 条对法院受理程序作了进一步的细化：人民法院接到当事人提交的民事起诉状时，对符合起诉条件的，应当登记立案；对当场不能判定是否符合起诉条件的，应当接收起诉材料，并出具注明收到日期的书面凭证。需要补充必要相关材料的，人民法院应当及时告知当事人。在补齐相关材料后，应当在 7 日内决定是否立案。

与以往规定相比，《民诉解释》相关规定的最大亮点在于对不能当场判定立案受理的案件，要求法院出具接收起诉材料日期的书面凭证。这一规定有利于督促法院在法定期间内完成立案审查，依法作出相关书面裁定，从而缓解审判实践中法院对某些案件既不受理，又不作出不予受理的书面裁定，使当事人难以通过上诉的方式维护起诉权利的困境。但该书面凭证本身并无法律效力，其在审判实践中对解决"立案难"能发挥多大的作用还有待观察。

依据《民诉法》的规定，当事人的起诉必须同时符合起诉的实质要件与形式要件，法院才能立案受理，这就意味着《民诉法》对当事人的起诉仍采用立案审查制。由于对起诉条件的要求规定得过高，在立案阶段，原本仅应负责程序审查的立案人员承担了诸如审查当事人是否适格等实体审理的任务，且没有为当事人提供充分的抗辩的机会，导致司法实践中应当受理的一些案件难以进入诉讼程序，阻断了当事人通往司法解决纠纷之路，造成"立案难"。为解决立案难，2015 年最高人民法院颁布了《登记立案规定》，将立案审查制转变为立案登记制。

立案登记制，是指当事人向人民法院提起诉讼后，人民法院仅对起诉的形式要件进行审查即决定是否立案受理的制度。与立案审查制不同，立案登记制降低了起诉条件，只要当事人的起诉符合形式要件，即起诉状的内容与起诉的手续符合法律规定，法院就应进行登记立案，而对当事人是否适格、案件是否属于民事审判权的范围以及受诉法院是否有管辖权等问题均在诉讼开始后进行审理，并给予当事人充分的程序保障。

按照《登记立案规定》，登记立案程序如下：（1）对当事人的起诉，人民法院应当一律接收诉状，出具书面凭证并注明收到日期。(2) 人民法院对当事人起诉的形式要件进行审查，对符合法律规定的起诉，应当当场予以登记立案。对不符合法律规定的起诉，应当予以释明。(3) 当事人提交的诉状和材料不符合要求的，人民法院应当一次性书面告知在指定期限内补正，在指定期限内没有补正或补正后仍不符合要求的，裁定不予受理。(4) 对当事人的起诉，人民法院当场不能判定是否符合法律规定的，应当在收到起诉状之日起 7 日内决定是否立案。在法定期间内不能判定起诉是否符合法律规定的，应当先行立案。(5) 人民法院对起诉不予受理的，应当出具书面裁定，并载明理由。

为保障立案登记制的贯彻实施，前述司法解释还规定，对立案工作中存在的不接收诉状、接收诉状后不出具书面凭证，不一次性告知当事人补正诉状内容，以及有案不立、拖延立案、干扰立案、既不立案又不作出裁定等违法违纪情形，当事人可以向受诉人民法院或者上级人民法院投诉。

立案审查制向立案登记制的转变，对于切实保障当事人诉权，解决长期以来存在的立案难问题具有重大意义。但立案登记制毕竟还处于司法解释的层面，且与《民诉法》关于起诉要件的规定还存在不协调之处，对此，应在《民诉法》中明确立案登记制，并修改有关起诉要件的相关条款。

(二) 受理的法律效力

人民法院经审查，对原告的起诉决定立案受理后，产生以下法律效力：

(1) 程序法上的效力。人民法院对原告的起诉决定受理后，即在双方当事人与人民法院之间发生民事诉讼法律关系。对受诉人民法院而言，通过立案受理，受诉人民法院对讼争案件取得了审判权，排除了其他人民法院对同一案件行使审判权的可能。同时，法院负有依法对该案件进行审理并作出裁判的职责，非因法定原因，不得中途停止对案件的审判。对当事人而言，双方当事人分别取得了原告与被告的诉讼地位，从而各自享有法律赋予的诉讼权利，并承担相应的诉讼义务。

(2) 实体法上的效力。法院受理原告的起诉后产生的实体法上的效力即诉讼时效中断。根据《民法典》第 195 条的规定，诉讼时效因当事人提起诉讼而中断。法院受理当事人起诉的，诉讼时效中断，从诉讼程序终结时起，诉讼时效重新计算；法院裁定不予受理的，从不予受理的裁定生效之日起，诉讼时效连续计算，但从当事人起诉到法院不予受理的裁定生效之间的时间应从诉讼时效中扣除。①

(三) 特殊情况的处理

根据《民诉法》及《民诉解释》等有关规定，人民法院对下列起诉，分别情形，予以处理。

1. 人民法院不予受理，并作出相应处理的几种特殊情形

(1) 依照行政诉讼法的规定，属于行政诉讼受案范围的，告知原告提起行政诉讼。

---

① 从严格意义上说，当事人向法院起诉，法院予以立案登记日应为诉讼时效中断日。至于法院裁定不予受理后，诉讼时效重新计算还是连续计算，理论界存在争议。若对《民法典》第 195 条进行文义解释，似有裁定不予受理后诉讼时效应重新计算的余地。

（2）当事人在书面合同中订有仲裁条款，或者在发生纠纷后达成书面仲裁协议，一方向人民法院起诉的，人民法院应当告知原告向仲裁机构申请仲裁，其坚持起诉的，裁定不予受理，但仲裁条款或者仲裁协议不成立、无效、失效、内容不明确无法执行的除外。

（3）依照法律规定，应当由其他机关处理的争议，一方当事人向人民法院起诉的，告知原告向有关机关申请解决。

（4）对本院没有管辖权的案件，告知原告向有管辖权的人民法院起诉；原告坚持起诉的，裁定不予受理。立案后发现本院没有管辖权的，应当将案件移送有管辖权的人民法院。

（5）对判决、裁定、调解书已经发生法律效力的案件，当事人又起诉的，告知原告申请再审，但人民法院准许撤诉的裁定除外。此外，根据《民诉解释》第247条的规定，当事人就已经提起诉讼的事项在诉讼过程中或者裁判生效后再次起诉的，如果同时符合下列条件构成重复起诉：其一是后诉与前诉的当事人相同；其二是后诉与前诉的诉讼标的相同；其三是后诉与前诉的诉讼请求相同，或者后诉的诉讼请求实质上否定前诉裁判的结果。当事人重复起诉的，裁定不予受理；已经受理的，裁定驳回起诉，但法律、司法解释另有规定的除外。

（6）依照法律规定，在一定期限内不得起诉的案件，在不得起诉的期限内起诉的，不予受理。如《民法典》第1082条规定，女方在怀孕期间、分娩后1年内或者终止妊娠后6个月内，男方不得提出离婚，以体现对女性的特殊保护。如果男方在此期间提出离婚，则法院不予受理。女方提出离婚的，或人民法院认为确有必要受理男方离婚请求的，不在此限。

（7）判决不准离婚和调解和好的离婚案件，判决、调解维持收养关系的案件，没有新情况、新理由，原告在6个月内又起诉的，不予受理。原告撤诉或者按撤诉处理的离婚案件，没有新情况、新理由，6个月内又起诉的，不予受理。

2. 人民法院应予受理的几种特殊情形

（1）裁定不予受理、驳回起诉的案件，原告再次起诉，符合起诉条件且不属于前述不予受理情形的，人民法院应予受理。

（2）原告撤诉或者人民法院按撤诉处理后，原告以同一诉讼请求再次起诉的，人民法院应予受理。

（3）夫妻一方下落不明，另一方诉至人民法院，只要求离婚，不申请宣告下落不明人失踪或死亡的案件，人民法院应当受理，对下落不明人公告送达诉讼文书。

（4）赡养费、扶养费、抚养费案件，裁判发生法律效力后，因新情况、新理由，一方当事人再行起诉要求增加或者减少费用的，人民法院应作为新案受理。

（5）当事人超过诉讼时效期间起诉的，人民法院应予受理。受理后对方当事人提出诉讼时效抗辩，人民法院经审理认为抗辩事由成立的，判决驳回原告的诉讼请求。

（6）裁判发生法律效力后，发生新的事实，当事人再次提起诉讼的，人民法院应当依法受理。

第三节　审理前的准备

一、审理前的准备的概念

审理前的准备，是指原告的起诉被受理后，至正式的开庭审理之前，为使庭审顺利进行，审判人员与当事人依法所进行的一系列准备工作的总称。审理前的准备是普通程序的重要组成部分，为正式开庭审理前法定的必经阶段。审理前的准备阶段对于提高庭审效率，保证集中、充实地进行开庭审理具有重要的意义。

在我国传统的“四步到庭”的审判方式下，由法官主导的审前准备阶段曾一度成为“暗箱操作”“先定后审”的温床。为此，民事审判方式改革将强化庭审功能作为改革的目标之一，把开庭审理放到审判的中心位置上来。自 20 世纪 90 年代中期开始，各地法院不同程度地推行了“直接开庭”的审理方式，即开庭前基本上不在庭外作调查、询问等了解把握案情的工作，而把审理的重点放到正式的开庭上，通过开庭审理来逐渐了解、把握案情。“直接开庭”将法官对案情的了解全部置于当事人对席的公开法庭上，改变了传统审判方式下法官单方接触当事人，未经庭审就作出判决的习惯做法，对于提升当事人的程序主体地位，革除法官包揽诉讼的弊端，体现程序公正的价值均具有重要的意义。尤其是在简单的案件中，直接开庭具有适用上的合理性。但是，在复杂的案件中，由于缺少开庭前的准备，法官与当事人对案件缺乏总体的把握，难以掌握真正的争点，开庭审理常常不得要领而达不到预期的效果。而且庭审前双方当事人互不了解对方的证据，庭审中一方当事人突然提出证据，另一方当事人无法进行及时有效的质证，庭审不得不反复进行，由此不仅影响了诉讼效率，也使庭审陷入形式化的危险。正是认识到这些不足，审理前的准备阶段的重要意义与价值又为人们所重视，改革与完善审前准备程序成为民事审判方式改革的重心。以最高人民法院近年来先后颁布的相关司法解释确立的证据交换和庭前会议制度为契机，在我国，具有实质意义的审前准备程序已初步形成。

二、审理前的准备的内容

根据《民诉法》第 128～136 条及有关司法解释的规定，审理前的准备工作主要包括以下几项内容。

（一）在法定期间内送达诉讼文书

人民法院立案后，即应向原告送达受理案件通知书，向被告送达应诉通知书。在立案之日起 5 日内将起诉状副本发送被告；原告口头起诉的，也应当在 5 日内将记入口头起诉的笔录抄件发送被告。被告应当在收到起诉状副本之日起 15 日内提出答辩状。答辩状应当记明被告的姓名、性别、年龄、民族、职业、工作单位、住所、联系方式，法人或者其他组织的名称、住所和法定代表人或者主要负责人的姓名、职务、联系方式。被告提出答辩状的，人民法院应当在收到答辩状之日起 5 日内将答辩状副本发送原告。被告不提出答辩状的，不影响人民法院的审理。

此外，根据《证据规定》第 50 条，人民法院应当在送达案件受理通知书和应诉通知书的同时向当事人送达举证通知书。举证通知书应当载明举证责任的分配原则与要求、可以向人民法院申请调查取证的情形、人民法院根据案件情况指定的举证期限以及逾期提供证据的法律后果，以指导当事人举证。[①]

（二）告知当事人诉讼权利义务与合议庭组成人员

依照法律规定，人民法院对决定受理的案件，应当在受理案件通知书和应诉通知书中向当事人告知有关的诉讼权利义务，或者口头告知。

按普通程序审理民事案件，应当依法组成合议庭或独任庭。审判人员确定后，应当在 3 日内告知当事人，以便当事人及时行使申请回避的权利。

（三）审核诉讼材料，调查收集必要的证据

此阶段的诉讼材料，是指原告、被告双方向人民法院提交的起诉状、答辩状以及相关的证据材料。审判人员应在审前准备阶段认真审核有关的诉讼材料，了解双方当事人争议的焦点和需要庭审调查、辩论的主要问题，从而为正确和富有效率地指挥庭审做好前期准备。与此同时，审判人员还要了解应当适用的有关法律以及有关专业知识。

人民法院在审前准备阶段，还应调查收集必要的证据。人民法院调查收集的证据包括两种情况：一种是当事人及其诉讼代理人因客观原因不能自行收集，而申请人民法院调查收集的证据；另一种是人民法院认为审理案件需要，而依职权调查收集的证据。在此阶段需要由人民法院勘验或者委托鉴定的，人民法院应组织有关人员进行勘验或者委托有关部门鉴定。

人民法院派出人员进行调查时，应当向被调查人出示证件。调查笔录经被调查人校阅后，由被调查人、调查人签名或者盖章。受诉人民法院除自行调查外，在必要时可以委托外地人民法院调查。委托调查时，委托人民法院必须提出明确的项目和要求，受委托人民法院也可以主动补充调查。受委托人民法院收到委托书后，应当在 30 日内完成调查；因故不能完成的，应当在上述期限内函告委托人民法院。

（四）追加当事人

追加必须共同进行诉讼的当事人参加诉讼，是全面保护当事人的合法权益、彻底解决当事人之间争议的需要。对人民法院在审理前准备阶段追加的当事人范围应作广义的解释，不仅包括追加必须共同进行诉讼的原告、被告，也包括追加无独立请求权的第三人。追加必须共同进行诉讼的当事人的方式有两种：一种是法院依职权追加，即受诉人民法院通过审核诉讼材料，发现必须共同进行诉讼的当事人没有参加诉讼的，应当通知

---

① 人民法院指定举证期限应不只限于诉讼初始阶段。在其后的准备阶段乃至庭审过程中，根据诉讼情况仍有进一步指定举证期限的必要。

其参加诉讼。另一种是当事人申请追加。人民法院对当事人提出的申请应当进行审查：申请无理的，裁定驳回；申请有理的，书面通知被追加的当事人参加诉讼。人民法院追加必须共同进行诉讼的当事人时，应当通知其他当事人。

人民法院依法追加必须共同进行诉讼的原告时，需要追加的原告明确表示放弃实体权利的，可不予追加；需要追加的原告既不愿意参加诉讼，又不放弃实体权利的，仍应追加其为共同原告，其不参加诉讼，不影响人民法院对案件的审理和依法作出判决。依法追加必须共同进行诉讼的被告不参加诉讼的，同样亦不影响法院的审理和裁判。对于必须到庭的被告，经人民法院两次传票传唤，无正当理由拒不到庭的，可以适用拘传的规定，强制其到庭，以保证庭审活动的顺利进行。

在司法实践中，人民法院可以依当事人申请，追加与案件的处理结果有法律上利害关系的无独立请求权第三人参加诉讼。原告在起诉状中直接列写第三人的，视为其申请人民法院追加该第三人参加诉讼。是否通知第三人参加诉讼，由人民法院审查决定。除当事人申请追加外，法院也可依职权追加无独立请求权第三人参加诉讼。不过，对此法院应持慎重的态度，严格依照法定的标准决定是否追加，以避免案外人的利益受到侵害。

（五）程序分流

程序分流，是指人民法院对受理后的民事案件，根据案件的不同情况决定所适用的具体程序。按照《民诉法》第 136 条的规定，人民法院对受理的案件，分别情形，予以处理。

（1）转入督促程序。督促程序是人民法院督促债务人向债权人偿还债务的一种简便、快捷的程序。对于请求给付已经到期且数额确定的金钱或有价证券，且债权人和债务人没有其他债务纠纷的民事案件，债权人可以向人民法院申请支付令，请求人民法院督促债务人偿还债务。人民法院对受理的案件，如果当事人没有争议，符合督促程序规定条件，可以转入督促程序。

（2）庭前调解。对于已经受理的民事案件，人民法院认为可通过调解解决的，经当事人同意，可以在开庭前采取调解方式及时解决纠纷。调解不成的，应当及时开庭审理。

（3）确定适用简易程序或者普通程序。人民法院受理案件后，应当根据案件情况，确定所适用的程序。如果案件属于事实清楚、权利义务关系明确、争议不大的简单民事案件，则应适用简易程序审理，否则，应当适用普通程序。需要注意的是，对于基层人民法院和它派出的法庭应当适用普通程序审理的案件，当事人双方也可以约定适用简易程序。

（4）组织交换证据，明确争议焦点。需要开庭审理的，通过要求当事人交换证据等方式，明确争议焦点。这是审前准备的核心内容，将在下文详细说明。

（六）召集庭前会议

通过人民法院对受理案件的程序分流，部分案件无须进入开庭审理阶段即可终结。而对于需要开庭审理的案件，为保障正式的开庭审理充实且集中进行，人民法院可以在答辩期届满后，通过组织证据交换、召集庭前会议等方式，做好审理前的准备。

依照《民诉解释》第225条的规定，根据案件具体情况，庭前会议可以包括如下内容：(1) 明确原告的诉讼请求和被告的答辩意见；(2) 审查处理当事人增加、变更诉讼请求的申请和提出的反诉，以及第三人提出的与本案有关的诉讼请求；(3) 根据当事人的申请决定调查收集证据，委托鉴定，要求当事人提供证据，进行勘验，进行证据保全；(4) 组织交换证据；(5) 归纳争议焦点；(6) 进行调解。

根据前述司法解释，对于需要开庭审理的案件，庭前会议成为法院进行审理前的准备的主要方式[①]，审理前的准备的主要任务均可以通过庭前会议来完成。在庭前会议的诸项内容中，证据交换和归纳争议焦点是庭前会议乃至审理前的准备阶段的核心工作。[②] 通过庭前会议进行证据交换，归纳确认双方当事人争议的焦点和需要提交庭审的证据，使正式的开庭审理围绕这些争点，对交换过的证据进行质证和辩论，以实现充实而集中的审理。

在审理前的准备阶段，以交换证据和归纳争议焦点为核心的庭前会议具有两大优势：其一，庭前会议不属于正式的开庭，因而其程序相对简化、灵活，有的诉讼制度比如审判公开等就可以不再适用；其二，可以在相对和平的氛围中进行，削弱了对抗性，更容易促成当事人之间的和解或调解。但是，应当明确的是，庭前会议仍属于实体审理的一个有机组成部分。召开庭前会议的方式交换证据、归纳争议焦点，本质上是为了使其后正式开庭审理集中且充实地进行而实施的庭审程序的前移。不过，由于庭前会议采用非公开的方式进行，与正式的开庭审理相比，法官的职权应受到一定程度的限制，如未经当事人同意，不能对证人进行询问，更不能对最终的实体问题作出判断等。

庭前会议结束前，人民法院应当根据当事人的诉讼请求、答辩意见以及证据交换的情况，归纳争议焦点，并就归纳的争议焦点征求当事人的意见。当事人在审理前的准备阶段认可的证据，经审判人员在庭审中说明后，视为质证过的证据。

第四节　开庭审理

一、开庭审理的概念和形式

(一) 开庭审理的概念

开庭审理，是人民法院于确定的日期在当事人和其他诉讼参与人的参加下，依照法定的程序和形式，在法庭上对民事案件进行实体审理的诉讼活动。

---

① 当然，对于需要开庭审理的案件，法院也可以通过书面方式进行包括证据交换与归纳争议焦点在内的审前准备活动，或者书面方式与庭前会议方式交替进行。

② 在审前准备阶段，证据交换与归纳确认争议焦点紧密相连，二者密不可分，相互交融：证据交换是归纳确认争议焦点的前提和手段，而归纳确认争议焦点是证据交换的目的。这里的争议焦点，包括有关事实、证据、实体法律适用以及程序事项等的争议焦点。参见熊跃敏：《民事审前准备程序研究》，244页，北京，人民出版社，2007。

开庭审理是整个民事诉讼的核心环节，也是普通程序中最主要的诉讼阶段，民事诉讼的基本原则与基本制度都要在开庭审理中得到贯彻和体现。同时，开庭审理也是人民法院行使审判权和当事人行使诉讼权利最集中、最重要的阶段。开庭审理的主要任务是，通过法庭调查和辩论，审查核实证据，查明案件事实，并在此基础上正确适用法律，确认当事人之间的权利义务关系，制裁民事违法行为，保护当事人的合法权益。

（二）开庭审理的形式

开庭审理阶段是人民法院作出最终裁判的基础和依据。为了使裁判获得正当性，需要对开庭审理的形式进行规范。通常情况下，开庭审理必须在法庭上以言词审理和直接审理的方式公开进行。具体而言，开庭审理的形式有下述几点要求。

（1）开庭审理必须采取法庭审理的形式，即开庭审理必须在法庭上进行。这里的法庭是指用于审判的特定空间，即开庭审理的具体场所。依据《公开审判规定》第 8 条的要求，人民法院公开审理案件，庭审活动应当在审判法庭进行。需要巡回依法公开审理的，应当选择适当的场所进行。据此，开庭审理通常应在法院专门设置的审判法庭进行；在巡回审理、就地办案等情况下，也可以临时选择其他场所来审理案件。

（2）开庭审理应以公开审理为原则，以不公开审理为例外。审判公开是民事诉讼法的一项基本制度。根据《民诉法》第 137 条的规定，人民法院审理民事案件，除涉及国家秘密、个人隐私或法律另有规定的以外，应当公开进行。离婚案件、涉及商业秘密的案件，当事人申请不公开审理的，可以不公开审理。公开审理是司法接受社会监督的一种方式，有利于提升司法的公信力，增强司法的透明度，防止司法恣意和司法腐败。应当明确的是，开庭审理的公开是指开庭审理的过程向社会公开，即允许群众到庭旁听，而不是仅指对双方当事人和其他诉讼参与人的公开。因为即使是不公开审理的案件，也必须在双方当事人和其他诉讼参与人均到庭的情况下才能开庭审理。

（3）开庭审理应当采取言词审理、直接审理的方式。言词审理，也称口头审理，是相对于书面审理的方式而言的，指法院进行的证据调查程序和双方当事人的辩论程序必须以口头方式进行，否则不得作为判决的基础。直接审理，是相对于间接审理而言的，它是指作出裁判的法官必须直接参与当事人的辩论及证据调查，否则判决无效。言词审理与直接审理的方式要求一切证据都必须在法庭上由审判人员亲自接触，并赋予双方当事人以言词辩论方式对证据进行质证的机会才能作为定案的根据；法庭只有以口头、直接的方式对案件进行调查和辩论，所作出的裁判才具有法律上的效力。言词审理和直接审理的意义在于任何一方当事人都有与对方在法庭上质证、反驳的机会，能够促使法官避免预断与偏见，平等对待各方当事人，从而有助于法官查明事实，作出公正的裁判。

二、开庭审理的程序

开庭审理必须严格依照法定程序来进行。根据《民诉法》及相关司法解释的规定，普通程序中的开庭审理包括开庭准备、法庭调查、法庭辩论、合议庭评议以及宣告判决五个诉讼阶段。

（一）开庭准备

开庭准备是开庭审理的预备阶段，具体是指在正式进入实体审理前，为了保证审理的顺利进行，而应当由人民法院完成的准备工作。开庭准备不同于审理前的准备。依照《民诉法》及相关司法解释的规定，在开庭审理的准备阶段，人民法院应完成以下几项工作。

（1）告知当事人和其他诉讼参与人出庭日期。人民法院审理民事案件，应当在开庭3日前通知当事人和其他诉讼参与人，以便于他们做好准备，按时出庭。开庭日期确定后，应当在开庭3日前用传票传唤当事人，对其他诉讼参与人应当用通知书通知其到庭。当事人或者其他诉讼参与人在外地的，应当留有必要的在途时间。

（2）发布开庭公告。公开审理的案件，人民法院应当公告当事人姓名、案由和开庭的时间、地点，以便于群众旁听。

（3）查明当事人和其他诉讼参与人是否到庭，宣布法庭纪律。开庭审理前，书记员应当查明当事人和其他诉讼参与人是否到庭。当事人或其他诉讼参与人没有到庭的，应将情况及时报告审判长，并由合议庭确定是否需要延期审理或者中止诉讼。查明到庭人员后，书记员宣布当事人及其诉讼代理人入庭，并宣布法庭纪律。

（4）核对当事人，宣布案由和审判人员、书记员名单，告知当事人有关的诉讼权利义务，询问当事人是否提出回避申请。依照有关规定，书记员在宣布完法庭纪律后，即应宣布全体起立，请合议庭组成人员入庭。书记员向审判长报告当事人及其诉讼代理人的出庭情况。由审判长核对当事人及其诉讼代理人的身份，并询问各方当事人对于对方出庭人员有无异议。当事人的身份经审判长核对无误，且当事人对对方出庭人员没有异议，审判长宣布各方当事人及其诉讼代理人符合法律规定，可以参加本案诉讼。之后，由审判长宣布案由及开始审理，不公开审理的应当说明理由。此后，审判长宣布合议庭组成人员、书记员名单，告知当事人有关的诉讼权利义务，询问各方当事人是否申请回避。当事人提出回避申请的，合议庭应当宣布休庭。申请回避的理由不能成立的，由审判长在重新开庭时宣布予以驳回，记入笔录；理由成立，决定回避的，由审判长宣布延期审理。

在完成以上开庭准备工作后，审判长即应宣布进入法庭调查阶段。

（二）法庭调查

法庭调查是指人民法院依照法定程序，在法庭上向当事人和其他诉讼参与人审查核实各种证据的活动。法庭调查是开庭审理的核心环节，标志着案件进入实质性审理阶段。法庭调查的主要任务是围绕双方当事人争议的事实、证据和法律适用等焦点问题，在双方当事人质证的基础上，审查核实证据，以逐步查明案件事实，为法庭辩论奠定基础。根据《民诉法》及相关司法解释的规定，法庭调查按下列顺序进行。

1. 当事人陈述[①]

当事人陈述是法庭调查的第一步。当事人陈述按原告、被告、第三人的顺序依次进行。首先，由原告口头陈述事实或宣读起诉状，讲明具体诉讼请求和理由。其次，由被告口头陈述事实或宣读答辩状，对原告诉讼请求提出异议或反诉的，讲明具体请求和理由。最后，案件有第三人参加的，还要由第三人陈述或答辩，有独立请求权的第三人陈述诉讼请求和理由；无独立请求权的第三人针对原告、被告的陈述提出承认或者否认的答辩意见。原告或者被告还需对第三人的陈述进行答辩。当事人陈述完毕后，由审判长归纳本案争议焦点或者法庭调查重点，并征求当事人意见。

2. 当事人出示证据并相互质证

按照《民诉法》和相关司法解释的要求，证据应当在法庭上出示，由当事人质证。未经质证的证据，不能作为认定案件事实的根据。在法庭调查中，质证按原告、被告、第三人的顺序进行，即先由原告出示证据，被告、第三人与原告进行质证；然后由被告出示证据，原告、第三人与被告质证；最后由第三人出示证据，原告、被告与第三人质证。在对各类证据进行质证时，应当遵守以下程序要求。

（1）证人作证。证人应当出庭作证，接受当事人的质询。当事人申请证人出庭作证应经人民法院许可。证人确有困难不能出庭的，经人民法院许可，可以提交书面证言或者视听资料或者通过双向视听传输技术手段作证。证人出庭作证时，法庭首先应查明证人的身份，告知其如实作证的义务以及作伪证的法律后果，并责令其签署保证书，但无民事行为能力人和限制民事行为能力人除外。证人拒绝签署保证书的，不得作证，并自行承担相关费用。出庭作证的证人应当客观陈述其亲身感知的事实。证人作证后，应当征询各方当事人对证人证言的意见，审判人员和当事人可以对证人进行询问。询问证人不得使用威胁、侮辱及不适当引导证人的言语和方式。证人不得旁听法庭审理；询问证人时，其他证人不得在场。人民法院认为有必要的，可以让证人进行对质。

（2）出示书证、物证、视听资料和电子数据。无论是当事人提交的证据，还是受诉人民法院调查收集的证据，都应当在法庭上出示，并由当事人互相质证。对涉及国家秘密、商业秘密和个人隐私或者法律规定的其他应当保密的证据，不得在开庭时公开质证。对书证、物证、视听资料和电子数据进行质证时，除特殊情况外[②]，当事人有权要求出示证据的原件或者原物。

（3）宣读鉴定意见。对案件中涉及的专门性问题已经进行鉴定的，鉴定人应当出庭

---

① 在我国，当事人陈述是法定的证据种类之一，因此，当事人陈述也应被视为质证的环节。但从《证据规定》上看，由于有当事人陈述后审判长才能归纳法庭调查重点，并开始出示证据进行质证的规定，似乎当事人陈述又并非质证的对象。实际上，在审判实务中，当事人陈述通常被视为质证的开始，因为此时审判人员可以向当事人发问，当事人也可以互相发问。我们认为，应将在法庭调查伊始阶段原告陈述诉讼请求和理由、被告陈述答辩理由与其后的对当事人的询问分开进行。换言之，将询问当事人作为质证的开始似乎更为合理。对此，《民诉解释》第 110 条新增了询问当事人的规定，已将当事人陈述与询问当事人作了区分。

② 依据《证据规定》第 61 条，有下列情况之一的，可以不出示证据的原件或者原物：一是出示原件或者原物确有困难并经人民法院准许出示复制件或者复制品的；二是原件或者原物已不存在，但有证据证明复制件、复制品与原件或原物一致的。

接受当事人质询。鉴定人出庭后，由鉴定人宣读鉴定意见，当事人可对此发表意见。经法庭许可，当事人可以向鉴定人发问。鉴定人确因特殊原因无法出庭的，鉴定意见可以由审判人员代为宣读；经人民法院准许，鉴定人可以书面答复当事人的质询。

根据《民诉法》第 82 条、《民诉解释》第 122 条与第 123 条及《证据规定》第 83 条、第 84 条的规定，当事人可以申请 1 至 2 名具有专门知识的人出庭，代表当事人对鉴定意见进行质证，或者对案件事实所涉及的专业问题提出意见。人民法院准许当事人申请的，相关费用由提出申请的当事人负担。具有专门知识的人在法庭上就专业问题提出的意见，视为当事人的陈述。审判人员和当事人可以对出庭的具有专门知识的人进行询问。经人民法院准许，可以由当事人各自申请的具有专门知识的人就有关案件中的问题进行对质。具有专门知识的人可以对鉴定人进行询问。

（4）宣读勘验笔录。受诉人民法院如果在审前调查中对有关物品或现场进行过勘验的，应当在法庭调查时宣读勘验笔录并出示相关材料。宣读勘验笔录后，由双方当事人发表意见。经法庭许可，当事人可以向勘验人发问。当事人要求重新进行勘验的，是否准许，由受诉人民法院决定。

在法庭调查过程中，应当注意以下几个问题。

第一，人民法院依照当事人申请调查收集的证据，作为申请的一方当事人提供的证据。人民法院依职权调查收集的证据应当在庭审时出示，听取当事人意见，并就调查收集证据的情况予以说明。

第二，案件有两个以上独立的诉讼请求的，当事人可以逐个出示证据进行质证。在法庭调查中，经审判长许可，当事人可以互相发问。审判人员可以询问当事人。①

第三，经过庭审质证的证据，能够当即认定的，应当当即认定；当即不能认定的，可以休庭合议后予以认定。合议之后认为需要继续举证或者进行鉴定、勘验的，可以在下次开庭质证后认定。

第四，当事人在审理前的准备阶段认可的证据，经审判人员在庭审中说明后，视为质证过的证据。当事人在庭审中对其在审理前的准备阶段认可的事实和证据提出不同意见的，人民法院应当责令其说明理由。必要时，可以责令其提供相应证据。人民法院应当结合当事人的诉讼能力、证据和案件的具体情况进行审查。理由成立的，可以列入争议焦点进行审理。

第五，当事人要求重新进行调查、鉴定或者勘验的，是否准许，由人民法院决定。人民法院认为确有必要的可以准许，重新进行调查、鉴定、勘验的结论，必须再次开庭质证。

第六，当事人在法庭上可以提出新证据。当事人在法庭上提出新证据，该新证据属于当事人因故意或者重大过失逾期提供的，人民法院不予采纳。但该证据与案件基本事实有关的，人民法院应当采纳，并依照《民诉法》第 68 条的规定予以训诫、罚款。

第七，在案件受理后，法庭辩论结束前，原告增加诉讼请求，被告提出反诉，第三人提出与本案有关的诉讼请求，可以合并审理的，人民法院应当合并审理。

---

① 根据《民诉解释》第 110 条的规定，人民法院认为有必要的，可以要求当事人本人到庭，就案件有关事实接受询问。此处的询问当事人系作为证据种类之一的“当事人陈述”的补充。

第八，法庭决定再次开庭的，审判长对本次开庭情况应当进行小结，指出庭审已经确认的证据，并指明下次开庭调查的重点。第二次开庭时，只就未经调查的事项进行调查和审理，对已经调查、质证并已认定的证据不再重复审理。

法庭调查结束前，审判长应当就调查认定的事实和当事人争议的问题进行归纳总结。之后宣布法庭调查结束。

（三）法庭辩论

法庭辩论是在法庭调查的基础上，双方当事人围绕争议焦点，就案件事实的认定和法律的适用进一步向法庭阐明自己的观点，反驳对方的主张，进行论证和辩驳的活动。法庭辩论的主要任务，是通过当事人及其诉讼代理人之间的口头辩论，以进一步查明案件事实，核实有关证据，分清是非责任，为最终的裁判奠定基础。法庭辩论按照下列顺序进行：（1）原告及其诉讼代理人发言；（2）被告及其诉讼代理人答辩；（3）第三人及其诉讼代理人发言或答辩；（4）互相辩论。

在法庭辩论过程中，应当注意以下几个问题：

第一，审判人员应当引导当事人围绕争议焦点进行辩论。当事人及其诉讼代理人的发言与本案无关或者重复未被法庭认定的事实，审判人员应当予以制止。

第二，一轮辩论结束后当事人要求继续辩论的，可以进行下一轮辩论。下一轮辩论不得重复以前辩论的内容。

第三，在法庭辩论中，如果发现新的事实需要进一步调查，审判长可以宣布停止辩论，恢复法庭调查，待事实查清后再继续辩论。

第四，人民法院根据案件具体情况并征得当事人同意，可以将法庭调查和法庭辩论合并进行。

法庭辩论终结，由审判长按照原告、被告、第三人的顺序征询各方最后意见。法庭辩论终结后，如有调解可能的，审判长在征得各方当事人同意后还可以进行调解。当庭达成调解协议的，由审判长签发调解书。调解不成的，应及时判决。

（四）合议庭评议

法庭辩论终结，由审判长宣布休庭，案件进入合议庭评议阶段。合议庭评议的任务，就是依据法庭调查和法庭辩论的情况，就案件的性质、认定的事实、适用的法律、是非责任和处理结果等进行评议并作出结论。合议庭评议的结果应是以判决的方式确认当事人之间的权利义务关系。评议中如发现案件事实尚未查清，需要当事人补充证据或者由人民法院自行调查收集证据的，可以决定延期审理，由审判长在继续开庭时，宣布延期审理的理由和时间，以及当事人提供补充证据的期限。

合议庭评议案件应当秘密进行。在合议庭对案件进行评议时，发表意见的先后顺序也应依法进行。合议庭评议案件时，先由承办法官对认定案件事实和适用法律发表意见，审判长最后发表意见；审判长作为承办法官的，由审判长最后发表意见。合议庭评议的情况应当制成笔录，由合议庭成员签名。合议庭评议实行少数服从多数的原则，即合议庭评议案件时，如果合议庭成员有不同意见，则以多数成员的意见为合议庭的意见。但是，对于合议庭的不同意见应当如实记录，归案备查。

（五）宣告判决

人民法院经过合议作出的民事裁判，应当公开宣告。宣告判决分为当庭宣判和定期宣判两种情况。当庭宣判，是指在开庭审理日期，于合议庭评议后立即宣判。定期宣判，是指在开庭审理之后，另定日期宣判。当庭宣判的，应当在10日内发送判决书；定期宣判的，宣判后立即发给判决书。宣判时，当事人及其他诉讼参与人、旁听人员应当起立。宣判的内容包括认定的事实、适用的法律、判决的结果和理由、诉讼费用的负担、当事人的上诉权利、上诉期限和上诉法院。宣告离婚判决，还必须告知当事人在判决发生法律效力前不得另行结婚。

在开庭审理过程中，书记员应当将法庭审理的全部活动记入笔录。法庭笔录应当当庭宣读，也可以告知当事人和其他诉讼参与人当庭或者在5日内阅读。经宣读或阅读，当事人和其他诉讼参与人认为记录无误的，应当在笔录上签名或盖章；拒绝签名、盖章的，记明情况附卷；认为对自己的陈述记录有遗漏或者差错，申请补正的，允许在笔录后面或另页补正。法庭笔录最后应由合议庭成员和书记员签名。由于法庭笔录客观真实地记录了法庭审理的全过程，其成为合议庭评议和裁判的重要依据，同时也是检查法院的开庭审理程序是否合法的根据，所以，法庭笔录是极为重要的诉讼文书。

三、审结期限

审结期限是法律规定的人民法院审结民事案件的时间限制，也称审限。规定案件审结期限的目的在于促使人民法院及时审结民事案件，防止诉讼拖延，提高诉讼效率，保护当事人的合法权益。

依照《民诉法》第152条和《审限规定》第2条第1款的规定，在第一审程序中，人民法院适用普通程序审理的案件，应当在立案之日起6个月内审结。有特殊情况需要延长的，经本院院长批准，可以延长6个月；还需延长的，报请上一级人民法院批准，可以再延长3个月。按照有关司法解释的规定，审结期限是指从立案之日起至裁判宣告、调解书送达之日止的期间，但公告期间、鉴定期间、双方当事人和解期间、审理当事人提出的管辖权异议以及处理人民法院之间的管辖争议期间不应计算在内。审结期限是法定期间，审判人员必须遵守。超审限审理案件的，应当承担相应的法律责任。

第五节　撤诉、缺席判决与延期审理

一、撤诉

（一）撤诉的概念

撤诉，是指当事人将已成立之诉撤回，不再要求人民法院对案件进行审理的诉讼行为。

撤诉是当事人的一项重要诉讼权利，是当事人依法行使处分权的具体体现。它是当事人对法院的意思表示，目的是使法院停止审判，结束正在进行的诉讼程序。因此，诉一经撤回，人民法院就不能对案件继续审理，诉讼程序即告终了。

（二）撤诉的分类

根据不同的标准，可以将撤诉分为以下不同的类型。

（1）以当事人撤诉行为的积极和消极形态为标准，可分为申请撤诉与按撤诉处理。前者是指当事人主动向人民法院提出撤回诉讼的申请，不再要求人民法院对案件继续进行审理，它是当事人对诉讼权利的积极处分；后者是指人民法院根据法律规定，针对当事人的某些行为，比照当事人申请撤诉处理，这是当事人对诉讼权利的消极处分。

（2）以提出撤诉的主体为标准，可分为原告撤回本诉、被告撤回反诉、有独立请求权的第三人撤回参加之诉。本诉、反诉与参加之诉作为独立之诉，均有可能分别被当初提起诉讼的主体撤回。需要注意的是，其中任一诉之撤回，并不影响其他诉的审理。

（3）以撤诉行为发生的不同审级为标准，可分为撤回起诉和撤回上诉。前者可以发生于一审、二审、再审程序中，会导致一审程序的结束；一审中撤诉的，当事人就同一诉讼请求还可以再次提起诉讼，二审、再审程序中原审原告撤诉的，不得再行起诉。后者发生于二审程序中，其不仅会导致二审程序的结束，而且意味着当事人接受一审裁判的结果。

（三）申请撤诉的方式和条件

（1）撤诉必须以书面或口头方式向人民法院提出明确的申请。通常应当由当事人向人民法院递交撤诉申请书，在申请书中必须有撤诉的明确意思表示。在开庭审理期日，也可以口头提出撤诉申请。

（2）撤诉必须基于当事人真实的意思表示。申请撤诉是当事人对自己诉讼权利的处分，必须出于当事人的自愿。审判人员不得强迫当事人撤诉，也不得说服、动员当事人撤诉。

（3）撤诉申请最迟应在人民法院宣告判决前提出。判决宣告后，人民法院对当事人之间的争议已经作出了裁决，非经法定程序，不得随意撤销，当事人也不得再申请撤诉。

（4）撤诉申请须经人民法院审查。当事人向人民法院提出撤诉申请后，人民法院应依法对撤诉申请进行审查。符合条件的，应裁定准许撤诉。经审查，当事人有违反法律的行为需要依法处理的，人民法院可以不准许撤诉。

（5）法庭辩论终结后原告申请撤诉，须经被告同意。

（四）按撤诉处理的法定情形

根据《民诉法》第 146 条和相关司法解释的规定，人民法院在审理民事案件过程中有下列情形之一的，可以按撤诉处理。

（1）原告经传票传唤，无正当理由拒不到庭的，或者未经法庭许可中途退庭的，可以按撤诉处理。

（2）原告应当预交而未预交案件受理费，人民法院应当通知其预交，通知后仍不预交或者申请减、缓、免未获批准而仍不预交的，裁定按撤诉处理。

（3）无民事行为能力的原告的法定代理人，经传票传唤无正当理由拒不到庭，或者未经法庭许可中途退庭的，可以按撤诉处理。

（4）有独立请求权的第三人经人民法院传票传唤，无正当理由拒不到庭的，或者未经法庭许可中途退庭的，可以对该第三人按撤诉处理。

需要注意的是，对于依法按撤诉处理的案件，人民法院也应进行审查。当事人有违反法律的行为需要依法处理的，人民法院可以不按撤诉处理。

（五）撤诉的法律效力

（1）结束本案诉讼程序。人民法院裁定撤诉后，即结束本案的诉讼程序。当事人不能再请求人民法院按原诉讼程序续行审理，人民法院也无须对案件继续行使审判权。撤诉是人民法院结案的方式之一。

（2）撤诉后可再行起诉。撤诉只表明当事人对诉讼权利进行处分，并未涉及实体权利，人民法院也没有对当事人的实体权利义务关系进行确认。因此，当事人在撤诉后还可以就同一诉讼请求再行起诉，人民法院应当受理。

（3）诉讼时效重新计算。无论是当事人申请撤诉，还是按撤诉处理，自人民法院裁定准许撤诉之日起，诉讼时效均应重新计算。

二、缺席判决

缺席判决，是指人民法院在一方当事人无正当理由拒不参加庭审或者未经许可中途退庭的情况下，依法对案件进行审理所作出的判决。缺席判决是与对席判决相对应的概念。

通常而言，人民法院对民事案件的审理应当在双方当事人均参加的对席情况下进行，法院裁判的基础也主要源于庭审中双方当事人质证与辩论所获得的诉讼资料，如果一方当事人因正当理由不能参加庭审，则法院就应另行择期开庭，以充分保障当事人的程序参与权。但如果当事人无正当理由拒不参加庭审而导致庭审拖延，就会影响诉讼的顺利进行，也不利于保护对方当事人的合法权益。为此，法律允许在特殊情况下一方当事人缺席庭审时法庭作出判决，这就是缺席判决制度的意义之所在。

根据《民诉法》第146条、第147条、第148条及《民诉解释》第235条、第240条的规定，下列情形下，法院可以缺席判决：（1）被告经传票传唤，无正当理由拒不到庭，或者未经法庭许可中途退庭。（2）无民事行为能力的被告的法定代理人，经传票传唤无正当理由拒不到庭，或者未经法庭许可中途退庭。（3）法院裁定不准撤诉的，原告经传票传唤无正当理由拒不到庭，或者未经法庭许可中途退庭。（4）被告反诉的，原告经传票传唤，无正当理由拒不到庭，或者未经法庭许可中途退庭。（5）无独立请求权的第三人经传票传唤，无正当理由拒不到庭，或者未经法庭许可中途退庭。

当事人缺席后，案件如何审理？对此，《民诉解释》第241条规定，“被告经传票传唤无正当理由拒不到庭，或者未经法庭许可中途退庭的，人民法院应当按期开庭或者继续开庭审理，对到庭的当事人诉讼请求、双方的诉辩理由以及已经提交的证据及其他诉讼材料进行审理后，可以依法缺席判决”。

三、延期审理

延期审理，是指人民法院已经确定开庭审理的日期后，或者在开庭审理的过程中，出现某种法定事由，使开庭审理不能如期进行，或者已经开始的庭审无法继续进行，从而决定推延审理的一种诉讼制度。

通常情况下，开庭审理期日一经确定，人民法院应严格遵守，不得任意更改开庭期日，并且开庭审理一旦启动即应持续进行而不得任意拖延，当事人和其他诉讼参与人也必须按时出庭参加诉讼。但是如果出现了法定事由，致使开庭审理无法按期进行或继续进行，则人民法院有必要决定延期审理。

应当注意的是，延期审理与休庭不同，虽然二者都是暂时中断庭审活动，但休庭是为了满足特定诉讼活动的需要（如合议庭评议）以及有关人员的休息等生理需要而正常留出的必要间歇时间，而延期审理是因出现特殊情况，属非正常现象。

根据《民诉法》第149条的规定，有下列情形之一的，可以延期审理。

（1）必须到庭的当事人和其他诉讼参与人有正当理由没有到庭的。必须到庭的当事人，一般是指解除婚姻关系案件中的当事人；追索赡养费、扶养费、抚育费案件中的被告，以及其他不到庭就无法查清案情的当事人。必须到庭的其他诉讼参与人，如重要证人等。前述必须到庭的当事人和其他诉讼参与人不到庭，就会使案情难以查清，甚至无法进行庭审。对于有正当理由不到庭的，人民法院可以决定延期审理；如果没有正当理由拒不到庭，则要分别情况予以处理。

（2）当事人临时提出回避申请的。在审理前的准备阶段，审判人员确定后，应当在3日内告知当事人，以便当事人有足够的时间考虑是否申请有关人员回避。但申请回避的事由是在开庭审理时才了解的，当事人也可以在此期间提出回避申请。对此，人民法院可以延期审理，以便决定相关人员是否回避。

（3）需要通知新的证人到庭，调取新的证据，重新鉴定、勘验，或者需要补充调查的。在前述情形下，庭审活动均无法继续进行，人民法院可以决定延期审理。

（4）其他应当延期审理的情形。这是一项弹性条款，它赋予人民法院在审判实务中根据具体情况裁量是否延期审理的权限。

在开庭审理过程中，如果出现上述情形，人民法院可以决定延期审理，当事人也可以申请延期审理，是否准许，由人民法院决定。决定延期审理的案件，人民法院应及时通知当事人和其他诉讼参与人。

第六节　诉讼中止与诉讼终结

一、诉讼中止

（一）诉讼中止的概念

诉讼中止，是指在诉讼进行过程中，由于某种法定情形的出现而使诉讼活动难以继续进行，受诉人民法院裁定暂时停止本案诉讼程序的制度。

通常情况下，民事诉讼程序一经开启，就应依照法定程序不停顿地进行下去，直至案件审结。但在诉讼过程中，也可能出现某些特定情形，致使诉讼程序无法进行下去，人民法院只能暂时停止诉讼程序，待原因消除后，再恢复原诉讼程序。

诉讼中止与延期审理虽然都是因诉讼过程中发生特殊情况而导致诉讼无法顺利进行，但二者存在明显的区别：（1）延期审理仅发生于确定开庭期日后或者开庭审理过程中，而诉讼中止可能于审判程序的任一阶段发生。（2）延期审理只是开庭审理的延期，其他诉讼活动并不停止；而诉讼中止导致整个诉讼程序的暂时停止。（3）由于延期审理的法定事由一般发生于诉讼之中，对于何时恢复开庭审理，受诉法院可以根据情况加以确定；而诉讼中止的法定事由主要发生于诉讼之外，何时恢复诉讼具有不可预测性，受诉法院无法控制。

（二）诉讼中止适用的法定情形和方式

根据《民诉法》第153条的规定，有下列情形之一的，应当中止诉讼：

（1）一方当事人死亡，需要等待继承人表明是否参加诉讼的。如果当事人在诉讼过程中死亡，则其诉讼权利能力随之消灭，不再具有当事人资格。除涉及身份关系的案件外，一方当事人死亡，有继承人的，人民法院需要等待继承人表明是否继承财产、承担诉讼。在此之前，诉讼程序暂时停止。

（2）一方当事人丧失诉讼行为能力，尚未确定法定代理人的。当事人参加诉讼的前提是具有诉讼行为能力。如果在诉讼中一方当事人丧失了诉讼行为能力，则诉讼不能继续进行，必须在确定法定代理人后，由其代为进行。由于确定法定代理人需要一段时间，此时诉讼程序只能暂时停止。

（3）作为一方当事人的法人或者其他组织终止，尚未确定权利义务承受人的。在诉讼中，如果作为一方当事人的法人或其他组织因合并、分立、撤销、解散等而终止，则意味着其诉讼权利能力消灭，不能作为本案的当事人继续进行诉讼。在此情况下，如果有权利义务承受人，则由权利义务承受人承担诉讼。由于确定权利义务承受人需要一定的时间，故人民法院只能裁定诉讼中止。

（4）一方当事人因不可抗拒的事由，不能参加诉讼的。诉讼过程中，当事人因不可抗拒的客观事由，如突发自然灾害、爆发战争等，而不能参加诉讼的，人民法院应裁定中止诉讼，待不可抗拒的客观事由消除后，再恢复诉讼。

(5) 本案必须以另一案的审理结果为依据，而另一案尚未审结的。在诉讼过程中，本案与其他案件有牵连，必须以另一案的审理结果为依据，而另一案尚未审结的，人民法院应当裁定中止诉讼，等待另一案审结后再恢复诉讼，否则可能会发生认定事实相互矛盾导致裁判错误的后果。

(6) 其他应当中止诉讼的情形。这是一项弹性条款。除上述情形外，受诉人民法院根据案件审理中出现的具体情况，认为诉讼程序不能继续进行，需要暂时停止的，可以裁定诉讼中止。

在诉讼过程中，人民法院遇有上述情形之一，需要中止诉讼的，应当作出裁定。诉讼中止的裁定一经作出即发生法律效力，当事人不能对此申请复议，也不能提起上诉。裁定诉讼中止后，除已经依法作出的财产保全和先予执行的裁定仍需继续执行外，人民法院应停止对本案的审理。

中止诉讼的原因消除后，可以由当事人申请，或者人民法院依职权恢复诉讼程序。恢复诉讼时，不必撤销原裁定，从人民法院通知或准许当事人双方继续进行诉讼时起，中止诉讼的裁定即失去效力。原已实施的诉讼行为仍然有效，诉讼程序继续进行。

二、诉讼终结

（一）诉讼终结的概念

诉讼终结，是指在诉讼进行过程中，某种法定事由的出现，致使本案诉讼程序无法或没有必要继续进行时，受诉人民法院裁定结束本案诉讼程序的制度。

通常情况下，诉讼程序因当事人撤诉、人民法院作出裁判以及当事人达成调解协议而结束，而诉讼终结是诉讼程序的非正常结束。诉讼终结与诉讼中止的根本区别在于：诉讼终结导致本案诉讼程序的永久性结束，再无恢复的可能；而诉讼中止只是诉讼程序的暂时停止，一旦中止诉讼的事由消除，诉讼程序通常还要继续进行。

（二）诉讼终结适用的法定情形和方式

根据《民诉法》第 154 条的规定，有下列情形之一的，人民法院应裁定终结诉讼：

(1) 原告死亡，没有继承人，或者继承人放弃诉讼权利的。民事诉讼因原告的起诉而开始。如果在诉讼进行过程中，原告死亡且无继承人，便没有了实体权利的主张者，继续进行诉讼已无可能，应当终结诉讼。死亡的原告虽有继承人，但继承人放弃诉讼权利的，基于对其处分权利的尊重，人民法院也应裁定诉讼终结。此外，在诉讼中，作为原告的法人或者其他组织终止，其权利义务承受人明确表示放弃实体权利的，同样应裁定终结诉讼。

(2) 被告死亡，没有遗产，也没有应当承担义务的人的。如果在诉讼中出现前述情况，即使原告有胜诉的可能，由于没有可供执行的财产和相应的义务承担人，原告的诉讼请求已经无法实现，只能终结诉讼。

（3）离婚案件一方当事人死亡的。离婚案件的一方当事人死亡，婚姻关系自然消灭，再进行诉讼已无实际意义，应当终结诉讼。

（4）追索赡养费、扶养费、抚养费以及解除收养关系案件的一方当事人死亡的。这些案件都是基于特定身份关系而引发的诉讼，所涉及的权利义务关系主体均是特定的，不能由其他主体取代，任何一方死亡均会导致实体权利义务关系的消灭。在此情况下，继续诉讼既无必要也无可能，诉讼应当终结。

在诉讼过程中，如果出现上述法定情形，则人民法院应当裁定诉讼终结。诉讼终结的裁定一经作出即发生法律效力，当事人不能就此申请复议或提起上诉。裁定诉讼终结后，本案的诉讼程序即告结束。

问题与思考

请扫描二维码测试，并查看参考答案

第十五章
简易程序与小额诉讼程序

【本章概要】 按照程序比例原理，在维护诉讼公正的前提下，适用简易程序和小额诉讼程序简便快捷地解决简单案件和小额诉讼案件，可以提高诉讼效率，方便当事人诉讼。简易程序和小额诉讼程序虽然通过限制甚至取消当事人的部分诉讼权利来获得“效率”，但是，仍应当符合最低限度程序公正的要求，平等保障双方当事人的辩论权等诉讼参与权。

第一节　简易程序和小额诉讼程序概述

一、简易程序和小额诉讼程序的概念

民事诉讼中，广义的简易程序包括争讼简易程序和非讼简易程序（非讼程序多为简易程序），争讼简易程序则包括“简易程序”和“小额诉讼程序”。

在我国，目前仅规定了一审简易程序，对应于一审普通程序。《民诉法》第十三章规定的是“简易程序”（第 160～170 条），其中第 169 条规定的是“小额诉讼的程序”。对此，《民诉解释》分别称为“简易程序”和“简易程序中的小额诉讼”。《民诉解释》第 281 条规定：“人民法院审理小额诉讼案件，本解释没有规定的，适用简易程序的其他规定。”简易程序和小额诉讼程序各有其适用的案件，分别是简单民事案件和小额诉讼案件；在程序上，后者比前者更加简易。

许多国家民事诉讼法同时分别规定“简易程序”和“小额诉讼程序”（如《日本民事诉讼法》第二编第七章是“关于简易法院诉讼程序的特则”，第六编是“关于小额诉讼的特则”）。

与简易程序相比，小额诉讼程序更简易，适用于更简易或诉讼标的额更小的案件。例如，小额诉讼程序中广泛采用表格式的诉状和判决书；可于夜间或星期日或其他休息日开庭；省略调查证据程序①；判决书中仅记载判决结果，仅于例外必要时，要求记载判

① 比如，《日本民事诉讼法》第 371 条规定，调查证据，限于能及时调查的证据。其第 372 条规定：询问证人，对于证人及当事人本人的询问，以法官认为适当的顺序进行；法院认为适当时，根据最高法院规则的规定，法院和当事人双方与证人通过声响的收发通信进行同时通话的方法，可以询问证人。

决理由等。[①]

二、简易程序和小额诉讼程序的价值取向

诉讼是通过程序实现正义的。现代诉讼机制是以公正程序保障为基础原理和基本出发点的。然而，无论审判多么完美地实现正义，如果付出的成本过于昂贵，人们往往只能放弃通过审判来实现正义的希望。面对现代社会中权利救济大众化要求的趋势，缺少成本意识的司法制度更容易产生功能不全的问题。[②] 简易程序和小额诉讼程序的适用并非只是为了提高司法效率，它还有一个更为重要的目标是，实现司法的大众化，使当事人便于接近司法，获得简便快捷的司法救济。[③]

缺乏效率的民事诉讼程序是不合理的，各类案件和各种程序平均占用司法资源或诉讼资源也是不合理的。一般说来，诉讼标的越大或案件越复杂，当事人和国家就越愿付出更多的诉讼成本，旨在得到更加正确的判决。[④] 根据案件的性质和繁简而设置相应的程序，这种做法已被各国民事诉讼立法普遍接受。

建构诉讼程序应当遵行程序保障原理和诉讼费用相当性原理。程序的多元化或专门化是社会发展的逻辑结果和适当解决纠纷的内在需求。正当的诉讼程序应当具有充分保护权益和保障社会安全的品格。程序的繁复或简易都应与所需解决的纠纷和所要保护的权益的性质和意义相匹配。

简易程序和小额诉讼程序的特征在于高度简化程序，使程序在灵活的同时出现了某种非确定性。[⑤] 简易程序追求的是不需要法律技巧的简便和效率[⑥]，或者说“追求达到迅速而经济的裁判之程序保障”（属于促进诉讼之程序保障），因而其程序构造是简易的，并包含更多当事人合意或自治的因素。

西方国家是在经过法治发达、诉讼程序高度合理化之后开始建构简易程序的，并认为案件质量永远是第一位的，以公正为核心才谈得上效率。[⑦] 对简单案件仅需适用简易程序就可实现其实体公正。适用简易程序和小额诉讼程序并非仓促、草率审判。简易程序和小额诉讼程序的设计和适用不应以损害诉讼公正性为代价，而应当谋求诉讼公正与效率的一体实现。

简易程序和小额诉讼程序在通过限制甚至取消当事人的一部分诉讼权利来获得或突出“效率”时，应当重视程序自身所应具有的最低限度公正性的保障，即简易程序应当符合最低限度的程序公正要求，应当平等保障双方当事人的辩论权等程序参与权。

---

① 参见章武生：《民事简易程序研究》，第七章，北京，中国人民大学出版社，2002。

② 参见［日］棚濑孝雄：《纠纷的解决与审判制度》，王亚新译，266 页，北京，中国政法大学出版社，2004。

③ 简化的诉讼程序也可能引发滥讼。对于方便诉讼与滥用诉讼这一对矛盾问题，尚无合理有效的解决办法。参见范愉：《小额诉讼程序研究》，载《中国社会科学》，2001（3）。

④ 参见［美］波斯纳：《法律的经济分析》，蒋兆康译，736 页，北京，中国大百科全书出版社，1997。

⑤ 参见范愉：《小额诉讼程序研究》，载《中国社会科学》，2001（3）。

⑥ See Geoffrey C. Hazard，Michele Taroffo，*American Civil Procedure*：*An Introduction*，Yale University Press，1993，p. 167.

⑦ 参见范愉：《小额诉讼程序研究》，载《中国社会科学》，2001（3）。

第二节 简易程序

一、简易程序的适用

（一）简易程序的适用范围

在我国，简易程序应当同时适用于：（1）简单民事案件及当事人双方约定适用简易程序的普通民事案件；（2）一审程序；（3）基层人民法院和其派出的法庭。

所谓简单民事案件，是指基层人民法院和其派出法庭审理的事实清楚、权利义务关系明确、争议不大的案件。

所谓“事实清楚”，是指当事人对争议的事实陈述基本一致，并能提供相应的证据，无须人民法院调查收集证据即可查明事实。

所谓“权利义务关系明确”，是指能明确区分谁是责任的承担者，谁是权利的享有者。

所谓“争议不大”，是指当事人对案件的是非、责任承担以及诉讼标的争执无原则分歧。

但是，下列案件，不适用简易程序（《民诉解释》第257条）：（1）起诉时被告下落不明的；（2）发回重审的；（3）当事人一方人数众多的；（4）适用审判监督程序的；（5）涉及国家利益、社会公共利益的；（6）第三人起诉请求改变或者撤销生效判决、裁定、调解书的；（7）其他不宜适用简易程序的案件。

简易程序的适用范围应当明确规定，否则可能导致简易程序的过分扩大适用，从而侵害当事人获得普通程序公正审判的权利。当事人不得为适用简易程序而提出部分诉讼请求，但已向法院陈明就其余诉讼请求不另起诉的除外。

（二）简易程序的适用方式

1. 人民法院依法适用

基层人民法院及其派出法庭对于简单民事案件，按照法律规定和司法解释，决定适用简易程序审判。

2. 当事人合意适用

根据《民诉法》第160条第2款和《民诉解释》第264条的规定，对于基层人民法院及其派出法庭适用一审普通程序审理的民事案件（《民诉解释》第257条规定的案件除外），当事人双方可以约定适用简易程序。

当事人双方约定适用简易程序的，应当在开庭前提出。口头提出的，记入笔录，由双方当事人签名或者捺印确认。

3. 程序转化与适用异议

在简易程序审理过程中，人民法院发现案件不宜适用简易程序，需要转为普通程序审理的，应当在审理期限届满前作出裁定转为普通程序。不过，已经按照普通程序审理的案件，在开庭后不得转为简易程序审理。

当事人就案件适用简易程序提出异议①，人民法院经审查，认为异议成立的，裁定转为普通程序；认为异议不成立的，裁定驳回。裁定以口头方式作出的，应当记入笔录。

转为普通程序的，人民法院应当将审判人员及相关事项书面通知双方当事人；审理期限自人民法院立案之日计算。转为普通程序前双方当事人已确认的事实，可以不再进行举证、质证。

二、简易程序的具体规定

（一）起诉之简易

原告可以口头起诉。人民法院应当将当事人的姓名、性别、工作单位、住所、联系方式等基本信息、诉讼请求、事实及理由等准确记入笔录，由原告核对无误后签名或者捺印。对当事人提交的证据材料，应当出具收据。

当然，当事人双方也可以同时到基层人民法院或者它派出的法庭，请求解决纠纷。

（二）减半交纳案件受理费

《交费办法》第 16 条规定，适用简易程序审理的案件减半交纳案件受理费。

《民诉解释》第 199 条规定：适用简易程序审理的案件转为普通程序的，原告自接到人民法院交纳诉讼费用通知之日起 7 日内补交案件受理费；原告无正当理由未按期足额补交的，按撤诉处理，已经收取的诉讼费用退还一半。

（三）传唤、通知和送达之简易

适用简易程序审理案件，人民法院可以依照《民诉法》第 90、162 条的规定采取捎口信、电话、短信、传真、电子邮件等简便方式传唤双方当事人、通知证人和送达诉讼文书。适用简易程序的案件，不适用公告送达（《民诉解释》第 140 条）。

应当注意，以简便方式送达的开庭通知，未经当事人确认或者没有其他证据证明当事人已经收到的，人民法院不得缺席判决。

（四）审前准备之简易

适用简易程序审理案件，可以简便方式进行审理前的准备。

适用简易程序案件的举证期限由人民法院确定，也可以由当事人协商一致并经人民法院准许，但不得超过 15 日。被告要求书面答辩的，人民法院可在征得其同意的基础上，合理确定答辩期间。

人民法院应当将举证期限和开庭日期告知双方当事人，并向当事人说明逾期举证以

---

① 最高人民法院《民事诉讼文书样式》（法〔2016〕221 号）中有对适用简易程序的异议书。

及拒不到庭的法律后果，由双方当事人在笔录和开庭传票的送达回证上签名或者捺印。

当事人双方均表示不需要举证期限、答辩期间的，人民法院可以立即开庭审理或者确定开庭日期。①

适用简易程序审理的案件，双方当事人同时到庭并径行开庭审理的，可以当场口头委托诉讼代理人，由人民法院记入笔录。

（五）诉讼上先行调解

《简易规定》第 14 条规定，下列民事案件，人民法院在开庭审理时应当先行调解：(1) 婚姻家庭纠纷和继承纠纷；(2) 劳务合同纠纷；(3) 交通事故和工伤事故引起的权利义务关系较为明确的损害赔偿纠纷；(4) 宅基地和相邻关系纠纷；(5) 合伙合同纠纷；(6) 诉讼标的额较小的纠纷。

但是，根据案件的性质和当事人的实际情况不能调解或者显然没有调解必要的除外。

调解达成协议并经审判人员审核后，自双方当事人签名或捺印之日起发生法律效力。人民法院应当另行制作民事调解书。

人民法院可以当庭告知当事人到人民法院领取调解书的具体日期，也可在当事人达成调解协议的次日起 10 日内将调解书发送给当事人。

当事人以民事调解书与调解协议的原意不一致为由提出异议，人民法院审查后认为异议成立的，应当根据调解协议裁定补正调解书的相关内容。

（六）开庭审理之简易

对没有委托律师、基层法律服务工作者代理诉讼的当事人，人民法院在庭审过程中可以对回避、自认、举证证明责任等相关内容向其作必要的解释或者说明，并在庭审过程中适当提示当事人正确行使诉讼权利、履行诉讼义务。

适用简易程序审理案件，由审判员独任审判，书记员担任记录。

当事人双方可就开庭方式向人民法院提出申请，由人民法院决定是否准许。经当事人双方同意，可以采用视听传输技术等方式开庭。

法庭审理的顺序，不受普通程序顺序的制约。应当注意，开庭审理中，应当保障当事人陈述意见的权利。②

《庭审录音录像规定》第 8、9 条规定：适用简易程序审理民事案件的庭审录音录像，

---

① 诉答结束之时至法庭言词辩论期日之间的期间（就审期间）比较短，常常诉答一结束就开始法庭言词辩论。

② 程序参与原则，从权利的角度来说，是当事人及相关第三人所享有的“程序参与权”。诉讼当事人及相关第三人的程序参与权属于古典的程序基本权，被称为“诉讼程序的大宪章”，大体上包括“诉讼知情权”和“诉讼听审权”。所谓“诉讼知情权”，也称“获得程序通知权”“程序通知权”，属于公民“知情权”（the right to know）的范畴，其主要内容是：诉讼当事人及相关第三人有权充分及时了解与己相关的诉讼程序的进行情况；法院应当平等、及时地告知受到诉讼结果影响的当事人及相关第三人，使其能够充分及时地了解诉讼程序的进行情况，以便其能够充分、及时地参加诉讼，行使诉讼听审权或者适时适式作出诉讼行为。所谓“诉讼听审权”，也称“听审请求权”，其主要内容是：在诉讼中，受到诉讼结果影响的当事人及相关第三人有权提出程序请求或程序异议、主张事实和提供证据，即便是对法院依职权收集的事实和证据，（对方）当事人及相关第三人也均有权充分表达意见。诉讼听审权主要包括程序请求权（包括程序异议权）、事实主张权、证明权（包括举证权和质证权）、辩论权等。参见邵明：《论民事诉讼程序参与原则》，载《法学家》，2009 (3)。

经当事人同意的，可以替代法庭笔录。法院应当将替代法庭笔录的庭审录音录像同步保存在服务器或者刻录成光盘，并由当事人和其他诉讼参与人对其完整性校验值签字或者采取其他方法进行确认。

（七）审限比较短

人民法院适用简易程序审理案件，应当在立案之日起 3 个月内审结。审理期限到期后，有特殊情况需要延长的，经本院院长批准，可以延长审理期限，但是延长后的审理期限累计不得超过 4 个月（《民诉解释》第 258 条第 1 款）。

《繁简分流意见》推行集中时间审理案件的做法。对于适用简易程序审理的民事案件，实行集中立案、移送、排期、开庭、宣判，由同一审判组织在同一时段内对多个案件连续审理。对于适用简易程序审理的案件，一般应当当庭宣判。

（八）判决书、裁定书、调解书之简易

适用简易程序审理的案件，有下列情形之一的，人民法院在制作判决书、裁定书、调解书时，对认定事实或者裁判理由部分可以适当简化：（1）当事人达成调解协议并需要制作民事调解书的；（2）一方当事人明确表示承认对方全部或者部分诉讼请求的；（3）涉及商业秘密、个人隐私的案件，当事人一方要求简化裁判文书中的相关内容，人民法院认为理由正当的；（4）当事人双方同意简化的。

（九）案件卷宗

适用简易程序审理案件，卷宗中应当具备以下材料：（1）起诉状或者口头起诉笔录；（2）答辩状或者口头答辩笔录；（3）当事人身份证明材料；（4）委托他人代理诉讼的授权委托书或者口头委托笔录；（5）证据；（6）询问当事人笔录；（7）审理（包括调解）笔录；（8）判决书、裁定书、调解书或者调解协议；（9）送达和宣判笔录；（10）执行情况；（11）诉讼费收据；（12）适用小额诉讼程序审理的，有关程序适用的书面告知。

第三节 小额诉讼程序

人民法院审理小额诉讼案件，《民诉法》和《民诉解释》没有规定的，适用简易程序的其他规定。因此，下文阐释的是小额诉讼程序的特别规定。

一、小额诉讼程序的适用范围

在我国，小额诉讼程序应当同时适用于：（1）小额诉讼案件和法律及司法解释明文规定的其他民事案件；（2）一审程序，且实行一审终审；（3）基层人民法院和其派出的法庭。

所谓小额诉讼案件，是指标的额为各省、自治区、直辖市上年度就业人员年平均工

资 50%以下的“简单民事案件”。标的额超过各省、自治区、直辖市上年度就业人员年平均工资 50%但在 2 倍以下的，当事人双方也可以约定适用小额诉讼程序。

“各省、自治区、直辖市上年度就业人员年平均工资”是指已经公布的各省、自治区、直辖市上一年度就业人员年平均工资。在上一年度就业人员年平均工资公布前，以已经公布的最近年度就业人员年平均工资为准。

海事法院可以适用小额诉讼程序审理海事、海商案件。案件标的额应当以实际受理案件的海事法院或者其派出法庭所在的省、自治区、直辖市上年度就业人员年平均工资为基数计算。

法院审理下列民事案件，不适用小额诉讼程序：（1）人身关系、财产确权案件；（2）涉外案件；（3）需要评估、鉴定或者对诉前评估、鉴定结果有异议的案件；（4）一方当事人下落不明的案件；（5）当事人提出反诉的案件；（6）其他不宜适用小额诉讼程序审理的案件。

法院在审理过程中，发现案件不宜适用小额诉讼程序的，应当适用简易程序的其他规定审理或者裁定转为普通程序。

当事人认为案件适用小额诉讼程序审理违反法律规定的，可以在开庭前向人民法院提出异议。人民法院经审查，认为异议成立的，适用简易程序的其他规定审理或者裁定转为普通程序；认为异议不成立的，裁定驳回。裁定以口头方式作出的，应当记入笔录。

二、小额诉讼程序的特别规定

（1）关于法院告知义务。人民法院受理小额诉讼案件，应当向当事人告知该类案件的审判组织、一审终审、审理期限、诉讼费用交纳标准等相关事项。

（2）关于管辖异议。当事人对小额诉讼案件提出管辖异议的，人民法院应当作出裁定；裁定一经作出即生效。

（3）关于驳回起诉。人民法院受理小额诉讼案件后，发现起诉不符合《民诉法》第 122 条规定的起诉条件的，裁定驳回起诉；裁定一经作出即生效。

（4）关于举证期限和答辩。举证期限由人民法院确定，也可以由当事人协商一致并经人民法院准许，但一般不超过 7 日。被告要求书面答辩的，人民法院可以在征得其同意的基础上合理确定答辩期间，但最长不得超过 15 日。当事人到庭后表示不需要举证期限和答辩期间的，人民法院可立即开庭审理。

（5）关于增加或者变更诉讼请求、提起反诉、追加当事人。小额诉讼程序中，允许当事人申请增加或者变更诉讼请求、提出反诉、追加当事人等，不过因此而致使案件不符合小额诉讼案件条件的，应当适用简易程序的其他规定审理，若应当适用普通程序审理则裁定转为普通程序。适用简易程序的其他规定或者普通程序审理前，双方当事人已确认的事实，可以不再进行举证、质证。

（6）有关庭审、宣判、裁判文书和审限。小额诉讼案件可以一次开庭审结并且当庭宣判。依据《繁简分流意见》，可以直接围绕诉讼请求进行庭审，不受法庭调查、法庭辩论等庭审程序限制。小额诉讼案件的裁判文书可以简化，主要记载当事人基本信息、诉讼请求、裁判主文等内容。[1] 应当在立案之日起 2 个月内审结；有特殊情况需要延长的，经本院院长批准，可以延长 1 个月。

（7）关于上诉和再审。小额诉讼案件实行一审终审，不得上诉。[2] 对小额诉讼案件的判决、裁定，当事人有权向原审法院申请再审，当事人对再审判决、裁定不得上诉；当事人有权以不应适用小额诉讼程序为由向原审法院申请再审，当事人对再审判决、裁定可以上诉（《民诉解释》第 424 条）。

问题与思考

请扫描二维码测试，并查看参考答案

① 最高人民法院 2016 年颁行的《民事诉讼文书样式》中规定：有小额诉讼程序令状式判决用的判决书样式、被告对原告所主张的事实和诉讼请求无异议的小额诉讼程序表格式判决书、简易程序和小额诉讼程序要素式判决用的判决书。

② 对于小额诉讼案件中的一审判决，虽有些国家限制上诉，但允许以严重的程序违法或法律适用错误为由（本应适用普通程序而违法适用简易程序的，属于程序适用上的重大违法，为上诉理由），提起上诉。比如，《德国民事诉讼法》第 511 条规定：上诉标的额超过 600 欧元的，才可提起二审；上诉标的额低于 600 欧元，但一审判决在法律适用问题具有原则上的重要性，或者有维护法律发展或判决一致性的需要，也可上诉。

第十六章
民事诉讼中的裁判

【本章概要】裁判是人民法院在对民事案件进行审理的过程中或之后，对当事人之间的民事权利义务关系及诉讼程序的进行与保障问题作出具有公权性质的断定，具有权威性、特定性、法定性、公开性等特征。本章是关于民事诉讼中的裁判的论述，在理解裁判的含义、特征、分类的基础上，了解判决、裁定、决定和命令的关系，重点掌握判决的分类、判决的内容，判决的效力、既判力，以及裁定、决定与命令的适用范围、内容与效力。

第一节　裁判概述

一、裁判的含义与特征

人民法院在对民事案件进行审理的过程中或之后，一般要对当事人之间的民事权利义务关系及诉讼程序的进行与保障问题作出具有公权性质的断定，这种断定就称为裁判。人民法院作出裁判属于法院的审判行为，是人民法院行使审判权的一种方式。

具体来说，裁判具有如下特征：

(1) 权威性。人民法院是国家的审判机关，人民法院作出裁判是代表国家行使相关职权，因此裁判一旦作出，就依法具有相应的法律效力并体现其权威性。

(2) 特定性。裁判的特定性主要表现在三个方面：1) 裁判主体的特定性。裁判只能由人民法院作出，任何其他机关、团体和个人都无权作出裁判。2) 裁判内容的特定性。裁判只能针对当事人之间的民事权利义务关系及诉讼程序的进行与保障问题作出，不能针对其他问题作出。3) 裁判形式的特定性。人民法院作出裁判通常必须通过一定的载体体现出来，这个载体就是裁判文书。裁判文书属于公文书，有特定的格式要求，应当按照特定的格式来书写。

(3) 法定性。人民法院作出裁判是一项严肃的事情，应当依据法律规定来操作，遵守相关程序要求，保护当事人合法权益，不得违反法律的规定。

(4) 公开性。裁判公开是审判公开原则的体现。习近平总书记指出："要增强主动公开、主动接受监督的意识，完善机制、创新方式、畅通渠道，依法及时公开执法司法依据、程序、流程、结果和裁判文书。”[1] 裁判公开主要体现为裁判过程的公开、裁判结果与理由的公开以及裁判文书的公开。根据《民诉法》的规定，人民法院审理民事案件，除涉及国家秘密、个人隐私或者法律另有规定的以外，应当公开进行（《民诉法》第137条）。人民法院对公开审理或者不公开审理的案件，一律公开宣告判决（《民诉法》第151条）。判决书应当写明：案由、诉讼请求、争议的事实和理由；判决认定的事实和理由、适用的法律和理由；判决结果和诉讼费用的负担；上诉期间和上诉的法院（《民诉法》第155条）。裁定书应当写明裁定结果和作出该裁定的理由（《民诉法》第157条）。公众可以查阅发生法律效力的判决书、裁定书，但涉及国家秘密、商业秘密和个人隐私的内容除外（《民诉法》第159条）。

二、裁判的分类

根据不同的标准，对裁判可以作以下不同的分类。

（一）判决、裁定、决定和命令

根据裁判的内容不同，可以将裁判分为判决、裁定、决定和命令。判决是指人民法院依法对案件进行审理后就案件实体问题所作的具有约束力的结论性判定。裁定是指人民法院在诉讼过程中为处理程序事项和个别的实体事项而作出的具有约束力的结论性判定。决定是指人民法院为解决诉讼过程中发生的影响诉讼正常顺利进行的特殊事项所作出的具有约束力的结论性判定。命令是指人民法院对程序进行的事项或者某些无争议的事实问题依法发出的指令。

将裁判分为判决、裁定、决定和命令，是我国民事诉讼理论界和实务界人士所普遍认同的一种分类，在我国《民诉法》上也有所体现，这也被称为裁判的四种形式。以下还将专门介绍这四者之间的关系。

（二）中间裁判和终局裁判

根据裁判是否产生终局法律效力，可以将裁判分为中间裁判和终局裁判。中间裁判是指人民法院在诉讼过程中制作的针对争点而非诉讼标的所作的裁判。终局裁判是指在案件审理结束时人民法院制作的能终结诉讼程序的裁判。

（三）书面裁判和口头裁判

根据裁判是否表现为书面形式，可以将裁判分为书面裁判和口头裁判。书面裁判是指人民法院用书面形式制作的裁判。口头裁判是指人民法院以口头形式所作的裁判，不用书面形式，但一般要记入笔录。

---

[1] 习近平：《严格执法，公正司法》，载习近平：《论坚持全面依法治国》，49页，北京，中央文献出版社，2020。

三、判决、裁定、决定和命令的关系

判决、裁定、决定和命令被称为裁判的四种形式，但从民事诉讼的基本价值目标即公正价值和效率价值的角度来看，这四种形式因各自所负载的使命不完全一样，所体现的价值侧重点也并不完全一样。一般来说，判决、裁定、决定和命令与其所体现的公正价值大小成正比，而与其所体现的效率价值大小成反比，即判决所体现的公正价值最大而所体现的效率价值最小，依此类推。因此，前者相对于后者而言，对程序保障的要求相对较高，其救济机制也相对较严密，而后者相对于前者而言，法院职权色彩相对较明显。

判决与裁定是裁判的两种最主要形态，其中又以判决为最典型，在形式和救济机制上都最完整。具体来说，裁定与判决的区别主要体现在以下五个方面：第一，作用不同。裁定主要解决程序事项，而判决主要解决实体事项。第二，表现形式不同。除法律有明确规定外，裁定既可以用书面形式，也可以用口头形式；而判决只能用书面形式。第三，适用的时间不同。裁定适用于审判阶段和执行阶段，而判决只适用于审判阶段。第四，可否多次适用不同。在一个审级内，可以根据需要多次适用裁定，但一般只作出一个判决。第五，上诉期间不同。对于国内民事诉讼来说，一审未生效判决的上诉期间为 15 天，裁定的上诉期间为 10 天。

裁定相对于判决而言比较重视诉讼效率，而决定比裁定更重视诉讼效率，法院的职权色彩更为明显。关于决定与判决和裁定的区别，主要体现在两个方面：第一，解决事项的性质不同。决定主要解决诉讼过程中发生的影响诉讼正常顺利进行的一些特殊紧急事项；判决主要解决案件的实体性事项，裁定主要解决案件的一些重要程序性事项。第二，能否通过上诉加以救济不同。当事人对决定一律不能上诉，而当事人对一审未生效判决和个别裁定可以上诉。

命令所体现的诉讼效率价值最大，法院的职权色彩也最明显，其与判决、裁定和决定的最大区别在于命令并不针对争议事项进行判断，而只是要求特定主体单方履行，且几乎没有救济机制。

从我国现行民事诉讼法的规定来看，法院裁判类型的体系化还很不够，不少规定还显得比较混乱，法院适用的裁判类型与处理的事项存在诸多的不相称性，欠缺应有的科学性，致使当事人和某些案外人的合法权益未能得到充分有效的保障和救济。① 因此，加强法院裁判类型的体系化研究，并为其构建科学合理的救济机制，确保民事诉讼立法的科学性仍是我们面临的一项重要任务。

---

① 有学者提出：对于有关程序性事项的处理，民事诉讼法没有必要规定分别采用裁定和决定这两种形式，而应当扩大裁定的适用范围并取消决定这种裁判方式，即使是法院对诉讼参与人或案外人处以罚款或拘留等强制措施，使用裁定来处理也没有什么不妥之处。相反，在完善裁定之上诉审程序的条件下，它有利于对因该裁判而遭受不利益的利害关系人的合法权益予以保护。另外，对于法院之间的移送管辖、上级法院的指定管辖等事项的处理，也应当采用裁定的方式；对于扣押令、搜查令、支付令等民事命令，基于立法沿革和习惯，可仍然沿用其名，但在立法上及理论上应当明确，这些民事命令在性质上亦属于裁定，如果在某些方面对其缺乏具体规定，则应当按照裁定的一般性规定处理。参见刘学在：《民事裁定上诉审程序之检讨》，载《法学评论》，2001 (6)。

第二节　判　决

一、判决的概念与特征

判决是法院裁判最重要的形式之一。所谓判决，是指人民法院依法对案件进行审理后就案件实体问题所作的具有约束力的结论性判定。判决具有如下特征：（1）判决是人民法院行使审判权的结果，只有人民法院才能作出判决，因此判决的制作主体具有特定性。其他任何主体都不能作出判决，即使作出也只能是无效的。（2）判决一般只涉及案件实体问题，即主要是解决当事人之间争议的民事法律关系，因此判决的内容具有特定性。（3）判决必须依法定程序对案件进行审理后才能作出，且必须有充足的事实依据和准确的法律依据，因此判决具有法定性。（4）判决一旦作出并生效，非经法定程序不得更改和撤销，作出判决的人民法院、当事人和其他主体都应受到判决的拘束，因此判决具有很高的权威性。

二、判决的分类

根据不同的标准，对判决可进行如下分类。

（一）诉讼案件判决和非讼案件判决

根据案件性质不同，判决可分为诉讼案件判决和非讼案件判决。诉讼案件判决是人民法院制作的针对双方当事人有民事权益争议的诉讼案件所作的判决，一般来讲大部分判决都是诉讼案件判决。非讼案件判决是人民法院制作的针对不存在民事权益争议的非讼案件所作的判决，如依法认定公民无民事行为能力的判决。

（二）给付判决、确认判决和变更判决

根据内容和性质不同，判决可分为给付判决、确认判决和变更判决。给付判决是人民法院制作的具有给付内容的判决，如买卖合同纠纷案件中判决返还货款。确认判决是人民法院制作的确认某项民事权利义务关系存在或不存在的判决，如确认收养关系无效的判决。变更判决也称形成判决，是人民法院制作的变更当事人之间现存的某项民事权利义务关系的判决，如解除婚姻关系的判决。

（三）全部判决和部分判决

根据判决解决民事纠纷范围不同，判决可分为全部判决和部分判决。全部判决是指人民法院制作的针对当事人全部诉讼请求所作的判决。部分判决是指人民法院制作的就当事人部分诉讼请求进行判定所作的判决。《民诉法》第 156 条规定：“人民法院审理案

件，其中一部分事实已经清楚，可以就该部分先行判决。”依据该规定所作的判决就是部分判决，但目前我国司法实践中很少有作出部分判决的情况。

（四）终局判决和中间判决

根据判决是否具有结束诉讼程序的功能，判决可分为终局判决和中间判决。终局判决是指在案件审理结束时人民法院制作的能终结诉讼程序的判决。中间判决是指人民法院在诉讼过程中制作的针对争点而非诉讼标的所作的判决，如对诉讼前提条件是否存在、诉讼合并是否合法、自认是否撤回等进行的判决。中间判决不能终结诉讼程序，实际上，“由于对原告所请求的法律保护行为还没有作出裁判，诉讼的其余部分仍然处于该审级中，因此，中间判决是终局判决中预先作出的部分，它为终局判决做准备并减轻终局判决的负担”①。

（五）对席判决和缺席判决

根据双方当事人出庭情况不同，判决可分为对席判决和缺席判决。对席判决，是指在双方当事人都参加了庭审程序的前提下，人民法院依法对案件进行审理后制作的判决。缺席判决，是指人民法院在一方当事人无正当理由拒不参加庭审或者未经许可中途退庭的情况下，依法对案件进行审理后作出的判决。缺席判决是对席判决的一种例外情况，人民法院只有在法律有明确规定情形下才可以作出。《民诉法》第 146 条规定：原告经传票传唤，无正当理由拒不到庭的，或者未经法庭许可中途退庭的，可以按撤诉处理；被告反诉的，可以缺席判决。第 147 条规定：被告经传票传唤，无正当理由拒不到庭的，或者未经法庭许可中途退庭的，可以缺席判决。第 148 条第 2 款规定：人民法院裁定不准许撤诉的，原告经传票传唤，无正当理由拒不到庭的，可以缺席判决。

（六）原判决和补充判决

根据判决是否是对本案先前判决的补充，判决可分为原判决和补充判决。原判决是指人民法院制作的未基于本案任何先前判决的判决。补充判决是指人民法院为对本案先前判决进行补充而制作的判决。人民法院制作的判决有可能出现遗漏诉讼请求或判决主文不明等情况，这时就需要制作补充判决进行补充。

（七）一审判决和二审判决

根据审判时所适用的诉讼程序不同，判决可分为一审判决和二审判决。一审判决是指人民法院在一审程序审理终结时制作的判决。二审判决是指人民法院在二审程序审理终结时制作的判决。

---

① ［德］莱奥·罗森贝克、卡尔·梅因茨·施瓦布、彼得·戈特瓦尔德：《德国民事诉讼法》（上），李大雪译，16 版，384 页，北京，中国法制出版社，2007。

三、判决的内容

判决的作出只能采用书面形式，即判决书的形式。根据《民诉法》第155条的规定，判决书应当写明以下几点。

（1）案由、诉讼请求、争议的事实和理由。案由是对案件性质的概括，如名誉权纠纷、夫妻财产约定纠纷、返还原物纠纷、宅基地使用权纠纷等。2020年12月，最高人民法院发布了《关于印发修改后的〈民事案件案由规定〉的通知》（法〔2020〕347号），《案由规定》将案由分为11部分54类473种[①]，人民法院在列案由时一般应以该规定为准。当事人的诉讼请求应当列全，不得故意遗漏或随意添加。一审被告反诉的，反诉请求也应当列出。二审双方当事人都上诉的，双方的上诉请求都应列出。争议的事实和理由主要以列明当事人双方主张或反驳的事实和理由来体现，现在有些判决书开始尝试将法院归纳的争议的焦点也写明。

（2）判决认定的事实和理由、适用的法律和理由。认定事实部分要写清楚，且理由充分，既要列出据以证明事实的证据，还要对证据的认定及与所认定事实的逻辑关系予以说明。适用的法律不能笼统写，而应具体到某部法律的某条某款某项，同时还需对适用的理由予以说明。要让人觉得法院这样判决确实是有道理的。另外，判决对诉讼过程中的程序事项如缺席判决前所采取的保障缺席当事人程序权利的各种努力与措施等也应有必要记载与说明。[②] 总之，这一部分内容最能反映和体现裁判公开原则。一项公正的判决书应当建立在逻辑推理的基础上，法官应当对事实的认定、证据的分析、法律的适用、逻辑的判断等进行理性说理，通过对证据与事实、逻辑与推理的必然联系，使事实、法律与裁判结果形成逻辑必然关系，从而保证裁判的公正、公开和理性，事实上，也只有通过“心证公开”和“以理服人”，才能真正树立起司法裁判的权威性。

（3）判决结果和诉讼费用的负担。判决结果即判决主文，必须写得清楚、具体，要便于执行。诉讼费用的负担要具体写明由哪方当事人负担及负担的具体金额。

（4）上诉期间和上诉的法院。对于可以上诉的判决，要写明上诉期间的天数和起算日，以及具体指明向哪一个法院上诉。

判决书由审判人员、书记员署名，注明作出日期，加盖人民法院印章。需要指出的是，即使判决是由派出法庭作出的，也应当盖基层人民法院的印章，而不能盖派出法庭的印章，因为派出法庭是以基层人民法院的名义而不是以自己的名义作出判决。

四、判决的效力

在大陆法系，判决的效力问题是一个比较复杂的问题，与我国民事诉讼语境中“发

---

① 早在2000年10月，最高人民法院就发布了《民事案件案由规定（试行）》，将案由分为4部分54类300种。2008年2月《民事案件案由规定》对《民事案件案由规定（试行）》进行了修订，将案由分为10部分30类361种。根据工作需要，2011年2月，最高人民法院又对该规定作出修改，《关于印发修改后的〈民事案件案由规定〉的通知》（法〔2011〕42号）将案由分为10部分43类424种。

② 参见廖永安：《民事裁判文书改革应避开几个误区》，载《人民法院报》，2003-09-16。

生法律效力”或者“生效”判决的效力不可同日而语。探讨民事判决的效力事实上涉及“是否为判决”“是否为有效判决”“有效判决的效力”这三个层次的问题。

（一）是否为判决

相对于“非判决”或曰“非裁判”而言，民事“判决”应当具有特定的外部形态，要符合判决的成立要件。一般认为，民事判决成立须具备以下条件：（1）作出判决的主体必须是对案件有管辖权的法院，在具体案件中表现为进行本案民事审判的合议庭或者独任法官。非属法院民事审判机构的其他机关、团体和个人所作出的决定，都不是判决。（2）法院民事审判机构所作出的判决原则上必须向外宣告，没有经过言词辩论的判决虽然可以不向外宣告但必须送达当事人。一般判决“宣告之时”或者未经言词辩论的判决“送达之时”，即为判决“成立之时”[①]。如果既未向外宣告又未向当事人送达，则不能谓之为法院的判决，顶多只是法院的内部决定而已。不同时符合以上两个基本条件，就无从谈“判决”，当然也就无从谈任何意义上的“判决效力”。

判断“是否为判决”需要依赖判决的成立要件，判断“是否为有效判决”则需要依赖判决的生效要件。我国民事诉讼法学理论与实践曾经对判决的成立要件和生效要件不加区分地加以使用，认为成立即生效、生效即成立。但事实上，二者是有明确界限的，其判断标准和法律控制目标也是不同的：“判决成立与否”是事实判断问题，其回答的是某一判决是否已经存在，某一诉讼行为是否属于法院的裁判行为；“判决生效与否”是法律价值判断问题，其回答的是法院作出的判决是否符合法律的精神和规定，是否取得法律认许的效力。尽管判决的成立时间与生效时间确实具有时间上的依赖关系，判决的生效时间不能脱离判决的成立时间而单独确定，但不能因此将判决的成立与判决的生效混为一谈，不能简单地得出“有效即成立”和“无效即不成立”的结论。从逻辑关系上来看，判决成立是判决有效的前提。不能从判决无效来倒推判决不成立，否则就违反了逻辑上的“因果律”和“充分必要律”。换言之，不能由判决无效这种“果”来倒推出判决不成立这种“因”，无效判决仍然是判决，并非不具备判决成立要件的“非判决”。

（二）是否为有效判决

“是否为有效判决”是就判决的内容效力而言的。从判决的形式效力上看，判决不存在无效的问题，只要是判决，就应当具有形式上对法院的拘束力（不能随意撤销或变更）和形式上的确定力（即确定判决的“不可撤销性”或“不可争辩性”）。所谓的“无效判决、效力待定判决和完全效力判决”都是从判决的内容效力上说的。

所谓无效判决，在大陆法系中又称“无权裁判”，指只具形式上的效力（包括对法院的拘束力和形式上的确定力），但不具有内容上的效力（包括既判力、执行力和形成力等）的判决。从理论上讲，因为民事诉讼法属于强行法，任何诉讼行为违反程序规定即

---

① 我国台湾地区学者石志泉认为：“应宣示之判决，因宣示而成立；不宣示者因送达而成立。”日本学者兼子一也认为：“判决一经宣布就成立。”转引自江伟主编：《中国民事诉讼法专论》，229页，北京，中国政法大学出版社，1998。

无效力，法院的判决也是如此。但各国民事诉讼法都没有采取这种纯理论性的死板规定，并未将违法裁判一概视为无效。法院判决虽违背法律规定而有程序或内容瑕疵，但在通过法定程序（如上诉或者再审等）被废弃之前，仍然完全有效。只有在少数例外情况下，基于判决的重大瑕疵，即使该判决未经废弃也只能发生形式上的效力，而不能发生内容上的效力，即为所谓的“无效判决”。

究竟哪些判决属于无效的民事判决？对此，学界尚存争议。按照德国的通说，以下四种判决属于无效判决：（1）没有审判权的法院所作的判决。比如对治外法权人所作出的判决。但仅仅没有管辖权并不导致判决无效，如民事法官所作的刑事判决仍然有效。（2）对未起诉、撤诉或者当事人达成诉讼和解后的案件所作的判决。因为这些时候诉讼已经不再系属于法院。（3）基于事实上的理由不能就其实体内容发生效果的判决。具体又分三种情况：第一种是对不存在的当事人所作的实体判决；第二种是驳回诉讼或者驳回上诉的判决；第三种是形成一个不存在或者在判决确定时不存在的法律关系的判决，比如对不存在婚姻关系的案件判决离婚等。（4）不为现行法所承认其宣示或者规制的法律效果的判决。比如确认或者设定现行法所没有规定的物权的判决。但事实上给付不能的判决，并非完全无效，因为它仅仅排除强制执行的效力，而其既判力并不受妨碍。①

（三）有效判决的效力

内容有效的判决即具有实质效力的判决，又可以分为两种，即“效力待定的判决”和“完全效力的判决”。所谓效力待定的判决，是指因为作为判决基础的诉讼行为有瑕疵而需通过“确定”，即通过上诉或者再审才能补正瑕疵，效力溯及判决作出时的判决。这种判决需要通过自身的确定而补正。②“判决确定”这一诉讼法律事实，不仅能补正作为判决基础的诉讼行为的瑕疵，而且是判决发生完全效力的根据。根据我国台湾地区学者的表述，“判决确定者，即判决已无上诉之途，而处于不能废弃或变更之状态之谓”③。大陆法系将这种判决的不可撤销性，称为形式上的确定力，或者外部的确定力。

由此可见，对判决的效力并非可以简单地用“生效判决”和“未生效判决”这两个极端来加以评价。从非判决、无效判决、效力待定判决到完全效力判决，是一个判决的效力由无到有、由弱到强、由部分到完全效力的递增过程。④ 我国民事诉讼法规范多次、多处使用了“发生法律效力”一词，从立法精神和学理解释来看，实际上是“判决确定”的同义语，但“发生法律效力”一词毕竟易生歧义和误解，所以不宜作为民事诉讼立法用语，也不宜作为“判决确定”概念的替代。对判决只宜以确定与否分为“确定判决”和“未确定判决”，而不宜以生效与否分为“生效判决”和“未生效判决”，因为判决一经作出即具有一定的效力，即便前面论及的“无效判决”也并不是没有形式效力的判决，所以“未生效判决”本身是一个自相矛盾和有失科学的概念。生效判决只宜作为确定判决和未确定判决的上位概念，只宜作为学理上概括判决效力的总括概念。不能“将判决的成立”、“判决的确定”与“判决的生效”这三个概念混为一谈。从生效判决来说明判

---

① 参见江伟主编：《中国民事诉讼法专论》，126～127 页，北京，中国政法大学出版社，1998。

② 另一种补正本身瑕疵的判决并不影响判决的效力，如补正判决中的遗漏、笔误、计算错误或法律适用错误等。

③ 王甲乙、杨建华、郑健才：《民事诉讼法新论》，470 页，台北，三民书局，1997。

④ 参见江伟主编：《中国民事诉讼法专论》，131 页，北京，中国政法大学出版社，1998。

决的效力，实质上犯了因果颠倒的错误。

一个完全效力的判决，即一个确定的判决，应当包含形式效力和实质效力：形式效力包括判决对法院的拘束力和形式上的确定力，实质效力包括判决实质上的确定力（既判力）、形成力和执行力。[①]

1. 拘束力

拘束力又称羁束力，是指针对法院自身而言的一种判决效力，判决一旦宣告或者送达当事人后，作出判决的法院自己必须受到判决的拘束，在同一审级内不得随意地予以撤销或变更。除非有特殊理由，在发回重审、提起再审（当事人申请或检察院抗诉）和当事人对适用特别或非讼程序案件提起撤销之诉时，判决对原审法院不产生拘束力。此种效力的目的在于维护裁判的安定性，以避免影响法院的威信。

2. 确定力

判决的确定力包括形式上的确定力和实质上的确定力。形式上的确定力也称外部确定力，是指当事人不得以上诉的方法，请求上级法院将该判决废弃或变更的效力。判决一旦确定生效，除非经过法律规定的特定程序，不能被撤销或变更。实质上的确定力就是我们通常所说的既判力，是指当事人之间原争议的民事法律关系已经人民法院判决解决并确定生效，当事人不得对此再提起诉讼或在以后的诉讼中主张与该判决相反的内容，人民法院也不得对当事人之间原争议的民事法律关系再进行判决或在以后的诉讼中作出与该判决相冲突的判决。鉴于既判力的重要性，本节另行专门对此进行阐述。

3. 形成力

所谓形成力，又称变更力或创设力，是指判决所具有的变更原有法律关系、产生新的法律关系的效力。如离婚判决就解除了当事人之间的婚姻关系。一般来说，只有变更判决和非讼案件判决才具有形成力。

4. 执行力

所谓执行力，是指具有给付内容的判决可以作为执行根据而具有强制执行的效力。执行力只针对具有给付内容的判决而言，其他判决不具有执行力。具有给付内容的判决生效以后，判决履行义务方当事人不自动履行判决义务，权利方当事人则可以申请人民法院强制执行，使判决所确定的权利得到强制实现。

五、既判力

（一）既判力的含义

既判力又称判决实质上的确定力，是指当事人之间原争议的民事法律关系已经人民法院判决解决并确定生效，当事人不得对此再提起诉讼或在以后的诉讼中主张与该判决

---

① 参见江伟主编：《中国民事诉讼法专论》，131页，北京，中国政法大学出版社，1998；［日］中村英郎：《新民事诉讼法讲义》，陈刚、林剑锋、郭美松译，225页，北京，法律出版社，2001；肖建国：《民事诉讼程序价值论》，532页，北京，中国人民大学出版社，2000。

相反的内容，人民法院也不得对当事人之间原争议的民事法律关系再进行判决或在以后的诉讼中作出与该判决相冲突的判决。很明显，既判力主要是针对以后的诉讼而言的。

大陆法系国家对既判力的研究已比较全面深入，并发展成为一套专门的理论即既判力理论。既判力理论是民事诉讼法学最重要的理论之一，它包括既判力的含义、既判力理论与诉讼标的理论的关系、既判力与一事不再理、既判力与再审、既判力的条件、既判力的功能、既判力的本质、既判力的时间范围、既判力的客观范围及其扩张、既判力的主观范围及其扩张、既判力的限制等内容。但长期以来，我国学界不是非常重视研究既判力理论，导致既判力理论的研究还比较薄弱，更是难以有效指导司法实践，或者说难以有效回应司法实践中出现的相关问题。虽然近年来这一理论已引起了学界的重视并已有专门成果问世，但这显然还远远不够。本部分主要对既判力的时间范围、既判力的客观范围和既判力的主观范围作一阐述。

（二）既判力的时间范围

判决涉及对当事人之间争议的民事权利义务关系的判断，而当事人之间争议的民事权利义务关系是不断变化的，因此判决必须明确是对哪一时间点上当事人之间民事权利义务关系的判断，这个时间点就是既判力的时间范围所涉及的问题。所谓既判力的时间范围，又称既判力的时间界限、既判力的基准时或既判力的标准时，是指已确定判决产生既判力作用的时间点。一般认为，既判力的时间界限为事实审言词辩论终结时，也即确定判决仅对事实审言词辩论终结时所存在或不存在的权利义务关系产生既判力，而对此基准时之后所发生的事实或权利义务关系的变动事实则无既判力。

（三）既判力的客观范围

既判力的客观范围，是指确定判决对哪些事项产生既判力。一般认为，判决是对当事人之间争议的民事权利义务关系的判断，因此，既判力的客观范围就是判决所确定的当事人之间的民事权利义务关系，即生效判决所确定的诉讼标的。[①] 很明显，确定判决在原则上仅对判决主文中所作的判断产生既判力，而将判决理由排除在既判力的客观范围之外。但判决理由是确定诉讼标的的前提，如果判决理由没有既判力，允许当事人就判决理由中所涉及的判断事项另行起诉的话，就有可能导致后诉判决就该判断事项得出相反的结论，并进而推翻前诉判决所确定的诉讼标的。这实际上就是否定了诉讼标的的既判力，因而与生效判决所确定的诉讼标的具有既判力的观点是相矛盾的。为了解决这种矛盾，学者提出了三种观点：第一种是既判力客观范围扩张说。这种学说认为，既判力客观范围应扩张到判决理由，即判决理由也具有既判力。第二种是争点效说。这种学说认为，判决理由虽然不具有既判力，但是具有争点效力，即排斥当事人在后诉中提出与前诉判决理由中所涉及的判断事项相反的主张。第三种是基于诚信原则的拘束力说。这种学说认为，判决理由虽然并不具有某种制度性的效力，但是基于诚信原则应为各方当

---

① 因为诉讼标的理论有多种不同的学说，所以若按照不同学说则既判力的客观范围也不完全一样。参见江伟主编：《民事诉讼法》（普通高等教育“十五”国家级规划教材），330～331页，北京，高等教育出版社，2004。

事人所遵守，不得提出后诉再进行争辩。

（四）既判力的主观范围

既判力的主观范围，是指确定判决对哪些主体产生既判力。一般来说，既判力只及于当事人，而不及于与诉讼标的无关的案外人。因为民事诉讼只解决特定当事人之间的民事纠纷，判决也必须以特定当事人在诉讼中所主张的内容为前提，所以判决也只能对当事人发生既判力；其他人既然没有参加诉讼并提出主张，为保护其合法权益则判决不能对其发生既判力。当然这也是相对的，在特定情形下，既判力的主观范围会对当事人以外的人进行扩张。既判力主观范围扩张的主要情形有：（1）言词辩论终结后当事人的承继人。在言词辩论终结前，当事人的承继人若参与诉讼，则属于诉讼担当的问题。只有在言词辩论终结后发生承继原因，需要承继人承继当事人的权利义务的，确定判决才对其发生既判力。（2）为当事人或其承继人利益占有诉讼标的物的人。为当事人或其承继人利益占有诉讼标的物的人，如保管人、资产管理人、受委托人、受寄人、同住人等，自己并不对诉讼标的物具有占有利益，但判决的既判力及于这些人。（3）形成判决的案外人。法院在审理解除婚姻关系或收养关系等诉讼案件后所作的形成判决，具有对世效果或绝对效果，既判力及于所有人。

需要说明的是，既判力虽然主要是针对确定判决而言的，但又不仅仅针对判决而言，法院调解、仲裁裁决等都可在某种意义上说具有既判力。就法院调解而言，由于诉讼调解也有法官的参与，因而在制度性效力的要求上与判决是基本一致的。但在对当事人的程序保障方面，审判过程明显优于调解过程，在诉讼调解的过程中，当事人的程序权利并没有得到像在审判程序中那样充分的保护。因此，从既判力根据论的角度，我们可以得出一个大致的结论，诉讼调解应当具有某种程度或者某些方面的既判力效力，但绝不至于具有与判决完全同等的效力，部分既判力说是一种相对合理的观点，即法院调解应具有终结诉讼程序的效力，但不能产生预决效力。[①] 就仲裁裁决而言，其既判力与法院判决的既判力也并非完全等同，而是法院司法监督下的一种有限的既判力。另外，公证文书虽然有执行力，但没有既判力。

第三节 裁定、决定与命令

一、裁定

（一）裁定的概念

裁定也是裁判的一种重要形式。所谓裁定，是指人民法院在诉讼过程中为处理程序事项和个别的实体事项而作出的具有约束力的结论性判定。裁定主要用于解决程序事项，

---

① 参见廖永安、胡军辉：《论法院调解的既判力》，载《烟台大学学报（哲学社会科学版）》，2009（1）。

但有时也用于解决个别实体事项，如先予执行裁定和财产保全裁定。

（二）裁定的适用范围

根据《民诉法》第 157 条第 1 款的规定，裁定主要适用于下列范围：(1) 不予受理；(2) 对管辖权有异议的；(3) 驳回起诉；(4) 保全和先予执行；(5) 准许或者不准许撤诉；(6) 中止或者终结诉讼；(7) 补正判决书中的笔误；(8) 中止或者终结执行；(9) 撤销或不予执行仲裁裁决；(10) 不予执行公证机关赋予强制执行效力的债权文书；(11) 其他需要裁定解决的事项，如二审程序中需要撤销一审判决或发回重审的，当事人申请强制执行的，对法院执行行为的异议；等等。

（三）裁定的内容和效力

除法律明确规定用书面形式外，裁定也可以用口头形式，但司法实践中通常用书面形式。书面形式的裁定即裁定书。根据《民诉法》第 157 条第 3 款的规定，裁定书应当写明裁定结果和作出该裁定的理由。裁定书由审判人员、书记员署名，加盖人民法院印章。口头裁定的，应记入笔录。自 2012 年《民诉法》修改开始，《民诉法》强调了裁定书不仅要写明裁定结果，还必须写明作出该裁定的理由，以充分彰显法官心证，切实提高民事裁定的信服度，确保程序公正价值的实现。

不同裁定与案件实体问题的关联程度不同，不同裁定的救济途径也不完全一样：一般来说，关联程度高的，可以上诉；其次的，可以申请复议；没有直接关联的，没有相应的救济途径。根据《民诉法》的规定，对不予受理、关于管辖权异议处理、驳回起诉的裁定，当事人可以上诉，上诉期间为 10 天；对保全、先予执行以及执行行为异议的裁定，当事人或利害关系人可以申请复议一次①，但复议期间不停止裁定的执行；至于其他裁定，一经作出即发生法律效力，当事人既不能上诉，也不能申请复议。

裁定生效后，当事人应当执行。除法律有特别规定外，法院也不得改变或撤销已经生效的裁定，即裁定对法院自身具有拘束力。

二、决定

（一）决定的概念

在民事诉讼进行过程中，人民法院作出的结论性判定，除判决和裁定外，还有决定。所谓决定，是指人民法院为解决诉讼过程中发生的影响诉讼正常顺利进行的特殊事项所作出的具有约束力的结论性判定。这些特殊事项既非实体性事项，又非纯粹程序性事项，

---

① 目前关于保全和先予执行裁定的救济规定存在一定的问题，即没有合理区分法院一般司法行为和法院裁判行为。较合理的做法是：对保全和先予执行的裁定不服的，法律赋予被申请人的首先应是异议权而非复议申请权，只有被申请人在对法院对其异议所作出的裁决不服时，才可以申请复议。但对将保全和先予执行申请予以驳回的裁定不服时，应当赋予申请人复议申请权。参见廖永安、雷勇：《论我国民事诉讼复议制度的改革与完善》，载《法律科学》，2008 (3)。

且相当一部分不是本案审判自身的事项，但其一个共同特点是影响诉讼正常顺利进行，即构成诉讼障碍。

（二）决定的适用范围

根据《民诉法》和有关司法解释的规定，决定主要适用于以下事项。

（1）对当事人回避申请的处理。[①]《民诉法》第 50 条前两句规定：人民法院对当事人提出的回避申请，应当在申请提出的 3 日内，以口头或者书面形式作出决定。申请人对决定不服的，可以在接到决定时申请复议一次。

（2）对当事人顺延期限申请的处理。《民诉法》第 86 条规定：当事人因不可抗拒的事由或者其他正当理由耽误期限的，在障碍消除后的 10 日内，可以申请顺延期限，是否准许，由人民法院决定。

（3）对妨害民事诉讼的行为采取强制措施的处理。《民诉法》第 120 条前句规定："采取对妨害民事诉讼的强制措施必须由人民法院决定。"其中，人民法院作出罚款、拘留决定的，应当用决定书；对决定不服的，可以向上一级人民法院申请复议一次；复议期间不停止执行。

（4）对当事人缓交、减交、免交诉讼费用申请的处理。当事人申请缓交、减交或者免交诉讼费用，是否准许，由人民法院审查决定。

（5）对当事人重新进行调查、鉴定或者勘验申请的处理。《民诉法》第 142 条第 3 款规定：当事人要求重新进行调查、鉴定或者勘验的，是否准许，由人民法院决定。

（6）对各级人民法院院长认为需要再审的裁判的处理。《民诉法》第 209 条第 1 款规定：各级人民法院院长对本院已经发生法律效力的判决、裁定、调解书，发现确有错误，认为需要再审的，应当提交审判委员会讨论决定。

（7）对当事人暂缓执行申请的处理。《民诉法》第 242 条前句规定：在执行中，被执行人向人民法院提供担保，并经申请执行人同意的，人民法院可以决定暂缓执行及暂缓执行的期限。

（8）对其他需要人民法院作出决定的事项的处理，如决定诉的变更、决定诉的追加、决定诉的合并、决定公示催告的期间等。

（三）决定的内容和效力

决定的作出，既可以是口头形式的，也可以是书面形式的，具体采用哪种形式由人民法院视情况而定，但法律规定用书面形式的，应当制作决定书，如罚款、拘留应当用决定书。决定书一般应写明人民法院名称，决定书种类和案号，当事人基本情况，决定所依据的事实、理由和法律依据，决定内容，准予申请复议的也要注明，同时注明决定作出的时间，并加盖人民法院印章。口头决定的，应当记入笔录。

---

① 有学者指出，申请回避是当事人所享有的重要的诉讼权利，对于回避，在开庭审理程序中也特别要求审判长要告知当事人申请回避的权利，并询问其是否申请回避。可见，回避问题实际上是属于程序性事项的范畴的。对此，《民诉法》修改时应考虑将其纳入裁定的适用范围。参见李浩主编：《民事诉讼法学》（中国法学教科书·原理与应用系列），257 页，北京，高等教育出版社，2007。

决定一经作出立即发生法律效力，一律不允许当事人上诉。对决定一般也不允许当事人申请复议，但对于一些对当事人有较大影响的重要决定，如人民法院就当事人提出的回避申请所作的决定和人民法院作出的罚款、拘留决定，法律允许当事人不服时申请复议一次，但复议期间不影响决定的效力和执行。决定对法院自身的拘束力相对要小一些，法院可以根据情况变化自行撤销原决定。

三、命令

命令原属行政用语，较多用于军事方面。按照《现代汉语词典》的解释，命令指上级对下级有所指示或上级给下级的指示。[①] 效率是民事诉讼的价值目标之一，而命令能够较强地体现效率价值，因而为加强民事诉讼的效率价值，命令也被引入民事诉讼中来，成为裁判的一种形式。在民事诉讼中，所谓命令，是指人民法院对程序进行的事项或者某些无争议的事实问题依法发出的指令，这些事项往往属于法院职权范围内的事项，具有明显的法院职权色彩。根据《民诉法》的规定，命令主要有调查证据的命令、解除保全的命令、支付令、搜查令、执行令等。另外，《民诉法》当中还出现了“责令”“指令”等很多术语，除法律明确规定可以归入裁判的其他类型外，应当将其归入命令的类型。

从《民诉法》的规定来看，命令主要具有如下特点：第一，命令单纯要求特定主体履行某种行为。如命令债务人在一定条件下履行债务。第二，命令是单向性的，即特定主体在接到命令时必须服从。第三，命令对特定主体的保障和救济程序很少。命令一般无须以特定主体言词辩论为基础；且命令作出后特定主体几乎没有救济途径，既不能上诉，也不允许申请复议。当然，这与命令主要体现效率价值是紧密相关的，因为如果赋予特定主体保障和救济程序，势必影响诉讼效率。

命令一经作出即发生法律效力，特定主体必须履行。如果情况发生变化，法院可以根据情况需要撤销原命令。

问题与思考

请扫描二维码测试，并查看参考答案

① 参见中国社会科学院语言研究所词典编辑室编：《现代汉语词典》，5 版，797 页，北京，商务印书馆，2005。

第十七章
上诉审程序

【本章概要】上诉审程序包括第二审程序和第三审程序，但我国由于实行两审终审制度，因而我国民事诉讼中的上诉审程序与第二审程序同义。上诉审程序的主要功能在于纠正一审裁判错误和保障法律适用的统一。上诉的合法提起，除须符合一般诉讼要件外，还应当具备上诉的特别要件。基于处分原则的要求，第二审法院一般仅对上诉请求的有关事实和适用法律进行审查，并根据案件审理的不同情况，分别作出维持原裁判、依法改判、发回重审等二审裁判。在具体程序规则的适用上，除应适用《民诉法》对第二审程序所作的特别规定外，还应准用《民诉法》对第一审普通程序的相关规定。

第一节　上诉审程序概述

一、上诉审程序的概念

上诉审程序，是指当事人不服地方各级法院尚未确定的裁判①，在法定期间内向上一级法院声明不服，要求撤销或变更原裁判，上一级法院据此对案件进行审判所适用的程序。

一方面，上诉审程序是立法所预设的对未确定裁判声明不服的通常救济程序，在这一点上其不同于再审，因为再审是针对确定裁判提起的非常救济程序。另一方面，上诉审程序是向上级法院声明不服所适用的程序，在这一点上其不同于各种异议，因为后者是针对同一审级内所作裁判提起的不服申请。

上诉审程序的内涵，因审级制度的不同而存在差异。在实行三审终审制的立法例中，上诉审程序包括第二审程序和第三审程序，而在实行两审终审制的立法例中，上诉审程序则仅指第二审程序。另外，根据当事人声明不服的裁判类型不同，上诉审程序又分为对判决的上诉审程序和对裁定的上诉审程序。在德、日等国，上诉审程序即包括对判决

① 关于上诉的对象，国内很多教材将其表述为“尚未生效的裁判”，而大陆法系国家和地区民事诉讼中则表述为“尚未确定的裁判”，表明该裁判尚未产生确定力。尚未产生确定力的裁判并非没有产生其他方面的效力，例如，它已经对作出裁判的法院产生拘束力，法院不能随意废弃或变更该裁判。因此后者的表述更科学。

的上诉审程序和对裁定的上诉审程序这两种类型，其中，当事人对一审未确定的终局判决声明不服，请求上级法院废弃或变更该判决的诉讼程序，称为控诉审程序，属于第二审；对控诉审所作判决不服，提起上诉所适用的程序，称为上告审程序，属于第三审；对一审所作的某些裁定或命令不服而单独提起的上诉称为抗告，对抗告审所作的裁定或命令不服，进一步提起的抗告称为再抗告，分别属于第二审和第三审。

在我国民事诉讼采取的是两审终审制（法律另有规定的案件除外），故在我国，上诉审程序当然是指第二审程序；而根据《民诉法》第十四章的规定，第二审程序既是针对判决的上诉审程序，也是针对裁定的上诉审程序，所以我国并非像其他大陆法系国家那样，针对判决与裁定分别设计两种不同的上诉审程序（第二审程序）。

二、上诉审程序的目的

上诉审程序的目的主要包括两个方面：一是修正不正确的下级裁判以保护当事人的权利，二是保障法律的统一解释和适用。[①]

（一）保护当事人的权利

作为民事案件的审理者，法官虽富有学识及法律专业知识，但其终非完人，故其对事实的认定和法律的适用有时也可能存在错误或不当。这就需要有相应的救济程序将错误或不当的裁判予以修正，否则当事人之权利无从获得保障。上诉审程序即是一种对因错误或不当裁判而承受不利益的当事人予以救济的程序，其目的在于通过上级法院的再次审判来减少错误或不当的裁判，使当事人的权利得到充分的保障。

（二）保障法律的统一解释和适用

地方各级法院分散在全国各地，依法对自己受理的案件分别进行审判，有可能出现的一种结果是，对相同或相似内容的诉讼案件，在解释和适用法律时见解不统一乃至相互矛盾。若不利用上诉制度将各种不同的法律见解加以统一解释，则人民可能无所适从，司法裁判会丧失其威信。而法院的数量随着级别提升而逐渐减少，乃至在最高级别只有一所最高法院。这样一来，通过上诉，就可以尽可能地统一法院对法律的解释和适用。特别是在设置有第三审作为法律审的国家，上诉审程序所具有的这一功能尤为明显。

三、上诉审程序的审理模式

关于上诉审程序的审理模式，可以从两个角度进行分析：一是根据上诉审程序中审理的内容是否仅限于案件的法律适用问题，可将其分为事实审与法律审；二是从上诉审与原审的不同关系角度，可将其分为复审主义、事后审主义、续审主义。

---

① 从上诉审程序实际运行的作用和效果上看，保护当事人的权利和保障法律的统一解释与适用，则是上诉审程序的两个主要功能。

（一）事实审与法律审

在实行三审终审制的立法例中，第二审程序与第三审程序的审理内容和功能一般有着明确的区别，即第二审为事实审，第三审为法律审。所谓事实审，是指既审查案件的事实认定问题又审查法律适用问题。由于案件的事实认定是法律适用的前提和基础，因而对于既审查下级法院裁判的事实认定是否正确又审查其法律适用是否适当的第二审程序，在性质上应界定为事实审。法律审则是指仅审查案件的法律适用是否适当的上诉审程序，也即在该上诉审程序（在大陆法系中表现为第三审程序）中，不需要对下级法院裁判认定的事实问题进行审理，而只是对其适用法律是否正确进行审理，并在此基础上作出裁判。虽然作为事实审的第二审程序与作为法律审的第三审程序都具有保护当事人的权利和保障法律适用统一的作用，但其侧重点存在差异，即事实审更侧重于事实发现和保障当事人的实体权利，而法律审更侧重于保障国家法律的统一适用和给予当事人充分的程序保障。

就两大法系的比较而言，在普通法国家，由初审法院认定事实且其认定结果一般不再受到上诉法院的审查，初审中有陪审团参加审判的尤其如此，因此普通法系的诉讼法一般不允许当事人以事实认定有误为由提起上诉，其上诉审程序多为法律审。大陆法系各主要国家的诉讼制度则大多承认当事人享有因事实问题而上诉的权利，故大陆法系国家的上诉审程序一般区分为作为事实审的第二审程序与作为纯粹法律审的第三审程序。[①]

就我国而言，根据《民诉法》第 175 条“第二审人民法院应当对上诉请求的有关事实和适用法律进行审查”的规定，第二审程序审理的对象为第一审裁判中的事实认定与法律适用两个方面，因此我国民事诉讼第二审程序在性质上属于事实审，并非专门的法律审程序。

（二）复审主义、事后审主义与续审主义

从第二审程序与第一审程序的关系角度来说，第二审程序的构造在立法例上有三种，即复审主义、事后审主义、续审主义。[②]

1. 复审主义

复审主义是指第二审法院在审理案件时，不受第一审程序的拘束，全面地重新收集一切诉讼资料，当事人亦可以无限制地提出新事实和新证据，再度从头进行审理的审理方式。在复审主义下，第二审法院实际上重复了第一审所为的审理过程，就民事诉讼制度的机能而言，其虽有助于真实的发现，却大大有违诉讼经济原则，为现代各国民事诉讼所不采。

2. 事后审主义

事后审主义是指第二审法院审理案件时，仅以第一审程序中法院据以裁判的诉讼资料与证据资料为限作事后的审查，并在此基础上对原裁判是否妥当作出判断的审理方式。在此方式下，当事人在第二审程序中不得主张新的事实，也不得就以前主张的事实提供

---

① 参见齐树洁：《民事上诉制度研究》，41～42 页，北京，法律出版社，2006。

② 第三审程序为纯粹的法律审程序，不存在这种分类。

新的证据资料。第二审法院依据第一审裁判的诉讼资料与证据资料，如认为第一审裁判正当，并无不妥，即驳回当事人的上诉请求；若认为第一审裁判有误，即撤销原判决发回第一审法院重审。奥地利民事诉讼法采取此种方式。这一模式虽然具有符合诉讼经济之优点，但不利于发现真实这一目标的实现。

3. 续审主义

续审主义是指第二审法院以第一审言词辩论终结时的全部诉讼资料为基础，并与第二审中新提出的诉讼资料与证据资料相结合，对当事人提出的不服申请是否妥当作出裁判的审理方式。在此模式下，当事人在第一审中所为的诉讼行为仍有效力，并且可在第二审中提出新资料重新为攻击防御；法院在必要的范围内，通过独立的事实认定及法律适用来对案件进行审理，并审查第一审裁判结果是否正确。续审主义是复审主义与事后审主义两种立法例的折中，从理论上讲，是贯彻诉讼经济原则与发现案件真实这两个目标的妥协。德、日等多数国家和地区的民事诉讼法采取此种模式。

须注意的是，在续审主义下，由于当事人被赋予提出在第一审中未提出的攻击防御方法之机会，即当事人享有“辩论的更新权”，因而如果此种更新权不加限制地获得认可，将使当事人轻视第一审，进而不在第一审程序中展开充分的辩论，而将审理的重点转移于第二审中，可能造成诉讼迟延，并妨碍法院发现真相。因此，为了促使当事人将事实审理的重点放置于第一审程序，有必要对此种更新权进行合理的限制①，否则，续审主义作为复审主义和事后审主义的折中方案的优点就难以真正发挥。从大陆法系国家有关民事诉讼的规定来看，一般均对当事人在第二审程序中提出新的攻击防御方法予以一定的限制②，以促进第一审之事实审功能的充分发挥，并防止续审主义演变为复审主义。

我国《民诉法》第 142 条第 1 款规定，当事人在法庭上可以提出新的证据。《民诉法》第 177 条第 1 款第 3 项规定，原判决认定基本事实不清的，第二审法院可以查清事实后改判。《民诉解释》第 99 条第 2 款规定，人民法院确定举证期限，当事人提供新的证据的第二审案件不得少于 10 日。《民诉解释》第 340 条则明确规定：当事人在第一审程序中实施的诉讼行为，在第二审程序中对该当事人仍具有拘束力。当事人推翻其在第一审程序中实施的诉讼行为时，人民法院应当责令其说明理由；理由不成立的，不予支持。斟酌这些规定，可认为我国民事诉讼中的第二审程序，在性质上应界定为续审主义。

第二节　上诉的提起与受理

一、上诉的概念

上诉，是当事人对于下级法院尚未确定的裁判，向上级法院声明不服，请求撤销或

① 参见［日］新堂幸司：《新民事诉讼法》，林剑锋译，628 页，北京，法律出版社，2008。

② 参见《德国民事诉讼法》第 528 条、《日本民事诉讼法》第 298 条。

变更该裁判的诉讼行为。就我国而言，上诉是指当事人对地方各级法院尚未确定的第一审判决、裁定，在法定期限内声明不服，请求上一级法院依第二审程序撤销或变更该判决、裁定的诉讼行为。

提起上诉是当事人的一项重要的诉讼权利。在处分原则的规制之下，第二审程序的启动与第一审程序的启动方式相同，都奉行"不告不理"的原则，也即第二审程序只能基于当事人的上诉行为开始，第二审法院不能依职权主动启动第二审程序。

二、提起上诉的条件

当事人所提起的上诉须合法成立，才能由第二审法院依第二审程序对当事人之间争执的权利义务关系作进一步审理。上诉欲合法成立，首先应具备诉之成立的一般要件，如上诉人须具备当事人能力和诉讼行为能力，若无诉讼行为能力，须由法定代理人代为提起上诉等。除此之外，提起上诉还应具备以下特别的实质要件和形式要件。

（一）提起上诉的实质要件

1. 上诉人与被上诉人须适格

上诉人是指对第一审未确定的裁判声明不服，请求上一级法院重新进行审判的当事人；其对方当事人则称为被上诉人。只有上诉人和被上诉人为适格的当事人，其上诉才属于合法的上诉。原则上，得为上诉人和被上诉人之人应当是第一审的当事人，以及在第一审判决后依法应承受诉讼之当事人，如一般继承人、遗产管理人、遗嘱执行人、破产管理人等。当事人为无民事行为能力人、限制民事行为能力人的，其法定代理人可以代理当事人提起上诉。

一般而言，第一审程序中受不利裁判的原告或被告，有权提起上诉。有独立请求权的第三人以参加之诉原告的身份参加诉讼，为独立的诉的主体，当然有权提起上诉。至于无独立请求权的第三人，依《民诉法》第 59 条第 2 款和《民诉解释》第 82 条的规定，仅在一审法院判决其承担民事责任的情形下，才有权提起上诉。当事人一方提起上诉，对方当事人即为被上诉人。依《民诉解释》第 315 条的规定，双方当事人和第三人都提起上诉的，均列为上诉人。人民法院可以依职权确定第二审程序中当事人的诉讼地位。在普通的共同诉讼中，依共同诉讼人诉讼行为独立性原则，每一共同诉讼人的上诉对其他共同诉讼人不产生影响，故普通共同诉讼人中仅有一人或数人提起上诉或被提起上诉的，其余之人不属于上诉人或被上诉人。但依《民诉解释》第 317 条的规定，在必要共同诉讼中，必要共同诉讼人中的一人或部分人提起上诉的，按下列情形分别处理：（1）上诉仅对与对方当事人之间权利义务分担有意见，不涉及其他共同诉讼人利益的，对方当事人为被上诉人，未上诉的同一方当事人依原审诉讼地位列明；（2）上诉仅对共同诉讼人之间权利义务分担有意见，不涉及对方当事人利益的，未上诉的同一方当事人为被上诉人，对方当事人依原审诉讼地位列明；（3）上诉对双方当事人之间以及共同诉讼人之间权利义务承担有意见的，未提起上诉的其他当事人均为被上诉人。

在诉讼中，上诉案件的当事人死亡或者终止的，人民法院依法通知其权利义务承继者参加诉讼；需要终结诉讼的，适用《民诉法》第154条的规定处理（《民诉解释》第320条）。在第二审程序中，作为当事人的法人或者其他组织分立的，人民法院可以直接将分立后的法人或者其他组织列为共同诉讼人；合并的，将合并后的法人或者其他组织列为当事人（《民诉解释》第334条）。

2. 上诉人须具有上诉利益

所谓上诉利益，是指当事人对第一审法院的裁判结果有所不服，有利用上诉审程序除去其不利结果，予以进一步救济的必要性。当事人提起上诉，应当具有上诉利益。否则，其上诉不合法，法院应以上诉人缺少权利保护利益为理由，驳回上诉。[①]

上诉人是否具有上诉利益，以其是否受不利益的第一审裁判作为判断标准。第一审裁判对上诉人是否不利益，原则上采形式的标准予以衡量，即根据原判决的结果与原审所为诉之声明之间是否有差异进行判断。具体来讲，若原告在第一审程序中向受诉法院提出的诉讼请求全部得到支持，即诉讼请求与判决主文完全一致，该原告即无上诉利益，不得向上一级法院声明不服，而被告则有上诉利益；若原告所提诉讼请求全部被驳回，则原告有上诉利益，而被告无上诉利益；若原告所提诉讼请求部分得到法院支持，部分被驳回，则双方当事人均受有不利益的裁判，因而都具有上诉利益而可以提起上诉。

采形式标准来判断当事人是否具有上诉利益，因标准明晰而易于进行，但如果完全按这一标准进行判断，有时对当事人利益的保护则存在不足。因此，对某些例外情形有必要采取实质的标准进行判断，即只要当事人上诉后，在上级审法院有可能在实体法上获得较原判决更为有利之情形存在，就有上诉利益。主要情形有：（1）被告因提出预备的抵销抗辩获得胜诉时，应根据实质标准来认定其有上诉利益。例如，原告诉请被告支付5万元的买卖合同价款，被告主张买卖关系不存在并要求驳回原告的请求，同时被告提出预备的抵销抗辩，主张原告欠被告5万元的借款：若法院认定买卖关系存在，则可将此债权与被告的债权予以抵销。法院经审理后认为原、被告间买卖关系存在，被告的预备抵销抗辩亦成立，则应驳回原告的诉讼请求。依前述形式标准，被告在此情形下全部胜诉，而无上诉利益，故不能提起上诉。但是，被告取得胜诉的判决是以其丧失对待债权为前提的，依既判力原理，一旦判决确定，被告即不得就抵销的同一债权再次向法院起诉，要求原告清偿，因此在实质意义上讲，被告并未获得完全胜诉。在此情形下，显然应当根据实质的标准，认定被告有上诉利益。（2）在诉的预备合并的场合，若原告提出的主位的诉讼请求被法院判决驳回，而预备的诉讼请求得到法院支持，应根据实质的标准，认定原告有上诉利益。

（二）提起上诉的形式要件

1. 裁判具有可上诉性

裁判具有可上诉性，是指上诉的客体必须是法律规定可以提起上诉的判决、裁定。

---

① 德、日等国的法律对于当事人的上诉利益虽没有明文规定其为上诉合法之要件，但学说及判例均为承认。我国《民诉法》也没有明文规定这一要件，但解释上应当如此。

具体来说，是指地方各级人民法院按照第一审普通程序所作的判决、基层人民法院按照简易程序所作的判决（依照《民诉法》第165条的规定所作的判决除外），以及法律规定可以提起上诉的某些裁定。根据《民诉法》第157条的规定，可以提起上诉的裁定仅限于不予受理的裁定、驳回起诉的裁定、关于管辖权异议的裁定。另外，在企业破产程序中，对不予受理破产申请的裁定和驳回破产申请的裁定可以提起上诉（《破产法》第12条）。

2. 上诉须在法定期间内提起

上诉只有在法定期间内提起，才属于合法的上诉。根据《民诉法》第171条的规定，不服判决的上诉期间为15日，不服裁定的上诉期间为10日。可以上诉的判决书、裁定书不能同时送达双方当事人的，上诉期从各自收到判决书、裁定书之日计算（《民诉解释》第244条）。[①] 需注意的是，在大陆法系国家和地区的民事诉讼法中，存在所谓“附带上诉”制度，即一方当事人提起上诉后，被上诉人在已经开始的第二审程序中，可以提起附带上诉。提起附带上诉的，不受法定上诉期间的限制。我国民事诉讼法未规定此种制度。

延伸阅读 17－1

关于附带上诉

3. 上诉须向一审法院的直接上一级法院提起

除法律另有规定外，当事人不服一审法院的未确定裁判而提起上诉，应当向该法院的直接上一级法院提起，而不能越级上诉。[②] 换言之，第二审法院应当是第一审法院的直接上一级法院。虽然《民诉法》第173条第1款规定，“上诉状应当通过原审人民法院提出，并按照对方当事人或者代表人的人数提出副本”，但此项规定仅为程序上应遵守的事项，以便原审法院对当事人的上诉作适当处理，不能由此而认为上诉是向原审法院提起。需注意的是，根据《知产诉讼决定》和《关于知识产权法庭若干问题的规定》的规定，对于不服高级人民法院、知识产权法院、中级人民法院作出的发明专利、实用新型专利、植物新品种、集成电路布图设计、技术秘密、计算机软件、垄断第一审民事案件判决、裁定而提起上诉的案件，最高人民法院是第二审法院，由最高人民法院知识产权法庭审理，故上述案件由知识产权法院、中级人民法院作为一审法院时，系越过了其所属高级人民法院而直接由最高人民法院作为上诉审法院。

4. 上诉须采取书面形式

《民诉法》第172条规定“上诉应当递交上诉状”，因此上诉是要式诉讼行为，必须采取书面形式。一审宣判时或者判决书、裁定书送达时，当事人口头表示上诉的，人民法院应告知其必须在法定上诉期间内递交上诉状。未在法定上诉期间内递交上诉

---

① 根据《民诉法》第85条第2款中“期间开始的时和日，不计算在期间内”之规定，双方当事人无论是同一日还是不同日收到判决书或裁定书，其上诉期均应当从收到的次日起开始计算，故《民诉解释》第244条关于上诉期起算点的表述明显不当，而且该表述与《民诉解释》第125、126、128条等条款中的表述明显是相互矛盾的。

② 在大陆法系国家的民事诉讼中，存在所谓“飞跃上诉”问题，即当事人可基于其达成的保留提起第三审上诉的权利而不提起第二审上诉的协议，就第一审未确定判决的法律适用问题直接向第三审法院提起上诉。

状的，视为未提起上诉。虽递交上诉状，但未在指定的期限内交纳上诉费的，按自动撤回上诉处理（《民诉解释》第318条）。依《民诉法》第172条的规定，上诉状应写明以下内容：(1) 当事人的姓名、法人的名称及其法定代表人的姓名或者其他组织的名称以及其主要负责人的姓名；(2) 原审人民法院名称、案件的编号和案由；(3) 上诉的请求和理由。

延伸阅读 17-2

关于舍弃上诉权

上诉须具备上述实质要件和形式要件，否则不能成立合法上诉。另需注意的是，从大陆法系国家和地区的规定来看，还有一个形式要件，即“当事人未舍弃上诉权”。对于这一要件，我国民事诉讼法未作规定，有予以完善的必要。

三、上诉之提起和受理的程序

（一）上诉状等诉讼文书的提交与送达

根据《民诉法》第173条第1款的规定，上诉状应当通过原审法院提交，并按照对方当事人或者代表人的人数提交副本。立法作如此安排，是因为在当事人上诉之时，诉讼案卷尚在第一审法院，由第一审法院审查上诉是否超过法定期间及其他上诉条件是否具备，相对于第二审法院来讲更易查明事实。当然，根据该条第2款的规定，当事人也可直接向第二审法院递交上诉状，但第二审法院应在接到上诉状后5日内将上诉状移交原审法院作先行处理。

原审法院收到上诉状后，应当在5日内将上诉状副本送达对方当事人，对方当事人可在收到之日起15日内提交答辩状。人民法院应当在收到答辩状之日起5日内将副本送达上诉人。对方当事人不提交答辩状的，不影响人民法院审理。

需注意的是，根据《民诉解释》第316条的规定，上述关于按照对方当事人的人数提出和送达上诉状副本之要求中所称的“对方当事人”，包括被上诉人和原审其他当事人。

（二）诉讼案卷和证据的报送

原审法院收到上诉状、答辩状后，应当在5日内连同全部案卷和证据，报送第二审法院。至此，案件全部脱离原审法院的系属，而移审于二审法院。

关于一审和二审的衔接过程，还需注意以下两个问题：(1) 对当事人不服一审判决提起上诉的案件，在二审法院接到报送的案件之前，当事人有转移、隐匿、出卖或者毁损财产等行为，必须采取保全措施的，由一审法院依当事人申请或依职权采取。一审法院的保全裁定，应及时报送二审法院（《民诉解释》第161条）。(2) 一审宣判后，原审法院发现判决有错误，当事人在上诉期内提起上诉的，原审法院可以提出原判决有错误的意见，报送二审法院，由二审法院按照第二审程序进行审理；当事人不上诉的，按照审判监督程序处理（《民诉解释》第 242 条）。

（三）二审法院的立案

二审法院接到一审法院报送的上诉状、上诉答辩状以及全部案卷材料后，在进入本案实体审理程序之前，应首先审查上诉人的上诉是否具备法定条件并作相应的处理。在此之前，虽然一审法院对上诉要件已经作了初步审查判断，但其审查判断对二审法院并无拘束力，因为上诉行为是向二审法院而非一审法院为之，由一审法院进行相应的审查只是出于审查的便利性之考虑。因此，即便一审法院认为上诉人的上诉合法，而二审法院经审查认为其不符合上诉条件的，也应裁定驳回上诉。

二审法院经审查后，应当在收到一审法院移送的上诉材料及案卷材料后的 5 日内立案。如果二审法院在审查立案时发现上诉案件材料不齐全的，应当在 2 日内通知一审法院，一审法院应当在接到二审法院的通知后 5 日内补齐。一审法院接到二审法院的调卷通知的，应当在 5 日内将全部案卷和证据移送，至迟不超过 10 日（《审限规定》第 6 条第 3 款，第 18、19 条）。

四、上诉的效力

符合法定条件的上诉，在诉讼法上即产生一定的效力，主要包括以下两个方面。

（一）阻断一审裁判的确定

当事人于上诉期间内提起合法的上诉时，即可阻断原一审裁判的确定，此际，原裁判也不产生执行力、形成力等法律效力。而且，一旦上诉人提起合法的上诉，不论其上诉为部分上诉或全部上诉，对原判决之确定均有全部阻断的效力。就给付之诉而言，胜诉的原告不得就一审裁判中未上诉的部分申请法院强制执行。

（二）诉讼案件移审于二审法院

上诉既然是当事人就第一审裁判的事项请求上一级法院续行审判，那么当事人对一审法院所作裁判提起合法上诉后，整个诉讼案件即全部脱离原第一审法院，而移审于第二审法院。无论当事人为全部上诉或者部分上诉，皆发生全部移审的效果。这是上诉效力不可分原则的重要体现。[①] 这种全部移送的效果，不仅仅是针对单一之诉而言，对于当事人利用同一诉讼程序提起的复合形态的诉，也应作如此解释。例如，在诉之客观的合并的场合，上诉人对判决中所裁判的某一请求权提起上诉，而对其他请求权未上诉的，移审的效力亦及于未上诉部分。

---

① 上诉效力不可分原则，是指上诉所具有的阻断原裁判确定以及案件移审于上诉审法院的效力，原则上不限于上诉人不服主张的范围，而是针对原裁判所判断的全部事项而产生。对于上诉人未提出不服申请的部分，当事人无须进行辩论，法院也不能变更原判决的判断，但是该部分判断并不具有独立获得确定之效力。

第三节　上诉案件的审理与裁判

第二审法院若认为上诉人的上诉合法，即应进行本案的实体审理。根据《民诉法》第 181 条的规定，第二审法院审理上诉案件，除应依照第二审程序所作规定外，还应准用第一审普通程序的相关规定。此处主要介绍第二审的审理程序中有别于第一审普通程序的特别规定。

一、上诉案件的审判范围

根据处分原则的要求，在民事诉讼中，法院应当基于当事人的诉讼请求进行裁判，而不能超出当事人的请求范围，否则便会构成诉外裁判。不仅第一审法院在进行审判时应当恪守这一要求，而且第二审法院在审判上诉案件时也应予以遵循。因此，各国民事诉讼法一般明确规定，第二审法院对案件的审理和裁判，应当限于上诉人的上诉声明的范围之内。在我国《民诉法》第 175 条亦明确规定："第二审人民法院应当对上诉请求的有关事实和适用法律进行审查。"另外，由于上诉请求系对于第一审裁判而为，因而第二审法院对于上诉案件的审判在不得超出上诉请求的范围之同时，也不得超出第一审裁判事项的范围。因此，第二审法院的审判范围实际上是以第一审所裁判的事项为其外部限度，而以上诉请求为其内部限度。不过，在某些例外情形下，如果法律允许当事人在第二审程序中为诉之变更、追加或提起反诉，则二审法院的审理范围相应地会有所扩展。

第二审法院的审判范围不能超出当事人的上诉请求的规定，在理论上可以概括为"禁止不利益变更原则"与"禁止利益变更原则"这两项诉讼原则。

（一）禁止不利益变更原则

禁止不利益变更原则，是指在一方当事人上诉的情况下，第二审法院不得作出比一审判决更不利于上诉人的判决。换句话说，第二审法院所作的裁判课以上诉人最大的不利益是认为上诉请求无理由而驳回上诉请求，否则便违背禁止不利益变更原则。例如，原告诉请法院判令被告应给付原告 30 万元，法院仅判令被告给付原告 10 万元，被告不服，就败诉之 10 万元提起上诉，而二审法院改判命被告给付原告 20 万元，即违背了禁止不利益变更原则。

禁止不利益变更原则的主要理由在于：(1) 处分原则和司法消极原则的内在要求。(2) 保障上诉权的行使和实现上诉目的的必然要求。当事人上诉的目的，在于希望二审法院能将原判决不利于己的部分改判，获得更为有利的二审判决。如果允许二审法院超出上诉请求范围加以审判，则上诉人提起上诉的结果，有时将较不提起上诉情形更为不利。当事人可能因此而有所顾忌，不愿或不敢提起上诉，从而与法律设置上诉制度以救济上诉人之目的相违背。

应注意的是，禁止不利益变更原则，限于上诉人的对方当事人未为上诉或未提起附带上诉的情形，始有适用。如果对方当事人也提起了上诉或附带上诉，由于二审法院对双方的上诉请求均需审判，因而一方上诉人获得的二审法院的判决结果有可能较之于原审裁判结果更为不利。另外，这一原则适用于当事人享有处分权的私益案件和事项，对于涉及公益的民事案件以及诉讼要件的事项，则排除这一原则的适用。例如，《民诉解释》第 328 条规定："人民法院依照第二审程序审理案件，认为依法不应由人民法院受理的，可以由第二审人民法院直接裁定撤销原裁判，驳回起诉。"在此场合，显然应排除禁止不利益变更原则的适用。

（二）禁止利益变更原则

禁止利益变更原则，是指二审法院的判决不得超出上诉请求范围增加上诉人的利益。换言之，对上诉人而言，通过上诉所能得到的最大的裁判利益是第二审法院所作的裁判全部支持其上诉请求。例如，原告诉请被告支付 1 万元，一审法院认可了被告的时效抗辩而判决驳回原告之诉，原告提起上诉，二审法院查明并未超过诉讼时效，遂撤销原判，并判令被告给付 1 万元本金和 500 元利息。此际，二审法院关于利息的判决即违背了禁止利益变更原则。可见，禁止利益变更原则与禁止不利益变更原则实际上是从两个不同的层面约束第二审法院裁判的范围。

我国民事诉讼法虽然对这两项原则没有明确的表述，但从《民诉法》第 175 条明确要求"第二审人民法院应当对上诉请求的有关事实和适用法律进行审查"，以及第 211 条第 11 项明确将原判决、裁定超出诉讼请求作为当事人申请再审的法定事由等来看，应当认为贯彻了这两项原则。《民诉解释》第 321 条的规定也体现了这两项原则的要求。该条规定："第二审人民法院应当围绕当事人的上诉请求进行审理。当事人没有提出请求的，不予审理，但一审判决违反法律禁止性规定，或者损害国家利益、社会公共利益、他人合法权益的除外。"据此，第二审法院可以超出诉讼请求的范围而为审判的情形仅限于"一审判决违反法律禁止性规定，或者损害国家利益、社会公共利益、他人合法权益"之特殊情形，其他情况下则仍然应遵循上述原则的要求。

二、上诉案件的审判组织与审理方式

（一）审判组织

根据《民诉法》第 41 条的规定，对于上诉案件，第二审法院原则上应当由审判员组成合议庭审理，但是，中级人民法院对第一审适用简易程序审结或者不服裁定提起上诉的第二审民事案件，事实清楚、权利义务关系明确的，经双方当事人同意，可以由审判员一人独任审理。

（二）审理方式

《民诉法》第 176 条规定，第二审人民法院对上诉案件应当开庭审理。经过阅卷、调查和询问当事人，对没有提出新的事实、证据或者理由，人民法院认为不需要开庭审理的，可以不开庭审理。据此可知，上诉案件的审理方式包括开庭审理和不开庭审理两种。

1. 开庭审理

开庭审理，可以更好地贯彻直接言词原则，为当事人提供更加充分的程序保障，便于查明案件事实真相，也能够更好地发挥第二审程序的机能。因此，第二审法院审理上诉案件应当以开庭审理为原则，《民诉法》第 176 条的规定也体现了这一要求。对开庭审理的上诉案件，第二审人民法院可以依照《民诉法》第 136 条第 4 项规定进行审理前的准备，即在开庭前，可以通过要求当事人交换证据等方式，明确争议焦点（《民诉解释》第 322 条）。在以开庭的形式审理上诉案件时，可根据具体情况确定开庭的地点，对此，《民诉法》第 176 条第 2 款规定，“第二审人民法院审理上诉案件，可以在本院进行，也可以到案件发生地或者原审人民法院所在地进行”。除此以外，关于庭审的公开与否、法庭调查、法庭辩论等所应遵循的程序均应准用第一审普通程序的相关规定。

2. 不开庭审理

二审中的不开庭审理方式，又可称为附条件的书面审理，是指第二审法院经过阅卷、调查和询问当事人后，当事人没有提出新的事实、证据或理由，二审法院认为不需要开庭审理时，根据已有的案卷材料、调查材料以及询问当事人的材料依法对案件作出裁判。二审法院采取不开庭审理方式，须同时符合以下条件：一是要经过阅卷、调查和询问当事人的程序，以便核对和查清案件的事实、证据。二是当事人在第二审程序中没有提出新的事实、证据或者理由。如果当事人提出了新的事实、证据或理由，则二审法院应当开庭审理。三是二审法院认为不需要开庭审理。由此可见，此处的不开庭审理不同于单纯的书面审理。单纯的书面审理是指二审法院在审阅一审法院的卷宗材料和当事人在二审中提供的书面材料基础上对案件作出裁判。而《民诉法》第 176 条规定的不开庭审理并非仅仅靠阅览诉讼卷宗等书面材料即作出裁判，而是在践行下述程序的基础上作出裁判：一是进行必要的调查，以查清案件的事实、证据；二是经过询问当事人的程序，给予当事人充分陈述意见的机会，而询问当事人的程序则属于言词审理。因此，只有在为当事人提供了必要的程序保障之前提下，人民法院才能采用不开庭审理的方式作出裁判。

为更好地规范二审法院的不开庭审理方式，《民诉解释》第 331 条规定，第二审人民法院对下列上诉案件，依照《民诉法》第 176 条的规定可以不开庭审理：（1）不服不予受理、管辖权异议和驳回起诉裁定的；（2）当事人提出的上诉请求明显不能成立的；（3）原判决、裁定认定事实清楚，但适用法律错误的；（4）原判决严重违反法定程序，需要发回重审的。

三、上诉案件的裁判类型

（一）对判决提起上诉的案件的裁判

根据《民诉法》第 177 条和相关司法解释的规定，对于当事人不服第一审法院的判决而提起的上诉案件，第二审法院经审理后，根据不同情形，可以采取以下裁判方式。

1. 判决驳回上诉，维持原判

第二审法院对上诉案件经过审理，认为原判决认定事实清楚、适用法律正确的，应判决驳回上诉，维持原判决。原判决认定事实清楚、适用法律正确，表明原判决并无不当，上诉人的上诉无理由，所以第二审法院应作驳回上诉、维持原判之判决，且此处所谓“驳回上诉”，是指驳回上诉请求，是实体上驳回而非程序上驳回。驳回上诉请求的判决一旦获得确定，原判决也将获得确定，如果原判决是给付判决，那么原判决将成为执行根据。

2. 依法改判

依法改判，是指第二审法院针对上诉人的请求依法废弃原一审判决，并自为判决。根据《民诉法》第 177 条的规定，依法改判适用于以下两种情形。

（1）原判决认定事实错误或者适用法律错误的，依法改判。具体又包括以下三种情况：一是原判决认定事实错误。原判决认定事实错误时，多数情况下会导致实体上的判决错误，故二审法院应当在正确认定事实的基础上予以改判。二是原判决适用法律错误。法律的适用是法官的职责，第二审法院审理后，如认为原判决事实认定正确，仅该事实所应适用的实体法律规范有错误的，第二审法院应当依法予以改判。三是原判决认定事实和适用法律都存在错误，此时亦应予以改判。

需注意的是，《民诉解释》第 332 条规定：原判决认定事实或者适用法律虽有瑕疵，但判决结果正确的，第二审人民法院可以在判决中纠正瑕疵后，依照《民诉法》第 177 条第 1 款第 1 项规定予以维持。也就是说，在此种情形下，二审法院仍应作出驳回上诉、维持原判的判决。此种处理方式的主要理由在于：二审法院审理后得出的结论与原判决的主文是完全一致的，只是事实理由的认定或法律观点的判断有所不同，但上诉人的上诉请求仍然属于无理由，不应当得到支持而应予以驳回。例如，第一审判决以债权不存在为由驳回原告请求给付之诉，原告不服提起上诉，第二审法院审理后认为债权确实存在，但认可了被告的时效抗辩，此际就第一审判决之理由而言，虽属不当，但就第二审所查清的事实而言，仍应判决维持原判，驳回上诉请求。

（2）原判决认定基本事实不清的，第二审法院可以查清事实后改判。根据《民诉法》第 177 条第 1 款第 3 项的规定，对于“原判决认定基本事实不清”之情形，第二审法院既可以裁定撤销原判决，发回原审法院重审，也可以查清事实后改判。据此，在一般事实不清的情况下，二审法院应当直接查清事实后改判，只有在基本事实不清的情况下，二审法院才可以考虑在查清事实后改判与发回重审之间选择。所谓基本事实，是指用以确定当事人主体资格、案件性质、民事权利义务等对原判决、裁定的结果有实质性影响的事实（《民诉解释》第 333 条）。需注意的是，在原判决认定基本事实不清的情况下，为节约司法资源、提高诉讼效率，二审法院能够直接查清事实的，应当首先考虑查清事实后改判之方式；只有在由原审法院审理更便于查清基本事实的情况下，才应考虑将案件发回原审法院重审。这是因为，第二审程序采取的是续审制，允许当事人在第二审程序中提出新的证据等诉讼资料，故而第二审法院在进行审理时，应当综合考量双方当事人在第一审程序和第二审程序中提出的全部诉讼资料，并在此基础上认定事实，适用法律，作出裁判。这是第二审法院的审判职责和第二审程序的诉讼功能之所在。因此，第二审法院审理上诉案件时，如认为原判决认定基本事实不清，理应由其查清事实后改判为宜，而不应动辄将案件发回重审。

3. 裁定撤销原判决，发回重审

根据《民诉法》第 177 条的规定，裁定撤销原判决，发回重审适用于以下两种情形。

（1）原判决认定基本事实不清的。对于此种情形，第二审法院既可以在查清事实后改判，也可以裁定撤销原判决，将案件发回原审法院重审。关于此点前已详述。

（2）原判决遗漏当事人或者违法缺席判决等严重违反法定程序的。此种情形下，第二审法院应裁定撤销原判决，发回原审法院重审。依该项规定可知，原判决违反法定程序时，并非都应由第二审法院裁定予以撤销并发回重审，只有在第一审法院于作出判决时其诉讼程序有重大瑕疵，即存在原判决遗漏当事人或者违法缺席判决等严重违反法定程序的行为时，第二审法院才能以此为由裁定撤销原判决，发回原审法院重审。根据《民诉解释》第 323 条的规定，下列情形，可以认定为《民诉法》第 177 条第 1 款第 4 项规定的严重违反法定程序：1）审判组织的组成不合法的；2）应当回避的审判人员未回避的；3）无诉讼行为能力人未经法定代理人代为诉讼的；4）违法剥夺当事人辩论权利的。

对于裁定发回重审问题，《民诉解释》第 324、325、327 条还分别针对以下情形作了特别规定：（1）对当事人在第一审程序中已经提出的诉讼请求，原审人民法院未作审理、判决的，第二审法院可以根据当事人自愿的原则进行调解，调解不成的，发回重审。（2）必须参加诉讼的当事人或者有独立请求权的第三人，在第一审程序中未参加诉讼，第二审法院可以根据当事人自愿的原则予以调解，调解不成的，发回重审。（3）一审判决不准离婚的案件，上诉后，第二审法院认为应当判决离婚的，可以根据当事人自愿的原则，与子女抚养、财产问题一并调解，调解不成的，发回重审。但是，双方当事人同意由第二审法院一并审理的，第二审法院可以一并裁判。

从立法沿革来看，对于发回重审问题，2012 年修改前的《民诉法》第 153 条第 1 款第 3、4 项曾经规定："原判决认定事实错误，或者原判决认定事实不清，证据不足，裁定撤销原判决，发回原审人民法院重审，或者查清事实后改判"；"原判决违反法定程序，可能影响案件正确判决的，裁定撤销原判决，发回原审人民法院重审"。由于该条款对发回重审事由的表述极富弹性，往往因个人理解不同而产生不同的认识和结论，加之实践中其他因素的影响[①]，不少二审法院在审理上诉案件时不当地裁定发回重审或反复发回重审，由此而产生了一系列的弊端。[②] 因此，2012 年修改后的《民诉法》第 170 条（现为第 177 条）对发回重审的情形作了重要限制，而且表述上也更为清晰，以减少和防止二审法院不当地将案件发回重审的现象发生。特别是为了防止二审法院反复将案件发回，该条第 2 款明确规定："原审人民法院对发回重审的案件作出判决后，当事人提起上诉的，第二审人民法院不得再次发回重审。"

---

① 实践中很多案件被二审法院不当发回重审乃至反复发回重审系出于法律外因素的考虑，例如有的案件矛盾尖锐、处理较为棘手，当事人有缠诉、闹诉的倾向。

② 上诉案件被不当地发回重审或反复发回重审，产生的主要弊端是：其一，增加了国家的诉讼成本，浪费了司法资源；其二，增加了当事人的诉累，加大了当事人负担；其三，拖延了诉讼进程，降低了司法效率；其四，使当事人之间长期处于对抗的诉讼状态，不利于社会安定；其五，降低了当事人和社会公众对司法的信任，不利于提高司法的权威；其六，引起下级法院的不满，不利于建立良好的上下级法院关系和科学的审级制度。

根据民事诉讼法的规定，第二审法院发回重审的案件，原审法院应当按照第一审程序另行组成合议庭进行审理，审理后所作的判决、裁定，仍然属于一审判决、裁定，当事人可以上诉。

4. 裁定撤销原判决，驳回起诉

人民法院只能受理和审判属于民事诉讼受案范围的案件。如果原告所提之诉不属于人民法院民事诉讼受案范围，则该诉显然是不合法之诉，原审法院予以受理和判决亦属违法。因此，《民诉解释》第 328 条规定，人民法院依照第二审程序审理案件，认为依法不应由人民法院受理的，可以由第二审人民法院直接裁定撤销原裁判，驳回起诉。

5. 裁定撤销原判决，移送管辖

当事人不服一审判决而提起上诉，二审法院在审理过程中，经当事人声明或者二审法院主动依职权审查之后，发现一审法院的管辖错误的，应当如何处理，《民诉法》未明确规定，《民诉解释》第 329 条则针对原审违反专属管辖时应如何处理作出了规定，即"人民法院依照第二审程序审理案件，认为第一审人民法院受理案件违反专属管辖规定的，应当裁定撤销原裁判并移送有管辖权的人民法院"。至于其他违反管辖权规定的情形，该条并未规定应采取撤销原判、移送管辖的方式处理。值得讨论的情形主要有以下两种：其一，第二审法院审理过程中，发现一审法院违反级别管辖规定时，有无必要采取撤销原判、移送管辖的方式处理？对于级别管辖，我国民事诉讼法采取了与专属管辖相类似的处理规则，不允许通过管辖协议加以改变，也不适用应诉管辖的规定（《民诉法》第 35 条、第 130 条第 2 款），既然如此，第二审法院发现一审法院违反了级别管辖规定时，似乎也有必要采取撤销原判、移送管辖的方式处理。其二，第二审法院审理过程中，发现一审法院违反专门管辖规定时（例如违反海事法院的专门管辖或知识产权法院的专门管辖），有无必要采取撤销原判、移送管辖的方式处理？最高人民法院有必要就此问题进一步予以明确。至于一审法院违反地域管辖规定的情形，则不应当作为撤销原判的事由。

（二）对裁定提起上诉的案件的裁判

《民诉法》第 178 条规定，第二审人民法院对不服第一审人民法院裁定的上诉案件的处理，一律使用裁定。依据这一规定和《民诉法》第 177 条第 1 款及相关司法解释，对于不服一审裁定的上诉案件，第二审法院经审理后，应根据不同情况作出如下处理。

1. 维持原裁定的裁定

第二审法院经过审理，认为原裁定认定事实清楚，适用法律正确的，应当裁定驳回上诉，维持原裁定。另据《民诉解释》第 332 条的规定，原裁定认定事实或者适用法律虽有瑕疵，但裁判结果正确的，第二审人民法院可以在裁定中纠正瑕疵后，依照《民诉法》第 177 条第 1 款第 1 项规定予以维持，即作出驳回上诉、维持原裁定的裁定。

2. 撤销或变更原裁定的裁定

第二审法院经过审理，认为原裁定认定事实错误或者适用法律错误的，应当裁定撤销或变更原裁定，并应分别情况作出如下处理：（1）第二审法院查明第一审法院作出的不予受理裁定有错误的，应撤销原裁定，并指令第一审法院立案受理。（2）第二审法院查明第一审法院所作的驳回起诉的裁定有错误的，应当撤销原裁定，同时指令第一审法院对案件进行审理。（3）对于管辖权异议裁定有错误，第二审法院在裁定撤销原裁定时应如何处理，《民诉法》和司法解释的规定不太明确。我们认为，第二审法院应当在其撤销原裁定的终审裁定中写明有管辖权的法院，并根据不同情况作出处理：就一审法院针对地域管辖异议所作的裁定而言，如果作出一审裁定的法院认为自己有管辖权，而二审法院认为其无管辖权，则应当指令其将案件移送给有管辖权的法院审理；如果作出一审裁定的法院认为自己无管辖权，而二审法院认为其有管辖权，则应当指令其进行审理。就一审法院针对级别管辖异议所作的裁定而言，二审法院可以根据不同情况将案件提归本院审理或者指令由终审裁定中所认定的有管辖权的法院审理。

3. 撤销原裁定、驳回起诉的裁定

根据《民诉解释》第 328 条的规定，人民法院依照第二审程序审理对裁定上诉的案件，认为依法不应由人民法院受理的，可以由第二审人民法院直接裁定撤销原裁定，驳回起诉。

四、二审中的法院调解

根据《民诉法》第 9、96、179 条以及相关司法解释的规定，对于上诉案件，第二审法院也可在当事人双方自愿的基础上进行调解。[①] 当事人双方达成调解协议的，第二审法院应当制作调解书，由审判人员、书记员署名，加盖人民法院印章。调解书送达后，原审法院的判决即视为撤销。但是，调解书中不应有“撤销原判”之类的表述，因为，调解书的内容是双方当事人对实体权利义务及责任平等协商、相互妥协的结果，调解协议的达成和调解书的作出并不表明一审判决就是错误或违法的，而“撤销判决”须以一审判决错误或违法为前提，所以《民诉法》第 179 条规定，二审调解书送达后，原审法院的判决即“视为撤销”。

需注意的问题是：（1）《法院调解规定》第 7 条规定：“调解协议内容超出诉讼请求的，人民法院可以准许。”据此可以认为，二审中达成的调解协议的内容，可以超出上诉人上诉请求的范围，也可超出一审中原告的诉讼请求的范围。这与禁止不利益变更原则及禁止利益变更原则并不冲突，因为在此情形下，实际上意味着一方当事人变更了其上诉请求（或原审中的诉讼请求）并得到了对方当事人的同意，是尊重当事人处分权和程序选择权的结果。（2）根据《民诉解释》第 337 条和《法院调解规定》第 2 条的规定，当事人在第二审程序中达成和解协议的，人民法院可以根据当事人的请求，对双方达成的和解协议进行审查并制作调解书送达当事人。之所以规定在当事人自行达成和解协议的情况下可以通过制作调解书的方式结案，主要是因为现行《民诉法》没有将当事人和

① 从上诉案件的性质上讲，法院调解应当仅适用于对判决不服的上诉案件，而不适用于对裁定不服的上诉案件，因为按照我国民事诉讼法的规定，不予受理的裁定、驳回起诉的裁定和对管辖权异议的裁定所处理的事项都是诉讼要件事项，在性质上不能调解。

解作为一种独立的结案方式，和解协议不能产生强制性法律效力；以制作调解书的方式结案之规定虽然不符合诉讼法理，但亦不失为一种权宜之计。

五、撤回上诉与第二审程序中的撤诉

（一）撤回上诉

撤回上诉，是指上诉人依法提起上诉后，在第二审法院判决宣告前，要求第二审法院停止上诉案件的审判的制度。

1. 撤回上诉的要件

根据《民诉法》第 180 条和《民诉解释》第 335 条的规定，撤回上诉的要件包括以下几点。

（1）撤回上诉的主体是上诉人。基于处分原则，受第一审不利益判决的当事人有权决定是否提起上诉，同理，在其提起上诉之后，其亦有权放弃第二审程序的救济而撤回上诉。

（2）撤回上诉应当向第二审法院为之。上诉人提起合法的上诉后，整个案件系属于第二审法院，故上诉人申请撤回上诉的意思也应向第二审法院为之。关于上诉人应采取何种形式撤回上诉，《民诉法》未作具体规定，故上诉人以书面形式或口头形式向二审法院表示撤回上诉均无不可。

（3）撤回上诉的申请应当在第二审法院判决宣告前提出。

（4）是否准许撤回上诉，由二审法院裁定。《民诉法》第 180 条中规定，上诉人申请撤回上诉的，是否准许，由第二审人民法院裁定。因此，上诉人撤回上诉的意思表示并不能单独直接发生效力。根据《民诉解释》第 335 条的规定，在第二审程序中，当事人申请撤回上诉，第二审法院经审查认为一审判决确有错误，或者当事人之间恶意串通损害国家利益、社会公共利益、他人合法权益的，裁定不许上诉人撤回上诉。

2. 撤回上诉的效力

撤回上诉，系当事人于提起上诉后，以终结第二审程序为目的的诉讼行为。因此，当事人申请撤回上诉为第二审法院裁定准许后，第二审法院即停止对上诉案件的审理，第二审程序因撤回上诉而终结。

关于撤回上诉后，能否再次提起上诉的问题，我国《民诉法》未明确规定。从比较法的角度看，在日本，上诉人撤回上诉后，在上诉期间届满前可再次提起上诉。由于撤回上诉的目的在于不再要求第二审法院对案件进行审判，而并不意味着上诉人在实体上放弃其上诉请求，故为更好地保障当事人的权利，我国民事诉讼法有必要规定，上诉人撤回上诉后，在上诉期间届满前可再次提起上诉；并且应规定，撤回上诉时双方当事人提起上诉的期间均届满的，原一审判决即发生法律效力。

3. 关于撤回上诉的拟制

根据《民诉法》第 181、146 条以及《民诉解释》第 235、318 条的规定，上诉人经传票传唤，无正当理由拒不到庭，或者未经法庭许可中途退庭的，可以按撤回上诉处理；无民事行为能力的上诉人的法定代理人经传票传唤，无正当理由拒不到庭的，可以按撤回上诉处理；上诉人递交上诉状后，未在规定的期限内交纳上诉费的，按自动撤回上诉处理。

（二）第二审程序中的撤诉

根据《民诉法》第 148 条的规定，一审宣判前，原告可以申请撤诉，是否准许，由人民法院裁定。而对于在第二审程序中一审原告能否撤诉（撤回一审中的起诉）的问题，《民诉法》没有明确规定（第 180 条仅规定了申请撤回上诉问题）。从诉讼法理来讲，即使案件已系属于第二审法院，由于一审判决尚未确定，基于处分原则的要求，也应允许一审原告撤回起诉。[①] 因此，《民诉解释》第 336 条第 1 款规定："在第二审程序中，原审原告申请撤回起诉，经其他当事人同意，且不损害国家利益、社会公共利益、他人合法权益的，人民法院可以准许。准许撤诉的，应当一并裁定撤销一审裁判。"另外，根据《民诉解释》第 337 条的规定，当事人在第二审程序中达成和解协议，因和解而申请撤诉，经审查符合撤诉条件的，人民法院应予准许。

第二审程序中的撤诉与撤回上诉存在重要区别。撤回上诉是由上诉人所为，该上诉人可能是一审原告，也可能是一审被告，而第二审程序中的撤诉仅一审原告可为之；撤回上诉仅导致第二审程序的终结，对原判决并不产生影响，而第二审程序中的撤诉将产生整个诉讼事件不再系属于法院的诉讼法上效果，不仅第二审法院须停止案件的审理，而且原第一审法院所作的判决也失其效力。

有疑问的是，原审原告在第二审程序中撤回起诉后，当事人能否就该案件再次起诉。从诉讼理论上讲，撤诉视同未起诉，而且，《民诉解释》第 214 条第 1 款亦规定："原告撤诉或者人民法院按撤诉处理后，原告以同一诉讼请求再次起诉的，人民法院应予受理。"如按照此条规定处理，那么第二审程序中撤回起诉后，似乎也应允许原告再次起诉。但如果允许原告再次起诉，其弊端则是显而易见的，即它会使法院（特别是一审法院）在此之前的所有劳动和解决纠纷的努力付之东流，且有违诉讼经济原则。鉴于此，《民诉解释》第 336 条第 2 款规定："原审原告在第二审程序中撤回起诉后重复起诉的，人民法院不予受理。"如果撤诉后原审被告就该纠纷又提起诉讼的，则不受此款规定的限制。

六、第二审程序中的诉之追加与反诉

关于在第二审程序中原审原告能否进行诉之追加或者原审被告能否提起反诉的问题，《民诉法》没有明确规定。从维护当事人的审级利益考虑，诉之追加和反诉原则上应当在第一审程序中为之，但为了一体化解决当事人间的相关民事纠纷且防止法院裁判的矛盾，

---

① 基于处分原则，大陆法系国家一般规定，在第二审终局判决确定前，原告可撤回起诉；同时，基于当事人平等原则的要求，规定如果被告已为本案的言词辩论的，应征得其同意，原告方可撤诉。

有必要规定一定条件下应允许第二审程序中原审原告为诉之追加或原审被告提起反诉。从大陆法系国家的规定来看，其允许当事人在第二审程序中为诉之追加或反诉的情形之一是，须征得对方当事人的同意（另外，各国往往还规定有一些其他特殊情形）。这样一来，既维护了当事人的审级利益（对于为诉之追加或反诉者，可推定其自愿放弃了审级利益，而对于同意者，也可推定其放弃了审级利益），又可以利用同一诉讼程序统一解决当事人间的相关纠纷。就我国而言，《民诉解释》第326条规定："在第二审程序中，原审原告增加独立的诉讼请求或者原审被告提出反诉的，第二审人民法院可以根据当事人自愿的原则就新增加的诉讼请求或者反诉进行调解；调解不成的，告知当事人另行起诉。双方当事人同意由第二审人民法院一并审理的，第二审人民法院可以一并裁判。"据此可知，第二审程序中也允许原审原告为诉之追加或原审被告提出反诉，但为维护当事人的审级利益，避免第二审程序中所追加的请求或反请求的审理在事实上成为一审终审，《民诉解释》第326条规定该情形下不能直接由二审法院采取判决的方式审结，宜在当事人自愿的基础上进行调解结案；调解不成的，当事人就该追加的请求或反请求，只能向有管辖权的一审法院另行起诉予以解决。但是，如果双方当事人同意由二审法院一并审理，则表明对于所追加的诉讼请求或者反诉请求，双方均愿意放弃审级利益，在此情况下，自然没有必要予以另诉处理，而可以由二审法院一并裁判。

七、审结期限与宣判

人民法院审理对判决的上诉案件，应当在第二审立案之日起3个月内审结；有特殊情况需要延长的，经本院院长批准，可以延长3个月。人民法院审理对裁定的上诉案件，应当在第二审立案之日起30日内作出终审裁定，有特殊情况需要延长审限的，由本院院长批准。

二审法院宣告判决可以自行宣判，也可以委托原审法院或者当事人所在地法院代行宣判。

问题与思考

请扫描二维码测试，并查看参考答案

第十八章

再审程序

【本章概要】再审程序是为了纠正错误的生效裁判而对已决案件再次进行审理的非常规救济程序，具有程序功能补充性、启动主体特殊性、再审事由法定性、程序阶段的两分性等特征。再审事由是启动再审程序的根据，应当严格遵循法定主义。只有裁判主体、裁判根据、裁判程序方面存在严重的违法性，当事人、案外人、法院、检察院才被例外允许依法启动再审程序。第三人撤销之诉虽属于一般救济程序，但具有撤销或部分撤销生效裁判的“再审功能”。

第一节　再审程序概述

一、再审程序的含义

再审程序，是为了纠正已经生效裁判的错误而对案件再次进行审理的程序。再审程序并不是每一个民事诉讼案件必经的程序，而只是对于已经发生法律效力并且符合再审条件的判决、裁定、调解书才能适用的一种特殊审判程序。

再审程序是民事诉讼程序制度中的一项补救制度，是民事诉讼程序制度中不可缺少的一个组成部分。各国民事诉讼法对此都作了规定，不过称谓不一，实施与获得补救的途径和程序也有所区别。从诉讼模式的视角，再审程序有三种模式：（1）政策形成型的实体监督模式，我国的民事再审制度即属于此种模式；（2）私权保障型的实体监督模式，大陆法系国家的民事再审制度可以被归类于此种模式范畴；（3）程序救济型的再审模式，英美法系国家的民事再审制度在性质上属于此种模式范畴。前两者可合称为实体监督型的再审模式，与后者程序救济型的再审模式相对而言，遥相呼应。①

上述再审程序模式可以进一步简化为两类：监督型再审和救济型再审。监督型再审是以强调审判权对审判权的监督、保障审判的合法为核心构建的再审程序，依据该种程序观念，必然强调国家职能的干预，轻视当事人的处分权利；救济型再审则强调为当事人提供一种保障、恢复权利的特别途径，该种程序观尊重当事人的主体地位与处分权利，

① 参见汤维建：《我国民事再审制度的模式变迁》，载《法商研究》，2006（4）。

限制国家职权干预。

《民诉法》以“审判监督程序”为称谓规定了再审制度，民事诉讼法学理论上也认为审判监督程序即再审程序。只不过我国的再审程序模式属于典型的监督型再审，而大陆法系的再审程序则属于救济型再审。

再审程序的对象主要是法院已经生效的裁判文书，启动再审程序的目的是要使已经终结的案件重新进入诉讼程序。判决一旦生效，不仅产生形式上的确定力，作出判决的法院和其上级法院不得再更改已作出的判决，受到判决拘束的当事人不得再对之声明不服；而且产生了实质上的既判力，即禁止法院在后来可能发生的诉讼中，对同一诉讼标的作出与前诉不同的判决。但是，生效裁判在实体和程序上存在重大瑕疵的可能性也是存在的，当确实存在重大瑕疵时，应允许通过再审程序推翻已发生既判力的有重大瑕疵的裁判，否则，当事人的公正感和他们对司法的信赖会严重受伤害。再审程序就是在例外情况下允许冲破既判力的制度。因此，立法者在设计再审程序时，既要考虑维护生效裁判既判力的要求，又要考虑纠正确有错误的裁判的要求，要在这两种互相冲突的张力中寻求平衡。为了维护生效裁判的既判力，再审程序就不能轻易启动，败诉的当事人也不能频频使用再审这一特殊的救济手段。为此，德、日等国在设计这一程序时采取了种种控制性措施。①

二、再审程序的特点

根据《民诉法》的规定，再审程序不同于其他诉讼程序，相比一审程序和二审程序而言，其有如下特点。

（一）再审程序的补充性

再审程序是对已经发生法律效力的裁判进行再审的程序，它既不是第一、第二审程序的继续和发展，也不是民事诉讼的必经程序，而是一种非常规的救济程序。再审的补充性，是指再审相对于上诉、申请复议等救济途径而言，是一种补充性的救济方式。造成裁判错误的事由，有些在第一审程序中就已经存在，对此，当事人完全可以通过上诉、提出异议和请求复议这些常规的方式寻求救济，而不应当等到判决生效后再来提起再审之诉。如果当事人明明能够用上诉等方式提出异议却没有适时提出，则会产生失权的效果，即不允许再以提起再审之诉或者申请再审的方式提出。如当事人在一审中就得知了法官应当回避的情形，却没有提出回避的申请，一审判决作出后，该当事人也未提起上诉，等到一审判决生效后，再来以法官应当回避而未回避为由提起再审之诉，对此种情形，根据再审补充性的原则，就不应当允许。②

（二）再审发动主体的特殊性

提起再审程序的，只能是特定的机关和人员。有权提起再审的主体，或者是各级法院院长、上级法院、最高人民法院依法定的方式提起再审，或者是有审判监督权的人民

---

① 参见李浩：《再审的补充性原则与民事再审事由》，载《法学家》，2007（6）。

② 参见李浩：《再审的补充性原则与民事再审事由》，载《法学家》，2007（6）。

检察院提起检察建议或抗诉，或者是当事人、案外人依照法定的条件申请再审。

（三）再审的提起须具备法定事由

提起再审程序，意味着不再受原确定裁判既判力的拘束，因此提出再审必须具备三方面的法定事由（具备其中之一即可），即裁判主体不合法、裁判根据不合法、裁判程序不合法。因此，提起再审，必须限于法律明确规定的情形，而不像当事人起诉或者上诉那样宽松。①

（四）再审程序阶段的两分性

再审程序分为前后相继的两个阶段：再审审查程序和再审审理程序。再审审查程序以再审事由是否存在为中心，只有经审查程序裁定再审的案件，才能进入后续的对于本案实体权利争议的再审审理程序。这种两分法，是大陆法系民事再审程序构造所具有的共通特点。

三、再审程序与第二审程序的关系

再审程序和第二审程序，虽然都是为了保证判决、裁定的正确性，纠正原判决、裁定错误的法定程序，但确有明显的不同。

（1）审理的对象不同。依再审程序审理的对象是已经生效的判决、裁定、调解书。它既包括二审生效的判决、裁定、调解书，也包括一审生效的判决、裁定、调解书。而第二审程序审理的对象，只能是地方各级法院尚未生效的一审判决、裁定。

（2）提起的主体不同。按照《民诉法》的规定，有权提起再审程序的，是各级人民法院院长和审判委员会，最高人民法院和上级人民法院，各级人民检察院，以及符合申请再审条件的当事人、案外人。而有权提起上诉程序的，是原第一审程序中的双方当事人和有独立请求权的第三人以及一审裁判中被确定负有实体义务的无独立请求权的第三人。

（3）提起的期限不同。再审程序的发动，除当事人申请再审，原则上在判决、裁定、调解书生效后 6 个月内提出外（《民诉法》第 216 条），人民法院和人民检察院按照审判监督程序发动再审，不受时间限制，任何时候发现已生效的判决、裁定、调解书有错误，都可以提起再审程序。而上诉人提起上诉必须在一审判决、裁定尚未生效的期限内提起。

（4）审理的法院不同。按照再审程序审理案件的，不仅有上级人民法院，而且包括原审人民法院和其他同级人民法院。而按照第二审程序审理案件的，只能是第一审人民法院的上一级人民法院。

四、再审程序的意义和功能

再审程序不是审判程序的一般审级、一般阶段，而是审判程序的特殊阶段。它是纠

---

① 参见江伟主编：《民事诉讼法》，4 版，346 页，北京，中国人民大学出版社，2008。

正错误、保护当事人合法权益的制度，是“实事求是，有错必纠”原则在审判工作中的具体体现，是我国审判工作多年经验的总结，是我国民事诉讼制度的重要组成部分。具体来说，通过审判监督，可以保障人民法院院长和上级人民法院及人民检察院行使审判监督权；通过纠正错误的案件，维护人民法院裁判的严肃性。

再审程序主要具有三方面的功能：（1）纠错功能，即纠正已经发生法律效力的裁判中存在的错误；（2）救济功能，即为当事人提供权利救济的途径；（3）监督与保障功能，即以审判权监督、制约审判权与保障当事人的主体地位。

第二节　民事再审事由

一、民事再审事由概述

（一）民事再审事由的含义和意义

民事再审事由，是指《民诉法》规定的启动民事再审审理程序的法定理由或根据。在理解该概念时，应注意以下几点。

（1）民事再审事由是启动再审审理程序的程序性理由，是取消原生效（即确定）裁判的既判力，使案件重新进入再审审判程序的理由，而不必然是对案件进行改判的理由。人民法院受理申请再审案件后，应当依照《民诉法》第 211、212、215 条等的规定，对当事人主张的再审事由进行审查（《民诉解释》第 384 条）。

（2）民事再审事由与一审起诉所要求的诉讼理由不同，一审起诉时所要求的理由是当事人主张成立的根据，不是一审程序启动的程序性理由；而再审所要求的理由是再审程序启动的程序性理由。当事人在起诉时即使没有实体上的理由，只要符合起诉的形式要求，一审程序就应当启动。再审事由作为法院启动再审程序的根据，法院有权进行审查，再审事由在理论上是一种客观存在的事实，因此，不以申诉人和法官的意志或主观判断为转移。

（3）民事再审事由存在法定化的内在要求。由于再审事由是再审程序启动的根据，所以，在现行再审体制下，再审事由一旦法定化将对当事人的申诉和人民检察院的抗诉产生直接影响，这种影响表现为当事人提起申诉和检察院提起抗诉时，必然要以再审事由为依据。①

民事再审事由有如下的意义：（1）再审事由被视为打开再审程序之门的钥匙，保障了当事人申请再审权的实现。（2）再审事由的法定化，有利于规范再审制度，合理平衡判决既判力与有错必纠之间的关系。判决、裁定一旦发生法律效力，即具有既判力，不得轻易加以变更。但是，在一些特定情形下，如果对于判决存在的重大错误，不加以纠

---

① 参见张卫平：《民事再审事由研究》，载《法学研究》，2000（5）；张卫平：《再审事由构成再探讨》，载《法学家》，2007（6）。

正，则有违正义之举。民事再审事由就是法定的这类“重大错误”。如果人民法院经审查认为再审事由成立的话，应当裁定进入再审审理。经审查认为没有存在列举的再审事由的，则不能对生效裁判进行再审。（3）再审事由的科学设定，有利于当事人明白在哪些情况下可以行使申请再审的权利，避免出现当事人与法院判断再审事由以及“错案”标准上的偏差，有助于法的正义性与法的稳定性的和谐实现。（4）再审事由是划分再审之诉不同类型的依据。在立法史上，无论是德国民事诉讼法还是 1926 年前的日本旧民事诉讼法，均将再审之诉分为撤销之诉和回复原状之诉。撤销之诉和回复原状之诉的区别在于，前者以原审判违背了程序上的规定为理由，后者以原审判损害当事人实体上的权利为理由。[①] 在符合提起撤销之诉条件的情形下，即使原判决在实体上是正确的，当事人仍可以对其提出撤销之诉，推翻原判决。回复原状之诉，只有在当事人非因自己的过失而不能在前诉讼程序中用提出异议或控诉的方法，或者不能用附带控诉的方法提出回复原状的理由时，才准许提起。简言之，再审之诉的两分法是以再审事由为依据的：在撤销之诉中，理由与结论之间的因果关系不在考虑范围之内，回复原状事由则不能成为上告的事由。

（二）民事再审事由的分类

1. 再审事由的理论分类

根据再审发动方式的不同，再审事由可以分为四类：当事人申请再审事由、案外人申请再审事由、法院发动再审事由、检察院发动再审事由。

现行《民诉法》对当事人申请再审事由、案外人申请再审事由、检察院发动再审事由予以法定化，但对于法院发动再审事由规定得比较模糊，笼统地表述为对于生效的判决、裁定、调解书，“发现确有错误的”，即可发动再审。

2. 再审事由的立法分类

现行法对民事再审事由的规定，主要有以下几类：一是对于人民法院依职权对生效裁判发动再审，可以“发现确有错误”为再审事由（《民诉法》第 209 条）。二是当事人对生效调解书的申请再审，要以调解违反自愿原则或者调解协议的内容违反法律为再审事由（《民诉法》第 212 条）。三是人民检察院对生效调解书启动再审，要以“调解书损害国家利益、社会公共利益”为再审事由（《民诉法》第 219 条）。四是对于小额诉讼判决的申请再审，当事人可以原审法院“不应按小额诉讼案件审理”为再审事由（《民诉解释》第 424 条第 2 款）。五是《审判监督解释》对于案外人申请再审单独规定了再审事由。六是当事人申请再审以及检察院抗诉的 13 种法定再审事由，规定于《民诉法》第 211 条，具体是以下几点：（1）有新的证据，足以推翻原判决、裁定的；（2）原判决、裁定认定的基本事实缺乏证据证明的；（3）原判决、裁定认定事实的主要证据是伪造的；

---

① 如德国民事诉讼法上提起撤销之诉的事由有：（1）作出判决的审判组织不是依法组成的；（2）依法不得执行法官职务的法官参与了审判，但主张此种回避原因而提出回避申请或上诉，未经准许的除外；（3）法官有偏颇之虞，应行回避，并且回避申请已经宣告有理由，而该法官仍参与裁判；（4）当事人一方在诉讼中未经合法代理，但当事人对于诉讼进行已经明示或默示地承认的除外。

(4) 原判决、裁定认定事实的主要证据未经质证的；(5) 对审理案件需要的主要证据，当事人因客观原因不能自行收集，书面申请人民法院调查收集，人民法院未调查收集的；(6) 原判决、裁定适用法律确有错误的；(7) 审判组织的组成不合法或者依法应当回避的审判人员没有回避的；(8) 无诉讼行为能力人未经法定代理人代为诉讼或者应当参加诉讼的当事人，因不能归责于本人或者其诉讼代理人的事由，未参加诉讼的；(9) 违反法律规定，剥夺当事人辩论权利的；(10) 未经传票传唤，缺席判决的；(11) 原判决、裁定遗漏或者超出诉讼请求的；(12) 据以作出原判决、裁定的法律文书被撤销或者变更的；(13) 审判人员在审理该案件时有贪污受贿、徇私舞弊、枉法裁判行为。

上述民事再审的 13 种法定事由可以分为三类：裁判主体不合法、裁判根据不合法、裁判程序不合法。本节将围绕这三类再审事由以及案外人申请再审事由来展开说明。

二、民事再审事由（Ⅰ）：裁判主体不合法

（一）裁判机构不存在或法官对本案没有审判权

(1) 裁判机构不存在。如判决书载明的“××市中级人民币法院”。

(2) 审理和裁决的法官本身不是合议庭的法官或不能成为独任法官。

（二）法官在审理案件的过程中实施了职务犯罪行为

例如，审判人员在审理该案件时有贪污受贿、徇私舞弊、枉法裁判行为，并且该行为已经相关刑事法律文书或者纪律处分决定确认（《民诉解释》第 392 条），这构成再审事由。

三、民事再审事由（Ⅱ）：裁判根据不合法

裁判根据不合法包括两个方面：事实根据和法律根据。《民诉法》第 211 条所规定的裁判根据不合法的法定事由中，有一些关键词如“新的证据”“基本事实”“主要证据”“适用法律确有错误”等概念，容易产生歧义，在司法实践中也不易把握。

（一）事实根据方面

1. 有新的证据，足以推翻原判决、裁定

所谓“足以推翻原判决、裁定”，是指新的证据能够证明原判决、裁定认定基本事实或者裁判结果错误（《民诉解释》第 385 条）。这里的“足以”，是指具有推翻原判决、裁定的高度盖然性，而非必然性。

当事人以“新的证据”为由申请再审时，人民法院应当责令再审申请人说明其逾期提供该证据的理由。有下列情形之一的，可以认定逾期提供证据的理由成立：(1) 在原审庭审结束前已经存在，因客观原因于庭审结束后才发现的；(2) 在原审庭审结束前已经发现，但因客观原因无法取得或者在规定的期限内不能提供的；(3) 在原审庭审结束

后形成，无法据此另行提起诉讼的（《民诉解释》第 386 条）。例如，原审庭审结束后原作出鉴定意见、勘验笔录者重新鉴定、勘验，推翻原结论的证据。认定逾期提供证据的理由成立时，构成《民诉法》第 211 条所规定的“新的证据”。

不过，当事人拒不说明理由或者理由不成立的，依照《民诉法》第 68 条第 2 款和《民诉解释》第 102 条的规定处理。

2. 原判决、裁定认定的基本事实缺乏证据证明

在民事诉讼理论中，决定法律关系性质或者当事人权利义务内容等的事实，属于基本事实。这里的“基本事实”，是指用以确定当事人主体资格、案件性质、民事权利义务等对原判决、裁定的结果有实质性影响的事实。（《民诉解释》第 333 条）。

此外，原判决、裁定认定事实以虚假的自认作为基础时，也构成基本事实缺乏证据证明。例如，当事人的自认是在他人实施违法行为的情况下被迫作出的，或者双方当事人恶意串通，在诉讼中对相关事实作出虚假自认，误导法院对相关事项作出与事实不符的认定，也可以基本事实缺乏证据证明为由申请再审。

3. 原判决、裁定认定事实的主要证据是伪造的

主要证据是指可以证明基本事实的证据。伪造主要证据是指提供虚假证言、篡改书面证据、提供虚假书证、伪造公司印章、伪造或变造勘验笔录、鉴定结论等行为。例如，非同一种书写色料书写，两种书写色料所书内容相互背离的收条；第 1 页与第 2 页非一次性打印形成，且用纸不同的协议书。若主要证据系伪造的，则作为原裁判基础的证据材料就是虚假或不真实的，法院据此认定的案件的基本事实也就是错误的，因此可以作为再审事由。

伪造证据的主体可以是案件的当事人、其他诉讼参与人、案外人，伪造证据的行为可以是单方实施的，也可以是串通实施的。单方实施的例子，如当事人虚构事实提起诉讼；故意提供虚假居住证明或主要经营地证明，误导法院对诉讼管辖权的认定；故意提供伪造、变造的证据材料，包括伪造印章或签名、伪造公文文书、涂改书证、提供虚假视听资料；行为人伪造代理手续，以他人名义参加诉讼等。串通实施的例子，如双方当事人恶意串通，虚构民事法律关系，达成虚假协议，骗取法院调解书，侵害第三人权益；接受委托或委派的代理人、代表人等与对方当事人恶意串通，损害委托人、其他共同诉讼人或所在单位的利益；案外人员或有关单位在明知或应知的情况下，为当事人出具虚假证明、虚假证言。

4. 原判决、裁定认定事实的主要证据未经质证

证据材料被最终认定为证据，必须经过法律规定的质证程序。未经质证，无论是当事人提供的证据材料，还是法院调查收集的证据材料，都不得作为法院认定事实的依据（《民诉法》第 72 条）。因此，原判决、裁定以未经质证的证据作为认定事实的主要证据的，构成再审事由。①

不过，这里的“未经质证”，专指因不可归责于当事人的原因（如原审法院没有给当

① 该再审事由也可理解为严重违反法定程序的再审事由。

事人提供质证的机会）而未能质证的情况。如果当事人或其诉讼代理人对原判决、裁定认定事实的主要证据在原审中拒绝发表质证意见或者质证中未对证据发表质证意见的，不属于《民诉法》第 211 条第 4 项规定的未经质证的情形（《民诉解释》第 387 条）。

5. 对审理案件需要的主要证据，当事人因客观原因不能自行收集，书面申请人民法院调查收集，而人民法院未调查收集

（1）适用条件。这一再审事由的适用须具备以下条件：首先，该主要证据对查明案件中的争议事实具有重要作用；其次，当事人申请调取的主要证据是本人和诉讼代理人因客观原因无法收集的证据；最后，人民法院未依据申请调查收集该证据，并且因此使申请调查的当事人遭受了不利判决。

（2）何谓“对审理案件需要的主要证据”？对审理案件需要的主要证据，是指人民法院认定案件基本事实所必须依据的证据（《审判监督解释》第 9 条）。

（3）关于“因客观原因不能自行收集”的判断。是否属于由于客观原因不能自行收集，不仅与案件的具体情况、证据的具体情况相关，而且也取决于当事人的具体情况，例如，同样是企业的工商登记材料，如果当事人本人进行诉讼，就属于因客观原因不能收集，而假如当事人委托律师作为诉讼代理人，律师拿着律师事务所出具的介绍信和律师证就能够自己去收集。

6. 据以作出原判决、裁定的法律文书被撤销或者变更

作为原判决、裁定依据的“法律文书”，包括判决书、裁定书、调解书、仲裁裁决书、具有强制执行效力的公证债权文书（《民诉解释》第 391 条）。上述法律文书被撤销或变更，则作出原判决、裁定的基础不复存在，原判决、裁定就有再审的必要。

《审判监督解释》第 10 条规定，原判决、裁定对基本事实和案件性质的认定系根据其他法律文书作出，而上述其他法律文书被撤销或变更的，人民法院可以认定为《民诉法》第 211 条第 12 项规定的情形。

（二）法律根据方面

在司法裁判三段论中，法律是裁判的大前提，适用法律是法官的最基本职责，也是衡量法官司法能力和职业水准的基本标尺。法官不仅要精通实体法，而且要精通程序法和证据法，如此才能胜任司法裁判工作。原判决、裁定在适用法律上不正确、不准确、有错误，或者原判决、裁定无明确的法律根据，都构成原判决、裁定法律适用的缺陷，都构成广义上的“适用法律确有错误”，根据再审纠错的要求，应当作为一项独立的再审事由提起再审程序。

根据《民诉解释》第 388 条的规定，《民诉法》第 211 条第 6 项规定的“适用法律确有错误”主要包括以下六种情形：（1）适用的法律与案件性质明显不符；（2）确定民事责任明显违背当事人约定或者法律规定；（3）适用已经失效或者尚未施行的法律；（4）违反法律溯及力规定；（5）违反法律适用规则；（6）明显违背立法原意。

这里需要补充和强调以下三点。

（1）上述列举的六种“适用法律确有错误”的情形，并没有穷尽裁判法律根据有瑕疵的所有情形，也未穷尽基于裁判法律根据不合法而发动再审程序的全部类型。我们认为，“适用法律确有错误”还包括：1）本应适用此法却适用彼法，或者应当适用此法的此款，却适用了此法的彼款或彼法的彼款；2）漏引、多引、错引法条，如引用《民法典》“第1300条”（《民法典》共1260条），或者当事人未出庭但代理人出庭时依据《民诉法》作出缺席判决等；3）引用法条模糊不明，原判决、裁定无明确的法律根据，如裁决有“依据相关法律的规定……”等文句；4）引用法条未具体到款、项、目。

（2）法院调解书可以不引用法律，这是法律适用的特殊情形。

（3）关于“违反法律适用规则”的理解。民事裁判适用法律要做到全面、准确，遵循法律适用的一般规则，即：1）按照先程序法、后实体法，先主后次的顺序适用。2）位阶高的优于位阶低的，特别法优于普通法，具体规则优于法律原则，同一位阶的新法优于旧法而适用。3）可适用的法包括法律、行政法规、司法解释，行政裁判文书可以参照规章，其他规范性文件可以在事实部分和裁判理由部分引述，但不能作为裁判的法律依据。4）国内纠纷案件不得直接引用国际条约、协议，但可在“本院认为”部分，表达国际条约、协议的基本意思。5）对于侵权性质的案件，应适用侵权行为发生时的法律；对于合同性质的案件，应适用合同订立时的法律；新发布的司法解释可以直接适用于正在审理的案件。6）对于涉外案件的法律适用，首先，应引用我国法律指明的冲突规范，再援引适用的准据法；其次，我国法律没有规定或法律规定与我国加入的国际条约、协议不同的，可以直接适用国际条约、协议的规定；最后，引用的国际惯例，应为我国法律或司法解释所认可。

四、民事再审事由（Ⅲ）：裁判程序不合法

《民诉法》第211条规定了以下五种严重违反法定程序，构成再审事由的情形：（1）无诉讼行为能力人未经法定代理人代为诉讼或者应当参加诉讼的当事人，因不能归责于本人或者其诉讼代理人的事由，未参加诉讼的；（2）违反法律规定，剥夺当事人辩论权利的；（3）审判组织的组成不合法或者依法应当回避的审判人员没有回避的；（4）未经传票传唤，缺席判决的；（5）原判决、裁定遗漏或者超出诉讼请求的。

上述规定，细化了严重违反法定程序的具体情形和判断标准，充分考虑到了程序公正的独立性价值。

（一）剥夺当事人程序参与权

当事人本人或其诉讼代理人参加诉讼，陈述和答辩自己的主张是当事人在民事诉讼程序中最基本的权利，法院违反《民诉法》的规定，导致无诉讼行为能力人未经法定代理人代为诉讼，或者应当参加诉讼的当事人因不能归责于本人或者其诉讼代理人的事由未参加诉讼，剥夺其程序参与权的，应当提起再审。

（二）剥夺当事人辩论权利

除依法缺席审理、依法不开庭审理（《民诉法》第176条第1款）外，原审开庭过程

中审判人员不允许当事人发表辩论意见，或者应当开庭审理而未开庭审理，或者以违法送达甚至不送达起诉状副本或上诉状副本等方式，致使当事人无法行使辩论权利的，人民法院应当认定为“剥夺当事人辩论权利”（《民诉解释》第389条）。

（三）未经传票传唤缺席判决

对于依普通程序审理的案件，《民诉法》第147条规定，只有经传票传唤后，当事人无正当理由拒不到庭或者未经许可中途退庭的，人民法院才可以作出缺席判决。未经传票传唤，便作出缺席判决的，属于程序上存在重大瑕疵，可以作为再审事由。在审判实践中，一些法院仅以通知书或者口头传唤、电话传唤方式通知当事人，若当事人无正当理由拒不到庭或者未经许可中途退庭，而作出缺席判决的，可以适用本事由申请再审。

需要注意的是，《简易规定》第18条规定：以捎口信、电话、传真、电子邮件等形式发送的开庭通知，未经当事人确认或者没有其他证据足以证明当事人已经收到的，人民法院不得将其作为按撤诉处理和缺席判决的根据。该规定的反面推论是：上述非传票传唤方式，经当事人确认或有其他证据足以证明当事人已经收到的，法院可以据此作出缺席判决。

（四）审判组织不合法或违反回避规定

合议制度与回避制度是我国民事诉讼法中的两项基本制度，是确保民事诉讼程序合法性的基本要求。违反这两项制度，构成严重的程序违法情形，当事人可以据此申请再审。

（五）原判决、裁定遗漏或超出诉讼请求

判决（裁定）主文应围绕当事人的诉讼请求下判，且必须与诉讼请求一一呼应。具体而言：当事人的诉讼请求中有未审、未判的，属于漏审、漏判；裁判主文的判项中有当事人未提出的诉讼请求的，属于超判。当事人提出的诉讼请求有三项，裁判主文也应当为三项，若判了两项的，为漏判，判了四项的，为超判；当事人诉讼请求的数额为10万元，判项中判了12万元的，也为超判。

遗漏或超出的“诉讼请求”，包括一审诉讼请求、二审上诉请求，但当事人未对一审判决、裁定遗漏或者超出诉讼请求提起上诉的除外（《民诉解释》第390条）。

1. 判决主文漏判的情形

这主要包括：（1）在同时存在本诉请求与反诉请求的判决中遗漏反诉请求的判项；（2）在同时存在本诉请求与有独立请求权第三人的诉讼请求的判决中，遗漏本诉请求的判项；（3）除权判决中，仅判决票据无效，遗漏支付人有义务向申请人支付的判项；（4）案外人异议之诉的判决中，遗漏停止争议执行标的物的执行程序之判项。

2. 判决主文超判的情形

这主要包括：（1）合同无效之诉的判决中增加相互返还与赔偿损失之判项；（2）合同解除之诉的判决中增加回复原状或赔偿损失之判项；（3）连带责任判决中增加责任份

额的判项；（4）保证人的保证责任判决中增加保证人追偿权之判项；（5）商标侵权诉讼中增加认定某商标为驰名商标之判项；（6）原告未对无独立请求权第三人提出诉讼请求，而法院判决其承担民事责任；等等。

五、案外人申请再审的事由

案外人申请再审是立法机关在2007年修改《民诉法》时确立的一种救济手段。它与当事人申请再审的主要区别在于申请再审的事由。当事人申请再审须符合《民诉法》第211条规定的法定再审事由，而案外人申请再审的事由为案外人对生效法律文书确定的执行标的（物）主张权利，其法源是《民诉法》第238条。[①]

据此，案外人申请再审应当限于执行程序中案外人对生效法律文书载明的执行标的主张足以排除强制执行的权利的情形。案外人对生效法律文书确定的执行标的（物）所能够主张的权利类型，可以是案外人对执行标的物享有的“所有权或者其他阻止标的物转让、交付的权利”。案外人权利受到侵害，或不具有忍受强制执行的合法理由，且符合本章第三节关于案外人申请再审条件的，案外人就可以提起再审申请。至于案外人在执行标的物上享有的权利是否为物权，则在所不问。结合民法的规定，案外人主张其受到侵害的权利或者足以排除强制执行的权利，主要有：所有权、用益物权、担保物权、占有、孳息收取权、债权、依法保全的标的物。

第三节　再审发动方式

一、概述

（一）再审的三种发动方式

按照《民诉法》的规定，再审程序有三种发动方式：当事人申请再审（第210～216条）、法院依职权决定再审（第209条）、检察院发动再审（第219～224条）。

上述三种再审发动方式之间并不是并列平行的关系，应当奉行申请再审优先原则（《民诉法》第220条）。

（二）再审发动方式的改革

大陆法系各国的法律都规定，启动民事再审程序的唯一手段是申请再审人提出的再审请求，即由申请再审人通过行使诉权的方式重新启动本案的审理程序。考虑到我国的实际情况和再审制度负载的多重功能，在解释论上应当将当事人、案外人申请再审作为

---

① 由于案外人并非原审裁判程序的当事人，因而，案外人申请再审至少不能适用《民诉法》第211条第5、8～11项的事由。

我国再审程序的主要发动方式，实践中应当强化当事人申请再审，而将检察院抗诉提起再审、法院依职权决定再审列为次要的或者辅助性的再审发动方式。

1. 取消法院决定再审[①]

很多学者提出，法院主动提起再审违背了民事诉讼程序的基本规律，也与其作为审判机关的性质不符。[②] 而且，我国司法实践中再审制度所显露的诸多弊端也与法院具有决定再审的职权有关。

概括言之，法院主动发起再审，存在以下缺陷：（1）违背了民事诉讼“不告不理”的基本规律，过度干预了当事人的处分权；（2）违反裁判中立原则和诉审分离原则，造成裁判突袭，损及程序保障；（3）与设立民事诉讼的目的背道而驰，因为法院主动提起再审的案件也许不再为当事人所争执，当事人可能已甘愿接受先前确定判决的结果，纠纷已不复存在；（4）审判权过度扩张，造成当事人申请再审权利的虚化和旁落；（5）违背了判决效力的基本理论，即判决一旦作出，就对法院产生羁束力，纵使判决有瑕疵，也不得由法院自行废弃或变更；（6）为无限再审提供了可能，造成终局判决无终局的局面；（7）为现实中当事人反复申诉、缠讼不休提供了制度基础，因为这将使当事人很容易想到、往往也不得不利用这一制度达到再审目的——如果申请再审期限已过或其他原因造成申请再审不被接受。

2. 限制检察院发动再审[③]

《民诉法》第 220 条仅对当事人向人民检察院申请民事检察监督进行了限制，但对人民检察院依职权监督，以及当事人以外的自然人、法人和非法人组织向人民检察院控告，并未予以限制（《检察监督规则》第 18 条）。民事诉讼的内在规律要求尊重当事人的主体地位，对案件是否提出再审申请应由当事人自主决定，国家不宜以公权过分进行干预。同时，即使经由民事诉讼处理的纠纷，有些也确实关乎公益，近年来出现的群体诉讼类型更加强了这种倾向，因此有必要赋予检察院对某些涉及公益的案件的再审发动权。另外，民法上的某些权利受到侵害会损及社会的一般善良观念，故对此类案件，检察院也应享有发动再审的权力。

二、当事人申请再审

（一）当事人申请再审的含义和意义

当事人申请再审，也称再审之诉，是指当事人对已经发生法律效力的判决、裁定和调解书，认为有错误，向法院提出变更或者撤销原判决、裁定的请求，并提请法院对案件进行重新审理的诉讼行为。

申请再审，是我国法律赋予当事人的一项诉讼权利，它是当事人依法享有诉权的具

---

① 参见江伟主编：《民事诉讼法》，4 版，359 页，北京，中国人民大学出版社，2008。

② 参见李浩：《民事再审程序改造论》，载《法学研究》，2000（5）。

③ 参见江伟主编：《民事诉讼法》，4 版，361～362 页，北京，中国人民大学出版社，2008。

体体现。《民诉法》赋予当事人申请再审的权利，有着以下重要的意义。

(1) 有利于改变“申诉难”的状况和依法制止滥用申诉权利的行为。《民诉法》第127条第5项规定，当事人认为生效裁判有错误的，有权向人民法院申请再审。实践中，当事人只要对生效裁判不服，随时都可以向人民法院申诉，可以从基层人民法院一直申诉到最高人民法院。这种状况使得一些当事人对本来并没有什么错误的生效裁判抱着侥幸心理不断申诉，给人民法院的工作造成了很大的压力。而有条件地申请再审，既可以制止那些不必要的申诉，减轻当事人的诉累，也可以使人民法院把主要精力集中在真正需要纠正的案件上。①

(2) 有利于将宪法规定的申诉权在民事诉讼中贯彻落实。《民诉法》赋予当事人申请再审的权利，改变了长期以来当事人只能申诉不能申请再审的局面，保障了宪法规定的申诉权在民事诉讼法中的贯彻落实。

(二) 当事人申请再审的法律性质

1. 两种视角下的两种学说

讨论当事人申请再审的法律性质时，有两种观察问题的角度：一是外部视角，二是内部视角。关于申请再审的法律性质，前者持“普通诉讼说”，后者持“再审之诉说”，其中，“再审之诉说”为通说。

外部视角是从制度利用者角度，推而广之，是从老百姓的角度来看待申请再审制度。在当事人或者老百姓眼中，申请再审的目的是救济个案中的私人权利，即通过提起再审程序来重新获得法院（国家）的一个“说法”。因此，申请再审是再次获得法院对本案进行审判以判定其权利存在与否的统一程序。再审诉讼程序形式上虽为新开始的程序，但实质上则为前诉讼之再开及续行，是原诉讼程序的继续而已。与原告提起诉讼或者上诉人提起上诉没有什么区别。在这种视角下，当事人申请再审被视为一个极为普通的诉讼，可以运用民事之诉的一般理论加以解释，因此属于“普通诉讼说”。

内部视角是从制度设计者的专业角度来看待申请再审制度，认为申请再审（即再审之诉）是当事人依法向特定法院提出的重开本案审理程序以撤销原确定裁判，而代之以新裁判为目的的一种特殊诉讼。在大陆法系以德国为代表的民事诉讼制度中，“再审之诉”最直接的含义就是一种区别于通常的诉讼而具有特殊性质的请求。这样的特殊性质既反映于其诉讼标的的构成中，也体现在对这种请求进行审理的程序结构之中。② 通说认为，再审之诉内含两种不同的制度内容：一是撤销已经确定的生效裁判，二是对本案的实体权利主张重新进行审判。再审之诉是两方面制度内容的结合体，缺少任一方面，都不构成再审之诉。更重要的是，上述两个方面的制度内容具有同等重要的法律地位，不能厚此薄彼。在决定再审之诉的性质上，尤其是不能弱化或否定“撤销已经确定的生效裁判”的重要作用，因为一旦过于强调“对本案的实体权利主张进行审判”的核心地位，实际上等于回到了“普通诉讼说”。

---

① 参见江伟主编：《民事诉讼法》，3版，375页，北京，高等教育出版社，2007。

② 参见王亚新：《“再审之诉”的再辨析》，载《法商研究》，2006（4）。

2. 再审之诉的法律性质

当事人申请再审性质上为再审之诉，而对于再审之诉是何种性质，需要进一步追问和回答。理论上对此有两种不同的观点：一是“上诉类似说”，二是“诉讼上形成之诉说”。后者属于学界的通说。

“上诉类似说”是指在判断再审之诉的法律性质时，将再审程序与上诉程序相类比，认为再审程序和上诉程序虽然存在着差异，但是两者都是对于前审判决不服，请求变更前审判决的一种诉讼救济方法，因此，再审程序的法律性质应当与上诉程序一致。既然上诉程序的法律性质与原一审程序相同，那么可以推断出，再审之诉的性质就是一审诉讼的性质：一审诉讼为确认之诉的，再审之诉即为确认之诉；一审诉讼为给付之诉的，再审程序即为给付之诉；一审诉讼为形成之诉的，再审之诉即为形成之诉。从本质上看，用“上诉类似说”解释再审之诉的法律性质，与前述的“普通诉讼说”没有质的区别。

“诉讼上形成之诉说”认为再审之诉是当事人要求法院以新判决的形式变更当事人之间因生效裁判而确定的民事法律关系，是一种要求变更诉讼法上效果（即变更或撤销原生效裁判）的诉，其本身属于独特的形成之诉，是基于诉讼法上形成权而提起的形成之诉。再审之诉和一般形成之诉的不同在于①：（1）一般的形成判决（如离婚判决）进行的权利义务“塑造”都是纯粹被动的，也就是说，在原有法律关系被解除或被消灭后，法官不应也不会以新的积极状态取而代之。而对再审之诉来说，经过再开本案审理后，既可能仅将原法律关系加以消灭（撤销原判决），也可能用一种新的法律关系代替原来已经被消灭的法律关系（撤销＋改判）。（2）一般的形成判决不具有强制执行力，但法院审理再审之诉后作出的再审判决可能会涉及判决的执行问题。

（三）当事人申请再审的诉讼标的

作为独立的“诉讼上形成之诉”的当事人申请再审，也应具备诉的三个构成要素为当事人、诉讼标的和诉的理由。关于再审之诉的诉讼标的，学理上有两种对立的观点：诉讼标的二元论与一元论。其中，二元论是大陆法系民事诉讼法学通说。②

前已述及，再审申请包含两种请求：撤销确定判决的请求和案件再次审理的请求。因此，再审的目的不仅在于撤销确定判决的既判力，而且包括对案件的再次审理。据此，再审程序分为两个阶段：裁定再审阶段和审判本案诉讼阶段。与再审程序两阶段划分相对应，再审之诉存在两个相关联的诉讼标的，每个阶段的诉讼程序均有独立的诉讼标的。这就是再审诉讼标的二元论。二元论的特点是承认旨在裁定再审的再审审查程序具有独立于再审审理程序的独特地位和价值，再审审查的对象（诉讼标的）不同于再审审理的对象（诉讼标的）。这种观点，在立法论上符合我国当前建构逻辑自足的再审审查程序的大趋势，在解释论上也符合最高人民法院《审判监督解释》和《再审审查意见》的相关

① 参见杜闻：《民事再审程序研究》，4页，中国政法大学2005年博士学位论文。

② 针对“二元论”，在德国和日本民事诉讼法学界还有主张把再审的诉讼标的统一到原审裁判范围的“一元论”，这种学说在德国属于相对于通说而言还算是比较有力的观点。在日本，因新民事诉讼法把再审事由审查阶段由适用判决程序改为适用决定程序，“一元论”近年来似乎获得了较多学者的支持，但仍然没有达到取代“二元论”而成为通说的程度。参见王亚新：《“再审之诉”的再辨析》，载《法商研究》，2006（4）。

规定（参见本章第四、五节）。

当然，目前也有学者主张一元论。一元论将再审视为与上诉程序相似的程序，再审事由相当于上诉理由，因此认为再审之诉的诉讼标的仅限于请求再次审理的本案（原案件）的诉讼标的，而撤销确定判决的请求只是作为再审之诉的合法要件，不能成为独立的诉讼标的。这一观点在解释论上直接与《审判监督解释》第16、26条和《再审审查意见》第22、31条的规定相悖，不足为取。

（四）当事人申请再审的条件

根据《审判监督解释》和《再审审查意见》的规定，申请再审必须具备主体要件、客体要件、事由要件、管辖要件、时间要件、形式要件。

1. 主体要件：申请再审人系具备再审利益的当事人

（1）享有申请再审权的诉讼主体为当事人。

《民诉法》第211条规定的"当事人"，包括原审的原告、被告、上诉人、被上诉人、必要共同诉讼人、有独立请求权第三人、被判决承担民事责任的无独立请求权第三人。被遗漏的必要共同诉讼人申请再审的，适用当事人申请再审的规定，因此，因不可归责于本人或诉讼代理人的事由未能参加诉讼的必要共同诉讼人，属于这里的"当事人"（《民诉解释》第420条）。

判决、调解书生效后，当事人死亡或者终止的，其权利义务承继者在民事诉讼法理论上称为"一般继受人"，受原生效裁判既判力所及，属于这里的"当事人"，可以根据《民诉法》第210、212条的规定申请再审。

与一般继受人不同，"特定继受人"不受原生效裁判既判力所及，因此，不能适用当事人申请再审的规定。所谓特定继受人，是指生效法律文书所载明的权利义务的受让人，或者生效文书指定交付的标的物的受让人。因此，判决、调解书生效后，当事人将判决、调解书确认的债权转让，债权受让人对该判决、调解书不服，也不能申请再审；申请再审的，人民法院不予受理（《民诉解释》第373条）。

（2）再审申请人须具备再审利益。

在原审中全部诉讼请求获得支持的当事人或者未被判决承担实体责任的当事人不具备再审利益，部分诉讼请求获得支持的当事人对于未获支持的部分诉讼请求具备再审利益。实体权益受到生效裁判既判力约束，必须通过推翻原审裁判才能得到救济的案外人享有再审利益。

司法实践中存在双方当事人都认为生效裁判存在错误，故双方均提出再审申请的情形。如果对方申请人也申请再审，则人民法院应当将其也列为申请再审人，对其提出的再审申请一并审查（《审判监督解释》第14条）。

2. 客体要件：申请再审的裁判属于法律和司法解释允许再审的生效裁判、调解书

一般而言，只有对于已经发生既判力的裁判，才有通过申请再审加以推翻的必要。而生效裁判之所以发生既判力，主要基于两点：一是裁判中对当事人的实体请求作出了实质性的最终判断，二是当事人在裁判前获得了相应的程序保障。因此，可以申请再审的裁判，原则上应当是实体判决，程序事项的裁判通常不具有既判力，因而不需再审即可获得救济；同时，当事人未获得相应程序保障的特别程序判决，也没有既判力，故而无须通过再审程序推翻。

关于小额诉讼判决能否再审，过去争议很大。《民诉解释》第424条明确肯定了申请再审的裁判包括小额诉讼判决、裁定。

根据《民诉法》和相关司法解释的规定，不得申请再审的裁判主要有以下类型。

（1）解除婚姻关系的判决。《民诉法》第213条规定："当事人对已经发生法律效力的解除婚姻关系的判决、调解书，不得申请再审。"其理由是，夫妻关系是以爱情为基础的，不能靠强制的方法使已经解除了婚姻关系的男女再结合在一起。况且，进行再审，还可能出现再审判决与现实婚姻冲突等一系列无法解决的问题。当然，当事人在离婚案件中就生效判决、调解书中涉及的财产分割之判断，可以申请再审。《再审立案意见》第14条规定："人民法院对下列民事案件的再审申请不予受理：……（三）人民法院判决、调解解除婚姻关系的案件，但当事人就财产分割问题申请再审的除外。"

当事人仅就离婚案件中的财产分割问题申请再审的，如涉及判决中已分割的财产，人民法院应依照《民诉法》第211条的规定进行审查，符合再审条件的，应立案再审；如涉及判决中未作处理的夫妻共同财产，应告知当事人另行起诉。

（2）非讼程序判决。根据《民诉解释》第378条的规定，适用特别程序、督促程序、公示催告程序、破产程序等非讼程序审理的案件，当事人不得申请再审。

（3）撤销仲裁裁决和驳回撤销仲裁裁决申请的裁定。《仲裁司法审查规定》第20条规定，人民法院在仲裁司法审查案件中作出的裁定，除不予受理、驳回申请、管辖权异议的裁定外，一经送达即发生法律效力。当事人申请复议、提起上诉或者申请再审的，人民法院不予受理，但法律和司法解释另有规定的除外。不论当事人对人民法院撤销仲裁裁决的裁定不服申请再审，还是对法院驳回其申请撤销仲裁裁决的裁定不服而申请再审，人民法院均不予受理。1999年1月29日最高人民法院《关于当事人对人民法院撤销仲裁裁决的裁定不服申请再审人民法院是否受理问题的批复》（法释〔1999〕6号）指出：根据《仲裁法》第9条之规定的精神，当事人对人民法院撤销仲裁裁决的裁定不服申请再审的，人民法院不予受理。2004年7月20日最高人民法院《关于当事人对驳回其申请撤销仲裁裁决的裁定不服而申请再审，人民法院不予受理问题的批复》（法释〔2004〕9号）指出：根据《仲裁法》第9条之规定的精神，当事人对人民法院驳回其申请撤销仲裁裁决的裁定不服而申请再审的，人民法院不予受理。

同理，对于上述裁定，检察院也不能提起抗诉发动再审。2000年6月30日最高人民法院《关于人民检察院对撤销仲裁裁决的民事裁定提起抗诉，人民法院应如何处理问题的批复》（法释〔2000〕17号）指出：检察机关对发生法律效力的撤销仲裁裁决的民事裁定提起抗诉，没有法律依据，人民法院不予受理。依照《仲裁法》第9条的规定，仲裁裁决被人民法院依法撤销后，当事人可以重新达成仲裁协议申请仲裁，也可以向人民法院提起诉讼。2000年12月12日最高人民法院《关于人民检察院对不撤销仲裁裁决的民事裁定提出抗诉人民法院应否受理问题的批复》（法释〔2000〕46号）指出：人民检察院对发生法律效力的不撤销仲裁裁决的民事裁定提出抗诉，没有法律依据，人民法院不予受理。[①]

(4) 不予执行裁定。对人民法院作出的不予执行仲裁裁决的裁定，当事人不得申请再审。《再审立案意见》第14条规定，人民法院裁定撤销仲裁裁决和裁定不予执行仲裁裁决的案件，不得申请再审。

(5) 再审申请被裁定驳回后，申请再审人不得以相同理由再次申请再审，但可以作为申诉案件审查处理（《再审审查意见》第31条）。

(6) 驳回再审申请的裁定不得申请再审。由于当事人不服驳回再审申请裁定的目的是通过推翻该驳回裁定启动对于原审裁判的再审程序，且当事人发现新的再审事由时还可以申请再审，另外，此类案件还可以作为申诉案件依职权启动再审，当事人还有其他救济途径，因而对于驳回再审申请裁定申请再审的，不作为申请再审案件审查处理。

(7) 最高人民法院再审裁判或者再审复查驳回的案件，再审申请人仍不服提出再审申请的，不予受理（《再审立案意见》第16条）。

另外，根据《民诉解释》第379条的规定，当事人认为生效的不予受理、驳回起诉的裁定有错误的，可以申请再审。但是，《民诉解释》第212条作出了可以规避第379条再审的规定，即：裁定不予受理、驳回起诉的案件，原告再次起诉，符合起诉条件且不属于《民诉法》第127条规定情形的，人民法院应予受理。换言之，当事人用不着对不予受理、驳回起诉的裁定提起再审，可以直接另行起诉。

对于生效调解书，只要当事人提供证据证明调解违反自愿原则或者调解协议的内容违反法律的，就可以申请再审（《民诉法》第212条）。

3. 事由要件：必须依据法定事由申请再审

当事人申请再审的，应当符合《民诉法》第211条规定的法定再审事由（参考本章第二节的内容）。当事人超出该条所列明的再审事由范围的，人民法院应当裁定驳回再审申请。对于案外人申请再审，以及对小额诉讼判决、裁定申请再审，现行法规定了若干特别的再审事由。

4. 管辖要件：负责再审审查或者再审审理的法院须有法定的管辖权

再审审查的管辖权属于原审法院的上一级法院。

当事人一方人数众多或者当事人双方为公民的案件，也可以向原审人民法院申请再审（《民诉法》第210条）；当事人分别向原审人民法院和上一级人民法院申请再审且不能协商一致的，由原审人民法院受理（《民诉解释》第377条）。

当事人坚持向无管辖权的法院申请的，可以按照申诉案件进行审查，符合《民诉法》第209条规定的“确有错误”条件的，法院可以决定再审。需要注意的是，申请再审人向原审法院申请再审的，原审法院应针对申请再审事由并结合原裁判理由做好释明工作，而不能一推了之。申请再审人坚持申请再审的，原审法院应告知其可以向上一级法院

---

① 《仲裁司法审查规定》第20条允许当事人对驳回申请的裁定提起上诉或申请再审，而法释〔2004〕9号、法释〔2000〕46号司法解释与第20条的规定相抵触，因而应予废止。

提出。申请再审人越级申请再审的，有关上级法院应告知其向原审法院的上一级法院提出。

再审的管辖法院可以是原审法院的上一级法院，也可以是原审法院或者与原审法院同级的其他法院（《审判监督解释》第 18 条）。

5. 时间要件：再审申请必须在法定期限内提出

规定申请再审的期间，可以促使当事人积极地行使权利，有利于及时纠正错误裁判，也能促使法律关系及早得以安定；同时也有利于审判，可以避免因时间久远造成的审理与调查案件事实、认定案件事实的困难。

按照现行法的规定，当事人申请再审，应当在判决、裁定、调解书发生法律效力后 6 个月内提出。6 个月后有新的证据，足以推翻原判决、裁定的，或者发现原判决、裁定认定事实的主要证据是伪造的，或者据以作出原判决、裁定的法律文书被撤销或变更的，或者发现审判人员在审理该案件时有贪污受贿、徇私舞弊、枉法裁判行为的，自知道或者应当知道之日起 6 个月内提出①，否则将裁定驳回再审申请（《民诉法》第 216 条、《审判监督解释》第 11 条第 2 款）。该期间为诉讼法上的法定不变期间，不适用中止、中断和延长的规定（《审判监督解释》第 2 条）。

必须共同进行诉讼的当事人因不能归责于本人或者其诉讼代理人的事由未参加诉讼，而申请再审的，可以根据《民诉法》第 211 条第 8 项的规定，自知道或者应当知道之日起 6 个月内申请再审。但案外人申请再审的 6 个月期限从其受送达执行异议裁定之日起计算（《民诉解释》第 420 条第 1 款）。

在司法实践中，再审申请的受理阶段对申请再审期间的掌握可以适当从宽。人民法院经形式审查认为再审申请超过《民诉法》第 216 条规定的期间要求的，应当告知申请再审人。申请再审人认为未超过法定期间的，人民法院可以限期要求其提交生效裁判文书的送达回证复印件或者其他能够证明裁判文书实际生效日期的相应证据材料。申请再审人确有困难无法提供的，人民法院可以先予受理，经查明确实超过期间的，裁定驳回。

6. 形式要件：申请再审为书面要式行为

当事人申请再审，应当向人民法院提交再审申请书（《审判监督解释》第 3 条）。口头申请再审的，不产生申请再审的效力。

三、案外人申请再审

（一）案外人申请再审的含义和意义

在生效裁判实质性侵害案外人合法权益，而案外人在生效裁判作出前又没有获得程序参与、辩论和质证等正当程序保障的情况下，案外人依据法律的规定对生效裁判不服，向人民法院申请再审的程序制度，就是案外人申请再审。

---

① 德国、日本民事诉讼法规定，当事人应当自得知再审事由之日起 30 日内提起再审，但判决确定后经过 5 年的则不得提起再审之诉。

案外人权益受侵害在民事诉讼中并不少见。近代以来民事诉讼一直被视为当事人私人之间竞技的角斗场，法院仅仅充当裁判者的角色。以辩论主义和处分权主义为核心的民事诉讼程序构造固然具有防范法院滥权的作用，但无法应付当事人相互串通的虚假竞技行为，也难以充分遏制利用诉讼实施损人（案外人）利己（当事人）行为的发生。例如，辩论主义造成了当事人与法院之间信息的不对称，相互串通、捏造事实进行虚假诉讼的当事人无疑居于优势地位，在“你给我事实，我给你法律”的辩论主义下，法院和法官更像被当事人牵着鼻子走的傀儡，其作出的裁判并没有实现正义，只是保护了互相串通的当事人的私利。更为严重的是，该生效裁判的既判力极有可能在关联诉讼中被援引作为阻止其他法院作出相异判断的依据，至少该生效裁判所确认的事实可以成为关联诉讼中的预决事实。可见，辩论主义不仅无法克减虚假诉讼，相反，它赋予虚假诉讼以正当性，使虚假诉讼大行其道。

在此背景下，为利益受到侵害的案外人提供必要的救济机制，正是案外人申请再审制度的核心价值所在。这一机制，不仅可以部分弥补刺激虚假诉讼的辩论主义之不足，减少二次纠纷出现的概率，而且有助于净化民事诉讼环境，维护纯洁的民事诉讼秩序，鼓励诚信诉讼。当然，案外人申请再审只是对案外人利益进行事后救济的一种制度安排，并不能取代法院在事前和事中的谨慎审查与防范、向利害关系人通报情况并通知其参与诉讼、依职权调查收集案外人利益受到侵害与否的证据等职责。

（二）案外人申请再审的适用条件

在我国，“案外人申请再审”是最高人民法院制定司法解释时使用的概念，用于解释《民诉法》第 238 条中关于“认为原判决、裁定错误的，依照审判监督程序办理”的规定。

根据《民诉法》第 238 条以及《民诉解释》第 301、421 条的规定，案外人申请再审的适用条件是：(1) 须从执行立案到结案的执行过程中，案外人对执行标的主张权利并提出书面异议，执行法院以异议理由不成立为由裁定驳回；(2) 须案外人对裁定不服，认为作为执行依据的原判决、裁定、调解书内容错误且因此损害其合法权益；(3) 再审申请须自执行异议裁定送达案外人之日起 6 个月内提出；(4) 再审申请须向作出原判决、裁定、调解书的人民法院提出；(5) 须案外人未依据《民诉法》第 59 条第 3 款提起第三人撤销之诉。

四、法院决定再审

《民诉法》规定，人民法院发现已经发生法律效力的判决、裁定、调解书确有错误，基于审判监督权应当决定对案件再行审理。

（一）法院决定再审的条件

根据《民诉法》第 209 条的规定，人民法院决定再审，必须具备以下条件。

(1) 判决、裁定、调解书已经发生法律效力。这是对再审对象的限制。如果是尚未生效的判决、裁定、调解书确有错误的，应当通过上诉程序来纠正，而不能提起再审程序。

（2）生效裁判确有错误。这是对人民法院提起再审事由的限制。这一规定过于笼统、概括，在实践中难以掌握和运用。法律应当对人民法院提起再审的事由同人民检察院、当事人提起再审的事由一样作出具体的规定。此外，当事人未申请再审、人民检察院未发动再审的案件，人民法院发现原判决、裁定、调解书有损害国家利益、社会公共利益等确有错误情形的，应当依照《民诉法》第 209 条的规定提起再审（《审判监督解释》第 21 条）。

（3）必须是法定的主体提起再审。提起再审的主体必须是法定的机关和公职人员，即本级人民法院院长和审判委员会，上级人民法院和最高人民法院。

（二）法院提起再审的程序

由于有权提起再审程序的法定机关、组织和人员不同，因而启动再审程序的方法和步骤也不一样。根据《民诉法》的规定，人民法院提起再审的程序有以下几点。

（1）各级法院院长发现本院作出的已生效的判决、裁定、调解书确有错误提起再审的程序。按照我国现行法律的规定，各级法院中享有审判监督权的是法院院长和审判委员会，他们对本院审判人员和合议庭的审判工作进行监督。因此，当法院院长发现本院已生效的判决、裁定、调解书确有错误时，应当提交审判委员会讨论，由审判委员会决定是否再审。

（2）最高人民法院对地方各级人民法院已经发生法律效力的判决、裁定、调解书，发现确有错误，提审或者指令下级人民法院再审的程序。最高人民法院是国家的最高审判机关，对地方各级人民法院的审判工作享有审判监督权。因此，最高人民法院发现地方各级人民法院已生效的判决、裁定、调解书确有错误时，应当行使审判监督权，根据具体情况决定将案件提到本院自行审判，或者指令下级人民法院再审。自己提审时，应在提审的裁定中同时写明中止原判决、裁定、调解书的执行，并向原审人民法院调取案卷，进行再审；指令下级人民法院再审的，下级人民法院接到指令后，应当依法再审，并将审判结果上报最高人民法院。

（3）上级人民法院对下级人民法院已经发生法律效力的判决、裁定、调解书发现确有错误的，提审或指令再审的程序。根据法律规定，上级人民法院对下级人民法院的审判工作享有审判监督权。因此，上级人民法院发现辖区内的下级人民法院的生效判决、裁定、调解书确有错误时，既可以调取案卷自行审理，也可以指令下级人民法院再审，具体程序与最高人民法院提审或指令再审的程序相同。

五、检察院发动再审

（一）检察院发动再审概述

检察院发动再审，是指人民检察院对人民法院已经生效的判决、裁定发现有发动再审的法定事由，或者对于生效的调解书，发现其损害了国家利益、社会公共利益时，提请人民法院对案件重新进行审理的诉讼活动（《民诉法》第 219 条）。

延伸阅读 18-1

处理好民事程序构造中检察官与法官、当事人的关系

人民检察院是我国的法律监督机关，有权对人民法院的民事审判活动实行法律监督。具体的监督方式主要是人民检察院对人民法院已生效的裁判、调解书，依照《民诉法》的规定，以检察建议或抗诉方式，提请人民法院进行再审。

（二）检察院发动再审的方式

《民诉法》第 219 条规定，人民检察院发动再审有两种方式：一是再审检察建议，二是抗诉。

再审检察建议是指人民检察院对一些民事申诉案件，不采取抗诉方式启动再审程序，而是向人民法院提出检察建议，由人民法院自行启动再审程序进行重新审理。这样有利于节约司法资源，提高司法效率。检察建议有抗诉所无法比拟的优越性，更有其独到之处。尤其是检察建议不受抗诉审级的限制，与作出生效判决、裁定的法院同级的或上级的检察院均可提出，适用时能将检察机关的外部监督形式转化为法院内部监督形式，实现检法关系的良性互动。此外，检察建议具有更加广泛的适用范围，除了针对生效裁判、调解书提出再审检察建议，还能够针对诉讼过程中法院滥用审判权、自由裁量权等违法行为进行诉中监督。为此，《民诉法》第 219 条第 3 款规定："各级人民检察院对审判监督程序以外的其他审判程序中审判人员的违法行为，有权向同级人民法院提出检察建议。"

抗诉是指人民检察院对人民法院作出的生效判决、裁定，认为确有错误，或者发现调解书损害国家利益、社会公共利益时，依法向人民法院提出重新审理要求的诉讼活动。抗诉是对生效法律文书既判力的挑战和颠覆。

我们认为，在《民诉法》规定的检察建议、抗诉等两种监督方式中，应当遵循检察建议优先于抗诉而适用的原则。优先适用对生效裁判既判力以及生效裁判所判定的民事法律关系影响最小的监督方式，是检察监督谦抑性的内在要求，也符合法治国家中公权力行使所应普遍遵循的比例原则。对于因审判人员的违法行为而挑战生效裁判既判力的抗诉、检察建议方式的再审事由，相对于因"审判监督程序以外的其他审判程序中审判人员的违法行为"而向同级法院提出检察建议的事由而言，解释上应当更为严格。例如，对《民诉法》第 211 条第 13 项关于"审判人员审理该案件时有贪污受贿，徇私舞弊，枉法裁判行为的"的规定，应当采取限缩解释方法，仅在审判人员的上述违法行为经有罪刑事判决或经纪律处分决定确认的情况下，才可作为挑战既判力的再审事由；而在再审以外的其他审判程序中，检察机关只要有审判人员的违法行为的初步证据，即可以检察建议方式随时实施诉中监督。

（三）检察院发动再审的条件

1. 检察院发动再审应当保持谦抑性，尊重当事人申请再审的诉权，奉行申请再审优先原则

再审检察监督的法理基础在于纠正传统民事诉讼程序所固有的缺陷，因而在制度安

排上，检察监督的纠错功能只能限于传统民事诉讼制度的查漏补缺方面，而不能无视民事诉讼程序自身的规律和基本构造，颠覆既有的民事诉讼制度，推倒重来。例如，《民诉法》第220条确立的当事人申请再审优先原则明确规定：在再审程序的启动上，当事人再审申请优先于检察监督；只有当人民法院驳回再审申请，或逾期未对再审申请作出裁定，或再审判决、裁定有明显错误等三种情形下，检察监督权才可以介入。这种制度设计并非空穴来风，充分体现了民事检察监督的谦抑性。

2. 检察院发动再审的程序要件

（1）人民法院的判决、裁定、调解书已经生效。判决、裁定、调解书已经生效是发动再审程序的一个共性条件，也是《民诉法》对再审检察监督对象的限制。

（2）发现生效裁判有《民诉法》第211条规定的再审事由。这是民事诉讼法对再审监督事由的限制。

检察院发现调解书损害国家利益、社会公共利益的，有权以抗诉或检察建议方式发动再审。

（四）检察院发动再审的程序

1. 民事再审检察监督案件的来源

民事诉讼监督案件的来源包括：（1）当事人向人民检察院申请监督；（2）当事人以外的自然人、法人和非法人组织向人民检察院控告；（3）人民检察院在履行职责中发现（《检察监督规则》第18条）。

《民诉法》第220条第1款规定，有下列情形之一的，当事人可以向作出生效民事判决、裁定、调解书的人民法院所在地同级人民检察院申请再审检察建议或者抗诉：（1）人民法院驳回再审申请的；（2）人民法院逾期未对再审申请作出裁定的；（3）再审判决、裁定有明显错误的，但因人民检察院提出再审检察建议或者抗诉而再审作出的判决、裁定除外（《民诉解释》第381条第2款）。

当事人的监督申请有下列情形之一的，人民检察院不予受理：（1）当事人未向人民法院申请再审的；（2）当事人申请再审超过法律规定的期限的，但不可归责于其自身原因的除外；（3）人民法院在法定期限内正在对民事再审申请进行审查的；（4）人民法院已经裁定再审且尚未审结的；（5）判决、调解解除婚姻关系的，但对财产分割部分不服的除外；（6）人民检察院已经审查终结作出决定的；（7）民事判决、裁定、调解书是人民法院根据人民检察院的抗诉或者再审检察建议再审后作出的；（8）在人民法院作出驳回再审申请裁定或者再审判决、裁定发生法律效力之日起两年期限届满后申请监督的；（9）其他不应受理的情形（《检察监督规则》第27条）。

人民检察院负责民事检察，在履行职责中发现民事案件有下列情形之一的，应当依职权启动监督程序：（1）损害国家利益或者社会公共利益的；（2）审判、执行人员有贪污受贿，徇私舞弊，枉法裁判等违法行为的；（3）当事人存在虚假诉讼等妨害司法秩序行为的；（4）人民法院作出的已经发生法律效力的民事公益诉讼判决、裁定、调解书确有错误，审判程序中审判人员存在违法行为，或者执行活动存在违法情形的；（5）依照有关规定需要人民检察院跟进监督的；（6）具有重大社会影响等确有必要进行监督的情形（《检察监督规则》第37条第1款）。人民检察院其他职能部门在履行职责中发现符合法定的应当依职权启动监督程序的民事诉讼监督案件线索，应当及时向负责民事检察的部门通报（《检察监督规则》第120条第2款）。人民检察院对民事案件依职权启动监督程序，既不受当事人是否申请再审的限制（《检察监督规则》第37条第2款），也不受当事人申请检察监督期限的限制（《检察监督规则》第20条第3款）。

2. 检察院对申请的审查和决定

人民检察院审查民事诉讼监督案件，应当围绕申请人的申请监督请求、争议焦点、依职权监督事由，对人民法院的民事诉讼活动是否合法进行全面审查。其他当事人在人民检察院作出决定前也申请监督的，应当将其列为申请人，对其申请监督请求一并审查（《检察监督规则》第43条）。人民检察院审查案件，应当通过适当方式听取当事人意见，必要时可以听证或者调查核实有关情况，也可以依照有关规定组织专家咨询论证（《检察监督规则》第46条）。人民检察院审查案件，可以依照有关规定调阅人民法院的诉讼卷宗，但通过拷贝电子卷、查阅、复制、摘录等方式能够满足办案需要的，可以不调阅诉讼卷宗。人民检察院认为确有必要，还可以依照有关规定调阅人民法院的诉讼卷宗副卷，并采取严格保密措施（《检察监督规则》第47条）。

人民检察院受理当事人申请对人民法院已经发生法律效力的民事判决、裁定、调解书监督的案件，应当在3个月内审查终结并作出提出或者不予提出检察建议或者抗诉的决定，但调卷、鉴定、评估、审计、专家咨询等期间不计入审查期限。当事人不得再次向人民检察院申请检察建议或者抗诉（《民诉法》第220条第2款、《检察监督规则》第52条第1款）。

3. 检察院的调查核实

人民检察院因履行法律监督职责提出检察建议或者抗诉的需要，可以向当事人或者案外人调查核实有关情况（《民诉法》第221条）。例如，当民事审判程序中审判人员可能存在违法行为，或者民事判决、裁定、调解书可能存在法律规定需要监督的情形，仅通过阅卷及审查现有材料难以认定时，检察院可以行使调查核实权。

除了限制人身自由和查封、扣押、冻结财产等强制性措施人民检察院不得采取，其他为查明案件事实所需要采取的措施，属于《民诉法》第221条所规定的“调查核实”措施。其包括但不限于：（1）查询、调取、复制相关证据材料。（2）询问当事人或者案外人。（3）咨询专业人员、相关部门或者行业协会等对专门问题的意见。人民检察院可以就专门性问题书面或者口头咨询有关专业人员、相关部门或者行业协会的意见。口头咨询的，应当制作笔录，由接受咨询的专业人员签名或者盖章。拒绝签名盖章的，应当记明情况。（4）委托鉴定、评估、审计。人民检察院对专门性问题认为需要鉴定、评估、审计的，可以委托具备资格的机构进行鉴定、评估、审计。不过，在诉讼过程中法院已经进行过鉴定、评估、审计的，一般不再委托鉴定、评估、审计。（5）勘验物证、现场。人民检察院认为确有必要的，可以勘验物证或者现场。勘验人应当出示人民检察院的证件，并邀请当地基层组织或者当事人所在单位派人参加。当事人或者当事人的成年家属应当到场，拒不到场的，不影响勘验的进行。勘验人应当将勘验情况和结果制作笔录，由勘验人、当事人和被邀参加人签名或者盖章。

需要调查核实的，由承办人提出，部门负责人或者检察长批准，可以自行调查核实，也可以指令下级检察院或者委托外地检察院调查核实。调查核实时，应当由二人以上共同进行，有关单位和个人应当配合。调查笔录经被调查人校阅后，由调查人、被调查人签名或者盖章。被调查人拒绝签名盖章的，应当记明情况。

4. 再审检察建议或抗诉的提出

地方各级人民检察院对同级人民法院已经发生法律效力的判决、裁定，发现有《民诉法》第 211 条规定情形之一的，或者发现调解书损害国家利益、社会公共利益的，经审查作出提出再审检察建议决定的，可以向同级人民法院提出再审检察建议，并报上级人民检察院备案；也可以提请上级人民检察院向同级人民法院提出抗诉（《民诉法》第 219 条第 2 款）。对人民法院已经采纳再审检察建议进行再审的案件，提出再审检察建议的人民检察院一般不得再向上级人民检察院提请抗诉（《检察监督规则》第 86 条）。

最高人民检察院对各级人民法院已经发生法律效力的判决、裁定、调解书，上级人民检察院对下级人民法院已经生效的判决、裁定、调解书，经审查作出提出抗诉决定的，应当提出抗诉；地方各级人民检察院对同级人民法院已生效的判决、裁定、调解书，不得直接提出抗诉，只能提请上级人民检察院提出抗诉（《民诉法》第 219 条第 1、2 款）。

人民检察院提出再审检察建议，应当经本院检察委员会决定，制作再审检察建议书，并将再审检察建议书报上一级人民检察院备案，在决定提出再审检察建议之日起 15 日内将再审检察建议书连同案件卷宗移送同级人民法院，并制作决定提出再审检察建议的通知书，发送当事人。人民检察院认为当事人的监督申请不符合提出再审检察建议或者提请抗诉条件的，应当作出不支持监督申请的决定，并在决定之日起 15 日内制作不支持监督申请决定书，发送当事人。人民检察院提请抗诉的，应当制作抗诉书，在决定抗诉之日起 15 日内将抗诉书连同案件卷宗移送同级人民法院，并由接受抗诉的人民法院向当事人送达再审裁定时一并送达抗诉书。人民检察院应当制作决定抗诉的通知书，发送当事人。上级人民检察院可以委托提请抗诉的人民检察院将决定抗诉的通知书发送当事人（《检察监督规则》第 87、89、92 条）。

第四节　再审审查程序

一、再审审查程序概述

（一）再审审查程序的含义和意义

再审审查程序，狭义上是指人民法院根据当事人、案外人的再审申请，对已经发生法律效力的裁判进行审查，以确定再审申请是否具备法律规定的再审事由，并决定提起再审或者予以驳回的程序。广义上，再审审查程序还包括当事人向人民检察院的申诉所引发的审查程序、人民法院对人民检察院的再审检察建议的审查程序、对人民检察院抗诉的审核程序。

再审审查程序对于当事人和人民法院都具有十分重要的意义。再审审查工作是民事审判监督程序的有机组成部分，是确认生效裁判是否存在法定再审事由，从而决定是否启动再审程序的审判活动。其实质是关于再审事由是否存在的审查判断程序，即判断人民法院生效裁判是否具备再审申请人提出的再审事由，以便决定是否启动再审审理程序。

（二）再审审查程序与再审审理程序的关系

前已述及，民事再审程序包括再审审查程序和再审审理程序两个环节、两类程序，二者既有联系，又有区别。这里着重谈谈区别。

其一，二者适用的任务不同。再审审查的任务是，审查确定当事人的申请事由是否符合法律规定。在这一阶段应严格依法限制审查的范围，符合法定事由的才裁定再审，以维护生效裁判的稳定性。再审审理的任务是，对当事人的再审请求（就是对原判提出的具体的改判请求）依法裁判，这一阶段关注的对象是再审请求是否有事实和法律依据，应全面覆盖当事人的争议，确保再审裁判认定事实清楚、适用法律正确、程序合法，避免再审程序空转或不必要的反复。

其二，二者适用的顺序不同。审查程序在先，审理程序在后。不经过审查程序的过滤，就不能进入审理程序。

其三，二者适用的条件不同。审查程序适用的条件由《审判监督解释》和《再审审查意见》规定，主要是再审事由审查；审理程序的适用以审查程序作出裁定再审结论为前提。

其四，二者适用的标准不同。审查程序关于再审事由成立的审查判断仅系初步的判断，并不必然约束审理法官，审理程序中法官需要对再审事由作出最终的判断。

其五，二者适用的程序不同。审查程序在程序的开始、续行和结束等环节，遵循的程序法律规范不同于审理程序的程序法律规范。

二、再审审查的程序环节

（一）再审申请的受理

1. 提出再审申请

当事人、案外人依据本章第三节阐明的条件提出书面再审申请，提交再审申请书等材料，并按照被申请人及原审其他当事人人数提交再审申请书副本。申请再审人提交再审申请书等材料的同时，应提交材料清单一式两份，并可附申请再审材料的电子文本，同时填写送达地址确认书。

再审申请书应当载明下列事项：（1）再审申请人与被申请人及原审其他当事人的基本信息；（2）原审人民法院的名称，原审裁判文书案号；（3）具体的再审请求；（4）申请再审的法定情形及具体事实、理由。再审申请书应当明确申请再审的人民法院，并由再审申请人签名、捺印或者盖章（《民诉解释》第 376 条）。

再审申请人申请再审，除应提交符合前述规定的再审申请书外，还应当提交以下材料：（1）身份证明。申请再审人是自然人的，应提交居民身份证、军官证、士兵证、护照等能够证明本人身份的有效证件；再审申请人是法人或非法人组织的，应提交统一社会信用代码证书或者营业执照副本、组织机构代码证书和法定代表人或者主要负责人的身份证明等有效证照，人民检察院对当事人提交的身份证明核对无误后留存复印件（《检察监督规则》第 23 条）。委托他人代为申请的，应提交授权委托书和代理人身份证明（《检察监督规则》第 25 条）。（2）相关法律文书。人民法院在该案件诉讼过程中作出的全部判决书、裁定书、决定书、调解书等法律文书（《检察监督规则》第 24 条）。（3）证据材料。反映案件基本事实的主要证据及其他材料。上述材料，可以是与原件核对无异的复印件。

当事人申请再审应当提交必要的诉讼材料，材料越详细、越完备，法院的审查工作就会越全面高效，申请再审权就越能够得到及时公正的保障。

申请监督材料不齐备的，人民检察院应当要求申请人限期补齐，并一次性明确告知应补齐的全部材料。申请人逾期未补齐的，视为撤回监督申请（《检察监督规则》第 21 条第 2 款）。申请再审人提交的再审申请书或者其他材料有人身攻击等内容，可能引起矛盾激化的，人民法院应当要求申请再审人补充或改正（《审判监督解释》第 5 条）。

2. 受理再审申请

再审申请书等材料符合上述要求的，人民法院应在再审申请人提交的材料清单上注明收到日期，加盖收件章，并将其中一份清单返还再审申请人。

再审申请人提出的再审申请符合申请再审条件的，人民法院应当自收到符合条件的再审申请书等材料之日起 5 日内向再审申请人发送受理通知书，并向被申请人及原审其他当事人发送应诉通知书、再审申请书副本等材料。再审申请不符合申请再审条件的，应当及时告知再审申请人。

3. 不予受理再审申请

按照《民诉解释》第 381 条第 1 款的规定，当事人申请再审，有下列情形之一的，人民法院不予受理：（1）再审申请被驳回后再次提出申请的；（2）对再审判决、裁定提出申请的；（3）在人民检察院对当事人的申请作出不予提出再审检察建议或者抗诉决定后又提出申请的。

于上述第（1）（2）项的情形，人民法院应当告知当事人可以向人民检察院申请再审检察建议或者抗诉，但因人民检察院提出再审检察建议或者抗诉而再审作出的判决、裁定除外。

（二）再审事由的审查

1. 审判组织

人民法院受理申请再审案件后，应当组成合议庭进行审查（《审判监督解释》第 7 条）。在审判组织上，排除独任制，一律要求组成合议庭来审查再审申请，体现了对当事人申请再审的权利以及对双方当事人合法权益的慎重对待。

2. 审查范围

人民法院审查申请再审案件，应当围绕申请再审事由是否成立进行，对再审申请人未主张的事由不予审查（《再审审查意见》第11条）。

民事再审审查的内容是再审事由，审查的核心是判断再审事由成立与否。再审事由在当事人、案外人的再审申请书中已经载明，合议庭审查时应当尊重当事人的处分权，只能审查当事人、案外人主张的再审事由，审查范围受再审申请书载明的再审事由之限制，再审申请人未主张的再审事由，不属于合议庭审查的范围。经过审查，认为当事人、案外人主张的再审事由虽然不成立，但发现生效裁判确有错误的，人民法院可以依据《民诉法》第209条的规定依职权启动再审。

3. 审查判断的标准

再审审查程序对再审事由成立与否之判断标准与此后的再审审理程序不同。再审审理程序中人民法院虽然要再次审查判断再审事由是否成立，但二者的区别在于，再审审查程序对再审事由成立与否之判断，属于初步审查判断，而再审审理程序则须对再审事由成立与否作出最终的实质判断。

4. 审查方式

人民法院审查申请再审案件，可以采用审查材料、审阅卷宗、询问当事人以及听证四种审查方式。

（1）审查再审申请人提交的再审申请书、书面意见等书面材料。人民法院经审查申请再审人提交的再审申请书、对方当事人提交的书面意见、原审裁判文书和证据等材料，足以确定申请再审事由不能成立的，可以径行裁定驳回再审申请。对于再审事由明显缺乏证据支持，不能成立的，可以不经调卷径行裁定驳回。对于根据部分原审裁判和当事人提供的主要证据足以作出准确判断的再审事由，也可径行裁定再审。①

（2）审阅原审卷宗。审阅原审卷宗是审查再审申请的基本形式，对于单纯审查书面材料不能确定的再审事由，应当调取原审卷宗进行审查。人民法院决定调卷审查的，原审法院应当在收到调卷函后15日内按要求报送卷宗。调取原审卷宗的范围可根据审查工作需要决定。必要时，在保证真实的前提下，可要求原审法院以传真件、复印件、电子文档等方式及时报送相关卷宗材料（《再审审查意见》第16条）。

实践中，调卷难问题是制约审查工作效率的瓶颈。要解决这个问题，一是要正确认识需要调卷的案件范围。是否需要采取调卷审查方式，应当视当事人主张的再审事由和审查案件需要而定。事由涉及实体或者原审程序问题，必须阅卷才能查明的，就应当阅卷。二是要采取灵活多样的调卷方式和范围，既可以把案卷调上来，也可以合议庭走下去，到原审法院阅卷，或者开发电子卷宗，网上阅卷。有的再审事由不需调阅全部卷宗，如当事人主张的再审事由仅涉及二审程序，则没有必要调一审卷宗。同理，再审事由仅

---

① 所谓径行裁定，主要是指在申请再审的事由明显成立或不成立情形下，采取的审查处理方式。比如原审判决中，答辩部分叙述了当事人的几项具体诉讼请求，但说理部分未涉及，判决主文也遗漏某项诉讼请求，当事人以《民诉法》第211条第11项的事由申请再审的，应当径行裁定再审；当事人申请再审超过法定期间的，应当径行裁定驳回再审申请。

涉及卷宗中的一部分内容，也没有必要调整个卷宗，如仅需审查裁判文书的生效时间，则要求原审法院把送达回证复印或传真过来即可。这样可以大大减少调卷的工作量，提高工作效率。

（3）询问当事人。人民法院可根据审查案件的需要决定询问一方或者双方当事人。当事人以“新的证据”为由申请再审且新的证据可能推翻原判决、裁定的，人民法院应当询问当事人（《民诉解释》第395条）。询问当事人是《民诉法》第214条明确规定的审查方式，有利于当事人、案外人参与再审审查程序，陈述意见。其形式较为灵活，人民法院根据需要，询问单方或者双方均可。

（4）组织当事人听证。听证是介于开庭和询问之间的一种较为正式的诉讼活动，注重公开性、规范性，当事人、案外人也比较认同。且有些再审事由采用听证方式审查处理更为妥当，如对需要质证的证据，使用询问形式进行质证显然不够正式，也不够严肃。实践证明，听证审查方式对于审查新证据，查明案件事实，正确判断申请再审是否符合再审条件，促使当事人和解或息诉可以发挥非常好的作用。

《再审审查意见》第13条规定的上述四种审查方式之间为选择性关系，并非递进的关系，可以根据案件具体情况，选择一种或者几种结合运用，如可以将书面审查和询问结合使用，并不一定需要调阅卷宗。

此外，审查再审申请期间，再审申请人申请人民法院委托鉴定、勘验的，人民法院不予准许（《民诉解释》第397条）。

5. 听证程序

人民法院采用听证方式审查申请再审案件时，应当遵循以下程序。

（1）听证审查的案件范围。人民法院对以下列事由申请再审的案件，可以组织当事人进行听证：1）有新的证据，足以推翻原判决、裁定的；2）原判决、裁定认定的基本事实缺乏证据证明的；3）原判决、裁定认定事实的主要证据是伪造的；4）原判决、裁定适用法律确有错误的（《再审审查意见》第18条）。

（2）通知当事人。合议庭决定听证的案件，应在听证5日前通知当事人。通知的方式，可以是电话等简便方式，也可以用传票通知。

（3）审判长主持。听证由审判长主持，围绕申请再审事由是否成立进行。

（4）法律后果。再审申请人经传票传唤，无正当理由拒不参加听证或未经许可中途退出的，裁定按撤回再审申请处理。被申请人及原审其他当事人不参加听证或未经许可中途退出的，视为放弃在听证过程中陈述意见的权利。

上述听证程序第（2）（4）项的规定，同样适用于询问当事人这种审查方式。

6. 多个再审事由的审查

（1）多个再审事由的审查顺序。

当存在裁判主体不合法、裁判根据不合法、裁判程序不合法等多种再审事由时，人民法院在审查时可以采用先易后难的审查顺序。例如，有的再审事由仅凭民事裁判文书即可单独判断事由之存否，有的再审事由则还需要调阅原审卷宗、询问当事人甚至听证才能判断事由存在与否。因此，可以考虑优先审查那些仅凭申请人提交的再审申请书、书面意见等书面材料即可径行裁定再审的事由。

一般而言，再审事由审查的难易程度与民事裁判文书的说理具有极大相关性。由于民事裁判文书必须围绕着原告诉讼请求、双方争议的事实和理由（诉讼主张和抗辩）、判决认定的事实和理由、适用的法律依据，以及裁判结果（裁判主文）等线索展开，加之裁判文书存在说理的要求，因而，人民法院如果以生效裁判文书为主要的审查材料，就能够有效发现其是否符合再审的要求，准确判断再审事由是否存在。

因此，有关裁判根据不合法的事由通常情况下要比裁判主体和程序不合法的事由更容易识别和判断。例如，下列情形即为裁判根据不合法：1）案由不准确、不规范。2）查明与认定事实部分存在事实要素不完整、表述不规范；案件中的重要、关键事实表述有误或遗漏表述；裁判文书中事实叙述与说理不一致，甚至自相矛盾。3）说理欠缺或说理不充分、不清楚或有矛盾。4）适用法律不准确、不规范等问题。5）原判决、裁定遗漏或超出诉讼请求等等。裁判根据合法性问题的判断方法较为简便，优先审查这类事由，可以提高审查效率，达到“四两拨千斤”的效果。

（2）多个再审事由竞合时的处理。

再审申请人同时主张《民诉法》第 211 条的多个再审事由时，人民法院可以按照上述先易后难的审查顺序进行审查。

关于再审申请人先以一项事由申请被驳回后，又以新的事由再次申请是否应当受理，一种意见认为当事人只能申请一次，以不同理由再次申请的应当不予受理；另一种意见认为法律没有限制申请再审的次数，当事人以不同事由提出再审申请，应当受理。我们认为，从理论上讲，以不同的事由申请再审的，构成一个新的再审之诉。再审申请被驳回后，当事人又以其他再审事由申请再审的，只要符合其他条件，并且有正当理由无法在上一次申请时一并提出的，仍应当受理。

（3）多个再审申请人主张的再审事由的审查。

人民法院在审查申请再审案件过程中，被申请人或者原审其他当事人提出符合条件的再审申请的，应当将其列为再审申请人，对其申请再审事由一并审查，审查期限重新计算。经审查，其中一方申请再审人主张的再审事由成立的，人民法院即应裁定再审。各方再审申请人主张的再审事由均不成立的，一并裁定驳回（《民诉解释》第 396 条、《再审审查意见》第 22 条）。

（三）再审审查结果

《审判监督解释》《民诉解释》《再审审查意见》规定了以下五种审查程序结果。

1. 裁定再审

人民法院运用上述再审审查方式和程序，经审查后认为再审申请人主张的再审事由成立，且符合法定的申请再审条件的，应当裁定再审。

对于以下列事由申请再审，且根据再审申请人提交的申请材料足以确定再审事由成立的案件，人民法院可以径行裁定再审：（1）审判组织的组成不合法或者依法应当回避的审判人员没有回避的；（2）无诉讼行为能力人未经法定代理人代为诉讼，或者应当参加诉讼的当事人因不能归责于本人或者其诉讼代理人的事由未参加诉讼的；（3）据以作出原判决、裁定的法律文书被撤销或者变更的；（4）审判人员在审理该案件时有贪污受贿、徇私舞弊、枉法裁判行为，并经相关刑事法律文书或者纪律处分决定确认的。

再审审查过程中，再审申请人、被申请人及原审其他当事人自愿达成和解协议，当事人申请人民法院出具调解书且能够确定申请再审事由成立的，人民法院应当裁定再审并制作调解书。

裁定再审产生以下效力：（1）停止原判决的既判力。① 一旦再审裁定确定，就产生使原判决的既判力停止的效力。（2）原判决的执行力继续存在，但原则上应当中止执行。《民诉法》第217条规定：按照审判监督程序决定再审的案件，裁定中止原判决、裁定、调解书的执行，但追索赡养费、扶养费、抚养费、抚恤金、医疗费用、劳动报酬等案件，可以不中止执行。需要中止执行的，应当在再审裁定中同时写明中止原判决、裁定、调解书的执行；情况紧急的，可以将中止执行裁定口头通知负责执行的人民法院，并在通知后10日内发出裁定书（《民诉解释》第394条）。（3）启动本案的再审审理程序。裁定再审可以产生本案的移审效力，由有管辖权的法院进行再审审理程序。

2. 裁定驳回再审申请

当事人主张的再审事由不成立，或者当事人申请再审超过法定申请再审期限、超出法定再审事由范围等不符合民事诉讼法和有关司法解释规定的申请再审条件的，人民法院应当裁定驳回再审申请（《审判监督解释》第16条第1款，《民诉解释》第393条第2款、第400条第6项，《再审审查意见》第26条）。

当事人提出的调解违反自愿原则的事由不成立，且调解书的内容不违反法律强制性规定的，人民法院应当裁定驳回再审申请；裁定中止执行的调解书需要继续执行的，自动恢复执行（《民诉解释》第407条）。

驳回再审申请的裁定书，应当包括以下内容：（1）再审申请人、被申请人及原审其他当事人基本情况；（2）原审人民法院名称、申请再审的生效裁判文书名称、案号；（3）再审申请人主张的再审事由、被申请人的意见；（4）驳回再审申请的理由、法律依据；（5）裁定结果。裁定书由审判人员、书记员署名，加盖人民法院印章。

驳回再审申请的裁定一经送达，即发生法律效力（《审判监督解释》第16条第2款）。这里的“法律效力”，包括对再审申请人及其相对人、人民法院的拘束力和确定力。因此，再审申请被裁定驳回后，再审申请人以相同理由再次申请再审的，不作为申请再审案件审查处理；再审申请人不服驳回其再审申请的裁定，向作出驳回裁定人民法院的上一级人民法院申请再审的，不作为申请再审案件审查处理。

3. 裁定准许撤回再审申请

再审申请人在审查过程中撤回再审申请的，是否准许，由人民法院裁定（《民诉解释》第398条第1款）。人民法院裁定时，要合理平衡再审申请双方的程序利益与实体利益，考量司法资源是否被滥用，斟酌再审事由是否查明、允许撤回再审申请是否会严重侵害被申请人的合法权益或者规避法律的强制性规定等具体情况。

---

① 参见［日］高桥宏志：《重点讲义民事诉讼法》，张卫平、许可译，477页，北京，法律出版社，2007。

4. 裁定按撤回再审申请处理

再审申请人经传票传唤，无正当理由拒不接受询问，可以裁定按撤回再审申请处理（《审判监督解释》第15条第2款、《民诉解释》第398条第2款）。

人民法院准许撤回再审申请或者按撤回再审申请处理后，再审申请人再次申请再审的，不予受理，但再审申请人有下列情形的除外：（1）有新的证据，足以推翻原判决、裁定的；（2）原判决、裁定认定事实的主要证据是伪造的；（3）据以作出原判决、裁定的法律文书被撤销或者变更的；（4）审判人员在审理该案件时有贪污受贿、徇私舞弊、枉法裁判行为。有上述四种情形之一的，再审申请人自知道或者应当知道之日起6个月内可以再次提出申请再审（《民诉解释》第399条）。

5. 裁定终结审查

根据《民诉解释》第400条的规定，在审查再审申请期间，有下列情形之一的，人民法院可以裁定终结审查：（1）再审申请人死亡或者终止，无权利义务承继者或者权利义务承继者声明放弃再审申请的；（2）在给付之诉中，负有给付义务的被申请人死亡或者终止，无可供执行的财产，也没有应当承担义务的人的；（3）当事人达成和解协议且已履行完毕的，但当事人在和解协议中声明不放弃申请再审权利的除外；（4）他人未经授权以当事人名义申请再审的；（5）原审或者上一级人民法院已经裁定再审的；（6）有本解释第381条第1款规定情形的。

（四）再审审查期限

对申请再审案件，人民法院应当自受理之日起3个月内审查完毕，但公告期间、当事人和解期间等不计入审查期限；有特殊情况需要延长的，由本院院长批准（《民诉解释》第129条）。高级人民法院报请最高人民法院对案件再审提审的期间和最高人民法院审查处理的期间，也不计入申请再审审查案件办理期限。最高人民法院对不同意再审提审的案件，自高级人民法院收到批复之日起，恢复申请再审审查案件的办理期限计算（《提级管辖和再审提审意见》第20条）。但是，人民法院对涉外民事案件的当事人申请再审进行审查的期间，不受3个月审查期间的限制（《民诉解释》第537条）。

三、法院对抗诉的审核、对再审检察建议的审查

1. 法院对抗诉的审核

检察院的抗诉能够自动引起再审程序的发生，是建立在抗诉符合法律规定的条件这一前提之下的。抗诉必须符合法定的形式要件和程序要件，人民法院才予受理，否则法院可以裁定不予受理。

人民检察院依当事人的申请对生效判决、裁定提出抗诉，应当具备以下四项要件：（1）已经向法院提交抗诉书和原审当事人申请书及相关证据材料。（2）抗诉对象须为依

照《民诉法》和《民诉解释》的规定可以进行再审的判决、裁定。不予受理、驳回起诉的裁定可以抗诉，但适用特别程序、督促程序、公示催告程序、破产程序作出的判决、裁定以及解除婚姻关系的判决、裁定等，不属于抗诉的对象。（3）抗诉书列明该判决、裁定有《民诉法》第 219 条第 1 款规定的情形。（4）符合《民诉法》第 220 条第 1 款第 1、2 项规定的情形。

经人民法院审核，符合上述四项要件的，应当在 30 日内裁定再审；不符合的，人民法院可以建议检察院予以补正或者撤回；不予补正或者撤回的，法院可以裁定不予受理（《民诉解释》第 415 条）。

此外，人民检察院依法对损害国家利益、社会公共利益的发生法律效力的判决、裁定、调解书提出抗诉的，人民法院应予受理（《民诉解释》第 411 条）。

2. 法院对再审检察建议的审查

检察院的再审检察建议属于一种柔性司法的形式，对法院没有当然的约束力；人民法院应当依法对再审检察建议进行审查，符合法定的受理条件的，才予以受理。

地方各级人民检察院依当事人的申请对生效判决、裁定向同级人民法院提出再审检察建议，应当具备以下五项要件：（1）检察院已经向法院提交再审检察建议书和原审当事人申请书及相关证据材料；（2）检察院建议再审的对象须为依照《民诉法》和《民诉解释》的规定可以进行再审的判决、裁定；（3）再审检察建议书列明该判决、裁定有《民诉法》第 219 条第 2 款规定的情形；（4）符合《民诉法》第 220 条第 1 款第 1、2 项规定的情形；（5）再审检察建议经该人民检察院检察委员会讨论决定。

人民法院在收到再审检察建议后，应当组成合议庭，在 3 个月内进行审查，对于符合上述五项要件且发现原判决、裁定、调解书确有错误，需要再审的，依照《民诉法》第 209 条的规定裁定再审，并通知当事人；经审查，决定不予再审的，应当书面回复人民检察院（《民诉解释》第 417 条）。不符合前述五项要件的，人民法院可以建议人民检察院予以补正或者撤回；不予补正或者撤回的，应当函告人民检察院不予受理（《民诉解释》第 414 条）。

此外，特别需要注意的是，经人民检察院检察委员会讨论决定提出再审检察建议的，人民法院应予受理（《民诉解释》第 411 条）。

第五节　再审审理程序

一、再审审理立案与裁定中止原生效文书的执行

（一）再审审理立案

各级人民法院、专门法院对本院或者上级人民法院对下级人民法院作出的终审裁判，

经复查认为符合再审立案条件的，应当决定或裁定再审，并应当在作出提审、再审裁定（决定）的次日立案。最高人民法院或者上级人民法院发回重审或者指令再审的案件，人民法院应当在收到发回重审或指令再审裁定及案卷材料后的次日立案。人民检察院依照法律规定对人民法院作出的终审裁判提出抗诉的，人民法院应当立案再审。

地方各级人民法院、专门法院负责下列案件的再审立案：(1) 本院作出的终审裁判，符合再审立案条件的；(2) 下一级人民法院复查驳回或者再审改判，符合再审立案条件的；(3) 上级人民法院指令再审的；(4) 人民检察院依法提出抗诉的。

最高人民法院负责下列案件的再审立案：(1) 本院作出的终审裁判，符合再审立案条件的；(2) 高级人民法院复查驳回或者再审改判，符合再审立案条件的；(3) 最高人民检察院依法提出抗诉的；(4) 最高人民法院认为应由自己再审的。

上级人民法院对下级人民法院作出的终审裁判，认为确有必要的，可以直接立案复查，经复查认为符合再审立案条件的，可以决定或裁定再审。

（二）裁定中止原生效文书的执行

裁定再审的，应当在立案后裁定中止原判决、裁定、调解书的执行。之所以裁定中止原生效文书的执行，是因为裁定再审只能停止原生效文书的既判力而不能停止其执行力，而进入再审的案件，有可能在审结后撤销或者变更原生效文书，继续履行或强制执行可能给当事人的合法权益造成更大的损害，造成不良后果。

再审裁定并非绝对地中止原生效文书的执行。由于再审裁定仅仅是再审审查机构对再审事由的存在所作的形式判断，并不具有最终性，因而其不能对此后的再审审理程序中审理法官的实质判断产生约束力，也不意味着再审审理结果必然是撤销原裁判、调解书。若一刀切地规定再审裁定可以阻断原裁判、调解书的执行力，未必妥当，因此，《民诉法》第 217 条中规定："追索赡养费、扶养费、抚养费、抚恤金、医疗费用、劳动报酬等案件，可以不中止执行。"该规定将涉及弱势者权利保护、债权债务关系较明确的案件排除在中止执行范围之外，有利于防止一方当事人利用再审拖延执行。

二、再审审理的当事人和管辖法院

（一）当事人

1. 再审审理中的当事人

在人民法院再审审理过程中，被申请人或者原审其他当事人提出符合条件的再审申请的，应当将其列为申请再审人。审查过程中，申请再审人或者被申请人死亡或者终止的，按下列情形分别处理：(1) 申请再审人有权利义务继受人且该权利义务继受人申请参加审查程序的，变更其为申请再审人；(2) 被申请人有权利义务继受人的，变更其权利义务继受人为被申请人；(3) 申请再审人无权利义务继受人或其权利义务继受人未申请参加审查程序的，裁定终结审查程序；(4) 被申请人无权利义务继受人且无可供执行财产的，裁定终结审查程序（《再审审查意见》第 22、25 条）。

民事再审案件的当事人应为原审案件的当事人。原审案件当事人死亡或者终止的，其权利义务承受人可以申请再审并参加再审诉讼（《审判监督解释》第 29 条）。

必须共同进行诉讼的当事人因不能归责于本人或者其诉讼代理人的事由未参加诉讼，申请再审而人民法院裁定再审的，再审审理的当事人应按以下情形分别处理：（1）按照第一审程序再审的，应当追加其为当事人，作出新的判决、裁定；（2）按照第二审程序再审，经调解不能达成协议的，应当撤销原判决、裁定，发回重审，重审时应追加其为当事人（《民诉解释》第 420 条第 2 款）。

2. 案外人申请再审案件的当事人

案外人申请再审案件的当事人如何列明，实践中做法各异：有的法院将其列为共同被告，有的将其列为无独立请求权的第三人，有的则将其列为申请再审人。根据修订后的《民诉法》以及《审判监督解释》的规定，案外人申请再审案件的当事人地位，主要取决于三个因素：其一，再审的程序阶段，即登记、审查程序还是再审审理程序；其二，再审审理程序中案外人是否属于原审裁判中遗漏的必要共同诉讼人；其三，再审审理程序的审级，即一审程序还是二审程序。具体而言有以下几种。

（1）在登记、审查程序中，应当将案外人一律列为申请再审人，原审判决、裁定和调解书中的当事人可以称为被申请人。其原因就在于："申请再审人""被申请人"仅仅表明案外人及其相对人在登记、审查环节的程序地位，而审查的内容则主要是案外人主张的再审事由是否存在，故而与当事人申请再审的登记、审查程序并无本质的区别。

（2）在再审审理程序中，案外人属于原审裁判中遗漏的必要共同诉讼人的，无须区分再审审理程序的审级，即可确定案外人的诉讼地位：应追加案外人为当事人，案外人的诉讼地位依据原审裁判被追加一方的诉讼地位列明，可以是原告，也可以是被告，但不可能被列为第三人。

（3）案外人不属于原审裁判中遗漏的必要共同诉讼人的，在一审程序中，案外人可以称为再审原告，对方当事人为再审被告；按照二审程序再审的调解过程中，可以直接称其为案外人。

根据《民诉解释》第 420 条第 2 款的规定，案外人申请再审案件的裁判与案外人在再审程序中的诉讼地位相关：案外人属于原审裁判遗漏的必要共同诉讼人的，按一审程序再审时，应追加其为当事人，作出新的判决；按第二审程序再审时，经调解不能达成协议的，应撤销原判，发回重审，重审时应追加案外人为当事人。

案外人不是必要的共同诉讼当事人的，人民法院仅审理原判决、裁定、调解书对其民事权益造成损害的内容。经审理，再审请求成立的，撤销或者改变原判决、裁定、调解书；再审请求不成立的，维持原判决、裁定、调解书（《民诉解释》第 422 条第 2 款）。撤销原判决相关判项的，应当告知案外人以及原审当事人可以提起新的诉讼，以解决相关争议。

（二）管辖法院

《民诉法》第 215 条第 2 款第 2 句规定："最高人民法院、高级人民法院裁定再审的案件，由本院再审或者交其他人民法院再审，也可以交原审人民法院再审。"《审判监督解释》第 18 条规定：“上一级人民法院经审查认为申请再审事由成立的，一般由本院提审。最高人民法院、高级人民法院也可以指定与原审人民法院同级的其他人民法院再审，或者指令原审人民法院再审。”由此可见，现行法律及司法解释对再审审查案件规定了再审提审（原审人民法院的上级人民法院再审）、指令再审（指令原审人民法院再审）、指定再审（指定与原审人民法院同级的其他人民法院再审）等三种审理方式。三者之间的立法定位是：以再审提审为原则，以指令再审为补充，以指定再审为例外。

1. 再审提审的管辖法院

“再审提审”，是指上级人民法院对下级人民法院已经发生法律效力的民事、行政判决、裁定，认为确有错误并有必要提审的，裁定由本院再审，包括上级人民法院依职权提审、上级人民法院依当事人再审申请提审、最高人民法院依高级人民法院报请提审（《提级管辖和再审提审意见》第 3 条）。

按照《重审规定》第 2、3 条的规定，在以下三种情况下，由上一级法院对再审案件予以提审。

首先，法院依职权裁定再审的案件，应当一律提审。上一级法院依据《民诉法》第 209 条第 2 款认为原生效裁判确有错误而裁定再审的，由上一级法院提审可以更加及时、准确地纠错，并可避免不必要的重复劳动和可能的矛盾裁判。

延伸阅读 18－2

再审程序中的类案与关联案件检索制度

其次，因当事人申请裁定再审的案件，以提审为原则。其中，对原判决、裁定系经原审人民法院再审审理后作出的，或系经原审人民法院审判委员会讨论作出的，或原审审判人员在审理该案件时有贪污受贿、徇私舞弊、枉法裁判行为的，或原审人民法院对该案无再审管辖权的，或需要统一法律适用或者裁量权行使标准等不宜指令原审人民法院再审的情形，应当提审，不得指令再审。

最后，因抗诉裁定再审的案件，由接受抗诉的法院再审。检察院的抗诉是向同级法院提出的，而抗诉的对象是下级法院的生效裁判，由接受抗诉的法院再审，也体现了提审原则。

除此以外，最高人民法院依法受理的民事申请再审审查案件或者依职权主动对地方各级人民法院已经发生法律效力的民事判决、裁定启动的再审审查案件，符合下列情形之一的，也应当裁定提审：(1) 在全国有重大影响的；(2) 具有普遍法律适用指导意义的；(3) 所涉法律适用问题在最高人民法院内部存在重大分歧的；(4) 所涉法律适用问题在不同高级人民法院之间裁判生效的同类案件存在重大分歧的；(5) 由最高人民法院提审更有利于案件公正审理的；(6) 最高人民法院认为应当提审的其他情形（《提级管辖和再审提审意见》第 16 条）。

高级人民法院对于本院和辖区内人民法院作出的已经发生法律效力的民事判决、裁定，认为适用法律确有错误，且属于上述前五种情形之一的，经本院审判委员会讨论决定后，可以书面报请最高人民法院提审，请示应当包括以下内容：案件基本情况，本院再审申请审查情况，报请再审提审的理由，合议庭评议意见、审判委员会讨论意见，必要的案件材料（《提级管辖和再审提审意见》第 17、18 条）。最高人民法院收到高级人民法院报送的再审提审请示及材料后，由相关审判庭组成合议庭审查，并在 3 个月以内作出下述处理：（1）符合提审条件的，作出提审裁定；（2）不符合提审条件的，作出不同意提审的批复，并在批复中说明意见和理由（《提级管辖和再审提审意见》第 19 条）。

2. 指令再审的管辖法院

指令再审是指最高人民法院、高级人民法院将裁定再审的案件交给原审人民法院负责再审审理的管辖，以减轻最高人民法院、高级人民法院再审审理的压力。

最高人民法院、高级人民法院在四种情形下可以指令再审：一是依据《民诉法》第 211 条第 4、5 项或第 9 项裁定再审的，二是发生法律效力的判决、裁定、调解书是由第一审法院作出的，三是当事人一方人数众多或者当事人双方为公民的，四是经审判委员会讨论决定的其他情形（《重审规定》第 2 条第 1 款）。前三种情形的界定清晰且范围较小，第四种情形则受到了极为严格的程序性限制，即需要经本院审委会讨论，没有被滥用的空间。

提审和指令再审的，应当作出裁定书。裁定书应当包括以下内容：（1）申请再审人、被申请人及原审其他当事人基本情况；（2）原审法院名称、申请再审的生效裁判文书名称、案号；（3）裁定再审的法律依据、具体理由（《重审规定》第 6 条）；（4）裁定结果。

3. 指定再审的管辖法院

指定再审是指最高人民法院、高级人民法院将裁定再审的案件交与原审人民法院同级的其他人民法院负责再审审理，以减轻最高人民法院、高级人民法院再审审理的压力。

对于指定再审，上一级人民法院可以根据案件的影响程度以及案件参与人等情况，决定是否指定再审。需要指定再审的，应当考虑两便原则，即便利当事人行使诉讼权利以及便利人民法院审理等因素。指定其他同级人民法院再审的做法，在实践中发生了很多问题，如需要发回重审的难以确定重审法院、涉诉信访责任不明、诉讼费是否需要移交到再审法院等等，矛盾重重，难以解决，因此建议慎重适用。

总之，虽然《民诉法》对再审审理的管辖法院规定了上一级人民法院、原审人民法院和与原审人民法院同级的其他人民法院三种选择，但从其立法取向考察，由上一级人民法院再审是第一选择。只有在上一级人民法院不便再审或者由原审人民法院、与原审人民法院同级的其他人民法院再审更有利的情形下，才能选择其他两种再审法院。从增强裁判权威性角度而言，由上一级人民法院再审不仅有利于提高当事人对再审裁判的信服程度，而且有利于纠正原审错误。如果单纯为减轻上级法院的审判压力而将案件大量指定下级法院和其他法院再审，则可能引发对再审裁判的再次申请再审，不利于当事人服判息诉，同时也会造成司法资源的浪费。

三、另行组成合议庭

人民法院审理再审案件，一律实行合议制，而不允许实行独任制。若原审人民法院再审，还应另行组成合议庭，原合议庭成员或独任审判员不得参加新组成的合议庭，以防止其先入为主，保证对案件的公正审判。

四、再审审理范围和审理方式

（一）再审审理范围

再审应覆盖当事人在再审期间的全部争议当事人的再审请求，超出原审诉讼请求的不予审理。这是因为，基于申请而裁定再审的案件中，被申请人因担心再审打破原裁判形成的利益平衡，会在再审中要求对关联的其他判项作相应改判，如只对申请人的请求进行审判，则被申请人会因利益平衡状态被打破而对再审案件申请再审，导致“反复再审”“多次再审”的出现。但当事人超出原审范围增加、变更诉讼请求的，不属于再审审理范围；符合另案诉讼条件，构成另案诉讼的，应告知当事人可以提起新的诉讼。

再审发回重审后，并不意味着所有的诉讼活动都“推倒从头再来”，而应该是原有诉讼程序的继续。因此，对于再审发回重审的案件，应当围绕当事人再审请求进行审理。当事人申请变更、增加诉讼请求和提出反诉的，按照《民诉解释》第 252 条的规定，只有在四种特殊情况下才予准许，即：原审未合法传唤而缺席判决，影响当事人行使诉讼权利；追加新的诉讼当事人；诉讼标的物灭失或发生变化致原诉讼请求无法实现；当事人申请变更、增加的诉讼请求或者提出的反诉，无法通过另诉解决的其他情形。当事人变更其在原审中的诉讼主张、质证及辩论意见的，应说明理由并提交相应的证据，理由不成立或证据不充分的，人民法院不予支持。

因抗诉再审的案件，审理范围不限于检察机关支持申请人的部分请求，还包括对方当事人提出的再审请求。再审法院应当对上述请求一并审理和裁判。因为在抗诉案件中，当事人可能有多个请求和理由，检察机关抗诉时可能支持了不成立的理由和请求，而对可以成立的请求和理由没有支持。适用原来的规定，可能会导致有错不纠、程序空转。

在以下两种情形下，再审审理范围可以适当扩大：一是被申请人及原审其他当事人在再审庭审辩论结束前提出的再审请求，符合《民诉法》第 216 条规定的，人民法院应当一并审理和裁判。例如，经再审裁定撤销原判决，发回重审后，当事人增加诉讼请求的，再审审理法院可以合并审理。二是人民法院经再审，发现已经发生法律效力的判决、裁定损害国家利益、社会公共利益、他人合法权益的，应当一并审理（《民诉解释》第 403 条第 2、3 款）。

（二）再审审理方式

人民法院审理再审案件，无论适用第一审程序还是第二审程序都应当开庭审理。

按照第二审程序审理的，双方当事人已经由其他方式充分表达意见，且书面同意不开庭审理的，可以不开庭审理。符合缺席判决条件的，可以缺席判决（《民诉解释》第 401 条）。宣告判决时，可以自行宣判，也可以委托原审人民法院或者当事人所在地人民法院代行宣判（《民诉解释》第 423 条）。

五、再审审理的程序

（一）最高人民法院或上级人民法院的提审程序

根据《民诉法》第 218 条的规定，最高人民法院或者上级人民法院按照审判监督程序提审的，按照第二审程序审理，所作的裁判是终审裁判，当事人不得上诉。

开庭审理时，当事人按照其在原审中的诉讼地位依次发表意见。

人民法院对再审案件的宣判，可以采取自行宣判和委托原审人民法院或当事人所在地人民法院代行宣判的方式。

（二）原审人民法院进行的指令再审程序

再审的案件，指令由原审人民法院审理的，原来是第一审审结的，再审时适用第一审程序审理，再审后所作的判决、裁定，当事人不服的，可以上诉；再审的案件原来是第二审审结的，再审时适用第二审程序审理，再审后的判决、裁定为终审裁判，当事人不得上诉。

开庭审理时，对于当事人申请再审的，先由申请再审人陈述再审请求及理由，后由被申请人答辩及其他原审当事人发表意见；对于人民法院依职权再审，有申诉人的，先由申诉人陈述再审请求及理由，后由被申诉人答辩、其他原审当事人发表意见；没有申诉人的，先由原审原告或者原审上诉人陈述，后由原审其他当事人发表意见（《民诉解释》第 402 条）。

（三）与原审人民法院同级的其他人民法院的指定再审程序

接受指定再审的人民法院，应当按照《民诉法》第 218 条第 1 款规定的程序审理。具体程序与原审人民法院进行的指令再审程序相同，此处不赘。

（四）小额诉讼判决、裁定的再审程序

对小额诉讼案件的判决、裁定，当事人以《民诉法》第 211 条规定的事由向原审人民法院申请再审的，人民法院应当受理。申请再审事由成立的，应当裁定再审，组成合议庭进行审理。作出的再审判决、裁定，当事人不得上诉。当事人以不应按小额诉讼案件审理为由向原审人民法院申请再审的，人民法院应当受理。理由成立的，应当裁定再审，组成合议庭审理。作出的再审判决、裁定，当事人可以上诉（《民诉解释》第 424 条）。

（五）人民检察院抗诉引起的再审程序

1. 抗诉引起的再审审理的管辖法院

有权对抗诉案件行使再审审理管辖权的法院，是与提出抗诉的人民检察院同级的人民法院。

当事人的再审申请被上级人民法院裁定驳回后，人民检察院对原判决、裁定、调解书提出抗诉，抗诉事由符合《民诉法》第 211 条第 1 项至第 5 项规定的情形之一的，受理抗诉的人民法院可以交由下一级人民法院再审（《民诉解释》第 416 条）。

2. 抗诉案件的再审程序

(1) 开庭审理。人民法院审理人民检察院提出的抗诉案件，原则上应当开庭审理。

(2) 人民检察院派员出席法庭。人民检察院提出抗诉的案件，人民法院再审时，同级人民检察院或者提出抗诉的人民检察院应当派员出席法庭。接受抗诉的人民法院将抗诉案件交下级人民法院再审的，提出抗诉的人民检察院可以指令再审人民法院的同级人民检察院派员出庭。(《检察监督规则》第 95 条)。

(3) 开庭通知。人民法院应当通知人民检察院派员出席法庭（《民诉法》第 224 条）。开庭审理的，应当在开庭 3 日前通知人民检察院、当事人和其他诉讼参与人（《民诉解释》第 419 条第 1 款）。

(4) 开庭审理的顺序。开庭审理时，先由抗诉机关宣读抗诉书，再由申请抗诉的当事人陈述，后由被申请人答辩及其他原审当事人发表意见。

(5) 出席再审法庭的检察人员的职责。检察人员出席抗诉案件再审法庭的主要任务有：宣读抗诉书；对人民检察院调查取得的证据予以出示和说明；庭审结束时，经审判长许可，可以发表法律监督意见；对法庭审理中违反诉讼程序的情况予以记录。出庭检察人员应当全程参加庭审，发现庭审活动违法的，应当待休庭或者庭审结束之后，以人民检察院的名义提出检察建议（《检察监督规则》第 96 条）。

(6) 对人民检察院调查核实的事实证据进行质证。人民检察院因履行法律监督职责向当事人或者案外人调查核实的情况，应当向法庭提交并予以说明，由双方当事人进行质证（《民诉解释》第 419 条第 2 款）。出席再审法庭的检察人员不参与质证，但应当对依职权调查的证据予以出示和说明（《检察监督规则》第 96 条）。

(7) 法院对再审检察监督案件的审理不受驳回当事人再审申请裁定的影响。人民法院审理因人民检察院抗诉或者检察建议裁定再审的案件，不受此前已经作出的驳回当事人再审申请裁定的影响（《民诉解释》第 418 条）。

六、再审审理结果

《民诉法》《审判监督解释》规定了以下九种再审审理结果。

（一）判决、裁定维持原裁判

人民法院经再审审理认为，原判决、裁定认定事实清楚、适用法律正确的，应予维持；原判决、裁定在认定事实、适用法律、阐述理由方面虽有瑕疵，但裁判结果正确的，人民法院应在再审判决、裁定中纠正上述瑕疵后予以维持（《审判监督解释》第 26 条、《民诉解释》第 405 条第 1 款）。

（二）裁定撤销原判决、发回重审

人民法院按照第二审程序审理再审案件，发现原判决认定基本事实不清的，一般应当通过庭审认定事实后依法作出判决。但原审人民法院未对基本事实进行过审理（包括经过审理但未作认定，或既未审理也未认定）的，可以裁定撤销原判决，发回重审（《重审规定》第4条）。

人民法院按照第二审程序审理再审案件，发现第一审人民法院有下列严重违反法定程序情形之一的，按照《重审规定》第5条的规定，可以裁定撤销原判决，发回第一审人民法院重审：（1）原判决遗漏必须参加诉讼的当事人的；（2）无诉讼行为能力人未经法定代理人代为诉讼，或者应当参加诉讼的当事人，因不能归责于本人或者其诉讼代理人的事由，未参加诉讼的；（3）未经合法传唤缺席判决，或者违反法律规定剥夺当事人辩论权利的；（4）审判组织的组成不合法或者依法应当回避的审判人员没有回避的；（5）原判决、裁定遗漏诉讼请求的。

应当注意的是，以“严重违反法定程序”为由撤销原判决、裁定，发回重审，只能适用于一审程序严重违法的情形。一审程序合法，二审程序存在严重违反法定程序情形的，因再审以二审程序审理，可以弥补原二审程序中的程序违法问题，因而不得发回重审。

针对司法实践中发回重审的适用不够规范，发回重审时习惯附内部函的现象，《重审规定》第6条规定，上级人民法院裁定发回重审的，应当在裁定书中阐明发回重审的具体理由。附内部函的做法，容易将法定裁判文书虚化、简单化，不符合司法公开的要求，也不符合各级法院依法独立行使审判权的要求。

（三）依法改判、撤销或者变更原裁判

人民法院按照第二审程序审理再审案件，发现原判决、裁定认定事实、适用法律错误，导致裁判结果错误的，应当依法改判、撤销或者变更原判决、裁定（《民诉解释》第405条第2款）。

原判决认定事实错误的，上级人民法院不得以基本事实不清为由裁定发回重审（《重审规定》第4条）。

申请再审人或者申请抗诉的当事人提出新的证据证明原判决、裁定确有错误，人民法院应予改判。当事人提交新的证据致使再审改判，因再审申请人或者申请检察监督当事人的过错未能在原审程序中及时举证，被申请人等当事人请求补偿其增加的交通、住宿、就餐、误工等必要费用的，人民法院应予支持（《民诉解释》第409条）；请求赔偿其由此扩大的直接损失的，可以另行提起诉讼解决。

（四）裁定驳回再审申请

人民法院以调解方式审结的案件裁定再审后，经审理发现申请再审人提出的调解违反自愿原则的事由不成立，且调解协议的内容不违反法律强制性规定的，应当裁定驳回再审申请，并恢复原调解书的执行（《审判监督解释》第28条、《民诉解释》第407条）。

（五）裁定准许再审原告撤回起诉

一审原告在再审审理程序中申请撤回起诉，经其他当事人同意，且不损害国家利益、社会公共利益、他人合法权益的，人民法院可以准许。裁定准许撤诉的，应当一并撤销原判决。一审原告在再审审理程序中撤回起诉后重复起诉的，人民法院不予受理（《民诉解释》第 408 条）。

（六）裁定准予检察院撤回抗诉

人民检察院抗诉再审的案件，人民检察院撤回抗诉的，应当准予（《审判监督解释》第 23 条第 2 款）。

（七）裁定撤销一、二审判决，驳回起诉

按照第二审程序再审的案件，人民法院经审理认为不符合《民诉法》规定的起诉条件或者符合《民诉法》第 127 条规定的不予受理情形的，应当裁定撤销一、二审判决，驳回起诉（《民诉解释》第 406 条）。

（八）裁定终结再审程序

按照《民诉解释》第 404、407 条的规定，在再审审理期间，有下列情形之一的，可以裁定终结再审程序：

（1）再审申请人在再审期间撤回再审请求，人民法院准许的。

（2）再审申请人经传票传唤，无正当理由拒不到庭的，或者未经法庭许可中途退庭，按撤回再审请求处理的。

（3）人民检察院撤回抗诉的。

（4）有《民诉解释》第 400 条第 1 项至第 4 项规定情形的，具体而言，包括：1）再审申请人死亡或者终止，无权利义务承继者或者权利义务承继者声明放弃再审申请；2）在给付之诉中，负有给付义务的被申请人死亡或者终止，无可供执行的财产，也没有应当承担义务的人；3）当事人达成和解协议且已履行完毕，但当事人在和解协议中声明不放弃申请再审权利的除外；4）他人未经授权以当事人名义申请再审。

（5）人民检察院抗诉或者再审检察建议所主张的损害国家利益、社会公共利益的理由不成立的，裁定终结再审程序。

因人民检察院提出抗诉裁定再审的案件，申请抗诉的当事人有上述情形之一，且不损害国家利益、社会公共利益或者他人合法权益的，人民法院应当裁定终结再审程序。

再审程序终结后，人民法院裁定中止执行的原生效判决、裁定、调解书，自动恢复执行（《民诉解释》第 404 条第 3 款）。

（九）达成调解协议，制作再审调解书

适用再审程序审理的案件，可以进行调解。当事人在再审审理中经调解达成协议的，人民法院应当制作调解书。调解书经各方当事人签收后，即具有法律效力，原判决、裁

定视为被撤销（《审判监督解释》第 25 条）。

但是，部分当事人到庭并达成调解协议，其他当事人未作出书面表示的，人民法院应当作出判决，并且在判决中对该事实作出表述；调解协议内容不违反法律规定，且不损害其他当事人合法权益的，可以在判决主文中予以确认（《民诉解释》第 410 条）。

七、再审审理的期限和次数

对再审案件按照第一审程序或者第二审程序审理的，分别适用《民诉法》关于它们各自审限的规定，审限自裁定再审的次日起计算。

最高人民法院《重审规定》对人民法院决定再审及当事人申请再审的审理次数作了一定的限制，即确定了有条件的一次再审审理，具体是：（1）各级人民法院依照《民诉法》第 209 条第 1 款的规定，由本院决定再审的案件，对同一案件进行再审的，只能再审一次。（2）上级人民法院根据《民诉法》第 209 条第 2 款的规定指令下级人民法院再审的，只能指令再审一次。上级人民法院认为下级人民法院作出的发生法律效力的再审判决、裁定需要再次进行再审的，上级人民法院应当依法提审。（3）同一人民法院根据《民诉法》第 210 条关于当事人申请再审的规定进行再审的，对同一案件只能依照审判监督程序审理一次。

第六节　第三人撤销之诉

一、第三人撤销之诉概述

（一）第三人撤销之诉的含义

第三人撤销之诉，是指当事人之间生效的裁判、调解书的内容错误，侵害了因不可归责于其本人的事由未参加诉讼的第三人的民事权益的，利益受侵害的第三人向人民法院提起撤销该生效裁判、调解书的诉讼。

《民诉法》第 59 条第 3 款规定了第三人撤销之诉，即：前两款规定的第三人，因不能归责于本人的事由未参加诉讼，但有证据证明发生法律效力的判决、裁定、调解书的部分或者全部内容错误，损害其民事权益的，可以自知道或者应当知道其民事权益受到损害之日起 6 个月内，向作出该判决、裁定、调解书的人民法院提起诉讼。人民法院经审理，诉讼请求成立的，应当改变或者撤销原判决、裁定、调解书；诉讼请求不成立的，驳回诉讼请求。

（二）第三人撤销之诉的类型

1926 年前的日本旧民事诉讼法第 483 条、法国新民事诉讼法第 587 条第 1 款和第 2 款等均规定了第三人撤销之诉制度。学理上根据管辖法院、审理范围、判决效力等方面的差异，将它们分为再审型案外人撤销之诉、上诉型案外人撤销之诉、复合型案外人撤销之诉、独立型案外人撤销之诉四种类型。再审型案外人撤销之诉，是指受生效裁判、调解书不利影响的案外人以自己的名义向原受案法院提请重新审判的一种诉讼程序（如日本的旧民事诉讼法、意大利民事诉讼法）；上诉型案外人撤销之诉，是指受生效裁判、调解书不利影响的案外人以自己的名义向原受案法院的上级法院提请撤销原不利裁判、调解书的一种诉讼程序；复合型案外人撤销之诉，是指受生效裁判、调解书不利影响的案外人以自己的名义向原审法院或其他法院提请重新审判或改变不利裁判、调解书的诉讼程序（如法国新民事诉讼法）；独立型案外人撤销之诉，是指不依赖上诉或再审等既有程序，专门为受不利裁判、调解书影响的案外人设立的、旨在撤销对其不利部分裁判、调解书的诉讼程序。[①] 实务界和理论界的主流观点是主张以再审程序为依托建立我国的第三人撤销之诉。[②] 再审型案外人撤销之诉本质上是再审之诉主体范围的扩张，其理论基础是既判力相对性原则的弱化以及既判力主观范围对案外第三人的扩张。基于此，受生效裁判、调解书不利影响的案外第三人能够以自己的名义向原审法院或其他法院起诉，请求改变或者撤销原判决、裁定、调解书。

在《民诉法》修订过程中，学术界和实务界有人主张摆脱过去的再审纠错论，在我国建立独立型案外人撤销之诉，并将其作为保护案外第三人的特别救济程序。当案外人认为生效裁判、调解书（全部或部分）侵害了其合法权益时，其就有权提起这种案外人撤销之诉。对于这种观点，我们是赞同的，理由在于它具有优越于再审型案外人撤销之诉的特质：独立型案外人撤销之诉可以仅针对原生效裁判、调解书中不利于案外人部分请求撤销，对于原生效裁判、调解书在当事人之间的效力并不产生影响，有利于维护原生效裁判、调解书所确定的实体法律关系，克服再审判决对程序安定性的冲击。独立型案外人撤销之诉实际上是一个新的诉，其诉讼标的不同于原判定之诉，法院应将其作为一个全新的案件来审理。

《民诉法》第 59 条规定的撤销之诉，实质上属于独立型案外人撤销之诉。第三人撤销之诉适用一审普通程序审理，不能适用简易程序；不服一审判决的，可以上诉；认为生效的第三人撤销之诉裁判有错误的，可以申请再审。

（三）第三人撤销之诉与案外人申请再审的关系

《民诉法》为利益受到侵害的第三人提供了撤销之诉和申请再审两种不同的救济程序，二者有不同的适用条件。其中，撤销之诉为一般救济程序，而申请再审为例外救济程序。二者不能并用，只能择一行使。

1. 只能适用第三人撤销之诉的情形

第三人提起撤销之诉后，未中止生效裁判、调解书执行的，执行法院对第三人依照

① 参见胡军辉、廖永安：《论案外第三人撤销之诉》，载《政治与法律》，2007（5）。

② 在江伟、肖建华教授等的论著中，将第三人撤销之诉界定为一种特殊的再审之诉，并建议以再审程序为参照设计第三人撤销之诉的具体程序。参见江伟主编：《中华人民共和国民事诉讼法修改建议稿（第三稿）及立法理由》，295 页，北京，人民法院出版社，2005；肖建华、杨兵：《论第三人撤销之诉——兼论民事诉讼再审制度的改造》，载《云南大学学报（法学版）》，2006（4）。

《民诉法》第 238 条规定提出的执行异议，应予审查。第三人不服驳回执行异议裁定，申请对原裁判、调解书再审的，人民法院不予受理（《民诉解释》第 301 条第 1 款）。

2. 只能适用案外人申请再审的情形

案外人对人民法院驳回其执行异议裁定不服，认为原裁判、调解书内容错误损害其合法权益的，应当根据《民诉法》第 238 条规定申请再审；提起第三人撤销之诉的，人民法院不予受理（《民诉解释》第 301 条第 2 款）。

延伸阅读 18－3

案外人在执行程序外预先排除执行的途径

二、第三人撤销之诉的构成要件

按照《民诉法》第 59 条第 3 款的规定，第三人撤销之诉的构成要件，有形式要件和实质要件之分，前者包括当事人、除斥期间、管辖法院，后者包括程序参与欠缺、生效裁判和调解书内容错误、第三人民事权益受损。

（一）形式要件

1. 当事人

提起撤销之诉的第三人，是撤销之诉的原告。根据体系解释方法，《民诉法》第 59 条第 3 款的第三人，包括有独立请求权的第三人和无独立请求权的第三人两种类型。前一种第三人对生效裁判、调解书所判定的权利义务关系有独立的请求权（包括诉讼诈欺防止请求权），后一种第三人仅仅与案件处理结果有法律上的利害关系。

第三人撤销之诉的被告，是生效裁判、调解书中的双方当事人，他们属于撤销之诉中的必要共同被告。

生效判决、裁定、调解书中没有承担责任的无独立请求权的第三人，应当被列为撤销之诉的第三人（《民诉解释》第 296 条）。

2. 除斥期间

第三人自知道或者应当知道其民事权益受到损害之日起 6 个月内，可以提起撤销之诉。该期间与当事人申请再审的期间一样，属于民事诉讼法上的不变期间，或民事法中的除斥期间，不适用中止、中断、延长的规定。

该期间起算点是第三人“知道或者应当知道其民事权益受到损害之日”，具体时间应当在生效裁判、调解书送达之后。

3. 管辖法院

对当事人撤销之诉行使管辖权的，是“作出该判决、裁定、调解书的人民法院”。

（二）实质要件

1. 程序参与欠缺：第三人因不能归责于本人的事由未参加诉讼

所谓“因不能归责于本人的事由未参加诉讼”，是指该第三人没有被列为生效判决、裁定、调解书当事人、第三人，且无过错或者无明显过错的情形。例如，第三人不知道诉讼而未参加，或者申请参加未获准许，或者知道诉讼，但因客观原因无法参加等。

赋予第三人提起撤销之诉的权利，其理论基础在于，生效裁判、调解书侵害了未参加诉讼的第三人的合法权益。当然，第三人之所以未能参加诉讼，并非可归责于第三人的原因造成，而是由于其他原因导致第三人未能获得程序参与机会和相应程序保障。例如，法院经传票传唤第三人，但第三人不到庭的，则第三人受到不利判决咎由自取，不能提起撤销之诉，只能在符合申请再审的条件时通过再审程序予以救济。

第三人提起撤销之诉时，应当向法院提供因不能归责于本人的事由未参加诉讼的相关的证据材料，以便法院审查该要件是否成立。

2. 生效裁判和调解书内容错误

（1）内容错误仅限于实体处理内容。

生效裁判、调解书的内容全部或者部分错误，仅以实体权利义务关系的判断为准，主要包括事实认定和法律适用错误，而不包括程序内容。这是撤销之诉与再审之诉的重要区别所在。

（2）内容错误仅限于裁判主文、调解结果。

生效裁判和调解书内容错误，理论上有裁判主文的错误与裁判理由的错误之分。为了防止第三人撤销之诉的适用范围过分扩大化给生效裁判、调解书的权威性、公信力带来毁灭性打击，最高人民法院根据司法实践的实际情况，在《民诉解释》第 294 条中对裁判内容错误作了必要的限定，即仅指“判决、裁定的主文，调解书中处理当事人民事权利义务的结果”。

（3）内容错误的裁判、调解书限于特定的范围。

下列裁判、调解书，被排除在《民诉法》第 59 条第 3 款所规定的内容错误的裁判、调解书的范围之外：一是适用特别程序、督促程序、公示催告程序、破产程序等非讼程序处理的案件所作出的裁判，二是婚姻无效、撤销或者解除婚姻关系等涉及身份关系内容的裁判、调解书，三是《民诉法》第 57 条规定的未参加登记的权利人不服代表人诉讼案件的生效裁判，四是《民诉法》第 58 条规定的损害社会公共利益行为的受害人不服公益诉讼案件的生效裁判。对于上述裁判、调解书提起第三人撤销之诉的，人民法院不予受理（《民诉解释》第 295 条）。

（4）第三人应当提供存在该情形的证据材料。

与再审之诉相同的是，第三人提起撤销之诉要求第三人提供证据材料说明生效裁判、调解书的全部或者部分内容有错误。

3. 第三人民事权益受损

生效裁判、调解书内容错误损害了第三人的民事权益，第三人才能主张撤销该错误内容。实际上是要求生效裁判、调解书的内容错误与第三人民事权益的损害之间具有因果关系。这一点，也需要由第三人提供证据予以证明。

这里所谓的“民事权益”，既包括第三人的物权等绝对权，也包括第三人的债权。

三、第三人撤销之诉的审理程序

（一）提起诉讼

第三人提起撤销之诉，应当提交起诉状。起诉状须具备《民诉法》第 124 条规定的内容，应当包括以下几点：

（1）诉讼当事人及其代理人。撤销之诉的原告是第三人，被告是原生效裁判、调解书的双方当事人。

（2）请求改变或撤销的判决书、裁定书、调解书。

（3）改变或撤销生效裁判、调解书内容的诉讼请求。

（4）提供因不能归责于本人的事由未参加诉讼、原生效裁判和调解书内容错误、第三人民事权益受损的证据材料。

（5）起诉符合法定期限的声明和证据。

人民法院应当自收到起诉状和证据材料之日起 5 日内送交对方当事人，对方当事人可以自收到起诉状之日起 10 日内提出书面意见（《民诉解释》第 291 条第 1 款）。

（二）法院立案审查与受理、中止执行

对于第三人撤销之诉，法院应当进行审查。关于审查的方式、期限和效力，可以参照适用《民诉法》第 210、214、215、218 条的规定。

1. 审查

人民法院应当对第三人提交的起诉状、证据材料以及对方当事人的书面意见进行审查。必要时，可以询问双方当事人。

独立型案外人撤销之诉，不同于普通民事诉讼，也不同于再审之诉。法院在审查时，要进行必要的实体审查，为此可以进行相应的调查取证，以核实第三人提起的诉讼是否具有一定的合理性，防止第三人滥用撤销诉权，侵害其他人的合法权益。审查期限不适用《民诉法》第 126 条普通诉讼案件的 7 日立案审查期限，也不适用第 215 条第 1 款再审程序的 3 个月再审审查期限的规定，而是规定为 30 日。经审查，符合起诉条件的，人民法院应当在收到起诉状之日起 30 日内立案。不符合起诉条件的，应当在收到起诉状之日起 30 日内裁定不予受理（《民诉解释》第 291 条第 3 款）。

2. 受理

符合前述第三人撤销之诉构成要件的，法院应当裁定受理，否则裁定不予受理（《民诉解释》第 291 条第 3 款）。不服此裁定的，可以向上一级法院提起上诉。

3. 中止执行

原生效裁判、调解书进入执行程序的，即使法院受理第三人撤销之诉，也不宜中止执行。这方面，有域外的立法经验，也可以参照适用《民诉法》第 210 条“不停止判决、裁定的执行”的规定。

当然，受理第三人撤销之诉案件后，当原告提供相应担保，请求中止执行时，人民法院可以准许（《民诉解释》第297条）。

（三）法院对第三人撤销之诉的审理

1. 开庭审理

人民法院对第三人撤销之诉案件，应当组成合议庭开庭审理（《民诉解释》第292条）。

2. 审理程序

第三人撤销之诉的审理，适用一审普通程序，实践中也有主张准用再审案件审理程序的观点。

3. 第三人撤销之诉并入再审程序

第三人撤销之诉案件审理期间，人民法院对生效判决、裁定、调解书裁定再审的，受理第三人撤销之诉的人民法院应当裁定将第三人的诉讼请求并入再审程序（《民诉解释》第299条）。这实际上是再审程序吸收了第三人撤销之诉，而非两个诉的合并。

第三人诉讼请求并入再审程序审理的，按照下列情形分别处理：（1）按照第一审程序审理的，人民法院应当对第三人的诉讼请求一并审理，所作的判决可以上诉；（2）按照第二审程序审理的，人民法院可以调解，调解达不成协议的，应当裁定撤销原判决、裁定、调解书，发回一审法院重审，重审时应当列明第三人（《民诉解释》第300条）。

4. 第三人撤销之诉独立于再审程序

有证据证明原审当事人之间恶意串通损害第三人合法权益，而导致第三人提起撤销之诉的，人民法院应当先行审理第三人撤销之诉案件，裁定中止再审诉讼（《民诉解释》第299条）。这是再审程序吸收第三人撤销之诉的例外。

原裁判、调解书如果是基于原当事人之间以侵害第三人民事权益为目的之“手拉手”的虚假诉讼而作出的，那么再审程序就不能吸收撤销之诉，理由在于：无论再审程序的裁判如何作出，都不能从根本上保护权益受侵害的第三人；唯有通过撤销之诉撤销原生效裁判、调解书，才能真正保护第三人利益。此际，应当赋予第三人撤销之诉独立于再审程序的地位，法院先行审理第三人撤销之诉，势在必行。

四、第三人撤销之诉的裁判

1. 第三人撤销之诉的裁判方式

对于第三人撤销之诉，法院有两种裁判方式：一是改变或者撤销原判决、裁定、调解书，二是驳回诉讼请求。《民诉法》第59条第3款规定：“……人民法院经审理，诉讼请求成立的，应当改变或者撤销原判决、裁定、调解书；诉讼请求不成立的，驳回诉讼请求。”

具体而言，对第三人提出的撤销或者部分撤销生效裁判、调解书内容的请求，人民法院经审理，按下列情形分别处理：（1）请求成立且确认其民事权利的主张全部或部分成立的，改变原裁判、调解书内容的错误部分。（2）请求成立，但确认其全部或部分民事权利的主张不成立，或者未提出确认其民事权利请求的，撤销原裁判、调解书内容的错误部分。(3) 请求不成立的，判决驳回其诉讼请求。

2. 第三人撤销之诉的裁判的效力

(1) 可以上诉。对第三人撤销之诉普遍采取两审终审制度，不服第三人撤销之诉一审裁判的，可以提起上诉（《民诉解释》第 298 条第 2 款）。

(2) 被改变或者撤销的部分对原当事人、第三人无效。如果法院改变或者撤销原生效裁判、调解书，则原生效裁判、调解书被改变或者撤销的部分对第三人不产生效力，原生效裁判、调解书在原当事人之间也同时失去效力。

(3) 未撤销的部分继续有效。按照法院作出的撤销之诉的裁判，原裁判、调解书中未改变或者未被撤销的部分，继续有效（《民诉解释》第 298 条第 3 款）。

五、对恶意串通进行虚假诉讼的原案当事人进行制裁

在第三人撤销之诉的审理过程中，人民法院查明原案当事人之间恶意串通进行虚假诉讼或者当事人单方捏造民事案件基本事实向人民法院提起诉讼，侵害提起撤销之诉的案外第三人的合法权益以及国家利益、社会公共利益的，应当适用《民诉法》第 115 条的规定，对相互串通的原案当事人根据情节轻重予以罚款、拘留；构成犯罪的，依法追究刑事责任（《民诉解释》第 190 条）。

问题与思考

请扫描二维码测试，并查看参考答案

第十九章

特别程序

【本章概要】我国现行民事诉讼特别程序包括非讼程序和特殊争讼程序。民（商）事非讼程序具有非讼性和简捷性，由多个不同程序组成；其基本原理或者基本原则（非讼法理）主要有职权主义、书面审理主义、不公开审理主义、自由证明主义等。

第一节　特别程序概述

一、特别程序的概念和构成

在不同国家和不同时期，“特别程序”的适用范围是不同的。在我国，民事诉讼特别程序包括非讼程序和特殊争讼程序。

（一）非讼程序

在民事诉讼中，“非讼”与“争讼”相对，“非讼”有其特定的内涵，即“无争议”。人们通常将“非讼案件”与“诉讼案件”对应，将“非讼程序”与“诉讼程序”对应，其中“诉讼案件”实指“争讼案件”，“诉讼程序”实指“争讼程序”。

民（商）事非讼案件是指对某项民事实体法律关系或民事权益不存在争议的案件。非讼案件中不存在对立的双方当事人或者不存在明确的双方当事人的对立状态。民事非讼程序即处理民事非讼案件的程序。

民事非讼程序处理的是非争议事项，并非解决民事纠纷，其基本功能主要有确认功能和监护功能等。所谓确认功能，是指法院运用审判权从法律上确认某项事实是否存在或者申请人是否享有某项民事权益。比如，宣告失踪案件程序，其目的是法院依法确认被申请人是否失踪。对于下落不明人，其失踪是一种事实，只有在法院确认后才会发生相应的法律后果。发挥监护功能的典型制度是监护制度。从广义上说，法院基于公益目的对民事主体进行的监督与保护均应属于监护，包括有关未成年人监护、清算、失踪人财产管理等制度。①

① 参见郝振江：《论非讼程序的功能》，载《中外法学》，2011（4）。

立法上对各类非讼案件分别规定了各自所适用的非讼程序。根据我国现行法律，由人民法院适用的民事非讼程序，主要有以下三类。

（1）《民诉法》规定的非讼程序：第十五章规定的非讼程序（不包括选民资格案件程序）、第十七章规定的督促程序、第十八章规定的公示催告程序。

（2）《海诉法》规定的海（商）事非讼程序：海（商）事督促程序和公示催告程序，设立海事赔偿责任限制基金程序，债权登记与受偿程序，船舶优先权催告程序。

（3）其他法律规定的非讼案件、非讼程序。比如，《破产法》规定的破产清算、破产和解、破产重整，合伙人或其他利害关系人请求人民法院指定清算人（《合伙企业法》第86条），农民专业合作社成员或债权人请求人民法院组成清算组（《农民专业合作社法》第41条），等等。

（二）特殊争讼程序

特殊争讼程序即解决特殊争讼案件所适用的程序，主要解决选民资格案件、海事争讼案件和人事争讼案件等。在我国，虽有人事争讼案件，但立法上没有系统规定其特别的诉讼程序制度。在此简要介绍人事争讼程序和海事争讼程序，至于选民资格案件程序在下一节阐释。

1. 海（商）事争讼程序

海（商）事诉讼程序包括海（商）事争讼程序和海（商）事非讼程序。海（商）事争讼程序解决海（商）事争议案件，通常包括海事侵权纠纷案件、海商合同纠纷案件和其他海（商）事纠纷案件。

海（商）事案件涉及船舶及其海洋运输、贸易等事项。海事诉讼是一种具有海事性质的特殊民事诉讼，具有如下主要特性。

（1）对物诉讼性。对物诉讼与海商法所规定的船舶物权分不开。债权人有权基于船舶物权直接对船舶提起诉讼。《海诉法》第25条规定，不能立即查明被请求人名称的，不影响海事请求人申请扣押当事船舶。

（2）专业性。海事案件涉及高度专门技术性的海上航运技术和规则，因此有的国家专门规定适用于海事诉讼的程序规则，有的国家设立专门的法院或法庭来审理海事案件。

（3）国际性。远洋运输地域跨度大，致使海事诉讼通常具有国际性或涉外性，所以海事诉讼需要适用有关程序规则和实体规范的国际条约。

《海诉法》第2条规定：在我国领域内进行海事诉讼，适用我国民事诉讼法和本法，本法有规定的，依照其规定。最高人民法院还对《海诉法》作了司法解释，即《海诉法解释》。

我国缔结或者参加的有关国际条约与《民诉法》和《海诉法》对海事诉讼有不同规定的，适用该国际条约的规定，但我国声明保留的条款除外。

《海诉法》第八章“审判程序”根据海事诉讼的特性，对船舶碰撞案件、共同海损案件、海上保险人代位请求赔偿案件的审理程序作了特别规定。

2. 人事争讼程序

人事诉讼案件是指关于自然人婚姻关系、亲权关系等基本法律身份关系的案件。由法院处理的人事诉讼案件，包括人事争讼案件和人事非讼案件。[①] 人事争讼案件属于民事争讼案件的范畴，不同于我国《公务员法》《人事争议处理规定》所指的人事争议。

人事争讼案件主要有：（1）婚姻纠纷案件，如婚姻关系无效之诉、撤销婚姻关系之诉、离婚之诉、夫妻同居之诉等；（2）亲权或亲子纠纷案件，如收养关系无效之诉、终止收养关系之诉、否认子女之诉、撤销亲权之诉等。

人事争讼案件，关系到自然人的基本法律身份，而此种身份关系不仅涉及当事人的私益，而且涉及社会秩序的公益。正如美国联邦最高法院指出的：婚姻关系一旦成立，法律就应当进行干预，法律为婚姻关系当事人规定各种各样的义务和责任，以使其作为社会稳定的重要制度，因为没有家庭，文明就不会产生，社会就不会进步。[②] 合理、及时解决人事纠纷，有助于维护婚姻家庭关系的稳定、保护未成年人的合法权益，乃至促进社会的和平发展。

因此，许多国家和地区将人事纠纷作为涉及公共利益的纠纷，在法律上特设人事诉讼程序来处理。比如，《德国民事诉讼法》第六编为“家庭事件程序”，日本还制定了《人事诉讼程序法》《家事审判法》。

在这些国家和地区，人事争讼程序是一种强制采用的程序，即进行人事诉讼应当优先适用人事争讼程序的特别规定。没有特别规定的，则适用通常争讼程序的相关规定。

人事纠纷由于包含了公益内容，所以对人事争讼案件的审理，（1）采取实体真实主义，即对于案件事实和证据当事人不能自由处分，法院应当依职权主动收集事实证据以探知案件真相，不受当事人诉讼上自认的约束，这些内容在《民诉解释》（第 92、96 条）等中有所规定；（2）采取职权干预主义，即对于人事争讼案件，法院不受当事人处分权的制约，可以超出或替换当事人的诉讼请求作出判决，比如原告请求与被告离婚，经审理后法院发现原、被告的婚姻关系是非法的，则可不受原告离婚请求的制约，而判决原、被告的婚姻关系无效。

人事争讼案件具有人身性，不具有可移转性，同时其判决应当建立在实体真实和当事人意志真实的基础上，所以要求当事人亲自出庭表达意志。比如，《民诉法》第 65 条规定，离婚案件有诉讼代理人的，本人除不能表达意志外，仍应出庭；确因特殊情况无法出庭的，必须向人民法院提交书面意见。

人事纠纷多涉及当事人之间及其亲属之间的家庭关系，为维护家庭关系的融洽和稳定，许多国家和地区规定，对于人事纠纷在法院判决前应当进行调解，调解不成的才进行审判。当然，调解应遵行自愿原则和合法原则。就合法原则来说，对于如婚姻关系无效、收养关系无效等违背法律强行性规范的人事纠纷，不得进行调解。

在诉的类型方面，人事诉讼有形成之诉（如离婚之诉、解除收养关系之诉等）和确认之诉（如婚姻关系无效之诉、收养关系无效之诉等），对这些诉的形成判决和确认判决具有对世效力。于人事诉讼的判决效力采行“绝对效力原则”，即此类判决的既判力或形

---

① 人事非讼案件，比如失踪人财产管理案件、指定夫妻住所案件、申请认可收养子女案件、认定公民无民事行为能力案件等。

② 参见朱晓东：《通过婚姻的治理》，载《北大法律评论》，第 4 卷第 2 辑，北京，法律出版社，2002。

成力具有对世性，不仅双方当事人而且不特定的第三人也受判决之既判力或形成力的约束。

二、特别程序的共同规则

【案例 19－1】某县农民甲因车祸大脑严重损伤，虽经治疗但仍留下了痴呆的后遗症。甲之妻乙向该县人民法院提出申请，请求确认甲为无民事行为能力人。法院依法受理了此案，并确定由审判员一人审理此案。法院判决甲为无民事行为能力人，并且判决中规定不准上诉。乙认为，法院对该案的审判违反了合议制，于是提起上诉，请求组成合议庭进行审判。

法律问题：法院的审判是否违反了合议制？乙能否就该案提起上诉？

《民诉法》第十五章第一节就“特别程序”作了“一般规定”，适用于第十五章所规定的特别案件，即选民资格案件、宣告失踪或者宣告死亡案件、指定遗产管理人案件、认定公民（或自然人）无民事行为能力或者限制民事行为能力案件、认定财产无主案件、确认调解协议案件和实现担保物权案件。各特别程序的共同规则主要有以下几项：

（1）人民法院审理上述特别案件，优先适用特别程序的特殊规定。没有特别规定的，在遵循特别案件法律性质的前提下，适用《民诉法》和其他法律的相关规定。

（2）实行一审终审。特别案件或非讼案件的裁判一经宣告或送达，即发生法律效力，不得提起上诉。

（3）对于选民资格案件或者重大、疑难案件，由审判员组成合议庭审理；对于其他案件由审判员一人独任审理。

（4）人民法院在依照特别程序审理案件的过程中，发现本案属于民事权益争议的，应当裁定终结特别程序，并告知利害关系人可以另行起诉。

（5）人民法院适用特别程序审理的案件，应当在立案之日起 30 日内或者公告期满后 30 日内审结。有特殊情况需要延长的，由本院院长批准。但审理选民资格案件除外。

《交费办法》第 8 条规定，对于《民诉法》第十五章规定的选民资格案件和非讼案件，起诉人和申请人不交纳案件受理费。

应当注意，对于适用特别程序作出的判决、裁定虽然不能适用再审程序，但是《民诉法》（第 193、201、204 条）和《民诉解释》（第 372 条第 1 款①）等规定了特别的救济程序或纠正途径。

三、非讼程序基本原理

处理非讼案件需适用相应的非讼程序及其基本原理，而非讼程序的具体构造应当遵行非讼案件的非讼性。民事非讼程序的基本原理或基本原则，不包括对审原则：由于民

---

① 此款规定：“适用特别程序作出的判决、裁定，当事人、利害关系人认为有错误的，可以向作出该判决、裁定的人民法院提出异议。人民法院经审查，异议成立或者部分成立的，作出新的判决、裁定撤销或者改变原判决、裁定；异议不成立的，裁定驳回。”

事非讼案件和非讼程序中不存在对立的双方当事人或者不存在明确的双方当事人对立状态，因而在民事非讼程序中，对审原则没有适用的可能性和必要性。[①]

我国民事诉讼法对特殊程序的共同规则作出的规定，基本上符合非讼案件和非讼程序的非讼性，但是对于非讼程序基本原理并未作出全面合理的规定。从比较法的角度来看，民事非讼程序的基本原理或基本原则，主要包括职权主义、书面审理主义、不公开审理主义、自由证明等。理论上，通常将民事非讼程序的基本原理或基本原则简称为“非讼法理”。

（一）非讼程序以职权主义为主

非讼程序中，原则上限制当事人主义的适用而采行职权主义。具体说：（1）法院可以变更或超出申请人请求的内容和范围作出裁判（职权干预主义）；（2）法院依职权主动收集证据和调查事实（职权探知主义）；（3）虽然非讼程序因申请人申请而开始，申请人也可依法撤回该申请，但是非讼程序事项更多地由法院决定（职权进行主义）。

由于有些非讼案件具有公益因素（比如宣告死亡，认定自然人无民事行为能力或限制民事行为能力等），并且处理非讼案件要求快捷和经济，因而非讼程序在原则上采取职权主义。但是，也不排除必要时要求或鼓励申请人收集证据和提供事实，特别是有关私益的非讼案件（实现担保物权案件、督促案件、公示催告案件等）中，申请人应当主张事实和提供证据。

（二）非讼程序以书面审理主义为主

非讼案件和非讼程序中，由于不存在争议，无对立的双方当事人而只有申请人一方，因而对审原则没有适用的可能性和必要性，不可能也无须法庭言词辩论，法官通常是对事实证据进行书面审查。既然以书面审理为主，就无须审理法官与裁判法官的一体化，即不以直接审判为原则。

当然，在非讼程序中，并不排除直接言词审理。为查明案情，法官也可以口头询问申请人或证人，申请人或证人也应口头陈述或口头作证。在非讼程序中，审理法官与裁判法官的一体化，也有利于及时裁判。

（三）非讼程序以不公开审理主义为主

一般来说，公开审理与言词审理紧密相关，而不公开审理与书面审理密切相连。由于非讼程序无须法庭言词辩论而多采取书面审理，因而对于非讼案件原则上无须公开审理。事实上，非讼程序无须利用公开审理就能够正确认定案件事实。

当然，在审理非讼案件时，若适用公开审理更有助于查明事实、正确裁判，则由法官自由裁量是否公开审理；申请人认为公开审理有助于制约法官滥用职权的，也有权请求法院公开审理。

---

① 原告与被告之间的平等对抗构成民事争讼程序的核心。对审原则（或双方审理原则、对审主义）保障双方当事人共同参加诉讼，就诉讼请求、实体事实、证据和程序事项充分表达意见和进行争论，在此基础上法院作出裁判。

（四）非讼案件采取自由证明

非讼案件中不存在争议，多数情况下案情比较简单，强调及时、经济地处理案件，所以非讼程序多是简易快捷的程序。比较而言，非讼程序更强调“简捷”，即更强调诉讼经济方面的程序保障，而争讼程序更强调“慎重”，即更强调诉讼公正方面的程序保障。

非讼程序的证明程序不同于争讼程序，不存在双方当事人质证或辩论程序，法官通常进行书面审查或者采用比较独特的证明方式，比如，宣告自然人死亡以公告方式确定自然人是否死亡的事实，督促程序以支付令异议方式进一步确定债权债务关系是否明确、合法，公示催告程序以公告和申报权利方式确定申请人对票据是否拥有权利。

非讼程序采取职权主义、书面审理主义和不公开审理主义，适应非讼程序的简捷性或经济性，有助于实现非讼程序的效率价值。与此相一致的是，对于非讼案件事实采取证明程序比较简捷的自由证明和证明标准比较低的释明。①

非讼案件的非讼性和简单性决定了只需适用简易快捷的非讼程序，就能实现正确裁判。法律虽然不允许对非讼裁判提起上诉和再审（符合非讼程序的简捷性或经济性要求），但是规定了其他的救济途径。

在非讼程序进行中，若发现本案属于民事争讼案件，则应裁定终结非讼程序，按照争讼程序来解决；若出现对民事权益等实质事项的争议，也应适用争讼程序来解决，以满足纠纷解决的适当性要求。

第二节　《民诉法》第十五章等规定的特别程序

一、选民资格案件程序

（一）选举诉讼与选民资格案件

公民在选举权和被选举权受到侵害或发生争议时，有权通过选举诉讼获得司法救济。选举诉讼主要解决如下争议：有关选举人名单是否错误的争议、因选举违法而对选举效力发生的争议、妨害选举而发生的争议等。

选举诉讼对于保护全体公民的政治权利具有重大的积极作用，所以被纳入“民众诉讼”的范畴。以诉讼或者司法方式解决有关公民选举权和被选举权的争议，是现代法治的要求，为许多法治发达国家所采用。

我国《选举法》和《民诉法》等规定了选民资格案件及其诉讼程序。根据我国《选举法》第 27、28 条的规定，选民登记按选区进行；选民名单应在选举日的 20 日以前公布。第 29 条规定：对于公布的选民名单有不同意见的，可以在选民名单公布之日起 5 日

---

① 参见邵明、李海尧：《我国民事诉讼多元化证明标准的适用》，载《法律适用》，2021（11）。

内向选举委员会提出申诉。选举委员会对申诉意见，应在 3 日内作出处理决定。申诉人如果对处理决定不服，可以在选举日的 5 日以前向人民法院起诉，人民法院应在选举日以前作出判决。人民法院的判决为最后决定。

公民对选举委员会公布的选民资格名单有不同意见或认为有错误的，比如有选举资格的人未被列入选举名册、无选举资格的人却被列入选举名册，实际上涉及公民有无选举权和被选举权的问题。

选民资格案件是有关公民选举权和被选举权的公法上的争讼案件。在选民资格案件及其诉讼程序中，起诉人与选举委员会之间就选民资格的有无或选民名单的对错发生争议。因此，选民资格案件不同于有关公民民事权益义务的私法上的争讼案件。

根据《选举法》的规定，选举前，应当按选区进行登记，并在选举日前 20 日公布选民资格名单，发给选民证。公民对选举委员会公布的选民名单有不同意见，可以向选举委员会提出申诉。选举委员会对申诉应在 3 日内依法作出决定。申请人如果对申诉决定不服，可以向人民法院起诉，由受诉人民法院来判决某公民有无选民资格。

选民资格案件既不涉及犯罪问题，也不涉及行政法律权利义务，并且被告选举委员会并非行政机关，所以由刑事诉讼和行政诉讼来解决并不合适。因此，我国将解决选民资格案件的诉讼程序规定在民事诉讼法之中。至于破坏选举的犯罪行为，则应按照刑事诉讼程序处理。

（二）选民资格案件的审判程序

选民资格案件的特殊性决定了审理选民资格案件需适用特殊的诉讼程序。人民法院审理选民资格案件，应当遵循《民诉法》规定的特别程序。选民资格案件的审判程序具有很多特殊之处，主要有以下几点：

（1）适用选民资格案件诉讼程序，应当以选举委员会对选民资格争议的申诉作出了处理决定为前提条件，公民只有对选举委员会的申诉处理决定不服，才可以提起诉讼，而不能就选民资格的争议直接向人民法院提起诉讼。

（2）原告既可以是有关选民资格争议的公民本人，又可以是对选举委员会关于选民资格的申诉处理决定不服的其他公民。原告不管是谁，均应亲自参加诉讼。选举委员会为被告，由其主要负责人参加诉讼。

（3）原告应当在选举日 5 日以前，向选区所在地的基层人民法院起诉。选民资格案件的起诉期限是特定的法定期限（在选举日 5 日以前），并且选民资格案件由选区所在地的基层人民法院专属管辖。

（4）法庭审理采用法官组成的合议制，并且应当经过法庭辩论等程序阶段。选民资格案件涉及有关公民政治权利的争议，应当按照争讼原理由合议庭慎重处理。选民资格案件应当在选举日前审结，否则不能保障公民选举权的有效行使和选举工作的顺利进行。

（5）人民法院的判决一经作出即确定，不得上诉和再审。判决书应当在选举日前送达原告和选举委员会，并通知公民本人。当事人、利害关系人认为判决有错误的，可以依据《民诉解释》第 372 条第 1 款向作出该判决的人民法院提出异议。

二、宣告失踪和宣告死亡案件程序

（一）宣告失踪和宣告死亡案件

宣告公民（或自然人）失踪，是指公民（或自然人）下落不明达到法定期限，利害关系人请求法院宣告该公民失踪。宣告公民死亡，是指公民下落不明达到法定期限或具备其他法定条件，利害关系人请求法院宣告该公民死亡。

对于宣告失踪或死亡的案件，《民法典》第 40～53 条规定了实体要件和实体后果，《民诉法》则规定了程序要件和具体程序。有关案由有：申请宣告自然人失踪，申请撤销宣告失踪判决，申请为失踪人财产指定、变更代管人，申请宣告自然人死亡，申请撤销宣告自然人死亡判决，失踪人债务支付纠纷，被撤销死亡宣告人请求返还财产纠纷，等等。

宣告自然人失踪是法律上推定下落不明的自然人还生存着，而宣告自然人死亡是法律上推定下落不明的自然人已经死亡。若确知自然人生存着或已死亡，均不能宣告该自然人失踪或死亡。

对于宣告自然人失踪或死亡的案件，民事实体法规定其实体要件，民事诉讼法则规定其程序要件和具体程序。

（二）宣告失踪和宣告死亡案件的审判程序

1. 申请和受理

宣告失踪或死亡案件的程序，应依下落不明人的利害关系人申请而开始。申请人民法院宣告自然人失踪或死亡，应当具备以下要件。

（1）应具备法定事实或其他法定条件，即需自然人下落不明达到法定期限或具备其他法定条件。下落不明，是指自然人最后离开自己住所地或居所地后，去向和生死不明。宣告失踪的，下落不明的期间为满 2 年；宣告死亡的，下落不明的期间为满 4 年，或因意外事故下落不明满 2 年，或因意外事故下落不明，经有关机关证明该自然人不可能生存的。[①]

（2）申请人应适格。符合法律规定的多个利害关系人提出宣告失踪、宣告死亡申请的，列为共同申请人。

《总则编解释》第 14 条具体规定了宣告失踪的申请人，主要包括：1）被申请人的近亲属。2）依据《民法典》第 1128、1129 条的规定对被申请人有继承权的亲属。3）债权人、债务人、合伙人等与被申请人有民事权利义务关系的民事主体，但是不申请宣告失踪不影响其权利行使、义务履行的除外。

《总则编解释》第 16 条具体规定了宣告死亡的申请人，主要包括：1）被申请人的配

---

① 自然人下落不明的时间从其失去音讯之日起计算。战争期间下落不明的，下落不明的时间自战争结束之日或者有关机关确定的下落不明之日起计算。

偶、父母、子女，以及依据《民法典》第1129条的规定对被申请人有继承权的亲属。2）符合下列情形之一的，被申请人的其他近亲属，以及依据《民法典》第1128条的规定对被申请人有继承权的亲属可以为申请人：被申请人的配偶、父母、子女均已死亡或者下落不明的，不申请宣告死亡不能保护其相应合法权益的。被申请人的债权人、债务人、合伙人等民事主体不能认定为申请人，但是不申请宣告死亡不能保护其相应合法权益的除外。

（3）应向下落不明人住所地的基层人民法院提出申请。申请书应当写明：申请人和被申请人的基本情况及两者之间的关系；申请事项，即请求人民法院宣告被申请人失踪或死亡；事实和理由，即请求宣告失踪或死亡的法定事实或法定条件及相关证据，包括公安机关或者其他有关机关关于该自然人下落不明的书面证明。

人民法院收到申请后，应当及时审查以决定是否受理。申请人不适格的，人民法院应当裁定不予受理。申请书不合法的，人民法院应当要求申请人限期补正，申请人若无正当理由不按期补正或者补正后仍不合法的，则不予受理。管辖不合法的，人民法院应告知申请人向有管辖权的人民法院申请，若受理的则应裁定移送有管辖权的人民法院。

至于第1项要件，属于实体要件，在受理阶段，人民法院主要是从形式上即根据申请书及申请人提供的证据来审查是否具备，因为是否真正存在宣告失踪或死亡的法定事实或其他法定条件，应经过公告以后才能确定。

宣告失踪不是宣告死亡的必经程序，只要符合宣告死亡的条件，利害关系人就可以直接向人民法院申请宣告死亡。人民法院判决宣告自然人失踪后，利害关系人向人民法院申请宣告失踪人死亡，从失踪的次日起满4年的，人民法院应当受理，宣告失踪的判决即是该自然人失踪的证明，审理中仍应发布宣告死亡的公告。

对同一自然人，有的利害关系人申请宣告死亡，有的利害关系人申请宣告失踪，符合本法规定的宣告死亡条件的，人民法院应当宣告死亡（《民法典》第47条）。

人民法院受理宣告失踪、宣告死亡案件后，作出判决前，申请人撤回申请的，人民法院应当裁定终结案件，但其他符合法律规定的利害关系人加入程序要求继续审理的除外。

2. 公告

人民法院受理申请后，应当立即发出寻找下落不明人的公告。宣告失踪的公告期间为3个月。宣告死亡的公告期间为1年。因意外事故下落不明，经有关机关证明该自然人不可能生存的，宣告死亡的公告期间为3个月。

寻找下落不明人的公告应当记载下列内容：（1）被申请人应当在规定期间内向受理人民法院申报其具体地址及其联系方式，否则，被申请人将被宣告失踪、宣告死亡；（2）凡知悉被申请人生存现状的人，应当在公告期间内将其所知道情况向受理人民法院报告。

与严格证明不同，"公告"是法律规定的证明宣告失踪或死亡案件事实是否真实的方式。公告的目的是确定该自然人是否生存或死亡。人民法院根据公告的结果作出判决或者驳回申请。因此，发出寻找下落不明人的公告，是宣告自然人失踪或死亡的必经程序。人民法院没有依法公告的，申请人有权提出异议。

宣告失踪或者宣告死亡案件中，人民法院可以根据申请人的请求，清理下落不明人的财产，并指定案件审理期间的财产管理人。

3. 判决

公告期届满之时，获知下落不明自然人确已死亡或还活着的，人民法院应判决驳回宣告自然人失踪或死亡的申请，终结案件的审理。

公告期届满，下落不明自然人仍然下落不明的，若申请宣告失踪则判决宣告该自然人失踪，若申请宣告死亡则判决宣告该自然人死亡。

判决一经宣告，就发生法律效力。判决中应当确定下落不明自然人的失踪或死亡日期，判决中未确定失踪或死亡日期则以判决宣告之日为失踪或死亡日期。判决书除送达申请人外，还应在被宣告失踪或死亡的自然人的住所地和人民法院所在地予以公告。

（三）判决宣告失踪和宣告死亡的法律后果

1. 判决宣告失踪的法律后果：指定财产代管人

宣告失踪的判决并不消灭失踪人的民事权利能力和诉讼权利能力。失踪人不管是在其原住所地或居住地，还是在其生存地，仍然具有民事权利能力和诉讼权利能力。比如，与失踪人人身有关的民事法律关系（如婚姻关系、收养关系、继承关系等）并不发生变化，假如宣告失踪以后涉及继承问题，仍应为失踪人保留其应继承的份额。

公告期满后，法院判决宣告失踪的，应当同时依照《民法典》第 42 条的规定指定失踪人的财产代管人（案由是申请为失踪人财产指定代管人）。财产代管人可以是宣告失踪人的配偶、成年子女、父母或者其他愿意担任财产代管人的人。财产代管人有争议的、没有前述人的、前述人无代管能力的，由法院指定财产代管人。

出现下列情形之一的，可以变更财产代管人：

（1）依据《案由规定》，变更财产代管人的案由是申请为失踪人财产变更代管人。财产代管人应当向受理宣告失踪事件的法院申请变更财产代管人。

（2）法院指定财产代管人后，代管人申请变更代管人的，比照民事诉讼法特别程序的有关规定进行审理（《民诉解释》第 342 条第 1 款）。

（3）财产代管人不履行代管职责、侵害失踪人财产权益或者丧失代管能力的，失踪人的利害关系人可以向法院申请变更财产代管人。

（4）宣告失踪人的其他利害关系人申请变更代管人的，法院应当告知其以原指定的代管人为被告起诉，并按普通程序进行审理（《民诉解释》第 342 条第 2 款）。

（5）申请理由成立的，裁定撤销申请人的代管人身份，同时另行指定财产代管人；申请理由不成立的，裁定驳回申请。

（6）法院变更财产代管人的，变更后的财产代管人有权要求原财产代管人及时移交有关财产并报告财产代管情况（《民法典》第 44 条第 3 款）。

被宣告失踪的自然人重新出现，经本人或者利害关系人申请，法院撤销原裁判，同时撤销财产代管人的裁定。财产代管人有权申请法院撤销财产代管人的裁定。《民法典》第 45 条第 2 款规定：“失踪人重新出现，有权请求财产代管人及时移交有关财产并报告财产代管情况。”撤销宣告失踪的新裁判一经宣告就生效，财产代管人应把宣告失踪人的财产及时移交给该自然人；该自然人有权要求财产代管人及时移交有关财产并报告财产代管情况。

财产代管人应当妥善保管失踪人的财产，有权代理失踪人进行有关民事活动和其他法律活动，以失踪人的财产支付失踪人所欠的税款、债务和应付的其他费用；可以形式当事人身份提起或者参加有关失踪人及其财产的诉讼或仲裁等解决纠纷活动（《总则编解释》第15条）。

财产代管人因故意或者重大过失造成失踪人财产损失的，应当承担赔偿责任（《民法典》第43条第3款）。

2. 判决宣告死亡的法律后果

被宣告死亡的人，法院宣告死亡的判决作出之日视为其死亡的日期；因意外事件下落不明宣告死亡的，意外事件发生之日视为其死亡的日期（《民法典》第48条）。

自然人被宣告死亡与其自然死亡的法律后果，相同的是：（1）该自然人的民事权利能力自死亡宣告之日起终止，包括与其人身有关的民事法律关系也随之终结（如原有的婚姻关系自然消灭），继承因宣告死亡而开始；（2）该自然人的诉讼权利能力和仲裁权利能力自死亡宣告之日起终止，即没有资格或能力成为诉讼当事人和仲裁当事人。

自然人被宣告死亡但是并未死亡的，不影响该自然人在被宣告死亡期间实施的民事法律行为的效力（《民法典》第49条）。宣告死亡仅是推定死亡，与自然死亡毕竟有所不同。若该自然人在异地生存着则在生存地仍然具有民事权利能力、诉讼权利能力和仲裁权利能力，仍然有权进行民事活动，成为诉讼当事人和仲裁当事人。宣告死亡的法律后果仅存在于该自然人以原住所地或原居所地为中心的范围内。

（四）救济途径：提出异议或申请撤销原裁判

适用宣告失踪或死亡程序作出的判决、裁定，当事人、利害关系人认为有错误的，可以向作出该判决、裁定的人民法院提出异议。人民法院经审查，异议成立或者部分成立的，作出新的判决、裁定以撤销或者改变原判决、裁定；异议不成立的，裁定驳回。

如果被宣告失踪、宣告死亡的自然人重新出现，经本人或者利害关系人申请，人民法院应当作出新判决，撤销原判决（《民诉法》第193条、《民法典》第45条第1款和第50条）。

撤销宣告失踪的新判决一经宣告即生效，财产代管人应把宣告失踪人的财产及时移交给该自然人；该自然人有权要求财产代管人及时移交有关财产并报告财产代管情况。

撤销宣告死亡的新判决一经宣告即生效，该自然人的民事权利能力、诉讼权利能力和仲裁权利能力随之完全恢复。

婚姻关系自撤销死亡宣告之日起自行恢复，但是其配偶再婚或者向婚姻登记机关书面声明不愿意恢复的除外（《民法典》第51条）；该自然人的子女被他人依法收养的，在死亡宣告被撤销后，不得以未经本人同意为由主张收养关系无效（《民法典》第52条）。

该自然人有权请求依照《民法典》第六编取得其财产的民事主体返还财产，无法返还的，应当给予适当补偿。利害关系人隐瞒真实情况，致使他人被宣告死亡取得其财产的，除应当返还财产外，还应当对由此造成的损失承担赔偿责任（《民法典》第53条）。

三、指定遗产管理人案件程序

指定遗产管理人案件是指对遗产管理人的确定有争议，利害关系人向人民法院申请指定遗产管理人的案件。《案由规定》有“申请指定遗产管理人”的内容。

有关指定遗产管理人案件，《民法典》第1145～1149条规定了其实体事项，《民诉法》第194～197条规定了其程序事项。

（一）遗产管理人

遗产管理人的职责主要有：(1) 清理遗产并制作遗产清单；(2) 向继承人报告遗产情况；(3) 采取必要措施防止遗产毁损、灭失；(4) 处理被继承人的债权债务；(5) 按照遗嘱或者依照法律规定分割遗产；(6) 实施与管理遗产有关的其他必要行为。

我们认为，“实施与管理遗产有关的其他必要行为”应当包括遗产管理人作为当事人提起或参加有关被继承人债权债务或者遗产的诉讼、仲裁和调解等纠纷解决活动。

遗产管理人应当依法履行职责，因故意或者重大过失造成继承人、受遗赠人、债权人损害的，应当承担民事责任。同时，遗产管理人可以依照法律规定或者按照约定获得报酬。

《民法典》第1145条规定，继承开始后，遗产管理人的确定方式主要有：(1) 遗嘱执行人为遗产管理人；(2) 没有遗嘱执行人的，继承人应当及时推选遗产管理人；(3) 继承人未推选的，由继承人共同担任遗产管理人；(4) 没有继承人或者继承人均放弃继承的，由被继承人生前住所地的民政部门或者村民委员会担任遗产管理人。

（二）指定遗产管理人案件的审判程序

1. 申请和受理

根据《民诉法》第194条等的规定，申请法院指定遗产管理人，应当具备以下要件：

(1) 存在法定事由，即对遗产管理人的确定有争议。

(2) 申请人适格，即与被继承人或者遗产有法律上利害关系的人，包括：继承人、受遗赠人、遗嘱执行人、继承人生前住所地的民政部门或者村民委员会，以及与被继承人或者遗产有民事权利义务关系的债权人、债务人、合伙人等。多个利害关系人提出申请的，列为共同申请人。

(3) 管辖合法，即被继承人死亡时住所地或者主要遗产所在地基层人民法院为有管辖权法院。

(4) 书面提出申请，申请书应当写明被继承人死亡的时间、申请事由和具体请求，并附有被继承人死亡的相关证据。

法院收到申请后，应当及时审查以决定是否受理。我们认为，指定遗产管理人等非讼案件比较简单并且要求快速审判，所以应当规定受理期限。

对第1项要件是否具备，在受理阶段，法院通常审查申请书中是否有明确记载即可确定。申请人不适格的，法院裁定不予受理。管辖不合法的，法院告知申请人向有管辖权的法院申请；已受理的，法院应当移送有管辖权的法院。申请书不合法的，法院应当命申请人限期补正，申请人无正当理由不按期补正或者补正后仍不合法的，不予受理。①

2. 审核和判决

《民诉法》第195条规定：法院受理申请后，应当审查核实，并按照有利于遗产管理的原则，判决指定遗产管理人。

《民诉法》《案由规定》将指定遗产管理人案件明确规定为非讼案件，其审查程序实际上属于非讼程序，适用《民诉法》第十五章第一节的规定，不以法庭辩论为必要；不过，为核实对遗产管理人的确定是否有争议、何人能够担任遗产管理人等主要事项，必要时可以询问和听取利害关系人等的意见。

法院应当按照有利于遗产管理的原则，在《民法典》第1145条规定的人员、民政部门或者村民委员会中，判决指定遗产管理人。

3. 撤销原判决

被指定的遗产管理人死亡、终止、丧失民事行为能力或者存在其他无法继续履行遗产管理职责情形的，利害关系人或者本人可以向判决作出法院申请撤销原判决，另行指定遗产管理人。

被指定的遗产管理人违反遗产管理职责，严重侵害继承人、受遗赠人或者债权人合法权益的，法院可以根据利害关系人的申请，判决撤销其遗产管理人资格，并依法指定新的遗产管理人。

有关遗产管理事项结束或者被指定的遗产管理人履行完职责的，上述利害关系人或者该遗产管理人可以向判决作出法院申请撤销原判决，撤销遗产管理人。

四、认定自然人无民事行为能力和限制民事行为能力案件程序

（一）认定自然人无民事行为能力和限制民事行为能力案件

《民法典》第24条第1款规定："不能辨认或者不能完全辨认自己行为的成年人，其利害关系人或者有关组织，可以向人民法院申请认定该成年人为无民事行为能力人或者限制民事行为能力人。"

《民法典》第24条第2款规定："被人民法院认定为无民事行为能力人或者限制民事行为能力人的，经本人、利害关系人或者有关组织申请，人民法院可以根据其智力、精神健康恢复的状况，认定该成年人恢复为限制民事行为能力人或者完全民事行为能力人。"

认定自然人无民事行为能力，是指法院根据利害关系人的申请，通过法定程序确定并宣告因精神病或其他疾病而全部丧失民事行为能力的自然人为无民事行为能力人。

认定自然人限制民事行为能力，是指法院根据利害关系人的申请，通过法定程序确定并宣告因精神病或其他疾病而部分丧失民事行为能力的自然人为限制民事行为能力人。

① 对于不予受理的裁定，我们认为，法律应当允许申请人提出异议。

主要案由有：申请宣告自然人无民事行为能力、申请宣告自然人限制民事行为能力、申请宣告自然人恢复限制民事行为能力、申请宣告自然人恢复完全民事行为能力等。

具有完全民事行为能力的人，因为精神病或其他疾病，全部或部分丧失民事行为能力，法院以法定程序宣告该自然人为无民事行为能力或限制民事行为能力人，并为该自然人确定监护人，保护该自然人及其利害关系人的合法权益。

（二）认定自然人无民事行为能力和限制民事行为能力案件的审判程序

1. 申请和受理

根据《民诉法》第198条的规定，申请人民法院认定自然人无民事行为能力、限制民事行为能力，应当具备下列要件。

（1）应具备法定事由，即被申请人应已成年或具有完全民事行为能力，后因精神病或其他疾病，"不能辨认或者不能完全辨认自己行为"，即全部或部分丧失了民事行为能力。至于8周岁以下的无民事行为能力人、8周岁以上18周岁以下的限制民事行为能力人，无须申请人民法院认定其民事行为能力。

（2）应由利害关系人或者有关组织提出申请。根据《民法典》第24条第3款的规定，有关组织包括居民委员会、村民委员会、学校、医疗机构、妇女联合会、残疾人联合会、依法设立的老年人组织、民政部门等。

（3）应向被申请人住所地的基层人民法院提出申请。申请书应当写明：申请人和被申请人的基本情况及两者之间的关系；申请事项，即请求人民法院认定被申请人无民事行为能力或限制民事行为能力；事实和理由，即有关被申请人无民事行为能力或限制民事行为能力的事实、被申请人的医疗诊断证明或病历资料及其他有关证据材料。

人民法院收到申请后，应当及时审查以决定是否受理。申请人不适格的，人民法院应当不予受理。申请书不合法的，人民法院应当要求申请人限期补正后，才予受理。管辖不合法的，人民法院告知申请人向有管辖权的人民法院申请，若受理的则应移送有管辖权的人民法院。

至于第1项要件，属于实体要件，在受理阶段，人民法院主要是从形式上即根据申请书及申请人提供的证据来审查是否具备。精神病或其他疾病是否真实存在，是否真正导致全部或部分丧失民事行为能力，应待审理后才能确定。

诉讼中，当事人的利害关系人提出该当事人患有精神病，要求宣告该当事人为无民事行为能力或限制民事行为能力的，应由利害关系人向受诉人民法院提出申请，按照认定自然人无民事行为能力或限制民事行为能力程序立案审理，原诉讼中止（《民诉解释》第347条）。

2. 审理

首先应为被申请人确定法定诉讼代理人，由被申请人的近亲属来推选，其近亲属互相推诿则由人民法院从其中指定。被申请人精神健康状况许可的，还应征询本人意见。申请人之所以不得作为被申请人的法定诉讼代理人，是因为申请人可能与被申请人存在利益冲突。

其次，人民法院调查被申请人是否为无民事行为能力或限制民事行为能力。在被申请人精神健康状况许可的情况下，应让其到庭。人民法院根据申请人或其他人（如被申请人的诉讼代理人）提供的证据来确定被申请人的精神健康状况。必要时，应对被申请人进行医学鉴定。申请人已提供鉴定结论的，人民法院应当审查鉴定结论，对鉴定结论有怀疑的则应重新鉴定。

3. 判决

经审理，人民法院认为被申请人并未丧失民事行为能力的，判决驳回申请；认为被申请人确实是无民事行为能力或者限制民事行为能力的，判决被申请人为无民事行为能力人或者限制民事行为能力人。

（三）救济途径：提出异议或申请撤销原裁判

对适用认定自然人无民事行为能力或限制民事行为能力程序作出的判决、裁定，当事人、利害关系人认为有错误的，可以向作出该判决、裁定的人民法院提出异议。人民法院经审查，异议成立或者部分成立的，作出新的判决、裁定以撤销或者改变原判决、裁定；异议不成立的，裁定驳回。

人民法院根据本人、利害关系人或者有关组织（或其监护人）的申请，证实该自然人无民事行为能力或限制民事行为能力的原因已经消除的，应当作出新判决，撤销原判决（《民诉法》第 201 条）。自新判决宣告之日起，该成年人恢复为限制民事行为能力人或者完全民事行为能力人。

五、确定监护人（或监护权）案件程序

我国现行监护权特别程序案件属于监护案件的范畴，不属于认定自然人无民事行为能力或者限制民事行为能力程序的内容。依据《案由规定》，监护权特别程序案件包含如下具体案由：申请指定监护人、申请变更监护人、申请撤销监护人资格、申请恢复监护人资格等。

（一）申请指定或者变更监护人的程序

《民法典》规定的确定监护人方式①中，属于法院处理的非讼事件，仅指向法院申请指定监护人事件。

《民法典》第 31 条第 1 款规定：对监护人的确定有争议的，由被监护人住所地的居

---

① 《民法典》规定：(1) 被监护人的父母担任监护人的，可以通过“遗嘱指定监护人”(第 29 条)；(2) 依法具有监护资格的人之间可以“协议确定监护人”(第 30 条)；(3) 指定监护人（第 31 条）；(4) 公职监护人，即没有依法具有监护资格的人的，监护人由民政部门担任，也可以由具备履行监护职责条件的被监护人住所地的居民委员会、村民委员会担任（第 32 条）；(5) 意定监护人，即具有完全民事行为能力的成年人，可以与其近亲属、其他愿意担任监护人的个人或者组织事先协商，以书面形式确定自己的监护人，在自己丧失或者部分丧失民事行为能力时，由该监护人履行监护职责（第 33 条）。《未成年人保护法》第 92 条规定了民政部门临时监护未成年人的情形，第 94 条规定了民政部门长期监护未成年人的情形。

民委员会、村民委员会或者民政部门指定监护人，有关当事人对指定不服的，可以向法院申请指定监护人；有关当事人也可以直接向法院申请指定监护人。

当事人应当向被监护人住所地法院申请指定监护人，并应当提供申请书。申请书应当写明：申请人和其他诉讼参加人及其诉讼代理人的基本信息、请求事项及其事由。笔者认为，法院受理申请后，作出裁判前，申请人撤回申请的，法院不准许，继续审理。

《民法典》第 31 条第 2 款规定：法院应当尊重被监护人的真实意愿，按照最有利于被监护人的原则，在依法具有监护资格的人①中指定监护人。《总则编解释》第 9 条规定：法院指定监护人时，具体参考以下因素：与被监护人生活、情感联系的密切程度，依法具有监护资格的人的监护顺序，是否有不利于履行监护职责的违法犯罪等情形，依法具有监护资格的人的监护能力、意愿、品行等。法院依法指定的监护人一般应当是 1 人，由数人共同担任监护人更有利于保护被监护人利益的，也可以是数人。

《总则编解释》第 10 条规定：有关当事人不服居民委员会、村民委员会或者民政部门的指定，在接到指定通知之日起 30 日内向法院申请指定监护人的，法院经审理认为指定并无不当，依法裁定驳回申请；认为指定不当，依法判决撤销指定并另行指定监护人。有关当事人在接到指定通知之日起 30 日后提出申请的，法院应当按照变更监护关系处理。

法院应当征询被监护人近亲属的意见，应当征询社会观护员的意见，应当征询被监护人住所地的居民委员会、村民委员会或者民政部门的意见。法院应当充分尊重被监护人的真实意愿。申请人在审理期日不到法院参加审理的，法院正常审理。

在法院指定监护人前，被监护人的人身权利、财产权利以及其他合法权益处于无人保护状态的，由被监护人住所地的居民委员会、村民委员会、法律规定的有关组织或者民政部门担任临时监护人。

《总则编解释》第 7 条规定：担任监护人的被监护人父母通过遗嘱指定监护人，遗嘱生效时被指定的人不同意担任监护人的，法院应当适用《民法典》第 27 条或者第 28 条确定监护人；未成年人由父母担任监护人，父母中的一方通过遗嘱指定监护人，另一方在遗嘱生效时有监护能力，有关当事人对监护人的确定有争议的，法院应当适用《民法典》第 27 条第 1 款确定监护人。

《总则编解释》第 13 条规定：监护人因患病、外出务工等原因在一定期限内不能完全履行监护职责，将全部或者部分监护职责委托给他人，当事人主张受托人因此成为监护人的，法院不予支持。

法院根据《民法典》第 27 条或者第 28 条，作出指定监护人的裁定。裁定书应当送达申请人、原指定单位及判决指定的监护人。监护人被指定后，不得擅自变更；擅自变更的，不免除被指定的监护人的责任（《民法典》第 31 条第 4 款）。

《总则编解释》第 12 条规定：监护人、其他依法具有监护资格的人之间就监护人是否有《民法典》第 39 条第 1 款第 2 项、第 4 项规定的应当终止监护关系的情形发生争议，申请变更监护人的，法院应当依法受理。经审理认为理由成立的，法院依法予以支

---

① 《总则编解释》第 6 条规定：法院认定自然人的监护能力，应当根据其年龄、身心健康状况、经济条件等因素确定；认定有关组织的监护能力，应当根据其资质、信用、财产状况等因素确定。

持。被依法指定的监护人与其他具有监护资格的人之间协议变更监护人的，法院应当尊重被监护人的真实意愿，按照最有利于被监护人的原则作出裁判。

（二）申请撤销监护人资格的程序

根据《民法典》第36条的规定，监护人有下列情形之一的，法院根据有关个人或者组织的申请，撤销其监护人资格，安排必要的临时监护措施，并按照最有利于被监护人的原则依法指定监护人：

（1）实施严重损害被监护人身心健康的行为；

（2）怠于履行监护职责，或者无法履行监护职责且拒绝将监护职责部分或者全部委托给他人，导致被监护人处于危困状态；

（3）实施严重侵害被监护人合法权益的其他行为。

前述有关个人、组织包括：其他依法具有监护资格的人，居民委员会、村民委员会、学校、医疗机构、妇女联合会、残疾人联合会、未成年人保护组织、依法设立的老年人组织、民政部门等。

前述有关个人和民政部门以外的组织未及时向法院申请撤销监护人资格的，民政部门应当向法院申请。

申请撤销监护人资格事件，由未成年人住所地、监护人住所地或者侵害行为地的基层法院管辖。法院受理撤销监护人资格事件，不收取诉讼费用。

申请人应当提交相关证据（包含未成年人基本情况、监护存在问题、监护人悔过情况、监护人接受教育辅导情况、未成年人身心健康状况以及未成年人意愿等内容的调查评估报告等）。申请人向公安机关、检察院申请出具相关案件证明材料的，公安机关、检察院应当提供证明案件事实的基本材料或者书面说明。

法院全面审查调查评估报告等证据材料，听取被申请人、有表达能力的未成年人以及村（居）民委员会、学校、邻居等的意见，在1个月内审理结案（有特殊情况需要延长的，由本院院长批准）。

判决撤销监护人资格，由其他监护人承担监护职责。没有其他监护人的，根据《民法典》第27、28、32条指定监护人。法院指定民政部门担任监护人，由其下属儿童福利机构收留抚养（可以在法院作出撤销监护人资格判决1年后送养未成年人）。

撤销监护人资格诉讼终结后6个月内，未成年人及其现任监护人可以向法院申请人身安全保护令。被撤销监护人资格的父、母应当继续负担未成年人的抚养费用和因监护侵害行为产生的各项费用。民政部门应当根据有关规定，将符合条件的受监护侵害的未成年人纳入社会救助和相关保障范围。

检察院对公安机关、法院处理监护侵害行为的工作依法实行法律监督。法院处理监护侵害行为的工作主要是法院受理人身安全保护令申请和撤销监护人资格案件并作出裁判。

判决不撤销监护人资格的，法院可以根据需要走访未成年人及其家庭，也可以向当地民政部门、辖区公安派出所、村（居）民委员会、共青团、妇联、未成年人所在学校、监护人所在单位等发出司法建议，加强对未成年人的保护和对监护人的监督指导。

根据《民法典》第37条和《未成年人保护法》第108条第2款等规定，依法负担被监护人抚养费、赡养费、扶养费的父母、子女、配偶等，被法院撤销监护人资格后，应当继续履行前述费用的负担义务。

（三）申请恢复监护人资格的程序

《民法典》第38条规定：被监护人的父母或子女被法院撤销监护人资格后，除对被监护人实施故意犯罪的外，确有悔改表现的，经其申请，法院可以在尊重被监护人真实意愿的前提下，视情况恢复其监护人资格，法院指定的监护人与被监护人的监护关系同时终止。

依据最高人民法院、最高人民检察院、公安部、民政部《关于依法处理监护人侵害未成年人权益行为若干问题的意见》（法发〔2014〕24号），侵害人自其监护人资格被撤销之日起3个月至1年内，可以向法院书面申请恢复监护人资格，并应提交相关证据。法院应当将前述内容书面告知侵害人和监护人。

法院审理申请恢复监护人资格事件，按照变更监护关系事件的审理程序进行。法院经审理认为，申请人确有悔改表现并且适宜担任监护人的，可以裁定恢复其监护人资格，判决指定监护人的监护人资格终止。

但是，申请人除对被监护人实施故意犯罪的之外，有下列情形之一的，一般不得判决恢复其监护人资格：（1）性侵害、出卖未成年人的；（2）虐待、遗弃未成年人6个月以上，多次遗弃未成年人，并且造成重伤以上严重后果的；（3）因监护侵害行为被判处5年有期徒刑以上刑罚的。

（四）终止监护的程序

终止监护的理由是被监护人已经成年或者恢复民事行为能力的，法院依职权或者依申请裁定监护终止。

前述申请人包括被监护人、指定监护人。申请人应当在申请书中写明提出申请依据的事实，并提交相应的证据材料。

申请书应当送达被监护人及其具有监护资格的近亲属和被监护人住所地的居民委员会、村民委员会或者民政部门。

法院按照申请指定监护人的程序进行审理：（1）法院确信存在终止监护的理由的，裁定监护终止。（2）法院确信不存在终止监护的理由的，裁定驳回申请，申请人可以提出异议。（3）法院确信被监护人仍需要监护的，应当根据《民法典》第27条或者第28条另行指定监护人。

六、认定财产无主案件程序

（一）认定财产无主案件

对权属不明的财产，除实体法上的取得时效等制度外，《民诉法》还设立认定财产无主程序，将其认定为无主财产，判归国家或集体所有，以尽其用。

根据《民法典》，拾得遗失物，不知道其权利人的，应当送交公安等有关部门；有关部门收到遗失物，不知其权利人的，应当及时发布招领公告；自发布招领公告之日起1年内无人认领的，归国家所有（第314～318条）。拾得漂流物、发现埋藏物或者隐藏物的，参照拾得遗失物的有关规定，《文物保护法》等法律另有规定的，则依照其规定（第319条）。

认定财产无主，是指法院根据有关自然人、法人或者其他组织的申请，依照法定程序将某项权属不明的财产认定为无主财产，并将其判归国家或集体所有。

【案例19-2】某火车站失物招领处存有一批旅客遗失物，长期无人认领。由于库容有限，故火车站向法院提出书面申请，请求认定这些遗失物为无主财产。法院受理了本案，公告期（1年）届满后，无人认领这些遗失物，于是法院将这些财产判归国家所有。

（二）认定财产无主案件的审判程序

1. 申请和受理

自然人、法人或者其他组织向人民法院“申请认定财产无主”，应当具备以下要件（《民诉法》第202条）：

（1）某项有形财产的权利主体不明或不存在的状态应持续一定期间。申请认定无主的财产，应是有形财产。该财产的权利主体不明或不存在，比如埋藏物、遗失物、漂流物、所有人不明的失散饲养动物等的所有人或合法占有人无法确定的情形。[①] 该财产权利主体不明或不存在的状态应持续一定期间，这一期间多由民事实体法规定。

（2）应向有管辖权的人民法院提出书面申请。凡是知道财产无主情况的自然人、法人或其他组织均可为申请人。此类案件由无主财产所在地的基层人民法院管辖。申请书应当写明：申请人的基本情况；请求事项，即请求人民法院认定某项财产为无主财产；该项财产的特征和所处位置；支持请求的事实理由。

人民法院收到申请后，应当及时审查以决定是否受理。申请书不合法的，人民法院应当命申请人限期补正。管辖不合法的，人民法院告知申请人向有管辖权的人民法院申请，若受理的则应移送有管辖权的人民法院。

至于第1项要件，属于实体要件，在受理阶段，人民法院主要是从形式上即根据申请书及申请人提供的证据来审查是否具备。被申请的财产是否为真正的无主财产，应经公告以后才能确定。

2. 公告

人民法院受理申请后，应发出财产认领公告，寻找该财产权利人。公告期为1年。在公告期间，因财产仍处于无主状态，人民法院可根据财产的具体情况，指定专人看管，或委托他人代管。

---

① 法律规定属于国家或集体所有的财物，不适用认定财产无主程序。比如，根据《文物保护法》属于国家所有的文物，就不得适用认定财产无主程序。

3. 判决

公告期间，如果该项财产权利人出现，或者获悉该项财产归属的，人民法院核实后，应当驳回申请，并通知权利人来认领财产。

公告期间，若有人对该项财产提出请求，人民法院应当裁定终结认定财产无主案件程序，告知申请人另行起诉，适用普通程序审理。

公告期满后，该项财产权利人仍然不明或没有出现，或者仍然不知该项财产归属的，人民法院判决认定该项财产为无主财产，并由作出判决的人民法院将无主财产收归国家或者集体所有。

（三）救济途径：提出异议或申请撤销原裁判

适用认定财产无主程序作出的判决、裁定，当事人、利害关系人认为有错误的，可以向作出该判决、裁定的人民法院提出异议。人民法院经审查，异议成立或者部分成立的，作出新的判决、裁定以撤销或者改变原判决、裁定；异议不成立的，裁定驳回。

认定财产无主判决在法律性质上属于对财产无主的推定，这种推定可能与现实不符。原财产所有人或者继承人可以向作出财产无主判决的人民法院申请撤销该判决（案由是“申请撤销认定财产无主判决”）。人民法院审查属实后，并认为该权利人对财产提出的请求在诉讼时效期间内，应当作出新判决，撤销原判决（《民诉法》第 204 条）。

新判决一宣告就生效，原财产所有人或继承人等恢复财产所有权。原财产存在的，应返还原财产；原财产无法返还的，应返还同类财产或者按照原财产的价值返还。

七、确认调解协议案件程序

（一）民事（包括商事）调解的性质和原则

我国现行法律规定或允许的民事调解主要是机构调解，比如法院调解、行政机关调解、仲裁调解、人民调解、劳动争议调解、农村土地承包经营纠纷调解、消费者协会调解、公证机构调解、公证协会调解、律师协会调解、电力监管机构调解、中国互联网协会调解、中国国际商会调解等。

民事调解的主要性质有：(1) 调解人的居中性，即调解人应当公平对待纠纷双方主体，正如常言所云“一碗水端平”。(2) 纠纷主体的自治性。是否运用调解、如何进行调解和调解结果如何，均取决于纠纷主体的合意，调解人只能进行“调”而不得强行解决纠纷。(3) 非严格的规范性。调解并不要求严格遵循程序（法）规范和实体（法）规范，具有较高的自治性和灵活性。

在现代法治社会，民事调解应当遵行如下两项基本原则：(1) 基本合法原则，即调解应当遵守法律强行规范、尊重公共利益（包括国家利益、社会公共利益、公序良俗）和他人合法权益，否则调解协议无效，比如无效合同、无效婚姻、无效收养等违反强行规范的民事纠纷，不得通过调解使其合法有效，只能依法认定其无效。(2) 基本自由与公平原则，即通常情况中可否运用调解、调解结果（调解协议）均应建立在纠纷双方当事人自愿与公平的基础上。若一方当事人以欺诈、胁迫的手段或者乘人之危，使对方在违背真实意思的情况下达成调解协议的，或者调解协议存有显失公平或重大误解等内容的，则调解协议可予变更或撤销；并且不管调解人的身份地位如何，调解人不得强行运用调解，在调解中也不得强制解决纠纷。从法理上说，基本自由与公平原则是在遵循基本合法原则的前提下才予适用。

（二）民事调解协议的效力和转化程序

民事调解协议通常情况下具有民事合同的性质和效力，不具有与法院判决相同的效力。调解的自治性和非严格规范性无从保证其是否遵循上述两项基本原则，故不应直接赋予调解协议与法院判决相同的既判力、执行力等。因此，通常情况下，除法院调解、仲裁调解外，当事人之间就调解协议的内容发生争议的，一方当事人可以提起诉讼或申请仲裁等。

调解协议经过一定程序转化为特定的法律文书，从而具有与法院判决相同的既判力、执行力等。此种转化程序主要是审查判断调解是否遵循基本合法、自由与公平原则，若遵循之则将调解协议转化为特定的法律文书而有既判力、执行力等，旨在避免前功尽弃，充分发挥调解解决纠纷的功能。此种转化程序主要有以下几类。

（1）法院调解。在民事诉讼中，人民法院依照基本合法、自由与公平原则进行调解，当事人达成调解协议的，人民法院根据该调解协议制成调解书，则有与人民法院判决相同的既判力、执行力等。此种情形实际上是人民法院调解程序与转化程序合二为一了。

（2）仲裁调解。根据《仲裁法》第 51 条、《劳动争议调解仲裁法》第 42 条和第 51 条、《农地承包调解仲裁法》第 11 条和第 49 条等规定，仲裁庭根据调解协议制成的仲裁调解书（或仲裁裁决书）具有与法院判决相同的既判力、执行力等。此种情形实际上是仲裁调解程序与转化程序合二为一了。

应当注意，下列调解协议不是仲裁调解书，不具有与法院判决相同的既判力、执行力等：企业劳动争议调解委员会、依法设立的基层人民调解组织和在乡镇、街道设立的具有劳动争议调解职能的组织对劳动争议调解所达成的调解协议，村民委员会、乡（镇）人民政府对农村土地承包经营纠纷调解所达成的调解协议。

（3）请求人民法院确认其合法有效（司法确认调解协议程序）。根据我国《民诉法》第 205 条和第 206 条、《人民调解法》第 33 条、《民诉解释》、《司法确认规定》等规定，申请司法确认调解协议（详见下文）。

（4）申请支付令。比如，《劳动争议调解仲裁法》第 16 条规定，因支付拖欠劳动报酬、工伤医疗费、经济补偿或者赔偿金事项达成调解协议，用人单位在协议约定期限内不履行的，劳动者可以持调解协议书依法向人民法院申请支付令。

（5）申请公证。经行政机关、人民调解组织、商事调解组织、行业调解组织或者其他具有调解职能的组织调解达成的具有给付内容的协议，可以根据《公证法》第 37 条，申请公证。

（三）法院确认调解协议的程序（或称司法确认调解协议程序）

对于人民法院确认调解协议的程序，《民诉法》仅在第 205 条和第 206 条作出概括规定。第 205 条规定：申请司法确认调解协议，由双方当事人依照《人民调解法》等法律，自调解协议生效之日起 30 日内，共同向调解组织所在地基层人民法院提出。第 206 条规定：人民法院受理申请后，经审查，符合法律规定的，裁定调解协议有效，一方当事人拒绝履行或者未全部履行的，对方当事人可以向人民法院申请执行；不符合法律规定的，裁定驳回申请，当事人可以通过调解方式变更原调解协议或者达成新的调解协议，也可以向人民法院提起诉讼。

1. 法院确认调解协议程序的开始——申请与受理

根据《民诉法》和《民诉解释》等规定，当事人申请人民法院确认调解协议，应当具备以下要件。

（1）属于人民法院确认调解协议的案件范围。现行相关法律和司法解释等允许的经行政机关、人民调解组织、商事调解组织、行业调解组织或者其他具有调解职能的组织调解达成的调解协议（法院调解和仲裁调解除外），均可申请人民法院确认其效力。

有下列情形之一的，人民法院裁定不予受理：不属于人民法院受理范围的，不属于收到申请的人民法院管辖的，申请确认婚姻关系、亲子关系、收养关系等身份关系无效、有效或者解除的，涉及适用其他特别程序、公示催告程序、破产程序审理的，调解协议内容涉及物权、知识产权确权的。人民法院受理申请后，发现属于上述不予受理情形的，应当裁定驳回当事人的申请（《民诉解释》第 355 条）。

（2）申请主体适格。双方当事人应当本人或者由符合《民诉法》第 61 条规定的代理人提出申请。

（3）符合申请期限。自调解协议生效之日起 30 日内提出申请。调解协议书自各方当事人签名、盖章或者按指印，调解员签名并加盖调解组织印章之日起生效。口头调解协议自各方当事人达成协议之日起生效。

（4）管辖合法。管辖法院是调解组织所在地基层人民法院或者人民法庭。两个以上调解组织参与调解的，各调解组织所在地基层人民法院均有管辖权。双方当事人可以共同向其中一个调解组织所在地基层人民法院提出申请；双方当事人共同向两个以上调解组织所在地基层人民法院提出申请的，由最先立案的人民法院管辖。

（5）申请形式和申请材料合法。申请形式是书面形式或者口头形式。当事人口头申请的，人民法院应当记入笔录，并由当事人签名、捺印或者盖章。应当向人民法院提交如下申请材料：调解协议、调解组织主持调解的证明，以及与调解协议相关的财产权利证明等材料，并提供双方当事人的身份、住所、联系方式等基本信息。当事人未提交上述材料的，人民法院应当要求当事人限期补交。

《司法确认规定》第 11 条规定，人民法院办理人民调解协议司法确认案件，不收取费用。

人民法院收到申请后，应当在 3 日内裁定是否受理（《司法确认规定》第 4 条第 1

款）。人民法院受理申请后，发现不符合上述要件的，应当裁定驳回当事人的申请。

2. 法院确认调解协议程序的续行——审理（审查）

对于法院确认调解协议具体程序，没有特别规定的，适用《民诉法》第十五章第一节就“特别程序”作出的“一般规定”。比如，人民法院受理司法确认申请后，通常是指定一名审判人员对调解协议进行审查。

虽然在法律性质上，法院确认调解协议程序主要是非讼程序、采取自由证明程序，但是基于民事诉讼参与原则的考虑，法院审查相关情况时，应当通知双方当事人共同到场对案件进行核实。人民法院经审查，认为当事人的陈述或者提供的证明材料不充分、不完备或者有疑义的，可以要求当事人限期补充陈述或者补充证明材料。必要时，人民法院可以向调解组织核实有关情况。

我们认为，既然调解协议在性质上属于民事合同，就应依照合同的合法性要件及其规定进行审理，即法院审查判断调解是否遵循基本合法原则、基本自由与公平原则。具体来说：（1）调解协议既符合基本合法原则，又符合基本自由与公平原则的，法院应予确认。（2）若调解协议不符合基本合法原则，则为无效（相当于合同的无效），法院不予确认。（3）调解协议符合基本合法原则，但是违反基本自由与公平原则，受损害方可以变更或撤销调解协议。若受损害方变更调解协议，并依法申请法院确认的，则法院应对变更后的调解协议予以确认。若受损害方撤销调解协议，则法院无须确认。

3. 法院确认调解协议的程序的终结

根据现行相关法律和司法解释等规定，人民法院确认调解协议程序的终结情形主要有以下几种。

（1）人民法院裁定不予受理（不具备申请要件）的。

（2）撤回司法确认申请的。在确认调解协议的裁定作出前，当事人撤回申请的，人民法院可以裁定准许。当事人无正当理由未在限期内补充陈述、补充证明材料或者拒不接受询问的，人民法院可以按撤回申请处理。

（3）裁定驳回申请的。经审查，调解协议有下列情形之一的，人民法院应当裁定驳回申请：违反法律强制性规定的，损害国家利益、社会公共利益、他人合法权益的，违背公序良俗的，违反自愿原则的，内容不明确的，其他不能进行司法确认的情形。

我们认为，因违反基本自由与公平原则，受损害方撤销调解协议，人民法院无须确认的，应当裁定驳回申请。人民法院裁定驳回申请的，当事人可以合意变更原调解协议或者达成新的调解协议再申请司法确认，或者直接向人民法院提起诉讼。

（4）作出确认调解协议裁定的。人民法院经审查，符合法律规定的，裁定调解协议合法有效。一方当事人拒绝履行或者未全部履行的，对方当事人可以向作出确认调解协议裁定的人民法院或者与其同级的被执行财产所在地的人民法院执行（《民诉解释》第460条第1款）。

此外，在确认程序中，当事人之间就调解协议的内容发生争议的，我们认为，应当裁定终结确认程序，不应继续按照非讼程序处理，可以参照适用支付令失效后转入诉讼程序（争讼程序）的规定。

4. 关于确认裁定的纠正程序或救济途径

对于人民法院违法或者违反基本合法原则或基本自由与公平原则作出确认调解协议有效的裁定，虽然无法通过上诉和再审予以纠正或获得救济，但是根据非讼原理，当事人可以申请法院予以撤销或变更。

根据《民诉解释》第 372 条的规定，对人民法院作出确认调解协议的裁定，当事人有异议的，应当自收到裁定之日起 15 日内提出；利害关系人有异议的，自知道或者应当知道其民事权益受到侵害之日起 6 个月内提出。[①]

八、实现担保物权案件程序

（一）实现担保物权的方式

担保物权包括抵押权、质权和留置权。担保物权的实现（又称担保物权的实行）是指担保物权人在特定条件下对担保物行使优先受偿权的行为。

根据《民诉法》第 207、208 条的规定，担保物权的实现方式是公力救济，即担保物权人以及其他有权请求实现担保物权的人依照《民法典》等法律，向担保财产所在地或者担保物权登记地基层人民法院提出，符合法律规定的，人民法院裁定拍卖、变卖担保财产，当事人依据该裁定可以向人民法院申请执行。如此规定方便了担保物权的实现，使担保物权获得更为有效、快捷的司法保护。

实现担保物权程序，首先适用《民诉法》（第 207、208 条）和《民诉解释》（第 359～372 条）的特别规定；没有规定的，依次适用《民诉法》第十五章第一节“一般规定”和其他有关规定。

（二）实现担保物权案件程序的开始——申请、受理与异议

根据现行相关法律的规定，申请实现担保物权应当具备以下要件。

（1）申请人适格。

这主要包括：1）担保物权人（包括抵押权人、质权人和留置权人）；2）其他有权请求实现担保物权的人（包括抵押人、出质人、财产被留置的债务人或者所有权人等[②]）；3）建设工程承包人。

（2）管辖合法。

管辖法院是担保财产所在地或者担保物权登记地的基层人民法院。这里的“财产所在地”“登记地”，应作如下理解和适用。

1）对于不动产抵押权，其担保财产所在地与担保物权登记地是重合的。

---

① 根据《民诉解释》第 295 条的规定，适用特别程序处理的案件，提起“第三人撤销之诉”的，法院不予受理。

② 为平衡担保物权人与担保人之间的利益，督促担保物权人及时行使担保物权，《民法典》第 437 条第 1 款规定：“出质人可以请求质权人在债务履行期限届满后及时行使质权；质权人不行使的，出质人可以请求人民法院拍卖、变卖质押财产。”第 454 条规定：“债务人可以请求留置权人在债务履行期限届满后行使留置权；留置权人不行使的，债务人可以请求人民法院拍卖、变卖留置财产。”

2）对于权利质权（其标的是所有权以外的可让与的财产权利），实现票据、仓单、提单等有权利凭证的权利质权案件，可以由权利凭证持有人住所地人民法院管辖；无权利凭证的权利质权，由出质登记地人民法院管辖（《民诉解释》第 360 条）。[①]

3）对于留置权，其设立以债权人留置已经合法占有的债务人的动产（留置物）为要件，无须办理留置物登记，所以存在担保财产（留置物）所在地，无所谓担保物权登记地。

4）对于可以登记但不以登记为成立要件的担保物权（如动产抵押权、浮动抵押权等），可能存在担保财产所在地与担保物权登记地不一致的情形，对此，可选择向担保财产所在地或者担保物权登记地的基层人民法院提出申请。

5）同一债权的担保物有多个且所在地不同（处于不同基层人民法院辖区的），各人民法院均有管辖权，申请人可选择其一提出申请；若分别向有管辖权的人民法院申请实现担保物权的，人民法院应当依法受理。

应当注意，实现担保物权案件属于海事法院等专门法院管辖的，由专门法院管辖。

（3）申请材料合法。

申请实现担保物权，应当提交下列材料：

1）申请书。申请书应当记明申请人、被申请人的姓名或者名称、联系方式等基本信息，具体的请求和事实、理由。

2）证明担保物权存在的材料，包括主合同、担保合同、抵押登记证明或者他项权利证书，权利质权的权利凭证或者质权出质登记证明等。

3）证明实现担保物权条件成就的材料。“债务人不履行到期债务”或者“发生当事人约定的实现担保物权的情形”是抵押权实现条件成就的情形（《民法典》第 410 条）；“债务人不履行到期债务”是质权、留置权实现条件成就的情形（《民法典》第 437、454 条）；“发包人未按照约定支付价款的，承包人可以催告发包人在合理期限内支付价款。发包人逾期不支付的”是建设工程抵押权实现条件成就的情形（《民法典》第 807 条）；等等。对于上述情形，申请人应当提供充分的证据。

4）担保财产现状的说明。

5）人民法院认为需要提交的其他材料。

同一财产上设立多个担保物权，登记在先的担保物权尚未实现的，不影响后顺位的担保物权人向人民法院申请实现担保物权。

就担保物权实现方式没有达成协议并非申请实现担保物权的要件。《民法典》第 410 条第 2 款规定：抵押权人与抵押人可以就抵押权的实现方式达成协议。这只是赋予抵押权人更多的抵押权实现途径而不是施加义务，抵押权人可以直接申请法院拍卖或者变卖抵押财产。对于质权和留置权，《民法典》没有规定担保物权人与担保人可以就担保物权实现方式进行协商。

---

① 没有权利凭证的财产权利，其质权自有关部门登记时设立，所以存在登记地；若是有权利凭证的财产权利，其质权自权利凭证交付质权人时设立，所以权利凭证持有人住所地即是担保财产所在地（《民法典》第 441、443～445 条）。

申请人应当按照《交费办法》的相关规定，在提出申请的同时预交申请费。《民诉解释》第204条规定：人民法院裁定拍卖、变卖担保财产的，申请费由债务人、担保人负担；人民法院裁定驳回申请的，申请费由申请人负担。申请人另行起诉的，其已经交纳的申请费可以从案件受理费中扣除。

人民法院收到实现担保物权申请，应当及时（现行法尚未规定受理期限）决定是否受理。人民法院审查认为不具备上述申请要件的，应当决定不予受理。对于可以补正的要件，应当给予当事人补正的机会，比如补正申请材料。对于管辖不合法的，应当向申请人告知有管辖权的人民法院。

依照《民法典》第392条，被担保的债权既有物的担保又有人的担保，当事人对实现担保物权的顺序有约定，实现担保物权的申请违反该约定的，法院裁定驳回申请；没有约定或者约定不明的，法院应当受理。

人民法院受理申请后，应当在5日内向被申请人送达申请书副本、异议权利告知书等文书。被申请人有异议的，应当在收到人民法院通知后的5日内向人民法院提出，同时说明理由并提供相应的证据材料。

人民法院受理申请后，申请人对担保财产提出保全申请的，可以按照《民诉法》关于诉讼保全的规定办理。

（三）实现担保物权案件程序的续行——审理（审查）

《民诉法》第208条规定："人民法院受理申请后，经审查，符合法律规定的，裁定拍卖、变卖担保财产，当事人依据该裁定可以向人民法院申请执行；不符合法律规定的，裁定驳回申请，当事人可以向人民法院提起诉讼。"

《民诉解释》第367条规定：实现担保物权案件可以由审判员一人独任审查。担保财产标的额超过基层人民法院管辖范围的，应当组成合议庭进行审查。

法院实现担保物权程序主要是非讼程序，采取自由证明程序。适用该程序的条件是不存在民事权益争议，即对主债权债务、担保物权和担保物是否处分没有争议，当事人仅仅是因为担保物权应当通过公权力予以实现而提出申请。在比较法上，申请拍卖、变卖担保财产属于"非讼事件"的范畴，德国、日本等国的相关法律对此作出了明文规定。

人民法院审查实现担保物权案件，可以询问申请人、被申请人、利害关系人，必要时可以依职权调查相关事实。人民法院应当就主合同的效力、期限、履行情况，担保物权是否有效设立、担保财产的范围、被担保的债权范围、被担保的债权是否已届清偿期等担保物权实现的条件，以及是否损害他人合法权益等内容进行审查。被申请人或者利害关系人提出异议的，人民法院应当一并审查。

基于民事诉讼参与原则的考虑，法院在必要时可以通知申请人和被申请人同时到场，进行审理。法院审查主要是形式审查，即审查担保物权是否符合《民法典》等法律的规定，经审查符合法律规定的则裁定拍卖、变卖担保财产，亦即法院主要是根据申请人提供的证据来审查担保物权是否成立和担保物权实现条件是否成就。对此，具体阐释如下：

关于抵押权：（1）对于不动产抵押权，法院对不动产抵押权人提供的不动产权属证书仅作形式审查，只要其经过合法登记，并且担保物权实现条件成就的，就应裁定拍卖或变卖抵押财产。（2）对于动产抵押权和浮动抵押权，因其不一定经过登记，所以法院应当通知抵押人或债务人到场，确认抵押合同的真实性。若对抵押权人的权利没有异议，则裁定拍卖或变卖抵押财产。若抵押人或债务人有证据证明抵押合同是虚假的，则裁定驳回抵押权人的申请。（3）对于法定抵押权，因其基于法律的规定而产生，不待登记即生效，故不具有公信力，因此，法院经询问发包人，发包人对法定抵押权的内容和效力没有异议的，则裁定拍卖或变卖抵押财产。（4）对于最高额抵押权，通常仅登记抵押的最高额，对实际发生的每笔债权额不作登记，因此法院裁定拍卖或变卖抵押财产前，应当询问抵押人，并确认抵押人对其所担保的债权没有异议。

关于质权：（1）对于动产质权，因其以质权人占有出质的动产（质押财产）为设立要件，因此法院应当审查质权人是否占有出质的动产。法院经询问出质人，出质人对动产质权的内容和效力没有异议的，则裁定拍卖或变卖质押财产。（2）对于权利质权，若是没有权利凭证的财产权利，法院应当审查其登记证书或通知书等相关材料；若是有权利凭证的财产权利，法院应当审查质权人是否占有其权利凭证。

关于留置权，其设立以债权人留置已经合法占有的债务人的动产（留置物）为要件，因此法院应当审查留置权人是否合法占有留置物。法院经询问债务人，债务人对留置权的内容和效力没有异议的，则裁定拍卖或变卖留置物。

（四）实现担保物权案件程序的终结

根据现行相关法律等规定，人民法院实现担保物权程序的终结情形主要有以下几种。

（1）人民法院裁定不予受理（不具备申请要件）的。

（2）裁定驳回申请的。当事人对实现担保物权有实质性争议的，比如当事人对主债权是否合法有效、担保物权是否成立及担保债权范围和数额、担保物权实现条件是否成就等存在争议的，不应继续按照非讼程序处理，应当裁定驳回申请，并告知申请人向人民法院提起诉讼，适用争讼程序解决。

（3）裁定拍卖或变卖担保物的。当事人对实现担保物权无实质性争议且实现担保物权条件成就的，裁定准许拍卖、变卖担保财产；当事人对实现担保物权有部分实质性争议的，可以就无争议部分裁定准许拍卖、变卖担保财产。

拍卖或变卖担保物的裁定（或称准许实现担保物权裁定）为执行依据或执行名义，当事人据此在“申请执行时效期间”内可以向作出裁定的人民法院或者与其同级的被执行财产所在地人民法院申请执行。执行申请费按照执行金额在执行后交纳，由被执行人负担。

（五）关于不服拍卖或变卖担保物裁定的救济途径

对拍卖或变卖担保物的裁定，当事人有异议的，应当自收到裁定之日起 15 日内提出；利害关系人有异议的，自知道或者应当知道其民事权益受到侵害之日起 6 个月内提出。

根据《民诉解释》第 295 条的规定，适用特别程序处理的案件，提起“第三人撤销之诉”的，人民法院不予受理。

第三节 督促程序

一、督促程序概述

（一）督促程序的含义

督促程序，是指法院根据债权人的申请，以支付令催促债务人限期履行金钱债务的程序。债务人若在法定期间内对支付令不提出异议或异议被驳回的，则支付令具有执行力。因此，督促程序又称“支付令程序”。

督促程序是一种督促债务人偿还债务的简捷程序，其主要目的是简便快捷地督促债务人偿还金钱债务，以实现债权人金钱债权。

我国有关督促程序的规定主要有：《民诉法》（第十七章）、《海诉法》（第八章第四节）和《民诉解释》（第425～441条）等。

我国现行督促程序的基本构成是：（1）督促程序的开始阶段，包括债权人申请、法院受理；（2）督促程序的续行阶段，包括法院审理、法院发出支付令、债务人支付令异议；（3）督促程序的终结。

（二）督促程序的性质

督促程序是一种督促债务人偿还债务的简捷程序，专门用于解决债权债务关系明确而债务人无正当理由不偿还债务的非讼案件。

因此，督促程序具有以下主要性质。

（1）专门性。主要体现在：1）督促程序的适用范围，仅为债权人请求给付金钱和有价证券的非讼案件；2）关于债务和送达的特殊要件，主要有债务已到履行期、债权人与债务人没有其他债务纠纷、支付令能够送达债务人。

（2）非讼性。主要体现在：1）督促程序中，仅有一方当事人即债权人，债务人并不参加审理；2）督促程序因债权人的申请并非起诉而开始；3）原则上不开庭审理，不可能也无须法庭辩论，法院依据债权人提供的事实证据进行书面审理。

（3）简捷性。主要体现在：1）实行独任制；2）没有法庭辩论，采取自由证明，程序并不复杂；3）实行一审终审，即若债务人对支付令提出合法异议的则督促程序终结，若债务人没有提出支付令异议或异议被驳回的则支付令具有既判力和执行力。

（4）适用的可选择性。督促程序的适用具有可选择性，即债权人对督促程序有选择适用的自由，亦即在同时符合督促程序法定的适用范围和适用条件时，债权人有权选择申请适用督促程序，或者选择起诉适用争讼程序。

督促程序的立法目的决定了督促程序的法律性质。督促程序的专门性、非讼性和简捷性相辅相成。督促程序的专门性使其非讼性和简捷性成为可能；非讼性和简捷性保证了督促程序的专门性；简捷性是督促程序非讼性的逻辑结果，非讼性也体现了简捷性的内容。

（三）督促程序与简易程序

我国现行督促程序与简易程序均是简捷性程序，都追求程序的简便和效率，但是两者有着诸多不同，具体包括以下几点。

（1）在专门性方面，督促程序适用于“给付”金钱和有价证券的非讼案件，并且有其特殊的适用条件；简易程序主要适用于简单的民事争讼案件，包括给付之诉、确认之诉和形成之诉，并且没有督促程序适用条件的限制。

（2）在非讼性方面，督促程序具有非讼性；简易程序具有争讼性，即简易程序中存在着对立的原告和被告，采行直接言词审理原则。

（3）在简捷性方面，督促程序采取一审终审，债务人的救济途径是支付令异议；简易程序采行两审终审，当事人可通过上诉和再审获得救济。

二、督促程序的开始

（一）债权人申请

督促程序的启动方式是债权人向人民法院提出合法的申请，即“申请支付令”。根据《民诉法》第 225 条和《民诉解释》第 425～427 条的规定，申请条件或受理条件如下。

1. 应符合督促程序的适用范围

督促程序的法定适用范围是：请求债务人给付金钱、有价证券的案件。基层人民法院受理申请支付令案件或督促案件，不受债权金额的限制。

这里所谓的金钱，是指作为流通手段和支付手段的货币，如我国的人民币等。这里的有价证券包括汇票、本票、支票、股票、债券、国库券、可转让的存款单等。

《劳动调解仲裁法》第 16 条规定：因支付拖欠的劳动报酬、工伤医疗费、经济补偿或者赔偿金达成调解协议，用人单位不履行的，劳动者可以持调解协议书申请支付令。《工会法》第 44 条规定：企业、事业单位、社会组织无正当理由拖延或者拒不拨缴工会经费，基层工会或者上级工会可以向当地法院申请支付令。

法律限定督促程序的适用范围，是因为这类给付请求较之其他给付请求具有尽快获得满足的可能性，并且由于主要采书面审理而不进行法庭辩论就可发出支付命令，因而限定督促程序的适用范围也考虑到维护公正的需要，以及支付令若有错误给债务人造成的金钱损失不易于获得充分补救。

2. 符合关于债权人与债务人债权债务的条件

符合关于债权人与债务人债权债务的条件主要有二：（1）请求给付的金钱或者有价证券已到期，即债务已到履行期；（2）债权人与债务人没有其他债务纠纷。

所谓债权人与债务人没有其他债务纠纷，主要是指债权人没有对待给付义务。对待给付是指债权人应待自己向债务人为给付后，债务人才有给付的义务，或者债权人与债务人应同时互为给付的情形。债权人与债务人有其他债务纠纷，那么不仅两者之间的债权债务关系比较复杂、不易明确，多会发生争议，不宜通过督促程序解决，而且如果人民法院以支付令仅命令债务人向债权人为给付，却不考虑债务人对债权人也拥有债权，也有悖于法律平等保护原则。

3. 符合送达支付令的条件

关于送达的条件，主要有：(1) 债务人在我国境内且未下落不明；(2) 支付令能够送达债务人。所谓能够送达债务人，一般是指以直接送达和留置送达方式能够将支付令实际送达给债务人。

事实上，债务人在我国境内且未下落不明的，支付令才能够送达债务人。若支付令不能实际送达给债务人，债务人可能因为不能知晓支付令的内容而无法及时对支付令提出异议，并且督促程序的立法目的和简捷性也要求支付令能够快速地送达债务人，以尽快实现债权人的债权。

4. 符合管辖的条件

债权人申请支付令，适用《民诉法》第 225 条的规定，由债务人住所地基层人民法院管辖。两个以上人民法院都有管辖权的，债权人可以向其中一个基层人民法院申请支付令。债权人向两个以上有管辖权的基层人民法院申请支付令的，由最先立案的人民法院管辖。

5. 债权人未向人民法院申请诉前保全

设定此项条件，主要是与《民诉法》第 104 条相一致。根据此条的规定，债权人向人民法院申请诉前保全的，应当在人民法院采取保全措施后 30 日内依法提起诉讼（或者申请仲裁），否则，人民法院解除保全。

6. 关于申请形式的要件

合法的申请形式是债权人应提交合法的申请书。合法的支付令申请书，是指记明下列主要事项的申请书：(1) 申请人和被申请人的基本情况，特别应当写明被申请人的住址；(2) 具体请求，即请求给付金钱或者有价证券的具体种类、确定数额等；(3) 请求所根据的事实和证据，即债权债务关系明确合法、债务履行期已到、无其他债务纠纷等事实及相关证据。

此外，根据《交费办法》第 14 条的规定，债权人在提出支付令申请的同时，比照（争讼）财产案件受理费标准的 1/3 交纳申请费。至于申请费的负担，《交费办法》第 36 条规定：债务人对督促程序未提出异议的，由债务人负担；债务人对督促程序提出异议致使督促程序终结的，由申请人负担；申请人另行起诉的，可以将申请费列入诉讼请求。

（二）法院受理

《民诉法》第 226 条规定，债权人提出申请后，人民法院应当在 5 日内通知债权人是否受理。根据《民诉解释》第 427 条的规定，债权人申请支付令，符合上述申请条件的，基层人民法院应当受理，并在收到支付令申请书后 5 日内通知债权人。

人民法院收到债权人的支付令申请书后，认为申请书不符合要求的，可以通知债权人限期补正。人民法院应当自收到补正材料之日起 5 日内通知债权人是否受理。债权人若无正当理由不按期补正或者补正后仍不合法的则不予受理。[1]

管辖不合法的，人民法院告知申请人向有管辖权的人民法院申请，若受理则应移送管辖。如果申请人不依法预交申请费，就按撤回申请处理，但是获准缓交、减交或免交的除外。

上述督促程序的适用范围和关于债务的条件，属于实体要件，在受理阶段，人民法院主要是从形式上即通过审查申请书确定是否具备申请条件，因为是否符合督促程序的适用范围和关于债务的条件，应待审理终结时才能确定。

债务人收到支付令前，债权人可以撤回申请，人民法院应当裁定终结督促程序，已发出支付令的则支付令自行失效。

三、督促程序的续行和终结

（一）法院审理

人民法院受理申请后，由审判员一人进行审查。法官通常根据债权人提供的事实和证据进行书面审查。当然，为了查明案件事实，法官也可以口头或言词的方式询问债权人和证人，债权人或证人也应口头陈述或口头作证。

人民法院受理支付令申请后，发现不符合申请条件或受理条件的，应当在受理之日起 15 日内裁定驳回申请。

经审查，有下列情形之一的，裁定驳回申请：（1）申请人不具备当事人资格的；（2）给付金钱或者有价证券的证明文件没有约定逾期给付利息或者违约金、赔偿金，债权人坚持要求给付利息或者违约金、赔偿金的；（3）要求给付的金钱或者有价证券属于违法所得的；（4）要求给付的金钱或者有价证券尚未到期或者数额不确定的。

我们认为，人民法院驳回申请的裁定，应附理由，并应送达债权人。对该裁定，债权人不得声明不服。不过，人民法院驳回支付令申请的裁定没有确认债权是否存在和是否合法，不具有既判力，因此债权人可以补足申请理由再次申请支付令，也可以提起诉讼或申请仲裁等。

（二）法院发出支付令

1. 发出和送达支付令

人民法院受理申请后，经审查债权人提供的事实、证据，对债权债务关系明确、合法的，应当在受理之日起 15 日内向债务人发出支付令。

发出支付令的要件，主要是指债权债务关系明确和合法。债权债务关系明确，是指给付金钱、有价证券的债务已到清偿期并数额确定且没有争议。债权债务关系合法，是指引起债权债务关系发生的事实以及债权债务关系的内容不违反法律的规定，即要求给

---

① 基于程序保障方面的考虑，法院对于不予受理或驳回申请，应当采用裁定。同时，法院也可能作出违法或错误的不予受理或驳回申请的裁定，对此债权人应当有权提出异议。

付的金钱或者有价证券属于合法所得。

支付令应当载明以下内容或事项：（1）债权人、债务人的基本情况；（2）债务人应当给付的金钱、有价证券的种类、数量等；（3）债务人清偿债务或者提出异议的期限；（4）债务人在法定期间不提出异议的法律后果等。

人民法院应将支付令及时送达债权人和债务人。向债务人本人送达支付令，债务人拒绝接收的，人民法院可以留置送达。送达债务人后，人民法院还应通知债权人支付令送达债务人的日期，以便债权人确定申请执行的时间。

2. 支付令的效力和失效

支付令具有羁束力、督促力、确定力和执行力等法律效力。

支付令一经宣告，就产生羁束力，人民法院原则上不得任意撤销或变更支付令。对于违法或错误的支付令，可以通过债务人异议或人民法院裁定撤销等途径使其失效。支付令中如有误写、误算或其他类似明显的技术上或形式上错误的，人民法院可以裁定更正。

督促力是指支付令具有督促债务人在法定期间内清偿债务或者提出异议的效力。督促力自债务人收到支付令之日始发生。根据《民诉法》第 227 条第 2 款的规定，债务人应当自收到支付令之日起 15 日内清偿债务，或者向人民法院提出书面异议。

支付令一经宣告，就具有形式确定力，当事人不得提起上诉。支付令在具备法定条件时，才具有实质确定力（既判力），即债权人和债务人就支付令所确定的债权债务关系不得提起诉讼。

支付令产生既判力和执行力的法定条件是“债务人自收到支付令之日起十五日内不提出书面异议或者异议被驳回”（故支付令又被称为“附条件的支付令”）。债务人在收到支付令后，未在法定期间提出书面异议，而向其他人民法院起诉的[①]，不影响支付令的效力。债务人超过法定期间提出异议的，视为未提出异议。

导致支付令失效的情形主要有：（1）《民诉解释》第 430 条规定的情形[②]；（2）支付令异议成立；（3）生效支付令因确有错误而被法院裁定撤销（《民诉解释》第 441 条）。此外，对设有担保的债务的主债务人发出的支付令，对担保人虽然没有拘束力，但是债权人就担保关系单独提起诉讼的，支付令自人民法院受理案件之日起失效（《民诉解释》第 434 条）。

（三）债务人提出支付令异议

1. 支付令异议的含义

支付令异议，是指债务人就支付令所记载的债务，向发出支付令的人民法院书面提

---

① 对此，债权人可以存在支付令为由，请求受诉法院不予受理或驳回起诉。受诉法院也应以存在生效支付令为由，裁定不予受理或驳回起诉。

② 《民诉解释》第 430 条规定：“有下列情形之一的，人民法院应当裁定终结督促程序，已发出支付令的，支付令自行失效：（一）人民法院受理支付令申请后，债权人就同一债权债务关系又提起诉讼的；（二）人民法院发出支付令之日起三十日内无法送达债务人的；（三）债务人收到支付令前，债权人撤回申请的。”

出不同意见。在督促程序中，人民法院仅根据债权人一方提出的事实证据来发出支付令，法律允许债务人提出支付令异议，是在程序上平等保护债务人。

2. 支付令异议的成立要件

我国民事诉讼法没有要求债务人提出异议应附实体理由（支付令异议所依据的事实证据和相应的实体法根据），仅需向人民法院作出反对支付令的书面的意思表示即可。债务人提出支付令异议应具备必要的程序要件，否则异议不成立。

支付令异议的成立应当同时具备以下要件：

（1）债务人应在收到支付令之日起 15 日内，向作出支付令的人民法院提出异议。

（2）债务人应以书面形式提出异议，口头异议无效。这是因为支付令异议关系到支付令能否产生既判力、执行力和督促程序是否终结等问题。

（3）债务人应当针对其债务本身或债权人的债权提出异议。债务人对债务本身没有异议，只是提出缺乏清偿能力、延缓债务清偿期限、变更债务清偿方式等异议的，不影响支付令的效力。

3. 法院审查

根据《民诉法》第 226 条的规定，人民法院应当在收到债权人支付令申请后 5 日内，进行书面审查以决定是否受理。那么，根据平等原则，人民法院也应当在收到债务人支付令异议后 5 日内，进行书面审查，并决定支付令异议是否成立。

人民法院无须审查支付令异议是否有实体理由，仅需审查支付令异议是否具备成立要件。人民法院认为具备成立要件的，应裁定终结督促程序；认为不具备成立要件的，应裁定驳回异议。对驳回异议的裁定，债务人不得提出异议。①

经形式审查，债务人提出的书面异议有下列情形之一的，应当认定异议成立，裁定终结督促程序，支付令自行失效：（1）法定的不予受理申请情形；（2）法定的裁定驳回申请情形；（3）法定的应当裁定终结督促程序情形；（4）人民法院对是否符合发出支付令条件产生合理怀疑（《民诉解释》第 435 条）。

人民法院作出终结督促程序或者驳回异议裁定前，债务人请求撤回异议的，应当裁定准许。债务人对撤回异议反悔的，人民法院不予支持。

4. 支付令异议成立的效果

支付令异议成立的效果主要是裁定终结督促程序，支付令自行失效。不过，应当注意以下特殊情形：

（1）债权人基于同一债权债务关系，在同一支付令申请中向债务人提出多项支付请求，债务人仅就其中一项或者几项请求提出异议的，不影响其他各项请求的效力。

（2）债权人基于同一债权债务关系，就可分之债向多个债务人提出支付请求，多个债务人中的一人或者几人提出异议的，不影响其他请求的效力。

由于债务人提出支付令异议无须附实体理由，支付令异议的成立要件也很容易具备，

---

① 若人民法院违法裁定驳回异议，债务人则无救济的机会，所以应当赋予债务人对此种裁定提出异议的权利。许多国家民事诉讼法规定，债务人不服驳回支付令异议的裁定，有权提出抗告。

所以债务人可能随意或者恶意提出支付令异议，使支付令失效。其不利后果是，人民法院和债权人将前功尽弃，以至于阻碍督促程序的运用及其优势的发挥。因此，我们主张，债务人应当提供支持其异议的事实和证据，否则裁定驳回异议。不过，人民法院应当从形式上审查有无支持其异议的事实和证据，但是无须审查证据是否充分、事实是否真实。

（四）关于支付令的救济程序和纠正程序

关于未发生既判力的支付令，其救济途径是债务人提出支付令异议。债务人没有参加支付令发出前的程序，根据法律平等原则和程序参与原则等，法律赋予债务人以提出支付令异议的权利来维护自己的合法权益。支付令异议合法的，支付令不发生既判力和执行力。

关于发生既判力的支付令，其纠正程序是法院裁定撤销支付令。《民诉解释》第441条规定，人民法院院长发现本院已经发生法律效力的支付令确有错误，认为需要撤销的，应当提交本院审判委员会讨论决定后，裁定撤销支付令，驳回债权人的申请。

根据《民诉解释》第295条的规定，适用督促程序处理的案件，提起“第三人撤销之诉”的，人民法院不予受理。

（五）督促程序的终结

督促程序的终结情形主要有：（1）支付令申请因不具备申请条件或受理条件，人民法院裁定不予受理或者被裁定驳回的；（2）支付令申请因不具备发出支付令的要件，被人民法院裁定驳回的；（3）在发出支付令前，债权人撤回申请的[①]；（4）支付令失效的；（5）支付令发生法律效力的。

四、转入诉讼程序和强制执行程序

（一）转入诉讼程序

我们认为：发生督促程序终结的第一种和第二种情形（均未发出支付令）的，债权人可以提起诉讼（或申请仲裁）。发生第三种情形的（也未发出支付令），债权人可以再次申请支付令（仅限于一次），也可以提起诉讼（或申请仲裁）。

至于第四种情形（支付令发出却失效），《民诉法》第228条第2款规定：“支付令失效的，转入诉讼程序，但申请支付令的一方当事人不同意提起诉讼的除外。”对此，《民诉解释》作出如下具体规定。

支付令失效后，申请支付令的一方当事人不同意提起诉讼的，应当自收到终结督促程序裁定之日起7日内向受理申请的人民法院提出；申请支付令的一方当事人不同意提起诉讼的，不影响其向其他有管辖权的人民法院提起诉讼（第438条）。

---

① 根据《民诉解释》第430、435条的规定，在发出支付令后，债务人收到支付令前，债权人撤回申请的，人民法院应当裁定终结督促程序，已发出支付令的，支付令自行失效。

支付令失效后，申请支付令的一方当事人自收到终结督促程序裁定之日起 7 日内未向受理申请的人民法院表明不同意提起诉讼的，视为向受理申请的人民法院起诉；债权人提出支付令申请的时间，即为向人民法院起诉的时间（第 439 条）。

我们认为，上述关于支付令失效后转入诉讼程序的规定，不适用于以下情形：（1）人民法院受理支付令申请后，债权人就同一债权债务关系又提起诉讼的（《民诉解释》第 430 条）；（2）虽然对设有担保的债务的主债务人发出了支付令，但是债权人就担保关系单独提起诉讼的（《民诉解释》第 434 条）。

根据《民诉解释》第 195 条的规定，支付令失效后转入诉讼程序的，债权人应当按照《交费办法》补交案件受理费；支付令被撤销后，债权人另行起诉的，按照《交费办法》交纳诉讼费用。根据《交费办法》第 36 条的规定，债权人或申请人另行起诉的，可以将申请费列入诉讼请求。债务人败诉的（通常是判决内容与支付令内容基本一致），申请费由债务人负担，这在一定程度上可以制约债务人随意或恶意提出支付令异议。

（二）对发生法律效力的支付令申请强制执行

对于发生法律效力的支付令，债务人在收到支付令之日起 15 日内不履行支付令的，债权人可以向作出支付令的人民法院或者与其同级的被执行财产所在地的人民法院申请强制执行；债权人申请强制执行支付令的期间，适用《民诉法》第 250 条的规定。

第四节　公示催告程序

一、公示催告程序概述

（一）公示催告程序的含义

【案例 19－3】邵某通过背书将一张 10 万元的支票转让给王某。第二天，王某发现该支票不见了，不知该支票是否被他人拾到或被谁拾到（利害关系人不明）。对此，王某可以通过哪些途径获得救济？

在一般意义上，公示催告程序是这样的程序：法院依当事人的申请，用公示的方法，催告不明利害关系人在一定期间内申报权利，若无人申报或申报无效，则申请人获得该权利而不明利害关系人丧失该权利。

根据《民诉法》第十八章的规定，公示催告程序，大体上是指票据的最后持有人，因其票据被盗、遗失或灭失，请求人民法院以公示方法，催促该票据的不明利害关系人在一定期间内申报该票据权利，若无人申报或申报无效，人民法院根据票据的最后持有人申请，判决宣告票据无效（除权判决），此际票据的最后持有人享有该票据权利，而利害关系人丧失该票据权利。

可背书转让的票据在其被盗、遗失或灭失后，其最后持有人是否为合法持有人，是否被他人实际持有或被谁拾到（利害关系人不明）？为解决这些问题专门设立了公示催告程序。

以公示方法催告不明利害关系人（遗失票据的实际持有人）申报该票据权利。若无人申报或申报无效，则推定遗失票据的最后持有人为合法持有人，人民法院以除权判决宣告该票据无效，于是“实际持有人”失去该票据权利，而最后持有人拥有该票据权利。

若利害关系人申报合法有效，则意味着利害关系人和最后持有人均有可能是遗失票据的合法持有人，两者对票据权利可能存有争议，这不是公示催告程序所能解决的问题，因为公示催告程序是非讼程序。所以，人民法院应裁定终结公示催告程序。

公示催告程序包括两个阶段：（1）公示催告阶段，即申请人申请人民法院以公示方法（如公告）催告不明利害关系人申报权利，此阶段由一名法官主持；（2）作出除权判决阶段，即在无人申报权利或申报无效时，原申请人申请人民法院作出宣告票据无效的除权判决，此阶段由合议庭主持。

公示催告是作出除权判决所必经的前置阶段。但是，公示催告后不必然作出除权判决。在以下情形下，法院不作出除权判决：（1）无人申报权利或申报无效时，申请人没有依法申请人民法院作出除权判决；（2）申报权利合法有效，人民法院裁定终结公示催告程序。

对票据的公示催告，实体事项由票据法、公司法等实体法规定，至于程序事项则由民事诉讼法等规定。审理公示催告案件，在程序上首先适用《民诉法》第十八章、《海诉法》第八章第四节、《民诉解释》等对公示催告程序作出的特殊规定。

（二）公示催告程序的性质

我国公示催告程序具有以下主要性质。

（1）专门性。公示催告程序仅适用于因可以背书转让的票据被盗、遗失或灭失而引起的非讼事件以及法律规定的其他事项。

（2）非讼性。主要体现在：1）公示催告程序的适用要件之一是不知道有无利害关系人或谁是利害关系人，即没有或没有明确的对方当事人，此程序中只有申请人；2）此程序因丧失票据的最后持有人的申请并非起诉而开始；3）原则上不开庭审理，不可能也无须法庭辩论，人民法院依据申请人提供的事实证据，进行书面审理。

（3）简捷性。票据流通具有快速性，为及时保护票据合法持有人的权利，公示催告程序应当具有简捷性。主要体现为：1）在公示催告阶段实行独任制；2）没有法庭辩论，采取自由证明，程序并不复杂；3）一审终审，对除权判决不得提起上诉。

（三）公示催告程序与相关制度和做法

公示催告程序由人民法院适用，是对遗失票据的最后持有人的一种专门的司法救济途径。公示催告程序不同于票据挂失。票据挂失是指票据遗失后，失主在有关银行等办理遗失声明，宣布票据无效。申请公示催告无须以票据挂失为前提。

失主因票据丧失，可在电视、报刊等公共媒体上声明作废。声明票据作废仅是声明人单方意思表示，声明人与被告知的不特定的众人之间一般并不因该声明而建立相应的民事法律关系。无论是否声明作废均可申请公示催告程序。

其他机关或组织以公示方法催告利害关系人申报票据权利的，比如公安机关以公示方法催告失主申报权利，并非本书所谓的公示催告程序。这种公示催告并不阻碍遗失票据的最后持有人申请公示催告程序。

二、公示催告

（一）申请与受理

1. 申请

在我国，申请公示催告应具备下列要件（受理条件）。

（1）应符合公示催告程序的适用范围。我国的公示催告程序，首先适用于可以背书转让的票据，其次适用于依照法律规定可以申请公示催告的其他事项，比如：股票被盗、遗失或者灭失，股东可以请求人民法院宣告该股票失效（《公司法》第164条）；提单等提货凭证持有人，因提货凭证失控或者灭失，可以向货物所在地海事法院申请公示催告（《海诉法》第100条）；等等。

（2）应具备申请公示催告的法定事由。申请公示催告的事由是可以背书转让的票据等被盗、遗失或者灭失以及法定的其他事由，并且由于以上事由，票据等是否被人持有或被谁持有不明确，即利害关系人不明。只是利害关系人的住所地不明确，可采用公告送达，不得适用公示催告程序。利害关系人明确的，不得适用公示催告程序，而应以争讼程序解决。

（3）申请人应适格。公示催告的申请人应是可以背书转让的票据的最后持有人以及法律规定的其他人。这是因为公示催告程序是对遗失票据的最后持有人的一种便捷的司法救济途径。可以背书转让票据的最后持有人，是在票据丧失之前最后持有该票据的人。法律规定的其他人，是指法律规定的可以申请公示催告程序的股票、提单等丧失前的最后持有人。

（4）应向有管辖权的法院提出书面申请。申请公示催告只能向票据支付地的基层法院提出。合法的申请书应当载明以下事项：申请人的基本情况；请求事项，即申请宣告×××票据无效，并应写明票面金额、发票人、持票人、背书人等票据主要内容；事实理由，即写明票据被盗、遗失或灭失的时间、地点、经过以及证据等。

（5）依法交纳申请费。申请公示催告的，每件交纳申请费100元（《交费办法》第14条）。公示催告的申请费由申请人负担（《交费办法》第37条）。

2. 法院受理

人民法院收到公示催告的申请后，应当立即审查，并决定是否受理。经审查认为符合受理条件的，通知予以受理，并同时通知支付人停止支付；认为不符合受理条件的，7日内裁定驳回申请。[①]

因票据丧失，申请公示催告的，人民法院应结合票据存根、丧失票据的复印件、出

---

① 基于程序保障的考虑，对驳回申请的裁定，债权人应当有权提出异议。

票人关于签发票据的证明、申请人合法取得票据的证明、银行挂失止付通知书、报案证明等证据，决定是否受理。前述第 1～3 项要件，涉及实体内容，在受理阶段，人民法院主要是从形式上审查是否具备。因为是否具备第 1～3 项要件，应待审理终结之时才能确定。

人民法院经审查后，认为申请书不合法的，应酌定期间要求申请人补正（补正期间不计入 7 日的受理期限），申请人若无正当理由不按期补正或者补正后仍不合法的，则不予受理。管辖不合法的，人民法院告知申请人向有管辖权的人民法院申请，若受理的则应移送管辖。如果申请人不依法预交申请费，就按撤回申请处理，但是获准缓交、减交或者免交的除外。

公示催告申请人撤回申请，应在公示催告前提出；公示催告期间申请撤回的，人民法院可以径行裁定终结公示催告程序（《民诉解释》第 453 条）。

（二）法院通知止付和发出公告

根据《民诉法》第 230 条的规定，人民法院决定受理申请的，应当同时通知支付人停止支付，并在 3 日内发出公告，催促利害关系人申报权利。

1. 法院通知支付人止付

人民法院通知票据支付人停止支付，应当符合有关财产保全的规定。票据等被盗、遗失或灭失以后，为防止非法持有人向支付人请求支付，法律规定人民法院应当及时通知支付人止付。

停止支付通知的效力及至公示催告程序终结。支付人收到停止支付通知后拒不止付的，除依照《民诉法》第 114、117 条的规定采取强制措施外，除权判决确定后，支付人仍应承担付款义务。申请人因此遭受损害的，支付人应当承担损害赔偿责任。

2. 法院发出公告

公告应当写明下列内容：（1）公示催告申请人的姓名或者名称；（2）票据的种类、号码、票面金额、出票人、背书人、持票人、付款期限等事项以及其他可以申请公示催告的权利凭证的种类、号码、权利范围、权利人、义务人、行权日期等事项；（3）申报权利的期间；（4）在公示催告期间转让票据等权利凭证，利害关系人不申报的法律后果。

公告应当在有关报纸或者其他媒体上刊登，并于同日公布于人民法院公告栏内。人民法院所在地有证券交易所的，还应当于同日在该交易所公布。

公告的期间（公示催告期间），由法院根据具体情况决定，但不得少于 60 日，且公示催告期间届满日不得早于票据付款日后 15 日。根据《票据规定》第 32 条的规定，公告期间不得少于 60 日，且公示催告期间届满日不得早于票据付款日后 15 日。

（三）利害关系人申报权利

法律规定以公告和申报权利的方式，来查明公示催告申请人的申请事由是否真实，并以此来保护利害关系人的合法权益。正因为利害关系人依法拥有申报权利的机会或途径，所以《民诉解释》第 295 条规定，适用公示催告程序处理的案件，利害关系人提起

“第三人撤销之诉”的，人民法院不予受理。

利害关系人合法申报权利，应当具备以下条件：

（1）申报权利人是利害关系人。所谓利害关系人，是指已丧失的票据等的实际持有人。根据票据法的一般原理，持票人即是权利人。

（2）以书面形式申报权利，同时应向人民法院提交所持有的票据等。申报书只需说明票据权利的主要内容和申报的意旨即可。利害关系人申报权利是为了阻止人民法院作出除权判决，并非确认所申报的权利是否合法，所以申报不必附事实和证据。

（3）利害关系人在“公示催告期间”向人民法院申报。申报权利的期间并非不变期间，有正当理由的可延长。申报权利的期间也非除斥期间，所以在申报期间届满后、除权判决作出前申报权利的，视为合法申报。

（4）应向受理公示催告申请的人民法院申报权利。向申请人或其他人民法院申报均不发生效力。

若人民法院认为不符合上述申报要件，则裁定驳回申报。利害关系人申报权利，人民法院应当通知其向法院出示票据，并通知公示催告申请人在指定的期间查看该票据，公示催告申请人申请公示催告的票据与利害关系人出示的票据不一致的，应当裁定驳回申报。

利害关系人申报符合申报条件，并且申请公示催告的票据与利害关系人出示的票据一致的，意味着申请人与申报人对该票据可能存在争议，因此人民法院应当裁定终结公示催告程序（并通知申请人和支付人），更不得作出除权判决。此际，申请人或者申报人可以向人民法院起诉。①

《票据规定》第 33 条规定，在公示催告期间，以公示催告的票据质押、贴现，因质押、贴现而接受该票据的持票人主张票据权利的，人民法院不予支持，但公示催告期间届满以后人民法院作出除权判决以前取得该票据的除外。

三、作出除权判决

（一）除权判决的含义和申请

除权判决，是指无人申报权利或者申报被驳回的，根据公示催告申请人的申请，人民法院作出该票据或其他事项不再具有法律效力的判决。

据《民诉法》第 233 条和《民诉解释》第 450 条的规定，申请人民法院作出除权判决应具备以下要件：（1）在申报权利期间或除权判决作出前，无人申报权利，或者申报被驳回的；（2）公示催告申请人应当自公示催告期间届满之日起 1 个月内申请作出判决。②

---

① 根据《民诉解释》第 455 条的规定，因票据权利纠纷提起的，由票据支付地或者被告住所地人民法院管辖；因非票据权利纠纷提起的，由被告住所地人民法院管辖。

② 在有些国家和地区，公示催告期间未满前或者与公示催告同时申请法院作出除权判决的，其申请也是合法有效的。

逾期不申请判决的，终结公示催告程序。裁定终结公示催告程序的，应当通知申请人和支付人。

（二）法院审理和作出除权判决

人民法院应当组成合议庭来审理是否具备作出除权判决的申请要件。人民法院经审理，认为不具备作出除权判决的申请要件，应裁定驳回申请。[①]

人民法院经审理，认为具备作出除权判决的申请要件，应当作出除权判决。应当公告除权判决，并通知支付人。除权判决的公告方式同于公示催告的公告方式。

（三）除权判决的效力

除权判决自公告之日起，具有除权力，即除去公示催告的票据的法律效力，利害关系人不拥有该票据上的权利，而公示催告的申请人依据除权判决享有该票据上的权利。因此，公示催告申请人有权依据判决向付款人请求付款。

付款人拒绝付款，申请人向人民法院起诉，符合《民诉法》第122条规定的起诉条件的，人民法院应予受理（《民诉解释》第451条第2款）。

四、撤销除权判决之诉

（一）撤销除权判决之诉概述

《民诉法》第234条规定：利害关系人因正当理由不能在判决前向人民法院申报的，自知道或者应当知道判决公告之日起1年内，可以向作出判决的人民法院起诉。

在我国，对于除权判决不得提起上诉和申请再审，利害关系人若因除权判决而受有不利益的，只能通过提起撤销除权判决之诉，来保护自己的合法权益。因此，撤销除权判决之诉，是指丧失票据的利害关系人根据正当理由请求人民法院撤销除权判决的诉讼。

提起撤销除权判决之诉，所启动的是公示催告程序以外的程序，是普通程序（争讼程序）。撤销除权判决与再审的理由有所不同，对除权判决不能通过再审程序来撤销。因此，立法上规定了审判撤销除权判决之诉的专门程序。

（二）撤销除权判决之诉的要件

撤销除权判决之诉除应当具备一般起诉要件和通常诉讼要件外，还应具备下列特殊要件。

（1）当事人应适格。撤销除权判决之诉中，原告是利害关系人，而被告仅限于除权判决的申请人。

（2）利害关系人因正当理由不能在除权判决作出前，向人民法院申报权利。前述的“正当理由”包括：1）因发生意外事件或者不可抗力，利害关系人无法知道公告事实的；

① 对此种裁定，我国法律没有规定申请人有权提出异议或提起上诉。有些国家允许申请人提起上诉。

2）利害关系人因被限制人身自由而无法知道公告事实，或者虽然知道公告事实，但无法自己或者委托他人代为申报权利的；3）不属于法定申请公示催告情形的；4）未予公告或者未按法定方式公告的；5）其他导致利害关系人在判决作出前未能向法院申报权利的客观事由。

（3）应在知道或者应当知道除权判决公告之日起1年内，提起撤销之诉。

（4）应向作出除权判决的人民法院提起。

（三）审理和判决

人民法院受理利害关系人的起诉后，应另行组成合议庭，适用普通程序（争讼程序）处理。经过法庭辩论后，人民法院认为有理由的，应当作出撤销除权判决的判决。此判决的内容应当公告，公告的方式同于对除权判决的公告。

利害关系人仅诉请确认其为合法持票人的，人民法院应当在裁判文书中写明，确认利害关系人为票据权利人的判决作出后，除权判决即被撤销。

自撤销除权判决的判决公告之日起，宣告无效的票据回复原效力。利害关系人恢复对该票据的权利，支付人有权请求除权判决的申请人返还已向其支付的款项。

问题与思考

请扫描二维码测试，并查看参考答案

第二十章
强制执行通则

【本章概要】强制执行旨在运用国家强制力强制债务人履行生效法律文书确定的给付义务，应当遵循公权力介入私人生活的一般原理。民事执行行为属于司法强制行为，与民事审判行为同属于民事司法行为。有瑕疵的执行行为可以分为违法执行行为与不当执行行为，两者的救济程序有所区别。执行主体包括执行机关、执行当事人、执行参与人，其中，执行当事人存在变更或追加问题。执行标的是指执行行为指向的对象，以被执行人的责任财产为主。确定执行依据时应当遵循法定主义，不同类型的执行依据的管辖规则有所不同。执行和解与执行担保是执行程序契约化的重要体现，属于实体法与程序法高度融合的执行制度。委托执行制度旨在解决不同人民法院之间的协作问题，协助执行制度旨在解决其他主体协助人民法院采取执行措施问题。执行竞合、执行救济是保证执行行为的合法性与正当性所不可或缺的两项制度。执行程序的开始、进行、终结均与审判程序有别。

第一节　民事执行概述

一、民事执行的概念

民事执行，也称民事强制执行、强制执行，是指国家机关依债权人的申请，依据执行依据，运用国家强制力，强制债务人履行义务，以实现债权人的民事权利的活动。具体而言，民事执行包括以下几层意义。

（1）民事执行由国家机关进行。民事执行须由国家授权执行机关实施，严禁有关单位、组织或公民个人私力救济。在我国，人民法院是法定的民事执行机关。

（2）民事执行以执行依据为前提。民事诉讼奉行“审执分立”原则，审判程序的任务是裁决当事人之间的纷争，确认债权人的民事权利；而民事执行的使命是将生效法律文书的内容付诸实施，从而实现债权人的权利。

（3）民事执行须经债权人申请。民事执行以实现法律文书所确认的私权为目的，权利人对执行债权有处分权。

（4）民事执行是执行机关行使公权力的强制行为。强制性是民事执行的根本特性。执行机关运用强制执行权剥夺债务人的财产处分权，限制债务人的人身自由。

（5）民事执行是实现已确定的私权的程序。当事人享有的私权内容如不确定或已经实现的，就谈不上民事执行问题。

二、民事执行的分类

依据不同的标准，可将民事执行作以下分类。

（一）终局执行与保全执行

这是依据执行的效果所作的划分。终局执行也称满足执行，是指使债权人的债权获得实现或满足的执行，比如依据确定的给付判决所为的执行。保全执行是指维持债务人财产或争议标的物现状，或者维持双方法律关系的现状，以保全将来的终局执行或避免造成当事人其他损害的执行，比如对债务人财产的查封、扣押、冻结等限制债务人处分其财产的行为。民事执行原则上指终局执行，保全执行为其例外。

（二）金钱执行与非金钱执行

这是根据执行依据所载债权的性质所作的划分。金钱执行是指实现执行依据上所载金钱债权的执行。为满足金钱债权，可以对债务人的财产或人身进行执行。非金钱执行是指非为实现金钱债权而进行的执行，包括交付物的执行和完成行为的执行。金钱执行与非金钱执行实现的权利性质不同，故二者的执行方法也有所不同。

（三）直接执行、间接执行与替代执行

这是以民事执行方法为标准所作的分类。直接执行是指依执行机关的执行行为直接实现民事权利内容的执行，如查封、扣押、拍卖债务人的财产，并以拍卖所得价款满足债权人的债权。间接执行是指执行机关不直接以强制力实现债权人的权利，而课予债务人一定的不利后果，以迫使债务人履行债务的执行。如罚款、拘留债务人或拘传债务人的法定代表人。替代执行是指执行机关命第三人代债务人履行债务，而由债务人负担费用的执行。①

延伸阅读 20-1

直接执行与间接执行的关系反思

（四）对人执行与对物执行

这是以执行标的为标准所作的分类。对人执行是以债务人的身体、名誉或自由等为

① 民事执行和行政执行中均存在“间接强制”这一概念，但二者的内涵不同。行政执行中的间接强制包含执行罚、代执行（参见傅士成：《行政强制研究》，158页，北京，法律出版社，2001）。而民事执行中的间接强制除罚款（执行罚）外，还包括拘留、拘传、限制出境等方式，并且替代执行与间接执行系平行概念。

执行对象，从心理上迫使其履行债务。对物执行是以债务人的责任财产为执行标的。对物执行中有执行标的物之说，但对人执行中无执行标的物。现代社会尊重个人人格，民事执行以对物执行为原则，对人执行仅为辅助财产执行的特殊方法，属于例外规定。

（五）一般执行与个别执行

这是以执行债务人财产范围为标准的划分。一般执行是指债务人的财产不足以清偿总债权时，全体债权人就债务人的全部财产所进行的执行，如破产程序。个别执行是指债权人为满足或保全其个别债权，而对债务人财产所为的执行。个别执行的实施，无须债务人不能清偿。现行《民诉法》所规定的民事执行即为个别执行。

三、民事执行行为

（一）民事执行行为的含义

民事执行行为是执行机关基于债权人的申请，运用国家公权力，强制债务人履行债务，以实现债权人权利的公法上行为。

民事执行行为的“精神内核”是民事执行权，即法律赋予执行机关运用国家强制力强制实现申请执行人经由生效法律文书确认的民事权利的权力。民事执行权是法院的一项职能，是民事执行行为的观念基础，民事执行行为则是民事执行权的物质载体与表现。民事执行行为直接剥夺了债务人的财产处分自由、人身自由和意志自由，对债务人影响极大，故法律在授予民事执行权时非常慎重，对执行权行使的程序作了严格规定，并保证审判权对执行权形成制约。而执行机关实施民事执行行为时，须遵守法律所规定的要件、程式或方法，才属于合法行为。

（二）民事执行行为的性质

归纳起来，学者关于民事执行行为或民事执行权的性质有以下不同观点。

（1）司法行为说。持此说者认为，民事执行是国家司法机关即法院所实施的行为，民事执行权是国家赋予的司法职能的一部分，民事执行行为应属于司法行为。这是我国民事诉讼法学界的主流观点。

（2）行政行为说。持此说者认为，民事执行旨在实现判决所确定的民事权利，而不是解决当事人之间的私权纠纷。民事执行权由法院和行政机关共同行使，在由行政机关行使民事执行权的场合，这种权力仍然区别于司法审判权。持此说者主张以此为前提构建存在着纵向领导和横向联系的行政模式的执行体制。

（3）折中说。持此说者认为，民事执行行为包含有两类不同性质的行为，即纯粹的执行行为和执行救济行为。纯粹的执行行为是指执行主体依照执行依据，基于国家公权力，采取执行措施，强制债务人履行债务，实现债权人权利的行为。这种行为主要发生在执行主体与债务人之间，遵循的是职权进行主义和当事人不平等主义。常见的执行行为如查封、扣押、拍卖、划拨等即属此例。这种执行行为在性质上类似于行政行为。执行救济行为是指执行主体为处理执行过程中出现的争议而实施的行为，如执行和解、执行中止、执行终结、执行异议、暂缓执行、执行回转、代位申请执行等，具有司法的消极性和被动性特征，属于司法行为。[①]

我们认为，民事执行行为是在司法行为控制下的与审判行为平行的一种司法强制行为。在民事执行法律关系中，用于调整申请执行人与执行法院、申请执行人与被执行人之间关系的法律规则，与民事审判中调整原告与法院、原告与被告之间的关系的准则，具有高度的一致性。民事执行与民事审判具有诸多共性：保护对象的同一性和同源性，均尊重当事人的处分权，统一适用诉讼时效制度，等等。作为实现私权的程序，民事执行行为具有确保法律实效性的作用，其程序构造也是法院就对立双方当事人的参与而设置的，在沿革上一直作为民事诉讼的一部分。因此，民事执行行为遵循司法行为的某些原理，本质上是一种司法强制行为；民事执行权为司法强制权，不同于民事审判权所具有的司法判断权的本质。

（三）有瑕疵的执行行为

民事执行行为违背法律规定的要件、程序或方法，或者执行行为虽然符合法律规定，但执行结果不符合债权人在实体法上的权利关系，这种执行行为称为有瑕疵的执行行为。其中，违背法律规定的要件、程序或方法的执行行为，属于违法执行行为。对违法执行行为的救济是：在程序上，受损害的执行债权人、执行债务人或第三人，可以在执行程序中提出执行异议；在实体法上，执行债务人或第三人可依侵权责任法的规定，请求执行债权人赔偿所受损害。如违法执行行为是由执行人员故意或过失所致，则受害人可请求国家赔偿。执行结果不符合执行债权人在实体法上的权利关系的执行行为，属于不当执行行为。因不当执行行为而受损害的执行债务人或第三人，可在执行程序中提起异议之诉；执行程序终结后，执行债务人可依民法规定请求执行债权人赔偿损害或返还不当得利，第三人在无法要求拍定人返还原物的情况下可请求执行债务人返还不当得利，或请求执行债权人赔偿损害。

执行行为是执行机关行使国家公权力的行为，对于有瑕疵的执行行为不能适用民法关于法律行为的规定，原则上只能撤销而不能宣告无效，以避免妨害执行效果，同时维护司法威信。

四、民事执行的基本原则

（一）目前国内学者的观点及评价

对执行法院和当事人在整个民事执行程序中起指导作用的准则，称为民事执行的基本原则。学者对此概括出如下类型：（1）民事强制执行与说服教育相结合原则；（2）执

---

① 参见江伟、赵秀举：《论执行的性质与执行机关的设置》，载《人大法律评论》，2000年卷第1辑，北京，中国人民大学出版社，2000。

行适度原则（全面保护当事人利益原则）；（3）迅速及时原则；（4）民事执行权由法院独立行使原则；（5）执行当事人地位不平等原则；（6）申请执行与依职权并用原则；（7）协助执行原则；（8）执行标的有限原则；（9）立执兼顾与审执配合原则；（10）正确处理执行工作与社会安定关系原则；（11）执行合法原则。不可否认，这些探讨对于指导我国民事执行立法和司法具有积极意义，对于我国民事执行理论的发展也是不可或缺的，但是仍然有必要对上述基本原则进行具体分析。

在上述"基本原则"中，除第 6、7 两项仅适用于民事执行程序的某一阶段而应当予以排除之外，其余九项原则均贯穿于民事执行程序始终。但是，这九项原则中的绝大多数并不能被称为民事执行的基本原则。

本书将民事执行的基本原则概括为执行合法原则、执行当事人不平等原则、执行适度原则、执行及时原则、执行穷尽原则、执行比例原则以及执行检察监督原则。

（二）民事执行基本原则的内容

（1）执行合法原则。执行合法原则，即民事执行活动必须以生效的法律文书为依据，依法定程序和方式并遵守实体法的规定进行。

（2）执行当事人不平等原则。执行当事人不平等原则，与审判程序中的当事人平等原则相对，是指执行债权人和债务人地位不平等，双方的权利义务有差别。其原因是：在民事执行程序中，当事人之间的民事权利义务业已确定，民事执行的目的是迅速实现债权人的权利，迫使债务人履行义务，因此不适宜也无法使债务人与债权人权利义务平等、地位平等。

（3）执行适度原则。所谓执行适度原则，是指实现民事执行目的的执行措施必须是有必要而适度的。这种"有必要而适度"，要求对被执行人的执行必须控制在合理的限度内，在执行目的与执行措施之间、申请执行人与被执行人利益之间保持合理的平衡：一方面把债务人的痛苦降到最低点，另一方面确保债权迅速、充分地得到实现。执行适度原则是民事实体法的要求。

（4）执行及时原则。执行及时原则体现了民事执行程序的基本价值要求。民事执行是一种与司法行为有密切联系的司法强制行为，效率是民事执行的最高追求，因此，民事执行程序要尽量缩短办案周期，在执行实践中要尽可能迅速满足债权人的利益。

（5）执行穷尽原则。所谓"执行穷尽"，是指法院根据债权人的请求，为了实现生效法律文书所确定的权利，已穷尽各种执行方法、措施和途径，对被执行人的财产进行了必要的调查、审计，依法采取了查封、扣押、冻结、拍卖、变卖等执行行为，在履行了上述程序后仍不能满足债权人权利的，法院才能裁定终结本次执行程序。执行穷尽原则可以增强当事人在民事经济交往中的风险意识，减轻法院面临的舆论压力，有利于司法资源的合理运用，同时有利于督促法院执行人员尽职尽责地开展执行活动，最大限度地实现执行债权。

（6）执行比例原则。比例原则根源于宪法上依法治国原则，涉及国家权力的行使，无论对行政机关、立法机关还是对司法机关都应适用，民事执行属于公权力的行使，自然应受该原则的约束。民事执行中虽存在着债权人—执行机构—债务人三方法律关系，不同于行政、立法中的国家与国民两方关系结构，但鉴于民事执行法律关系中执行机关与被执行人之间关系的单向性、主动性、强制性等公权力特点，民事执行也应受比例原则的约束。执行比例原则包含合目的性、最少侵害性、相称性三个方面的要求。首先，根据合目的性原则，法院执行权的行使要符合行为目的的达成，避免无益执行。其次，根据最少侵害（必要）性原则，考察是否存在其他损害较小的满足债权的方法。在达成执行目的的多个方法中，应选择对被执行人或利害关系人最少侵害的执行措施。最后，根据相称性原则，执行行为所追求的目的或利益与所使用的执行措施、方法，不能造成被执行人的过度负担，法院应斟酌被执行人的财产状况、履行能力，以及被执行人因执行行为所受损害与申请执行人所欲实现的利益是否显失公平，对二者进行必要的利益衡量。

（7）执行检察监督原则。《民诉法》第 246 条规定："人民检察院有权对民事执行活动实行法律监督。"《执行监督规定》对于检察机关监督民事执行作了进一步具体的规定。理论上，检察监督关系应当被理解为权力—权力关系，即检察权与执行权的关系，因此，检察监督的对象，限于法院执行权的行使；同时，检察监督的重要目的是支持和帮助法院搞好执行工作，排除外界对法院司法的干预，保障法院独立公正地行使执行权。因此，执行检察监督要奉行谦抑、克制和适度的原则。应当区分执行权的消极行使和积极行使而采取相应的监督措施：对于法院怠于行使审判权和执行权的（如被执行人有财产可供执行，而执行法院迟迟不采取相应执行措施的消极执行行为），由于消极司法的证据确凿，侵害的是当事人的强制执行请求权等重要程序权利，因而，应当作为检察监督的重点；对于法院滥用执行权的积极行为，要视该行为的违法程度、对当事人程序权利和实体权利侵害的程度，来确定检察监督的重点。例如，在民事执行权非法侵害了被执行人、相关程序参与人的人格权、自由权、住宅权、生存权等基本人权时，检察机关有权介入执行程序，向执行法院发出检察建议，以保障人权。在监督方式上，应当适用检察建议而非抗诉。《民诉法》第 219 条第 3 款明确规定："各级人民检察院对审判监督程序以外的其他审判程序中审判人员的违法行为，有权向同级人民法院提出检察建议。"

五、民事执行法

（一）民事执行法的概念、沿革

民事执行法是规定执行机关的组织及其运用强制力实施执行行为的程序规范的总和，具体包括执行法院的组织、权限，执行当事人的能力、资格，执行行为的程序、要件等内容。民事执行法有实质意义和形式意义之分：《民诉法》《公证法》《仲裁法》等民事程序法，以及《民法典》《公司法》等民事实体法中有关民事执行的条款，均属于实质意义上的民事执行法；形式意义上的民事执行法，专门指民事执行法典。

我国民事执行法的发展经历了从私力救济到公力救济、从对人执行到对物执行的过程。1956 年最高人民法院发布"关于各级人民法院民事案件审判程序总结"，其中包括执行程序，是我国对执行程序较为系统的规定。1982 年《民事诉讼法（试行）》在第四编规定了“执行程序”，1991 年的《民诉法》在第三编中规定了“执行程序”，自第 207 条至第 236 条，共 30 条。2007 年 10 月 28 日第十届全国人大常委会第三十次会议通过的《关于修改〈中华人民共和国民事诉讼法〉的决定》对执行程序进行了修改，有关执行的条文达 35 条。2012 年 8 月 31 日第十一届全国人民代表大会常务委员会第二十八次会议通过的《关于修改〈中华人民共和国民事诉讼法〉的决定》对执行制度进行了局部修改，但没有改变有关执行的条文数量。2017、2021、2023 年三次民事诉讼法修改的内容均没有涉及有关国内执行的条文，仅对有关执行的条文的序号进行调整。同时第九章“保全和先予执行”、第十章“对妨害民事诉讼的强制措施”和第二十六章“仲裁”也涉及强制执行内容。此外，最高人民法院还发布了《民诉解释》《执行规定》以及关于查封、扣押、冻结、拍卖、变卖、执行期限、执行公开、委托执行、执行监督、执行威慑机制等方面的司法解释，成为法院开展执行工作的重要法律依据。

（二）民事执行法的性质

（1）强行法。法律依其规定的效力分为强行法与任意法。强行法是指法律的规定不因当事人的意思而改变其适用的法律，反之则为任意法。民事执行法是规范国家机关运用强制力实现生效法律文书内容的法律，当事人不得依其意思予以变更，故属于强行法。

（2）一般法。法律根据适用范围的大小，可分为一般法与特别法。前者是适用于国家范围内所有公民及一般事项的法律，后者是仅适用于特定人、特定事项、特定地域或特定时期的法律。民事执行法适用于所有执行机关、全体公民和一般民事执行事项，属于民事诉讼法的组成部分，故为一般法。

（3）公法。公法与私法的划分是大陆法系国家法学理论上的一种分类。前者调整国家管理社会的法律关系，后者则调整私人生活的法律关系，尤其是民事法律关系。民事执行法规范国家执行机关的组织及其运用权力的程序，属于公法的一种。

（4）程序法。法律依其内容可分为实体法和程序法。前者是规定实体权利义务的性质、范围及其存在与否的法律，后者是规定实现实体权利义务的手续的法律。民事执行法的主要内容是规定执行机关行使公权力实现生效法律文书所确定的权利的程序，故属于程序法。

（三）民事执行法的立法体例

民事执行法主要有以下三种立法体例。

（1）并入民事诉讼法。这种立法例，认为民事执行事件属于民事诉讼事件，将民事执行法并入民事诉讼法成为混合法典，德国和我国采此立法例。

（2）编入破产法。将民事执行法并入破产法编订混合法典，如瑞士。

（3）制定单行法。这种立法例，认为民事审判和民事执行存在重大区别，民事执行事件不同于民事诉讼事件。如奥地利、日本、法国、俄罗斯、韩国等国家制定了单行的民事执行法典。

我国现行法将执行程序作为民事诉讼程序的一部分，在《民诉法》中单列第三编，用 35 个条文规范“执行程序”，作为解决每年两百多万件执行案件的依据，占全部《民诉法》条文的11%。由于经济生活中信用匮乏、执行制度捉襟见肘、地方保护甚嚣尘上、执行机制运行不畅等因素，日益严重的“执行难”问题引起了上自立法机关、下至市井百姓的关注，不少人呼吁制定一部系统、科学、单行的强制执行法典。从2001年以来，最高人民法院先后起草了六部《中华人民共和国民事强制执行法草案》，第九届全国人大常委会将“民事强制执行法”列入了五年立法规划，第十届全国人大常委会再次将“民事强制执行法”列入立法规划。在2012年修改《民诉法》时，立法机关回应社会各界的呼声，今后要在我国制定单独的民事强制执行法。2022年6月21日，十三届全国人大常委会第三十五次会议审议《中华人民共和国民事强制执行法（草案）》，并就该民事强制执行法草案向社会公开征求意见。2023年9月，十四届全国人大常委会立法规划中，“民事强制执行法”被列入第一类项目。

第二节　执行主体与执行标的

一、执行主体

（一）执行主体概述

执行主体，是在执行法律关系中，依照执行法律规定，享有权利和承担义务，并能够引起执行程序发生、变更或终结的组织或个人。

执行活动需要有法院、执行当事人和协助执行人、执行见证人等的参与，因此，执行主体包括执行机关、执行当事人和执行参与人。

（二）执行机关

1. 执行机关的设置

执行机关，是指依法负责执行法律文书的职能机构。根据审执分立的要求，20世纪90年代，各基层法院和中级法院都设立了执行庭，全国各地的高级法院也相继设立了执行机关，最高人民法院设立了执行办公室，指导和协调下级法院的执行工作。对此，《民诉法》第239条予以了肯定。

1999年的中央11号文件提出“要强化执行机关的职能作用，加强执行工作的统一管理和协调”。最高人民法院同年颁布的《人民法院五年改革纲要》要求建立起“对各级人民法院执行机关统一领导，监督、配合得力，运转高效的执行工作体制”。自1999年年底开始，最高人民法院陆续颁布了关于执行机关和执行体制改革的一系列规定，并推行包括执行机关改革在内的执行工作改革。按照通知精神，执行机关改革是当前法院机构改革的重要任务之一，势在必行，各级法院建立的新执行机关的名称统一为执行局。到2006年年底，除北京外，全国高级法院系统均设立了执行局。2008年11月，最高人民法院执行局成立。

2. 执行机关的组成人员

执行机关行使执行权，是通过具体的人员进行的。执行机关及执行人员所属的人民法院也称为执行法院。执行机关通常由执行员、执行庭（局）长、执行法官、法院院长、书记员和司法警察组成。

（1）执行员。执行员为执行机关的主要组成人员，其主要职权为办理法院有关执行事项。《法院组织法》和《民诉法》规定，地方各级法院设执行员办理执行事项，执行工作由执行员持执行公务证进行。在执行工作中，执行人员应当依法实行回避，回避理由和审判人员相同。

（2）执行庭（局）长。各级法院执行庭（局）长，除办理执行案件外，还主持对重大执行事项的讨论，监督下属执行人员，处理有关行政事务。

（3）法院院长。执行程序中，执行员实施拘传、拘留、罚款、中止执行程序等行为，须经院长批准；实施搜查，须由院长签发搜查令（《民诉法》第119、259条）。执行程序中重大事项的办理，应由3名以上执行员讨论，并报经院长批准（《执行规定》第5条）。

（4）执行法官。主要负责执行过程中实体争议的处理，以及执行程序违法的救济。

（5）书记员。《法院组织法》第49条规定："人民法院的书记员负责法庭审理记录等审判辅助事务。"执行机关也配置书记员，负责记录及其他日常性工作，协助执行员办理执行事项。

（6）司法警察。《法院组织法》第50条第1款规定："人民法院的司法警察负责法庭警戒、人员押解和看管等警务事项。"在民事执行中，司法警察受执行员指挥，负责维持执行工作秩序，并协助执行工作的进行。采取重大的执行措施，必须有司法警察参加。必要时可以请求公安机关、武警部队或其他有关机关予以援助。

3. 执行争议的协调

两个或两个以上法院在执行相关案件中发生争议的，应当协商解决。协商不成的，逐级报请上级法院，直至报请共同的上级法院协调处理。执行争议经高级人民法院协商不成的，由有关的高级人民法院书面报请最高人民法院协调处理（《执行规定》第67条）。

4. 执行监督

上级法院依法监督下级法院的执行工作。最高人民法院依法监督地方各级人民法院和专门法院的执行工作（《执行规定》第71条）。监督权限包括指令纠正、裁定纠正、裁定不予执行、责令限期执行、提级或指定执行、依审判监督程序处理、命令暂缓执行等。

（三）执行当事人

1. 执行当事人的含义

具有给付内容的执行依据上所确定的债权人与债务人即为执行当事人，其中：有权要求执行机关运用强制力，强制债务人履行义务，以实现民事权利的人，是债权人，有时也称"申请执行人"；负有给付义务的人，是债务人，也称"被执行人"。

2. 执行承担

执行依据的效力，原则上只及于生效法律文书所确定的债权人和债务人。一般情况下，只有法律文书确定的权利人和义务人为执行当事人，法院也只对法律文书确定的义务人实施强制执行。但是，法律文书生效后，在执行程序中，案外人因实体法上的原因承受执行当事人的地位，享有申请执行人的权利或者承担被执行人的义务的，就是执行承担。执行承担包括执行程序中权利的继受和义务的承担两个方面。权利的继受比较简单，而义务的承担比较复杂。

为保障债权人的合法利益得到实现，《民诉法》、《民诉解释》和《执行规定》对被执行主体变更和追加的情形作了具体的规定。被执行人发生执行承担的情形有以下几种。

（1）当事人死亡。

债权人死亡时，依《民诉法》第 267 条第 1 款第 3 项的规定，“作为一方当事人的公民死亡，需要等待继承人继承权利或者承担义务的”，法院应当裁定中止执行。其反面解释是，无须“等待继承人继承权利或者承担义务的”，可以继续执行，以保护债权人的合法权益。就债务人而言，执行程序则依下列规定处理。

1）对遗产执行或终结执行。“作为被执行人的公民死亡的，以其遗产偿还债务”（《民诉法》第 243 条第一句）。如有遗产，而“继承人放弃继承的，人民法院可以直接执行被执行人的遗产”（《民诉解释》第 473 条第二句）。如被执行人无遗产时，除继承人自愿偿还的以外，不负无限清偿责任（《民法典》第 1161 条）。这种情况就属于“作为被执行人的公民死亡，无遗产可供执行，又无义务承担人的”情形，法院应当裁定终结执行（《民诉法》第 268 条第 3 项）。

2）变更继承人为被执行人。作为被执行人的公民死亡，其遗产继承人没有放弃继承的，法院可以裁定变更被执行人，由该继承人在遗产的范围内偿还债务（《民诉解释》第 473 条）。

（2）执行债权人的变更、追加。

1）自然人死亡或失踪。作为申请执行人的自然人死亡或被宣告死亡，该自然人的遗嘱执行人、受遗赠人、继承人或其他因该自然人死亡或被宣告死亡依法承受生效法律文书确定权利的主体，可申请变更、追加其为申请执行人。作为申请执行人的自然人被宣告失踪，该自然人的财产代管人可以申请变更、追加其为申请执行人（《变更追加规定》第 2 条）。

2）自然人离婚。作为申请执行人的自然人离婚时，生效法律文书确定的权利全部或部分分割给其配偶，该配偶有权申请变更、追加其为申请执行人（《变更追加规定》第 3 条）。

3）组织终止。作为申请执行人的法人或非法人组织终止，因该法人或非法人组织终止依法承受生效法律文书确定权利的主体，有权申请变更、追加其为申请执行人（《变更追加规定》第 4 条）。

4）组织分立合并。作为申请执行人的法人或非法人组织因合并而终止，合并后存续或新设的法人、非法人组织，或者作为申请执行人的法人或非法人组织分立，依分立协议约定承受生效法律文书确定权利的新设法人或非法人组织，有权申请变更其为申请执行人（《变更追加规定》第 5、6 条）。

5）组织清算或破产。作为申请执行人的法人或非法人组织清算或破产时，生效法律文书确定的权利依法分配给第三人，该第三人有权申请变更、追加其为申请执行人（《变更追加规定》第 7 条）。

6）法人被撤销。作为申请执行人的机关法人被撤销，继续履行其职能的主体申请变更、追加其为申请执行人的，人民法院应予支持，但生效法律文书确定的权利依法应由其他主体承受的除外；没有继续履行其职能的主体，且生效法律文书确定权利的承受主体不明确，作出撤销决定的主体有权申请变更、追加其为申请执行人（《变更追加规定》第 8 条）。

7）债权依法转让。申请执行人将生效法律文书确定的债权依法转让给第三人，且书面认可第三人取得该债权，该第三人有权申请变更、追加其为申请执行人（《变更追加规定》第 9 条）。

（3）被执行人的变更或追加。

1）组织终止时的权利义务承受人。作为被执行人的法人、其他组织终止的，由其权利义务承受人履行义务（《民诉法》第 243 条第二句），即不以原被执行人的财产为限，对承受人所有的财产也可执行。如果“作为一方当事人的法人或者其他组织终止，尚未确定权利义务承受人的”（《民诉法》第 267 条第 1 款第 4 项），法院应当裁定中止执行。

2）自然人死亡或失踪。作为被执行人的自然人死亡或被宣告死亡，申请执行人有权申请变更、追加该自然人的遗产管理人、继承人、受遗赠人或其他因该自然人死亡或被宣告死亡取得遗产的主体为被执行人，由其在遗产范围内承担责任。作为被执行人的自然人被宣告失踪，申请执行人有权申请变更该自然人的财产代管人为被执行人，由其在代管的财产范围内承担责任（《变更追加规定》第 10 条）。

3）组织分立、合并的权利义务承受人。执行中作为被执行人的法人或者非法人组织分立、合并的，其权利义务由变更后的法人或者非法人组织承受，对生效法律文书确定的债务承担连带责任，但被执行人在分立前与申请执行人就债务清偿达成的书面协议另有约定的除外。作为被执行人的法人或非法人组织因合并而终止，其权利义务由合并后存续或新设的法人、非法人组织承受（《变更追加规定》第 11、12 条）。

法人或者其他组织被注销的，如果依有关实体法的规定有权利义务承受人的，可以裁定该权利义务承受人为被执行人（《民诉解释》第 470 条）。

4）组织名称变更。在执行中，作为被执行人的姓名或者名称变更的，法院可以裁定变更姓名或者名称后的主体为被执行人，并在法律文书中注明变更前的姓名或名称（《民诉解释》第 472 条、《变更追加规定》第 27 条）。

5）法人分支机构不能清偿债务。作为被执行人的法人分支机构，不能清偿生效法律文书确定的债务，法院可以裁定变更、追加该法人为被执行人。法人直接管理的责任财产仍不能清偿债务的，法院可以直接执行该法人其他分支机构的财产。同理，作为被执行人的法人，直接管理的责任财产不能清偿生效法律文书确定的债务的，法院可以直接执行该法人分支机构的财产（《变更追加规定》第 15 条）。

6）个人独资企业投资人与个体工商户经营者。作为被执行人的个人独资企业，不能清偿生效法律文书确定的债务的，法院可以裁定变更、追加其出资人为被执行人。相反，个人独资企业投资人作为被执行人的，人民法院可以直接执行该个人独资企业的财产。个体工商户的字号为被执行人的，人民法院可以直接执行该字号经营者的财产（《变更追加规定》第 13 条）。

7）合伙企业的合伙人。作为被执行人的合伙企业，不能清偿生效法律文书确定的债务，法院可以裁定变更、追加普通合伙人为被执行人；作为被执行人的有限合伙企业，财产不足以清偿生效法律文书确定的债务，法院可以裁定变更、追加未按期足额缴纳出资的有限合伙人为被执行人，在未足额缴纳出资的范围内承担责任（《变更追加规定》第 14 条）。

8）其他组织的义务承担人。个人独资企业、合伙企业、法人分支机构以外的非法人组织作为被执行人，不能清偿生效法律文书确定的债务的，法院可以裁定执行对该非法人组织依法承担义务的法人或者公民个人的财产（《民诉解释》第 471 条、《变更追加规定》第 16 条）。

9）营利法人的股东、出资人。作为被执行人的营利法人，财产不足以清偿生效法律文书确定的债务的，法院可以裁定变更、追加未缴纳或未足额缴纳出资的股东、出资人或依公司法规定对该出资承担连带责任的发起人为被执行人，在尚未缴纳出资的范围内依法承担责任（《变更追加规定》第 17 条）；法院也可以裁定变更、追加抽逃出资的股东、出资人为被执行人，在抽逃出资的范围内承担责任（《变更追加规定》第 18 条）。

10）未履行出资义务即转让股权的公司股东。作为被执行人的公司，财产不足以清偿生效法律文书确定的债务，其股东未依法履行出资义务即转让股权，法院可以裁定变更、追加该原股东或依公司法规定对该出资承担连带责任的发起人为被执行人，在未依法出资的范围内承担责任（《变更追加规定》第 19 条）。

11）一人有限责任公司的股东。作为被执行人的一人有限责任公司，财产不足以清偿生效法律文书确定的债务，股东不能证明公司财产独立于自己的财产，法院可以裁定变更、追加该股东为被执行人，对公司债务承担连带责任（《变更追加规定》第 20 条）。

12）未经清算即注销的公司清算义务人。作为被执行人的公司，未经清算即办理注销登记，导致公司无法进行清算，法院可以裁定变更、追加有限责任公司的股东、股份有限公司的董事和控股股东为被执行人，对公司债务承担连带清偿责任（《变更追加规定》第 21 条）。

13）无偿接受组织财产者。作为被执行人的法人或非法人组织，被注销或出现被吊销营业执照、被撤销、被责令关闭、歇业等解散事由后，其股东、出资人或主管部门无偿接受其财产，致使该被执行人无遗留财产或遗留财产不足以清偿债务，法院可以裁定变更、追加该股东、出资人或主管部门为被执行人，在接受的财产范围内承担责任（《变更追加规定》第 22 条）。

14）书面承诺承担债务者。作为被执行人的法人或非法人组织，未经依法清算即办理注销登记，在登记机关办理注销登记时，第三人书面承诺对被执行人的债务承担清偿责任，法院可以裁定变更、追加该第三人为被执行人，在承诺范围内承担清偿责任（《变更追加规定》第 23 条）。

执行过程中，第三人向执行法院书面承诺自愿代被执行人履行生效法律文书确定的债务，法院可以裁定变更、追加该第三人为被执行人，在承诺范围内承担责任（《变更追加规定》第 24 条）。第三人因书面承诺自愿代被执行人偿还债务而被追加为被执行人后，无正当理由反悔并提出异议的，人民法院不予支持（《执行异议复议规定》第 18 条）。

15）获得无偿调拨、划转财产的第三人。作为被执行人的法人或非法人组织，财产依行政命令被无偿调拨、划转给第三人，致使该被执行人财产不足以清偿生效法律文书确定的债务，法院可以裁定变更、追加该第三人为被执行人，在接受的财产范围内承担责任（《变更追加规定》第 25 条）。

延伸阅读 20－2

"执行力主观范围扩张"概念的成因探析

（四）执行参与人

执行参与人是指法院和执行当事人以外的参与执行工作的组织和个人，包括协助执行人、执行见证人、被执行人的家属以及代理人和翻译人员等。

在执行程序中，按照法院的协助执行通知书配合执行机关进行执行工作的单位和个人，称为协助执行人。金融机构及其管理部门、房地产管理部门、市场监督管理部门、电信部门、车辆管理部门、税务机关、海关、公安机关、用人单位以及其他有关部门都依法负有协助执行义务。

在执行程序中，法院采取某些执行措施时，其所委派的到场亲自对执行活动进行观察和监督，证实执行情况的人，称为执行见证人。根据《民诉法》第 256、261 条的规定，可以成为执行见证人的人员主要有：(1) 被执行人为未成年人时，其成年家属；(2) 被执行人为公民时，其工作单位或财产所在地基层组织指派参加执行的人员；(3) 被执行人为单位时，其法定代表人或主要负责人。

二、执行标的

（一）执行标的概念

法院强制执行行为所指向的对象，为执行标的，又称执行客体。债务人可供执行以实现债权人债权的责任财产，可以成为执行标的。现代社会尊重个人人格，人为权利的主体，不能同时成为权利的客体，法院执行原则上仅针对债务人所有的财产，只有在特定条件下才能以债务人的身体、劳力或自由等作为执行标的。

执行标的与执行标的物、执行内容、民事法律关系的客体等概念不同。执行标的物是指作为执行标的之财产，是以物的形式体现出来的执行标的，是执行标的之一种；执行内容是生效法律文书所确定的债务人应为的给付义务，包括支付金钱、交付物和完成行为，这种给付义务的实现是法院对执行标的采取执行措施所要达到的目的；民事法律关系的客体也称民事法律关系的标的，是民事权利义务所指向的对象，而执行标的是执行行为指向的对象。

执行标的也不同于责任财产这个概念。责任财产是责任法上的范畴，是指债务人用于履行债务及承担民事责任的财产。就特定债权而言，债权一旦产生，就借助债务而当即指向了责任财产中的特定物；就种类债权来说，债权一旦产生，便以债务为媒介将其效力指向了债务人的全部财产，即债务人所有的物以及具有金钱价值的各种权利的总和，也就是说，债务人所有的财产都是责任财产。[①] 因此，责任财产属于执行标的之一种，是财产执行的标的。

（二）财产执行的标的

1. 有体物

被执行人的财物，应当是其享有所有权或有权处分的物。对物的执行通常指向有金钱价值的一切物与权利，一般分为对有体物的执行与对无形财产权的执行。有体物依其可否移动又可分为动产和不动产。

作为执行标的之不动产包括：（1）土地使用权；（2）房屋（《房地产法》第 2 条），包括地上建筑物、构筑物、地下室、仓库、停车场、桥梁、水坝、水塔、烟囱等；（3）林木（《森林法》第 15 条）。

作为执行标的之动产包括：（1）船舶和航空器（《海商法》第 9 条、《民用航空法》第 11 条）；（2）机动车辆；（3）有价证券，如股票、债券（《民诉法》第 253 条）、存单（《执行规定》第 28 条）、凭证式国库券[②]等；（4）其他动产。

2. 无形财产权

无形财产权是指被执行人所享有的非以实物形态存在的财产权，如知识产权。债务人对第三人的到期债权和债务人非法处分的财产，也可成为执行标的。作为执行标的之无形财产权，必须是债务人独立的财产权利，具有财产价值和可转让性。

具体而言，成为执行标的之无形财产权包括：（1）债权；（2）农村土地承包经营权；（3）建设用地使用权；（4）宅基地使用权；（5）其他自然资源使用权，如矿业权、海域使用权、森林或林木采伐权、取水权、渔业权（渔业养殖权和渔业捕捞权）；（6）专利权；（7）注册商标专用权；（8）著作权；（9）股权；（10）公路运营权；（11）电话电传租用权；（12）出租车运营权；（13）收益；（14）航道经营权；（15）投资权益；（16）基金份额；（17）信托收益权；等等。

3. 豁免执行的财产

对被执行人的财产，原则上均可强制执行，但实体法和程序法基于保障社会安全或债务人的生存、维护社会公益或第三人利益、促进社会文化发展等考虑，规定对于被执

---

① 参见崔建远、韩世远：《债权保障法律制度研究》，29 页，北京，清华大学出版社，2004。

② 最高人民法院《关于对被执行人存在银行的凭证式国库券可否采取执行措施问题的批复》（法释〔2020〕21 号修正）指出："被执行人存在银行的凭证式国库券是由被执行人交银行管理的到期偿还本息的有价证券，在性质上与银行的定期储蓄存款相似，属于被执行人的财产……人民法院有权冻结、划拨被执行人存在银行的凭证式国库券。有关银行应当按照人民法院的协助执行通知书将本息划归申请执行人。"

行人的特定财产，执行法院不得采取执行措施。此即执行财产的豁免。

（1）有体物的执行豁免范围。

根据《查封规定》第3条的规定，被执行人的下列财产属于豁免执行的财产，法院不得查封、扣押、冻结。

1）被执行人及其所扶养家属生活所必需的衣服、家具、炊具、餐具及其他家庭生活必需的物品。《民诉法》第255条要求执行法院“应当保留被执行人及其所扶养家属的生活必需品”。此处的“生活必需品”主要包括必需的衣服、寝具、餐具等，在一定期间内所需的食物、燃料等必需品，被执行人职业上必需的器具及物品，教育上所需的物品。被执行人及其所扶养家属生活所必需的居住房屋，虽然属于生活必需品的范畴，但考虑到其价值较大，一概不允许执行，可能影响申请执行人债权的实现。为兼顾执行当事人双方的实体利益，《民诉法》根据被执行人“生活所必需的居住房屋”上是否设定了抵押权区分两种情况作了规定：一是设定有抵押权时，法院可以查封，并可以根据抵押权人的申请，依法拍卖、变卖或者抵债；二是未设定抵押权的被执行人及其所扶养家属居住的房屋，属于执行豁免的财产，法院原则上不得执行。

如果被执行人以执行标的系本人及所扶养家属维持生活必需的居住房屋为由提出执行行为异议的，在下列情况下，人民法院不予支持：一是对被执行人有扶养义务的人名下有其他能够维持生活必需的居住房屋的；二是执行依据生效后，被执行人为逃避债务转让其名下其他房屋的；三是申请执行人按照当地廉租住房保障面积标准为被执行人及所扶养家属提供居住房屋，或者同意参照当地房屋租赁市场平均租金标准从该房屋的变价款中扣除5年至8年租金的。此外，执行依据确定被执行人交付居住的房屋，自执行通知送达之日起，已经给予3个月的宽限期，被执行人以该房屋系本人及所扶养家属维持生活的必需品为由提出异议的，人民法院不予支持（《执行异议复议规定》第20条）。

2）被执行人及其所扶养家属所必需的生活费用。当地有最低生活保障标准的，必需的生活费用依照该标准确定。

3）被执行人及其所扶养家属完成义务教育所必需的物品，例如学校的教育设施、书本等学习用具等。

4）未公开的发明或者未发表的著作。

5）被执行人及其所扶养家属用于身体缺陷所必需的辅助工具、医疗物品。

6）被执行人所得的勋章及其他荣誉表彰的物品，以及为维护公序良俗而不得执行的财产。有的财产虽为被执行人所有，但属感情慰藉或传统风俗、信仰的物品，若对之强制执行，则有悖公序良俗，对此类财产，执行法院也不得强制执行，如遗像、牌位、墓碑及其他祭祀、礼拜所用之物等。

7）根据我国《缔结条约程序法》，以中华人民共和国、中国政府或者中国政府部门名义同外国、国际组织缔结的条约、协定和其他具有条约、协定性质的文件中规定免于查封、扣押、冻结的财产。

8）法律或者司法解释规定的其他不得查封、扣押、冻结的财产，以及基于财产的公共利益性质不得强制执行或限制强制执行的财产。比如，最高人民法院《关于不得对中国人民银行及其分支机构的办公楼、运钞车、营业场所等进行查封的通知》（法〔1999〕

28号）禁止对银行及其分支机构的办公楼、运钞车及营业场所等财产采取查封等执行措施。再如，《执行规定》第27条规定，对金融机构的营业场所，不得进行查封。又如，禁止流通物不得执行，包括矿藏、水流等国家专有物，虽非国家专有但被禁止转让的物，如武器、弹药、毒品、淫秽书画等。此外，对公益福利性设施没有法律明确规定禁止执行，但参照《破产规定》第82条关于“债务人的幼儿园、学校、医院等公益福利性设施，按国家有关规定处理，不作为破产财产分配”的规定，人民法院对公益福利性设施采取的执行措施不得改变或限制其公益福利性用途。

（2）无形财产权的执行豁免范围。

法律或司法解释规定对某些财产权利不得执行，主要包括信用证开证保证金；证券经营机构清算账户资金；证券、期货交易保证金；银行承兑汇票保证金；旅行社质量保证金；粮棉油收购专项资金；商业银行根据国家政策向特定企业发放的具有特定用途的贷款；社会保险基金和社会基本保障资金；国防科研试制费；金融机构存款准备金；军费（但军队“特种企业存款”除外）；《民法典》规定的专属于债务人所有的权利，如健康权、姓名权、肖像权、名誉权等都不得成为执行标的。

（三）行为执行的标的

在完成行为的执行中，执行标的是被执行人的作为或不作为。行为成为执行标的，是执行实践的客观需要，这是因为对于债务人的行为，支配权在于债务人，只有债务人有完成行为的可能性。无论是在合同、侵权还是在其他债务纠纷中，法院均有可能在生效法律文书中依法判决债务人为一定行为，如排除妨碍、继续履行合同、赔礼道歉、拆除违章建筑、更换不合格产品等，或者判决债务人在一定期限内不得为一定行为，或永久性停止侵害等。

《民诉法》第263条明确规定了行为成为执行标的之情形：“对判决、裁定和其他法律文书指定的行为，被执行人未按执行通知履行的，人民法院可以强制执行或者委托有关单位或者其他人完成，费用由被执行人承担。”理论上把《民诉法》第263条规定的执行标的解释为积极的行为或称作为，包括可以替代的积极行为和不可替代的积极行为。实际上，在民事执行理论中，一切行为，包括积极的作为以及消极的不作为，都可以成为执行标的。

（四）人身执行的标的

在现代法治国家，仅允许在例外情况下以人身作为执行标的。

1. 人的身体

对于交出子女的执行依据，可以用直接强制方法，将该子女交给债权人。这是实践中允许将人的身体作为执行标的之表现。

2. 人的自由

我国现行法律采国外立法例，为促使债务人履行债务（尤其是不可替代的行为），允许以人的自由权为执行标的，采取拘传、拘留、限制出境、罚款等间接执行措施或妨害执行的强制措施。比如，当事人不履行法律文书确定的行为，如果该项行为义务只能由被执行人完成，则法院可依照《民诉法》的规定，以拒不履行判决、裁定为由，对义务人（包括单位主要负责人和直接责任人员）予以罚款、拘留，构成犯罪的，追究刑事责任。

第三节 执行依据与执行管辖

一、执行依据

（一）执行依据的概念、特征和条件

执行依据是执行机关据以执行的法律文书，是由有关机构依法出具的，载明债权人享有一定债权，债权人可据以请求执行的法律文书。

执行依据具有以下法律特征：(1) 它是已经生效（确定）的法律文书。(2) 它是具有给付内容的、法律规定由法院强制执行的法律文书。不具有给付内容，或虽有给付内容但法律规定不属于法院强制执行的法律文书，不能成为执行依据。

执行依据应当具备以下条件：(1) 权利义务主体明确；(2) 给付内容明确（《民诉解释》第 461 条第 1 款）。这里的“给付内容明确”，是指执行依据所确认的给付内容应当具体、确定。所谓具体，是要求执行依据必须具体标明给付的种类、范围、数量等内容；判决债务人作为或不作为时，须写明行为的具体内容。所谓确定，则要求债务人给付的内容自始确定，或至少可以根据上下文或其他已确定的条件确定。如果法律文书中规定的给付内容不明确，且无法确定，执行机关是不能据此执行的。例如，判决被告将其财产的三分之一交付给原告，作为子女的生活教育费用，却没有指明财产的种类和数量，或者判决被告赔偿原告的经济损失，却没有明确损失的数额等，都属于无法确定的给付内容。

对于仲裁裁决而言，给付内容不明确既表现为金钱给付具体数额不明确或计算方法不明确导致无法计算出具体数额，也表现为交付的特定物不明确或无法确定，以及行为履行的标准、对象、范围不明确等情形（《仲裁执行规定》第 3 条）。

法律文书确定继续履行合同的，应当明确继续履行的具体内容（《民诉解释》第 461 条第 2 款）。由于法院的判决主文以原告的诉讼请求为依归，不能漏判也不能超判，继续履行合同的诉讼请求不明确时，极易造成漏判或超判的结果，因而，原告在诉讼请求中应当明确被告继续履行合同的具体内容，包括继续履行的权利义务，以及履行的方式、期限等；诉讼请求未明确的，人民法院应当向原告释明，由原告补正或变更诉讼请求，拒不补正或变更的，人民法院在判决主文中应驳回其不明确的继续履行请求。要求被告继续履行的合同义务有多项的，应当每项分别具体列明，原告不得在诉状中提出概括性继续履行请求（如“判决被告继续履行合同”），也不能将被告应当履行的全部合同义务列为一项诉讼请求。这一点，对于合作协议、框架协议等可能包含多重法律关系的合同案件也是适用的。

（二）执行依据的种类

根据法律文书制作者的不同，执行依据可分为两种类型：一是人民法院制作的法律文书，包括民事判决、裁定和刑事判决、裁定中的财产部分等；二是法律规定由人民法院执行的其他法律文书。

1. 人民法院制作的法律文书

（1）确定的判决。可以作为执行依据的判决有民事判决和刑事判决中有关财产部分的判决。其中，民事判决包括依据特别程序作出的认定财产无主的判决（《民诉解释》第460条第2款）。

刑事判决中，有关财产部分的判决包括对被告人课以财产刑和责令被告人退赔的刑事判决，以及附带民事诉讼中确定被告人承担民事赔偿责任的判决（《刑诉法》第101条、《刑法》第64条）。

（2）确定的裁定。作为执行依据的裁定主要是民事裁定。《民诉法》第157条规定的11种民事裁定中，只有财产保全和先予执行的裁定具有给付内容，才可以作为执行依据。

人民法院基于特别程序作出的两种裁定，依据法律的规定，可以成为执行依据。一是实现担保物权裁定，即依《民诉法》第207、208条规定的实现担保物权程序而作出的许可拍卖、变卖担保财产的裁定。例如，《民法典》第410条规定了抵押权的实现程序，即："债务人不履行到期债务或者发生当事人约定的实现抵押权的情形，抵押权人可以与抵押人协议以抵押财产折价或者以拍卖、变卖该抵押财产所得的价款优先受偿。协议损害其他债权人利益的，其他债权人可以请求人民法院撤销该协议。抵押权人与抵押人未就抵押权实现方式达成协议的，抵押权人可以请求人民法院拍卖、变卖抵押财产。抵押财产折价或者变卖的，应当参照市场价格。"法院据此作出的执行抵押物的裁定即为执行依据。又如，《民法典》第807条规定："发包人未按照约定支付价款的，承包人可以催告发包人在合理期限内支付价款。发包人逾期不支付的，除根据建设工程的性质不宜折价、拍卖外，承包人可以与发包人协议将该工程折价，也可以请求人民法院将该工程依法拍卖。建设工程的价款就该工程折价或者拍卖的价款优先受偿。"这里规定的不是"提起诉讼"，而是"请求法院拍卖"，从而更加明确地表明了建设工程承包人无须经过审判程序即可直接实现其优先权的立法意图。梁慧星教授也认为该条建设工程承包人的优先受偿权在性质上属于法定抵押权，承包人有权直接申请法院许可执行。[①] 二是确认调解协议裁定，即依据《民诉法》第206条的规定所作的调解协议司法确认裁定。《衔接意见》第20条也规定了许可执行调解协议的裁定。该条规定：经行政机关、人民调解组织、商事调解组织、行业调解组织或者其他具有调解职能的组织调解达成的具有民事合同性质的协议，经调解组织和调解员签字盖章后，当事人可以申请有管辖权的人民法院确认其效力。当事人请求履行调解协议、请求变更、撤销调解协议或者请求确认调解协议无效

---

① 参见梁慧星：《合同法第二百八十六条的权利性质及其适用》，载《山西大学学报（哲学社会科学版）》，2001（3）。

的，可以向人民法院提起诉讼。第 25 条进一步规定：人民法院依法审查后，作出是否确认调解协议效力的裁定。确认调解协议效力的裁定，自送达双方当事人后发生法律效力，一方当事人拒绝履行的，另一方当事人可以依法申请人民法院强制执行。此外，《人民调解法》第 33 条第 1 款还规定：经人民调解委员会调解达成调解协议后，双方当事人认为有必要的，可以自调解协议生效之日起 30 日内共同向人民法院申请司法确认，人民法院应当及时对调解协议进行审查，依法确认调解协议的效力。

另外，执行回转的裁定（《民诉法》第 244 条、《执行规定》第 65 条）、执行担保人财产的裁定（《执行规定》第 54 条、《民诉解释》第 469 条）、追究协助执行人民事责任的裁定（《执行规定》第 26、30、32、40～42 条）也可以作为执行依据。其他仅对诉讼程序作出的有关程序性问题的民事裁定不能作为执行依据。有些裁定，如以物抵债裁定（《民诉解释》第 489～491 条）、强制迁出裁定（《民诉法》第 261 条）等，虽然也存在着落实的问题，但这种裁定只是实现执行依据内容的一些具体措施，最终是为执行依据服务的，本身不能作为执行依据。

此外，根据我国缔结或参加的国际条约、双边的司法协助协定，或根据互惠原则，人民法院承认外国法院判决或外国仲裁机构的裁决的，要通过裁定予以承认。具有给付内容、符合执行条件的裁定，也可以成为执行依据。

（3）发生法律效力的调解书、支付令。调解书经双方当事人签收后，即具有法律效力。一方当事人拒不履行的，另一方可申请执行。支付令是法院依督促程序作出的诉讼法律文书。作为执行依据的支付令必须已经生效，即债务人在收到支付令后 15 日的异议期内不提出书面异议，并且不履行的，支付令即具有执行力，债权人可以申请执行。

2. 法律规定由法院执行的其他法律文书

（1）仲裁裁决。《仲裁法》实行一裁终局的制度。对于仲裁裁决，当事人不得请求复议，也不得向法院上诉。对于具有给付内容的裁决，一方当事人不履行的，另一方当事人依据《仲裁法》第 62 条的规定可以向法院申请执行。

（2）劳动争议仲裁裁决。《劳动争议调解仲裁法》第 47 条规定，下列劳动争议，除本法另有规定的外，仲裁裁决为终局裁决，裁决书自作出之日起发生法律效力：1）追索劳动报酬、工伤医疗费、经济补偿或者赔偿金，不超过当地月最低工资标准 12 个月金额的争议；2）因执行国家的劳动标准在工作时间、休息休假、社会保险等方面发生的争议。第 50 条规定：当事人对本法第 47 条规定以外的其他劳动争议案件的仲裁裁决不服的，可以自收到仲裁裁决书之日起 15 日内向人民法院提起诉讼；期满不起诉的，裁决书发生法律效力。

（3）劳动争议先予执行裁决。仲裁庭对追索劳动报酬、工伤医疗费、经济补偿或者赔偿金的案件，根据当事人的申请，可以裁决先予执行，移送人民法院执行（《劳动争议调解仲裁法》第 44 条第 1 款）。

（4）农村土地承包仲裁裁决。当事人不服仲裁裁决的，可以自收到裁决书之日起 30 日内向人民法院起诉。逾期不起诉的，裁决书即发生包括执行力在内的法律效力（《农地承包调解仲裁法》第 48 条）。

（5）农村土地承包仲裁先行裁决。对权利义务关系明确的纠纷，经当事人申请，仲裁庭可以先行裁定维持现状、恢复农业生产以及停止取土、占地等行为。一方当事人不履行先行裁定的，另一方当事人可以向人民法院申请执行，但应当提供相应的担保（《农地承包调解仲裁法》第 42 条）。

（6）公证债权文书。对经公证的以给付为内容并载明债务人愿意接受强制执行承诺的债权文书（包括赋予强制执行效力的合同主债务和担保债务），债务人不履行或者履行不适当的，债权人可以依法向有管辖权的法院申请执行（《公证法》第 37 条第 1 款）。公证债权文书应当依当事人双方共同申请作出，公证处在当事人、利害关系人对申请公证的事项无争议的情况下，对债权文书的合法性、真实性进行公证，所公证的债权文书方可被赋予强制执行力。

二、执行管辖

执行管辖是指将一定的执行案件、执行事务和执行中的命令及裁判事务决定交由何法院执行的权限划分，包括级别管辖和地域管辖。

（一）级别管辖

依据《民诉法》第 235 条和司法解释的规定，由基层法院管辖的执行案件有：（1）基层法院作出的生效法律文书的执行；（2）国内仲裁中的保全裁定和证据保全裁定，由被申请人住所地或被申请保全的财产所在地和申请保全的证据所在地的基层法院执行；（3）上级法院依法指定基层法院管辖的案件；（4）依据特别程序作出的认定财产无主的判决，由作出判决的人民法院将无主财产收归国家或者集体所有（《民诉解释》第 460 条第 2 款）；（5）实现担保物权裁定的执行；（6）调解协议司法确认裁定的执行；（7）支付令的执行；（8）其他案件。被执行的财产和被申请人一般在基层法院辖区内，由其负责执行，便于法院开展执行工作。

由中级人民法院管辖的执行案件有：（1）中级人民法院作为一审作出的生效法律文书的执行；（2）中国仲裁机构作出的仲裁裁决的执行；（3）经中国法院承认其效力的外国法院判决、国外仲裁裁决的执行；（4）经人民法院认可的我国台湾、香港、澳门地区仲裁裁决、法院判决的执行；（5）上级法院依法指定中级人民法院管辖的案件。

高级人民法院为一审作出的生效法律文书的执行，由高级人民法院管辖。

下级法院将本院执行的案件报请上级法院执行的或者上级法院认为有必要的，可以提级执行。

对于执行标的额符合基层人民法院一审民商事案件级别管辖受理范围，以及被执行人住所地或者被执行的财产所在地在被指定的基层人民法院辖区内的仲裁裁决执行案件，中级人民法院在经上级法院批准后，可以参照《民诉法》第 39 条的规定指定基层人民法院管辖（《仲裁执行规定》第 2 条第 2 款）。

（二）地域管辖

所谓执行程序中的地域管辖，是指执行案件应由执行标的物所在地或被执行人应履行的行为地法院管辖；如果应执行的标的物所在地或被执行人应履行的行为地不明确的，则由被执行人住所地法院管辖。《民诉法》第 235 条规定，人民法院作出的发生法律效力的民事判决、裁定，以及刑事判决、裁定中的财产部分，由第一审人民法院或者与第一审人民法院同级的被执行的财产所在地人民法院执行。法律规定由人民法院执行的其他法律文书，由被执行人住所地或者被执行的财产所在地人民法院执行。

两个以上人民法院都有管辖权的，当事人可以向其中一个人民法院申请执行；当事人向两个以上人民法院申请执行的，由最先立案的人民法院管辖。某一人民法院在立案前发现其他有管辖权的人民法院已经立案的，不得重复立案；立案后发现其他有管辖权的人民法院已经立案的，应当撤销案件；已经采取执行措施的，应当将控制的财产交先立案的执行法院处理。两个人民法院之间因执行管辖权发生争议的，由双方协商解决；协商不成的，报请双方共同的上级人民法院指定管辖。基层人民法院和中级人民法院管辖的执行案件，因特殊情况需要由上级人民法院执行的，可以报请上级人民法院执行。

（三）管辖权异议

人民法院受理执行申请后，当事人对管辖权有异议的，应当自收到执行通知书之日起 10 日内提出。人民法院对当事人提出的异议，应当审查。异议成立的，应当撤销执行案件，并告知当事人向有管辖权的人民法院申请执行；异议不成立的，裁定驳回。当事人对裁定不服的，可以向上一级人民法院申请复议。

管辖权异议审查和复议期间，不停止执行。

第四节　执行和解与执行担保

一、执行和解

（一）执行和解的概念

执行和解，是指在执行过程中，双方当事人自愿作出相互谅解和让步，就如何履行生效法律文书的有关内容达成协议，即执行和解协议，从而结束执行程序的一种活动。

《民诉法》第 241 条第 2 款规定："申请执行人因受欺诈、胁迫与被执行人达成和解协议，或者当事人不履行和解协议的，人民法院可以根据当事人的申请，恢复对原生效法律文书的执行。"执行和解是当事人行使处分权的行为，只要协议是双方当事人的真实意思表示，内容不违反法律规定，不损害国家、集体和他人的利益，执行法院应当准许。执行程序中，除当事人执行和解外，执行人员不能进行调解。因为对于生效法律文书，非依法定程序不得撤销或变更；执行人员的任务是强制实现生效法律文书的内容，其无权解决实体权利义务争议，所以执行程序中不得进行调解。

（二）执行和解的性质

(1) 私法行为说（纯民事法律行为说）。该说认为执行过程中的和解纯粹是私法上的法律行为，属于私法上的和解契约。关于和解有效与否、和解协议的撤销都可以依照私法上的规定予以判断。私法上的和解契约之所以能发生终结执行的效果，是因为关于诉讼标的的争执业已结束。这是当前的主流观点。

（2）诉讼行为说（纯诉讼行为说）。该说认为执行和解是双方当事人通过互让而使执行终结的合意。该说主张按照诉讼法规范来评价执行和解行为，实体法中关于和解无效、和解取消的原因的规定，都不对诉讼和解产生影响。

（3）两行为并存说。该说主张执行和解是私法上的和解契约与终结诉讼合意的诉讼行为两者并存。执行和解具有双重属性，既是当事人双方间存在的私法上的和解契约，又是当事人之间以及当事人和法院之间存在的诉讼行为。

本书采诉讼行为说。执行和解是我国民事诉讼法的立法独创，在国外执行程序实践中虽有个别类似的做法，但直到目前还没有上升为立法的规定，因此该制度颇受外国同行称道。[①] 执行和解制度的核心问题是：和解协议与生效法律文书之间的关系如何定位？纯粹从逻辑上分析，二者之间存在以下三种关系模式。

1）替代模式。和解协议一旦成立，便替代了生效法律文书，当事人双方之间的实体权利关系以和解协议的约定为准，如我国现行法的规定。

2）抗辩模式。生效法律文书优于和解协议，双方和解协议中的约定，可以作为执行程序中被执行人的抗辩权的内容，如德、日等国立法例。

3）平行模式。二者处于并列关系，具有同等的实体效力，债权人可以行使选择权，任意择一行使权利。

德、日等大陆法系国家普遍认为，在执行程序中，据以执行的生效法律文书优于和解协议。原因是：一方面，有既判力的生效法律文书（如判决书），其载明的执行债权具有最终判定的权威性，未经再审推翻该生效法律文书，不得作出与该生效法律文书不同的认定；另一方面，没有既判力的生效法律文书（如公证债权文书），系履行法定的程序而作出，其载明的执行债权所具有的公示性，优于当事人之间达成的和解协议。毕竟，作为执行依据的生效法律文书为公文书这一事实本身，已经高度盖然性地证明了执行债权的存在和有效性，这是具有私文书属性的和解协议难以比拟的。基于上述原因，在大陆法系国家，和解协议的成立并不能当然地阻却执行债权的执行力，只能由一方当事人行使抗辩权，向执行法院提起执行异议之诉。执行法院的法官通过诉讼程序来审查抗辩权之存否，并且作出相应的实体判决来予以最终判断。可见，大陆法系国家的抗辩模式，是以生效法律文书优于和解协议为前提的。

我国民事诉讼法突破了大陆法系的传统见解，采用了附例外条件的替代模式，即除被执行人不履行和解协议的情况外，其他情况下执行和解协议一概优于生效法律文书，甚至有不少法官主张将执行和解改为执行调解，直接赋予执行调解书以既判力和执行力，

---

① 2003年1月在最高人民法院举行的“中德民事强制执行法研讨会”上，德国慕尼黑大学教授彼得·施罗塞尔（Peter Schlosser）对民事强制执行法草案（第三稿）中的执行和解制度大加赞赏，称其为中国民事执行制度中“最吸引人的新创意”。

取消恢复执行的规定，将替代模式贯彻到底。替代模式以大幅提升执行法官的权力为代价，会带来法律适用上的负面效应，即引起执行权与当事人处分权之间的冲突，甚至造成当事人处分权被漠视的结果。《民诉法》第241条的规定显示，立法机关没有采用全面的替代模式的见解，也没有遵循大陆法系国家普遍采取的抗辩模式，而是通过扩大替代模式的例外情形反向强化原生效法律文书的效力，大大削弱了和解协议的效力，以此减少和解协议对债权人利益的可能损害。

但是，由此衍生的问题是：《民诉法》第241条增设的“受欺诈、胁迫”事由，无论对于审判法官还是对于执行法官而言，都难以判断。强制执行奉行形式化原则，执行法官只对执行标的的实体权属进行形式审查并作出形式判断，同样，执行法官对于执行程序中的各种执行行为合法性的判断，也奉行客观主义，以该行为的外观作为判断的基准，至于实施该行为的背后动机、申请执行人的主观心理状态则在所不问。申请执行人“受欺诈、胁迫”，属于申请执行人意思表示不真实的情形，执行法官只能依据行为外观判断其外在表示是什么，但无法探究申请执行人内心意思究竟是否与外在表示相符。执行程序注重效率至上，执行法官没有时间也没有职责深入申请执行人的内心世界，判断达成和解协议时是否存在申请执行人“受欺诈、胁迫”情形。况且和解协议达成的现场，由执行人员主持，执行人员出于结案的考虑，最有动力和动机促成申请执行人接受于其不利的和解协议，因此如果说和解协议存在欺诈、胁迫情形的话，实施欺诈、胁迫行为的，往往是执行人员，而非被申请执行人。立法机关将主要来自执行人员的胁迫、利诱和强制，转化为申请执行人可以申请恢复执行原生效法律文书的法定事由，转化为申请执行人对执行人员的强制不服而表示反悔的一种自我救济，本来是一种高明的立法策略，但由于第241条未进一步就如何判断“受欺诈、胁迫”以及判断的程序作出规定，这会导致该规定在实践中无法实施。为此，在制定司法解释时，可以考虑引入“和解协议对于申请执行人显失公平”这一客观事由，以便于实务操作。只要和解协议客观上于申请执行人不利，且申请执行人主张恢复执行原生效法律文书的，执行法官即可裁定恢复执行。

（三）执行和解的内容和效力

1. 执行和解的内容

在执行中，双方当事人自行达成和解协议的，执行员应当将协议内容记入笔录，由双方当事人签名或盖章。执行和解协议的内容一般包括：（1）变更履行的主体。由第三人代为承担被执行人的债务。（2）标的物及其数额的变更，即债权人放弃部分债权或协议变更执行标的物。（3）履行期限的延长。如延长全部债务的履行期限或分期分批延长债务的履行期限。（4）履行方式的变更。如约定以物抵债或以劳务抵债等方式履行义务。（5）履行地点的变更等等。

执行当事人可以对其全部或部分债权债务的履行达成和解协议。当事人对部分债权债务的履行达成和解协议的，其和解的效力仅及于该部分债权债务的执行。

2. 执行和解的效力

（1）拘束力。执行和解协议仅发生拘束执行当事人的效力，具有履行效力。符合《民法典》第570条规定情形的，债务人可以依法向有关机构申请提存；执行和解协议约定给付金钱的，债务人也可以向执行法院申请提存（《执行和解规定》第7条）。和解协议已经履行完毕的，不得再请求恢复执行，人民法院不予恢复执行，而是作执行结案处理（《执行和解规定》第8条）。

（2）中止执行或者终结执行。申请执行人与被执行人达成和解协议后请求中止执行或者撤回执行申请的，人民法院可以裁定中止执行或者终结执行（《民诉解释》第464条）。

和解协议达成后，有下列情形之一的，人民法院可以裁定中止执行：1）各方当事人共同向人民法院提交书面和解协议；2）一方当事人向人民法院提交书面和解协议，其他当事人予以认可；3）当事人达成口头和解协议，执行人员将和解协议内容记入笔录，由各方当事人签名或者盖章（《执行和解规定》第2条）。中止执行后，法院可依申请执行人的申请，裁定解除查封、扣押、冻结（《执行和解规定》第3条）。

（3）无强制执行力。当事人的和解协议尽管要由执行人员记入执行笔录，但执行法院和执行人员并不签字盖章。执行和解协议书只是当事人间的协议，不得成为执行依据，不能排除原执行依据的执行力。

（四）恢复执行原生效法律文书

1. 申请恢复执行的适用

被执行人不履行或不完全履行和解协议的，法院可以根据申请执行人的申请，恢复对原生效法律文书的执行。但和解协议已履行的部分应当扣除。一方当事人不履行或不完全履行和解协议的，法院可以根据对方当事人的申请，恢复对原生效法律文书的执行。但和解协议已履行的部分应当扣除。

申请恢复执行原法律文书，适用《民诉法》第250条有关申请执行时效的规定，申请执行时效因达成执行和解协议而中断，其时效自和解协议所定履行期的最后一日起重新计算（《民诉解释》第466条）。

2. 不予恢复执行的情形

依《执行和解规定》第11条，申请执行人以被执行人一方不履行执行和解协议为由申请恢复执行，人民法院经审查，理由成立的，裁定恢复执行。有下列情形之一的，裁定不予恢复执行：1）执行和解协议履行完毕后申请恢复执行；2）执行和解协议约定的履行期限尚未届至或者履行条件尚未成就的，但符合《民法典》第578条规定情形的除外；3）被执行人一方正在按照执行和解协议约定履行义务；4）其他不符合恢复执行条件的情形。

3. 对恢复执行或不予恢复执行不服的救济

当事人、利害关系人认为恢复执行或者不予恢复执行裁定违反法律规定的，可以依照《民诉法》第236条的规定提出异议。

恢复执行后，执行和解协议已经履行部分应当依法扣除。当事人、利害关系人认为人民法院的扣除行为违反法律规定的，可以依照《民诉法》第236条的规定提出异议。

（五）执行和解协议的可诉性

《执行和解规定》赋予了执行和解协议可诉性。

1. 请求履行执行和解协议之诉

被执行人一方不履行执行和解协议的，申请执行人可以就履行执行和解协议向执行法院提起诉讼（《执行和解规定》第9条）。但申请执行人只能在恢复执行与提起履行之诉之间，作出择一选择。故恢复执行后，对申请执行人就履行执行和解协议提起的诉讼，人民法院不予受理（《执行和解规定》第13条）。

申请执行人就履行执行和解协议提起诉讼，执行法院受理后，可以裁定终结原生效法律文书的执行。执行中的查封、扣押、冻结措施，自动转为诉讼中的保全措施。

2. 确认执行和解协议无效或者撤销和解协议之诉

当事人、利害关系人认为执行和解协议无效或者应予撤销的，可以向执行法院提起诉讼。执行和解协议被确认无效或者撤销后，申请执行人可以据此申请恢复执行。被执行人以执行和解协议无效或者应予撤销为由提起诉讼的，不影响申请执行人申请恢复执行（《执行和解规定》第16条）。

3. 和解协议履行迟延或履行瑕疵的违约损害赔偿之诉

执行和解协议履行完毕，申请执行人因被执行人迟延履行、瑕疵履行遭受损害的，可以向执行法院另行提起诉讼（《执行和解规定》第15条）。

（六）适用执行和解应注意的问题

（1）执行和解应当遵循自愿、平等的原则，体现当事人自由处分民事权利的精神，法院在执行中不能为结案而组织当事人强制和解。

（2）执行和解协议是一个附条件的合同，不宜把它理解为实践合同。因为实践合同为要物合同，以对方交付物的行为作为合同生效的条件，但执行和解协议的约定可以是交付物，也可以是完成一定的行为，用实践合同来解释不能穷尽执行和解协议的所有情形，存在解释不周的局限性。

（3）当事人达成以物抵债执行和解协议的，人民法院不得依据该协议作出以物抵债裁定（《执行和解规定》第6条）。

（4）申请执行期限过去被认为是不变期间，应当连续计算，法定的申请执行期限减去应当申请而未申请的时间即为申请恢复执行的期限。但由于申请执行期限实为执行时效，故对其恢复应当根据诉讼时效中断、中止的规定进行判断。另外，申请恢复执行原生效法律文书，实际上是对原执行程序的继续，故不能重新立案。

二、执行担保

（一）执行担保及其适用条件

1. 执行担保概述

担保制度广泛适用于债权债务关系之中，包括处于诉讼和执行环节的债权实现过程。诉讼程序中的担保主要指财产保全担保、行为保全担保、先予执行担保和诉讼费用担保。执行担保则适用于执行程序，是指担保人依照《民诉法》第 242 条的规定，为担保被执行人履行生效法律文书确定的全部或者部分义务，向人民法院提供的担保。该条规定："在执行中，被执行人向人民法院提供担保，并经申请执行人同意的，人民法院可以决定暂缓执行及暂缓执行的期限。被执行人逾期仍不履行的，人民法院有权执行被执行人的担保财产或者担保人的财产。"

向人民法院提供担保，有两种形式：一是向人民法院作出担保的书面意思表示（担保书），法院准许的。担保书中应当载明担保人的基本信息、暂缓执行期限、担保期间、被担保的债权种类及数额、担保范围、担保方式、被执行人于暂缓执行期限届满后仍不履行时担保人自愿接受直接强制执行的承诺等内容。提供财产担保的，担保书中还应当载明担保财产的名称、数量、质量、状况、所在地、所有权或者使用权归属等内容（《执行担保规定》第 4 条）。二是向申请执行人作出担保的意思表示，申请执行人同意，并将担保的合意提交给人民法院。因此，执行和解协议中的担保，也可转化为执行担保。《执行担保规定》第 6 条规定，被执行人或者他人提供执行担保，申请执行人同意的，应当向人民法院出具书面同意意见，也可以由执行人员将其同意的内容记入笔录，并由申请执行人签名或者盖章。《执行和解规定》第 18 条规定，执行和解协议中约定担保条款，且担保人向人民法院承诺在被执行人不履行执行和解协议时自愿接受直接强制执行的，恢复执行原生效法律文书后，人民法院可以依申请执行人申请及担保条款的约定，直接裁定执行担保财产或者保证人的财产。

执行担保制度非我国的独创，在德国、日本等大陆法系国家，也存在相似的制度，如《德国民事诉讼法》第 775 条、《日本民事执行法》第 15 条和第 39 条规定了执行担保。

2. 执行担保的适用条件

适用执行担保应当具备下列条件：（1）被执行人或担保人作出担保的意思表示，并提交给执行法院。公司为被执行人提供执行担保的，应当提交符合《公司法》第 15 条规定的公司章程、董事会或者股东会决议（《执行担保规定》第 5 条）。（2）有确定的、足额的财产担保，或者提供有代为履行或代为承担赔偿责任能力的保证人。执行担保是否确实，保证人是否有担保能力，由执行法院审查认定。没有确实、可靠的担保，申请执行人一般不会同意，执行法院也不应准许暂缓执行。法院在审查时，应根据金钱债权的执行和非金钱债权的执行分别而定。

（二）执行担保的法律性质

执行担保属于司法程序中的担保，是被执行人向法院提供担保。执行担保体现的是公法上的强制执行法律关系，不同于担保法规定的平等主体之间的民事担保合同，故在法律效力上执行担保能够直接产生实体和程序上的双重法律后果。

执行担保与民事担保主要有以下区别。

（1）担保主体不同。民事担保是向合同相对人提供担保，执行担保是最终向执行法院作出担保的承诺，可以是被执行人提供财产担保的承诺，也可以是他人提供财产担保或者保证的承诺。

（2）适用的法律不同。民事担保关系由民法和担保法调整，执行担保关系由民事诉讼法和强制执行法调整。

（3）是否签订合同不同。民事担保属于私法范畴，当事人的地位平等，应当在协商一致的基础上订立担保合同并受担保合同的约束。执行担保为公法范畴，担保人与法院的地位不平等，担保人虽向法院提供担保，但法院不与担保人签订任何担保合同，法院不是合同一方当事人。

（4）是否由法院审查同意不同。民事担保经当事人就担保合同的主要条款协商一致，合同即告成立，不需要有关机关审查认可；执行担保成立与否需要经过执行法院审查确认，并以法院的认可为合同成立标志。

（5）设立担保的程序不同。民事担保如设立质押需将质押财产交给债权人，设立抵押需要为抵押财产办理抵押登记手续。执行担保的设立，被执行人或者他人应当向人民法院提交担保书，并将担保书副本送交申请执行人（《执行担保规定》第 3 条），并应当参照《民法典》的有关规定办理相应手续（《民诉解释》第 486 条第 2 款、《执行担保规定》第 7 条第 1 款），申请执行人申请人民法院查封、扣押、冻结担保财产的，人民法院应当准许，但担保书另有约定的除外（《执行担保规定》第 7 条第 2 款）。

（6）担保人承担责任的程序不同。民事担保合同未经审判，法院不得直接执行担保人的财产。《民法典》第 388 条规定，担保合同是主债权债务合同的从合同。在主合同纠纷案件中，对担保合同未经审判，法院不应当依据对主合同当事人所作出的判决或裁定，直接执行担保人的财产。对于执行担保，只要被执行人在暂缓执行期限内未履行债务的，法院就可直接裁定执行担保财产，或者裁定执行担保人的财产，但执行担保人的财产以担保人应当履行义务部分的财产为限。

在执行担保中，被执行人为申请执行人提供的担保通过向法院移交担保物或由法院查封担保物、扣押权属证书并向有关部门发出协助执行通知书的方式予以提存，以便执行法院在被执行人逾期不履行债务时对担保采取执行措施从而使申请执行人获得清偿，当被执行人履行债务后将担保物发还被执行人。这一实现过程与提存并无二致。因此，民事诉讼法上的执行担保应当被解释为执行程序中的提存制度，《民诉法》及司法解释中所谓“向人民法院提供执行担保”的含义，应当为“向人民法院提存担保物”。

（三）执行担保的法律效力

1. 暂缓执行的效力

（1）暂缓执行的条件。执行担保不当然引起暂缓执行的后果，是否暂缓执行由法院决定；暂缓执行的期限应当与担保期限一致，但最长不得超过1年。担保期间自暂缓执行期限届满之日起计算。担保书中没有记载担保期间或者记载不明的，担保期间为1年。担保期间届满后，申请执行人申请执行担保财产或者保证人财产的，人民法院不予支持。他人提供财产担保的，人民法院可以依其申请解除对担保财产的查封、扣押、冻结（《执行担保规定》第12、13条）。

被执行人或第三人提供担保，并经申请执行人同意是执行法院决定暂缓执行的两个必要条件，但非充分条件。即使具备执行担保和申请执行人同意的要件，执行法院也可斟酌情形，不予许可暂缓执行。

（2）暂缓执行的法律效果。主要有：已开始的强制执行行为全部停止，不再采取新的执行措施，不再为新的执行行为；已实施的执行行为仍然有效，不因暂缓执行而自行解除；暂缓执行期间，被执行人履行法律文书规定的义务，则执行完毕，执行程序结束。

（3）恢复执行。暂缓执行期限届满后被执行人仍不履行义务，或者暂缓执行期间担保人有转移、隐藏、变卖、毁损担保财产等行为的，人民法院可以依申请执行人的申请恢复执行，并直接裁定执行担保财产或者保证人的财产，但不得将担保人变更、追加为被执行人。执行担保财产或者保证人的财产，以担保人应当履行义务部分的财产为限。被执行人有便于执行的现金、银行存款的，应当优先执行该现金、银行存款（《执行担保规定》第11条）。

担保人承担担保责任后，有权提起诉讼向被执行人进行追偿（《执行担保规定》第14条）。

2. 申请执行人的优先受偿权

被执行人或者他人提供财产担保，可以依照《民法典》规定办理登记等担保物权公示手续；已经办理公示手续的，申请执行人可以依法主张优先受偿权（《执行担保规定》第7条第1款）。

第五节　委托执行与协助执行

一、委托执行

（一）委托执行的概念和条件

“委托执行”是人民法院之间的一种重要的司法互助制度，存在“案件委托执行”与“事项委托执行”之分。案件委托执行，是指受理执行案件的法院对于被执行人或被执行的财产在外地的案件，委托当地人民法院代为执行案件。案件委托执行应当由委托法院直接向受托法院办理委托手续，并层报各自所在的高级人民法院备案（《委托执行规定》第 4 条第 1 款），案件委托执行后，受托法院应当依法立案，委托法院应当在收到受托法院的立案通知书后作销案处理（《委托执行规定》第 2 条第 1 款）。事项委托执行，是指委托异地法院协助办理查询、冻结、查封、调查或者送达法律文书等有关事项。事项委托应当通过人民法院执行指挥中心综合管理平台办理委托事项的相关手续（《委托执行规定》第 4 条第 2 款），受托法院不作为委托执行案件立案办理，但应当积极予以协助（《委托执行规定》第 2 条第 2 款）。由于事项委托执行不改变执行案件的管辖法院，我国现行法律及司法解释将“委托执行”限定为“案外委托执行”，本书遵循之。

委托执行应符合下列条件：（1）被执行人或被执行财产在异地。被执行人在本辖区内已无财产可供执行，但在其他辖区内有可供执行财产（《委托执行规定》第 1 条）。（2）受托法院应符合有关规定。受托法院应为执行标的物所在地或者执行行为实施地的同级人民法院。有两处以上财产在异地的，可以委托主要财产所在地的人民法院执行。被执行人是现役军人或者军事单位的，可以委托对其有管辖权的军事法院执行。执行标的物是船舶的，可以委托有管辖权的海事法院执行（《委托执行规定》第 3 条）。（3）委托执行材料齐全。委托法院应向受托法院出具书面的委托执行函，并提供下列材料：申请执行书和委托执行案件审批表；据以执行的生效法律文书副本；有关案件情况的材料或者说明，包括本辖区无财产的调查材料、财产保全情况、被执行人财产状况、生效法律文书的履行情况等；申请执行人地址、联系电话；被执行人身份证件或者营业执照复印件、地址、联系电话；委托法院执行员和联系电话；其他必要的案件材料等（《委托执行规定》第 5 条）。（4）异地查控财产一并移交。委托执行时，委托法院应当将已经查封、扣押、冻结的被执行人的异地财产，一并移交受托法院处理，并在委托执行函中说明。委托法院已经采取查封、扣押、冻结等措施的，视为受托法院的查封、扣押、冻结措施。继续查封、扣押、冻结由受托法院持委托执行函和立案通知书办理，但查封、扣押、冻结等措施的有效期限在移交受托法院时不足 1 个月的，委托法院应当先行续封或者续冻，再移交受托法院（《委托执行规定》第 6 条）。

（二）委托执行中委托法院和受托法院各自的权限

1. 委托法院的权限

（1）案件委托执行后，受托法院应当依法立案，委托法院应当在收到受托法院的立案通知书后作销案处理（《委托执行规定》第 2 条第 1 款）。

（2）未经受托法院同意，委托法院不得再自行执行已委托执行的案件，但委托法院在案件委托执行后又发现有可供执行财产的，仍应当及时告知受托法院（《委托执行规定》第 10 条）。

（3）受托法院退回委托的，委托法院在案件退回原因消除之后可以再行委托，确因委托不当被退回的，委托法院应当决定撤销委托并恢复案件执行，报所在的高级人民法院备案（《委托执行规定》第 9 条第 2 款）。

2. 受托法院的权限

（1）受托法院如发现委托执行的手续、材料不全，可以要求委托法院补办。委托法院应当在30日内完成补办事项。委托法院既不补办又不说明原因的，视为撤回委托，所在辖区高级人民法院审批同意退回后，受托法院应当在15日内将有关委托手续和案卷材料退回委托法院，并作出书面说明。委托执行案件退回后，受托法院已立案的，应当作销案处理。（《委托执行规定》第8、9条）。

（2）受托法院有权依法采取执行措施和对妨害执行的强制措施，具体包括以下权力：1）直接执行权。发现被执行人有可供执行的财产的，即使被执行人下落不明，也可直接执行财产。2）处理异议权。对执行担保、执行和解的情况，以及案外人对非属法律文书指定交付的标的物提出的异议，受托法院可以按照有关法律规定处理，并及时通知委托法院。3）变更和追加被执行主体的权力。

（3）受托法院认为委托执行的法律文书确有错误，如采取执行措施可能造成执行回转困难或无法执行回转的，应当首先采取查封、扣押、冻结等保全措施，必要时将保全款项划到法院账户。

（4）受托法院发现被执行人在受托法院辖区外另有可供执行财产的，可以直接异地执行，一般不再行委托执行。根据情况确需再行委托的，应当按照委托执行案件的程序办理，并通知案件当事人（《委托执行规定》第10条）。

二、协助执行

（一）协助执行的概念

协助执行有广义和狭义之分。狭义的协助执行是指人民法院内部的一种司法协助；广义的协助执行，除人民法院之间的协助执行外，还包括有关单位的协助执行和公民个人的协助执行。因此，协助执行的概念可归纳为，受理执行案件的人民法院通知有关单位、个人或者请求有关人民法院协助执行生效法律文书所确定的内容的一种法律制度。

（二）人民法院之间的协助执行

1. 人民法院之间协助执行的特征

主要有三个特征：（1）被执行人或被执行财产在辖区外。（2）受理执行申请的法院直接到辖区外执行。对于被执行人或被执行财产在外地的案件，受理法院认为不需要或不适宜委托执行的，可直接到外地执行，并根据情况请求当地法院给予协助。（3）当地法院辅助执行。协助执行中，执行法院以自己的名义采取执行措施，实施执行行为，当地法院只是起配合、支持、帮助等辅助作用。

2. 人民法院之间协助执行的方式、要求

执行法院异地直接执行案件时，应主动请求当地法院协助执行，同时应出具协助执行公函、介绍信，出示执行公务证，并可以主动介绍案情和准备采取的执行方案，同时阐明要求协助的内容。

对执行法院的协助执行请求，当地法院应积极配合，积极办理，不得借故推脱，不得消极应付，不得设置障碍，更不得与当地被执行人串通，对抗外地法院执行。遇有执

行人员受围攻等紧急情况，当地法院应积极协调解围，在报告当地党委、政法委的同时，妥善处理。

（三）人民法院以外的其他单位和个人的协助执行

1. 人民法院以外的其他单位和个人协助执行的类型

实施民事执行还需要有关单位或个人的协助，主要有下列情形。

（1）登记机关的协助执行。

国土资源管理部门、住房和城乡建设管理部门、税务机关、人民银行、金融监管部门、证券监管部门、市场监督管理部门、发展和改革部门等被执行人财产的登记机关均负有法定的协助义务（《执行联动意见》第9、11～17条）①，主要包括：1）协助查询（《房地产执行通知》第2条）。2）协助办理查封或者预查封登记（《查封规定》第7条、《房地产执行通知》第3条）。3）协助办理轮候查封登记（《查封规定》第26条）。财产保全中协助不予办理登记财产的转移手续。4）协助办理财产权证照转移过户登记（《民诉法》第262条、《房地产执行通知》第8条）。

（2）登记机构的协助执行。

《民诉法》第253条规定：被执行人未按执行通知履行法律文书确定的义务，人民法院有权向有关单位查询被执行人的债券、股票、基金份额等财产情况。人民法院决定扣押、冻结、划拨、变价财产，应当作出裁定，并发出协助执行通知书，有关单位必须办理。对于上市公司国有股和社会法人股的执行，由负责登记的证券登记结算机构、证券公司协助执行。如执行法院冻结或者解除冻结上市公司国有股和社会法人股时，除应当将法律文书送达负有协助执行义务的单位以外，还应当在作出冻结或者解除冻结裁定后

---

① 国土资源管理部门应当协助人民法院及时查询有关土地使用权、探矿权、采矿权及相关权属等登记情况，协助人民法院及时办理土地使用权、探矿权、采矿权等的查封、预查封和轮候查封登记，并将有关情况及时告知人民法院。被执行人正在办理土地使用权、采矿权、探矿权等权属变更登记手续的，根据人民法院协助执行通知书的要求，停止办理相关手续。债权人持生效法律文书申请办理土地使用权变更登记的，依法予以办理。住房和城乡建设管理部门应当协助人民法院及时查询有关房屋权属登记、变更、抵押等情况，协助人民法院及时办理房屋查封、预查封和轮候查封及转移登记手续，并将有关情况及时告知人民法院。被执行人正在办理房屋所有权转移登记等手续的，根据人民法院协助执行通知书的要求，停止办理相关手续。轮候查封的人民法院违法要求协助办理房屋登记手续的，依法不予办理。住房和城乡建设管理部门应协助人民法院查询有关工程项目的规划审批情况，向人民法院提供必要的经批准的规划文件和规划图纸等资料。被执行人正在申请办理涉案项目规划审批手续的，根据人民法院协助执行通知书的要求，停止办理相关手续。税务机关应当依法协助人民法院调查被执行人的财产情况，提供被执行人的纳税情况等相关信息；根据人民法院协助执行通知书的要求，提供被执行人的退税账户、退税金额及退税时间等情况。人民银行应当协助人民法院查询人民币银行结算账户管理系统中被执行人的账户信息；将人民法院提供的被执行人不履行法律文书确定义务的情况纳入企业和个人信用信息基础数据库。金融监管部门应当监督银行业金融机构积极协助人民法院查询被执行人的开户、存款情况，依法及时办理存款的冻结、轮候冻结和扣划等事宜。对金融机构拒不履行生效法律文书、拒不协助人民法院执行的行为，依法追究有关人员的责任。证券监管部门应当监督证券登记结算机构，证券、期货经营机构依法协助人民法院查询、冻结、扣划证券和证券交易结算资金；对证券登记结算机构、证券公司拒不履行生效法律文书确定义务、拒不协助人民法院执行的行为，督促有关部门依法追究有关负责人和直接责任人员的责任。市场监督管理部门应当协助人民法院查询有关企业的设立、变更、注销登记等情况；依照有关规定，协助人民法院办理被执行人持有的有限责任公司股权的冻结、转让登记手续。发展和改革部门应当协助人民法院依法查询被执行人有关工程项目的立项情况及相关资料；对被执行人正在申请办理的投资项目审批、核准和备案手续，协调有关部门和地方，依法协助人民法院停止办理相关手续。

7 日内，将法律文书送达股权持有人或者所有权人并书面通知上市公司（《冻结规定》第 5 条）。拍卖成交后，人民法院应当向证券交易市场和证券登记结算公司出具协助执行通知书，由买受人持拍卖机构出具的成交证明和财政主管部门对股权性质的界定等有关文件，向证券交易市场和证券登记结算公司办理股权变更登记（《冻结规定》第 17 条）。

（3）银行等金融机构的协助执行。

人民法院有权向银行等有储蓄业务的单位查询被执行人的存款情况，有权冻结、划拨被执行人的存款，但查询、冻结、划拨存款不得超出被执行人应当履行义务的范围。人民法院决定冻结、划拨存款，应当作出裁定，并发出协助执行通知书，金融机构应当立即协助执行。信用合作社和其他有储蓄业务的单位必须办理（最高人民法院、中国人民银行《关于依法规范人民法院执行和金融机构协助执行的通知》第 1 条第 2 款）。

（4）用人单位的协助执行。

被执行人未按执行通知履行法律文书确定的义务，法院有权扣留、提取被执行人应当履行义务部分的收入，但应当保留被执行人及其所扶养家属的生活必需费用。法院扣留、提取收入时，应当作出裁定，并发出协助执行通知书，被执行人所在单位、银行、信用合作社和其他有储蓄业务的单位必须办理（《民诉法》第 243 条）。被执行人在有关单位的收入尚未支取的，法院应当作出裁定，向该单位发出协助执行通知书，由其协助扣留或提取（《执行规定》第 29 条）；作为被执行人的自然人，其收入转为储蓄存款的，应当责令其交出存单。拒不交出的，人民法院应当作出提取其存款的裁定，向金融机构发出协助执行通知书，由金融机构提取被执行人的存款交人民法院或存入人民法院指定的账户（《执行规定》第 28 条）。

（5）标的物持有人的协助执行。

有关单位持有法律文书指定交付的财物或者票证的，应当根据人民法院的协助执行通知书转交，并由被交付人签收。有关公民持有该项财物或者票证的，人民法院通知其交出。拒不交出的，强制执行（《民诉法》第 260 条）。被执行人或者第三人占有拍卖财产应当移交而拒不移交的，强制执行（《拍卖规定》第 27 条）。对第三人为被执行人的利益或为自己的利益依法占有的被执行人的财产，被人民法院查封、扣押、冻结的，第三人应协助执行（《查封规定》第 13 条）。

（6）接受投资企业的协助执行。

对于股权（投资权益）、股息或红利的执行，由有关企业协助执行。对被执行人在有限责任公司、其他法人企业中的投资权益或股权，执行法院可以采取冻结措施。冻结投资权益或股权的，应当通知有关企业不得办理被冻结投资权益或股权的转移手续，不得向被执行人支付股息或红利（《执行规定》第 38 条）。对被执行人从有关企业中应得的已到期的股息或红利等收益，执行法院有权裁定禁止被执行人提取和有关企业向被执行人支付，并要求有关企业直接向申请执行人支付。对被执行人预期从有关企业中应得的股息或红利等收益，执行法院可以采取冻结措施，禁止到期后被执行人提取和有关企业向被执行人支付（《执行规定》第 36 条）。

（7）行政主管机关的协助执行。

执行被执行人的财产有困难的，执行法院可以寻求行政主管机关的协助。如对于被执行人在路桥收费站的分成的强制执行，执行法院可以直接裁定冻结被执行人路桥收费的投资分成账户，冻结投资分成账户有困难，需要交通、公路部门协助执行的，交通、公路部门应协助执行。

（8）交阅卷宗的协助行为。

执行法院审查执行依据是否有不予执行的事由时，可以向执行依据的制作机构，如仲裁机构、公证机构等调阅案件卷宗。执行依据的制作机构应当在执行法院指定的期间内交阅卷宗，协助执行。

（9）公安机关的协助执行。

公安机关除派人以执行见证人的方式协助执行外，对于可能发生或正在发生的暴力抗拒执行的情形，还应当依请求或依职权提供援助。具体而言，公安机关应当协助人民法院查询被执行人户籍信息、下落，在履行职责过程中发现人民法院需要拘留、拘传的被执行人的，及时向人民法院通报情况；协助限制被执行人出境；协助人民法院办理车辆查封、扣押和转移登记等手续；发现被执行人的车辆等财产时，及时将有关信息通知负责执行的人民法院（《执行联动意见》第6条）。

2. 人民法院以外的其他单位和个人协助执行的程序

执行法院要求有关单位和个人协助执行时，应当发出协助执行通知书，协助执行通知书中应载明所需要协助的具体事项。

法院执行人员到国土资源、房地产管理部门办理土地使用权或者房屋查封、预查封登记手续时，应当出示本人工作证和执行公务证，并出具查封、预查封裁定书和协助执行通知书（《房地产执行通知》第2条）。国土资源、房地产管理部门在协助人民法院执行土地使用权、房屋时，不对生效法律文书和协助执行通知书进行实体审查。国土资源、房地产管理部门认为人民法院查封、预查封或者处理的土地、房屋权属错误的，可以向人民法院提出审查建议，但不应当停止办理协助执行事项（《房地产执行通知》第3条）。

法院查询、冻结、扣划被执行人在金融机构的存款时，执行人员应当出示本人工作证和执行公务证，并出具法院协助查询存款通知书或法院冻结裁定书和协助冻结存款通知书或法院扣划裁定书、协助扣划存款通知书和生效法律文书副本。金融机构应当立即协助办理查询事宜，不需办理签字手续，对于查询的情况，由经办人签字确认。法院查询、冻结、扣划被执行人在金融机构的存款时，可以根据工作情况要求存款人开户的营业场所的上级机构责令该营业场所做好协助执行工作，但不得要求该上级机构协助执行（《金融机构协助通知》第1条）。

另外，必须遵循协助执行不收费原则。国土资源、房地产管理部门依法协助人民法院执行时，除复制有关材料所必需的工本费外，不得向人民法院收取其他费用。登记过户的费用按照国家有关规定收取（《房地产执行通知》第1条）。

3. 人民法院以外的其他单位和个人协助执行的法律效力

协助执行人对法院负有法定的协助义务，应协助法院实施查询、冻结、登记、见证等行为，否则，将承担司法制裁或民事赔偿责任。除国家机关外，其他单位和个人之所以承担协助执行义务，盖因协助执行人与被执行人之间存在合同或其他债权债务关系。例如，金融机构与被执行人有储蓄合同关系，用人单位与被执行人有劳动合同关系，证券交易市场和证券登记结算公司与被执行人有证券交易合同和证券登记结算合同关系，标的物持有人与被执行人有保管合同或其他合同关系，次债务人与被执行人有债权债务关系，等等。问题是，协助执行人根据法院的协助执行通知所履行的协助执行义务，与协助执行人在合同或其他债权债务关系中所负的债务往往是相互矛盾、势不两立的，一旦履行协助执行义务，其后果必然是违反合同义务，将承担债务不履行的责任。在协助法院执行查封、扣押、冻结等保全或执行措施的义务与合同约定的义务发生冲突的情况下，债务人是应该先协助法院执行，还是应该先履行合同？如何看待这两种义务的法律效力？如果履行协助义务导致自己承担的合同义务无法履行，还要不要向被执行人承担违约责任？

（1）协助执行义务优先于合同义务或其他债务。

协助法院执行是我国民事诉讼法明确规定的一种法定义务，法院采取保全措施的权力是一种公权力；合同义务则是民事主体之间的一种约定义务，合同一方要求相对方履行合同义务的权利是一种私权利。一般而言，在协助执行义务和合同债务或其他债务共同指向同一财产时，合同义务或其他债务不能对抗法定义务。根据《民诉法》和司法解释的规定，金融机构、用人单位、标的物持有人等接到法院协助执行通知书后，拒不协助的，法院除责令其履行协助义务外，还可以罚款或拘留。这些规定为协助执行人设立了一个必须协助法院执行的法定义务。在这一法定义务与合同约定的义务指向同一个财产而发生冲突时，当事人该先履行哪种义务，实际上就是法院的司法执行权与合同债权和其他债权孰重孰轻的问题。显然，司法执行权优先于民事权利，协助执行义务优先于合同义务或其他债务。

（2）协助执行构成法定免责事由。

协助执行人因协助法院执行而未能履行自己所承担的合同义务或其他债务时，债务人的行为是否构成违约，取决于对违约的界定标准的认识。关于违约的界定，有两种标准：一是从客观结果上衡量，凡没有按照约定履行合同义务的，都是违约；二是从是否要承担违约责任上衡量，只有那些没有按照约定履行合同并因此要承担违约责任的情况，才能称之为违约。如果说因协助法院执行而不能履行合同义务是违约的话，那么这种违约也该免责，不应承担违约责任。尽管合同法只规定因不可抗力不能履行合同的可以免责，但这并不妨碍我们从其他法律中寻找免责的理由。由于民事诉讼法规定了任何人都有义务协助法院执行，因而这种协助执行行为当然应该成为一种法定的免责事由。

（3）协助执行行为非具体行政行为。

公安、土地管理、房屋管理、交通运输管理等行政机关根据执行法院的协助执行通知书实施的行为，具有行政行为的外观，不过从理论上讲不能构成行政法意义上的具体行政行为，被执行人或其他关系人对该行为不服时，不能向人民法院提起行政诉讼。但如果当事人认为行政机关在协助执行时扩大了范围或违法采取措施造成其损害，提起行政诉讼的，人民法院应当受理（《行诉解释》第1条）。

（4）协助执行行为优先于行政行为。

当被执行人已经向登记机关申请过户登记，执行法院随后将协助执行通知书送达登记机关，要求协助办理查封、扣押、冻结登记手续时，过户登记请求和协助执行之间就产生了冲突。为协调二者的关系，《查封规定》第 23 条中规定：查封、扣押、冻结协助执行通知书在送达登记机关时，登记机关已经受理被执行人转让不动产、特定动产及其他财产的过户登记申请，尚未完成登记的，应当协助人民法院执行。该条明确确立了协助执行优先原则。

4. 对拒不协助执行的处理

（1）强制措施：罚款和拘留。

有义务协助执行的单位有《民诉法》第 117 条、《民诉解释》第 188～189 条、第 192 条规定的拒绝协助执行的行为之一的，执行法院除责令其履行协助义务外，可以予以罚款，对单位主要负责人或者直接责任人员予以罚款、拘留，并可以向监察机关或者有关机关提出予以纪律处分的司法建议。这是对拒不协助执行行为的司法制裁措施。

上述拒不协助执行行为，包括但不限于以下情形：

1）有义务协助执行的个人接到人民法院协助执行通知书后，拒不协助执行。

2）协助执行人擅自解冻已被人民法院冻结的财产。

3）协助执行人接到人民法院协助执行通知书后，给当事人通风报信，协助其转移、隐匿财产。

4）有义务协助执行的单位接到人民法院协助执行通知书后，拒不协助扣留被执行人的收入，办理有关财产权证照转移手续，转交有关票证、证照或者其他财产。

5）有义务协助执行的单位接到人民法院协助执行通知书后，违反协助执行义务，允许被执行人高消费、允许限制出境的被执行人出境。

6）有义务协助执行的单位接到人民法院协助执行通知书后，拒不停止办理有关财产权证照转移手续、权属变更登记、规划审批等手续。

7）有义务协助执行的单位接到人民法院协助执行通知书后，以需要内部请示、内部审批，有内部规定等为由拖延办理协助执行事项。

金融机构作为协助执行人因其妨害执行的行为而被采取罚款、拘留强制措施的，不同于金融机构作为被执行人的情况，法院的司法处罚应由其自行承担，执行法院不得逐级变更由行为人的上级机构承担［最高人民法院《关于采取民事强制措施不得逐级变更由行为人的上级机构承担责任的通知》（法〔2004〕127 号）第 1 条］。

（2）民事责任：侵权损害赔偿。

有义务协助执行的国家机关、企事业单位、社会团体和个人，未依法履行协助执行义务，给当事人造成损失的，均应当承担损害赔偿责任或国家赔偿责任。《执行规定》对违反协助执行义务的民事责任作了规定，主要包括以下几点：

1）金融机构擅自解冻被人民法院冻结的款项，致冻结款项被转移的，人民法院有权责令其限期追回已转移的款项。在限期内未能追回的，应当裁定该金融机构在转移的款项范围内以自己的财产向申请执行人承担责任（《执行规定》第 26 条）。

2）有关单位收到人民法院协助执行被执行人收入的通知后，擅自向被执行人或其他人支付的，人民法院有权责令其限期追回；逾期未追回的，应当裁定其在支付的数额内向申请执行人承担责任（《执行规定》第 30 条）。

3）被执行人或其他人擅自处分已被查封、扣押、冻结财产的，人民法院有权责令责任人限期追回财产或承担相应的赔偿责任（《执行规定》第 32 条）。

4）有关企业收到人民法院发出的协助冻结通知后，擅自向被执行人支付股息或红利，或擅自为被执行人办理已冻结股权的转移手续，造成已转移的财产无法追回的，应当在所支付的股息或红利或转移的股权价值范围内向申请执行人承担责任（《执行规定》第 40 条）。

（3）追究拒不执行判决、裁定罪。

根据 2002 年 8 月 29 日全国人大常委会《关于〈中华人民共和国刑法〉第三百一十三条的解释》的规定，协助执行人接到人民法院协助执行通知书后，拒不协助执行，致使判决、裁定无法执行，或者协助执行义务人与国家机关工作人员通谋，利用国家机关工作人员的职权妨害执行，致使判决、裁定无法执行的，构成拒不执行判决、裁定罪。

第六节　执行竞合与执行救济

一、执行竞合

（一）执行竞合的概念和类型

竞合，是指两个或两个以上的事物在某一方面或某个点上的重合且彼此又相互排斥的一种状态。执行竞合，又称执行程序的竞合，是指在民事执行程序中，两个或两个以上的债权人同时或先后以不同的执行名义对同一债务人的特定财产申请法院强制执行，而各债权人的请求之间相互排斥，各个债权人的权利难以同时获得完全满足的一种竞争状态。

从类型来分，执行竞合可分为民事执行之间的竞合、民事执行与行政处罚的竞合、民事执行与财产刑执行的竞合。

（二）民事执行之间的竞合

1. 民事执行之间的竞合的条件和类型

民事执行之间的竞合的适用应符合以下条件：（1）须有两个或两个以上的权利人存在；（2）执行对象须为同一债务人的同一特定标的物；（3）数个权利人所持的执行依据必须是各自独立的法律文书；（4）各个不同执行依据的执行发生在同一特定时期，即数个执行共存于某段时间。

民事执行措施，既包括终局的生效法律文书的执行措施（以下简称终局执行），也包括在审理案件中采取的保全措施（以下简称保全执行）。由此，民事执行之间的竞合应当包括保全执行之间的竞合、终局执行之间的竞合以及终局执行与保全执行之间的竞合三种情况。

2. 民事执行之间的竞合的具体形态

（1）保全执行之间的竞合。

一是不同保全措施（如查封、扣押、冻结）之间的竞合。各债权对执行标的物均无担保物权的，依采取执行措施的先后而定，采取执行措施在先的，取得优先受偿的地位。

二是同种保全措施之间的竞合。如果后保全措施与前保全措施相抵触，后保全措施无效。由于后保全措施不得妨碍前保全措施，前保全债权人于取得执行依据后，即可申请执行法院除去后保全措施，以实现其权利。具体情形包括：后保全措施系撤销或变更前保全措施的；后保全措施的内容意在除去或禁止前保全措施的；后保全措施的内容，与前保全措施内容不相容的等。

（2）终局执行之间的竞合。

终局执行之间的竞合，依执行依据所确定的给付内容不同，包括以下情况。

一是就同一法律关系有不同裁判内容的数个执行依据。执行中发现两地人民法院或人民法院与仲裁机构就同一法律关系作出不同裁判内容的法律文书，如数个执行依据指定的交付物同一时，各有关法院应当立即停止执行，报请共同的上级法院处理（《执行规定》第 68 条）。需要金融机构协助执行的，金融机构应当协助最先送达协助执行通知书的法院，予以查询、冻结，但不得扣划。有关法院应当就该两份或多份生效法律文书上报共同上级人民法院协调解决，金融机构应当按照上级人民法院的最终协调意见办理。

二是多份生效法律文书确定金钱给付内容的多个债权人分别对同一被执行人申请执行。如数个具有金钱给付内容的执行依据在执行中均要求对被执行人的同一标的物实施清偿，而各申请执行人对执行标的物均无担保物权的，按照执行法院采取执行措施的先后顺序受偿（《执行规定》第 55 条第 1 款）。

三是多个债权人的债权种类不同的执行竞合。如有基于所有权和担保物权而享有债权的，有基于合同之债要求债务人交付一定标的物的请求权的，有一般金钱债权的。基于所有权和担保物权而享有的债权最优先受偿，其次是依合同请求交付标的物的债权，最后是一般金钱债权；有多个担保物权的，按照法律规定的顺序或同类担保物权成立的先后顺序清偿（《执行规定》第 55 条第 2 款）。

（3）终局执行与保全执行之间的竞合。

法院已保全了被告的财产的，其他法院在案件执行中不得重复查封或擅自解除查封，只能对余额部分采取执行措施。如查封的财产属于不可分物，则只能等待保全法院处理。保全债权人在取得终局执行依据后，可直接申请法院将保全执行程序变为终局执行程序。

案件虽已进入终局执行程序，但执行法院尚未对被执行人财产采取控制性执行措施，或执行法院已经采取控制性执行措施但由于程序上的瑕疵或其他原因而未能实际控制的，终局执行不得对抗保全执行。

（三）民事执行与行政处罚执行的竞合

行政处罚，是指享有处罚权的行政机关或法律、法规授权的组织，对违反行政法律规范、依法应当给予处罚的行政相对人所实施的制裁行为。行政处罚中的罚款、没收财物也具有给付内容。

当民事执行与行政处罚执行发生竞合时，民事执行优先于行政处罚的执行。《公司法》第 214 条规定：公司违反本法规定，应当承担民事赔偿责任和缴纳罚款、罚金的，其财产不足以支付时，先承担民事赔偿责任。《证券法》第 220 条、《产品质量法》第 64

条均规定：违反《证券法》和《产品质量法》的规定，应当承担民事赔偿责任和缴纳罚款、罚金，其财产不足以同时支付时，先承担民事赔偿责任。《个独企业法》第 43 条规定：投资人违反本法规定，应当承担民事赔偿责任和缴纳罚款、罚金，其财产不足以支付的，或者被判处没收财产的，应当先承担民事赔偿责任。

民事执行优先于行政处罚执行，须满足下列条件：

(1) 民事执行所涉及的民事赔偿责任须基于违反《公司法》《证券法》《产品质量法》《个独企业法》等法律的规定而产生。

(2) 被执行人的限定性。在《公司法》领域只适用于有限责任公司和股份有限公司两类被执行人，在《证券法》或《产品质量法》领域包括所有因违反《证券法》或《产品质量法》而产生民事赔偿责任的被执行人，在《个独企业法》领域则只适用于投资人。

(3) 被执行人的财产不足以承担所有法律责任。

需指出的是，《税收征管法》第 45 条第 1 款所规定的税收优先权问题，即“税务机关征收税款，税收优先于无担保债权，法律另有规定的除外；纳税人欠缴的税款发生在纳税人以其财产设定抵押、质押或者纳税人的财产被留置之前的，税收应当先于抵押权、质权、留置权执行”。该规定非民事执行与行政处罚执行之间的竞合，而是民事执行与税收征收之间的竞合。

（四）民事执行与财产刑执行的竞合

民事执行中有时会遇到被执行人同时被判处刑罚的情况（如刑事附带民事案件）。财产刑执行包括罚金和没收财产。罚金是法院判处犯罪分子向国家缴纳一定数量的金钱的刑罚。没收财产是将犯罪分子所有的财产的一部分或全部强制无偿收归国有的刑罚。

1. 民事执行与没收财产刑的执行竞合

现行法确立了民事执行优先于没收财产刑执行之原则。《刑法》第 60 条规定：“没收财产以前犯罪分子所负的正当债务，需要以没收的财产偿还的，经债权人请求，应当偿还。”这里的“没收财产以前犯罪分子所负的正当债务”，依《财产刑规定》第 7 条，指“犯罪分子在判决生效前所负他人的合法债务”。据此，犯罪分子于刑事判决生效前发生的合法债务的执行应当优先于没收财产刑的执行。

2. 民事执行与罚金刑的执行竞合

现行法确立了民事执行优先于罚金刑执行之原则。《刑法》第 36 条规定：由于犯罪行为而使被害人遭受经济损失的，对犯罪分子除依法给予刑事处罚外，并应根据情况判处赔偿经济损失。承担民事赔偿责任的犯罪分子，同时被判处罚金，其财产不足以全部支付的，或者被判处没收财产的，应当先承担对被害人的民事赔偿责任。因此，附带民事案件中所确定的民事赔偿责任优先于对同一犯罪行为所判处的罚金的执行。

另外，依据《公司法》第 214 条、《证券法》第 220 条和《个独企业法》第 43 条的规定，《公司法》上的有限责任公司和股份有限公司、《证券法》规定的主体、《个独企业法》上的投资人违反相应法律规定，应当承担民事赔偿责任和罚金刑，其财产不足以支付时，民事赔偿责任的执行优先于罚金刑的执行。

《民法典》第 187 条确立了民事责任优先的一般原则。该条规定："民事主体因同一行为应当承担民事责任、行政责任和刑事责任的，承担行政责任或者刑事责任不影响承担民事责任；民事主体的财产不足以支付的，优先用于承担民事责任。"

《刑事裁判财产执行规定》第 13 条对民事执行与财产刑执行的竞合作出了突破性规定，即被执行人在执行中同时承担刑事责任、民事责任，其财产不足以支付的，按照下列顺序执行：（1）人身损害赔偿中的医疗费用；（2）退赔被害人的损失；（3）其他民事债务；（4）罚金；（5）没收财产。债权人对执行标的依法享有优先受偿权，其优先受偿权顺位应当在前述医疗费用之后。

二、执行救济

（一）执行救济概述

执行救济是指当事人或利害关系人的利益，因法院的执行行为违法或不当而受到侵害时，为了保护当事人、利害关系人和案外人的合法权益，法律所规定的救济方法和制度。

我国民事诉讼法上的执行救济一般分为三类：程序上的救济、实体上的救济以及程序实体的双重救济方法。其中，程序上的救济是指《民诉法》第 236、237 条规定的执行行为异议和申请变更执行法院；实体上的救济是指《民诉法》第 238 条规定的与执行标的之强制执行有关的案外人执行异议、执行异议之诉，以及相关司法解释确立的与执行当事人适格有关的执行异议之诉、参与分配方案异议之诉等；程序实体的双重救济是指据以强制执行的执行依据被撤销后引起的执行回转。

（二）执行行为异议

1. 执行行为异议的概念

执行行为异议，是指当事人或利害关系人认为执行程序、执行措施方法违反法律规定的，请求执行法院予以救济的制度（《民诉法》第 236 条）。

执行行为异议有申请和异议两种类型，前者为积极的执行救济方法，后者为消极的执行救济方法。所谓申请，系指请求执行机关为一定行为或不为一定行为的意思表示。当执行机关怠于实施某种执行行为时，当事人或利害关系人有权请求其为之。所谓异议，系指当事人或利害关系人不同意执行机关所实施的某种执行行为，而请求执行机关予以变更或撤销的意思表示。

2. 执行行为异议的主体

有权提出执行行为异议的主体，包括当事人和利害关系人。所谓当事人，是指执行程序的执行债权人或债务人；所谓利害关系人，是指当事人以外，其法律上的权益因执行行为而受到侵害的人。例如，当法院查封的标的物为第三人所有时，该第三人即为利害关系人。

关于执行行为异议权能否代位行使，理论上有两种观点：一是否定说，认为执行行为异议仅为保护权益的一种方法，并非权利，故当事人或利害关系人不得依民法的规定代位行使。二是肯定说，认为债权人代位权的标的，不以民法上的权利为限，强制执行法上的异议权，乃保存债务人权利的方法，应当允许债权人代位行使。

3. 执行行为异议的事由

（1）执行行为异议的一般事由。

1）对执行命令不服。执行法院所发出的各种关于执行程序的命令，如责令被执行人报告其财产状况、责令被执行人提供担保等命令，当事人、利害关系人不服的，可以提出执行行为异议。

2）对执行的措施方法不服。执行法院在实施强制执行行为时，对被执行人的财产采取相应的执行措施，如不动产的查封、债权扣押等。应实施一定执行行为而没有实施的，债权人有权申请执行机关为一定执行行为；执行机关实施强制执行的方法有违法或不当之处的，当事人或利害关系人如不服，可以提出执行行为异议。

3）执行行为违反法定程序。执行机关在实施强制执行行为时，依民事诉讼法规定应遵守法定程序。如动产或不动产拍卖，应当先期公告（《拍卖规定》第 8 条）。对拍卖标的物应公告而未公告的，即构成对法定程序的违反。

4）执行债权消灭或执行依据丧失执行力。被执行人以债权消灭、丧失强制执行效力等执行依据生效之后的实体事由提出排除执行异议的，人民法院应当参照《民诉法》第 236 条规定进行审查（《执行异议复议规定》第 7 条第 2 款）。

5）其他侵害利益的事由。除因不服强制执行的命令、实施强制执行的方法不当，或违背强制执行的法定程序外，对任何其他违反民事执行制度规定而侵害当事人或利害关系人利益的情形，当事人、利害关系人均可提出执行异议。不过，执行异议必须针对执行机关的行为，至于协助执行人拒不协助的行为、执行见证人拒不见证的行为，不能适用执行行为异议。

上述前四种事由，相互关联，不可截然分割，同一民事执行行为，常常同时存在数种事由。

（2）执行行为异议的特别事由。

有下列情形之一的，当事人以外的自然人、法人和非法人组织，可以作为利害关系人提出执行行为异议：1）认为人民法院的执行行为违法，妨碍其轮候查封、扣押、冻结的债权受偿的；2）认为人民法院的拍卖措施违法，妨碍其参与公平竞价的；3）认为人民法院的拍卖、变卖或者以物抵债措施违法，侵害其对执行标的的优先购买权的；4）认为人民法院要求协助执行的事项超出其协助范围或者违反法律规定的；5）认为其他合法权益受到人民法院违法执行行为侵害的（《执行异议复议规定》第 5 条）。

4. 执行行为异议的程序

（1）异议的提出。当事人或利害关系人认为符合异议条件时，可以向执行法院提出书面执行异议。异议人提出执行行为异议，应当向人民法院提交申请书。申请书应当载明具体的异议或者复议请求、事实、理由等内容，并附下列材料：异议人或者复议申请人的身份证明，相关证据材料，送达地址和联系方式。

（2）管辖法院。对于执行异议，实行专属管辖，由实施强制执行行为的法院行使专属管辖权。执行案件被指定执行、提级执行、委托执行后，当事人、利害关系人对原执行法院的执行行为提出异议的，由提出异议时负责该案件执行的人民法院审查处理；受指定或者受委托的人民法院是原执行法院的下级人民法院的，仍由原执行法院审查处理。

（3）受理异议。执行行为异议符合《民诉法》第 236 条规定的条件的，人民法院应当在 3 日内立案，并在立案后 3 日内通知异议人和相关当事人。不符合受理条件的，人民法院应裁定不予受理；立案后发现不符合受理条件的，人民法院应裁定驳回申请。异议申请材料不齐备的，人民法院应当一次性告知异议人在 3 日内补足，逾期未补足的，不予受理。异议人对不予受理或者驳回申请裁定不服的，可以自裁定送达之日起 10 日内向上一级人民法院申请复议。上一级人民法院审查后认为符合受理条件的，应当裁定撤销原裁定，指令执行法院立案或者对执行行为异议进行审查。执行法院收到执行行为异议后 3 日内既不立案又不作出不予受理裁定，或者受理后无正当理由超过法定期限不作出异议裁定的，异议人可以向上一级人民法院提出异议。上一级人民法院审查后认为理由成立的，应当指令执行法院在 3 日内立案或者在 15 日内作出异议裁定（《执行异议复议规定》第 2、3 条）。

（4）异议的时间。执行行为异议应于执行程序开始后、执行程序终结之前提出，但对终结执行措施提出异议的除外（《执行异议复议规定》第 6 条第 1 款）。由于执行行为异议系以排除违法的执行行为为目的，自然应对已开始的执行行为才可提出异议。执行程序若已终结，就无法更正或撤销执行机关的执行行为，故也不能对业已终结的执行程序提出执行行为异议。

《终结执行异议期限》就对终结执行行为提出异议的期限，作出了特别规定：当事人、利害关系人应当自收到终结执行法律文书之日起 60 日内提出；未收到法律文书的，应当自知道或者应当知道人民法院终结执行之日起 60 日内提出。

（5）审查与裁判。对当事人、利害关系人的行为异议，执行法院应当依法组成合议庭进行审查（办理执行实施案件的人员应当回避）。审查应当采书面形式，案情复杂、争议较大的，应当进行听证。异议人经合法传唤，无正当理由拒不参加听证，或者未经法庭许可中途退出听证，致使人民法院无法查清相关事实的，由其自行承担不利后果（《执行异议复议规定》第 12、14 条）。

在审查期间，异议人申请撤回异议申请的，是否准许由人民法院裁定。

法院应当自收到书面异议之日起 15 日内作出裁定。异议不成立的，裁定驳回异议；异议成立的，裁定撤销相关执行行为；异议部分成立的，裁定变更相关执行行为；异议成立或者部分成立，但执行行为无撤销、变更内容的，裁定异议成立或者相应部分异议成立（《执行异议复议规定》第 17 条）。该裁定应迅速作出，裁定书中应载明当事人或利害关系人申请复议的权利和期限，并且人民法院应一并裁定申请执行行为异议的费用负担。

当事人、利害关系人对同一执行行为有多个异议事由，但未在异议审查过程中一并提出，撤回异议或者被裁定驳回异议后，再次就该执行行为提出异议的，人民法院不予受理（《执行异议复议规定》第 15 条）。

执行过程中，被执行人根据当事人自行达成但未提交人民法院的和解协议，或者一方当事人提交人民法院但其他当事人不予认可的和解协议，依照《民诉法》第 236 条的规定提出异议的，人民法院按照下列情形，分别处理：和解协议履行完毕的，裁定终结原生效法律文书的执行；和解协议约定的履行期限尚未届至或者履行条件尚未成就的，裁定中止执行，但符合《民法典》第 578 条规定情形的除外；被执行人一方正在按照和解协议约定履行义务的，裁定中止执行；被执行人不履行和解协议的，裁定驳回异议；和解协议不成立、未生效或者无效的，裁定驳回异议（《执行和解规定》第 19 条）。

5. 执行行为异议的效力

（1）原则上不停止执行行为。当民事执行程序存在违法或不当的情形时，虽然当事人或利害关系人有权提出执行行为异议，但执行程序并不因此停止，以避免延滞执行程序。当事人、利害关系人对于执行法院就其执行行为异议所作的裁定不服，申请复议时，也不能停止执行程序。但被执行人、利害关系人提供充分、有效的担保，请求停止相应处分措施的，人民法院可以准许；申请执行人提供充分、有效的担保，请求继续执行的，应当继续执行。

（2）撤销或改正原执行行为。撤销或改正原执行行为的裁定生效后，执行法院即应停止执行行为，并按裁定要求予以撤销或改正。

（3）执行程序终结后的救济。执行行为虽然存在着违法或不当的情形，但当事人或利害关系人未提出执行行为异议，视为抛弃依法请求救济的途径，执行程序不因此而无效，也不得请求国家赔偿。不过，在执行程序终结后，因违法执行行为而受到损害的当事人或利害关系人，仍可以对债权人提起返还不当得利或损害赔偿的诉讼。

6. 申请复议

当事人、利害关系人对裁定不服的，可以在裁定送达之日起 10 日内向上一级人民法院书面申请复议，上一级人民法院收到复议申请后，应当通知执行法院在 5 日内报送复议所需的案卷材料。当事人、利害关系人申请复议的书面材料，可以通过执行法院转交，执行法院收到复议申请后，应当在 5 日内将复议所需的案卷材料报送上一级人民法院。上一级人民法院对当事人、利害关系人的复议申请，应当组成合议庭进行审查，案情复杂、争议较大的，应当进行听证。人民法院应当自收到复议申请之日起 30 日内审查完毕，并作出裁定。有特殊情况需要延长的，经本院院长批准，可以延长，延长的期限不得超过 30 日。

复议案件审查期间，复议申请人申请撤回复议申请的，是否准许由人民法院裁定。

复议申请人经合法传唤，无正当理由拒不参加听证，或者未经法庭许可中途退出听证，致使人民法院无法查清相关事实的，由其自行承担不利后果。

依据《执行异议复议规定》第 23 条的规定，对于不服执行行为异议裁定的复议申请，上一级人民法院经审查后，应当按照下列情形，分别处理：

（1）异议裁定认定事实清楚，适用法律正确，结果应予维持的，裁定驳回复议申请，维持异议裁定。

（2）异议裁定认定事实错误，或者适用法律错误，结果应予纠正的，裁定撤销或者变更异议裁定。

(3) 异议裁定认定基本事实不清、证据不足的，裁定撤销异议裁定，发回作出裁定的人民法院重新审查，或者查清事实后作出相应裁定。

(4) 异议裁定遗漏异议请求或者存在其他严重违反法定程序的情形的，裁定撤销异议裁定，发回作出裁定的人民法院重新审查。

(5) 异议裁定对应当适用《民诉法》第238规定审查处理的异议，错误适用《民诉法》第236条审查处理的，裁定撤销异议裁定，发回作出裁定的人民法院重新作出裁定。

除依照上述第3、4、5项发回重新审查或者重新作出裁定的情形外，裁定撤销或者变更异议裁定且执行行为可撤销、变更的，应当同时撤销或者变更该裁定维持的执行行为。人民法院对发回重新审查的案件作出裁定后，当事人、利害关系人申请复议的，上一级人民法院复议后不得再次发回重新审查。

（三）申请变更执行法院

针对执行机关消极的执行行为，申请执行人有权请求其实施一定行为或不实施一定行为，尤其是有权向上一级人民法院申请执行。《民诉法》第237条规定：人民法院自收到申请执行书之日起超过6个月未执行的，申请执行人可以向上一级人民法院申请执行。

《民诉法》第237条的立法目的是解决执行实践中存在的执行不力而非执行不能现象。有的执行案件中，被执行人有可供执行的财产，但执行法院因地方保护主义等客观因素的制约，无正当理由拖延执行或者消极执行。针对这个问题，执行改革过程中发展起来的提级执行、指定执行和交叉执行对于克服地方保护主义的干扰，效果明显。但是，执行实践中的提级执行等做法，主要依靠上级人民法院执行监督而实施，上级人民法院因各种主客观因素的制约，对很多案件难以及时提级执行，加之提级执行缺乏法定条件和程序，实践中也存在随意性大、程序不规范等问题，因此有必要赋予申请执行人向上一级人民法院申请执行的权利。可以说，当事人申请变更执行法院的权利脱胎于执行监督制度中的提级执行，该条将“监督型的提级执行”创造性地转化为“权利型的更换执行法院权”。

下列情形可以作为执行债权人行使更换执行法院权利的事由：(1) 债权人申请执行时被执行人有可供执行的财产，执行法院自收到申请执行书之日起超过6个月对该财产未执行完结的；(2) 执行过程中发现被执行人可供执行的财产，执行法院自发现财产之日起超过6个月对该财产未执行完结的；(3) 对法律文书确定的行为义务的执行，执行法院自收到申请执行书之日起超过6个月未依法采取相应执行措施的；(4) 其他有条件执行，但超过6个月未执行的。上述6个月期间，不应当包括执行中的公告期间、鉴定评估期间、管辖争议处理期间、执行争议协调期间、暂缓执行期间以及中止执行期间。

上一级人民法院经审查，可以责令执行法院在一定期限内执行，也可以决定由本院执行或者指令其他人民法院执行。责令执行法院限期执行的，应当向其发出督促执行令，并将有关情况书面通知申请执行人；决定由本院执行或者指令本辖区其他人民法院执行的，应当作出裁定，送达当事人并通知有关人民法院。

上一级人民法院责令执行法院限期执行，执行法院在指定期间内无正当理由仍未执行完结的，上一级人民法院应当裁定由本院执行或者指令本辖区其他人民法院执行。

（四）案外人执行异议

1. 案外人执行异议的含义和意义

案外人执行异议，是指案外人基于对执行标的有足以排除强制执行的实体权利，向执行法院提出的不许对该标的实施强制执行的请求。案外人执行异议系案外人基于实体上的法律关系，对特定的执行标的主张权利，请求排除对该特定标的的不当执行，而非对执行程序本身提出异议，因此与执行行为异议不同，在本质上属于实体上的救济方法。

全国人大常委会法工委民法室在阐述该条的立法理由时指出：考虑到审判程序比较复杂，如果对所有的案外人提出的异议不经审查便直接进入审判程序，不仅影响执行效率，还可能给一部分债务人拖延履行留下空间，不利于债权的及时实现。实际上，一部分案外人执行异议仅通过执行机构的初步审查即可得到解决。可见，案外人异议的设立，意在由执行机构对案外人的主张进行初步的审查，过滤部分案件，防止案外人直接起诉来拖延执行。不过，从实践看，案外人执行异议制度的过滤功能失灵，案外人绕开《民诉法》第238条，不向执行法院提出异议，而是直接向其他法院另行提起确权之诉或者向仲裁机构申请仲裁的情况比较普遍。

2. 案外人执行异议的主体

提出案外人执行异议的主体须为案外人，即执行当事人以外，对执行标的主张排除执行的实体权利，认为法院对该标的的执行侵害其实体法上权利的公民、法人或者其他组织。

3. 案外人执行异议的事由

《执行解释》第14条对案外人执行异议的事由作了概括，即案外人对执行标的主张所有权或者有其他足以排除执行标的的转让、交付的实体权利。具体而言，包括所有权、担保物权、占有等权利及利益。

4. 案外人执行异议的判断标准

（1）案外人执行异议的一般判断标准。

对于案外人执行异议，人民法院应当按照下列标准判断其是否系权利人：

1）已登记的不动产，按照不动产登记簿判断；未登记的建筑物、构筑物及其附属设施，按照土地使用权登记簿、建设工程规划许可、施工许可等相关证据判断。

2）已登记的机动车、船舶、航空器等特定动产，按照相关管理部门的登记判断；未登记的特定动产和其他动产，按照实际占有情况判断。

3）银行存款和存管在金融机构的有价证券，按照金融机构和登记结算机构登记的账户名称判断；有价证券由具备合法经营资质的托管机构名义持有的，按照该机构登记的实际投资人账户名称判断。

4）股权按照市场监督管理机关的登记和企业信用信息公示系统公示的信息判断。

5）其他财产和权利，有登记的，按照登记机构的登记判断；无登记的，按照合同等证明财产权属或者权利人的证据判断。

（2）案外人依据另案生效法律文书提出排除执行异议的判断标准。

案外人依据另案生效法律文书提出排除执行异议的，依照如下标准处理（《执行异议复议规定》第 26 条）：

一是金钱债权执行的判断标准。金钱债权执行中，案外人依据执行标的被查封、扣押、冻结前作出的另案生效法律文书提出排除执行异议，如果该法律文书系就案外人与被执行人之间的权属纠纷以及租赁、借用、保管等不以转移财产权属为目的的合同纠纷，判决、裁决执行标的归属于案外人或者向其返还执行标的且其权利能够排除执行的，应予支持。如果该法律文书系就案外人与被执行人之间除前述所列合同之外的债权纠纷，判决、裁决执行标的归属于案外人或者向其交付、返还执行标的的，不予支持。如果该法律文书系案外人受让执行标的的拍卖、变卖成交裁定或者以物抵债裁定且其权利能够排除执行的，应予支持。

金钱债权执行中，案外人依据执行标的被查封、扣押、冻结后作出的另案生效法律文书提出排除执行异议的，人民法院不予支持。

二是非金钱债权执行的判断标准。非金钱债权执行中，案外人依据另案生效法律文书提出排除执行异议，该法律文书对执行标的权属作出不同认定的，人民法院应当告知案外人依法申请再审或者通过其他程序解决。

（3）金钱债权执行中案外人因买受被执行人的不动产而提出排除不动产执行异议的判断标准。

首先，案外人作为一般买房人提出的异议。买受人对登记在被执行人名下的不动产提出异议，符合下列情形且其权利能够排除执行的，人民法院应予支持：1）在人民法院查封之前已签订合法有效的书面买卖合同；2）在人民法院查封之前已合法占有该不动产；3）已支付全部价款，或者已按照合同约定支付部分价款且将剩余价款按照人民法院的要求交付执行；4）非因买受人自身原因未办理过户登记（《执行异议复议规定》第 28 条）。

其次，购买商品房的消费者提出的异议。买受人对登记在被执行的房地产开发企业名下的商品房提出异议，符合下列情形且其权利能够排除执行的，人民法院应予支持：1）在人民法院查封之前已签订合法有效的书面买卖合同；2）所购商品房系用于居住且买受人名下无其他用于居住的房屋；3）已支付的价款超过合同约定总价款的 50%（《执行异议复议规定》第 29 条）。

最后，预告登记受让人提出的异议。对被查封的办理了受让物权预告登记的不动产，受让人提出停止处分异议的，人民法院应予支持；符合物权登记条件，受让人提出排除执行异议的，应予支持（《执行异议复议规定》第 30 条）。

（4）承租人提出排除交付不动产租赁物的异议的判断标准。

承租人请求在租赁期内阻止向受让人移交占有被执行的不动产，在人民法院查封之前已签订合法有效的书面租赁合同并占有使用该不动产的，人民法院应予支持。

承租人与被执行人恶意串通，以明显不合理的低价承租被执行的不动产或者伪造交付租金证据的，对其提出的阻止移交占有的请求，人民法院不予支持（《执行异议复议规定》第 31 条）。

5. 案外人执行异议的程序

案外人执行异议的程序，与执行行为异议的程序大体相同，下面作简要说明。

（1）案外人执行异议的提出。

提出案外人执行异议必须采取书面形式，这主要是为了促使案外人慎重行事，防止其滥用异议权，同时也有利于人民法院准确把握异议的焦点。

（2）管辖法院。

依照《执行解释》第 14 条，案外人执行异议应当向执行法院提出。

延伸阅读 20－3

执行程序开始前的预防性排除执行利益

（3）提出异议的期限。

案外人执行异议应当在执行过程中提出（《民诉法》第 236 条）。“执行过程中”，一般理解为执行程序开始后、终结前（《民诉解释》第 462 条）。执行程序终结不能笼统地理解为整个案件执行程序的终结，应当理解为特定的异议标的物的执行程序终结。就执行终结的时间点而言，异议标的物被拍卖、变卖的，执行终结的时间点应为拍卖、变卖价款交付申请执行人之时；异议标的物被抵债的，执行终结的时间点应为抵债裁定送达当事人之时。在交付特定物的执行中，执行终结的时间点应为执行法院将异议标的物交付给申请执行人之时。①

（4）对异议的审查处理。

案外人提出排除执行异议的，人民法院应当自收到书面异议之日起 15 日内审查。审查内容包括：案外人是否系权利人、该权利的合法性与真实性，以及该权利能否排除执行。执行法院经审查，应当区分不同情况作出相应的裁定：1）案外人对执行标的不享有足以排除强制执行的权益的，裁定驳回其异议；2）案外人对执行标的享有足以排除强制执行的权益的，裁定中止执行。

人民法院规定作出案外人执行异议裁定时，应当告知相关权利人提起执行异议之诉的权利和期限（《执行异议复议规定》第 16 条第 2 款）。但在刑事裁判涉财产部分执行时，对案外人就执行标的主张实体权利排除执行的书面异议，法院作出裁定后，告知案外人向上级人民法院申请复议（《刑事裁判财产执行规定》第 14 条）。

案外人撤回异议或者被裁定驳回异议后，再次就同一执行标的提出异议的，人民法院不予受理。

（5）案外人执行异议与执行行为异议竞合的处理。

案外人基于实体权利既对执行标的提出排除执行异议又作为利害关系人提出执行行为异议的，人民法院应当依照《民诉法》第 238 条规定进行审查。案外人既基于实体权利对执行标的提出排除执行异议，又作为利害关系人提出与实体权利无关的执行行为异议的，人民法院应当分别依照《民诉法》第 238、236 条规定进行审查（《执行异议复议规定》第 8 条）。

---

① 参见肖建国主编：《民事执行法》，206 页，北京，中国人民大学出版社，2014。

（6）案外人执行异议的效力。

1）为充分保护案外人的合法权益，避免将案外人的财产作为被执行人的责任财产予以执行，依照《执行解释》第 15 条，在审查案外人执行异议期间，法院可以对执行标的采取查封、扣押、冻结等控制性措施，但不得进行处分。案外人向法院提供充分、有效的担保请求解除对异议标的的查封、扣押、冻结的，执行法院可以根据案件的具体情况予以准许。申请执行人提供充分、有效担保请求继续执行的，执行法院应当更侧重于实现申请执行人债权，继续对异议标的物予以执行，以防止案外人滥用异议权而造成执行的过分拖延。

2）驳回案外人执行异议裁定送达案外人之日起 15 日内，人民法院不得对执行标的进行处分（《民诉解释》第 463 条第 2 款）。

3）在执行中，被执行人通过仲裁程序将人民法院查封、扣押、冻结的财产确权或者分割给案外人的，不影响人民法院执行程序的进行（《民诉解释》第 477 条）。案外人以生效的仲裁裁决来阻止执行的，执行法院不予支持。

（五）执行异议之诉

1. 执行异议之诉的概念

执行异议之诉系一种保障实体正当性的救济方法，强制执行法上存在着各种类型的执行异议之诉。其中，涉及执行标的，有案外人执行异议之诉（第三人异议之诉）、执行标的许可执行异议之诉（《民诉法》第 238 条）；涉及变更追加当事人的，有债务人不适格执行异议之诉、许可执行债务人异议之诉（《变更追加规定》第 32 条）；涉及执行债权的，有参与分配方案异议之诉（《民诉解释》第 509、510 条，《执行解释》第 17、18 条）、债务人执行异议之诉（《民诉解释》第 248 条）等。

不能将执行异议之诉与审判监督程序混为一谈。审判监督程序是对已生效的判决、裁定、调解书发现确有错误而再次审理予以纠错的程序，执行程序中如果发现据以执行的判决、裁定确有错误的，按照审判监督程序处理。而执行异议之诉则是执行当事人、案外第三人因不当的执行行为受到侵害时，依法提起诉讼以排除法院的强制执行的方法。两者的目的、作用、内容各不相同，不能相互混淆。

执行异议之诉与执行行为异议是两种不同的执行救济方法，二者区别如下。

（1）当事人不同。执行行为异议可以由债权人、债务人或利害关系人提出，执行异议之诉由债权人、债务人或案外第三人提出。

（2）管辖法院不同。执行行为异议由执行法院专属管辖，执行异议之诉由民事法院（执行法院的民事庭）管辖。

（3）异议目的不同。执行行为异议系对执行程序不服，以撤销或更正执行行为为目的；执行异议之诉则以排除强制执行为目的。

（4）异议原因不同。执行行为异议的原因在于对执行法院的执行措施方法不服，认为执行程序违法等；执行异议之诉的原因在于就执行标的的权属、债务人适格否或执行债权存否及数额等存在实体争议，从而影响强制执行的实体正当性。

（5）裁判程序不同。对执行行为异议原则上不经言词辩论，以裁定形式作出；执行异议之诉为正常的民事审判程序，经过言词辩论程序以判决形式作出。

2. 债务人执行异议之诉

债务人执行异议之诉，是指债务人因对于执行依据所载明的债权请求权，有消灭或妨碍债权人请求的事由，而提起民事诉讼，请求法院判决排除执行依据的执行力，停止执行依据的强制执行。

执行法院固然应按照执行依据实施强制执行，但执行依据所载明的请求权的存在及其内容有时与执行时实体法上的权利状态并不一致，如执行债权自始即未成立，或已经消灭，或有妨碍其请求的事由等。此际，如按照执行依据执行，虽然程序上合法，但与债权人在执行当时实体上的权利状态不符，而可能侵害债务人的利益。为此，大陆法系国家允许债务人提起诉讼，请求法院以判决排除该执行依据的执行力。

《民诉解释》第248条规定："裁判发生法律效力后，发生新的事实，当事人再次提起诉讼的，人民法院应当依法受理。"理论上可将此条作为我国债务人执行异议之诉的一般规定。同时《公证法》第40条也明确了当事人、公证事项的利害关系人对作为执行依据的公证书的内容有争议时，可以就该争议向人民法院提起民事诉讼。

上述法律和司法解释中的"诉讼"，如果发生在执行过程中，则构成债务人执行异议之诉，即债务人主张公证债权文书所确认的债权与债权人在实体法上的权利现状不符，请求法院以判决确定当事人之间的实体权利状态，并且排除法院强制执行的一种诉讼类型。其中，债务人为原告，债权人为被告，由执行法院的民事审判庭管辖，且该诉讼应在公证债权文书执行终结前提出。

之所以允许对公证债权文书提起债务人执行异议之诉，是因为公证债权文书被赋予执行力，并不以公证债权文书所确认的债权债务关系绝对正确为前提，而主要取决于公证当事人双方的意愿，尤其须债务人作出愿意接受强制执行的承诺，因此，如果公证债权文书的内容有错误，或者所确认的债权不真实，那么只有债务人执行异议之诉才能解决当事人之间发生争议的实体权利义务关系的最终判定问题。

3. 案外人执行异议之诉

《民诉法》第238条规定：执行过程中，案外人对执行标的提出书面异议的，人民法院应当自收到书面异议之日起15日内审查，理由成立的，裁定中止对该标的的执行；理由不成立的，裁定驳回。案外人、当事人对裁定不服，认为原判决、裁定错误的，依照审判监督程序办理；与原判决、裁定无关的，可以自裁定送达之日起15日内向人民法院提起诉讼。此即案外人执行异议及案外人执行异议之诉的规定。

（1）案外人执行异议之诉的性质。

在案外人对执行标的物有足以排除强制执行的权利（如案外人为标的物所有权人）时，可以通过异议之诉阻止对该标的物的执行。关于案外人执行异议之诉的性质，有给付之诉、确认之诉、形成之诉、救济之诉等各种学说，其中形成之诉为通说。

（2）案外人执行异议之诉的要件。

1）主体要件。案外人执行异议之诉的当事人是确定的。该诉的适格原告须为执行债权人和债务人以外、执行依据效力所不及的案外人，包括财产所有权人以及对该财产有管理权和处分权的人，如破产管理人、遗嘱执行人等。因此，与被执行人对标的物有共有关系的案外人，可以提起该诉；案外人的债权人也可以代位提起该异议之诉。案外人执行异议之诉的适格被告须为执行债权人或其权利义务承受人。这里的债权人包括申请执行人和有执行依据而参与分配的债权人。债权人有数人的，应将数个债权人列为必要的共同被告，以达到排除对执行标的物强制执行的目的。被执行人反对案外人执行异议的，应当以执行债权人和被执行人为案外人执行异议之诉的共同被告；被执行人不反对案外人执行异议的，可以列被执行人为第三人（《民诉解释》第 305 条）。

2）事由要件。提起案外人执行异议之诉，须具备异议原因，即对执行标的物有“所有权或者其他阻止标的物转让、交付的权利”。无论案外人在执行标的物上存在的权利是否为物权，只要案外人不具有忍受强制执行的合法理由，就可以提起异议之诉。结合民事实体法的规定，案外人足以排除强制执行的权利，主要有所有权、用益物权、担保物权、占有、孳息收取权、债权。

3）时间要件。案外人执行异议之诉须在驳回案外人异议的裁定送达之日起 15 日内提起。

4）前置程序。案外人执行异议之诉的提出以案外人执行异议被裁定驳回为前置程序，因此，案外人没有提出异议或者“自裁定送达之日起十五日内”没有向人民法院提起诉讼的，就丧失了提起案外人执行异议之诉的权利。

（3）案外人执行异议之诉的程序。

1）起诉和受理。按照《民诉解释》第 303 条的规定，案外人提起执行异议之诉，除符合《民诉法》第 122 条规定外，还应当具备下列三项条件。

一是案外人的执行异议申请已经被人民法院裁定驳回；

二是有明确的排除对执行标的执行的诉讼请求，且诉讼请求与原判决、裁定无关；

三是自案外人执行异议裁定送达之日起 15 日内提起。

案外人提起执行异议之诉，可以采取口头或书面形式。诉状中列明请求法院判决撤销或不许对特定标的物进行强制执行。执行法院应当在收到起诉状之日起 15 日内决定是否立案。

2）管辖。案外人执行异议之诉由执行法院的民事庭管辖，避免因其他人民法院管辖造成案外人奔走于执行法院与受诉法院之间，有利于减轻讼累，同时也便于执行法院查明事实，作出判决。

3）审理。案外人执行异议之诉依普通程序审理。案外人就其主张的排除强制执行的权利赖以存在的要件事实，负举证责任。

4）裁判。人民法院经审理，按照下列情形分别处理：

其一，案外人就执行标的享有足以排除强制执行的民事权益的，判决不得执行该执行标的。

其二，案外人就执行标的不享有足以排除强制执行的民事权益的，判决驳回诉讼请求。

案外人同时提出确认其权利的诉讼请求的，执行法院可以在判决中一并作出裁判。

（4）案外人执行异议之诉的效力。

1）不停止强制执行。案外人执行异议之诉审理期间，执行法院不得对执行标的进行处分。申请执行人请求执行法院继续执行并提供相应担保的，执行法院可以准许（《民诉解释》第 313 条第 1 款）。

2）撤销执行。法院认为案外人执行异议之诉成立并且判决不得对执行标的执行的，案外人异议裁定失效。执行程序就应停止，并且撤销已经实施的执行行为。但执行标的物拍卖程序如已终结，而价金尚未交付债权人的，则不能撤销已终结的拍卖程序。

3）被执行人与案外人恶意串通，通过案外人执行异议、案外人执行异议之诉妨害执行的，执行法院应当依照《民诉法》第 116 条的规定处理。申请执行人因此受到损害的，可以提起诉讼要求被执行人、案外人赔偿（《民诉解释》第 313 条第 2 款）。

（5）案外人执行异议之诉与案外人申请再审的关系。

按照《民诉法》第 238 条的规定，案外人对执行标的提出异议的，先由执行法院进行初步审查并作出相应的处理；案外人、当事人对执行法院初步审查作出的裁定不服的，可以再区分不同情况，通过案外人申请再审程序或提起执行异议之诉以寻求救济。

4. 执行标的许可执行异议之诉

（1）执行标的许可执行异议之诉的性质。

作为与案外人执行异议之诉相对的制度，执行标的许可执行异议之诉的性质，依通说，为形成之诉。

（2）执行标的许可执行异议之诉的要件。

1）主体要件。申请执行人提起该异议之诉的，以案外人为被告。被执行人反对申请执行人主张的，以案外人和被执行人为共同被告；被执行人不反对申请执行人主张的，可以列被执行人为第三人（《民诉解释》第 306 条）。

2）事由要件。申请执行人反对案外人对执行标的主张权利，认为执行标的之实体权利属于被执行人。

3）时间要件。执行标的许可执行异议之诉须自案外人执行异议裁定送达之日起 15 日内提起。

4）前置程序。执行标的许可执行异议之诉的提出须以执行法院认为案外人对执行标的之异议成立，因而裁定对异议标的中止执行为前置程序，因此，申请执行人自裁定送达之日起 15 日内未提起诉讼的，就丧失了提起异议之诉的权利。

（3）执行标的许可执行异议之诉的程序。

1）起诉和受理。按照《民诉解释》第 304 条的规定，申请执行人提起该异议之诉，除符合《民诉法》第 122 条的规定外，还应当具备下列三项条件：一是依案外人执行异议申请，执行法院裁定中止执行。二是有明确的对执行标的继续执行的诉讼请求，且诉讼请求与原判决、裁定无关。三是自案外人执行异议裁定送达之日起 15 日内提起。

申请执行人提起异议之诉，可以采取口头或书面形式。诉状中列明请求人民法院判决许可对特定标的物进行强制执行。执行法院应当在收到起诉状之日起 15 日内决定是否立案。

2）管辖。执行标的许可执行异议之诉由执行法院的民事庭管辖。

3）审理。执行标的许可执行异议之诉依普通程序审理。案外人应当就其对执行标的享有足以排除强制执行的民事权益承担证明责任（《民诉解释》第 309 条）。经审理，理由不成立的，判决驳回其诉讼请求；理由成立的，根据申请执行人的诉讼请求作出许可执行某特定标的物的裁判。

4）裁判。人民法院经审理，按照下列情形分别处理：

其一，案外人就执行标的不享有足以排除强制执行的民事权益的，判决准许执行该执行标的。

其二，案外人就执行标的享有足以排除强制执行的民事权益的，判决驳回诉讼请求。

（4）执行标的许可执行异议之诉的效力。

1）中止执行。申请执行人提起异议之诉时，执行法院应裁定中止对该争议标的物的执行程序，已经实施的执行措施继续有效。

2）执行法院对执行标的裁定中止执行后，申请执行人在法律规定的期间内未提起执行异议之诉的，执行法院应当自起诉期限届满之日起 7 日内解除对该执行标的采取的执行措施（《民诉解释》第 314 条）。

3）许可执行。法院认为执行标的许可执行异议之诉成立并且判决准许对该执行标的执行的，案外人执行异议裁定失效，执行程序应继续进行，执行法院可以根据申请执行人的申请或者依职权恢复执行。

5. 参与分配方案异议之诉

参与分配方案异议之诉的性质，与案外人执行异议之诉、执行标的许可执行异议之诉的性质相同，一般也以形成之诉为通说。

多个债权人对同一被执行人申请执行或者对执行财产申请参与分配的，执行法院应当制作财产分配方案，并送达各债权人和被执行人。债权人或者被执行人对分配方案有异议的，应当自收到分配方案之日起 15 日内向执行法院提出书面异议。债权人或者被执行人对分配方案提出书面异议的，执行法院应当通知未提出异议的债权人或被执行人。未提出异议的债权人、被执行人收到通知之日起 15 内未提出反对意见的，执行法院依异议人的意见对分配方案审查修正后进行分配；提出反对意见的，应当通知异议人。

异议人应自收到通知之日起 15 日内，以提出反对意见的债权人、被执行人为被告，向执行法院提起参与分配方案异议之诉；异议人逾期未提起诉讼的，执行法院依原分配方案进行分配。参与分配方案异议之诉期间进行分配的，执行法院应当将与争议债权数额相应的款项予以提存。

6. 与执行当事人适格有关的执行异议之诉

在特定具体的强制执行案件中，具有执行债权人或债务人的资格，可以为其实施执行行为或对其实施执行行为的执行当事人，称为执行当事人适格。执行当事人适格包括执行债权人适格和债务人适格。

在执行当事人的变更、追加中，涉及对执行依据的执行力能否及于特定的执行债权人、债务人，引发特定的执行债权人、债务人是否为适格执行当事人的实体争议问题。执行当事人适格与否的判断与执行力对第三人的扩张，存在着有别于既判力扩张的实质正当性要素，主要考虑第三人与当事人实体利益归属的一致性、第三人与执行依据载明的当事人之间实体权利关系的依存性、权利人对特定债务人享有权利的高度盖然性、执行依据中未载明的第三人获得程序保障的必要性、迅速实现民事权利的重要性等要素。上述要素的判断，一般情况下，比较简易、方便、准确，对执行当事人适格与否的判断结论进行救济的程序，可以作略式处理，在兼顾程序正义的基础上实现执行效率价值。在我国，《变更追加规定》提供了不服法院作出的变更、追加执行当事人裁定的复议救济程序，即被申请人、申请人或其他执行当事人对执行法院作出的变更、追加裁定或驳回申请裁定不服的，可以自裁定书送达之日起10日内向上一级人民法院申请复议。上一级人民法院对复议申请应当组成合议庭审查，并自收到申请之日起60日内作出复议裁定。有特殊情况需要延长的，由本院院长批准。被裁定变更、追加的被申请人申请复议的，复议期间，人民法院不得对其争议范围内的财产进行处分。申请人请求人民法院继续执行并提供相应担保的，人民法院可以准许（《变更追加规定》第30、31条）。

不过，对于一些实体争议较大的执行当事人变更追加裁定，后续的充分程序保障是不可或缺的。《变更追加规定》第32条规定了两种异议之诉的救济程序：一是债务人不适格执行异议之诉，二是债务人许可执行异议之诉，主要针对未按期足额缴纳出资的有限合伙企业的有限合伙人，未缴纳或未足额缴纳出资的股东、出资人或依公司法规定对该出资承担连带责任的发起人，抽逃出资的股东、出资人，未履行出资义务即转让股权的公司股东，一人有限责任公司的股东，以及未经清算即注销的公司清算义务人等六种主体进行变更追加所引发的实体争议，可以提起该诉。其中，被申请人提起债务人不适格执行异议之诉的，以申请人为被告。申请人提起债务人许可执行异议之诉的，以被申请人为被告。被申请人或申请人对执行法院作出的变更、追加裁定或驳回申请裁定书不服的，自裁定书送达之日起15日内，向执行法院提起执行异议之诉。

对于被申请人提起的债务人不适格执行异议之诉，人民法院经审理，按照下列情形分别处理：（1）理由成立的，判决不得变更、追加被申请人为被执行人或者判决变更责任范围；（2）理由不成立的，判决驳回诉讼请求。诉讼期间，人民法院不得对被申请人争议范围内的财产进行处分。申请人请求人民法院继续执行并提供相应担保的，人民法院可以准许（《变更追加规定》第33条）。

申请人提起的债务人许可执行异议之诉，人民法院经审理，按照下列情形分别处理：（1）理由成立的，判决变更、追加被申请人为被执行人并承担相应责任或者判决变更责任范围；（2）理由不成立的，判决驳回诉讼请求（《变更追加规定》第34条）。

7. 其他实体救济方式

在执行当事人和第三人无法通过上述执行异议和异议之诉请求救济时，可以通过其他方式获得救济。择其要者有：（1）优先受偿之诉。对执行标的物有法定优先受偿权的权利人，可以利用参与分配程序，主张优先受偿权。其他执行权利人或债务人对此法定优先受偿权有异议的，法定优先受偿权人可提起优先受偿之诉，如《德国民事诉讼法》第805条。（2）侵权损害赔偿之诉。申请执行人或其他执行债权人借助执行程序实施侵权行为的，应当承担侵权责任。被侵权人有权依据侵权法诉请损害赔偿。（3）不当得利返还之诉。执行债权人故意或过失利用强制执行加害执行债务人或第三人，或者从执行债务人或第三人处获取不当利益，即以合法手段实现非法目的，比如执行债权人明知执行依据中的实体请求权已经消灭而仍然请求法院强制执行的，执行债权人故意蒙骗法院而就第三人的财产请求强制执行，执行债务人或第三人未能及时提起异议之诉而执行程序已经终结的，执行债务人或第三人有权对执行债权人提起损害赔偿之诉或返还不当得利之诉。（4）司法赔偿申请。执行人员故意或过失违法执行或不当执行，给当事人或第三人造成损害的，当事人或第三人有权依国家赔偿法的规定，请求损害赔偿。（5）第三人撤销之诉。第三人撤销之诉，是指当事人之间生效的裁判、调解书的内容错误，侵害了因不可归责其本人的事由未参加诉讼的第三人的民事权益的，利益受侵害的第三人向人民法院提起的撤销该生效裁判、调解书的诉讼。第三人提起撤销之诉后，未中止生效判决、裁定、调解书的执行的，执行法院对第三人依照《民诉法》第 238 条的规定提出的执行异议，应予审查。第三人不服驳回执行异议的裁定的，不得对原判决、裁定、调解书申请再审，而必须通过提起第三人撤销之诉来处理。

（六）执行回转

1. 执行回转的概念

执行回转，是指在执行中或执行完毕后，据以执行的法律文书被法院或其他有关机关撤销或变更的，执行机关对已被执行的财产重新采取执行措施，恢复到执行开始时的状况的一种救济制度。执行回转是审判监督程序或其他法律文书监督程序的必要的配套制度。

在司法实践中，发生执行回转的原因大致如下：（1）法院制作的判决、裁定已经执行完毕，但该判决、裁定被本院或者上级法院经审判监督程序进行再审后依法撤销。（2）法院制作的先予执行的裁定，在执行完毕后，被本院的生效判决或上级法院的终审判决所撤销。（3）公证机构等其他机关制作的由法院强制执行的法律文书，在执行完毕后，又被制作机关或者上级机关依法撤销的（《公证法》第 39 条）。

2. 执行回转的条件

根据《民诉法》第 244 条和《执行规定》第 65 条的规定，适用执行回转须具备下列条件：

（1）原执行依据已执行完毕。原法律文书已为法院全部或部分执行完毕，才发生执行回转的问题。如果执行程序尚未终结，被执行的财产尚未转移，据以执行的法律文书被撤销，则应终结执行程序，而不发生执行回转的问题。

（2）据以执行的法律文书被撤销或变更。被法院撤销的裁判等法律文书只限于由法院制作的法律文书；由法院执行的其他法律文书执行完毕后，该法律文书被有关机关或者组织依法撤销的，也可适用执行回转（《民诉解释》第 474 条）。如果原法律文书部分内容被撤销，部分内容仍保留、维持，则称为“变更”。

（3）法院执行回转也要有执行依据。法院要责成原债权人返还财产，应根据执行回转裁定进行。原执行依据由法院或者其他机关依法撤销，只是表明原执行依据失效，并不具有要求原债权人返还所得财产的给付内容。因此，作出原生效文书的法院应裁定执行回转，并以此裁定作为执行依据，责令取得财产的原申请执行人返还财产或强制执行。

（4）执行回转只能适用于原申请执行人取得财产的情况。《民诉法》第 244 条规定返还财产的主体为“取得财产的人”，《执行规定》第 65 条则限缩解释为“原申请执行人”，其目的是维护法院拍卖程序的权威性，保护善意第三人的利益。

3. 执行回转的程序

（1）程序的启动。执行回转可以由当事人申请，对于移送执行的案件也可由法院依职权进行。之所以规定法院可依职权提起，是为了强调主动纠正因生效文书错误而造成的执行不当。

（2）管辖法院。执行回转由原执行法院专属管辖，原执行法院有责任纠正自己的错误执行行为。

（3）重新立案。执行回转实质上是一个新的执行案件，要重新立案，并适用执行程序的有关规定。

（4）执行回转裁定。执行法院在执行回转时应制作裁定书，其内容应严格按照新的生效法律文书的内容制作。该裁定具有当然的执行力。

（5）执行回转的实施。执行回转时，已执行的标的物系特定物的，应当退还原物。不能退还原物的，经双方当事人同意，可以折价赔偿。双方当事人对折价赔偿不能协商一致的，人民法院应当终结执行回转程序。申请执行人可以另行起诉（《执行规定》第 66 条）。返还原物的，应当一并返还孳息。拒不返还的，强制执行。

第七节　执行的开始、进行和终结

一、执行开始

根据我国《民诉法》的规定，执行程序的开始有两种形式，即申请执行和移送执行。债权人是否申请执行，由当事人自行处分，故执行程序的启动以申请执行为原则，以法院依职权开始执行的移送执行为例外。

（一）申请执行

1. 当事人申请执行的条件

当事人申请执行应当符合以下条件：（1）要有给付内容明确的执行依据；（2）债务人逾期不履行或拒绝履行法律文书确定的义务；（3）在法定的申请执行时效内提出；（4）应向有管辖权的法院申请。

上述条件中，易生歧义的是申请执行时效。所谓申请执行时效，是指对生效法律文书中所确认的执行债权进行保护的期限。大陆法系对于执行债权与诉讼中的权利主张一体看待，认为都属于民法上的请求权，应统一适用消灭时效制度。而且，由于执行债权已获得有权机关的确认，所以大陆法系国家中执行债权的消灭时效期间要远远长于诉讼中有争议的债权。我国在过去没有遵循大陆法系国家的通例，将消灭时效（我国的诉讼时效）一体适用于强制执行程序，而在诉讼时效之外另行规定了申请执行期限（1991 年

《民诉法》第 219 条）。该期限不仅远短于原《民法通则》规定的 2 年的普通诉讼时效期间，而且不能像诉讼时效那样可以中止、中断，容易导致债权人因超过申请执行期限而失权，“赢了官司输了钱”，不利于保护执行债权。2007 年修改《民诉法》时，立法者明确规定了申请执行时效制度，执行时效不再是法定不变期间，而是诉讼时效之一种，从而在立法中真正贯彻了保护民事权利的精神。现行《民诉法》第 250 条规定：“申请执行的期间为二年。申请执行时效的中止、中断，适用法律有关诉讼时效中止、中断的规定。前款规定的期间，从法律文书规定履行期间的最后一日起计算；法律文书规定分期履行的，从最后一期履行期限届满之日起计算；法律文书未规定履行期间的，从法律文书生效之日起计算。”此外，《执行解释》第 20、21 条还规定：申请执行时效因申请执行、当事人双方达成和解协议、当事人一方提出履行要求或者同意履行义务而中断。从中断时起，申请执行时效期间重新计算。生效法律文书规定债务人负有不作为义务的，申请执行时效期间从债务人违反不作为义务之日起计算。

申请执行人超过申请执行时效期间向人民法院申请强制执行的，人民法院应予受理。被执行人对申请执行时效期间提出异议，人民法院经审查异议成立的，裁定不予执行。被执行人履行全部或者部分义务后，又以不知道申请执行时效期间届满为由请求执行回转的，人民法院不予支持（《民诉解释》第 481 条）。

2. 申请执行应提交的文件和证件

债权人申请执行，应向法院提交下列文件和证件：(1) 申请执行书。写明申请执行的理由、事项、执行标的以及申请执行人所了解的被申请人的财产状况。(2) 生效法律文书副本。(3) 申请执行人的身份证明。(4) 继承人或权利承受人申请执行的，应当提交继承或承受权利的证明文件。(5) 申请执行人向被执行的财产所在地人民法院申请执行的，应当提供该人民法院辖区有可供执行财产的证明材料。(6) 其他应当提交的文件或证件。

申请执行仲裁机构的仲裁裁决的，应当向法院提交有仲裁条款的合同书或仲裁协议书。申请执行我国涉外仲裁机构的裁决的，应当提出书面申请，并附裁决书正本；如申请人为外国当事人，其申请书应当用中文文本提出。申请执行国外仲裁机构的仲裁裁决的，应当提交经我国驻外使领馆认证或我国公证机关公证的仲裁裁决书中文本。

按照《交费办法》第 20 条的规定，申请法院强制执行的费用，在法院执行后交纳，不需申请执行人预交。

当事人委托代理人申请执行，应当向法院提交经委托人签字或盖章的授权委托书，写明委托事项和权限。委托代理人代为放弃、变更执行债权，代为执行和解，或代为收取执行款项的，应当有委托人的特别委托授权。

（二）移送执行

法院在作出裁判后，因为情况特殊而认为有必要时，不待当事人的申请，由审判庭直接交执行机关执行的，称为移送执行。

法院可以依职权移送执行的案件有以下四类。

(1) 发生法律效力的具有给付赡养费、扶养费、抚育费内容的民事判决、裁定、调解书。

（2）民事制裁决定书。

（3）刑事附带民事判决、裁定、调解书。因此，对《民诉法》第 247 条第 2 款规定由当事人申请执行的“调解书”，应当作限缩解释，是指追索赡养费、扶养费、抚养费的调解书以及刑事附带民事调解书以外的调解书。

（4）涉财产部分的刑事裁判。对刑事裁判涉财产部分的执行，刑事审判部门应当及时移送立案部门立案。移送立案应当提交生效裁判文书及其附件和其他相关材料，并填写“移送执行表”。“移送执行表”应当载明以下内容：1）被执行人、被害人的基本信息；2）已查明的财产状况或者财产线索；3）随案移送的财产和已经处置财产的情况；4）查封、扣押、冻结财产的情况；5）移送执行的时间；6）其他需要说明的情况。人民法院立案部门经审查，认为属于移送范围且移送材料齐全的，应当在 7 日内立案，并移送负责执行的执行机构。

二、执行案件的受理与被执行人财产的查明

（一）执行案件的受理

法院受理执行案件应当符合下列条件：（1）申请或移送执行的法律文书已经生效；（2）申请执行人是生效法律文书确定的权利人或其继承人、权利承受人；（3）申请执行的法律文书有给付内容，且执行标的和被执行人明确；（4）义务人在生效法律文书确定的期限内未履行义务；（5）属于受申请执行的法院管辖。

执行案件的申请，应当在 7 日内予以立案；不符合上述条件之一的，应当在 7 日内裁定不予受理；受理后发现法律文书还未生效的，或法律文书没有给付内容，或裁决双方同时履行各自义务但申请执行人未履行自己的义务而向人民法院申请对方履行的情形，人民法院可以裁定驳回执行申请。

针对仲裁实践中的先予仲裁乱象[①]，最高人民法院专门发布《先予仲裁执行批复》，对先予仲裁裁决的可执行性作出正面回应。按此，当事人申请人民法院执行仲裁机构作出的仲裁裁决或者调解书，人民法院经审查，符合现行法规定的，应当依法及时受理，立案执行。但是，根据《仲裁法》第 2 条的规定，仲裁机构可以仲裁的是当事人间已经发生的合同纠纷和其他财产权益纠纷。因此，网络借贷合同当事人申请执行仲裁机构在

---

① 从各地情况看，“先予仲裁”的特点表现为：一是当事人订立借款合同当天即签订调解协议，并在两份协议中对仲裁事项作出约定。二是在合同尚未履行或者未完全履行的情况下申请仲裁，仲裁机构即根据之前的调解协议作出仲裁裁决或者调解书，同时出具生效证明。相关文书签署、送达等均在网络上完成。三是借款合同的出借人不明，部分合同上仅有借款人和居间人（网贷平台），没有列明出借人。四是调解协议上的申请人为网贷平台，而网贷平台的经营范围不包括金融借贷业务；网贷平台则称通过债权转让方式取得债权，并申请仲裁、强制执行。五是调解协议对借款人的权利进行诸多限制。例如，调解协议明确约定对案件进行不公开、不开庭审理并同意在网络上完成审理；借款人对申请人提交的借款合同或者其他支付凭证以及其他相关证据材料均无异议；借款人放弃提供证据；借款人放弃对仲裁请求的答辩权和其他权利等。六是有仲裁机构在仲裁规则中规定，合同在签订或者履行过程中，不论是否发生实质性或者公开性争议，均认为是仲裁案件，根据调解协议作出的仲裁法律文书不可申请撤销或者不予执行等。

纠纷发生前作出的仲裁裁决或者调解书的，人民法院应当裁定不予受理；已经受理的，裁定驳回执行申请。[①]

执行员接到申请执行书或者移交执行书后 10 日内，应当向被执行人发出执行通知，并可以立即采取强制执行措施。执行通知中除应责令被执行人履行法律文书确定的义务外，还应通知其承担《民诉法》第 264 条规定的迟延履行利息或者迟延履行金（《民诉法》第 251 条、《民诉解释》第 480 条）。

（二）被执行人财产的查明

1. 财产调查的重要性

民事执行的实质是财产执行，执行案件立案后必须设法找到被执行人的责任财产。调查债务人有无可供执行的财产以及可供执行的财产的种类、数量、所在地，然后决定采取何种相应的执行措施，是一个难度较大的问题。财产之所以难寻，除被执行人缺乏诚信、债权人风险意识不强、保证将来判决得到执行的财产保全适用比率过低等原因外，被执行人转移、隐匿财产的现象比较严重也是比较重要的原因。

2. 查明被执行人财产的方法

在我国，对被执行人财产调查的方法有法院调查、被执行人报告、申请执行人调查、审计、悬赏公告等。

（1）法院调查。执行法院有权通过“总对总”“点对点”网络执行查控系统、现场调查等方式向被执行人、有关单位或个人调查被执行人的身份信息和财产信息，有关单位和个人应当依法协助办理。法院通过网络执行查控系统进行调查，与现场调查具有同等法律效力（《财产调查规定》第 12、13 条）。向金融机构及其管理部门、房地产管理部门、市场监督管理部门、电信部门、车辆管理部门、税务机关、海关以及其他有义务协助调查、执行的单位和个人作现场调查，调查被执行人的财产状况、财产线索等，有关单位和个人不得拒绝。但法院调查的范围应当限于与执行案件相关的信息，且执行人员对调查过程中知悉的国家秘密、商业秘密和个人隐私应当保密。

在调查中，执行法院可以传唤被执行人或其法定代表人、负责人、实际控制人、直接责任人员，到庭接受询问，对必须接受调查询问的上述人员，经依法传唤无正当理由拒不到场的，人民法院可以拘传其到场；上述人员下落不明的，人民法院可以依照相关规定通知有关单位协助查找。法院应及时对被拘传人进行调查询问，调查询问的时间不得超过 8 小时；情况复杂，依法可能采取拘留措施的，调查询问的时间不得超过 24 小时。人民法院在本辖区以外采取拘传措施时，可以将被拘传人拘传到当地人民法院，当地人民法院应予协助（《民诉解释》第 482 条）。

---

① 先予仲裁是我国互联网金融发展中出现在网络借贷领域的乱象，与我国现行法严重不符：一是违反了无纠纷无仲裁的基本原理，与商事仲裁中可仲裁性要求背道而驰；二是仲裁请求欠缺请求权基础，违反了合同法关于借款返还请求权要件的规定；三是违反了《仲裁法》和《民诉法》诸多强制性法律规范，剥夺了借款人的程序基本权利。一些仲裁机构以先予仲裁之名，行公证证明、司法证明之实，僭越、滥用法定的仲裁权限，引发了理论和实务界的广泛关注和议论。最高人民法院凝聚各界共识，及时发布司法解释，对先予仲裁裁决的执行明确表态，有利于统一法律适用，防止裁判尺度不一。

被执行人隐匿财产、会计账簿等资料的，执行法院除可依照《民诉法》第 111 条第 1 款第 6 项的规定对其处理外，还应责令被执行人交出隐匿的财产、会计账簿等资料。被执行人拒不交出的，执行法院可以采取搜查措施（《民诉解释》第 494 条），对隐匿财产逃避执行的被执行人及其住所或能隐匿财产的处所进行搜查。法院依法搜查时，对被执行人可能隐匿财产或者资料的处所、箱柜等，经责令被执行人开启而拒不配合的，可以强制开启（参见本书第二十一章第一节的相关内容）。

执行法院也可以依职权向有关机关、社会团体或公民个人，调查了解被执行人的财产状况。对调查所需资料可以复制、打印、抄录、拍照或其他方式进行提取、留存。法院调查过程中作出的电子法律文书与纸质法律文书具有同等法律效力；协助执行单位反馈的电子查询结果与纸质反馈结果具有同等法律效力。执行非诉讼法律文书的，法院必要时可向制作该文书的机构调取卷宗。

为了获得被执行人的财产信息，执行法院有权查询被执行人的身份信息与财产信息，掌握相关信息的单位和个人必须按照协助执行通知书办理（《民诉解释》第 483 条）。

（2）被执行人报告。

"被执行人必须如实向人民法院报告其财产状况"是被执行人在强制执行程序中的基本义务之一。《民诉法》第 252 条规定："被执行人未按执行通知履行法律文书确定的义务，应当报告当前以及收到执行通知之日前一年的财产情况。被执行人拒绝报告或者虚假报告的，人民法院可以根据情节轻重对被执行人或者其法定代理人、有关单位的主要负责人或者直接责任人员予以罚款、拘留。"执行法院发现或者控制的被执行人财产不足以清偿债务的，可以根据申请执行人的申请或者依职权，向被执行人发出报告财产令责令其报告财产。报告财产令中应当写明报告财产的范围与期间、提交财产报告的期限、补充报告财产的条件及期间、违反报告财产义务应承担的法律责任等内容。被执行人应当书面报告的财产包括：1）收入、银行存款、现金、理财产品、有价证券；2）土地使用权、房屋等不动产；3）交通运输工具、机器设备、产品、原材料等动产；4）债权、股权、投资权益、基金份额、信托受益权、知识产权等财产性权利；5）其他应当报告的财产。

被执行人应当一并报告的财产或财产变动情况，包括：1）被执行人的财产已出租、已设立担保物权等权利负担，或者存在共有、权属争议等情形。2）被执行人的动产由第三人占有，被执行人的不动产、特定动产、其他财产权等登记在第三人名下的情形。3）被执行人自收到执行通知之日前一年至提交书面财产报告之日的财产变动情况，包括但不限于：转让、出租财产；在财产上设立担保物权等权利负担；放弃债权或延长债权清偿期；支出大额资金等。

被执行人报告财产后，其财产情况发生变动，影响申请执行人债权实现的，应当自财产变动之日起 10 日内向人民法院补充报告。对被执行人报告的财产情况，申请执行人有查询权和保密义务，执行法院可以依申请执行人的申请或者依职权调查核实，必要时可以组织当事人进行听证。

被执行人拒绝报告、虚假报告或者无正当理由逾期报告财产情况的，人民法院可以根据情节轻重对被执行人或者其法定代理人予以罚款、拘留；构成犯罪的，依法追究刑事责任。同时可以对单位的主要负责人或者直接责任人员予以罚款、拘留；构成犯罪的，依法追究刑事责任。对于拒绝报告、虚假报告或者无正当理由逾期报告财产情况的被执行人，人民法院应当依照《失信名单规定》将其纳入失信被执行人名单。

财产报告程序在被执行人履行完毕生效法律文书确定义务、法院裁定终结执行或不予执行等情形下终结。

(3) 申请执行人调查。

根据《执行规定》第 18 条的规定，申请执行人应当在申请执行书中向人民法院提供其所了解的被执行人的财产状况。但是，如果申请执行人无法提供，法院不能怠于调查和执行，也不能对申请执行人课以所谓的举证责任，即要求申请执行人承担因不能提供被执行人财产状况的证据或证据线索的不利后果。申请执行人提供被执行人财产状况、财产线索确有困难的，人民法院应当依申请或者依职权调查，也可以授权申请执行人的律师调查。

申请执行人提供被执行人财产线索，应当填写财产调查表。财产线索明确、具体的，人民法院应当在 7 日内调查核实；情况紧急的，应当在 3 日内调查核实。财产线索确实的，人民法院应当及时采取相应的执行措施。

(4) 审计。

作为被执行人的法人或非法人组织不履行生效法律文书确定的义务，申请执行人认为其有拒绝报告、虚假报告财产情况，隐匿、转移财产等逃避债务情形或者其股东、出资人有出资不实、抽逃出资等情形的，可以书面申请人民法院委托审计机构对该被执行人进行审计。人民法院应当自收到书面申请之日起 10 日内决定是否准许。人民法院决定审计的，应当随机确定具备资格的审计机构，并责令被执行人提交会计凭证、会计账簿、财务会计报告等与审计事项有关的资料（《财产调查规定》第 17、18 条）。被执行人隐匿审计资料的，人民法院可以依法采取搜查措施。审计费用由提出审计申请的申请执行人预交。被执行人存在拒绝报告或虚假报告财产情况，隐匿、转移财产或者其他逃避债务情形的，审计费用由被执行人承担；未发现被执行人存在上述情形的，审计费用由申请执行人承担。

被执行人拒不提供、转移、隐匿、伪造、篡改、毁弃审计资料，阻挠审计人员查看业务现场或者有其他妨碍审计调查行为的，人民法院可以根据情节轻重对被执行人或其主要负责人、直接责任人员予以罚款、拘留；构成犯罪的，依法追究刑事责任。

(5) 悬赏公告。

申请执行人可以向人民法院书面申请发布悬赏公告查找可供执行的财产。申请书应当载明下列事项：1）悬赏金的数额或计算方法；2）有关人员提供人民法院尚未掌握的财产线索，使该申请执行人的债权得以全部或部分实现时，自愿支付悬赏金的承诺；3）悬赏公告的发布方式；4）其他需要载明的事项。人民法院应当自收到书面申请之日起 10 日内决定是否准许。

人民法院决定悬赏查找财产的，应当制作悬赏公告。悬赏公告应当载明悬赏金的数额或计算方法、领取条件等内容。悬赏公告应当在全国法院执行悬赏公告平台、法院微博或微信等媒体平台发布，也可以在执行法院公告栏或被执行人住所地、经常居住地等处张贴。申请执行人申请在其他媒体平台发布，并自愿承担发布费用的，人民法院应当准许。

悬赏公告发布后，有关人员向人民法院提供财产线索的，人民法院应当对有关人员的身份信息和财产线索进行登记；两人以上提供相同财产线索的，应当按照提供线索的先后顺序登记。人民法院对有关人员的身份信息和财产线索应当保密，但为发放悬赏金需要告知申请执行人的除外。

除申请执行人的代理人、有义务向人民法院提供财产线索的人员外，其他有关人员提供人民法院尚未掌握的财产线索，使申请发布悬赏公告的申请执行人的债权得以全部或部分实现的，人民法院应当按照悬赏公告发放悬赏金。悬赏金从申请执行人应得的执行款中予以扣减。特定物交付执行或者存在其他无法扣减情形的，悬赏金由该申请执行人另行支付。

三、暂缓执行

暂缓执行，是指法院在执行程序中依申请或依职权决定在一定期限内暂时停止执行措施。暂缓执行一般适用于在执行中发现据以执行的生效法律文书确有错误而正在按审判监督程序处理中，或者正在进行的执行程序、执行行为违反法律规定等情形。

（一）暂缓执行适用的情形

（1）被执行人提供担保。根据《民诉法》第 242 条的规定，在执行中，被执行人向法院提供担保，并经申请执行人同意的，法院可以决定暂缓执行及暂缓执行的期限。

（2）上级法院决定暂缓执行。根据《执行规定》第 72、75、76 条的规定，上级法院决定暂缓执行的情形主要有：一是上级法院发现下级法院在执行中作出的裁定、决定、通知或具体执行行为不当或有错误的，应当及时指令下级法院纠正，并可以通知有关法院暂缓执行。二是上级法院在监督、指导、协调下级法院执行案件中，发现据以执行的生效法律文书确有错误的，应当书面通知下级法院暂缓执行，并按照审判监督程序处理。三是上级法院在申诉案件复查期间，决定对生效法律文书暂缓执行的，有关审判庭应当将暂缓执行的通知抄送执行机关。

根据最高人民法院《缓执规定》第 3 条和第 7 条的规定的精神，法院依申请决定暂缓执行的情形主要有：执行措施或者执行程序违反法律规定；执行标的物存在权属争议；被执行人对申请执行人享有抵销权。上级法院可以依职权决定暂缓执行的情形主要有：上级法院已经受理执行争议案件并正在处理的；法院发现据以执行的生效法律文书确有错误，并正在按照审判监督程序进行处理的。

（二）暂缓执行的效力

暂缓执行实施后，产生相应的法律效果，主要有下列三个方面：（1）暂停执行程序。暂缓执行后，执行法院不得采取新的执行措施，不得再为新的执行行为。（2）维持原有的执行效果。暂缓执行前的执行行为仍然有效，不因暂缓执行而失效。已采取的执行措施非经执行法院裁定解除，当事人不得自行解除。（3）有条件地恢复执行。暂缓执行期间内或暂缓执行期限届满时，当事人履行了法律文书确定的义务的，执行程序完结。如逾期仍不履行义务的，除非延长暂缓执行期限，否则执行法院可径行恢复执行，继续原来的执行程序。

（三）暂缓执行的期限

暂缓执行的期限，依暂缓执行适用的情形不同而不同。

1. 因提供执行担保而暂缓执行的期限

根据《民诉解释》第 467 条的规定，暂缓执行的期限应与执行担保的期限一致，最长不得超过 1 年。

2. 因上级法院决定而暂缓执行的期限

根据《执行规定》第 77 条的规定：上级法院决定暂缓执行时，暂缓执行的期限一般不得超过 3 个月；有特殊情况需要延长的，应报经院长批准，但对延长次数未予以明确。《缓执规定》则对暂缓执行期限问题作了进一步明确的规定：暂缓执行的期限不得超过 3 个月，因特殊事由需要延长的，可以适当延长，但延长的期限不得超过 3 个月，即最长暂缓执行期间为 6 个月。若超过 6 个月，执行法院可以恢复执行。

四、不予执行

（一）不予执行的概念

不予执行，是指法院在对仲裁裁决、劳动争议仲裁裁决、公证债权文书的申请执行书或承认和执行外国法院的判决、裁定的申请书予以审查或执行的过程中，因出现法定的原因，裁定停止执行并结束执行程序的行为。《民诉解释》第 481 条还创设了因被执行人抗辩执行时效期间届满而由人民法院裁定不予执行的制度。[①]

不予执行仲裁裁决和撤销仲裁裁决都是人民法院对仲裁行使司法监督权的体现，都是在法定情形下对仲裁裁决作出的否定性评价。但两者在提出请求的主体范围和期限、管辖法院、适用事由和效力等方面存在着不同之处。

（二）不予执行的事由

1. 不予执行仲裁裁决的事由

依据《民诉法》第 248 条的规定，当事人申请不予执行仲裁裁决，需要具备如下的事由之一。

（1）当事人在合同中没有订立仲裁条款或事后没有达成书面仲裁协议。

仲裁协议被认定无效或被依法撤销的，也属于不予执行的事由。

（2）仲裁的事项不属于仲裁协议的范围或仲裁机构无权仲裁。

具体包括：裁决的事项超出仲裁协议约定的范围、裁决的事项属于依照法律规定或者当事人选择的仲裁规则规定的不可仲裁事项、裁决内容超出当事人仲裁请求的范围、

---

① 该条规定：申请执行人超过申请执行时效期间向人民法院申请强制执行的，人民法院应予受理。被执行人对申请执行时效期间提出异议，人民法院经审查异议成立的，裁定不予执行。

作出裁决的仲裁机构非仲裁协议所约定（《仲裁执行规定》第 13 条）。

当事人申请仲裁的事项须具有可仲裁性，且不能超出仲裁协议约定的范围，不可仲裁的事项或超出协议约定范围的事项，属于不予执行事由。

(3) 仲裁庭的组成或仲裁的程序违反法定程序。

这里的“违反法定程序”，有广义和狭义之分。狭义上仅指违反仲裁法规定的程序（《仲裁法》第 70 条）。广义上是指“违反仲裁法规定的仲裁程序和当事人选择的仲裁规则可能影响案件正确裁决的情形”（《仲裁法解释》第 20 条），具体包括三类情况：一是违反仲裁法规定的仲裁程序，二是违反当事人对仲裁程序的特别约定，三是违反当事人选择的仲裁规则。应当注意的是，《仲裁法》和仲裁规则有关仲裁程序的规定很多，并非对所有的程序的违反一定导致不予执行的结果。只有仲裁程序的违反影响到或者可能影响到仲裁裁决的正确，即仲裁公正价值可能无法实现、当事人的权利受到实质性损害，各国仲裁法通常都会给予当事人以司法救济的机会时，不予执行仲裁裁决才有必要。

未按照仲裁法或仲裁规则规定的方式送达法律文书导致当事人未能参与仲裁，或者仲裁员根据仲裁法或仲裁规则的规定应当回避而未回避，可能影响公正裁决的，构成违反法定程序的情形。但仲裁庭按照仲裁法或仲裁规则以及当事人约定的方式送达仲裁法律文书，当事人主张不符合《民诉法》有关送达规定的，不构成法定程序的违反。

另外，适用的仲裁程序或仲裁规则经特别提示，当事人知道或者应当知道法定仲裁程序或选择的仲裁规则未被遵守，但仍然参加或者继续参加仲裁程序且未提出异议，在仲裁裁决作出之后，不得以违反法定程序为由申请不予执行仲裁裁决（《仲裁执行规定》第 14 条）。

针对实践中一些仲裁机构借着违法的仲裁规则或当事人约定，实质性地剥夺当事人仲裁程序参与权和程序保障权的现象，《先予仲裁执行批复》明确规定，对于仲裁机构未依照《仲裁法》规定的程序审理纠纷或者主持调解，径行根据网络借贷合同当事人在纠纷发生前签订的和解或者调解协议作出仲裁裁决、仲裁调解书，或者仲裁机构在仲裁过程中未保障当事人申请仲裁员回避、提供证据、答辩等仲裁法规定的基本程序权利等情形，人民法院裁定不予执行，网络借贷合同当事人以约定弃权条款为由，主张仲裁程序未违反法定程序的，人民法院不予支持。

(4) 裁决所根据的证据系伪造。

以伪造的证据为基础作出的仲裁裁决，必定会影响仲裁庭对案件事实作出正确判断，从而会影响仲裁裁决的客观性和公正性。适用该事由须具备以下条件：1) 该证据已被仲裁裁决采信；2) 该证据属于认定案件基本事实的主要证据；3) 该证据经查明确属通过捏造、变造、提供虚假证明等非法方式形成或者获取，违反证据的客观性、关联性、合法性要求。

(5) 对方当事人向仲裁机构隐瞒了足以影响公正裁决的证据。

所谓“足以影响公正裁决的证据”，是指认定案件基本事实的主要证据、直接关系到仲裁裁决的最后结论的证据。通常与仲裁案件所涉及的纠纷或争议的焦点或重要情节有着直接的联系，同时这些证据也直接影响着仲裁庭对案件事实的正确判断。该证据须具备以下条件：1) 系仅为对方当事人掌握，但未向仲裁庭提交；2) 仲裁过程中知悉存在该证据，且要求对方当事人出示或者请求仲裁庭责令其提交，但对方当事人无正当理由未予出示或者提交。

当事人一方在仲裁过程中隐瞒己方掌握的证据，仲裁裁决作出后不得以己方所隐瞒的证据足以影响公正裁决为由申请不予执行仲裁裁决。

（6）仲裁员在仲裁该案时有贪污受贿、枉法裁决行为。

仲裁员在仲裁案件的过程中非法索要或非法接受当事人财物或其他不正当利益（索贿受贿）；仲裁员为了谋取私利或为了回馈一方当事人已经或承诺给予自己的某种利益而弄虚作假（徇私舞弊）；仲裁员在仲裁案件时，玩忽职守，无原则地适应一方当事人，颠倒是非，曲解法律，甚至故意错误适用法律的行为（枉法裁决）；等等，都是仲裁过程中的严重的违法行为。这些行为必然影响案件的公正审理和裁决，损害一方当事人的合法权益，在此基础上作出的仲裁裁决应当被裁定不予执行。

此外，《民诉法》第 291 条对不予执行涉外仲裁裁决的事由作出了特别规定，主要包括：（1）当事人在合同中没有订有仲裁条款或者事后没有达成书面仲裁协议的；（2）裁决的事项不属于仲裁协议的范围或者仲裁机构无权仲裁的；（3）仲裁庭的组成或者仲裁的程序与仲裁规则不符的；（4）被申请人没有得到指定仲裁员或者进行仲裁程度的通知，或者由于其他不属于被申请人负责的原因未能陈述意见的；（5）执行该裁决违背社会公共利益的。

为了打击虚假仲裁，保护仲裁案外人的合法权益，《仲裁执行规定》第 18 条首次明确了案外人申请不予执行仲裁裁决或者仲裁调解书的权利。案外人申请不予执行的条件有：（1）案外人系权利或者利益的主体；（2）案外人主张的权利或者利益合法、真实；（3）仲裁案件当事人之间存在虚构法律关系，捏造案件事实的情形；（4）仲裁裁决主文或者仲裁调解书处理当事人民事权利义务的结果部分或者全部错误，损害案外人合法权益。

2. 不予执行劳动争议仲裁裁决的事由

按照《劳动争议解释一》第 24 条的规定，有下列情形之一的，用人单位可以申请不予执行劳动争议仲裁裁决：

（1）裁决的事项不属于劳动争议仲裁范围，或者劳动争议仲裁机构无权仲裁的；

（2）适用法律、法规确有错误的；

（3）违反法定程序的；

（4）裁决所根据的证据是伪造的；

（5）对方当事人隐瞒了足以影响公正裁决的证据的；

（6）仲裁员在仲裁该案时有索贿受贿、徇私舞弊、枉法裁决行为的；

（7）人民法院认定执行该劳动争议仲裁裁决违背社会公共利益的。

人民法院在不予执行的裁定书中，应当告知当事人在收到裁定书之次日起 30 日内，可以就该劳动争议事项向人民法院提起诉讼。

3. 不予执行公证债权文书的事由

《民诉法》第 249 条规定，作为执行依据的公证债权文书确有错误的，法院裁定不予执行，并将裁定书送达双方当事人和公证机关。

这里的“公证债权文书确有错误”，具体包括如下情形。（1）公证债权文书属于不得赋予强制执行效力的债权文书的；（2）被执行人一方未亲自或者未委托代理人到场公证等严重违反法律规定的公证程序的；（3）公证债权文书的内容与事实不符或者违反法律强制性规定的；（4）公证债权文书未载明被执行人不履行义务或者不完全履行义务时同意接受强制执行的；（5）人民法院认定执行该公证债权文书违背社会公共利益。

公证债权文书仅对担保债务赋予强制执行效力未涉及主债务，人民法院受理担保债务的执行申请后，被执行人仅以担保合同不属于赋予强制执行效力的公证债权文书范围为由申请不予执行的，不予支持（《执行异议复议规定》第 22 条）。

4. 不予执行外国法院的判决、裁定的事由

当事人向法院申请承认和执行外国法院的判决、裁定，该判决、裁定违反了我国法律的基本原则或国家主权安全、社会公共利益的，不予以承认和执行。

（三）对不予执行的限制

1. 对以相同理由先申请撤销被驳回后申请不予执行的限制

当事人、用人单位向人民法院申请撤销仲裁裁决被驳回后，又在执行程序中以相同理由提出不予执行抗辩的，人民法院不予支持（《仲裁执行规定》第 20 条、《仲裁法解释》第 26 条、《劳动争议解释一》第 25 条第 3 款）。

实践中，当事人往往以相同的理由先申请撤销然后申请不予执行仲裁裁决。这种情形会带来两大问题：一是法院的双重监督问题，二是仲裁的效率低下问题。撤销和不予执行两种司法监督方式没有妥善地衔接，导致了法律内在逻辑的不协调和混乱；同一法院或者不同法院要对同一仲裁裁决前后进行两次司法审查，有可能得出完全不同的两种结论，有损于司法机关的权威，一定程度上加重了法院的工作负担，造成有限司法资源的浪费；同时，把两类功能基本相似的监督方式重复设置，使仲裁的效率大打折扣，不能充分发挥其解决纠纷的优势，极易导致当事人滥用不予执行申请权，规避法律、拖延执行，不利于权利人迅速实现其权利。可见，针对当事人以相同的理由先申请撤销后申请不予执行的情形进行限制，是有必要的，它有利于防止当事人滥用申请撤销权和不予执行申请权，有利于正确处理维护仲裁裁决的一裁终局效力和对仲裁裁决进行司法监督两者之间的关系。

值得注意的是对“相同理由”的理解。在国内仲裁中，当事人申请撤销的理由如果是属于《仲裁法》第 58 条第 1 款、《民诉法》第 248 条第 2 款规定的第 1、2、3、6 项事由中的任一理由，在其申请撤销的请求被驳回后，又以同一理由申请不予执行的，人民法院不予支持；在涉外仲裁中，撤销裁决的法定事由与不予执行完全相同，当事人以《仲裁法》第 70 条、《民诉法》第 291 条第 1 款规定的事由申请撤销被驳回后，又以同一理由申请不予执行的，人民法院不予支持。

2. 对以相同理由先申请不予执行驳回后申请撤销的限制

基于同样的原理，《仲裁执行规定》第 20 条规定，当事人向人民法院申请不予执行被驳回后，又以相同事由申请撤销仲裁裁决的，人民法院不予支持。

3. 对当事人以仲裁协议无效为由申请撤销或不予执行的限制

当事人在仲裁程序中未对仲裁协议的效力提出异议，在仲裁裁决作出后以仲裁协议无效为由主张撤销仲裁裁决或者提出不予执行抗辩的，人民法院不予支持（《仲裁法解释》第27条）。

4. 对仲裁调解书或基于和解协议作出的仲裁裁决申请不予执行的限制

当事人请求不予执行仲裁调解书或者根据当事人之间的和解协议作出的仲裁裁决的，人民法院不予支持（《仲裁执行规定》第17条、《仲裁法解释》第28条），但劳动争议仲裁调解书除外（《劳动争议解释一》第24条）。

民商事仲裁调解书或基于和解协议作出的仲裁裁决所确认的债权债务关系，实际上反映了当事人真实的意思表示，并且给了当事人在意思表示失真的情形下予以补救的机会。因此，在仲裁裁决执行过程中，当事人事后向人民法院请求不予执行上述两种文书，有悖于诚信原则，也缺乏法律依据，除该仲裁调解书或者仲裁裁决违背社会公共利益外（《仲裁执行规定》第17条），对上述不予执行抗辩进行限制是必要的。

（四）裁定不予执行的程序

1. 提出申请

当事人申请不予执行仲裁裁决或者公证债权文书的，应当在执行终结前向执行法院提出（《民诉解释》第479条）。具体而言，被执行人向人民法院申请不予执行仲裁裁决的，应当在执行通知书送达之日起15日内提出书面申请；有《民诉法》第248条第2款第4、6项规定的情形且执行程序尚未终结的，应当自知道或者应当知道有关事实或案件之日起15日内提出书面申请。上述期限届满前，被执行人已向有管辖权的人民法院申请撤销仲裁裁决且已被受理的，自人民法院驳回撤销仲裁裁决申请的裁判文书生效之日起重新计算期限（《仲裁执行规定》第8条）。

案外人向人民法院申请不予执行仲裁裁决或者仲裁调解书的，应当提交申请书以及证明其请求成立的证据材料，并符合下列条件：（1）有证据证明仲裁案件当事人恶意申请仲裁或者虚假仲裁，损害其合法权益；（2）案外人主张的合法权益所涉及的执行标的尚未执行终结；（3）自知道或者应当知道人民法院对该标的采取执行措施之日起30日内提出（《仲裁执行规定》第9条）。

2. 合议庭审理

根据《仲裁法》第63、71条和《民诉法》第248条的规定，人民法院受理不予执行仲裁裁决申请后，应当组成合议庭审查请求是否成立，以示司法监督仲裁的慎重。

3. 被执行人的举证责任

（1）申请不予执行时提供初步证据的义务。

按照《仲裁法》第63、71条和《民诉法》第248条第2款、第291条第1款的规定，被执行人在申请不予执行仲裁裁决时，应当提供证明裁决具有法定情形之一的证据材料。

（2）在法院审查阶段被执行人的举证责任。

按照法律规定，对于仲裁裁决是否具有法定的不予执行的理由，除涉及社会公共利益（公共秩序、善良风俗）的事由外，由被执行人负举证责任。被执行人应当提供证据证明不予执行的事由存在，如果所提供的证据不足以证明其主张的事由成立，那么被执行人将承担申请被驳回的风险。

4. 人民法院的审查处理

（1）人民法院询问被执行人、要求仲裁机构说明或提供案卷。

人民法院应当围绕被执行人申请不予执行的事由、案外人的申请进行审查；对被执行人没有申请的事由不予审查，但仲裁裁决可能违背社会公共利益的除外。

被执行人、案外人对仲裁裁决执行案件申请不予执行的，人民法院应当进行询问；被执行人在询问终结前提出其他不予执行事由的，应当一并审查。人民法院审查时，认为必要的，可以要求仲裁庭作出说明，或者向仲裁机构调阅仲裁案卷（《仲裁执行规定》第 11 条）。

《仲裁法解释》第 30 条规定，根据审理撤销、执行仲裁裁决案件的实际需要，人民法院可以要求仲裁机构作出说明或者向相关仲裁机构调阅仲裁案卷。人民法院要求说明的内容包括：仲裁庭的组成、仲裁员的资格、仲裁裁决的依据与理由、仲裁裁决所适用的法律以及仲裁案件涉及的专业知识等。

（2）人民法院作出裁定。

人民法院对不予执行仲裁裁决案件的审查，应当在立案之日起 2 个月内审查完毕并作出裁定；有特殊情况需要延长的，经本院院长批准，可以延长 1 个月。对于不予执行申请，经人民法院审查后，作出不予执行、部分不予执行或者驳回申请的裁定。

仲裁机构裁决的事项，部分有《民诉法》第 248 条第 2 款、第 3 款规定的情形的，人民法院应当裁定对该部分不予执行。应当不予执行部分与其他部分不可分的，人民法院应当裁定不予执行仲裁裁决（《民诉解释》第 475 条）。

人民法院强制执行涉外仲裁机构的仲裁裁决时，被执行人以有《民诉法》第 291 条第 1 款规定的情形为由提出不予执行抗辩的，人民法院应当对被执行人的抗辩进行审查，并根据审查结果裁定执行或者不予执行。

基于被执行人申请裁定不予执行仲裁裁决，原被执行人申请执行回转或者解除强制执行措施的，人民法院应当支持。原申请执行人对已履行或者被人民法院强制执行的款物申请保全的，人民法院应当依法准许；原申请执行人在人民法院采取保全措施之日起 30 日内，未根据双方达成的书面仲裁协议重新申请仲裁或者向人民法院起诉的，人民法院应当裁定解除保全。人民法院基于案外人申请裁定不予执行仲裁裁决或者仲裁调解书，案外人申请执行回转或者解除强制执行措施的，人民法院应当支持（《仲裁执行规定》第 21 条）。

人民法院裁定驳回撤销仲裁裁决申请或者驳回不予执行仲裁裁决、仲裁调解书申请的，执行法院应当恢复执行。

（3）法院通知仲裁机构。

人民法院在办理涉及仲裁的案件过程中作出的裁定，可以送达相关的仲裁机构。其中，不予执行仲裁裁决的裁定书应送达双方当事人和仲裁机构（《民诉法》第 248 条、《仲裁法解释》第 30 条第 2 款）。

（4）被执行人、案外人提供适当担保的处理。

被执行人、案外人对仲裁裁决执行案件提出不予执行申请并提供适当担保的，执行法院应当裁定中止执行。中止执行期间，人民法院应当停止处分性措施，但申请执行人提供充分、有效的担保请求继续执行的除外。

（五）不予执行裁定的效力及救济

1. 不予执行裁定的效力

（1）对不予执行裁定不能上诉。

依《民诉法》第 157 条的规定，当事人对人民法院作出的不予执行仲裁裁决的裁定，不得上诉。

（2）对不予执行裁定不能提出执行异议或者复议。

人民法院裁定不予执行仲裁裁决、驳回或者不予受理不予执行仲裁裁决申请后，当事人不得对该裁定提出执行异议或者申请复议。但人民法院基于案外人申请裁定不予执行仲裁裁决或者仲裁调解书，当事人不服的，可以自裁定送达之日起 10 日内向上一级法院申请复议；人民法院裁定驳回或者不予受理案外人提出的不予执行仲裁裁决、仲裁调解书申请，案外人不服的，可以自裁定送达之日起 10 日内向上一级法院申请复议（《仲裁执行规定》第 22 条、《民诉解释》第 476 条）。

（3）对不予执行裁定不能申请再审。

对人民法院作出的不予执行仲裁裁决的裁定，当事人不得申请再审。1996 年 6 月 26 日最高人民法院《关于当事人因对不予执行仲裁裁决的裁定不服而申请再审人民法院不予受理的批复》（法复〔1996〕8 号）（已失效）指出：人民法院对仲裁裁决依法裁定不予执行，当事人不服而申请再审的，没有法律依据，人民法院不予受理。

（4）原执行依据丧失执行力。

原执行依据丧失了执行力，不仅不能依其进行新的执行行为，对已实施的执行行为也应撤销。

（5）结束执行程序。

不予执行裁定生效后，该执行程序即告结束，法院可以办理执行结案。根据《执行规定》，法院裁定不予执行、裁定执行终结、执行当事人之间达成执行和解协议并已履行完毕、生效法律文书确定的内容全部执行完毕为执行结案的四种方式。

2. 对不予执行或驳回裁定的救济

（1）对仲裁裁决不予执行或驳回裁定的救济。

现行法律对于人民法院作出的不予执行仲裁裁决的裁定，规定了两种救济程序：一是重新申请仲裁，二是向人民法院提起民事诉讼。

《民诉法》第 248 条第 5 款规定：仲裁裁决被人民法院裁定不予执行的，当事人可以根据双方达成的书面仲裁协议重新申请仲裁，也可以向人民法院起诉。

人民法院在不予执行的裁定书中，应当告知当事人在收到裁定书之次日起 30 日内，可以就该劳动争议事项向人民法院提起诉讼（《劳动争议解释一》第 24 条第 2 款）。

（2）对驳回不予执行公证债权文书裁定的救济。

当事人不服驳回不予执行公证债权文书申请的裁定的，可以自收到裁定之日起 10 日内向上一级法院申请复议。上一级法院应当自收到复议申请之日起 30 日内审查，理由成立的，裁定撤销原裁定，不予执行该公证债权文书；理由不成立的，裁定驳回复议申请。复议期间，不停止执行（《执行异议复议规定》第 10 条）。

五、执行抵销

抵销作为债的消灭原因之一，在《民法典》第 557 条中已有规定。在执行程序中，被执行人以与申请人互负债务为由，要求行使抵销权的情形时有发生，因而，司法解释确立了执行抵销制度。

《执行异议复议规定》第 19 条规定：当事人互负到期债务，被执行人请求抵销，请求抵销的债务符合下列情形的，除依照法律规定或者按照债务性质不得抵销的以外，人民法院应予支持：（1）已经生效法律文书确定或者经申请执行人认可；（2）与被执行人所负债务的标的物种类、品质相同。

由于执行抵销赋予了申请执行人优先受偿地位，在同一被执行人有多个执行债权人时，执行抵销可能会损害其他执行债权人的合法权益，因而，应当对执行抵销的数额或范围作出严格的限制。

六、中止执行

法院依法执行案件，由于出现某种特殊情况需要暂时停止执行程序，待特殊情况消失后，再恢复执行程序，继续进行执行的，为中止执行。

中止执行分为整个执行程序的中止和个别执行标的执行程序的中止两种情况：前者是指由于发生中止执行的原因，整个执行程序都不能继续进行；后者是指仅对执行标的物的一部分中止执行。

依照《民诉法》第 267 条、第 217 条的规定，有下列情形之一的，人民法院应当裁定中止执行。

（1）申请执行人表示可以延期执行。移送执行的案件，如果债权人表示可以延期执行的，也可裁定中止执行。

（2）案外人对执行标的提出确有理由的异议。《民诉法》第 238 条规定，案外人异议理由成立的，执行法院应当裁定中止对该标的的执行。因此，性质上属于对个别执行标的执行程序的中止执行。

（3）作为一方当事人的公民死亡，需要等待继承人继承权利或者承担义务。

（4）作为一方当事人的法人或其他组织终止，尚未确定权利义务承受人。

（5）依再审审查程序审查后，对执行依据裁定再审的，但追索赡养费、扶养费、抚

养费、抚恤金、医疗费用、劳动报酬等案件除外。

（6）法院认为应当中止执行的其他情况，主要包括：1）人民法院已受理以被执行人为债务人的破产申请的；2）被执行人确无财产可供执行的；3）执行的标的物是其他人民法院或仲裁机构正在审理的案件的争议标的物，需要等待该案件审理完毕确定权属的；4）一方当事人申请执行仲裁裁决，另一方当事人申请撤销仲裁裁决的；5）仲裁裁决的被执行人依据《民诉法》第 248 条第 2 款的规定向人民法院提出不予执行请求并提供适当担保的。

中止执行裁定书应当写明中止的理由和法律依据。中止执行的情形消失后，执行法院可以根据当事人的申请或依职权恢复执行。恢复执行应当书面通知当事人。

七、终结执行与终结本次执行程序

（一）终结执行

终结执行，是指在执行程序中，因发生法律规定的事由，执行程序没有必要或者不可能继续，因而依法结束执行程序。

《民诉法》第 268 条规定，有下列情形之一的，法院裁定终结执行：（1）申请人撤销申请。因撤销申请而终结执行后，当事人在《民诉法》第 250 条规定的申请执行时效期间内再次申请执行的，人民法院应当受理（《民诉解释》第 518 条）。（2）据以执行的法律文书被撤销。（3）作为被执行人的公民死亡，无遗产可供继承，又无义务承担人。（4）追索赡养费、扶养费、抚育费案件的权利人死亡。（5）作为被执行人的公民因生活困难无力清偿借款，无收入来源，又丧失劳动能力。（6）法院认为应当终结执行的其他情形，如在执行中，被执行人被法院裁定宣告破产或作为被执行人的企业法人终止，又确无连带义务人，执行法院应当裁定终结执行。

终结执行的裁定书，应写明终结执行的原因和法律依据，由执行员、书记员署名，加盖人民法院印章。裁定书送达当事人后立即生效。由二审法院终审的判决、裁定和调解书，需要中止、终结执行的，应由执行员将中止、终结执行的书面报告和意见，报经二审法院或上级法院执行组织签署意见并备案后，制作裁定书。

在执行终结 6 个月内，被执行人或者其他人对已执行的标的有妨害行为的，人民法院可以依申请排除妨害，并可以依照《民诉法》第 114 条的规定进行处罚。因妨害行为给执行债权人或者其他人造成损失的，受害人可以另行起诉（《民诉解释》第 519 条）。

（二）终结本次执行程序

1. 终结本次执行程序的含义及适用条件

我国的执行实践中，产生了一种特殊类型的执行终结制度，即终结本次执行程序。所谓“终结本次执行程序”，简称“终本”，是指在执行程序开始后，人民法院按照执行程序要求，履行了法定执行手续，采取了相应强制措施，穷尽了执行手段和方法，仍然无法使案件得以执结，在查明被执行人确无可供执行的财产、暂时无履行能力的情况下，执行工作暂时没有必要继续进行，由法院裁定本案执行程序阶段性终结，本执行案件即告结案，因而暂时结束执行程序的一种制度。

2016年最高人民法院《终本规定》明确了终结本次执行程序的条件，包括：(1) 已向被执行人发出执行通知、责令被执行人报告财产（法院向被执行人发出报告财产令、对被执行人报告的财产情况予以核查、对逾期报告与拒绝报告或虚假报告的被执行人或者相关人员，依法采取罚款、拘留等强制措施，构成犯罪的，依法启动刑事责任追究程序）。(2) 已向被执行人发出限制消费令，并将符合条件的被执行人纳入失信被执行人名单。(3) 已穷尽各种财产调查措施，未发现被执行人有可供执行的财产或者发现的财产不能处置，例如被执行人的财产经法定程序拍卖、变卖未成交，申请执行人不接受抵债或者依法不能交付其抵债，又不能对该财产采取强制管理等其他执行措施等。(4) 自执行案件立案之日起已超过3个月。(5) 被执行人下落不明的，已依法予以查找；被执行人或者其他人妨害执行的，已依法采取罚款、拘留等强制措施，构成犯罪的，已依法启动刑事责任追究程序。

2. 终结本次执行程序裁定书

终结本次执行程序的，应当制作裁定书，载明下列内容：(1) 申请执行的债权情况；(2) 执行经过及采取的执行措施、强制措施；(3) 查明的被执行人财产情况；(4) 实现的债权情况；(5) 申请执行人享有要求被执行人继续履行债务及依法向人民法院申请恢复执行的权利，被执行人负有继续向申请执行人履行债务的义务。裁定书应当依法在互联网上公开。

终结本次执行程序裁定书送达申请执行人以后，执行法院应当在7日内将相关案件信息录入最高人民法院建立的终结本次执行程序案件信息库，并通过该信息库统一向社会公布。当事人、利害关系人认为公布的终结本次执行程序案件信息错误的，可以向执行法院申请更正。执行法院审查属实的，应当在3日内予以更正。

3. 终结本次执行程序裁定的效力

(1) 终结本次执行程序裁定书送达申请执行人后，执行案件可以作结案处理。

(2) 人民法院已对被执行人依法采取的执行措施和强制措施继续有效，被执行人应当继续履行生效法律文书确定的义务。如果发现被执行人有可供执行财产，不立即采取执行措施可能导致财产被转移、隐匿、出卖或者毁损的，执行法院可以依申请执行人申请或依职权立即采取查封、扣押、冻结等控制性措施。

(3) 申请执行人申请延长查封、扣押、冻结期限的，人民法院应当依法办理续行查封、扣押、冻结手续。

(4) 当事人、利害关系人申请变更、追加执行当事人，符合法定情形的，人民法院应予支持。变更、追加被执行人后，申请执行人申请恢复执行的，人民法院应予支持。

(5) 被执行人或者其他人妨害执行的，人民法院可以依法予以罚款、拘留；构成犯罪的，依法追究刑事责任。

4. 不服终结本次执行程序裁定的救济

(1) 提出执行行为异议。当事人、利害关系人认为终结本次执行程序违反法律规定的，可以提出执行行为异议。人民法院应依《民诉法》第 236 条的规定进行审查。

（2）申请恢复执行。申请执行人发现被执行人有可供执行财产的，可以向执行法院申请恢复执行。申请恢复执行不受申请执行时效期间的限制（《民诉解释》第 517 条）。执行法院核查属实的，应当恢复执行。终结本次执行程序后的 5 年内，执行法院应当每 6 个月通过网络执行查控系统查询一次被执行人的财产，并将查询结果告知申请执行人。符合恢复执行条件的，执行法院应当及时恢复执行。

问题与思考

请扫描二维码测试，并查看参考答案

第二十一章
强制执行措施

【本章概要】在给付金钱执行中，强制执行措施有控制性执行措施与处分性执行措施两类：前者主要包括查封、扣押、冻结，后者主要包括拍卖、变卖、以物抵债、强制管理。交付物的执行措施因该物属于种类物或特定物而有别，交付种类物的执行可以转化为给付金钱执行；而交付特定物的执行应当交付原物，原物已经毁损、灭失的，只能协商赔偿或另案索赔。完成行为的执行措施因该行为是否具有可替代性而有别，可替代行为的执行可以转化为给付金钱执行，而不可替代行为的执行应当坚持以间接执行为原则、以直接执行为例外。

第一节　给付金钱的执行（Ⅰ）：查封、扣押、冻结

一、给付金钱执行的意义、原则

以给付一定数额的金钱为内容的请求权的执行，在整个执行工作中案件数量最多，适用频率最高，执行任务最为繁重，意义最为重大。

给付金钱的执行遵循以下两大原则。

1. 简便原则和对债务人生活影响较少的原则

按照该原则，实务中在选择债务人的财产予以执行的顺序上，是先执行现金；现金不够清偿的，执行其存款、股息红利收入和债权；仍不足以清偿的，执行债务人的动产，最后执行债务人的不动产、知识产权、投资股权等。无论执行债务人的何种财产，都不得超出债务人应当履行义务的范围，并应当保留债务人及其所扶养家属的生活必需费用和生活必需品。

2. 非经查封、扣押、冻结不得处分被执行财产原则

给付金钱的执行，一般经历三个阶段：一是以查封、扣押、冻结为中心的控制性执行，二是以拍卖、变卖和以物抵债为中心的变价性执行，三是以参与分配为中心的债权受偿。在第一阶段中，查封、扣押主要针对被执行人的动产、不动产，冻结主要针对被执行人动产、不动产以外的其他财产权，如债权、股权、知识产权等。后两个阶段的执

行，统称为处分性执行。

按照该原则，对被执行的财产，人民法院非经查封、扣押、冻结不得处分，因此，上述三个执行阶段中，第一阶段是不可或缺的，不经过第一阶段，就不能直接进入第二、第三阶段的执行。但有一个例外是，对银行存款等各类可以直接扣划的财产，人民法院的扣划裁定同时具有冻结的法律效力（《民诉解释》第 484 条）。

二、对动产、不动产的查封、扣押

（一）查封、扣押的概念和特点

查封，是指法院将执行标的物加贴封条就地或异地予以封存，禁止被执行人转移处分的一种执行措施。扣押，是指法院将执行标的物运送到指定的场所，使被执行人不能占有、使用和处分的执行措施。

二者具有以下三个特点。

（1）查封、扣押是为拍卖和变卖做准备的临时性、控制性的执行措施。由于执行案件从立案、开始执行到最后拍卖、变卖等程序往往需要一段时间，为避免标的物被转移、隐匿、毁损致使执行无法进行，法律特设查封、扣押程序，以保证拍卖、变卖程序的实施。

（2）查封、扣押的实质在于限制被执行人对执行标的物的处分权。在拍卖、变卖之前，标的物所有权仍然属于被执行人，但被执行人对该财产的处分权被禁止行使；即使擅自行使处分权，其处分行为亦无效，并且应承担妨害执行的责任。

（3）查封、扣押还解除被执行人对执行标的物的占有。执行标的物经查封、扣押后，其占有权即由法院行使。查封虽不转移查封物的存放地点，但一经查封，被执行人即丧失了占有权，除非执行法院同意由其保管或使用、收益。扣押则转移了扣押物的存放地点，被执行人当然丧失了对扣押物的占有权。

关于查封和扣押的区别，一般是以执行标的物的位置是否转移为标准的。查封一般不转移财产的位置，由法院加贴封条，就地查封；扣押一般要转移财产的位置，脱离债务人的占有。但是，其他国家或地区并没有这种区分。其实，我国司法实践也未对查封、扣押作严格的区别。另外，查封针对的是动产和不动产，而扣押仅针对动产。

（二）查封、扣押的一般原则

1. 公示原则

公示原则，是指执行法院在对被执行人的财产采取查封、扣押措施时，应当根据该财产的属性，按照法律规定的方法就查封、扣押的情形公之于众，以使被执行人、案外人及其他执行法院和执法机关知晓查封、扣押的事实。查封、扣押公示原则与物权公示原则是相对应的，即对于不动产物权以物权登记为其公示方法，动产物权则以占有作为其公示方法。公示原则对维护执行秩序，解决执行争议和维护社会交易安全意义重大。

2. 价值相当原则

查封、扣押是执行机关运用公权力的行为，出于对被执行人合法利益的保护，应当对其设有限制。法院查封、扣押被执行人的财产，应以其价额足以清偿法律文书确定的债权额及执行费用为限，不得明显超标的额查封、扣押（《查封规定》第19条第1款）。所谓被执行人应履行债务的价值，既包括生效法律文书确定的债务，也包括执行中预计需支出的费用，被执行人迟延履行期间的债务利息和迟延履行金等；所谓相当，并不要求查封、扣押的财产价值与应履行的债务数额完全相等，而是以不显著超额为限。作为一个例外，对于不可分物的查封、扣押，不受价值相当原则的限制。

3. 禁止重复查封、扣押原则

禁止重复查封、扣押原则，是指执行法院依法对被执行人的财产查封、扣押后，任何单位包括其他法院不得对该执行标的物再行查封、扣押，否则后来的查封、扣押行为无效（《民诉法》第106条第2款）。确立这一原则的目的是理顺执行秩序，也为解决法院之间的执行争议提供依据。禁止重复查封、扣押并不排斥轮候查封、扣押。[①] 对已被执行法院查封、扣押的财产，其他法院可以进行轮候查封、扣押。查封、扣押解除的，登记在先的轮候查封、扣押即自动生效（《查封规定》第26条）。

4. 查封、扣押财产豁免原则

查封、扣押财产豁免原则，是指执行法院对被执行人的某些特定财产不得采取查封、扣押措施。这一原则是基于被执行人的生存权高于债权人的债权，被执行人的精神利益高于债权人的物质利益，公序良俗高于私人利益的原理确立的。

（三）查封、扣押的方法

1. 作出书面裁定

查封、扣押，除解除债务人对标的物的占有外，还须采取一定方式，以表明标的物为查封、扣押之物。执行程序中采取查封、扣押或冻结措施时，人民法院应当作出裁定（《民诉法》第255条第2款）。此项裁定，应采用书面形式，并送达双方当事人及有关单位。执行人员实施查封、扣押，可以于裁定送达被执行人后，或者送达前或同时实施。

2. 发出协助执行通知书

采取查封、扣押措施需有关单位协助的，法院应当向有关单位发出协助执行通知书，连同裁定书副本一并送达有关单位（《查封规定》第1条）。协助执行通知书中应当载明有关单位不得办理查封、扣押财产的转移过户以及设定担保等手续，同时，可以责令被执行人将有关财产权证照交执行法院保管。

---

① 轮候查封、扣押是《房地产执行通知》首先确立，并由《查封规定》再次确认的一种崭新的执行制度，是在不违反《民诉讼》关于不得重复查封的规定的情况下，解决不得重复查封在实践中的弊端，保护不同生效法律文书所确定的债权人的合法权益，对提高执行效率有重要意义。“不得重复查封”的弊端就是：针对被执行人的同一责任财产，某一法院的查封将会排斥其他法院的查封，当先查封的法院因种种原因解封时，在其他法院未来得及查封之前，被执行人立即转移解封了的财产，使其他法院执行案件中的债权人利益受损；也有的法院基于地方保护的考虑，制造被执行人财产全部查封的假象，用以对抗外地法院的查封，然后在适当时机解封，致使外地法院执行落空。

3. 张贴封条或公告、办理查封登记

查封、扣押动产的，法院可以直接控制该项财产。法院将查封、扣押的动产交付其他人控制的，应当在该动产上加贴封条或者采取其他足以公示查封、扣押的适当方式。查封不动产的，法院应当张贴封条或者公告。查封、扣押、冻结已登记的不动产、特定动产及其他财产权，应当通知有关登记机关（构）办理登记手续。地上建筑物和土地使用权的登记机关（构）不是同一机关（构）的，应当分别办理查封登记。其他法院对已登记的财产进行轮候查封、扣押、冻结的，应当通知有关登记机关（构）协助进行轮候登记，实施查封、扣押、冻结的法院应当允许其他法院查阅有关文书和记录（《查封规定》第 26 条）。

4. 提取保存有关财产权证照

对有产权证照的动产或不动产的查封，可以责令被执行人将有关财产权证照交法院保管（《执行规定》第 35 条第 1 款、《查封规定》第 7 条第 1 款）。

5. 预查封、扣押尚未进行权属登记的建筑物、机动车辆

预查封是《房地产执行通知》新创立的一项制度，是指对尚未在登记机关进行物权登记但又履行了一定的批准或者备案等预登记手续、被执行人享有未公示的物权或者物权期待权的房地产所采取的控制性措施，即由法院制发预查封裁定书和协助执行通知书，由国土资源、房地产管理部门办理预查封登记手续。

可以预查封土地使用权的情形有：（1）被执行人全部缴纳土地使用权出让金但尚未办理土地使用权登记的，人民法院可以对该土地使用权进行预查封。（2）被执行人部分缴纳土地使用权出让金但尚未办理土地使用权登记的，对可以分割的土地使用权，按已缴付的土地使用权出让金，由国土资源管理部门确认被执行人的土地使用权，人民法院可以对确认后的土地使用权裁定预查封。对不可以分割的土地使用权，可以全部进行预查封。

可以预查封的尚未进行权属登记的建筑物有：（1）作为被执行人的房地产开发企业，已办理了商品房预售许可证且尚未出售的房屋；（2）被执行人购买的已由房地产开发企业办理了房屋权属初始登记的房屋；（3）被执行人购买的办理了商品房预售合同登记备案手续或者商品房预告登记的房屋。

预查封尚未进行权属登记的建筑物时，法院应当通知其管理人或者该建筑物的实际占有人，并在显著位置张贴公告。扣押尚未进行权属登记的机动车辆时，法院应当在扣押清单上记载该机动车辆的发动机编号。该车辆在扣押期间权利人要求办理权属登记手续的，法院应当准许并及时办理相应的扣押登记手续（《查封规定》第 9 条）。

6. 交换查封、交换扣押

交换查封、交换扣押是大陆法系国家强制执行法上的制度，是指法院查封、扣押被执行人的某项财产后，依据被执行人或利害关系人的申请，法院依法将查封、扣押的对象替换为另一项财产，在保护申请执行人的债权的同时，适当兼顾被执行人、利害关系人的合法权益。在我国《民诉法》未规定该制度，但执行实践中已有法院开始采用。

7. 不依法查封、扣押的后果

查封、扣押时，对于不动产、特定动产及其他财产权应办理登记手续而未办理的，不得对抗其他已经办理了登记手续的查封、扣押行为（《查封规定》第7条第2款）。

（四）查封、扣押时在场人员

为避免执行人员实施执行时，引起猜疑或争议，查封、扣押时应履行下列程序：

（1）通知被执行人到场。人民法院查封、扣押财产时，被执行人是公民的，应当通知被执行人或者他的成年家属到场；被执行人是法人或者其他组织的，应当通知其法定代表人或者主要负责人到场。拒不到场的，不影响执行（《民诉法》第256条）。为了防止被执行人隐匿财产，逃避执行，此项通知原则上不能事先送达。

（2）通知有关单位或基层组织参加。被执行人是公民的，其工作单位或者财产所在地的基层组织应当派人参加（《民诉法》第256条）。有关单位或基层组织接到法院通知后，应派人到场，对法院的查封、扣押活动进行见证，并协助法院执行。

（五）对债务人财产的搜查

1. 民事搜查的概念

搜查，是在债务人隐匿财产拒不履行生效法律文书确定的义务时，由法院院长签发搜查令，对债务人及其住所或能隐匿财产的处所依法搜寻查找的行为（《民诉法》第259条）。

在执行中，被执行人隐匿财产、会计账簿等资料的，法院除可依照《民诉法》第114条的规定对其处理外，并可责令被执行人交出隐匿的财产、会计账簿等资料。被执行人拒不交出的，法院可按被执行人的财产价值强制执行被执行人的其他财产，也可以采取搜查措施，找到被隐匿的财产、会计账簿等资料。

2. 民事搜查的条件

民事搜查直接涉及被执行人的人身权利及财产权利，因此，法院采取搜查措施，须由院长签发搜查令，以示慎重。进行搜查，须具备以下条件：（1）生效法律文书确定的履行期限已经届满；（2）被执行人不履行法律文书确定的义务；（3）认为有隐匿财产的行为；（4）搜查人员必须按规定着装并出示搜查令和身份证件。搜查可以针对人身实施，但搜查妇女身体，应由女执行人员进行。法院依法搜查时，对被执行人可能存放隐匿的财物及有关证据材料的处所、箱柜等，经责令被执行人开启而拒不配合的，可以强制开启。法院搜查时禁止无关人员进入搜查现场；搜查对象是公民的，应通知被执行人或者他的成年家属以及基层组织派员到场；搜查对象是法人或者其他组织的，应通知法定代表人或者主要负责人到场，有上级主管部门的，也应通知主管部门有关人员到场。拒不到场的，不影响搜查。搜查应制作搜查笔录，由搜查人员、被搜查人及其他在场人签名、捺印或盖章。拒绝签名、捺印或者盖章的，应记入搜查笔录（《民诉解释》第495～498条）。在搜查中发现而扣押的财产，应造具清单。

（六）查封、扣押笔录及财产清单

实施查封、扣押时，除应由执行人员作成笔录并签名外，在场有关人员也应签名。

查封扣押笔录应载明下列内容：（1）执行措施开始及完成的时间；（2）财产的所在地、种类、数量；（3）财产的保管人；（4）其他应当记明的事项。

对被查封、扣押的财产，执行员必须造具清单，由在场人签名、捺印或者盖章后，交被执行人一份。被执行人是公民的，也可以交他的成年家属一份（《民诉法》第256条第2款），以防止遗失，便于查考。

（七）查封、扣押物的保管和使用

1. 保管人的确定

对查封、扣押物的保管，是指占有查封、扣押物并保持其现状，使其不至于被转移、毁损、灭失。被查封、扣押的财产，为便于换价，原则上应由执行法院自行保管。不宜由法院保管的，法院可以指定被执行人负责保管（《民诉法》第257条），被执行人不得拒绝保管；不宜由被执行人保管的，可以委托第三人或者申请执行人保管（《查封规定》第10条第1款）。

2. 保管人的责任

保管人因故意或过失使查封、扣押的财产毁损或者灭失的，应承担两种责任：一是民事责任。保管人负责赔偿由此造成的损失，其中保管人是申请执行人的，赔偿款应与其债权部分抵销。因被执行人保管或使用的过错造成的损失，由被执行人承担（《民诉法》第257条）。被执行人或其他人擅自处分已被查封、扣押财产的，法院有权责令责任人限期追回财产或承担相应的赔偿责任（《执行规定》第32条）。二是妨碍执行的责任。保管人如有隐匿、转移、变卖、毁损已被清点并责令其保管的查封、扣押物的行为的，执行法院可以根据情节轻重予以罚款、拘留，构成犯罪的，依法追究刑事责任。

3. 查封、扣押物的使用

由人民法院指定被执行人保管的财产，如果继续使用对该财产的价值无重大影响，可以允许被执行人继续使用；由人民法院保管或者委托第三人、申请执行人保管的，保管人不得使用（《查封规定》第10条第2款）。

（八）查封、扣押的解除

查封、扣押的解除，又称查封、扣押的撤销，是指执行法院在发生特定的法定事由时，基于债权人的申请或者依职权或授权除去查封标识或查封登记的执行行为。

根据《查封规定》第28条的规定，有下列情形之一的，法院应当作出解除查封、扣押的裁定，并送达申请执行人、被执行人或者案外人：（1）查封、扣押案外人财产的；（2）申请执行人撤回执行申请或者放弃债权的；（3）查封、扣押的财产流拍或者变卖不成，申请执行人和其他执行债权人又不同意接受抵债，且对该财产又无法采取其他执行措施的；（4）债务已经清偿的；（5）被执行人提供担保且申请执行人同意解除查封、扣押的；（6）人民法院认为应当解除查封、扣押的其他情形。解除以登记方式实施的查封、扣押的，应当向登记机关发出协助执行通知书。

解除查封、扣押的方法也要按照标的物的不同以公示方法进行。对一般动产解除查封、扣押的，应揭去封条和查封公告，必要时另行公告解除查封的事实。对有产权证照的动产或不动产解除查封的，还应办理注销查封登记。

三、对其他财产权的执行

（一）对其他财产权的执行的概念和意义

对其他财产权的执行，是指执行机关为满足债权人的金钱债权，对债务人所有的动产和不动产以外的其他财产（或财产权）采取的民事执行措施。

随着社会经济的发展，对于金钱债权而言可供执行的标的物种类日益增多，主要包括债务人对第三人的债权、债券、股票、基金份额、其他有价证券、投资权益、知识产权等。对其执行方法因财产种类不同而有差异。《民诉法》第 253、254 条，《执行规定》第 26～30 条、第 35～40 条以及《冻结规定》等就对其他财产权的执行措施作了规定。

（二）对被执行人存款的执行

被执行人为金融机构的，对其交存在中国人民银行的存款准备金和备付金不得冻结和扣划，但对其在本机构、其他金融机构的存款，及其在中国人民银行的其他存款可以冻结、划拨，并可对被执行人的其他财产采取执行措施，但不得查封其营业场所（《执行规定》第 27 条）。作为被执行人的自然人，其收入转为储蓄存款的，应当责令其交出存单。拒不交出的，人民法院应当作出提取其存款的裁定，向金融机构发出协助执行通知书，由金融机构提取被执行人的存款交人民法院或存入人民法院指定的账户（《执行规定》第 28 条）。

1. 对存款的执行方法

对被执行人的存款进行执行，可采取查询、冻结、划拨存款的方法。查询是指法院向金融机构了解被执行人财产和经济状况。冻结是指法院向金融机构发出协助执行通知书，不准被执行人在一定期限内提取和转移该项存款的执行措施。经冻结的存款，任何单位及其他法院不得重复冻结或擅自解冻，否则按妨害民事执行处理（《民诉法》第 117 条）。为了保证这一措施的有效实施，《执行规定》第 26 条明确规定："金融机构擅自解冻被人民法院冻结的款项，致冻结款项被转移的，人民法院有权责令其限期追回已转移的款项。在限期内未能追回的，应当裁定该金融机构在转移的款项范围内以自己的财产向申请执行人承担责任。"划拨是指法院向有被执行人款项的金融机构发出协助执行通知书，将其存款划拨到申请执行人或者债权人的账户上。

2. 对存款的执行程序

（1）人民法院作出裁定。人民法院决定冻结、划拨存款，应当作出裁定（《民诉法》第 253 条）。裁定应写明冻结或划拨的存款数额，并送达当事人。

（2）发出协助执行通知书。法院作出裁定时，并应向有被执行人存款的金融机构发出协助执行通知书。通知书应写明被执行人存款账号、户名，冻结、划拨金额及划入银行名称，划入户名、账号等有关事项，连同法院裁定书及所执行的法律文书，一并送达有关单位。

（3）金融机构的办理方法。有关金融机构接到法院的协助执行通知书后，必须立即办理，不得以任何理由或借口拒绝、推托或妨碍执行。

3. 对存款执行的限制

为了兼顾被执行人的合法权利，《民诉法》第253条还规定了“查询、扣押、冻结、划拨、变价的财产不得超出被执行人应当履行义务的范围”。另外，《执行规定》第27条规定：“被执行人为金融机构的，对其交存在人民银行的存款准备金和备付金不得冻结和扣划，但对其在本机构、其他金融机构的存款，及其在人民银行的其他存款可以冻结、划拨，并可对被执行人的其他财产采取执行措施，但不得查封其营业场所。”这是为了保证金融机构的正常运营及国家金融秩序的稳定。

（三）对被执行人收入的执行

被执行人未按执行通知履行法律文书确定的义务，法院有权扣留、提取被执行人应当履行义务部分的收入，但应当保留被执行人及其抚养家属的生活必需费用（《民诉法》第254条第1款）。被执行人的收入，主要是指金钱收入，但也不能排除实物收入。金钱收入主要指工资、奖金、劳动报酬、稿费、咨询费、利息、股利（股息或红利）等。房屋租金也应属于这里所说的收入，但已转化为储蓄存款的收入除外。作为被执行人的公民，其收入转为储蓄存款的，应当责令其交出存单。拒不交出的，人民法院应当作出提取其存款的裁定，向金融机构发出协助执行通知书，并附生效法律文书，由金融机构提取被执行人的存款交人民法院或存入人民法院指定的账户（《执行规定》第28条）。

1. 对被执行人收入的执行方法

对被执行人的收入，可以采取扣留、提取的执行方法。扣留是指将被执行人的收入暂时存留在原单位，不准其动用或转移，促使被执行人履行义务。提取是指扣留被执行人收入后，如超过履行期限仍不能履行义务的，法院即可提取该项收入交付申请执行人。提取的收入，可由原单位直接交付申请执行人，也可由法院转交给申请执行人。

2. 对被执行人收入的执行程序

（1）法院作出裁定。人民法院扣留、提取收入时，应当作出裁定（《民诉法》第254条第2款），与执行存款的程序相同。

（2）发出协助执行通知书。法院作出裁定时，应发出协助执行通知书，与执行存款的程序相同。《执行规定》第29条对此在操作上进一步细化：被执行人在有关单位的收入尚未支取的，人民法院应当作出裁定，向该单位发出协助执行通知书，由其协助扣留或提取。

（3）协助执行单位必须办理。法院发出协助执行通知书后，被执行人所在单位及金融机构必须办理（《民诉法》第254条第2款）。被执行人所在单位为其领取劳动所得的场所；金融机构则是为被执行人工作单位代发工资的场所。这种在金融机构待领的劳动所得，在领取之前也具有储蓄存款的性质。执行法院通知被执行人所在单位协助时，所在单位也可将被扣押的部分留待执行人员或申请执行人领取，而不交由储蓄单位代发。如有关单位不予协助，法院可以进行处罚（《民诉法》第117条）。有关单位收到法院协助执行被执行人收入的通知后，擅自向被执行人或其他人支付的，法院有权责令其限期追回；逾期未追回的，应当裁定其在支付的数额内向申请执行人承担责任（《执行规定》第 30 条）。

3. 执行被执行人收入的限制

对被执行人收入的执行，除不得超额执行外，应当保留被执行人及其所扶养家属的生活必需费用（《民诉法》第 254 条第 1 款）。

（四）就被执行人对第三人到期债权的执行

1. 对到期债权的执行之概念

所谓到期债权的执行，是指执行法院强制转移被执行人收取对第三人债权的权利的执行程序。它是以被执行人的到期债权为执行对象，以债权人对债务人的实体及程序代位权为理论基础，省略了被执行人对第三人债权的实体审理，并通过一定的法律程序将申请执行人与被执行人之间经过审理的债权债务关系与被执行人和第三人之间未经实体审理的债权债务关系融合在一起进行处理。

2. 执行到期债权的条件

（1）被执行人不能清偿债务。

这是到期债权执行补充性特征的具体体现。也就是说，只有在对被执行人的财产采取强制执行措施后仍不能满足申请执行人的债权时才可以启动到期债权的执行程序，而且被执行人不能清偿债务的事实，应当是发生在执行期间，未进入执行程序的案件不能适用到期债权的执行。

此处的“不能清偿债务”，既包括因被执行人死亡暂时无偿还能力或丧失部分偿还能力等客观原因导致的清偿不能，也包括因被执行人隐匿财产、逃避债务等主观原因导致的清偿不能，还包括被执行人有财产但仅够被执行人及其所扶养家属的生活必需费用之需的状况。《担保制度解释》第 26 条将“不能清偿”解读为“对债务人财产依法强制执行后仍不能履行”。

（2）申请执行人或被执行人提出申请。

执行法院可依申请执行人、被执行人的申请通知第三人履行债务。申请一般应以书面形式为宜，应载明第三人的自然情况，被执行人不能清偿债务数额，到期债权数额，发生原因等。

（3）被执行人对第三人享有合法到期债权。

具体包含以下几层意思：一是被执行人与第三人之间存有受法律保护的债权债务关系，非法债务如赌博之“债”即不能作为执行标的。二是该债权须适于执行，专属于被执行人的权利，如人身权和不宜被强制执行的权利不能作为到期债权的执行标的。三是该债权须履行期限届满，须为现实的债权，不能附有期限或条件。至于履行期限的判断，被执行人与第三人间有约定的从其约定，没有约定的依相关法律规定确定。但是，如仅有口头约定或约定不明或没有约定期限的，应视为已到期债权。四是该债权为未经生效法律文书确认的到期债权。经生效法律文书确认的到期债权，被执行人已行使诉权，被执行人与第三人之间的争议已得到解决，因而执行法院可径行作出冻结债权的裁定，并通知该第三人向申请执行人履行，第三人对生效法律文书确定的到期债权予以否认的，执行法院不予支持（《民诉解释》第 499 条第 3 款）。

（4）第三人在履行通知指定的期限内既不提出异议，也不履行债务。

此条件系对第三人强制执行的条件，但不是启动到期债权执行程序的条件。

3. 冻结到期债权，发出履行通知

就被执行人对他人的到期债权的执行，执行法院可以作出冻结债权的裁定，并通知该他人向申请执行人履行（《民诉解释》第 499 条第 1 款）。

履行通知应包括下列内容：（1）要求第三人直接向申请执行人履行其对被执行人所负的债务，不得向被执行人清偿。（2）告知第三人应当在收到履行通知后的 15 日内向申请执行人履行债务。（3）告知第三人对履行到期债权有异议的，应当在收到履行通知后的 15 日内向执行法院提出。这是一个法定不变期间，第三人超出该期限提出异议的，异议无效。（4）告知第三人违反上述义务的法律后果，即须受强制执行（《执行规定》第 45 条第 2 款）。

履行通知自送达后生效。送达履行通知，必须采取直接送达方式，不得采取其他方式送达，否则送达无效。如该到期债权有共同债务人或连带债务人的，履行通知须分别送达（《执行规定》第 45 条）。如第三人在履行通知指定的期限内没有提出异议，而又不履行的，执行法院有权裁定对其强制执行（《执行规定》第 49 条）。第三人收到人民法院要求其履行到期债务的通知后，擅自向被执行人履行，造成已向被执行人履行的财产不能追回的，除在已履行的财产范围内与被执行人承担连带清偿责任外，可以追究其妨害执行的责任（《执行规定》第 51 条）。

4. 对到期债权的异议

（1）异议的主体。

可以对到期债权提出异议的主体，有第三人和利害关系人两类。

（2）异议的方式。

按照《执行规定》第 46 条的要求，第三人对履行通知的异议一般应当以书面形式提出；口头提出的，执行人员应记入笔录，并由第三人签字或盖章。

（3）异议的内容。

第三人异议的内容，应为债权有不存在或未到期等情形，故第三人提出自己无履行能力或其与申请执行人无直接法律关系，不属于对到期债务的异议（《执行规定》第 48 条第 1 款）。

（4）对第三人部分异议情况的处理。

按照《执行规定》第 48 条第 2 款的规定，第三人对债务部分承认、部分有异议的，可以对其承认的部分强制执行。何为“承认”，可理解为未提出异议即为承认。申请执行人请求对有异议的部分强制执行的，人民法院不予支持（《民诉解释》第 499 条第 2 款）。

（5）第三人异议的效果。

第三人在履行通知指定的期间内提出异议的，人民法院不得对第三人强制执行，对提出的异议不进行审查（《执行规定》第 47 条）。第三人异议具有排除强制执行的绝对效力。第三人异议一旦提出，且经形式审查后异议成立的，履行通知即自然失效，到期债权执行程序终结。

（6）对利害关系人提出异议的处理。

利害关系人对到期债权有异议的，执行法院应当依《民诉法》第 238 条规定，按照对违法执行行为的执行异议处理（《民诉解释》第 499 条第 2 款）。

5. 第三人未提出异议的效果

（1）裁定强制执行。

第三人在履行通知指定的期限内没有提出异议，而又不履行的，执行法院有权裁定对其强制执行。此裁定同时送达第三人和被执行人（《执行规定》第 49 条）。如第三人对债务部分承认、部分有异议的，可以对其承认的部分强制执行（《执行规定》第 48 条第 2 款）。

（2）再代位执行的禁止。

在对第三人作出强制执行裁定后，第三人确无财产可供执行的，不得就第三人对他人享有的到期债权强制执行（《执行规定》第 52 条）。

（3）发给履行证明。

第三人按照人民法院履行通知向申请执行人履行了债务或已被强制执行后，人民法院应当出具有关证明（《执行规定》第 53 条）。

（五）对其他特殊财产权的执行

1. 对知识产权的执行

知识产权是对包括著作权、专利权、商标权、发明权、发现权、商业秘密权等在内的一系列民事权利的统称，大多具有人身权和财产权双重特性。知识产权的财产权也可以作为执行标的。被执行人不履行生效法律文书确定的义务，人民法院有权裁定禁止被执行人转让其专利权、注册商标专用权、著作权（财产权部分）等知识产权。上述权利有登记主管部门的，应当同时向有关部门发出协助执行通知书，要求其不得办理财产权转移手续，必要时可以责令被执行人将财产权或使用证照交人民法院保存。对前述财产权，可以采取拍卖、变卖等执行措施。

2. 对股票等有价证券的执行

有价证券包括票据、股票、债券、基金份额、提单、国库券等，是设立并证明持券人有权取得一定财产权利的书面凭证。这里集中讨论对上市公司股票的执行。上市公司股票是股东持有的股份的证明，具有可转让性，按照《执行规定》第 37 条的规定，法院可以对其采取强制执行措施。

（1）可以强制被执行人按照公司法的有关规定转让股票等有价证券。此种方式根据股票是否记名而有区别。公司向发起人、国家授权的投资机构、法人发行的股票，应为记名股票；对社会发行的股票，可以为记名股票，也可以为无记名股票。股东转让其股份，记名股票由股东以背书方式或者法律、法规规定的方式转让，并由公司将受让人的姓名或者名称记载于股东名册。无记名股票的转让，由股东在依法设立的证券交易场所将该股票交付给受让人后即发生转让的效力。

（2）可以直接采取拍卖、变卖的方式进行处分。

（3）可以直接将股票抵偿给债权人，用于清偿被执行人的债务。

3. 对股权或投资权益的执行

根据股权的行使目的，股权可分为“自益权”和“共益权”。股权本质上是财产权，是一种具有经济利益的权利，由此决定了股权可以成为执行标的。具体而言，依被执行人的企业性质，对股权的执行可以分为对有限公司股权的执行、对独资企业股权的执行和对上市公司国有股和社会法人股的执行等。

（1）对有限公司股权的执行。

有限公司股东的股权具有可转让性。不过，强制执行程序中的股权转让属于强制转让，其适用条件和程序不同于任意转让。人民法院依照法律规定的强制执行程序转让股东的股权时，应当通知公司及全体股东，其他股东在同等条件下有优先购买权。其他股东自法院通知之日起满 20 日不行使优先购买权的，视为放弃优先购买权（《公司法》第 72 条），不适用《执行规定》第 39 条第 2 款的规定。

（2）对独资企业股权的执行。

被执行人在其独资开办的法人企业中拥有的投资权益被冻结后，人民法院可以直接裁定予以转让，以转让所得清偿其对申请执行人的债务（《执行规定》第 39 条第 1 款）。人民法院也可允许并监督被执行人自行转让其投资权益或股权，将转让所得收益用于清偿对申请执行人的债务。

对被执行人在其独资开办的法人企业中的股权的执行，执行标的为独资企业股权，而非独资企业的财产。独资企业虽为被执行人一人所有，但企业法人一经设立，便具有独立的人格。直接执行独资企业的财产，实际上漠视了企业法人的人格，混同了企业的财产与股东的财产。

（3）对上市公司国有股和社会法人股的执行。

《冻结规定》详细阐明了对上市公司国有股和社会法人股的执行。执行上市公司国有股和社会法人股，须具备三个条件：1）被执行人应当是股权的持有人或者所有权人；2）股权的持有人或者所有权人在限期内未提供可供执行的其他财产或提供的其他财产不足以清偿债务的，方可执行股权；3）国有股权竞买人应当具备依法受让国有股权的条件。

人民法院裁定冻结或者解除冻结股权，除应当将法律文书送达负有协助执行义务的单位以外，还应当在作出冻结或者解除冻结裁定后 7 日内，将法律文书送达股权持有人或者所有权人并书面通知上市公司。被冻结股权的当事人是国有股份持有人的，人民法院在向该国有股份持有人送达冻结或者拍卖裁定时，应当告知其于 5 日内报主管财政部门备案（《冻结规定》第 5 条）。

上市公司国有股和社会法人股的变价方式必须是拍卖，不得直接将股权执行给债权人。股权拍卖保留价，应当按照评估值确定，第一次拍卖最高应价未达到保留价时，应当继续进行拍卖，每次拍卖的保留价应当不低于前次保留价的 90%。经三次拍卖仍不能成交时，人民法院应当将所拍卖的股权按第三次拍卖的保留价折价抵偿给债权人。股权拍卖过程中，竞买人已经持有的该上市公司股份数额和其竞买的股份数额累计不得超过该上市公司已经发行股份数额的30%，否则须依照《证券法》的相关规定办理，在此期间应当中止拍卖程序。拍卖成交后，人民法院应当向证券交易市场和证券登记结算公司出具协助执行通知书，由买受人持拍卖机构出具的成交证明和财政主管部门对股权性质的界定等有关文件，向证券交易市场和证券登记结算公司办理股权变更登记。

（4）对股息红利等收益的执行。

对被执行人从有关企业中应得的已到期的股息或红利等收益，人民法院有权裁定禁止被执行人提取和有关企业向被执行人支付，并要求有关企业直接向申请执行人支付。对被执行人预期从有关企业中应得的股息或红利等收益，人民法院可以采取冻结措施，禁止到期后被执行人提取和有关企业向被执行人支付。到期后人民法院可从有关企业中提取，并出具提取收据（《执行规定》第36条）。

四、查封、扣押、冻结的效力

查封、扣押、冻结是执行机关代表国家的公法上的行为，一经实施，即产生对人的效力、对财产的效力和时间上的效力。

（一）查封、扣押、冻结对人的效力

1. 查封、扣押、冻结对被执行人的效力

人民法院查封、扣押、冻结被执行人财产后，会对被执行人产生以下多方面的法律后果：查封、扣押、冻结的财产仍属被执行人所有，标的物发生毁损、灭失的风险，也由被执行人承担；被执行人丧失查封、扣押、冻结的财产之直接占有，而由人民法院实施占有；被执行人保管查封、冻结的财产时，可以依原来通常的管理或使用方法，继续占有使用，无须执行法院的许可，但第三人保管时，原则上被执行人不能使用，以免与保管人的占有及保管行为相冲突；被执行人不得处分查封、扣押、冻结的财产，被执行人就已经查封、扣押、冻结的财产所作的移转、设定权利负担或者其他有碍执行的行为，不得对抗申请执行人。

2. 查封、扣押、冻结对第三人的效力

第三人未经人民法院准许占有查封、扣押、冻结的财产或者实施其他有碍执行的行为的，人民法院可以依据申请执行人的申请或者依职权解除其占有或者排除其妨害；人民法院的查封、扣押、冻结没有公示的，其效力不得对抗善意第三人（《查封规定》第24条第2、3款）。

3. 查封、扣押、冻结对抵押权人的效力

人民法院可以对抵押物进行执行。对查封、扣押物享有担保物权、优先权的债权人对该项财产享有优先受偿权。查封、扣押被执行人设定最高额抵押权的抵押物的，应当通知抵押权人。抵押权人受抵押担保的债权数额自收到人民法院通知时起不再增加。人民法院虽然没有通知抵押权人，但有证据证明抵押权人知道或者应当知道查封、扣押事

实的，受抵押担保的债权数额从其知道或者应当知道该事实时起不再增加（《查封规定》第 25 条）。

4. 查封、扣押、冻结对协助执行人的效力

查封、扣押、冻结协助执行通知书在送达登记机关时，登记机关已经受理被执行人转让不动产、特定动产及其他财产的过户登记申请，尚未完成登记的，应当协助法院执行。法院不得对登记机关已经完成登记的被执行人已转让的财产实施查封、扣押、冻结措施。查封、扣押、冻结协助执行通知书在送达登记机关时，其他人民法院已向该登记机关送达了过户登记协助执行通知书的，应当优先办理过户登记（《查封规定》第 23 条）。

（二）查封、扣押、冻结对财产的效力

《查封规定》第 20～22 条是关于查封、扣押、冻结对财产效力的规定，其主要内容是：（1）查封、扣押的效力及于查封、扣押物的从物和天然孳息（《查封规定》第 20 条）。查封、扣押的效力所及的客观范围，除存在于查封物、扣押物、冻结财产本身外，还及于查封物、扣押物的从物和天然孳息。（2）不动产查封中的"地随房走"和"房随地走"两原则。查封地上建筑物的效力及于该地上建筑物使用范围内的土地使用权，查封土地使用权的效力及于地上建筑物，但土地使用权与地上建筑物的所有权分属被执行人与他人的除外（《查封规定》第 21 条）。（3）查封、扣押、冻结的财产灭失或者毁损的，查封、扣押、冻结的效力及于该财产的替代物、赔偿款。法院应当及时作出查封、扣押、冻结该替代物、赔偿款的裁定（《查封规定》第 22 条）。

（三）查封、扣押、冻结的时间效力

人民法院冻结被执行人的银行存款的期限不得超过 1 年，查封、扣押动产的期限不得超过 2 年，查封不动产、冻结其他财产权的期限不得超过 3 年。

申请执行人申请延长期限的，人民法院应当在查封、扣押、冻结期限届满前办理续行查封、扣押、冻结手续，续行期限不得超过前述规定的期限。人民法院也可以依职权办理续行查封、扣押、冻结手续（《民诉解释》第 485 条第 2 款）。

查封、扣押、冻结期限届满，法院未办理延期手续的，查封、扣押、冻结的效力消灭（《查封规定》第 27 条第 1 款）。

（四）对查封、扣押、冻结财产有处分权的法院

根据《首封财产处分批复》的规定，对查封、扣押、冻结财产行使处分权的法院，应当是首先查封、扣押、冻结法院。但已进入其他法院执行程序的债权对查封、扣押、冻结财产有顺位在先的担保物权、优先权（该债权以下简称优先债权），自首先查封之日起已超过 60 日，且首先查封、扣押、冻结法院就该查封、扣押、冻结财产尚未发布拍卖公告或者进入变卖程序的，优先债权执行法院可以要求将该查封、扣押、冻结财产移送执行。

优先债权执行法院要求首先查封、扣押、冻结法院将查封财产移送执行的，应当出具商请移送执行函，并附确认优先债权的生效法律文书及案件情况说明。首先查封、扣

押、冻结法院应当在收到优先债权执行法院商请移送执行函之日起15日内出具移送执行函，将查封、扣押、冻结财产移送优先债权执行法院执行，并告知当事人。移送执行函应当载明将查封、扣押、冻结财产移送执行及首先查封、扣押、冻结债权的相关情况等内容。

财产移送执行后，优先债权执行法院在处分或继续查封该财产时，可以持首先查封法院移送执行函办理相关手续。

优先债权执行法院对移送的财产变价后，应当按照法律规定的清偿顺序分配，并将相关情况告知首先查封、扣押、冻结法院。首先查封、扣押、冻结债权尚未经生效法律文书确认的，应当按照首先查封、扣押、冻结债权的清偿顺位，预留相应份额。

首先查封、扣押、冻结法院与优先债权执行法院就移送查封、扣押、冻结财产发生争议的，可以逐级报请双方共同的上级法院指定该财产的执行法院决定。

（五）预查封和轮候查封、扣押、冻结的效力

1. 预查封的效力

预查封和查封在限制标的物转让的效力上应当是相同的，在法院预查封期间，任何单位和个人不得擅自处分预查封的财产，有关部门也不得办理转让、抵押手续。二者效力上的区别在于：（1）法院不能对预查封的财产进行处理；（2）预查封期间，登记机构除可以将预查封的房地产等财产登记在被执行人名义下外，不得为任何其他登记行为。而一旦房地产等财产登记在被执行人名下，预查封就自动转为查封。

2. 轮候查封、扣押、冻结的效力

在被执行人的某一财产被执行法院查封、预查封后，其他法院就该财产后续送达的查封、预查封裁定并不当然失效，而是按照各个法院向国土资源、房地产等登记机构送达协助执行通知书的时间先后进行登记排列等候，一旦在先查封的法院依法解除查封、预查封或者查封、预查封自动失效，排列在先的轮候查封或者轮候预查封就自动转为查封、预查封，并且依次轮定。

第二节　给付金钱的执行（Ⅱ）：强制拍卖、强制变卖、以物抵债、强制管理

一、强制拍卖

（一）强制拍卖的概念、分类和原则

1. 强制拍卖的概念

民事执行法上的拍卖是指执行机关根据《民诉法》的规定，以公开竞价的形式，将特定物品或财产权转让给最高应价者的拍卖方式。强制拍卖权的归属主体，是执行法院。

强制拍卖是实现财产换价的一种最为公平合理的方法，有利于最大限度地保护债权人和债务人实现财产价值。

2. 强制拍卖的分类

依据不同的标准，强制拍卖有自行拍卖与委托拍卖、现场拍卖与网络拍卖之分。

自行拍卖与委托拍卖是按照实施拍卖行为的主体来划分的：由执行法院实施拍卖行为的，为自行拍卖；执行法院委托拍卖机构实施拍卖行为的，为委托拍卖。

现场拍卖与网络拍卖是按照拍卖的场所来划分的：前者是在现实的物理空间（如拍卖机构的拍卖大厅）来进行拍卖，后者则通过互联网技术平台这一虚拟空间进行拍卖。在我国，自 2012 年浙江省高级人民法院率先在淘宝网上进行网络拍卖之后，网络司法拍卖迅速在全国推广。

3. 强制拍卖的原则

法院强制拍卖需要遵循五个原则，即拍卖优先原则、及时拍卖原则、自行拍卖原则、拍卖前先评估原则以及拍卖穷尽原则。

（1）所谓拍卖优先原则，是指执行法院在对查封、扣押、冻结的被执行财产进行变价处分时，除法律、司法解释另有规定外，原则上采用拍卖这种方式。

（2）及时拍卖原则系执行不间断原则的表现，是指法院在查封、扣押、冻结被执行财产后，应当迅速及时采取拍卖措施。

（3）自行拍卖是与委托拍卖相对而言的，是法院自行行使强制拍卖权对被执行人财产进行变价的司法行为。2012 年《民诉法》第 247 条改变了在我国实施近二十年、备受诟病的委托拍卖原则，而明确确立了法院自行拍卖原则。《民诉解释》第 486 条关于“在执行中需要拍卖被执行人财产的，可以由人民法院自行组织拍卖，也可以交由具备相应资质的拍卖机构拍卖”之规定，并非指法院自行拍卖与委托拍卖处于平行的地位，相反，自行拍卖应当优先于委托拍卖。

（4）拍卖前先评估原则是指对拟拍卖的财产，执行法院应当委托具有相应资质的评估机构进行价格评估。

（5）拍卖穷尽原则是指在拍卖出现流拍并且拍卖成交已明显无望的情况下，对法院拍卖的次数加以限制以兼顾债权人和债务人双方利益的原则。

（二）强制拍卖的性质

1. 私法说的强制拍卖理论

在传统民法上，拍卖——无论任意拍卖（或私力拍卖）抑或强制拍卖，均被视为采取竞争性缔约程序而为的特种买卖，适用民法（合同法）上有关买卖合同的规定。基于私法说而产生的执行强制，强制的渊源在债权人，而非国家，强制拍卖自然也要体现彻底的债权人意思主义。

2. 公法说的强制拍卖理论

从强制执行法的发展趋势看，如今在大陆法系国家，民事执行属于公法行为的观念已根深蒂固，成为学界的通说，强制拍卖的理论基础不再是民法上的法律行为理论，而是公法上的公用征收处分理论或公法契约学说，或裁判上的形成行为学说。[①] 从公法角度构筑强制拍卖的理论基础，反映出强制执行法学摆脱实体法的努力，也重新塑造了强制拍卖的法律效果：拍定人原始取得拍卖物所有权，拍定人无瑕疵担保请求权，并且不承受拍卖物上的负担，等等。公法说为大陆法系国家的通说，我国最高人民法院《拍卖规定》也采用此说。

（三）强制拍卖的程序

以下关于法院强制拍卖程序的内容，主要适用于传统的现场拍卖。关于网络司法拍卖的程序，本书将专门另作介绍。

1. 拍卖权主体：执行法院

《民诉法》第 258 条中规定，“被执行人逾期不履行的，人民法院应当拍卖被查封、扣押的财产”。

2. 确定财产处置参考价

法院查封、扣押、冻结财产后，对需要拍卖、变卖的财产，应当在 30 日内启动确定财产处置参考价程序，通过当事人议价、定向询价、网络询价、委托评估等方式确定财产处置参考价（《定价规定》第 1～2 条）。法院确定参考价前，应当查明财产的权属、权利负担、占有使用、欠缴税费、质量瑕疵等事项，并可为实现该目的而通知当事人、有关单位或者个人提供相关资料乃至先行审计、鉴定（《定价规定》第 3 条）。

（1）当事人议价。除一方当事人拒绝议价或者下落不明外，人民法院应当以适当的方式通知或者组织当事人进行协商，当事人应当在指定期限内提交议价结果。双方当事人提交的议价结果一致，且不损害他人合法权益的，议价结果为参考价（《定价规定》第 4 条）。

（2）定向询价。当事人议价不能或者不成，且财产有计税基准价、政府定价或者政府指导价的，人民法院应当向确定参考价时财产所在地的有关机构进行定向询价。双方当事人一致要求直接进行定向询价，且财产有计税基准价、政府定价或者政府指导价的，人民法院应当准许。采取定向询价方式确定参考价的，人民法院应当向有关机构出具询价函，询价函应当载明询价要求、完成期限等内容。接受定向询价的机构在指定期限内出具的询价结果为参考价（《定价规定》第 5～6 条）。

（3）网络询价。定向询价不能或者不成，财产无须由专业人员现场勘验或者鉴定，且具备网络询价条件的，人民法院应当通过司法网络询价平台进行网络询价。双方当事人一致要求或者同意直接进行网络询价，财产无须由专业人员现场勘验或者鉴定，且具备网络询价条件的，人民法院应当准许。采取网络询价方式确定参考价的，人民法院应当同时向全国性司法网络询价平台名单库（该名单库由最高人民法院依据《定价规定》第 8～9 条的规定建立）中的全部司法网络询价平台发出网络询价委托书（《定价规定》第 7～10 条）。

司法网络询价平台应当在收到人民法院网络询价委托书之日起 3 日内出具网络询价报

① 参见吴光陆：《强制执行法拍卖性质之研究》，79～82 页，台北，五南图书出版公司，1987。

告，该报告应当载明财产的基本情况、参照样本、计算方法、询价结果及有效期等内容，人民法院未在网络询价结果有效期内发布一拍拍卖公告或者直接进入变卖程序的，应当通知司法网络询价平台在3日内重新出具网络询价报告。司法网络询价平台不能在期限内完成询价的，应当在期限届满前申请延长期限。全部司法网络询价平台均未能在期限内出具询价结果的，人民法院应当根据各司法网络询价平台的延期申请延期3日；部分司法网络询价平台在期限内出具网络询价结果的，人民法院对其他司法网络询价平台的延期申请不予准许。全部司法网络询价平台均未在期限内出具或者补正网络询价报告，且未按照规定申请延长期限的，人民法院应当委托评估机构进行评估（《定价规定》第11条）。

人民法院应当对网络询价报告进行审查。网络询价报告均存在财产基本信息错误、超出财产范围或者遗漏财产等情形的，应当通知司法网络询价平台在3日内予以补正；部分网络询价报告不存在上述情形的，无须通知其他司法网络询价平台补正。全部司法网络询价平台均在期限内出具询价结果或者补正结果的，人民法院应当以全部司法网络询价平台出具结果的平均值为参考价；部分司法网络询价平台在期限内出具询价结果或者补正结果的，人民法院应当以该部分司法网络询价平台出具结果的平均值为参考价（《定价规定》第12条、第13条第1款）。

当事人、利害关系人认为网络询价报告存在“财产基本信息错误”“超出财产范围或者遗漏财产”“评估机构或者评估人员不具备相应评估资质”“评估程序严重违法”等情形之一，在收到报告后5日内参照《民诉法》第236条的规定提出书面异议的，如果该异议针对全部网络询价报告且所提异议被驳回或者司法网络询价平台已作出补正，人民法院应当以异议被驳回或者已作出补正的各司法网络询价平台出具结果的平均值为参考价；如果该异议针对部分网络询价报告，人民法院应当以网络询价报告未被提出异议的各司法网络询价平台出具结果的平均值为参考价（《定价规定》第13条第2款、第22条）。

人民法院委托司法网络询价平台进行网络询价的，网络询价费用应当按次计付给出具网络询价结果与财产处置成交价最接近的司法网络询价平台；多家司法网络询价平台出具的网络询价结果相同或者与财产处置成交价差距相同的，网络询价费用平均分配。但是，人民法院因“全部司法网络询价平台均未在期限内出具或者补正网络询价报告，且未按照规定申请延长期限”而委托评估机构进行，或者依法撤回网络询价的，对司法网络询价平台不计付费用（《定价规定》第31条）。网络询价费由申请执行人先行垫付，由被执行人负担，申请执行人通过签订保险合同的方式垫付网络询价费（《定价规定》第33条）。

(4) 委托评估。法律、行政法规规定必须委托评估、双方当事人要求委托评估或者网络询价不能或不成的，人民法院应当委托评估机构进行评估。人民法院应当通知双方当事人在指定期限内从最高人民法院根据《定价规定》第15条建立的人民法院司法评估机构名单分库中协商确定三家评估机构以及顺序；双方当事人在指定期限内协商不成或者一方当事人下落不明的，采取摇号方式在名单分库或者财产所在地的名单子库中随机确定三家评估机构以及顺序。双方当事人一致要求在同一名单子库中随机确定的，人民法院应当准许（《定价规定》第14～16条）。

人民法院应当向顺序在先的评估机构出具评估委托书，评估委托书应当载明财产名称、物理特征、规格数量、目的要求、完成期限以及其他需要明确的内容等，同时应当将查明的财产情况及相关材料一并移交给评估机构。评估需要进行现场勘验的，人民法院应当通知当事人到场；当事人不到场的，不影响勘验的进行，但应当有见证人见证。现场勘验需要当事人、协助义务人配合的，人民法院依法责令其配合；不予配合的，可以依法强制进行（《定价规定》第 17 条第 1 款、第 18 条）。

评估机构应当在 30 日内出具评估报告，但人民法院决定暂缓或者裁定中止执行的期间予以扣除。评估机构不能在期限内出具评估报告的，应当在期限届满 5 日前书面向人民法院申请延长期限。人民法院决定延长期限的，延期次数不超过两次，每次不超过 15 日。评估机构未在期限内出具评估报告、补正说明，且未按照规定申请延长期限的，人民法院应当通知该评估机构 3 日内将人民法院委托评估时移交的材料退回，另行委托下一顺序的评估机构重新进行评估（《定价规定》第 19 条第 1～3 款）。

评估报告应当载明评估财产的基本情况、评估方法、评估标准、评估结果及有效期等内容。人民法院应当对评估报告进行审查，发现具有下列情形之一的，应当责令评估机构在 3 日内予以书面说明或者补正：1）财产基本信息错误；2）超出财产范围或者遗漏财产；3）选定的评估机构与评估报告上签章的评估机构不符；4）评估人员执业资格证明与评估报告上署名的人员不符；5）具有其他应当书面说明或者补正的情形（《定价规定》第 17 条第 2 款、第 20 条）。

人民法院收到网络询价、说明补正等报告后，应当在 3 日内以直接送达、留置送达、委托送达、邮寄送达或者电子送达的方式送达将报告发送给当事人及利害关系人，当事人、利害关系人下落不明或者无法获取其有效送达地址的，将报告在中国执行信息公开网上公示，公示满 15 日即视为收到（《定价规定》第 21 条）。当事人、利害关系人以评估报告存在“财产基本信息错误”“超出财产范围或者遗漏财产”“评估机构或者评估人员不具备相应评估资质”“评估程序严重违法”等情形为由，在收到报告后 5 日内提出书面异议的，人民法院参照《民诉法》第 236 条的规定处理（《定价规定》第 22 条）。当事人、利害关系人在收到报告后 5 日内对评估报告的参照标准、计算方法或者评估结果等提出书面异议的，人民法院应当在 3 日内交评估机构予以书面说明。评估机构在 5 日内未作说明或者当事人、利害关系人对作出的说明仍有异议的，人民法院应当交由相关行业协会在指定期限内组织专业技术评审，并根据专业技术评审出具的结论认定评估结果或者责令原评估机构予以补正（《定价规定》第 23 条第 1 款）。当事人、利害关系人对参照标准、计算方法或者评估结果提出异议的同时认为评估报告存在“财产基本信息错误”“超出财产范围或者遗漏财产”问题，仍按照第 23 条第 1 款交由评估机构书面说明及相关行业协会进行专业技术评审。但是，同时认为评估报告存在“评估机构或者评估人员不具备相应评估资质”“评估程序严重违法”问题，则先由人民法院先参照《民诉法》第 236 条对异议进行审查：异议成立的，应当通知评估机构 3 日内将人民法院委托评估时移交的材料退回，另行委托下一顺序的评估机构重新进行评估；异议不成立的，再按照第 23 条第 1 款的规定处理（《定价规定》第 22～23 条）。

当事人、利害关系人对评估报告未提出异议、所提异议被驳回或者评估机构已作出补正的，人民法院应当以评估结果或者补正结果为参考价；当事人、利害关系人对评估报告提出的异议成立的，人民法院应当以评估机构作出的补正结果或者重新作出的评估结果为参考价。专业技术评审对评估报告未作出否定结论的，人民法院应当以该评估结果为参考价（《定价规定》第26条）。

人民法院委托评估机构进行评估，财产处置未成交的，按照评估机构合理的实际支出计付费用；财产处置成交价高于评估价的，以评估价为基准计付费用；财产处置成交价低于评估价的，以财产处置成交价为基准计付费用。人民法院依法撤回委托评估的，按照评估机构合理的实际支出计付费用；人民法院依照本规定通知原评估机构重新出具评估报告的，按照前款规定的30%计付费用。人民法院依照本规定另行委托评估机构重新进行评估的，对原评估机构不计付费用（《定价规定》第32条）。委托评估费由申请执行人先行垫付，由被执行人负担，申请执行人通过签订保险合同的方式垫付委托评估费（《定价规定》第33条）。

(5) 执行监督。当事人、利害关系人对网络询价、委托评估逾期提出的异议，或者对议价或者定向询价提出异议的，人民法院不予受理（《定价规定》第24条）。但是，当事人、利害关系人有证据证明“议价中存在欺诈、胁迫情形”“恶意串通损害第三人利益”“有关机构出具虚假定向询价结果”“依照本规定第二十二条、第二十三条作出的处理结果确有错误”，且在发布一拍拍卖公告或者直接进入变卖程序之前提出异议的，人民法院应当按照执行监督程序进行审查处理（《定价规定》第25条）。

(6) 参考价的有效期。网络询价、委托评估结果应当设置有效期，分别由司法网络询价平台、评估机构确定，最长不得超过1年；当事人议价结果、定向询价结果可以设置有效期，当事人议价结果的有效期由当事人自行协商确定，定向询价结果的有效期由接受定向询价的机构确定，最长不得超过1年。人民法院在议价、询价、评估结果有效期内发布一拍拍卖公告或者直接进入变卖程序，拍卖、变卖时未超过有效期6个月的，无须重新确定参考价，但法律、行政法规、司法解释另有规定的除外（《定价规定》第27条）。

(7) 网络询价或者委托评估的暂缓与撤回。具有下列情形之一的，人民法院应当决定暂缓网络询价或者委托评估：1）案件暂缓执行或者中止执行；2）评估材料与事实严重不符，可能影响评估结果，需要重新调查核实；3）人民法院认为应当暂缓的其他情形（《定价规定》第28条）。具有下列情形之一的，人民法院应当撤回网络询价或者委托评估：1）申请执行人撤回执行申请；2）生效法律文书确定的义务已全部执行完毕；3）据以执行的生效法律文书被撤销或者被裁定不予执行；4）人民法院认为应当撤回的其他情形（《定价规定》第29条）。

3. 法院确定保留价

人民法院应当在参考价确定后10日内启动财产变价程序。拍卖的，参照参考价确定起拍价（《定价规定》第30条）。第一次拍卖的起拍价即为本次拍卖的保留价。如果出现流拍，再行拍卖时，可以酌情降低保留价，但每次降低的数额不得超过前次保留价的20%（《拍卖规定》第5条第3款）。

4. 法院发布拍卖公告

拍卖应当先期公告。拍卖动产的，应当在拍卖7日前公告；拍卖不动产或者其他财产权的，应当在拍卖15日前公告。拍卖公告的范围及媒体由当事人双方协商确定；协商不成的，由执行法院确定。拍卖财产具有专业属性的，应当同时在专业性报纸上进行公告（《拍卖规定》第8、9条）。拍卖股权，执行法院应当于拍卖日前10天，在《中国证券报》、《证券时报》或者《上海证券报》上进行公告（《冻结规定》第14条）。

5. 竞买人预交保证金

拍卖不动产、其他财产权或者价值较高的动产的，竞买人应当于拍卖前向法院预交保证金。申请执行人参加竞买的，可以不预交保证金。保证金的数额由法院确定，但不得低于评估价或者市价的5%。应当预交保证金而未交纳的，不得参加竞买（《拍卖规定》第10条）。

6. 法院制作调查笔录或收集有关资料

执行人员应当对拍卖财产的权属状况、占有使用情况等进行必要的调查，制作拍卖财产现状的调查笔录或者收集其他有关资料（《拍卖规定》第7条）。

7. 法院停止拍卖

遇有依法应当暂缓执行或者中止执行的情形的，执行法院应当决定暂缓执行或者裁定中止执行，并及时通知当事人。拍卖多项财产时，其中部分财产卖得的价款足以清偿债务和支付被执行人应当负担的费用的，对剩余的财产应当停止拍卖，但被执行人同意全部拍卖的除外（《拍卖规定》第14条）。被执行人在拍卖日之前向法院提交足额金钱清偿债务，要求停止拍卖的，法院应当准许，但被执行人应当负担因拍卖支出的必要费用（《拍卖规定》第19条）。

8. 拍卖成交

拍卖成交后，买受人应当在拍卖公告确定的期限或者法院指定的期限内将价款交到执行法院或者汇入法院指定的账户。法院应当作出裁定，并于价款全额交付后10日内，送达买受人或者承受人。裁定送达后15日内，将拍卖的财产移交买受人或者承受人（《拍卖规定》第20、21、27条）。

9. 法院重新拍卖

拍卖成交后，买受人逾期未支付价款而使拍卖、抵债的目的难以实现的，法院可以裁定重新拍卖。重新拍卖时，原买受人不得参加竞买。重新拍卖的价款低于原拍卖价款造成的差价、费用损失及原拍卖中的佣金，由原买受人承担。法院可以直接从其预交的保证金中扣除。扣除后保证金有剩余的，应当退还原买受人；保证金数额不足的，可以责令原买受人补交；拒不补交的，强制执行（《拍卖规定》第22条）。

10. 流拍后再行拍卖

拍卖时无人竞买或者竞买人的最高应价低于保留价，到场的申请执行人或者其他执行债权人不申请以该次拍卖所定的保留价抵债的，应当在60日内再行拍卖（《拍卖规定》第23条）。

11. 强制拍卖中对优先购买权的保护

（1）强制拍卖中保护优先购买权的两种方法。

现行民事实体法明确规定了对共有人、承租人等优先购买权的保护。《民法典》第

306 条、第 726～728 条对按份共有人、房屋承租人等的优先购买权作了规定。按此，优先购买权的实现必须具备两个要素：一是购买条件相同，二是基于同样的购买条件作出了愿意购买的表示。

理论和实践中对于优先购买权的保护有两种方法：一是“跟价法”，二是“询价法”。

“跟价法”是指由法院通知优先购买权人直接参与竞买，优先购买权人和竞买人一起竞价，实行价高者得。这种做法将优先购买权人视同一般的竞买人。因此，优先购买权人要行使和实现其优先购买权，必须同其他竞买人一样，按照拍卖公告的要求，进行竞买登记，交纳拍卖保证金，举牌竞买。

“询价法”是指由法院通知优先购买权人到拍卖现场，但不直接参与竞价，待经过竞价产生最高应价者后，由拍卖师询问优先购买权人是否愿意购买。如果其不愿购买，则拍卖标的即由最高应价者购得。如果其愿意购买，则拍卖师询问最高应价者是否愿意再加价，如果其不愿加价，则拍卖物由优先购买权人购得，如果其表示愿意，则在加价后再询问优先购买权人。如此反复，直至其中一人退出，拍卖才成交。

《拍卖规定》第 13 条第 1 款规定：“拍卖过程中，有最高应价时，优先购买权人可以表示以该最高价买受，如无更高应价，则拍归优先购买权人；如有更高应价，而优先购买权人不作表示的，则拍归该应价最高的竞买人。”可见，我国目前采用了“跟价法”来保护强制拍卖中的优先购买权。这与自愿拍卖中的优先购买权保护方式保持一致。关于自愿拍卖中的优先购买权保护方式，《民法典》第 727 条规定：“出租人委托拍卖人拍卖租赁房屋的，应当在拍卖五日前通知承租人。承租人未参加拍卖的，视为放弃优先购买权。”

（2）强制拍卖中保护优先购买权的程序。

1）拍卖通知。

人民法院应当在拍卖 5 日前以书面或者其他能够确认收悉的适当方式，通知当事人和已知的担保物权人、优先购买权人或者其他优先权人于拍卖日到场（《拍卖规定》第 11 条）。

由于优先购买权人须以竞买人身份行使优先购买权，所以拍卖通知中要载明拍卖的时间、地点、拍卖原因、拍卖保证金数额、交纳拍卖款的期限等内容，以便于优先购买权人决定是否参与竞买。

对于法院尚未知悉的优先购买权人，法院应当在拍卖公告中一并告知优先购买权人参与竞买的权利，以及不登记竞买将丧失其优先购买权的法律后果。

2）竞买登记、交纳竞买保证金、拍卖日到场。

优先购买权人须按照拍卖通知或者拍卖公告的要求，与其他竞买人一样进行竞买登记、交纳竞买保证金，在拍卖日到场参加竞拍。未按规定登记竞买、交纳竞买保证金的，视为放弃优先购买权。另外，“优先购买权人经通知未到场的，视为放弃优先购买权”（《拍卖规定》第 11 条第 2 款）。

3）举牌应价。

出现了最高应价时，优先购买权人在拍卖师高呼三次结束前举牌应价，且该最高价达到本次拍卖保留价以上的，就以该应价拍卖成交给优先购买权人。如有更高应价，而优先购买权人不作表示，则拍归该应价最高的竞买人（《拍卖规定》第 13 条第 1 款）。

4）顺序相同的多个优先购买权人同时表示买受的处理。

顺序相同的多个优先购买权人同时表示买受的，以抽签方式决定买受人（《拍卖规定》第13条第2款）。执行实践中也有采用继续加价拍卖的办法，由多个优先购买权人为竞买人、以现有的出价为起拍价，让多个优先购买权人继续竞拍，价高者得。

如果多个优先购买权人顺序不同，那么应当由顺序在先的优先购买权人作为买受人。比如当共有人与承租人对拍卖物都享有优先购买权时，共有人基于物权而产生的优先购买权，在物权效力上应当优先于承租人基于债权而产生的优先购买权。

12. 法院自行拍卖的例外：委托拍卖的特殊程序规则

（1）拍卖机构的确定和委托拍卖。拍卖机构由当事人协商一致后经人民法院审查确定；协商不成的，采取随机的方式确定；当事人双方申请通过公开招标方式确定拍卖机构的，执行法院应当准许。

（2）法院撤回拍卖委托。在拍卖开始前，有下列情形之一的，人民法院应当撤回拍卖委托：据以执行的生效法律文书被撤销的；申请执行人及其他执行债权人撤回执行申请的；被执行人全部履行了法律文书确定的金钱债务的；当事人达成了执行和解协议，不需要拍卖财产的；案外人对拍卖财产提出确有理由的异议的；拍卖机构与竞买人恶意串通的；其他应当撤回拍卖委托的情形。

（3）法院在委托拍卖中仍负有监督职责。《民诉解释》第486条第2款规定，交拍卖机构拍卖的，人民法院应当对拍卖活动进行监督。

（4）拍卖佣金、拍卖费用负担。法院自行拍卖的，不存在佣金和拍卖费用问题。法院委托拍卖的，拍卖成交后，拍卖机构可以按照下列比例向买受人收取佣金：拍卖成交价200万元以下的，收取佣金的比例不得超过5%；超过200万元至1 000万元的部分，不得超过3%；超过1 000万元至5 000万元的部分，不得超过2%；超过5 000万元至1亿元的部分，不得超过1%；超过1亿元的部分，不得超过0.5%。采取公开招标方式确定拍卖机构的，按照中标方案确定的数额收取佣金。拍卖未成交或者非因拍卖机构的原因撤回拍卖委托的，拍卖机构为本次拍卖已经支出的合理费用，应当由被执行人负担（《拍卖规定》第29条）。

13. 对违法拍卖行为的救济

对于严重违反拍卖程序且损害当事人或者竞买人利益的违法拍卖行为，《执行异议复议规定》第21条规定法定的救济方式为执行行为异议和复议，故当事人、利害关系人可以提出执行行为异议请求撤销拍卖。

符合下列情形之一的，当事人、利害关系人提出的异议，法院应予支持。

（1）竞买人之间、竞买人与拍卖机构之间恶意串通，损害当事人或者其他竞买人利益的；

（2）买受人不具备法律规定的竞买资格的；

（3）违法限制竞买人参加竞买或者对不同的竞买人规定不同竞买条件的；

（4）未按照法律、司法解释的规定对拍卖标的物进行公告的；

（5）其他严重违反拍卖程序且损害当事人或者竞买人利益的情形。

（四）网络司法拍卖的优势及特殊程序规则

1. 网络司法拍卖的优势

由于网络司法拍卖是在公开、透明的网络空间实施的强制拍卖，依托互联网技术平台，拍卖程序具有诸多的特殊性，因而有必要对此作出特别的规定。

从形式上看，网络司法拍卖与传统的现场拍卖最大的不同之处在于：一是拍卖地点在虚拟的网络空间，而非拍卖行或一般产权交易所控制的拍卖场所；二是拍卖过程具有空前的公开性和可参与性，竞买人随时都能够了解竞价进程，看到其他人的出价，也可以在法院网络拍卖公告载明的竞价周期内，随时自由地参与竞价。网络司法拍卖所带来的巨大便利，来自第三方交易平台所提供的技术支持与平台服务。

相对于传统现场拍卖中的委托拍卖而言，网络司法拍卖具有以下明显的优势。

（1）相对固定的第三方网络交易平台，受关注程度更高，拍卖公告的效果更好，可以突破纸媒公告的地域限制，吸引全国范围的潜在竞买人参加竞买。其实，竞买人越多，拍卖物越能拍出高价。传统的委托拍卖，拍卖公告信息的公开程度极其薄弱，经常出现只有一人参加竞买的情形，而一人竞买是否有效，在司法拍卖中又产生巨大争议。网络司法拍卖可以避免这种现象的发生。

（2）获得技术支持的网络空间可以容纳更多的竞买人，竞买人随时可以自由地上线参加竞买。传统的委托拍卖多为现场拍卖，不仅拍卖现场容量极为有限，而且竞买人报名后实际参加竞买时，会面临各种人为的障碍。例如，有的竞买人参加了竞买登记但拍卖日找不到公告中所说的拍卖地点；或者找到了拍卖地点，但门口可能有“黑衣人”把门不让进，而无法真正参与竞买。

（3）在网络交易平台上，参与竞买者难以实施串拍行为；而在传统的委托拍卖中，“竞买专业户”恶意串通压价，导致流拍获利的情形属于常态。

（4）网络司法拍卖可以设置相当长的竞价周期（不少于 24 小时），而传统的委托拍卖要求拍卖师在很短的时限内完成某一标的物的拍卖过程（比如 1 个小时）。网络司法拍卖设置较长的竞价周期，保证了竞买人的广泛参与和拍卖物的成交。

（5）网络司法拍卖成交率高、溢价率高，成交价远远高于保留价；而传统的委托拍卖流拍率高，即使拍卖成交，也往往是第二次或第三次拍卖成交，因而被执行人财产高值贱卖现象比较严重。

（6）网络司法拍卖的最大优势是拍卖成本极低，可以忽略不计，大大挤压了权力寻租的空间，有助于遏制司法拍卖中的腐败问题。

基于上述优势，网络司法拍卖遵循网拍优先原则（网络司法拍卖应作为法院处置财产的优先方式）、全面公开原则（网络司法拍卖应向社会全程、全面、全网络公开）、市场选择原则（对网络拍卖平台的选择权赋予当事人，体现出严格规范司法拍卖准入门槛和尊重当事人意思

延伸阅读 21-1

中国司法拍卖发展的基本脉络

自治选择相结合)。

2. 网络司法拍卖的特殊程序规则

依据《网拍规定》的规定，相对于传统线下委托拍卖而言，网络司法拍卖主要有以下特殊程序规则。

(1) 一人竞拍有效。即使参与竞买人仅为一人，只要出价不低于起拍价的即成交，改变了传统拍卖理论认为拍卖应不少于两人参与的规则。

(2) 尽量一拍成交，对同一拍卖标的只有无人出价时才再次拍卖。与传统线下委托拍卖相比，《网拍规定》有以下变化：一是修改起拍价规则，确定起拍价在原规定的基础上降低10%；二是保证金的收取和处置规则降低了拍得人悔拍的可能性；三是充分保证公告时间和竞拍时间，做到充分公开、充分竞价。

(3) 改变传统的拍卖竞价模式，保证竞买人和优先购买权人的权利。网络司法拍卖的竞价时间应当不少于24小时。竞价程序结束前5分钟内无人出价的，最后出价即为成交价；有出价的，竞价时间自该出价时点顺延5分钟。竞买人的出价时间以进入网络司法拍卖平台服务系统的时间为准。

优先购买权人经过法院确认后，可以在竞拍时作出与其他一般竞买人相同的报价，并自动获得竞买优势，若无更高出价，即竞拍成功；在不同顺位的优先购买权人出价相同时，系统会自动对其进行排序，确认拍定人。

(4) 悔拍保证金的处置规则。悔拍者应承担一定的后果，故对其所交纳的保证金不予退还。而悔拍后的保证金依次用于支付拍卖产生的费用、弥补重新拍卖价款低于原价款的差价、冲抵本案被执行人的债务。

(5) 网络司法拍卖撤销的情形和责任承担。《网拍规定》第31条对当事人、利害关系人提出异议，请求撤销网络司法拍卖的特殊情形作出规定：一是拍卖财产的说明、展示和瑕疵说明导致买受人重大误解等情况。该条款从另一角度规定了执行法院必须对拍卖财产做尽职调查和信息公示，否则可能，拍卖被撤销。二是因为网络故障，如系统故障、病毒入侵、黑客攻击等原因，拍卖结果错误的情形。

拍卖被撤销后，当事人、利害关系人、案外人认为人民法院的拍卖行为违法，致使其合法权益遭受损害的，可以申请国家赔偿；认为其他主体的行为违法，致使其合法权益遭受损害的，可以另行提起诉讼。当事人、利害关系人、案外人认为网络司法拍卖服务提供者的行为违法，致使其合法权益遭受损害的，当事人可另行提起诉讼。

(6) 明确网络司法拍卖中各主体的责任，严禁网络服务提供者违规操作、后台操控的行为。

二、强制变卖及强制拍卖、变卖的效力

(一) 强制变卖的概念和程序

强制变卖是对执行标的物进行变价的一种较拍卖简易的方式，即不经过竞价，而由执行法院委托有关单位变卖或者自行将执行标的物直接变卖(《民诉法》第258条)。对强制变卖的财产，人民法院或者其工作人员不得买受(《民诉解释》第488条)。

按照《民诉法》第 258 条的规定，对查封、扣押的财产，不适于拍卖或者当事人双方同意不进行拍卖的，可以强制变卖：一是有不适于拍卖的情形，如金银及其制品、当地市场有公开交易价格的动产、易腐烂变质的物品、季节性商品、保管困难或者保管费用过高的物品，执行法院可以决定变卖（《拍卖规定》第 31 条）；二是当事人双方及有关权利人同意变卖的，可以变卖。

当事人双方及有关权利人对变卖财产的价格有约定的，按照其约定价格变卖；无约定价格但有市价的，变卖价格不得低于市价；无市价但价值较大、价格不易确定的，应当委托评估机构进行评估，并按照评估价格进行变卖。按照评估价格变卖不成的，可以降低价格变卖，但最低的变卖价不得低于评估价的 1/2（《拍卖规定》第 32 条）。

查封、扣押物如为历史文物、金银、国家保护的野生动物等国家禁止自由买卖的物品，应交由国家指定或认可收购的有关单位按照国家规定的价格收购（《民诉法》第 258 条）。

（二）强制拍卖、变卖的效力

1. 拍卖、变卖物的所有权转移。不动产、动产或者其他财产权拍卖成交或者抵债后，该不动产、动产的所有权、其他财产权自拍卖成交或者抵债裁定送达买受人或者承受人时起转移（《拍卖规定》第 26 条）。买受人就物的瑕疵无担保请求权，但仍有权利瑕疵担保请求权。《民诉解释》第 491 条关于“拍卖成交或者依法定程序裁定以物抵债的，标的物所有权自拍卖成交裁定或者抵债裁定送达买受人或者接受抵债物的债权人时转移”之规定中，“标的物”特指“不动产、有登记的特定动产或者其他财产权”，不包含一般的动产。

2. 拍卖、变卖被执行人的财产所得价款超出执行标的数额和执行费用的部分，应当退还被执行人（《执行规定》第 34 条第 2 款）。

3. 拍卖、变卖物上负担的处理。原有的担保物权及其他优先受偿权，因拍卖而消灭，拍卖所得价款，应当优先清偿担保物权人及其他优先受偿权人的债权，但当事人另有约定的除外。拍卖财产上原有的租赁权及其他用益物权，不因拍卖而消灭，但该权利继续存在于拍卖财产上，对在先的担保物权或者其他优先受偿权的实现有影响的，法院应当依法将其除去后进行拍卖（《拍卖规定》第 28 条）。

4. 被执行人的财产经变卖后，需从现占有人处交付给买受人的，适用《民诉法》第 260、261 条和《执行规定》第 41、42 条的规定。

5. 在执行中需要办理房产证、土地证、山林所有权证、专利证书、商标证书、车辆登记等有关财产权证照转移手续的，法院可向有关单位发出协助通知书，有关单位必须办理。

三、以物抵债

以物抵债是一种方式特殊的变价程序，不是把财产卖给当事人以外的其他人，而是直接作价交给申请执行人，使变价和向申请人清偿结合在一起。

以物抵债分为两种情况：一种情况为经申请执行人和被执行人同意，且不损害其他债权人合法权益和社会公共利益的，可以不经拍卖、变卖，直接将被执行人的财产作价交申请执行人抵偿债务，对剩余的债务，被执行人应当继续清偿（《民诉解释》第489条）。这种情况属于执行和解，适用《民诉法》关于执行和解的规定。另一种情况是，被执行人的财产拍卖流拍，或者无法拍卖、变卖的，经申请执行人同意，且不损害其他债权人合法权益和社会公共利益的，法院可以将该财产作价后交付申请执行人抵偿债务（《拍卖规定》第23～27条、第32条，《民诉解释》第490条）。在这种情况下，抵债物为动产的，自动产交付时起，发生抵债物所有权转移的效力；抵债物为不动产、有登记的特定动产或者其他财产权的，自法院作出的以物抵债裁定送达接受抵债物的债权人时，即发生抵债物所有权转移的效力。

四、强制管理

（一）强制管理的概念和特点

强制管理，是指执行法院选任管理人对已查封、扣押的被执行人财产实施管理，以管理所得收益清偿申请执行人债权的执行措施。由于强制管理着眼于对财产的使用价值和收益的执行，因而强制管理又称为收益的执行。

与拍卖、变卖等变价措施相比较，强制管理具有如下特点：（1）强制管理以财产的使用价值及其收益为对象，是对财产孳息的执行；拍卖、变卖则是以财产的交换价值为对象，是对财产所有权的执行。（2）强制管理后被执行人对财产仍享有所有权，拍卖、变卖则直接剥夺被执行人对财产的所有权。（3）强制管理使被执行人立即丧失对财产的使用、收益权；拍卖、变卖终结前，并不妨碍被执行人对不动产的使用、收益。（4）强制管理过程受财产收益量的影响，一般持续时间较长；拍卖、变卖是一次性处理财产，成交后可立即换得价金，执行程序一般迅速终结。由于强制管理持续的时间一般较长，对债务人压迫时间也长，所以有必要注意对债务人权利的保护。

（二）强制管理的适用范围

国外通常将强制管理的适用范围限定为对不动产、船舶、航空器的执行。我国《民诉法》未对强制管理作出规定，最高人民法院仅在《民诉解释》第490条中规定："被执行人的财产无法拍卖或者变卖的，经申请执行人同意，且不损害其他债权人合法权益和社会公共利益的，人民法院可以将该财产作价后交付申请执行人抵偿债务，或者交付申请执行人管理；申请执行人拒绝接收或管理的，退回被执行人。"可见，我国法律和司法解释并未对强制管理的适用范围作出限制。

事实上，由于动产（船舶和航空器除外）价值一般不高，实施强制管理往往难以达到预期的效果，费时费力，易拖延执行程序，不如直接将其变价更有利于双方当事人的利益，因而，实践中强制管理多适用于对不动产的执行。当不动产经拍卖或变卖未成又有收益可供清偿债权时，或者当债权额很小但不动产的价值很大而不宜拍卖或变卖时，或者当双方当事人都同意实施强制管理时，剥夺债务人对不动产的所有权对债务人显然不利，在这种情况下适用强制管理，既能清偿申请执行人的债权，又不使被执行人丧失对不动产的所有权，对双方当事人均有益处。从此意义上说，强制管理可以作为拍卖、变卖措施的有益补充。

（三）强制管理的程序①

（1）强制管理的开始。强制管理可依申请执行人申请或执行法院依职权启动。

（2）选定管理人。管理人是指受执行法院委托对查封、扣押的财产进行管理、收益，使执行依据确定的债权得以受清偿的人。根据《民诉解释》第490条的规定，管理人仅限于申请执行人。但在司法实践中，若申请执行人以外的其他人更具管理的专业水准或技能，执行法院也可先任命其作为管理人。

（3）管理人的职责。管理人在强制管理中的主要职责是对财产进行管理及收益。管理是在不改变财产性质的前提下，对财产实施的保存、利用或改良等行为；收益是收取财产的孳息（含天然孳息与法定孳息）。执行法院在强制管理过程中应当依法对管理人的管理活动实施监督，管理人管理方法不适当或不能胜任管理事务的，执行法院可以撤换管理人。

（4）裁定强制管理。执行法院决定实施强制管理的，应当制作民事裁定书。强制管理的裁定作出后，执行法院应当及时送达双方当事人及负给付义务的第三人。

（5）实施强制管理。裁定生效后，被执行人占有强制管理的财产的，应当立即将财产交付管理人，拒绝交付的，执行法院应当强制解除其占有并将财产交付管理人。查封前已设置租赁等正当权利的，由执行法院责令第三人向管理人直接给付租金即可达到强制管理的目的，无须改变该财产占有。

（6）强制管理的终结。强制管理程序可因债权清偿完毕、管理无实益以及其他情形（如申请执行人撤回执行申请、被管理的财产灭失、被执行人已以其他方式履行了债务、执行依据被依法撤销等事由）终结。

第三节 给付金钱的执行（Ⅲ）：参与分配与执行程序转破产程序

一、参与分配的概念和法律依据

参与分配，是指在执行程序中，因债务人的财产不足以清偿各债权人的全部债权，申请执行人以外的其他债权人凭有效的执行依据申请加入已开始的执行程序，各债权人从执行标的物的变价款中获得公平清偿的制度。

参与分配是为实现对债务人的多个债权人的公平保护而设立的执行程序。除享有担保物权的债权人可优先受偿外，各债权人都有获得公平清偿的权利。《民诉解释》以及

① 参见童兆洪主编：《民事执行操作与适用》，107～108页，北京，人民法院出版社，2003。

《执行规定》规定了参与分配的条件及程序。

二、参与分配的适用条件

（一）申请参与分配的债权人的资格

在被执行人的财产被执行完毕前，对该被执行人已经取得金钱债权执行依据的其他债权人可以申请对该被执行人的财产参与分配（《民诉解释》第506条第1款）。无执行依据的债权人在已经对被执行人提起诉讼或者申请仲裁，并已经采取了查封、扣押、冻结等保全措施（包括轮候查封、冻结措施）的，也可参与分配。对人民法院查封、扣押、冻结的财产有优先权、担保物权的债权人，可以直接申请参与分配，主张优先受偿权（《民诉解释》第506条第2款）。

（二）申请参与分配的债权的性质

可申请执行及参与分配的债权须均为金钱债权。关于物的交付请求权和作为、不作为请求权的执行，如不能转化为金钱债权的，不得参与分配。

（三）多个债权人申请对同一债务人为执行

多个债权人根据不同的执行依据请求对同一债务人的财产强制执行，或多个债权人根据一份生效的法律文书对同一被执行人的财产申请执行。

（四）参与分配的时间要件

参与分配申请应当在执行程序开始后、被执行人的财产执行终结前提出（《民诉解释》第507条第2款）。所谓“被执行人的财产执行终结前”，指执行价款支付给申请执行人或其他债权人前；执行标的物依法以物抵债的，应在执行标的物产权转移给申请执行人或其他债权人之前。

（五）债务人仅限于公民和其他组织

债务人即被执行人仅限于公民和其他组织，因为被执行人为企业法人，其财产不足以清偿全部债务的，可告知当事人依法申请被执行人破产。

（六）被执行人的财产不能清偿所有债权

执行程序开始后，部分债权人对债务人的财产已申请执行，债务人的全部或主要财产已经被查封、扣押或被冻结，其他债权人发现被执行人的财产不能清偿所有债权的，或者被执行人“无其他财产可供执行或其他财产不足清偿全部债务的”，可以向人民法院申请参与分配。这里的“所有债权”“全部债务”，既包括债权本金和利息，也包括被执行人迟延履行期间的债务利息或迟延履行金（《民诉法》第264条）。

三、参与分配的顺序

执行法院应根据参与分配的债权数额以及被执行人可供执行的财产范围制作分配表，准备实施分配。对于被执行人的财产，分配的顺序应当参照我国《破产法》关于企业法人破产财产的清偿顺序进行，但与破产财产分配顺序有所区别。具体而言，执行所得价款扣除执行费用、财产保全费用和诉讼费后，按照下列顺序进行分配。(1) 法律规定可以优先于担保物权受偿的债权；(2) 在执行标的物上设定有担保物权的债权；(3) 首先采取查封、扣押或冻结措施的，在其债权总额的范围内，优先按一定比例分配该措施所控制的资产的变价款；(4) 普通金钱债权；(5) 行政或者司法罚款、刑事财产刑处罚。

同一顺序中有多项债权，法律对其受偿顺序另有规定的，依照法律规定；没有规定的，根据债权数额按比例受偿。

四、参与分配的程序

(一) 参与分配的申请

根据最高人民法院的规定，申请参与分配的，申请人应提交申请书，申请书应写明参与分配和被执行人不能清偿所有债权的事实、理由，并附有执行依据。

(二) 主持分配的法院

对被执行人财产的具体分配，应当由首先查封、扣押或冻结的法院主持进行。首先查封、扣押、冻结的法院所采取的执行措施如系为执行财产保全裁定，具体分配应当在该院案件审理终结后进行(《执行规定》第 56 条)。

(三) 优先权人优先受偿

执行法院对被执行人所有的其他人享有抵押权、质押权或留置权的财产，可以采取查封、扣押措施。财产拍卖、变卖后所得价款，应当在抵押权人、质押权人或留置权人优先受偿后，其余额部分用于清偿申请执行人的债权(《执行规定》第 31 条)。对人民法院查封、扣押或冻结的财产有优先权、担保物权的债权人，可以申请参加参与分配程序，主张优先受偿权。但是，对于未申请参与分配而法院已知的优先受偿权人，应当由法院依职权列入分配方案。

(四) 普通债权人按比例受偿

参与分配执行中，执行所得价款扣除执行费用，并清偿应当优先受偿的债权后，对于普通债权，原则上按照其占全部申请参与分配债权数额的比例受偿(《执行规定》第 55 条、《民诉解释》第 508 条)。

（五）财产分配方案的送达及救济

多个债权人对同一被执行人申请执行或者对执行财产申请参与分配的，执行法院应当制作财产分配方案，并送达各债权人和被执行人。债权人或者被执行人对分配方案有异议的，应当自收到分配方案之日起 15 日内向执行法院提出书面异议（《执行解释》第 17 条、《民诉解释》第 509 条）。

债权人或者被执行人对分配方案提出书面异议的，执行法院应当通知未提出异议的债权人、被执行人。未提出异议的债权人、被执行人收到通知之日起 15 日内未提出反对意见的，执行法院依异议人的意见对分配方案审查修正后进行分配；提出反对意见的，应当通知异议人。异议人可以自收到通知之日起 15 日内，以提出反对意见的债权人、被执行人为被告，向执行法院提起参与分配方案异议之诉；异议人逾期未提起诉讼的，执行法院依原分配方案进行分配。诉讼期间进行分配的，执行法院应当将与争议债权数额相应的款项予以提存（《执行解释》第 18 条、《民诉解释》第 510 条）。

（六）债权人可以申请继续执行

被执行人的财产被分配给各债权人后，被执行人对其剩余债务应当继续清偿。债权人发现被执行人有其他财产的，法院可以根据债权人的申请继续依法执行（《民诉解释》第 508 条）。

（七）执行程序转为破产程序

1. 执行程序转为破产程序的含义和意义

所谓"执行程序转为破产程序"，是指在对企业法人进行执行时，被执行人不能清偿到期债务，并且资产不足以清偿全部债务或明显缺乏清偿能力的，执行法院在征得申请执行人之一或者被执行人同意后将执行案件移送破产管辖法院，并由破产管辖法院作为破产案件裁定进入破产程序的制度。这是《民诉解释》第 511～514 条确立的一项制度，最高人民法院《执转破意见》进一步予以明确。

2. 执行程序转为破产程序的性质

在我国，执行程序转为破产程序在性质上仍属于破产程序启动的申请主义。根据现行《破产法》的规定，我国破产程序的启动实行申请主义，法院不能依职权启动破产程序。《民诉解释》第 511 条规定，执行法院须征得申请执行人之一或者被执行人同意，才能将执行案件移送破产。在表面上看，是执行法院移送破产，实际上，法院在移送前须经执行当事人同意。因此，《民诉解释》关于执行程序转为破产程序的规定，并未违反《破产法》的规定，不能简单解读为执行法院"依职权启动破产程序"。

3. 执行程序转为破产程序的条件

按照《民诉解释》的规定，执行程序转为破产程序，须具备以下条件：

（1）被执行人须为企业法人。被执行人为公民或其他组织的，执行程序不能转为破产程序。

（2）作为被执行人的企业法人须符合《破产法》第 2 条第 1 款规定的不能清偿到期债务，并且资产不足以清偿全部债务或者明显缺乏清偿能力的情形（《民诉解释》第 511 条）。

（3）须征得申请执行人之一或者被执行人同意将执行案件移送破产（《民诉解释》第 511 条）。

同时具备以上要件的，执行程序才能转为破产程序。

4. 执行程序转为破产程序的具体程序

按照《民诉解释》的规定，执行程序转为破产程序，须遵循以下程序。

（1）执行法院作出移送决定后，应当书面通知所有已知执行法院，执行法院均应中止对被执行人的执行程序。但是，对被执行人的季节性商品、鲜活、易腐烂变质以及其他不宜长期保存的物品，执行法院应当及时变价处置，处置的价款不作分配。受移送法院裁定受理破产案件的，执行法院应当在收到裁定书之日起 7 日内，将该价款移交受理破产案件的法院（《执转破意见》第 8 条）。为减少异地法院之间移送的随意性，基层人民法院拟将执行案件移送异地中级人民法院进行破产审查的，在作出移送决定前，应先报请其所在地中级人民法院执行部门审核同意。

执行法院作出移送决定后，应当于 5 日内送达申请执行人和被执行人。申请执行人或被执行人对决定有异议的，可以在受移送法院破产审查期间提出，由受移送法院一并处理（《执转破意见》第 7 条）。

确保对被执行人财产的查封、扣押、冻结措施的连续性，执行法院决定移送后、受移送法院裁定受理破产案件之前，对被执行人的查封、扣押、冻结措施不解除。查封、扣押、冻结期限在破产审查期间届满的，申请执行人可以向执行法院申请延长期限，由执行法院负责办理（《执转破意见》第 9 条）。

（2）受移送法院的破产审判部门应当自收到移送的材料之日起 30 日内作出是否受理的裁定。受移送法院作出裁定后，应当在 5 日内送达申请执行人、被执行人，并送交执行法院。不受理破产案件的，应当将相关案件材料退回执行法院，执行法院应当恢复执行（《民诉解释》第 512～513 条），并依查封优先主义分配执行变价款。

（3）自受移送法院裁定受理破产案件之日起，执行程序即转为破产程序。裁定宣告被执行人破产的，执行程序彻底终结。

5. 转为破产程序后执行案件的处理

（1）解除对被执行人财产的保全措施。

受移送法院裁定受理破产案件的，执行法院应当解除对被执行人财产的保全措施（《民诉解释》第 513 条第 1 款）。

（2）终结执行程序。

受移送法院裁定宣告被执行人破产或裁定终止和解程序、重整程序的，应当自裁定作出之日起 5 日内送交执行法院，执行法院应当裁定终结对被执行人的执行（《执转破意见》第 20 条）。

（3）执行费用的处理。

受移送法院裁定受理破产案件的，在此前的执行程序中产生的评估费、公告费、保管费等执行费用，可以参照破产费用的规定，从债务人财产中随时清偿。

（4）执行财产的移交。

执行法院收到受移送法院受理裁定后，应当于7日内将已经扣划到账的银行存款、实际扣押的动产、有价证券等被执行人财产移交给受理破产案件的法院或管理人。但已通过拍卖程序处置且成交裁定已送达买受人的拍卖财产，通过以物抵债偿还债务且抵债裁定已送达债权人的抵债财产，已完成转账、汇款、现金交付的执行款，因财产所有权已经发生变动，不属于被执行人的财产，不再移交（《执转破意见》第16、17条）。

6. 不能转为破产程序时执行案件的处理

（1）恢复执行程序。

当事人不同意移送破产或者受移送法院作出不予受理或驳回申请裁定的，执行法院应当恢复执行（《民诉解释》第513条第2款、第514条），继续实施处分性执行行为，即对被执行人财产采取拍卖、变卖等变价程序，并将执行变价款在申请执行人和其他执行债权人之间进行分配。

受移送法院作出不予受理或驳回申请的裁定后，人民法院不得重复启动执行案件移送破产审查程序。申请执行人或被执行人以有新证据足以证明被执行人已经具备了破产原因为由，再次要求将执行案件移送破产审查的，人民法院不予支持。但是，申请执行人或被执行人可以直接向具有管辖权的法院提出破产申请（《执转破意见》第19条）。

（2）分配价款中的查封优先主义。

在分配执行变价款时，执行法院应当采取查封优先主义。具体而言，执行法院在扣除执行费用及清偿优先受偿的债权后，对于普通债权，按照财产保全和执行中查封、扣押、冻结财产的先后顺序清偿（《民诉解释》第514条）。因此，在以企业法人为被执行人的分配程序中，完全排除了普通债权人平等原则的适用，而是遵循"先查封先得"的优先主义，保护先申请查封、扣押、冻结的债权人就其查封、扣押、冻结标的物的变价款获得优先受偿的权利，这是基于民事司法程序而产生的司法优先权，不同于民事实体法上的优先受偿权。①

五、被执行人不能履行的责任

当债务人的财产不能偿还债务时，为了充分保障债权人的利益，有效防止债务人规避义务，维护生效法律文书的尊严，《民诉法》第265条、《民诉解释》第515条规定：法院采取查封、扣押、变卖、拍卖等执行措施后，被执行人仍不能全部清偿债务的，应当继续履行义务的，债权人发现被执行人有其他财产的，可以随时请求法院执行。债权人请求人民法院继续执行的，不受《民诉法》第250条规定的申请执行时效期间的限制。

另外，在其他债权人申请参与分配的案件中，债务人的财产对各债权人"清偿后的剩余债务，被执行人应当继续清偿"（《民诉解释》第508条）。因此，债务人在其财产经强制执行后不足以清偿债务时，仍负有继续履行义务的责任。在此情况下，如债务人确

① 参见肖建国：《我国强制执行平等与优先原则论纲》，载《法律科学》，1996（2）。

无履行能力，法院应当裁定中止执行，待其恢复给付能力时继续履行。债权人如发现被执行人有可供执行的财产时，则可随时请求法院予以执行。企业法人为被执行人的案件，如其不能清偿到期债务，并且资产不足以清偿全部债务或者明显缺乏清偿能力，经被执行人或者有关被执行人的任何一个执行案件的申请执行人书面同意，执行法院可以将执行案件移送破产审查（《执转破意见》第 2 条）。

第四节 交付物和完成行为的执行

一、交付物的执行

（一）交付物的执行之概念

物的交付是指将指定交付的物由被执行人的直接占有，转移为债权人的直接占有或支配。物之交付请求权可以是根据所有权产生的，如租赁合同届期；也可以是根据债权债务关系产生的，如加工承揽合同，判决债务人向债权人交付工作成果。应当交付之物，无论是否有经济价值，只要符合生效法律文书的指定，就可以成为执行标的物。

物的交付的执行与完成行为的执行不同：前者以实现物的占有转移为目的，以交付之物为执行标的物；而完成行为的执行，只是被执行人单纯的行为，没有执行标的物。

根据执行依据中指定交付物的不同，交付物的执行可被分为交付动产的执行和交付不动产的执行。《民诉法》第 260 条关于交付指定交付的财物或票证的规定属于交付动产的执行，第 261 条关于强制迁出房屋或退出土地的规定属于交付不动产的执行。

（二）交付动产的执行

1. 被执行人占有执行标的物时

《民诉法》第 260 条第 1 款规定："法律文书指定交付的财物或者票证，由执行员传唤双方当事人当面交付，或者由执行员转交，并由被交付人签收。"对交付财物或票证的执行，属于交付动产的执行。义务人拒不履行时，有如下具体的执行方法。

（1）当事人当面交付。如果标的物为被执行人占有，可由执行员传唤当事人于指定时间及处所，由被执行人当面将执行标的物交付于债权人。当面交付时，应由法院制作执行笔录，双方当事人签字。当面交付的地点可以是在法院，也可以是在当事人一方所在地或标的物所在地。

（2）执行员转交。由被执行人将执行标的物交付执行员，再由执行员转交债权人或其委托的代理人，转交时应由债权人或其指定的代收人签收，出具收条，并将收条附卷。

生效法律文书确定被执行人交付特定标的物的，应当执行原物。原物被隐匿或非法转移的，人民法院有权责令其交出。原物确已毁损或灭失的，经双方当事人同意，可以折价赔偿。双方当事人对折价赔偿不能协商一致的，人民法院应当终结执行程序。申请执行人可以另行起诉（《执行规定》第 41 条）。

2. 第三人占有执行标的物时

（1）有关单位持有时。有关单位持有该项财物或者票证的，应当根据人民法院的协助执行通知书转交，并由被交付人签收（《民诉法》第 260 条第 2 款）；拒不转交的，可以强制执行，并可依照《民诉法》第 117 条、第 118 条予以处罚（《民诉解释》第 493 条第 1 款）。

（2）自然人持有时。有关个人持有该项财物或者票证的，人民法院通知其转交。拒不交出的，强制执行（《民诉法》第 260 条第 3 款），并可依照《民诉法》第 117 条、第 118 条予以处罚。

（3）有关单位或个人的赔偿责任。有关组织或者个人持有法律文书指定交付的财物或票证，在接到人民法院协助执行通知书或通知书后，协同被执行人转移财物或票证的，人民法院有权责令其限期追回；逾期未追回的，应当裁定其承担赔偿责任（《执行规定》第 42 条）。同时，除债务人应交付的物为可替代物外，在有关单位和个人持有期间，法律文书指定交付的财物或者票证确已毁损或者灭失的，经双方当事人同意，可以折价赔偿；双方当事人对折价赔偿不能协商一致的，人民法院应当终结执行程序。申请执行人可以另行起诉（《民诉解释》第 493 条第 2 款）。

（4）有关单位或个人的救济。有关单位或个人以其享有合法持有财物或者票证的权利为由，主张阻止法院执行的，可以根据《民诉法》第 238 条提出案外人执行异议或案外人申请再审来获得救济（《民诉解释》第 493 条第 3 款）。

（三）交付不动产的执行

交付不动产的执行，是指执行法院强制解除债务人对不动产占有并将该不动产交付债权人的执行措施。《民诉法》第 261 条关于强制迁出房屋或退出土地的执行即属于交付不动产的执行。

1. 强制被执行人迁出房屋或退出土地的概念

所谓强制迁出房屋或退出土地，是指执行机关强制被执行人取走在特定房屋内或土地上的财物，并将该房屋或土地交付权利人的执行程序。强制被执行人迁出房屋或退出土地属于交付不动产的执行。这一执行不但要将执行标的物的占有转移给债权人，而且要将房屋内的或土地上的不属于执行标的之动产除去，让被执行人或居住的人迁出或退出土地。这类执行方法是将房屋或土地的支配权转移给债权人。

2. 限期履行

《民诉法》第 261 条第 1 款规定："强制迁出房屋或者强制退出土地，由院长签发公告，责令被执行人在指定期间履行。被执行人逾期不履行的，由执行员强制执行。"限期履行是给债务人一次自动履行的机会，但弊端是变更了执行依据的内容，并且以公告方式督促债务人履行，会损及债务人的信用。该规定值得商榷。①

3. 通知当事人及有关单位派人到场

强制被执行人迁出房屋或退出土地，人民法院强制执行时，被执行人是公民的，应

---

① 参见杨与龄：《强制执行法论》，688 页，北京，中国政法大学出版社，2002。

当通知被执行人或者他的成年家属到场；被执行人是法人或者其他组织的，应当通知其法定代表人或者主要负责人到场（《民诉法》第 261 条第 2 款）。目的在于让被执行人取走执行标的物上的财物，或由执行人员取走并交其接收。但执行机关已通知而拒不到场的，不影响执行。“被执行人是公民的，其工作单位或者房屋、土地所在地的基层组织应当派人参加”（《民诉法》第 261 条第 2 款），以便了解执行进程，并协助执行。

4. 解除被执行人的占有

强制被执行人交付不动产，应解除其占有。至于强制迁出的房屋内搬出的财物，如被执行人或其成年家属未到场或在场而拒绝接收，“由人民法院派人运至指定处所，交给被执行人。被执行人是公民的，也可以交给他的成年家属。因拒绝接收而造成的损失，由被执行人承担”（《民诉法》第 261 条第 3 款）。

5. 交付申请人占有

解除被执行人对于房屋或土地的占有后，执行人员应将该房屋或土地立即交付申请人占有，并结束执行程序。

6. 作成执行笔录

执行完毕后，执行员应当将强制执行情况记入笔录，由在场人签名或者盖章（《民诉法》第 261 条第 2 款）。

7. 被执行人再占有不动产的处理

实践中还有被执行人在交付不动产后，再次非法占有该不动产的情况发生。各国强制执行法上一般规定，对这种重复侵权的行为，债权人可以申请继续执行。在我国《民诉法》对此没有专门的规定，但是，债权人可以根据《民诉解释》第 519 条获得保护，该条规定：在人民法院执行终结 6 个月内，被执行人或者其他人对已执行的标的有妨害行为的，人民法院可以依申请排除妨害，并可以依照《民诉法》第 114 条的规定进行处罚。因妨害行为给申请执行人或者其他人造成损失的，受害人可以另行起诉。

（四）特定物毁损、灭失的处理

执行标的物为特定物的，应当执行原物。原物确已毁损或者灭失的，经双方当事人同意，可以折价赔偿。双方当事人对折价赔偿不能协商一致的，人民法院应当终结执行程序。申请执行人可以另行起诉（《民诉解释》第 492 条）。由此，交付物的执行转化为给付金钱的执行。

二、完成行为的执行

（一）完成行为的执行之概念

完成行为的执行，是指根据生效法律文书一方当事人有义务履行一定的行为而拒不履行的，债权人请求人民法院强制该当事人履行一定的作为或不作为义务。我国《民诉法》对于完成行为的执行，在第 262 条规定了意思表示请求权的执行，在第 263 条规定了作为、不作为的执行。故“被执行人拒不履行生效法律文书中指定的行为的，人民法院可以强制其履行”（《执行规定》第 44 条第 1 款）。

完成行为的执行与给付金钱、交付物的执行的不同之处在于，完成行为的执行没有执行标的物，除可替代行为的执行外，不能采用直接强制的方法，而在被执行人拒绝履行行为义务时，只能通过法定的方法迫使被执行人履行义务。它分为可替代行为的执行和不可替代行为的执行两种形式。

（二）对可替代行为的执行

可替代行为，是指生效法律文书确定的行为义务可由他人来完成的行为。

在被执行人不履行生效法律文书指定的可替代行为时，执行法院可以选定代履行人；法律、行政法规对履行该行为义务有资格限制的，应当从有资格的人中选定。必要时，可以通过招标的方式确定代履行人。申请执行人可以在符合条件的人中推荐代履行人，也可以申请自己代为履行，是否准许，由执行法院决定（《民诉解释》第 501 条）。

代履行费用的数额由人民法院根据案件具体情况确定，并由被执行人在指定期限内预先支付。被执行人未预付的，人民法院可以对该费用强制执行。代履行结束后，被执行人可以查阅、复制费用清单以及主要凭证（《民诉解释》第 502 条）。

（三）对不可替代行为及不作为的执行

生效法律文书指定的行为只能由被执行人完成的，属于不可替代行为。不可替代的行为与被执行人的身份有关，属于必须由被执行人本人实施的行为，如赔礼道歉、要求演员表演或名作家撰稿等，由第三人代为履行在法律上或事实上是不可能的。

1. 处以罚款或拘留

对不可替代行为的执行方法，一般是说服被执行人主动履行，但是经教育被执行人仍拒不履行的，法院应当按照妨害执行行为的有关规定处理，如罚款或拘留等强制手段，对被执行人采取此手段后，并不因此免除被执行人的义务。按照《民诉解释》第 503 条第 1 款的规定，当事人不履行法律文书确定的行为义务，如果该项行为义务只能由被执行人完成，则人民法院可以依照《民诉法》第 114 条第 1 款第 6 项的规定，对被执行人予以罚款或拘留。《执行规定》第 44 条第 3 款也规定：对于只能由被执行人完成的行为，经教育，被执行人仍拒不履行的，人民法院应当按照妨害执行行为的有关规定处理。

被执行人在执行法院确定的履行期间内仍不履行的，执行法院可以依照《民诉法》第 114 条第 1 款第 6 项的规定，再次采取罚款或拘留措施（《民诉解释》第 503 条第 2 款）。

2. 支付迟延履行利息和迟延履行金

《民诉法》第 264 条规定，被执行人未按判决、裁定和其他法律文书指定的期间履行给付金钱义务的，应当加倍支付迟延履行期间的债务利息。

被执行人未按判决、裁定和其他法律文书指定的期间履行非金钱给付义务的，无论是否已给申请执行人造成损失，都应当支付迟延履行金。支付迟延履行金不以给申请执行人造成损失为条件。已造成损失的，双倍补偿申请执行人已受到的损失；没有造成损失的，迟延履行金可以由执行法院根据具体案件决定（《民诉解释》第 505 条）。因此，被执行人拒绝履行作出不可替代行为的义务时，执行法院可以决定由被执行人支付迟延履行金给债权人。迟延履行金不同于罚款，因为它不被上缴国库；迟延履行金也不同于损害赔偿金，因为不以造成损失为前提，也不因此免除被执行人的行为义务。

被执行人迟延履行的，迟延履行期间的利息或者迟延履行金自判决、裁定和其他法律文书指定的履行期间届满之日起计算（《民诉解释》第504条）。

3. 其他间接执行措施和执行威慑机制

对于不可替代行为的执行，大陆法系国家普遍规定了间接执行措施。前述的拘留、罚款等措施，属于间接执行措施的组成部分，同时也具有妨害执行强制措施的性质。此外，限制出境、限制高消费、在征信系统记录、通过媒体公布不履行义务的信息等也构成了《民诉法》中间接执行措施的一部分。

依最高人民法院于2010年颁布、于2015年修订的《限制高消费规定》，对于那些有清偿能力却拒不履行义务的“老赖”，执行法院有权依申请或依职权发出“限制高消费令”，禁止实施减损其责任财产的下列高消费行为：乘坐飞机、列车软卧、轮船二等以上舱位，在星级以上宾馆、酒店、夜总会、高尔夫球场等场所进行高消费，购买不动产或者新建、扩建、高档装修房屋，租赁高档写字楼、宾馆、公寓等场所办公，购买非经营必需车辆，旅游、度假；子女就读高收费私立学校，支付高额保费购买保险理财产品，乘坐高铁全部座位、其他动车组列车一等以上座位等，其他非生活和工作必需的高消费行为（《限制高消费规定》第3条）。

限制“老赖”高消费的正当性在于，高消费行为超出了被执行人的生活和工作必需的范畴，具有挥霍财产、恶意逃债，导致责任财产不当减少，影响其履行债务的能力的性质。尤其在“老赖”背负法定债务而拒不履行的情况下，限制其高消费可以最大限度地保护申请执行人的合法权益，更好地维护司法权威。因此，限制高消费具有深厚的民意基础，凝聚了社会各界的价值共识。当然，作为被执行人的“老赖”享有宪法所保障的基本人权，不仅是人身自由权，也包括其依据《消费者法》所享有的消费权。但是，“老赖”的上述人权必须在宪法、法律的框架内行使才能得到有效保护，否则就会受到限制。鉴于“老赖”拒不履行生效法律文书确定的义务在先，限制其人身自由即具有正当性。该制度向全社会发出了债务必须履行的强烈信号，不仅具有宣示性意义，而且带有威慑性效果。当然，限制高消费是一种补充性、间接性的执行措施，既不能影响“老赖”及其所扶养家属的生存权，也不能混淆自由法益与财产法益的位阶，因此这种执行措施、方法不会造成被执行人的过度负担。因此，限制高消费只能作为赖债不还时的一项辅助性执行措施，而不能代替其他执行措施。

为保障这一机制的建立和运行，《民诉法》第266条规定，被执行人不履行生效法律文书确定的义务的，人民法院可以对其采取或者通知有关单位协助采取限制出境，在征信系统记录、通过媒体公布不履行义务信息以及法律规定的其他措施。具体而言，人民法院除对被执行人予以处罚外，还可以根据情节将其纳入失信被执行人名单，将被执行人不履行或者不完全履行义务的信息向其所在单位、征信机构以及其他相关机构通报（《民诉解释》第516条）。《网络查控存款规定》《网络查控和信用惩戒意见》《工商协助执行通知》的发布，标志着我国执行联动威慑机制正式形成。目前，执行查控系统、执行案件信息系统、失信被执行人名单系统共同构成了中国特色的执行联动威慑体系。这是最高立法机关对人民法院近年来着力构建的国家执行联动威慑机制的充分肯定和大力支持，为国家执行联动威慑机制的建立提供了基本法律依据，将对人民法院的执行工作和社会诚信体系的塑造产生深远影响。

（四）意思表示请求权的执行

1. 概念

所谓意思表示请求权的执行，是指执行依据所载债权人的请求权，以债务人作出一定的意思表示为标的，而使权利实现的执行措施。债务人作出意思表示的义务，以发生一定的法律效果为目的，无须债务人实施具体的行为，宜直接以法律拟制的方法，实现债权人的权利。《民诉法》第 262 条为意思表示请求权执行的规定。

2. 办理财产权证照转移手续的执行

《民诉法》第 262 条规定："在执行中，需要办理有关财产权证照转移手续的，人民法院可以向有关单位发出协助执行通知书，有关单位必须办理。"这是关于意思表示执行的规定。其中，"有关财产权证照"，包括但不限于房产证、土地证、林权证、专利证书、商标证书、车船执照等有关财产权证照（《民诉解释》第 500 条）。

办理财产权证照转移手续的执行程序是：

（1）发出协助执行通知书。由执行法院向有关产权证照办理单位发出协助执行通知书。

（2）有关单位必须办理。有关单位收到协助执行通知书后，即应认为符合办理财产权证照的规定，并立即办理证照移转手续，不得以原权利人未表示同意为理由拒绝办理。办理完毕后，执行程序结束。

问题与思考

请扫描二维码测试，并查看参考答案

第二十二章
涉外民事诉讼程序和区际民事司法协助

【本章概要】涉外民事诉讼是以内国司法权解决涉外民事案件的程序或活动。"统筹推进国内法治和涉外法治"是协调推进国内治理和国际治理的客观要求。涉外民事案件由于具有涉外因素，所以解决涉外民事案件应当适用涉外民事诉讼程序的特殊规范，并且应适用相应的国际条约。此外，顺利解决涉外民事案件常常需要国际司法协助。

在我国统一主权和"一国两制"下，各法域间既相对独立又相互平等，彼此间应当平等协商；在民事司法协助方面，是平等司法合作关系，以"平等协商"的方式达成民事司法协助的文件，相互间平等给予民事司法协助。

第一节　涉外民事诉讼程序概述和原则

一、涉外民事诉讼

涉外民事诉讼是以内国司法权解决涉外民事案件的程序或活动。涉外民事案件，包括涉外争讼案件、涉外非讼事件和涉外执行案件。

根据《涉外法解释一》第 1 条和《民诉解释》第 520 条的规定，有下列情形之一，为涉外民事案件：（1）民事主体之涉外，即当事人一方或者双方是外国人、无国籍人、外国企业或者组织的；（2）经常居所地之涉外，即当事人一方或者双方的经常居所地在我国领域外的；（3）标的物之涉外，即标的物（比如合同标的物）在我国领域外的；（4）民事法律事实之涉外，即产生、变更或者消灭民事关系的法律事实发生在我国领域外的，比如合同在外国签订或履行、侵权行为发生在我国领域外等；（5）可以认定为涉外民事案件的其他情形。

涉外民事诉讼中，经调解双方达成协议，应当制发调解书。当事人要求发给判决书的，可以依协议的内容制作判决书送达当事人。

涉外民事诉讼是民事诉讼法规范与民事实体法规范共同作用的领域。在涉外民事诉讼领域，涉外民事诉讼法（比如《涉外民事关系法律适用法》）与国际私法之间的关系，好比"鸟之两翼"。

包含涉外因素的民事诉讼，从民事诉讼法学和国内民事诉讼法的角度来说，称为涉外民事诉讼；从国际私法学和国际私法的角度来说，则称为国际民事诉讼。涉外民事诉讼与国际民事诉讼并无本质不同。

二、涉外民事诉讼法

（一）涉外民事诉讼法的主要内容

涉外民事案件由于具有涉外因素，因而解决涉外民事案件应当适用涉外民事诉讼程序的特殊规范，并且应当适用相应的国际条约。此外，顺利解决涉外民事案件常常需要国际司法协助。

涉外民事诉讼法的主要内容即涉外民事诉讼程序的特殊规范，通常包括如下内容：（1）关于涉外民事诉讼程序的基本原则；（2）关于涉外民事诉讼管辖权或国际民事诉讼管辖权的规定；（3）关于外国人或无国籍人在内国涉外民事诉讼中地位的规定；（4）关于审判和执行涉外民事案件应当适用的特殊程序制度（比如期间等）；（5）涉外或国际司法协助。

国际民商事仲裁与具有公法性的涉外民事诉讼不同，前者属于社会救济并非公力救济的范畴，所以涉外民事诉讼法不应包括涉外或国际民商事仲裁。

（二）我国涉外民事诉讼法的渊源

我国涉外民事诉讼法的渊源主要包括国内法渊源和国际法渊源。我国人民法院在处理涉外民事案件时，在诉讼程序上，首先适用国际条约的规定，其次适用《民诉法》和《民诉解释》“涉外民事诉讼程序的特别规定”，没有特别规定的，则适用其他部分的相应规定。

国内法渊源是指国内法关于涉外民事诉讼程序的特别规定。主要有：（1）《民诉法》第四编“涉外民事诉讼程序的特别规定”及相关司法解释（比如《民诉解释》“涉外民事诉讼程序的特别规定”等）。（2）《外国国家豁免法》《外交特权与豁免条例》《领事特权与豁免条例》等的有关规定。

国际法渊源主要指国际条约中关于国际民事诉讼程序的规定。（1）双边条约，比如，我国缔结的有关民事司法协助方面的双边条约。其他双边条约中也有涉及涉外民事诉讼程序的规定，如《中美贸易关系协定》《中美领事条约》等。（2）多边条约，比如，《民事诉讼程序公约》《国际司法救助公约》，以及我国参加的《维也纳外交关系公约》《维也纳领事关系公约》《纽约公约》《海牙送达公约》《海牙取证公约》等。

党的二十大报告要求“统筹推进国内法治和涉外法治”。《对外关系法》第 29 条规定：“国家统筹推进国内法治和涉外法治，加强涉外领域立法，加强涉外法治体系建设。”“统筹推进国内法治和涉外法治”是协调推进国内治理和国际治理的客观要求。我国应当加强建设包括涉外民事诉讼程序制度在内的涉外法律体系和相关学科体系。为此，2023 年全国人大常委会第五次会议对《民诉法》中有关涉外民事诉讼程序的规定作出了较大的修改。

三、我国涉外民事诉讼程序的基本原则

《民诉法》第 5 条和第二十三章对涉外民事诉讼的程序原则作了规定，主要有适用我国民事诉讼法原则、信守国际条约原则、诉讼权利同等和对等原则、司法豁免原则、使用我国通用语言文字原则和委托中国律师原则。

以上原则可以被概括为信守国际条约原则、适用法院地法原则。诉讼权利同等和对等原则、司法豁免原则可纳入信守国际条约原则。适用我国民事诉讼法原则、使用我国通用的语言文字原则和委托中国律师原则可归属于适用法院地法原则。

这些原则一方面确立了我国涉外民事诉讼中诉讼法规范选择适用的标准，另一方面确立了我国涉外民事诉讼中法院和当事人应当遵守的诉讼原则。这些原则体现了涉外民事诉讼的特殊性，有别于国内民事诉讼程序的基本原则。

（一）信守国际条约原则

信守国际条约原则即优先适用我国缔结或参加的国际条约。《民诉法》第 271 条规定，我国缔结或参加的国际条约同该法有不同规定的，适用该国际条约的规定，但我国声明保留的条款除外。该原则在我国涉外民事诉讼程序中主要体现在以下方面。

1. 诉讼权利义务同等和对等

诉讼权利同等原则是国家间基于平等互惠关系而普遍采用的诉讼原则，是国民待遇原则在涉外民事诉讼程序中的体现。《民诉法》第 5 条第 1 款规定，外国人、无国籍人、外国企业和组织在我国人民法院起诉、应诉，同我国公民、法人和其他组织有同等的诉讼权利义务。

与同等原则相辅相成的是对等原则。《民诉法》第 5 条第 2 款规定，外国法院对我国公民、法人和其他组织的民事诉讼权利加以限制的，我国人民法院对该国公民、企业和组织的民事诉讼权利，实行对等原则。实行对等原则，以限制抵消限制，是得到国际法认可的、国际上通行的一种做法，其目的仍然在于追求平等互惠。

我国人民法院审判、执行涉外案件时，其诉讼费用的交纳和负担，我国法律或者我国缔结或参加的国际条约有特别规定的，从其特别规定；无特别规定的，与国内案件同等对待；外国法院对我国国民有歧视性收费的，适用对等原则。

2. 民事司法豁免

在涉外民事诉讼领域，民事司法豁免主要包括外交特权与豁免、国家及其财产豁免。《民诉法》第 272 条规定，对享有外交特权与豁免的外国人、外国组织或者国际组织提起的民事诉讼，应当依照我国有关法律和我国缔结或者参加的国际条约的规定办理。凡依照我国有关法律和我国缔结或者参加的国际条约的规定，享有司法豁免权的外交代表，我国人民法院不受理对他们提起的民事诉讼。但是，下列情形除外：（1）外交代表的派遣国政府明示放弃豁免的；（2）外交代表以私人身份进行遗产继承诉讼的；（3）外交代表在我国境内从事公务范围以外或者商业活动引起诉讼的；（4）享有司法豁免权者

提起民事诉讼而被反诉的。

国家及其财产的民事司法豁免，其主要内容通常是：(1) 管辖豁免。“平等者之间无司法管辖权”，即未经外国同意，不得对其提起诉讼或者以其财产为诉讼标的物。(2) 诉讼程序豁免，即虽然一国放弃管辖豁免权，但是未经其同意，不得对其财产采取诉讼保全措施，也不得强制其出庭作证或者提供证据以及实施其他诉讼行为。(3) 执行豁免，即使外国败诉，未经其同意，也不得对其财产强制执行。

《外国国家豁免法》规定，外国国家及其财产在我国法院享有管辖豁免，本法另有规定的除外（第3条）。外国国家的财产在我国法院享有司法强制措施豁免；外国国家接受我国法院管辖，不视为放弃司法强制措施豁免（第13条）。《外国国家豁免法》规定了外国国家及其财产民事司法豁免的例外情形。

（二）适用法院地法原则

我国从维护国家主权的角度，规定适用法院地法原则。我国涉外民事诉讼中，适用法院地法原则具体体现为以下几点。

1. 适用我国民事诉讼法

我国人民法院审判和执行涉外民事案件，应当适用我国民事诉讼法的有关规定，除非我国缔结或参加的国际条约另有规定，这就是诉讼法规范的适用遵循法院地法原则。

在我国，一般认为，适用我国民事诉讼法实际上旨在维护我国的主权。因为涉外民事诉讼是以国家公权力处理涉外民事案件，涉外民事诉讼法属于公法，其中包含法院地国的公共利益，所以关于程序问题，法院和当事人均应遵守法院地法。

我国民事诉讼法规定的我国人民法院专属管辖的案件，不允许和不承认外国法院对其行使管辖权，也不允许当事人协议选择外国法院管辖，以维护我国主权和社会公共利益。

只有在不违背我国法律基本原则、不危及我国国家安全、不损害我国社会公共利益的前提下，我国人民法院才予以国际司法协助。

2. 使用我国通用的语言文字

外国人在我国进行诉讼时，应当使用我国通用的语言文字。在人们的观念中，诉讼中所使用的语言文字与国家主权密切相关，那么根据主权原则，诉讼中应当使用我国通用的语言文字，外文诉讼文书应附中文译本。

当事人向人民法院提交的书面材料是外文的，应当同时向人民法院提交中文翻译件。当事人对中文翻译件有异议的，应当共同委托翻译机构提供翻译文本；当事人对翻译机构的选择不能达成一致的，由人民法院确定。

根据《民诉法》第273条的规定，当事人要求提供翻译的，可以提供，费用由当事人承担。从平等保护外国人程序参与权的角度，外国人要求提供翻译的，我国人民法院“应当”提供而不是“可以”提供，不过应当按照《交费办法》的规定负担翻译费。

3. 委托我国律师代理出庭诉讼

涉外民事诉讼中的外籍当事人在我国进行诉讼时，需要委托律师代理诉讼的，必须委托我国的律师。[①] 涉外民事诉讼外籍当事人，可以委托本国人为诉讼代理人，也可以委托本国律师以非律师身份担任诉讼代理人；外国驻华使领馆官员，受本国自然人的委托，可以以个人名义担任诉讼代理人，但在诉讼中不享有外交或者领事特权和豁免。

涉外民事诉讼中，外国驻华使领馆授权其本馆官员，在作为当事人的本国国民不在中华人民共和国领域内的情况下，可以以外交代表身份为其本国国民在我国聘请我国律师或者我国自然人代理民事诉讼。

《民诉法》第 274 条规定：外国人、无国籍人、外国企业和组织在人民法院起诉、应诉，需要委托律师代理诉讼的，必须委托中华人民共和国的律师。

根据《民诉法》第 275 条和《民诉解释》第 522 条的规定，在我国领域内没有住所的外国人、无国籍人、外国企业和组织委托我国律师或者其他人代理诉讼，从我国领域外寄交或者托交的授权委托书，应当经所在国公证机关证明，并经我国驻该国使领馆认证，或者履行我国与该所在国订立的有关条约中规定的证明手续后，才具有效力。

需要办理公证、认证手续，而外国当事人所在国与我国没有建立外交关系的，可以经该国公证机关公证，经与我国有外交关系的第三国驻该国使领馆认证，再转由我国驻该第三国使领馆认证。

外国人、外国企业或者组织的代表人在人民法院法官的见证下签署授权委托书，委托代理人进行民事诉讼的，人民法院应予认可。外国人、外国企业或者组织的代表人在我国境内签署授权委托书，委托代理人进行民事诉讼，经我国公证机构公证的，人民法院应予认可。

外国人在我国进行诉讼时，如需委托律师代理出庭诉讼，必须委托中国律师。律师制度是一国司法制度的重要组成部分。允许外国律师代理出庭诉讼实际上是允许外国律师干预内国司法事务，势必有损内国司法主权，因此各国原则上禁止外国律师以该国律师的身份在内国法院出庭代理诉讼。

第二节　涉外民事诉讼程序规范的选择适用

涉外民事诉讼程序规范的选择适用，涉及以下主要问题：（1）决定涉外民事诉讼程序规范选择适用的因素；（2）根据这些因素，如何确立程序规范选择适用的原则；（3）根据这些因素，如何确立适用法院地法原则的例外，即如何适用非法院地法；（4）若需适用外国民事诉讼程序规范，则涉及排除其适用的问题。

一、决定涉外民事诉讼程序规范选择适用的因素

因为涉外民事诉讼针对的是民事案件，所以公正、及时地保护当事人民事权益和解

① 《外国律师事务所驻华代表机构管理条例》规定，外国律师事务所可以在我国设立代表机构，从事一些法律咨询、委托中国律师事务所办理中国法律事务、提供有关中国法律环境影响的信息等活动。

决民事纠纷，是涉外民事诉讼程序的直接目的；因为其包含涉外因素，所以一方面涉及相关国家公共政策的维护问题，另一方面涉及国际民事交往和国际民事司法合作问题。

决定涉外民事诉讼程序规范选择适用的因素主要有：（1）当事人方面的因素，即平等维护当事人的程序利益和实体利益，亦即方便当事人诉讼，降低当事人诉讼成本，公正、及时地保护当事人民事权益和解决涉外民事纠纷；（2）国家公共政策方面的因素，即维护国家公共政策；（3）国际民事交往方面的因素，即维护和促进国际民事交往的良性发展。完善我国涉外民事诉讼程序应当合理权衡这三方面因素的关系。

20 世纪以来，全球化成为主流，国际共同利益扩大和加深，从而使国家利益边界日益模糊，于是与国家间对抗相比，合作渐占优势。国家限制或淡化其主权并不是主权的弱化而是行使主权的形式，即全球化潮流之中国家根据国家利益自愿决定是否让渡以及如何让渡其主权。[①]

在全球化进程中，各国法律的趋同化以及主权原则的适当淡化是国际社会的大势，贯穿其中的即建立一套能使世界市场有效良好运作的法律制度。[②] 许多世界性和地区性的国际组织致力于国际民事诉讼程序的统一化工作，比如海牙国际私法会议在第七届会议以后，已逐步将工作重点放在解决国际民商事领域的法律适用和程序问题。[③]

根据世界贸易组织诸协议等国际条约的规定，各成员应当制定及时有效的救济程序以“阻止侵权，或有效遏制进一步侵权”，并且这些程序的执行应依公平合理的原则，且“不应是毫无必要的烦琐、费时，也不应受不合理的时限及无保证的延迟的约束”。任何国际社会成员如果不能向外商提供充分的司法救济手段，均为违反国际条约。

根据《对外关系法》第 32 条的规定，国家在遵守国际法基本原则和国际关系基本准则的基础上，加强涉外领域法律法规的实施和适用，并依法采取执法、司法等措施，维护国家主权、安全、发展利益，保护中国公民、组织合法权益。

根据《对外关系法》第 39 条的规定，我国加强多边双边法治对话，推进对外法治交流合作；我国根据缔结或者参加的条约和协定，或者按照平等互惠原则，同外国、国际组织在执法、司法领域开展国际合作；国家深化拓展对外执法合作工作机制，完善司法协助体制机制，推进执法、司法领域国际合作。

我国涉外民事诉讼也“与时俱进”，在当今涉外民事诉讼领域，尤为注重“规则与方法”或者说“确定性与灵活性”之间的契合，即在依据法院地法原则决定诉讼程序规范适用的同时，重视采用最密切联系、意思自治等灵活性的选择方法，旨在方便涉外民事诉讼当事人进入法院获得诉讼救济。

---

① 参见肖佳灵：《国家主权论》，486～488 页，北京，时事出版社，2003；叶传星：《全球化背景下的法律发展》，载《人民法院报》，2002-06-17。

② 参见王贵国：《经济全球化与中国法制兴革的取向》，载陈安主编：《国际经济法论丛》，第 3 卷，北京，法律出版社，2000。

③ 参见李双元：《国际民商事新秩序的理论建构》，92 页，武汉，武汉大学出版社，1998。

二、适用法院地法原则及其例外

（一）适用法院地法原则的根据

许多内国法和国际条约将对程序问题适用法院地法作为一般原则予以确认，其根据主要有以下几点。

（1）作为公法的民事诉讼法的适用，关乎法院地国的公共利益。[①]

（2）以适用法院地法为原则，可以减少内国法院和当事人随意或茫然选择适用程序规范的情况，避免诉讼混乱迟延，符合程序安定性要求。

（3）内国法院不熟悉外国程序法，必然产生外国程序法的查明和适用方面的困难。

（4）大部分程序问题或大多数诉讼行为与法院地法存在着更为密切的联系，所以将适用法院地法作为一般原则，可以方便当事人诉讼和方便法院审判、执行。

（二）适用法院地法原则的例外

排除法院地法的适用，是信守国际条约的要求（国际条约规定适用非法院地法）。同时，还有适用法院地法原则的合理例外，主要有以下几点。

（1）适用当事人属人法中的诉讼法。这类问题主要涉及民事诉讼权利能力和民事诉讼行为能力等。

（2）适用诉讼行为地的诉讼法。比如，向国外送达诉讼文书、到国外取证等则需遵循行为地国诉讼法的相关规定。又如，对外国法院判决的合法性、法律效力和形式要求则需根据作出该判决国家诉讼法的相关规定来判断。适用诉讼行为地的诉讼法，往往涉及行为地国的主权问题，也与实体法中物之所在地法的适用理由基本一致。

（3）适用民事准据法所属国的诉讼法。比如，反诉的实体根据、共同诉讼的实体根据、诉讼参加的实体根据、诉讼中的债务抵销等问题，涉及民事准据法以及与之相应的诉讼法。以民事准据法所属国的诉讼法来处理以上问题，旨在适当保护民事准据法所确定的权益和妥当解决民事纠纷。[②]

三、外国民事诉讼法规范的排除适用

虽然就一些程序问题需适用外国（非法院地国）民事诉讼法规范，但是审理法院往往基于如下理由排除适用：公共秩序或公共政策保留、不存在互惠、原告实施欺诈性法律规避（fraudulent evasion of the law）、外国民事诉讼法规范无法查明[③]等。

---

① 参见李浩培编著：《国际民事程序法概论》，17～18页，北京，法律出版社，1996。

② 于此情形也有许多人主张适用法院地法。参见李双元等：《国际民事诉讼法概论》，3版，73页，武汉，武汉大学出版社，2016。

③ 虽然应适用外国诉讼法规范，但是该规范的内容通过多种途径无法查明，或者查明的时间环节过多而造成显著诉讼浪费，则应排除该外国诉讼法规范的适用，此时则适用法院地法或与程序事项联系最密切的国家的诉讼法规范。

（一）公共秩序或公共政策保留

在涉外民事诉讼法中，一般只考虑内国的公共秩序（public order），只在例外情况下才考虑某个外国的公共秩序，必要时也得考虑国际社会的公共秩序。公共秩序或公共政策一般包括国家主权或安全、社会基本制度和公序良俗等。

如果适用外国民事诉讼法规范将损害我国公共秩序或公共政策，我国人民法院应以此为由排除外国民事诉讼法规范的适用。公共秩序或公共政策保留还适用于：（1）我国人民法院是否承认外国法院管辖权；（2）外国诉讼程序在我国的法律效力，包括我国对外国未决诉讼（主要是平行管辖或一事多诉问题）和已决诉讼的承认（主要是承认外国法院判决问题）等。

在涉外民事诉讼法中，一方面，公共秩序或公共政策保留能够起到保护内国公共秩序或公共政策的安全阀作用；另一方面，不当或过分运用，则可能不方便诉讼和不利于国际司法合作。在涉外民事诉讼中，全球化与民族化之间的关系可通过公共秩序或公共政策保留来具体体现与协调。

（二）不存在互惠

当今，许多国家往往以不存在互惠关系或不能证明存在互惠（reciprocity）关系为由，不适用外国民事诉讼法规范。换言之，许多国家往往采用事实互惠原则（我国亦是），而不采纳推定互惠做法。[①]

我们认为，在当今世界，与公共秩序或公共政策保留不同，互惠的存在并非适用外国诉讼法的条件。即使不这样，也应适用推定互惠而不是事实互惠。各国给予外国互惠总有先后，要求别国先给予互惠才给予该国互惠似乎不太妥当。

事实互惠的要求往往导致当事人正当权益得不到保护，也成为国际司法合作的障碍。比如，当事人正当权益常常需要通过司法协助来实现，若强调事实互惠基础则可能因不存在互惠而得不到司法协助。

在涉外民事诉讼法中，适用“互惠”的情形还有：（1）诉讼费用担保的免除、诉讼费用免除等；（2）法院管辖权的确定；（3）内国对外国诉讼程序法律效力的承认，特别是对外国裁判的承认和执行。

（三）原告实施欺诈性法律规避

在涉外民事诉讼中，当事人可能使用欺诈的方法规避本应适用的诉讼法规范。比如，原告为利己而不利被告，故意改变其住所或国籍，或者把合同签订地或履行地移到外国，或者以欺诈方法与被告达成管辖协议，来规避本应适用的诉讼法规范。

因原告实施欺诈性法律规避而适用的外国民事诉讼法规范，将被排除适用。构成欺诈性法律规避的要件有当事人有规避的故意、被规避的是强制性规范、规避行为已遂等。

以欺诈性法律规避与公共政策保留为由，均能排除外国诉讼法规范的适用。但是前

---

① 参见李双元等：《国际民事诉讼法概论》，3版，139～140页，武汉，武汉大学出版社，2016。

者侧重于维护原告与被告之间权益的平等，而后者旨在维护内国的公共政策；前者是当事人的故意行为，而后者属于国家行为。此外，两者的成立要件也不同，前者要求有当事人的故意，而后者无此要求。

第三节　涉外民事诉讼管辖

一、涉外民事诉讼管辖的含义和原则

（一）涉外民事诉讼管辖的含义

涉外民事诉讼管辖（权），或称民事诉讼的国际管辖（权），即对于涉外民事案件，依一定的联结关系，决定各国之间的法院管辖权。

在国际民事诉讼领域，国际管辖权（一般管辖权）与内国管辖权（特别管辖权）不同，前者系以国际社会为出发点来确定何国法院有管辖权，后者规定内国的哪一法院对案件拥有管辖权。

对于某个涉外民事案件，法院经审查后认为自己无国际管辖权的，应停止审判而以原告之诉不合法为由予以驳回。但若在原告起诉后，才发生无国际管辖权的，对诉讼无影响，法院应当继续审判，即管辖恒定。此为国际上通行的做法。

我国《民诉法》在第四编第二十四章中对涉外民事案件的管辖作出了明确规定。在确定涉外民事诉讼管辖权时，应当优先适用国际条约；其后适用《民诉法》第二十四章的特别规定；第二十四章没有规定的，可以适用第二章“管辖”和其他有关管辖的规定。

（二）涉外民事诉讼管辖的原则

许多国家规定了本国对涉外民事案件管辖的原则，主要有以下几种做法。

（1）有些国家采取属地管辖原则，即由诉讼当事人的住所地、诉讼标的物所在地、私法关系及法律事实发生地的国家法院行使本案管辖权。

（2）有些国家采取属人管辖原则，即以诉讼当事人的国籍为联结因素来确定何国法院行使管辖权，而不管当事人是否居住在内国、是否为被告，其国籍国法院均有管辖权。

（3）有些国家采取实际控制管辖原则，主要是指以被告或诉讼标的物能够被本国实际控制为依据确定管辖法院，比如被告在本国并接到本国法院传票、诉讼标的物在本国领域内等，本国法院就有管辖权。

根据《民诉法》第 276 条的规定，我国实际上采用属地管辖原则。我国将诉讼标的物所在地、可供扣押财产所在地规定为确定人民法院有管辖权的联结因素，除考虑到属地管辖原则外，还考虑到对物的实际控制因素。

实行属地管辖原则和属人管辖原则的国家在管辖上日益接近。大部分实行属地管辖原则的国家，为了保护本国国民的利益，同时以属人管辖为补充。在实行属人管辖原则的国家，在承认或实行“原告就被告”原则的同时，对于诉讼标的物在本国领域内的案件本国也可行使管辖权。

在现代国际社会中，普遍承认以当事人意志为确定管辖权的根据，即协议管辖。此外，还可考虑以相互性来确定管辖权，即一国采取某个标准，相应的另一国（即使无该标准）也可采取该标准。

二、我国涉外民事诉讼管辖

根据我国民事诉讼法和司法解释的有关规定，我国涉外民事诉讼审判管辖包括级别管辖和地域管辖。地域管辖又包括一般地域管辖、特殊地域管辖、协议管辖和专属管辖。

（一）级别管辖

根据《民诉法》第二章的规定，涉外民事案件可由基层人民法院管辖，重大的涉外案件由中级人民法院管辖。重大涉外案件，包括争议标的额大的案件、案情复杂的案件，或者一方当事人人数众多等具有重大影响的案件。

依据《涉外管辖规定》[①]，基层人民法院管辖第一审涉外民商事案件，法律、司法解释另有规定的除外（第 1 条）。中级人民法院管辖下列第一审涉外民商事案件：(1) 争议标的额大的涉外民商事案件[②]；(2) 案情复杂或者一方当事人人数众多的涉外民商事案件；(3) 其他在本辖区有重大影响的涉外民商事案件（第 2 条）。高级人民法院管辖诉讼标的额人民币 50 亿元以上（包含本数）或者其他在本辖区有重大影响的第一审涉外民商事案件。高级人民法院根据本辖区的实际情况，认为确有必要的，经报最高人民法院批准，可以指定一个或数个基层人民法院、中级人民法院分别对该规定第 1 条、第 2 条规定的第一审涉外民商事案件实行跨区域集中管辖。

《国际商事法庭规定》第 2 条规定，最高人民法院国际商事法庭受理下列案件：(1) 当事人依照《民诉法》第 35 条的规定协议选择最高人民法院管辖且标的额为人民币 3 亿元以上的第一审国际商事案件；(2) 高级人民法院对其所管辖的第一审国际商事案件，认为需要由最高人民法院审理并获准许的；(3) 在全国有重大影响的第一审国际商事案件；(4) 依照本规定第 14 条申请仲裁保全、申请撤销或者执行国际商事仲裁裁决的；(5) 最高人民法院认为应当由国际商事法庭审理的其他国际商事案件。

（二）地域管辖

1. 一般地域管辖和特殊地域管辖

在涉外民事诉讼中，一般地域管辖是以被告住所地来决定管辖法院，即以被告住所

---

① 涉外海事海商纠纷案件、涉外知识产权纠纷案件、涉外生态环境损害赔偿纠纷案件以及涉外环境民事公益诉讼案件，不适用该规定。涉及香港、澳门特别行政区和台湾地区的民商事案件参照适用该规定。

② 北京、天津、上海、江苏、浙江、福建、山东、广东、重庆辖区中级人民法院，管辖诉讼标的额为人民币 4 000 万元以上（包含本数）的涉外民商事案件；河北、山西、内蒙古、辽宁、吉林、黑龙江、安徽、江西、河南、湖北、湖南、广西、海南、四川、贵州、云南、西藏、陕西、甘肃、青海、宁夏、新疆辖区中级人民法院，解放军各战区、总直属军事法院，新疆维吾尔自治区高级人民法院生产建设兵团分院所辖各中级人民法院，管辖诉讼标的额为人民币 2 000 万元以上（包含本数）的涉外民商事案件。

地国法院为管辖法院。在我国涉外民事诉讼中，不论被告是不是本国人，只要其在我国领域内有住所，我国人民法院对该案件就有管辖权。特殊地域管辖是以行为地、财产地等来决定管辖法院。

根据《民诉法》第 276 条的规定，因涉外民事纠纷，对在我国领域内没有住所的被告提起除身份关系以外的诉讼，如果合同签订地、合同履行地、诉讼标的物所在地、可供扣押财产所在地、侵权行为地、代表机构住所地位于我国领域内，由合同签订地、合同履行地、诉讼标的物所在地、可供扣押财产所在地、侵权行为地或者代表机构住所地的人民法院管辖。

2. 协议管辖

根据《民诉法》的相关规定，涉外民事纠纷的当事人书面协议选择我国法院管辖的，可以由我国法院管辖（此为明示协议管辖）（第 277 条）；当事人未提出管辖异议，并应诉答辩或者提出反诉的，视为我国法院有管辖权（此为默示协议管辖）（第 278 条）。

《海诉法》第 8 条规定，海事纠纷当事人都是外国人、无国籍人、外国企业或者组织，当事人书面协议选择我国海事法院管辖的，即使与纠纷有实际联系的地点不在我国领域内，我国海事法院对该纠纷也具有管辖权。

依据《国际商事法庭规定》第 2 条的规定，当事人依照《民诉法》第 35 条的规定协议选择最高人民法院管辖且标的额为人民币 3 亿元以上的第一审国际商事案件，由国际商事法庭受理。

如果当事人协议由我国人民法院管辖，对于管辖协议是否成立和生效，应当根据我国民事诉讼法（法院地法）来确认。

3. 专属管辖

凡我国人民法院专属管辖的案件，我国概不承认外国法院对之行使的管辖权及其判决，也不允许当事人协议由别国法院管辖。

《民诉法》第 279 条规定，下列民事案件，由我国法院专属管辖：（1）因在我国领域内设立的法人或者其他组织的设立、解散、清算，以及该法人或者其他组织作出的决议的效力等纠纷提起的诉讼；（2）因与在我国领域内审查授予的知识产权的有效性有关的纠纷提起的诉讼；（3）因在我国领域内履行中外合资经营企业合同、中外合作经营企业合同、中外合作勘探开发自然资源合同发生纠纷提起的诉讼。

《民诉法》第 34 条规定了三类专属管辖的案件。依据特别法未加规定者适用普通法相应规定的原理，涉外不动产纠纷案、涉外港口作业纠纷案和涉外遗产继承纠纷案同样由我国人民法院专属管辖。《海诉法》第 7 条规定的案件，含有涉外因素的，也由我国海事法院专属管辖。

三、涉外民事诉讼管辖冲突及其解决

（一）涉外民事诉讼管辖冲突

涉外民事诉讼管辖（权）的冲突包括：（1）消极冲突，主要是指对某个案件有管辖权的国家法院均不行使管辖权，或者某个案件处于无管辖权的状态；（2）积极冲突，主要是指对某个案件两个以上国家法院竞相行使管辖权。

存在共同管辖法院的情形中，才会发生管辖权的积极冲突，但是在专属管辖的情形中，既不存在管辖权的积极冲突，又不允许当事人选择或挑选法院（forum shopping）。

对于消极管辖冲突，若我国法律未规定我国人民法院有管辖权，而诉讼在外国又不可能合理进行，则与该案件有足够联系的地方的我国人民法院可以管辖，以避免因消极管辖冲突对当事人产生的司法拒绝。

在维护国家主权的基础上，对涉外管辖积极冲突的解决原则主要有：（1）国际礼让原则（the doctrine of international comity）；（2）最密切联系原则（the doctrine of the most significant relationship）；（3）当事人意思自治原则（the doctrine of autonomy of parties）等。[①] 对涉外管辖积极冲突的解决方法主要有平行管辖、不方便法院、当事人协议管辖等。

（二）平行管辖

1. 平行管辖的含义

在非专属管辖的情形中，平行管辖［诉讼竞合、平行诉讼（parallel proceedings）］，即一事多讼，实际上属于未决诉讼问题，即未决诉讼程序在内国的法律效力问题。

平行诉讼，是指相同当事人基于同一纠纷事实在两个以上国家法院进行诉讼的情形，主要有两种类型。

一是原告被告共通型，又称重复诉讼（repetitive suits），是指就同一纠纷事实，同一原告在两个以上国家针对同一被告提起诉讼的情形。比如，基于同一案件事实，原告在一国提起侵权之诉，而针对同一被告在另一国提起侵权之诉或违约之诉。

二是原告被告逆转型，又称对抗诉讼（reactive suits），是指基于同一纠纷事实，A对B在一国法院起诉，同时B对A在另一国法院起诉。比如，在国际货物买卖合同中，一方当事人在一国提起给付之诉，而对方当事人在另一国提起确认该合同无效之诉。

平行诉讼的通常情形是重复诉讼。对此，《民诉法》第280条规定，当事人之间的同一纠纷，一方当事人向外国法院起诉，另一方当事人向我国法院起诉，或者一方当事人既向外国法院起诉，又向我国法院起诉。

2. 关于处理平行管辖的学说

国际上，对平行管辖的解决理论和方法有“规制消极说”，即允许平行管辖或一事多诉。既然一事多诉有其合理性，就不应完全禁止。对于平行诉讼的处理，各国往往根据本国立法确定其有无管辖权。这是因为：其一，各国均有平等、独立的司法主权，不存在互相移送案件的义务（国际条约另有规定的除外），并且要求受诉法院调查在外国是否一事再诉也是过分要求；其二，若发生不承认和不执行外国判决时，本国肯定平行诉讼则是给予当事人司法救济的机会；其三，原告选择对己有利而对被告很不利的国家法院起诉，允许被告在他国提起对抗之诉，则能够平等维护原告与被告的实体利益和程序利益。

---

① 参见徐卉：《涉外民商事诉讼管辖权冲突研究》，116～121页，北京，中国政法大学出版社，2001。

但是，绝对允许重复诉讼，也可能产生如下弊端：就同一纠纷可能作出多个相互矛盾的判决，使得当事人民事权益的实现发生冲突；若作出两个或多个判决，原告因多次胜诉则多次受偿，被告却付出多次赔偿，并且将被告多次拉入诉讼，则对被告也是不公的。因此，又存在“承认预测说”“适合或方便的法院说”（利益衡量说）等学说和做法。“承认预测说”主张，在他国法院系属的同一诉讼，本国法院预测他国判决在本国可能被承认的，则裁定驳回或中止审理在本国提起的平行诉讼。“适合或方便的法院说”主张，本国法院衡量本案各种利益而认为由他国法院审判较适合或较方便时，则驳回或中止在本国的平行诉讼。

3. 我国关于处理平行管辖的规定

根据《民诉法》第 280 条的规定，对于平行诉讼的纠纷，我国法院有管辖权的，可以受理。当事人订立排他性管辖协议选择外国法院管辖且不违反《民诉法》对专属管辖的规定，不涉及我国主权、安全或者社会公共利益的，我国法院可以裁定不予受理；已经受理的，裁定驳回起诉。

根据《民诉法》第 281 条的规定，我国法院依据前述规定受理案件后，当事人以外国法院已经先于我国法院受理为由，书面申请我国法院中止诉讼的，我国法院可以裁定中止诉讼，但是存在下列情形之一的除外：（1）当事人协议选择人民法院管辖，或者纠纷属于人民法院专属管辖；（2）由我国法院审理明显更为方便。

外国法院未采取必要措施审理案件，或者未在合理期限内审结的，依当事人的书面申请，我国法院应当恢复诉讼。外国法院作出的发生法律效力的判决、裁定，已经被我国法院全部或者部分承认，当事人对已经获得承认的部分又向人民法院起诉的，裁定不予受理；已经受理的，裁定驳回起诉。

（三）不方便法院

在共同管辖的情形中，如果原告选择法院或挑选法院将给被告或审判带来显著不便，被选择的法院或受诉法院就可以其是不方便法院并且存在更方便的他国法院为由，拒绝行使管辖权。

不方便法院（forum non conveniens）原则通行于英美法系，但各国具体做法有异。至于大陆法系，虽无“不方便法院”原则之名，却有其实。我国理论界多主张在立法上确立“不方便法院”原则[①]；实务中也采用过“不方便法院”的做法。[②]

《民诉法》第 282 条规定，我国法院受理的涉外民事案件，被告提出管辖异议，且同时有下列情形的，可以裁定驳回起诉，告知原告向更为方便的外国法院提起诉讼：（1）案件争议的基本事实不是发生在我国领域内，我国法院审理案件和当事人参加诉讼均明显不方便；（2）当事人之间不存在选择我国法院管辖的协议；（3）案件不属于我国法院专属管辖；（4）案件不涉及我国主权、安全或者社会公共利益；（5）外国法院审理案件更为方便。

---

① 参见李双元、谢石松：《国际民事诉讼法概论》，2 版，314～331 页，武汉，武汉大学出版社，2001；徐卉：《涉外民商事诉讼管辖权冲突研究》，124～162 页，北京，中国政法大学出版社，2001。

② 参见盛勇强：《涉外民事诉讼管辖权冲突的国际协调》，载《人民司法》，1993（9）；刘振江：《涉外民事经济法律研究》，425～439 页，广州，中山大学出版社，1991。

裁定驳回起诉后，外国法院对纠纷拒绝行使管辖权，或者未采取必要措施审理案件，或者未在合理期限内审结，当事人又向我国法院起诉的，我国法院应当受理。

不方便法院制度的目的是平衡原告与被告之间的利益，谋求当事人方便诉讼和法院方便审判的统一，避免国际民事管辖权发生冲突，促成国际民事司法合作。

第四节　跨境网上立案和涉外送达、调查取证、期间

一、跨境网上立案

依据最高人民法院《跨境网上立案规定》，跨境诉讼当事人包括外国人，我国香港特别行政区、澳门特别行政区和台湾地区居民，经常居所地位于国外或者我国港澳台地区的我国大陆内地公民以及在国外或者我国港澳台地区登记注册的企业和组织（以下以外国人为例展开介绍）。

为跨境诉讼当事人提供网上立案服务的案件范围包括第一审民事、商事起诉。人民法院通过“中国移动微法院”为跨境诉讼当事人提供网上立案服务。

通过身份验证的跨境诉讼当事人委托我国律师代理诉讼，可以向受诉法院申请线上视频见证。线上视频见证的过程将由系统自动保存。

跨境诉讼当事人申请网上立案应当在线提交以下材料：（1）起诉状；（2）当事人的身份证明及相应的公证、认证、转递、寄送核验等材料；（3）证据材料。上述材料应当使用我国通用文字或者有相应资质翻译公司翻译的译本。

受诉法院收到网上立案申请后，应当作出以下处理：（1）符合法律规定的，及时登记立案。（2）提交诉状和材料不符合要求的，应当一次性告知当事人在 15 日内补正。当事人难以在 15 日内补正材料，可以向受诉法院申请延长补正期限至 30 日。当事人未在指定期限内按照要求补正，又未申请延长补正期限的，立案材料作退回处理。（3）不符合法律规定的，可在线退回材料并释明具体理由。（4）无法即时判定是否符合法律规定的，应当在 7 个工作日内决定是否立案。

跨境诉讼当事人提交的立案材料中包含以下内容的，受诉法院不予登记立案：（1）危害国家主权、领土完整和安全；（2）破坏国家统一、民族团结和宗教政策；（3）违反法律法规，泄露国家秘密，损害国家利益；（4）侮辱诽谤他人，进行人身攻击、谩骂、诋毁，经法院告知仍拒不修改；（5）所诉事项不属于人民法院管辖范围；（6）其他不符合法律规定的起诉。

二、涉外送达

（一）涉外送达（service abroad）的含义

在国际民事司法协助领域，通常需向身处外国的当事人或证人等送达诉讼文书或法

律文书。在我国，通常将域外送达界定为“一国司法机关依据有关国家的国内立法或国际条约的规定将诉讼和非诉讼文书送交给居住在国外的诉讼当事人或其他诉讼参与人的行为”①。

在国际民事司法协助领域，送达诉讼文书或法律文书多被认为是一国司法机关代表国家行使国家主权的行为，只能通过共同参加的国际条约或者受送达地国法律允许的方式送达，具有严格的属地性。

根据最高人民法院《涉外送达规定》，向在我国领域内没有住所的受送达人送达的司法文书有起诉状副本、上诉状副本、反诉状副本、答辩状副本、传票、判决书、调解书、裁定书、支付令、决定书、通知书、证明书、送达回证以及其他司法文书。

（二）《海牙送达公约》

《海牙送达公约》自 1992 年 1 月 1 日起对我国生效。对该公约，我国正式发出《关于执行〈关于向国外送达民事或商事司法文书和司法外文书公约〉有关程序的通知》（1992 年），并正式制定了《关于执行〈海牙送达公约〉的实施办法》（1992 年）。

《海牙送达公约》适用于所有民商事案件中司法文书和司法外文书的送达，但不适用于受送达人地址不明的情况。该公约第 8 条至第 11 条规定了送达方式。在送达过程中产生困难的，通过外交途径解决。

凡公约成员国驻华使、领馆转送该国法院或其他机关请求我国送达的民事或商事司法文书，应直接送交司法部；凡公约成员国有权送交文书的主管当局或司法助理人员直接送交司法部请求我国送达的民事或商事司法文书，均由司法部转递给最高人民法院，再由最高人民法院交有关人民法院送达给当事人或其他诉讼参与人。

发自缔约一国的司法文书的送达不应产生因文书发往国提供服务所引起的税款或费用的支付或补偿。申请者应支付或补偿下列情况产生的费用：（1）有司法助理人员或依送达目的地国法律主管人员的参与；（2）特定送达方法的使用。

文书发往国只在其认为执行该请求将损害其主权或安全时才拒绝执行。一国不得仅根据下列理由拒绝执行：依其国内法，该国主张对该项诉讼标的的专属管辖权，或其国内法不允许进行该项请求所依据的诉讼。一国拒绝执行的，其中央机关（在我国是司法部）应迅速通知申请者，并说明拒绝的理由。

根据该公约向国外递送传票或类似文书，而被告没有出庭的，在确定以下情况之前，不得作出判决：（1）该文书已依文书发往国的国内法所规定的在国内诉讼中对在其境内的人送达文书的方法予以送达；或（2）该文书已依该公约规定的其他方法被实际交付被告或其居所。在上述任何一种情况下，送达或交付均应在能保证被告有足够的答辩时间的条件下完成。

但是，每一缔约国均可声明，只要满足下述条件，即使未收到送达或交付的证明书，法官仍可作出判决：（1）已依该公约所规定的一种方法递送该文书；（2）法官根据具体案件认为自递送文书之日起不少于 6 个月的适当期间已满；（3）为获取证明书，文书发

① 韩德培主编：《国际私法》，438 页，北京，高等教育出版社、北京大学出版社，2000。

往国的主管机关已尽了一切合理的努力，但仍未收到任何种类的证明书。虽有上述规定，但法官仍可在紧急情况下决定采取任何临时性或保护性的措施。

根据该公约向国外递送传票或类似文书，并已对未出庭的被告作出败诉判决的，在满足下述条件时，法官有权使被告免于该判决因上诉期届满所产生的丧失上诉权的效果：(1) 被告非因自己的过失，未能在足够期间内知悉该文书，提出答辩，或未能在足够期间内知悉该判决，提起上诉；并 (2) 被告对该案的实质问题提出了表面可以成立的答辩理由。

被告只能在其知悉该判决后的合理期间内提出免除丧失上诉权效果的申请。每一缔约国均可声明对在该声明中所指明的期间届满后提出的申请不予受理，但这一期间在任何情况下均不得少于自判决之日起 1 年。上述规定不适用于有关人的身份或能力的判决。

（三）送达方式

根据《海牙送达公约》、我国缔结的双边司法协助条约、《民诉法》第 283 条、《海诉法》第七章、《涉外送达规定》等规定，我国人民法院向在我国领域内无住所的当事人送达主要有以下几种途径或方式。

(1) 依照国际条约规定的方式送达。受送达人所在国与我国签订了双边司法协助协定，且为《海牙送达公约》成员国的，我国人民法院依照司法协助协定办理。如无双边司法协助协定，则适用共同参加的《海牙送达公约》。

(2) 通过外交途径送达。在受送达人所在国与我国没有共同参加有关国际公约且尚未签订双边司法协助条约（协定）的情况下，一般通过外交途径送达。采用外交途径送达要求受送达人所在国与我国有外交关系。

(3) 委托我国驻受送达人所在国的使领馆代为送达。由于这种送达方式涉及驻在国的法律和国家利益，适用时应当符合如下三项条件：1) 受送达人具有我国国籍，但在我国境内又没有住所；2) 不得违反驻在国的法律规定；3) 不得采取强制措施。

(4) 向受送达人在本案中委托的诉讼代理人送达。不论受送达人是谁，只要受送达人已经委托其诉讼代理人接受送达，法院均可向受送达人委托的诉讼代理人送达，由其诉讼代理人把诉讼文书转交给受送达人（可以留置送达）。诉讼代理人的签收日期为送达日期。

(5) 向独资企业、代表机构、分支机构或者有权接受送达的业务代办人送达。这种送达方式主要适用于受送达人是外国企业或者经济组织，并与我国在经济贸易、海上运输等方面有业务往来的情形。如果受送达人在我国领域内设有代表机构或者有权接受送达的分支机构、业务代办人，法院可以向受送达人的代表机构或分支机构、业务代办人送达诉讼文书（可以留置送达）。

(6) 向法人或者其他组织送达。受送达人为外国人、无国籍人，其在我国领域内设立的法人或者其他组织担任法定代表人或者主要负责人，且与该法人或者其他组织为共同被告的，向该法人或者其他组织送达。

(7) 向外国法人或者其他组织的法定代表人或者主要负责人送达。受送达人为外国法人或者其他组织，其法定代表人或者主要负责人在我国领域内的，向其法定代表人或者主要负责人送达。主要负责人包括该企业、组织的董事、监事、高级管理人员等。根据《海诉法》第80条的规定，有关扣押船舶的法律文书也可以向当事船舶的船长送达。

(8) 邮寄送达。受送达人所在国的法律允许邮寄送达的，可以邮寄送达，自邮寄之日起满3个月，送达回证没有退回，但根据各种情况足以认定已经送达的，期间届满之日视为送达。

(9) 电子送达。采用能够确认受送达人收悉的电子方式送达，但是受送达人所在国法律禁止的除外。

(10) 以其他方式送达。以受送达人同意的其他方式送达，但是受送达人所在国法律禁止的除外。

(11) 公告送达。不能用上述方式送达的，公告送达，自公告发出之日起，经过60日，即视为送达。

在涉外民事诉讼中，除公告送达外，我国法院可以同时采取多种送达方式向受送达人送达诉讼文书，以最先实现送达的方式确定送达日期。

受送达人在送达诉讼文书时未履行签收手续，但有以下情形之一的，视为送达：(1) 受送达人书面向我国法院提到了送达诉讼文书的内容；(2) 受送达人已经按照送达诉讼文书的内容履行；(3) 其他可以视为已经送达的情形。

至于我国法院向外国国家送达传票或者其他诉讼文书，《外国国家豁免法》第17条第1款规定，应当按照下列方式进行：(1) 该外国国家与我国缔结或者共同参加的国际条约规定的方式；(2) 该外国国家接受且我国法律不禁止的其他方式。前述方式无法完成送达的，可以通过外交照会方式送交该外国国家外交部门，外交照会发出之日视为完成送达。

向外国国家送达起诉状副本时，应当一并通知该外国国家在收到起诉状副本后3个月内提出答辩状。外国国家在对其提起的诉讼中就实体问题答辩后，不得再就诉讼文书的送达方式提出异议。

经送达完成，外国国家未在我国法院指定期限内出庭的，法院应当主动查明该外国国家是否享有管辖豁免。对于外国国家在我国法院不享有管辖豁免的案件，法院可以缺席判决，但应当在诉讼文书送达之日的6个月以后。我国法院对外国国家作出的缺席判决，应当按照《外国国家豁免法》第17条的规定送达。

三、涉外调查取证

(一) 涉外调查取证的含义

在国际民事司法协助中，调查取证包括询问当事人、证人和鉴定人，进行鉴定和司法勘验，以及收集书证和视听资料等。

国外调查取证，一般有直接取证和间接取证两种：前者，比如我国外交和领事人员在驻在国取证、当事人及其诉讼代理人到外国自行取证等。后者，则是委托证据所在国法院或有关机关代为调查取证。

有关调查取证，我国与外国缔结的司法协助条约中多有规定，并且我国于1997年加入了《海牙取证公约》，此外我国《民诉法》也作出了一些规定。

《证据规定》第16条第1款规定，当事人向我国人民法院提供的公文书证系在我国领域外形成的，该证据应当经所在国公证机关予以证明，或者履行我国与该所在国订立的有关条约中规定的证明手续。[①]

（二）《海牙取证公约》

在民商事案件中，每一缔约国的司法机关可以根据该国的法律规定，通过请求书的方式，请求另一缔约国主管机关调取证据或履行某些其他司法行为。“其他司法行为”不包括司法文书的送达或颁发执行判决或裁定的任何决定，或采取临时措施或保全措施的命令。

我国指定司法部作为负责接收来自另一缔约国司法机关的请求书，并将其转交给执行请求的主管机关的中央机关。如果司法部认为请求书不符合该公约的规定，应立即通知向其送交请求书的请求国机关，指明对该请求书的异议。

《海牙取证公约》第9条规定：执行请求书的司法机关应适用其本国法规定的方式和程序。但是，该机关应采纳请求机关提出的采用特殊方式或程序的请求，除非其与执行国国内法相抵触或因其国内惯例和程序或存在实际困难而不可能执行。请求书应迅速执行。

请求书的执行不产生任何性质的税费补偿。但是，执行国有权要求请求国偿付支付给鉴定人和译员的费用和因采用请求国根据《海牙取证公约》第9条第2款要求采用的特殊程序而产生的费用。

请求书的执行过程中，在下列情况下有拒绝作证的特权或义务的有关人员，可以拒绝提供证据：（1）根据执行国法律；或（2）根据请求国法律，并且该项特权或义务已在请求书中列明，或应被请求机关的要求，经请求机关另行确认的。此外，缔约国可以声明在声明指定的范围内，尊重请求国和执行国以外的其他国家法律规定的特权或义务。

只有在下列情况下，执行国或被请求国才能拒绝执行请求书：（1）在执行国，该请求书的执行不属于司法机关的职权范围；或（2）被请求国认为，请求书的执行将会损害其主权和安全。执行国不能仅以其国内法已对该项诉讼标的规定专属管辖权或不承认对该事项提起诉讼的权利为理由，拒绝执行请求。

证明执行请求书的文书应由被请求机关采用与请求机关所采用的相同途径送交请求机关。在请求书全部或部分未能执行的情况下，应通过相同途径及时通知请求机关，并说明原因。

（三）涉外调查取证的方式

根据《海牙取证公约》、我国缔结的双边司法协助条约和《民诉法》第284条等的规定，当事人申请人民法院调查收集的证据位于我国领域外时，调查取证的主要方式有如

---

① 当事人向人民法院提供外文书证或者外文说明资料，应当附有中文译本（《证据规定》第17条）。

下几种。

（1）依照证据所在国与我国缔结或者共同参加的国际条约中规定的方式，包括《海牙取证公约》、我国缔结的双边司法协助条约等规定的方式。

（2）通过外交途径调查收集。我国人民法院和外国法院通过外交途径相互调查取证，可参照最高人民法院、外交部、司法部《关于我国法院和外国法院通过外交途径相互委托送达法律文书若干问题的通知》（外发〔1986〕47 号）办理。

（3）对具有中华人民共和国国籍的当事人、证人，可以委托中华人民共和国驻当事人、证人所在国的使领馆代为取证。采用这种方式的前提是所在国法律不禁止。

（4）经双方当事人同意，通过即时通信工具取证。采用这种方式的前提是所在国法律不禁止。

（5）以双方当事人同意的其他方式取证，其前提是所在国法律不禁止。

四、涉外期间

（一）涉外民事诉讼期间的特点

涉外诉讼期间与国内诉讼期间相比，具有自身的特点，即由于有些涉外案件当事人居住在国外，诉讼文书的往来、办理委托诉讼和代理人代为诉讼等事项，都需要较长的时间；同时，为了便于当事人了解受诉法院所在国的有关法律规定，便于进行诉讼，涉外民事诉讼中所规定的期间较国内民事诉讼期间要长。

在涉外民事诉讼中，当事人在我国领域内有住所的，适用《民诉法》第七章第一节关于期间的一般规定；当事人不在我国领域内居住的，适用《民诉法》第二十五章有关期间的特别规定。

（二）涉外民事诉讼期间的特别规定

1. 答辩期间

《民诉法》第 285 条规定，被告在我国境内没有住所的，应当在收到起诉状副本后 30 日内提出答辩状。被告申请延期的，是否准许，由人民法院决定。

《民诉法》第 286 条中规定，被上诉人在我国境内没有住所的，应当在收到上诉状副本后 30 日内提出答辩状。被上诉人不能在法定期间提出答辩状，申请延期的，是否准许由人民法院决定。

由此可见，一审被告和二审被上诉人提出答辩的期间均为 30 日，比国内当事人提出答辩的期间要长，并且在必要时还可以申请延长。

不过，以外国国家为被告的诉讼中，根据《外国国家豁免法》第 17 条的规定，该外国国家在收到起诉状副本后 3 个月内提出答辩状。

2. 上诉期间

《民诉法》第 286 条中规定：在我国境内没有住所的当事人，不服第一审人民法院判决、裁定的，有权在判决书、裁定书送达之日起 30 日内提起上诉；当事人不能在 30 日内提起上诉而申请延期的，是否准许，由人民法院决定。

对在我国领域内有住所的当事人，其上诉期仍然适用《民诉法》第171条规定的期限。当事人的上诉期均已届满没有上诉的，第一审人民法院的判决、裁定即发生法律效力。

不过，以外国国家为被告的诉讼中，根据《外国国家豁免法》第18条的规定，外国国家对我国法院缺席判决提起上诉的期限为6个月。

3. 审理期间和再审申请审查期间

《民诉法》第287条规定：人民法院审理涉外民事案件的期间，不受本法第152、183条规定的限制，即不受国内民事诉讼一审和二审审理期限的限制。人民法院对涉外民事案件的当事人申请再审进行审查的期间，不受《民诉法》第215条规定的限制。

与国内民事诉讼相比，涉外民事诉讼在程序阶段上都有一定难度和复杂性，当事人进行诉讼的期间和法院审判的周期也较长，因此，为保障案件的正确处理，有必要适当放宽涉外案件审理期限。尽管如此，法院仍然应当尽可能地提高办案效率，及时结案。

第五节　国际民事司法协助

一、国际民事司法协助的概念、根据和一般条件

《民诉法》第293条第1款规定："根据中华人民共和国缔结或者参加的国际条约，或者按照互惠原则，人民法院和外国法院可以相互请求，代为送达文书、调查取证以及进行其他诉讼行为。"

（一）国际民事司法协助的概念

国际民事司法协助，大体上是指一国法院或其他国家机关根据本国缔结或参加的国际条约或者互惠原则，为他国法院代为民事诉讼行为或与民事诉讼有关的行为。广义的国际民事司法协助，通常包括：

（1）一般或普通国际民事司法协助（狭义的国际民事司法协助），主要有送达司法文书和司法外法律文书、代为调查取证、提供有关法律资料等。

（2）特殊国际民事司法协助，主要是承认和执行外国法院的判决、支付令、调解书，国外仲裁裁决及公证债权文书等。

（二）国际民事司法协助的根据

基于主权原则，国家有权排斥他国司法行为，因此国际司法协助一般要有一定的根据。各国通常根据共同参加的国际条约和本国法律的规定及互惠原则相互给予司法协助。

目前，国际民事司法协助的根据主要有以下几种。

（1）双边国际条约，比如，我国与许多国家签订的有关民事司法协助的双边条约。

（2）多边国际条约，例如，我国参加的《海牙取证公约》《海牙送达公约》《纽约公

约》等。我国与《海牙送达公约》《海牙取证公约》的成员国签订有双边司法协助条约的，按双边司法协助条约办理；与非上述公约成员国签订有双边司法协助条约的，按双边司法协助条约办理。

（3）互惠关系。国家之间不存在有关司法协助的国际条约关系时，根据国际惯例可以按互惠关系形成事实上的司法协助关系，互相提供司法协助。[①]

与我国没有司法协助条约又无互惠关系的国家的法院，未通过外交途径，直接请求人民法院提供司法协助的，人民法院应予退回，并说明理由（《民诉解释》第 547 条）。

（三）我国提供司法协助的一般条件

我国向外国提供司法协助除应当具有上述根据之外，还得同时具备如下一般条件，否则不予协助执行。

（1）不得有损于我国的公共秩序。所谓我国的公共秩序，《民诉法》第 293 条第 2 款解释为我国的主权、安全或者社会公共利益，更全面的解释是我国法律的基本原则、国家核心利益和社会公共利益。我国法律的基本原则比如“一夫一妻制”。《中国的和平发展》（2011 年）白皮书指出，中国的核心利益包括国家主权、国家安全、领土完整、国家统一、中国宪法确立的国家政治制度和社会大局稳定、经济社会可持续发展的基本保障。按照《涉外法解释一》第 8 条的规定，我国的社会公共利益包括涉及劳动者权益保护、食品或公共卫生安全、环境安全、外汇管制等金融安全、反垄断、反倾销等。

（2）外国法院请求人民法院提供司法协助的请求书及其所附文件，应当附有中文译本或者国际条约规定的其他文字文本。当然，人民法院请求外国法院提供司法协助的请求书及其所附文件，应当附有该国文字译本或者国际条约规定的其他文字文本。

（3）依照我国法律规定的程序协助执行。外国法院请求采用特殊方式的，也可以按照其请求的特殊方式进行，但请求采用的特殊方式不得违反我国法律。

二、一般国际民事司法协助

有关送达文书、调查取证的方式在前文作出了阐释。在此仅阐释《民诉法》第 294 条的规定。根据《民诉法》第 294 条的规定，外国法院请求和提供司法协助的途径或方式主要有：（1）依照我国缔结或者参加的国际条约所规定的途径进行。（2）没有条约关系的，通过外交途径进行。（3）外国驻我国的使领馆可以向该国公民送达文书和调查取证。但是，不得违反我国法律，并不得采取强制措施。

除上述情况外，未经我国主管机关准许，任何外国机关或者个人不得在我国领域内送达文书、调查取证。

我国与许多外国缔结的双边司法协助条约规定，缔约双方应当根据请求相互提供本国的法律资料，以及本国民事方面司法实践的资料及其他法律资料。根据涉外审判的需

---

① 司法礼让应该是互惠的前提，即只有被申请法院根据礼让规则承认和执行管辖法院的判决，才有判决承认和执行中的互惠问题。参见刘仁山：《国际民商事判决承认与执行中的司法礼让原则》，载《中国法学》，2010（5）。

要，对法律资料宜作广义理解。因为某个外国的法律规则并不是孤立的，而是与该国的法律文化以及法律解释和推理规则构成一个不可分割的整体，所以，有关外国法律资料的提供，应当包括该法律规则本身及其在民事司法方面的实践资料、准确理解适用该规则所必需的其他资料。

三、特殊国际民事司法协助

（一）特殊国际民事司法协助的含义和一般程序

1. 特殊国际民事司法协助的含义

特殊国际民事司法协助，是指两国法院在一定基础上相互承认并执行民事司法裁判和司法外民事裁决。在我国，特殊国际民事司法协助包含两方面的内容：一是我国承认和执行外国民事司法裁判和司法外民事裁决，二是请求外国承认和执行我国民事司法裁判和司法外民事裁决。承认和执行外国司法文书和司法外文书，包括两方面的含义：（1）承认或认可外国司法文书和司法外文书在本国境内有法律效力；（2）执行已被承认的具有法律效力的外国司法文书和司法外文书。①

根据我国现行缔结的司法协助条约，相互给予特殊司法协助的法律文书可以划分为两类：（1）司法裁判或司法文书。主要有法院民商事判决（财产性或非财产性）、具有赔偿损失和返还财产内容的刑事判决、法院对诉讼费用的裁决等。（2）司法外裁决或司法外文书。主要有法院民事调解书、仲裁裁决、仲裁调解书等。基于国际司法合作的考虑，对我国法律或我国参加的国际条约没有规定的其他法律文书是否可予承认和执行，应作宽泛解释，比如公证债权文书可作为特殊司法协助的法律文书。

《民诉法》第二十七章中有关特殊国际民事司法协助的规定，是我国特殊国际民事司法协助的基本法律规定。目前，在国际条约方面，我国加入了多边的《纽约公约》，并且与许多国家签订了双边司法协助条约。但是，我国没有加入《海牙民商事案件外国判决承认与执行公约》《海牙选择法院协议公约》（该公约第三章规定了承认与执行判决）。

我国学者认为：在国际或区际民商事判决的承认与执行中坚持司法礼让原则，对国与国之间而言，是进一步促进经济上相互依存的各国间民商事交流良性发展的需要；对一国内不同的法域之间而言，则是建立共同市场即实现人员、资金及技术无障碍流通的需要。因此，这里所说的司法礼让原则之实质，既是国家对其司法主权所要求的属地性原则的自我限制，也是一国内的各法域对其司法自治权所要求的地域性原则的自我约束。其目的就是尽量减小或者杜绝政治制度的歧异与意识形态领域的差别对解决民商事争议的影响，从而使民商事关系当事人的权益得到稳固而切实的保障。由此，可以这样讲，在民商事判决的承认与执行中坚持司法礼让原则，是国际或区际民商事交流得以良性发

① 给付性的司法文书和司法外文书，其执行应以承认为前置程序。对于确认性和形成性的司法文书和司法外文书，仅需承认即可。

展的前提之一。[①]

2. 特殊国际民事司法协助的一般程序

对外国司法文书或者司法外文书，需要我国人民法院执行的，当事人应当先向人民法院申请承认。人民法院经审查，裁定承认后，再根据《民诉法》第三编的规定予以执行。当事人仅申请承认而未同时申请执行的，人民法院仅对应否承认进行审查并作出裁定。

《交费办法》第 5 条规定：外国人、无国籍人、外国企业或者组织在人民法院进行诉讼，适用本办法；外国法院对我国自然人、法人或者其他组织，与其本国自然人、法人或者其他组织在诉讼费用交纳上实行差别对待的，按照对等原则处理。向人民法院申请承认和执行外国法院判决、裁定以及国外仲裁机构裁决的，执行申请费在执行后交纳，由被执行人负担，具体的交纳标准适用《交费办法》第 13 条的规定。

当事人申请承认和执行外国司法文书或者司法外文书的期间，适用《民诉法》第 250 条的规定。当事人仅申请承认而未同时申请执行的，申请执行的期间自人民法院对承认申请作出的裁定生效之日起重新计算。

承认和执行外国司法文书或者司法外文书的案件，人民法院应当组成合议庭进行审查。人民法院应当将申请书送达被申请人。被申请人可以陈述意见。人民法院经审查作出的裁定，一经送达即发生法律效力。

（二）承认与执行我国法院裁判和仲裁裁决

1. 承认与执行我国法院裁判

根据《民诉法》第 297 条第 1 款的规定，人民法院作出的发生法律效力的判决、裁定，被执行人或者其财产不在我国领域内，当事人请求执行的，可以由当事人直接向有管辖权的外国法院申请承认和执行，也可以由人民法院依照我国缔结或参加的国际条约的规定，或者按照互惠原则，请求外国法院承认和执行。

我国涉外司法文书和司法外文书获得外国特殊司法协助的条件，主要有：（1）我国与外国存在有关条约或者互惠关系；（2）应是确定或生效的司法文书和司法外文书[②]；（3）被执行人或者被执行财产在外国；（4）应由当事人申请或者我国人民法院请求外国有管辖权的法院承认和执行；（5）应具备我国与外国共同参加的相关条约及外国法律要求的其他条件。

有下列情形之一的，应当由当事人直接申请有管辖权的外国法院承认和执行：（1）我国与该外国既不存在司法协助的条约关系又无互惠关系的；（2）我国与该外国签订或参加的司法协助条约（如我国与法国）明确规定应由当事人申请的；（3）该外国法院将申请承认和执行法院裁决作为当事人诉权内容的。

---

① 参见刘仁山：《国际民商事判决承认与执行中的司法礼让原则》，载《中国法学》，2010（5）。

② 根据《民诉解释》第 548 条的规定，当事人在我国领域外使用我国法院的判决书、裁定书，要求我国法院证明其法律效力的，或者外国法院要求我国法院证明判决书、裁定书的法律效力的，作出判决、裁定的我国法院，可以本法院的名义出具证明。

请求外国法院执行本国法院的判决和裁定，按照国际惯例，一般有三种途径：（1）外交途径，即委托法院将委托书提交外交部，由外交部将其交给被请求国的外交机构，再由被请求国的外交机构交管辖法院。（2）领事途径。委托法院把委托书寄给中国驻被请求国的领事馆，再由领事馆交给驻在国的管辖法院。这种方式在国际条约中采用较多。（3）法院途径。由法院直接将委托书寄给被请求国法院。这种方式一般只有在两国间有司法协助条约的情况下才能适用。

外国法院接到申请或请求后，应按与我国签订的国际条约或者按照互惠原则进行审查。经审查同意承认和执行的，按其本国法律程序进行。

2. 承认与执行我国领域内作出的仲裁裁决

我国仲裁机构的裁决在外国的承认和执行，其依据有：（1）《纽约公约》、司法协助的协议；（2）存在互惠关系；（3）我国民事诉讼法和仲裁法等国内法。

根据《民诉法》第297条第2款和《仲裁法》第72条的规定，请求外国法院承认和执行我国领域内依法作出的发生法律效力的仲裁裁决，其条件和程序是：（1）被执行人或者其财产不在我国领域内；（2）当事人可以直接向有管辖权的外国法院申请承认和执行。

（三）承认与执行外国法院裁判和仲裁裁决

1. 承认与执行外国法院裁判

根据我国与外国缔结或参加的国际条约和我国法律的规定，我国给予外国特殊司法协助，应当具备以下主要根据和条件。

（1）该法院所在国与我国存在条约或互惠关系。该法院所在国与我国没有缔结或者共同参加国际条约，也没有互惠关系的，裁定驳回申请，但当事人向人民法院申请承认外国法院作出的发生法律效力的离婚判决的除外（《民诉解释》第542条）。

（2）请求承认与执行的外国文书已经确定或生效。外国文书是否已经确定或生效，应当依据作出该文书的外国的诉讼法或其他程序法来判断。

（3）外国法院对该文书的裁决事项拥有国际司法管辖权。我国与外国签订的双边司法协助条约中关于管辖权的规定，主要有三种：依被请求国法律判断请求国法院有无管辖权；依被请求国对案件有无专属管辖来判断请求国法院有无管辖权；专门规定了若干管辖权标准，只要符合其一就可以认定请求国法院具有管辖权。

（4）对于外国司法文书所解决的案件，我国人民法院没有受理或者没有作出确定判决，或没有承认第三国对该案的裁判。

（5）外国司法文书的裁判程序合法。这一条件为国际社会普遍所接受。若败诉当事人未经合法有效传唤而缺席判决，或在无诉讼行为能力时未得到合法诉讼代理等，则被认定程序不公正和不合法而不予承认。

（6）外国司法文书不违反我国公共秩序，即不违反我国法律的基本原则、国家核心利益或者社会公共利益。外国裁判内容在实体法上有无违反我国公共秩序，应就其主文与理由综合判断。至于程序上违背我国公共秩序，按照通常的解释，主要是指违背公开审判、回避等我国司法基本原则，包括我国和该外国共同参加的国际条约中规定的诉讼基本原则（有人将此项要求纳入外国裁判程序合法的条件之中）。

（7）可以由当事人直接向有管辖权的中级人民法院申请承认和执行，也可以由外国法院依照该国与我国缔结或者参加的国际条约的规定，或者按照互惠原则，请求人民法院承认和执行（《民诉法》第 298 条）。我国有管辖权的中级人民法院是指被执行人所在地或者被执行财产所在地的中级人民法院。

人民法院对申请或者请求承认和执行的外国法院裁判，依照我国缔结或者参加的国际条约，或者按照互惠原则进行审查后，认为不违反我国法律的基本原则且不损害国家主权、安全、社会公共利益的，裁定承认其效力；需要执行的，发出执行令，依照《民诉法》的有关规定执行。

对申请或者请求承认和执行的外国法院作出的发生法律效力的判决、裁定，人民法院经审查，有下列情形之一的，裁定不予承认和执行：（1）依据《民诉法》第 301 条①的规定，外国法院对案件无管辖权；（2）被申请人未得到合法传唤或者虽经合法传唤但未获得合理的陈述、辩论机会，或者无诉讼行为能力的当事人未得到适当代理；（3）判决、裁定是通过欺诈方式取得；（4）人民法院已对同一纠纷作出判决、裁定，或者已经承认第三国法院对同一纠纷作出的判决、裁定；（5）违反中华人民共和国法律的基本原则或者损害国家主权、安全、社会公共利益。

当事人向人民法院申请承认和执行外国法院作出的发生法律效力的判决、裁定，该判决、裁定涉及的纠纷与人民法院正在审理的纠纷属于同一纠纷的，人民法院可以裁定中止诉讼。外国法院作出的发生法律效力的判决、裁定不符合本法规定的承认条件的，人民法院裁定不予承认和执行，并恢复已经中止的诉讼；符合本法规定的承认条件的，人民法院裁定承认其效力；需要执行的，发出执行令，依照《民诉法》的有关规定执行；对已经中止的诉讼，裁定驳回起诉（《民诉法》第 302 条）。

当事人对承认和执行或者不予承认和执行的裁定不服的，可以自裁定送达之日起 10 日内向上一级人民法院申请复议（《民诉法》第 303 条）。

2. 承认与执行外国仲裁裁决

《民诉法》第 304 条规定：在我国领域外作出的发生法律效力的仲裁裁决，需要人民法院承认和执行的，当事人可以直接向被执行人住所地或者其财产所在地的中级人民法院申请；被执行人住所地或者其财产不在我国领域内的，当事人可以向申请人住所地或者与裁决的纠纷有适当联系的地点的中级人民法院申请；人民法院应当依照中华人民共和国缔结或者参加的国际条约，或者按照互惠原则办理。

根据《纽约公约》第 5 条的规定，仲裁裁决在有证据证明具有下列情形之一的，才可拒绝承认及执行：（1）仲裁协议无效；（2）被诉一方当事人未接到关于指派仲裁员或进行仲裁程序的适当通知，或者因其他原因未能对案件提出申辩；（3）裁决所处理的事

---

① 该条规定："有下列情形之一的，人民法院应当认定该外国法院对案件无管辖权：（一）外国法院依照其法律对案件没有管辖权，或者虽然依照其法律有管辖权但与案件所涉纠纷无适当联系；（二）违反本法对专属管辖的规定；（三）违反当事人排他性选择法院管辖的协议。"

项，不属于交付仲裁的标的，或者不在仲裁协议条款之列，或者超出了仲裁协议范围；（4）仲裁庭的组成或者仲裁程序与当事人之间的仲裁协议不符，或者无仲裁协议时与仲裁地所在国法律不符；（5）仲裁裁决对各方当事人尚未发生拘束力，或者裁决已被作出裁决的国家或者依据其他法律作出裁决的国家的主管机关撤销或停止执行；（6）依照被请求国法律，争议事项不能以仲裁方式解决；（7）承认和执行该项裁决将违反被请求国的公共政策。

应当注意，对国外仲裁裁决只应审查程序问题，不得审查其实体内容，人民法院不能强求仲裁裁决去适应实体法。这是由仲裁的民间性和自治性决定的。对此，《民诉法》第 291 条、《仲裁法》第 71 条和《纽约公约》第 5 条等均有明确规定。

第六节　我国区际民事司法协助

一、区际民事司法协助的含义

在我国，人民法院审理涉港澳台民事诉讼案件，可以参照适用涉外民事诉讼程序的特别规定（《民诉解释》第 549 条）。参照《涉外法解释一》第 1 条和《民诉解释》第 520 条的规定，可以认为有下列情形之一的，为涉港澳台民事案件：（1）民事主体涉港澳台，即当事人一方或者双方是港澳台的人、企业或者组织；（2）经常居所地涉港澳台，即当事人一方或者双方的经常居所地在港澳台；（3）标的物涉港澳台，即标的物（比如合同标的物）在港澳台；（4）民事法律事实涉港澳台，即产生、变更或者消灭民事关系的法律事实发生在港澳台，比如合同在港澳台签订或者履行、侵权行为发生在港澳台等；（5）可以认定为涉港澳台民事案件的其他情形。

在我国统一主权和“一国两制”下，存在“四法域”，即大陆（内地）、香港特别行政区、澳门特别行政区和台湾地区，各法域享有独立的立法权、行政权和司法权，但不存在主权冲突问题。在我国，区际民事诉讼程序中的“区”不仅具有地理意义，更具有法律意义，这里是指法域，即有着独立法律制度的区域。

在我国统一主权和“一国两制”下，各法域间既相对独立又相互平等，所以各法域法院不得在别的法域直接实施司法行为和采取诉讼措施，各法域的司法文书和司法外文书也不能在别的法域直接发生法律效力。因此，各法域需要相互给予民事司法协助。《香港基本法》第 95 条规定：“香港特别行政区可与全国其他地区的司法机关通过协商依法进行司法方面的联系和相互提供协助。”《澳门基本法》第 93 条规定：“澳门特别行政区可与全国其他地区的司法机关通过协商依法进行司法方面的联系和相互提供协助。”

在我国区际民事司法协助的内容包括：（1）一般民事司法协助，即相互送达诉讼文书或者法律文书、调取证据、提供法律资料等；（2）特殊民事司法协助，即相互承认（或者认可）和执行司法文书和司法外文书。下文主要阐释大陆或者内地与香港特别行政区、澳门特别行政区、台湾地区之间的民事司法协助。

二、区际民事司法协助产生的条件

（一）区际民事法律冲突是区际民事司法协助产生的必要条件

《香港基本法》第 18 条中规定，在香港特别行政区实行的法律为该法及该法第 8 条规定的香港原有法律和香港特别行政区立法机关制定的法律。《澳门基本法》第 18 条中规定，在澳门特别行政区实行的法律为该法及该法第 8 条规定的澳门原有法律和澳门特别行政区立法机关制定的法律。

大陆（内地）的法律与香港特别行政区的法律、澳门特别行政区的法律和台湾地区的规定不仅性质不同，而且具体内容差别甚大。这种差别不仅表现为民事法律/规定的不同，也表现为刑事、行政法律/规定等的不同，还表现为民事诉讼、刑事诉讼等程序法/规定方面的重大差异。

区际民事实体法律冲突是区际民事司法协助产生的必要条件，但并不是唯一条件。区际法律冲突的存在增加了开展区际民事司法协助的必要性，但并不必然导致区际民事司法协助的产生。由于区际法律冲突的存在，对同一民事案件，适用不同法域的法律/规定，作出的判决内容可能有重大不同，所以需要各法域本着积极主动的态度进行合作，有必要开展区际民事司法协助。但这只是一种必要性，而非必然性。

如果将民事实体法律冲突作为民事司法协助产生的唯一条件，就会得出如下结论：没有民事实体法律冲突，就没有民事司法协助。这一结论对一些特殊情况无法作出合理的解释。从国际司法协助和外国区际司法协助情况看，有的国家之间或一国内部各区域之间不存在民事实体法律冲突或者冲突甚少，但仍然需要进行司法协助。如英美两国同属普通法系国家，其民事实体法律制度差别不大，但仍需开展司法协助；又如美国各州之间的法律差异更小，但因属于相互独立的法域，区际司法协助依然存在。

总之，区际或国际是否存在民事实体法律冲突，是司法协助产生的重要因素，但不必然决定区际或国际司法协助的存在，仅有这一项条件，还不足以导致区际民事司法协助的产生。

（二）“一国两制”是区际民事司法协助在我国产生的前提条件

实行“一国两制”并未改变我国原有的单一制国家结构形式。比如，香港特别行政区和澳门特别行政区是由中央人民政府管辖的地方行政区域。基本法也明确规定，香港特别行政区和澳门特别行政区是中华人民共和国不可分离的部分。

“一国两制”突破了我国原来的单一法律体系，从而形成了在一国范围内多种法律体系并存的局面。比如，香港特别行政区和澳门特别行政区设有立法机关，立法机关所制定的法律只要符合基本法的规定和法定程序，均属有效。“一国两制”前提下，特别行政区实行不同于内地的法律，因而引起香港、澳门与内地之间的民事法律冲突，这是我国区际民事司法协助得以产生的前提条件。

（三）独立的司法权是区际民事司法协助产生的直接条件

“一国两制”前提下，香港特别行政区、澳门特别行政区和台湾地区依法享有独立的司法权和终审权。“独立的司法权”明确的是特别行政区与中央之间的司法关系，即特别行政区享有独立于中央的司法权，不受中央最高司法机关管辖，特别行政区的高等法院和终审法院不隶属于最高人民法院。

终审权是法院对案件进行最后一级审判的权力，是司法权的重要内容。将终审权与司法权并列，是为了强调终审权，并不意味着终审权是司法权之外的权力。一个国家只能有一个最高法院，我国的最高人民法院是设在北京的最高人民法院，故在香港设立一个“终审法院”，受理对香港各级法院之裁判的最后一级上诉，但不能称之为“最高法院”。香港和澳门特别行政区享有终审权，其诉讼案件以终审法院为最高审级，案件上诉到终审法院为止。

基于对独立的司法权和终审权的尊重，任何一个法域的裁判仅在本法域内产生法定效力，不得在其他法域直接产生法律效力（除非经过法定途径获得其他法域法院的认可或承认）。因此，“一国两制”前提下，“四法域”拥有独立的司法权是我国区际民事司法协助产生的直接条件。

三、我国区际民事司法协助的原则

（一）“一国两制”

我国区际民事司法协助首先应当严格遵守“一国两制”原则。该原则的主要内容是：（1）“一国”，即维护我国统一主权或国家统一；（2）“两制”，即维持大陆（内地）和港澳台地区各自现行的政治、经济、社会和法律制度，并且各“法域”间相互平等。[①]

（二）各法域平等

根据“一国两制”原则，在法律上，“四法域”之间既相对独立又相互平等，彼此间应当平等协商。在区际民事司法协助方面，“四法域”之间存在着平等的司法合作关系，只能以“平等协商”的方式形成民事司法协助的文件，相互间平等给予民事司法协助。

（三）遵守各法域公共秩序

在“一国两制”、各法域平等原则的基础上，区际民事司法协助应当遵守各法域的公共秩序，即遵守各法域基本的政治、经济、社会和法律制度以及善良风俗等。若某司法协助行为损害某法域的公共秩序，则该法域法院有权拒绝提供协助。

---

① 各“法域”间相互平等并非指各法域享有平等主权，因为各法域是地方性的，主权仅属于国家，由中央国家机关行使。

（四）适用被请求法域的诉讼程序

区际民事司法协助行为多属于程序行为或诉讼行为，所以原则上被请求法院依照本法域的诉讼程序采取司法协助措施（这实际上是“程序问题适用法院地法”原则在区际民事司法协助领域的体现）。请求方法院请求采用特殊方式，被请求方法院认为不违反本法域的法律规定的，可以按其特殊方式给予司法协助。

（五）程序审查

对协助的请求、请求协助的文书，被请求方法院只作程序性审查，即符合司法协助文件、本法域诉讼法的就给予协助，而不得根据本法域实体法对请求协助的文书进行实体审查，除非该文书的实体内容违反“一国两制”、本法域的公共秩序等。

四、一般区际民事司法协助

目前，内地与香港特别行政区、澳门特别行政区在一般民事司法协助方面的规范文件主要有最高人民法院颁行的《关于涉港澳民商事案件司法文书送达问题若干规定》（法释〔2009〕2 号）、《关于内地与香港特别行政区法院相互委托送达民商事司法文书的安排》（法释〔1999〕9 号）、《关于内地与澳门特别行政区法院就民商事案件相互委托送达司法文书和调取证据的安排》（法释〔2020〕1 号）、《关于内地与香港特别行政区法院就民商事案件相互委托提取证据的安排》（法释〔2017〕4 号）。

目前，大陆与台湾地区在一般民事司法协助方面的规范文件，有《关于人民法院办理海峡两岸送达文书和调查取证司法互助案件的规定》（法释〔2011〕15 号）。

大陆与台湾地区一般民事司法协助也可通过民间途径进行，此类民间途径均需两地有关机关的授权。依据司法部《关于办理涉台法律事务有关事宜的通知》（1990 年），涉台法律事务需要在台湾地区办理的，一般委托台湾地区的律师办理。按照“汪辜会谈”达成的《两岸公证书使用查证协议》（1993 年），通过海峡两岸关系协会（海协会）、中国公证员协会与财团法人海峡交流基金会（海基会），就两岸公证书使用查证进行协助。[①]

五、特殊区际民事司法协助

特殊区际民事司法协助的相关案由有申请认可和执行香港特别行政区法院民事判决，申请认可和执行香港特别行政区仲裁裁决，申请认可和执行澳门特别行政区法院民事判决，申请认可和执行澳门特别行政区仲裁裁决，申请认可和执行台湾地区法院民事判决，申请认可和执行台湾地区仲裁裁决等。

目前，内地与香港特别行政区间的相关规范文件主要有最高人民法院颁行的《关于

---

① 为此，司法部制定了《海峡两岸公证书使用查证协议实施办法》（1993 年），台湾地区制定了“法院及公证人办理两岸公证书使用查证协议注意要点”（2001 年修改）。

内地与香港特别行政区相互执行仲裁裁决的安排》（法释〔2000〕3 号）、《关于内地与香港特别行政区相互执行仲裁裁决的补充安排》（法释〔2020〕13 号）、《关于内地与香港特别行政区法院相互认可和执行民商事案件判决的安排》（2019 年公布，尚未施行）、《关于内地与香港特别行政区法院相互认可和执行婚姻家庭民事案件判决的安排》（法释〔2022〕4 号）、《关于内地与香港特别行政区法院相互认可和执行当事人协议管辖的民商事案件判决的安排》（法释〔2008〕9 号）、《关于内地与香港特别行政区法院就仲裁程序相互协助保全的安排》（法释〔2019〕14 号）等。

目前，内地与澳门特别行政区之间相关规范文件主要有最高人民法院颁行的《关于内地与澳门特别行政区关于相互认可和执行民商事判决的安排》（法释〔2006〕2 号）、《关于内地与澳门特别行政区相互认可和执行仲裁裁决的安排》（法释〔2007〕17 号）、《关于内地与澳门特别行政区就仲裁程序相互协助保全的安排》（法释〔2022〕7 号）等。

目前，大陆与台湾地区之间相关规范文件主要有最高人民法院颁行的《关于认可和执行台湾地区法院民事判决的规定》（法释〔2015〕13 号）、《关于认可和执行台湾地区仲裁裁决的规定》（法释〔2015〕14 号）。

依《仲裁司法审查规定》第 16 条，法院受理的申请确认涉及香港特别行政区、澳门特别行政区、台湾地区仲裁协议效力的案件，申请执行或者撤销大陆/内地仲裁机构作出的涉及香港特别行政区、澳门特别行政区、台湾地区仲裁裁决的案件，参照适用涉外仲裁司法审查案件的规定审查。

2014 年 6 月 20 日和 2015 年 6 月 30 日，最高人民法院两次公布了“人民法院涉台司法互助典型案例”（为司法解释性质文件），包括送达文书案件和调查取证案件，认可台湾地区有关法院民事判决、支付命令、民事和解笔录、有关仲裁机构裁决案件等。

问题与思考

请扫描二维码测试，并查看参考答案

图书在版编目（CIP）数据

民事诉讼法 / 江伟，肖建国主编．-- 9 版．-- 北京：中国人民大学出版社，2023.12
新编 21 世纪法学系列教材 / 曾宪义，王利明总主编
ISBN 978-7-300-32464-7

Ⅰ.①民… Ⅱ.①江… ②肖… Ⅲ.①民事诉讼法-中国-高等学校-教材 Ⅳ.①D925.1

中国国家版本馆 CIP 数据核字（2024）第 008379 号

普通高等教育“十一五”国家级规划教材
教育部全国普通高等学校优秀教材（一等奖）
新编 21 世纪法学系列教材
总主编 曾宪义 王利明
民事诉讼法（第九版）
主 编 江 伟 肖建国
Minshi Susongfa

出版发行	中国人民大学出版社		
社 址	北京中关村大街 31 号	邮政编码	100080
电 话	010－62511242（总编室）		010－62511770（质管部）
	010－82501766（邮购部）		010－62514148（门市部）
	010－62515195（发行公司）		010－62515275（盗版举报）
网 址	http://www.crup.com.cn		
经 销	新华书店		
印 刷	北京市鑫霸印务有限公司	版 次	2000 年 3 月第 1 版
开 本	787 mm×1092 mm 1/16		2023 年 12 月第 9 版
印 张	40.75 插页 1	印 次	2024 年 12 月第 3 次印刷
字 数	939 000	定 价	108.00 元

《　　　　　　　》※任课教师调查问卷

为了能更好地为您提供优秀的教材及良好的服务，也为了进一步提高我社法学教材出版的质量，希望您能协助我们完成本次小问卷，完成后您可以在我社网站中选择与您教学相关的1本教材作为今后的备选教材，我们会及时为您邮寄送达！如果您不方便邮寄，也可以申请加入我社的**法学教师QQ群：436438859（申请时请注明法学教师）**，然后下载本问卷填写，并发往我们指定的邮箱（cruplaw@163.com）。

邮寄地址：北京市海淀区中关村大街31号中国人民大学出版社806室收

邮　　编：100080

再次感谢您在百忙中抽出时间为我们填写这份调查问卷，您的举手之劳，将使我们获益匪浅！

基本信息及联系方式※：

姓名：＿＿＿＿＿＿　性别：＿＿＿＿＿＿　课程：＿＿＿＿＿＿＿＿＿＿

任教学校：＿＿＿＿＿＿＿＿＿＿＿＿＿　院系（所）：＿＿＿＿＿＿＿＿

邮寄地址：＿＿＿＿＿＿＿＿＿＿＿＿＿　邮编：＿＿＿＿＿＿＿＿＿＿

电话（办公）：＿＿＿＿＿＿　手机：＿＿＿＿＿＿　电子邮件：＿＿＿＿＿＿

调查问卷※：

1. 您认为图书的哪类特性对您使用教材最有影响力？（　　）（可多选，按重要性排序）
   A. 各级规划教材、获奖教材　　B. 知名作者教材
   C. 完善的配套资源　　D. 自编教材
   E. 行政命令
2. 在教材配套资源中，您最需要哪些？（　　）（可多选，按重要性排序）
   A. 电子教案　　B. 教学案例
   C. 教学视频　　D. 配套习题、模拟试卷
3. 您对于本书的评价如何？（　　）
   A. 该书目前仍符合教学要求，表现不错将继续采用。
   B. 该书的配套资源需要改进，才会继续使用。
   C. 该书需要在内容或实例更新再版后才能满足我的教学，才会继续使用。
   D. 该书与同类教材差距很大，不准备继续采用了。
4. 从您的教学出发，谈谈对本书的改进建议：＿＿＿＿＿＿＿＿＿＿＿＿＿＿

＿＿＿＿＿＿＿＿＿＿＿＿＿＿＿＿＿＿＿＿＿＿＿＿＿＿＿＿＿＿＿＿＿＿

＿＿＿＿＿＿＿＿＿＿＿＿＿＿＿＿＿＿＿＿＿＿＿＿＿＿＿＿＿＿＿＿＿＿

选题征集：如果您有好的选题或出版需求，欢迎您联系我们：

联系人：黄　强　联系电话：010-62515955

索取样书：书名：＿＿＿＿＿＿＿＿＿＿＿＿＿＿＿＿＿＿＿＿＿＿＿＿

书号：＿＿＿＿＿＿＿＿＿＿＿＿＿＿＿＿＿＿＿＿＿＿＿＿＿＿＿＿＿＿

备注：※为必填项。